中国县城建设统计年鉴

China County Seat Construction Statistical Yearbook

2023

中华人民共和国住房和城乡建设部 编

Ministry of Housing and Urban-Rural Development, P. R. CHINA

中国城市出版社

图书在版编目（CIP）数据

中国县城建设统计年鉴：2023 = China County Seat Construction Statistical Yearbook 2023 / 中华人民共和国住房和城乡建设部编. -- 北京：中国城市出版社，2024.9. -- ISBN 978-7-5074-3755-3

Ⅰ.F299.21-54

中国国家版本馆 CIP 数据核字第 2024NV8211 号

责任编辑：宋 凯 朱晓瑜
责任校对：李美娜

中国县城建设统计年鉴 2023
China County Seat Construction
Statistical Yearbook 2023
中华人民共和国住房和城乡建设部 编
*
中国城市出版社出版、发行（北京海淀三里河路 9 号）
各地新华书店、建筑书店经销
北京鸿文瀚海文化传媒有限公司制版
北京中科印刷有限公司印刷
*
开本：965 毫米×1270 毫米 1/16 印张：59¼ 字数：1875 千字
2024 年 9 月第一版 2024 年 9 月第一次印刷
定价：**968.00** 元
ISBN 978-7-5074-3755-3
（904776）

版权所有 翻印必究
如有内容及印装质量问题，请与本社读者服务中心联系
电话：（010）58337283 QQ：2885381756
（地址：北京海淀三里河路 9 号中国建筑工业出版社 604 室 邮政编码：100037）

《中国县城建设统计年鉴 2023》
编委会和编辑工作人员

一、编委会

主　　任：姜万荣

副 主 任：宋友春

编　　委：（以地区排名为序）

郑艳丽	魏惠东	王　荃	叶　炜	张　强	徐向东	张学锋	宋　刚
于新芳	聂海俊	曹桂喆	王光辉	邢文忠	刘红卫	李守志	李舒亮
金　晨	马　韧	陈浩东	路宏伟	张清云	姚昭晖	刘孝华	赵新泽
朱子君	苏友佺	王晓明	王玉志	董海立	李晶杰	谈华初	宁艳芳
易小林	李海平	杨绿峰	汪夏明	高　磊	陈光宇	吴　波	叶长春
田　文	陈　勇	边　疆	杨　渝	李修武	于　洋	付　涛	王　勇
李兰宏	唐晓剑	李　斌	李林毓	木塔力甫·艾力	王恩茂		

二、编辑工作人员

总 编 辑：南　昌

副总编辑：卢　嘉　李雪娇

编辑人员：（以地区排名为序）

郑　炎	王宇慧	王　震	赵锦一	武子姗	徐　禄	姜忠志	尹振军
朱芃莉	杨晓永	刘占峰	张　伟	李芳芳	宋兵跃	姚　娜	杜艳捷
王玉琦	刘　勇	杨　婧	王小飞	李颖慧	梁立方	张家政	冷会杰
司　慧	沈晓红	付肇群	宫新博	孙辉东	王　欢	林　岩	肖楚宇
王嘉琦	王　爽	栗建业	谷洪义	杜金芝	苑晓东	邓绪明	刘宪彬
江　星	史简青	路文龙	王　青	张　力	丁　化	陈明伟	俞　非
王山红	贾利松	苏　娟	吴毅峰	邱亦东	胡　璞	沈昆卉	林志诚
孟　奎	余　燕	陈文杰	王少彬	王晓霞	范文亮	王登平	陈善游
冯友明	刘　潇	常旭阳	司　文	李　晓	贾　蕊	郭彩文	李洪涛
王　珂	韩文超	张　雷	查良春	凌小刚	张明豪	王禹夫	田明革
王　畅	徐碧波	杨爱春	赵鹏凯	朱文静	吴　茵	曾俊杰	陆庆婷
秦德坤	林传华	吴利敏	林远征	廖　楠	江　浩	叶晓璇	裴　玮
何国林	林　琳	安旭慧	莫志刚	梅朝伟	廖人珑	沈　键	孙俊伟
陈宏玲	马　望	姚文锋	格桑顿珠	熊艳玲	李兆山	德庆卓嘎	
张立群	杨　莹	吕　洁	王光辉	张益胜	李佳容	马筵栋	张英伟
李志国	于学刚	王章军	李　崑	李　军	马路遥	吕建华	杨　帆
艾乃尔巴音	马　玉	巴尔古丽·依明	张　辉	韩延星	赵宛值		

China County Seat Construction Statistical Yearbook 2023
Editorial Board and Editorial Staff

I. Editorial Board

Chairman: Jiang Wanrong

Vice-chairman: Song Youchun

Editorial Board: (In order of Regions)

Zheng Yanli　Wei Huidong　Wang Quan　Ye Wei　Zhang Qiang　Xu Xiangdong
Zhang Xuefeng　Song Gang　Yu Xinfang　Nie Haijun　Cao Guizhe　Wang Guanghui
Xing Wenzhong　Liu Hongwei　Li Shouzhi　Li Shuliang　Jin Chen　Ma Ren　Chen Haodong
Lu Hongwei　Zhang Qingyun　Yao Zhaohui　Liu Xiaohua　Zhao Xinze　Zhu Zijun
Su Youquan　Wang Xiaoming　Wang Yuzhi　Dong Haili　Li Jingjie　Tan Huachu
Ning Yanfang　Yi Xiaolin　Li Haiping　Yang Lvfeng　Wang Xiaming　Gao Lei
Chen Guangyu　Wu Bo　Ye Changchun　Tian Wen　Chen Yong　Bian Jiang　Yang Yu
Li Xiuwu　Yu Yang　Fu Tao　Wang Yong　Li Lanhong　Tang Xiaojian　Li Bin　Li Linyu
Mutalifu·Aili　Wang Enmao

II. Editorial Staff

Editor-in-chief: Nan Chang

Associate Editors-in-chief: Lu Jia　Li Xuejiao

Editorial statt: (In order of Regions)

Zheng Yan　Wang Yuhui　Wang Zhen　Zhao Jinyi　Wu Zishan　Xu Lu　Jiang Zhongzhi
Yin Zhenjun　Zhu Pengli　Yang Xiaoyong　Liu Zhanfeng　Zhang Wei　Li Fangfang
Song Bingyue　Yao Na　Du Yanjie　Wang Yuqi　Liu Yong　Yang Jing　Wang Xiaofei
Li Yinghui　Liang Lifang　Zhang Jiazheng　Leng Huijie　Si Hui　Shen Xiaohong　Fu Zhaoqun
Gong Xinbo　Sun Huidong　Wang Huan　Lin Yan　Xiao Chuyu　Wang Jiaqi　Wang Shuang
Li Jianye　Gu Hongyi　Du Jinzhi　Yuan Xiaodong　Deng Xuming　Liu Xianbin　Jiang Xing
Shi Jianqing　Lu Wenlong　Wang Qing　Zhang Li　Ding Hua　Chen Mingwei　Yu Fei
Wang Shanhong　Jia Lisong　Su Juan　Wu Yifeng　Qiu Yidong　Hu Pu　Shen Kunhui
Lin Zhicheng　Meng Kui　Yu Yan　Chen Wenjie　Wang Shaobin　Wang Xiaoxia
Fan Wenliang　Wang Dengping　Chen Shanyou　Feng Youming　Liu Xiao　Chang Xuyang
Si Wen　Li Xiao　Jia Rui　Guo Caiwen　Li Hongtao　Wang Ke　Han Wenchao　Zhang Lei
Zha Liangchun　Ling Xiaogang　Zhang Minghao　Wang Yufu　Tian Mingge　Wang Chang　Xu Bibo
Yang Aichun　Zhao Pengkai　Zhu Wenjing　Wu Yin　Zeng Junjie　Lu Qingting　Qin Dekun
Lin Chuanhua　Wu Limin　Lin Yuanzheng　Liao Nan　Jiang Hao　Ye Xiaoxuan　Pei Wei
He Guolin　Lin Lin　An Xuhui　Mo Zhigang　Mei Chaowei　Liao Renlong　Shen Jian
Sun Junwei　Chen Hongling　Ma Wang　Yao Wenfeng　Gesang Dunzhu　Xiong Yanling
Li Zhaoshan　Deqing Zhuoga　Zhang Liqun　Yang Ying　Lv Jie　Wang Guanghui
Zhang Yisheng　Li Jiarong　Ma Yandong　Zhang Yingwei　Li Zhiguo　Yu Xuegang
Wang Zhangjun　Li Kun　Li Jun　Ma Luyao　Lv Jianhua　Yang Fan　Ainaier Bayin　Ma Yu
Baerguli·Yiming　Zhang Hui　Han Yanxing　Zhao Wanzhi

编辑说明

一、为贯彻落实科学发展观和城乡统筹精神，全面反映我国城乡市政公用设施建设与发展状况，方便国内外各界了解中国城乡建设全貌，我们编辑了《中国城乡建设统计年鉴》《中国城市建设统计年鉴》和《中国县城建设统计年鉴》中英文对照本，每年公布一次，供社会广大读者作为资料性书籍使用。

二、《中国县城建设统计年鉴2023》，根据各省、自治区和直辖市建设行政主管部门上报的2023年及历年县城建设统计数据编辑。全书共分10个部分，包括县城市政公用设施水平、县城市政公用设施建设固定资产投资、县城供水、县城节约用水、县城燃气、县城集中供热、县城道路和桥梁、县城排水和污水处理、县城市容环境卫生、县城园林绿化。每部分均包含分年度、分地区、分县城数据。

三、本年鉴统计范围为县城：（1）县政府驻地的镇、乡或街道办事处地域（城关镇）；（2）县城公共设施、居住设施和市政公用设施等连接到的其他镇（乡）地域；（3）常住人口在3000人以上独立的工矿区、开发区、科研单位、大专院校等特殊区域。

四、本年鉴统计了1466个县和16个特殊区域。

7个县没有数据，河北省沧县，山西省泽州县，辽宁省抚顺县、铁岭县，新疆维吾尔自治区乌鲁木齐县、和田县等6个县，因与所在城市市县同城，县城部分不含上述县城数据，数据含在其所在城市中；福建省金门县暂无数据资料。

16个特殊区域包括河北省曹妃甸区、白沟新城，山西省云州区，黑龙江省加格达奇区，湖北省神农架林区，湖南省望城区、南岳、大通湖区，海南省洋浦经济开发区，四川省东部新区管理委员会，四川省眉山大府新区，贵州省六枝特区，云南省昆明阳宗海风景名胜区，青海省西海镇、大柴旦行委，宁夏回族自治区红寺堡区。

五、本年鉴数据不包括香港特别行政区、澳门特别行政区以及台湾省。

六、本年鉴中"空格"表示该项统计指标数据不足本表最小单位数、数据不详或无该项数据。

七、本年鉴中部分数据合计数或相对数由于单位取舍不同而产生的计算误差，均没有进行机械调整。

八、由于县城建设统计工作基础比较薄弱，年鉴数据难免存在问题，欢迎读者提出改进意见，共同促进县城建设统计发展。

EDITOR'S NOTES

1. Under the guideline of the Scientific Outlook on Development and in line with the efforts to promote the coordinated urban and rural development, *China Urban-Rural Construction Statistical Yearbook*, *China Urban Construction Statistical Yearbook* and *China County Seat Construction Statistical Yearbook* are published annually in both Chinese and English languages to provide comprehensive information on urban and rural service facilities development in China. Being the source of facts, the yearbooks help to facilitate the understanding of people from all walks of life at home and abroad on China's urban and rural development.

2. *China County Seat Construction Statistical Yearbook 2023* is published for the first time. The book is compiled based on statistical data on County Seat construction in year 2023 and past years that were reported by construction authorities of provinces, autonomous regions and municipalities directly under the central government. This yearbook is composed of 10 parts, including (1) Level of County Seat Service Facilities; (2) Fixed Assets Investment in County Seat Service Facilities; (3) County Seat Water Supply; (4) County Seat Water Conservation; (5) County Seat Gas; (6) County Seat Central Heating; (7) County Seat Road and Bridge; (8) County Seat Drainage and Wastewater Treatment; (9) County Seat Environmental Sanitation, and (10) County Seat Landscaping. In each part, the data is classified by year, by region and by county.

3. Scope of the data collected from the survey covers county seat areas: (1) towns and townships where county governments are situated and areas under the jurisdiction of neighborhood administration; (2) other towns (townships) connected to county seat public facilities, residential facilities and municipal utilities; (3) special areas like independent industrial and mining districts, development zones, research institutes, and universities and colleges with permanent residents of 3000 and above.

4. In the yearbook, data are from 1466 counties and 16 special zones.

Data of 7 counties are not included, for example, data from 6 counties including Cangxian county in Hebei Province, Zezhou county in Shanxi Province, Fushun and Tieling county in Liaoning Province, and Urumqi and Hetian county in Xinjiang Uygur Autonomous Region are included in the statistics of the respective cities administering the above counties due to the identity of the location between the county seats and the cities; data on Jinmen County in Fujian Province has not been available at the moment.

16 special zones and districts include Caofeidian and Baigouxincheng in Hebei Province, Yunzhou District in Shanxi Province, Jiagedaqi in Heilongjiang Province, Shennongjia Forestry District in Hubei Province, Wangcheng District, Nanyue District and Datong Lake District in Hunan Province, Yangpu Economic Development Zone in Hainan Province, Eastern New Area in Sichuan Province, Meishan Tianfu New Area in Sichuan Province, Liuzhite District in Guizhou Province, Kunming Yangzonghai Scenic Spot in Yunnan Province, Xihai Town and Dachaidan Administrative Commission in Qinghai Province, and Hongsibao Development Zone in Ningxia Autonomous Region.

5. This yearbook does not include data of Hong Kong Special Administrative Region, Macao Special Administrative Region as well as Taiwan Province.

6. In this yearbook, "blank space" indicates that the figure is not large enough to be measured with the smallest

unit in the table, or data are unknown or are not available.

7. The calculation errors of the total or relative value of some data in this yearbook arising from the use of different measurement units have not been mechanically aligned.

8. Faults inevitably exist in the data of the yearbook due to the weak foundation of the data-collection work on county construction. Readers' comments on how to make improvement are welcomed in order to jointly promote the work related to county construction statistics.

2012—2023年全国县城个数

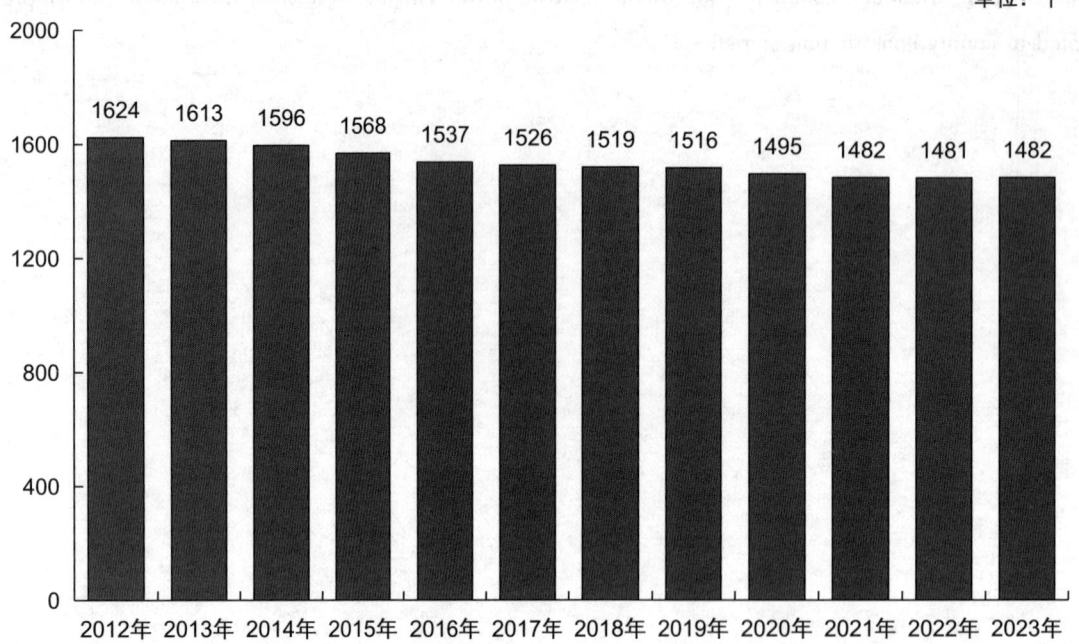

2012—2023年全国县城建成区面积

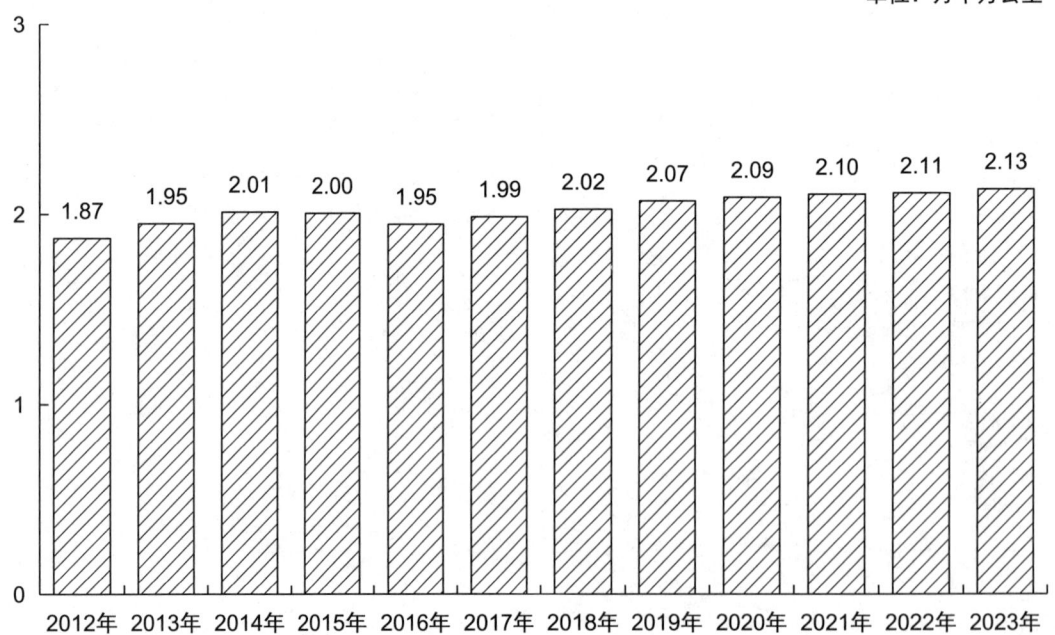

注：县城个数为本年鉴统计的1466个县和16个特殊区域。

2012—2023年全国县城供水普及率

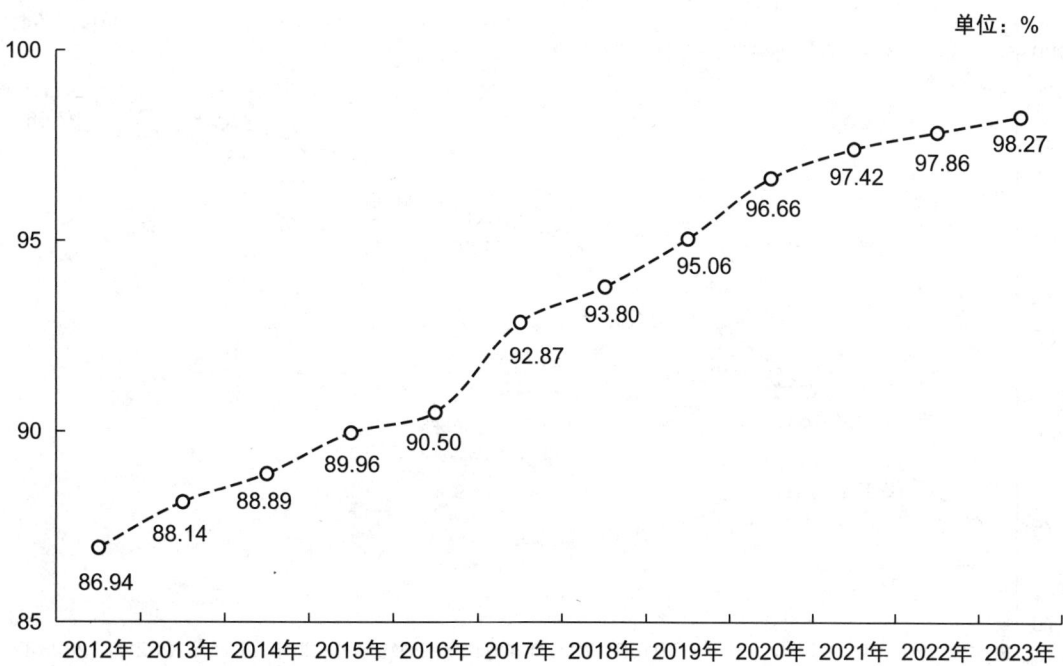

2012—2023年全国县城供水管道长度

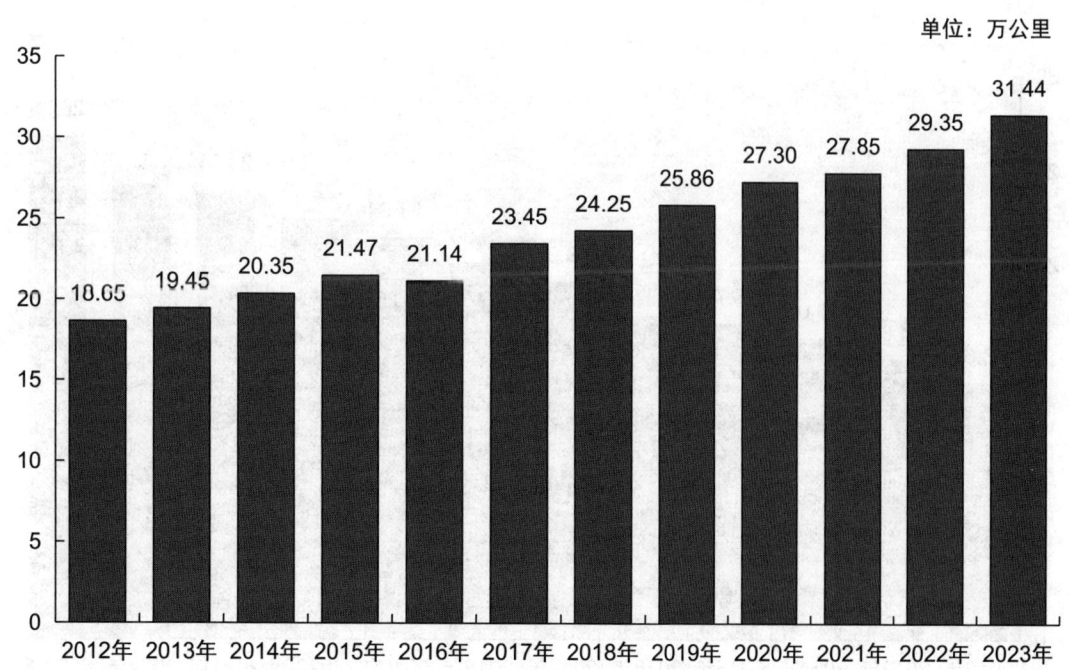

2012—2023年全国县城污水处理率

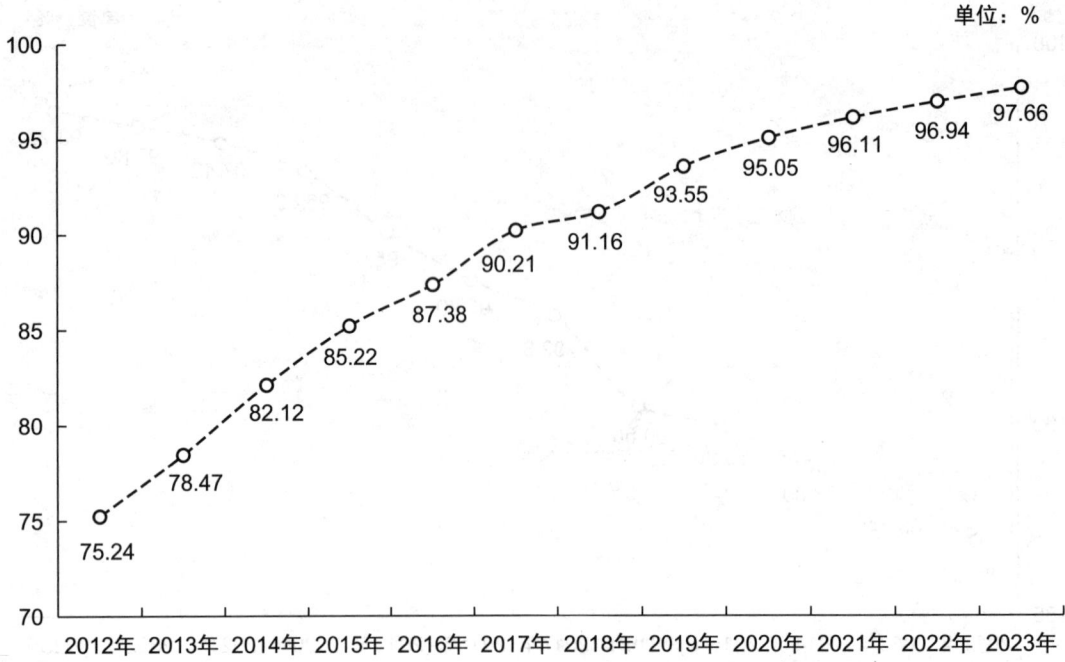

2012—2023年全国县城排水管道长度

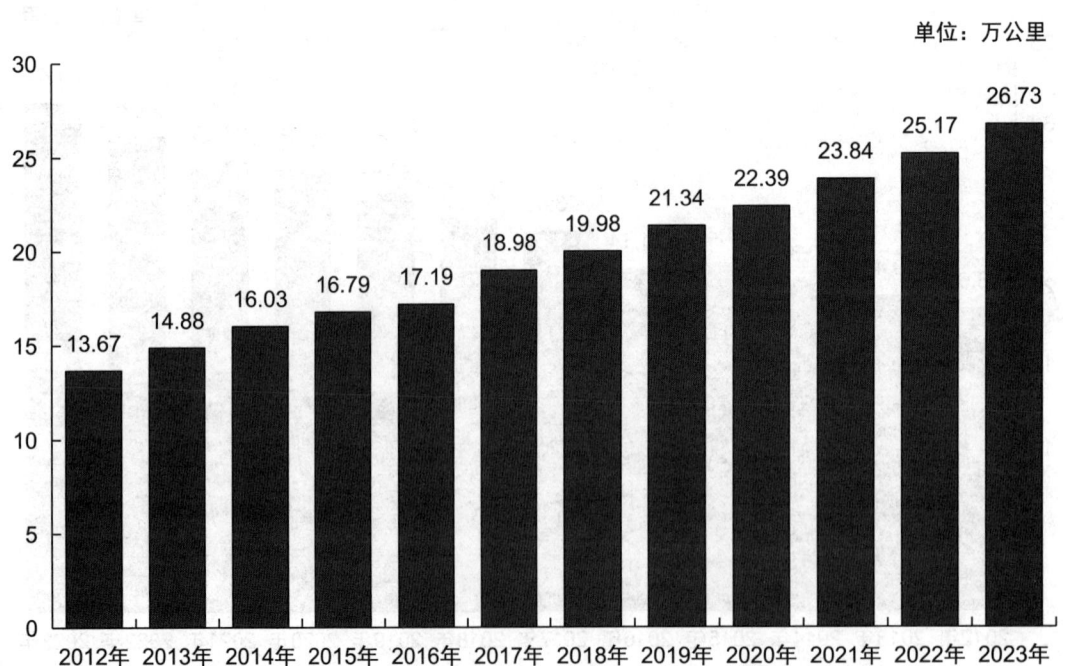

2012—2023年全国县城燃气普及率

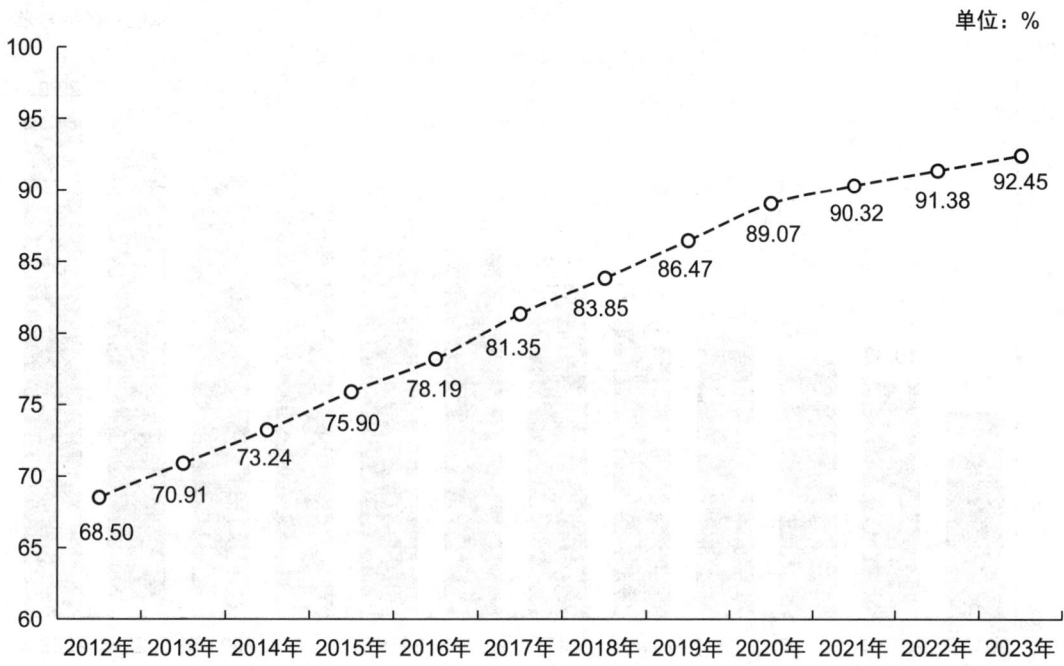

单位：%

- 2012年: 68.50
- 2013年: 70.91
- 2014年: 73.24
- 2015年: 75.90
- 2016年: 78.19
- 2017年: 81.35
- 2018年: 83.85
- 2019年: 86.47
- 2020年: 89.07
- 2021年: 90.32
- 2022年: 91.38
- 2023年: 92.45

2012—2023年全国县城供气管道长度

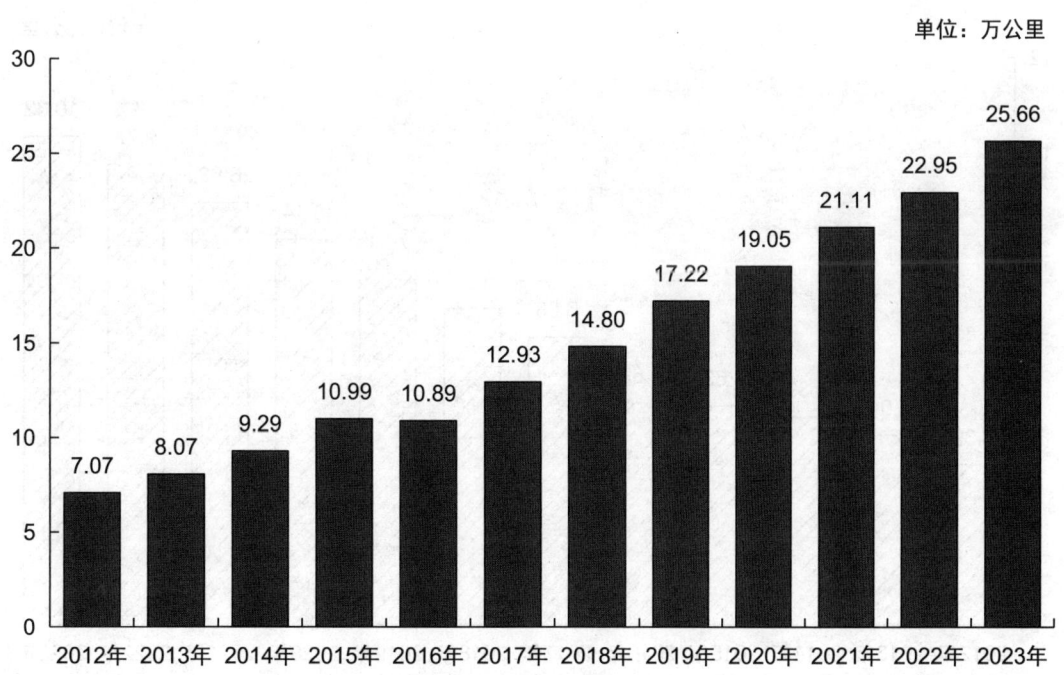

单位：万公里

- 2012年: 7.07
- 2013年: 8.07
- 2014年: 9.29
- 2015年: 10.99
- 2016年: 10.89
- 2017年: 12.93
- 2018年: 14.80
- 2019年: 17.22
- 2020年: 19.05
- 2021年: 21.11
- 2022年: 22.95
- 2023年: 25.66

2012—2023年全国县城集中供热面积

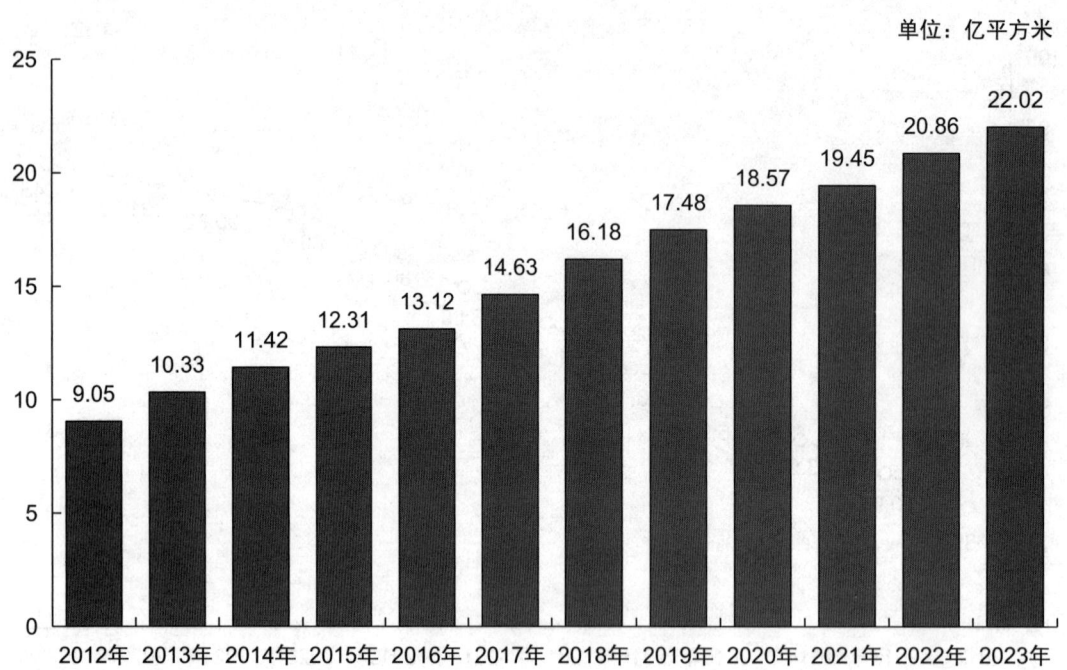

2012—2023年全国县城供热管道长度

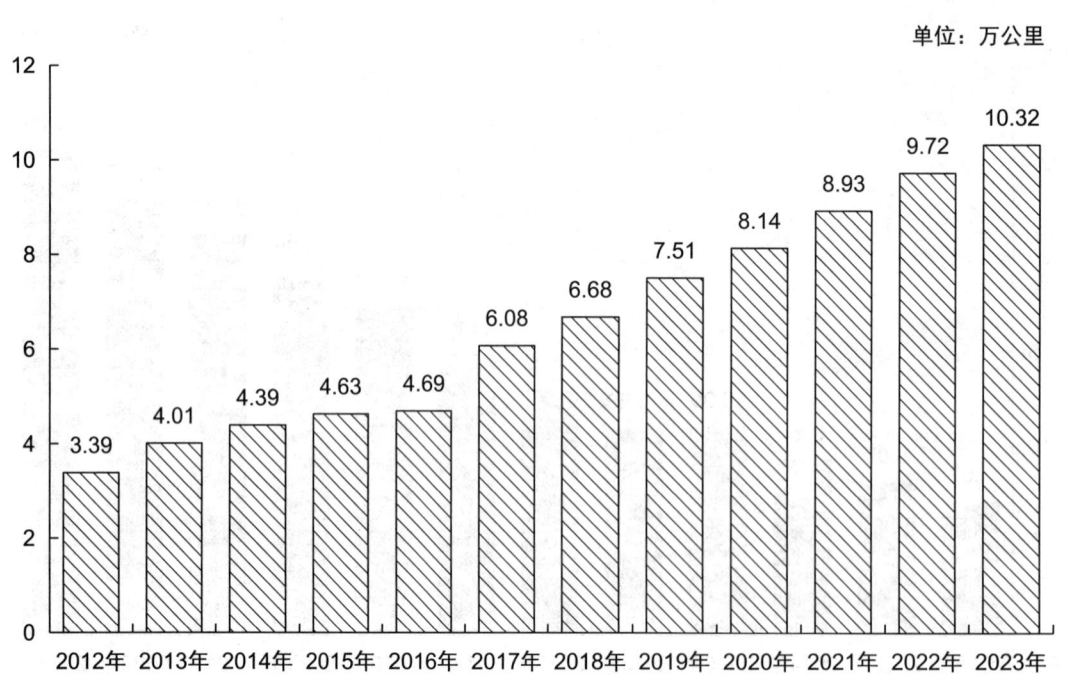

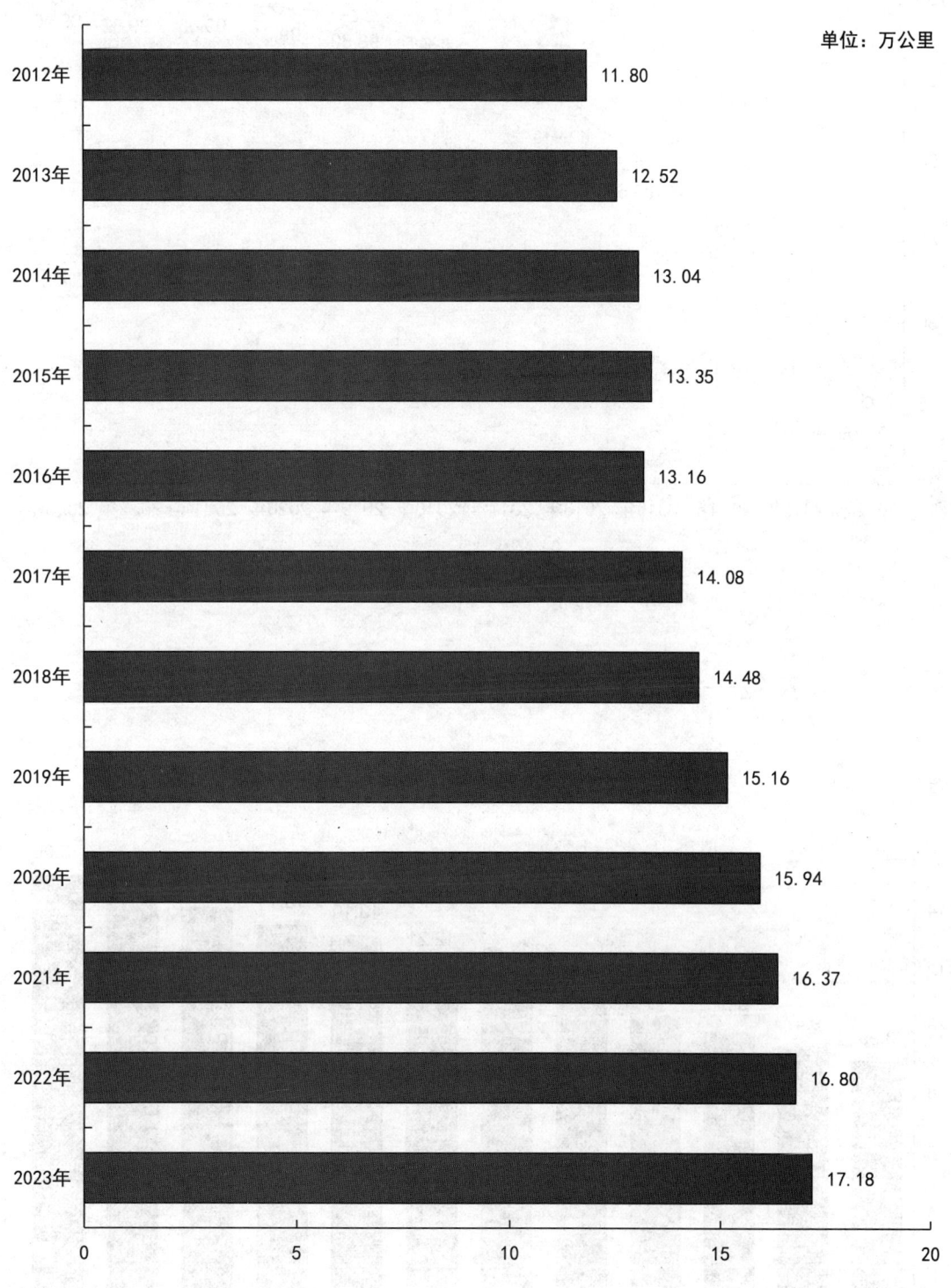

2012—2023年全国县城道路长度

2012—2023年全国县城生活垃圾处理率

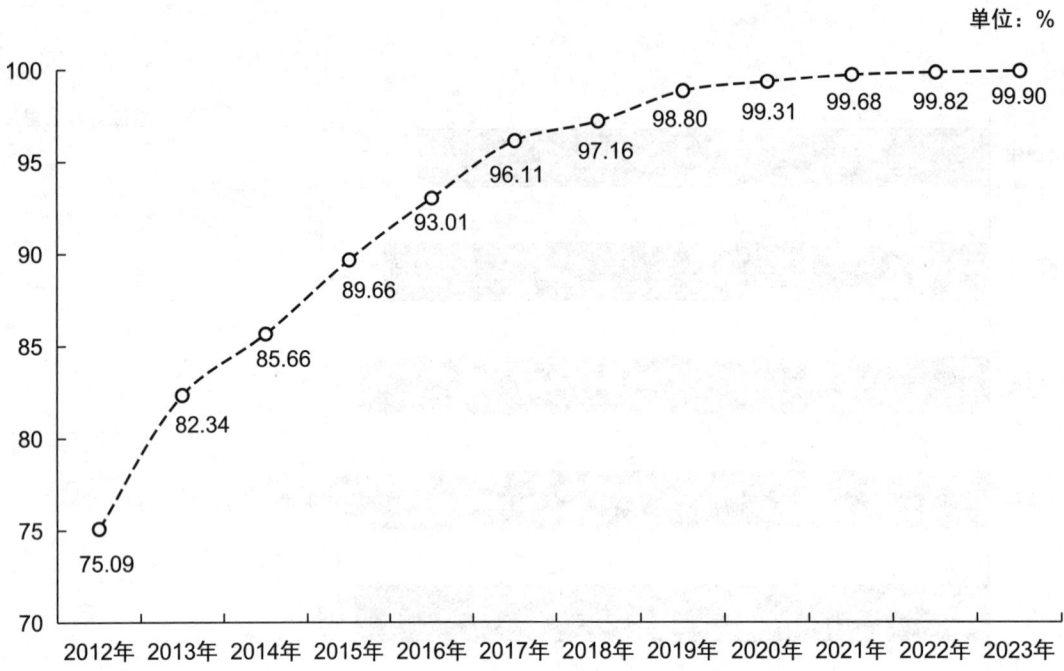

2012—2023年全国县城人均公园绿地面积

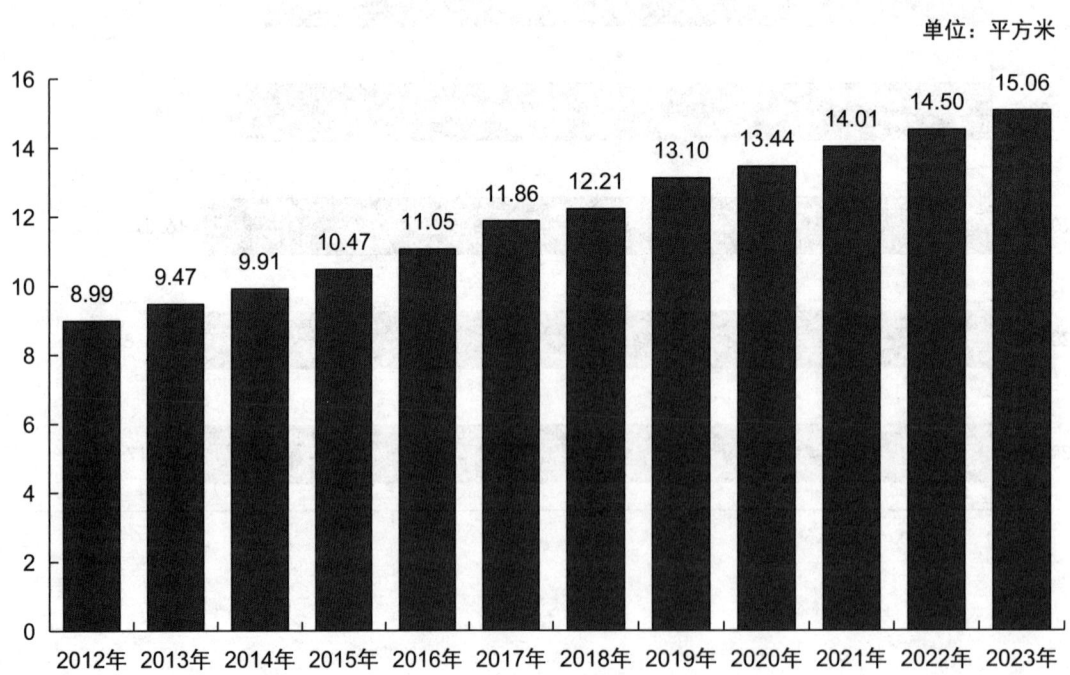

目 录
Contents

综合数据
General Data

一、县城市政公用设施水平 2
Level of County Seat Service Facilities
简要说明 2
Brief Introduction
1 　全国历年县城市政公用设施水平（2000—2023） 3
　　Level of National County Seat Service Facilities in Past Years（2000—2023）
1-1　2023年全国县城市政公用设施水平（按省分列） 4
　　Level of National County Seat Service Facilities by Province（2023）
1-2　2023年全国县城市政公用设施水平（按县分列） 6
　　Level of National County Seat Service Facilities by County（2023）

二、县城市政公用设施建设固定资产投资 90
Fixed Assets Investment in County Seat Service Facilities
简要说明 90
Brief Introduction
2 　全国历年县城市政公用设施建设固定资产投资（2001—2023） 91
　　National Fixed Assets Investment in County Seat Service Facilities in Past Years（2001—2023）
2-1　按行业分全国历年县城市政公用设施建设固定资产投资（2001—2023） 92
　　National Fixed Assets Investment in County Seat Sevice Facilities by Industry in Past Years（2001—2023）
2-1-1　2023年按行业分全国县城市政公用设施建设固定资产投资（按省分列） 94
　　National Fixed Assets Investment in County Seat Service Facilities by Industry（by Province in Column）（2023）
2-1-2　2023年按行业分全国县城市政公用设施建设固定资产投资（按县分列） 96
　　National Fixed Assets Investment in County Seat Service Facilities by Industry（by County in Column）（2023）
2-2　按资金来源分全国历年县城市政公用设施建设固定资产投资（2001—2023） 166
　　National Fixed Assets Investment in County Seat Service Facilities by Capital Source in Past Years（2001—2023）
2-2-1　2023年按资金来源分全国县城市政公用设施建设固定资产投资（按省分列） 168
　　National Fixed Assets Investment in County Seat Service Facilities by Capital Source

(by Province in Column)(2023)

2-2-2　2023年按资金来源分全国县城市政公用设施建设固定资产投资（按县分列） ·················· 170
National Fixed Assets Investment in County Seat Service Facilities by Capital Source
(by County in Column)(2023)

居民生活数据
Data by Residents Living

三、县城供水
County Seat Water Supply ··················· 244

简要说明 ··················· 244
Brief Introduction

3　全国历年县城供水情况（2000—2023） ··················· 245
National County Seat Water Supply in Past Years(2000—2023)

3-1　2023年按省分列的县城供水 ··················· 246
County Seat Water Supply by Province(2023)

3-2　2023年按省分列的县城供水（公共供水） ··················· 248
County Seat Water Supply by Province(Public Water Suppliers)(2023)

3-3　2023年按省分列的县城供水（自建设施供水） ··················· 250
County Seat Water Supply by Province(Suppliers with Self-Built Facilities)(2023)

3-4　2023年按县分列的县城供水 ··················· 252
National County Seat Water Supply by County(2023)

3-5　2023年按县分列的县城供水（公共供水） ··················· 322
County Seat Water Supply by County (Public Water Suppliers)(2023)

3-6　2023年按县分列的县城供水（自建设施供水） ··················· 400
County Seat Water Supply by County(Suppliers with Self-Built Facilities)(2023)

四、县城节约用水
County Seat Water Conservation ··················· 422

简要说明 ··················· 422
Brief Introduction

4　全国历年县城节约用水情况（2000—2023） ··················· 423
National County Seat Water Conservation in Past Years(2000—2023)

4-1　2023年按省分列的全国县城节约用水 ··················· 424
County Seat Water Conservation by Province(2023)

4-2　2023年按县分列的全国县城节约用水 ··················· 426
County Seat Water Conservation by County(2023)

五、县城燃气
County Seat Gas ··················· 445

简要说明 ··················· 445
Brief Introduction

5　全国历年县城燃气情况（2000—2023） ··················· 446
National County Seat Gas in Past Years(2000—2023)

5-1-1	2023年按省分列的县城人工煤气	448
	County Seat Man-made Coal Gas by Province(2023)	
5-1-2	2023年按县分列的县城人工煤气	450
	County Seat Man-made Coal Gas by Province(2023)	
5-2-1	2023年按省分列的县城天然气	452
	County Seat Natural Gas by Province(2023)	
5-2-2	2023年按县分列的县城天然气	454
	County Seat Natural Gas by County(2023)	
5-3-1	2023年按省分列的县城液化石油气	526
	County Seat LPG Supply by Province(2023)	
5-3-2	2023年按县分列的县城液化石油气	528
	County Seat LPG Supply by County(2023)	

六、县城集中供热 594
County Seat Central Heating
简要说明 594
Brief Introduction

6	全国历年县城集中供热情况(2000—2023)	595
	National County Seat Central Heating in Past Years(2000—2023)	
6-1	2023年按省分列的县城集中供热	596
	County Seat Central Heating by Province(2023)	
6-2	2023年按县分列的县城集中供热	598
	County Seat Central Heating by County(2023)	

居民出行数据
Data by Residents Travel

七、县城道路和桥梁 632
County Seat Road and Bridge
简要说明 632
Brief Introduction

7	全国历年县城道路和桥梁情况(2000—2023)	633
	National County Seat Road and Bridge in Past Years(2000—2023)	
7-1	2023年按省分列的县城道路和桥梁	634
	County Seat Road and Bridge by Province(2023)	
7-2	2023年按县分列的县城道路和桥梁	636
	County Seat Road and Bridge by County(2023)	

环境卫生数据
Data by Environmental Health

八、县城排水和污水处理 708
County Seat Drainage and Wastewater Treatment

简要说明 708
　　Brief Introduction

　8　全国历年县城排水和污水处理情况(2000—2023) 709
　　　National County Seat Drainage and Wastewater Treatment in Past Years(2000—2023)

　8-1　2023年按省分列的县城排水和污水处理 710
　　　County Seat Drainage and Wastewater Treatment by Province(2023)

　8-2　2023年按县分列的县城排水和污水处理 712
　　　County Seat Drainage and Wastewater Treatment by County(2023)

九、县城市容环境卫生 792
County Seat Environmental Sanitation

　简要说明 792
　Brief Introduction

　9　全国历年县城市容环境卫生情况(2000—2023) 793
　　　National County Seat Environmental Sanitation in Past Years(2000—2023)

　9-1　2023年按省分列的县城市容环境卫生 794
　　　County Seat Environmental Sanitation by Province(2023)

　9-2　2023年按县城分列的县城市容环境卫生 796
　　　County Seat Environmental Sanitation by County(2023)

绿色生态数据
Data by Green Ecology

十、县城园林绿化 878
County Seat Landscaping

　简要说明 878
　Brief Introduction

　10　全国历年县城园林绿化情况(2000—2023) 879
　　　National County Seat Landscaping in Past Years(2000—2023)

　10-1　2023年按省分列的县城园林绿化 880
　　　County Seat Landscaping by Province(2023)

　10-2　2023年按县分列的县城园林绿化 881
　　　County Seat Landscaping by County(2023)

主要指标解释 918
Explanatory Notes on Main Indicators

综 合 数 据

General Data

一、县城市政公用设施水平
Level of County Seat Service Facilities

简要说明

本部分反映县城市政公用设施水平，均为相对指标。主要包括人口密度、供水普及率、燃气普及率、人均道路面积、污水处理率、人均公园绿地面积、建成区绿地率、建成区绿化覆盖率、每万人拥有公厕等内容。

从2006年起，人均水平（除人均日生活用水量）和普及率水平均以县城人口和县城暂住人口合计数为分母计算。

Brief Introduction

This section demonstrates the level of county seat service facilities in a comparative way. Main indicators include population density, water coverage rate, gas coverage rate, road surface area per capita, wastewater treatment rate, public recreational green space per capita, green space rate of built district, green coverage rate of built district, number of public lavatories Per 10000 persons.

Since 2006, figures in terms of per capita and coverage rate (excluding domestic water use per capita) have been calculated based on denominator which combines both permanent and temporary residents in county seat areas.

1 全国历年县城市政公用设施水平(2000—2023)
Level of National County Seat Service Facilities in Past Years (2000—2023)

年份 Year	供水普及率 (%) Water Coverage Rate (%)	燃气普及率 (%) Gas Coverage Rate (%)	人均道路面积 (平方米) Road Surface Area Per Capita (sq. m)	污水处理率 (%) Wastewater Treatment Rate (%)	园林绿化 Landscaping			每万人拥有公厕 (座) Number of Public Lavatories Per 10000 Persons (unit)
					人均公园绿地面积 (平方米) Public Recreational Green Space Per Capita (sq. m)	建成区绿化覆盖率 (%) Green Coverage Rate of Built District (%)	建成区绿地率 (%) Green Space Rate of Built District (%)	
2000	84.83	54.41	11.20	7.55	5.71	10.86	6.51	2.21
2001	76.45	44.55	8.51	8.24	3.88	13.24	9.08	3.54
2002	80.53	49.69	9.37	11.02	4.32	14.12	9.78	3.53
2003	81.57	53.28	9.82	9.88	4.83	15.27	10.79	3.59
2004	82.26	56.87	10.30	11.23	5.29	16.42	11.65	3.54
2005	83.18	57.80	10.80	14.23	5.67	16.99	12.26	3.46
2006	76.43	52.45	10.30	13.63	4.98	18.70	14.01	2.91
2007	81.15	57.33	10.70	23.38	5.63	20.20	15.41	2.90
2008	81.59	59.11	11.21	31.58	6.12	21.52	16.90	2.90
2009	83.72	61.66	11.95	41.64	6.89	23.48	18.37	2.96
2010	85.14	64.89	12.68	60.12	7.70	24.89	19.92	2.94
2011	86.09	66.52	13.42	70.41	8.46	26.81	22.19	2.80
2012	86.94	68.50	14.09	75.24	8.99	27.74	23.32	2.09
2013	88.14	70.91	14.86	78.47	9.47	29.06	24.76	2.77
2014	88.89	73.24	15.39	82.12	9.91	29.80	25.88	2.76
2015	89.96	75.90	15.98	85.22	10.47	30.78	27.05	2.78
2016	90.50	78.19	16.41	87.38	11.05	32.53	28.74	2.82
2017	92.87	81.35	17.18	90.21	11.86	34.60	30.74	2.93
2018	93.80	83.85	17.73	91.16	12.21	35.17	31.21	3.13
2019	95.06	86.47	18.29	93.55	13.10	36.64	32.54	3.28
2020	96.66	89.07	18.92	95.05	13.44	37.58	33.55	3.51
2021	97.42	90.32	19.68	96.11	14.01	38.30	34.38	3.75
2022	97.86	91.38	20.31	96.94	14.50	39.35	35.65	3.95
2023	98.27	92.45	21.07	97.66	15.06	40.19	36.53	4.15

注：1. 自2006年起，人均和普及率指标按县城人口和县城暂住人口合计为分母计算，以公安部门的户籍统计和暂住人口统计为准。
　　2. "人均公园绿地面积"指标2005年及以前年份为"人均公共绿地面积"。

Notes: 1. Since 2006, figures in terms of per capita and coverage rate have been calculated based on denominator which combines both permanent and temporary residents in county seat areas. And the population should come from statisticsof police.
　　2. Since 2005, Public Green Space Per Capita is changed to be Public Recreational Green Space Per Capita.

1–1 2023年全国县城市政公用设施水平(按省分列)

地区名称 Name of Regions	人口密度 （人/平方公里） Population Density (person/sq. km)	人均日生活用水量 （升） Daily Water Consumption Per Capita (liter)	供水普及率 （%） Water Coverage Rate (%)	公共供水普及率 Public Water Coverage Rate	燃气普及率 （%） Gas Coverage Rate (%)	建成区供水管道密度 （公里/平方公里） Density of Water Supply Pipelines in Built District (km/sq. km)	人均道路面积 （平方米） Road Surface Area Per Capita (sq. m)	建成区路网密度 （公里/平方公里） Density of Road Network in Built District (km/sq. km)
全　国	2146	142.53	98.27	96.95	92.45	12.93	21.07	7.25
河　北	2777	106.15	100.00	99.65	98.61	11.52	25.90	9.13
山　西	3599	100.54	95.72	90.84	83.30	13.16	17.37	7.69
内蒙古	826	115.32	98.57	97.81	93.14	12.25	35.15	6.96
辽　宁	1408	135.07	97.79	96.54	90.24	12.74	16.92	4.70
吉　林	2290	120.54	97.45	97.08	88.97	10.88	19.06	6.12
黑龙江	2707	111.01	97.99	97.89	65.76	11.11	15.67	7.40
江　苏	2165	181.45	100.00	99.83	100.00	14.92	23.46	6.67
浙　江	901	249.89	100.00	100.00	100.00	21.78	26.13	9.47
安　徽	1863	157.35	98.44	95.95	96.92	14.38	25.73	6.70
福　建	2402	204.24	99.88	99.73	99.13	17.91	21.76	8.95
江　西	3589	172.53	98.05	97.93	97.67	18.94	27.93	7.67
山　东	1375	116.72	99.02	95.50	98.16	7.70	23.20	6.19
河　南	2583	117.46	98.19	94.58	96.53	8.56	19.22	5.86
湖　北	2986	168.04	97.97	97.67	98.10	15.13	21.05	7.25
湖　南	3821	165.27	98.27	97.99	95.64	15.82	15.58	7.26
广　东	1567	170.80	97.82	97.82	96.26	15.10	14.80	6.17
广　西	2672	182.20	99.84	98.55	99.39	14.47	22.25	9.31
海　南	1815	290.09	99.16	99.13	97.14	6.81	36.83	5.10
重　庆	2331	154.13	99.72	99.72	99.08	14.15	13.74	7.66
四　川	1489	138.40	97.41	97.04	91.01	13.27	15.42	6.67
贵　州	2413	128.22	97.46	96.48	84.75	14.41	22.23	8.96
云　南	3810	139.91	97.56	96.80	63.93	14.86	21.14	8.41
西　藏	2705	147.79	87.42	79.12	58.66	9.27	17.55	5.37
陕　西	3843	111.53	98.20	96.28	94.20	8.82	17.61	7.85
甘　肃	5380	84.27	97.92	97.64	79.00	10.10	15.49	6.29
青　海	2105	91.28	95.61	95.61	65.32	9.92	21.88	7.38
宁　夏	3775	117.41	99.87	99.75	77.01	9.97	24.07	6.96
新　疆	3269	160.33	96.96	96.80	97.44	10.14	24.25	6.73

Level of National County Seat Service Facilities by Province (2023)

建成区道路面积率（%） Surface Area of Roads Rate of Built District (%)	建成区排水管道密度（公里/平方公里） Density of Sewers in Built District (km/sq. km)	污水处理率（%） Wastewater Treatment Rate (%)	污水处理厂集中处理率 Centralized Treatment Rate of Wastewater Treatment Plants (%)	人均公园绿地面积（平方米） Public Recreational Green Space Per Capita (sq. m)	建成区绿化覆盖率（%） Green Coverage Rate of Built District (%)	建成区绿地率（%） Green Space Rate of Built District (%)	生活垃圾处理率（%） Domestic Garbage Treatment Rate (%)	生活垃圾无害化处理率 Domestic Garbage Harmless Treatment Rate (%)	地区名称 Name of Regions
13.98	**11.26**	**97.66**	**97.08**	**15.06**	**40.19**	**36.53**	**99.90**	**99.57**	全 国
18.28	10.62	98.88	98.88	14.34	42.74	39.02	100.00	100.00	河 北
14.84	11.60	98.26	97.89	12.86	40.88	36.57	99.90	98.19	山 西
15.07	8.77	98.43	98.43	23.51	37.76	35.27	99.99	99.99	内蒙古
8.04	6.03	102.08	102.08	13.76	24.77	20.70	99.63	99.63	辽 宁
11.65	10.69	98.83	98.83	18.61	40.09	37.03	100.00	100.00	吉 林
9.04	8.40	97.13	97.13	14.93	36.29	32.92	100.00	100.00	黑龙江
13.62	12.96	94.89	94.89	15.66	43.00	40.18	100.00	100.00	江 苏
16.43	16.96	98.14	97.98	16.81	44.68	40.40	100.00	100.00	浙 江
15.45	12.66	97.05	96.92	16.35	41.55	38.15	100.00	100.00	安 徽
14.93	15.79	97.62	96.78	17.69	44.02	40.44	100.00	100.00	福 建
14.86	14.12	96.32	94.44	19.72	43.41	39.27	100.00	100.00	江 西
13.24	10.81	98.34	98.34	17.18	42.23	38.57	100.00	100.00	山 东
13.66	10.03	98.82	98.81	13.31	40.57	35.81	99.86	97.17	河 南
14.60	11.37	96.98	96.98	15.23	41.35	38.27	100.00	100.00	湖 北
12.90	10.90	96.73	96.56	11.82	39.82	36.32	99.98	99.98	湖 南
10.83	7.62	97.41	97.41	13.28	37.97	34.98	100.00	100.00	广 东
16.33	13.62	98.60	93.27	13.23	38.90	34.38	100.00	100.00	广 西
10.93	5.44	108.92	100.77	10.55	37.43	32.88	100.00	100.00	海 南
14.13	18.17	99.88	99.88	16.83	44.62	41.55	100.00	100.00	重 庆
13.47	10.97	96.10	93.60	14.74	40.79	36.52	99.92	99.92	四 川
14.68	10.44	97.37	97.37	16.05	39.98	38.10	99.63	99.63	贵 州
16.16	17.82	98.48	98.46	14.44	43.15	39.48	100.00	100.00	云 南
6.63	7.94	65.82	64.84	1.51	6.38	4.20	97.00	97.00	西 藏
13.29	9.89	96.88	96.87	12.30	38.26	33.95	99.83	99.83	陕 西
11.45	10.70	98.40	98.40	14.13	33.38	29.59	99.98	99.98	甘 肃
12.80	9.95	93.91	93.91	7.84	27.80	24.14	96.39	96.39	青 海
14.87	9.06	99.82	99.82	17.73	39.93	38.45	100.00	100.00	宁 夏
11.49	7.16	99.01	99.00	17.56	42.18	38.55	99.97	99.97	新 疆

1-2　2023年全国县城市政公用设施水平(按县分列)

县名称 Name of Counties	人口密度 （人/平方公里） Population Density (person/sq. km)	人均日生活用水量 （升） Daily Water Consumption Per Capita (liter)	供水普及率 （%） Water Coverage Rate (%)	公共供水普及率 Public Water Coverage Rate	燃气普及率 （%） Gas Coverage Rate (%)	建成区供水管道密度 （公里/平方公里） Density of Water Supply Pipelines in Built District (km/sq. km)	人均道路面积 （平方米） Road Surface Area Per Capita (sq. m)	建成区路网密度 （公里/平方公里） Density of Road Network in Built District (km/sq. km)	建成区道路面积率 （%） Surface Area of Roads Rate of Built District (%)
全　国	2146	142.53	98.27	96.95	92.45	12.93	21.07	7.25	13.98
河　北	2777	106.15	100.00	99.65	98.61	11.52	25.90	9.13	18.28
井陉县	1544	95.48	100.00	100.00	100.00	7.62	18.68	11.54	17.97
正定县	2205	130.26	100.00	100.00	100.00	4.16	30.28	8.07	19.13
行唐县	2425	125.99	100.00	100.00	98.94	15.11	29.78	7.34	21.26
灵寿县	3502	135.79	100.00	100.00	100.00	23.18	24.17	10.79	20.01
高邑县	1477	139.50	100.00	100.00	100.00	7.07	34.93	11.58	23.51
深泽县	3979	136.39	100.00	100.00	100.00	21.32	20.37	7.31	17.35
赞皇县	1093	129.51	100.00	100.00	100.00	15.76	19.74	9.77	16.70
无极县	2928	145.80	100.00	100.00	100.00	8.93	31.33	9.44	18.53
平山县	1161	103.78	100.00	100.00	100.00	14.57	16.42	10.18	19.23
元氏县	3133	112.55	100.00	100.00	100.00	8.77	24.93	10.56	18.78
赵　县	8360	78.05	100.00	100.00	100.00	3.94	23.80	8.62	19.90
滦南县	1443	131.85	100.00	100.00	100.00	10.21	22.26	8.82	15.43
乐亭县	1450	112.31	100.00	100.00	100.00	12.19	20.22	8.12	16.58
迁西县	1306	80.72	100.00	95.93	100.00	14.54	17.24	8.11	14.28
玉田县	1878	96.27	100.00	92.31	100.00	7.78	23.03	8.25	14.99
曹妃甸区	1795	133.81	100.00	100.00	100.00	10.28	43.93	8.47	22.22
青龙满族自治县	2655	86.68	100.00	100.00	100.00	5.80	19.24	11.06	13.42
昌黎县	3375	128.92	100.00	96.45	99.92	12.39	24.03	9.06	18.00
卢龙县	1460	82.94	100.00	100.00	100.00	5.10	30.32	9.31	18.97
临漳县	1477	131.34	100.00	100.00	100.00	7.12	36.31	9.12	18.78
成安县	6441	82.55	100.00	100.00	97.17	14.12	32.69	9.88	21.01
大名县	4038	45.72	100.00	100.00	100.00	9.11	20.23	10.64	18.11
涉　县	2454	91.83	100.00	100.00	100.00	8.52	24.03	10.44	14.81
磁　县	2729	89.69	100.00	100.00	99.51	8.65	26.47	9.06	23.61
邱　县	3447	86.89	100.00	100.00	100.00	5.43	32.04	9.71	21.28
鸡泽县	5934	106.10	100.00	100.00	100.00	14.89	25.66	9.15	21.18
广平县	4238	160.43	100.00	100.00	100.00	4.39	44.60	15.12	29.76
馆陶县	2073	82.10	100.00	100.00	99.20	14.21	27.38	8.52	20.69
魏　县	3941	54.14	100.00	100.00	100.00	7.55	15.28	10.09	20.74
曲周县	4458	103.96	100.00	100.00	100.00	13.38	26.48	10.62	20.53
临城县	1306	77.72	100.00	100.00	99.29	10.06	29.32	10.38	22.09
内丘县	2189	98.46	100.00	100.00	98.68	11.76	19.84	11.65	20.43
柏乡县	696	130.54	100.00	100.00	99.02	6.21	37.10	10.55	17.54
隆尧县	3241	88.21	100.00	100.00	98.02	6.48	27.62	8.15	16.49

Level of National County Seat Service Facilities by County (2023)

建成区排水管道密度 （公里/平方公里） Density of Sewers in Built District (km/sq. km)	污水处理率 （%） Wastewater Treatment Rate (%)	污水处理厂集中处理率 Centralized Treatment Rate of Wastewater Treatment Plants	人均公园绿地面积 （平方米） Public Recreational Green Space Per Capita (sq. m)	建成区绿化覆盖率 （%） Green Coverage Rate of Built District (%)	建成区绿地率 （%） Green Space Rate of Built District (%)	生活垃圾处理率 （%） Domestic Garbage Treatment Rate (%)	生活垃圾无害化处理率 Domestic Garbage Harmless Treatment Rate	县名称 Name of Counties
11.26	97.66	97.08	15.06	40.19	36.53	99.90	99.57	全　国
10.62	98.88	98.88	14.34	42.74	39.02	100.00	100.00	河　北
12.23	99.89	99.89	15.80	44.74	41.57	100.00	100.00	井陉县
12.65	99.15	99.15	21.60	44.13	41.08	100.00	100.00	正定县
12.55	97.28	97.28	17.93	45.96	40.96	100.00	100.00	行唐县
9.32	99.78	99.78	15.91	44.14	40.04	100.00	100.00	灵寿县
12.27	99.90	99.90	13.46	47.90	44.65	100.00	100.00	高邑县
5.07	99.34	99.34	13.66	41.04	37.74	100.00	100.00	深泽县
9.77	99.39	99.39	19.77	48.80	44.33	100.00	100.00	赞皇县
10.67	99.83	99.83	15.94	44.83	39.89	100.00	100.00	无极县
13.71	98.09	98.09	13.33	41.23	37.74	100.00	100.00	平山县
9.45	99.30	99.30	13.59	46.04	41.14	100.00	100.00	元氏县
8.68	99.77	99.77	12.61	42.62	37.71	100.00	100.00	赵　县
6.47	99.91	99.91	13.18	44.15	40.94	100.00	100.00	滦南县
8.01	99.36	99.36	15.68	46.51	42.40	100.00	100.00	乐亭县
7.48	99.84	99.84	16.12	44.27	40.94	100.00	100.00	迁西县
4.47	99.12	99.12	9.45	40.05	36.72	100.00	100.00	玉田县
11.06	99.87	99.87	26.17	44.98	41.63	100.00	100.00	曹妃甸区
7.92	98.50	98.50	14.40	36.59	32.83	100.00	100.00	青龙满族自治县
11.62	99.99	99.99	8.93	38.71	34.80	100.00	100.00	昌黎县
8.38	99.99	99.99	12.87	42.63	41.04	100.00	100.00	卢龙县
9.65	99.89	99.89	16.34	45.38	42.33	100.00	100.00	临漳县
0.72	99.80	99.80	15.12	45.58	41.11	100.00	100.00	成安县
6.93	99.59	99.59	16.83	46.58	42.97	100.00	100.00	大名县
18.86	99.79	99.79	19.91	43.80	42.52	100.00	100.00	涉　县
8.33	99.92	99.92	14.80	45.89	41.29	100.00	100.00	磁　县
12.99	92.83	92.83	15.04	45.64	41.30	100.00	100.00	邱　县
12.16	99.98	99.98	16.00	44.73	40.83	100.00	100.00	鸡泽县
13.63	99.99	99.99	14.37	43.21	40.21	100.00	100.00	广平县
14.03	93.81	93.81	13.35	46.21	41.87	100.00	100.00	馆陶县
8.09	98.99	98.99	13.66	45.04	42.25	100.00	100.00	魏　县
12.78	99.93	99.93	15.34	44.32	40.04	100.00	100.00	曲周县
11.03	95.92	95.92	14.71	41.14	37.44	100.00	100.00	临城县
10.37	98.20	98.20	12.28	42.67	38.62	100.00	100.00	内丘县
8.49	96.44	96.44	14.63	39.37	35.76	100.00	100.00	柏乡县
10.42	99.92	99.92	14.01	41.85	38.90	100.00	100.00	隆尧县

1-2 续表 1

县名称 Name of Counties	人口密度 （人/平方公里） Population Density (person/sq. km)	人均日生活用水量 （升） Daily Water Consumption Per Capita (liter)	供水普及率 （%） Water Coverage Rate (%)	公共供水普及率 Public Water Coverage Rate	燃气普及率 （%） Gas Coverage Rate (%)	建成区供水管道密度 （公里/平方公里） Density of Water Supply Pipelines in Built District (km/sq. km)	人均道路面积 （平方米） Road Surface Area Per Capita (sq. m)	建成区路网密度 （公里/平方公里） Density of Road Network in Built District (km/sq. km)	建成区道路面积率 （%） Surface Area of Roads Rate of Built District (%)
宁晋县	8370	94.47	100.00	100.00	97.39	12.81	27.40	8.86	27.84
巨鹿县	2770	80.90	100.00	100.00	100.00	34.50	26.75	7.50	18.51
新河县	4071	116.32	100.00	100.00	99.12	9.25	32.28	10.50	23.00
广宗县	1604	80.78	100.00	100.00	100.00	13.62	24.94	9.22	22.20
平乡县	1239	101.16	100.00	100.00	100.00	10.65	29.39	7.97	15.75
威县	7136	87.69	100.00	100.00	96.62	19.97	26.83	8.05	20.00
清河县	9864	65.50	100.00	100.00	100.00	3.84	17.81	8.11	17.57
临西县	5823	81.17	100.00	100.00	100.00	6.66	25.95	8.53	17.55
博野县	3545	128.52	100.00	100.00	100.00	4.57	27.10	8.66	18.17
涞水县	5087	117.63	100.00	100.00	99.88	14.48	25.59	8.68	16.01
阜平县	1735	139.06	100.00	100.00	88.59	10.06	26.43	9.95	15.04
白沟新城	1794	139.94	100.00	99.59	99.49	11.87	29.33	8.90	13.10
定兴县	8235	137.26	100.00	100.00	100.00	8.14	32.99	12.27	27.17
唐县	2925	104.24	100.00	100.00	100.00	8.59	25.68	5.79	12.02
高阳县	4575	137.73	100.00	100.00	100.00	7.06	27.90	8.27	16.36
涞源县	5184	116.89	100.00	100.00	66.99	7.16	27.51	8.28	14.26
望都县	6024	132.50	100.00	100.00	100.00	5.05	26.60	7.88	16.62
易县	7064	133.68	100.00	100.00	99.47	16.76	21.78	4.73	14.93
曲阳县	3004	110.64	100.00	100.00	99.63	3.09	25.95	9.00	16.52
蠡县	6083	106.79	100.00	100.00	100.00	9.86	25.53	8.98	15.59
顺平县	2908	121.49	100.00	100.00	99.31	10.67	19.19	9.07	15.10
张北县	2204	101.79	100.00	100.00	95.82	16.58	34.19	9.15	16.67
康保县	1976	52.05	100.00	100.00	9.38	7.79	35.13	8.97	21.13
沽源县	3028	86.69	100.00	100.00	99.37	17.84	27.64	9.06	23.55
尚义县	5230	78.99	100.00	100.00	95.00	11.47	30.12	8.73	15.75
蔚县	2234	140.11	100.00	100.00	100.00	11.45	28.55	8.22	13.50
阳原县	1115	95.83	100.00	100.00	92.23	13.61	24.92	9.66	17.19
怀安县	2733	88.21	100.00	100.00	97.89	10.95	29.60	8.58	19.79
怀来县	3652	137.78	100.00	100.00	98.54	9.34	24.96	8.33	15.47
涿鹿县	7131	87.55	100.00	100.00	100.00	17.34	24.29	8.18	26.37
赤城县	9686	81.19	100.00	100.00	100.00	12.15	16.06	10.98	16.50
承德县	3480	135.38	100.00	100.00	97.70	10.04	17.80	7.99	12.34
兴隆县	2880	122.53	100.00	100.00	99.72	14.25	24.39	9.22	15.39
滦平县	4263	111.13	100.00	100.00	98.89	19.50	17.65	9.02	14.98
隆化县	2117	122.96	100.00	98.80	100.00	18.28	19.78	8.32	16.34
丰宁满族自治县	5421	136.98	100.00	100.00	100.00	16.17	20.30	10.44	15.40

continued 1

建成区排水管道密度（公里/平方公里） Density of Sewers in Built District (km/sq. km)	污水处理率（%） Wastewater Treatment Rate (%)	污水处理厂集中处理率 Centralized Treatment Rate of Wastewater Treatment Plants	人均公园绿地面积（平方米） Public Recreational Green Space Per Capita (sq. m)	建成区绿化覆盖率（%） Green Coverage Rate of Built District (%)	建成区绿地率（%） Green Space Rate of Built District (%)	生活垃圾处理率（%） Domestic Garbage Treatment Rate (%)	生活垃圾无害化处理率 Domestic Garbage Harmless Treatment Rate	县名称 Name of Counties
11.88	96.16	96.16	8.83	39.57	34.75	100.00	100.00	宁晋县
14.30	99.60	99.60	12.28	33.86	30.65	100.00	100.00	巨鹿县
13.46	98.34	98.34	14.58	41.78	36.80	100.00	100.00	新河县
15.16	96.51	96.51	14.85	43.57	38.84	100.00	100.00	广宗县
16.25	99.61	99.61	14.22	42.65	37.46	100.00	100.00	平乡县
17.38	99.50	99.50	15.07	44.42	41.33	100.00	100.00	威　县
12.17	98.05	98.05	13.96	45.72	42.50	100.00	100.00	清河县
17.58	97.17	97.17	9.88	38.08	33.87	100.00	100.00	临西县
12.77	99.27	99.27	12.63	39.67	36.43	100.00	100.00	博野县
9.90	99.28	99.28	13.04	44.30	40.05	100.00	100.00	涞水县
17.66	99.71	99.71	28.47	41.63	36.72	100.00	100.00	阜平县
8.38	99.50	99.50	14.77	41.18	37.71	100.00	100.00	白沟新城
15.47	99.54	99.54	15.64	44.76	40.12	100.00	100.00	定兴县
5.79	98.06	98.06	14.06	42.20	38.29	100.00	100.00	唐　县
10.26	99.94	99.94	12.84	42.84	38.27	100.00	100.00	高阳县
7.09	99.21	99.21	18.18	41.63	38.07	100.00	100.00	涞源县
11.32	99.65	99.65	12.56	41.36	37.54	100.00	100.00	望都县
2.27	99.96	99.96	14.66	42.28	36.84	100.00	100.00	易　县
4.79	99.98	99.98	13.46	44.48	41.35	100.00	100.00	曲阳县
7.56	99.98	99.98	14.72	40.89	37.35	100.00	100.00	蠡　县
12.85	99.97	99.97	14.26	43.93	38.22	100.00	100.00	顺平县
7.51	98.50	98.50	13.77	43.90	40.77	100.00	100.00	张北县
7.29	98.01	98.01	11.76	43.76	40.25	100.00	100.00	康保县
7.33	98.40	98.40	12.52	43.51	38.92	100.00	100.00	沽源县
9.24	94.90	94.90	15.96	43.12	38.99	100.00	100.00	尚义县
9.31	98.18	98.18	11.74	40.28	35.45	100.00	100.00	蔚　县
13.90	99.66	99.66	11.15	40.09	35.85	100.00	100.00	阳原县
14.01	98.22	98.22	11.57	39.08	35.40	100.00	100.00	怀安县
11.74	99.02	99.02	12.32	44.13	41.06	100.00	100.00	怀来县
11.36	99.97	99.97	13.78	43.82	40.81	100.00	100.00	涿鹿县
10.77	97.29	97.29	9.33	36.41	31.89	100.00	100.00	赤城县
9.47	96.06	96.06	13.45	44.16	40.57	100.00	100.00	承德县
7.53	97.97	97.97	10.93	40.26	36.98	100.00	100.00	兴隆县
13.20	98.92	98.92	12.62	43.37	40.34	100.00	100.00	滦平县
11.31	95.38	95.38	11.55	39.61	35.51	100.00	100.00	隆化县
9.80	97.93	97.93	15.07	41.03	37.13	100.00	100.00	丰宁满族自治县

1-2 续表2

县名称 Name of Counties	人口密度 （人/平方公里） Population Density (person/sq. km)	人均日生活用水量（升） Daily Water Consumption Per Capita (liter)	供水普及率（%） Water Coverage Rate (%)	公共供水普及率 Public Water Coverage Rate	燃气普及率（%） Gas Coverage Rate (%)	建成区供水管道密度（公里/平方公里） Density of Water Supply Pipelines in Built District (km/sq. km)	人均道路面积（平方米） Road Surface Area Per Capita (sq. m)	建成区路网密度（公里/平方公里） Density of Road Network in Built District (km/sq. km)	建成区道路面积率（%） Surface Area of Roads Rate of Built District (%)
宽城满族自治县	1638	127.53	100.00	100.00	99.37	12.13	29.22	9.96	16.90
围场满族蒙古族自治县	4925	123.14	100.00	100.00	100.00	7.41	13.69	8.61	16.65
青　县	5706	102.79	100.00	100.00	100.00	7.66	30.18	9.72	17.22
东光县	4772	86.16	100.00	100.00	100.00	12.46	15.10	7.26	11.58
海兴县	3400	66.73	100.00	100.00	100.00	16.99	37.38	8.72	23.39
盐山县	3052	110.23	100.00	100.00	100.00	8.00	33.23	9.82	19.96
肃宁县	3218	156.08	100.00	100.00	100.00	7.53	35.78	8.82	20.15
南皮县	3182	116.32	100.00	100.00	100.00	5.66	32.64	8.62	16.15
吴桥县	2253	113.05	100.00	100.00	100.00	8.07	50.88	7.28	18.69
献　县	3565	93.13	100.00	100.00	100.00	18.06	23.00	8.03	17.44
孟村回族自治县	2181	104.00	100.00	100.00	100.00	16.07	33.37	8.69	16.52
固安县	3855	139.33	100.00	100.00	100.00	12.36	21.19	8.54	12.39
永清县	1925	131.07	100.00	100.00	100.00	29.13	36.28	10.16	16.86
香河县	1758	136.38	100.00	100.00	100.00	18.60	28.38	8.54	20.02
大城县	2520	110.44	100.00	100.00	100.00	19.24	27.17	10.41	22.66
文安县	2778	137.92	100.00	100.00	100.00	16.29	30.13	8.55	19.62
大厂回族自治县	1495	115.92	100.00	100.00	100.00	7.52	35.56	8.08	15.79
枣强县	4613	88.06	100.00	100.00	99.37	25.80	18.41	12.43	16.48
武邑县	3534	117.42	100.00	100.00	99.08	8.66	23.56	8.56	17.10
武强县	3642	133.82	100.00	99.36	97.06	19.90	26.98	13.08	8.52
饶阳县	1163	78.27	100.00	100.00	100.00	8.67	41.84	16.81	19.68
安平县	5217	123.31	100.00	100.00	100.00	21.37	26.10	8.36	23.08
故城县	5309	112.28	100.00	97.09	96.92	16.02	37.01	10.98	33.32
景　县	6941	135.59	100.00	100.00	100.00	5.29	40.06	9.53	27.81
阜城县	1848	93.68	100.00	100.00	99.00	10.34	29.95	8.62	22.83
容城县	6585	105.72	100.00	100.00	100.00	7.64	13.79	6.85	11.71
雄　县	4892	136.87	100.00	91.99	99.45	33.66	12.71	9.15	9.11
安新县	2805	164.41	100.00	100.00	99.44	15.40	13.00	5.70	5.62
山　西	**3599**	**100.54**	**95.72**	**90.84**	**83.30**	**13.16**	**17.37**	**7.69**	**14.84**
清徐县	2708				100.00		24.57	5.58	20.27
阳曲县	4576	54.10	100.00	100.00	100.00	13.73	12.91	5.66	13.41
娄烦县	6044	104.87	97.84	97.84	52.05	6.70	12.76	8.78	11.32
阳高县	5841	90.14	95.24	95.24	56.08	14.17	17.90	9.31	17.12
天镇县	5475	106.06	93.26	84.36	54.79	25.40	12.58	13.70	10.51
广灵县	1896	126.38	89.64	64.97	46.46	2.16	15.34	9.81	19.46
灵丘县	7375	58.44	93.22	93.22	80.51	13.30	19.51	5.28	1.57

continued 2

建成区排水管道密度（公里/平方公里）Density of Sewers in Built District (km/sq. km)	污水处理率（%）Wastewater Treatment Rate (%)	污水处理厂集中处理率 Centralized Treatment Rate of Wastewater Treatment Plants	人均公园绿地面积（平方米）Public Recreational Green Space Per Capita (sq. m)	建成区绿化覆盖率（%）Green Coverage Rate of Built District (%)	建成区绿地率（%）Green Space Rate of Built District (%)	生活垃圾处理率（%）Domestic Garbage Treatment Rate (%)	生活垃圾无害化处理率 Domestic Garbage Harmless Treatment Rate	县名称 Name of Counties
11.61	98.64	98.64	15.90	44.31	40.08	100.00	100.00	宽城满族自治县
23.19	91.11	91.11	10.34	40.51	36.95	100.00	100.00	围场满族蒙古族自治县
12.38	99.44	99.44	19.05	45.13	41.23	100.00	100.00	青　县
7.72	99.50	99.50	12.23	46.11	41.23	100.00	100.00	东光县
11.81	99.96	99.96	15.68	40.06	36.27	100.00	100.00	海兴县
12.08	99.26	99.26	13.64	41.47	37.25	100.00	100.00	盐山县
13.42	97.10	97.10	12.63	43.55	40.54	100.00	100.00	肃宁县
10.00	97.61	97.61	13.05	40.66	36.15	100.00	100.00	南皮县
16.68	99.99	99.99	14.86	44.05	40.96	100.00	100.00	吴桥县
14.23	99.90	99.90	13.60	42.07	38.40	100.00	100.00	献　县
10.07	99.01	99.01	13.04	42.28	38.98	100.00	100.00	孟村回族自治县
4.18	99.70	99.70	15.71	43.60	40.62	100.00	100.00	固安县
8.24	99.20	99.20	12.83	39.36	36.51	100.00	100.00	永清县
5.71	99.00	99.00	15.01	40.58	37.65	100.00	100.00	香河县
12.07	99.86	99.86	12.72	41.43	36.57	100.00	100.00	大城县
8.69	97.36	97.36	12.06	37.16	32.52	100.00	100.00	文安县
10.17	97.77	97.77	15.23	43.10	40.05	100.00	100.00	大厂回族自治县
14.56	99.80	99.80	13.49	43.66	40.20	100.00	100.00	枣强县
11.21	98.40	98.40	14.55	40.34	36.03	100.00	100.00	武邑县
6.77	99.36	99.36	14.73	40.50	37.50	100.00	100.00	武强县
7.11	99.87	99.87	14.68	40.30	37.18	100.00	100.00	饶阳县
19.76	99.90	99.90	13.07	44.45	40.31	100.00	100.00	安平县
12.72	99.96	99.96	16.05	42.29	39.06	100.00	100.00	故城县
14.23	99.97	99.97	12.72	41.10	37.07	100.00	100.00	景　县
8.55	99.40	99.40	12.42	41.39	37.28	100.00	100.00	阜城县
8.16	99.89	99.89	8.35	34.71	30.48	100.00	100.00	容城县
7.72	99.41	99.41	12.80	38.40	33.05	100.00	100.00	雄　县
8.13	98.35	98.35	18.69	37.10	32.83	100.00	100.00	安新县
11.60	98.26	97.89	12.86	40.88	36.57	99.90	98.19	山　西
	100.00	100.00	10.85	32.04	28.57	100.00	100.00	清徐县
11.64	100.00	100.00	10.99	40.05	28.03	100.00	100.00	阳曲县
36.03	100.00	100.00	14.48	39.92	38.20	100.00	100.00	娄烦县
11.12	100.00	100.00	8.76	35.45	30.30	100.00	100.00	阳高县
8.65	100.00	100.00	9.56	35.66	35.66	100.00	100.00	天镇县
	80.01	80.01	6.62	47.29	40.80	100.00	100.00	广灵县
6.88	97.11	97.11	9.20	37.80	33.56	100.00	100.00	灵丘县

1-2 续表3

县名称 Name of Counties	人口密度（人/平方公里）Population Density (person/sq. km)	人均日生活用水量（升）Daily Water Consumption Per Capita (liter)	供水普及率（%）Water Coverage Rate (%)	公共供水普及率 Public Water Coverage Rate	燃气普及率（%）Gas Coverage Rate (%)	建成区供水管道密度（公里/平方公里）Density of Water Supply Pipelines in Built District (km/sq. km)	人均道路面积（平方米）Road Surface Area Per Capita (sq. m)	建成区路网密度（公里/平方公里）Density of Road Network in Built District (km/sq. km)	建成区道路面积率（%）Surface Area of Roads Rate of Built District (%)
浑源县	4721	106.54	95.23	90.91	52.52	10.93	18.25	8.34	15.10
左云县	6548	85.91	94.25	84.40	45.98	18.99	17.27	6.76	12.87
云州区	6090	64.62	100.00	100.00	87.03	19.30	21.09	14.07	15.78
平定县	11570	135.47	100.00	99.48	99.65	22.00	6.24	3.62	7.22
盂　县	5394	166.98	97.62	97.62	97.62	11.54	10.44	2.38	8.30
襄垣县	3477	183.44	100.00	100.00	97.62	21.88	41.99	6.08	16.27
平顺县	4029	138.43	100.00	100.00	98.82	11.70	26.35	14.39	31.85
黎城县	7295	107.86	100.00	90.16	100.00	9.55	19.31	7.29	14.09
壶关县	2987	107.64	100.00	100.00	99.25	5.36	21.27	8.14	15.35
长子县	9001	85.39	100.00	98.94	97.87	17.47	25.79	9.54	23.22
武乡县	1789	97.42	100.00	96.89	97.83	7.65	12.18	4.13	7.18
沁　县	2136	75.22	99.83	70.23	98.83	16.86	15.22	8.19	15.09
沁源县	8628	84.00	100.00	98.54	99.58	23.10	17.58	8.19	15.00
沁水县	7467	144.46	98.21	98.21	100.00	31.43	22.47	17.02	17.98
阳城县	7394	112.39	98.36	98.36	100.00	23.64	21.27	9.63	15.73
陵川县	6063	76.01	100.00	100.00	100.00	22.79	14.65	9.78	15.99
山阴县	4650	96.58	86.02	86.02	60.32	7.22	15.24	5.55	6.65
应　县	9771	60.18	87.72	87.72	81.36	28.52	13.66	12.41	15.23
右玉县	3554	136.17	99.81	88.40	96.96	8.45	29.92	5.93	17.38
榆社县	4956	122.14	100.00	99.78	57.85	10.46	24.53	12.21	15.67
左权县	10313	119.16	100.00	100.00	100.00	11.57	23.54	11.51	24.67
和顺县	4575	108.17	100.00	100.00	100.00	10.14	29.05	8.43	23.11
昔阳县	7778	70.12	100.00	100.00	92.62	11.44	12.01	8.93	15.64
寿阳县	2703	121.57	100.00	77.62	95.99	12.00	28.35	9.07	20.42
祁　县	6446	101.51	100.00	75.87	100.00	10.71	12.29	5.31	8.59
平遥县	8845	111.04	100.00	100.00	89.86	14.43	25.77	9.44	15.18
灵石县	6380	81.82	100.00	100.00	74.07	10.50	9.45	3.87	9.53
临猗县	1383	79.23	100.00	95.89	95.00	4.51	26.21	6.53	19.38
万荣县	1731	73.60	97.79	86.45	96.01	7.68	26.68	4.69	17.72
闻喜县	3274	166.34	99.04	33.01	99.04	5.35	22.29	6.84	11.76
稷山县	6236	67.41	99.33	67.34	98.32	40.97	14.47	8.04	18.81
新绛县	7147	45.89	100.00	100.00	96.54	18.79	16.71	9.64	17.62
绛　县	1245	67.63	98.33	90.91	100.00	11.51	19.48	4.84	19.48
垣曲县	1360	97.16	96.00	96.00	89.09	7.59	25.51	7.75	24.68
夏　县	1219	77.63	95.60	95.60	99.04	7.59	21.94	4.80	16.16
平陆县	2088	65.42	98.43	98.43	87.93	7.84	13.24	11.64	18.23

continued 3

建成区排水管道密度（公里/平方公里）Density of Sewers in Built District (km/sq. km)	污水处理率（%）Wastewater Treatment Rate (%)	污水处理厂集中处理率 Centralized Treatment Rate of Wastewater Treatment Plants (%)	人均公园绿地面积（平方米）Public Recreational Green Space Per Capita (sq. m)	建成区绿化覆盖率（%）Green Coverage Rate of Built District (%)	建成区绿地率（%）Green Space Rate of Built District (%)	生活垃圾处理率（%）Domestic Garbage Treatment Rate	生活垃圾无害化处理率 Domestic Garbage Harmless Treatment Rate	县名称 Name of Counties
12.18	98.56	98.56	25.34	39.28	33.83	100.00	100.00	浑源县
13.17	91.86	91.86	16.77	41.07	36.43	100.00	100.00	左云县
8.85	89.10	89.10	13.39	29.77	26.57	100.00	100.00	云州区
10.86	100.00	100.00	12.96	38.27	38.27	100.00	100.00	平定县
5.36	100.00	100.00	13.07	52.43	40.82	100.00	100.00	盂　县
3.45	95.53	95.53	25.02	42.99	40.55	100.00	100.00	襄垣县
20.12	94.43	94.43	15.39	45.27	40.53	100.00	100.00	平顺县
15.90	90.02	90.02	21.03	35.97	33.65	100.00	100.00	黎城县
7.04	95.30	95.30	12.74	47.51	41.72	100.00	100.00	壶关县
8.40	96.99	96.99	13.28	41.09	37.16	100.00	100.00	长子县
9.59	96.30	96.30	17.98	45.35	41.26	100.00	100.00	武乡县
7.97	96.90	96.90	13.85	48.34	43.33	100.00	100.00	沁　县
0.82	95.01	95.01	12.39	45.99	44.20	100.00	100.00	沁源县
6.26	100.00	100.00	18.23	44.16	41.09	100.00	100.00	沁水县
6.92	100.00	100.00	13.71	47.56	41.78	100.00	100.00	阳城县
21.67	100.00	100.00	12.63	42.31	37.66	100.00	100.00	陵川县
9.61	96.40	96.40	11.58	38.52	33.90	100.00	100.00	山阴县
12.49	100.00	100.00	9.11	41.17	40.60	100.00	100.00	应　县
18.90	100.00	100.00	11.84	40.42	37.47	100.00	100.00	右玉县
22.45	91.75	91.75	11.50	40.26	31.91	100.00	100.00	榆社县
21.51	95.94	95.94	17.21	41.58	39.10	100.00	100.00	左权县
14.44	100.00	100.00	12.35	44.82	39.98	100.00	100.00	和顺县
17.18	96.50	96.50	15.51	44.69	40.51	100.00	100.00	昔阳县
16.94	96.80	96.80	12.49	41.82	40.23	100.00	100.00	寿阳县
12.96	100.00	100.00	9.76	38.81	34.18	100.00	100.00	祁　县
5.84	94.34	94.34	9.16	38.35	33.19	100.00	100.00	平遥县
7.36	98.59	98.59	13.15	43.88	41.40	100.00	100.00	灵石县
8.00	95.01	95.01	16.70	44.24	39.25	100.00	100.00	临猗县
12.28	100.00	100.00	10.14	36.26	31.37	100.00	100.00	万荣县
6.68	96.44	96.44	10.97	39.07	28.87	100.00	100.00	闻喜县
11.78	100.00	100.00	7.91	41.17	34.96	100.00	100.00	稷山县
9.92	96.60	96.60	10.13	38.50	35.45	100.00	100.00	新绛县
16.12	92.00	92.00	6.80	34.96	29.71	100.00	100.00	绛　县
14.56	100.00	100.00	16.74	47.51	41.94	100.00	100.00	垣曲县
14.20	100.00	100.00	9.48	39.44	33.34	100.00	100.00	夏　县
22.69	100.00	100.00	7.15	42.65	36.45	100.00	100.00	平陆县

1-2 续表4

县名称 Name of Counties	人口密度 （人/ 平方公里） Population Density (person/sq. km)	人均日生活 用水量 （升） Daily Water Consumption Per Capita (liter)	供水 普及率 （%） Water Coverage Rate (%)	公共供水 普及率 Public Water Coverage Rate	燃气 普及率 （%） Gas Coverage Rate (%)	建成区供水 管道密度 （公里/ 平方公里） Density of Water Supply Pipelines in Built District (km/sq. km)	人均道路 面积 （平方米） Road Surface Area Per Capita (sq. m)	建成区 路网密度 （公里/ 平方公里） Density of Road Network in Built District (km/sq. km)	建成区 道路 面积率 （%） Surface Area of Roads Rate of Built District (%)
芮城县	1100	71.67	97.73	97.73	97.84	7.33	19.98	6.92	16.75
定襄县	3247	115.36	100.00	94.93	88.00	18.24	15.25	9.84	18.28
五台县	2405	144.46	99.17	96.67	80.25	11.31	29.35	9.99	27.84
代县	3622	99.81	93.85	91.45	45.64	13.69	19.43	11.23	18.63
繁峙县	4711	201.16	99.89	90.45	80.68	7.17	14.48	10.15	11.56
宁武县	8469	117.35	100.00	100.00	10.00	12.27	9.80	7.55	7.63
静乐县	1700	67.37	100.00	98.99	85.38	6.55	17.66	14.83	17.37
神池县	2168	77.62	98.53	96.44	23.48	14.46	25.07	12.67	27.94
五寨县	1760	82.99	92.61	92.61	91.40	12.66	17.35	11.40	11.66
岢岚县	1211	55.30	100.00	100.00	23.39	10.98	19.04	12.13	14.21
河曲县	4074	109.55	100.00	92.84	72.51	11.07	22.52	8.00	18.63
保德县	2298	72.55	100.00	100.00	89.35	8.21	11.70	7.48	12.65
偏关县	1504	91.15	100.00	100.00		12.84	15.50	13.13	14.93
曲沃县	4427	146.12	99.40	99.40	96.39	11.66	20.63	4.80	14.00
翼城县	5436	98.75	97.97	97.97	98.19	8.23	19.06	3.54	11.42
襄汾县	2624	46.31	100.00	100.00	98.15	4.62	13.29	5.56	12.86
洪洞县	6957	129.00	93.75	93.75	96.56	11.21	12.76	4.71	13.98
古县	11686	88.96	100.00	95.35	100.00	47.22	9.74	5.51	11.58
安泽县	7273	83.11	93.75	93.75	100.00	11.74	15.10	5.67	11.51
浮山县	6400	100.46	96.53	90.28	87.85	17.99	12.89	11.36	17.93
吉县	8696	79.56	98.15	98.15	81.72	42.67	30.61	8.20	21.78
乡宁县	5714	71.92	100.00	100.00	95.00	13.40	17.40	10.71	19.69
大宁县	6327	97.78	98.95	93.36	93.36	5.97	14.65	7.23	11.97
隰县	5083	113.79	100.00	100.00	87.59	6.97	19.80	6.15	11.13
永和县	5680	58.26	99.30	99.30	86.27	14.42	10.29	5.80	5.84
蒲县	2692	190.53	100.00	97.14	99.71	38.00	18.86	9.18	16.51
汾西县	6529	58.82	100.00	100.00	53.50	13.72	10.02	9.24	13.92
文水县	3338	63.86	98.51	98.51	91.03	14.16	14.97	7.05	17.64
交城县	9745	168.85	93.45	93.45	57.21	48.39	20.07	9.10	22.53
兴县	4241	90.00	83.26	83.26	92.09	4.23	13.29	6.36	14.64
临县	8022	73.30	98.61	98.28	99.10	9.71	8.37	8.02	13.90
柳林县	5595	209.45	98.30	98.30	96.51	7.00	9.70	4.47	10.13
石楼县	13969	88.87	100.00	60.98	58.41	6.30	6.05	3.72	8.45
岚县	5067	156.13	96.05	92.11	63.29	6.97	15.49	4.23	14.92
方山县	7886	92.54	70.72	70.72	7.40	5.06	10.64	5.33	10.27
中阳县	2420	43.17	99.45	99.45	82.87	5.80	9.16	9.02	12.33
交口县	1750	110.44	89.43	85.71	4.00	12.34	22.77	11.43	17.40

continued 4

建成区排水管道密度（公里/平方公里）Density of Sewers in Built District	污水处理率（%）Wastewater Treatment Rate	污水处理厂集中处理率 Centralized Treatment Rate of Wastewater Treatment Plants	人均公园绿地面积（平方米）Public Recreational Green Space Per Capita	建成区绿化覆盖率（%）Green Coverage Rate of Built District	建成区绿地率（%）Green Space Rate of Built District	生活垃圾处理率（%）Domestic Garbage Treatment Rate	生活垃圾无害化处理率 Domestic Garbage Harmless Treatment Rate	县名称 Name of Counties
(km/sq. km)	(%)	(%)	(sq. m)	(%)	(%)			
14.11	100.00	100.00	12.89	46.84	43.15	100.00	100.00	芮城县
17.94	95.05	95.05	11.41	41.92	38.86	100.00	100.00	定襄县
21.57	98.64	98.64	18.22	41.25	39.04	100.00	100.00	五台县
13.50	98.81	98.81	15.25	38.20	35.27	100.00	100.00	代 县
10.63	97.67	97.67	31.37	39.87	34.31	100.00	100.00	繁峙县
10.49	96.35	96.35	35.63	41.97	38.92	100.00	100.00	宁武县
13.77	94.77	94.77	15.06	42.49	40.68	100.00	100.00	静乐县
23.32	96.01	96.01	10.67	40.05	38.90	100.00	100.00	神池县
13.21	97.13	97.13	22.75	39.75	39.00	100.00	100.00	五寨县
22.81	97.97	97.97	15.80	42.50	40.14	100.00	100.00	岢岚县
18.09	95.00	95.00	13.61	46.44	43.44	100.00	100.00	河曲县
9.54	96.57	96.57	9.99	43.37	38.90	100.00	100.00	保德县
14.81	96.03	96.03	36.14	40.24	40.40	100.00	100.00	偏关县
12.22	100.00	100.00	10.55	43.15	38.82	100.00	100.00	曲沃县
10.77	99.40	99.40	4.25	41.01	36.86	100.00	100.00	翼城县
9.99	100.00	100.00	19.14	44.07	38.07	100.00	100.00	襄汾县
8.21	100.00	100.00	14.14	42.44	40.75	100.00	100.00	洪洞县
16.06	100.00	100.00	13.93	42.41	40.72	100.00	100.00	古 县
9.81	100.00	100.00	14.19	40.55	33.48	100.00	100.00	安泽县
6.09	149.97	100.00	5.66	40.99	36.15	100.00	100.00	浮山县
27.76	98.44	98.44	8.87	24.00	22.73	100.00	100.00	吉 县
9.75	100.00	100.00	7.17	44.07	39.91	100.00	100.00	乡宁县
16.49	98.48	98.48	6.11	35.05	33.14	100.00	100.00	大宁县
16.72	100.00	100.00	16.67	41.31	37.86	100.00	100.00	隰 县
9.80	100.00	100.00	12.80	41.60	39.92	100.00	100.00	永和县
26.65	97.48	97.48	19.62	42.91	27.98	100.00	100.00	蒲 县
20.87	100.07	100.07	5.74	17.67	15.20	100.00	100.00	汾西县
8.63	94.99	94.99	5.31	38.07	33.99	100.00	100.00	文水县
15.63	97.56	97.56	5.64	39.55	35.22	100.00	100.00	交城县
10.60	99.78	99.78	12.63	46.40	42.26	100.00	100.00	兴 县
13.67	100.00	100.00	10.00	40.70	35.87	100.00	100.00	临 县
10.64	99.93	99.93	11.18	36.24	33.27	100.00	100.00	柳林县
24.34	100.00	100.00	3.08	35.53	29.60	100.00	100.00	石楼县
11.14	99.94	99.94	13.75	35.43	32.91	92.84	92.84	岚 县
10.30	100.00	100.00	11.65	38.14	34.70	100.00	100.00	方山县
14.25	100.00	100.00	10.28	36.62	30.70	100.00	100.00	中阳县
17.72	91.02	91.02	15.41	40.18	35.16	100.00	100.00	交口县

1-2 续表5

县名称 Name of Counties	人口密度（人/平方公里）Population Density (person/sq. km)	人均日生活用水量（升）Daily Water Consumption Per Capita (liter)	供水普及率（%）Water Coverage Rate (%)	公共供水普及率 Public Water Coverage Rate	燃气普及率（%）Gas Coverage Rate (%)	建成区供水管道密度（公里/平方公里）Density of Water Supply Pipelines in Built District (km/sq. km)	人均道路面积（平方米）Road Surface Area Per Capita (sq. m)	建成区路网密度（公里/平方公里）Density of Road Network in Built District (km/sq. km)	建成区道路面积率（%）Surface Area of Roads Rate of Built District (%)
内蒙古	826	115.32	98.57	97.81	93.14	12.25	35.15	6.96	15.07
土左旗	1939	82.83	96.62	96.62	85.35	9.78	23.35	3.15	8.84
托 县	1762	59.49	96.42	96.42	27.55	17.05	21.21	1.92	9.32
和林县	1718	77.23	86.30	86.30	86.30	9.05	7.00	2.04	1.95
清水河县	2607	114.02	100.00	92.88	74.25	13.15	21.94	12.25	12.57
武川县	2718	154.90	94.37	94.37	64.94	7.95	30.78	3.30	9.01
土右旗	3421	56.48	100.00	100.00	98.62	16.75	22.59	6.10	15.13
固阳县	2722	89.90	98.57	98.57	94.62	10.62	51.76	9.40	21.15
达尔罕茂明安联合旗	4400	75.99	95.45	95.45	86.14	13.37	19.50	6.23	16.19
阿鲁科尔沁旗	964	86.22	98.27	98.27	99.39	22.58	29.21	7.56	22.54
巴林左旗	877	106.63	99.52	99.52	97.14	20.83	32.12	4.55	15.00
巴林右旗	394	102.19	99.77	99.77	99.54	6.76	28.49	4.82	14.47
林西县	202	133.87	98.56	98.56	98.88	15.63	42.74	9.34	16.00
克什克腾旗	877	113.68	95.00	95.00	98.02	6.99	11.88	3.49	8.39
翁牛特旗	887	90.89	98.06	90.91	99.39	8.14	34.36	10.21	29.92
喀喇沁旗	269	269.44	96.37	91.84	99.22	6.33	18.34	8.56	17.26
宁城县	1045	91.54	95.20	95.20	99.80	5.01	16.11	3.66	12.00
敖汉旗	2340	89.33	98.70	97.84	96.47	16.53	37.10	7.38	29.70
科左中旗	4508	63.16	96.64	94.81	96.18	4.46	26.62	4.79	10.35
科左后旗	2493	188.47	98.56	95.94	96.99	14.06	32.28	6.97	6.81
开鲁县	7042	143.77	98.70	98.70	97.04	17.08	30.69	9.10	21.55
库伦旗	430	113.44	94.62	94.62	93.99	21.47	39.75	10.78	12.50
奈曼旗	4994	140.12	99.51	99.51	99.76	13.44	27.89	6.13	14.01
扎鲁特旗	5125	103.48	99.71	96.98	98.93	40.79	11.27	6.22	8.25
达拉特旗	1855	92.84	100.00	99.45	92.85	7.65	26.24	6.05	15.99
准格尔旗	1780	107.46	99.40	99.40	90.03	8.71	29.41	6.11	18.18
鄂托克前旗	875	150.50	100.00	100.00	100.00	34.65	93.47	11.77	31.38
鄂托克旗	1557	175.77	100.00	100.00	97.77	12.58	54.11	5.98	18.75
杭锦旗	1027	113.81	100.00	100.00	100.00	26.85	52.39	6.63	23.51
乌审旗	1427	145.31	100.00	100.00	99.69	14.19	65.08	7.32	19.90
伊金霍洛旗	2874	93.07	100.00	100.00	100.00	12.21	73.53	4.55	20.76
阿荣旗	2070	171.19	99.48	94.39	99.22	23.56	34.57	13.38	17.82
莫 旗	844	109.80	97.93	97.93	98.91	5.44	25.48	9.80	16.78
鄂伦春旗	1008	281.61	98.63	92.78	99.31	2.68	13.74	8.66	3.58
鄂温克旗	482	166.45	99.27	99.27	91.93	2.81	42.18	9.10	12.29

continued 5

建成区排水管道密度（公里/平方公里）Density of Sewers in Built District (km/sq.km)	污水处理率（%）Wastewater Treatment Rate (%)	污水处理厂集中处理率 Centralized Treatment Rate of Wastewater Treatment Plants	人均公园绿地面积（平方米）Public Recreational Green Space Per Capita (sq.m)	建成区绿化覆盖率（%）Green Coverage Rate of Built District (%)	建成区绿地率（%）Green Space Rate of Built District (%)	生活垃圾处理率（%）Domestic Garbage Treatment Rate	生活垃圾无害化处理率 Domestic Garbage Harmless Treatment Rate	县名称 Name of Counties
8.77	98.43	98.43	23.51	37.76	35.27	99.99	99.99	内蒙古
9.02	100.00	100.00	6.35	26.37	24.16	100.00	100.00	土左旗
	100.00	100.00	11.59	31.73	28.50	100.00	100.00	托　县
	100.00	100.00	22.95	41.99	36.03	100.00	100.00	和林县
10.76	92.87	92.87	19.79	40.79	41.18	100.00	100.00	清水河县
10.80	100.00	100.00	25.58	40.42	37.82	100.00	100.00	武川县
9.04	97.32	97.32	16.54	38.69	36.93	100.00	100.00	土右旗
11.08	93.60	93.60	16.54	35.05	33.35	100.00	100.00	固阳县
12.64	95.80	95.80	13.64	38.30	34.73	100.00	100.00	达尔罕茂明安联合旗
13.18	95.47	95.47	20.76	41.56	39.98	100.00	100.00	阿鲁科尔沁旗
0.80	100.00	100.00	15.25	36.61	34.36	100.00	100.00	巴林左旗
4.93	97.68	97.68	13.50	31.89	30.94	100.00	100.00	巴林右旗
4.11	98.96	98.96	20.28	32.00	30.74	100.00	100.00	林西县
5.46	100.00	100.00	13.03	41.43	39.95	100.00	100.00	克什克腾旗
4.67	99.50	99.50	22.00	35.65	33.68	100.00	100.00	翁牛特旗
8.12	95.37	95.37	12.31	39.61	37.19			喀喇沁旗
4.32	99.98	99.98	13.06	36.93	32.93	100.00	100.00	宁城县
8.27	97.03	97.03	13.95	37.36	34.76	100.00	100.00	敖汉旗
9.59	97.00	97.00	25.23	36.59	34.23		100.00	科左中旗
10.33	98.70	98.70	19.04	40.29	36.29	100.00	100.00	科左后旗
17.13	97.50	97.50	9.29	38.17	35.33	100.00	100.00	开鲁县
9.54	95.51	95.51	13.28	38.08	35.96	100.00	100.00	库伦旗
6.90	99.20	99.20	25.78	42.70	38.50	100.00	100.00	奈曼旗
9.53	98.97	98.97	22.17	42.83	40.70	100.00	100.00	扎鲁特旗
6.21	95.30	95.30	17.31	42.77	40.70	100.00	100.00	达拉特旗
6.61	100.00	100.00	24.01	43.96	42.27	100.00	100.00	准格尔旗
17.96	100.00	100.00	38.18	43.04	38.48	100.00	100.00	鄂托克前旗
14.92	100.00	100.00	34.28	42.11	40.68	100.00	100.00	鄂托克旗
12.12	100.00	100.00	40.27	46.81	42.37	100.00	100.00	杭锦旗
11.95	98.97	98.97	26.07	42.68	42.41	100.00	100.00	乌审旗
10.70	100.00	100.00	60.15	44.03	42.14	100.00	100.00	伊金霍洛旗
8.75	98.32	98.32	16.45	41.59	38.56	100.00	100.00	阿荣旗
10.83	98.28	98.28	17.71	37.29	35.01	100.00	100.00	莫　旗
7.87	100.00	100.00	19.65	46.43	42.99	100.00	100.00	鄂伦春旗
11.53	96.44	96.44	15.25	35.58	32.75	99.00	99.00	鄂温克旗

1-2 续表6

县名称 Name of Counties	人口密度 （人/平方公里） Population Density (person/sq. km)	人均日生活用水量 （升） Daily Water Consumption Per Capita (liter)	供水普及率 （%） Water Coverage Rate (%)	公共供水普及率 Public Water Coverage Rate	燃气普及率 （%） Gas Coverage Rate (%)	建成区供水管道密度 （公里/平方公里） Density of Water Supply Pipelines in Built District (km/sq. km)	人均道路面积 （平方米） Road Surface Area Per Capita (sq. m)	建成区路网密度 （公里/平方公里） Density of Road Network in Built District (km/sq. km)	建成区道路面积率 （%） Surface Area of Roads Rate of Built District (%)
陈巴尔虎旗	473	170.41	98.44	96.35	90.63	9.37	41.42	9.61	12.85
新左旗	145	99.71	100.00	100.00	99.37	1.38	38.10	5.25	8.73
新右旗	2079	200.78	99.41	94.08	99.41	13.17	50.87	6.96	14.95
五原县	299	89.52	98.84	98.84	91.14	15.88	26.62	15.26	14.63
磴口县	339	87.54	99.21	99.21	97.44	7.26	28.54	6.62	10.52
乌拉特前旗	344	132.80	100.00	100.00	80.18	12.37	25.29	5.68	14.72
乌拉特中旗	771	135.62	100.00	100.00	97.30	12.23	54.99	8.27	16.54
乌拉特后旗	2493	162.26	100.00	100.00	100.00	11.80	39.50	5.10	14.52
杭锦后旗	545	65.30	99.38	99.38	92.16	15.86	27.18	10.79	18.81
卓资县	897	211.60	99.04	99.04	94.90	9.40	74.14	9.48	28.05
化德县	3051	102.05	100.00	100.00	93.64	14.72	35.20	9.06	14.64
商都县	1703	176.02	98.53	98.53	95.45	8.31	48.34	9.47	18.99
兴和县	1182	136.14	100.00	100.00	98.00	5.49	90.35	11.82	29.56
凉城县	1185	131.94	98.60	98.60	94.97	6.29	67.55	15.59	17.35
察右前旗	614	108.11	99.33	99.33	91.47	6.21	62.18	5.61	18.66
察右中旗	727	117.08	98.45	98.45	97.52	5.85	40.29	5.66	9.64
察右后旗	3374	158.80	100.00	100.00	87.32	7.34	39.26	6.99	18.10
四子王旗	1264	173.11	98.78	98.78	77.45	19.94	55.00	10.62	11.77
阿巴嘎旗	846	118.81	95.80	95.80	92.44	12.26	33.24	6.41	11.27
苏尼特左旗	1738	110.38	100.00	100.00	95.68	6.20	46.18	6.57	12.02
苏尼特右旗	1792	141.38	98.44	98.44	80.13	7.47	38.44	5.85	9.94
东乌珠穆沁旗	1800	148.07	100.00	100.00	86.73	9.76	29.91	3.95	6.75
西乌珠穆沁旗	1822	69.25	99.80	99.80	95.20	10.93	56.40	8.52	21.04
太仆寺旗	726	64.40	100.00	100.00	86.58	6.60	31.25	5.70	9.25
镶黄旗	388	125.50	100.00	100.00	91.13	16.74	76.76	10.13	13.06
正镶白旗	1892	66.44	99.12	99.12	96.92	9.35	25.00	4.80	3.86
正蓝旗	1595	147.92	97.72	97.72	96.87	4.48	33.35	4.71	8.54
多伦县	1864	110.92	99.36	99.36	98.50	14.53	35.02	8.56	12.55
科尔沁右翼前旗	1570	230.59	99.79	99.79	84.93	23.63	64.83	4.62	15.71
科右中旗	4753	47.69	95.06	95.06	81.88	8.75	29.88	9.94	18.39
扎赉特旗	3494	85.13	100.00	97.43	90.21	10.83	26.61	5.45	11.57
突泉县	1007	120.16	100.00	100.00	100.00	9.91	21.72	5.78	9.18
阿拉善左旗	151	126.08	99.68	99.68	97.69	14.81	34.14	4.99	10.10
阿拉善右旗	1200	125.72	100.00	100.00	76.39	17.60	47.59	7.35	13.99
额济纳旗	431	108.78	100.00	100.00	82.94	20.57	61.45	7.42	12.35

continued 6

建成区排水管道密度（公里/平方公里）Density of Sewers in Built District (km/sq. km)	污水处理率（%）Wastewater Treatment Rate (%)	污水处理厂集中处理率 Centralized Treatment Rate of Wastewater Treatment Plants (%)	人均公园绿地面积（平方米）Public Recreational Green Space Per Capita (sq. m)	建成区绿化覆盖率（%）Green Coverage Rate of Built District (%)	建成区绿地率（%）Green Space Rate of Built District (%)	生活垃圾处理率（%）Domestic Garbage Treatment Rate (%)	生活垃圾无害化处理率 Domestic Garbage Harmless Treatment Rate (%)	县名称 Name of Counties
10.40	98.61	98.61	15.21	35.06	31.34	100.00	100.00	陈巴尔虎旗
8.56	100.00	100.00	24.05	31.08	27.78	100.00	100.00	新左旗
10.89	98.89	98.89	40.69	35.53	31.70	100.00	100.00	新右旗
11.79	100.00	100.00	24.97	42.06	38.24	100.00	100.00	五原县
4.46	100.00	100.00	18.63	34.35	31.30	100.00	100.00	磴口县
8.68	100.00	100.00	19.24	38.80	35.17	100.00	100.00	乌拉特前旗
9.21	100.00	100.00	19.81	38.79	36.15	100.00	100.00	乌拉特中旗
10.56	100.00	100.00	20.92	44.23	43.02	100.00	100.00	乌拉特后旗
17.41	95.04	95.04	21.64	40.05	37.43	100.00	100.00	杭锦后旗
6.49	100.00	100.00	42.51	40.95	38.56	100.00	100.00	卓资县
6.05	100.00	100.00	25.10	36.65	33.38	100.00	100.00	化德县
9.26	100.00	100.00	25.80	40.31	39.58	100.00	100.00	商都县
7.75	100.00	100.00	28.46	34.02	31.47	100.00	100.00	兴和县
15.12	100.00	100.00	34.67	37.19	34.43	100.00	100.00	凉城县
5.83	100.00	100.00	19.62	38.20	34.88	100.00	100.00	察右前旗
6.08	100.00	100.00	39.72	36.22	32.43	100.00	100.00	察右中旗
5.75	100.00	100.00	25.03	42.40	40.78	100.00	100.00	察右后旗
14.38	100.00	100.00	17.07	35.52	32.59	100.00	100.00	四子王旗
9.46	98.45	98.45	17.65	22.79	20.40	100.00	100.00	阿巴嘎旗
8.55	100.00	100.00	20.14	23.21	23.00	100.00	100.00	苏尼特左旗
4.28	100.00	100.00	15.49	22.46	20.94	100.00	100.00	苏尼特右旗
9.46	100.00	100.00	42.56	30.99	30.09	100.00	100.00	东乌珠穆沁旗
11.04	97.66	97.66	38.40	38.81	37.30	100.00	100.00	西乌珠穆沁旗
9.39	99.00	99.00	17.19	24.33	21.71	100.00	100.00	太仆寺旗
10.27	100.00	100.00	19.62	28.00	21.29	100.00	100.00	镶黄旗
6.04	100.00	100.00	14.10	26.03	24.02	100.00	100.00	正镶白旗
10.66	97.55	97.55	97.66	38.06	37.76	100.00	100.00	正蓝旗
16.16	97.75	97.75	25.88	22.49	22.10	100.00	100.00	多伦县
20.28	99.97	99.97	49.87	43.85	43.42	100.00	100.00	科尔沁右翼前旗
7.50	94.98	94.98	36.12	41.03	41.93	100.00	100.00	科右中旗
14.13	98.80	98.80	24.38	35.67	32.37	100.00	100.00	扎赉特旗
6.93	96.68	96.68	19.86	22.47	20.19	100.00		突泉县
5.00	94.16	94.16	35.56	42.41	38.11	100.00	100.00	阿拉善左旗
97.31	97.31		31.62	38.57	30.31	100.00	100.00		阿拉善右旗
17.62	100.00	100.00	47.49	42.56	40.56	100.00	100.00	额济纳旗

1-2 续表7

县名称 Name of Counties	人口密度 （人/平方公里） Population Density (person/sq. km)	人均日生活用水量 （升） Daily Water Consumption Per Capita (liter)	供水普及率 （%） Water Coverage Rate (%)	公共供水普及率 （%） Public Water Coverage Rate (%)	燃气普及率 （%） Gas Coverage Rate (%)	建成区供水管道密度 （公里/平方公里） Density of Water Supply Pipelines in Built District (km/sq. km)	人均道路面积 （平方米） Road Surface Area Per Capita (sq. m)	建成区路网密度 （公里/平方公里） Density of Road Network in Built District (km/sq. km)	建成区道路面积率 （%） Surface Area of Roads Rate of Built District (%)
辽宁	**1408**	**135.07**	**97.79**	**96.54**	**90.24**	**12.74**	**16.92**	**4.70**	**8.04**
康平县	1033	164.63	100.00	100.00	88.42	8.67	26.46	5.93	10.47
法库县	1855	181.17	100.00	78.41	99.39	8.09	26.57	6.24	10.87
长海县	3616	164.18	100.00	100.00	100.00	78.39	10.86	3.75	3.93
台安县	408	160.79	100.00	100.00	100.00	11.47	35.26	3.09	7.32
岫岩满族自治县	3053	113.39	98.28	98.28	96.40		9.43	3.83	7.05
抚顺县									
新宾满族自治县	1451	87.63	93.42	93.42	93.87	14.03	9.23	3.58	6.82
清原满族自治县	6021	276.65	99.03	99.03	87.24	30.15	14.09	5.50	10.04
本溪满族自治县	1188	136.42	98.47	98.47	95.65	7.88	15.83	7.03	9.20
桓仁满族自治县	1802	164.08	99.89	99.89	75.58	16.05	20.53	4.40	10.31
宽甸满族自治县	2460	222.85	97.10	92.92	60.63	42.97	11.78	6.39	7.92
黑山县	5273	117.12	97.04	97.04	98.52	14.73	14.27	5.41	6.23
义县	7865	185.13	97.03	97.03	99.79	20.99	12.37	6.67	12.91
阜新蒙古族自治县	1241	168.60	100.00	100.00	84.25	17.94	20.23	4.50	5.47
彰武县	1892	130.08	100.00	100.00	91.99	11.39	11.21	1.86	3.58
辽阳县	1990	103.74	97.40	97.40	100.00	7.02	10.04	3.55	6.46
盘山县	1857	62.10	100.00	100.00	100.00	7.69	37.27	6.13	11.47
铁岭县									
西丰县	3020	163.56	100.00	100.00	48.49	19.55	7.78	3.87	4.69
昌图县	618	127.62	97.03	97.03	98.51	6.68	22.38	5.13	9.13
朝阳县	960	109.00	99.11	99.11		2.17	38.94	3.56	6.73
建平县	524	70.72	94.06	94.06	92.64	9.55	8.35	2.04	3.55
喀喇沁左翼蒙古族自治县	2406	77.62	95.01	95.01	90.28	10.23	27.58	6.48	12.65
绥中县	5120	107.69	96.93	96.93	99.04	11.23	11.20	4.21	7.80
建昌县	5026	138.82	98.31	98.31	95.84	17.48	17.50	10.28	14.01
吉林	**2290**	**120.54**	**97.45**	**97.08**	**88.97**	**10.88**	**19.06**	**6.12**	**11.65**
农安县	4894	139.56	99.44	99.44	98.63	10.62	18.32	3.34	8.96
永吉县	5400	103.53	100.00	100.00	100.00	10.95	18.02	5.74	9.75
梨树县	1952	76.70	97.50	97.50	99.40	4.26	14.76	6.50	11.34
伊通满族自治县	3168	115.67	95.35	95.35	93.98	11.10	24.05	4.56	12.24
东丰县	3304	117.29	99.80	99.80	66.17	3.49	20.34	4.11	12.83
东辽县	5323	104.59	93.94	93.94	30.30	7.76	30.37	8.52	16.54
通化县	4271	99.87	99.00	99.00	98.66	19.35	16.27	13.74	17.69
辉南县	2107	158.53	100.00	100.00	89.89	13.87	19.74	6.88	15.62
柳河县	1696	140.90	99.59	99.59	99.46	6.59	18.82	5.52	12.51
抚松县	2033	124.60	98.52	98.52	92.13	7.43	19.48	8.90	18.42

continued 7

Density of Sewers in Built District (km/sq. km)	Wastewater Treatment Rate (%)	Centralized Treatment Rate of Wastewater Treatment Plants (%)	Public Recreational Green Space Per Capita (sq. m)	Green Coverage Rate of Built District (%)	Green Space Rate of Built District (%)	Domestic Garbage Treatment Rate (%)	Domestic Garbage Harmless Treatment Rate	Name of Counties
6.03	**102.08**	**102.08**	**13.76**	**24.77**	**20.70**	**99.63**	**99.63**	辽　宁
7.27	100.00	100.00	8.92	16.24	16.24	100.00	100.00	康平县
5.37	99.93	99.93	29.07	22.97	19.09	100.00	100.00	法库县
4.42	86.89	86.89	15.55	3.43	3.43	100.00	100.00	长海县
3.08	100.00	100.00	15.43	7.55	7.05			台安县
4.77	100.00	100.00	4.10	11.15	11.15	100.00	100.00	岫岩满族自治县
								抚顺县
5.87	100.00	100.00	3.52	10.63	5.85			新宾满族自治县
7.68	100.00	100.00	19.97	27.85	25.85	100.00	100.00	清原满族自治县
5.93	100.00	100.00	18.23	37.78	34.43	100.00	100.00	本溪满族自治县
9.27	100.00	100.00	19.93	42.47	40.60	100.00	100.00	桓仁满族自治县
6.93	99.56	99.56	12.31	38.65	38.65	100.00	100.00	宽甸满族自治县
8.75	100.00	100.00	2.79	2.76	2.76	100.00	100.00	黑山县
12.66	100.00	100.00	8.93	22.08	22.08	100.00	100.00	义　县
6.34	100.00	100.00	9.58	11.22	10.10	92.04	92.04	阜新蒙古族
								自治县
3.98	100.00	100.00	7.35	7.59	6.26	100.00	100.00	彰武县
9.12	100.00	100.00	13.39	32.22	29.02	100.00	100.00	辽阳县
7.48	100.00	100.00	21.32	27.21	26.35	100.00	100.00	盘山县
								铁岭县
6.92	166.02	166.02	16.29	36.12	31.02	100.00	100.00	西丰县
	99.97	99.97	15.69	34.11	33.96	100.00	100.00	昌图县
6.56	100.00	100.00	45.49	40.98	35.06	100.00	100.00	朝阳县
2.95	100.00	100.00	15.53	36.74	10.73	100.00	100.00	建平县
6.53	100.00	100.00	14.83	40.23	40.23	100.00	100.00	喀喇沁左翼蒙古
								族自治县
5.95	100.00	100.00	8.22	13.75	8.82			绥中县
15.19	100.00	100.00	19.33	29.66	23.38	100.00	100.00	建昌县
10.69	**98.83**	**98.83**	**18.61**	**40.09**	**37.03**	**100.00**	**100.00**	吉　林
3.99	100.00	100.00	26.11	39.18	35.40	100.00	100.00	农安县
11.59	97.92	97.92	18.40	31.64	28.32	100.00	100.00	永吉县
24.54	100.00	100.00	16.83	39.49	38.12	100.00	100.00	梨树县
6.66	100.00	100.00	13.90	43.48	41.47	100.00	100.00	伊通满族自治县
9.31	94.58	94.58	20.94	45.82	42.57	100.00	100.00	东丰县
14.59	100.00	100.00	39.91	45.53	40.60	100.00	100.00	东辽县
11.97	97.70	97.70	22.83	43.41	40.33	100.00	100.00	通化县
10.84	94.87	94.87	22.44	45.11	42.59	100.00	100.00	辉南县
11.88	100.00	100.00	15.26	41.17	38.17	100.00	100.00	柳河县
13.08	95.41	95.41	21.45	46.68	43.14	100.00	100.00	抚松县

1-2 续表 8

县名称 Name of Counties	人口密度（人/平方公里）Population Density (person/sq. km)	人均日生活用水量（升）Daily Water Consumption Per Capita (liter)	供水普及率（%）Water Coverage Rate (%)	公共供水普及率 Public Water Coverage Rate	燃气普及率（%）Gas Coverage Rate (%)	建成区供水管道密度（公里/平方公里）Density of Water Supply Pipelines in Built District (km/sq. km)	人均道路面积（平方米）Road Surface Area Per Capita (sq. m)	建成区路网密度（公里/平方公里）Density of Road Network in Built District (km/sq. km)	建成区道路面积率（%）Surface Area of Roads Rate of Built District (%)
靖宇县	1740	113.68	97.75	97.75	40.77	16.55	18.54	6.19	11.18
长白朝鲜族自治县	1130	195.77	100.00	100.00	22.42	16.80	17.02	9.58	12.23
前郭县	2577	203.90	98.27	98.27	99.64	10.12	17.74	4.90	15.03
长岭县	1604	53.57	96.32	96.32	98.21	12.50	16.36	9.73	12.22
乾安县	5878	87.69	90.89	83.54	91.90	13.36	21.09	9.15	12.87
镇赉县	1297	108.39	99.13	99.13	97.65	17.10	27.74	7.19	10.83
通榆县	2372	103.88	88.24	88.24	85.69	3.96	16.67	4.27	6.73
汪清县	1779	118.94	100.00	100.00	97.99	16.02	16.56	6.57	11.45
安图县	1151	126.28	97.49	97.49	97.49	12.07	17.03	5.43	9.57
黑龙江	**2707**	**111.01**	**97.99**	**97.89**	**65.76**	**11.11**	**15.67**	**7.40**	**9.04**
依兰县	4894	115.51	100.00	100.00	77.73	11.86	17.21	9.87	12.03
方正县	1133	168.11	98.30	98.30	71.05	9.44	18.00	4.91	9.71
宾县	8599	94.42	96.74	96.74	63.38	6.94	11.61	10.04	9.99
巴彦县	1359	80.96	99.89	99.89	93.48	16.06	16.56	19.29	15.38
木兰县	8192	85.33	98.90	98.90	85.76	10.90	16.23	16.41	9.38
通河县	5672	68.25	100.00	100.00	71.40	11.04	16.60	9.27	9.41
延寿县	869	204.22	99.37	97.46	73.85	21.85	28.71	13.77	16.88
龙江县	505	102.29	100.00	100.00	84.26	9.01	20.93	5.28	10.02
依安县	1444	81.48	100.00	100.00	30.15	9.66	21.49	8.99	12.52
泰来县	2739	119.01	100.00	100.00	34.36	5.79	19.33	4.39	7.05
甘南县	1697	116.42	97.86	97.86	39.46	19.10	17.31	5.90	9.67
富裕县	2758	99.72	98.70	98.70	74.44	16.94	16.36	5.00	6.90
克山县	1455	107.26	99.85	99.85	35.38	21.83	11.41	4.87	6.20
克东县	2739	84.94	98.38	98.38	45.44	29.41	11.24	4.68	7.01
拜泉县	1893	91.89	99.54	99.54	8.12	4.48	10.04	5.11	5.61
鸡东县	6285	133.58	92.96	92.96	45.82	11.62	6.77	5.04	6.34
萝北县	2919	102.36	98.09	98.09	72.13	8.96	26.10	9.79	14.38
绥滨县	4077	139.30	94.34	94.34	94.34	9.57	15.87	6.54	10.73
集贤县	2590	135.50	100.00	98.99	94.05	7.39	17.83	6.16	7.97
友谊县	3839	217.75	97.48	97.48	84.31	17.63	24.27	4.68	9.32
宝清县	4798	167.97	93.46	93.46	91.98	18.31	14.46	9.77	9.98
饶河县	5843	193.32	95.60	95.60	95.35	22.94	17.02	9.08	9.80
肇州县	4962	106.76	93.01	93.01	92.90	9.94	8.14	5.21	8.93
肇源县	6143	122.52	99.78	99.78	100.00	6.47	13.44	4.00	8.77
林甸县	4846	81.21	96.40	96.40	87.95	11.68	19.67	11.41	12.76
杜尔伯特蒙古族自治县	5521	151.83	100.00	100.00	94.43	5.53	11.19	3.36	6.18

continued 8

建成区排水管道密度（公里/平方公里）Density of Sewers in Built District (km/sq. km)	污水处理率（%）Wastewater Treatment Rate (%)	污水处理厂集中处理率 Centralized Treatment Rate of Wastewater Treatment Plants	人均公园绿地面积（平方米）Public Recreational Green Space Per Capita (sq. m)	建成区绿化覆盖率（%）Green Coverage Rate of Built District (%)	建成区绿地率（%）Green Space Rate of Built District (%)	生活垃圾处理率（%）Domestic Garbage Treatment Rate	生活垃圾无害化处理率 Domestic Garbage Harmless Treatment Rate	县名称 Name of Counties
11.95	100.00	100.00	20.03	40.24	39.25	100.00	100.00	靖宇县
16.48	97.10	97.10	21.63	45.05	40.26	100.00	100.00	长白朝鲜族自治县
11.42	100.00	100.00	6.38	22.27	19.13	100.00	100.00	前郭县
16.92	100.00	100.00	17.56	43.50	38.78	100.00	100.00	长岭县
19.11	100.00	100.00	10.13	29.72	26.01	100.00	100.00	乾安县
9.15	99.31	99.31	23.74	41.04	40.63	100.00	100.00	镇赉县
7.59	97.77	97.77	13.78	44.90	39.50	100.00	100.00	通榆县
9.98	100.00	100.00	12.65	40.27	38.27	100.00	100.00	汪清县
5.72	100.00	100.00	28.22	41.20	38.18	100.00	100.00	安图县
8.40	**97.13**	**97.13**	**14.93**	**36.29**	**32.92**	**100.00**	**100.00**	**黑龙江**
7.77	95.26	95.26	8.84	26.81	25.54	100.00	100.00	依兰县
8.85	95.00	95.00	25.46	31.90	30.38	100.00	100.00	方正县
5.59	92.78	92.78	1.69	32.55	31.00	100.00	100.00	宾　县
9.11	97.32	97.32	2.87	20.08	20.08	100.00	100.00	巴彦县
11.38	94.80	94.80	3.05	24.17	20.17	100.00	100.00	木兰县
6.95	95.52	95.52	13.86	36.45	36.09	100.00	100.00	通河县
7.99	95.00	95.00	13.78	35.96	31.64	100.00	100.00	延寿县
7.53	94.05	94.05	12.72	36.62	28.74	100.00	100.00	龙江县
7.46	94.60	94.60	10.66	28.82	24.85	100.00	100.00	依安县
6.15	95.92	95.92	22.42	45.29	38.46	100.00	100.00	泰来县
11.07	95.21	95.21	15.32	36.15	31.41	100.00	100.00	甘南县
11.55	93.72	93.72	27.51	40.18	38.64	100.00	100.00	富裕县
7.09	95.78	95.78	13.30	35.32	31.12	100.00	100.00	克山县
7.31	98.41	98.41	22.95	36.69	30.60	100.00	100.00	克东县
7.36	94.90	94.90	5.93	21.15	20.14	100.00	100.00	拜泉县
6.38	100.00	100.00	10.78	30.03	26.18	100.00	100.00	鸡东县
11.15	94.04	94.04	9.24	18.87	18.87	100.00	100.00	萝北县
7.03	99.82	99.82	9.93	30.94	28.20	100.00	100.00	绥滨县
7.61	96.15	96.15	1.68	23.66	20.66	100.00	100.00	集贤县
6.39	96.09	96.09	38.98	39.14	33.13	100.00	100.00	友谊县
12.72	99.28	99.28	11.38	42.12	41.52	100.00	100.00	宝清县
7.82	96.07	96.07	17.85	41.50	36.96	100.00	100.00	饶河县
7.62	98.44	98.44	2.19	23.32	22.18	100.00	100.00	肇州县
7.89	94.94	94.94		34.37	31.25	100.00	100.00	肇源县
7.51	95.24	95.24	1.41	26.94	22.45	100.00	100.00	林甸县
5.35	99.40	99.40	21.11	38.10	31.75	100.00	100.00	杜尔伯特蒙古族自治县

1-2 续表9

县名称 Name of Counties	人口密度 （人/平方公里） Population Density (person/sq. km)	人均日生活用水量 （升） Daily Water Consumption Per Capita (liter)	供水普及率 （%） Water Coverage Rate (%)	公共供水普及率 Public Water Coverage Rate	燃气普及率 （%） Gas Coverage Rate (%)	建成区供水管道密度 （公里/平方公里） Density of Water Supply Pipelines in Built District (km/sq. km)	人均道路面积 （平方米） Road Surface Area Per Capita (sq. m)	建成区路网密度 （公里/平方公里） Density of Road Network in Built District (km/sq. km)	建成区道路面积率 （%） Surface Area of Roads Rate of Built District (%)
嘉荫县	649	146.58	100.00	100.00	90.30	15.64	20.84	9.23	12.16
汤旺县	3091	145.54	98.68	98.68	92.35	4.90	20.46	7.81	6.32
丰林县	7924	69.24	100.00	100.00	16.29	12.22	16.02	14.37	12.69
大箐山县	6152	105.82	98.94	98.94	34.63	22.52	14.16	10.27	8.71
南岔县	2144	139.15	91.35	91.35	8.41	8.71	40.19	15.56	14.28
桦南县	5271	110.31	98.79	98.79	92.84	8.87	12.31	5.35	6.94
桦川县	1710	110.36	100.00	100.00	98.54	10.26	17.26	7.87	11.12
汤原县	6289	81.03	100.00	100.00	44.08	15.57	20.30	0.61	1.14
勃利县	3207	72.38	99.28	99.28	91.98	10.65	12.91	5.55	6.05
林口县	3403	78.81	92.00	92.00	83.73	9.79	29.13	7.97	12.90
逊克县	3824	123.95	100.00	100.00	57.69	9.07	15.82	5.10	6.51
孙吴县	1732	61.59	99.32	99.32	20.54	24.19	8.73	4.89	4.07
望奎县	3448	121.30	96.67	96.67	29.71	7.46	20.50	7.51	10.93
兰西县	6262	143.20	95.06	95.06	53.49	6.03	16.93	5.77	10.44
青冈县	6019	91.61	100.00	100.00	75.71	9.74	13.65	7.67	8.43
庆安县	11383	116.49	100.00	100.00	31.25	12.45	10.71	5.46	12.19
明水县	7264	112.03	95.21	93.15	23.01	7.71	9.54	6.33	7.31
绥棱县	8600	77.42	99.73	99.73	8.73	6.05	8.58	7.29	8.09
呼玛县	3480	153.81	92.23	92.23	99.51	10.28	20.44	10.74	7.26
塔河县	1652	78.30	100.00	100.00	91.58	5.95	17.87	5.45	1.42
加格达奇区	4312	93.25	97.80	97.80	91.27	5.92	9.36	5.14	6.51
江 苏	**2165**	**181.45**	**100.00**	**99.83**	**100.00**	**14.92**	**23.46**	**6.67**	**13.62**
丰 县	2926	140.06	100.00	100.00	100.00	15.38	22.84	5.27	12.59
沛 县	4439	205.97	100.00	97.84	100.00	16.50	23.02	5.10	9.85
睢宁县	2276	226.25	100.00	100.00	100.00	18.35	20.27	5.83	14.25
如东县	2480	199.83	100.00	100.00	100.00	24.26	33.48	8.96	21.01
东海县	4851	97.46	100.00	100.00	100.00	13.09	26.62	5.78	11.43
灌云县	3850	215.57	100.00	100.00	100.00	33.26	22.35	5.73	11.85
灌南县	1627	127.10	100.00	100.00	100.00	9.98	25.47	8.99	19.85
涟水县	1407	179.55	100.00	100.00	100.00	20.89	27.81	7.64	9.59
盱眙县	2488	213.44	100.00	99.96	100.00	14.41	22.75	6.52	12.75
金湖县	2664	216.24	100.00	100.00	100.00	9.31	19.68	7.76	9.32
响水县	4564	214.24	100.00	100.00	100.00	26.30	19.05	5.90	11.75
滨海县	2432	183.40	100.00	100.00	100.00	15.19	23.46	5.56	17.26
阜宁县	3072	154.68	100.00	100.00	100.00	8.28	18.43	2.51	7.85
射阳县	4063	148.11	100.00	100.00	100.00	12.58	19.24	7.76	12.17

continued 9

建成区排水管道密度（公里/平方公里）Density of Sewers in Built District (km/sq. km)	污水处理率（%）Wastewater Treatment Rate (%)	污水处理厂集中处理率 Centralized Treatment Rate of Wastewater Treatment Plants	人均公园绿地面积（平方米）Public Recreational Green Space Per Capita (sq. m)	建成区绿化覆盖率（%）Green Coverage Rate of Built District (%)	建成区绿地率（%）Green Space Rate of Built District (%)	生活垃圾处理率（%）Domestic Garbage Treatment Rate (%)	生活垃圾无害化处理率 Domestic Garbage Harmless Treatment Rate	县名称 Name of Counties
10.41	100.00	100.00	11.99	44.55	43.38	100.00	100.00	嘉荫县
5.77	99.10	99.10	21.11	48.66	46.96	100.00	100.00	汤旺县
10.10	99.89	99.89	15.37	43.62	43.25	100.00	100.00	丰林县
4.97	91.77	91.77	21.07	41.38	39.04	100.00	100.00	大箐山县
2.86	100.00	100.00	21.26	44.58	43.91	100.00	100.00	南岔县
7.34	96.74	96.74	14.35	36.12	34.44	100.00	100.00	桦南县
11.15	100.00	100.00	22.72	35.04	28.76	100.00	100.00	桦川县
8.51	100.00	100.00	13.34	37.08	30.94	100.00	100.00	汤原县
6.48	95.07	95.07	22.53	42.90	38.55	100.00	100.00	勃利县
5.76	99.26	99.26	18.83	26.48	21.03	100.00	100.00	林口县
6.74	99.81	99.81	26.74	40.84	34.92	100.00	100.00	逊克县
10.45	100.00	100.00	13.42	37.90	36.08	100.00	100.00	孙吴县
13.74	99.87	99.87	8.32	32.47	29.45	100.00	100.00	望奎县
9.88	100.00	100.00	16.87	25.60	22.18	100.00	100.00	兰西县
13.31	100.00	100.00	17.51	39.88	36.13	100.00	100.00	青冈县
14.74	99.92	99.92	4.07	32.68	31.13	100.00	100.00	庆安县
12.26	100.00	100.00	14.68	29.58	26.53	100.00	100.00	明水县
10.78	94.31	94.31	9.41	50.89	48.26	100.00	100.00	绥棱县
11.85	96.71	96.71	40.12	31.41	31.41	100.00	100.00	呼玛县
8.81	95.97	95.97	32.34	49.38	44.74	100.00	100.00	塔河县
4.45	97.42	97.42	57.66	67.57	61.43	100.00	100.00	加格达奇区
12.96	**94.89**	**94.89**	**15.66**	**43.00**	**40.18**	**100.00**	**100.00**	**江　苏**
8.30	93.97	93.97	14.24	43.78	40.52	100.00	100.00	丰　县
10.25	93.16	93.16	14.91	42.43	40.71	100.00	100.00	沛　县
15.19	93.13	93.13	17.71	44.02	41.12	100.00	100.00	睢宁县
24.33	95.00	95.00	14.80	42.03	38.93	100.00	100.00	如东县
8.03	98.86	98.86	13.91	41.20	39.15	100.00	100.00	东海县
10.63	98.20	98.20	17.99	44.01	40.27	100.00	100.00	灌云县
8.61	86.46	86.46	15.67	44.21	40.62	100.00	100.00	灌南县
11.06	92.58	92.58	16.33	42.55	40.38	100.00	100.00	涟水县
9.28	90.53	90.53	15.07	41.84	40.05	100.00	100.00	盱眙县
12.45	92.32	92.32	15.30	39.94	37.04	100.00	100.00	金湖县
14.69	94.90	94.90	13.43	41.96	37.73	100.00	100.00	响水县
18.51	90.94	90.94	14.42	44.16	40.42	100.00	100.00	滨海县
12.11	92.71	92.71	18.26	43.27	41.12	100.00	100.00	阜宁县
13.40	92.80	92.80	18.85	41.23	39.08	100.00	100.00	射阳县

1-2 续表10

县名称 Name of Counties	人口密度 (人/平方公里) Population Density (person/sq. km)	人均日生活用水量 (升) Daily Water Consumption Per Capita (liter)	供水普及率 (%) Water Coverage Rate (%)	公共供水普及率 Public Water Coverage Rate	燃气普及率 (%) Gas Coverage Rate (%)	建成区供水管道密度 (公里/平方公里) Density of Water Supply Pipelines in Built District (km/sq. km)	人均道路面积 (平方米) Road Surface Area Per Capita (sq. m)	建成区路网密度 (公里/平方公里) Density of Road Network in Built District (km/sq. km)	建成区道路面积率 (%) Surface Area of Roads Rate of Built District (%)
建湖县	2391	184.64	100.00	100.00	100.00	33.54	19.45	4.74	12.48
宝应县	1790	198.73	100.00	100.00	99.95	13.66	26.02	7.28	14.25
沭阳县	1494	188.53	100.00	100.00	100.00	8.93	26.00	7.75	16.87
泗阳县	1475	174.89	100.00	100.00	100.00	6.31	20.64	8.14	15.58
泗洪县	984	218.59	100.00	100.00	100.00	6.83	26.79	9.49	18.08
浙　江	901	249.89	100.00	100.00	100.00	21.78	26.13	9.47	16.43
桐庐县	1040	266.25	100.00	100.00	100.00	29.43	17.35	9.62	15.71
淳安县	214	218.08	100.00	100.00	100.00	19.93	34.29	8.75	14.75
象山县	1992	226.87	100.00	100.00	100.00	34.10	41.94	12.73	21.16
宁海县	2917	244.25	100.00	100.00	100.00	20.17	30.66	10.61	17.99
永嘉县	1384	125.50	100.00	100.00	100.00	24.91	17.47	7.83	13.16
平阳县	1721	292.63	100.00	100.00	100.00	25.56	8.81	7.92	9.73
苍南县	2227	373.47	100.00	100.00	100.00	33.02	17.25	8.05	14.96
文成县	481	338.49	100.00	100.00	100.00	13.16	11.96	8.08	11.31
泰顺县	2374	193.15	100.00	100.00	100.00	13.82	12.66	7.49	10.95
嘉善县	1406	242.99	100.00	100.00	100.00	8.89	29.71	9.10	13.82
海盐县	2027	168.07	100.00	100.00	100.00	20.96	32.31	8.52	18.36
德清县	548	398.42	100.00	100.00	100.00	19.45	44.47	8.01	18.64
长兴县	1605	216.72	100.00	100.00	100.00	17.20	33.04	8.19	21.30
安吉县	1070	303.92	100.00	100.00	100.00	22.23	36.52	8.24	14.39
新昌县	1335	195.05	100.00	100.00	100.00	25.03	23.20	11.50	14.48
武义县	794	200.97	100.00	100.00	100.00	19.55	24.45	10.81	19.12
浦江县	1478	331.68	100.00	100.00	100.00	31.99	18.98	7.92	16.81
磐安县	289	218.14	100.00	100.00	100.00	29.36	22.81	11.11	15.15
常山县	503	273.32	100.00	100.00	100.00	14.59	24.66	9.81	12.20
开化县	599	352.19	100.00	100.00	100.00	13.84	21.17	9.08	10.65
龙游县	530	183.89	100.00	100.00	100.00	17.86	17.39	8.92	11.14
岱山县	1528	107.06	100.00	100.00	100.00	31.39	23.99	10.05	16.50
嵊泗县	1972	172.80	100.00	100.00	100.00	54.39	9.16	12.22	12.90
三门县	633	277.25	100.00	100.00	100.00	26.50	28.91	11.65	18.34
天台县	753	194.55	100.00	100.00	100.00	13.77	33.09	9.41	21.54
仙居县	545	333.51	100.00	100.00	100.00	12.66	24.87	9.25	16.33
青田县	769	259.85	100.00	100.00	100.00	21.24	13.52	13.83	17.25
缙云县	605	267.21	100.00	100.00	100.00	14.65	23.38	8.74	14.60
遂昌县	668	193.34	100.00	100.00	100.00	45.38	26.70	8.02	15.37
松阳县	752	193.13	100.00	100.00	100.00	43.10	21.05	11.76	14.14

continued 10

建成区排水管道密度（公里/平方公里）Density of Sewers in Built District (km/sq.km)	污水处理率（%）Wastewater Treatment Rate (%)	污水处理厂集中处理率 Centralized Treatment Rate of Wastewater Treatment Plants (%)	人均公园绿地面积（平方米）Public Recreational Green Space Per Capita (sq.m)	建成区绿化覆盖率（%）Green Coverage Rate of Built District (%)	建成区绿地率（%）Green Space Rate of Built District (%)	生活垃圾处理率（%）Domestic Garbage Treatment Rate (%)	生活垃圾无害化处理率 Domestic Garbage Harmless Treatment Rate	县名称 Name of Counties
24.19	98.52	98.52	16.21	42.49	39.44	100.00	100.00	建湖县
11.51	95.02	95.02	14.59	43.32	40.11	100.00	100.00	宝应县
12.63	98.61	98.61	13.40	44.01	41.27	100.00	100.00	沭阳县
9.22	97.12	97.12	16.49	43.99	40.03	100.00	100.00	泗阳县
18.67	98.70	98.70	17.32	45.06	42.32	100.00	100.00	泗洪县
16.96	**98.14**	**97.98**	**16.81**	**44.68**	**40.40**	**100.00**	**100.00**	浙 江
18.13	97.01	97.01	15.52	43.30	41.18	100.00	100.00	桐庐县
14.25	97.58	97.58	18.00	44.67	41.55	100.00	100.00	淳安县
14.26	98.30	98.30	16.35	41.90	38.33	100.00	100.00	象山县
23.51	99.02	99.02	15.13	43.32	40.31	100.00	100.00	宁海县
15.28	96.04	81.19	18.24	42.08	40.22	100.00	100.00	永嘉县
19.48	97.45	97.45	16.29	44.26	40.05	100.00	100.00	平阳县
6.44	97.01	97.01	15.12	41.03	37.92	100.00	100.00	苍南县
16.86	97.10	97.10	15.21	44.41	40.51	100.00	100.00	文成县
12.96	96.96	96.96	15.98	65.68	56.11	100.00	100.00	泰顺县
10.30	98.50	98.50	16.72	43.89	38.76	100.00	100.00	嘉善县
10.57	97.74	97.74	18.69	42.97	38.05	100.00	100.00	海盐县
13.65	98.91	98.91	16.96	46.16	42.20	100.00	100.00	德清县
15.90	99.12	99.12	15.06	46.36	42.29	100.00	100.00	长兴县
12.88	98.28	98.28	18.49	46.15	42.10	100.00	100.00	安吉县
19.73	96.89	96.89	15.39	46.08	41.30	100.00	100.00	新昌县
21.61	97.98	97.98	15.59	47.79	40.56	100.00	100.00	武义县
17.99	98.77	98.77	17.35	44.15	39.01	100.00	100.00	浦江县
24.91	99.45	99.45	26.82	45.14	38.49	100.00	100.00	磐安县
20.15	98.30	98.30	16.12	44.63	41.13	100.00	100.00	常山县
14.44	97.86	97.86	23.05	45.65	42.63	100.00	100.00	开化县
24.86	97.95	97.95	17.50	44.99	40.32	100.00	100.00	龙游县
17.37	95.69	95.69	17.03	43.25	40.04	100.00	100.00	岱山县
25.94	96.00	96.00	23.77	45.03	41.83	100.00	100.00	嵊泗县
21.03	98.33	98.33	19.31	43.46	39.13	100.00	100.00	三门县
13.27	98.91	98.91	17.11	43.02	39.13	100.00	100.00	天台县
29.18	97.16	97.16	21.76	43.00	37.97	100.00	100.00	仙居县
28.64	98.16	98.16	15.09	42.44	38.02	100.00	100.00	青田县
17.95	97.96	97.96	15.08	45.94	40.05	100.00	100.00	缙云县
18.95	98.46	94.41	16.77	45.14	41.09	100.00	100.00	遂昌县
21.06	98.57	98.57	14.57	44.54	38.76	100.00	100.00	松阳县

1-2 续表11

县名称 Name of Counties	人口密度 （人/平方公里） Population Density (person/sq. km)	人均日生活用水量 （升） Daily Water Consumption Per Capita (liter)	供水普及率 （%） Water Coverage Rate (%)	公共供水普及率 Public Water Coverage Rate	燃气普及率 （%） Gas Coverage Rate (%)	建成区供水管道密度 （公里/平方公里） Density of Water Supply Pipelines in Built District (km/sq. km)	人均道路面积 （平方米） Road Surface Area Per Capita (sq. m)	建成区路网密度 （公里/平方公里） Density of Road Network in Built District (km/sq. km)	建成区道路面积率 （%） Surface Area of Roads Rate of Built District (%)
云和县	416	228.06	100.00	100.00	100.00	28.47	35.67	12.61	28.12
庆元县	728	118.31	100.00	100.00	100.00	19.27	18.90	9.32	12.70
景宁县	313	272.65	100.00	100.00	100.00	18.42	12.66	9.70	12.96
安　徽	**1863**	**157.35**	**98.44**	**95.95**	**96.92**	**14.38**	**25.73**	**6.70**	**15.45**
长丰县	5971	225.08	99.58	99.45	73.02	10.61	9.85	2.43	5.65
肥西县	7432	119.78	99.15	99.15	98.55	16.50	22.39	5.23	16.25
肥东县	5488	217.93	99.68	99.68	99.02	24.56	18.68	4.87	14.70
庐江县	1357	198.47	100.00	100.00	100.00	12.09	34.93	5.81	14.62
南陵县	2823	222.62	100.00	100.00	100.00	9.44	31.08	7.07	13.70
怀远县	2525	196.35	100.00	75.80	99.70	9.66	13.68	8.90	13.53
五河县	2939	154.47	98.28	97.96	100.00	9.54	24.89	8.24	19.97
固镇县	1329	140.51	96.28	89.78	98.51	13.01	25.48	8.33	18.88
凤台县	4863	177.42	99.14	97.22	99.86	9.74	13.48	4.77	8.36
寿　县	2851	116.11	99.95	99.71	99.90	24.30	26.10	5.95	14.66
当涂县	4129	149.62	100.00	100.00	100.00	8.56	22.44	3.98	9.71
含山县	4518	207.92	100.00	100.00	100.00	22.17	21.39	6.43	12.08
和　县	5091	149.34	99.51	99.51	100.00	21.38	15.02	4.98	11.25
濉溪县	3994	149.36	100.00	99.28	98.95	13.86	29.12	5.42	12.37
枞阳县	1358	115.95	98.98	98.98	98.98	12.68	18.89	5.75	10.89
怀宁县	3623	201.28	100.00	100.00	95.86	31.17	46.78	4.56	14.41
太湖县	2628	108.40	97.25	97.25	95.67	24.86	16.44	5.24	16.76
宿松县	697	229.03	92.46	92.46	90.92	27.91	34.00	10.10	14.80
望江县	2624	150.01	95.17	95.17	82.88	21.19	23.93	4.85	10.45
岳西县	1097	114.17	100.00	100.00	100.00	38.84	8.50	3.00	5.10
歙　县	2009	197.58	100.00	100.00	100.00	18.05	32.72	8.58	15.00
休宁县	420	221.15	100.00	100.00	100.00	14.00	23.39	7.34	12.98
黟　县	1301	217.53	97.65	97.65	99.61	16.90	76.15	8.38	27.51
祁门县	231	183.40	99.81	99.81	99.81	37.54	20.29	8.13	14.51
来安县	916	140.85	96.71	96.71	98.04	13.45	44.44	8.66	18.60
全椒县	928	140.71	98.20	98.20	99.12	17.83	24.65	8.42	19.09
定远县	3620	282.94	97.87	97.87	99.06	14.88	47.16	8.25	17.80
凤阳县	4636	149.06	100.00	100.00	98.21	11.97	33.34	10.13	24.31
临泉县	3954	100.47	100.00	89.40	100.00	8.02	21.38	7.46	15.42
太和县	2013	151.91	100.00	99.20	98.55	12.70	33.80	4.84	17.28
阜南县	1743	239.83	97.35	92.85	95.87	8.78	29.64	6.13	13.99
颍上县	2941	181.18	98.76	91.01	98.76	13.74	35.59	10.08	18.33

continued 11

建成区排水管道密度（公里/平方公里）Density of Sewers in Built District (km/sq.km)	污水处理率（%）Wastewater Treatment Rate (%)	污水处理厂集中处理率 Centralized Treatment Rate of Wastewater Treatment Plants (%)	人均公园绿地面积（平方米）Public Recreational Green Space Per Capita (sq.m)	建成区绿化覆盖率（%）Green Coverage Rate of Built District (%)	建成区绿地率（%）Green Space Rate of Built District (%)	生活垃圾处理率（%）Domestic Garbage Treatment Rate (%)	生活垃圾无害化处理率 Domestic Garbage Harmless Treatment Rate (%)	县名称 Name of Counties
19.40	98.45	98.45	17.00	43.71	39.42	100.00	100.00	云和县
19.22	98.18	98.18	14.82	44.00	37.97	100.00	100.00	庆元县
34.71	98.76	98.76	18.76	42.60	38.19	100.00	100.00	景宁县
12.66	**97.05**	**96.92**	**16.35**	**41.55**	**38.15**	**100.00**	**100.00**	**安　徽**
5.63	97.00	97.00	9.43	33.20	29.27	100.00	100.00	长丰县
11.45	97.15	97.15	12.37	46.93	43.64	100.00	100.00	肥西县
11.14	97.09	97.09	14.19	43.04	40.03	100.00	100.00	肥东县
13.24	97.70	97.70	12.63	44.36	40.00	100.00	100.00	庐江县
9.58	96.36	96.36	14.69	43.10	37.86	100.00	100.00	南陵县
9.54	95.88	95.88	11.93	44.44	38.57	100.00	100.00	怀远县
13.40	98.10	97.08	16.75	42.86	41.38	100.00	100.00	五河县
17.76	98.00	98.00	16.67	41.82	38.81	100.00	100.00	固镇县
6.30	98.65	98.65	13.49	42.96	40.33	100.00	100.00	凤台县
5.94	98.90	98.90	16.04	39.53	34.76	100.00	100.00	寿　县
10.06	98.47	98.47	18.69	40.00	36.21	100.00	100.00	当涂县
8.59	95.70	95.70	14.05	43.52	40.52	100.00	100.00	含山县
11.70	95.00	95.00	14.96	42.04	36.46	100.00	100.00	和　县
7.26	98.60	98.60	17.03	41.08	38.99	100.00	100.00	濉溪县
6.63	96.83	96.83	18.97	43.34	40.21	100.00	100.00	枞阳县
9.41	96.59	96.59	13.50	38.34	36.17	100.00	100.00	怀宁县
12.05	93.66	93.66	10.93	26.11	22.63	100.00	100.00	太湖县
10.70	95.17	95.17	12.97	37.15	32.29	100.00	100.00	宿松县
12.07	96.00	96.00	7.82	34.58	31.69	100.00	100.00	望江县
6.67	97.67	97.67	10.40	40.55	37.43	100.00	100.00	岳西县
11.23	96.00	96.00	20.87	44.36	43.04	100.00	100.00	歙　县
12.34	95.42	95.42	17.48	43.88	38.02	100.00	100.00	休宁县
13.30	98.43	98.43	15.82	38.43	35.93	100.00	100.00	黟　县
13.91	95.10	94.26	16.77	37.65	34.79	100.00	100.00	祁门县
18.71	97.71	94.49	14.75	34.73	30.98	100.00	100.00	来安县
19.00	98.64	98.64	14.52	41.44	39.34	100.00	100.00	全椒县
20.17	97.04	97.04	15.16	41.68	36.77	100.00	100.00	定远县
22.63	97.61	97.61	22.50	46.86	46.12	100.00	100.00	凤阳县
12.30	96.60	96.60	14.57	41.56	40.00	100.00	100.00	临泉县
16.50	96.02	96.02	17.62	40.86	38.01	100.00	100.00	太和县
13.04	93.50	93.50	17.96	41.78	40.01	100.00	100.00	阜南县
16.41	98.97	98.97	24.34	43.56	40.93	100.00	100.00	颍上县

1-2 续表12

县名称 Name of Counties	人口密度 （人/平方公里） Population Density (person/sq. km)	人均日生活用水量 （升） Daily Water Consumption Per Capita (liter)	供水普及率 （%） Water Coverage Rate (%)	公共供水普及率 Public Water Coverage Rate	燃气普及率 （%） Gas Coverage Rate (%)	建成区供水管道密度 （公里/平方公里） Density of Water Supply Pipelines in Built District (km/sq. km)	人均道路面积 （平方米） Road Surface Area Per Capita (sq. m)	建成区路网密度 （公里/平方公里） Density of Road Network in Built District (km/sq. km)	建成区道路面积率 （%） Surface Area of Roads Rate of Built District (%)
砀山县	1957	120.20	98.60	94.33	98.52	9.62	30.12	6.41	14.48
萧　县	1518	59.91	97.08	91.45	98.76	8.26	28.31	6.73	16.14
灵璧县	1793	116.66	100.00	92.33	100.00	8.50	27.74	6.71	19.21
泗　县	1070	124.55	100.00	100.00	100.00	9.15	36.13	7.71	13.90
霍邱县	3936	178.42	95.80	83.50	99.91	10.39	20.79	5.02	10.93
舒城县	2153	151.00	100.00	100.00	100.00	8.06	25.20	7.47	18.33
金寨县	1840	121.67	98.59	98.59	95.11	12.74	35.16	8.74	21.83
霍山县	1717	156.18	98.43	98.43	92.05	21.26	28.19	8.43	20.08
涡阳县	6018	109.18	100.00	100.00	95.05	13.40	26.34	7.12	19.00
蒙城县	6379	141.24	94.94	94.54	95.01	5.38	23.23	6.35	19.18
利辛县	5000	128.68	89.60	89.60	95.60	10.99	21.26	5.84	11.92
东至县	259	137.26	100.00	100.00	100.00	26.09	22.01	11.51	22.23
石台县	139	163.49	96.95	96.95	88.93	15.30	21.89	12.96	16.11
青阳县	862	145.47	100.00	100.00	98.83	20.44	25.55	9.20	19.97
郎溪县	6090	203.17	93.43	93.43	89.29	16.17	28.75	8.87	21.01
泾　县	404	234.28	99.51	99.51	100.00	18.76	25.41	8.17	16.47
绩溪县	4033	196.80	96.93	96.93	99.19	36.75	36.50	8.99	15.30
旌德县	1734	136.58	100.00	100.00	94.81	22.63	22.10	7.57	12.89
福　建	**2402**	**204.24**	**99.88**	**99.73**	**99.13**	**17.91**	**21.76**	**8.95**	**14.93**
闽侯县	3665	159.74	100.00	100.00	99.67	27.52	14.95	9.60	17.38
连江县	6150	239.44	100.00	100.00	99.59	11.10	14.36	9.16	14.49
罗源县	2294	467.87	99.46	99.46	99.32	17.66	23.18	8.10	12.98
闽清县	4774	262.38	99.21	99.21	99.21	44.05	9.47	10.17	15.67
永泰县	2561	153.02	99.41	99.41	99.53	19.25	18.43	11.21	15.65
仙游县	6771	137.67	100.00	98.28	98.25	13.22	16.98	8.06	13.33
明溪县	2362	295.48	98.77	98.77	99.69	18.78	39.08	10.73	16.10
清流县	1190	335.53	100.00	100.00	99.16	17.39	36.46	10.11	21.27
宁化县	1942	231.60	100.00	100.00	99.89	25.73	27.44	9.52	16.70
大田县	2234	257.72	100.00	100.00	99.48	15.43	13.78	8.68	12.34
尤溪县	3945	272.72	100.00	99.31	93.33	36.24	16.29	7.51	9.62
将乐县	1711	113.05	98.02	98.02	99.74	11.28	21.43	12.35	22.41
泰宁县	1657	248.34	100.00	99.80	99.40	30.79	29.62	9.00	16.96
建宁县	4135	214.19	97.12	95.97	99.04	42.85	20.12	9.91	14.99
惠安县	3904	182.66	100.00	100.00	98.45	9.92	25.56	6.12	10.66
安溪县	4835	280.30	100.00	100.00	100.00	15.47	39.84	8.03	12.29
永春县	972	187.72	100.00	100.00	99.52	10.54	15.83	11.84	11.19

continued 12

建成区排水管道密度（公里/平方公里）Density of Sewers in Built District (km/sq. km)	污水处理率（%）Wastewater Treatment Rate (%)	污水处理厂集中处理率 Centralized Treatment Rate of Wastewater Treatment Plants	人均公园绿地面积（平方米）Public Recreational Green Space Per Capita (sq. m)	建成区绿化覆盖率（%）Green Coverage Rate of Built District (%)	建成区绿地率（%）Green Space Rate of Built District (%)	生活垃圾处理率（%）Domestic Garbage Treatment Rate	生活垃圾无害化处理率 Domestic Garbage Harmless Treatment Rate	县名称 Name of Counties
12.26	95.52	95.52	14.15	43.68	38.64	100.00	100.00	砀山县
8.76	97.99	97.99	18.32	45.89	42.10	100.00	100.00	萧　县
10.28	96.97	96.97	18.59	44.83	40.25	100.00	100.00	灵璧县
12.86	98.00	98.00	18.85	44.33	40.11	100.00	100.00	泗　县
9.18	96.96	96.96	19.80	24.34	19.16	100.00	100.00	霍邱县
15.53	96.87	96.87	16.93	41.74	35.89	100.00	100.00	舒城县
15.37	96.56	96.56	18.85	42.61	41.68	100.00	100.00	金寨县
17.21	95.50	95.50	21.71	41.65	39.23	100.00	100.00	霍山县
10.54	97.80	97.80	21.14	40.04	36.74	100.00	100.00	涡阳县
11.96	97.97	97.97	20.15	46.50	42.50	100.00	100.00	蒙城县
13.67	97.95	97.95	16.00	44.72	43.40	100.00	100.00	利辛县
25.57	97.30	97.30	20.16	47.59	44.59	100.00	100.00	东至县
24.79	93.94	93.94	21.34	40.05	36.96	100.00	100.00	石台县
19.32	95.33	95.33	22.84	46.51	41.66	100.00	100.00	青阳县
23.50	98.77	98.77	20.35	43.39	42.10	100.00	100.00	郎溪县
13.92	97.04	97.04	16.93	44.47	40.01	100.00	100.00	泾　县
16.26	95.13	95.13	16.79	41.98	37.50	100.00	100.00	绩溪县
13.13	96.22	96.22	14.87	41.80	38.45	100.00	100.00	旌德县
15.79	**97.62**	**96.78**	**17.69**	**44.02**	**40.44**	**100.00**	**100.00**	福　建
13.70	97.58	89.29	19.05	47.16	43.92	100.00	100.00	闽侯县
21.42	97.83	97.83	22.01	47.20	43.35	100.00	100.00	连江县
9.94	97.68	97.68	14.67	44.02	40.10	100.00	100.00	罗源县
18.50	96.96	96.96	13.63	47.30	44.59	100.00	100.00	闽清县
18.69	98.34	98.34	21.06	47.53	44.62	100.00	100.00	永泰县
12.30	96.03	96.03	15.96	45.60	39.95	100.00	100.00	仙游县
21.08	98.52	98.52	22.25	44.42	41.48	100.00	100.00	明溪县
21.13	96.54	96.54	20.02	43.57	40.01	100.00	100.00	清流县
15.45	96.67	96.67	21.98	43.89	41.26	100.00	100.00	宁化县
11.44	95.59	95.59	19.36	42.98	38.50	100.00	100.00	大田县
9.20	97.58	97.58	13.71	36.88	36.99	100.00	100.00	尤溪县
25.51	98.60	98.60	14.23	44.41	40.62	100.00	100.00	将乐县
18.65	97.45	97.45	16.54	44.27	40.30	100.00	100.00	泰宁县
26.65	98.02	98.02	19.22	45.73	40.31	100.00	100.00	建宁县
6.38	97.11	97.11	15.36	42.23	39.38	100.00	100.00	惠安县
6.70	97.00	97.00	17.74	43.67	40.24	100.00	100.00	安溪县
22.34	99.99	99.99	21.05	44.67	40.36	100.00	100.00	永春县

1-2 续表13

县名称 Name of Counties	人口密度 （人/平方公里） Population Density (person/sq. km)	人均日生活用水量 （升） Daily Water Consumption Per Capita (liter)	供水普及率 （%） Water Coverage Rate (%)	公共供水普及率 Public Water Coverage Rate	燃气普及率 （%） Gas Coverage Rate (%)	建成区供水管道密度 （公里/平方公里） Density of Water Supply Pipelines in Built District (km/sq. km)	人均道路面积 （平方米） Road Surface Area Per Capita (sq. m)	建成区路网密度 （公里/平方公里） Density of Road Network in Built District (km/sq. km)	建成区道路面积率 （%） Surface Area of Roads Rate of Built District (%)
德化县	1705	173.17	100.00	100.00	100.00	13.83	19.39	8.99	15.03
云霄县	2794	218.54	100.00	100.00	93.91	17.34	24.77	9.09	17.93
漳浦县	5689	194.07	100.00	100.00	99.95	20.52	17.53	8.53	17.24
诏安县	7572	226.33	100.00	100.00	99.75	12.75	25.10	8.22	20.79
东山县	10257	144.31	100.00	100.00	98.89	21.14	16.10	8.18	19.86
南靖县	7456	238.11	100.00	100.00	99.12	15.46	24.52	13.21	18.28
平和县	5952	105.26	100.00	100.00	99.89	15.11	31.23	13.60	22.31
华安县	3030	302.27	100.00	100.00	99.35	14.98	53.40	10.75	15.33
顺昌县	2695	229.53	100.00	100.00	98.68	21.39	19.13	8.08	12.53
浦城县	2187	219.00	100.00	100.00	99.62	18.19	17.54	7.54	9.92
光泽县	1185	196.75	100.00	100.00	99.85	19.44	14.64	9.62	13.30
松溪县	2054	236.37	100.00	100.00	99.74	13.60	35.00	8.03	14.34
政和县	2608	228.00	100.00	100.00	99.80	29.35	16.37	6.99	12.36
长汀县	822	216.08	100.00	100.00	99.68	6.62	30.34	9.05	15.08
上杭县	1278	204.45	100.00	100.00	98.70	47.12	24.67	8.90	18.93
武平县	1300	189.67	100.00	100.00	98.90	17.31	20.47	10.47	20.03
连城县	2287	175.53	100.00	100.00	99.63	8.12	21.62	6.57	11.33
霞浦县	947	173.36	100.00	100.00	100.00	13.76	17.06	7.05	14.96
古田县	5688	219.74	100.00	100.00	100.00	19.62	15.29	9.06	12.55
屏南县	4809	205.59	100.00	100.00	100.00	12.32	17.39	14.39	13.14
寿宁县	2359	154.04	99.15	99.15	99.57	22.98	10.68	8.08	12.04
周宁县	2335	266.51	100.00	100.00	100.00	17.19	22.90	10.10	12.64
柘荣县	4596	208.89	100.00	100.00	100.00	13.50	16.55	9.35	12.65
平潭县	5568	186.39	100.00	100.00	99.80	25.12	31.95	8.27	17.33
江　西	**3589**	**172.53**	**98.05**	**97.93**	**97.67**	**18.94**	**27.93**	**7.67**	**14.86**
南昌县	2017	103.12	99.36	99.36	95.96	21.80	27.10	2.58	6.63
安义县	3855	268.02	95.63	95.63	98.91	4.80	27.86	5.07	11.30
进贤县	6697	229.65	99.54	99.54	99.75	25.66	12.12	4.83	9.54
浮梁县	5054	109.56	97.53	97.53	92.47	33.71	17.83	5.10	14.16
莲花县	3563	141.25	99.70	99.70	94.24	15.76	22.13	7.05	14.49
上栗县	1135	132.08	99.75	99.75	96.31	16.43	28.78	8.60	12.71
芦溪县	4640	243.29	99.40	99.40	97.02	32.84	31.49	5.75	14.98
武宁县	1864	244.67	99.90	99.90	99.90	13.64	28.25	5.27	14.32
修水县	2068	148.86	99.89	99.77	99.89	16.55	13.24	6.48	12.30
永修县	4537	203.76	95.79	95.79	91.28	5.61	21.50	5.90	12.22
德安县	4332	203.46	100.00	100.00	100.00	19.08	39.66	8.66	15.42

continued 13

建成区排水管道密度（公里/平方公里）Density of Sewers in Built District	污水处理率（%）Wastewater Treatment Rate	污水处理厂集中处理率 Centralized Treatment Rate of Wastewater Treatment Plants	人均公园绿地面积（平方米）Public Recreational Green Space Per Capita	建成区绿化覆盖率（%）Green Coverage Rate of Built District	建成区绿地率（%）Green Space Rate of Built District	生活垃圾处理率（%）Domestic Garbage Treatment Rate	生活垃圾无害化处理率 Domestic Garbage Harmless Treatment Rate	县名称 Name of Counties
(km/sq. km)	(%)		(sq. m)	(%)	(%)	(%)		
16.79	97.62	97.62	14.35	44.95	40.60	100.00	100.00	德化县
18.07	96.13	96.13	19.39	39.48	36.53	100.00	100.00	云霄县
19.61	97.62	89.69	14.97	44.75	40.31	100.00	100.00	漳浦县
16.89	97.80	97.80	13.30	47.82	44.21	100.00	100.00	诏安县
23.56	96.02	96.02	16.22	44.88	41.60	100.00	100.00	东山县
21.07	98.30	98.30	18.70	44.81	42.60	100.00	100.00	南靖县
19.20	98.00	98.00	17.28	44.59	42.39	100.00	100.00	平和县
16.67	95.57	95.57	27.94	44.77	42.19	100.00	100.00	华安县
7.39	98.66	98.66	20.35	45.50	41.44	100.00	100.00	顺昌县
15.51	99.96	99.96	21.14	44.22	40.53	100.00	100.00	浦城县
16.24	97.50	97.50	13.68	42.54	39.85	100.00	100.00	光泽县
24.72	97.24	97.24	20.79	44.87	39.80	100.00	100.00	松溪县
13.74	97.55	97.55	25.25	40.14	36.23	100.00	100.00	政和县
13.43	97.35	97.35	17.93	43.64	40.32	100.00	100.00	长汀县
15.80	97.26	97.26	20.09	47.53	43.16	100.00	100.00	上杭县
22.91	97.58	97.58	18.29	45.70	42.84	100.00	100.00	武平县
13.71	98.08	98.08	14.42	46.49	45.00	100.00	100.00	连城县
11.71	97.19	97.19	16.91	42.25	39.01	100.00	100.00	霞浦县
15.94	97.24	97.24	16.74	37.77	32.34	100.00	100.00	古田县
15.21	97.14	97.14	19.79	44.58	39.38	100.00	100.00	屏南县
24.04	98.00	98.00	26.12	41.88	39.90	100.00	100.00	寿宁县
19.34	97.96	97.96	17.35	41.70	40.03	100.00	100.00	周宁县
18.82	98.58	98.58	14.69	46.04	39.97	100.00	100.00	柘荣县
17.78	99.98	99.98	16.61	42.62	39.56	100.00	100.00	平潭县
14.12	**96.32**	**94.44**	**19.72**	**43.41**	**39.27**	**100.00**	**100.00**	江　西
9.36	98.13	98.13	30.94	38.05	33.03	100.00	100.00	南昌县
9.99	95.91	95.91	20.29	43.82	40.56	100.00	100.00	安义县
14.06	92.04	92.04	15.30	43.54	38.61	100.00	100.00	进贤县
11.77	94.35	94.35	11.46	38.88	33.96	100.00	100.00	浮梁县
13.60	97.10	97.10	15.73	40.77	38.02	100.00	100.00	莲花县
16.98	96.20	96.20	15.76	41.79	36.73	100.00	100.00	上栗县
12.44	95.33	95.33	24.19	41.31	36.31	100.00	100.00	芦溪县
8.59	98.20	98.20	19.65	44.55	41.39	100.00	100.00	武宁县
11.68	95.23	95.23	16.02	50.48	47.22	100.00	100.00	修水县
13.32	100.00	100.00	14.27	39.76	34.84	100.00	100.00	永修县
15.93	97.32	58.30	16.39	47.08	41.31	100.00	100.00	德安县

1-2 续表14

县名称 Name of Counties	人口密度 （人/ 平方公里） Population Density (person/sq. km)	人均日生活用水量 （升） Daily Water Consumption Per Capita (liter)	供水普及率 （%） Water Coverage Rate (%)	公共供水普及率 Public Water Coverage Rate	燃气普及率 （%） Gas Coverage Rate (%)	建成区供水管道密度 （公里/平方公里） Density of Water Supply Pipelines in Built District (km/sq. km)	人均道路面积 （平方米） Road Surface Area Per Capita (sq. m)	建成区路网密度 （公里/平方公里） Density of Road Network in Built District (km/sq. km)	建成区道路面积率 （%） Surface Area of Roads Rate of Built District (%)
都昌县	2434	174.01	100.00	100.00	100.00	4.32	29.57	5.77	8.40
湖口县	3201	257.60	99.84	99.84	100.00	24.54	20.18	4.21	10.34
彭泽县	5008	274.45	99.84	99.84	100.00	9.10	27.46	7.99	17.16
分宜县	3314	205.72	100.00	100.00	98.71	20.53	21.32	5.41	14.46
信丰县	4360	193.52	99.96	99.96	99.96	28.07	31.05	8.83	16.54
大余县	2507	193.01	100.00	100.00	96.44	19.35	31.32	9.08	14.96
上犹县	1150	187.04	94.62	94.62	91.87	18.79	25.05	11.30	9.01
崇义县	4373	209.39	100.00	100.00	97.31	17.46	24.59	8.60	14.06
安远县	4594	176.00	99.88	99.88	99.88	19.16	30.65	9.10	17.80
定南县	3308	187.44	97.82	97.82	98.01	38.67	19.40	7.79	13.00
全南县	4049	184.56	99.83	99.83	98.97	18.04	31.66	9.51	16.62
宁都县	4683	185.97	93.43	93.43	96.10	31.96	23.97	11.41	14.43
于都县	6182	132.92	97.48	97.48	98.24	16.63	19.51	8.67	17.27
兴国县	6429	166.78	99.35	99.35	95.94	27.30	29.25	10.99	24.03
会昌县	2124	213.38	93.83	93.83	91.28	25.94	26.07	11.21	16.59
寻乌县	6120	163.23	99.56	99.56	99.56	14.44	25.49	9.13	16.14
石城县	5241	185.40	100.00	100.00	99.78	14.07	27.23	11.20	17.43
吉安县	7103	156.56	99.52	99.52	95.33	12.94	35.20	9.15	23.89
吉水县	5590	147.40	96.95	96.95	100.00	7.97	26.68	4.89	13.18
峡江县	1490	252.62	100.00	100.00	98.38	10.83	63.02	7.33	22.75
新干县	4033	174.81	100.00	100.00	100.00	23.82	31.43	8.77	18.24
永丰县	5303	116.93	100.00	100.00	98.75	11.87	29.56	6.91	11.44
泰和县	2099	139.48	96.98	96.98	98.60	25.12	40.31	9.29	20.33
遂川县	5156	117.01	99.31	99.31	98.45	21.05	24.23	9.47	14.48
万安县	859	184.36	99.80	99.80	98.17	18.25	59.49	9.33	18.29
安福县	4714	148.06	100.00	100.00	97.00	9.89	31.52	5.72	10.83
永新县	4978	149.59	100.00	100.00	100.00	36.96	67.27	8.71	28.02
奉新县	3873	262.91	99.40	97.01	100.00	5.11	37.98	7.64	14.33
万载县	3824	205.44	98.94	98.94	96.97	19.11	22.02	8.11	15.49
上高县	3655	141.49	99.94	97.62	98.78	12.77	29.02	6.94	18.26
宜丰县	3390	117.58	96.30	92.59	89.63	41.82	46.49	4.85	15.85
靖安县	5486	199.50	100.00	100.00	98.73	16.95	54.58	12.69	21.41
铜鼓县	2059	174.25	98.44	98.44	98.70	11.57	31.22	9.10	17.42
南城县	7962	244.19	99.50	99.50	98.87	11.11	24.94	9.52	13.35
黎川县	2819	160.16	97.41	97.41	97.41	13.74	38.20	10.88	17.50
南丰县	5455	217.09	98.33	98.33	96.67	10.79	30.48	8.77	20.62

continued 14

建成区排水管道密度（公里/平方公里）Density of Sewers in Built District (km/sq. km)	污水处理率（%）Wastewater Treatment Rate (%)	污水处理厂集中处理率 Centralized Treatment Rate of Wastewater Treatment Plants (%)	人均公园绿地面积（平方米）Public Recreational Green Space Per Capita (sq. m)	建成区绿化覆盖率（%）Green Coverage Rate of Built District (%)	建成区绿地率（%）Green Space Rate of Built District (%)	生活垃圾处理率（%）Domestic Garbage Treatment Rate	生活垃圾无害化处理率 Domestic Garbage Harmless Treatment Rate	县名称 Name of Counties
7.54	94.95	94.95	16.77	39.23	36.12	100.00	100.00	都昌县
11.97	94.92	94.92	28.91	44.20	40.42	100.00	100.00	湖口县
11.99	93.45	93.45	21.54	42.66	41.36	100.00	100.00	彭泽县
8.40	95.35	95.35	19.09	43.80	40.85	100.00	100.00	分宜县
14.50	95.20	95.20	22.93	45.43	42.32	100.00	100.00	信丰县
12.74	98.61	98.61	19.37	42.11	40.41	100.00	100.00	大余县
15.96	95.50	95.50	16.64	42.56	39.71	100.00	100.00	上犹县
20.75	95.19	95.19	19.93	44.73	40.35	100.00	100.00	崇义县
39.69	93.65	93.65	23.55	45.62	38.62	100.00	100.00	安远县
17.87	98.00	98.00	15.16	44.44	40.14	100.00	100.00	定南县
18.21	94.90	93.38	23.66	45.70	40.45	100.00	100.00	全南县
14.97	96.10	96.10	20.86	44.80	41.94	100.00	100.00	宁都县
14.80	95.18	95.18	13.24	44.10	41.30	100.00	100.00	于都县
15.54	96.75	96.75	12.08	38.75	33.05	100.00	100.00	兴国县
14.97	95.02	92.77	19.65	47.32	41.48	100.00	100.00	会昌县
18.33	95.82	95.82	19.94	46.14	42.70	100.00	100.00	寻乌县
18.70	97.80	92.79	22.90	43.92	40.15	100.00	100.00	石城县
21.25	98.51	87.06	22.73	43.82	40.83	100.00	100.00	吉安县
18.15	95.97	95.97	21.32	42.71	37.67	100.00	100.00	吉水县
18.11	95.27	95.27	25.55	45.98	40.85	100.00	100.00	峡江县
17.61	99.96	96.85	17.73	45.94	41.02	100.00	100.00	新干县
13.52	95.20	95.20	20.74	43.37	41.53	100.00	100.00	永丰县
11.39	96.09	96.09	29.58	45.27	39.13	100.00	100.00	泰和县
14.70	97.13	92.36	19.83	47.10	42.45	100.00	100.00	遂川县
11.21	97.87	77.50	29.47	42.65	30.26	100.00	100.00	万安县
10.67	96.00	96.00	20.74	38.00	33.01	100.00	100.00	安福县
12.85	98.15	98.15	21.71	48.84	40.08	100.00	100.00	永新县
11.03	100.00	100.00	27.54	44.86	42.12	100.00	100.00	奉新县
15.09	95.20	95.20	16.11	39.50	35.44	100.00	100.00	万载县
15.86	98.24	98.24	17.65	44.37	41.64	100.00	100.00	上高县
11.43	90.60	90.60	31.59	41.21	38.32	100.00	100.00	宜丰县
27.41	92.57	83.93	25.93	46.36	42.80	100.00	100.00	靖安县
29.33	95.56	95.56	13.69	47.03	43.75	100.00	100.00	铜鼓县
14.54	95.33	72.59	17.35	49.26	45.18	100.00	100.00	南城县
16.06	95.80	95.80	24.82	39.88	35.05	100.00	100.00	黎川县
12.42	99.91	99.91	15.91	45.96	42.19	100.00	100.00	南丰县

1-2 续表15

县名称 Name of Counties	人口密度 （人/平方公里） Population Density (person/sq. km)	人均日生活用水量 （升） Daily Water Consumption Per Capita (liter)	供水普及率 （%） Water Coverage Rate (%)	公共供水普及率 Public Water Coverage Rate	燃气普及率 （%） Gas Coverage Rate (%)	建成区供水管道密度 （公里/平方公里） Density of Water Supply Pipelines in Built District (km/sq. km)	人均道路面积 （平方米） Road Surface Area Per Capita (sq. m)	建成区路网密度 （公里/平方公里） Density of Road Network in Built District (km/sq. km)	建成区道路面积率 （%） Surface Area of Roads Rate of Built District (%)
崇仁县	4722	204.50	97.73	97.73	99.56	10.22	28.93	11.36	16.60
乐安县	8235	138.07	88.84	88.84	96.97	10.57	20.48	9.08	17.75
宜黄县	4090	169.73	99.69	99.69	99.37	13.47	16.76	8.86	13.32
金溪县	3745	180.14	90.00	90.00	90.00	12.60	29.55	10.22	16.75
资溪县	1230	197.14	94.85	94.85	86.72	15.03	38.35	7.09	22.40
广昌县	3563	178.88	99.24	99.24	98.86	24.70	26.89	8.94	18.33
玉山县	6460	134.18	100.00	100.00	99.32	28.73	54.59	10.61	18.52
铅山县	4474	135.73	97.83	97.83	98.99	24.42	25.14	7.25	12.59
横峰县	4236	101.17	99.16	99.16	99.16	10.20	15.84	4.84	10.06
弋阳县	4113	155.49	98.17	98.17	95.50	13.70	39.40	14.29	21.47
余干县	6141	183.88	97.32	97.32	94.83	20.90	29.26	5.32	18.10
鄱阳县	5839	159.99	95.48	95.48	97.62	9.39	21.00	7.85	12.30
万年县	6791	139.27	86.96	86.96	99.71	17.92	29.53	9.96	16.64
婺源县	6769	186.48	99.63	99.63	99.91	33.08	21.84	7.18	14.57
山 东	**1375**	**116.72**	**99.02**	**95.50**	**98.16**	**7.70**	**23.20**	**6.19**	**13.24**
平阴县	1317	133.98	100.00	100.00	100.00	7.75	18.16	4.09	9.17
商河县	1034	108.95	100.00	100.00	100.00	12.68	31.23	5.68	13.41
桓台县	1545	188.79	100.00	100.00	100.00	9.86	31.02	7.76	17.32
高青县	638	143.59	100.00	100.00	100.00	12.35	44.60	6.98	15.11
沂源县	1030	93.20	100.00	100.00	100.00	8.04	34.11	7.39	15.76
利津县	626	162.14	100.00	100.00	100.00	4.15	39.62	5.31	13.00
广饶县	1329	125.10	100.00	100.00	99.94	9.34	23.33	5.27	13.34
临朐县	1216	87.51	100.00	99.07	100.00	7.60	25.52	6.26	16.76
昌乐县	981	98.02	100.00	99.24	100.00	6.51	27.64	8.31	19.76
微山县	1096	91.66	100.00	98.36	98.89	5.19	25.11	5.99	15.78
鱼台县	2041	195.99	100.00	100.00	93.44	9.26	28.47	6.79	16.73
金乡县	3276	114.59	100.00	100.00	99.48	17.39	20.31	6.84	16.41
嘉祥县	1861	153.48	100.00	100.00	99.41	4.54	19.95	7.06	12.49
汶上县	2225	154.22	100.00	100.00	96.79	11.25	19.36	6.48	10.95
泗水县	1390	101.30	100.00	100.00	99.19	9.02	17.47	6.85	11.90
梁山县	1881	95.04	100.00	97.79	99.89	7.09	18.69	5.36	10.84
宁阳县	2602	150.63	99.66	97.60	100.00	14.12	26.12	6.22	16.19
东平县	1325	107.54	100.00	97.45	100.00	15.81	28.10	8.95	14.94
五莲县	762	113.69	100.00	100.00	100.00	8.87	26.77	4.80	11.47
莒　县	3177	165.68	99.88	99.88	99.96	6.42	20.91	5.91	12.04
沂南县	1623	134.93	100.00	96.79	100.00	6.17	25.48	5.77	11.85

continued 15

建成区排水管道密度（公里/平方公里）Density of Sewers in Built District (km/sq. km)	污水处理率（%）Wastewater Treatment Rate (%)	污水处理厂集中处理率（%）Centralized Treatment Rate of Wastewater Treatment Plants (%)	人均公园绿地面积（平方米）Public Recreational Green Space Per Capita (sq. m)	建成区绿化覆盖率（%）Green Coverage Rate of Built District (%)	建成区绿地率（%）Green Space Rate of Built District (%)	生活垃圾处理率（%）Domestic Garbage Treatment Rate (%)	生活垃圾无害化处理率（%）Domestic Garbage Harmless Treatment Rate (%)	县名称 Name of Counties
13.79	97.50	97.50	17.69	44.67	42.90	100.00	100.00	崇仁县
12.54	95.23	95.23	16.80	41.35	37.91	100.00	100.00	乐安县
19.59	93.89	93.89	14.76	42.64	39.16	100.00	100.00	宜黄县
12.32	98.54	94.24	18.16	43.06	40.58	100.00	100.00	金溪县
13.77	90.74	90.74	16.62	45.35	41.60	100.00	100.00	资溪县
15.23	95.96	95.96	17.80	47.30	41.82	100.00	100.00	广昌县
13.64	94.34	94.34	22.93	48.66	44.80	100.00	100.00	玉山县
15.74	98.72	98.72	19.23	42.29	38.49	100.00	100.00	铅山县
21.32	93.20	93.20	22.85	43.07	39.75	100.00	100.00	横峰县
20.09	95.80	95.80	17.75	40.33	35.79	100.00	100.00	弋阳县
10.85	99.55	99.55	21.52	38.08	36.41	100.00	100.00	余干县
6.56	99.25	99.25	19.08	43.02	38.07	100.00	100.00	鄱阳县
19.46	95.70	95.70	27.90	48.04	45.57	100.00	100.00	万年县
14.42	89.41	89.41	15.79	53.53	49.04	100.00	100.00	婺源县
10.81	**98.34**	**98.34**	**17.18**	**42.23**	**38.57**	**100.00**	**100.00**	山　东
7.21	98.70	98.70	14.52	42.71	39.50	100.00	100.00	平阴县
9.73	98.73	98.73	21.86	43.96	40.11	100.00	100.00	商河县
11.08	98.52	98.52	29.75	41.15	36.99	100.00	100.00	桓台县
14.99	98.30	98.30	34.89	45.25	40.57	100.00	100.00	高青县
10.12	98.33	98.33	17.23	40.53	39.57	100.00	100.00	沂源县
15.64	98.20	98.20	25.62	44.38	40.81	100.00	100.00	利津县
13.33	98.30	98.30	17.43	46.86	42.65	100.00	100.00	广饶县
11.10	98.54	98.54	12.82	41.62	40.47	100.00	100.00	临朐县
10.72	98.48	98.48	18.15	45.27	41.19	100.00	100.00	昌乐县
11.04	98.35	98.35	21.66	41.78	40.58	100.00	100.00	微山县
7.01	98.58	98.58	14.83	39.64	35.01	100.00	100.00	鱼台县
12.71	98.53	98.53	18.07	43.55	40.32	100.00	100.00	金乡县
12.47	98.49	98.49	16.53	40.16	36.34	100.00	100.00	嘉祥县
10.56	98.56	98.56	23.35	39.69	35.26	100.00	100.00	汶上县
15.51	98.53	98.53	18.65	41.75	40.07	100.00	100.00	泗水县
12.82	98.54	98.54	28.62	44.59	40.50	100.00	100.00	梁山县
12.50	98.34	98.34	15.16	42.90	40.22	100.00	100.00	宁阳县
9.36	98.15	98.15	20.28	40.54	39.14	100.00	100.00	东平县
19.78	98.74	98.74	18.69	44.10	39.65	100.00	100.00	五莲县
11.57	98.48	98.48	18.95	43.57	39.82	100.00	100.00	莒　县
12.65	98.04	98.04	20.31	45.08	40.60	100.00	100.00	沂南县

1-2 续表 16

县名称 Name of Counties	人口密度 （人/平方公里） Population Density (person/sq. km)	人均日生活用水量 （升） Daily Water Consumption Per Capita (liter)	供水普及率 （%） Water Coverage Rate (%)	公共供水普及率 Public Water Coverage Rate	燃气普及率 （%） Gas Coverage Rate (%)	建成区供水管道密度 （公里/平方公里） Density of Water Supply Pipelines in Built District (km/sq. km)	人均道路面积 （平方米） Road Surface Area Per Capita (sq. m)	建成区路网密度 （公里/平方公里） Density of Road Network in Built District (km/sq. km)	建成区道路面积率 （%） Surface Area of Roads Rate of Built District (%)
郯城县	1213	137.29	100.00	94.63	99.18	7.43	24.35	8.57	18.24
沂水县	1068	121.42	100.00	98.42	100.00	6.96	17.88	11.11	13.82
兰陵县	1533	133.79	100.00	95.85	99.46	6.91	16.85	8.74	11.07
费县	910	94.93	100.00	90.62	99.66	10.03	15.22	6.53	10.05
平邑县	1324	101.29	100.00	84.75	98.05	9.22	17.99	9.49	14.12
莒南县	1003	101.92	100.00	100.00	96.73	10.65	25.27	5.26	9.46
蒙阴县	630	113.26	100.00	91.33	99.38	5.52	16.49	6.07	11.03
临沭县	1145	125.93	100.00	98.25	98.71	7.49	13.64	4.22	9.19
宁津县	2934	78.55	99.94	99.94	99.08	8.35	20.41	4.98	14.42
庆云县	3448	84.21	100.00	100.00	100.00	5.01	18.89	6.00	8.38
临邑县	2763	111.36	92.97	92.97	99.54	7.42	13.39	7.03	11.42
齐河县	671	85.51	100.00	99.35	95.22	6.01	31.07	7.31	14.34
平原县	2040	135.98	100.00	100.00	100.00	5.45	31.01	6.07	11.24
夏津县	1791	107.16	96.50	96.50	95.55	7.01	21.55	6.22	15.82
武城县	1457	129.75	98.62	81.97	97.83	12.71	26.51	6.23	15.38
阳谷县	1054	148.78	100.00	100.00	100.00	10.73	30.38	4.74	13.31
莘县	1327	90.61	100.00	100.00	100.00	7.12	23.08	6.91	19.26
东阿县	1031	86.71	100.00	100.00	96.71	6.27	21.11	5.63	11.34
冠县	1087	83.59	100.00	100.00	100.00	8.08	32.90	3.42	9.84
高唐县	1214	110.70	100.00	100.00	100.00	5.42	24.01	3.53	11.62
惠民县	1895	135.68	100.00	100.00	100.00	3.60	21.33	3.11	7.09
阳信县	1335	132.72	100.00	100.00	100.00	5.44	48.47	6.89	18.92
无棣县	947	118.18	100.00	100.00	100.00	6.66	43.87	5.47	13.65
博兴县	1663	127.73	100.00	100.00	100.00	2.77	23.91	4.91	11.18
曹县	2292	91.24	95.99	80.10	83.92	7.28	17.77	4.98	11.67
单县	1976	181.49	98.39	92.37	96.91	8.16	28.66	7.72	23.40
成武县	1421	97.79	96.74	96.74	96.74	3.92	34.12	6.23	12.59
巨野县	2956	112.32	93.89	93.89	96.72	5.43	18.02	3.91	12.02
郓城县	2547	83.18	92.38	78.53	90.55	5.57	19.37	4.15	14.31
鄄城县	2075	136.42	99.89	67.18	99.56	4.98	21.62	3.25	8.65
东明县	1501	112.05	99.48	94.53	99.43	6.62	23.44	5.75	14.73
河 南	**2583**	**117.46**	**98.19**	**94.58**	**96.53**	**8.56**	**19.22**	**5.86**	**13.66**
中牟县	4367	200.20	100.00	92.22	100.00	6.97	30.12	6.52	15.18
杞县	2860	141.65	100.00	76.21	96.95	5.29	26.53	6.91	17.51
通许县	2163	152.09	100.00	91.96	98.99	6.13	24.03	4.89	11.03
尉氏县	5678	87.86	100.00	79.26	98.78	7.86	27.29	6.00	16.94

continued 16

建成区排水管道密度（公里/平方公里）Density of Sewers in Built District (km/sq. km)	污水处理率（%）Wastewater Treatment Rate (%)	污水处理厂集中处理率 Centralized Treatment Rate of Wastewater Treatment Plants (%)	人均公园绿地面积（平方米）Public Recreational Green Space Per Capita (sq. m)	建成区绿化覆盖率（%）Green Coverage Rate of Built District (%)	建成区绿地率（%）Green Space Rate of Built District (%)	生活垃圾处理率（%）Domestic Garbage Treatment Rate (%)	生活垃圾无害化处理率 Domestic Garbage Harmless Treatment Rate (%)	县名称 Name of Counties
11.77	98.05	98.05	15.22	42.59	41.67	100.00	100.00	郯城县
10.30	98.60	98.60	16.81	45.18	40.46	100.00	100.00	沂水县
6.00	98.49	98.49	14.75	43.48	40.77	100.00	100.00	兰陵县
7.64	98.34	98.34	13.71	46.91	41.98	100.00	100.00	费　县
11.45	98.50	98.50	17.90	46.29	40.87	100.00	100.00	平邑县
8.62	98.35	98.35	20.10	43.33	40.00	100.00	100.00	莒南县
9.55	98.45	98.45	19.28	43.43	40.23	100.00	100.00	蒙阴县
14.61	98.60	98.60	13.12	44.26	40.34	100.00	100.00	临沭县
14.05	98.23	98.23	14.40	43.53	40.03	100.00	100.00	宁津县
8.96	98.60	98.60	16.55	37.01	32.10	100.00	100.00	庆云县
5.22	99.00	99.00	12.19	37.28	32.52	100.00	100.00	临邑县
6.25	98.50	98.50	13.61	44.75	40.03	100.00	100.00	齐河县
9.06	98.53	98.53	19.94	35.14	30.48	100.00	100.00	平原县
6.86	98.55	98.55	12.49	41.00	36.06	100.00	100.00	夏津县
13.46	98.22	98.22	14.13	39.18	34.21	100.00	100.00	武城县
12.74	98.41	98.41	18.37	37.55	33.37	100.00	100.00	阳谷县
10.44	98.25	98.25	13.88	40.85	36.52	100.00	100.00	莘　县
13.28	98.50	98.50	12.27	44.11	41.72	100.00	100.00	东阿县
11.72	98.24	98.24	15.05	40.65	35.09	100.00	100.00	冠　县
10.46	98.21	98.21	13.81	44.10	39.39	100.00	100.00	高唐县
9.47	98.45	98.45	27.19	43.96	40.16	100.00	100.00	惠民县
11.33	98.52	98.52	21.36	40.94	36.15	100.00	100.00	阳信县
9.58	98.41	98.41	15.45	38.36	32.69	100.00	100.00	无棣县
5.97	98.46	98.46	15.42	43.16	40.15	100.00	100.00	博兴县
13.41	97.50	97.50	17.60	39.90	35.37	100.00	100.00	曹　县
20.15	97.11	97.11	18.70	42.54	41.20	100.00	100.00	单　县
12.04	97.37	97.37	21.23	39.27	34.27	100.00	100.00	成武县
11.54	98.81	98.81	12.34	42.14	41.03	100.00	100.00	巨野县
11.10	97.70	97.70	13.94	42.12	41.27	100.00	100.00	郓城县
10.27	98.19	98.19	18.02	39.67	34.40	100.00	100.00	鄄城县
9.63	97.43	97.43	22.48	41.61	37.31	100.00	100.00	东明县
10.03	**98.82**	**98.81**	**13.31**	**40.57**	**35.81**	**99.86**	**97.17**	**河　南**
12.09	100.00	100.00	22.88	44.16	40.38	100.00	100.00	中牟县
10.30	99.23	99.23	5.97	25.01	21.51	100.00	100.00	杞　县
10.41	97.86	97.86	22.39	41.89	35.91	100.00	100.00	通许县
14.27	100.00	100.00	10.40	41.92	34.23	100.00	100.00	尉氏县

1-2 续表17

县名称 Name of Counties	人口密度 （人/平方公里） Population Density (person/sq. km)	人均日生活用水量 （升） Daily Water Consumption Per Capita (liter)	供水普及率 （%） Water Coverage Rate (%)	公共供水普及率 Public Water Coverage Rate	燃气普及率 （%） Gas Coverage Rate (%)	建成区供水管道密度 （公里/平方公里） Density of Water Supply Pipelines in Built District (km/sq. km)	人均道路面积 （平方米） Road Surface Area Per Capita (sq. m)	建成区路网密度 （公里/平方公里） Density of Road Network in Built District (km/sq. km)	建成区道路面积率 （%） Surface Area of Roads Rate of Built District (%)
兰考县	2548	71.26	100.00	95.26	98.92	9.66	24.22	7.11	12.31
新安县	2452	123.20	98.56	89.16	100.00	5.06	12.58	4.07	7.41
栾川县	691	117.48	91.73	91.73	95.94	15.83	11.64	6.92	12.67
嵩 县	1118	99.28	96.10	96.10	98.94	3.19	16.41	5.49	15.40
汝阳县	1046	177.63	100.00	100.00	97.59	14.66	19.43	7.20	15.95
宜阳县	1614	123.34	100.00	96.33	98.85	11.92	19.04	5.78	14.35
洛宁县	1902	83.82	99.78	98.45	78.44	3.44	16.07	5.06	9.80
伊川县	2485	105.69	96.25	96.02	98.54	5.54	10.06	2.72	7.94
宝丰县	7399	137.83	99.00	99.00	90.93	16.39	10.08	2.43	6.61
叶 县	1800	97.28	100.00	100.00	94.93	5.46	17.51	3.97	7.34
鲁山县	7817	102.24	95.84	91.20	91.74	3.79	9.84	3.95	7.73
郏 县	4085	74.74	96.44	96.44	99.41	9.96	22.40	5.41	12.57
安阳县	1631	79.06	100.00	26.83	67.25	1.49	28.84	3.89	13.95
汤阴县	7324	120.44	100.00	100.00	100.00	7.79	30.68	8.79	24.13
滑 县	1649	155.75	100.00	100.00	99.57	11.72	25.57	6.99	16.61
内黄县	1064	134.86	100.00	90.36	98.07	10.27	25.59	7.79	17.34
浚 县	1554	82.80	99.03	99.03	96.83	8.40	12.36	6.26	15.14
淇 县	1719	101.54	100.00	97.45	96.69	5.20	18.04	5.27	12.88
新乡县	2898	149.51	100.00	90.75	99.90	9.06	15.06	2.88	7.55
获嘉县	4724	151.64	99.08	95.84	96.12	13.33	21.27	9.17	17.70
原阳县	5681	235.75	90.72	79.89	98.92	26.12	15.98	3.87	7.88
延津县	4250	148.11	99.51	99.51	97.84	6.35	27.56	5.95	15.84
封丘县	5354	104.74	99.61	99.61	99.69	8.95	21.68	4.48	11.97
修武县	4813	158.67	99.31	94.88	100.00	13.11	34.57	11.15	24.60
博爱县	3800	128.41	100.00	100.00	100.00	6.19	17.60	3.87	9.05
武陟县	2891	60.12	98.96	98.96	98.66	7.00	14.65	7.49	14.67
温 县	2480	111.67	95.75	92.15	92.63	8.27	23.25	7.55	18.33
清丰县	5457	144.89	100.00	100.00	100.00	8.30	22.36	6.57	16.21
南乐县	3375	143.48	95.43	95.43	100.00	9.73	25.97	6.44	18.65
范 县	6948	183.52	94.32	94.32	100.00	10.15	25.72	9.07	22.30
台前县	4373	146.09	100.00	100.00	90.88	6.68	23.55	9.21	21.72
濮阳县	5787	167.37	100.00	99.42	100.00	11.55	25.74	8.75	16.23
鄢陵县	1574	107.34	94.96	94.96	93.50	4.69	26.37	4.32	11.19
襄城县	1738	93.05	98.15	73.87	98.71	5.93	28.23	4.48	12.71
舞阳县	3547	212.66	99.46	92.81	99.07	5.91	17.76	5.77	10.17
临颍县	4067	130.45	96.25	96.15	99.04	5.50	22.93	7.43	14.31

continued 17

建成区排水管道密度（公里/平方公里） Density of Sewers in Built District (km/sq. km)	污水处理率 (%) Wastewater Treatment Rate (%)	污水处理厂集中处理率 Centralized Treatment Rate of Wastewater Treatment Plants (%)	人均公园绿地面积（平方米） Public Recreational Green Space Per Capita (sq. m)	建成区绿化覆盖率（%） Green Coverage Rate of Built District (%)	建成区绿地率（%） Green Space Rate of Built District (%)	生活垃圾处理率（%） Domestic Garbage Treatment Rate	生活垃圾无害化处理率 Domestic Garbage Harmless Treatment Rate	县名称 Name of Counties
9.82	100.00	100.00	15.52	40.10	35.19	100.00	100.00	兰考县
3.37	97.20	97.20	17.86	46.81	38.59	100.00	100.00	新安县
6.93	98.11	98.11	11.88	44.30	37.48	100.00	100.00	栾川县
9.24	98.32	98.32	12.52	39.99	33.92	100.00	100.00	嵩　县
7.70	98.24	98.24	12.31	42.10	40.19	100.00	100.00	汝阳县
4.85	100.00	100.00	14.33	45.79	40.10	100.00	100.00	宜阳县
4.28	100.00	100.00	16.89	44.66	39.90	100.00	100.00	洛宁县
10.55	100.00	100.00	16.41	38.12	34.93	100.00	100.00	伊川县
6.79	99.99	99.99	13.83	42.00	40.46	100.00	100.00	宝丰县
7.71	100.00	100.00	13.43	41.32	40.18	100.00	100.00	叶　县
5.19	98.00	98.00	12.60	38.72	34.67	100.00		鲁山县
14.53	98.41	98.41	8.72	41.18	38.12	100.00	100.00	郏　县
7.71	100.00	97.44	14.34	48.61	46.80	100.00	100.00	安阳县
22.25	100.00	100.00	10.63	30.20	27.16	100.00	100.00	汤阴县
12.02	100.00	100.00	15.10	41.31	40.08	100.00	100.00	滑　县
12.36	100.00	100.00	10.20	39.22	33.97	100.00	100.00	内黄县
9.50	100.00	100.00	11.68	42.18	40.49	100.00	100.00	浚　县
9.10	100.00	100.00	13.02	40.62	33.87	100.00	100.00	淇　县
5.05	100.00	100.00	6.39	36.50	33.39	100.00	100.00	新乡县
11.41	100.00	100.00	8.57	37.45	32.31	100.00	100.00	获嘉县
9.13	100.00	100.00	9.51	40.72	33.84	100.00	100.00	原阳县
15.21	100.00	100.00	6.37	34.75	25.22	100.00	100.00	延津县
7.98	100.00	100.00	8.64	36.57	33.32	100.00	100.00	封丘县
18.29	100.00	100.00	18.14	44.20	39.70	100.00	100.00	修武县
6.97	100.00	100.00	12.26	42.60	40.03	100.00	100.00	博爱县
9.04	99.95	99.95	10.53	41.30	36.17	100.00	100.00	武陟县
14.21	100.00	100.00	16.20	44.82	40.15	100.00	100.00	温　县
9.06	100.00	100.00	11.20	41.45	36.52	100.00	100.00	清丰县
12.45	98.44	98.44	14.91	46.42	41.49	100.00	100.00	南乐县
20.22	100.14	100.14	12.16	44.36	38.92	100.00	100.00	范　县
19.70	100.00	100.00	11.64	42.24	38.28	100.00	100.00	台前县
17.05	100.00	100.00	12.09	43.61	35.29	100.00	100.00	濮阳县
9.41	99.05	99.05	15.01	41.34	38.14	100.00	100.00	鄢陵县
7.57	96.92	96.92	12.64	44.26	41.24	100.00	100.00	襄城县
8.79	100.00	100.00	10.72	40.43	33.87	100.00	100.00	舞阳县
7.46	100.00	100.00	9.35	38.22	31.05	100.00	100.00	临颍县

1-2 续表18

县名称 Name of Counties	人口密度 （人/平方公里） Population Density (person/sq. km)	人均日生活用水量 （升） Daily Water Consumption Per Capita (liter)	供水普及率 （%） Water Coverage Rate (%)	公共供水普及率 Public Water Coverage Rate	燃气普及率 （%） Gas Coverage Rate (%)	建成区供水管道密度 （公里/平方公里） Density of Water Supply Pipelines in Built District (km/sq. km)	人均道路面积 （平方米） Road Surface Area Per Capita (sq. m)	建成区路网密度 （公里/平方公里） Density of Road Network in Built District (km/sq. km)	建成区道路面积率 （%） Surface Area of Roads Rate of Built District (%)
渑池县	3585	110.61	100.00	94.25	97.38	4.77	15.24	4.86	10.68
卢氏县	7262	93.65	100.00	96.58	75.02	7.28	20.32	5.13	13.20
南召县	3937	138.63	98.65	97.46	95.34	13.46	28.11	7.52	15.05
方城县	4591	102.02	99.00	97.50	96.40	20.43	17.73	10.73	21.27
西峡县	1608	111.69	99.81	97.18	97.18	15.51	22.08	8.45	23.74
镇平县	1627	165.92	99.43	97.32	96.70	9.27	29.22	6.34	18.43
内乡县	6103	101.68	99.84	84.93	99.89	11.41	22.30	4.80	14.71
淅川县	719	127.75	100.00	96.02	100.00	11.23	10.40	5.96	13.74
社旗县	4211	97.16	100.00	100.00	100.00	7.61	19.61	9.91	17.82
唐河县	4225	175.34	99.24	99.20	93.43	8.94	26.30	7.36	20.91
新野县	6783	185.12	100.00	98.13	99.85	9.07	22.79	7.62	18.51
桐柏县	941	115.56	100.00	97.12	98.52	11.47	22.93	9.13	18.48
民权县	4551	195.24	97.43	95.98	99.25	4.97	25.28	5.07	11.63
睢县	2664	125.57	89.90	82.06	62.99	8.62	16.28	3.34	10.46
宁陵县	1927	152.19	89.05	69.46	92.79	5.01	21.54	1.55	9.68
柘城县	3704	78.38	98.11	94.42	83.73	3.96	10.90	3.56	7.23
虞城县	5497	133.70	94.94	85.28	99.09	4.93	16.25	3.57	9.43
夏邑县	2799	95.57	97.11	96.29	96.87	2.39	18.41	4.52	11.18
罗山县	1556	94.27	92.05	92.05	98.54	3.25	11.78	3.65	8.53
光山县	9087	158.40	99.89	99.89	98.48	11.42	5.71	2.49	4.72
新县	3745	162.88	100.00	100.00	99.93	6.98	12.50	5.03	9.22
商城县	6583	157.54	100.00	100.00	86.46	15.79	13.57	8.18	9.38
固始县	3000	133.77	98.77	97.04	98.77	8.75	15.29	7.62	14.16
潢川县	3215	84.12	98.61	98.42	90.35	6.96	11.45	2.89	11.50
淮滨县	2145	130.21	99.60	99.00	97.86	5.64	31.77	8.21	19.43
息县	1882	101.40	100.00	99.70	100.00	8.20	12.77	3.77	9.82
扶沟县	1595	134.49	99.50	98.09	96.26	6.71	34.12	7.16	16.48
西华县	4851	130.33	100.00	93.70	93.70	8.27	19.32	6.10	13.18
商水县	3532	133.03	100.00	100.00	99.82	18.37	14.28	3.51	6.55
沈丘县	9239	74.13	97.00	97.00	100.00	20.59	9.77	6.84	12.08
郸城县	8056	47.81	81.38	80.84	100.00	27.58	19.27	5.58	13.47
太康县	3011	76.36	97.31	91.24	91.37	10.22	13.05	5.62	12.17
鹿邑县	3404	71.95	100.00	96.26	100.00	3.88	23.64	7.79	19.04
西平县	3577	85.76	97.84	95.92	99.28	4.92	17.82	4.07	9.26
上蔡县	1972	129.85	100.00	100.00	100.00	1.85	20.66	4.05	13.39
平舆县	2220	77.84	100.00	94.10	100.00	4.51	18.34	7.74	15.58

continued 18

建成区排水管道密度（公里/平方公里）Density of Sewers in Built District (km/sq. km)	污水处理率（％）Wastewater Treatment Rate (%)	污水处理厂集中处理率 Centralized Treatment Rate of Wastewater Treatment Plants (%)	人均公园绿地面积（平方米）Public Recreational Green Space Per Capita (sq. m)	建成区绿化覆盖率（％）Green Coverage Rate of Built District (%)	建成区绿地率（％）Green Space Rate of Built District (%)	生活垃圾处理率（％）Domestic Garbage Treatment Rate (%)	生活垃圾无害化处理率 Domestic Garbage Harmless Treatment Rate	县名称 Name of Counties
12.13	97.82	97.82	20.48	43.32	38.23	100.00	100.00	渑池县
7.81	100.00	100.00	13.40	37.85	34.28	100.00	100.00	卢氏县
22.01	98.99	98.99	17.57	43.63	40.53	100.00	100.00	南召县
22.76	99.03	99.03	16.39	48.51	43.55	100.00	100.00	方城县
22.73	99.15	99.15	15.52	45.25	40.29	100.00	100.00	西峡县
15.74	100.00	100.00	13.13	39.47	35.17	100.00	100.00	镇平县
10.48	99.91	99.91	18.59	46.83	41.88	100.00	100.00	内乡县
17.38	99.10	99.10	19.82	47.97	43.00	98.60	98.60	淅川县
14.27	100.00	100.00	15.59	44.97	40.01	100.00	100.00	社旗县
15.74	97.43	97.43	16.10	44.14	40.22	99.90	99.90	唐河县
17.07	100.00	100.00	13.55	44.25	39.25	100.00	100.00	新野县
16.96	100.00	100.00	16.34	46.40	42.55	100.00	100.00	桐柏县
7.76	100.00	100.00	15.11	42.17	37.91	100.00	100.00	民权县
3.31	99.15	99.15	16.22	42.18	39.58	100.00	100.00	睢县
6.21	98.61	98.61	7.74	36.21	31.38	100.00	100.00	宁陵县
8.59	100.00	100.00	13.06	43.71	39.44	100.00	100.00	柘城县
8.98	100.02	100.02	16.56	43.53	40.39	100.00	100.00	虞城县
2.34	100.00	100.00	15.17	48.21	41.18	100.00		夏邑县
3.47	97.49	97.49	5.53	41.58	29.50	96.99	96.99	罗山县
7.46	97.88	97.88	10.60	5.14	3.09	100.00	100.00	光山县
9.76	100.00	100.00	11.25	42.45	35.90	100.00	100.00	新县
12.09	100.00	100.00	12.30	42.78	41.44	100.00	100.00	商城县
10.30	98.47	98.47	13.95	45.85	40.73	100.00	100.00	固始县
4.11	100.00	100.00	1.51	34.49	29.16	100.00	100.00	潢川县
13.17	99.18	99.18	11.23	42.88	37.93	100.00	100.00	淮滨县
8.53	63.94	63.94	10.54	37.05	31.23	100.00	100.00	息县
4.52	92.26	92.26	9.56	40.76	34.61	100.00	100.00	扶沟县
12.97	100.00	100.00	2.82	7.06	5.13	100.00	100.00	西华县
12.65	100.00	100.00	8.13	7.61	6.58	100.00	100.00	商水县
11.04	100.00	100.00	9.05	31.19	23.77	100.00	100.00	沈丘县
1.39	100.00	100.00	10.98	36.43	32.13	98.79	98.79	郸城县
7.63	90.79	90.79	14.89	35.43	33.52	100.00	100.00	太康县
6.87	100.00	100.00	11.14	44.57	37.51	100.00	100.00	鹿邑县
12.44	100.00	100.00	16.84	45.25	40.32	100.00	100.00	西平县
4.07	98.24	98.24	13.85	41.57	36.77	100.00	100.00	上蔡县
14.01	99.94	99.94	16.30	46.36	40.25	100.00	100.00	平舆县

1-2 续表19

县名称 Name of Counties	人口密度 （人/平方公里） Population Density (person/sq. km)	人均日生活用水量 （升） Daily Water Consumption Per Capita (liter)	供水普及率 （%） Water Coverage Rate (%)	公共供水普及率 Public Water Coverage Rate	燃气普及率 （%） Gas Coverage Rate (%)	建成区供水管道密度 （公里/平方公里） Density of Water Supply Pipelines in Built District (km/sq. km)	人均道路面积 （平方米） Road Surface Area Per Capita (sq. m)	建成区路网密度 （公里/平方公里） Density of Road Network in Built District (km/sq. km)	建成区道路面积率 （%） Surface Area of Roads Rate of Built District (%)
正阳县	2241	112.39	100.00	99.16	100.00	5.46	17.76	4.31	12.02
确山县	941	157.42	100.00	100.00	100.00	5.87	36.67	7.85	19.01
泌阳县	2389	231.48	100.00	100.00	100.00	7.57	26.20	6.36	18.53
汝南县	4420	113.40	100.00	99.70	99.66	6.02	16.69	8.26	10.45
遂平县	2181	81.02	100.00	100.00	100.00	4.82	21.51	7.39	13.98
新蔡县	4381	47.60	100.00	100.00	100.00	9.20	20.68	7.08	20.68
湖　北	**2986**	**168.04**	**97.97**	**97.67**	**98.10**	**15.13**	**21.05**	**7.25**	**14.60**
阳新县	1821	242.43	100.00	100.00	100.00	9.69	19.07	8.14	9.56
郧西县	3950	182.41	99.30	99.30	99.10	14.33	13.59	10.05	20.80
竹山县	836	132.32	96.26	96.26	96.26	17.00	12.05	4.87	7.67
竹溪县	2951	159.91	96.58	96.58	99.90	28.05	10.78	7.40	9.71
房　县	3328	121.47	100.00	100.00	100.00	47.37	12.79	6.08	10.17
远安县	657	253.66	100.00	100.00	99.80	28.61	27.98	9.75	13.61
兴山县	11000	103.50	98.79	90.91	96.97	21.32	14.28	10.36	9.00
秭归县	7197	96.74	97.07	97.07	96.67	17.23	16.82	9.61	15.80
长阳土家族自治县	4835	143.88	94.52	94.52	100.00	10.98	8.90	4.69	8.20
五峰土家族自治县	5732	133.46	100.00	100.00	98.09	12.02	17.22	8.81	9.99
南漳县	5627	125.28	100.00	100.00	99.93	16.92	13.41	4.45	10.82
谷城县	2528	153.38	100.00	99.23	99.23	14.49	27.40	9.04	18.30
保康县	3837	113.78	100.00	96.82	99.24	3.75	6.12	6.58	5.05
沙洋县	2076	175.09	100.00	100.00	100.00	14.06	36.02	7.24	16.79
孝昌县	5972	167.02	100.00	100.00	99.79	13.85	15.06	6.73	13.55
大悟县	4494	215.19	95.62	95.62	98.26	9.60	24.42	6.23	13.01
云梦县	8897	262.21	100.00	100.00	100.00	17.76	18.39	7.02	15.64
公安县	8056	157.96	99.11	99.11	99.26	14.81	12.57	5.65	10.38
江陵县	5209	232.05	91.05	91.05	93.17	18.90	19.80	7.71	12.90
团风县	1960	299.25	100.00	100.00	99.48	7.91	29.61	9.26	20.86
红安县	6167	213.37	99.46	99.46	100.00	20.00	20.95	8.34	20.19
罗田县	4515	124.56	96.31	96.31	99.87	10.87	41.59	12.37	30.01
英山县	1639	188.58	100.00	100.00	100.00	15.31	56.72	11.85	30.09
浠水县	2932	200.71	99.47	99.47	93.68	7.36	27.09	6.77	13.69
蕲春县	1922	136.91	95.95	95.95	96.26	10.80	32.13	6.60	18.42
黄梅县	2297	165.17	100.00	100.00	99.66	23.67	41.21	8.47	28.56
嘉鱼县	4591	166.47	100.00	100.00	100.00	13.10	18.57	6.49	12.75
通城县	6420	146.73	99.08	96.02	98.88	8.16	14.79	5.91	7.20
崇阳县	3491	150.26	99.63	99.63	99.63	7.26	18.75	4.79	12.38

continued 19

建成区排水管道密度（公里/平方公里）Density of Sewers in Built District (km/sq.km)	污水处理率（%）Wastewater Treatment Rate (%)	污水处理厂集中处理率 Centralized Treatment Rate of Wastewater Treatment Plants (%)	人均公园绿地面积（平方米）Public Recreational Green Space Per Capita (sq.m)	建成区绿化覆盖率（%）Green Coverage Rate of Built District (%)	建成区绿地率（%）Green Space Rate of Built District (%)	生活垃圾处理率（%）Domestic Garbage Treatment Rate (%)	生活垃圾无害化处理率 Domestic Garbage Harmless Treatment Rate (%)	县名称 Name of Counties
5.52	98.65	98.65	12.25	40.92	34.30	100.00	100.00	正阳县
7.97	99.23	99.23	14.93	39.74	32.75	100.00	100.00	确山县
7.91	100.00	100.00	21.00	45.69	40.20	100.00	100.00	泌阳县
12.90	99.97	99.97	20.25	42.79	40.16	100.00	100.00	汝南县
6.25	100.00	100.00	17.70	42.78	40.60	100.00	100.00	遂平县
16.14	100.00	100.00	18.64	47.76	40.06	100.00	100.00	新蔡县
11.37	**96.98**	**96.98**	**15.23**	**41.35**	**38.27**	**100.00**	**100.00**	湖 北
9.62	100.00	100.00	17.14	41.21	40.00	100.00	100.00	阳新县
17.85	94.81	94.81	16.40	41.81	40.39	100.00	100.00	郧西县
10.22	100.00	100.00	17.02	42.30	38.05	100.00	100.00	竹山县
7.14	95.49	95.49	13.89	40.83	37.67	100.00	100.00	竹溪县
5.52	99.40	99.40	13.28	44.68	43.04	100.00	100.00	房县
15.99	100.00	100.00	16.36	42.79	41.47	100.00	100.00	远安县
17.81	100.00	100.00	12.71	43.16	41.10	100.00	100.00	兴山县
18.59	98.62	98.62	15.03	43.91	40.05	100.00	100.00	秭归县
5.61	90.42	90.42	15.31	41.58	37.70	100.00	100.00	长阳土家族自治县
9.53	98.17	98.17	14.22	44.12	42.45	100.00	100.00	五峰土家族自治县
9.17	92.29	92.29	15.89	42.86	43.23	100.00	100.00	南漳县
12.12	92.00	92.00	13.45	41.63	40.90	100.00	100.00	谷城县
12.82	100.00	100.00	18.12	43.50	38.54	100.00	100.00	保康县
15.99	96.89	96.89	15.40	43.15	40.05	100.00	100.00	沙洋县
18.04	94.06	94.06	7.90	35.70	31.14	100.00	100.00	孝昌县
7.84	100.00	100.00	12.36	38.44	29.90	100.00	100.00	大悟县
22.38	100.00	100.00	15.31	44.56	43.75	100.00	100.00	云梦县
12.87	96.31	96.31	14.09	43.56	40.49	100.00	100.00	公安县
16.31	96.88	96.88	13.18	39.00	35.80	100.00	100.00	江陵县
13.06	95.74	95.74	13.19	39.98	38.34	100.00	100.00	团风县
12.86	99.31	99.31	9.51	39.83	36.00	100.00	100.00	红安县
9.51	96.12	96.12	16.20	42.99	40.91	100.00	100.00	罗田县
16.74	94.81	94.81	24.08	49.70	44.89	100.00	100.00	英山县
10.78	100.00	100.00	17.80	37.66	31.43	100.00	100.00	浠水县
3.92	96.15	96.15	16.33	39.96	39.12	100.00	100.00	蕲春县
14.69	96.80	96.80	10.82	38.34	33.38	100.00	100.00	黄梅县
13.77	96.77	96.77	23.03	42.87	42.71	100.00	100.00	嘉鱼县
8.76	97.91	97.91	17.19	39.37	38.37	100.00	100.00	通城县
7.16	91.02	91.02	13.86	43.90	43.76	100.00	100.00	崇阳县

1-2 续表20

县名称 Name of Counties	人口密度 （人/平方公里） Population Density (person/sq. km)	人均日生活用水量 （升） Daily Water Consumption Per Capita (liter)	供水普及率 （%） Water Coverage Rate (%)	公共供水普及率 Public Water Coverage Rate	燃气普及率 （%） Gas Coverage Rate (%)	建成区供水管道密度 （公里/平方公里） Density of Water Supply Pipelines in Built District (km/sq. km)	人均道路面积 （平方米） Road Surface Area Per Capita (sq. m)	建成区路网密度 （公里/平方公里） Density of Road Network in Built District (km/sq. km)	建成区道路面积率 （%） Surface Area of Roads Rate of Built District (%)
通山县	3873	147.52	93.98	93.98	93.98	26.90	22.33	6.16	12.48
随县	3756	155.82	99.16	99.16	99.16	19.36	33.65	6.50	16.50
建始县	1648	146.91	100.00	100.00	100.00	15.65	16.56	5.69	11.37
巴东县	4563	165.07	100.00	100.00	100.00	18.24	14.39	11.34	12.46
咸丰县	1333	110.63	98.38	98.38	97.94	9.21	15.74	6.14	13.13
来凤县	2775	251.81	73.13	73.13	73.22	10.87	13.57	5.36	9.02
鹤峰县	5398	83.58	97.25	97.25	98.84	9.44	8.64	5.84	8.42
宣恩县	8286	175.45	100.00	100.00	100.00	19.24	10.22	7.22	9.02
神农架林区	581	157.00	95.44	95.44	95.44	6.58	21.68	8.10	11.90
湖 南	**3821**	**165.27**	**98.27**	**97.99**	**95.64**	**15.82**	**15.58**	**7.26**	**12.90**
长沙县	4487	282.80	100.00	100.00	99.60	10.19	22.65	6.19	13.80
望城区	2922	187.70	99.44	99.44	97.89	9.23	9.20	14.20	19.57
攸县	2483	118.33	100.00	100.00	100.00	24.24	22.12	8.45	15.16
茶陵县	2789	124.64	97.82	97.82	90.32	11.37	8.72	4.50	12.56
炎陵县	1195	165.53	99.01	99.01	91.29	29.93	25.53	11.85	17.24
湘潭县	4522	185.06	100.00	100.00	100.00	51.31	31.51	9.89	22.10
衡阳县	9868	158.10	94.92	94.92	98.72	15.48	16.11	9.20	16.02
衡南县	4345	153.57	99.27	98.33	98.54	12.52	18.20	7.17	13.96
衡山县	4502	69.05	98.12	98.12	95.40	12.99	17.49	5.28	14.87
衡东县	6517	113.81	93.40	93.40	92.66	9.38	19.07	8.95	16.79
祁东县	9172	163.71	99.91	97.69	98.56	16.80	17.00	5.04	13.98
南岳区	10219	192.17	100.00	100.00	88.57	17.08	22.02	8.54	15.35
新邵县	6973	205.32	100.00	100.00	92.26	23.84	32.50	4.46	11.09
邵阳县	3640	164.12	99.88	99.88	85.92	14.83	7.33	4.28	6.24
隆回县	7572	88.58	100.00	100.00	98.09	10.85	8.94	2.84	7.68
洞口县	6317	151.03	99.62	99.62	98.33	10.98	12.26	4.50	6.91
绥宁县	6198	128.00	98.06	90.65	88.03	26.86	11.74	7.98	12.33
新宁县	8791	121.25	100.00	94.85	94.11	31.63	8.72	3.04	9.50
城步苗族自治县	10058	74.27	92.89	92.89	98.55	13.85	9.99	12.50	17.18
岳阳县	7145	223.74	100.00	100.00	90.13	9.53	31.15	12.50	28.86
华容县	6422	225.02	99.94	99.94	98.48	9.20	20.47	3.85	12.90
湘阴县	5484	192.00	100.00	99.34	95.77	21.07	20.14	7.23	12.44
平江县	10000	256.63	93.89	91.67	98.89	11.14	28.67	14.00	10.79
安乡县	1596	138.31	95.40	95.40	95.69	10.00	14.24	6.91	11.80
汉寿县	6228	286.60	97.85	97.85	97.60	22.29	16.11	8.10	15.02
澧县	3008	150.91	100.00	100.00	100.00	10.75	26.21	6.11	14.29

continued 20

建成区排水管道密度（公里/平方公里）Density of Sewers in Built District (km/sq. km)	污水处理率（%）Wastewater Treatment Rate (%)	污水处理厂集中处理率 Centralized Treatment Rate of Wastewater Treatment Plants	人均公园绿地面积（平方米）Public Recreational Green Space Per Capita (sq. m)	建成区绿化覆盖率（%）Green Coverage Rate of Built District (%)	建成区绿地率（%）Green Space Rate of Built District (%)	生活垃圾处理率（%）Domestic Garbage Treatment Rate	生活垃圾无害化处理率 Domestic Garbage Harmless Treatment Rate	县名称 Name of Counties
5.16	97.73	97.73	14.44	36.43	33.01	100.00	100.00	通山县
14.90	99.29	99.01	21.47	44.37	32.16	100.00	100.00	随　县
10.88	97.10	97.10	15.90	38.95	36.11	100.00	100.00	建始县
10.00	100.00	100.00	20.36	46.08	40.78	100.00	100.00	巴东县
17.47	99.99	99.99	19.60	43.82	40.06	100.00	100.00	咸丰县
8.00	96.52	96.52	12.95	41.14	35.67	100.00	100.00	来凤县
7.88	95.80	95.80	18.95	42.53	39.38	100.00	100.00	鹤峰县
8.76	96.22	96.22	19.99	44.89	41.65	100.00	100.00	宣恩县
17.11	98.50	98.50	7.63	39.24	36.08	100.00	100.00	神农架林区
10.90	**96.73**	**96.56**	**11.82**	**39.82**	**36.32**	**99.98**	**99.98**	湖　南
5.42	100.00	100.00	12.22	38.51	35.87	100.00	100.00	长沙县
14.88	90.81	90.81	5.31	40.85	39.28	100.00	100.00	望城区
12.64	98.16	98.16	12.25	41.55	40.15	100.00	100.00	攸　县
10.65	96.53	96.53	12.52	40.90	36.85	100.00	100.00	茶陵县
12.08	91.10	77.23	18.81	41.36	38.39	100.00	100.00	炎陵县
17.27	96.20	96.20	15.10	46.68	42.55	100.00	100.00	湘潭县
12.91	100.00	100.00	9.12	42.81	38.06	100.00	100.00	衡阳县
18.74	99.74	98.16	9.34	34.58	31.76	100.00	100.00	衡南县
7.57	95.00	91.20	14.43	32.39	28.73	100.00	100.00	衡山县
11.84	96.02	96.02	10.20	43.53	36.93	100.00	100.00	衡东县
11.56	93.02	93.02	10.35	43.99	29.24	100.00	100.00	祁东县
17.08	100.00	100.00	8.57	37.96	34.31	100.00	100.00	南岳区
3.53	97.59	97.59	13.73	36.06	31.35	98.00	98.00	新邵县
5.27	96.59	94.58	16.20	41.51	38.76	100.00	100.00	邵阳县
4.85	95.43	95.43	10.85	32.69	34.25	100.00	100.00	隆回县
8.98	96.09	96.09	14.98	42.45	41.06	100.00	100.00	洞口县
14.75	93.67	93.67	14.49	38.82	29.67	99.79	99.79	绥宁县
16.14	96.63	96.63	16.98	38.56	35.53	100.00	100.00	新宁县
11.67	90.28	90.03	8.58	48.11	41.41	100.00	100.00	城步苗族自治县
15.85	100.00	100.00	8.35	37.95	34.86	100.00	100.00	岳阳县
15.36	99.69	99.69	11.40	41.21	38.16	100.00	100.00	华容县
10.98	95.75	95.75	11.26	39.72	36.15	100.00	100.00	湘阴县
12.92	95.08	95.08	12.92	41.65	40.14	100.00	100.00	平江县
9.83	99.07	99.07	11.44	38.34	31.21	100.00	100.00	安乡县
11.81	97.88	95.52	9.63	39.56	34.60	100.00	100.00	汉寿县
14.04	95.50	95.50	11.64	37.28	32.29	100.00	100.00	澧　县

1-2 续表21

县名称 Name of Counties	人口密度 （人/平方公里） Population Density (person/sq. km)	人均日生活用水量（升） Daily Water Consumption Per Capita (liter)	供水普及率（%） Water Coverage Rate (%)	公共供水普及率 Public Water Coverage Rate	燃气普及率（%） Gas Coverage Rate (%)	建成区供水管道密度（公里/平方公里） Density of Water Supply Pipelines in Built District (km/sq. km)	人均道路面积（平方米） Road Surface Area Per Capita (sq. m)	建成区路网密度（公里/平方公里） Density of Road Network in Built District (km/sq. km)	建成区道路面积率（%） Surface Area of Roads Rate of Built District (%)
临澧县	768	220.53	97.02	97.02	92.89	17.05	31.62	8.08	14.55
桃源县	2373	277.01	97.34	97.34	95.79	15.94	15.02	8.02	10.58
石门县	833	175.93	100.00	100.00	92.22	12.66	20.13	6.81	16.71
慈利县	5608	179.53	94.86	94.86	99.00	29.25	12.47	6.95	10.92
桑植县	1047	145.70	100.00	100.00	91.90	28.81	5.73	4.54	3.77
南　县	6507	164.70	100.00	100.00	92.18	14.40	25.44	4.02	9.79
桃江县	6124	171.63	97.98	97.98	95.23	18.13	29.30	9.06	22.11
安化县	2432	132.82	99.94	99.94	99.81	9.55	5.75	7.29	8.23
大通湖区	9190	90.09	99.44	99.44	94.75	16.49	10.43	9.42	8.37
桂阳县	6029	158.34	94.49	94.49	97.45	15.39	14.42	9.96	14.07
宜章县	5140	179.40	96.63	96.63	97.15	18.32	8.73	4.05	8.97
永兴县	5992	141.69	100.00	100.00	98.31	20.34	10.33	5.62	10.50
嘉禾县	7018	106.89	100.00	100.00	98.93	14.93	18.27	5.10	12.60
临武县	8571	189.04	100.00	100.00	94.17	28.57	10.08	7.24	9.90
汝城县	4417	128.63	100.00	100.00	96.75	16.88	12.19	5.11	7.87
桂东县	3645	89.91	91.50	91.50	97.94	26.69	8.41	4.73	5.07
安仁县	8340	80.05	95.24	91.80	99.83	14.79	7.66	3.36	6.04
东安县	9175	98.89	100.00	100.00	100.00	15.69	11.66	5.43	10.79
双牌县	8239	115.09	100.00	100.00	100.00	9.42	18.98	7.30	15.56
道　县	7523	121.86	99.43	99.43	94.99	15.95	24.82	9.31	18.44
江永县	6495	222.84	97.90	97.90	96.12	13.01	19.39	5.32	12.28
宁远县	5445	201.95	100.00	100.00	100.00	17.70	26.92	9.88	11.43
蓝山县	9373	99.81	99.07	99.07	96.97	29.88	10.45	6.96	9.78
新田县	4747	143.85	99.43	99.43	95.96	11.50	11.35	8.17	10.34
江华瑶族自治县	6294	208.10	98.98	98.98	97.48	16.28	14.12	6.19	10.67
中方县	8693	245.34	95.86	95.86	91.24	12.76	18.59	5.79	11.82
沅陵县	12165	115.18	94.23	94.23	93.25	21.22	6.00	5.33	8.49
辰溪县	11701	137.60	99.46	99.46	94.57	14.21	7.10	4.28	8.48
溆浦县	7025	166.57	98.79	98.79	94.38	6.94	15.91	6.89	12.33
会同县	9460	151.43	99.23	99.23	90.32	17.35	10.16	11.07	10.75
麻阳苗族自治县	8142	149.04	99.92	99.92	92.02	10.51	15.21	5.78	11.49
新晃侗族自治县	6780	117.08	98.47	98.47	94.53	20.09	8.21	7.48	9.22
芷江侗族自治县	2319	221.25	99.73	99.73	70.08	8.38	25.12	8.62	13.64
通道县	5848	155.76	99.19	99.19	90.07	17.75	16.18	7.26	15.03
靖州县	9211	139.17	98.01	98.01	90.98	19.18	14.21	6.88	10.84
双峰县	6877	275.16	99.82	99.82	96.30	23.98	17.98	10.50	17.71

continued 21

建成区排水管道密度（公里/平方公里）Density of Sewers in Built District (km/sq. km)	污水处理率（%）Wastewater Treatment Rate (%)	污水处理厂集中处理率 Centralized Treatment Rate of Wastewater Treatment Plants	人均公园绿地面积（平方米）Public Recreational Green Space Per Capita (sq. m)	建成区绿化覆盖率（%）Green Coverage Rate of Built District (%)	建成区绿地率（%）Green Space Rate of Built District (%)	生活垃圾处理率（%）Domestic Garbage Treatment Rate	生活垃圾无害化处理率 Domestic Garbage Harmless Treatment Rate	县名称 Name of Counties
10.94	100.00	100.00	12.51	39.55	34.57	100.00	100.00	临澧县
9.81	97.01	97.01	10.54	43.76	42.02	100.00	100.00	桃源县
11.06	100.00	100.00	10.21	36.25	33.52	100.00	100.00	石门县
12.86	100.00	100.00	12.92	36.01	30.57	100.00	100.00	慈利县
6.91	95.14	95.14	7.09	38.01	35.03	100.00	100.00	桑植县
9.30	98.95	98.95	12.21	36.86	33.84	100.00	100.00	南县
13.87	97.00	97.00	11.84	38.13	34.93	100.00	100.00	桃江县
18.24	97.15	97.15	10.50	39.04	35.21	100.00	100.00	安化县
12.86	99.01	99.01	11.54	38.92	35.94	99.97	99.97	大通湖区
4.91	93.30	93.30	14.37	42.56	40.05	100.00	100.00	桂阳县
10.16	96.61	96.61	9.76	43.40	38.27	100.00	100.00	宜章县
13.97	95.14	95.14	13.59	52.30	48.36	100.00	100.00	永兴县
15.75	97.02	97.02	15.33	26.27	23.26	100.00	100.00	嘉禾县
13.31	98.82	98.82	22.28	42.19	36.64	100.00	100.00	临武县
18.23	96.62	96.62	12.89	46.75	42.83	100.00	100.00	汝城县
19.16	96.90	96.90	10.01	44.90	41.90	100.00	100.00	桂东县
4.13	92.41	92.41	8.44	32.63	27.93	100.00	100.00	安仁县
11.69	97.25	97.25	12.46	42.11	40.82	100.00	100.00	东安县
12.35	98.94	98.94	13.56	38.96	34.24	100.00	100.00	双牌县
12.63	99.58	99.58	12.11	40.67	39.08	100.00	100.00	道县
8.95	99.80	99.80	14.80	41.73	38.53	100.00	100.00	江永县
13.82	99.88	99.88	21.06	41.90	38.99	100.00	100.00	宁远县
10.76	98.40	98.40	12.34	43.54	39.82	100.00	100.00	蓝山县
13.38	96.39	96.39	13.87	38.10	33.60	100.00	100.00	新田县
7.87	84.20	84.20	13.87	45.13	41.90	100.00	100.00	江华瑶族自治县
11.78	93.75	93.75	13.73	39.45	36.27	100.00	100.00	中方县
8.45	99.97	99.97	12.26	37.63	32.65	100.00	100.00	沅陵县
9.85	96.64	96.64	14.43	38.71	33.85	100.00	100.00	辰溪县
7.86	92.97	92.97	13.20	38.47	34.59	100.00	100.00	溆浦县
11.21	96.21	96.21	16.14	44.47	40.75	100.00	100.00	会同县
11.23	95.40	95.40	15.73	32.93	28.54	100.00	100.00	麻阳苗族自治县
9.09	97.30	97.30	12.28	37.05	37.10	100.00	100.00	新晃侗族自治县
9.10	83.52	83.52	10.32	40.15	36.71	100.00	100.00	芷江侗族自治县
7.66	96.30	96.30	10.67	38.94	34.11	100.00	100.00	通道县
7.99	96.00	96.00	9.68	37.23	32.78	100.00	100.00	靖州县
14.50	96.10	96.10	9.31	39.99	34.98	100.00	100.00	双峰县

1-2 续表22

县名称 Name of Counties	人口密度 （人/ 平方公里） Population Density (person/sq. km)	人均日生活用水量 （升） Daily Water Consumption Per Capita (liter)	供　水 普及率 （%） Water Coverage Rate (%)	公共供水普及率 Public Water Coverage Rate	燃　气 普及率 （%） Gas Coverage Rate (%)	建成区供水管道密度 （公里/平方公里） Density of Water Supply Pipelines in Built District (km/sq. km)	人均道路面积 （平方米） Road Surface Area Per Capita (sq. m)	建成区路网密度 （公里/平方公里） Density of Road Network in Built District (km/sq. km)	建成区道路面积率 （%） Surface Area of Roads Rate of Built District (%)
新化县	9191	152.23	90.97	90.97	93.31	29.48	17.11	9.16	18.63
泸溪县	8718	174.14	98.99	98.99	96.07	23.26	7.76	7.59	11.41
凤凰县	6413	87.22	98.31	98.31	100.00	13.50	6.13	4.92	3.88
花垣县	1128	164.97	98.11	98.11	96.54	10.19	16.80	7.03	8.82
保靖县	9004	135.62	99.56	99.56	99.67	7.59	9.08	7.43	8.18
古丈县	498	135.13	99.49	99.49	75.38	15.06	8.38	4.08	6.82
永顺县	1868	120.06	97.00	97.00	79.18	12.12	4.11	4.26	6.17
龙山县	1991	169.71	96.10	96.10	92.47	14.99	6.40	3.66	6.08
广　东	**1567**	**170.80**	**97.82**	**97.82**	**96.26**	**15.10**	**14.80**	**6.17**	**10.83**
始兴县	984	181.10	100.00	100.00	100.00	11.56	18.16	7.12	3.75
仁化县	914	275.04	100.00	100.00	100.00	24.77	24.03	8.18	15.95
翁源县	2614	240.04	100.00	100.00	100.00	4.99	20.70	5.40	9.20
乳源瑶族自治县	5959	219.59	100.00	100.00	100.00	20.31	15.35	4.02	10.25
新丰县	4713	252.87	100.00	100.00	100.00	17.20	14.59	6.04	8.23
南澳县	1591	172.60	91.53	91.53	99.54	32.97	37.40	7.24	18.51
遂溪县	2740	106.24	100.00	100.00	100.00	21.88	9.52	10.65	20.54
徐闻县	3085	49.04	100.00	100.00	100.00	30.77	10.25	5.42	11.79
广宁县	8161	191.02	100.00	100.00	94.78	15.17	23.90	7.85	19.29
怀集县	11572	83.03	91.29	91.29	69.51	24.66	9.87	6.69	9.76
封开县	3863	169.12	100.00	100.00	100.00	45.53	15.81	6.27	11.88
德庆县	505	319.87	89.94	89.94	100.00	11.70	26.20	3.87	9.84
博罗县	774	191.27	100.00	100.00	99.97	10.44	24.71	6.54	15.14
惠东县	1018	203.11	100.00	100.00	100.00	8.30	30.48	11.29	16.53
龙门县	1029	193.03	94.92	94.92	94.92	0.49	21.79	6.46	15.39
大埔县	3944	195.77	64.33	64.33	86.20	21.39	9.39	14.48	12.76
丰顺县	952	145.11	95.49	95.49	97.12	9.93	12.69	5.65	7.76
五华县	817	153.64	98.93	98.93	97.59	6.50	10.71	3.98	10.00
平远县	541	190.90	99.05	99.05	99.53	12.12	11.09	2.81	5.59
蕉岭县	3252	211.66	100.00	100.00	99.75	35.33	12.84	4.69	9.83
海丰县	7726	275.80	100.00	100.00	100.00	40.96	15.98	6.29	17.69
陆河县	5924	173.28	100.00	100.00	100.00	32.68	19.68	5.76	13.18
紫金县	2191	123.03	100.00	100.00	88.47	9.10	22.55	8.38	4.32
龙川县	12461	104.08	100.00	100.00	99.30	10.42	3.72	1.63	4.56
连平县	807	120.18	100.00	100.00	97.82	8.46	20.73	6.07	15.86
和平县	8715	128.97	100.00	100.00	86.13	8.51	10.21	4.45	8.77
东源县	539	117.55	100.00	100.00	100.00		16.97	2.83	8.03

continued 22

建成区排水管道密度（公里/平方公里）Density of Sewers in Built District (km/sq. km)	污水处理率（%）Wastewater Treatment Rate (%)	污水处理厂集中处理率 Centralized Treatment Rate of Wastewater Treatment Plants (%)	人均公园绿地面积（平方米）Public Recreational Green Space Per Capita (sq. m)	建成区绿化覆盖率（%）Green Coverage Rate of Built District (%)	建成区绿地率（%）Green Space Rate of Built District (%)	生活垃圾处理率（%）Domestic Garbage Treatment Rate (%)	生活垃圾无害化处理率 Domestic Garbage Harmless Treatment Rate	县名称 Name of Counties
14.35	95.91	95.91	11.40	56.96	54.08	100.00	100.00	新化县
14.89	94.29	94.29	9.54	41.60	38.20	100.00	100.00	泸溪县
8.31	92.89	92.89	8.02	34.50	33.12	100.00	100.00	凤凰县
11.53	97.50	97.50	10.50	39.98	34.99	100.00	100.00	花垣县
9.22	100.00	100.00	10.30	39.55	34.89	100.00	100.00	保靖县
13.62	94.13	94.13	18.95	37.00	34.19	100.00	100.00	古丈县
11.34	93.85	93.85	8.53	32.26	31.17	100.00	100.00	永顺县
7.95	93.92	93.92	13.60	39.47	34.85	100.00	100.00	龙山县
7.62	**97.41**	**97.41**	**13.28**	**37.97**	**34.98**	**100.00**	**100.00**	**广　东**
8.60	100.00	100.00	14.37	41.68	30.24	100.00	100.00	始兴县
17.20	122.26	122.26	17.47	42.87	39.51	100.00	100.00	仁化县
7.25	100.00	100.00	23.74	41.96	38.82	100.00	100.00	翁源县
6.47	95.48	95.48	13.06	41.29	45.75	100.00	100.00	乳源瑶族自治县
3.59	100.00	100.00	14.51	37.88	35.13	100.00	100.00	新丰县
9.00	100.00	100.00	10.25	42.99	52.50	100.00	100.00	南澳县
12.60	100.00	100.00	10.48	54.82	50.00	100.00	100.00	遂溪县
5.41	100.00	100.00	6.48	39.29	31.97	100.00	100.00	徐闻县
16.55	95.45	95.45	21.58	42.47	38.54	100.00	100.00	广宁县
5.71	97.12	97.12	9.30	42.02	37.59	100.00	100.00	怀集县
13.55	73.21	73.21	10.67	38.94	37.45	100.00	100.00	封开县
	100.00	100.00	12.83	32.81	28.85	100.00	100.00	德庆县
11.39	95.23	95.23	11.27	41.24	40.25	100.00	100.00	博罗县
10.79	98.52	98.52	14.20	38.37	36.64	100.00	100.00	惠东县
12.20	86.17	86.17	14.36	36.19	35.16	100.00	100.00	龙门县
10.71	92.12	92.12	13.80	35.23	30.20	100.00	100.00	大埔县
2.90	100.00	100.00	20.21	18.79	18.76	100.00	100.00	丰顺县
5.54	100.00	100.00	19.13	28.80	28.65	100.00	100.00	五华县
3.95	100.00	100.00	23.73	38.12	35.06	100.00	100.00	平远县
5.75	98.85	98.85	21.72	42.53	21.84	100.00	100.00	蕉岭县
8.87	98.73	98.73	8.49	40.48	36.86	100.00	100.00	海丰县
6.11	97.33	97.33	12.36	43.54	40.11	100.00	100.00	陆河县
	100.00	100.00	28.22	38.17	27.99	100.00	100.00	紫金县
2.99	100.00	100.00	6.30	23.35	18.88	100.00	100.00	龙川县
1.77	92.00	92.00	7.87	20.05	19.98	100.00	100.00	连平县
0.99	100.00	100.00	13.50	41.31	25.48	100.00	100.00	和平县
4.66	100.00	100.00	2.33	6.81	6.71	100.00	100.00	东源县

1-2 续表23

县名称 Name of Counties	人口密度 （人/平方公里） Population Density (person/sq. km)	人均日生活用水量 （升） Daily Water Consumption Per Capita (liter)	供水普及率 （%） Water Coverage Rate (%)	公共供水普及率 Public Water Coverage Rate	燃气普及率 （%） Gas Coverage Rate (%)	建成区供水管道密度 （公里/平方公里） Density of Water Supply Pipelines in Built District (km/sq. km)	人均道路面积 （平方米） Road Surface Area Per Capita (sq. m)	建成区路网密度 （公里/平方公里） Density of Road Network in Built District (km/sq. km)	建成区道路面积率 （%） Surface Area of Roads Rate of Built District (%)
阳西县	4332	239.08	97.96	97.96	97.96	10.73	18.32	10.72	13.67
阳山县	4161	204.42	99.76	99.76	100.00	23.81	10.63	3.98	9.27
连山壮族瑶族自治县	1173	451.81	97.71	97.71	97.71	17.06	30.65	8.10	15.10
连南瑶族自治县	1556	299.97	100.00	100.00	96.77	0.00	15.21	7.65	10.92
佛冈县	1077	365.58	100.00	100.00	88.90	5.88	8.85	3.04	5.42
饶平县	1668	145.57	100.00	100.00	100.00	28.75	7.63	2.29	3.66
揭西县	1379	104.42	100.00	100.00	100.00	14.60	11.27	15.73	14.76
惠来县	965	76.77	100.00	100.00	100.00	2.15	2.90	2.48	2.48
新兴县	1095	334.72	100.00	100.00	98.48	17.79	20.64	7.03	8.67
郁南县	818	174.93	100.00	100.00	98.14	15.56	19.86	6.21	12.76
广 西	**2672**	**182.20**	**99.84**	**98.55**	**99.39**	**14.47**	**22.25**	**9.31**	**16.33**
隆安县	5489	272.06	100.00	100.00	100.00	23.71	22.10	8.33	17.46
马山县	2182	210.95	100.00	100.00	99.81	9.90	27.38	9.39	18.06
上林县	4170	228.58	100.00	100.00	100.00	10.79	34.31	9.66	14.43
宾阳县	1579	152.67	100.00	100.00	100.00	8.26	31.15	11.81	21.68
柳城县	4244	259.87	100.00	100.00	100.00	15.84	31.44	8.68	17.32
鹿寨县	3062	174.33	100.00	100.00	100.00	9.81	25.53	6.28	12.84
融安县	5841	168.84	100.00	100.00	100.00	9.81	19.07	7.64	17.26
融水苗族自治县	6955	210.82	99.91	99.08	96.34	21.30	18.77	10.99	20.08
三江侗族自治县	5551	210.98	100.00	100.00	100.00	27.28	12.86	13.01	13.35
阳朔县	4214	291.49	100.00	100.00	100.00	14.78	44.11	10.61	24.07
灵川县	10783	98.04	100.00	100.00	100.00	40.19	19.73	9.16	21.34
全州县	1219	179.78	98.75	92.17	98.75	12.02	35.08	17.15	16.09
兴安县	2784	191.78	100.00	99.87	100.00	12.92	37.59	8.62	17.96
永福县	7035	134.81	100.00	100.00	100.00	28.39	16.51	12.58	19.55
灌阳县	6172	113.73	100.00	100.00	100.00	8.03	23.19	10.29	19.11
龙胜各族自治县	4457	174.98	100.00	100.00	100.00	10.22	12.45	10.06	11.89
资源县	5046	105.06	100.00	100.00	99.17	6.83	10.24	7.18	9.45
平乐县	8387	122.53	100.00	100.00	100.00	24.82	20.75	9.75	17.86
恭城瑶族自治县	4063	119.23	100.00	100.00	99.69	9.57	17.38	8.17	14.84
苍梧县	4822	87.51	99.69	99.69	96.32	2.66	24.89	8.59	17.86
藤 县	2685	381.44	100.00	100.00	100.00	13.57	26.84	9.04	15.25
蒙山县	7741	142.61	100.00	100.00	94.90	24.91	16.49	11.17	15.84
合浦县	3153	206.37	100.00	91.94	100.00	13.00	18.60	9.05	10.34
上思县	3221	172.33	99.88	99.88	99.63	53.81	14.05	9.10	15.33
灵山县	5930	159.02	100.00	96.42	100.00	13.43	25.09	8.98	20.34

continued 23

Density of Sewers in Built District (km/sq. km)	Wastewater Treatment Rate (%)	Centralized Treatment Rate of Wastewater Treatment Plants (%)	Public Recreational Green Space Per Capita (sq. m)	Green Coverage Rate of Built District (%)	Green Space Rate of Built District (%)	Domestic Garbage Treatment Rate (%)	Domestic Garbage Harmless Treatment Rate (%)	Name of Counties
16.13	100.00	100.00	13.39	50.31	48.15	100.00	100.00	阳西县
9.22	95.75	95.75	14.79	41.60	40.22	100.00	100.00	阳山县
14.65	96.10	96.10	14.08	42.78	41.60	100.00	100.00	连山壮族瑶族自治县
13.87	98.31	98.31	14.98	41.04	37.11	100.00	100.00	连南瑶族自治县
7.56	100.00	100.00	14.56	40.20	37.65	100.00	100.00	佛冈县
3.61	94.93	94.93	12.80	36.10	34.67	100.00	100.00	饶平县
4.12	90.66	90.66	13.55	83.16	66.61	100.00	100.00	揭西县
5.30	91.00	91.00	13.09	40.97	45.56	100.00	100.00	惠来县
9.27	95.34	95.34	13.98	41.45	36.69	100.00	100.00	新兴县
13.97	95.03	95.03	14.11	32.95	32.53	100.00	100.00	郁南县
13.62	**98.60**	**93.27**	**13.23**	**38.90**	**34.38**	**100.00**	**100.00**	广 西
17.40	96.96	96.96	10.46	39.98	35.72	100.00	100.00	隆安县
5.16	92.61	92.61	15.19	34.56	29.75	100.00	100.00	马山县
13.32	95.19	95.19	13.08	26.52	20.62	100.00	100.00	上林县
11.99	99.06	99.06	4.96	31.90	27.02	100.00	100.00	宾阳县
7.52	98.59	98.59	18.70	42.78	37.67	100.00	100.00	柳城县
8.23	99.62	72.37	20.78	46.42	41.53	100.00	100.00	鹿寨县
8.20	99.89	99.89	14.34	42.46	37.69	100.00	100.00	融安县
11.71	95.51	91.72	7.08	39.86	36.52	100.00	100.00	融水苗族自治县
9.87	98.88	98.88	9.70	42.38	36.65	100.00	100.00	三江侗族自治县
19.01	99.85	99.85	16.43	43.20	39.67	100.00	100.00	阳朔县
6.27	99.95	99.95	19.50	39.83	36.31	100.00	100.00	灵川县
18.93	99.99	99.99	15.35	34.03	27.11	100.00	100.00	全州县
17.64	99.75	99.75	26.98	43.51	36.61	100.00	100.00	兴安县
16.49	98.95	98.95	8.60	43.01	40.07	100.00	100.00	永福县
20.24	99.93	99.93	13.70	40.03	36.64	100.00	100.00	灌阳县
11.87	99.83	99.83	11.98	35.32	32.32	100.00	100.00	龙胜各族自治县
11.72	94.96	94.96	15.04	49.53	45.00	100.00	100.00	资源县
18.14	99.50	43.47	18.07	39.81	36.23	100.00	100.00	平乐县
15.14	96.34	96.34	6.59	37.54	34.16	100.00	100.00	恭城瑶族自治县
12.57	96.67	96.67	4.55	19.81	22.12	100.00	100.00	苍梧县
11.36	99.35	47.39	14.12	41.60	37.50	100.00	100.00	藤 县
28.64	95.71	95.71	12.19	41.35	40.16	100.00	100.00	蒙山县
12.11	99.81	99.81	12.28	43.27	37.54	100.00	100.00	合浦县
20.74	96.10	96.10	8.73	30.41	22.36	100.00	100.00	上思县
26.87	99.08	99.08	12.94	41.37	39.44	100.00	100.00	灵山县

1-2 续表24

县名称 Name of Counties	人口密度 （人/平方公里） Population Density (person/sq. km)	人均日生活用水量 （升） Daily Water Consumption Per Capita (liter)	供水普及率 （%） Water Coverage Rate (%)	公共供水普及率 Public Water Coverage Rate	燃气普及率 （%） Gas Coverage Rate (%)	建成区供水管道密度 （公里/平方公里） Density of Water Supply Pipelines in Built District (km/sq. km)	人均道路面积 （平方米） Road Surface Area Per Capita (sq. m)	建成区路网密度 （公里/平方公里） Density of Road Network in Built District (km/sq. km)	建成区道路面积率 （%） Surface Area of Roads Rate of Built District (%)
浦北县	4148	195.49	100.00	100.00	100.00	14.86	27.65	9.03	15.09
平南县	2443	239.99	100.00	100.00	100.00	9.01	14.57	8.11	10.81
容　县	1091	101.66	100.00	97.02	100.00	10.71	18.98	8.39	16.53
陆川县	1430	172.70	100.00	100.00	99.24	8.36	22.85	10.17	22.00
博白县	1865	115.44	99.14	92.73	99.08	11.35	21.48	7.62	19.96
兴业县	812	185.66	100.00	96.95	100.00	11.75	15.79	10.37	14.17
田东县	2675	239.99	100.00	100.00	100.00	19.05	25.60	9.59	18.35
德保县	4614	250.88	100.00	100.00	99.83	21.65	13.78	10.08	12.57
那坡县	3024	177.22	93.47	93.47	93.47	20.70	15.14	14.30	15.66
凌云县	4214	150.83	100.00	100.00	98.56	15.60	16.24	13.37	18.06
乐业县	5277	34.95	100.00	100.00	99.46	25.45	18.71	15.06	19.55
田林县	5064	204.27	100.00	100.00	97.92	13.86	14.64	8.35	12.33
西林县	4000	319.81	100.00	100.00	100.00	19.75	26.11	12.55	13.86
隆林各族自治县	7366	157.00	100.00	100.00	99.90	7.58	19.47	7.42	15.02
昭平县	5947	108.00	99.67	99.67	97.88	16.35	14.16	10.10	17.18
钟山县	4096	172.53	100.00	100.00	100.00	9.80	31.11	8.85	18.75
富川瑶族自治县	2488	149.76	100.00	100.00	100.00	7.77	25.77	8.80	12.14
南丹县	7705	154.32	100.00	96.17	100.00	12.48	18.77	8.85	17.90
天峨县	1052	250.35	100.00	100.00	99.02	11.77	19.58	10.47	18.28
凤山县	4146	234.70	100.00	100.00	95.93	15.18	21.15	11.09	14.19
东兰县	3314	173.15	100.00	100.00	100.00	17.58	12.37	14.39	14.76
罗城仫佬族自治县	7877	171.95	100.00	100.00	99.73	25.66	18.29	8.98	17.12
环江毛南族自治县	1771	250.11	100.00	100.00	98.74	10.51	20.73	5.38	11.02
巴马瑶族自治县	4310	197.74	100.00	100.00	100.00	15.88	19.94	8.64	13.68
都安瑶族自治县	4978	210.36	100.00	100.00	99.83	36.73	12.61	10.59	14.21
大化瑶族自治县	4806	86.78	100.00	100.00	100.00	7.33	14.75	8.51	10.87
忻城县	4125	174.48	100.00	99.39	99.85	39.42	11.69	8.24	10.56
象州县	4352	180.52	98.74	98.74	97.13	9.86	24.28	9.72	17.16
武宣县	3272	200.91	99.88	99.88	94.53	9.49	28.41	7.95	16.80
金秀瑶族自治县	2000	183.73	100.00	100.00	99.22	23.64	16.23	14.26	12.68
扶绥县	2198	270.16	100.00	100.00	100.00	26.75	41.20	9.23	22.80
宁明县	3204	205.56	100.00	100.00	100.00	12.59	24.51	4.85	17.37
龙州县	3538	278.92	100.00	100.00	100.00	9.65	40.63	9.18	24.02
大新县	2295	290.03	100.00	100.00	100.00	15.33	22.80	4.66	9.16
天等县	658	258.75	100.00	100.00	100.00	10.25	38.47	9.50	18.46

continued 24

建成区排水管道密度（公里/平方公里）Density of Sewers in Built District (km/sq.km)	污水处理率（%）Wastewater Treatment Rate (%)	污水处理厂集中处理率 Centralized Treatment Rate of Wastewater Treatment Plants (%)	人均公园绿地面积（平方米）Public Recreational Green Space Per Capita (sq.m)	建成区绿化覆盖率（%）Green Coverage Rate of Built District (%)	建成区绿地率（%）Green Space Rate of Built District (%)	生活垃圾处理率（%）Domestic Garbage Treatment Rate (%)	生活垃圾无害化处理率 Domestic Garbage Harmless Treatment Rate	县名称 Name of Counties
8.92	99.19	99.19	12.52	42.75	40.14	100.00	100.00	浦北县
4.78	99.57	99.57	9.85	38.55	34.66	100.00	100.00	平南县
12.08	99.64	99.64	12.80	39.89	35.08	100.00	100.00	容　县
15.79	97.62	97.62	11.26	38.21	33.44	100.00	100.00	陆川县
7.59	97.33	97.33	13.14	37.31	33.10	100.00	100.00	博白县
12.68	99.69	99.69	12.05	38.85	35.25	100.00	100.00	兴业县
21.60	99.70	99.70	15.59	44.13	37.30	100.00	100.00	田东县
16.98	99.90	99.90	14.19	45.65	41.67	100.00	100.00	德保县
28.60	97.33	97.33	15.90	40.50	38.35	100.00	100.00	那坡县
32.27	98.71	98.71	13.04	44.20	40.37	100.00	100.00	凌云县
34.53	96.83	96.83	12.65	43.35	39.96	100.00	100.00	乐业县
18.57	97.40	97.40	16.24	39.62	34.54	100.00	100.00	田林县
10.67	97.47	97.47	17.91	45.30	39.96	100.00	100.00	西林县
13.49	99.79	99.79	7.79	37.36	32.96	100.00	100.00	隆林各族自治县
9.18	95.29	95.29	14.95	41.99	35.30	100.00	100.00	昭平县
13.19	99.60	99.60	15.10	40.32	35.70	100.00	100.00	钟山县
12.12	97.95	97.95	12.54	41.98	38.88	100.00	100.00	富川瑶族自治县
13.13	99.84	99.84	13.96	45.46	42.85	100.00	100.00	南丹县
16.99	97.40	97.40	12.88	40.80	34.79	100.00	100.00	天峨县
21.93	96.73	96.73	11.34	39.46	34.89	100.00	100.00	凤山县
18.97	97.11	97.11	14.75	38.06	33.73	100.00	100.00	东兰县
20.30	99.82	99.82	15.00	40.67	30.95	100.00	100.00	罗城仫佬族自治县
6.48	99.90	99.90	11.44	39.61	33.99	100.00	100.00	环江毛南族自治县
11.06	96.66	96.66	10.28	36.10	31.25	100.00	100.00	巴马瑶族自治县
13.48	99.86	99.86	14.59	36.76	34.78	100.00	100.00	都安瑶族自治县
8.29	95.39	95.39	15.12	40.47	37.16	100.00	100.00	大化瑶族自治县
9.05	97.73	97.73	12.59	38.83	35.10	100.00	100.00	忻城县
11.42	96.06	96.06	2.61	35.47	25.43	100.00	100.00	象州县
16.01	96.50	71.74	17.68	42.45	35.68	100.00	100.00	武宣县
16.55	98.47	98.47	10.55	39.89	37.29	100.00	100.00	金秀瑶族自治县
22.70	99.92	91.81	16.76	40.07	38.12	100.00	100.00	扶绥县
10.28	96.30	68.30	4.76	20.27	17.69	100.00	100.00	宁明县
15.69	99.80	99.80	21.37	42.86	36.04	100.00	100.00	龙州县
6.91	93.75	93.75	17.40	18.87	15.58	100.00	100.00	大新县
14.44	96.79	94.30	31.52	27.73	25.26	100.00	100.00	天等县

1-2 续表25

县名称 Name of Counties	人口密度 （人/平方公里） Population Density (person/sq. km)	人均日生活用水量 （升） Daily Water Consumption Per Capita (liter)	供水普及率 （%） Water Coverage Rate (%)	公共供水普及率 Public Water Coverage Rate	燃气普及率 （%） Gas Coverage Rate (%)	建成区供水管道密度 （公里/平方公里） Density of Water Supply Pipelines in Built District (km/sq. km)	人均道路面积 （平方米） Road Surface Area Per Capita (sq. m)	建成区路网密度 （公里/平方公里） Density of Road Network in Built District (km/sq. km)	建成区道路面积率 （%） Surface Area of Roads Rate of Built District (%)
海 南	1815	290.09	99.16	99.13	97.14	6.81	36.83	5.10	10.93
定安县	2261	243.51	100.00	100.00	100.00		36.43	6.38	13.95
屯昌县	1472	312.85	100.00	100.00	100.00	10.26	51.46	8.08	16.97
澄迈县	2410	172.89	100.00	100.00	100.00		21.36	9.02	11.81
临高县	2970	315.76	100.00	99.72	96.39	5.99	21.86	2.27	4.75
白沙黎族自治县	2953	383.09	100.00	100.00	95.47	8.51	48.63	6.56	14.36
昌江县	2782	361.07	100.00	100.00	94.07	17.00	25.96	9.02	13.65
乐东县	1433	444.50	98.55	98.55	93.02	20.26	32.56	7.71	18.15
陵水县	4400	191.94	95.29	95.29	96.12		34.76	7.91	19.80
保亭县	1387	435.45	100.00	100.00	100.00	8.24	32.60	3.61	6.79
琼中县	5171	337.28	100.00	100.00	99.34	9.15	26.94	8.87	7.34
洋浦经济开发区	693	256.78	99.37	99.37	95.72	5.77	69.86	2.74	8.72
重 庆	2331	154.13	99.72	99.72	99.08	14.15	13.74	7.66	14.13
城口县	555	176.72	100.00	100.00	85.48	34.68	13.99	12.22	17.54
丰都县	1148	181.46	99.02	99.02	99.38	14.98	12.88	6.50	13.64
垫江县	2333	146.05	100.00	100.00	99.91	11.60	19.31	5.86	16.58
忠 县	3834	147.08	99.17	99.17	99.56	12.48	10.53	6.72	11.09
云阳县	1073	142.26	100.00	100.00	100.00	14.66	14.49	8.71	17.04
奉节县	8416	127.47	100.00	100.00	100.00	18.80	9.56	8.98	14.57
巫山县	5142	101.92	99.07	99.07	99.86	11.98	8.05	8.53	14.83
巫溪县	10603	181.89	100.00	100.00	100.00	8.10	10.97	12.34	11.73
石柱土家族自治县	6862	163.21	99.41	99.41	96.66	42.45	11.96	8.23	15.94
秀山土家族苗族自治县	4200	248.81	100.00	100.00	100.00	8.91	32.94	7.84	15.81
酉阳土家族苗族自治县	8685	151.01	100.00	100.00	97.32	15.09	10.92	6.17	9.55
彭水苗族土家族自治县	6226	153.75	100.00	100.00	100.00	5.26	11.35	6.36	10.06
四 川	1489	138.40	97.41	97.04	91.01	13.27	15.42	6.67	13.47
金堂县	4750	121.77	96.91	96.91	99.94	23.52	18.81	8.58	16.89
大邑县	1345	314.30	95.59	95.59	97.39	5.92	31.99	8.07	16.15
蒲江县	743	279.52	99.90	99.90	99.60	91.96	13.83	7.89	14.85
东部新区管理委员会	5035	202.56	99.94	96.20	100.00	26.77	46.66	11.62	30.63
荣 县	1422	112.14	100.00	100.00	100.00	18.30	16.89	9.13	18.73
富顺县	2398	182.02	100.00	100.00	100.00	6.13	20.89	14.45	15.36
米易县	968	157.45	100.00	100.00	97.97	20.72	11.61	9.26	12.96
盐边县	567	147.75	100.00	100.00	78.18	14.96	12.44	5.36	7.31
泸 县	1322	124.12	99.07	99.07	98.39	10.30	16.48	6.21	16.88
合江县	1662	116.41	98.33	98.33	99.44	10.23	10.29	5.42	9.68
叙永县	729	191.79	95.84	95.84	95.04	10.20	6.05	4.98	6.07

continued 25

建成区排水管道密度（公里/平方公里）Density of Sewers in Built District (km/sq. km)	污水处理率（%）Wastewater Treatment Rate (%)	污水处理厂集中处理率 Centralized Treatment Rate of Wastewater Treatment Plants (%)	人均公园绿地面积（平方米）Public Recreational Green Space Per Capita (sq. m)	建成区绿化覆盖率（%）Green Coverage Rate of Built District (%)	建成区绿地率（%）Green Space Rate of Built District (%)	生活垃圾处理率（%）Domestic Garbage Treatment Rate (%)	生活垃圾无害化处理率 Domestic Garbage Harmless Treatment Rate (%)	县名称 Name of Counties
5.44	**108.92**	**100.77**	**10.55**	**37.43**	**32.88**	**100.00**	**100.00**	海 南
	99.98	99.98	10.47	37.02	37.02	100.00	100.00	定安县
11.36	100.00	100.00	9.35	39.08	34.92	100.00	100.00	屯昌县
27.27	99.13	99.13	12.58	41.72	38.27	100.00	100.00	澄迈县
4.89	153.66	100.00	8.57	40.80	38.90	100.00	100.00	临高县
	129.62	129.62	13.19	41.61	40.09	100.00	100.00	白沙黎族自治县
12.97	84.18	84.18	9.14	44.20	37.59	100.00	100.00	昌江县
	98.57	98.57	17.79	42.62	38.38	100.00	100.00	乐东县
	148.07	115.05	12.02	38.05	36.04	100.00	100.00	陵水县
	100.00	100.00	12.40	43.73	38.06	100.00	100.00	保亭县
2.33	100.00	100.00	12.00	38.74	34.72	100.00	100.00	琼中县
5.70	100.00	100.00	5.82	30.30	22.87	100.00	100.00	洋浦经济开发区
18.17	**99.88**	**99.88**	**16.83**	**44.62**	**41.55**	**100.00**	**100.00**	重 庆
28.50	100.00	100.00	12.38	37.04	34.03	100.00	100.00	城口县
20.79	99.94	99.94	11.48	39.96	35.10	100.00	100.00	丰都县
18.87	99.62	99.62	15.80	52.49	49.43	100.00	100.00	垫江县
13.54	99.00	99.00	14.90	44.91	40.54	100.00	100.00	忠县
17.33	98.50	98.50	23.91	52.75	49.92	100.00	100.00	云阳县
17.67	99.05	99.05	13.77	43.51	42.24	100.00	100.00	奉节县
16.79	98.20	98.20	12.63	43.55	40.78	100.00	100.00	巫山县
20.44	99.26	99.26	14.93	46.32	40.55	100.00	100.00	巫溪县
25.92	108.71	108.71	15.09	46.57	43.15	100.00	100.00	石柱土家族自治县
19.61	98.75	98.75	28.98	41.87	39.05	100.00	100.00	秀山土家族苗族自治县
15.37	100.00	99.96	16.41	39.27	36.35	100.00	100.00	酉阳土家族苗族自治县
15.09	97.68	97.68	15.50	33.71	32.78	100.00	100.00	彭水苗族土家族自治县
10.97	**96.10**	**93.60**	**14.74**	**40.79**	**36.52**	**99.92**	**99.92**	四 川
9.25	96.03	85.23	15.11	47.90	41.66	100.00	100.00	金堂县
11.63	97.07	97.07	16.24	46.49	40.80	100.00	100.00	大邑县
15.60	99.09	99.09	15.44	45.82	42.81	100.00	100.00	蒲江县
18.80	89.63	18.41	28.72	59.73	55.95	100.00	100.00	东部新区管理委员会
15.59	95.00	95.00	12.90	38.02	35.96	100.00	100.00	荣县
7.24	95.50	95.50	13.42	38.33	38.27	100.00	100.00	富顺县
14.19	95.18	78.44	16.01	43.16	40.13	100.00	100.00	米易县
7.48	91.21	91.21	20.68	45.27	36.62	100.00	100.00	盐边县
14.65	97.20	97.20	14.49	43.20	40.02	100.00	100.00	泸县
7.16	95.10	77.68	11.97	35.14	31.37	100.00	100.00	合江县
6.88	91.65	91.65	12.61	41.30	38.60	100.00	100.00	叙永县

1-2 续表26

县名称 Name of Counties	人口密度 （人/平方公里） Population Density (person/sq. km)	人均日生活用水量 （升） Daily Water Consumption Per Capita (liter)	供水普及率 （%） Water Coverage Rate (%)	公共供水普及率 Public Water Coverage Rate	燃气普及率 （%） Gas Coverage Rate (%)	建成区供水管道密度 （公里/平方公里） Density of Water Supply Pipelines in Built District (km/sq. km)	人均道路面积 （平方米） Road Surface Area Per Capita (sq. m)	建成区路网密度 （公里/平方公里） Density of Road Network in Built District (km/sq. km)	建成区道路面积率 （%） Surface Area of Roads Rate of Built District (%)
古蔺县	572	119.63	98.34	98.34	97.36	15.76	8.20	4.88	13.72
中江县	2636	130.58	100.00	94.74	100.00	5.16	16.35	4.19	11.99
三台县	8443	107.71	99.56	99.49	97.73	15.09	13.84	5.82	18.35
盐亭县	5646	99.07	98.93	98.93	98.39	21.89	15.47	6.01	8.74
梓潼县	1728	259.80	95.60	95.60	100.00	16.93	18.66	11.15	14.69
北川羌族自治县	9022	198.48	99.38	87.17	98.26	19.06	20.20	9.27	20.79
平武县	7820	89.27	98.98	98.98	99.23	28.57	13.59	10.43	16.50
旺苍县	1942	132.87	100.00	100.00	100.00	11.33	13.25	4.93	8.43
青川县	1467	163.67	100.00	100.00	100.00	19.58	16.34	7.52	14.70
剑阁县	3371	79.23	100.00	100.00	98.23	12.25	16.57	4.63	10.67
苍溪县	1935	209.39	100.00	100.00	99.60	10.10	17.61	5.34	11.18
蓬溪县	6582	130.87	100.00	100.00	99.18	20.88	20.60	7.66	15.18
大英县	5981	168.82	100.00	100.00	100.00	16.87	20.84	8.18	18.51
威远县	2824	122.68	100.00	100.00	100.00	14.55	19.64	5.26	14.99
资中县	2501	105.71	100.00	99.29	99.96	7.31	16.34	7.49	14.90
犍为县	4176	170.10	100.00	100.00	99.76	5.27	21.80	9.16	22.23
井研县	5740	191.92	93.84	93.84	100.00	24.07	10.89	7.43	9.62
夹江县	3166	208.80	100.00	100.00	97.96	12.12	18.20	7.56	15.84
沐川县	5191	212.60	97.26	97.26	96.42	8.85	17.76	7.04	12.88
峨边县	10349	96.12	94.16	94.16	7.42	5.62	4.73	6.16	3.79
马边县	2381	149.71	99.09	99.09	88.15	6.41	11.27	5.11	7.73
南部县	3924	136.79	100.00	100.00	100.00	10.43	21.90	10.69	25.99
营山县	3186	130.13	100.00	100.00	100.00	10.46	14.10	5.20	15.13
蓬安县	3075	111.42	100.00	100.00	100.00	8.44	18.88	4.79	19.05
仪陇县	3231	129.40	99.81	99.81	100.00	10.24	18.00	5.33	18.00
西充县	2366	159.13	99.40	99.40	99.94	7.93	18.57	5.71	15.37
眉山大府新区	1831	147.15	98.31	98.31	97.03	18.19	19.92	5.73	13.68
洪雅县	5624	117.48	92.94	92.94	92.38	17.73	16.53	6.83	14.83
仁寿县	9877	124.21	100.00	100.00	99.61	13.10	16.23	5.39	17.28
丹棱县	2498	119.42	99.85	99.85	99.40	12.55	13.32	5.34	9.88
青神县	8765	144.02	100.00	98.39	100.00	12.14	17.76	6.83	14.81
江安县	9633	140.58	96.94	96.94	98.71	4.31	13.39	6.35	13.00
长宁县	5825	137.00	96.18	96.18	97.79	12.90	14.40	7.22	14.75
高县	6871	103.29	95.03	95.03	99.16	9.89	14.83	6.63	13.59
珙县	7199	112.78	94.09	94.09	99.00	7.77	13.52	6.35	11.68
筠连县	2795	131.98	97.00	97.00	98.18	5.34	15.14	4.37	8.03
兴文县	1524	130.33	97.80	97.80	99.80	16.60	10.53	5.63	11.02

continued 26

Density of Sewers in Built District (km/sq. km)	Wastewater Treatment Rate (%)	Centralized Treatment Rate of Wastewater Treatment Plants (%)	Public Recreational Green Space Per Capita (sq. m)	Green Coverage Rate of Built District (%)	Green Space Rate of Built District (%)	Domestic Garbage Treatment Rate (%)	Domestic Garbage Harmless Treatment Rate	Name of Counties
7.17	99.03	99.03	12.79	35.21	30.62	100.00	100.00	古蔺县
11.33	99.91	99.91	15.84	37.33	32.73	100.00	100.00	中江县
12.60	97.70	97.70	14.11	45.91	42.91	100.00	100.00	三台县
11.26	93.06	93.06	15.21	43.41	42.31	93.32	93.32	盐亭县
16.95	90.70	90.70	14.52	41.48	37.71	100.00	100.00	梓潼县
30.04	90.52	90.52	12.85	55.04	53.00	100.00	100.00	北川羌族自治县
19.83	94.88	94.88	12.02	43.79	40.37	100.00	100.00	平武县
8.90	98.15	98.15	16.17	41.27	40.22	100.00	100.00	旺苍县
20.73	96.76	96.76	19.89	39.47	37.71	100.00	100.00	青川县
12.67	99.00	99.00	15.32	41.44	41.43	100.00	100.00	剑阁县
15.01	100.00	100.00	25.45	42.35	40.13	100.00	100.00	苍溪县
11.63	96.20	96.20	15.03	40.08	36.03	100.00	100.00	蓬溪县
14.51	97.29	97.29	14.44	43.46	41.94	100.00	100.00	大英县
8.94	96.34	96.34	5.47	38.10	30.65	100.00	100.00	威远县
6.96	96.65	96.65	12.71	40.93	37.92	100.00	100.00	资中县
12.54	93.76	93.76	15.07	39.99	37.23	100.00	100.00	犍为县
11.28	99.33	99.33	11.78	33.04	33.15	100.00	100.00	井研县
13.28	95.36	95.36	14.12	35.57	32.80	100.00	100.00	夹江县
7.48	96.65	96.65	14.11	46.96	40.17	100.00	100.00	沐川县
5.36	94.15	94.15	14.56	33.96	33.90	100.00	100.00	峨边县
9.25	96.77	96.77	13.24	37.81	33.48	100.00	100.00	马边县
14.79	99.12	99.12	18.89	51.77	47.02	100.00	100.00	南部县
17.56	98.00	98.00	14.01	39.50	37.94	100.00	100.00	营山县
9.51	96.80	96.80	16.00	43.59	38.07	100.00	100.00	蓬安县
10.57	100.00	100.00	14.10	44.00	41.33	100.00	100.00	仪陇县
15.74	100.00	100.00	13.57	43.10	36.45	100.00	100.00	西充县
9.30	97.87	97.87	18.28	37.67	33.31	100.00	100.00	眉山天府新区
19.41	90.41	90.41	13.10	41.66	38.56	100.00	100.00	洪雅县
11.32	95.31	95.31	17.67	41.27	35.55	100.00	100.00	仁寿县
10.60	96.43	96.16	15.92	44.68	37.13	100.00	100.00	丹棱县
12.75	96.03	96.03	14.05	36.78	33.52	100.00	100.00	青神县
4.56	97.38	97.38	16.13	44.90	36.93	100.00	100.00	江安县
6.61	95.10	95.10	14.52	45.17	41.82	100.00	100.00	长宁县
13.00	95.05	95.05	14.48	46.04	40.03	100.00	100.00	高　县
10.10	95.60	95.60	15.05	44.98	41.03	100.00	100.00	珙　县
6.96	95.24	95.24	14.36	41.22	37.10	100.00	100.00	筠连县
10.41	95.57	95.57	13.69	45.29	41.00	100.00	100.00	兴文县

1-2 续表 27

县名称 Name of Counties	人口密度（人/平方公里）Population Density (person/sq. km)	人均日生活用水量（升）Daily Water Consumption Per Capita (liter)	供水普及率（%）Water Coverage Rate (%)	公共供水普及率 Public Water Coverage Rate	燃气普及率（%）Gas Coverage Rate (%)	建成区供水管道密度（公里/平方公里）Density of Water Supply Pipelines in Built District (km/sq. km)	人均道路面积（平方米）Road Surface Area Per Capita (sq. m)	建成区路网密度（公里/平方公里）Density of Road Network in Built District (km/sq. km)	建成区道路面积率（%）Surface Area of Roads Rate of Built District (%)
屏山县	882	137.14	100.00	100.00	99.60	18.61	21.75	6.74	16.24
岳池县	7403	170.65	99.05	99.05	98.60	14.80	17.08	6.68	13.76
武胜县	2023	141.66	100.00	100.00	100.00	14.41	14.64	8.48	15.39
邻水县	5844	131.45	93.58	93.58	95.25	18.03	7.82	5.29	7.20
宣汉县	4146	160.06	99.71	99.71	99.04	7.78	16.49	6.76	12.89
开江县	6576	98.34	99.87	99.87	99.37	9.15	12.50	4.08	11.76
大竹县	4253	96.98	98.75	98.75	98.12	11.30	10.63	4.18	11.31
渠　县	5293	87.49	98.69	98.69	98.36	7.16	8.78	4.13	8.54
荥经县	4671	107.81	100.00	100.00	100.00	24.38	17.73	9.32	15.82
汉源县	2660	180.85	97.45	91.68	53.31	16.27	10.82	8.82	13.66
石棉县	4229	243.92	100.00	100.00	5.96	14.79	16.06	10.43	14.16
天全县	3802	210.45	100.00	100.00	100.00	31.09	22.92	7.37	10.05
芦山县	2245	155.73	100.00	100.00	100.00	11.09	16.62	9.04	10.72
宝兴县	3101	336.09	100.00	96.94	92.86	12.02	18.42	8.90	8.03
通江县	6238	185.05	100.00	100.00	95.76	15.04	17.11	7.84	16.86
南江县	3953	118.63	100.00	100.00	99.52	10.80	19.92	6.84	11.44
平昌县	7044	93.51	100.00	100.00	100.00	14.52	17.92	8.12	15.20
安岳县	811	71.26	98.04	98.04	97.90	8.86	9.70	5.18	8.04
乐至县	1055	62.40	98.00	98.00	96.84	8.26	17.81	6.02	16.97
汶川县	301	149.02	77.92	77.92	63.64	17.71	5.06	1.05	0.50
理　县	104	239.37	97.44	97.44	56.92	32.94	7.69	8.47	8.47
茂　县	165	243.72	98.36	98.36	88.11	13.64	16.29	7.18	13.03
松潘县	141	131.55	99.28	99.28	75.27	14.92	29.75	15.69	18.49
九寨沟县	971	392.58	94.48	91.71	92.27	10.29	21.50	13.28	17.49
金川县	244	124.09	85.86	85.86	94.95	7.14	11.17	5.14	3.43
小金县	337	168.96	92.35	92.35	77.60	12.75	21.19	3.65	12.00
黑水县	14	66.52	93.17	93.17	36.02	8.90	7.63	3.08	2.91
壤塘县	1407	291.80	91.18	91.18	58.82	23.68	4.61	3.95	3.95
阿坝县	527	152.21	93.10	93.10	51.72	17.73	8.18	0.50	1.98
若尔盖县	33	173.04	84.44	84.44	54.44	8.00	9.88	3.04	3.45
红原县	18	396.31	87.72	84.80	67.84	17.81	25.16	5.83	8.40
泸定县	3645	230.52	100.00	100.00	87.61	9.49	10.94	10.91	15.67
丹巴县	1303	189.67	100.00	100.00	54.49	14.76	10.39	4.63	4.76
九龙县	1318	187.06	100.00	100.00	81.38	10.00	7.66	3.53	2.87
雅江县	3025	110.94	100.00	100.00	60.29	10.95	14.89	2.55	2.61
道孚县	1908	87.51	100.00	100.00	88.77	11.30	20.55	7.82	4.80

continued 27

建成区排水管道密度（公里/平方公里）Density of Sewers in Built District (km/sq. km)	污水处理率（%）Wastewater Treatment Rate (%)	污水处理厂集中处理率 Centralized Treatment Rate of Wastewater Treatment Plants (%)	人均公园绿地面积（平方米）Public Recreational Green Space Per Capita (sq. m)	建成区绿化覆盖率（%）Green Coverage Rate of Built District (%)	建成区绿地率（%）Green Space Rate of Built District (%)	生活垃圾处理率（%）Domestic Garbage Treatment Rate (%)	生活垃圾无害化处理率 Domestic Garbage Harmless Treatment Rate	县名称 Name of Counties
8.42	96.26	96.26	13.66	43.12	35.93	100.00	100.00	屏山县
11.89	99.99	99.99	19.18	47.61	42.50	100.00	100.00	岳池县
7.17	97.26	97.26	14.95	44.72	41.13	100.00	100.00	武胜县
8.15	99.50	99.50	12.78	42.84	37.22	100.00	100.00	邻水县
11.69	99.72	99.72	24.51	45.00	44.57	100.00	100.00	宣汉县
13.22	97.06	97.06	16.82	43.55	40.28	100.00	100.00	开江县
8.89	95.48	93.61	14.28	41.85	40.04	100.00	100.00	大竹县
10.69	99.61	99.61	12.76	45.37	32.31	100.00	100.00	渠 县
20.10	98.20	98.20	19.34	43.07	37.89	100.00	100.00	荥经县
15.89	86.68	86.68	19.09	44.94	41.14	100.00	100.00	汉源县
18.63	98.94	98.94	14.29	40.52	36.03	100.00	100.00	石棉县
18.08	98.20	98.20	16.85	44.20	36.50	100.00	100.00	天全县
14.15	98.04	98.04	22.06	40.60	37.10	100.00	100.00	芦山县
29.52	97.02	97.02	25.95	41.26	36.34	100.00	100.00	宝兴县
13.09	98.16	98.16	17.39	40.64	37.73	100.00	100.00	通江县
9.40	98.00	98.00	15.84	46.46	43.38	100.00	100.00	南江县
10.67	95.70	95.70	18.00	41.67	37.93	100.00	100.00	平昌县
8.23	100.00	100.00	12.96	43.42	33.42	100.00	100.00	安岳县
9.15	100.00	100.00	15.00	43.28	37.82	100.00	100.00	乐至县
7.70	95.08	95.08	14.29	37.01	36.92	98.66	98.66	汶川县
18.02	91.24	91.24	14.42	32.88	31.93	99.85	99.85	理 县
8.52	94.90	94.90	16.11	34.43	33.66	100.00	100.00	茂 县
11.80	95.31	95.31	11.83	20.27	23.05	100.00	100.00	松潘县
10.09	98.56	98.56	16.02	39.33	36.54	100.00	100.00	九寨沟县
0.71	95.00	95.00	3.43	4.80	4.20	100.00	100.00	金川县
8.74	97.11	97.11	16.45	10.62	10.34	100.00	100.00	小金县
7.53	95.29	95.29	13.04	34.59	34.42	100.00	100.00	黑水县
15.79	79.14	79.14	4.51	6.45	6.21	100.00	100.00	壤塘县
3.41	95.67	95.67	15.17	10.45	10.14	96.15	96.15	阿坝县
8.04	95.00	95.00	51.61	26.28	15.48	99.00	99.00	若尔盖县
9.84	97.01	97.01	14.09	32.99	36.58	100.00	100.00	红原县
11.96	96.00	96.00	12.11	33.57	30.21	100.00	100.00	泸定县
13.81	98.96	98.96	33.08	26.40	24.98	100.00	100.00	丹巴县
5.33	97.44	97.44	15.86	21.67	18.00	100.00	100.00	九龙县
27.52	98.01	95.63	15.00	27.15	27.15	100.00	100.00	雅江县
6.71	95.54	95.54	17.06	36.63	31.33	100.00	100.00	道孚县

1-2 续表28

县名称 Name of Counties	人口密度（人/平方公里）Population Density (person/sq. km)	人均日生活用水量（升）Daily Water Consumption Per Capita (liter)	供水普及率（%）Water Coverage Rate (%)	公共供水普及率 Public Water Coverage Rate (%)	燃气普及率（%）Gas Coverage Rate (%)	建成区供水管道密度（公里/平方公里）Density of Water Supply Pipelines in Built District (km/sq. km)	人均道路面积（平方米）Road Surface Area Per Capita (sq. m)	建成区路网密度（公里/平方公里）Density of Road Network in Built District (km/sq. km)	建成区道路面积率（%）Surface Area of Roads Rate of Built District (%)
炉霍县	1959	96.92	100.00	100.00	51.89	12.00	10.66	2.33	6.00
甘孜县	2126	128.11	100.00	100.00	88.85	8.20	10.58	2.28	3.15
新龙县	1875	226.03	100.00	100.00	65.00	47.19	13.33	16.35	10.11
德格县	1440	161.27	100.00	100.00	80.85	9.09	12.96	9.09	4.32
白玉县	3524	129.78	100.00	100.00	73.21	16.67	14.50	2.80	10.10
石渠县	800	271.66	100.00	83.47	56.20	14.69	21.24	6.49	4.41
色达县	2207	114.13	100.00	100.00	84.53	12.88	14.26	4.41	4.58
理塘县	3114	105.66	100.00	100.00	76.04	7.33	8.06	4.68	3.81
巴塘县	1989	85.38	100.00	100.00	97.88	12.14	11.48	11.40	10.59
乡城县	1794	136.99	100.00	100.00	67.21	4.57	9.30	2.04	2.17
稻城县	3852	310.46	100.00	100.00	77.88	7.41	23.73	7.84	8.83
得荣县	1233	249.56	100.00	100.00	80.36	11.08	15.05	7.69	12.31
普格县	6081	90.35	87.95	87.95	3.92	5.49	3.15	2.70	3.49
木里县	10080	113.01	63.66	63.66	19.36	16.25	6.53	2.50	3.75
盐源县	7996	216.39	83.71	83.71	28.45	11.24	9.57	7.16	6.09
德昌县	4710	202.87	94.44	94.44	46.71	26.49	18.61	11.49	18.39
会东县	8841	161.92	90.49	90.49	33.89	16.90	9.14	5.24	13.49
宁南县	9543	148.25	49.44	49.44	17.70	16.88	10.68	8.26	17.17
布拖县	3443	159.17	87.14	87.14	24.90	7.28	15.44	4.35	11.40
金阳县	19264	102.15	89.89	89.89	26.97	3.15	3.64	5.20	5.35
昭觉县	15502	193.71	71.09	71.09	22.87	13.80	7.01	4.80	10.60
喜德县	14019	141.10	88.89	88.89	18.22	16.06	9.56	6.88	11.47
冕宁县	8070	156.01	84.35	80.29	21.74	14.59	7.47	5.74	7.31
越西县	10355	76.71	95.55	95.55	8.64	4.53	4.46	5.53	6.05
甘洛县	13550	129.55	93.54	87.45	3.14	3.15	5.35	3.92	4.68
美姑县	15864	73.74	77.82	77.82	2.53	8.27	1.92	2.09	1.79
雷波县	10351	110.46	87.25	87.25	18.92	7.91	8.55	11.38	7.14
贵 州	**2413**	**128.22**	**97.46**	**96.48**	**84.75**	**14.41**	**22.23**	**8.96**	**14.68**
开阳县	4348	105.11	100.00	87.87	82.47	9.49	15.80	8.00	8.67
息烽县	1697	223.81	100.00	100.00	85.14	10.52	28.42	7.39	14.28
修文县	8812	90.87	91.03	91.03	85.21	21.11	27.85	7.76	14.75
六枝特区	1625	190.49	100.00	71.76	89.94	34.32	26.91	17.05	20.61
桐梓县	2056	136.41	97.88	97.88	92.13	27.15	16.13	8.99	14.04
绥阳县	1145	216.02	98.77	98.77	98.77	10.16	30.85	6.64	10.01
正安县	1800	146.33	93.39	93.39	92.39	12.49	15.95	8.19	13.66
道真县	1949	134.75	87.17	87.17	92.23	6.62	17.58	7.90	15.03

continued 28

建成区排水管道密度（公里/平方公里）Density of Sewers in Built District (km/sq. km)	污水处理率（%）Wastewater Treatment Rate (%)	污水处理厂集中处理率 Centralized Treatment Rate of Wastewater Treatment Plants (%)	人均公园绿地面积（平方米）Public Recreational Green Space Per Capita (sq. m)	建成区绿化覆盖率（%）Green Coverage Rate of Built District (%)	建成区绿地率（%）Green Space Rate of Built District (%)	生活垃圾处理率（%）Domestic Garbage Treatment Rate	生活垃圾无害化处理率 Domestic Garbage Harmless Treatment Rate	县名称 Name of Counties
10.07	96.00	96.00	13.69	21.67	19.52	100.00	100.00	炉霍县
4.68	96.23	96.23	32.40	23.49	20.41	100.00	100.00	甘孜县
24.08	97.69	97.69	12.50	44.94	38.99	100.00	100.00	新龙县
9.09	98.21	98.21	14.18	26.10	22.34	100.00	100.00	德格县
8.00	96.00	96.00	17.30	25.00	22.00	100.00	100.00	白玉县
20.29	96.32	96.32	12.40	34.69	28.98	100.00	100.00	石渠县
6.78	96.88	96.88	16.85	20.00	17.80	100.00	100.00	色达县
6.35	96.03	96.03	14.79	30.38	25.73	100.00	100.00	理塘县
4.40	98.26	98.26	29.42	40.03	31.00	100.00	100.00	巴塘县
4.67	97.22	97.22	16.39	22.68	20.18	100.00	100.00	乡城县
13.11	95.39	95.39	18.65	18.41	15.33	100.00	100.00	稻城县
13.22	99.59	99.59	14.29	31.15	26.92	100.00	100.00	得荣县
8.55	80.95	80.95	7.53	16.67	13.00	100.00	100.00	普格县
4.06	87.00	87.00	1.46	17.56	15.63	100.00	100.00	木里县
6.24	93.76	93.76	1.42	18.10	14.40	100.00	100.00	盐源县
17.77	96.30	96.30	11.86	39.25	35.16	100.00	100.00	德昌县
3.57	82.72	82.72	4.89	13.21	9.19	100.00	100.00	会东县
17.69	66.81	66.81	7.67	20.00	16.00	100.00	100.00	宁南县
8.55	92.59	92.59	8.84	17.94	13.32	100.00	100.00	布拖县
4.85	92.68	92.68	9.95	23.43	18.44	100.00	100.00	金阳县
3.00	81.36	81.36	7.12	29.00	27.15	100.00	100.00	昭觉县
13.03	85.37	85.37	6.00	25.23	21.31	100.00	100.00	喜德县
11.16	94.59	94.59	12.32	13.18	11.71	100.00	100.00	冕宁县
7.26	64.53	64.53	2.06	15.12	10.80	100.00	100.00	越西县
9.49	79.58	79.58	5.19	17.30	14.05	100.00	100.00	甘洛县
8.32	65.81	65.81	1.17	14.29	9.29	100.00	100.00	美姑县
3.38	40.32	40.32	9.22	19.76	15.08	100.00	100.00	雷波县
10.44	**97.37**	**97.37**	**16.05**	**39.98**	**38.10**	**99.63**	**99.63**	贵　州
2.70	98.29	98.29	18.95	37.60	36.47	100.00	100.00	开阳县
4.60	96.24	96.24	25.22	33.30	36.03	100.00	100.00	息烽县
8.15	98.50	98.50	12.32	35.98	35.94	100.00	100.00	修文县
15.30	97.30	97.30	12.91	40.97	37.27	100.00	100.00	六枝特区
23.46	97.55	97.55	15.23	40.15	38.88	100.00	100.00	桐梓县
1.32	97.87	97.87	23.01	40.84	38.80	100.00	100.00	绥阳县
3.09	98.01	98.01	14.67	40.20	39.89	100.00	100.00	正安县
15.55	97.95	97.95	18.13	40.06	38.69	100.00	100.00	道真县

1-2 续表29

县名称 Name of Counties	人口密度 （人/平方公里） Population Density (person/sq. km)	人均日生活用水量 （升） Daily Water Consumption Per Capita (liter)	供水普及率 （%） Water Coverage Rate (%)	公共供水普及率 Public Water Coverage Rate	燃气普及率 （%） Gas Coverage Rate (%)	建成区供水管道密度 （公里/平方公里） Density of Water Supply Pipelines in Built District (km/sq. km)	人均道路面积 （平方米） Road Surface Area Per Capita (sq. m)	建成区路网密度 （公里/平方公里） Density of Road Network in Built District (km/sq. km)	建成区道路面积率 （%） Surface Area of Roads Rate of Built District (%)
务川县	1835	103.45	94.55	94.55	94.87	25.93	15.40	9.64	15.40
凤冈县	992	196.93	92.97	92.97	94.96	5.47	29.46	8.91	16.75
湄潭县	1765	171.37	93.33	93.33	92.67	13.12	22.59	8.00	18.82
余庆县	3773	156.39	96.39	96.39	92.90	13.37	21.52	6.87	14.09
习水县	2066	121.35	94.62	94.62	91.66	31.76	22.17	7.98	15.40
普定县	2713	114.76	99.84	99.84	62.98	11.78	29.15	10.91	17.31
镇宁县	2550	151.02	99.77	99.77	16.26	36.21	18.74	8.36	18.26
关岭县	4956	145.56	99.31	99.31	43.17	18.85	13.45	8.08	6.41
紫云县	4374	106.56	100.00	100.00	62.11	22.99	40.88	8.53	28.73
大方县	4258	183.06	100.00	100.00	89.08	10.14	14.75	8.40	9.09
金沙县	1524	99.10	100.00	100.00	88.02	8.43	20.75	8.04	15.77
织金县	4460	149.45	97.97	97.97	93.25	4.94	36.91	9.57	16.33
纳雍县	1434	111.29	100.00	100.00	93.97	21.13	12.82	8.06	10.72
威宁自治县	1478	71.57	99.25	99.25	96.07	9.21	20.79	8.00	15.06
赫章县	1190	104.56	92.33	92.33	90.85	8.55	14.60	8.08	11.33
江口县	3006	166.75	100.00	100.00	87.11	20.09	22.81	8.69	17.48
玉屏县	1169	161.79	89.19	89.19	92.66	13.98	32.43	7.96	15.49
石阡县	4839	72.59	90.34	90.34	60.73	17.39	21.00	8.19	14.35
思南县	2266	109.24	100.00	100.00	90.86	8.96	23.61	7.00	10.48
印江县	8255	157.96	100.00	100.00	79.91	10.76	13.98	8.41	11.50
德江县	2788	111.18	100.00	100.00	95.18	6.91	22.56	8.88	18.64
沿河县	5713	161.74	98.19	98.19	85.55	17.78	17.69	8.02	10.13
松桃县	2750	120.81	99.44	99.44	92.60	10.57	15.88	7.90	12.53
普安县	1597	79.47	100.00	100.00	21.38	17.55	21.14	12.91	14.83
晴隆县	5633	51.89	88.76	88.76	77.37	6.94	19.27	8.49	10.88
贞丰县	4821	162.83	100.00	100.00	91.03	4.60	27.31	8.39	14.04
望谟县	6019	89.95	100.00	100.00	77.92	7.11	17.51	9.25	12.00
册亨县	5341	75.59	100.00	100.00	73.01	6.01	15.04	10.90	15.01
安龙县	2107	107.66	99.21	99.21	65.27	11.21	28.97	11.86	25.64
黄平县	2817	87.06	84.25	84.25	76.05	9.94	22.40	9.51	20.86
施秉县	5958	101.31	100.00	100.00	82.87	39.12	18.02	7.34	11.95
三穗县	1535	91.74	92.27	92.27	73.81	2.76	19.18	10.32	13.47
镇远县	5509	117.46	100.00	100.00	98.23	15.51	26.45	18.79	13.55
岑巩县	6060	151.69	100.00	100.00	78.09	14.92	23.30	8.89	16.63
天柱县	7176	60.48	100.00	100.00	88.82	15.41	17.72	8.28	14.30
锦屏县	3736	72.18	100.00	100.00	81.76	10.29	35.16	8.74	29.37

continued 29

建成区排水管道密度（公里/平方公里）Density of Sewers in Built District (km/sq. km)	污水处理率（%）Wastewater Treatment Rate (%)	污水处理厂集中处理率 Centralized Treatment Rate of Wastewater Treatment Plants (%)	人均公园绿地面积（平方米）Public Recreational Green Space Per Capita (sq. m)	建成区绿化覆盖率（%）Green Coverage Rate of Built District (%)	建成区绿地率（%）Green Space Rate of Built District (%)	生活垃圾处理率（%）Domestic Garbage Treatment Rate	生活垃圾无害化处理率 Domestic Garbage Harmless Treatment Rate	县名称 Name of Counties
11.05	95.00	95.00	10.84	39.66	38.91	100.00	100.00	务川县
13.33	97.92	97.92	18.38	39.98	38.37	100.00	100.00	凤冈县
16.73	94.94	94.94	10.54	40.74	38.14	100.00	100.00	湄潭县
12.13	90.67	90.67	17.18	40.27	38.73	100.00	100.00	余庆县
10.03	97.01	97.01	15.08	39.93	39.18	100.00	100.00	习水县
19.90	97.20	97.20	15.99	37.84	35.81	100.00	100.00	普定县
23.76	97.60	97.60	10.40	40.94	36.03	100.00	100.00	镇宁县
14.60	96.53	96.53	14.41	41.31	37.76	100.00	100.00	关岭县
33.39	97.81	97.81	15.23	40.22	35.75	100.00	100.00	紫云县
24.19	98.53	98.53	18.87	45.05	42.22	100.00	100.00	大方县
4.36	98.81	98.81	13.48	37.95	35.90	100.00	100.00	金沙县
7.11	89.82	89.82	13.00	38.04	36.58	100.00	100.00	织金县
5.27	98.62	98.62	12.80	41.59	37.98	100.00	100.00	纳雍县
10.46	98.60	98.60	20.14	36.18	35.13	100.00	100.00	威宁自治县
7.52	98.70	98.70	11.75	42.39	39.36	100.00	100.00	赫章县
7.93	98.15	98.15	23.19	38.90	37.56	99.00	99.00	江口县
16.64	98.46	98.46	27.28	38.39	38.06	98.13	98.13	玉屏县
13.84	98.20	98.20	15.56	39.12	38.87	99.15	99.15	石阡县
6.66	98.00	98.00	14.64	38.76	37.93	98.60	98.60	思南县
24.35	98.36	98.36	12.65	39.66	37.03	99.00	99.00	印江县
7.07	98.45	98.45	20.80	39.37	37.16	98.25	98.25	德江县
8.09	97.30	97.30	20.83	38.77	36.35	98.20	98.20	沿河县
3.95	97.80	97.80	22.20	38.40	37.41	99.19	99.19	松桃县
9.17	97.67	97.67	14.97	41.91	39.13	100.00	100.00	普安县
24.14	97.81	97.81	15.39	40.24	39.06	100.00	100.00	晴隆县
5.16	97.64	97.64	15.52	41.68	39.10	100.00	100.00	贞丰县
3.23	97.47	97.47	15.46	41.92	40.04	100.00	100.00	望谟县
19.89	97.29	97.29	15.98	38.76	38.11	100.00	100.00	册亨县
7.01	97.50	97.50	15.28	41.71	39.85	100.00	100.00	安龙县
6.55	97.52	97.52	13.98	38.38	37.68	98.04	98.04	黄平县
20.10	96.92	96.92	17.22	39.24	35.98	100.00	100.00	施秉县
13.14	95.02	95.02	12.72	40.76	38.89	100.00	100.00	三穗县
14.33	98.34	98.34	16.57	37.81	36.50	98.00	98.00	镇远县
0.53	98.60	98.60	13.73	39.67	38.42	100.00	100.00	岑巩县
10.10	98.23	98.23	17.10	39.01	37.28	98.70	98.70	天柱县
0.37	95.47	95.47	13.88	40.63	37.78	98.96	98.96	锦屏县

1-2 续表30

县名称 Name of Counties	人口密度 （人/平方公里） Population Density (person/sq. km)	人均日生活用水量 （升） Daily Water Consumption Per Capita (liter)	供水普及率 （%） Water Coverage Rate (%)	公共供水普及率 Public Water Coverage Rate	燃气普及率 （%） Gas Coverage Rate (%)	建成区供水管道密度 （公里/平方公里） Density of Water Supply Pipelines in Built District (km/sq. km)	人均道路面积 （平方米） Road Surface Area Per Capita (sq. m)	建成区路网密度 （公里/平方公里） Density of Road Network in Built District (km/sq. km)	建成区道路面积率 （%） Surface Area of Roads Rate of Built District (%)
剑河县	5352	103.51	100.00	100.00	86.47	19.47	10.75	6.26	7.39
台江县	8052	139.21	97.76	97.76	84.35	19.30	10.81	8.99	0.87
黎平县	9093	113.81	100.00	100.00	84.09	18.55	12.11	7.75	11.38
榕江县	1725	129.96	94.12	94.12	96.64	9.20	18.45	8.12	12.30
从江县	5122	105.31	99.58	99.58	95.24	17.67	16.69	8.96	8.55
雷山县	8792	111.29	100.00	100.00	92.89	16.04	15.40	12.00	14.62
麻江县	4460	102.95	100.00	100.00	91.27	19.21	21.24	7.03	6.82
丹寨县	3654	116.18	80.54	80.54	86.58	6.17	29.35	8.24	16.61
荔波县	6462	146.37	100.00	100.00	86.73	10.95	18.35	9.60	12.81
贵定县	2526	165.81	100.00	100.00	91.86	10.19	15.53	8.83	10.96
瓮安县	7169	137.00	100.00	100.00	91.25	15.29	26.78	12.85	19.20
独山县	1569	115.85	100.00	100.00	66.42	9.29	35.90	9.05	20.98
平塘县	2133	131.82	100.00	100.00	86.31	39.55	27.70	8.40	13.03
罗甸县	7172	190.47	100.00	100.00	90.17	44.33	21.60	8.69	19.48
长顺县	6553	81.26	100.00	100.00	85.19	18.49	16.78	9.28	8.05
龙里县	656	217.85	100.00	100.00	92.83	10.51	38.60	8.86	14.62
惠水县	5132	211.73	100.00	100.00	69.03	11.00	47.51	8.69	17.49
三都水族自治县	2094	128.67	100.00	100.00	61.47	12.93	25.61	8.48	15.70
云　南	**3810**	**139.91**	**97.56**	**96.80**	**63.93**	**14.86**	**21.14**	**8.41**	**16.16**
嵩明县	3500	106.76	99.71	99.71	90.14	9.77	19.64	8.03	15.03
富民县	1846	87.83	91.10	91.10	45.45	8.86	21.10	8.22	16.87
宜良县	1100	382.37	99.87	76.23	63.64	13.31	30.60	6.34	17.45
石林彝族自治县	693	465.12	70.61	70.61	63.88	20.84	38.46	0.48	15.24
禄劝彝族苗族自治县	7825	218.71	94.25	94.25	90.26	10.14	20.71	10.49	17.73
寻甸县	4791	192.77	99.75	99.75	94.39	32.69	12.31	5.77	13.92
昆明阳宗海风景名胜区	6242	83.15	97.54	83.45	22.54	13.38	10.24	2.79	5.83
陆良县	8672	139.01	100.00	100.00	35.28	17.25	21.58	8.80	18.48
师宗县	4979	139.88	99.00	99.00	46.77	11.18	33.99	8.94	15.97
罗平县	5171	121.73	99.92	99.92	31.99	11.87	29.70	8.90	16.96
富源县	7255	135.03	99.49	99.49	70.09	10.76	23.05	8.97	17.62
会泽县	6111	137.81	98.50	98.50	97.27	14.32	21.13	8.62	20.93
通海县	2105	157.87	100.00	98.73	61.14	7.65	14.06	7.95	13.17
华宁县	1266	96.54	94.82	94.12	27.29	22.01	24.14	8.63	17.02
易门县	4450	212.63	100.00	100.00	87.17	16.77	22.10	8.12	12.90
峨山县	3734	138.67	100.00	100.00	38.15	10.20	28.82	8.79	22.79
新平县	2668	171.58	97.08	97.08	23.20	17.39	16.03	7.97	15.65

continued 30

建成区排水管道密度（公里/平方公里）Density of Sewers in Built District (km/sq. km)	污水处理率（%）Wastewater Treatment Rate (%)	污水处理厂集中处理率 Centralized Treatment Rate of Wastewater Treatment Plants	人均公园绿地面积（平方米）Public Recreational Green Space Per Capita (sq. m)	建成区绿化覆盖率（%）Green Coverage Rate of Built District (%)	建成区绿地率（%）Green Space Rate of Built District (%)	生活垃圾处理率（%）Domestic Garbage Treatment Rate (%)	生活垃圾无害化处理率 Domestic Garbage Harmless Treatment Rate	县名称 Name of Counties
13.44	90.18	90.18	12.42	39.24	36.64	98.55	98.55	剑河县
14.54	97.60	97.60	12.48	39.92	36.86	96.59	96.59	台江县
6.48	95.20	95.20	12.39	39.51	36.37	98.77	98.77	黎平县
11.61	96.89	96.89	18.63	37.86	36.21	100.00	100.00	榕江县
9.04	98.26	98.26	13.32	39.29	37.75	98.60	98.60	从江县
9.14	97.95	97.95	12.86	39.33	36.58	98.30	98.30	雷山县
27.56	97.80	97.80	17.89	38.87	37.59	98.50	98.50	麻江县
9.17	97.60	97.60	16.41	41.25	38.61	100.00	100.00	丹寨县
9.00	99.57	99.57	15.42	38.69	37.64	100.00	100.00	荔波县
8.59	97.16	97.16	17.52	37.52	39.37	100.00	100.00	贵定县
11.35	98.49	98.49	12.49	45.41	42.84	100.00	100.00	瓮安县
6.90	97.17	97.17	15.96	39.19	37.88	100.00	100.00	独山县
10.82	98.19	98.19	9.84	41.45	34.46	100.00	100.00	平塘县
12.37	97.62	97.62	17.77	43.39	38.77	100.00	100.00	罗甸县
13.49	98.01	98.01	17.18	45.00	42.25	99.68	99.68	长顺县
5.94	98.00	98.00	18.19	44.19	44.13	100.00	100.00	龙里县
8.16	98.05	98.05	26.19	45.00	37.69	100.00	100.00	惠水县
7.72	97.90	97.90	21.51	38.05	36.61	99.86	99.86	三都水族自治县
17.82	**98.48**	**98.46**	**14.44**	**43.15**	**39.48**	**100.00**	**100.00**	云　南
20.05	91.33	91.33	13.03	43.40	40.18	100.00	100.00	嵩明县
18.94	96.97	96.97	13.48	42.94	38.64	100.00	100.00	富民县
11.30	96.07	96.07	21.83	43.10	40.06	100.00	100.00	宜良县
15.94	99.96	99.96	23.99	41.05	38.70	100.00	100.00	石林彝族自治县
10.82	95.20	95.20	14.24	40.97	37.27	100.00	100.00	禄劝彝族苗族自治县
28.45	95.65	95.65	11.43	43.00	37.94	100.00	100.00	寻甸县
9.38	100.00	100.00	6.64	30.01	24.08	100.00	100.00	昆明阳宗海风景名胜区
15.40	99.98	99.98	12.64	42.36	39.15	100.00	100.00	陆良县
13.85	100.00	100.00	22.67	43.95	40.81	100.00	100.00	师宗县
15.90	100.00	100.00	13.83	43.81	40.26	100.00	100.00	罗平县
14.34	98.50	98.50	12.33	43.18	39.07	100.00	100.00	富源县
15.98	100.00	100.00	14.33	42.24	37.37	100.00	100.00	会泽县
19.48	95.14	95.14	9.17	38.39	33.64	100.00	100.00	通海县
16.34	97.52	97.52	13.38	41.53	40.43	100.00	100.00	华宁县
11.27	96.14	96.14	14.01	42.64	40.10	100.00	100.00	易门县
16.91	97.43	97.16	14.56	42.60	40.02	100.00	100.00	峨山县
12.46	96.52	96.52	15.50	41.86	40.07	100.00	100.00	新平县

1-2 续表31

县名称 Name of Counties	人口密度 （人/平方公里） Population Density (person/sq. km)	人均日生活用水量 （升） Daily Water Consumption Per Capita (liter)	供水普及率 （%） Water Coverage Rate (%)	公共供水普及率 Public Water Coverage Rate	燃气普及率 （%） Gas Coverage Rate (%)	建成区供水管道密度 （公里/平方公里） Density of Water Supply Pipelines in Built District (km/sq. km)	人均道路面积 （平方米） Road Surface Area Per Capita (sq. m)	建成区路网密度 （公里/平方公里） Density of Road Network in Built District (km/sq. km)	建成区道路面积率 （%） Surface Area of Roads Rate of Built District (%)
元江县	5420	217.58	99.63	99.63	8.67	15.42	31.00	9.69	29.48
施甸县	6392	146.59	100.00	100.00	22.32	17.51	29.54	8.57	18.95
龙陵县	2706	126.74	100.00	93.48	47.39	29.64	15.85	9.03	11.25
昌宁县	2216	136.81	100.00	100.00	40.96	16.39	24.65	7.91	12.68
鲁甸县	12976	110.00	98.12	98.12	17.58	12.98	12.87	8.72	16.88
巧家县	7803	206.28	100.00	100.00	12.78	12.31	15.88	7.81	13.87
盐津县	6070	86.77	100.00	100.00	88.17	7.27	10.27	6.60	9.50
大关县	4400	118.82	100.00	100.00	63.35	3.72	9.45	6.63	5.33
永善县	10285	49.38	100.00	100.00	83.69	10.94	10.47	8.56	16.47
绥江县	5891	214.34	100.00	100.00	65.76	27.29	20.21	12.80	16.14
镇雄县	9710	101.76	100.00	100.00	72.02	6.02	18.02	9.13	22.63
彝良县	5145	79.44	100.00	99.90	46.65	11.53	12.11	8.47	16.11
威信县	12660	153.11	100.00	100.00	67.51	21.17	8.48	8.02	10.87
玉龙纳西族自治县	3788	144.23	100.00	100.00	97.35	7.80	63.63	8.80	28.20
永胜县	6547	166.95	100.00	100.00	97.96	22.76	28.51	9.74	21.93
华坪县	6300	184.82	100.00	100.00	97.62	36.82	38.73	11.58	27.54
宁蒗县	6576	238.73	100.00	100.00	91.49	18.53	25.73	12.99	18.24
宁洱哈尼族彝族自治县	3466	144.95	99.42	97.47	95.52	19.65	26.21	8.84	17.63
墨江哈尼族自治县	6767	106.86	100.00	100.00	83.65	10.10	22.56	8.85	15.97
景东彝族自治县	6764	179.49	97.95	97.95	75.98	15.83	20.47	13.33	16.53
景谷傣族彝族自治县	5143	160.17	100.00	100.00	93.79	9.09	21.87	9.05	14.09
镇沅彝族哈尼族拉祜族自治县	4600	179.40	100.00	100.00	93.91	14.38	29.02	12.04	19.72
江城哈尼族彝族自治县	5015	119.60	98.19	98.19	87.61	14.43	21.24	10.53	16.74
孟连傣族拉祜族佤族自治县	6758	90.25	95.29	95.29	76.23	10.45	16.73	13.28	16.45
澜沧拉祜族自治县	1816	189.65	99.41	91.80	99.61	27.90	19.01	8.04	15.24
西盟佤族自治县	1260	170.96	99.21	99.21	84.92	15.55	25.48	11.09	12.88
凤庆县	3757	133.65	100.00	100.00	94.11	7.81	27.34	5.51	10.65
云县	5693	196.71	69.54	69.54	96.11	16.87	20.91	5.94	12.29
永德县	6149	230.35	58.68	58.68	78.16	11.10	15.00	5.44	9.76
镇康县	2582	135.73	100.00	100.00	12.18	0.00	23.17	8.75	23.33
双江县	8361	200.28	47.39	47.39	49.84		14.93	8.08	13.74
耿马县	2654	205.87	100.00	100.00	77.14	12.01	27.53	6.98	16.53
沧源县	4973	93.83	87.94	87.94	41.67	24.21	21.28	6.13	15.22
双柏县	6985	140.82	100.00	94.05	88.10	22.13	25.24	10.10	16.78
牟定县	4160	130.45	100.00	100.00	83.85	28.45	25.41	9.82	23.01
南华县	7426	115.00	100.00	100.00	85.67	12.09	21.06	9.16	16.20

continued 31

建成区排水管道密度（公里/平方公里）Density of Sewers in Built District (km/sq. km)	污水处理率（%）Wastewater Treatment Rate (%)	污水处理厂集中处理率 Centralized Treatment Rate of Wastewater Treatment Plants (%)	人均公园绿地面积（平方米）Public Recreational Green Space Per Capita (sq. m)	建成区绿化覆盖率（%）Green Coverage Rate of Built District (%)	建成区绿地率（%）Green Space Rate of Built District (%)	生活垃圾处理率（%）Domestic Garbage Treatment Rate (%)	生活垃圾无害化处理率 Domestic Garbage Harmless Treatment Rate	县名称 Name of Counties
29.95	95.25	95.25	15.04	42.51	40.04	100.00	100.00	元江县
17.63	99.95	99.95	14.10	43.50	39.32	100.00	100.00	施甸县
13.86	99.93	99.93	14.24	43.84	39.59	100.00	100.00	龙陵县
10.95	100.00	100.00	14.08	46.29	41.11	100.00	100.00	昌宁县
46.59	99.23	99.23	12.44	44.89	40.15	100.00	100.00	鲁甸县
17.78	96.80	96.80	12.34	45.97	41.27	100.00	100.00	巧家县
14.52	96.38	96.38	12.84	44.07	36.61	100.00	100.00	盐津县
17.49	99.72	99.72	14.75	43.23	37.87	100.00	100.00	大关县
14.73	70.57	70.57	12.37	47.65	42.52	100.00	100.00	永善县
35.86	98.80	98.80	16.52	48.78	45.24	100.00	100.00	绥江县
9.66	98.94	98.94	12.82	44.50	41.06	100.00	100.00	镇雄县
15.87	99.40	99.40	12.21	43.39	40.10	100.00	100.00	彝良县
34.79	99.02	99.02	13.06	41.03	38.40	100.00	100.00	威信县
33.15	100.00	100.00	17.88	44.85	43.07	100.00	100.00	玉龙纳西族自治县
24.43	97.86	97.86	12.73	49.32	41.75	100.00	100.00	永胜县
13.86	98.34	98.34	18.40	45.93	38.79	100.00	100.00	华坪县
15.74	99.50	99.50	12.79	42.16	39.62	100.00	100.00	宁蒗县
34.21	100.00	100.00	16.08	44.25	42.51	100.00	100.00	宁洱哈尼族彝族自治县
7.95	100.00	100.00	14.24	42.36	40.11	100.00	100.00	墨江哈尼族自治县
16.47	100.00	100.00	12.14	42.78	40.15	100.00	100.00	景东彝族自治县
13.69	100.00	100.00	14.35	41.75	40.09	100.00	100.00	景谷傣族彝族自治县
18.40	100.00	100.00	21.06	44.75	41.88	100.00	100.00	镇沅彝族哈尼族拉祜族自治县
27.38	100.00	100.00	14.15	47.51	45.03	100.00	100.00	江城哈尼族彝族自治县
17.42	100.00	100.00	12.59	43.49	40.18	100.00	100.00	孟连傣族拉祜族佤族自治县
14.76	100.00	100.00	10.91	39.36	38.59	100.00	100.00	澜沧拉祜族自治县
33.97	100.00	100.00	12.43	43.25	41.52	100.00	100.00	西盟佤族自治县
12.16	100.00	100.00	24.81	43.95	40.87	100.00	100.00	凤庆县
23.75	100.00	100.00	16.08	42.37	36.73	100.00	100.00	云　县
14.08	100.00	100.00	12.71	38.88	37.82	100.00	100.00	永德县
20.43	100.00	100.00	14.43	46.16	42.89	100.00	100.00	镇康县
7.74	100.00	100.00	12.65	44.16	38.15	100.00	100.00	双江县
12.26	100.00	100.00	22.36	43.10	39.75	100.00	100.00	耿马县
18.25	100.00	100.00	12.01	42.47	38.58	100.00	100.00	沧源县
14.92	100.00	100.00	16.10	43.81	40.62	100.00	100.00	双柏县
28.35	100.00	100.00	14.87	43.79	40.19	100.00	100.00	牟定县
20.50	100.00	100.00	15.07	45.54	41.00	100.00	100.00	南华县

1-2 续表32

县名称 Name of Counties	人口密度 （人/平方公里） Population Density (person/sq. km)	人均日生活用水量（升） Daily Water Consumption Per Capita (liter)	供水普及率（%） Water Coverage Rate (%)	公共供水普及率 Public Water Coverage Rate	燃气普及率（%） Gas Coverage Rate (%)	建成区供水管道密度（公里/平方公里） Density of Water Supply Pipelines in Built District (km/sq. km)	人均道路面积（平方米） Road Surface Area Per Capita (sq. m)	建成区路网密度（公里/平方公里） Density of Road Network in Built District (km/sq. km)	建成区道路面积率（%） Surface Area of Roads Rate of Built District (%)
姚安县	5118	115.43	100.00	100.00	60.53	15.53	21.32	8.50	16.20
大姚县	6000	138.32	100.00	99.55	96.25	10.44	24.03	9.06	17.72
永仁县	4320	168.18	100.00	100.00	55.68	22.37	25.74	9.47	16.12
元谋县	7226	153.10	99.41	99.41	80.15	14.14	23.13	8.73	17.11
武定县	1801	199.97	100.00	100.00	95.06	21.51	25.60	10.24	22.43
屏边县	3581	101.80	98.62	98.62	52.94	13.62	16.14	8.69	10.85
建水县	6672	142.21	99.55	99.55	67.97	16.60	19.87	10.48	17.40
石屏县	7262	141.88	97.09	97.09	28.64	15.00	19.61	8.17	15.52
泸西县	3037	138.07	98.94	98.94	48.94	25.95	28.92	11.21	21.76
元阳县	8628	141.11	100.00	100.00	71.43	15.96	17.04	10.92	18.60
红河县	7362	123.94	97.11	97.11	69.36	17.77	15.21	8.37	5.33
金平县	8891	115.10	99.59	99.59	40.90	16.40	10.38	8.30	11.81
绿春县	6724	158.84	100.00	100.00	9.52	10.98	7.69	10.56	9.37
河口县	5646	139.50	96.41	96.41	88.56	11.41	27.42	8.54	17.09
砚山县	4552	67.30	98.92	98.92	87.63	8.98	18.77	4.35	12.83
西畴县	6081	111.53	100.00	100.00	84.00	20.71	22.62	7.77	14.11
麻栗坡县	4985	96.71	100.00	100.00	85.11	14.40	26.06	9.50	13.34
马关县	2897	167.46	100.00	100.00	50.27	9.46	26.83	8.92	17.09
丘北县	2159	49.90	99.11	99.11	77.90	7.60	23.15	8.32	10.53
广南县	6317	70.38	99.30	99.30	83.90	9.64	20.04	9.28	16.32
富宁县	6858	107.69	98.18	98.18	69.99	29.27	20.05	8.56	16.46
勐海县	1668	118.65	100.00	100.00	84.52	26.13	13.36	9.34	17.83
勐腊县	521	145.82	100.00	100.00	96.09	14.10	16.85	8.57	14.70
漾濞彝族自治县	4692	75.25	95.90	95.90	29.92	13.52	11.00	3.16	6.28
祥云县	4204	146.69	100.00	100.00	37.63	11.43	25.19	8.37	15.10
宾川县	2667	201.98	100.00	100.00	80.16	31.84	22.81	8.54	17.77
弥渡县	6640	131.73	100.00	100.00	52.04	16.80	20.32	9.33	16.03
南涧彝族自治县	6181	150.15	100.00	100.00	27.86	13.55	26.63	9.97	24.05
巍山彝族回族自治县	3966	123.09	100.00	100.00	30.09	11.40	24.57	8.57	14.81
永平县	6090	97.31	100.00	100.00	19.70	22.44	18.89	8.90	16.32
云龙县	3528	153.01	100.00	100.00	97.33	6.44	15.86	9.62	10.16
洱源县	2382	197.77	100.00	100.00	16.62	18.01	28.80	5.78	15.00
剑川县	3523	217.20	100.00	100.00	89.05	40.94	35.98	8.56	16.65
鹤庆县	2073	103.05	100.00	100.00	53.20	19.98	27.30	8.62	17.44
梁河县	5604	184.35	94.12	94.12	14.12	8.79	16.88	6.02	8.84
盈江县	5389	134.02	100.00	100.00	49.36	15.36	22.27	9.38	18.15

continued 32

Density of Sewers in Built District (km/sq. km)	Wastewater Treatment Rate (%)	Centralized Treatment Rate of Wastewater Treatment Plants (%)	Public Recreational Green Space Per Capita (sq. m)	Green Coverage Rate of Built District (%)	Green Space Rate of Built District (%)	Domestic Garbage Treatment Rate (%)	Domestic Garbage Harmless Treatment Rate	Name of Counties
19.33	100.00	100.00	13.14	47.23	42.20	100.00	100.00	姚安县
16.92	100.00	100.00	14.16	43.31	40.02	100.00	100.00	大姚县
20.60	100.00	100.00	12.64	42.42	38.93	100.00	100.00	永仁县
19.43	100.00	100.00	13.67	45.36	41.06	100.00	100.00	元谋县
20.65	100.00	100.00	13.02	44.48	40.01	100.00	100.00	武定县
17.91	98.58	98.58	17.58	44.60	40.80	100.00	100.00	屏边县
19.90	98.96	98.96	15.00	44.89	40.68	100.00	100.00	建水县
26.64	98.30	98.30	13.83	42.80	39.56	100.00	100.00	石屏县
24.72	96.86	96.86	17.70	40.96	37.20	100.00	100.00	泸西县
18.46	98.90	98.90	14.46	44.28	40.74	100.00	100.00	元阳县
30.49	98.80	98.80	16.97	42.40	38.23	100.00	100.00	红河县
19.32	99.60	99.60	14.72	42.79	38.84	100.00	100.00	金平县
55.02	98.00	98.00	18.33	42.03	38.56	100.00	100.00	绿春县
17.56	95.82	95.82	24.13	44.64	41.56	100.00	100.00	河口县
6.30	95.77	95.77	14.69	39.88	35.01	100.00	100.00	砚山县
29.23	99.24	99.24	13.32	43.64	40.16	100.00	100.00	西畴县
10.64	98.90	98.90	19.22	40.96	36.21	100.00	100.00	麻栗坡县
16.75	99.13	99.13	12.11	43.60	40.12	100.00	100.00	马关县
7.08	99.57	99.57	13.96	41.06	36.82	100.00	100.00	丘北县
17.43	98.86	98.86	13.08	41.54	38.11	100.00	100.00	广南县
17.16	98.61	98.61	12.32	43.98	40.76	100.00	100.00	富宁县
12.90	98.13	98.13	14.04	49.49	45.64	100.00	100.00	勐海县
8.91	98.06	98.06	12.91	45.53	40.57	100.00	100.00	勐腊县
15.67	98.81	98.81	17.50	41.25	40.14	100.00	100.00	漾濞彝族自治县
11.91	98.50	98.50	12.63	41.97	40.27	100.00	100.00	祥云县
26.99	98.68	98.68	12.14	42.38	39.03	100.00	100.00	宾川县
28.76	99.92	99.92	14.31	46.57	42.34	100.00	100.00	弥渡县
30.06	98.45	98.45	13.68	41.87	40.53	100.00	100.00	南涧彝族自治县
9.03	95.41	95.41	13.09	42.53	39.23	100.00	100.00	巍山彝族回族自治县
22.85	98.72	98.72	15.22	44.27	40.03	100.00	100.00	永平县
19.54	92.76	89.03	13.53	41.00	37.93	100.00	100.00	云龙县
11.44	99.00	99.00	18.61	41.66	37.34	100.00	100.00	洱源县
46.37	99.20	99.20	18.51	41.67	38.75	100.00	100.00	剑川县
18.80	99.80	99.80	15.76	42.52	38.54	100.00	100.00	鹤庆县
14.15	98.27	98.27	14.87	44.52	40.93	100.00	100.00	梁河县
17.09	98.54	98.54	16.71	45.12	40.13	100.00	100.00	盈江县

1-2 续表33

县名称 Name of Counties	人口密度 （人/平方公里） Population Density (person/sq. km)	人均日生活用水量（升） Daily Water Consumption Per Capita (liter)	供水普及率（%） Water Coverage Rate (%)	公共供水普及率 Public Water Coverage Rate	燃气普及率（%） Gas Coverage Rate (%)	建成区供水管道密度（公里/平方公里） Density of Water Supply Pipelines in Built District (km/sq. km)	人均道路面积（平方米） Road Surface Area Per Capita (sq. m)	建成区路网密度（公里/平方公里） Density of Road Network in Built District (km/sq. km)	建成区道路面积率（%） Surface Area of Roads Rate of Built District (%)
陇川县	4074	102.81	100.00	100.00	35.50	7.10	32.37	8.00	17.29
福贡县	7466	175.80	72.73	72.73	66.67		13.33	8.11	6.49
贡山独龙族怒族自治县	2524	170.40	77.36	77.36	37.74	12.51	35.91	4.96	4.07
兰坪白族普米族自治县	4520	102.13	99.55	99.55	44.43	7.55	5.74	10.84	9.90
德钦县	2231	267.60	94.16	46.72	62.77	33.09	22.39	17.20	17.20
维西傈僳族自治县	6688	132.31	93.75	93.75	83.17	10.64	17.84	11.40	12.51
西　藏	**2705**	**147.79**	**87.42**	**79.12**	**58.66**	**9.27**	**17.55**	**5.37**	**6.63**
曲水县	2667	132.26	96.67	96.67	66.67	5.48	16.25	3.10	4.64
当雄县	2381	134.87	88.00	88.00	48.00	5.64	20.09	2.41	4.47
林周县	1582	156.18	96.39	96.39	60.24	2.02	5.46	0.73	0.86
墨竹工卡县	3316	238.43	97.37	97.37	100.00	8.83	18.74	5.18	5.98
尼木县	476	308.77	100.00	100.00	96.00	3.47	14.48	1.74	2.80
亚东县	500	392.56	95.71	95.71	92.86	2.37	26.00	0.57	4.83
聂拉木县	6338	136.99	50.00	50.00	53.89	1.77	23.89	8.13	12.72
仲巴县	1905	107.44	85.00	85.00	76.67	4.87	25.93	2.18	5.04
定结县	4759	170.31	93.67	93.67	50.63	13.13	18.27	10.00	10.00
康马县	2038	39.71	80.23	80.23	20.93	8.37	40.42	11.67	14.86
吉隆县	3063	96.93	83.33	83.33	17.82	4.13	2.55	1.33	1.32
萨嘎县	2917	146.26	89.92	77.31	70.59	18.49	6.64	2.51	4.44
谢通门县	7814	79.18	89.64	89.64	56.99	1.13	5.70	2.02	2.43
萨迦县	2900	129.19	97.70	97.70	96.55	15.48	19.01	5.09	6.65
岗巴县	1142	320.94	94.59	94.59	94.59	4.20	35.68	4.42	5.84
拉孜县	3717	102.74	83.58	83.58	55.97	1.59	10.75	9.16	10.53
江孜县	3027	189.08	62.50	53.57	57.59	5.75	20.50	3.98	5.30
定日县	4354	109.59	78.13	78.13	66.41	21.97	91.88	23.12	0.98
南木林县	3934	235.70	87.74	87.74	87.74	8.98	44.39	17.40	19.99
昂仁县	6938	236.08	84.68	84.68	54.05	15.73	19.95	7.13	14.77
白朗县	1465	250.53	86.54	86.54	28.85	6.79	65.38	10.94	1.13
仁布县	3923	40.95	93.14	93.14	45.10	12.50	11.06	7.19	7.05
左贡县	2109	87.67	92.59	80.25	58.02	16.57	16.64	4.96	7.21
丁青县	5126	55.91	100.00	50.00	21.10	5.29	1.73	1.17	1.33
八宿县	2436	84.15	91.50	91.50	39.22	8.00	15.22	13.11	14.93
江达县	12444	108.77	100.00	100.00	100.00	22.57	13.07	6.58	6.58
洛隆县	4396	103.50	98.90	98.90	60.44	4.80	1.15	0.80	0.84
察雅县	3480	142.77	94.67	46.67	38.67	12.53	18.33	12.00	10.00
贡觉县	5417	591.53	97.44	97.44	58.97	21.42	21.95	7.46	7.84

continued 33

建成区排水管道密度（公里/平方公里） Density of Sewers in Built District (km/sq. km)	污水处理率（%） Wastewater Treatment Rate (%)	污水处理厂集中处理率 Centralized Treatment Rate of Wastewater Treatment Plants (%)	人均公园绿地面积（平方米） Public Recreational Green Space Per Capita (sq. m)	建成区绿化覆盖率（%） Green Coverage Rate of Built District (%)	建成区绿地率（%） Green Space Rate of Built District (%)	生活垃圾处理率（%） Domestic Garbage Treatment Rate (%)	生活垃圾无害化处理率 Domestic Garbage Harmless Treatment Rate	县名称 Name of Counties
9.36	97.11	96.79	13.76	44.06	40.07	100.00	100.00	陇川县
17.14	98.83	98.83	21.60	41.24	38.15	100.00	100.00	福贡县
26.70	96.71	96.71	29.25	42.27	40.75	100.00	100.00	贡山独龙族怒族自治县
22.34	98.00	98.00	14.86	44.04	41.60	100.00	100.00	兰坪白族普米族自治县
14.73	99.78	99.78	19.40	42.11	42.10	100.00	100.00	德钦县
36.19	98.21	98.21	17.42	40.11	36.52	100.00	100.00	维西傈僳族自治县
7.94	**65.82**	**64.84**	**1.51**	**6.38**	**4.20**	**97.00**	**97.00**	**西　藏**
2.14	95.24	95.24	4.67	8.33	5.14	100.00	100.00	曲水县
4.25	100.00	100.00	0.80	6.95	3.21	100.00	100.00	当雄县
1.04	95.45	95.45	0.39	6.86	4.35	100.00	100.00	林周县
5.23	96.15	96.15	0.84	12.15	7.16	100.00	100.00	墨竹工卡县
1.64	92.73	92.73	1.14	13.13	2.37	100.00	100.00	尼木县
7.11	97.22	97.22		4.50	4.27	99.57	99.57	亚东县
2.47	80.46	80.46	0.68	1.77	1.58	99.77	99.77	聂拉木县
6.48	41.38	41.38		0.43	0.43	99.24	99.24	仲巴县
25.00	4.86	4.86		1.14	1.01	96.21	96.21	定结县
24.78	52.91	52.91	2.33	6.59	4.71	90.75	90.75	康马县
3.83	82.22	82.22		2.17	5.46	100.00	100.00	吉隆县
13.02	99.12	99.12		1.85	12.01	98.40	98.40	萨嘎县
3.04	80.00	80.00		8.22	4.98	98.23	98.23	谢通门县
5.33	94.90	94.90	18.39	10.16	18.61	100.00	100.00	萨迦县
4.56	100.00	100.00	2.70	4.07	3.98	100.00	100.00	岗巴县
11.26	68.77	68.77	1.12	4.32	2.67	99.78	99.78	拉孜县
5.74	46.79	46.79	5.61	4.81	4.81	100.00	100.00	江孜县
20.23	45.00	45.00	2.89	2.20	5.72	99.53	99.53	定日县
31.59	99.09	99.09		6.78	6.78	100.00	100.00	南木林县
12.67	87.67	87.67	0.96	1.47	1.45	100.00	100.00	昂仁县
4.53	72.00	72.00		2.57	2.53	98.42	98.42	白朗县
18.83	86.81	86.81	2.94	5.50	6.25	95.23	95.23	仁布县
12.43	74.51	74.51		10.30	6.12	98.17	98.17	左贡县
0.67	100.00	100.00	0.58	2.29	0.89	100.00	100.00	丁青县
33.49	0.67	0.67	7.71	20.12	7.65	99.96	99.96	八宿县
35.65	100.00	100.00	3.11	11.85	4.35	100.00	100.00	江达县
4.98	57.38	57.38		6.76	3.60	98.75	98.75	洛隆县
3.33	22.99	21.49		8.00	2.93	99.00	99.00	察雅县
5.78	54.77	54.77	3.81	11.21	8.50	100.00	100.00	贡觉县

1-2 续表34

县名称 Name of Counties	人口密度 （人/平方公里） Population Density (person/sq. km)	人均日生活用水量 （升） Daily Water Consumption Per Capita (liter)	供水普及率 （%） Water Coverage Rate (%)	公共供水普及率 Public Water Coverage Rate	燃气普及率 （%） Gas Coverage Rate (%)	建成区供水管道密度 （公里/平方公里） Density of Water Supply Pipelines in Built District (km/sq. km)	人均道路面积 （平方米） Road Surface Area Per Capita (sq. m)	建成区路网密度 （公里/平方公里） Density of Road Network in Built District (km/sq. km)	建成区道路面积率 （%） Surface Area of Roads Rate of Built District (%)
边坝县	10417	117.84	80.00	80.00	68.00	17.37	3.94	5.89	5.42
类乌齐县	1917	164.38	86.96	78.26	40.87	8.79	15.11	6.95	4.65
芒康县	12857	81.46	77.78	77.78	48.89	2.86	7.34	4.64	9.44
朗　县	2683	220.79	92.73	92.73	47.27	22.83	20.18	9.47	10.78
墨脱县	653	220.12	93.55	93.55	79.03	9.75	29.81	12.06	9.24
工布江达县	1251	160.25	74.63	74.63	37.31	4.73	6.72	2.49	2.60
察隅县	2185	235.51	100.00	100.00	94.23	15.76	42.90	16.82	18.91
波密县	1544	146.12	99.53	99.53	85.31	3.47	6.85	2.47	1.24
米林县	2367	168.98	91.55	91.55	63.38	3.15	25.42	9.31	9.55
错那县	5000	131.16	94.12	94.12	48.24	9.06	38.35	16.04	27.26
浪卡子县	3525	272.32	100.00	100.00	56.98	17.07	33.35	10.73	10.73
贡嘎县	8029	117.81	89.29	89.29	71.43	15.85	12.71	10.07	15.08
加查县	8745	72.60	86.96	86.96	86.96	1.11	8.15	9.22	10.42
桑日县	1268	179.60	91.84	91.84	91.84	26.09	23.67	12.61	17.57
洛扎县	4907	582.92	88.68	88.68	88.68	24.26	47.55	13.86	24.95
琼结县	2433	346.49	100.00	100.00	100.00	9.62	39.30	7.93	12.09
措美县	3429	144.20	95.00	95.00	50.00	14.26	15.50	15.96	14.04
扎囊县	972	161.16	98.55	98.55	57.97	7.85	12.75	6.28	4.14
曲松县	1921	495.26	89.66	89.66	89.66	16.52	90.34	18.75	25.00
隆子县	1529	149.59	93.46	93.46	64.49	10.77	15.98	5.99	7.33
聂荣县	2987	155.12	84.75	42.37	80.51	11.36	8.67	6.20	4.09
双湖县	1867	163.33	92.86		57.14		56.43	13.29	11.29
嘉黎县	1698	161.64	90.91	72.73	72.73	5.57	37.40	7.26	8.02
比如县	22719	94.05	94.59	65.64	38.61	21.08	7.97	6.58	17.42
尼玛县	1500	98.92	97.44	97.44	64.10	10.40	33.85	3.15	6.60
巴青县	6645	171.70	88.35	64.08	48.54	57.41	48.58	5.68	11.84
申扎县	3710	108.66	76.19	66.67	56.19	42.57	17.89	8.94	13.41
安多县	684	121.46	81.52	70.65	11.41	33.19	7.61	3.07	2.39
索　县	5000	189.79	61.11	55.56	68.89	15.16	5.50	5.16	5.27
班戈县	2850	160.18	95.08	32.79	81.97	5.46	8.76	3.11	3.86
革吉县	2604	100.12	65.22	52.17	43.48	8.00	5.37	0.94	1.23
札达县	2767	216.67	72.29	72.29	54.22	15.37	9.80	5.96	8.56
日土县	1992	252.57	66.67	62.50	31.25	3.46	24.99	3.80	3.40
改则县	3891	60.61	66.00	60.00	71.00	4.57	16.29	4.58	5.47
葛尔县	3526	132.63	90.35	90.35	64.07	11.85	28.75	2.63	9.66
普兰县	3939	69.69	96.92	72.31	63.85	11.34	9.23	7.07	12.12
措勤县	3692	198.63	83.33	62.50	43.75	1.77	15.63	5.38	5.38

continued 34

建成区排水管道密度（公里/平方公里）Density of Sewers in Built District (km/sq. km)	污水处理率（%）Wastewater Treatment Rate (%)	污水处理厂集中处理率 Centralized Treatment Rate of Wastewater Treatment Plants	人均公园绿地面积（平方米）Public Recreational Green Space Per Capita (sq. m)	建成区绿化覆盖率（%）Green Coverage Rate of Built District (%)	建成区绿地率（%）Green Space Rate of Built District (%)	生活垃圾处理率（%）Domestic Garbage Treatment Rate (%)	生活垃圾无害化处理率 Domestic Garbage Harmless Treatment Rate	县名称 Name of Counties
19.08	48.89	48.89		7.26	3.16	100.00	100.00	边坝县
12.16			2.61	10.34	6.03	99.97	99.97	类乌齐县
6.55	60.00	60.00	0.21	7.50	3.57	99.33	99.33	芒康县
17.83	97.51	97.51	4.45	9.90	6.12	99.95	99.95	朗　县
10.05			3.24	10.05	5.36	100.00	100.00	墨脱县
4.11	76.09	76.09	1.28	4.07	2.34	100.00	100.00	工布江达县
24.10	79.62	79.62	5.98	14.98	11.42	100.00	100.00	察隅县
2.34	100.00	100.00	0.14	5.46	3.63	100.00	100.00	波密县
13.02	94.46	94.46	6.85	14.06	8.12	98.66	98.66	米林县
14.15			4.47	7.08	5.66	100.00	100.00	错那县
17.07	54.87	54.87	2.92	5.98	3.37	96.37	96.37	浪卡子县
1.64	74.00	74.00	1.56	10.33	5.41	97.22	97.22	贡嘎县
4.44	80.22	80.22	0.87	6.67	4.22	100.00	100.00	加查县
21.87	44.92	44.92	3.67	11.30	22.96	100.00	100.00	桑日县
20.30			5.47	11.68	7.33	100.00	100.00	洛扎县
8.17	82.09	82.09	1.09	0.91	0.91	96.11	96.11	琼结县
25.53			1.43	10.11	8.32	94.83	94.83	措美县
6.28	100.00	100.00	2.90	4.50	3.66	100.00	100.00	扎囊县
13.64	100.00	100.00	3.45	9.38	3.57	100.00	100.00	曲松县
25.00	69.02	69.02	0.93	7.07	3.80	97.33	97.33	隆子县
4.76				2.80	1.28	99.57	99.57	聂荣县
10.43						87.08	87.08	双湖县
5.98	95.26	94.79		2.58	1.15	100.00	100.00	嘉黎县
19.10	5.37		0.68	11.24	6.00	34.16	34.16	比如县
14.15	97.22	97.22	5.13	5.00	1.00	100.00	100.00	尼玛县
17.28			0.10	2.83	0.13	91.43	91.43	巴青县
15.97				0.01	0.01	99.25	99.25	申扎县
1.37	79.08	46.15				97.33	97.33	安多县
14.36	0.15	0.15		7.45	0.53	99.85	99.85	索　县
2.20	55.00	55.00	1.64	0.83	3.39	96.17	96.17	班戈县
0.77	65.48	65.48		2.89	2.83	100.00	100.00	革吉县
4.47	99.33	99.33	0.01	6.84	3.57	100.00	100.00	札达县
3.80	100.00	100.00		4.32	1.74	100.00	100.00	日土县
10.01	53.89	53.89		6.08	3.04	99.25	99.25	改则县
5.27	96.84	96.84	1.33	7.81	4.39	100.00	100.00	葛尔县
3.03	73.71	73.71	2.31	8.08	8.08	100.00	100.00	普兰县
15.35	62.75	62.75		5.77	1.92	100.00	100.00	措勤县

1-2 续表35

县名称 Name of Counties	人口密度 （人/平方公里） Population Density (person/sq. km)	人均日生活用水量 （升） Daily Water Consumption Per Capita (liter)	供水普及率 （%） Water Coverage Rate (%)	公共供水普及率 Public Water Coverage Rate	燃气普及率 （%） Gas Coverage Rate (%)	建成区供水管道密度 （公里/平方公里） Density of Water Supply Pipelines in Built District (km/sq. km)	人均道路面积 （平方米） Road Surface Area Per Capita (sq. m)	建成区路网密度 （公里/平方公里） Density of Road Network in Built District (km/sq. km)	建成区道路面积率 （%） Surface Area of Roads Rate of Built District (%)
陕　西	3843	111.53	98.20	96.28	94.20	8.82	17.61	7.85	13.29
蓝田县	3281	115.00	99.40	97.51	98.50	6.83	22.18	6.41	9.99
周至县	7660	227.93	99.22	95.30	98.43	7.83	14.62	5.14	9.88
宜君县	1870	65.32	98.40	98.40	96.79	7.56	17.86	6.42	8.09
岐山县	4846	175.93	100.00	94.27	100.00	8.10	21.75	5.71	19.59
扶风县	2770	219.92	100.00	93.20	95.65	15.36	20.83	10.11	21.78
眉　县	6608	120.51	100.00	100.00	97.07	6.69	29.36	9.36	18.39
陇　县	5775	114.84	96.91	96.91	88.60	11.50	14.43	5.24	12.94
千阳县	5951	81.81	93.36	93.36	99.79	14.32	10.74	4.38	6.61
麟游县	4307	104.87	96.59	96.59	77.40	9.07	18.89	6.93	16.67
凤　县	5840	109.08	92.47	92.47	100.00	7.33	13.25	7.71	10.78
太白县	1654	179.21	96.05	96.05	100.00	17.04	23.41	8.88	6.19
三原县	8875	93.77	98.64	97.97	100.00	10.19	21.11	8.31	18.51
泾阳县	2532	143.79	97.97	93.16	95.19	11.82	22.00	7.93	12.07
乾　县	7029	89.37	98.77	98.68	94.33	6.00	18.10	4.74	12.10
礼泉县	4382	92.29	97.36	95.84	98.88	5.67	22.19	6.13	12.14
永寿县	5136	90.61	96.79	96.79	89.25	8.37	20.52	9.48	17.10
长武县	4717	113.75	100.00	100.00	88.87	9.47	20.89	7.88	14.43
旬邑县	4725	88.07	98.68	98.68	95.24	5.34	20.87	7.10	12.63
淳化县	4025	87.39	100.00	100.00	97.83	5.67	16.75	7.81	9.18
武功县	6387	109.45	99.90	96.14	96.97	5.79	18.95	6.69	17.31
潼关县	5333	106.81	100.00	100.00	98.13	9.41	27.13	8.18	24.77
大荔县	2327	128.10	100.00	89.36	95.70	8.36	26.81	7.29	15.25
合阳县	2291	135.10	100.00	97.46	97.46	13.07	20.17	7.82	13.49
澄城县	6463	83.38	100.00	89.66	97.72	3.44	15.14	5.05	12.14
蒲城县	2802	110.97	100.00	99.93	91.04	12.25	37.55	14.43	30.25
白水县	5233	68.93	100.00	100.00	98.57	5.05	21.97	4.69	13.01
富平县	2082	138.90	100.00	98.25	99.88	8.58	17.63	6.86	13.38
延长县	5370	98.24	97.39	97.39	94.41	8.40	5.72	3.90	4.29
延川县	7470	54.59	92.22	92.22	91.41	4.63	3.60	2.50	2.50
志丹县	4221	136.27	94.51	94.51	99.39	8.24	13.21	9.50	12.36
吴起县	3037	74.47	95.05	95.05	94.65	7.51	12.73	9.13	13.78
甘泉县	2353	106.66	96.32	96.32	97.73	8.04	12.38	5.98	1.28
富　县	4075	93.10	95.80	95.80	98.15	7.89	7.71	5.20	5.16
洛川县	3154	61.13	98.28	98.28	98.94	11.70	9.10	2.79	8.38

continued 35

建成区排水管道密度（公里/平方公里）Density of Sewers in Built District (km/sq.km)	污水处理率（%）Wastewater Treatment Rate (%)	污水处理厂集中处理率 Centralized Treatment Rate of Wastewater Treatment Plants (%)	人均公园绿地面积（平方米）Public Recreational Green Space Per Capita (sq.m)	建成区绿化覆盖率（%）Green Coverage Rate of Built District (%)	建成区绿地率（%）Green Space Rate of Built District (%)	生活垃圾处理率（%）Domestic Garbage Treatment Rate (%)	生活垃圾无害化处理率 Domestic Garbage Harmless Treatment Rate (%)	县名称 Name of Counties
9.89	96.88	96.87	12.30	38.26	33.95	99.83	99.83	陕 西
5.03	96.25	96.25	9.43	39.09	36.27	100.00	100.00	蓝田县
6.27	95.25	95.25	18.28	37.32	23.73	100.00	100.00	周至县
5.33	93.81	93.81	12.82	42.45	36.67	100.00	100.00	宜君县
8.08	96.20	96.20	12.91	45.71	40.29	100.00	100.00	岐山县
13.54	99.51	99.51	14.01	42.63	38.32	99.98	99.98	扶风县
13.32	95.02	95.02	12.54	39.14	35.51	100.00	100.00	眉 县
11.47	97.00	97.00	14.21	39.51	34.01	100.00	100.00	陇 县
13.63	93.27	93.27	14.70	44.01	40.82	100.00	100.00	千阳县
14.92	95.08	95.08	18.97	40.79	37.59	99.77	99.77	麟游县
11.29	95.00	95.00	25.00	44.93	40.89	100.00	100.00	凤 县
25.18	94.47	94.47	23.20	44.05	40.84	100.00	100.00	太白县
9.31	100.00	100.00	13.29	39.24	35.11	100.00	100.00	三原县
7.42	100.00	100.00	11.23	34.00	30.05	100.00	100.00	泾阳县
5.41	99.10	99.10	12.32	40.10	34.75	99.62	99.62	乾 县
8.43	100.00	100.00	18.82	27.47	22.52	100.00	100.00	礼泉县
9.34	95.48	95.48	8.42	32.42	27.55	99.85	99.85	永寿县
11.97	100.00	100.00	14.06	33.93	30.51	100.00	100.00	长武县
6.95	97.70	97.70	13.50	41.59	38.50	100.00	100.00	旬邑县
10.69	95.96	95.96	15.47	40.87	37.64	100.00	100.00	淳化县
10.55	95.57	95.57	7.01	38.20	33.36	100.00	100.00	武功县
9.05	97.60	97.60	12.09	39.76	36.27	100.00	100.00	潼关县
7.09	94.84	94.84	14.84	38.00	33.31	100.00	100.00	大荔县
9.38	97.57	97.57	15.57	42.20	37.19	100.00	100.00	合阳县
9.58	94.50	94.50	12.10	39.24	33.42	100.00	100.00	澄城县
7.51	96.03	96.03	10.35	39.64	35.90	100.00	100.00	蒲城县
5.60	92.82	92.82	12.45	39.00	34.82	100.00	100.00	白水县
9.18	96.90	96.90	13.88	39.10	35.00	100.00	100.00	富平县
4.10	95.87	95.87	14.19	37.44	33.69	100.00	100.00	延长县
3.19	94.70	94.70	8.52	37.13	33.78	100.00	100.00	延川县
11.38	99.98	99.98	17.30	39.38	36.35	100.00	100.00	志丹县
9.96	97.50	97.50	15.55	40.27	36.24	100.00	100.00	吴起县
7.20	93.00	93.00	10.18	38.98	33.02	98.60	98.60	甘泉县
7.62	93.12	93.12	12.68	41.73	37.08	98.67	98.67	富 县
5.81	96.89	96.89	10.83	38.92	34.08	98.50	98.50	洛川县

1-2 续表36

县名称 Name of Counties	人口密度 （人/平方公里） Population Density (person/sq. km)	人均日生活用水量 （升） Daily Water Consumption Per Capita (liter)	供水普及率 （%） Water Coverage Rate (%)	公共供水普及率 Public Water Coverage Rate	燃气普及率 （%） Gas Coverage Rate (%)	建成区供水管道密度 （公里/平方公里） Density of Water Supply Pipelines in Built District (km/sq. km)	人均道路面积 （平方米） Road Surface Area Per Capita (sq. m)	建成区路网密度 （公里/平方公里） Density of Road Network in Built District (km/sq. km)	建成区道路面积率 （%） Surface Area of Roads Rate of Built District (%)
宜川县	2708	69.96	92.81	92.81	97.41	9.55	12.61	8.12	12.99
黄龙县	1600	117.74	98.75	98.75	98.13	13.33	27.50	7.18	9.78
黄陵县	5179	137.32	95.40	95.40	98.16	20.20	26.34	10.26	23.38
城固县	6016	180.55	100.00	94.20	85.18	5.05	19.09	5.90	13.85
洋县	5376	118.82	99.61	99.32	99.81	6.48	13.78	7.54	11.33
西乡县	2004	118.16	99.44	93.31	97.83	6.88	19.88	11.88	15.89
勉县	4022	134.29	99.82	97.00	99.88	8.64	17.56	8.65	15.38
宁强县	7570	83.28	100.00	100.00	95.31	10.51	18.52	10.77	15.29
略阳县	5308	81.32	98.90	98.90	24.02	8.04	12.22	7.81	11.12
镇巴县	9737	92.85	100.00	100.00	90.63	15.38	14.07	9.81	14.47
留坝县	1264	101.25	99.28	99.28	91.37	7.14	27.35	17.46	19.05
佛坪县	3185	151.32	100.00	100.00	93.02	37.84	23.91	13.23	16.68
府谷县	4855	116.91	100.00	100.00	99.55	11.88	20.98	9.01	13.97
靖边县	2573	69.03	97.98	97.98	96.03	5.42	19.49	8.43	15.74
定边县	4300	151.90	100.00	100.00	97.02	6.53	25.12	8.09	13.93
绥德县	6629	77.86	99.80	94.31	98.50	10.36	14.87	10.40	8.66
米脂县	1423	85.89	90.51	87.87	97.01	3.91	13.11	2.97	3.51
佳县	931	35.99	86.96	86.96	89.33	4.67	9.84	5.37	5.37
吴堡县	8450	133.16	88.76	87.28	83.43	13.94	22.69	8.06	20.48
清涧县	15323	94.94	97.19	90.70	91.05	12.22	7.28	8.66	11.22
子洲县	7030	70.41	96.34	86.21	98.71	10.07	12.63	4.40	9.59
汉阴县	5963	112.66	100.00	98.00	98.46	15.10	16.38	11.62	18.53
石泉县	2978	94.13	99.87	99.87	99.87	8.19	13.25	10.45	11.04
宁陕县	2926	85.98	93.69	93.69	93.69	8.88	10.14	6.63	5.57
紫阳县	8163	115.90	100.00	95.02	89.23	4.10	12.38	14.16	11.85
岚皋县	3211	97.18	100.00	100.00	91.27	17.55	8.32	11.27	9.52
平利县	2093	108.62	98.41	98.41	97.93	18.06	9.85	6.07	8.59
镇坪县	1056	112.38	96.71	96.71	90.79	25.24	11.30	11.39	9.27
白河县	4900	115.38	100.00	100.00	99.18	12.35	19.35	14.86	18.62
洛南县	2913	95.34	100.00	100.00	96.75	8.61	11.81	8.20	10.51
丹凤县	10846	100.36	96.81	96.81	93.05	8.04	11.84	9.17	9.61
商南县	3590	254.86	100.00	97.91	89.83	14.08	17.83	6.53	13.06
山阳县	6356	104.98	97.03	90.91	96.15	8.95	12.76	8.71	15.59
镇安县	7520	78.45	88.70	88.70	65.82	12.06	13.14	10.45	13.81
柞水县	5914	81.21	90.18	90.18	64.73	7.50	22.97	10.40	12.40

continued 36

建成区排水管道密度（公里/平方公里）Density of Sewers in Built District (km/sq. km)	污水处理率（%）Wastewater Treatment Rate (%)	污水处理厂集中处理率 Centralized Treatment Rate of Wastewater Treatment Plants (%)	人均公园绿地面积（平方米）Public Recreational Green Space Per Capita (sq. m)	建成区绿化覆盖率（%）Green Coverage Rate of Built District (%)	建成区绿地率（%）Green Space Rate of Built District (%)	生活垃圾处理率（%）Domestic Garbage Treatment Rate (%)	生活垃圾无害化处理率 Domestic Garbage Harmless Treatment Rate	县名称 Name of Counties
12.75	94.52	94.52	12.29	40.25	35.20	98.52	98.52	宜川县
16.72	93.70	93.70	19.04	42.06	37.39	99.10	99.10	黄龙县
16.33	94.75	94.75	11.82	40.08	36.35	100.00	100.00	黄陵县
7.71	97.00	97.00	10.98	40.25	35.56	100.00	100.00	城固县
9.00	98.70	98.70	7.54	34.08	29.13	100.00	100.00	洋县
14.37	92.95	92.95	13.67	43.13	41.14	100.00	100.00	西乡县
10.21	99.10	99.10	12.85	41.10	35.10	100.00	100.00	勉县
12.81	95.51	95.51	15.32	39.39	33.93	100.00	100.00	宁强县
6.15	95.48	95.48	13.05	36.20	32.40	100.00	100.00	略阳县
10.31	99.20	99.20	10.77	42.34	38.15	100.00	100.00	镇巴县
28.18	99.13	99.13	17.55	42.76	38.52	100.00	100.00	留坝县
29.98	99.02	99.02	24.62	44.03	40.26	100.00	100.00	佛坪县
10.13	97.94	97.94	13.31	40.40	37.29	100.00	100.00	府谷县
14.69	96.70	96.70	8.16	37.02	33.89	100.00	100.00	靖边县
12.46	95.64	95.64	6.28	24.39	20.72	100.00	100.00	定边县
7.78	93.52	93.52	8.33	33.52	29.52	99.18	99.18	绥德县
11.71	92.13	92.13	14.92	38.28	33.05	100.00	100.00	米脂县
6.78	98.31	98.31	11.51	37.50	32.83	100.00	100.00	佳县
18.97	100.00	100.00	9.76	36.29	32.74	100.00	100.00	吴堡县
10.00	100.00	100.00	7.16	36.76	30.30	100.00	100.00	清涧县
7.17	94.33	94.33	14.83	31.77	28.43	100.00	100.00	子洲县
14.19	95.80	95.80	12.93	42.25	40.15	100.00	100.00	汉阴县
11.70	97.51	97.51	13.57	44.32	41.11	100.00	100.00	石泉县
11.51	97.22	97.22	12.84	41.49	36.70	99.21	99.21	宁陕县
7.35	97.90	97.90	9.69	38.96	33.48	100.00	100.00	紫阳县
17.11	100.00	100.00	12.22	44.60	40.16	100.00	100.00	岚皋县
9.81	91.99	91.99	12.09	40.84	37.65	100.00	100.00	平利县
25.72	98.68	98.68	13.47	44.13	41.13	100.00	100.00	镇坪县
18.50	99.25	99.25	13.15	44.51	40.20	100.00	100.00	白河县
7.81	98.00	98.00	13.29	36.75	34.20	98.04	98.04	洛南县
13.24	95.82	95.82	9.86	33.82	25.61	100.00	100.00	丹凤县
10.22	96.53	96.53	12.34	43.75	40.05	100.00	100.00	商南县
11.83	97.26	97.26	11.42	39.25	34.62	98.91	98.91	山阳县
10.47	91.39	91.39	13.07	39.26	38.97	99.93	99.93	镇安县
2.60	100.00	100.00	9.98	29.30	24.80	100.00	100.00	柞水县

1-2 续表37

县名称 Name of Counties	人口密度 （人/平方公里） Population Density (person/sq. km)	人均日生活用水量 （升） Daily Water Consumption Per Capita (liter)	供 水普及率 （%） Water Coverage Rate (%)	公共供水普及率 Public Water Coverage Rate	燃 气普及率 （%） Gas Coverage Rate (%)	建成区供水管道密度 （公里/平方公里） Density of Water Supply Pipelines in Built District (km/sq. km)	人均道路面积 （平方米） Road Surface Area Per Capita (sq. m)	建成区路网密度 （公里/平方公里） Density of Road Network in Built District (km/sq. km)	建成区道路面积率 （%） Surface Area of Roads Rate of Built District (%)
甘 肃	**5380**	**84.27**	**97.92**	**97.64**	**79.00**	**10.10**	**15.49**	**6.29**	**11.45**
永登县	5435	72.03	99.72	94.11	54.65	7.07	12.05	6.27	16.96
皋兰县	6960	52.85	95.55	95.55	73.71	20.08	9.82	4.58	10.33
榆中县	5533	106.43	99.53	99.53	93.52	8.37	39.74	6.34	18.87
永昌县	2915	117.24	100.00	100.00	38.56	6.85	18.66	7.22	8.68
靖远县	6973	83.10	100.00	100.00	62.49	10.19	9.99	4.60	6.97
会宁县	8450	61.15	100.00	100.00	59.70	3.94	13.13	4.36	11.75
景泰县	14195	61.17	100.00	100.00	80.27	13.56	8.39	6.26	10.96
清水县	4096	80.37	92.28	92.28	49.03	7.02	12.78	3.73	6.85
秦安县	8589	60.74	94.77	94.77	90.86	5.70	13.56	5.68	5.08
甘谷县	12131	67.64	93.14	93.14	31.61	9.11	7.82	4.64	10.79
武山县	7847	84.85	95.32	95.32	60.08	10.54	10.34	3.94	8.35
张家川回族自治县	5733	111.16	92.05	92.05	39.92	4.42	18.74	6.32	6.82
民勤县	4000	150.16	100.00	100.00	100.00	19.81	29.98	6.58	14.45
古浪县	9744	79.70	100.00	100.00	98.42	17.41	13.67	5.59	13.82
天祝藏族自治县	3213	51.93	100.00	100.00	100.00	9.42	12.71	8.82	14.33
肃南县	1519	190.42	100.00	100.00	100.00	16.30	16.65	9.66	8.76
民乐县	7788	77.74	100.00	100.00	97.03	21.28	10.55	3.42	10.71
临泽县	3175	161.97	100.00	100.00	100.00	24.96	29.66	8.75	19.33
高台县	9451	84.41	100.00	100.00	98.39	16.36	15.03	5.84	8.04
山丹县	8283	119.26	100.00	95.89	90.35	13.53	10.22	5.75	8.15
泾川县	3210	102.59	100.00	100.00	89.38	10.75	17.04	8.14	13.78
灵台县	5047	172.63	100.00	100.00	91.85	13.17	26.72	6.76	14.21
崇信县	1783	88.65	100.00	100.00	55.24	13.61	21.82	6.97	13.44
庄浪县	3568	93.99	100.00	100.00	99.78	5.92	34.40	5.19	12.28
静宁县	3008	131.49	100.00	100.00	96.98	5.93	23.64	6.04	15.25
金塔县	4380	69.71	100.00	100.00	100.00	11.50	22.56	10.39	22.28
瓜州县	6150	120.47	100.00	100.00	100.00	10.94	23.07	9.84	19.96
肃北蒙古族自治县	3929	184.31	100.00	100.00	100.00	16.48	28.94	3.00	8.06
阿克塞哈萨克族自治县	2533	146.24	100.00	100.00	100.00	14.16	47.38	8.40	12.00
庆城县	6286	76.00	98.72	98.72	95.60	12.59	10.57	4.48	8.31
环 县	6375	68.17	100.00	100.00	71.90	12.88	18.75	4.90	12.23
华池县	4367	65.24	97.24	97.24	66.30	15.91	19.13	8.87	13.79
合水县	5976	56.83	99.80	99.80	75.79	5.95	24.60	7.10	22.81
正宁县	4954	75.32	97.90	97.90	68.30	12.65	19.69	7.93	13.07
宁 县	4540	59.02	98.46	94.27	58.15	8.90	22.49	5.25	14.73
镇原县	4400	79.17	100.00	100.00	93.43	4.58	31.74	7.37	15.52

continued 37

建成区排水管道密度（公里/平方公里）Density of Sewers in Built District (km/sq. km)	污水处理率（%）Wastewater Treatment Rate (%)	污水处理厂集中处理率 Centralized Treatment Rate of Wastewater Treatment Plants	人均公园绿地面积（平方米）Public Recreational Green Space Per Capita (sq. m)	建成区绿化覆盖率（%）Green Coverage Rate of Built District (%)	建成区绿地率（%）Green Space Rate of Built District (%)	生活垃圾处理率（%）Domestic Garbage Treatment Rate	生活垃圾无害化处理率 Domestic Garbage Harmless Treatment Rate	县名称 Name of Counties
10.70	98.40	98.40	14.13	33.38	29.50	99.98	99.98	甘 肃
6.54	100.00	100.00	11.10	50.39	48.07	100.00	100.00	永登县
9.29	100.00	100.00	11.31	39.61	36.64	100.00	100.00	皋兰县
13.24	100.00	100.00	6.32	19.80	9.75	100.00	100.00	榆中县
5.04	100.00	100.00	13.13	38.07	31.69	100.00	100.00	永昌县
6.91	96.56	96.56	16.65	25.18	22.24	100.00	100.00	靖远县
9.90	96.14	96.14	6.55	36.71	29.73	100.00	100.00	会宁县
8.61	93.33	93.33	11.96	33.91	31.56	100.00	100.00	景泰县
7.46	100.00	100.00	13.53	38.29	33.58	100.00	100.00	清水县
7.56	100.00	100.00	5.01	12.44	8.05	100.00	100.00	秦安县
8.54	100.00	100.00	7.38	26.60	23.51	100.00	100.00	甘谷县
4.12	100.00	100.00	2.67	14.73	11.30	100.00	100.00	武山县
5.64	100.00	100.00	6.40	14.87	6.73	100.00	100.00	张家川回族自治县
10.43	99.86	99.86	21.12	26.67	22.03	100.00	100.00	民勤县
7.87	99.94	99.94	10.30	42.65	39.02	100.00	100.00	古浪县
11.88	97.11	97.11	7.82	32.50	28.87	100.00	100.00	天祝藏族自治县
10.63	100.00	100.00	23.66	48.13	43.48	100.00	100.00	肃南县
7.30	99.01	99.01	19.11	43.44	40.62	100.00	100.00	民乐县
17.22	100.00	100.00	24.51	44.64	41.38	100.00	100.00	临泽县
7.70	99.85	99.85	27.79	49.98	44.81	100.00	100.00	高台县
8.25	98.54	98.54	12.34	41.89	40.09	100.00	100.00	山丹县
24.56	100.00	100.00	16.85	45.45	37.13	100.00	100.00	泾川县
19.29	97.56	97.56	18.23	39.68	33.97	100.00	100.00	灵台县
12.15	100.00	100.00	14.54	62.61	57.70	100.00	100.00	崇信县
8.87	98.01	98.01	15.48	37.73	34.18	100.00	100.00	庄浪县
14.75	100.00	100.00	17.37	41.04	37.07	100.00	100.00	静宁县
11.70	93.14	93.14	23.60	48.96	45.13	100.00	100.00	金塔县
9.16	100.00	100.00	21.32	41.65	40.94	100.00	100.00	瓜州县
13.37	100.00	100.00	41.40	49.12	45.69	100.00	100.00	肃北蒙古族自治县
10.40	97.32	97.32	51.75	33.40	29.46	100.00	100.00	阿克塞哈萨克族自治县
8.93	100.00	100.00	27.88	39.81	35.00	100.00	100.00	庆城县
10.74	100.00	100.00	14.77	28.46	25.30	100.00	100.00	环 县
23.10	100.00	100.00	16.09	31.37	30.70	100.00	100.00	华池县
14.23	99.97	99.97	13.44	19.35	18.38	100.00	100.00	合水县
10.63	98.15	98.15	5.71	19.21	14.19	100.00	100.00	正宁县
8.15	98.05	98.05	17.33	44.75	42.58	100.00	100.00	宁 县
10.75	94.23	94.23	10.35	17.21	13.87	100.00	100.00	镇原县

1-2 续表 38

县名称 Name of Counties	人口密度 （人/平方公里） Population Density (person/sq. km)	人均日生活用水量 （升） Daily Water Consumption Per Capita (liter)	供水普及率 （%） Water Coverage Rate (%)	公共供水普及率 Public Water Coverage Rate	燃气普及率 （%） Gas Coverage Rate (%)	建成区供水管道密度 （公里/平方公里） Density of Water Supply Pipelines in Built District (km/sq. km)	人均道路面积 （平方米） Road Surface Area Per Capita (sq. m)	建成区路网密度 （公里/平方公里） Density of Road Network in Built District (km/sq. km)	建成区道路面积率 （%） Surface Area of Roads Rate of Built District (%)
通渭县	4559	67.49	100.00	100.00	88.35	6.58	17.49	5.87	9.73
陇西县	4000	60.33	99.83	99.83	92.67	9.50	11.63	4.81	10.79
渭源县	2420	135.51	99.27	99.27	98.78	10.02	22.14	7.79	12.91
临洮县	9023	63.37	98.82	98.82	97.22	4.92	21.58	7.78	11.24
漳县	4058	54.63	100.00	100.00	89.78	12.08	13.14	6.60	13.30
岷县	2886	89.40	98.91	98.91	87.13	5.89	13.55	4.69	9.49
成县	3400	82.94	97.25	97.25	88.73	9.83	14.78	8.02	11.87
文县	11600	85.03	100.00	100.00	100.00	9.14	6.00	8.23	6.82
宕昌县	3920	79.35	85.46	85.46	95.15	10.04	19.11	8.29	9.68
康县	4400	79.58	95.29	95.29	79.12	16.01	17.10	12.53	17.41
西和县	6062	80.42	96.86	96.86	75.62	5.45	9.25	5.94	9.10
礼县	5500	81.00	81.82	81.82	72.73	13.25	15.90	6.14	9.93
徽县	3835	103.87	88.04	88.04	79.75	10.29	13.25	4.16	10.13
两当县	1560	115.49	100.00	100.00	78.63	16.31	34.38	15.83	15.47
临夏县	7064	75.56	100.00	100.00	93.64	17.38	23.37	10.64	20.95
康乐县	5676	68.39	100.00	100.00	75.32	6.83	16.72	5.91	14.02
永靖县	4533	179.19	100.00	100.00	99.76	5.46	19.91	8.96	14.65
广河县	8000	144.85	100.00	100.00	93.65	4.77	15.86	5.01	8.65
和政县	7098	92.55	100.00	100.00	37.52	11.67	15.51	7.78	1.17
东乡族自治县	51048	17.26	100.00	100.00	100.00	9.46	3.84	1.99	2.43
积石山县	7808	152.85	100.00	100.00	59.65	3.28	14.65	8.27	8.25
临潭县	4781	85.60	100.00	100.00	67.05	16.26	19.02	2.66	15.04
卓尼县	4369	100.96	89.26	89.26	66.67	11.91	24.31	6.78	9.50
舟曲县	10816	127.10	95.75	95.75	44.58	13.09	3.63	2.04	2.45
迭部县	9559	122.23	100.00	100.00	79.49	19.56	16.47	16.06	14.11
玛曲县	4000	64.02	95.00	95.00	25.00	6.55	29.26	8.11	11.99
碌曲县	4314	104.52	94.81	94.81	48.70	11.07	19.61	10.89	12.38
夏河县	2691	135.66	99.23	99.23	92.72	14.86	8.30	4.88	5.44
青海	**2105**	**91.28**	**95.61**	**95.61**	**65.32**	**9.92**	**21.88**	**7.38**	**12.80**
大通县	6082	50.37	93.47	93.47	90.67	6.52	3.82	2.37	3.76
湟源县	4550	77.20	96.15	96.15	92.45	8.76	14.80	4.89	9.87
民和县	3876	111.81	100.00	100.00	96.30	21.36	15.22	6.75	11.97
互助县	911	90.55	99.89	99.89	95.66	8.40	22.28	6.42	14.03
化隆县	2787	75.35	98.44	98.44	55.82	14.31	15.67	5.85	9.97
循化县	3946	65.42	99.81	99.81	87.72	6.43	11.24	4.11	10.32
门源县	958	114.06	98.24	98.24	29.88	11.71	14.40	5.40	7.45

continued 38

建成区排水管道密度（公里/平方公里）Density of Sewers in Built District (km/sq. km)	污水处理率（%）Wastewater Treatment Rate (%)	污水处理厂集中处理率 Centralized Treatment Rate of Wastewater Treatment Plants (%)	人均公园绿地面积（平方米）Public Recreational Green Space Per Capita (sq. m)	建成区绿化覆盖率（%）Green Coverage Rate of Built District (%)	建成区绿地率（%）Green Space Rate of Built District (%)	生活垃圾处理率（%）Domestic Garbage Treatment Rate	生活垃圾无害化处理率 Domestic Garbage Harmless Treatment Rate	县名称 Name of Counties
10.87	99.80	99.80	14.30	23.33	20.35	100.00	100.00	通渭县
10.68	98.46	98.46	19.34	41.10	36.80	100.00	100.00	陇西县
10.67	98.13	98.13	15.30	37.39	33.73	100.00	100.00	渭源县
5.05	100.00	100.00	19.49	43.74	40.04	100.00	100.00	临洮县
9.07	100.00	100.00	21.53	35.35	30.34	100.00	100.00	漳县
6.09	100.00	100.00	12.17	24.23	21.96	100.00	100.00	岷县
11.61	95.53	95.53	39.94	40.19	39.71	100.00	100.00	成县
21.11	96.37	96.37	6.13	22.86	17.94	100.00	100.00	文县
11.07	96.36	96.36	12.49	15.93	12.93	100.00	100.00	宕昌县
21.37	96.65	96.65	54.76	39.75	35.97	100.00	100.00	康县
17.80	94.34	94.34	4.60	16.77	12.39	100.00	100.00	西和县
6.18	95.41	95.41	13.09	26.66	24.32	100.00	100.00	礼县
8.85	97.78	97.78	45.25	45.99	41.01	100.00	100.00	徽县
29.13	99.85	99.85	28.97	43.27	40.64	100.00	100.00	两当县
31.87	99.89	99.89	4.16	37.47	31.49	100.00	100.00	临夏县
14.03	98.61	98.61	11.85	45.24	41.74	100.00	100.00	康乐县
17.39	97.21	97.21	16.57	44.03	42.76	100.00	100.00	永靖县
7.59	96.32	96.32	2.96	30.39	26.28	100.00	100.00	广河县
9.44	97.43	97.43	7.96	40.00	36.52	100.00	100.00	和政县
8.48	97.70	97.70	1.82	26.99	27.23		100.00	东乡族自治县
9.82	99.14	99.14	13.19	45.16	42.92	100.00	100.00	积石山县
14.12	93.16	93.16	8.02	33.00	32.06	100.00	100.00	临潭县
7.76	100.00	100.00	5.59	12.60	9.90	100.00	100.00	卓尼县
13.78	95.55	95.55	4.25	16.07	13.01	100.00	100.00	舟曲县
18.58	94.00	94.00	4.79	28.72	11.02	100.00	100.00	迭部县
15.21	92.67	92.67	2.48	12.37	8.23	97.92	97.92	玛曲县
18.24	93.04	93.04	13.31	15.35	10.72	100.00	100.00	碌曲县
12.49	98.30	98.30	1.00	10.00	5.54	100.00	100.00	夏河县
9.95	**93.91**	**93.91**	**7.84**	**27.80**	**24.14**	**96.39**	**96.39**	**青 海**
2.62	93.84	93.84	5.35	37.34	32.76	95.00	95.00	大通县
11.67	93.40	93.40	11.29	32.25	30.85	95.48	95.48	湟源县
7.86	96.34	96.34	16.88	31.50	23.89	96.40	96.40	民和县
10.17	95.08	95.08	12.09	39.47	36.21	96.60	96.60	互助县
11.48	92.64	92.64	3.34	7.26	6.08	94.60	94.60	化隆县
11.54	95.40	95.40	6.76	36.91	30.72	97.45	97.45	循化县
5.73	90.24	90.24	3.59	25.50	22.54			门源县

1-2 续表39

县名称 Name of Counties	人口密度 （人/平方公里） Population Density (person/sq. km)	人均日生活用水量 （升） Daily Water Consumption Per Capita (liter)	供水普及率 （%） Water Coverage Rate (%)	公共供水普及率 Public Water Coverage Rate	燃气普及率 （%） Gas Coverage Rate (%)	建成区供水管道密度 （公里/平方公里） Density of Water Supply Pipelines in Built District (km/sq. km)	人均道路面积 （平方米） Road Surface Area Per Capita (sq. m)	建成区路网密度 （公里/平方公里） Density of Road Network in Built District (km/sq. km)	建成区道路面积率 （%） Surface Area of Roads Rate of Built District (%)
祁连县	2178	123.60	98.22	98.22	9.33	6.28	42.36	8.60	12.97
海晏县	2667	95.89	92.86	92.86	7.50	8.78	16.94	4.44	9.17
刚察县	3033	175.66	100.00	100.00	4.95	9.09	31.72	7.22	12.02
西海镇	777	43.57	99.14	99.14	3.86	12.75	18.38	11.74	10.71
尖扎县	3339	102.91	99.03	99.03	57.97	6.00	21.26	4.84	9.78
泽库县	1414	84.56	98.18	98.18	66.67	8.03	27.27	11.68	16.42
河南县	2692	129.02	98.29	98.29	64.00	9.74	26.80	13.76	17.12
共和县	1476	101.62	98.62	98.62	78.28	7.66	31.67	9.62	18.54
同德县	3074	108.29	98.73	98.73		6.13	33.34	13.92	17.56
贵德县	912	102.92	98.79	98.79	80.65	14.83	29.02	10.33	22.04
兴海县	3367	93.45	96.06	96.06		7.05	24.61	9.79	15.15
贵南县	1095	97.65	94.23	94.23		6.35	56.22	16.94	37.84
班玛县	1889	80.02	84.87	84.87	26.89	6.69	29.41	6.27	9.15
久治县	1077	139.57	94.64	94.64	26.79	13.86	76.09	10.73	21.09
甘德县	2217	211.55	89.77	89.77	14.77	14.89	67.31	14.28	16.01
玛沁县	4008	82.19	79.00	79.00	31.39	7.80	42.49	6.57	19.65
达日县	4028	63.82	80.70	80.70	17.54	20.33	22.90	8.63	3.96
玛多县	1176	215.26	93.33	93.33	51.67	13.13	42.47	9.22	14.38
杂多县	6311	104.92	91.90	91.90	86.27	4.46	9.92	6.19	13.41
称多县	2344	143.70	82.67	82.67	93.33	9.37	18.19	7.30	7.34
治多县	3259	143.32	98.41	98.41	71.96	3.85	24.61	16.13	17.89
囊谦县	8077	70.58	93.65	93.65	82.54	10.31	18.77	12.74	20.18
曲麻莱县	3688	107.04	80.10	80.10	78.61	14.85	22.52	14.13	9.52
乌兰县	923	144.76	100.00	100.00	86.71	4.45	19.38	5.77	6.30
都兰县	1750	96.00	100.00	100.00	8.57	9.38	81.71	5.59	16.88
天峻县	1417	131.02	100.00	100.00	1.18	17.41	112.39	7.62	16.47
大柴旦行委	1033	286.64	100.00	100.00	18.84	7.31	107.33	6.65	14.10
宁 夏	**3775**	**117.41**	**99.87**	**99.75**	**77.01**	**9.97**	**24.07**	**6.96**	**14.87**
永宁县	2816	174.78	100.00	100.00	100.00	12.57	44.26	10.28	18.69
贺兰县	3423	234.22	100.00	100.00	100.00	5.75	27.86	4.56	15.12
平罗县	5643	99.92	99.40	99.40	96.68	15.19	21.35	5.08	16.63
盐池县	6194	122.86	100.00	100.00	95.52	17.49	29.14	8.50	13.26
同心县	3754	58.01	100.00	100.00	44.17	14.13	19.81	8.39	15.97
红寺堡区	3025	122.09	100.00	100.00	99.78	11.24	42.06	6.72	14.99
西吉县	2244	93.95	100.00	100.00	46.14	6.66	13.00	8.69	11.37
隆德县	3500	274.67	100.00	96.10	46.23	22.20	17.99	4.38	8.09

continued 39

建成区排水管道密度（公里/平方公里）Density of Sewers in Built District (km/sq. km)	污水处理率（%）Wastewater Treatment Rate (%)	污水处理厂集中处理率（%）Centralized Treatment Rate of Wastewater Treatment Plants (%)	人均公园绿地面积（平方米）Public Recreational Green Space Per Capita (sq. m)	建成区绿化覆盖率（%）Green Coverage Rate of Built District (%)	建成区绿地率（%）Green Space Rate of Built District (%)	生活垃圾处理率（%）Domestic Garbage Treatment Rate (%)	生活垃圾无害化处理率（%）Domestic Garbage Harmless Treatment Rate (%)	县名称 Name of Counties
7.36	91.06	91.06	26.28	27.45	23.57	98.00	98.00	祁连县
6.05	91.14	91.14	2.58	22.00	17.00	96.19	96.19	海晏县
3.61	96.89	96.89	37.36	35.57	30.35	98.56	98.56	刚察县
11.20	94.26	94.26	12.77	37.58	33.00	96.11	96.11	西海镇
12.89	94.49	94.49	3.86	6.00	4.67	99.98	99.98	尖扎县
11.09	94.17	94.17	1.82	3.28	2.37	100.00	100.00	泽库县
7.70	94.64	94.64	1.38	1.39	2.51	99.79	99.79	河南县
18.15	95.28	95.28	9.78	35.62	29.62	97.31	97.31	共和县
22.55	93.10	93.10	2.79	10.49	8.17	96.30	96.30	同德县
18.02	96.75	96.75	5.13	36.66	33.32	96.61	96.61	贵德县
17.76	92.47	92.47	0.95	24.12	23.64	94.68	94.68	兴海县
23.39	93.31	93.31	6.90	19.49	17.18	95.10	95.10	贵南县
12.54	90.88	90.88	4.37	7.39	1.83	93.18	93.18	班玛县
10.07	90.03	90.03		2.75	2.59	91.26	91.26	久治县
19.38	90.98	90.98	2.98	13.31	9.41	92.86	92.86	甘德县
6.16	90.16	90.16	14.92	39.30	33.48	90.21	90.21	玛沁县
12.16	91.76	91.76				93.13	93.13	达日县
14.75	92.00	92.00				99.16	99.16	玛多县
1.86	89.59	89.59	2.99	33.76	23.20	98.12	98.12	杂多县
20.20	87.12	87.12	0.05	11.42	7.85	98.99	98.99	称多县
23.25	88.61	88.61		7.27	6.23	98.87	98.87	治多县
12.29	88.89	88.89	3.22	12.29	9.83	98.89	98.89	囊谦县
9.55	87.23	87.23	4.91	4.11	3.52	98.89	98.89	曲麻莱县
5.67	100.00	100.00	7.92	39.74	33.91	100.00	100.00	乌兰县
4.93	95.03	95.03	8.82	42.50	37.50	100.00	100.00	都兰县
3.45	96.02	96.02		31.47	30.16	97.00	97.00	天峻县
3.16	95.83	95.83	19.16	55.06	51.98	100.00	100.00	大柴旦行委
9.06	99.82	99.82	17.73	39.93	38.45	100.00	100.00	宁 夏
7.63	100.00	100.00	29.04	41.65	41.01	100.00	100.00	永宁县
8.80	100.00	100.00	21.75	40.07	38.63	100.00	100.00	贺兰县
4.58	100.00	100.00	15.88	41.55	40.07	100.00	100.00	平罗县
9.69	100.00	100.00	16.98	43.53	40.16	100.00	100.00	盐池县
9.14	100.00	100.00	10.96	39.67	36.01	100.00	100.00	同心县
18.80	100.00	100.00	22.82	41.01	40.22	100.00	100.00	红寺堡区
11.25	100.00	100.00	15.18	39.81	36.81	100.00	100.00	西吉县
18.88	100.00	100.00	32.41	44.33	44.33	100.00	100.00	隆德县

1-2 续表40

县名称 Name of Counties	人口密度 (人/平方公里) Population Density (person/sq. km)	人均日生活用水量 (升) Daily Water Consumption Per Capita (liter)	供水普及率 (%) Water Coverage Rate (%)	公共供水普及率 Public Water Coverage Rate	燃气普及率 (%) Gas Coverage Rate (%)	建成区供水管道密度 (公里/平方公里) Density of Water Supply Pipelines in Built District (km/sq. km)	人均道路面积 (平方米) Road Surface Area Per Capita (sq. m)	建成区路网密度 (公里/平方公里) Density of Road Network in Built District (km/sq. km)	建成区道路面积率 (%) Surface Area of Roads Rate of Built District (%)
泾源县	4801	77.21	97.92	97.92	60.24	7.64	20.21	6.18	11.31
彭阳县	1370	103.08	100.00	100.00	80.77	8.71	33.59	7.01	21.35
中宁县	9291	63.74	100.00	100.00	98.39	6.32	17.68	11.53	20.33
海原县	4145	80.22	100.00	100.00	31.95	5.86	25.63	5.46	10.31
新 疆	**3269**	**160.33**	**96.96**	**96.80**	**97.44**	**10.14**	**24.25**	**6.73**	**11.49**
鄯善县	1452	119.35	100.00	100.00	96.63	11.88	57.79	11.43	15.84
托克逊县	4227	157.70	100.00	100.00	99.04	15.34	18.54	3.97	8.63
巴里坤哈萨克自治县	3259	109.69	100.00	100.00	100.00	12.27	23.68	6.43	10.38
伊吾县	985	305.69	100.00	100.00	98.44	8.60	83.89	4.92	7.95
呼图壁县	3571	273.42	100.00	100.00	99.00	10.02	36.53	4.84	12.58
玛纳斯县	3399	158.60	100.00	100.00	99.53	7.12	34.61	5.99	14.02
奇台县	3776	95.31	100.00	100.00	99.39	8.21	27.64	9.85	15.51
吉木萨尔县	3091	201.08	100.00	100.00	95.89	10.13	33.02	6.91	12.17
木垒哈萨克自治县	1513	236.32	100.00	100.00	100.00	15.73	65.44	5.94	9.09
精河县	2377	195.00	100.00	100.00	100.00	11.65	32.45	7.92	15.05
温泉县	2309	162.18	100.00	100.00	100.00	15.55	20.16	5.71	5.24
轮台县	3450	112.39	99.28	99.28	97.83	10.48	17.39	8.57	11.06
尉犁县	4038	143.17	95.98	95.98	99.07	6.00	28.93	7.91	12.44
若羌县	4142	43.45	97.41	97.41	97.41	37.04	62.18	10.41	25.89
且末县	4023	155.45	100.00	100.00	100.00	11.43	22.85	7.32	13.98
焉耆回族自治县	1700	194.15	99.61	98.63	99.22	7.04	30.09	8.04	15.42
和静县	2982	120.18	99.39	99.39	98.17	7.53	29.47	8.57	13.29
和硕县	2383	164.13	99.38	99.38	99.38	8.03	22.90	8.13	7.28
博湖县	5029	166.12	99.43	99.43	99.43	9.20	18.46	7.16	9.28
温宿县	8180	110.12	44.91	44.91	100.00	3.14	22.22	3.87	8.00
沙雅县	2616	206.69	100.00	100.00	80.44	10.06	36.54	5.91	9.64
新和县	7917	114.78	100.00	100.00	97.37	8.50	24.00	10.85	8.33
拜城县	7043	100.67	100.00	100.00	100.00	9.60	15.70	7.56	18.00
乌什县	1984	124.05	100.00	100.00	97.11	2.22	28.76	4.05	6.45
阿瓦提县	6676	91.79	99.70	99.70	100.00	3.72	28.34	6.08	18.24
柯坪县	1313	226.67	100.00	100.00	100.00	7.75	53.98	7.86	8.27
阿克陶县	3573	160.45	100.00	100.00	99.84	12.03	14.28	7.49	13.45
阿合奇县	3341	91.93	100.00	100.00	100.00	11.65	34.07	9.20	8.93
乌恰县	4239	154.80	99.65	99.65	99.30	21.57	20.44	4.85	8.68
疏附县	2795	249.60	100.00	100.00	100.00	9.58	13.90	4.13	6.41

continued 40

建成区排水管道密度（公里/平方公里）Density of Sewers in Built District (km/sq. km)	污水处理率（%）Wastewater Treatment Rate (%)	污水处理厂集中处理率（%）Centralized Treatment Rate of Wastewater Treatment Plants (%)	人均公园绿地面积（平方米）Public Recreational Green Space Per Capita (sq. m)	建成区绿化覆盖率（%）Green Coverage Rate of Built District (%)	建成区绿地率（%）Green Space Rate of Built District (%)	生活垃圾处理率（%）Domestic Garbage Treatment Rate (%)	生活垃圾无害化处理率（%）Domestic Garbage Harmless Treatment Rate (%)	县名称 Name of Counties
3.99	100.00	100.00	30.42	43.50	39.50	100.00	100.00	泾源县
22.41	99.67	99.67	37.14	43.16	40.08	100.00	100.00	彭阳县
6.22	100.00	100.00	9.62	42.55	39.87	100.00	100.00	中宁县
4.04	96.95	96.95	14.19	32.12	34.04	100.00	100.00	海原县
7.16	**99.01**	**99.00**	**17.56**	**42.18**	**38.55**	**99.97**	**99.97**	**新　疆**
5.22	100.00	100.00	13.65	43.22	40.39	100.00	100.00	鄯善县
8.41	100.00	100.00	22.52	45.49	40.20	100.00	100.00	托克逊县
10.21	100.00	100.00	20.22	43.33	40.13	100.00	100.00	巴里坤哈萨克自治县
4.86	100.00	100.00	21.33	43.21	40.36	99.99	99.99	伊吾县
8.99	99.19	99.19	18.43	44.96	42.50	100.00	100.00	呼图壁县
10.82	100.00	100.00	22.59	45.63	41.49	100.00	100.00	玛纳斯县
12.48	100.00	100.00	16.31	43.71	40.95	100.00	100.00	奇台县
5.54	100.00	100.00	21.99	46.21	42.95	100.00	100.00	吉木萨尔县
9.32	100.00	100.00	46.60	47.35	43.29	100.00	100.00	木垒哈萨克自治县
6.91	100.00	100.00	14.10	45.20	41.20	100.00	100.00	精河县
15.38	100.00	100.00	15.12	42.10	40.84	100.00	100.00	温泉县
8.32	98.84	98.84	27.60	43.22	40.37	100.00	100.00	轮台县
6.09	100.00	100.00	14.52	45.35	41.47	99.00	99.00	尉犁县
9.25	98.04	98.04	6.26	44.85	41.16	100.00	100.00	若羌县
11.84	100.00	100.00	13.11	43.95	40.94	100.00	100.00	且末县
6.88	99.43	98.45	23.39	41.63	38.92	99.99	99.99	焉耆回族自治县
6.61	96.38	96.38	15.44	42.85	37.80	99.12	99.12	和静县
9.86	99.75	99.75	40.63	43.73	40.03	99.57	99.57	和硕县
8.27	98.58	98.58	32.85	43.15	39.47	99.40	99.40	博湖县
3.33	100.00	100.00	16.25	41.44	39.23	100.00	100.00	温宿县
3.86	98.11	98.11	20.46	44.50	41.00	100.00	100.00	沙雅县
7.25	100.00	100.00	20.42	40.42	36.08	100.00	100.00	新和县
10.00	100.00	100.00	21.62	45.00	36.17	100.00	100.00	拜城县
2.29	100.00	100.00	28.71	41.52	37.13	100.00	100.00	乌什县
3.51	100.00	100.00	18.42	45.41	42.23	100.00	100.00	阿瓦提县
7.50	100.00	100.00	38.76	45.50	40.50	99.99	99.99	柯坪县
12.03	100.00	100.00	28.28	44.52	38.24	100.00	100.00	阿克陶县
6.85	100.00	100.00	16.71	53.22	45.45	100.00	100.00	阿合奇县
20.61	100.00	100.00	7.10	39.75	36.97	100.00	100.00	乌恰县
8.24	99.48	99.48	20.38	42.73	35.53	100.00	100.00	疏附县

1-2 续表41

县名称 Name of Counties	人口密度 （人/平方公里） Population Density (person/sq. km)	人均日生活用水量 （升） Daily Water Consumption Per Capita (liter)	供水普及率 （%） Water Coverage Rate (%)	公共供水普及率 Public Water Coverage Rate	燃气普及率 （%） Gas Coverage Rate (%)	建成区供水管道密度 （公里/平方公里） Density of Water Supply Pipelines in Built District (km/sq. km)	人均道路面积 （平方米） Road Surface Area Per Capita (sq. m)	建成区路网密度 （公里/平方公里） Density of Road Network in Built District (km/sq. km)	建成区道路面积率 （%） Surface Area of Roads Rate of Built District (%)
疏勒县	1726	152.36	100.00	100.00	100.00	7.42	18.27	3.95	8.70
英吉沙县	4691	178.15	100.00	100.00	100.00	10.28	16.69	4.40	8.31
泽普县	6287	271.33	100.00	100.00	100.00	16.25	23.73	7.15	14.84
莎车县	4921	112.83	100.00	100.00	100.00	5.61	20.64	9.24	19.60
叶城县	4553	123.17	100.00	99.83	98.15	9.32	24.74	8.43	14.80
麦盖提县	5620	171.92	100.00	100.00	99.29	8.49	27.64	5.52	17.79
岳普湖县	2000	190.77	100.00	100.00	100.00	11.73	29.66	5.36	15.58
伽师县	2863	155.58	100.00	100.00	100.00	11.73	11.04	8.95	9.09
巴楚县	4192	105.80	100.00	100.00	94.97	5.49	11.29	4.57	4.98
塔什库尔干塔吉克自治县	1650	328.98	100.00	100.00	95.24	16.85	28.08	6.83	7.34
和田县									
墨玉县	3021	214.54	100.00	100.00	100.00	8.16	25.78	4.89	10.44
皮山县	2870	169.95	100.00	100.00	99.29	13.75	20.03	14.39	12.98
洛浦县	6288	282.19	100.00	100.00	100.00	12.42	16.10	3.91	12.43
策勒县	3264	233.11	100.00	100.00	97.69	11.11	15.37	5.48	10.22
于田县	5498	82.56	100.00	100.00	100.00	11.41	10.88	6.84	13.31
民丰县	3683	145.49	100.00	100.00	100.00	5.90	25.00	4.59	7.18
伊宁县	4414	235.17	98.71	98.71	88.67	14.69	17.90	6.02	7.09
察布查尔县	2269	185.96	98.14	98.14	91.36	7.76	25.61	5.03	13.95
霍城县	4414	136.11	98.43	98.43	94.19	5.70	14.93	3.12	7.01
巩留县	2352	269.08	98.43	98.43	89.76	26.41	23.59	7.77	9.64
新源县	2548	196.70	100.00	100.00	91.29	9.89	26.56	10.02	16.49
昭苏县	2751	66.55	100.00	100.00	100.00	16.22	20.66	8.95	10.32
特克斯县	2327	220.70	100.00	100.00	97.75	25.95	19.18	8.64	10.84
尼勒克县	2918	203.54	99.06	99.06	92.09	11.04	29.94	7.84	10.45
额敏县	2298	157.60	100.00	90.63	91.15	18.72	29.00	3.98	7.79
托里县	1163	224.02	100.00	100.00	92.86	10.19	24.68	3.06	4.64
裕民县	3135	187.21	100.00	100.00	89.00	7.68	20.00	4.60	10.34
和布克赛尔蒙古自治县	1748	101.98	89.55	89.55	79.60	5.80	19.09	4.29	6.98
布尔津县	3124	176.55	100.00	100.00	98.66	4.99	28.26	5.60	10.77
富蕴县	3980	169.64	98.97	98.97	97.95	4.79	20.19	7.37	7.37
福海县	2473	338.44	100.00	100.00	99.26	6.39	29.06	8.65	10.82
哈巴河县	5228	295.08	100.00	100.00	98.84	8.53	23.61	6.63	11.79
青河县	2067	247.25	100.00	100.00	100.00	4.78	21.17	4.88	7.63
吉木乃县	1401	258.87	100.00	100.00	100.00	12.62	55.00	9.67	14.06

continued 41

建成区排水管道密度（公里/平方公里）Density of Sewers in Built District (km/sq. km)	污水处理率（%）Wastewater Treatment Rate (%)	污水处理厂集中处理率 Centralized Treatment Rate of Wastewater Treatment Plants (%)	人均公园绿地面积（平方米）Public Recreational Green Space Per Capita (sq. m)	建成区绿化覆盖率（%）Green Coverage Rate of Built District (%)	建成区绿地率（%）Green Space Rate of Built District (%)	生活垃圾处理率（%）Domestic Garbage Treatment Rate (%)	生活垃圾无害化处理率 Domestic Garbage Harmless Treatment Rate (%)	县名称 Name of Counties
4.87	100.00	100.00	14.53	41.47	37.11	100.00	100.00	疏勒县
10.14	97.19	97.19	11.88	44.50	41.15	100.00	100.00	英吉沙县
9.34	100.00	100.00	16.46	45.67	40.99	100.00	100.00	泽普县
3.97	100.00	100.00	11.12	40.77	36.81	100.00	100.00	莎车县
7.12	100.00	100.00	14.39	36.51	36.03	100.00	100.00	叶城县
6.87	100.00	100.00	22.30	45.65	41.82	100.00	100.00	麦盖提县
10.25	98.11	98.11	19.08	41.21	37.56	100.00	100.00	岳普湖县
4.40	99.71	99.71	15.00	43.38	40.34	100.00	100.00	伽师县
2.47	100.00	100.00	15.27	36.17	32.73	100.00	100.00	巴楚县
6.42	92.69	92.69	23.81	37.08	35.26	100.00	100.00	塔什库尔干塔吉克自治县
								和田县
5.22	100.00	100.00	3.94	29.19	23.60	100.00	100.00	墨玉县
9.84	100.00	100.00	7.00	29.01	25.28	100.00	100.00	皮山县
8.27	96.83	96.83	3.97	33.19	30.42	100.00	100.00	洛浦县
10.34	100.00	100.00	3.63	47.74	41.50	100.00	100.00	策勒县
8.46	100.00	100.00	4.08	29.09	24.97	100.00	100.00	于田县
5.22	100.00	100.00	4.49	26.25	21.74	100.00	100.00	民丰县
8.50	100.00	100.00	24.14	48.95	44.67	100.00	100.00	伊宁县
9.51	100.00	100.00	30.99	46.35	42.29	100.00	100.00	察布查尔县
8.26	100.00	100.00	14.09	37.54	33.62	100.00	100.00	霍城县
11.11	95.83	95.83	27.83	45.26	41.94	100.00	100.00	巩留县
4.92	97.15	97.15	14.92	44.44	40.91	100.00	100.00	新源县
16.22	96.80	96.80	15.23	46.33	41.63	100.00	100.00	昭苏县
12.81	100.00	100.00	30.99	44.15	43.10	100.00	100.00	特克斯县
10.00	100.00	100.00	18.33	46.50	42.57	100.00	100.00	尼勒克县
9.04	99.81	99.81	14.40	47.50	42.72	100.00	100.00	额敏县
6.17	73.60	73.60	18.77	35.36	34.46	100.00	100.00	托里县
5.43	93.54	93.54	36.67	32.07	27.24	100.00	100.00	裕民县
5.65	88.39	88.16	32.84	35.09	37.64	100.00	100.00	和布克赛尔蒙古自治县
5.69	100.00	100.00	29.85	55.36	51.98	100.00	100.00	布尔津县
7.19	100.00	100.00	20.10	44.54	40.70	100.00	100.00	富蕴县
6.67	100.00	100.00	12.32	42.12	38.08	100.00	100.00	福海县
7.95	100.00	100.00	14.52	43.65	42.09	100.00	100.00	哈巴河县
4.39	100.00	100.00	47.07	42.74	38.37	100.00	100.00	青河县
4.05	100.00	100.00	21.52	42.07	38.35	100.00	100.00	吉木乃县

二、县城市政公用设施建设固定资产投资
Fixed Assets Investment in County Seat Service Facilities

简要说明

本部分包含县城市政公用设施建设各行业的固定资产投资完成额、投资的资金来源和投资产生的能力或效益。行业包括县城供水、燃气、集中供热、公共交通、道路和桥梁、排水和污水处理、园林绿化、市容环卫行业，不含住宅投资。

自 2009 年开始，全国县城市政公用设施建设固定资产投资中不再包括公共交通固定资产投资。

自 2013 年开始，全国县城市政公用设施建设固定资产投资中不再包括防洪固定资产投资。

Brief Introduction

This section includes investment in different utilities facilities, investment sources and the capacity or benefit produced by the investment. The sectors covered are county seat water supply, gas supply, central heating, public transit, roads and bridges, water drainage and wastewater treatment, landscaping, environmental sanitation. The investment in housing development is not included.

Starting from 2009, the national fixed assets investment in the construction of municipal public utilities facilitieshas no longer included the fixed assets investment in county seat public transport facilities.

Starting from 2013, the national fixed assets investment in the construction of municipal public utilities facilitieshas not included the fixed assets investment in county seat flood prevention.

2 全国历年县城市政公用设施建设固定资产投资(2001—2023)
National Fixed Assets Investment in County Seat Service Facilities in Past Years (2001—2023)

计量单位：亿元　　　　　　　　　　　　　　　　　　　　　　　　　　　　　　　　Measurement Unit: 100 Million RMB

年份 Year	国内生产总值 Gross Domestic Product		财政收入 Government Revenue		全社会固定资产投资 Total Investment in Fixed Assets		县城市政公用设施建设固定资产投资 Fixed Assets Investment in County Seat Service Facilities			
	国内生产总值 GDP	增长速度(%) Growth Rate (%)	财政收入 Government Revenue	增长率(%) Growth Rate (%)	投资完成额 Completed Volume of Investment	增长率(%) Growth Rate (%)	投资完成额 Completed Volume of Investment	增长率(%) Growth Rate (%)	占同期全社会固定资产投资比重(%) Percentage in Total Investment in Fixed Assets During The Same Period (%)	占同期国内生产总值的比重(%) Percentage in GDP of The Same Period (%)
2001	110863.1	8.3	16386.0	22.3	37213.5	13.0	337.4		0.91	0.31
2002	121717.4	9.1	18903.6	15.4	43499.9	16.9	412.2	22.18	0.95	0.34
2003	137422.0	10.0	21715.3	14.9	55566.6	27.7	555.7	34.79	1.00	0.41
2004	161840.2	10.1	26396.5	21.6	70477.4	26.6	656.8	18.20	0.93	0.41
2005	187318.9	11.4	31649.3	19.9	88773.6	26.0	719.1	9.49	0.81	0.39
2006	219438.5	12.7	38760.2	22.5	109998.2	23.9	730.5	1.59	0.66	0.34
2007	270232.3	14.2	51321.8	32.4	137323.9	24.8	812.0	11.16	0.59	0.31
2008	319515.5	9.7	61330.4	19.5	172828.4	25.9	1146.1	41.15	0.66	0.36
2009	349081.4	9.4	68518.3	11.7	224598.8	30.0	1681.4	46.70	0.75	0.49
2010	413030.3	10.6	83101.5	21.3	278121.9	23.8	2569.8	52.84	0.92	0.64
2011	489300.6	9.5	103874.4	25.0	311485.1	23.8	2859.6	11.28	0.92	0.60
2012	540367.4	7.9	117253.5	12.9	374694.7	20.3	3984.7	39.34	1.06	0.77
2013	595244.4	7.8	129209.6	10.2	446294.1	19.1	3833.6	-3.79	0.86	0.65
2014	643974.0	7.3	140370.0	8.6	512020.7	15.2	3572.9	-6.80	0.70	0.56
2015	689052.1	6.9	152269.2	8.4	561999.8	9.8	3099.8	-13.24	0.55	0.46
2016	744127.2	6.7	159552.1	4.5	606465.7	7.9	3394.5	9.51	0.56	0.46
2017	827122.0	6.9	172567.0	7.4	641238.0	7.0	3634.2	7.06	0.57	0.44
2018	900309.0	6.6	183352.0	6.2	645675.0	5.9	3026.0	-16.74	0.47	0.34
2019	990865.0	6.1	190382.0	3.8	560874.0	5.1	3076.7	1.68	0.55	0.31
2020	1013567.0	2.2	182895.0	-3.9	527270.0	2.7	3884.3	26.25	0.74	0.38
2021	1149237.0	8.4	202539.0	10.7	552884.0	4.9	4087.2	5.22	0.74	0.36
2022	1204724.0	3.0	203703.0	0.6	579556.0	4.9	4290.8	4.98	0.74	0.35
2023	1260582.0	5.2	216784.0	6.4	509708.0	2.8	4140.2	-3.51	0.81	0.33

注：1. 国内生产总值增长速度按可比价格计算，财政收入增长速度按可比口径计算，其余均按当年价格计算。
　　2. 根据国家统计局关于2022年国内生产总值最终核实的公告，对2022年数据进行了修订。

Notes: 1. Data in this table are calculated at current prices. GDP Growth Rate calculated in comparable prices, and the Growth Rate of Government Revenue calculated in comparable terms.
2. According to the announcement finally verified by the National Bureau of Statistics on gross domestic product in 2022, the data of 2022 was revised.

2-1 按行业分全国历年县城市政公用设施建设固定资产投资(2001—2023)

计量单位:亿元

年份 Year	本年固定资产投资总额 Completed Investment of This Year	供水 Water Supply	燃气 Gas Supply	集中供热 Central Heating	公共交通 Public Transport	轨道交通 Rail Transit System	道路桥梁 Road and Bridge
2001	337.4	23.6	6.2	8.3	10.0		117.2
2002	412.2	28.1	10.5	13.2	10.6		152.9
2003	555.7	38.8	13.9	18.5	11.8		228.3
2004	656.8	44.4	15.1	24.3	12.3		246.7
2005	719.1	53.4	21.9	29.8	14.1		285.1
2006	730.5	44.3	24.1	28.9	10.3		319.1
2007	812.0	42.3	26.9	42.4	17.7		358.1
2008	1146.1	48.2	35.7	58.5	18.3		532.1
2009	1681.4	78.2	37.0	72.9			690.3
2010	2569.8	88.1	67.2	124.2			1132.1
2011	2859.6	127.6	112.7	155.7			1393.4
2012	3984.7	146.6	137.3	167.8			1934.7
2013	3833.6	164.9	182.3	223.4			1923.5
2014	3572.9	172.6	158.1	187.6			1908.4
2015	3099.8	156.4	112.6	171.0			1663.9
2016	3394.5	160.7	123.1	180.7			1805.8
2017	3634.2	226.3	121.0	194.1			1603.3
2018	3026.0	144.1	103.5	158.6		16.3	1185.0
2019	3076.7	168.1	136.2	133.8		11.1	1312.2
2020	3884.3	232.2	79.7	129.8		14.6	1399.6
2021	4087.2	255.2	75.6	161.0		9.7	1470.6
2022	4290.8	289.4	84.5	177.3		1.9	1518.6
2023	4140.2	273.1	126.2	154.0		5.2	1529.1

注:1. 自2009年开始,全国县城市政公用设施建设固定资产投资中不再包括公共交通固定资产投资。
2. 自2013年开始,全国县城市政公用设施建设固定资产投资中不再包括防洪固定资产投资。

National Fixed Assets Investment in County Seat Sevice Facilities by Industry in Past Years (2001—2023)

Measurement Unit: 100 million RMB

地下综合管廊 Utility Tunnel	排水 Sewerage	污水处理及其再生利用 Wastewater Treatment and Reuse	防洪 Flood Control	园林绿化 Landscaping	市容环境卫生 Environmental Sanitation	垃圾处理 Garbage Treatment	其他 Other
	20.4	5.3	11.8	18.2	6.9	1.6	114.9
	33.0	12.9	13.7	22.0	10.6	3.9	117.7
	44.6	16.1	17.5	30.5	14.9	7.0	136.6
	52.5	17.2	19.1	41.0	14.7	4.5	186.7
	63.5	24.6	20.4	45.0	17.0	5.4	169.8
	72.1	37.0	11.6	46.2	42.2	7.6	132.4
	107.1	67.2	17.5	76.0	29.2	16.4	94.9
	141.2	80.8	26.4	174.1	37.2	23.2	74.4
	305.7	225.7	42.1	222.8	94.7	62.9	137.6
	271.1	165.7	45.8	373.6	121.9	83.4	345.9
	201.6	108.8	49.3	445.7	172.2	67.2	201.5
	229.6	105.0	69.8	581.4	274.6	136.0	442.8
	276.1	114.9		587.4	97.3	44.2	378.7
	296.1	139.2		521.0	97.4	36.0	231.9
	265.8	113.3		480.8	74.0	31.6	175.3
22.9	263.0	114.6		500.7	115.9	52.4	221.8
73.5	383.9	104.7		630.6	114.9	53.5	286.6
45.2	367.7	168.0		558.7	134.6	72.2	312.3
46.9	366.6	176.0		482.5	127.3	83.3	292.1
36.9	560.9	306.2		568.2	267.4	199.5	594.9
30.0	636.0	325.9		364.5	269.8	206.9	814.7
33.3	771.7	319.3		352.5	222.5	160.6	839.0
26.5	779.5	311.2		282.5	171.3	105.7	792.7

Notes: 1. Starting from 2009, the national fixed assets investment in the construction of municipal public utilities facilities has not included the fixed assets investment in public transport.
2. Starting from 2013, the national fixed assets investment in the construction of municipal public utilities facilities has not included the fixed assets investment in flood prevention.

2-1-1　2023年按行业分全国县城市政公用设施建设固定资产投资(按省分列)

计量单位：万元

地区名称 Name of Regions	本年完成投资 Completed Investment of This Year	供　水 Water Supply	燃　气 Gas Supply	集中供热 Central Heating	轨道交通 Rail Transit System	道路桥梁 Road and Bridge	地下综合管廊 Utility Tunnel	排　水 Sewerage
全　国	41401940	2731062	1262344	1539937	52261	15290860	264951	7795131
河　北	2356816	87881	55322	186506	511	907264	10904	501132
山　西	1283947	34289	33047	102594		686911		182286
内蒙古	487354	48557	14758	81967	2429	138658		86644
辽　宁	144930	21664	10475	11830		28252		48289
吉　林	187477	20914	2117	6031		78529		49332
黑龙江	381563	78557	8411	35252		39681		175239
江　苏	943791	87657	31407	7013		367096		255692
浙　江	1965552	67155	28784	6546		795059	8883	260598
安　徽	3167916	295665	71979	6506		1606739		543255
福　建	1570738	142980	39834		4400	560640	17422	266204
江　西	3563697	254915	110111		35	1623849	3962	678148
山　东	2302514	76459	18795	224256		675214	29421	738471
河　南	1883224	114160	29601	72725		598373	1880	359909
湖　北	2412269	174457	102734	625		572993	36520	440971
湖　南	1233036	128281	22135			778739	6297	136275
广　东	431378	74204	6738		10826	167259		71420
广　西	1071394	58577	27926			574099	444	176873
海　南	226228	75516	975			69564		42257
重　庆	729777	36990	51411	1200		336096	2600	61562
四　川	3931312	145056	184823	39820		1766492	24667	1074616
贵　州	2553946	130011	60149	350	18825	566718	28630	171798
云　南	2151283	100109	82730		172	605094	1100	322281
西　藏	179523	24213		65079		41223	4355	16069
陕　西	3141568	174507	130230	127754	4363	964550	66555	738659
甘　肃	1625792	102636	55378	305862		484215	20217	227304
青　海	104855	7443	2247	17668		30068	994	10882
宁　夏	129463	677	1280	23467		33580	30	32127
新　疆	1240597	167532	78947	216886	10700	193905	70	126838

National Fixed Assets Investment in County Seat Service Facilities by Industry (by Province in Column) (2023)

Measurement Unit: 10000 RMB

污水处理 Wastewater Treatment	污泥处置 Sludge Disposal	再生水利用 Wastewater Recycled and Reused	园林绿化 Landscaping	市容环境卫生 Environmental Sanitation	垃圾处理 Domestic Garbage Treatment	其他 Other	本年新增固定资产 Newly Added Fixed Assets of This Year	地区名称 Name of Regions
2995757	65145	115745	2824847	1713332	1056971	7927215	23477295	全　国
110017	3212	9750	246991	138094	62343	222211	1132594	河　北
85734		7505	43106	9742	4833	191972	686066	山　西
42338	1941	3717	40017	11854	8441	62470	166133	内蒙古
2699			700	15539	14782	8181	34933	辽　宁
27156			3935	581	332	26038	98362	吉　林
37801			8649	8245	7013	27529	143480	黑龙江
149361	1200	406	47570	13061	4716	134295	282316	江　苏
154226	978		215194	28946	23530	554387	1144184	浙　江
184934	210	19986	246285	201921	115310	195566	1292234	安　徽
114281	578	1370	53784	99195	91967	386279	632627	福　建
260879	16648	3101	160788	226011	70658	505878	2291342	江　西
100787		11579	307727	5717	4139	226454	1474991	山　东
124976	3300	8966	470155	102527	54234	133894	1576804	河　南
243168	3000		128759	144492	127632	810718	1168545	湖　北
96700	15060		23541	18223	13519	119545	254963	湖　南
28315			1069	3940	2155	95922	260636	广　东
63189	12		66449	68777	50831	98249	629938	广　西
28543	4500		1043	8	8	36865	58048	海　南
28622		10	61495	9797	4858	168626	687363	重　庆
322693	2112	775	163845	115318	49083	416675	3031622	四　川
85527	8	1	42945	54387	46874	1480133	1221448	贵　州
155593		2020	158876	63356	52771	817565	1452540	云　南
5121			923	11033	9437	16628	164878	西　藏
352558	2575	13876	215065	172960	85068	546925	1238725	陕　西
114181	4483	21055	55560	96762	83122	277858	1302321	甘　肃
4114			8501	1928	790	25124	75188	青　海
6770		1539	7180	11152	6589	19970	47520	宁　夏
65474	5328	10089	44695	79766	61936	321258	927494	新　疆

2-1-2　2023年按行业分全国县城市政公用设施建设固定资产投资（按县分列）

计量单位：万元

县名称 Name of Counties	本年完成投资 Completed Investment of This Year	供水 Water Supply	燃气 Gas Supply	集中供热 Central Heating	轨道交通 Rail Transit System	道路桥梁 Road and Bridge	地下综合管廊 Utility Tunnel	排水 Sewerage
全　国	41401940	2731062	1262344	1539937	52261	15290860	264951	7795131
河　北	2356816	87881	55322	186506	511	907264	10904	501132
井陉县	49943	4763				13765		1900
正定县	43675	2124	300	4956		7106	350	
行唐县	40069	9044		2408		9361		423
灵寿县	13328	840	4834	780		2300		2760
高邑县	47065			10900		2837		33328
深泽县	15228					7828		7400
赞皇县	47137		3707			28527		1856
无极县	27078					26928		
平山县	54375	200	13000	700		6859		25652
元氏县	63901			71		38600		17200
赵　县	37605					8979		20116
滦南县	15305	3508				3855		2972
乐亭县	24428		328	18900		2185		
迁西县	30843	1750		120	511	13709	1289	3044
玉田县	11304					2950	109	7440
曹妃甸区	22770	5343				16791		419
青龙满族自治县	11041					3305		
昌黎县	19619			7900		1091		2741
卢龙县	66031	12165		3370		50451		
临漳县	9074			2814				5510
成安县	12434					1796		9665
大名县	24323		4400			12296		500
涉　县	1438					941		497
磁　县	4517							4517
邱　县	38175			6097		17596		
鸡泽县	28510							5300
广平县	11340					6660		4680
馆陶县	26613					12837		10932
魏　县	58129	52		21047		20794		10473
曲周县	13193			3360		6888		1754
临城县	4627					607		420
内丘县	5657					5657		
柏乡县	8138					380		5158
隆尧县	22591	50	4000	4080		6276		4200
宁晋县	12877					5148		
巨鹿县	22682	175		404		4011	6579	1910
新河县	7033	69	516			4934	18	30
广宗县	24277	269						22430
平乡县	40707			19500		5796		13800
威　县	4919	180				1322		3417
清河县	13462	200		3175		7401	29	1930
临西县	9290	200				1184		6222

National Fixed Assets Investment in County Seat Service Facilities by Industry (by County in Column) (2023)

Measurement Unit: 10000 RMB

Wastewater Treatment	Sludge Disposal	Wastewater Recycled and Reused	Landscaping	Environmental Sanitation	Domestic Garbage Treatment	Other	Newly Added Fixed Assets of This Year	Name of Counties
2995757	65145	115745	2824847	1713332	1056971	7927215	23477295	全 国
110017	3212	9750	246991	138094	62343	222211	1132594	河 北
			28415	1100			49943	井陉县
				481	481	28358		正定县
423			15434	693		2706	40069	行唐县
			1814				13328	灵寿县
4400			3200					高邑县
							15228	深泽县
			13047				46037	赞皇县
			150				26928	无极县
22666			7964				16687	平山县
		1600	4830	3200				元氏县
15000	1500	1216	8510					赵 县
2575			701			4269		滦南县
			2405	610				乐亭县
15			120	9500	580	800		迁西县
			441			364	9720	玉田县
			217				22770	曹妃甸区
				7736	7736			青龙满族自治县
			1800	6087	6087		19619	昌黎县
			45					卢龙县
			750					临漳县
			973					成安县
				7127			980	大名县
497								涉 县
							4517	磁 县
						14482	22500	邱 县
5300				1800	1800	21410		鸡泽县
							400	广平县
			2844				23769	馆陶县
			4886	612		265	57329	魏 县
			321	870	870		12649	曲周县
332				3600				临城县
							90	内丘县
			1900	700	700		8138	柏乡县
				3985	200		1760	隆尧县
			4929	2800	878		7984	宁晋县
1153			2956	6647			880	巨鹿县
30			118	548	548	800	4573	新河县
			1578					广宗县
1500			1127	484	484		4507	平乡县
							3509	威 县
			496	231			5448	清河县
			414	1270			581	临西县

2-1-2 续表1

计量单位：万元

县名称 Name of Counties	本年完成投资 Completed Investment of This Year	供水 Water Supply	燃气 Gas Supply	集中供热 Central Heating	轨道交通 Rail Transit System	道路桥梁 Road and Bridge	地下综合管廊 Utility Tunnel	排水 Sewerage
博野县	11352					8143		1634
涞水县	19327					18827		500
阜平县	13488	4415	231	669		3900		3156
白沟新城	83919					55697		19448
定兴县	100000			846		11877		8313
唐县	26604		1288			21000		1300
高阳县	24956					11821		
涞源县	12882					817		12000
望都县	82996			4400		21298	530	48500
易县	14005					3337		7948
曲阳县	28643	15000				2110		
蠡县	36099					35099		
顺平县	91916					55957		
张北县	27772					19088		
康保县	15140	713		530		6527		6965
沽源县	9647		46					
尚义县	17276					3863		1256
蔚县	14773	1027		650		9809		2828
阳原县	13478			10001		1441		1196
怀安县	6671	25		610		1554		3902
怀来县	29062					18371		
涿鹿县	6766					3729		
赤城县	9419			3180		2860		2204
承德县	8351					5933		2019
兴隆县	10064			7930		544		1590
滦平县	11980	4700	4100			2000		800
隆化县	20955	3700	1500	1458		6400		3542
丰宁满族自治县	11920					6920		5000
宽城满族自治县	13429					10815		
围场满族蒙古族自治县	10407		1140	163		4024		1560
青县	24790	10		13427		5256		465
东光县	3926					830		2500
海兴县	4959						2000	1150
盐山县	18782	627				5677		10755
肃宁县	18729					9815		7793
南皮县	9834	446		7		6002		1152
吴桥县	142					142		
献县	22179					15079		4570
孟村回族自治县	4433			1143		1931		115
固安县	13167		180					
永清县	53943					29207		
香河县	1600					1600		
大城县	35978					26198		9780
文安县	8228					873		300

continued 1

Measurement Unit:10000 RMB

污水处理 Wastewater Treatment	污泥处置 Sludge Disposal	再生水利用 Wastewater Recycled and Reused	园林绿化 Landscaping	市容环境卫生 Environmental Sanitation	垃圾处理 Domestic Garbage Treatment	其他 Other	本年新增固定资产 Newly Added Fixed Assets of This Year	县名称 Name of Counties
			675			900	7303	博野县
500							11327	涞水县
			917	200			11980	阜平县
			7292	1482	1317		83919	白沟新城
6976	569		3387	66		75511	100000	定兴县
1300			3016					唐县
			13135				11821	高阳县
			15	50	50			涞源县
			8208	60			82996	望都县
			300	2420	2350			易县
			6624			4909	19909	曲阳县
				1000				蠡县
			2700	876	876	32383	24000	顺平县
			2200	500		5984	27372	张北县
6965				405	405			康保县
			80			9521	9647	沽源县
		1256	7008			5149	17276	尚义县
1118			90			369	2757	蔚县
		1196	60	180		600	660	阳原县
3874			580				260	怀安县
			691	10000	10000			怀来县
			3037				3037	涿鹿县
2000			875	300			6419	赤城县
			399					承德县
1590							2134	兴隆县
			380				11980	滦平县
2136	1124	282	80			4275	5686	隆化县
5000							5000	丰宁满族自治县
			820	1794	1794			宽城满族自治县
			577	2943				围场满族蒙古族自治县
245			5041	532		59	11363	青县
2500				596			3926	东光县
		1000	1200	609	609			海兴县
9999			1723				13580	盐山县
7200			1121					肃宁县
			1710	517			9834	南皮县
								吴桥县
1000			2530					献县
			664			580	4248	孟村回族自治县
				12987	12987			固安县
			11123	6059	6059	7554	35964	永清县
							1600	香河县
1280								大城县
300			7055				25928	文安县

2-1-2 续表2

计量单位:万元

县名称 Name of Counties	本年完成投资 Completed Investment of This Year	供 水 Water Supply	燃 气 Gas Supply	集中供热 Central Heating	轨道交通 Rail Transit System	道路桥梁 Road and Bridge	地下综合管廊 Utility Tunnel	排 水 Sewerage
大厂回族自治县	17086	1567						15519
枣强县	28941	950	1200	13450		6670		430
武邑县	22687	1300	11780	394		3489		3220
武强县	24841			146		6220		8132
饶阳县	38366	887	1972	6280		12178		6066
安平县	28033	7056	800	1200		10947		135
故城县	44892	3000		1200		9997		1117
景县	12626	450				4279		3366
阜城县	34116			8240		2510		19833
容城县	28549					16825		11035
雄县	25646	1076				7128		17442
安新县	2295					699		
山 西	1283947	34289	33047	102594		686911		182286
清徐县	267362		5563			206643		
阳曲县								
娄烦县								
阳高县	11570		127			10460		
天镇县	110					110		
广灵县								
灵丘县								
浑源县	18447		257	2400		8696		6166
左云县	638							
云州区								
平定县	32725		9329	778		5785		2547
盂 县	28398					2182		17847
襄垣县	32995	2320	1024	16575		7061		
平顺县	35209		710			28199		2800
黎城县	7725	45	150	3380		350		3150
壶关县	36330	3000		10277		5100		14953
长子县	20583	1021		3500		2168		2669
武乡县	46838	19		117		38708		
沁 县	12100	1200		9600				
沁源县	14500	1500	500	2500		6500		3500
沁水县	54263					54263		
阳城县	40792		346	33		40413		
陵川县	34003	309	1928	5274		13069		5876
山阴县								
应 县								
右玉县								
榆社县								
左权县	42694		550			23419		11275
和顺县	12912			845		12067		
昔阳县	12299			3788				5157
寿阳县								

continued 2

Measurement Unit: 10000 RMB

污水处理 Wastewater Treatment	污泥处置 Sludge Disposal	再生水利用 Wastewater Recycled and Reused	园林绿化 Landscaping	市容环境卫生 Environmental Sanitation	垃圾处理 Domestic Garbage Treatment	其他 Other	本年新增固定资产 Newly Added Fixed Assets of This Year	县名称 Name of Counties
								大厂回族自治县
	19		265	5956		20	28941	枣强县
			2504					武邑县
			18	10325				武强县
			988	9484	1400	511	40316	饶阳县
			6955	614		326	19208	安平县
			28648	930	730			故城县
48			968	3563	1939		12626	景　县
			1458	1969	1463	106	33988	阜城县
			689					容城县
2095							25646	雄　县
					1596			安新县
85734		**7505**	**43106**	**9742**	**4833**	**191972**	**686066**	山　西
					55156		267362	清徐县
							907	阳曲县
								娄烦县
			983				1066	阳高县
							110	天镇县
								广灵县
								灵丘县
			928				607	浑源县
						638		左云县
								云州区
						14286		平定县
2508		6955		933		7436		盂　县
			5265			750		襄垣县
			3500				35209	平顺县
3000	150		650					黎城县
9353			3000				3900	壶关县
2669			467			10758	20583	长子县
			65			7929		武乡县
			1300					沁　县
3500								沁源县
								沁水县
								阳城县
353			4200	794		2553		陵川县
								山阴县
								应　县
								右玉县
								榆社县
				1500		5950	42694	左权县
								和顺县
				186		3168	5574	昔阳县
								寿阳县

2-1-2 续表3

计量单位:万元

县名称 Name of Counties	本年完成投资 Completed Investment of This Year	供水 Water Supply	燃气 Gas Supply	集中供热 Central Heating	轨道交通 Rail Transit System	道路桥梁 Road and Bridge	地下综合管廊 Utility Tunnel	排水 Sewerage
祁　县	540							
平遥县								
灵石县	21907	4600				917		13825
临猗县	11414					9342		
万荣县	26559					20784		3482
闻喜县	16951			900		7564		4142
稷山县	2667					800		
新绛县	13454	26				5859		3410
绛　县	25101		200			3899		4652
垣曲县								
夏　县	5839					400		4135
平陆县	15185		3457			1612		9315
芮城县	10044					1663		201
定襄县	20030	5000		1029				7390
五台县	83995					83995		
代　县	23681					8200		3206
繁峙县								
宁武县	18222	2600				12280		3326
静乐县								
神池县	15170	4800				3500		6570
五寨县								
岢岚县								
河曲县	32565	139		10905		5579		2095
保德县								
偏关县	2813							706
曲沃县	34078					9559		24425
翼城县								
襄汾县								
洪洞县								
古　县	5466			4446				
安泽县								
浮山县								
吉　县	20117	980	710	5775		4092		6935
乡宁县								
大宁县	18925		307			6860		1940
隰　县	10680	68				9932		680
永和县								
蒲　县								
汾西县	15078	800		14200				
文水县	915			915				
交城县	2979			2979				
兴　县								
临　县								
柳林县	5834		3443	2391				

continued 3

Measurement Unit: 10000 RMB

污水处理 Wastewater Treatment	污泥处置 Sludge Disposal	再生水利用 Wastewater Recycled and Reused	园林绿化 Landscaping	市容环境卫生 Environmental Sanitation	垃圾处理 Domestic Garbage Treatment	其他 Other	本年新增固定资产 Newly Added Fixed Assets of This Year	县名称 Name of Counties
			540				540	祁　县
								平遥县
6000						2565		灵石县
			2072				13280	临猗县
			1671	226		396	26559	万荣县
			4345					闻喜县
			230			1637	838	稷山县
			1091			3068		新绛县
4252	400		200			16150	25101	绛　县
								垣曲县
3116						1304		夏　县
235				228	573	573		平陆县
201						8180		芮城县
6308				60	2080	4471	20030	定襄县
							83995	五台县
3206			6050	1100	1100	5125		代　县
								繁峙县
				16				宁武县
								静乐县
				300			15170	神池县
								五寨县
								岢岚县
1600				2140	2140	11707	32565	河曲县
								保德县
706						2107	2813	偏关县
24325						94	34078	曲沃县
								翼城县
								襄汾县
								洪洞县
					1020	1020	5466	古　县
								安泽县
								浮山县
6935			1625					吉　县
								乡宁县
1640			1220	560		8038	18925	大宁县
680							10680	隰　县
								永和县
								蒲　县
			78					汾西县
								文水县
								交城县
								兴　县
							10302	临　县
							2391	柳林县

2-1-2 续表4

计量单位:万元

县名称 Name of Counties	本年完成投资 Completed Investment of This Year	供水 Water Supply	燃气 Gas Supply	集中供热 Central Heating	轨道交通 Rail Transit System	道路桥梁 Road and Bridge	地下综合管廊 Utility Tunnel	排水 Sewerage
石楼县	4157			3107		1050		
岚县								
方山县	12508					2852		2482
中阳县	36683	5862		1326		17914		1101
交口县	7897					3065		2328
内蒙古	**487354**	**48557**	**14758**	**81967**	**2429**	**138658**		**86644**
土左旗								
托县								
和林县	10955		1560		2429	452		3773
清水河县								
武川县	16460	2214		5702				6265
土右旗								
固阳县	6011					1183		
达尔罕茂明安联合旗	774					70		
阿鲁科尔沁旗	5244					4694		
巴林左旗	2200							
巴林右旗	16847					13645		
林西县	5895			1913		2466		218
克什克腾旗	2509					964		
翁牛特旗	2380					2380		
喀喇沁旗	45938					37938		8000
宁城县	5386					1000		3800
敖汉旗	3842	961	1328			1083		470
科左中旗								
科左后旗	381							
开鲁县	1002							
库伦旗	7360					120		300
奈曼旗								
扎鲁特旗	7013	2200		280		3133		
达拉特旗	13268							11128
准格尔旗	33523	2237	794	6000		13706		3257
鄂托克前旗	6146	13				3663		1652
鄂托克旗	8527	100						218
杭锦旗	6925		3700			1996		260
乌审旗	4920	1700						
伊金霍洛旗	29226			680		10600		10500
阿荣旗	7002		1632	600				3793
莫旗	12634	2666	1522	8446				
鄂伦春旗	14050	500		8859		3673		1018
鄂温克旗	6928					4879		
陈巴尔虎旗	7047			5408		1639		
新左旗	7657	1800		3200		1830		500
新右旗	8263					2768		
五原县	3434							3319

continued 4

Measurement Unit: 10000 RMB

污水处理 Wastewater Treatment	污泥处置 Sludge Disposal	再生水利用 Wastewater Recycled and Reused	园林绿化 Landscaping	市容环境卫生 Environmental Sanitation	垃圾处理 Domestic Garbage Treatment	其他 Other	本年新增固定资产 Newly Added Fixed Assets of This Year	县名称 Name of Counties
							1008	石楼县
								岚　县
2482			862			6312	4313	方山县
1101			200			10280		中阳县
1564			590			1914		交口县
42338	1941	3717	40017	11854	8441	62470	166133	内蒙古
								土左旗
								托　县
						2741	10955	和林县
								清水河县
2659						2279	21076	武川县
								土右旗
				1640		3188	4371	固阳县
						704	774	达尔罕茂明安联合旗
				550			5244	阿鲁科尔沁旗
					2200	2200		巴林左旗
				3202				巴林右旗
	218				1298	760	2604	林西县
				1017		528		克什克腾旗
							2880	翁牛特旗
8000								喀喇沁旗
				586			5386	宁城县
								敖汉旗
								科左中旗
					301	301	80	1331	科左后旗
						1002	1002	开鲁县
						6940		库伦旗
								奈曼旗
						1400		扎鲁特旗
6628			2140					达拉特旗
	723		6843			686		准格尔旗
			818					鄂托克前旗
			2849			5360		鄂托克旗
			969					杭锦旗
			3220					乌审旗
10500			5191		2255			伊金霍洛旗
						977	3793	阿荣旗
								莫　旗
							5849	鄂伦春旗
						2049		鄂温克旗
								陈巴尔虎旗
500			159			168		新左旗
			3645		1850	1850	8263	新右旗
1850	1000		115				3434	五原县

2-1-2 续表5

计量单位:万元

县名称 Name of Counties	本年完成投资 Completed Investment of This Year	供水 Water Supply	燃气 Gas Supply	集中供热 Central Heating	轨道交通 Rail Transit System	道路桥梁 Road and Bridge	地下综合管廊 Utility Tunnel	排水 Sewerage
磴口县	4592	113		45		242		4023
乌拉特前旗	1287		387	600				300
乌拉特中旗	18001	7428				4647		4600
乌拉特后旗	11969	550	1019	1900				1500
杭锦后旗	1598					150		90
卓资县	82					82		
化德县	3049	1760		400				889
商都县	8907	4205		3090				
兴和县								
凉城县	4764	500		3664		243		357
察右前旗								
察右中旗	7692	3092	1700	1000				1900
察右后旗	3386			2636				
四子王旗	9498	8698						800
阿巴嘎旗	3896			633		606		
苏尼特左旗	1315			1315				
苏尼特右旗	13309	3000		1849				7930
东乌珠穆沁旗	5019			1060		2296		
西乌珠穆沁旗	10859					3291		
太仆寺旗	8294	900	300	3765		2009		825
镶黄旗	1300					1300		
正镶白旗	270							
正蓝旗								
多伦县	8141	182	816	35		3650		658
科尔沁右翼前旗	6216			406		3060		550
科右中旗								
扎赉特旗								
突泉县	26300	3738		7894		2920		13
阿拉善左旗	2918					280		2638
阿拉善右旗	10709			10587				
额济纳旗	4236							1100
辽 宁	144930	21664	10475	11830		28252		48289
康平县	14463					409		14054
法库县	1150							
长海县	2417							
台安县	28456	2085	400			12860		5952
岫岩满族自治县	453							453
抚顺县								
新宾满族自治县	4764			190				4100
清原满族自治县	7329			278				192
本溪满族自治县	2000					2000		
桓仁满族自治县	18932	12600		952				5380
宽甸满族自治县	4341							

continued 5

Measurement Unit: 10000 RMB

污水处理 Wastewater Treatment	污泥处置 Sludge Disposal	再生水利用 Wastewater Recycled and Reused	园林绿化 Landscaping	市容环境卫生 Environmental Sanitation	垃圾处理 Domestic Garbage Treatment	其他 Other	本年新增固定资产 Newly Added Fixed Assets of This Year	县名称 Name of Counties
1079		2917	169				427	磴口县
300							200	乌拉特前旗
			1326				18362	乌拉特中旗
						7000	11969	乌拉特后旗
			1358				1115	杭锦后旗
							80	卓资县
439								化德县
					1612		3090	商都县
								兴和县
100							4764	凉城县
								察右前旗
1900							2700	察右中旗
					750			察右后旗
		800					15099	四子王旗
						2657		阿巴嘎旗
							1315	苏尼特左旗
4930				530	530		13309	苏尼特右旗
			1663					东乌珠穆沁旗
						7568	4951	西乌珠穆沁旗
815			200			295		太仆寺旗
								镶黄旗
			120			150	120	正镶白旗
								正蓝旗
				2800	2800		3916	多伦县
						2200	6216	科尔沁右翼前旗
								科右中旗
							200	扎赉特旗
			2115			9620	1058	突泉县
2638							280	阿拉善左旗
			122					阿拉善右旗
				620		2516		额济纳旗
2699			**700**	**15539**	**14782**	**8181**	**34933**	**辽　宁**
								康平县
							1150	法库县
				2417	2417			长海县
1817				7151	7151	8	15211	台安县
								岫岩满族自治县
								抚顺县
				474	474			新宾满族自治县
192				101	101	6758	7329	清原满族自治县
							2000	本溪满族自治县
							470	桓仁满族自治县
				4341	4341			宽甸满族自治县

2-1-2 续表6

计量单位:万元

县名称 Name of Counties	本年完成投资 Completed Investment of This Year	供水 Water Supply	燃气 Gas Supply	集中供热 Central Heating	轨道交通 Rail Transit System	道路桥梁 Road and Bridge	地下综合管廊 Utility Tunnel	排水 Sewerage
黑山县	1118							1118
义 县								
阜新蒙古族自治县	3235		1923					1312
彰武县	1056		382					473
辽阳县								
盘山县	249					56		29
铁岭县								
西丰县	16891	6520	1670	1264		823		6316
昌图县	2415					487		1920
朝阳县	7082					5370		1712
建平县	22792		6100	9096		6247		
喀喇沁左翼蒙古族自治县								
绥中县	4537	459						4078
建昌县	1250			50				1200
吉 林	**187477**	**20914**	**2117**	**6031**		**78529**		**49332**
农安县	7719	309				6859		
永吉县	10519	2211				7858		230
梨树县	30261	5979				14616		3175
伊通满族自治县	970					970		
东丰县	16973	124				12772		3138
东辽县	6878			4578				2300
通化县	1836		1836					
辉南县	8922					822		
柳河县	12178		281	593		7754		1970
抚松县	4212							2600
靖宇县	13119	2309				1282		9189
长白朝鲜族自治县	1602							
前郭县	13462	2500				5700		4086
长岭县	2782					1378		
乾安县	3116					3116		
镇赉县	6309					1392		4780
通榆县	10170	58		122		2821		6575
汪清县	6999	554				5045		
安图县	29450	6870		738		6144		11289
黑龙江	**381563**	**78557**	**8411**	**35252**		**39681**		**175239**
依兰县	3138	720						2418
方正县	234							
宾县	10745	5924	1000					3535
巴彦县	2000	2000						
木兰县	9465			1615				7850
通河县	11988	9115				873		2000
延寿县	6711	674		1789				4248
龙江县	545		155	290				

continued 6

Measurement Unit: 10000 RMB

污水处理 Wastewater Treatment	污泥处置 Sludge Disposal	再生水利用 Wastewater Recycled and Reused	园林绿化 Landscaping	市容环境卫生 Environmental Sanitation	垃圾处理 Domestic Garbage Treatment	其他 Other	本年新增固定资产 Newly Added Fixed Assets of This Year	县名称 Name of Counties
							1118	黑山县
								义 县
							3235	阜新蒙古族自治县
473						201		彰武县
								辽阳县
				108		56		盘山县
								铁岭县
217				298	298			西丰县
						8		昌图县
							5570	朝阳县
				592	757			建平县
								喀喇沁左翼蒙古族自治县
								绥中县
								建昌县
27156			**3935**	**581**	**332**	**26038**	**98362**	吉　林
				551	332		551	农安县
				220				永吉县
3175				220		6271	20067	梨树县
								伊通满族自治县
				116		823	12477	东丰县
2300							6878	东辽县
							1836	通化县
						8100	8922	辉南县
				960		620	11065	柳河县
						1612	5839	抚松县
8900				16		323	8012	靖宇县
						1602	7159	长白朝鲜族自治县
						1176		前郭县
						1404	2782	长岭县
								乾安县
2922				107	30		6309	镇赉县
90				166		428		通榆县
				1400			6465	汪清县
9769				730		3679		安图县
37801			**8649**	**8245**	**7013**	**27529**	**143480**	黑龙江
2418								依兰县
				234				方正县
535						286		宾 县
							2000	巴彦县
1540							9796	木兰县
								通河县
							6711	延寿县
				74	26			龙江县

2-1-2 续表7

计量单位:万元

县名称 Name of Counties	本年完成投资 Completed Investment of This Year	供水 Water Supply	燃气 Gas Supply	集中供热 Central Heating	轨道交通 Rail Transit System	道路桥梁 Road and Bridge	地下综合管廊 Utility Tunnel	排水 Sewerage
依安县	1505			1498				
泰来县	8203	3790						4413
甘南县	2679	326				188		2120
富裕县	4393	656		540		198		2294
克山县	3442							3442
克东县	1461	599		720				142
拜泉县	6883							6698
鸡东县	12756	1702		2213		5557		1200
萝北县	2783	33						2750
绥滨县	1486					150		1336
集贤县	19243							7097
友谊县	6844	3239						3605
宝清县	23257	1700		2378		10226		5352
饶河县	27560			8337				10017
肇州县	6656							6656
肇源县	22457		2640	2300				17517
林甸县	892		752	140				
杜尔伯特蒙古族自治县	665			285		380		
嘉荫县	2215							2215
汤旺县	2582							2582
丰林县	23051	12916		4174				4313
大箐山县	2190			1000				1190
南岔县	17820			4700		10000		3120
桦南县	19966	15000	2255	600		301		1810
桦川县	7150		1200			500		5255
汤原县	3768							3768
勃利县	28161	18846	409			6362		2544
林口县	1808							1808
逊克县	4910	1055						3855
孙吴县	745							745
望奎县	10965					680		10285
兰西县	5765							5765
青冈县	6945							6945
庆安县	8278					963		7099
明水县	3897							2360
绥棱县	4675					3303		1372
呼玛县	676	262						414
塔河县	11581			2673				2796
加格达奇区	16424							10308
江苏	**943791**	**87657**	**31407**	**7013**		**367096**		**255692**
丰县	62063	15000	3400	7013		21632		5630
沛县	227100					53620		51000
睢宁县	53387	36000	869			12200		800

continued 7

Measurement Unit: 10000 RMB

污水处理 Wastewater Treatment	污泥处置 Sludge Disposal	再生水利用 Wastewater Recycled and Reused	园林绿化 Landscaping	市容环境卫生 Environmental Sanitation	垃圾处理 Domestic Garbage Treatment	其他 Other	本年新增固定资产 Newly Added Fixed Assets of This Year	县名称 Name of Counties
				7	7		7	依安县
4413								泰来县
768				45				甘南县
2294				705	705		4393	富裕县
								克山县
								克东县
				185	185		6698	拜泉县
			2084				13590	鸡东县
							2783	萝北县
1336							1336	绥滨县
						12146	19243	集贤县
							3605	友谊县
				639		2962	5991	宝清县
377					1206	8000	9640	饶河县
								肇州县
9071							1120	肇源县
							1176	林甸县
								杜尔伯特蒙古族自治县
								嘉荫县
							2582	汤旺县
1769						1648	9173	丰林县
							1500	大箐山县
							312	南岔县
								桦南县
				195			2110	桦川县
								汤原县
							390	勃利县
							1409	林口县
							4910	逊克县
								孙吴县
3100							10965	望奎县
								兰西县
								青冈县
				216			216	庆安县
				1537			1290	明水县
1372							3303	绥棱县
							807	呼玛县
				3625		2487		塔河县
8808					6116	6116	16424	加格达奇区
149361	**1200**	**406**	**47570**	**13061**	**4716**	**134295**	**282316**	**江　苏**
			6667	500	300	2221	54569	丰　县
48600	600		9100			113380	151300	沛　县
				700	2818			睢宁县

| 污水处理 Wastewater Treatment | 污泥处置 Sludge Disposal | 再生水利用 Wastewater Recycled and Reused | 园林绿化 Landscaping | 市容环境卫生 Environmental Sanitation | 垃圾处理 Domestic Garbage Treatment | | | |

2-1-2 续表8

计量单位：万元

县名称 Name of Counties	本年完成投资 Completed Investment of This Year	供水 Water Supply	燃气 Gas Supply	集中供热 Central Heating	轨道交通 Rail Transit System	道路桥梁 Road and Bridge	地下综合管廊 Utility Tunnel	排水 Sewerage
如东县	30							
东海县	17841					12025		
灌云县	23738					4450		16510
灌南县	93203		6215			1523		79000
涟水县	10830							7010
盱眙县	29430	2500				7570		18350
金湖县	35358					3017		32041
响水县	23728					8014		13252
滨海县	10850		7000			1500		2350
阜宁县	6102	685	193			2773		471
射阳县	7687	1300	3737			510		
建湖县	23290	3950	5838			20		350
宝应县	21926		100			11420		9206
沭阳县	242406	7000	2016			210973		10300
泗阳县	19769	1300	539			13000		3930
泗洪县	35053	19922	1500			2849		5492
浙江	**1965552**	**67155**	**28784**	**6546**		**795059**	**8883**	**260598**
桐庐县	106836		500			72739		
淳安县	2516	1245				18	130	416
象山县	111109	5891				46922		7681
宁海县	149454	10826	8700			90515	259	1745
永嘉县	69254					55838		1740
平阳县	73563					28448		7088
苍南县	81447							29386
文成县	26267	6088						6378
泰顺县	11854	140				3490		3798
嘉善县	66513	2566	3317			22013	208	3727
海盐县	73148	9786		6546		24043		19046
德清县	158451	117	1358			31079		20876
长兴县	59193					700		23184
安吉县	121847					71101	974	2880
新昌县	84250	1327	434			67316		
武义县	84371		849			26299		4011
浦江县	7216		1161			5375		680
磐安县	8580	500	500			4100		
常山县	31175	3644	881			18063		1108
开化县	32501	1028				7150		3350
龙游县	104445	6592	2027			33823	6900	14600
岱山县	55472					38008	412	980
嵊泗县	13945					3664		740
三门县	5276							3640
天台县	12508	348	132			3146		2823
仙居县	20824	14682	6089					53

continued 8

Measurement Unit: 10000 RMB

污水处理 Wastewater Treatment	污泥处置 Sludge Disposal	再生水利用 Wastewater Recycled and Reused	园林绿化 Landscaping	市容环境卫生 Environmental Sanitation	垃圾处理 Domestic Garbage Treatment	其他 Other	本年新增固定资产 Newly Added Fixed Assets of This Year	县名称 Name of Counties
					30		30	如东县
			5816				14010	东海县
16510			978			1800	26238	灌云县
75000			3965	2500				灌南县
				3820	3820			涟水县
				50	960			盱眙县
800						300		金湖县
						2462		响水县
							3850	滨海县
471			1344	636	596		1457	阜宁县
			2140				2140	射阳县
						13132		建湖县
				1200			100	宝应县
7400			11810	307			19994	沭阳县
580	600					1000	2339	泗阳县
		406	5000	290			6289	泗洪县
154226	978		215194	28946	23530	554387	1144184	浙 江
			2587			31010	109439	桐庐县
416			238	469	469		2130	淳安县
583			13776			36839	111409	象山县
			37409				115898	宁海县
			2989	2107	2107	6580		永嘉县
6948	90		15035			22992	74200	平阳县
						52061	81447	苍南县
			4234			9567	218	文成县
			3407			1019		泰顺县
145			33812			870	110896	嘉善县
19046			13727					海盐县
13497				6521	6521	98500	2267	德清县
			12860			22449	59193	长兴县
			24953	1500		20439		安吉县
			7875	480		6818	43745	新昌县
			1853	2726	2670	48633	4568	武义县
							7085	浦江县
			1480			2000	4280	磐安县
			892	682	682	5905		常山县
1126			1192	2724		17057	14176	开化县
13500			13975			26528	109845	龙游县
			10410	5662	5586		34702	岱山县
740			1799	2168	2080	5574	20171	嵊泗县
			128	1508	1508			三门县
823				341	209	5718	5158	天台县
							20771	仙居县

2-1-2 续表9

计量单位:万元

县名称 Name of Counties	本年完成投资 Completed Investment of This Year	供 水 Water Supply	燃 气 Gas Supply	集中供热 Central Heating	轨道交通 Rail Transit System	道路桥梁 Road and Bridge	地下综合管廊 Utility Tunnel	排 水 Sewerage
青田县	153153	1058				57234		1863
缙云县	95215					38568		50666
遂昌县	39414	300				17639		1975
松阳县	34525	1017	512			8546		21082
云和县	21141					1286		18460
庆元县	18631					4129		6622
景宁县	31458		2324			13807		
安 徽	3167916	295665	71979	6506		1606739		543255
长丰县	139045	11895	1130			83678		15155
肥西县	198462	13041	12777			115448		3617
肥东县	117241	7893	275			97610		6340
庐江县	74838	4320	1041			50260		10856
南陵县	8348		286			5741		230
怀远县	131287	3172				71354		35761
五河县	82286	320	290			68716		7800
固镇县	55233	25500	600			5208		1552
凤台县	93032	8300	1420	328		38384		29090
寿 县	99639	1505	1174			58938		29140
当涂县	37940	1140						19600
含山县	72089	18000				52289		
和 县	43275	575				29200		2500
濉溪县	29405	361	2870			21750		3500
枞阳县	39282	208	480			1300		7852
怀宁县	108354	32340	800	1100		51729		12076
太湖县	25196	5600	314			8822		2290
宿松县	63874	13348	1642			27119		11436
望江县	57292	645	500			22202		14220
岳西县	31238	4561	65			17030		5400
歙 县	27794		500			22864		1550
休宁县	13864	200	330			10418		2000
黟 县	10540	4600	1100			1560		2150
祁门县	30695	300	60			9434		13394
来安县	81695	1200	1750			47790		17333
全椒县	98260	1500	12600			39800		31060
定远县	79056	23753	2856			18910		28857
凤阳县	104717	4200	3317			50025		30435
临泉县	98214	14094	297			55490		11420
太和县	9530	1150				6731		1138
阜南县	72783	10324	6243			19135		25362
颍上县	23443	163				14303		4259
砀山县	44316	528	124			6099		28636
萧 县	15931	37	64			6873		5962
灵璧县	100556	17820	2165			63363		13200

continued 9

Measurement Unit: 10000 RMB

污水处理 Wastewater Treatment	污泥处置 Sludge Disposal	再生水利用 Wastewater Recycled and Reused	园林绿化 Landscaping	市容环境卫生 Environmental Sanitation	垃圾处理 Domestic Garbage Treatment	其他 Other	本年新增固定资产 Newly Added Fixed Assets of This Year	县名称 Name of Counties
1863				1176	1176	91822	153153	青田县
50600			5775	60		146		缙云县
1087	888		1672	26		17802	7154	遂昌县
21082			1267	274		1827	3838	松阳县
18460			460			935	14319	云和县
4310			1389	522	522	5969	2664	庆元县
						15327	31458	景宁县
184934	**210**	**19986**	**246285**	**201921**	**115310**	**195566**	**1292234**	**安　徽**
			3142			24045	203392	长丰县
			39779	13800	1199		204578	肥西县
		40	5019	49		55	38660	肥东县
7565			4301			4060	2750	庐江县
	150		595			1496	2300	南陵县
24800				21000	21000		54987	怀远县
7800			5160				370	五河县
			17360	5013				固镇县
19700		340	15160	350	350		10443	凤台县
12736			8693	189			19445	寿　县
			3000	14200			10100	当涂县
			1800				82610	含山县
				11000	11000		99390	和　县
3500			410	514			26535	濉溪县
7600			150	6	6	29286		枞阳县
		7381	1052	9157	9020	100		怀宁县
2290			2539	1713		3918		太湖县
9497			996	9333			21816	宿松县
8052			19298	427	427		57292	望江县
			310	5		3867		岳西县
			1840			1040	1773	歙　县
			74	842	842			休宁县
			330			800		黟　县
			3000	4507	1438			祁门县
			1750	1522	882	10350		来安县
11260			3900	2000	500	7400	98260	全椒县
28577		90	552	4128	688		79056	定远县
11000			12980	3760	760			凤阳县
			16013			900		临泉县
1138			362	149	149		9530	太和县
200			2167	3786		5766	948	阜南县
			4718				23183	颍上县
1700			373	4056	4056	4500		砀山县
			2045	950				萧　县
			3618	390				灵璧县

2-1-2 续表10

计量单位:万元

县名称 Name of Counties	本年完成投资 Completed Investment of This Year	供水 Water Supply	燃气 Gas Supply	集中供热 Central Heating	轨道交通 Rail Transit System	道路桥梁 Road and Bridge	地下综合管廊 Utility Tunnel	排水 Sewerage
泗县	55633	17837	439	5078		6995		20742
霍邱县	107694	11000	850			73300		7414
舒城县	56010	6666	1004			2921		8597
金寨县	89466	1500	811			82697		980
霍山县	51543	270	2285			19644		11829
涡阳县	68413	12255	955			31158		1754
蒙城县	75882	2532	4110			44210		2200
利辛县	98738	927				39183		20763
东至县	65282	1800	2610			13641		10858
石台县	17540	210	188			5711		1185
青阳县	37735	1935	950			15079		8181
郎溪县	72648	4280				47152		2966
泾县	14860	1573	473			5691		695
绩溪县	16322	182	184			13604		950
旌德县	21400	105	50			6180		8970
福建	1570738	142980	39834		4400	560640	17422	266204
闽侯县	29083	55	450			18735		7403
连江县	17338	1000	147			5200		2250
罗源县	1660					1100	360	200
闽清县	2090	45	500					
永泰县	50545	1100	400			29790		17105
仙游县	53449	6427				11272		3900
明溪县	76421	5000	1300			12390		8830
清流县	10601	2050				1226		3306
宁化县	1230							1230
大田县	42190	5200				1000		9390
尤溪县	17058	10600	500			4758		1000
将乐县	4034		70			3502		
泰宁县	20751					7050		5545
建宁县	657		180			80		397
惠安县	28260	4992	596			5553		3000
安溪县	31302	165	910			13898		9859
永春县	101405	2000	1500			67405		12000
德化县	49889	2330				7000		22659
云霄县	58984	9947				11184		31000
漳浦县	35964	830	559			11829		21835
诏安县	24210	8308	504			5260	75	9966
东山县	14594	8				847		13653
南靖县	15400	280				9925		1950
平和县	45851	18051			4400			300
华安县	2409		422			1051		686
顺昌县	19516		140			3867		2650
浦城县	17210					12923		4262

continued 10

Measurement Unit: 10000 RMB

污水处理 Wastewater Treatment	污泥处置 Sludge Disposal	再生水利用 Wastewater Recycled and Reused	园林绿化 Landscaping	市容环境卫生 Environmental Sanitation	垃圾处理 Domestic Garbage Treatment	其他 Other	本年新增固定资产 Newly Added Fixed Assets of This Year	县名称 Name of Counties
7515		12135	4452	90			1567	泗　县
395			10700	4430	3580		97914	霍邱县
			822	28000	28000	8000	37826	舒城县
			578	2300		600		金寨县
6585	60		6415			11100	51543	霍山县
			879	11062	7500	10350		涡阳县
			15539	280		7011	20240	蒙城县
			11868	19000		6997		利辛县
4058			3356	20109	20109	12908		东至县
				3804	3804	6442		石台县
6000			1715			9875		青阳县
2966			1388			16862		郎溪县
			1530			4898	16300	泾　县
			1402				1916	绩溪县
			3155			2940	17510	旌德县
114281	**578**	**1370**	**53784**	**99195**	**91967**	**386279**	**632627**	**福　建**
6490			544			1896	11028	闽侯县
			3171			5570	400	连江县
								罗源县
						1545	500	闽清县
15640			2150				50545	永泰县
3500						31850		仙游县
5550		1370	2050	224		46627		明溪县
2781	78		534			3485	10601	清流县
424								宁化县
8890	500		500	100	35	26000		大田县
			200				9958	尤溪县
			32	430	380		532	将乐县
			2490			5666	21351	泰宁县
								建宁县
3000				3719	3719	10400	24525	惠安县
1859			350	6120				安溪县
10500			500	18000	18000		21748	永春县
22659				17900	17900		41039	德化县
200			937	3000	3000	2916		云霄县
			911				2821	漳浦县
9966			34			63	20854	诏安县
						86		东山县
			666			2579		南靖县
						23100	45851	平和县
			250				40	华安县
600						12859		顺昌县
			25				425	浦城县

2-1-2 续表11

计量单位:万元

县名称 Name of Counties	本年完成投资 Completed Investment of This Year	供 水 Water Supply	燃 气 Gas Supply	集中供热 Central Heating	轨道交通 Rail Transit System	道路桥梁 Road and Bridge	地下综合管廊 Utility Tunnel	排 水 Sewerage
光泽县	40039	149	8150			6600		400
松溪县	22992					509	554	11578
政和县	44363		3550			10000	9000	8000
长汀县	56679	695	3250			12911		10892
上杭县	61686	1838				35673		1365
武平县	15949	7500	502			440		5510
连城县	33032	580				12500		4900
霞浦县	102607	520	1500			76025		6250
古田县	38763					21351		4200
屏南县	95534	5000	564			110		780
寿宁县	57558	600	5940			27818		6750
周宁县	39407	9550	200			18055		1803
柘荣县	85015	4860	8000			29123		9400
平潭县	105013	33300				62680	7433	
江 西	3563697	254915	110111		35	1623849	3962	678148
南昌县	162595					131441	1396	2157
安义县	76394	1775				69689		4930
进贤县	24009	1640	150			11479		7850
浮梁县	59068					54493		
莲花县	9116	3000				4834		1282
上栗县	27580	65			35	9514		15429
芦溪县	26081					12720		13361
武宁县	31381	8430	79			6938		6290
修水县	78175		25300			17505		10120
永修县	9900					5210		3600
德安县	25134					20642		
都昌县	141150					6650	1700	126700
湖口县	20732		242			6822		2930
彭泽县	118484	5000	640			5900		1540
分宜县	14872		180			9682		1510
信丰县	50023	200	310			34082		12400
大余县	20248	4860	512			1450		11000
上犹县	27469	424	3000			21087		2787
崇义县	60387	5	317			14368		26851
安远县	57261	6107	10100			14423		18035
定南县	38015	10075	600			7285		1745
全南县	14532	7840				200		2000
宁都县	59257	8530	8530			28550		11852
于都县	329410	16802	4885			135405		31798
兴国县	91404	1956	652			30690	866	3256
会昌县	29788	355	430			11229		17696
寻乌县	18670	850	5000			10171		1414
石城县	59504	750	1894			36844		1129

continued 11

Measurement Unit: 10000 RMB

污水处理 Wastewater Treatment	污泥处置 Sludge Disposal	再生水利用 Wastewater Recycled and Reused	园林绿化 Landscaping	市容环境卫生 Environmental Sanitation	垃圾处理 Domestic Garbage Treatment	其他 Other	本年新增固定资产 Newly Added Fixed Assets of This Year	县名称 Name of Counties
400			3550	3500	3000	17690	1309	光泽县
							10351	松溪县
5000			7313	4100	4100	2400	44363	政和县
2722			6200	21200	21200	1531	56679	长汀县
			671	562	293	21577	7088	上杭县
1100			997			1000	15037	武平县
			15052				33032	连城县
3650			1107	16400	16400	805	77250	霞浦县
2600			1300			11912	38686	古田县
						89080		屏南县
6750				3940	3940	12510	57558	寿宁县
			650			9149	39407	周宁县
						33632		柘荣县
			1600					平潭县
260879	**16648**	**3101**	**160788**	**226011**	**70658**	**505878**	**2291342**	江　西
			9951	4000	4000	13650	116028	南昌县
4930							700	安义县
7850						2890	24009	进贤县
			4575				33	浮梁县
465							8048	莲花县
9000			1897	385		255	25771	上栗县
13361							26081	芦溪县
1100			3931	1808		3905	1808	武宁县
4120			650	3600		21000	44055	修水县
3600			760	330			1000	永修县
			500			3992		德安县
13700				3100		3000		都昌县
				3700		7038	20732	湖口县
			487	6553		98364	5900	彭泽县
1510			3500				14872	分宜县
			190	2841				信丰县
			209			2217		大余县
			67	104			17591	上犹县
3321			1994	16443	16043	409	5	崇义县
13767	300		5459	737	370	2400		安远县
155			4065	615		13630	38015	定南县
2000			1009	3483	283		14532	全南县
11674				1200		595		宁都县
25486	3831	371	13860	24410	11675	102250	336410	于都县
135	165		2600	5984		45400	101384	兴国县
17696				78			22583	会昌县
600			1050	185	185		5580	寻乌县
205			4803	6196	2732	7888	59504	石城县

污水处理 Wastewater Treatment	污泥处置 Sludge Disposal	再生水利用 Wastewater Recycled and Reused	园林绿化 Landscaping	市容环境卫生 Environmental Sanitation	垃圾处理 Domestic Garbage Treatment	其他 Other	本年新增固定资产 Newly Added Fixed Assets of This Year	县名称 Name of Counties

2-1-2 续表12

计量单位:万元

县名称 Name of Counties	本年完成投资 Completed Investment of This Year	供　水 Water Supply	燃　气 Gas Supply	集中供热 Central Heating	轨道交通 Rail Transit System	道路桥梁 Road and Bridge	地下综合管廊 Utility Tunnel	排　水 Sewerage
吉安县	45118	1119	1644			10496		16147
吉水县	43902	6094	2220			16932		10793
峡江县	28400	6056				989		12155
新干县	65013	13138	810			18633		7357
永丰县	122110	6500	8000			26910		49700
泰和县	54523	1360				34221		9872
遂川县	49632	19143	936			19451		3830
万安县	33003	6039				14147		4200
安福县	40773	444				23780		1247
永新县	38520	1225	8100			21688		2000
奉新县	10552					7250		675
万载县	85694	1250	19000			51671		560
上高县	37480	737				15988		3742
宜丰县	6549	1630	5			4659		
靖安县	5989	600	780			853		2149
铜鼓县	24432	690				15593		4574
南城县	136795	38228				52436		19858
黎川县	256838	34601				100163		37366
南丰县	59692	44				34980		16100
崇仁县	83732	13095	3136			5795		30310
乐安县	56211					40123		11002
宜黄县	46240	9050				31690		4020
金溪县	12401					7545		4754
资溪县	141165	2000				66525		20400
广昌县	60320	2865	500			27459		22332
玉山县	7026					6206		
铅山县	27061		1655			4000		12506
横峰县	6423	2800				3400		223
弋阳县	58790					42940		3000
余干县	14853					14853		
鄱阳县	173749	7493				142456		21240
万年县	19083	50	40			16858		160
婺源县	30989		464			23856		6214
山　东	**2302514**	**76459**	**18795**	**224256**		**675214**	**29421**	**738471**
平阴县	30833	442		407		16390		12219
商河县	45810	770		20648		10186	12866	
桓台县	5438	24				437	75	4384
高青县	1612	482	950			180		
沂源县	53192	1834	365	3482		27127		15784
利津县	30906			13500				12092
广饶县	53704		1734	8188		15226		18500
临朐县	48466	240		15948		6410		22258
昌乐县	29582	475	182	16426		1247	2500	2292

continued 12

Measurement Unit:10000 RMB

污水处理 Wastewater Treatment	污泥处置 Sludge Disposal	再生水利用 Wastewater Recycled and Reused	园林绿化 Landscaping	市容环境卫生 Environmental Sanitation	垃圾处理 Domestic Garbage Treatment	其他 Other	本年新增固定资产 Newly Added Fixed Assets of This Year	县名称 Name of Counties
9471	110		3698	870	660	11144	45118	吉安县
8153			3943	570	170	3350	6570	吉水县
11000			6000	3200	3200			峡江县
			297	23478		1300	65013	新干县
			11400	2900	2900	16700	124410	永丰县
9872			380			8690		泰和县
			3078			3194	49632	遂川县
			5433	2584	1360	600	33003	万安县
			1367			13935	38744	安福县
			920	637	327	3950	38515	永新县
420			88	1289	1289	1250	10279	奉新县
			3890	6331		2992		万载县
			3508			13505	23867	上高县
				255				宜丰县
2149			116	1491			4486	靖安县
3034			203	167	167	3205	23665	铜鼓县
11858			1700	4500		20073	136795	南城县
17036	5500		5350	51085	9585	28273	256838	黎川县
2800			5323	2800	2800	445	59692	南丰县
24426			733	4530	4530	26133	78469	崇仁县
			916	706		3464	56211	乐安县
1250			1280	200	200		34350	宜黄县
				102			102	金溪县
		1500	29180	21060	2200	2000	142865	资溪县
			2311	3222	22	1631	60320	广昌县
			820				5330	玉山县
1254	1642	1230	3100	5800	5800		19606	铅山县
								横峰县
3000			2439			10411	31893	弋阳县
							14853	余干县
14300	5100			2560	160		12339	鄱阳县
85			25	1200		750	7300	万年县
6096			455				26436	婺源县
100787		**11579**	**307727**	**5717**	**4139**	**226454**	**1474991**	山　东
			1375				39924	平阴县
			1300	40			45810	商河县
			518				5438	桓台县
							482	高青县
			4600				70593	沂源县
			3300	1814	1814	200	21592	利津县
			750			9306		广饶县
			3610				48466	临朐县
			6348			112	24820	昌乐县

2-1-2 续表13

计量单位:万元

县名称 Name of Counties	本年完成投资 Completed Investment of This Year	供水 Water Supply	燃气 Gas Supply	集中供热 Central Heating	轨道交通 Rail Transit System	道路桥梁 Road and Bridge	地下综合管廊 Utility Tunnel	排水 Sewerage
微山县	18859		10	338		843		13412
鱼台县	21619	156		2272		6000	5500	2750
金乡县	29459		3937					15400
嘉祥县	44747	400		280		366		43466
汶上县	48788	149	1748	880		6496		15874
泗水县	23885	50	285	484		5104		2200
梁山县	20889		688			11000		
宁阳县	1275					980		
东平县	6213	2046	761	1808		481		1117
五莲县	20689					3219		1222
莒县	11555					9250		1900
沂南县	76335	7364	154	2500		22315		2528
郯城县	83984	9775	300	5128		23497		25332
沂水县	105615	829	318	2256		38078		17162
兰陵县	101443	3851		9720		45965		41907
费县	116686	1031		6057		89892		4756
平邑县	166361	7902		4900		70441		19802
莒南县	197735	10062	136	16190		35401	3990	32925
蒙阴县	45351	120	1875			20846		10042
临沭县	204467	8870		18580		42830		99620
宁津县	53621	90	1220	11438		3271		22500
庆云县	16509			1981		10234		2200
临邑县	12826	3775		6849				
齐河县	23660			1000		17320	3250	
平原县	17280	3000				1480		12000
夏津县	12780		1300			5055		3000
武城县	46978	2010	561	1840		1344		41223
阳谷县	54901		458	267		25778		13041
莘县	31340			26128		3592	1240	
东阿县	10022			5872		654		
冠县	35857					17256		15553
高唐县	64082							59202
惠民县	24187	5900	45			1565		12714
阳信县	17685			589		8658		5762
无棣县	28583	500	1013	750		16489		3211
博兴县	9597					3797		5400
曹县	81442	400	110	6160		10200		64132
单县	14131					3625		7687
成武县	12705					5951		2080
巨野县	13660	1140		2590		5784		1126
鄄城县	19500					3700		14600
鄆城县	34090	657	645	8800		9225		11448
东明县	21580	2115				10029		2648

continued 13

Measurement Unit: 10000 RMB

污水处理 Wastewater Treatment	污泥处置 Sludge Disposal	再生水利用 Wastewater Recycled and Reused	园林绿化 Landscaping	市容环境卫生 Environmental Sanitation	垃圾处理 Domestic Garbage Treatment	其他 Other	本年新增固定资产 Newly Added Fixed Assets of This Year	县名称 Name of Counties
			4256				18859	微山县
			4631	310			21619	鱼台县
8000			6380	42		3700	29459	金乡县
			235				44747	嘉祥县
			23641				48788	汶上县
			15762				23885	泗水县
			9201				20889	梁山县
			295				1275	宁阳县
105							2569	东平县
1222			1800	1005	1005	13443		五莲县
				85	85	320		莒县
			41474				73315	沂南县
14207			18717	1235	1235		87151	郯城县
			31042	800		15130	105615	沂水县
35527							99137	兰陵县
			12761			2189	54803	费县
8728		1700	20000			43316		平邑县
7270		9819	6948			92083	21733	莒南县
1948			6468			6000	36776	蒙阴县
2380			20734			13833	146517	临沭县
			15022	80			18383	宁津县
			2094				8781	庆云县
			2202				12826	临邑县
			1240			850	3090	齐河县
			800					平原县
						3425		夏津县
							46978	武城县
			4424			10933	26319	阳谷县
						380	5192	莘县
						3496		东阿县
			3048				35857	冠县
			4770	110			4880	高唐县
1500			3647	196		120	20897	惠民县
			2676				12685	阳信县
			6300			320	4660	无棣县
			400				4597	博兴县
13400			440				72982	曹县
6500			1860			959	12409	单县
		60	3377			1297	12705	成武县
			2285			735	23510	巨野县
			1200				19500	郓城县
			214			3101	12898	鄄城县
			5582			1206	21580	东明县

2-1-2 续表 14

计量单位：万元

县名称 Name of Counties	本年完成投资 Completed Investment of This Year	供水 Water Supply	燃气 Gas Supply	集中供热 Central Heating	轨道交通 Rail Transit System	道路桥梁 Road and Bridge	地下综合管廊 Utility Tunnel	排水 Sewerage
河南	**1883224**	**114160**	**29601**	**72725**		**598373**	**1880**	**359909**
中牟县	467							
杞县	13957	590	190	285		3815		7861
通许县	1514		79			831		604
尉氏县	92571	714	219	1030		49415		19194
兰考县	15742	135	122			10541		4474
新安县	16795	243		1800				
栾川县	5910					2558		3318
嵩县								
汝阳县								
宜阳县	8170					810		6592
洛宁县	3741					3000		
伊川县	9748					1957		3097
宝丰县	12903	570				10137		900
叶县	14477		322	5973		6795		
鲁山县	14712					9293	680	894
郏县	34848					13033		
安阳县	19080					13610		
汤阴县	4063					4063		
滑县	39477	310	143	450		6226		4977
内黄县	35558	1073				10800		1883
浚县	11642		150	130		8171		3191
淇县	2686	106						
新乡县	5934	1615	1719	900		1700		
获嘉县	42646					42646		
原阳县	15214					7129		8085
延津县	7361	40		1674		5571		
封丘县	4530					4000		
修武县	4933							4133
博爱县	35142	800	1060	24000				1100
武陟县	21725	1475	651	1764		3260		9495
温县	14162			3500		2348		
清丰县	7937		245	1700		4300		970
南乐县	9943	183				6003		2337
范县	33593			9337		14571		30
台前县	9884	484				5068		1997
濮阳县	13774		624			1500		
鄢陵县	26515			18000		5900		1800
襄城县	685							330
舞阳县								
临颍县	200	200						
渑池县	12249	50	2192	392		4488		4133
卢氏县	18771					7872		430

continued 14

Measurement Unit:10000 RMB

污水处理 Wastewater Treatment	污泥处置 Sludge Disposal	再生水利用 Wastewater Recycled and Reused	园林绿化 Landscaping	市容环境卫生 Environmental Sanitation	垃圾处理 Domestic Garbage Treatment	其他 Other	本年新增固定资产 Newly Added Fixed Assets of This Year	县名称 Name of Counties
124976	**3300**	**8966**	**470155**	**102527**	**54234**	**133894**	**1576804**	河　南
				467			467	中牟县
2845			196	886		330	7412	杞　县
							5653	通许县
			11301	3848	3848	6850	68653	尉氏县
			320	150			5241	兰考县
			14206	546				新安县
				34			5519	栾川县
								嵩　县
								汝阳县
			638	130			8170	宜阳县
			741					洛宁县
1985			1877	2294		523	9748	伊川县
			1296				12778	宝丰县
			1387					叶　县
			3841			4	2476	鲁山县
			20523			1292	34848	郏　县
			5470				4120	安阳县
								汤阴县
4977			4719	22041		611	48809	滑　县
			21802				19961	内黄县
							10291	浚　县
			2580				2679	淇　县
							3546	新乡县
								获嘉县
							1584	原阳县
			76				5687	延津县
			530					封丘县
600			800					修武县
			8182				35142	博爱县
8450			4036	750		294	11275	武陟县
			7357			957	11116	温　县
			722				9937	清丰县
200			20	1400	1400		6635	南乐县
30			9655				33593	范　县
			2150			185	9884	台前县
			11650				13774	濮阳县
			815				18815	鄢陵县
			355					襄城县
								舞阳县
							5000	临颍县
			994				5039	渑池县
			9610			859	18771	卢氏县

2-1-2 续表15

计量单位:万元

县名称 Name of Counties	本年完成投资 Completed Investment of This Year	供水 Water Supply	燃气 Gas Supply	集中供热 Central Heating	轨道交通 Rail Transit System	道路桥梁 Road and Bridge	地下综合管廊 Utility Tunnel	排水 Sewerage
南召县	24243	1158	600			6178		15956
方城县	94389	1152	450			21718		5654
西峡县	32400	1890	260			2230		26962
镇平县	24519	1100	2200			12716		3640
内乡县	22652	485				3616		7769
淅川县	71626	3500	245			21750		17874
社旗县	44625	198	1200			4387		2897
唐河县	38303	1495				24100		11459
新野县	45213	11648	240			7050		21677
桐柏县	39400	32	1340			2409		16046
民权县	33712							
睢　县	12671	200		1790		5071		
宁陵县	8028	780	1360			3000		2888
柘城县	6001					373		235
虞城县	3445					1498		1947
夏邑县	39484					17000		21000
罗山县	71256	14062				19100		13230
光山县	10693							10693
新　县	24211	1300	1701			2000		8671
商城县	88070	953	548			33658		14431
固始县	58964	8650	5830			13296		3683
潢川县	18900	2600				5100		11200
淮滨县	35144	8133	750			4000		15185
息　县	13791	1120					1200	6526
扶沟县	3578					3578		
西华县	26464					9519		2215
商水县	92635	21917	550			14977		11526
沈丘县	44522	211	3957			11407		12257
郸城县	10714	4500				6214		
太康县	23780		295			21635		
鹿邑县	75662	13750				17482		2300
西平县	11401	434						
上蔡县	23830					3428		
平舆县	12403	3500				5883		
正阳县	3152	512				980		
确山县	1855	184				30		88
泌阳县	29187		218			6369		
汝南县	11340		65			11000		
遂平县	594	48	76					
新蔡县	7108	60				4210		75
湖　北	2412269	174457	102734	625		572993	36520	440971
阳新县	106363	28113				35400		37800
郧西县	40220	500	610			18378		3069

continued 15

Measurement Unit: 10000 RMB

污水处理 Wastewater Treatment	污泥处置 Sludge Disposal	再生水利用 Wastewater Recycled and Reused	园林绿化 Landscaping	市容环境卫生 Environmental Sanitation	垃圾处理 Domestic Garbage Treatment	其他 Other	本年新增固定资产 Newly Added Fixed Assets of This Year	县名称 Name of Counties
6700		4000	50			301	20243	南召县
2234			7311	104		58000	350159	方城县
			540	518			27716	西峡县
			3882	631		350	7549	镇平县
5750			10782				19177	内乡县
			27227	1030			71626	淅川县
			35943				44625	社旗县
			1249				14569	唐河县
13177			1478	3120	3000		28333	新野县
4610			19375	198			48455	桐柏县
			3712	30000	30000		33712	民权县
			1150			4460	8951	睢县
							8028	宁陵县
145			5348			45	7501	柘城县
200							698	虞城县
21000			1455	29	29		124	夏邑县
10030			18564			6300	600	罗山县
								光山县
7371			3580	6659	1700	300		新县
11158			24221	334	334	13925	87680	商城县
			27505				29094	固始县
7900	3300						2200	潢川县
		4770	7076				29210	淮滨县
6526			220	3645	3645	1080		息县
							3578	扶沟县
			8628			6102	41599	西华县
9000			12799	1386		29480	75951	商水县
			16642			48	63338	沈丘县
							6214	郸城县
			1850				7620	太康县
			41035	1000		95	66412	鹿邑县
			10967					西平县
				20402	8000			上蔡县
			1400	1620	1620		3020	平舆县
			1660				512	正阳县
88			929	400	400	224	1131	确山县
			22600				24082	泌阳县
			275				340	汝南县
			470				76	遂平县
			1226	258	258	1279	6058	新蔡县
243168	3000		128759	144492	127632	810718	1168545	湖北
37000			2400	950	950	1700	74863	阳新县
1860			2333	1130	730	14200	40170	郧西县

2-1-2 续表16

计量单位：万元

县名称 Name of Counties	本年完成投资 Completed Investment of This Year	供水 Water Supply	燃气 Gas Supply	集中供热 Central Heating	轨道交通 Rail Transit System	道路桥梁 Road and Bridge	地下综合管廊 Utility Tunnel	排水 Sewerage
竹山县	121102					22626		26708
竹溪县	36925		1810			1845		18870
房　县	62779	3000	1150			20223		21178
远安县	113191	1463	1200			20350		14498
兴山县	28365					270	20	
秭归县	36379	484	3954			11784		14282
长阳土家族自治县	76496	1500	8090			21549	18000	20000
五峰土家族自治县	68261	4500	980			16906		21720
南漳县	118959	2000	928			57527		23668
谷城县	67681	2700	6457			10917	1700	2564
保康县	99754	15400	5708			5600	10300	
沙洋县	48839	136	87			22784		14308
孝昌县	101358	450	50			15122		38897
大悟县	187085		4283			58001		37875
云梦县	195157	15439	5785			57596	6500	22999
公安县	26819	4835	3332	625		8789		100
江陵县	15769	7041				3085		4824
团风县	24497	310	404			416		7543
红安县	34689	8212				16253		7550
罗田县	47806	36195	857			5323		3737
英山县	24173	2108	458			3826		7472
浠水县	26457	4151	2250			3950		4348
蕲春县	115197	200	500			7304		645
黄梅县	115718	7279	1058			34263		4310
嘉鱼县	59487	5460	2890			3452		20650
通城县	45877		5662					
崇阳县	25910		4362					10085
通山县	48205	7290	2100			16964		11955
随　县	93826	935	7686			52600		650
建始县	39236	700				13714		10988
巴东县	39427	4701	12119					8428
咸丰县	6414		4614			400		
来凤县	32202	2510	2460			4366		8550
鹤峰县	42470	6845	41			1410		
宣恩县	21166		9149					
神农架林区	18010		1700					10700
湖　南	1233036	128281	22135			778739	6297	136275
长沙县	356522					354072	1800	650
望城区	304599	3200				247110		4050
攸　县	3899	650	720				1149	320
茶陵县	2600	1500						
炎陵县	3950	3950						
湘潭县	2400							2400

continued 16

Measurement Unit: 10000 RMB

污水处理 Wastewater Treatment	污泥处置 Sludge Disposal	再生水利用 Wastewater Recycled and Reused	园林绿化 Landscaping	市容环境卫生 Environmental Sanitation	垃圾处理 Domestic Garbage Treatment	其他 Other	本年新增固定资产 Newly Added Fixed Assets of This Year	县名称 Name of Counties
26708			5308	22980	22980	43480	955	竹山县
18590			200	600	500	13600	2822	竹溪县
			14042			3186	62779	房　县
			15569	6880	3721	53231	113191	远安县
						28075	28365	兴山县
9342			166	1027	1000	4682	22507	秭归县
			3357	4000	2000			长阳土家族自治县
19770			7746	8058	7100	8351	68518	五峰土家族自治县
			6416	400		28020	118959	南漳县
			2043	1827	920	39473		谷城县
			2510	6728	6728	53508	99754	保康县
			1320	74	74	10130	33050	沙洋县
33693			4517	6710	1300	35612	101358	孝昌县
37875				20000	20000	66926	2400	大悟县
22999			1100	6284	6284	79454	22205	云梦县
			8600			538		公安县
			143	147	147	529	15769	江陵县
7232			200	6424	5900	9200	23162	团风县
						2674	28275	红安县
3500			294	1400	1400		47806	罗田县
						10309		英山县
			590	1344	1344	9824	25197	浠水县
			200	1972	1922	104376		蕲春县
			20460	28163	28163	20185		黄梅县
9500						27035	58360	嘉鱼县
						40215	40215	通城县
						11463	23370	崇阳县
1465	500		4965			4931		通山县
450			20850	3005	80	8100	1320	随　县
956	2500			3940	3940	9894	39236	建始县
7228						14179	38635	巴东县
			1000			400	13034	咸丰县
5000						14316	1000	来凤县
			2430	4839	4839	26905	3500	鹤峰县
						12017	17770	宣恩县
				5610	5610			神农架林区
96700	**15060**		**23541**	**18223**	**13519**	**119545**	**254963**	湖　南
								长沙县
4050			17300			32939		望城区
						1060	3899	攸　县
			500			600	500	茶陵县
								炎陵县
2400								湘潭县

2-1-2 续表17

计量单位:万元

县名称 Name of Counties	本年完成投资 Completed Investment of This Year	供 水 Water Supply	燃 气 Gas Supply	集中供热 Central Heating	轨道交通 Rail Transit System	道路桥梁 Road and Bridge	地下综合管廊 Utility Tunnel	排 水 Sewerage
衡阳县	1310		560			750		
衡南县	4419	890						2921
衡山县	155							155
衡东县	850							850
祁东县	8280					8280		
南岳区	6500							6500
新邵县	1694	1100						594
邵阳县	18427	6180				11724		199
隆回县	12542							11542
洞口县	18951	10				4100		440
绥宁县	10256							
新宁县	9122	5676				796		
城步苗族自治县	1090					500		270
岳阳县	15400					13800		
华容县	4970					294	3348	1328
湘阴县	1800							1800
平江县	25105	58				9276		3343
安乡县								
汉寿县	13859			4500		9359		
澧　县	32920	18000				14920		
临澧县	30417					4417		26000
桃源县	2700	500				2200		
石门县	6346			5246		1070		
慈利县	5673	3373				2300		
桑植县	11701					7022		3034
南　县	593					500		
桃江县	20747	800				3975		5306
安化县	3718							3718
大通湖区	641							
桂阳县	35608	35608						
宜章县	11546							11546
永兴县	2800	220				1980		600
嘉禾县	12134					7519		2720
临武县	1700	900						800
汝城县	3986					26		3960
桂东县	14108							11782
安仁县	1000							1000
东安县	6611			3111		3500		
双牌县	16162			3268				
道　县	10840	2540	1900					6400
江永县	5977	3596				2381		
宁远县	12462	502				11960		
蓝山县	3300							3300

continued 17

Measurement Unit: 10000 RMB

污水处理 Wastewater Treatment	污泥处置 Sludge Disposal	再生水利用 Wastewater Recycled and Reused	园林绿化 Landscaping	市容环境卫生 Environmental Sanitation	垃圾处理 Domestic Garbage Treatment	其他 Other	本年新增固定资产 Newly Added Fixed Assets of This Year	县名称 Name of Counties
							1200	衡阳县
				608	608		1721	衡南县
155								衡山县
								衡东县
								祁东县
6500								南岳区
								新邵县
						324		邵阳县
10332						1000		隆回县
			700	12151	12151	1550		洞口县
						10256		绥宁县
				2650			3446	新宁县
						320	530	城步苗族自治县
						1600	9240	岳阳县
1328							4970	华容县
								湘阴县
			2070	723	623	9635	24575	平江县
								安乡县
								汉寿县
							32920	澧县
11000	15000						30100	临澧县
								桃源县
				30			6346	石门县
							5673	慈利县
2314			490	160		995		桑植县
				93	93			南县
5306						10666	34201	桃江县
3718								安化县
						641	641	大通湖区
								桂阳县
11546							11546	宜章县
								永兴县
1680			1895				11634	嘉禾县
800								临武县
								汝城县
11782						2326		桂东县
								安仁县
								东安县
						12894	16162	双牌县
6400							10840	道县
								江永县
								宁远县
2720	60							蓝山县

2-1-2 续表18

计量单位：万元

县名称 Name of Counties	本年完成投资 Completed Investment of This Year	供 水 Water Supply	燃 气 Gas Supply	集中供热 Central Heating	轨道交通 Rail Transit System	道路桥梁 Road and Bridge	地下综合管廊 Utility Tunnel	排 水 Sewerage
新田县	1560					1560		
江华瑶族自治县	43571	24995				18576		
中方县	1050	400				650		
沅陵县	27600	3590						3110
辰溪县								
溆浦县	19380					621		10339
会同县	7820		370			7450		
麻阳苗族自治县								
新晃侗族自治县								
芷江侗族自治县								
通道县	1668	1561				107		
靖州县	1900	1900						
双峰县	32092	3502	2460			21534		660
新化县	1055							1055
泸溪县								
凤凰县								
花垣县	1076					1076		
保靖县	4400	3000						1400
古丈县	3110					3100		
永顺县	1200							1200
龙山县	3164	80				234		983
广　东	**431378**	**74204**	**6738**		**10826**	**167259**		**71420**
始兴县	18230							4500
仁化县	6100							6000
翁源县	10971							10675
乳源瑶族自治县	2854					969		257
新丰县	31008	12032			5	11315		6421
南澳县	16							
遂溪县	59095	236	500			57804		59
徐闻县	14362							
广宁县								
怀集县	6499	6499						
封开县								
德庆县								
博罗县	800							
惠东县	353					353		
龙门县	11948					11948		
大埔县	22586	6600	700			3700		11586
丰顺县	5590							
五华县	330		330					
平远县	2048							2048
蕉岭县	3809							
海丰县	47452	480	155			13909		

continued 18

Measurement Unit：10000 RMB

污水处理 Wastewater Treatment	污泥处置 Sludge Disposal	再生水利用 Wastewater Recycled and Reused	园林绿化 Landscaping	市容环境卫生 Environmental Sanitation	垃圾处理 Domestic Garbage Treatment	其他 Other	本年新增固定资产 Newly Added Fixed Assets of This Year	县名称 Name of Counties
								新田县
							15981	江华瑶族自治县
								中方县
3110							20900	沅陵县
								辰溪县
10339						8420	19380	溆浦县
								会同县
								麻阳苗族自治县
								新晃侗族自治县
								芷江侗族自治县
							1668	通道县
							1900	靖州县
20			530	128	34	3278	4035	双峰县
							1055	新化县
								泸溪县
								凤凰县
								花垣县
								保靖县
					10	10		古丈县
1200							800	永顺县
				26	1700		141	龙山县
28315			1069	3940	2155	95922	260636	广　东
							13730	始兴县
			100				100	仁化县
10675				25		271	10700	翁源县
			603	333	333	692		乳源瑶族自治县
			14			1221	31008	新丰县
			16					南澳县
			158	206		132	58859	遂溪县
						14362	14362	徐闻县
								广宁县
							3254	怀集县
								封开县
								德庆县
				800	800		800	博罗县
								惠东县
							8696	龙门县
11586							22586	大埔县
						5590	5590	丰顺县
							11500	五华县
							2048	平远县
						3809	309	蕉岭县
						32908	14287	海丰县

2-1-2 续表19

计量单位:万元

县名称 Name of Counties	本年完成投资 Completed Investment of This Year	供水 Water Supply	燃气 Gas Supply	集中供热 Central Heating	轨道交通 Rail Transit System	道路桥梁 Road and Bridge	地下综合管廊 Utility Tunnel	排水 Sewerage
陆河县	881	663				10		150
紫金县	8217					7998		
龙川县	18250	18250						
连平县	7618	6061						
和平县	22601	8000	74			7354		4405
东源县	14656				10171			3506
阳西县	12541		4979			6400		1002
阳山县	23024					14626		
连山壮族瑶族自治县	5011					741		4250
连南瑶族自治县	319							
佛冈县	17881					17807		
饶平县	13788					2497		5561
揭西县								
惠来县								
新兴县	9588	83				4526		
郁南县	32952	15300			650	5302		11000
广　西	1071394	58577	27926			574099	444	176873
隆安县	18020		275			14369		2168
马山县	57537					36447		10040
上林县	52532		2400			49419		450
宾阳县	35374	13650				7300		1977
柳城县	12477	737				6620		1482
鹿寨县	23588	24				5304		18230
融安县	19135	1224	230			1278		54
融水苗族自治县	11343	2672				8671		
三江侗族自治县	7456	313				3738		2885
阳朔县	12036	1939	1300			3953		4719
灵川县	14135	100				12006		796
全州县	3810	407				1120		800
兴安县	28160	1300				18110		8750
永福县	22656					14638		700
灌阳县	4200					3000		1200
龙胜各族自治县	3180					2650		450
资源县	7300	300				4200		2800
平乐县	10588		95			8853		1640
恭城瑶族自治县	4331		85			4246		
苍梧县	9055					8727		328
藤　县	42810	2193	14044			22120		2073
蒙山县	5694	24	15			2823	398	2131
合浦县	28189		180			12844		15165
上思县	9689		989			6130		2570
灵山县	2763	500				876		
浦北县	10138	3400	1052			416		650

continued 19

Measurement Unit: 10000 RMB

污水处理 Wastewater Treatment	污泥处置 Sludge Disposal	再生水利用 Wastewater Recycled and Reused	园林绿化 Landscaping	市容环境卫生 Environmental Sanitation	垃圾处理 Domestic Garbage Treatment	其他 Other	本年新增固定资产 Newly Added Fixed Assets of This Year	县名称 Name of Counties
150				58			58	陆河县
						219		紫金县
								龙川县
				1557		89	1557	连平县
4353				73	73	2695	22560	和平县
910			100	86		793	3919	东源县
152				160	160		8229	阳西县
						8398	14626	阳山县
489			20					连山壮族瑶族自治县
						319		连南瑶族自治县
						74	15000	佛冈县
						5730	10588	饶平县
								揭西县
								惠来县
						4979		新兴县
				700	700			郁南县
63189	**12**		**66449**	**68777**	**50831**	**98249**	**629938**	**广 西**
1598				497	451	711	11562	隆安县
9090			11050				59407	马山县
390				56	56	207		上林县
500			181	300		11966		宾阳县
			130			3508	1911	柳城县
17530						30	2873	鹿寨县
			35	16296	16296	18	2590	融安县
								融水苗族自治县
1005				76		444	3372	三江侗族自治县
471				125	125		34825	阳朔县
446			1233				25506	灵川县
350			10	1473	1473		1473	全州县
400							12064	兴安县
			6000			1318	7108	永福县
1000								灌阳县
50			80				11404	龙胜各族自治县
500							9880	资源县
940							7221	平乐县
							4246	恭城瑶族自治县
328								苍梧县
475				1382	998	867		藤 县
325	12			127		176	11846	蒙山县
							26070	合浦县
2000							9450	上思县
					1387			灵山县
				20		4600		浦北县

2-1-2 续表20

计量单位:万元

县名称 Name of Counties	本年完成投资 Completed Investment of This Year	供水 Water Supply	燃气 Gas Supply	集中供热 Central Heating	轨道交通 Rail Transit System	道路桥梁 Road and Bridge	地下综合管廊 Utility Tunnel	排水 Sewerage
平南县	48738	855	666			29575		17550
容县	23452	437	570			19640		2005
陆川县	22787	132	100			13620		3430
博白县	30372	50	125			28843		1294
兴业县	4138	216	1332			1008		372
田东县	33439	7600				15518		6321
德保县	1502	175				936		269
那坡县	4759	538				3861		200
凌云县	2938					1444		541
乐业县	3313	1280	1200			208		
田林县	2350	39				264		1989
西林县	3978	31				680		2824
隆林各族自治县	10152		170			6924		2700
昭平县	9024	4750	300			750		620
钟山县	2661	16	280			1360		1005
富川瑶族自治县	12388	45	39			6430		4923
南丹县	18821		36			3247		15503
天峨县	11138					10496		85
凤山县	4340					340		4000
东兰县	25160					12260		
罗城仫佬族自治县	44906	2254	518			37470		
环江毛南族自治县	16457	350				16107		
巴马瑶族自治县	18120	5771				12329		
都安瑶族自治县	69808					16230		7884
大化瑶族自治县	4533					153	46	3803
忻城县	21559	46	135			21378		
象州县	22931					2654		1368
武宣县	61068	79				734		5941
金秀瑶族自治县	6845		295			4700		1850
扶绥县	21800	1725	1296			5890		2075
宁明县	8058	3300				1108		3650
龙州县	17193	105	152			15800		1101
大新县	8735		47			4999		1082
天等县	17735					17285		430
海 南	**226228**	**75516**	**975**			**69564**		**42257**
定安县	7604					2426		2667
屯昌县	32978					24626		8174
澄迈县	37776	16570						109
临高县	24073					12956		
白沙黎族自治县	1333	756				497		80
昌江县	6078	1000	623			3686		120
乐东县	52383	40221						11151

continued 20

Measurement Unit: 10000 RMB

污水处理 Wastewater Treatment	污泥处置 Sludge Disposal	再生水利用 Wastewater Recycled and Reused	园林绿化 Landscaping	市容环境卫生 Environmental Sanitation	垃圾处理 Domestic Garbage Treatment	其他 Other	本年新增固定资产 Newly Added Fixed Assets of This Year	县名称 Name of Counties
17100			92				13338	平南县
			800				7110	容县
			5505				21657	陆川县
			35	25			5256	博白县
			60	1150			11149	兴业县
			4000				33934	田东县
			25	81		16	542	德保县
200				160			4759	那坡县
			223	572		158	2403	凌云县
				625	625		8338	乐业县
			58				484	田林县
2763						443	657	西林县
1600			326	32			4026	隆林各族自治县
			90	1314	1314	1200	1614	昭平县
							2661	钟山县
			909	42			12038	富川瑶族自治县
						33	948	南丹县
82			503	48		6	2136	天峨县
4000							340	凤山县
				12900				东兰县
			4664					罗城仫佬族自治县
							4775	环江毛南族自治县
						20	3993	巴马瑶族自治县
			16090	29604	29604		69628	都安瑶族自治县
46			531				268	大化瑶族自治县
								忻城县
			383	961		17565	15468	象州县
			2100			52214	68450	武宣县
							4700	金秀瑶族自治县
			7260			3554	43946	扶绥县
							5650	宁明县
				35			17193	龙州县
			2547			60	3846	大新县
				20	20		15823	天等县
28543	**4500**		**1043**	**8**	**8**	**36865**	**58048**	**海 南**
2161						2511		定安县
766						178	32193	屯昌县
109						21097		澄迈县
			249	8	8	10860	23816	临高县
								白沙黎族自治县
						649		昌江县
11151			711			300	300	乐东县

2-1-2 续表21

计量单位:万元

县名称 Name of Counties	本年完成投资 Completed Investment of This Year	供 水 Water Supply	燃 气 Gas Supply	集中供热 Central Heating	轨道交通 Rail Transit System	道路桥梁 Road and Bridge	地下综合管廊 Utility Tunnel	排 水 Sewerage
陵水县	41859	10906				17237		13633
保亭县	8174	4763						2223
琼中县	13970	1300	352			8136		4100
洋浦经济开发区								
重 庆	729777	36990	51411	1200		336096	2600	61562
城口县	59067		196	1200		5983		3961
丰都县	104163					6159	1000	1247
垫江县	42000		1531			10336		5479
忠 县	57486	248	16			44870		9850
云阳县	143304	7930	14098			98316		9851
奉节县	30176		6706			12056		650
巫山县	8516	2600				2892		1794
巫溪县	55162		4564			36196		7050
石柱土家族自治县	29698	3530	3800			14120		6675
秀山土家族苗族自治县	33579					14604		10997
酉阳土家族苗族自治县	110584	18752	13849			71316	1600	2850
彭水苗族土家族自治县	56042	3930	6651			19248		1158
四 川	3931312	145056	184823	39820		1766492	24667	1074616
金堂县	127434					87041	18000	22393
大邑县	54310					35000		11310
蒲江县	30080					25954		2602
东部新区管理委员会	229656	133	519			223830	1371	1717
荣 县								
富顺县								
米易县	26500	5000				13500		8000
盐边县	76161		9823			23400		270
泸 县	32700		3000			21000		
合江县	46740					41000		1240
叙永县	24100		2200			17000		
古蔺县	53600	6500				19000		11100
中江县	80229	2200				49780		13992
三台县	48944	49	7800			17446		20391
盐亭县	56174	20797	230			8970		25797
梓潼县	112647					85532		24915
北川羌族自治县	30443	400				13300	2000	11615
平武县	11300	200	200			6800		4100
旺苍县	39971	17466	3970			9192		670
青川县	4571		1221			1700		1300
剑阁县	58265		6900			44405		2760
苍溪县	89776		10400			38905		17100
蓬溪县	77430		16560					36380
大英县	77790		7690			26600		43500
威远县	48926	800	5200			42300		626
资中县	30727	1600	880			24347		2150

continued 21

Measurement Unit: 10000 RMB

污水处理 Wastewater Treatment	污泥处置 Sludge Disposal	再生水利用 Wastewater Recycled and Reused	园林绿化 Landscaping	市容环境卫生 Environmental Sanitation	垃圾处理 Domestic Garbage Treatment	其他 Other	本年新增固定资产 Newly Added Fixed Assets of This Year	县名称 Name of Counties
13633				83				陵水县
723	1500					1188	400	保亭县
		3000				82	1339	琼中县
								洋浦经济开发区
28622		**10**	**61495**	**9797**	**4858**	**168626**	**687363**	**重 庆**
597		10	1448			46279	22425	城口县
			10264	2277		83216	43215	丰都县
5479			21732	735	300	2187	153599	垫江县
			2400	80		22	113164	忠 县
3851			10335	2774	2600		163787	云阳县
						10764		奉节县
393			400	530		300	1230	巫山县
			7352				22789	巫溪县
6675				973	973	600	17405	石柱土家族自治县
10997			6146	1832	985		33455	秀山土家族苗族自治县
630			1068	470		679	110404	酉阳土家族自治县
			350	126		24579	5890	彭水苗族土家族自治县
322693	**2112**	**775**	**163845**	**115318**	**49083**	**416675**	**3031622**	**四 川**
19623							127434	金堂县
8310						8000	54310	大邑县
2602			1524				30080	蒲江县
		992	1936			150		东部新区管理委员会
								荣 县
								富顺县
5000							26500	米易县
240	20	10	10460	12138	3700	20070	76161	盐边县
			7000	1700	700		32700	泸 县
	600		4500				46740	合江县
				4900	4900		24100	叙永县
						17000	53600	古蔺县
2650			11600	2207	300	450	80229	中江县
8091				3258	3258		48904	三台县
6000			150	230			56174	盐亭县
3512			850	1350	1350		112647	梓潼县
5150			2000	1128	1128		30443	北川羌族自治县
200							11300	平武县
500			2806	5867	5867			旺苍县
300				350	350		4471	青川县
				4200	4200		58265	剑阁县
3024				1230	1230	22141		苍溪县
35380			24490				77430	蓬溪县
9900							77790	大英县
								威远县
			1750					资中县

2-1-2 续表22

计量单位:万元

县名称 Name of Counties	本年完成投资 Completed Investment of This Year	供 水 Water Supply	燃 气 Gas Supply	集中供热 Central Heating	轨道交通 Rail Transit System	道路桥梁 Road and Bridge	地下综合管廊 Utility Tunnel	排 水 Sewerage
犍为县	23482		320			13279		5141
井研县	39700	50	2125			17980		18045
夹江县	14818	10000	1583					3000
沐川县	34700					6800		27900
峨边县	34613					24779		1598
马边县	10400	1400						300
南部县	283083					31200		247883
营山县	379810		6800			69350		86460
蓬安县	153000	9000	9000			25000		108000
仪陇县	70650					58900		11750
西充县	85500	5500	4500			24500		40500
眉山天府新区	11096					11096		
洪雅县	15322		4130			2550		8042
仁寿县	54055		9600					44455
丹棱县	33500		5000			2500		4000
青神县	36042					9579		
江安县	34499					34499		
长宁县	14653					4499		1525
高 县	11040	3720				3523		2297
珙 县								
筠连县	33877					32602		
兴文县	75500					45000		6500
屏山县	40462	1150	5100			22802		1830
岳池县	94050		20000			55900		13150
武胜县	31150					12250		9500
邻水县	19700		5100			13200		1400
宣汉县	79250					70250		8000
开江县	43434	160	5100			25300		9398
大竹县	80340					59340		21000
渠 县	117526	28370	8500			55656		25000
荥经县	6940					1880		
汉源县	26450					13300		
石棉县	8197	151				7642		214
天全县	19790		2840					970
芦山县	22914					10459		4205
宝兴县	45070		385			19730		18415
通江县	37960		7760			2700		2100
南江县	76400	10000				12300		5500
平昌县	42059	2300	10159			17400		7800
安岳县								
乐至县								
汶川县	2700					2700		
理 县	500					500		
茂 县	5870					1340		2530

continued 22

Measurement Unit: 10000 RMB

污水处理 Wastewater Treatment	污泥处置 Sludge Disposal	再生水利用 Wastewater Recycled and Reused	园林绿化 Landscaping	市容环境卫生 Environmental Sanitation	垃圾处理 Domestic Garbage Treatment	其他 Other	本年新增固定资产 Newly Added Fixed Assets of This Year	县名称 Name of Counties
180			600	3800		342	23482	犍为县
900			1500				39700	井研县
			235				14818	夹江县
25620							34700	沐川县
1598				8236			34613	峨边县
300			8700				10400	马边县
			4000				357483	南部县
76410				10000	10000	207200		营山县
			1000	1000	1000		153000	蓬安县
3600							70650	仪陇县
200			10500				85500	西充县
							11096	眉山天府新区
				200		400	13029	洪雅县
33905							36313	仁寿县
			2000			20000	33500	丹棱县
					26463			青神县
							34499	江安县
					8629		14653	长宁县
			1500				11040	高县
								珙县
				1275	1275		33877	筠连县
				24000			75500	兴文县
450			9580				40462	屏山县
				5000			94050	岳池县
5000			7400	2000			31150	武胜县
							19700	邻水县
						1000	79250	宣汉县
2750				3476	1500		43434	开江县
							80340	大竹县
25000							117526	渠县
					5060		6400	荥经县
			13150				20250	汉源县
			10	180	180		7823	石棉县
970					15980		15855	天全县
885	765		7650			600	20655	芦山县
1380			4680	1860			44910	宝兴县
1500				2000	2000	23400	37960	通江县
		500	12000			36600	76400	南江县
350			3500	900	800			平昌县
								安岳县
								乐至县
							550	汶川县
							3000	理县
750						2000	20	茂县

2-1-2 续表 23

计量单位：万元

县名称 Name of Counties	本年完成投资 Completed Investment of This Year	供水 Water Supply	燃气 Gas Supply	集中供热 Central Heating	轨道交通 Rail Transit System	道路桥梁 Road and Bridge	地下综合管廊 Utility Tunnel	排水 Sewerage
松潘县	4490	600		2560		1330		
九寨沟县	1400							1400
金川县	10000	1050				7700		
小金县	310					220		
黑水县	600					300		300
壤塘县	127							127
阿坝县								
若尔盖县	26542			4900		13134		8508
红原县	1193							703
泸定县	3788	520				1560		1200
丹巴县								
九龙县	5200	3000				2200		
雅江县	5175	825				4350		
道孚县	500							
炉霍县	4800			2400		2400		
甘孜县	21089	2756		12500		1833		3000
新龙县	5235			3979		1226	30	
德格县								
白玉县	13921	7174		3747				3000
石渠县	7419	1385		6034				
色达县	3700			3700				
理塘县	800	800						
巴塘县	1699							
乡城县	1488							
稻城县	1014							1014
得荣县	2990					2100		890
普格县	300							
木里县								
盐源县	1263							1200
德昌县	31143					14000		17143
会东县	1200							
宁南县	1471					1471		
布拖县	4798						3266	
金阳县	16700					6800		7765
昭觉县	3608					1708		1900
喜德县								
冕宁县								
越西县	15708		228			914		14094
甘洛县	304							
美姑县	500							
雷波县	12261					4959		36
贵州	2553946	130011	60149	350	18825	566718	28630	171798
开阳县	2900					2900		

continued 23

Measurement Unit: 10000 RMB

污水处理 Wastewater Treatment	污泥处置 Sludge Disposal	再生水利用 Wastewater Recycled and Reused	园林绿化 Landscaping	市容环境卫生 Environmental Sanitation	垃圾处理 Domestic Garbage Treatment	其他 Other	本年新增固定资产 Newly Added Fixed Assets of This Year	县名称 Name of Counties
							4490	松潘县
1400								九寨沟县
					1050	200	600	金川县
				90	90		310	小金县
300								黑水县
127								壤塘县
								阿坝县
							4900	若尔盖县
						490	490	红原县
1200			245	263	263		3788	泸定县
								丹巴县
							5200	九龙县
							5175	雅江县
				500	500		500	道孚县
							4800	炉霍县
3000				1000	1000		21089	甘孜县
							5235	新龙县
								德格县
							13921	白玉县
							7419	石渠县
							3700	色达县
							800	理塘县
				1699			1699	巴塘县
				1488	1488		1488	乡城县
1014							1014	稻城县
890							2990	得荣县
			300				300	普格县
								木里县
1200				63			1263	盐源县
5000							31143	德昌县
			1200				1200	会东县
							1471	宁南县
				1532	1532		4798	布拖县
457				2135			16700	金阳县
1900								昭觉县
								喜德县
								冕宁县
13975				472	472		15708	越西县
				304			304	甘洛县
						500		美姑县
			4766	2500			12261	雷波县
85527	8	1	42945	54387	46874	1480133	1221448	贵　州
								开阳县

2-1-2 续表 24

计量单位：万元

县名称 Name of Counties	本年完成投资 Completed Investment of This Year	供水 Water Supply	燃气 Gas Supply	集中供热 Central Heating	轨道交通 Rail Transit System	道路桥梁 Road and Bridge	地下综合管廊 Utility Tunnel	排水 Sewerage
息烽县								
修文县								
六枝特区	216238	780	1451			9651	22470	6546
桐梓县	18186	395	419	350		13468		482
绥阳县	6844	250	3347					
正安县	7673		8			265		2800
道真县	3759	1900				500		760
务川县	1374							
凤冈县	13091		1540					10490
湄潭县	6766		1120			202		
余庆县	6500		6200			300		
习水县	5631		3281			2350		
普定县	131500					17000		
镇宁县	121304	24				29681		348
关岭县	91931	5987	116			3293		935
紫云县	69840					41056		
大方县	15956	700				2200		764
金沙县	16140	4000	2482			300		1865
织金县	65338	1300	500			11352	5000	17095
纳雍县	39376	611	187			21800		14446
威宁自治县	54448	1549	414			38652	1160	8689
赫章县	1218	80	30					508
江口县	43415					300		21300
玉屏县	6760	1053						1331
石阡县	14200	5500				4000		
思南县	8200					1500		
印江县	49356	5000	4695			3360		8504
德江县	79277		1839			16882		9402
沿河县	6349	20						1189
松桃县	59690	2753	2886			34512		1778
普安县	71236	10760				52694		700
晴隆县								
贞丰县	7224							
望谟县	30							30
册亨县								
安龙县	31111	2300	689			20950		2000
黄平县	57041	16934	2609			10521		5984
施秉县	81039					4142		380
三穗县	73165		1854			6411		27097
镇远县	55430		2100			3610		1050
岑巩县	61143		3610			6641		
天柱县	58583	2412	1668			21970		7036
锦屏县	73839	4038	1572			570		2251

continued 24

Measurement Unit:10000 RMB

污水处理 Wastewater Treatment	污泥处置 Sludge Disposal	再生水利用 Wastewater Recycled and Reused	园林绿化 Landscaping	市容环境卫生 Environmental Sanitation	垃圾处理 Domestic Garbage Treatment	其他 Other	本年新增固定资产 Newly Added Fixed Assets of This Year	县名称 Name of Counties
								息烽县
								修文县
4500						175340		六枝特区
			350	2202	2202	520	36796	桐梓县
				3247	3247			绥阳县
845						4600	7400	正安县
760				599	599		2759	道真县
				1300	1300	74	3224	务川县
				1061	1061		7796	凤冈县
				5444	5444		6766	湄潭县
								余庆县
								习水县
				3200		111300		普定县
						91251	121303	镇宁县
210				4300	4300	77300	725	关岭县
						28784	69840	紫云县
				3500	1500	8792	764	大方县
288						7493		金沙县
17080			238	1209	578	28644	1282	织金县
			1120	300	300	912	25107	纳雍县
8689				2240	2240	1744	5169	威宁自治县
						600	200	赫章县
						21815	5367	江口县
838						4376	6760	玉屏县
						4700	4000	石阡县
						6700		思南县
2570						27797	49556	印江县
5203			19780			31374	208953	德江县
720						5140		沿河县
				13419	13419	4342		松桃县
270						7082	72366	普安县
								晴隆县
						7224		贞丰县
								望谟县
								册亨县
2000			1100			4072	31411	安龙县
4783						20993	57041	黄平县
						76517	81039	施秉县
22970						37803		三穗县
1050						48670		镇远县
				615	615	50277	61143	岑巩县
						25497	58583	天柱县
2251						65408		锦屏县

2-1-2 续表25

计量单位:万元

县名称 Name of Counties	本年完成投资 Completed Investment of This Year	供水 Water Supply	燃气 Gas Supply	集中供热 Central Heating	轨道交通 Rail Transit System	道路桥梁 Road and Bridge	地下综合管廊 Utility Tunnel	排水 Sewerage
剑河县	78470	6731	97			22769		12175
台江县	60651		3849		18825	711		490
黎平县	84563		340			180		829
榕江县	48050	1600	2894			3351		695
从江县	44266	675	766			34138		474
雷山县	58321		4935			10412		
麻江县	38478	20693	621			344		1010
丹寨县	50398	7910				9538		365
荔波县								
贵定县	8147							
瓮安县	13139		430			6299		
独山县	82271					1255		
平塘县								
罗甸县	37470					15270		
长顺县	5105							
龙里县	149392	24056	1600			62724		
惠水县	60884					15454		
三都水族自治县	1240					1240		
云　南	**2151283**	**100109**	**82730**		**172**	**605094**	**1100**	**322281**
嵩明县	3107	447				1318		
富民县	19394		50			11050		8294
宜良县	7100							7100
石林彝族自治县								
禄劝彝族苗族自治县	1814							1331
寻甸县	2950							500
昆明阳宗海风景名胜区	5640							
陆良县	60331	18274	21599			7405		5486
师宗县	73036					29612		15919
罗平县	74576	861				32286		11105
富源县	42118	3898	2600			4420		
会泽县	80528					18254		5139
通海县	27035							3752
华宁县	26683					3425		9997
易门县								
峨山县	20838					1292		
新平县	23949							
元江县	114196					88936		
施甸县	18405		3645					11884
龙陵县	10750					2700		
昌宁县	33865							1598
鲁甸县	52288	18600				3550		17202
巧家县	62301					21312		10661
盐津县	1287		1202					

continued 25

Measurement Unit: 10000 RMB

污水处理 Wastewater Treatment	污泥处置 Sludge Disposal	再生水利用 Wastewater Recycled and Reused	园林绿化 Landscaping	市容环境卫生 Environmental Sanitation	垃圾处理 Domestic Garbage Treatment	其他 Other	本年新增固定资产 Newly Added Fixed Assets of This Year	县名称 Name of Counties
8981						36698		剑河县
490			618			36158	60651	台江县
				240	240	82974		黎平县
						39510		榕江县
19	8	1	5939	1703	1419	571	44266	从江县
						42974		雷山县
1010					1018	14792	38478	麻江县
					380	32205	50398	丹寨县
								荔波县
						8147	8147	贵定县
			4000	2410	2410			瓮安县
						81016		独山县
								平塘县
			1800	6000	6000	14400	32220	罗甸县
						5105		长顺县
						61012		龙里县
			8000			37430	60884	惠水县
						1054		三都水族自治县
155593		2020	158876	63356	52771	817565	1452540	云　南
						1342		嵩明县
8194								富民县
							7100	宜良县
								石林彝族自治县
1331						483	1814	禄劝彝族苗族自治县
500						2450	2950	寻甸县
						5640	5640	昆明阳宗海风景名胜区
4089			4967	2600			60331	陆良县
						27505	73036	师宗县
992			4188			26136		罗平县
			20200	11000	11000		42118	富源县
1033				1347		55788	80528	会泽县
3752						23283		通海县
9997			4802	3409		5050	23959	华宁县
								易门县
			6828			12718	20838	峨山县
						23949		新平县
			7666			17594	110294	元江县
10263						2876	8711	施甸县
				8050	8050		10750	龙陵县
				7750	7750	24517	35725	昌宁县
17003			3500			9436		鲁甸县
			5537			24791	6400	巧家县
					85		1466	盐津县

2-1-2 续表26

计量单位:万元

县名称 Name of Counties	本年完成投资 Completed Investment of This Year	供 水 Water Supply	燃 气 Gas Supply	集中供热 Central Heating	轨道交通 Rail Transit System	道路桥梁 Road and Bridge	地下综合管廊 Utility Tunnel	排 水 Sewerage
大关县								
永善县	14094	424	318			12632		710
绥江县	11260	109	2120			5625		
镇雄县	142100					66163		3085
彝良县	53667							6000
威信县	136720	4513	22019			32024		9311
玉龙纳西族自治县	7300					7300		
永胜县	4987							
华坪县								
宁蒗县	6450					4200		2250
宁洱哈尼族彝族自治县	52509	3400	6984			7600		6600
墨江哈尼族自治县	17922	10067				6055		
景东彝族自治县	16841	2070	650			7043		3420
景谷傣族彝族自治县	20452	6500	530		172	4000		600
镇沅彝族哈尼族拉祜族自治县	20032	1508				1510		1532
江城哈尼族彝族自治县	25271					1641		
孟连傣族拉祜族佤族自治县	13931	120				9334	100	1485
澜沧拉祜族自治县	15954							3233
西盟佤族自治县	24800					2260		1033
凤庆县	9610		4346			2544		2000
云　县	5164							200
永德县	2030		200					1830
镇康县	64191	1800	8472			1630		
双江县	1820					1450		370
耿马县	5500					150		3500
沧源县	6436							5930
双柏县	27429					21814		1128
牟定县	48935					5435		11400
南华县	27300	1500				13500		12300
姚安县	100500	10200	4000			21000		18300
大姚县	29570					16225		1980
永仁县	20835					719		12644
元谋县	43708	283	100			23600		9025
武定县	36921	5151				16049	1000	8154
屏边县	20600					3000		6000
建水县	15676					8749		6927
石屏县	13121	900				1300		10921
泸西县	7112		1386			4553		123
元阳县	16160	5130	700			10330		
红河县	34951					1484		400
金平县	5318					1093		400
绿春县	3733					1715		1804
河口县	10210	2010				8200		

continued 26

Measurement Unit: 10000 RMB

污水处理 Wastewater Treatment	污泥处置 Sludge Disposal	再生水利用 Wastewater Recycled and Reused	园林绿化 Landscaping	市容环境卫生 Environmental Sanitation	垃圾处理 Domestic Garbage Treatment	其他 Other	本年新增固定资产 Newly Added Fixed Assets of This Year	县名称 Name of Counties
							41600	大关县
				10				永善县
				496	496	2910	11880	绥江县
3085				4283	4283	68569	1209	镇雄县
6000						47667	53667	彝良县
5189				1914	1914	66939	136720	威信县
							7300	玉龙纳西族自治县
			2800	1387	1387	800	4987	永胜县
								华坪县
							6450	宁蒗县
6600			2350	3400	3400	22175	52509	宁洱哈尼族彝族自治县
			1800				17922	墨江哈尼族自治县
2720			2228			1430	16841	景东彝族自治县
			1400			7250	20452	景谷傣族彝族自治县
			6664			8818	20032	镇沅彝族哈尼族拉祜族自治县
				1680	1680	21950	25271	江城哈尼族彝族自治县
			2612	270	270	10	13911	孟连傣族拉祜族佤族自治县
1053						12721	15954	澜沧拉祜族自治县
				50		21457	24800	西盟佤族自治县
2000			720				9630	凤庆县
200				764	764	4200	5164	云县
1830								永德县
			1689			50600	64191	镇康县
								双江县
3500			1450			400	150	耿马县
				506			3406	沧源县
			4487				27429	双柏县
			14025	7240	7240	10835	48905	牟定县
								南华县
10400			5700	2400	2400	38900	100500	姚安县
			2700			8665	29570	大姚县
12644			3566			3906	20835	永仁县
			10700					元谋县
2200			557			6010	36921	武定县
						11600		屏边县
6500							1991	建水县
								石屏县
						1050	2553	泸西县
								元阳县
						33067		红河县
			1700	1200	1000	925		金平县
1249						214		绿春县
							10210	河口县

2-1-2 续表27

计量单位:万元

县名称 Name of Counties	本年完成投资 Completed Investment of This Year	供 水 Water Supply	燃 气 Gas Supply	集中供热 Central Heating	轨道交通 Rail Transit System	道路桥梁 Road and Bridge	地下综合管廊 Utility Tunnel	排 水 Sewerage
砚山县								
西畴县								
麻栗坡县								
马关县								
丘北县	200					200		
广南县	3420					2320		1100
富宁县	17855							
勐海县								
勐腊县	13119					9420		1312
漾濞彝族自治县	3452							222
祥云县	5375					80		1500
宾川县	5265	20				1596		2823
弥渡县	31537			1179				1599
南涧彝族自治县	11994					2695		
巍山彝族回族自治县	5156	514				664		2820
永平县	12294	550	550					313
云龙县	7909	1200				4500		2108
洱源县	16455					7622		4230
剑川县	22504							18867
鹤庆县	12566	60	80			1030		2840
梁河县	10599					8530		1484
盈江县	31069					3602		13494
陇川县	21182							1900
福贡县								
贡山独龙族怒族自治县	2608							
兰坪白族普米族自治县	1800					1800		
德钦县	1000							
维西傈僳族自治县	10613					3548		1106
西 藏	**179523**	**24213**		**65079**		**41223**	**4355**	**16069**
曲水县								
当雄县								
林周县								
墨竹工卡县	3584					1340		2244
尼木县								
亚东县								
聂拉木县	1168							1168
仲巴县								
定结县								
康马县	28485			20015		5790		2280
吉隆县	2018	1500						518
萨嘎县	1819	1819						
谢通门县								
萨迦县								

continued 27

Measurement Unit: 10000 RMB

污水处理 Wastewater Treatment	污泥处置 Sludge Disposal	再生水利用 Wastewater Recycled and Reused	园林绿化 Landscaping	市容环境卫生 Environmental Sanitation	垃圾处理 Domestic Garbage Treatment	其他 Other	本年新增固定资产 Newly Added Fixed Assets of This Year	县名称 Name of Counties
								砚山县
								西畴县
								麻栗坡县
								马关县
								丘北县
950								广南县
			11688			6167	24421	富宁县
								勐海县
1312						2387	13119	勐腊县
222			1500			1730		漾濞彝族自治县
1500						3795	4470	祥云县
			532	220		74	2050	宾川县
			2058			26701	12022	弥渡县
						9299		南涧彝族自治县
2820			1158				514	巍山彝族回族自治县
			1029	2218		7634		永平县
2108			101				6400	云龙县
2210		2020	1230			3373	16455	洱源县
9526			3637				22504	剑川县
2440			420	1137	1137	6999	12566	鹤庆县
1484						585	10599	梁河县
6797			4668			9305		盈江县
1900						19282		陇川县
								福贡县
						2608		贡山独龙族怒族自治县
							1800	兰坪白族普米族自治县
						1000	1000	德钦县
			5959					维西傈僳族自治县
5121			**923**	**11033**	**9437**	**16628**	**164878**	**西 藏**
								曲水县
								当雄县
								林周县
1532								墨竹工卡县
								尼木县
								亚东县
							1168	聂拉木县
							430	仲巴县
								定结县
				400			29897	康马县
518							2018	吉隆县
							1819	萨嘎县
								谢通门县
								萨迦县

2-1-2 续表28

计量单位:万元

县名称 Name of Counties	本年完成投资 Completed Investment of This Year	供水 Water Supply	燃气 Gas Supply	集中供热 Central Heating	轨道交通 Rail Transit System	道路桥梁 Road and Bridge	地下综合管廊 Utility Tunnel	排水 Sewerage
岗巴县	4675							4675
拉孜县	24250			24250				
江孜县	10017	951				6451		1256
定日县	17789			11265				414
南木林县	8716	2000						
昂仁县	1819	1609				210		
白朗县								
仁布县								
左贡县								
丁青县	2502	1799				703		
八宿县								
江达县	1870	1870						
洛隆县								
察雅县	1697	28				812		857
贡觉县	3090					3090		
边坝县	5665	4120						1545
类乌齐县								
芒康县	8755	5328						32
朗　县	3700					3700		
墨脱县	2700					2700		
工布江达县								
察隅县								
波密县	3444	1005				2439		
米林县	4653					4653		
错那县								
浪卡子县								
贡嘎县								
加查县	4978						4355	
桑日县								
洛扎县								
琼结县								
措美县								
扎囊县								
曲松县								
隆子县								
聂荣县	981							
双湖县	300			300				
嘉黎县								
比如县	4180					3303		
尼玛县	1816					1523		
巴青县	8789			7789		1000		
申扎县	4262	2184				1479		
安多县	3586					1770		

continued 28

Measurement Unit: 10000 RMB

污水处理 Wastewater Treatment	污泥处置 Sludge Disposal	再生水利用 Wastewater Recycled and Reused	园林绿化 Landscaping	市容环境卫生 Environmental Sanitation	垃圾处理 Domestic Garbage Treatment	其他 Other	本年新增固定资产 Newly Added Fixed Assets of This Year	县名称 Name of Counties
							4675	岗巴县
							24250	拉孜县
						1359	8817	江孜县
414						6110	20074	定日县
						6716	8716	南木林县
							1819	昂仁县
								白朗县
								仁布县
								左贡县
							2502	丁青县
								八宿县
								江达县
								洛隆县
							3300	察雅县
								贡觉县
1545							1545	边坝县
								类乌齐县
32					3395	3395	8723	芒康县
							3700	朗县
							600	墨脱县
								工布江达县
								察隅县
								波密县
							3653	米林县
								错那县
								浪卡子县
								贡嘎县
			623				4978	加查县
								桑日县
								洛扎县
								琼结县
								措美县
								扎囊县
								曲松县
								隆子县
						981		聂荣县
								双湖县
								嘉黎县
				877	877		4179	比如县
						293	1816	尼玛县
							9789	巴青县
						599	5805	申扎县
				1696	500	120	2390	安多县

2-1-2 续表29

计量单位:万元

县名称 Name of Counties	本年完成投资 Completed Investment of This Year	供水 Water Supply	燃气 Gas Supply	集中供热 Central Heating	轨道交通 Rail Transit System	道路桥梁 Road and Bridge	地下综合管廊 Utility Tunnel	排水 Sewerage
索 县	790							683
班戈县								
革吉县								
札达县								
日土县	7425			1460		260		397
改则县								
葛尔县								
普兰县								
措勤县								
陕 西	3141568	174507	130230	127754	4363	964550	66555	738659
蓝田县	81514	17462		8550		14154		40155
周至县	40790	3460	5120	5626		9700		10700
宜君县	22528					10052	8000	4269
岐山县	138506			31280		9761		24892
扶风县	6822					600		5072
眉 县	57510			12600		2600		10
陇 县	54824		29579	2585		13810		8850
千阳县	22982		3582			4900		
麟游县	19101			6515		8234		3500
凤 县	36425	594	20000	721		3400		4873
太白县	6900			3000				1000
三原县	95282	2080				10288	123	53437
泾阳县	65167		970	563		42367		17075
乾 县	43773					17625		26148
礼泉县	126809	5150		19130		27723	28410	13088
永寿县	21980					9680		12300
长武县	55050	1007		1400		21299		21149
旬邑县	45243	300	300	14000		16187	400	250
淳化县	24408					11684		10868
武功县	74585		938			12725		57002
潼关县	74994	27300	4388			20391		4872
大荔县	20357					2020		18337
合阳县	40489					9508		21308
澄城县	40783		2009	1476		14354		20200
蒲城县	104331					34731		42000
白水县	36797		2000	1400		3265		15435
富平县	73325			115		30210	8789	15502
延长县	832					562		80
延川县	290	290						
志丹县								
吴起县	7178					2788		1110
甘泉县	1794					350		100
富 县	45812	100				13910		3500

continued 29

Measurement Unit: 10000 RMB

污水处理 Wastewater Treatment	污泥处置 Sludge Disposal	再生水利用 Wastewater Recycled and Reused	园林绿化 Landscaping	市容环境卫生 Environmental Sanitation	垃圾处理 Domestic Garbage Treatment	其他 Other	本年新增固定资产 Newly Added Fixed Assets of This Year	县名称 Name of Counties
683				107	107		790	索 县
								班戈县
								革吉县
								札达县
397			300	4558	4558	450	7425	日土县
								改则县
								葛尔县
								普兰县
								措勤县
352558	**2575**	**13876**	**215065**	**172960**	**85068**	**546925**	**1238725**	陕 西
39557			1193				81514	蓝田县
			2080	4104	4104			周至县
1013			207				24303	宜君县
		300	1400	18650	18050	52523	138506	岐山县
3500				950	950	200	6822	扶风县
10			17800			24500		眉 县
8350							54824	陇 县
			13200	1300	1300			千阳县
3000	500		466			386	19101	麟游县
			2354	4483	4483			凤 县
			1600	1300	1300		7916	太白县
8940	180		27854	1500			341	三原县
			300	3029		863	20218	泾阳县
23900							26148	乾 县
3000			3968	12630		16710	52429	礼泉县
2090								永寿县
10000			9924	252	252	19	572	长武县
			3546	10260	6910		45193	旬邑县
			550	1306				淳化县
47962		4000	2210	1000		710	72985	武功县
			2162	11000	11000	4881		潼关县
6000		6930					20357	大荔县
			7573			2100		合阳县
20200			2216	528	528			澄城县
14800			27000	600				蒲城县
11300			13217			1480	36797	白水县
		2466	18263	446	446			富平县
			80			190	120	延长县
								延川县
								志丹县
1110				3280			6068	吴起县
						1344	1344	甘泉县
3500				20	20	28282	45692	富 县

2-1-2 续表30

计量单位:万元

县名称 Name of Counties	本年完成投资 Completed Investment of This Year	供水 Water Supply	燃气 Gas Supply	集中供热 Central Heating	轨道交通 Rail Transit System	道路桥梁 Road and Bridge	地下综合管廊 Utility Tunnel	排水 Sewerage
洛川县	14772		300			9442		4130
宜川县	20388					19530		
黄龙县	36334		4000			17054		3500
黄陵县	23647	500	3950	300		305		2400
城固县	39039					9702		24509
洋 县	66507	1200	5585			18893		28665
西乡县	123552	22056	3500			31032		15892
勉 县	135760	100				20305		5275
宁强县	51825	8983				20397		7396
略阳县	28650		10000	8950		4500		5200
镇巴县	67368					11520		
留坝县	50268	7245				15171		2481
佛坪县	13312					1580		6710
府谷县	84436	17604	183			48150	1468	4100
靖边县	22610							17513
定边县	10223	531				5922	200	653
绥德县	41731	8500				4720		10933
米脂县	25232	366		3773		16380		2690
佳 县	5020					3100		1200
吴堡县	10							10
清涧县	6000							2800
子洲县	2060							2060
汉阴县	64671		4960			22539	1850	15000
石泉县	29870	2154	2100			16067		439
宁陕县	10285	8000		970		850		
紫阳县	49698	3692	4300			16385		
岚皋县	11300	800	500			5500	430	1400
平利县	59900		3900			37287		13321
镇坪县	28237		3886			11271		650
白河县	65365	5523	1250			34637	3785	3880
洛南县	147795					104438		18157
丹凤县	54594		10130		4363	9650	1500	8000
商南县	88810	29200				260		57200
山阳县	32945	270	2800	4800		19435	600	1190
镇安县	52715	40				16750	11000	10235
柞水县	89458					32900		3988
甘 肃	1625792	102636	55378	305862		484215	20217	227304
永登县	34536	6777						2901
皋兰县	200					200		
榆中县	97393			1088		72229		15872
永昌县	21559	6000		4356				11203
靖远县	1400					1100		
会宁县	18533					8245		1615

continued 30

Measurement Unit: 10000 RMB

污水处理 Wastewater Treatment	污泥处置 Sludge Disposal	再生水利用 Wastewater Recycled and Reused	园林绿化 Landscaping	市容环境卫生 Environmental Sanitation	垃圾处理 Domestic Garbage Treatment	其他 Other	本年新增固定资产 Newly Added Fixed Assets of This Year	县名称 Name of Counties
610						900	11010	洛川县
				858			22188	宜川县
3000			250			11530	14893	黄龙县
			200	237	20	15755	21262	黄陵县
24509						4828	39039	城固县
			2526	4750		4888		洋　县
			1481	8100		41491	120352	西乡县
			3080	13850	5600	93150	3900	勉　县
7010			3712	10881	8155	456	51825	宁强县
								略阳县
						55848		镇巴县
			13294	6314	2778	5763		留坝县
			480	852		3690	13310	佛坪县
	1500		631	2794		9506		府谷县
233						5097	22610	靖边县
			1725	547	400	645	10023	定边县
10933			748	8020		8810		绥德县
				229		1794	22589	米脂县
						720	11320	佳　县
								吴堡县
2800				3200	3200			清涧县
								子洲县
15000			6171	800		13351		汉阴县
439				2255		6855	29870	石泉县
						465		宁陕县
				1500	1500	23821		紫阳县
570	230		970	900	800	800		岚皋县
				1012	1012	4380	64625	平利县
				780		11650	28237	镇坪县
			3246	2510	2510	10534		白河县
13157						25200	6000	洛南县
8000			5801	10950	900	4200	8650	丹凤县
57200						2150		商南县
			3100	750			32732	山阳县
865	165	100	1700	250		12740	43040	镇安县
			5000	15850	8850	31720		柞水县
114181	4483	21055	55560	96762	83122	277858	1302321	甘　肃
2901				246	246	24612	9678	永登县
								皋兰县
15872			370			7834	91865	榆中县
	3152						24489	永昌县
				300			3300	靖远县
1361			8673				9668	会宁县

2-1-2 续表31

计量单位:万元

县名称 Name of Counties	本年完成投资 Completed Investment of This Year	供水 Water Supply	燃气 Gas Supply	集中供热 Central Heating	轨道交通 Rail Transit System	道路桥梁 Road and Bridge	地下综合管廊 Utility Tunnel	排水 Sewerage
景泰县	48185			2120			13872	14200
清水县	42929			19625		12831		4700
秦安县	25400			15000		8000		900
甘谷县	56150			1953		13501		31277
武山县	18150	1250		100		5300		150
张家川回族自治县	22355	2344		3516				
民勤县	40000	3418		5600				17757
古浪县	16119	1834				2965		2100
天祝藏族自治县	27495					12235		
肃南县	1263					303		
民乐县	22624			4391		11022		4506
临泽县	14970			1386		2176		701
高台县	6075	1250		1335		2090		300
山丹县	27452		300	1100		15372		2580
泾川县	15040			5398				6309
灵台县	5144					3386		1080
崇信县	27049			9600		6670		7500
庄浪县	78763			42447		12035		
静宁县	51610	6277	5638	12193		12392		
金塔县	16809		3360	3800				6800
瓜州县	31434		12239			81		
肃北蒙古族自治县	21387			6600				
阿克塞哈萨克族自治县	4610		1700					
庆城县	17792		6874	6285		3799		834
环县	13927					7804		6123
华池县	9441					6031		2643
合水县	13929	264		72		7434		2753
正宁县	22270					19000		3270
宁县	4658		735	145		1044		284
镇原县	43538	2408	1398	12096		12611		
通渭县	36553			500		26075		9778
陇西县	105439	6868		62135		4759	6345	
渭源县	9133					7960		
临洮县	15399		300			12553		
漳县	25744			13137		7731		
岷县	9983	100				2400		4583
成县	51919	5300	2500			33900		3400
文县	14470	5718						1770
宕昌县	37511	6800		13826		12091		4794
康县	12700	2000	4200			3800		700
西和县	59168	20925	5700	2073		18239		1943
礼县	30920	4200		8800		16520		900
徽县	33437	1591	2400	2800		10800		8300

continued 31

Measurement Unit: 10000 RMB

污水处理 Wastewater Treatment	污泥处置 Sludge Disposal	再生水利用 Wastewater Recycled and Reused	园林绿化 Landscaping	市容环境卫生 Environmental Sanitation	垃圾处理 Domestic Garbage Treatment	其他 Other	本年新增固定资产 Newly Added Fixed Assets of This Year	县名称 Name of Counties
14200			6000			11993		景泰县
4700				5773	5773		42929	清水县
				1500	1500		15800	秦安县
27177			1700	7503	7503	216	56150	甘谷县
			4200	7150	7150		15955	武山县
						16495	22355	张家川回族自治县
		14149	255			12970		民勤县
		2100				9220	15572	古浪县
			3500	8740		3020	6570	天祝藏族自治县
						960	1263	肃南县
		4506	2705				22624	民乐县
	701					10707	14970	临泽县
		300	1100				4740	高台县
			2600	5500	5500		27402	山丹县
						3333	17824	泾川县
780				678	678		5144	灵台县
7500				3279	3279		27049	崇信县
				24281	24281		78763	庄浪县
			3400	1598	1412	10112	52159	静宁县
			749			2100	16809	金塔县
						19114	31434	瓜州县
			4627			10160	13157	肃北蒙古族自治县
			2910				4610	阿克塞哈萨克族自治县
						17789		庆城县
						13927		环　县
						767	9441	华池县
						3406	13809	合水县
								正宁县
						2450		宁　县
				398	398	14627	56992	镇原县
						200	40604	通渭县
				13917	12003	11415	94797	陇西县
				360	360	813	9133	渭源县
						2546	300	临洮县
			981			3895	21849	漳　县
2900			2400			500	9983	岷　县
			2300			4519	51800	成　县
				5532	5532	1450	14470	文　县
		500					37387	宕昌县
						2000	12700	康　县
			2739	2800		4749	59168	西和县
						500	30920	礼　县
			2300	5246	5246		33437	徽　县

2-1-2 续表32

计量单位:万元

县名称 Name of Counties	本年完成投资 Completed Investment of This Year	供水 Water Supply	燃气 Gas Supply	集中供热 Central Heating	轨道交通 Rail Transit System	道路桥梁 Road and Bridge	地下综合管廊 Utility Tunnel	排水 Sewerage
两当县	6878		828			3200		2850
临夏县	21300	583		5789		6451		5650
康乐县	52248			19077		5333		12420
永靖县	68541	4000		3100		3524		1450
广河县	6250			4500		1250		
和政县	14365		4423	1125		7964		150
东乡族自治县	16708							16708
积石山县	1725			994		731		
临潭县	6509		781			4328		
卓尼县	21970	12609				9361		
舟曲县	9667	120	1500	2700		2290		
迭部县	10518					8768		1750
玛曲县	7733		502			7231		
碌曲县	11510			5100		1000		1800
夏河县	7305					6100		
青海	**104855**	**7443**	**2247**	**17668**		**30068**	**994**	**10882**
大通县								
湟源县	1694		1414					280
民和县								
互助县	8946					2417		1997
化隆县	8132							3577
循化县								
门源县								
祁连县	25443	1032		6843		5780		916
海晏县								
刚察县								
西海镇								
尖扎县								
泽库县	2343			27		2316		
河南县								
共和县								
同德县								
贵德县	9580	3138	833			159		1621
兴海县								
贵南县	5128					4339		
班玛县	7296	650		2028			994	537
久治县	18631	1300		4275		9224		1211
甘德县	6432	1313		4493		626		
玛沁县	6457			2		1624		743
达日县								
玛多县								
杂多县								
称多县								

continued 32

Measurement Unit: 10000 RMB

污水处理 Wastewater Treatment	污泥处置 Sludge Disposal	再生水利用 Wastewater Recycled and Reused	园林绿化 Landscaping	市容环境卫生 Environmental Sanitation	垃圾处理 Domestic Garbage Treatment	其他 Other	本年新增固定资产 Newly Added Fixed Assets of This Year	县名称 Name of Counties
							6878	两当县
5520	130		389			2438	2912	临夏县
11312			159	1461	1461	13798	51789	康乐县
1450						56467		永靖县
			500					广河县
			703				14202	和政县
16708							11894	东乡族自治县
							2800	积石山县
						1400	6828	临潭县
								卓尼县
						3057	9667	舟曲县
							10518	迭部县
							7733	玛曲县
1800					800	800	2810	11510	碌曲县
						1205	4805	夏河县
4114			**8501**	**1928**	**790**	**25124**	**75188**	**青　海**
								大通县
							1694	湟源县
								民和县
				3111		1421	2035	互助县
3577						4555		化隆县
								循化县
								门源县
				5390	390	390	5092	21631	祁连县
								海晏县
								刚察县
								西海镇
								尖扎县
								泽库县
								河南县
								共和县
								同德县
						3829	11621	贵德县
								兴海县
						789	5128	贵南县
537						3087	1859	班玛县
					400	400	2221	10786	久治县
							6432	甘德县
						194	3894	玛沁县
								达日县
								玛多县
								杂多县
								称多县

2-1-2 续表 33

计量单位：万元

县名称 Name of Counties	本年完成投资 Completed Investment of This Year	供水 Water Supply	燃气 Gas Supply	集中供热 Central Heating	轨道交通 Rail Transit System	道路桥梁 Road and Bridge	地下综合管廊 Utility Tunnel	排水 Sewerage
治多县								
囊谦县								
曲麻莱县								
乌兰县	3301					2121		
都兰县								
天峻县	294	10				284		
大柴旦行委	1178					1178		
宁 夏	129463	677	1280	23467		33580	30	32127
永宁县	300					300		
贺兰县	10759	527		2588		5622		1464
平罗县	5000	115	1280			1506		323
盐池县	22273					19276		2137
同心县	18906	35		2194		1188		8343
红寺堡区	13995			6537		1335	30	2971
西吉县	22833			9562				2339
隆德县	2204					204		
泾源县	5675			1400				1250
彭阳县	4776					21		2395
中宁县	7601					482		6705
海原县	15141			1186		3646		4200
新 疆	1240597	167532	78947	216886	10700	193905	70	126838
鄯善县	25018	515	1327	1318		2350		600
托克逊县	8359		1591			6768		
巴里坤哈萨克自治县	4617		121	71		1263		
伊吾县	20635		192	684				101
呼图壁县	24470	1823		3869		14835		3400
玛纳斯县	10760	3300	26	809		1000		599
奇台县	39011	1908				34679		
吉木萨尔县	81313	23002	1800	28803				174
木垒哈萨克自治县	23536	1400	3400	3000		1003		14733
精河县	1800		1800					
温泉县	28000			20000				
轮台县	23857	250		700		1814		3693
尉犁县	2595		876					
若羌县	7410	20	400			10	70	800
且末县	5583		630	1703				
焉耆回族自治县	5000			5000				
和静县	2051	500		500				845
和硕县	900		500			400		
博湖县	12550	1300	200	2300		700		2000
温宿县	38921	3000	1880		6500	21300		3000
沙雅县	29694		12890		4200	4955		3900
新和县	43400	8000	25000					9000

continued 33

Measurement Unit: 10000 RMB

污水处理 Wastewater Treatment	污泥处置 Sludge Disposal	再生水利用 Wastewater Recycled and Reused	园林绿化 Landscaping	市容环境卫生 Environmental Sanitation	垃圾处理 Domestic Garbage Treatment	其他 Other	本年新增固定资产 Newly Added Fixed Assets of This Year	县名称 Name of Counties
								治多县
								囊谦县
								曲麻莱县
				944		236	2590	乌兰县
								都兰县
							7733	天峻县
							3679	大柴旦行委
6770		**1539**	**7180**	**11152**	**6589**	**19970**	**47520**	宁　　夏
								永宁县
		268				558	10152	贺兰县
				100	100	1676		平罗县
			860					盐池县
			1478	2300	2300	3368	5062	同心县
1700		1271		2237	643	885	2602	红寺堡区
				2946	2946	7986		西吉县
			163	1482		355	1287	隆德县
1250			500	600	600	1925	5675	泾源县
						2360		彭阳县
				414			7601	中宁县
3820			4179	1073		857	15141	海原县
65474	**5328**	**10089**	**44695**	**79766**	**61936**	**321258**	**927494**	新　　疆
						18908	25018	鄯善县
							8359	托克逊县
			2892			270	3162	巴里坤哈萨克自治县
101						19658	10030	伊吾县
2119			448			95	24470	呼图壁县
			550			4476	9810	玛纳斯县
				2418	2418	6	39008	奇台县
174			237	10048	10048	17249	62676	吉木萨尔县
							3733	木垒哈萨克自治县
								精河县
						8000		温泉县
	3693					17400		轮台县
						1719		尉犁县
800			6000			110	6400	若羌县
				3000	3000	250	1703	且末县
							733	焉耆回族自治县
						206	2587	和静县
								和硕县
						6050	9765	博湖县
			3241				38921	温宿县
		3900				3749		沙雅县
				1400	1400		43400	新和县

2-1-2 续表 34

计量单位：万元

县名称 Name of Counties	本年完成投资 Completed Investment of This Year	供水 Water Supply	燃气 Gas Supply	集中供热 Central Heating	轨道交通 Rail Transit System	道路桥梁 Road and Bridge	地下综合管廊 Utility Tunnel	排水 Sewerage
拜城县	26300	5000				18000		3300
乌什县	6499					2045		2072
阿瓦提县	32696	6500		2484		13200		1512
柯坪县	26300			12000		10000		1300
阿克陶县	14657	1000		3458		3412		1578
阿合奇县	716		500	216				
乌恰县	4358	11	1318	2608		33		35
疏附县	8133	1457		2185				4491
疏勒县	1906			73		761		400
英吉沙县	30682	1080		1298		694		11192
泽普县	6700	1500	1200					4000
莎车县	8284			1269				1428
叶城县	10521	4922	646	1653				3000
麦盖提县	38058	6800		9702		4790		
岳普湖县	7380	1680	2700	3000				
伽师县	45251			6900		3000		
巴楚县	14170			2213		10174		520
塔什库尔干塔吉克自治县	15999	2000	3250	900		2178		900
和田县								
墨玉县	51341	32841	3525			5000		7615
皮山县	8501		1320	385				1125
洛浦县	3000		3000					
策勒县	18484		1934	10200				
于田县	37416	2100	3080			2500		21736
民丰县	3012	238						
伊宁县	6656	1800						
察布查尔县	7368	1800		3568				2000
霍城县	19035	1300	781					1500
巩留县	42842	6000	3000	3000				4000
新源县	4576	1340	60			2774		159
昭苏县	42459	10200		6116				
特克斯县	93556			30588		11940		
尼勒克县	24313			24313				
额敏县	18595	1345		4190		4760		
托里县	42170	17570				1000		8000
裕民县	20052	5000		4000		3000		1052
和布克赛尔蒙古自治县	5700			4000				700
布尔津县	12866	570		320				
富蕴县	10570			2957		1707		
福海县	262							
哈巴河县	24040	6590		2480		1060		160
青河县	322							218
吉木乃县	5371	1870		2053		800		

continued 34

Measurement Unit: 10000 RMB

污水处理 Wastewater Treatment	污泥处置 Sludge Disposal	再生水利用 Wastewater Recycled and Reused	园林绿化 Landscaping	市容环境卫生 Environmental Sanitation	垃圾处理 Domestic Garbage Treatment	其他 Other	本年新增固定资产 Newly Added Fixed Assets of This Year	县名称 Name of Counties
		3300					25100	拜城县
						2382	3392	乌什县
				9000	9000		32696	阿瓦提县
1300				1000	1000	2000	26300	柯坪县
		1578	2053	1836	1836	1320		阿克陶县
								阿合奇县
			169	20	20	164	4048	乌恰县
4491							7483	疏附县
		400	672				508	疏勒县
9051				11075	4075	5343		英吉沙县
4000								泽普县
		1428				5587	8283	莎车县
3000						300	10521	叶城县
			10637	2930	2000	3199	18958	麦盖提县
								岳普湖县
						35351	44351	伽师县
				1263	1263		10825	巴楚县
		900		4900	4500	1871		塔什库尔干塔吉克自治县
								和田县
5722						2360	51341	墨玉县
580				3195		2476	3195	皮山县
							3000	洛浦县
			50	4800	4800	1500	18384	策勒县
19536				8000			37893	于田县
				795		1979	3012	民丰县
						4856		伊宁县
2000								察布查尔县
			5213	2116	2116	8125	24036	霍城县
						26842	42842	巩留县
			243				4576	新源县
						26143	42459	昭苏县
				10660	10660	40368	93556	特克斯县
5600							29913	尼勒克县
				3300	800	5000		额敏县
7000				7000		8600	38594	托里县
				3000	3000	4000		裕民县
						1000		和布克赛尔蒙古自治县
						11976	12546	布尔津县
						5906	15177	富蕴县
						262		福海县
				300		13450	24730	哈巴河县
		218				104		青河县
						648		吉木乃县

污水处理 Wastewater Treatment	污泥处置 Sludge Disposal	再生水利用 Wastewater Recycled and Reused	园林绿化 Landscaping	市容环境卫生 Environmental Sanitation	垃圾处理 Domestic Garbage Treatment	其他 Other	本年新增固定资产 Newly Added Fixed Assets of This Year	县名称 Name of Counties

2-2 按资金来源分全国历年县城市政公用设施建设固定资产投资(2001—2023)

计量单位:亿元

年份 Year	本年资金来源合计 Completed Investment of This Year	上年末结余资金 The Balance of The Previous Year	本年资金来源		
			小计 Subtotal	中央财政拨款 Financial Allocation from Central Government Budget	地方财政拨款 Financial Allocation from Local Government Budget
2001	306.4	7.6	298.8	13.7	47.4
2002	377.1	4.2	372.9	19.7	74.2
2003	518.1	6.8	511.3	30.2	101.6
2004	619.2	7.3	611.9	20.6	133.4
2005	682.8	9.5	673.3	25.1	170.1
2006	755.2	16.9	738.3	54.8	255.4
2007	833.0	13.1	819.8	34.5	346.7
2008	1126.7	16.3	1110.4	52.5	520.4
2009	1682.9	20.8	1662.1	107.0	662.0
2010	2559.8	34.3	2525.5	325.5	985.8
2011	2872.6	31.7	2840.9	152.4	1523.8
2012	3887.7	51.7	3835.9	205.0	2073.7
2013	3683.0	60.7	3622.2	135.8	1070.7
2014	3690.4	63.2	3627.2	111.8	968.5
2015	3011.2	52.8	2958.4	121.7	930.7
2016	3190.9	30.7	3160.2	120.6	1074.4
2017	3610.8	86.6	3524.2	107.0	1035.3
2018	3222.3	102.6	3119.6	132.0	797.0
2019	3900.5	148.0	3752.5	169.3	892.6
2020	4371.0	210.6	4160.4	252.2	1135.1
2021	4929.7	323.1	4606.5	300.2	1036.9
2022	4681.0	371.4	4309.6	180.1	1024.1
2023	4493.6	253.8	4239.8	204.4	974.9

注: 1. 自2013年起,"本年资金来源合计"为"本年实际到位资金合计"。
2. 自2013年起,"中央财政拨款"为"中央预算资金","地方财政拨款"为除"中央预算资金"外的"国家预算资金"合计。

National Fixed Assets Investment in County Seat Service Facilities by Capital Source in Past Years (2001—2023)

Measurement Unit: 100 million RMB

国内贷款 Domestic Loan	债券 Securities	利用外资 Foreign Investment	自筹资金 Self-Raised Funds	其他资金 Other Funds
33.2	1.5	23.4	116.1	63.5
46.3	1.2	12.6	149.5	69.4
69.0	1.6	25.1	202.2	81.7
84.1	2.2	38.7	222.1	110.7
76.9	2.2	39.9	247.3	111.9
89.6	1.5	26.2	234.2	76.6
88.1	2.2	26.3	240.3	81.8
107.6	1.4	28.0	297.0	103.5
298.6	11.7	32.9	385.5	164.4
332.6	4.1	44.3	606.6	226.6
278.0	3.2	31.8	644.6	207.2
318.1	2.3	85.0	877.2	274.7
277.2	7.7	56.1	1610.4	464.3
315.5	4.1	23.3	1767.7	436.3
222.2	5.1	33.1	1233.3	412.2
221.6	14.0	19.0	1339.4	371.3
378.9	32.9	21.2	1372.3	576.5
171.5	38.4	16.8	1307.4	656.4
174.6	92.1	32.0	1457.7	934.1
224.0	406.7	29.0	1169.9	943.6
311.0	503.2	39.3	1359.8	1055.9
208.2	710.8	37.6	1231.6	917.2
257.4	764.1	8.8	1179.1	851.2

Notes: 1. Since 2013, Completed Investment of This Year is changed to be The Total Funds Actually Available for The Reported Year.
2. Since 2013, Financial Allocation from Central Government Budget is changed to be Central Budgetary Fund, and Financial Allocation from Local Government Budget is State Budgetary Fund excluding Central Budgetary Fund.

2-2-1　2023年按资金来源分全国县城市政公用设施建设固定资产投资(按省分列)

计量单位:万元

地区名称 Name of Regions	本年实际到位资金合计 The Total Funds Actually Available for The Reported Year	上年末结余资金 The Balance of The Previous Year	本年资金来源			国内贷款 Domestic Loan
			小计 Subtotal	国家预算资金 State Budgetary Fund	中央预算资金 Central Budgetary Fund	
全　国	44936224	2538161	42398063	11792663	2044120	2573502
河　北	2577714	54400	2523314	862408	75943	14635
山　西	875786	9140	866646	372178	10060	13961
内蒙古	462884	63795	399089	237191	66858	7262
辽　宁	170711	3797	166914	35238	8212	11150
吉　林	172882	8031	164851	10247	10001	
黑龙江	410687	31372	379315	177261	53353	1700
江　苏	897269	27100	870169	318474		3169
浙　江	2088492	249090	1839402	490988	35691	21003
安　徽	3321707	26024	3295683	1591075	20432	136345
福　建	1619304	51401	1567903	587641	15613	64508
江　西	4048137	235194	3812943	1047872	31177	517163
山　东	2737160	15770	2721390	926097	42890	29929
河　南	1997550	64720	1932830	799886	97762	260499
湖　北	2807583	181463	2626120	343891	120315	197122
湖　南	1545422	44720	1500702	170783	38264	191827
广　东	465925	28068	437857	74085	7593	
广　西	1029971	39393	990578	402668	25573	85484
海　南	224926	28303	196623	63383	3300	6000
重　庆	884300	71135	813165	263680	68134	69511
四　川	4151219	252182	3899037	578157	247093	590733
贵　州	3228200	172585	3055615	427701	149445	158473
云　南	2197137	280599	1916538	366719	135923	56317
西　藏	327602	82131	245471	209792	186143	
陕　西	3203275	182277	3020998	722742	150191	30850
甘　肃	1715121	121123	1593998	207977	122232	105861
青　海	188772	34512	154260	125980	60791	
宁　夏	97285	499	96786	33862	18221	
新　疆	1489203	179337	1309866	344687	242910	

National Fixed Assets Investment in County Seat Service Facilities by Capital Source (by Province in Column) (2023)

Measurement Unit: 10000 RMB

Sources of Fund				各项应付款	地区名称
债券 Securities	利用外资 Foreign Investment	自筹资金 Self-Raised Funds	其他资金 Other Funds	Sum Payable This Year	Name of Regions
7641361	**87562**	**11790566**	**8512409**	**5910383**	全　国
1093004		334143	219124	312676	河　北
94386	4450	187131	194540	478372	山　西
56115		65501	33020	87888	内蒙古
75891		26689	17946	3030	辽　宁
145255		1506	7843	70901	吉　林
139659		33161	27534	62408	黑龙江
51522		111737	385267	87729	江　苏
55415		883503	388493	103461	浙　江
176871	2791	987710	400891	500477	安　徽
318254		420653	176847	258890	福　建
581966	6840	743455	915647	268653	江　西
274621		1065675	425068	228241	山　东
155878	2900	528659	185008	359092	河　南
245092	23700	1199065	617250	431526	湖　北
403350	4217	615963	114562	29805	湖　南
300608	910	14399	47855	99589	广　东
54971		295029	152426	143984	广　西
70410		12080	44750	4442	海　南
113827		330504	35643	51122	重　庆
896105	16400	467452	1350190	364765	四　川
150839		1301646	1016956	643138	贵　州
429856		381214	682432	568535	云　南
16121		7610	11948	1009	西　藏
362402	16450	1228482	660072	396475	陕　西
629212		412376	238572	256317	甘　肃
16400		1772	10108	10014	青　海
32506		9807	20611	40304	宁　夏
700825	8904	123644	131806	47540	新　疆

2-2-2　2023年按资金来源分全国县城市政公用设施建设固定资产投资(按县分列)

计量单位:万元

县名称 Name of Counties	本年实际到位资金合计 The Total Funds Actually Available for the Reported Year	上年末结余资金 The Balance of the Previous Year	本年资金来源		
			小计 Subtotal	国家预算资金 State Budgetary Fund	中央预算资金 Central Budgetary Fund
全　国	44936224	2538161	42398063	11792663	2044120
河　北	2577714	54400	2523314	862408	75943
井陉县	49943		49943	49943	
正定县	102096	3551	98545	27955	
行唐县	41469	1400	40069	5113	
灵寿县	14978		14978	300	
高邑县	49065		49065	7350	6000
深泽县	82863		82863		
赞皇县	47137		47137		
无极县	27138		27138		
平山县	50570		50570		
元氏县	100901		100901	26830	
赵　县	37605		37605		
滦南县	15305		15305	13982	
乐亭县	24428		24428	24100	
迁西县	67343	15	67328	67328	
玉田县	20797	408	20389		
曹妃甸区	22770	654	22116	17281	
青龙满族自治县					
昌黎县	19619		19619	5262	
卢龙县	66062		66062	66062	
临漳县	9074		9074		
成安县	11075		11075	174	
大名县	17865		17865	12204	12204
涉　县	1438	1146	292		
磁　县	26254	21737	4517	4517	
邱　县	38193		38193	518	
鸡泽县	32770	4260	28510	28510	
广平县	11340		11340	7310	
馆陶县	25562		25562	11285	
魏　县	1105		1105	325	
曲周县	13193		13193	12002	
临城县	4627		4627		
内丘县	5657		5657		
柏乡县	26970		26970	7770	
隆尧县	1917		1917		
宁晋县	1867		1867	1867	
巨鹿县	76519	2212	74307	10227	953
新河县	7033		7033	200	
广宗县	22699		22699		
平乡县	36127		36127	1627	
威　县	4919		4919	1392	70

National Fixed Assets Investment in County Seat Service Facilities by Capital Source (by County in Column) (2023)

Measurement Unit: 10000 RMB

国内贷款 Domestic Loan	债券 Securities	利用外资 Foreign Investment	自筹资金 Self-Raised Funds	其他资金 Other Funds	各项应付款 Sum Payable This Year	县名称 Name of Counties
2573502	7641361	87562	11790566	8512409	5910383	全 国
14635	1093004		334143	219124	312676	河 北
						井陉县
	66733		2657	1200		正定县
	15540		17454	1962		行唐县
	1660		3820	9198		灵寿县
			41715			高邑县
	24000			58863		深泽县
	28860		12168	6109		赞皇县
	27138					无极县
	28300		900	21370		平山县
9800	61000		3271			元氏县
	32605		1900	3100		赵 县
	1323					滦南县
			328			乐亭县
						迁西县
	18700		1689		224	玉田县
4835						曹妃甸区
					11041	青龙满族自治县
	13987		370			昌黎县
						卢龙县
	9074					临漳县
	10801		100		1359	成安县
	4580		1081		6458	大名县
	292					涉 县
						磁 县
	31578		6097			邱 县
						鸡泽县
			2630	1400		广平县
			14277		2198	馆陶县
	600		180		57024	魏 县
			1191			曲周县
	4627				536	临城县
	5657					内丘县
	15400		3800			柏乡县
	1867		50		16474	隆尧县
					11760	宁晋县
	64000		80			巨鹿县
	1200		146	5487	35	新河县
	16430		6269		1578	广宗县
	34500				3148	平乡县
	3417		110			威 县

2-2-2 续表1

计量单位:万元

县名称 Name of Counties	本年实际到位资金合计 The Total Funds Actually Available for the Reported Year	上年末结余资金 The Balance of the Previous Year	本年资金来源		
			小计 Subtotal	国家预算资金 State Budgetary Fund	中央预算资金 Central Budgetary Fund
清河县	13462		13462	9012	
临西县	9342		9342	6842	1930
博野县	11352		11352		
涞水县	21382		21382		
阜平县	7929		7929	712	712
白沟新城	76462		76462	76462	
定兴县	82265		82265	7896	3000
唐县	24369		24369	14653	
高阳县	24956		24956		
涞源县	12867		12867		
望都县	82996		82996	12078	
易县	7599		7599	5502	
曲阳县	28643		28643	5884	
蠡县	36162		36162		
顺平县	91343	200	91143		
张北县					
康保县	15140		15140		
沽源县	9567	5000	4567		
尚义县	17276		17276	17276	
蔚县	14773		14773	12056	270
阳原县	18443		18443	1376	
怀安县	6671		6671		
怀来县	29062		29062	18371	
涿鹿县	6766		6766	3729	
赤城县	11019		11019	5579	
承德县	30653		30653	506	
兴隆县	21134		21134	544	544
滦平县	11980		11980	7880	
隆化县	20955		20955	14297	
丰宁满族自治县	9601		9601		
宽城满族自治县	13431		13431	13431	
围场满族蒙古族自治县	10407		10407	8877	747
青县	22293	856	21437	360	
东光县	3926		3926	3926	3926
海兴县	5759		5759	5759	
盐山县	24617	2880	21737	1723	
肃宁县	18729		18729	145	
南皮县	9834		9834	4803	
吴桥县	142		142		
献县	30180		30180		
孟村回族自治县	7401		7401	240	
固安县	27802		27802	3351	

continued 1

Measurement Unit: 10000 RMB

	Sources of Fund				各项应付款	
国内贷款	债券	利用外资	自筹资金	其他资金		县名称
Domestic Loan	Securities	Foreign Investment	Self-Raised Funds	Other Funds	Sum Payable This Year	Name of Counties
	1275		3175			清河县
	2500					临西县
	1634		9718			博野县
	21382				1827	涞水县
	3000		4217		5559	阜平县
					7457	白沟新城
	750		72919	700	96547	定兴县
	4800		4916		3100	唐县
	24521		435			高阳县
	10000		2867		15	涞源县
	70318		530	70		望都县
	2097				7965	易县
	17000			5759		曲阳县
	6538		29624			蠡县
	86052		5091			顺平县
					27772	张北县
	13093		1207	840		康保县
	4521		46		80	沽源县
						尚义县
			2717			蔚县
	15566			1501		阳原县
	5361		1310			怀安县
			10000	691		怀来县
	2329			708		涿鹿县
	1460		3980			赤城县
	28600		1547			承德县
	19000		1590			兴隆县
			4100			滦平县
				6658		隆化县
	6920			2681	5000	丰宁满族自治县
						宽城满族自治县
			1530			围场满族蒙古族自治县
	20294		270	513	5051	青县
						东光县
						海兴县
	19831		183			盐山县
	10408			8176		肃宁县
	3251		913	867		南皮县
			142			吴桥县
	30180					献县
	1522		4293	1346	1004	孟村回族自治县
	14635		9816			固安县

2-2-2 续表2

计量单位：万元

县名称 Name of Counties	本年实际到位资金合计 The Total Funds Actually Available for the Reported Year	上年末结余资金 The Balance of the Previous Year	本年资金来源 小计 Subtotal	国家预算资金 State Budgetary Fund	中央预算资金 Central Budgetary Fund
永清县	37772	8711	29061	10165	
香河县					
大城县	35978		35978		
文安县	19503		19503	873	
大厂回族自治县	34936		34936	1336	936
枣强县	33327		33327	33327	
武邑县	27545	1364	26181		
武强县	25438		25438		
饶阳县	40316		40316		
安平县	25959		25959	6869	
故城县	49593		49593	49593	
景县	12626		12626	6876	
阜城县	34122	6	34116	34116	31479
容城县	26940		26940	26940	13172
雄县	25646		25646	15403	
安新县	3030		3030	2206	
山 西	**875786**	**9140**	**866646**	**372178**	**10060**
清徐县	69941		69941	69941	
阳曲县					
娄烦县					
阳高县	12969	3511	9458	645	
天镇县	110		110		
广灵县					
灵丘县					
浑源县	11164		11164	1307	
左云县					
云州区					
平定县	16988		16988	16988	109
盂县	1900		1900	1900	
襄垣县	21819		21819	16575	
平顺县	44514		44514	992	992
黎城县	7725		7725	550	
壶关县	36638		36638		
长子县					
武乡县	67543	2200	65343	65343	
沁县	12100		12100	12100	
沁源县	13500		13500	13000	
沁水县	51063		51063		
阳城县	379		379		
陵川县	34003		34003	33443	3188
山阴县					
应县					

continued 2

Measurement Unit: 10000 RMB

Domestic Loan	Securities	Foreign Investment	Self-Raised Funds	Other Funds	Sum Payable This Year	Name of Counties
	18896				24171	永清县
					1600	香河县
	35978					大城县
	18630				7055	文安县
	20500			13100	267	大厂回族自治县
						枣强县
			25498	683		武邑县
	3920			21518		武强县
			940	39376		饶阳县
	12226		6416	448	3437	安平县
						故城县
	3880		1870			景县
						阜城县
					2934	容城县
	5443			4800		雄县
	824					安新县
13961	94386	4450	187131	194540	478372	山西
					216205	清徐县
						阳曲县
						娄烦县
	6751		127	1935		阳高县
	110					天镇县
						广灵县
						灵丘县
	7200		2657		7283	浑源县
					1985	左云县
						云州区
					18061	平定县
					28398	盂县
	4220		1024		13076	襄垣县
	2000		12279	29243		平顺县
			7175			黎城县
			36638			壶关县
					20583	长子县
						武乡县
						沁县
			500		1000	沁源县
				51063	3200	沁水县
			379			阳城县
				560		陵川县
						山阴县
						应县

2-2-2 续表3

计量单位:万元

县名称 Name of Counties	本年实际到位资金合计 The Total Funds Actually Available for the Reported Year	上年末结余资金 The Balance of the Previous Year	本年资金来源		
			小计 Subtotal	国家预算资金 State Budgetary Fund	中央预算资金 Central Budgetary Fund
右玉县					
榆社县					
左权县	42144		42144		
和顺县	12912		12912	4612	
昔阳县	13092		13092	1304	
寿阳县					
祁　县	540		540	540	
平遥县					
灵石县	31541		31541		
临猗县	4572		4572	3772	
万荣县	26559		26559	26559	
闻喜县	16951		16951	54	
稷山县	2195		2195		
新绛县	13454		13454		
绛　县	25701		25701	1000	1000
垣曲县					
夏　县	4600	300	4300	1000	1000
平陆县	10376	1488	8888	5431	
芮城县	10044		10044		
定襄县	20030		20030	2500	2500
五台县					
代　县	23681		23681	23681	
繁峙县					
宁武县	10		10		
静乐县					
神池县	15170		15170		
五寨县					
岢岚县					
河曲县					
保德县					
偏关县	2813		2813	2813	
曲沃县	34078		34078		
翼城县					
襄汾县					
洪洞县					
古　县	5466		5466	1020	
安泽县					
浮山县					
吉　县	20117		20117	20117	
乡宁县					
大宁县	21208	500	20708	17770	
隰　县	11053		11053	11053	

continued 3

Measurement Unit: 10000 RMB

Sources of Fund					各项应付款	县名称
国内贷款 Domestic Loan	债券 Securities	利用外资 Foreign Investment	自筹资金 Self-Raised Funds	其他资金 Other Funds	Sum Payable This Year	Name of Counties
						右玉县
						榆社县
	3775	4450	23419	10500	550	左权县
8300						和顺县
8000			3788		7283	昔阳县
						寿阳县
						祁县
						平遥县
				31541		灵石县
			800		6842	临猗县
						万荣县
11242			5655			闻喜县
		1767		428	639	稷山县
10000				3454	13454	新绛县
			24701			绛县
						垣曲县
	2500			800	2881	夏县
			3457		7088	平陆县
				10044		芮城县
7500			8912	1118		定襄县
					83995	五台县
						代县
						繁峙县
					10	宁武县
						静乐县
			8600	6570		神池县
						五寨县
						岢岚县
					32565	河曲县
						保德县
						偏关县
	1927		32151			曲沃县
						翼城县
						襄汾县
						洪洞县
			4446			古县
						安泽县
						浮山县
						吉县
						乡宁县
			1000	1938		大宁县
						隰县

2-2-2 续表4

计量单位:万元

县名称 Name of Counties	本年实际到位资金合计 The Total Funds Actually Available for the Reported Year	上年末结余资金 The Balance of the Previous Year	本年资金来源		
			小计 Subtotal	国家预算资金 State Budgetary Fund	中央预算资金 Central Budgetary Fund
永和县					
蒲 县					
汾西县	15078		15078	14278	
文水县	12114	111	12003		
交城县					
兴 县					
临 县	13411		13411		
柳林县	5771		5771	1271	1271
石楼县	4157		4157		
岚 县					
方山县	9834	1030	8804	519	
中阳县	36683		36683		
交口县	8075		8075	100	
内蒙古	**462884**	**63795**	**399089**	**237191**	**66858**
土左旗					
托 县					
和林县					
清水河县					
武川县	2920		2920	2920	
土右旗					
固阳县	6011		6011	4255	1112
达尔罕茂明安联合旗	774		774		
阿鲁科尔沁旗					
巴林左旗	2200		2200		
巴林右旗	12800	2000	10800		
林西县	1910	760	1150		
克什克腾旗	2739	230	2509		
翁牛特旗	2380		2380		
喀喇沁旗	45938		45938	400	400
宁城县	15186	5800	9386	9386	
敖汉旗					
科左中旗					
科左后旗	381		381	381	
开鲁县	1002	891	111	100	100
库伦旗	4834		4834	4315	2425
奈曼旗					
扎鲁特旗	2717	788	1929	399	
达拉特旗	15000		15000	15000	
准格尔旗	58452		58452	58452	
鄂托克前旗	6153		6153	6153	
鄂托克旗	8527		8527	8527	
杭锦旗	6925		6925	6925	

continued 4

Measurement Unit: 10000 RMB

\multicolumn{5}{c	}{Sources of Fund}	各项应付款	
国内贷款 Domestic Loan	债券 Securities	利用外资 Foreign Investment	自筹资金 Self-Raised Funds	其他资金 Other Funds	Sum Payable This Year	县名称 Name of Counties
						永和县
						蒲 县
			800			汾西县
	5000		3003	4000	325	文水县
					2979	交城县
						兴 县
10461			2950			临 县
	2500			2000	391	柳林县
	4157					石楼县
						岚 县
3500	2482			2303	9589	方山县
			4411	32272		中阳县
	1276			6699		交口县
7262	**56115**		**65501**	**33020**	**87888**	内蒙古
						土左旗
						托 县
					2340	和林县
						清水河县
					13540	武川县
						土右旗
	1256			500		固阳县
			774			达尔罕茂明安联合旗
					5244	阿鲁科尔沁旗
	2200					巴林左旗
	10800				10400	巴林右旗
			1150		3985	林西县
			2509			克什克腾旗
	2380					翁牛特旗
645	19052		10593	15248		喀喇沁旗
						宁城县
						敖汉旗
						科左中旗
						科左后旗
			11			开鲁县
	125			394	6695	库伦旗
						奈曼旗
	1530				5353	扎鲁特旗
						达拉特旗
						准格尔旗
						鄂托克前旗
						鄂托克旗
						杭锦旗

2-2-2 续表5

计量单位:万元

县名称 Name of Counties	本年实际到位资金合计 The Total Funds Actually Available for the Reported Year	上年末结余资金 The Balance of the Previous Year	本年资金来源		
			小计 Subtotal	国家预算资金 State Budgetary Fund	中央预算资金 Central Budgetary Fund
乌审旗	5020		5020	5020	
伊金霍洛旗	36410		36410	36410	
阿荣旗					
莫 旗					
鄂伦春旗	700		700		
鄂温克旗	6928		6928	300	300
陈巴尔虎旗					
新左旗					
新右旗	8263		8263		
五原县	18796		18796	18681	15792
磴口县	4592		4592	4073	4073
乌拉特前旗	500		500	300	300
乌拉特中旗	18367		18367	18287	18287
乌拉特后旗	11969		11969	3000	3000
杭锦后旗					
卓资县					
化德县	7349	4439	2910		
商都县	13938		13938	11719	9233
兴和县					
凉城县	600		600		
察右前旗					
察右中旗	7692		7692	5992	5992
察右后旗	100		100	100	
四子王旗	28682	28682			
阿巴嘎旗	3896		3896		
苏尼特左旗	1315		1315		
苏尼特右旗	13309	2280	11029	7469	
东乌珠穆沁旗	5019		5019		
西乌珠穆沁旗	16270	4277	11993		
太仆寺旗	6611	1591	5020	1800	1800
镶黄旗	1300		1300	1300	
正镶白旗	833	563	270	210	
正蓝旗					
多伦县	21136		21136	3787	3787
科尔沁右翼前旗	11236	1094	10142	1226	
科右中旗					
扎赉特旗					
突泉县					
阿拉善左旗	10680	10400	280		
阿拉善右旗					
额济纳旗	4524		4524	304	257

continued 5

Measurement Unit: 10000 RMB

Sources of Fund					各项应付款	县名称
国内贷款 Domestic Loan	债券 Securities	利用外资 Foreign Investment	自筹资金 Self-Raised Funds	其他资金 Other Funds	Sum Payable This Year	Name of Counties
						乌审旗
						伊金霍洛旗
						阿荣旗
						莫旗
	700					鄂伦春旗
	3436		3192			鄂温克旗
						陈巴尔虎旗
						新左旗
			8263			新右旗
					115	五原县
			169	350		磴口县
				200		乌拉特前旗
			80			乌拉特中旗
			7569	1400		乌拉特后旗
					1631	杭锦后旗
					82	卓资县
				2910	468	化德县
			2219			商都县
						兴和县
				600	4164	凉城县
						察右前旗
				1700		察右中旗
						察右后旗
						四子王旗
			3896			阿巴嘎旗
			1315			苏尼特左旗
	3030			530		苏尼特右旗
				5019		东乌珠穆沁旗
6617			5376		7408	西乌珠穆沁旗
	3220				278	太仆寺旗
						镶黄旗
				60		正镶白旗
						正蓝旗
			7300	10049		多伦县
			806	8110		科尔沁右翼前旗
						科右中旗
						扎赉特旗
					26300	突泉县
			280			阿拉善左旗
						阿拉善右旗
				226	3994	额济纳旗

2-2-2 续表6

计量单位:万元

县名称 Name of Counties	本年实际到位资金合计 The Total Funds Actually Available for the Reported Year	上年末结余资金 The Balance of the Previous Year	本年资金来源		
			小计 Subtotal	国家预算资金 State Budgetary Fund	中央预算资金 Central Budgetary Fund
辽 宁	**170711**	**3797**	**166914**	**35238**	**8212**
康平县	15552		15552		
法库县	1610	460	1150	1150	
长海县	2417		2417		
台安县	30551		30551	6096	
岫岩满族自治县	14189		14189	8757	
抚顺县					
新宾满族自治县	9674		9674		
清原满族自治县	7329		7329	2298	1994
本溪满族自治县	2333		2333	733	733
桓仁满族自治县	18932		18932		
宽甸满族自治县	4341		4341		
黑山县	1118		1118		
义 县					
阜新蒙古族自治县	3235		3235		
彰武县	1582		1582	450	450
辽阳县					
盘山县	249		249		
铁岭县					
西丰县	15760	3223	12537	1409	
昌图县	8585		8585	5895	4660
朝阳县	7132		7132		
建平县	24846		24846	7596	
喀喇沁左翼蒙古族自治县					
绥中县	968	114	854	854	375
建昌县	308		308		
吉 林	**172882**	**8031**	**164851**	**10247**	**10001**
农安县	49660		49660		
永吉县	11197		11197		
梨树县	19529		19529	250	250
伊通满族自治县	970		970		
东丰县	5447		5447		
东辽县	6878		6878		
通化县	1836		1836	481	481
辉南县	4822	822	4000	4000	4000
柳河县	1475		1475	679	679
抚松县	4908	2686	2222	1708	1462
靖宇县	16277	3636	12641		
长白朝鲜族自治县	1602		1602		
前郭县	12300		12300		
长岭县					
乾安县					
镇赉县	4189		4189		

continued 6

Measurement Unit: 10000 RMB

Domestic Loan	Securities	Foreign Investment	Self-Raised Funds	Other Funds	Sum Payable This Year	Name of Counties
11150	75891		26689	17946	3030	辽 宁
	15000		552			康平县
						法库县
	1990		18	409		长海县
	4700		13015	6740	370	台安县
	5432					岫岩满族自治县
						抚顺县
	5100			4574		新宾满族自治县
	4985		46			清原满族自治县
			1600			本溪满族自治县
	17980		952			桓仁满族自治县
	4341					宽甸满族自治县
			1118			黑山县
						义 县
			12	3223		阜新蒙古族自治县
	659		473			彰武县
						辽阳县
			249			盘山县
						铁岭县
	9396		1722	10	1145	西丰县
				2690	1515	昌图县
			6932	200		朝阳县
11150	6100					建平县
						喀喇沁左翼蒙古族自治县
						绥中县
	208			100		建昌县
	145255		1506	7843	70901	吉 林
	49660					农安县
	11197					永吉县
	17109		37	2133	10845	梨树县
	970					伊通满族自治县
	5237			210	11526	东丰县
	6878					东辽县
			1355			通化县
					4100	辉南县
	700			96	10703	柳河县
	400		114			抚松县
	12633			8	1021	靖宇县
	1602					长白朝鲜族自治县
	12300				1162	前郭县
					2782	长岭县
					3116	乾安县
	4022			167	2120	镇赉县

2-2-2 续表7

计量单位：万元

县名称 Name of Counties	本年实际到位资金合计 The Total Funds Actually Available for the Reported Year	上年末结余资金 The Balance of the Previous Year	本年资金来源		
			小计 Subtotal	国家预算资金 State Budgetary Fund	中央预算资金 Central Budgetary Fund
通榆县	18317	333	17984	2379	2379
汪清县	4438	554	3884		
安图县	9037		9037	750	750
黑龙江	**410687**	**31372**	**379315**	**177261**	**53353**
依兰县	5914		5914	3454	1576
方正县	163		163	163	
宾县	22502		22502	20517	9267
巴彦县	2000		2000		
木兰县	9796		9796	9796	7354
通河县	13602		13602	9115	
延寿县	6711	6711			
龙江县	255		255	255	113
依安县	715	708	7	7	7
泰来县	8551		8551	3921	3921
甘南县	2609		2609	2509	
富裕县	5100		5100	2262	1557
克山县	3646		3646		
克东县	1461		1461	142	
拜泉县	6883		6883	185	185
鸡东县	17743		17743	1416	1416
萝北县	1397		1397		
绥滨县	2540		2540		
集贤县	21247		21247	2405	1929
友谊县	8290		8290	8290	
宝清县	23257		23257	1009	
饶河县	35873		35873	7522	
肇州县	6898	5808	1090	1090	
肇源县	16793		16793	9010	2480
林甸县	2976		2976	2346	
杜尔伯特蒙古族自治县	1856	1343	513		
嘉荫县	2215		2215		
汤旺县	2582		2582		
丰林县	25732		25732	22146	16359
大箐山县	2374		2374	1253	1253
南岔县	17820	10000	7820		
桦南县	20421		20421	1878	1878
桦川县	7150	500	6650	6050	600
汤原县	5400		5400		
勃利县	12949		12949	11927	659
林口县	1808		1808	1808	
逊克县	4910		4910	4910	
孙吴县	2246		2246		

continued 7

Measurement Unit: 10000 RMB

Sources of Fund					各项应付款	县名称
国内贷款 Domestic Loan	债券 Securities	利用外资 Foreign Investment	自筹资金 Self-Raised Funds	其他资金 Other Funds	Sum Payable This Year	Name of Counties
	10376			5229		通榆县
	3884				2581	汪清县
	8287				20945	安图县
1700	139659		33161	27534	62408	黑龙江
	925		1535			依兰县
						方正县
	450		1000	535	1386	宾 县
	2000				675	巴彦县
						木兰县
	2000		2487			通河县
						延寿县
					290	龙江县
					790	依安县
	4576			54	410	泰来县
			100		70	甘南县
	1790			1018	1188	富裕县
	3646					克山县
	599		720			克东县
	6698					拜泉县
	12851		825	2651	12428	鸡东县
	1364			33		萝北县
	2540					绥滨县
	7169			11673		集贤县
						友谊县
1700	8775		9820	1953	16884	宝清县
	28351					饶河县
						肇州县
	5312		1846	625	6129	肇源县
	630					林甸县
				513		杜尔伯特蒙古族自治县
	2215					嘉荫县
	350		2232			汤旺县
	1440		2146			丰林县
	942		179			大箐山县
	7820					南岔县
	16388		1730	425		桦南县
				600		桦川县
	5400					汤原县
			19	1003	20703	勃利县
					1409	林口县
						逊克县
	1874		372			孙吴县

2-2-2 续表8

计量单位:万元

县名称 Name of Counties	本年实际到位资金合计 The Total Funds Actually Available for the Reported Year	上年末结余资金 The Balance of the Previous Year	本年资金来源		
			小计 Subtotal	国家预算资金 State Budgetary Fund	中央预算资金 Central Budgetary Fund
望奎县	10965		10965	10285	
兰西县	5765		5765	5765	
青冈县	7061		7061	7061	
庆安县	8232		8232	8232	
明水县	5767		5767	4230	
绥棱县	6129	2826	3303	3303	
呼玛县	9562	922	8640		
塔河县	10515	2554	7961	999	799
加格达奇区	12306		12306	2000	2000
江 苏	**897269**	**27100**	**870169**	**318474**	
丰　县	44889	8900	35989	6884	
沛　县	227100		227100		
睢宁县					
如东县	30		30		
东海县	18801		18801		
灌云县					
灌南县	93203		93203		
涟水县	11290		11290	7010	
盱眙县	29430		29430		
金湖县	35358		35358	3317	
响水县	32728		32728		
滨海县	22300	18200	4100		
阜宁县	3777		3777		
射阳县	8287		8287	3190	
建湖县					
宝应县	20726		20726	3420	
沭阳县	284218		284218	282202	
泗阳县	29989		29989		
泗洪县	35143		35143	12451	
浙 江	**2088492**	**249090**	**1839402**	**490988**	**35691**
桐庐县	106836		106836		
淳安县	4736	1804	2932	1818	
象山县	111109		111109		
宁海县	151346	742	150604		
永嘉县	69254		69254	69254	
平阳县	197761	123611	74150		
苍南县	81447		81447		
文成县	26267		26267		
泰顺县	10026		10026		
嘉善县	56738	2792	53946	17169	
海盐县	73148		73148		
德清县	159192	5666	153526	26286	17800

continued 8

Measurement Unit: 10000 RMB

Sources of Fund					各 项应付款	县名称
国内贷款 Domestic Loan	债券 Securities	利用外资 Foreign Investment	自筹资金 Self-Raised Funds	其他资金 Other Funds	Sum Payable This Year	Name of Counties
				680		望奎县
						兰西县
						青冈县
					46	庆安县
			999	538		明水县
						绥棱县
		2800	5140	700		呼玛县
	456		1490	5016		塔河县
	10298		8			加格达奇区
3169	**51522**		**111737**	**385267**	**87729**	江 苏
3169			25936		35698	丰 县
				227100		沛 县
						睢宁县
				30		如东县
	12825		3186	2790		东海县
					23742	灌云县
			4965	88238		灌南县
	4280					涟水县
	24740		690	4000		盱眙县
			32041			金湖县
				32728		响水县
				4100		滨海县
	471		685	2621	2799	阜宁县
			4187	910		射阳县
					23290	建湖县
	9206		8100		1200	宝应县
			2016			沭阳县
			7239	22750	1000	泗阳县
			22692			泗洪县
21003	**55415**		**883503**	**388493**	**103461**	浙 江
			99997	6839		桐庐县
			1114			淳安县
			107261	3848		象山县
	742		149862			宁海县
						永嘉县
			74150			平阳县
				81447		苍南县
	2010		9923	14334		文成县
			10026		3328	泰顺县
			36777		12189	嘉善县
				73148		海盐县
374	15000		101546	10320	7396	德清县

2-2-2 续表9

计量单位:万元

县名称 Name of Counties	本年实际到位资金合计 The Total Funds Actually Available for the Reported Year	上年末结余资金 The Balance of the Previous Year	本年资金来源		
			小计 Subtotal	国家预算资金 State Budgetary Fund	中央预算资金 Central Budgetary Fund
长兴县	70914		70914		
安吉县	121847	100	121747	49672	
新昌县	85849	1510	84339		
武义县	15676	7156	8520	151	
浦江县	9909		9909		
磐安县	8580	580	8000	5700	
常山县	38626	619	38007	38007	12012
开化县	68856		68856	68521	
龙游县	109845		109845	38334	
岱山县	54857		54857	892	
嵊泗县	23758	1245	22513	6527	
三门县	2569	2380	189		
天台县	14597		14597		
仙居县	22564	2299	20265		
青田县	153588		153588	151895	
缙云县	95215	93500	1715	1715	
遂昌县	40101		40101	26	26
松阳县	34525		34525		
云和县	15278		15278	5078	4383
庆元县	22020	5086	16934	4723	1470
景宁县	31458		31458	5220	
安　徽	**3321707**	**26024**	**3295683**	**1591075**	**20432**
长丰县	145045		145045	123032	
肥西县	184147		184147	157927	
肥东县	141426	123	141303	23162	
庐江县	76839		76839		
南陵县	15201	268	14933	2090	100
怀远县	132887	1600	131287		
五河县	82286		82286		
固镇县	63033	7800	55233	49020	
凤台县	95205	2173	93032	4172	
寿　县	131737		131737	116287	
当涂县	37940		37940	7000	
含山县	72089		72089	2510	
和　县	40265		40265		
濉溪县	29405		29405	4660	
枞阳县	480		480		
怀宁县	168423		168423		
太湖县	26676		26676	16587	6290
宿松县	64611		64611	7188	
望江县	57302		57302	3198	3198
岳西县	31238		31238		

continued 9

Measurement Unit: 10000 RMB

Sources of Fund					各项应付款	县名称
国内贷款	债券	利用外资	自筹资金	其他资金		
Domestic Loan	Securities	Foreign Investment	Self-Raised Funds	Other Funds	Sum Payable This Year	Name of Counties
			70914			长兴县
			72075			安吉县
			76377	7962		新昌县
4000	1000		1564	1805	77966	武义县
	7448			2461		浦江县
				2300		磐安县
						常山县
	335					开化县
	15089		2027	54395		龙游县
14900			1100	37965	615	岱山县
1729	3480		3837	6940		嵊泗县
	189					三门县
	570		5924	8103		天台县
			14682	5583		仙居县
			1693			青田县
						缙云县
	2000		38075		933	遂昌县
	1070			33455		松阳县
	3960		6240			云和县
	2522		4004	5685	1034	庆元县
			4361	21877		景宁县
136345	176871	2791	987710	400891	500477	安　徽
12725			9288			长丰县
			26220		204578	肥西县
75360	6100		286	36395	7514	肥东县
14916			11531	50392	2002	庐江县
6223	771	800	4819	230	4638	南陵县
			21000	110287		怀远县
			82286			五河县
			1213	5000		固镇县
1300			68058	19502	78732	凤台县
			15450		131737	寿　县
	18200		12740			当涂县
			66680	2899		含山县
			29265	11000	3010	和　县
			361	24384		濉溪县
				480	38822	枞阳县
			165823	2600		怀宁县
5216	596		3861	416	25196	太湖县
		1991	55432			宿松县
			53804	300		望江县
			4985	26253		岳西县

2-2-2 续表10

计量单位:万元

县名称 Name of Counties	本年实际到位资金合计 The Total Funds Actually Available for the Reported Year	上年末结余资金 The Balance of the Previous Year	本年资金来源		
			小计 Subtotal	国家预算资金 State Budgetary Fund	中央预算资金 Central Budgetary Fund
歙　县	32265		32265	258	
休宁县	14520		14520	3970	
黟　县	11940		11940	450	
祁门县	30695		30695	6817	1510
来安县	81695		81695	2880	
全椒县	98760		98760	90460	
定远县	79056		79056		
凤阳县	112277	12550	99727	99727	
临泉县	98214		98214	144	
太和县	10049		10049	511	
阜南县	75628		75628	11680	8380
颍上县	23183	1164	22019	9611	
砀山县	44316		44316	19776	
萧　县	15931		15931	11609	
灵璧县	100556		100556	100556	
泗　县	55633		55633	7352	
霍邱县	107694		107694	102544	
舒城县	56010		56010	8000	
金寨县	89466		89466	87193	
霍山县	50896	346	50550	48565	
涡阳县	85312		85312	81750	
蒙城县	78300		78300	72899	
利辛县	98738		98738	82238	
东至县	65282		65282	65282	
石台县	11713		11713	11344	954
青阳县	63035		63035	63035	
郎溪县	81481		81481	81481	
泾　县	15055		15055	3515	
绩溪县	16322		16322	595	
旌德县	21450		21450		
福　建	**1619304**	**51401**	**1567903**	**587641**	**15613**
闽侯县	22327		22327	8531	
连江县	17388	50	17338	16838	5550
罗源县	1900	900	1000		
闽清县	2090		2090		
永泰县					
仙游县	54249	812	53437	1000	1000
明溪县	83021		83021	83021	
清流县	10601		10601		
宁化县	1230	48	1182	1182	806
大田县	42190		42190	3650	2000
尤溪县	17958		17958		

continued 10

Measurement Unit: 10000 RMB

Sources of Fund					各 项应付款	县名称
国内贷款	债券	利用外资	自筹资金	其他资金		
Domestic Loan	Securities	Foreign Investment	Self-Raised Funds	Other Funds	Sum Payable This Year	Name of Counties
	17456		4040	10511		歙　县
	9252		1273	25		休宁县
	7960		3200	330		黟　县
4555	5331			13992		祁门县
7750			61065	10000		来安县
			8300			全椒县
			78506	550		定远县
						凤阳县
	50736		47334			临泉县
			9041	497		太和县
	39300		17700	6948		阜南县
	12408					颍上县
			24540			砀山县
			537	3785		萧　县
						灵璧县
	8079		39322	880		泗　县
			5150			霍邱县
			7670	40340		舒城县
	102		2171			金寨县
1000			985		820	霍山县
			3562			涡阳县
			2150	3251		蒙城县
				16500		利辛县
						东至县
			369		3128	石台县
						青阳县
						郎溪县
7300	580		816	2844		泾　县
			15727			绩溪县
			21150	300	300	旌德县
64508	318254		420653	176847	258890	福　建
			9979	3817	4307	闽侯县
				500		连江县
	1000					罗源县
	1590		500			闽清县
					50545	永泰县
	19800		32637			仙游县
						明溪县
				10601		清流县
						宁化县
	5660		26130	6750		大田县
			17958			尤溪县

2-2-2 续表11

计量单位:万元

县名称 Name of Counties	本年实际到位资金合计 The Total Funds Actually Available for the Reported Year	上年末结余资金 The Balance of the Previous Year	本年资金来源		
			小计 Subtotal	国家预算资金 State Budgetary Fund	中央预算资金 Central Budgetary Fund
将乐县	532	430	102	70	70
泰宁县	5445		5445	795	
建宁县	657		657		
惠安县	27802		27802	14053	3000
安溪县	31302		31302	22527	
永春县	131005	28500	102505	102505	
德化县	51507		51507		
云霄县	55984		55984	6853	250
漳浦县	36887		36887	14887	
诏安县	46456		46456	406	406
东山县	38585		38585		
南靖县	15991		15991		
平和县					
华安县	2409		2409		
顺昌县	19987	1678	18309	17664	
浦城县	17210		17210		
光泽县	40039		40039	7405	
松溪县	23003		23003	23003	
政和县	47213		47213	2825	
长汀县	56679		56679	3872	2531
上杭县	61794	108	61686	60523	
武平县	16349	34	16315	997	
连城县	33032	7815	25217		
霞浦县	102607	11026	91581	18368	
古田县	90295		90295	59442	
屏南县	114724		114724	114724	
寿宁县	56570		56570	2000	
周宁县	40158		40158	500	
柘荣县	97115		97115		
平潭县	105013		105013		
江　西	**4048137**	**235194**	**3812943**	**1047872**	**31177**
南昌县	166060		166060	155760	2006
安义县	85228		85228		
进贤县	24009		24009		
浮梁县	123063	200	122863		
莲花县	9650		9650	9650	
上栗县	27580		27580	2500	2500
芦溪县	23891	4000	19891		
武宁县	39191	3326	35865	31786	
修水县	116909	1000	115909	40700	1400
永修县	9900		9900	2750	
德安县	25134		25134		

continued 11

Measurement Unit: 10000 RMB

Sources of Fund					各 项 应付款	
国内贷款	债券	利用外资	自筹资金	其他资金		县名称
Domestic Loan	Securities	Foreign Investment	Self-Raised Funds	Other Funds	Sum Payable This Year	Name of Counties
			32			将乐县
			4650		58351	泰宁县
	477		180			建宁县
2868	4992		5889		4442	惠安县
7700			1075			安溪县
						永春县
	23400		19169	8938		德化县
	45231		3900		3000	云霄县
			22000			漳浦县
30000			14825	1225		诏安县
	33417			5168		东山县
10550			4841	600		南靖县
					45851	平和县
			2409			华安县
	600			45		顺昌县
			17210		425	浦城县
			32634			光泽县
						松溪县
	10573		33815		44213	政和县
1457	29100		3250	19000		长汀县
			1163		550	上杭县
4500	8800		1018	1000		武平县
				25217		连城县
			70093	3120		霞浦县
				30853		古田县
						屏南县
	32970		17800	3800	47206	寿宁县
	4303			35355		周宁县
	15861		81254			柘荣县
7433	80480		14200	2900		平潭县
517163	**581966**	**6840**	**743455**	**915647**	**268653**	江 西
	10000			300		南昌县
			85228			安义县
			24009		30	进贤县
92000			30830	33		浮梁县
						莲花县
		6000	1410	17670		上栗县
			1091	18800	2200	芦溪县
	4000		79			武宁县
3900	66191		5118			修水县
			3600	3550		永修县
			25134		25134	德安县

2-2-2 续表 12

计量单位：万元

县名称 Name of Counties	本年实际到位资金合计 The Total Funds Actually Available for the Reported Year	上年末结余资金 The Balance of the Previous Year	本年资金来源		
			小计 Subtotal	国家预算资金 State Budgetary Fund	中央预算资金 Central Budgetary Fund
都昌县	980		980	980	
湖口县	3942		3942	3700	
彭泽县	123373	35000	88373	9220	2180
分宜县	14872		14872	14692	
信丰县	51963		51963	5762	
大余县	44531	13655	30876	1927	
上犹县	28153		28153	4114	
崇义县	91604	4874	86730	286	286
安远县	144532		144532		
定南县	40215		40215		
全南县	14532		14532	2000	2000
宁都县	29954		29954		
于都县	329550		329550		
兴国县	92584		92584		
会昌县	29790		29790		
寻乌县	18605	2099	16506	12430	
石城县	59504		59504	47395	11998
吉安县	45118		45118		
吉水县	64959	23676	41283	14652	
峡江县					
新干县	126916	87912	39004	38194	
永丰县	124410	470	123940	60780	
泰和县	40243	20487	19756	13756	922
遂川县	49632		49632		
万安县	33003		33003		
安福县	45628		45628	909	
永新县	38520		38520		
奉新县	10552		10552	130	
万载县	85724		85724	85724	
上高县	46737		46737	350	
宜丰县	42289	2000	40289	6189	1482
靖安县	5935	360	5575		
铜鼓县	26657	2674	23983	776	776
南城县	136795		136795		
黎川县	264897		264897		
南丰县	59692		59692		
崇仁县	83732		83732	4530	
乐安县	56211		56211		
宜黄县	46570	12700	33870	1350	
金溪县	15441	1300	14141	2131	2131
资溪县	142865		142865		
广昌县	60320		60320	34663	

continued 12

Measurement Unit: 10000 RMB

Domestic Loan	Securities	Foreign Investment	Self-Raised Funds	Other Funds	Sum Payable This Year	Name of Counties
						都昌县
			242		16790	湖口县
	17500		1789	59864		彭泽县
			180			分宜县
310	2707		11744	31440		信丰县
	12400		14680	1869		大余县
1200	7424		6250	9165	5756	上犹县
75649	6301	30	4229	235	27100	崇义县
54000	58820		20212	11500		安远县
			13500	26715	38015	定南县
7840	200			4492		全南县
	7325		16204	6425		宁都县
22530			278580	28440		于都县
24400			2484	65700		兴国县
			12092	17698		会昌县
	3891			185		寻乌县
			4947	7162	48505	石城县
	13400		78	31640		吉安县
9000	1370		16261			吉水县
					28400	峡江县
		810				新干县
	58760		4400			永丰县
	6000				39073	泰和县
	3078			46554	9420	遂川县
	320		485	32198		万安县
	18468		26251			安福县
			1367	37153		永新县
	5784		88	4550		奉新县
						万载县
	40874		3513	2000		上高县
	24400		5000	4700		宜丰县
	5459			116	1494	靖安县
	1682		20544	981		铜鼓县
2600	88445			45750		南城县
			33000	231897		黎川县
				59692		南丰县
78469	733					崇仁县
				56211		乐安县
	15750		14210	2560		宜黄县
			12010			金溪县
142865						资溪县
	15450		4807	5400		广昌县

2-2-2 续表13

计量单位:万元

县名称 Name of Counties	本年实际到位资金合计 The Total Funds Actually Available for the Reported Year	上年末结余资金 The Balance of the Previous Year	本年资金来源		
			小计 Subtotal	国家预算资金 State Budgetary Fund	中央预算资金 Central Budgetary Fund
玉山县	7026		7026		
铅山县	35603		35603		
横峰县	15669	3380	12289	6423	
弋阳县	76205	16081	60124	4376	3496
余干县	14853		14853		
鄱阳县	427287		427287	427287	
万年县	13370		13370		
婺源县	35979		35979		
山　东	**2737160**	**15770**	**2721390**	**926097**	**42890**
平阴县	30833		30833	30833	
商河县	45810		45810	10226	
桓台县	5438		5438	5438	
高青县	1572	10	1562		
沂源县	41206		41206	25325	
利津县	48406		48406	1500	1500
广饶县	38785		38785	22969	2509
临朐县	48466		48466		
昌乐县	27117		27117		
微山县	18859		18859	13959	
鱼台县	21619		21619	9594	
金乡县	29459		29459	29059	
嘉祥县	44747		44747	44747	
汶上县	48788		48788	41440	
泗水县	23885	200	23685	16435	
梁山县	20889		20889	12963	
宁阳县					
东平县	3075	45	3030	461	
五莲县	19346		19346	5934	2910
莒　县	8799		8799	8799	
沂南县	76335		76335	76335	
郯城县	83984		83984	57134	
沂水县	105615		105615	103218	
兰陵县	102210		102210	82025	5800
费　县	103980		103980		
平邑县	166361		166361	105391	
莒南县	773607	3751	769856	51760	12800
蒙阴县	45351		45351		
临沭县	204867		204867	43715	
宁津县	32248		32248	9748	
庆云县	16509		16509		
临邑县	57918		57918		
齐河县	23660		23660	20570	

continued 13

Measurement Unit: 10000 RMB

Sources of Fund					各 项应付款	县名称
国内贷款	债券	利用外资	自筹资金	其他资金		
Domestic Loan	Securities	Foreign Investment	Self-Raised Funds	Other Funds	Sum Payable This Year	Name of Counties
			6256	770		玉山县
	22500		4497	8606	8606	铅山县
			2558	3308		横峰县
2400	24429		20609	8310		弋阳县
	2853			12000		余干县
						鄱阳县
	10100		2970	300	18130	万年县
	25352		919	9708		婺源县
29929	274621		1065675	425068	228241	山　东
						平阴县
			35584			商河县
						桓台县
			1432	130	50	高青县
	8000		7881		14216	沂源县
17000	25906			4000		利津县
			6	15810	14979	广饶县
			48466			临朐县
			20567	6550	2572	昌乐县
				4900		微山县
			177	11848		鱼台县
				400		金乡县
						嘉祥县
			6348	1000		汶上县
			7000	250		泗水县
				7926		梁山县
					1275	宁阳县
			2569		3138	东平县
	13412					五莲县
					2431	莒　县
						沂南县
			26850			郯城县
			2397			沂水县
	4318		15867			兰陵县
				103980	12706	费　县
	60970					平邑县
6430			704021	7645		莒南县
				45351		蒙阴县
				161152		临沭县
	22500				21373	宁津县
	634			15875		庆云县
2499			55419		2202	临邑县
			3090			齐河县

2-2-2 续表14

计量单位:万元

县名称 Name of Counties	本年实际到位资金合计 The Total Funds Actually Available for the Reported Year	上年末结余资金 The Balance of the Previous Year	本年资金来源		
			小计 Subtotal	国家预算资金 State Budgetary Fund	中央预算资金 Central Budgetary Fund
平原县	18080		18080	1080	
夏津县	24066		24066	5330	
武城县	46978		46978		
阳谷县	54634		54634	15806	15806
莘　县	30620		30620		
东阿县	10023		10023	9369	
冠　县					
高唐县	40		40	40	
惠民县	21300	2704	18596		
阳信县	12685		12685		
无棣县	30590	9060	21530	3962	1565
博兴县	9597		9597		
曹　县	81442		81442	60932	
单　县	14131		14131		
成武县	12705		12705		
巨野县					
郓城县	19500		19500		
鄄城县	9445		9445		
东明县	21580		21580		
河　南	1997550	64720	1932830	799886	97762
中牟县	467		467		
杞　县	23317		23317	215	
通许县	5653		5653	5574	
尉氏县	50646	3352	47294		
兰考县	622		622	500	
新安县	14449		14449		
栾川县	1600		1600		
嵩　县					
汝阳县	2000		2000		
宜阳县	8170		8170	1578	
洛宁县	3276		3276		
伊川县	3451		3451	1112	589
宝丰县	12903		12903		
叶　县	15911	1479	14432		
鲁山县	14712	240	14472	3210	
郏　县	34848		34848	633	
安阳县	73970		73970	970	
汤阴县	6063		6063	1263	
滑　县	39477	9500	29977		
内黄县	35558		35558		
浚　县	1371	891	480		
淇　县	2686		2686		

continued 14

Measurement Unit: 10000 RMB

Sources of Fund					各 项 应付款	县名称
国内贷款 Domestic Loan	债券 Securities	利用外资 Foreign Investment	自筹资金 Self-Raised Funds	其他资金 Other Funds	Sum Payable This Year	Name of Counties
	17000					平原县
	14600			4136		夏津县
			46978			武城县
	28139		658	10031		阳谷县
	29210		1410		3592	莘县
			654			东阿县
						冠县
					5000	高唐县
	16070		2526			惠民县
	1765		10331	589	15920	阳信县
			17463	105		无棣县
	9597					博兴县
			20110	400	80632	曹县
			14131			单县
			12705			成武县
					23510	巨野县
4000	15500					郓城县
	7000		2445		24645	鄄城县
				21580		东明县
260499	**155878**	**2900**	**528659**	**185008**	**359092**	河 南
			467			中牟县
			19102	4000		杞县
			79			通许县
31975	60		15259		102800	尉氏县
			122		15620	兰考县
10751	243		3455		2346	新安县
	1600				4310	栾川县
						嵩县
			2000			汝阳县
	6300		292		6592	宜阳县
				3276	583	洛宁县
			1985	354	6940	伊川县
			12003	900		宝丰县
				14432	5828	叶县
	7600		3662			鲁山县
	4490		29725			郏县
69000			1800	2200		安阳县
	4800					汤阴县
	9952		15234	4791		滑县
	2956		12824	19778		内黄县
				480	25163	浚县
			2686			淇县

2-2-2 续表15

计量单位：万元

县名称 Name of Counties	本年实际到位资金合计 The Total Funds Actually Available for the Reported Year	上年末结余资金 The Balance of the Previous Year	本年资金来源		
			小计 Subtotal	国家预算资金 State Budgetary Fund	中央预算资金 Central Budgetary Fund
新乡县	5384		5384		
获嘉县	42646		42646	39994	
原阳县					
延津县	7361		7361		
封丘县	20210		20210		
修武县	4133		4133	1589	1589
博爱县	35142		35142	10082	
武陟县	21725		21725	17835	
温　县	15557		15557	5243	
清丰县	22987	1700	21287	5992	
南乐县	17784	1980	15804	11966	
范　县	33593		33593		
台前县	9884		9884	9884	
濮阳县	13774		13774	1500	
鄢陵县	8590		8590		
襄城县	330		330		
舞阳县					
临颍县	200		200		
渑池县	12249		12249	10192	
卢氏县	18771		18771	9751	
南召县	24243		24243	24243	
方城县	94389		94389	91467	
西峡县	32400		32400	32400	
镇平县	24519		24519	22211	
内乡县	22652		22652	22652	22652
淅川县	71626		71626	71626	
社旗县	44625		44625	39925	
唐河县	41603	3300	38303	38303	
新野县	45213		45213	44853	
桐柏县	39400		39400	39400	
民权县	33712		33712	4548	
睢　县	12621		12621	628	
宁陵县	8028		8028	5888	
柘城县	6001	450	5551	2047	847
虞城县	5192	1747	3445	2747	
夏邑县	39548		39548	119	
罗山县	72005		72005		
光山县	26000	26000			
新　县	24211		24211	6930	
商城县	232620		232620	4309	2794
固始县	55564	2100	53464	23929	
潢川县	17939		17939	4139	

continued 15

Measurement Unit: 10000 RMB

Sources of Fund					各项应付款	县名称
国内贷款	债券	利用外资	自筹资金	其他资金		
Domestic Loan	Securities	Foreign Investment	Self-Raised Funds	Other Funds	Sum Payable This Year	Name of Counties
	1150		4234		550	新乡县
				2652		获嘉县
					15214	原阳县
1363	1594		80	4324		延津县
	530		19680			封丘县
	600		1944		800	修武县
	24000		1060			博爱县
			3890			武陟县
			3500	6814		温县
150	15050		95		245	清丰县
	2418		1400	20		南乐县
	6596		13166	13831		范县
						台前县
11650			624		13150	濮阳县
			8590		18225	鄢陵县
				330	355	襄城县
						舞阳县
			200			临颍县
			2057			渑池县
6620			2400			卢氏县
						南召县
			2922			方城县
						西峡县
			2308			镇平县
						内乡县
						淅川县
			4700			社旗县
						唐河县
			360			新野县
						桐柏县
24000			5164			民权县
560			1930	9503	50	睢县
			2140			宁陵县
	563		2541	400		柘城县
			698			虞城县
25700			13650	79		夏邑县
8530	14411		49064			罗山县
						光山县
			17281			新县
59200	14801	2900	125012	26398		商城县
			29535		3400	固始县
	11200		2600		4700	潢川县

2-2-2 续表16

计量单位:万元

县名称 Name of Counties	本年实际到位资金合计 The Total Funds Actually Available for the Reported Year	上年末结余资金 The Balance of the Previous Year	本年资金来源		
			小计 Subtotal	国家预算资金 State Budgetary Fund	中央预算资金 Central Budgetary Fund
淮滨县	35144		35144	13280	
息　县	22626	9528	13098	4000	
扶沟县	3578		3578		
西华县	8980		8980	8980	
商水县	38000		38000		
沈丘县	44522		44522	40565	
郸城县	4418		4418	618	
太康县	295		295		
鹿邑县	80262		80262	62262	55887
西平县	28740		28740	340	
上蔡县	60963		60963	20161	
平舆县	5121		5121	5121	1620
正阳县	3183	31	3152	512	
确山县	4265	2410	1855		
泌阳县	22830	12	22818	22600	11784
汝南县	11340		11340		
遂平县	594		594		
新蔡县	7108		7108		
湖　北	**2807583**	**181463**	**2626120**	**343891**	**120315**
阳新县	227826		227826	22517	3517
郧西县					
竹山县	127627		127627		
竹溪县	80759	24771	55988	3330	3330
房　县	62809	40	62769		
远安县	134510		134510	7570	7570
兴山县	30095		30095		
秭归县	192749	21457	171292	5306	
长阳土家族自治县	80474		80474		
五峰土家族自治县	76142	14062	62080	680	300
南漳县	26000		26000		
谷城县	76036		76036	74046	10629
保康县	103473		103473	36364	10346
沙洋县	20089	5414	14675	1694	1600
孝昌县	122377		122377		
大悟县	291903		291903	6978	6978
云梦县	165604		165604	83974	22609
公安县	57399		57399		
江陵县	21269		21269	1573	
团风县	24497		24497	404	
红安县	41903	5269	36634	729	729
罗田县					
英山县					

continued 16

Measurement Unit: 10000 RMB

Domestic Loan	Securities	Foreign Investment	Self-Raised Funds	Other Funds	Sum Payable This Year	Name of Counties
	204		21660			淮滨县
			9098		5198	息县
	1600		1978			扶沟县
					17484	西华县
	9000		29000		63635	商水县
			3957			沈丘县
	3800				8296	郸城县
			295		23485	太康县
				18000		鹿邑县
	10000		18400			西平县
				40802		上蔡县
					7282	平舆县
	360		2280		472	正阳县
				1855		确山县
			218		6369	泌阳县
11000			275	65		汝南县
				594		遂平县
			258	6850		新蔡县
197122	245092	23700	1199065	617250	431526	湖 北
45000	33745		12748	113816		阳新县
					40220	郧西县
	6400		121227			竹山县
	10000		41858	800		竹溪县
			36879	25890	8500	房县
			32275	94665		远安县
	6527		1528	22040		兴山县
121800			44186			秭归县
			12157	68317		长阳土家族自治县
4000			19300	38100	210	五峰土家族自治县
	22000			4000	97959	南漳县
				1990		谷城县
	15400		49981	1728	800	保康县
12000	876		105		32677	沙洋县
5280	25000		92097		67520	孝昌县
	9000		275925		15000	大悟县
	65761		15869		15206	云梦县
			54506	2893	16975	公安县
	6000		13659	37	18469	江陵县
	3020		510	20563		团风县
	4000		30689	1216	7794	红安县
					47806	罗田县
					47833	英山县

2-2-2 续表17

计量单位:万元

县名称 Name of Counties	本年实际到位资金合计 The Total Funds Actually Available for the Reported Year	上年末结余资金 The Balance of the Previous Year	本年资金来源		
			小计 Subtotal	国家预算资金 State Budgetary Fund	中央预算资金 Central Budgetary Fund
浠水县	127169	102525	24644	3153	3153
蕲春县	115197		115197		
黄梅县	115718		115718	8118	8118
嘉鱼县	59487		59487		
通城县	14410		14410	5300	5300
崇阳县	19964		19964		
通山县	89580		89580	27302	20376
随　县	95261		95261	480	400
建始县	39699	463	39236	29533	
巴东县	41033		41033		
咸丰县	7162	5862	1300		
来凤县	36708	1600	35108	9500	4150
鹤峰县	42475		42475	2430	
宣恩县	22169		22169	11210	11210
神农架林区	18010		18010	1700	
湖　南	**1545422**	**44720**	**1500702**	**170783**	**38264**
长沙县	356522		356522	72330	
望城区	307509		307509		
攸　县					
茶陵县	6350		6350	6350	6350
炎陵县	3950		3950		
湘潭县	2450		2450		
衡阳县	1750		1750		
衡南县	4419		4419		
衡山县	155		155		
衡东县	922		922	922	922
祁东县	6371		6371	1631	
南岳区	6000	4000	2000		
新邵县	1799	105	1694		
邵阳县	53823		53823	5629	5629
隆回县	12912	7712	5200		
洞口县	19071		19071		
绥宁县					
新宁县	9763		9763	1576	
城步苗族自治县	1366	1366			
岳阳县	19900		19900		
华容县	5272	302	4970	4970	
湘阴县	4009		4009		
平江县	26424	730	25694	10059	8754
安乡县					
汉寿县	16919		16919	3060	3060
澧　县	43820	12665	31155	28500	

continued 17

Measurement Unit: 10000 RMB

Sources of Fund					各项应付款	
国内贷款 Domestic Loan	债券 Securities	利用外资 Foreign Investment	自筹资金 Self-Raised Funds	其他资金 Other Funds	Sum Payable This Year	县名称 Name of Counties
	5500			15991		浠水县
			115197			蕲春县
3279	5450		14600	84271		黄梅县
			59487			嘉鱼县
			9110			通城县
	5200		1396	13368	7257	崇阳县
	11019		49259	2000		通山县
		23700	8225	62856		随县
5763	3940					建始县
			17534	23499		巴东县
			900	400	7300	咸丰县
			23108	2500		来凤县
	6254		33791			鹤峰县
			10959			宣恩县
				16310		神农架林区
191827	403350	4217	615963	114562	29805	湖南
	265630		18562			长沙县
			296780	10729		望城区
				3899		攸县
						茶陵县
			3950			炎陵县
			2450			湘潭县
			1750			衡阳县
		608	3811			衡南县
			155			衡山县
						衡东县
	4740				6810	祁东县
			2000		500	南岳区
			1295	399		新邵县
9945	25662		6090	6497	13540	邵阳县
2100				3100		隆回县
			3900	15171		洞口县
						绥宁县
	7396		150	641		新宁县
						城步苗族自治县
				19900		岳阳县
						华容县
				4009		湘阴县
2189		3609	9738	99		平江县
						安乡县
				13859		汉寿县
			2655			澧县

2-2-2 续表18

计量单位:万元

县名称 Name of Counties	本年实际到位资金合计 The Total Funds Actually Available for the Reported Year	上年末结余资金 The Balance of the Previous Year	本年资金来源		
			小计 Subtotal	国家预算资金 State Budgetary Fund	中央预算资金 Central Budgetary Fund
临澧县	39268		39268		
桃源县	2700		2700		
石门县	6346		6346	5846	
慈利县	6373		6373		
桑植县	15151	6070	9081	2000	2000
南 县	5593		5593		
桃江县	22532		22532	7891	7891
安化县	70000		70000		
大通湖区	1620	341	1279	1279	1279
桂阳县	35608		35608		
宜章县	11546		11546		
永兴县	3611		3611	922	922
嘉禾县	12134		12134		
临武县	1700		1700		
汝城县	3986		3986	1302	625
桂东县	15582		15582		
安仁县	1000		1000		
东安县	6611		6611		
双牌县	17800	4000	13800		
道 县	140000		140000		
江永县	5977		5977		
宁远县	12462		12462		
蓝山县					
新田县	2900	1900	1000		
江华瑶族自治县	53500		53500		
中方县	1050		1050	400	
沅陵县	28410		28410	6050	
辰溪县					
溆浦县	19380		19380	3000	
会同县	17100	18	17082	200	
麻阳苗族自治县					
新晃侗族自治县					
芷江侗族自治县					
通道县	1668		1668		
靖州县	6000		6000		
双峰县	33703	3911	29792	2870	
新化县	1095		1095		
泸溪县					
凤凰县					
花垣县	5076		5076		
保靖县	4900	500	4400	832	832
古丈县	8500	500	8000		
永顺县	9900	600	9300		
龙山县	3164		3164	3164	

continued 18

Measurement Unit: 10000 RMB

Sources of Fund					各项应付款	县名称
国内贷款 Domestic Loan	债券 Securities	利用外资 Foreign Investment	自筹资金 Self-Raised Funds	其他资金 Other Funds	Sum Payable This Year	Name of Counties
317			38951			临澧县
			2700			桃源县
			500			石门县
	6373					慈利县
	5500		1581			桑植县
			5593			南县
			14641			桃江县
70000						安化县
						大通湖区
			35608			桂阳县
	11546					宜章县
			2689		600	永兴县
				12134		嘉禾县
			900	800		临武县
			26	2658		汝城县
	11782		3800			桂东县
				1000		安仁县
3500			3111			东安县
				13800		双牌县
90000	25000		25000			道县
			5977			江永县
			12462			宁远县
						蓝山县
	1000					新田县
			53500			江华瑶族自治县
			650			中方县
	3660		18700			沅陵县
						辰溪县
			16380			溆浦县
	14500		2382		292	会同县
						麻阳苗族自治县
						新晃侗族自治县
						芷江侗族自治县
	1668					通道县
	6000					靖州县
	3325		23581	16		双峰县
			1095			新化县
						泸溪县
						凤凰县
5076						花垣县
	3568					保靖县
	6000			2000		古丈县
8700			600		1000	永顺县
					3164	龙山县

2-2-2 续表19

计量单位:万元

县名称 Name of Counties	本年实际到位资金合计 The Total Funds Actually Available for the Reported Year	上年末结余资金 The Balance of the Previous Year	本年资金来源		
			小计 Subtotal	国家预算资金 State Budgetary Fund	中央预算资金 Central Budgetary Fund
广 东	**465925**	**28068**	**437857**	**74085**	**7593**
始兴县	19197		19197		
仁化县	6100		6100		
翁源县	14579	2000	12579	579	184
乳源瑶族自治县	2940	80	2860	339	339
新丰县	32241		32241		
南澳县	6183		6183		
遂溪县	59095		59095	1132	
徐闻县	10839		10839	10839	
广宁县					
怀集县	6499		6499		
封开县					
德庆县					
博罗县	800		800		
惠东县					
龙门县	7959	758	7201		
大埔县	14455	5969	8486		
丰顺县	5590		5590		
五华县	12487		12487	887	320
平远县	5458		5458	660	660
蕉岭县	5914		5914	3907	3554
海丰县	47476		47476	1738	1738
陆河县	881		881	10	
紫金县	17546		17546		
龙川县	18270		18270	18270	
连平县	12618	5000	7618		
和平县	25485	1043	24442	19442	798
东源县	910		910		
阳西县	33158	13177	19981	640	
阳山县	13635		13635	835	
连山壮族瑶族自治县	4941		4941		
连南瑶族自治县	360	41	319	319	
佛冈县	17881		17881		
饶平县	13788		13788	13788	
揭西县					
惠来县					
新兴县	9588		9588		
郁南县	39052		39052	700	
广 西	**1029971**	**39393**	**990578**	**402668**	**25573**
隆安县	11911		11911	11211	624

continued 19

Measurement Unit: 10000 RMB

Domestic Loan	Securities	Foreign Investment	Self-Raised Funds	Other Funds	Sum Payable This Year	Name of Counties
	300608	910	14399	47855	99589	广　东
	19197					始兴县
				6100		仁化县
	12000					翁源县
	2521					乳源瑶族自治县
	32241					新丰县
	5771		95	317	16	南澳县
	57727		236		58859	遂溪县
						徐闻县
						广宁县
	6499					怀集县
						封开县
						德庆县
				800	800	博罗县
						惠东县
	7074			127	325	龙门县
	5586			2900	8131	大埔县
				5590		丰顺县
			100	11500		五华县
	4798					平远县
	2000			7		蕉岭县
	36409		7996	1333		海丰县
	813			58	58	陆河县
				17546		紫金县
						龙川县
	6061			1557	1557	连平县
	5000				3957	和平县
		910			14110	东源县
	13650		5691		2000	阳西县
	12800				9677	阳山县
	4921			20	99	连山壮族瑶族自治县
						连南瑶族自治县
	17600		281			佛冈县
						饶平县
						揭西县
						惠来县
	9588					新兴县
	38352					郁南县
85484	54971		295029	152426	143984	广　西
			700		6109	隆安县

2-2-2 续表20

计量单位:万元

县名称 Name of Counties	本年实际到位资金合计 The Total Funds Actually Available for the Reported Year	上年末结余资金 The Balance of the Previous Year	本年资金来源		
			小计 Subtotal	国家预算资金 State Budgetary Fund	中央预算资金 Central Budgetary Fund
马山县	59437		59437	2600	
上林县	52532		52532	49742	
宾阳县	35374		35374	31824	
柳城县	12477		12477		
鹿寨县	23588		23588	409	
融安县	24204	6324	17880	44	
融水苗族自治县	12594		12594	12594	
三江侗族自治县	7687		7687	2467	1787
阳朔县	13073		13073	11576	
灵川县	20290	626	19664	1553	
全州县	3810		3810	3460	3460
兴安县	28160		28160	28160	
永福县	24956		24956		
灌阳县	17118	1000	16118	12191	5691
龙胜各族自治县	3230		3230	3230	
资源县	9700		9700		
平乐县	10588		10588		
恭城瑶族自治县	4331		4331	341	
苍梧县	9055		9055		
藤　县	44239		44239	39521	
蒙山县	6255		6255		
合浦县	28189		28189		
上思县	5777		5777		
灵山县	2763		2763	2763	
浦北县	21591		21591	2655	1922
平南县	50050		50050	50050	
容　县	30348	1697	28651	3939	
陆川县	36807	5019	31788	8226	
博白县	30372		30372	1894	861
兴业县	4198		4198	2806	
田东县	33567	19125	14442	949	649
德保县	474		474	474	474
那坡县					
凌云县	3005		3005	3005	
乐业县	3408	2000	1408	13	
田林县	2350	334	2016	127	127
西林县	3078		3078	2986	
隆林各族自治县	10152		10152	9962	1600
昭平县	14122	2715	11407	1907	
钟山县	2661		2661	2015	
富川瑶族自治县	11481		11481	8810	
南丹县	18745		18745		

continued 20

Measurement Unit: 10000 RMB

Sources of Fund					各 项 应付款	
国内贷款	债券	利用外资	自筹资金	其他资金		县名称
Domestic Loan	Securities	Foreign Investment	Self-Raised Funds	Other Funds	Sum Payable This Year	Name of Counties
			55880	957		马山县
			2790			上林县
			3550			宾阳县
			12477			柳城县
18495			4654	30		鹿寨县
	1224		16612		100	融安县
						融水苗族自治县
			910	4310		三江侗族自治县
400			1097			阳朔县
				18111	101	灵川县
				350		全州县
						兴安县
	1155		13145	10656		永福县
	680		100	3147		灌阳县
						龙胜各族自治县
	4136			5564		资源县
			10588			平乐县
			3990			恭城瑶族自治县
	198			8857		苍梧县
			4718			藤 县
	98		4001	2156		蒙山县
3275	854		180	23880		合浦县
			5777		3912	上思县
						灵山县
	131		305	18500		浦北县
						平南县
482	179		23911	140	83	容 县
11417	1525		10620			陆川县
971	350		27157			博白县
			1392			兴业县
2000	11493				902	田东县
					1028	德保县
					4759	那坡县
						凌云县
			1395			乐业县
				1889		田林县
			92		900	西林县
		20		170		隆林各族自治县
	9200		300		452	昭平县
			646			钟山县
1532	1058		81		1480	富川瑶族自治县
			18373	372	76	南丹县

2-2-2 续表21

计量单位:万元

县名称 Name of Counties	本年实际到位资金合计 The Total Funds Actually Available for the Reported Year	上年末结余资金 The Balance of the Previous Year	本年资金来源		
			小计 Subtotal	国家预算资金 State Budgetary Fund	中央预算资金 Central Budgetary Fund
天峨县	8020	232	7788	150	
凤山县	4430	321	4109	109	
东兰县	25370		25370		
罗城仫佬族自治县	44906		44906		
环江毛南族自治县	17107		17107	11682	
巴马瑶族自治县	18012		18012	11588	
都安瑶族自治县	62070		62070	40446	
大化瑶族自治县	1542		1542	268	
忻城县	21559		21559	46	
象州县	17846		17846	733	733
武宣县	499		499		
金秀瑶族自治县	6845		6845	6845	6845
扶绥县	4301		4301	811	
宁明县	2083		2083	800	800
龙州县	17193		17193	15552	
大新县	29921		29921	134	
天等县	520		520		
海 南	224926	28303	196623	63383	3300
定安县	11497	2266	9231	560	
屯昌县	38665	4488	34177	261	
澄迈县	38671	5389	33282	94	
临高县	24073		24073	4770	
白沙黎族自治县	836		836	836	
昌江县	6184		6184	1571	
乐东县	65742	14834	50908	50908	
陵水县	17948		17948	83	
保亭县	11231	1326	9905		
琼中县	10079		10079	4300	3300
洋浦经济开发区					
重 庆	884300	71135	813165	263680	68134
城口县	59069		59069	6272	100
丰都县	116163		116163	75853	60233
垫江县	42615		42615	337	300
忠 县	26088		26088	24500	
云阳县	208439	64069	144370	94095	
奉节县	113035		113035	48113	
巫山县	5524		5524	300	
巫溪县	55162		55162		
石柱土家族自治县	57760	6060	51700	850	850
秀山土家族苗族自治县	33579		33579		
酉阳土家族苗族自治县	110629		110629	6549	
彭水苗族土家族自治县	56237	1006	55231	6811	6651

continued 21

Measurement Unit: 10000 RMB

Sources of Fund					各项应付款	县名称
国内贷款 Domestic Loan	债券 Securities	利用外资 Foreign Investment	自筹资金 Self-Raised Funds	其他资金 Other Funds	Sum Payable This Year	Name of Counties
	2102		4080	1456	5718	天峨县
			4000			凤山县
	260		25110			东兰县
	250			44656		罗城仫佬族自治县
			5425			环江毛南族自治县
	653		5771		150	巴马瑶族自治县
			21624		8717	都安瑶族自治县
			1274		2991	大化瑶族自治县
21378			135			忻城县
14907			1146	1060	5085	象州县
			499		60569	武宣县
						金秀瑶族自治县
3200			100	190	17499	扶绥县
	1085			198	5988	宁明县
1626			15			龙州县
5281	18320		6186		150	大新县
520					17215	天等县
6000	**70410**		**12080**	**44750**	**4442**	**海 南**
6000	2671					定安县
	30900			3016		屯昌县
	24000			9188		澄迈县
	8186		10860	257		临高县
					756	白沙黎族自治县
			1100	3513		昌江县
						乐东县
				17865	236	陵水县
				9905	1532	保亭县
	4653		120	1006	1918	琼中县
						洋浦经济开发区
69511	**113827**		**330504**	**35643**	**51122**	**重 庆**
1716	41065		693	9323		城口县
11042	5550		23420	298		丰都县
800	19280		9896	12302		垫江县
			1588		31498	忠 县
379	10000		34896	5000		云阳县
			60319	4603		奉节县
			4394	830	5892	巫山县
			55162			巫溪县
	4000		46850			石柱土家族自治县
23769			6909	2901		秀山土家族苗族自治县
23005	32932		48122	21		酉阳土家族苗族自治县
8800	1000		38255	365	13732	彭水苗族土家族自治县

2-2-2 续表22

计量单位:万元

县名称 Name of Counties	本年实际到位资金合计 The Total Funds Actually Available for the Reported Year	上年末结余资金 The Balance of the Previous Year	本年资金来源		
			小计 Subtotal	国家预算资金 State Budgetary Fund	中央预算资金 Central Budgetary Fund
四 川	**4151219**	**252182**	**3899037**	**578157**	**247093**
金堂县	152788		152788		
大邑县	54310		54310		
蒲江县	30080		30080		
东部新区管理委员会	153171	79984	73187	29173	
荣 县					
富顺县					
米易县	26500		26500		
盐边县	77356		77356	54963	45298
泸 县	32700		32700		
合江县	46740		46740		
叙永县	24100		24100		
古蔺县	53600		53600		
中江县	109359		109359	22119	19012
三台县	48944		48944	36439	
盐亭县	56174		56174		
梓潼县	112647	213	112434	675	
北川羌族自治县	30443		30443	10943	880
平武县	14694	3900	10794	5594	5594
旺苍县	23209		23209	8200	8200
青川县	9619		9619	6269	3760
剑阁县	58265		58265	6900	2931
苍溪县	89776		89776	34518	32747
蓬溪县	82262		82262	12302	12302
大英县	77790		77790	15590	3590
威远县	48926		48926	10626	5226
资中县	32427		32427	6780	450
犍为县	23482	5500	17982	2353	953
井研县	39700	16000	23700	4000	2988
夹江县	15124		15124	2757	2475
沐川县	34700		34700	3000	3000
峨边县	41752	28300	13452	2404	
马边县	10400		10400		
南部县	283083		283083		
营山县	379810		379810	34800	
蓬安县	153000		153000		
仪陇县	91250		91250		
西充县	85500		85500	24500	4500
眉山天府新区	19295		19295		
洪雅县	33383	6315	27068	3151	
仁寿县	70350		70350	5736	5736
丹棱县	33500	7000	26500		
青神县	40842	3037	37805	2956	2956

continued 22

Measurement Unit: 10000 RMB

Sources of Fund					各项应付款	县名称
国内贷款 Domestic Loan	债券 Securities	利用外资 Foreign Investment	自筹资金 Self-Raised Funds	其他资金 Other Funds	Sum Payable This Year	Name of Counties
590733	896105	16400	467452	1350190	364765	四 川
			2770	150018		金堂县
	15000			39310	54310	大邑县
				30080	30080	蒲江县
26280	12309		719	4706	102535	东部新区管理委员会
						荣 县
						富顺县
	1800			24700		米易县
			2083	20310		盐边县
	10000		3700	19000		泸 县
	35600		600	10540		合江县
	20000		2200	1900		叙永县
	47100			6500		古蔺县
13700	41250		2000	30290		中江县
				12505		三台县
				56174		盐亭县
	20000		91759			梓潼县
	19500					北川羌族自治县
	5000			200	1391	平武县
	9458		5501	50	22287	旺苍县
	3000			350		青川县
	47165		4200			剑阁县
7025	48153			80		苍溪县
			69960			蓬溪县
19700	42500					大英县
	38300					威远县
	5000			20647		资中县
	11235			4394		犍为县
3500	2400			13800	39700	井研县
7000				5367	81	夹江县
	8500			23200	34700	沐川县
			2812	8236		峨边县
	10400					马边县
				283083		南部县
208560	101050		3200	32200		营山县
48000	47000			58000		蓬安县
	56200		1550	33500		仪陇县
53000			5000	3000		西充县
			19295			眉山天府新区
	23417			500		洪雅县
				64614		仁寿县
			26500			丹棱县
24000	8479			2370		青神县

2-2-2 续表 23

计量单位:万元

县名称 Name of Counties	本年实际到位资金合计 The Total Funds Actually Available for the Reported Year	上年末结余资金 The Balance of the Previous Year	本年资金来源		
			小计 Subtotal	国家预算资金 State Budgetary Fund	中央预算资金 Central Budgetary Fund
江安县	38466		38466		
长宁县	17900		17900		
高　县	13040		13040	1040	1040
珙　县					
筠连县	37785		37785		
兴文县	82000		82000		
屏山县	79732	6000	73732		
岳池县	117150		117150		
武胜县	31150		31150		
邻水县	19721		19721		
宣汉县	79250		79250		
开江县	43434		43434		
大竹县	80340		80340		
渠　县	117526		117526	117526	
荥经县	7035		7035		
汉源县	28994		28994		
石棉县	8197		8197		
天全县	24767	765	24002		
芦山县	43914	20000	23914		
宝兴县	67500		67500	32500	8000
通江县	37960		37960	10920	10920
南江县	76400	18000	58400		
平昌县	42059		42059	5891	5891
安岳县					
乐至县					
汶川县	3920	3920			
理　县	500	500			
茂　县	7461		7461	4261	2000
松潘县	4490	1430	3060	3060	2560
九寨沟县	3046	246	2800	2800	2800
金川县	17075	17075			
小金县					
黑水县	1300	1300			
壤塘县	809	809			
阿坝县					
若尔盖县	12016	2100	9916	6516	6516
红原县	1193		1193	1193	1193
泸定县	5172		5172	5172	5172
丹巴县					
九龙县	5200		5200	4200	4200
雅江县	8400		8400	6900	6900
道孚县	130		130		

continued 23

Measurement Unit: 10000 RMB

\multicolumn{5}{c	}{Sources of Fund}	各项应付款	县名称
国内贷款 Domestic Loan	债券 Securities	利用外资 Foreign Investment	自筹资金 Self-Raised Funds	其他资金 Other Funds	Sum Payable This Year	Name of Counties
			38466		2080	江安县
			17900			长宁县
12000						高　县
						珙　县
	1950		635	35200		筠连县
	74000		8000			兴文县
48280	9000		2000	14452	3000	屏山县
			9500	107650		岳池县
		950		30200		武胜县
				19721		邻水县
77000					2250	宣汉县
100				43334		开江县
			80340			大竹县
						渠　县
	1975			5060		荥经县
	12000		14744	2250		汉源县
			8	8189		石棉县
5000	2000			17002		天全县
	3414			20500		芦山县
	22000		8000	5000		宝兴县
		15450	1110	10480	36850	通江县
	26800		31600			南江县
				36168		平昌县
						安岳县
						乐至县
						汶川县
						理　县
	2400			800		茂　县
						松潘县
						九寨沟县
						金川县
					310	小金县
						黑水县
						壤塘县
						阿坝县
	2400			1000	24995	若尔盖县
					7	红原县
						泸定县
						丹巴县
				1000		九龙县
	500			1000		雅江县
				130		道孚县

2-2-2 续表24

计量单位：万元

县名称 Name of Counties	本年实际到位资金合计 The Total Funds Actually Available for the Reported Year	上年末结余资金 The Balance of the Previous Year	本年资金来源		
			小计 Subtotal	国家预算资金 State Budgetary Fund	中央预算资金 Central Budgetary Fund
炉霍县	7186		7186	7186	7186
甘孜县	22077	16607	5470		
新龙县	5235	5235			
德格县					
白玉县	13278		13278	6978	6978
石渠县	11577		11577	5543	5543
色达县	3700	1300	2400		
理塘县					
巴塘县	2300	2300			
乡城县	2220		2220		
稻城县	1014		1014		
得荣县	5418	1458	3960	2960	2960
普格县	561	166	395		
木里县					
盐源县	1326	1326			
德昌县	61173		61173		
会东县	1426	1396	30		
宁南县	1471		1471	1471	
布拖县	4798		4798		
金阳县	6515		6515		
昭觉县	3608		3608		
喜德县					
冕宁县					
越西县	17008		17008	4758	4237
甘洛县	534		534	534	399
美姑县	500		500		
雷波县	12211		12211		
贵 州	**3228200**	**172585**	**3055615**	**427701**	**149445**
开阳县	3500		3500		
息烽县					
修文县					
六枝特区	216238		216238	12529	4429
桐梓县	36796		36796		
绥阳县	250		250		
正安县	10595	3300	7295	200	
道真县	30793	29894	899		
务川县	1374		1374		
凤冈县	21241	18640	2601	1540	416
湄潭县	7084		7084	1120	600
余庆县	8012	1212	6800	2148	2148
习水县	8292		8292		
普定县	131500		131500		

continued 24

Measurement Unit: 10000 RMB

Sources of Fund					各 项应付款	县名称
国内贷款 Domestic Loan	债券 Securities	利用外资 Foreign Investment	自筹资金 Self-Raised Funds	其他资金 Other Funds	Sum Payable This Year	Name of Counties
						炉霍县
	4770			700		甘孜县
						新龙县
						德格县
	2500			3800		白玉县
	6034					石渠县
			2400			色达县
						理塘县
						巴塘县
				2220		乡城县
				1014		稻城县
				1000		得荣县
				395		普格县
						木里县
						盐源县
34573	16000		8900	1700		德昌县
		30				会东县
						宁南县
	3266			1532		布拖县
3015	3500				10487	金阳县
				3608		昭觉县
						喜德县
						冕宁县
	11750			500	1130	越西县
					322	甘洛县
				500	500	美姑县
				12211		雷波县
158473	150839		1301646	1016956	643138	贵 州
				3500		开阳县
						息烽县
						修文县
			202011	1698		六枝特区
			36796			桐梓县
			250		6594	绥阳县
			6545	550		正安县
		500	399			道真县
			1374			务川县
			1061		2601	凤冈县
			5964			湄潭县
			4652			余庆县
			8292			习水县
				131500		普定县

2-2-2 续表25

计量单位:万元

县名称 Name of Counties	本年实际到位资金合计 The Total Funds Actually Available for the Reported Year	上年末结余资金 The Balance of the Previous Year	本年资金来源		
			小计 Subtotal	国家预算资金 State Budgetary Fund	中央预算资金 Central Budgetary Fund
镇宁县	511		511		
关岭县	129985	200	129785		
紫云县	79658		79658	11846	11846
大方县	15612		15612	3450	3450
金沙县	15404		15404		
织金县	137532	3	137529	2172	
纳雍县	223405		223405		
威宁自治县	55122		55122	70	
赫章县	1656		1656		
江口县	56740		56740		
玉屏县	7086		7086		
石阡县	15700		15700		
思南县					
印江县					
德江县	75237		75237		
沿河县	183325		183325	111683	101683
松桃县	59690		59690		
普安县	72366		72366		
晴隆县					
贞丰县	100224		100224		
望谟县	1249		1249		
册亨县					
安龙县	34611	7500	27111	850	
黄平县	57041	23471	33570	6180	2870
施秉县	133863	3529	130334	2600	
三穗县	73165		73165		
镇远县	55430		55430		
岑巩县	61303	16728	44575	1146	1146
天柱县	58483		58483	1050	
锦屏县	73839		73839	51243	
剑河县	78770		78770	16169	1774
台江县	103654		103654	60999	16849
黎平县	84563		84563		
榕江县	48050		48050		
从江县	91389	32223	59166	7406	21
雷山县	58606	285	58321		
麻江县	39167		39167	6076	846
丹寨县	50398		50398	1187	30
荔波县					
贵定县	8147		8147		
瓮安县	13139		13139		
独山县	82271		82271		

continued 25

Measurement Unit: 10000 RMB

		Sources of Fund			各 项 应付款	
国内贷款	债券	利用外资	自筹资金	其他资金		县名称
Domestic Loan	Securities	Foreign Investment	Self-Raised Funds	Other Funds	Sum Payable This Year	Name of Counties
			27	484	121303	镇宁县
			129785			关岭县
			67469	343		紫云县
			10662	1500	764	大方县
	1173		6014	8217	300	金沙县
			132087	3270	238	织金县
			211040	12365	10100	纳雍县
7669			4801	42582		威宁自治县
			30	1626		赫章县
	15916		28486	12338	31100	江口县
			6267	819		玉屏县
			15700			石阡县
					8200	思南县
					133310	印江县
			52327	22910	4040	德江县
56000			10000	5642	109783	沿河县
			2753	56937		松桃县
		400		71966		普安县
						晴隆县
74700	13300		3580	8644		贞丰县
	1249					望谟县
						册亨县
			3750	22511	5450	安龙县
	6778		18691	1921		黄平县
			124229	3505		施秉县
	6415		10793	55957		三穗县
14100			2500	38830		镇远县
1004			420	42005		岑巩县
			4198	53235	58483	天柱县
			22596			锦屏县
	37841		650	24110		剑河县
5000	18253		17802	1600		台江县
	30744		25958	27861	84133	黎平县
			48050	48050		榕江县
	2000		29710	20050	17449	从江县
	20			58301		雷山县
			33091			麻江县
	16250		32961			丹寨县
						荔波县
				8147		贵定县
			12039	1100		瓮安县
				82271		独山县

2-2-2 续表26

计量单位:万元

县名称 Name of Counties	本年实际到位资金合计 The Total Funds Actually Available for the Reported Year	上年末结余资金 The Balance of the Previous Year	本年资金来源		
			小计 Subtotal	国家预算资金 State Budgetary Fund	中央预算资金 Central Budgetary Fund
平塘县					
罗甸县	160300	35600	124700	124700	
长顺县	5105		5105		
龙里县	149392		149392		
惠水县					
三都水族自治县	1337		1337	1337	1337
云　南	2197137	280599	1916538	366719	135923
嵩明县	3107		3107		
富民县	21550		21550	100	100
宜良县	7100		7100		
石林彝族自治县					
禄劝彝族苗族自治县	1814		1814	292	292
寻甸县	5900		5900		
昆明阳宗海风景名胜区	6000		6000		
陆良县	84216	63487	20729	20729	
师宗县					
罗平县	115660	115660			
富源县	73930	5130	68800	12500	
会泽县	73974		73974		
通海县					
华宁县	35478	3000	32478		
易门县					
峨山县	12725		12725		
新平县	23949		23949		
元江县					
施甸县	422	130	292	292	
龙陵县	10750		10750		
昌宁县	16180		16180	5265	5265
鲁甸县	36961	10000	26961	11041	11041
巧家县	102748		102748	10706	
盐津县	7226		7226	4150	4150
大关县	41600		41600		
永善县	53330	14630	38700		
绥江县	17133		17133	7993	7993
镇雄县	142163		142163	139810	
彝良县	68432		68432	17084	17084
威信县	136817		136817	9751	9751
玉龙纳西族自治县	7500		7500		
永胜县	4987		4987		
华坪县					
宁蒗县	6600		6600		
宁洱哈尼族彝族自治县	52509		52509	46775	26100

continued 26

Measurement Unit:10000 RMB

Sources of Fund					各项应付款	县名称
国内贷款 Domestic Loan	债券 Securities	利用外资 Foreign Investment	自筹资金 Self-Raised Funds	其他资金 Other Funds	Sum Payable This Year	Name of Counties
						平塘县
						罗甸县
			5105			长顺县
			8781	140611		龙里县
						惠水县
					1240	三都水族自治县
56317	429856		381214	682432	568535	云　南
			3107			嵩明县
	10000		11450			富民县
	2900		4200			宜良县
						石林彝族自治县
			1351	171		禄劝彝族苗族自治县
			5500	400	8400	寻甸县
			6000			昆明阳宗海风景名胜区
						陆良县
					73036	师宗县
						罗平县
3360	24068		28872			富源县
				73974	6554	会泽县
						通海县
18497			13981			华宁县
						易门县
			12725			峨山县
21672			2277			新平县
						元江县
					17983	施甸县
6500				4250	4250	龙陵县
			2482	8433	6000	昌宁县
	15100			820	51488	鲁甸县
			92042			巧家县
			3076			盐津县
	25400			16200		大关县
	38440		260			永善县
			8540	600		绥江县
			2353			镇雄县
	36000		15348			彝良县
				127066		威信县
				7500	7300	玉龙纳西族自治县
				4987	4987	永胜县
						华坪县
				6600	6450	宁蒗县
			5734		52509	宁洱哈尼族彝族自治县

2-2-2 续表27

计量单位：万元

县名称 Name of Counties	本年实际到位资金合计 The Total Funds Actually Available for the Reported Year	上年末结余资金 The Balance of the Previous Year	本年资金来源		
			小计 Subtotal	国家预算资金 State Budgetary Fund	中央预算资金 Central Budgetary Fund
墨江哈尼族自治县	57452		57452		
景东彝族自治县	20943		20943		
景谷傣族彝族自治县	8702		8702	7000	
镇沅彝族哈尼族拉祜族自治县	7554		7554	3117	3117
江城哈尼族彝族自治县	27753	141	27612		
孟连傣族拉祜族佤族自治县	10730		10730	880	
澜沧拉祜族自治县	32142	9600	22542	1870	1870
西盟佤族自治县	1586	1586			
凤庆县	9630		9630		
云　县	5164		5164		
永德县	1663		1663		
镇康县	48994		48994	7528	6774
双江县					
耿马县	4330	2000	2330		
沧源县	730		730	730	730
双柏县	27429		27429		
牟定县	76287		76287	410	160
南华县	30300		30300	1000	
姚安县	100500		100500		
大姚县	31550	1980	29570		
永仁县	22255		22255		
元谋县	43708	2670	41038		
武定县	71077		71077		
屏边县	438		438	438	438
建水县	15676		15676	9176	
石屏县	32424	7121	25303	6423	6423
泸西县	16433		16433	12897	12897
元阳县	28245		28245		
红河县	20347		20347	428	428
金平县	8784		8784		
绿春县					
河口县					
砚山县					
西畴县					
麻栗坡县					
马关县	35419		35419		
丘北县	200		200		
广南县	14150	11600	2550		
富宁县	17855		17855	469	469
勐海县	21497		21497	2507	1595
勐腊县	15327		15327		
漾濞彝族自治县	900		900		

continued 27

Measurement Unit: 10000 RMB

Sources of Fund					各项应付款	县名称
国内贷款 Domestic Loan	债券 Securities	利用外资 Foreign Investment	自筹资金 Self-Raised Funds	其他资金 Other Funds	Sum Payable This Year	Name of Counties
	55652			1800		墨江哈尼族自治县
			3750	17193		景东彝族自治县
			1702		11922	景谷傣族彝族自治县
	3700		737		19295	镇沅彝族哈尼族拉祜族自治县
			1475	26137	8474	江城哈尼族彝族自治县
	9850				3201	孟连傣族拉祜族佤族自治县
	20000			672		澜沧拉祜族自治县
					29845	西盟佤族自治县
			9630			凤庆县
200			504	4460		云县
			1663		367	永德县
			41466		64191	镇康县
						双江县
			2330		3170	耿马县
					6436	沧源县
			2634	24795		双柏县
500	50500		13292	11585		牟定县
	1000		28300			南华县
	21200		28300	79300		姚安县
			29570			大姚县
	10000			12255		永仁县
				41038		元谋县
	20871		27206	23000		武定县
					962	屏边县
	6500					建水县
	18017		75	788		石屏县
2553			983		2000	泸西县
			8470	19775		元阳县
	8000			11919	39551	红河县
3035	1402		2761	1586		金平县
					3733	绿春县
					10210	河口县
						砚山县
						西畴县
						麻栗坡县
				35419		马关县
				200		丘北县
				2550		广南县
				17386		富宁县
	17250		140	1600		勐海县
			2000	13327		勐腊县
				900	6275	漾濞彝族自治县

2-2-2 续表28

计量单位:万元

县名称 Name of Counties	本年实际到位资金合计 The Total Funds Actually Available for the Reported Year	上年末结余资金 The Balance of the Previous Year	本年资金来源		
			小计 Subtotal	国家预算资金 State Budgetary Fund	中央预算资金 Central Budgetary Fund
祥云县	8691		8691	1799	1299
宾川县	4338	2059	2279	1657	1657
弥渡县	3108		3108	3078	
南涧彝族自治县	33558	24156	9402		
巍山彝族回族自治县	6200		6200	6200	6200
永平县					
云龙县	12677		12677	2700	1700
洱源县	16515		16515		
剑川县	30557		30557	4699	4699
鹤庆县	14751	1137	13614	3692	2158
梁河县	180		180		
盈江县	2401	868	1533	1533	1533
陇川县	21182		21182		
福贡县					
贡山独龙族怒族自治县					
兰坪白族普米族自治县	1200		1200		
德钦县	400		400		
维西傈僳族自治县	2444	2444			
西　藏	**327602**	**82131**	**245471**	**209792**	**186143**
曲水县					
当雄县					
林周县					
墨竹工卡县	6630		6630	2220	2220
尼木县					
亚东县					
聂拉木县	1798		1798	1798	1798
仲巴县					
定结县					
康马县	24680		24680	22480	22480
吉隆县	2936	518	2418	2418	2018
萨嘎县	2983		2983	2983	2963
谢通门县					
萨迦县					
岗巴县	5500		5500	5500	5500
拉孜县	25000		25000	25000	11600
江孜县	13961	10087	3874	3874	1351
定日县	34600		34600	34600	34600
南木林县	10607	10607			
昂仁县	1750		1750	1750	1750
白朗县					
仁布县					
左贡县					

continued 28

Measurement Unit:10000 RMB

Sources of Fund					各 项 应付款	县名称
国内贷款	债券	利用外资	自筹资金	其他资金		
Domestic Loan	Securities	Foreign Investment	Self-Raised Funds	Other Funds	Sum Payable This Year	Name of Counties
	5529			1363	6318	祥云县
			562	60	4262	宾川县
				30	67470	弥渡县
	5000			4402		南涧彝族自治县
					6126	巍山彝族回族自治县
					12294	永平县
	9300		677			云龙县
				16515		洱源县
	11078			14780		剑川县
	3099		5686	1137		鹤庆县
			180		10599	梁河县
						盈江县
			21182			陇川县
						福贡县
						贡山独龙族怒族自治县
						兰坪白族普米族自治县
			400			德钦县
					12877	维西傈僳族自治县
	16121		7610	11948	1009	西　藏
						曲水县
						当雄县
						林周县
	1000		3410			墨竹工卡县
						尼木县
						亚东县
						聂拉木县
						仲巴县
						定结县
			2200			康马县
						吉隆县
						萨嘎县
						谢通门县
						萨迦县
						岗巴县
						拉孜县
						江孜县
						定日县
						南木林县
					1009	昂仁县
						白朗县
						仁布县
						左贡县

2-2-2 续表29

计量单位:万元

县名称 Name of Counties	本年实际到位资金合计 The Total Funds Actually Available for the Reported Year	上年末结余资金 The Balance of the Previous Year	本年资金来源		
			小计 Subtotal	国家预算资金 State Budgetary Fund	中央预算资金 Central Budgetary Fund
丁青县	3595		3595	3595	3595
八宿县					
江达县	3400	3400			
洛隆县	21378		21378	21378	21378
察雅县	3000	3000			
贡觉县	3090	3090			
边坝县	9000	2000	7000	5000	5000
类乌齐县					
芒康县	15210	360	14850	10000	10000
朗 县	4500		4500	4500	4500
墨脱县	5888		5888	5888	5888
工布江达县					
察隅县					
波密县	4439	904	3535	3535	2000
米林县	29000		29000	27000	27000
错那县					
浪卡子县					
贡嘎县					
加查县	5203		5203	4465	
桑日县					
洛扎县					
琼结县					
措美县					
扎囊县					
曲松县					
隆子县					
聂荣县					
双湖县					
嘉黎县	9541		9541		
比如县	5384	5384			
尼玛县	5192	5192			
巴青县	26468	26468			
申扎县	12877	5377	7500		
安多县	13033	4344	8689	8689	8689
索 县	2400	1400	1000	600	600
班戈县	3770		3770	3770	3770
革吉县					
札达县					
日土县	10340		10340	8300	7443
改则县	449		449	449	
葛尔县					
普兰县					
措勤县					

continued 29

Measurement Unit: 10000 RMB

国内贷款 Domestic Loan	债券 Securities	利用外资 Foreign Investment	自筹资金 Self-Raised Funds	其他资金 Other Funds	各项应付款 Sum Payable This Year	县名称 Name of Counties
						丁青县
						八宿县
						江达县
						洛隆县
						察雅县
						贡觉县
					2000	边坝县
						类乌齐县
					4850	芒康县
						朗　县
						墨脱县
						工布江达县
						察隅县
						波密县
			2000			米林县
						错那县
						浪卡子县
						贡嘎县
					738	加查县
						桑日县
						洛扎县
						琼结县
						措美县
						扎囊县
						曲松县
						隆子县
						聂荣县
						双湖县
	7221				2320	嘉黎县
						比如县
						尼玛县
						巴青县
	7500					申扎县
						安多县
	400					索　县
						班戈县
						革吉县
						札达县
					2040	日土县
						改则县
						葛尔县
						普兰县
						措勤县

2-2-2 续表30

计量单位:万元

县名称 Name of Counties	本年实际到位资金合计 The Total Funds Actually Available for the Reported Year	上年末结余资金 The Balance of the Previous Year	本年资金来源		
			小计 Subtotal	国家预算资金 State Budgetary Fund	中央预算资金 Central Budgetary Fund
陕　西	3203275	182277	3020998	722742	150191
蓝田县	81514		81514	72964	
周至县	26844		26844		
宜君县	12407		12407	11894	
岐山县	138506		138506	2290	2290
扶风县	8022	850	7172	2572	1572
眉　县	57510		57510	57410	
陇　县	54824		54824	41414	38429
千阳县	20582		20582	1500	1500
麟游县	19101	2000	17101	800	800
凤　县	36425		36425	5755	5755
太白县	7916		7916	1000	1000
三原县	142225	47698	94527		
泾阳县	61123		61123	10603	4778
乾　县	43773		43773	26148	
礼泉县	126809		126809		
永寿县	21980		21980	4690	3190
长武县	12633		12633	11233	
旬邑县	45243		45243		
淳化县	24408	2790	21618	1056	
武功县	74585		74585		
潼关县	76494		76494	31444	3538
大荔县	20357	20357			
合阳县	40489		40489	1000	1000
澄城县	40783		40783		
蒲城县	104331		104331	12400	
白水县	36797		36797	775	524
富平县	73365	73365			
延长县	6200	1036	5164	3600	3600
延川县	290	290			
志丹县					
吴起县	4454		4454		
甘泉县	1794		1794	645	645
富　县	120968		120968	47046	100
洛川县	15952		15952	1980	1980
宜川县	20388		20388		
黄龙县	49255		49255	10327	9327
黄陵县	23189		23189	2100	1300
城固县	39039		39039	2000	2000
洋　县					
西乡县	123552		123552	3565	2000

continued 30

Measurement Unit: 10000 RMB

Sources of Fund					各项应付款	县名称
国内贷款	债券	利用外资	自筹资金	其他资金		
Domestic Loan	Securities	Foreign Investment	Self-Raised Funds	Other Funds	Sum Payable This Year	Name of Counties
30850	**362402**	**16450**	**1228482**	**660072**	**396475**	陕　西
			8550		81514	蓝田县
				26844	13946	周至县
				513	10321	宜君县
			136216			岐山县
	4400			200		扶风县
				100		眉　县
5900	5200		600	1710		陇　县
			17000	2082	2400	千阳县
	3900		5434	6967		麟游县
	2247		27223	1200		凤　县
			6916			太白县
			26986	67541		三原县
	27487		23033		8666	泾阳县
	9880			7745		乾　县
	4000		100849	21960		礼泉县
			17290			永寿县
			1400		42417	长武县
			45243			旬邑县
	11510		9052			淳化县
			74585			武功县
	36200		8850			潼关县
					20357	大荔县
	900		38589			合阳县
9950			27093	3740		澄城县
			76931	15000		蒲城县
			34873	1149		白水县
						富平县
	1000			564		延长县
						延川县
						志丹县
				4454	2724	吴起县
			1149			甘泉县
	27480		43601	2841		富　县
	2600		710	10662		洛川县
				20388		宜川县
			33708	5220		黄龙县
			21089			黄陵县
			37039			城固县
					70122	洋　县
	34016		9451	76520		西乡县

2-2-2 续表31

计量单位:万元

县名称 Name of Counties	本年实际到位资金合计 The Total Funds Actually Available for the Reported Year	上年末结余资金 The Balance of the Previous Year	本年资金来源		
			小计 Subtotal	国家预算资金 State Budgetary Fund	中央预算资金 Central Budgetary Fund
勉 县	135960		135960		
宁强县	51825		51825		
略阳县	28650		28650		
镇巴县	67368		67368		
留坝县	27050		27050	1400	700
佛坪县	13312		13312		
府谷县	94566		94566	9500	9500
靖边县	22610		22610		
定边县	18453	10941	7512		
绥德县	84944		84944	64409	28262
米脂县	25570		25570		
佳 县	11320		11320		
吴堡县	515		515		
清涧县	6000		6000		
子洲县	3960		3960	760	200
汉阴县	127461		127461	12901	6480
石泉县	29870		29870	3511	3511
宁陕县	17700	8000	9700		
紫阳县	49698		49698	16530	
岚皋县	14610	1400	13210	2400	
平利县	59900		59900	5500	
镇坪县	40786	550	40236	13260	12910
白河县	65365		65365	65365	
洛南县	147795		147795	147795	
丹凤县	54594		54594	5500	
商南县	89386		89386		
山阳县	32945		32945		
镇安县	66935	13000	53935	5700	3300
柞水县					
甘 肃	1715121	121123	1593998	207977	122232
永登县	37353	2303	35050		
皋兰县	7053	7053			
榆中县	98523	4670	93853		
永昌县	30685		30685	5674	5674
靖远县					
会宁县	470		470		
景泰县	77692		77692		
清水县	12990		12990	7790	1460
秦安县	66800	19000	47800	1500	
甘谷县					
武山县	18710	5860	12850		
张家川回族自治县	26285	4500	21785		

continued 31

Measurement Unit: 10000 RMB

Sources of Fund					各项应付款	县名称
国内贷款 Domestic Loan	债券 Securities	利用外资 Foreign Investment	自筹资金 Self-Raised Funds	其他资金 Other Funds	Sum Payable This Year	Name of Counties
	22400	1701	86959	24900		勉县
	11963		7030	32832		宁强县
			28650			略阳县
				67368		镇巴县
	25300			350		留坝县
			9922	3390		佛坪县
	17707		67359			府谷县
			22377	233		靖边县
				7512		定边县
	9500		3565	7470		绥德县
				25570		米脂县
	9400			1920		佳县
				515		吴堡县
	3800		2200			清涧县
	3200					子洲县
	24900		50564	39096		汉阴县
	2154	6199	2255	15751	29870	石泉县
	8000		200	1500		宁陕县
			2500	30668		紫阳县
	1000		6510	3300		岚皋县
	13958		16181	24261		平利县
	15800		8526	2650		镇坪县
						白河县
						洛南县
	9000		40094			丹凤县
				89386		商南县
			32945			山阳县
15000	13500		15735	4000	4680	镇安县
					109458	柞水县
105861	629212		412376	238572	256317	甘肃
24650	10400					永登县
						皋兰县
			79027	14826	10868	榆中县
	15185			9826		永昌县
					2050	靖远县
	470				17646	会宁县
2111	51900		13900	9781		景泰县
	5200				29939	清水县
22800			23500			秦安县
						甘谷县
	6200		5450	1200	6150	武山县
	8600		13185			张家川回族自治县

2-2-2 续表32

计量单位:万元

县名称 Name of Counties	本年实际到位资金合计 The Total Funds Actually Available for the Reported Year	上年末结余资金 The Balance of the Previous Year	本年资金来源		
			小计 Subtotal	国家预算资金 State Budgetary Fund	中央预算资金 Central Budgetary Fund
民勤县	35728		35728	1663	1663
古浪县	7040		7040	7040	5641
天祝藏族自治县	16473		16473	16423	16423
肃南县	3883		3883	586	586
民乐县	23652		23652	23152	23152
临泽县	14970		14970		
高台县	6424	1200	5224	2334	
山丹县	1745		1745	1507	1507
泾川县	15360		15360	2000	2000
灵台县	4840		4840	4400	
崇信县	27049	2850	24199		
庄浪县	78763		78763		
静宁县	92814		92814	6252	4710
金塔县	11066		11066	4170	4170
瓜州县	29090		29090		
肃北蒙古族自治县	24260		24260	420	418
阿克塞哈萨克族自治县	5240	630	4610	1700	1700
庆城县	17792		17792	12253	
环　县	26045		26045	1215	
华池县	10501		10501	105	105
合水县	14079		14079	660	660
正宁县	21457		21457	10122	
宁　县	4658		4658	735	735
镇原县	22056		22056	1188	
通渭县	33652		33652	1000	
陇西县	132870		132870	17065	2045
渭源县	5416	627	4789	2977	
临洮县	23803	2304	21499	2304	2304
漳　县	26735		26735		
岷　县	14883	1500	13383		
成　县	76319	17800	58519		
文　县	14520	3500	11020		
宕昌县	47991	13491	34500		
康　县	19200	2500	16700	2700	2700
西和县	73765	6000	67765	6120	
礼　县	46807	6000	40807		
徽　县	35242	4000	31242		
两当县	7498	2000	5498	828	
临夏县	23254		23254	328	328
康乐县	60679		60679	1900	1900
永靖县	23819		23819		
广河县	2085		2085	1385	

continued 32

Measurement Unit: 10000 RMB

		Sources of Fund			各项应付款	县名称
国内贷款	债券	利用外资	自筹资金	其他资金		
Domestic Loan	Securities	Foreign Investment	Self-Raised Funds	Other Funds	Sum Payable This Year	Name of Counties
	31053		2857	155		民勤县
					2122	古浪县
	50					天祝藏族自治县
	3051			246		肃南县
			500			民乐县
				14970		临泽县
	230		70	2590		高台县
	238					山丹县
	1840		4910	6610		泾川县
	440				744	灵台县
	10000		6000	8199		崇信县
4900	350		73190	323		庄浪县
36000	12724		37369	469		静宁县
	5500		1396		16809	金塔县
	28490			600		瓜州县
	450			23390		肃北蒙古族自治县
			2910			阿克塞哈萨克族自治县
			5539			庆城县
	24830					环　县
	10396					华池县
	6643		1280	5496		合水县
	130			11205	3528	正宁县
	50		2923	950		宁　县
	19900		968		50204	镇原县
	24792		183	7677	39738	通渭县
			60146	55659		陇西县
				1812		渭源县
			19195			临洮县
	25735		1000			漳　县
	2000		11383		2000	岷　县
10000	43519		5000			成　县
	11020					文　县
	34500					宕昌县
	14000					康　县
	59145		2500			西和县
	40807					礼　县
	31242					徽　县
	1000		2370	1300		两当县
	5605		17321			临夏县
	21300		16543	20936	1100	康乐县
				23819	44722	永靖县
	700				4665	广河县

2-2-2 续表33

计量单位:万元

县名称 Name of Counties	本年实际到位资金合计 The Total Funds Actually Available for the Reported Year	上年末结余资金 The Balance of the Previous Year	本年资金来源		
			小计 Subtotal	国家预算资金 State Budgetary Fund	中央预算资金 Central Budgetary Fund
和政县	16150		16150	14609	10902
东乡族自治县	19991		19991		
积石山县	5700	600	5100	3200	
临潭县	6828		6828	6828	6828
卓尼县	32555		32555	8613	
舟曲县	21348	3313	18035	6060	5450
迭部县	6632		6632	6400	6400
玛曲县	8248	6277	1971	1971	1971
碌曲县	30030	1600	28430	6720	6720
夏河县	7555	1545	6010	4080	4080
青　海	**188772**	**34512**	**154260**	**125980**	**60791**
大通县					
湟源县	2287	2287			
民和县					
互助县	9925	4073	5852	4404	660
化隆县	8132		8132	7478	
循化县					
门源县					
祁连县	43990		43990	21855	21855
海晏县					
刚察县					
西海镇					
尖扎县					
泽库县	5926	5585	341	341	
河南县					
共和县					
同德县					
贵德县	54173		54173	53426	
兴海县					
贵南县	10041		10041	10041	10041
班玛县					
久治县	24814	8697	16117	14817	14617
甘德县	14870	7435	7435	7435	7435
玛沁县	9352	6435	2917	2324	2324
达日县					
玛多县					
杂多县					
称多县					
治多县	170		170		
囊谦县					
曲麻莱县					
乌兰县	3301		3301	2068	2068

continued 33

Measurement Unit: 10000 RMB

Sources of Fund					各 项应付款	县名称
国内贷款	债券	利用外资	自筹资金	其他资金		
Domestic Loan	Securities	Foreign Investment	Self-Raised Funds	Other Funds	Sum Payable This Year	Name of Counties
			741	800	8977	和政县
5400				14591		东乡族自治县
	1900					积石山县
						临潭县
	23942					卓尼县
	11975					舟曲县
				232	8405	迭部县
					6650	玛曲县
	21710					碌曲县
			1020	910		夏河县
16400			**1772**	**10108**	**10014**	**青　海**
						大通县
						湟源县
						民和县
				1448		互助县
	654					化隆县
						循化县
						门源县
	14333		1157	6645		祁连县
						海晏县
						刚察县
						西海镇
						尖扎县
						泽库县
						河南县
						共和县
						同德县
			615	132		贵德县
						兴海县
						贵南县
						班玛县
				1300		久治县
						甘德县
	180			413		玛沁县
						达日县
						玛多县
						杂多县
						称多县
				170		治多县
						囊谦县
						曲麻莱县
	1233					乌兰县

2-2-2 续表 34

计量单位：万元

县名称 Name of Counties	本年实际到位资金合计 The Total Funds Actually Available for the Reported Year	上年末结余资金 The Balance of the Previous Year	本年资金来源		
			小计 Subtotal	国家预算资金 State Budgetary Fund	中央预算资金 Central Budgetary Fund
都兰县					
天峻县					
大柴旦行委	1791		1791	1791	1791
宁　夏	**97285**	**499**	**96786**	**33862**	**18221**
永宁县					
贺兰县	14861		14861	3799	3211
平罗县	5994	499	5495	3720	2520
盐池县	8378		8378	2735	2535
同心县	10932		10932	5858	2075
红寺堡区	14220		14220	1600	1600
西吉县	7367		7367	2619	2619
隆德县	1498		1498	360	360
泾源县	6269		6269	3925	1656
彭阳县	5024		5024	1645	1645
中宁县	7601		7601	7601	
海原县	15141		15141		
新　疆	**1489203**	**179337**	**1309866**	**344687**	**242910**
鄯善县	63293	46282	17011	5111	5111
托克逊县	9114		9114	1780	1780
巴里坤哈萨克自治县	6629		6629	188	188
伊吾县	20635		20635		
呼图壁县	12648	5948	6700	6700	
玛纳斯县	12409		12409	2538	2357
奇台县	40811		40811	1908	1698
吉木萨尔县	76677	48737	27940	3770	1651
木垒哈萨克自治县	23553		23553	5153	5153
精河县	1800		1800	1800	1800
温泉县	28000		28000		
轮台县	23857		23857	950	950
尉犁县	5148	4588	560	560	
若羌县	7261		7261	400	400
且末县	5583	880	4703	1300	1300
焉耆回族自治县	5000		5000		
和静县	2587		2587	2587	2587
和硕县	1390	1390			
博湖县	14320		14320	1620	1620
温宿县	38921	30680	8241		
沙雅县	30094		30094	25794	18145
新和县	43400		43400	10000	
拜城县	27500	2400	25100	2400	2400
乌什县	10162	3653	6509	1822	1822

continued 34

Measurement Unit:10000 RMB

Sources of Fund					各项应付款	县名称
国内贷款 Domestic Loan	债券 Securities	利用外资 Foreign Investment	自筹资金 Self-Raised Funds	其他资金 Other Funds	Sum Payable This Year	Name of Counties
						都兰县
					10014	天峻县
						大柴旦行委
32506			9807	20611	40304	宁　夏
						永宁县
10520			42	500	813	贺兰县
100			775	900	2291	平罗县
5643					14927	盐池县
3330			1714	30	12880	同心县
			1730	10890		红寺堡区
4748					6761	西吉县
			1138		729	隆德县
600			1744			泾源县
2800				579	1903	彭阳县
						中宁县
4765			5546	4830		海原县
700825	8904		123644	131806	47540	新　疆
7000			2800	2100		鄯善县
4078			350	2906		托克逊县
			1654	4787		巴里坤哈萨克自治县
				20635		伊吾县
						呼图壁县
9000			871			玛纳斯县
21000	8904		557	8442	2222	奇台县
3221			20589	360		吉木萨尔县
18400						木垒哈萨克自治县
						精河县
28000						温泉县
10007			12900			轮台县
						尉犁县
6000			861		149	若羌县
3000				403		且末县
5000						焉耆回族自治县
						和静县
						和硕县
12000				700	9900	博湖县
4000				4241		温宿县
2000				2300		沙雅县
16000				17400		新和县
20300			2400			拜城县
4067				620		乌什县

2-2-2 续表35

计量单位：万元

县名称 Name of Counties	本年实际到位资金合计 The Total Funds Actually Available for the Reported Year	上年末结余资金 The Balance of the Previous Year	本年资金来源		
			小计 Subtotal	国家预算资金 State Budgetary Fund	中央预算资金 Central Budgetary Fund
阿瓦提县	34384	584	33800	7800	7800
柯坪县	17800		17800		
阿克陶县	24591		24591	3780	2220
阿合奇县	716		716	500	500
乌恰县	6230		6230	1440	1440
疏附县	15000	1500	13500	9500	5500
疏勒县	1906	900	1006	73	73
英吉沙县	45604		45604	7646	7646
泽普县	9000		9000	9000	1800
莎车县	26072		26072	5772	5172
叶城县	20016	1029	18987	11187	4187
麦盖提县	19001		19001	2661	2661
岳普湖县					
伽师县	45550		45550	3050	3050
巴楚县	30057	3377	26680	1680	1680
塔什库尔干塔吉克自治县	84354		84354	41934	41934
和田县					
墨玉县	51341		51341		
皮山县	31278		31278	16083	7083
洛浦县	3000		3000	2400	2400
策勒县	17643	500	17143	5943	5943
于田县	52680	7600	45080	13283	3283
民丰县	3605		3605	750	750
伊宁县	6551		6551	6551	6551
察布查尔县	9768		9768	7368	7368
霍城县	25535	6500	19035	10792	10610
巩留县	42842		42842	25261	25261
新源县	5523		5523	5523	5523
昭苏县	47259	11377	35882	33016	
特克斯县	95500		95500		
尼勒克县					
额敏县	27945		27945	1800	1800
托里县	45670		45670	1680	1680
裕民县	19190		19190	1190	1190
和布克赛尔蒙古自治县	5700		5700	420	420
布尔津县	13166		13166	2353	2053
富蕴县	15570		15570	15570	15570
福海县	1000		1000		
哈巴河县	71390	1090	70300	9240	9240
青河县	322	322			
吉木乃县	5652		5652	3060	1560

continued 35

Measurement Unit: 10000 RMB

Sources of Fund					各项应付款	县名称
国内贷款 Domestic Loan	债券 Securities	利用外资 Foreign Investment	自筹资金 Self-Raised Funds	其他资金 Other Funds	Sum Payable This Year	Name of Counties
	26000					阿瓦提县
	17000			800		柯坪县
	20811					阿克陶县
			216			阿合奇县
	4000			790		乌恰县
	4000					疏附县
	261		672			疏勒县
	33000		752	4206	3462	英吉沙县
						泽普县
	17400			2900		莎车县
	7000		400	400		叶城县
	5499		10644	197		麦盖提县
						岳普湖县
	42500					伽师县
	25000					巴楚县
	21000		21420			塔什库尔干塔吉克自治县
						和田县
	51341					墨玉县
	12000		3195			皮山县
				600	3000	洛浦县
	2000			9200	11623	策勒县
	28000		1297	2500		于田县
	1000		795	1060	560	民丰县
						伊宁县
				2400		察布查尔县
				8243		霍城县
	4000		13581			巩留县
						新源县
			2682	184	424	昭苏县
	71492		20008	4000		特克斯县
					14000	尼勒克县
	21145		5000			额敏县
	43990					托里县
	18000				2200	裕民县
	5000			280		和布克赛尔蒙古自治县
	10813					布尔津县
						富蕴县
	1000					福海县
	32500			28560		哈巴河县
						青河县
	2000			592		吉木乃县

居民生活数据

Data by Residents Living

三、县城供水
County Seat Water Supply

简要说明

　　县城供水指通过供水设施向单位和居民的生活、生产和其他各项建设提供符合国家标准用水的活动，包括公共供水和自建设施供水。

　　本部分主要包括县城供水的生产能力、供应量、服务情况等内容，并按公共供水企业和自建设施供水单位分别统计。

Brief Introduction

County Seat water supply refers to supplying water that meets national quality standard to institutions and urban residents through water supply facilities. It includes water supply by public suppliers and by suppliers with self-built facilities.

This section covers such indicators as production capacity, total quantity of water supplied and relevant service, etc. Statistics on county seat water supply by water suppliers and by suppliers with self-built facilities is separately presented.

3 全国历年县城供水情况(2000—2023)
National County Seat Water Supply in Past Years (2000—2023)

年份 Year	综合生产能力 (万立方米/日) Integrated Production Capacity (10000 cu. m/day)	供水管道长度 (公里) Length of Water Supply Pipelines (km)	供水总量 (万立方米) Total Quantity of Water Supply (10000 cu. m)	生活用量 Residential Use	用水人口 (万人) Population with Access to Water Supply (10000 persons)	人均日生活用水量 (升) Daily Water Consumption Per Capita (liter)	供水普及率 (%) Water Coverage Rate (%)
2000	3662	70046	593588	310331	6931.2	122.7	84.83
2001	3754	77316	577948	327081	6889.2	130.1	76.45
2002	3705	78315	567915	338689	7145.7	129.9	80.53
2003	3400	87359	606189	363311	7532.9	132.1	81.57
2004	3680	92867	653814	395181	7931.1	136.5	82.26
2005	3862	98980	676548	409045	8342.2	134.3	83.18
2006	4207	113553	746892	407389	9093.4	122.7	76.43
2007	5744	131541	794495	448943	10218.7	120.4	81.15
2008	5976	142507	826300	459866	10628.4	119.4	81.59
2009	4775	148578	856291	484644	11200.7	118.6	83.72
2010	4683	159905	925705	509266	11811.4	118.9	85.14
2011	5174	173452	977115	534918	12345.0	118.7	86.09
2012	5446	186500	1020298	565835	12971.0	119.5	86.94
2013	5239	194465	1038662	584759	13456.0	119.1	88.14
2014	5437	203514	1063270	600436	13913.4	118.2	88.89
2015	5769	214736	1069191	612383	14048.3	119.4	89.96
2016	5421	211355	1064966	609171	13974.9	119.4	90.50
2017	6443	234466	1128373	636403	14508.9	120.2	92.87
2018	7415	242537	1145082	660469	14722.5	122.9	93.80
2019	6304	258602	1190883	697214	15082.0	126.7	95.06
2020	6451	272990	1190206	718585	15316.7	128.5	96.66
2021	6945	278522	1219928	734577	15252.2	132.0	97.42
2022	6920	293456	1261942	764822	15275.2	137.2	97.86
2023	7138	314426	1302912	789228	15170.2	142.5	98.27

注: 1. 自2006年起,供水普及率指标按县城人口和县城暂住人口合计为分母计算。
Notes: Since 2006, water coverage rate has been calculated based on denominator which combines both permanent and temporary residents in county seats.

3-1 2023年按省分列的县城供水

地区名称 Name of Regions	综合生产能力 (万立方米/日) Integrated Production Capacity (10000 cu.m/day)	地下水 Underground Water	供水管道长度 (公里) Length of Water Supply Pipelines (km)	建成区 In Built District	供水总量 (万立方米) Total Quantity of Water Supply (10000 cu.m)	生产运营用水 The Quantity of Water for Production and Operation
全 国	7137.95	1487.22	314425.76	275528.15	1302911.61	266642.49
河 北	390.85	143.02	17200.95	16418.68	69547.69	15431.97
山 西	180.23	127.10	11422.74	9393.45	34459.92	7527.44
内蒙古	152.45	150.24	13111.73	12370.56	29940.27	5402.33
辽 宁	96.11	16.03	5591.06	4870.67	18757.94	2504.62
吉 林	51.08	14.16	2690.90	2616.81	10830.85	1364.75
黑龙江	102.56	85.45	6136.93	5956.51	18829.93	1959.55
江 苏	299.17	15.31	13777.09	11095.13	62389.92	15273.40
浙 江	411.86	0.14	24092.37	14170.43	79219.33	23508.04
安 徽	440.35	92.56	21206.28	19682.71	90819.97	23494.76
福 建	287.28	3.07	11102.32	10093.58	51735.57	7239.10
江 西	472.31	13.20	23192.43	21814.53	77968.35	16591.14
山 东	470.38	193.85	13366.31	12366.96	89148.00	34792.28
河 南	641.83	240.35	17481.52	16461.42	101149.54	21619.66
湖 北	247.29	6.50	9809.15	9116.23	42238.60	7344.12
湖 南	514.54	21.03	23193.54	20057.28	106952.50	17800.49
广 东	279.50	14.18	12438.29	10015.62	53949.48	9478.88
广 西	264.37	22.94	9979.67	9876.13	53216.91	10303.43
海 南	154.24	9.64	2441.63	1154.20	10685.43	2654.39
重 庆	82.75		2668.84	2640.99	15307.35	979.00
四 川	464.61	19.49	20126.51	17781.55	96043.09	15252.24
贵 州	255.61	12.26	13543.31	12821.98	43520.79	4778.25
云 南	285.85	7.75	12652.30	10823.95	43244.51	6957.79
西 藏	42.53	23.66	1780.25	1570.56	5510.06	265.07
陕 西	173.94	90.57	6868.37	5627.75	29105.55	4723.62
甘 肃	100.29	39.22	5649.10	5159.63	18216.15	2325.75
青 海	38.29	8.71	2161.97	2017.30	6073.83	716.75
宁 夏	51.56	27.78	2000.13	1920.93	9085.40	2273.77
新 疆	186.12	89.01	8740.07	7632.61	34964.68	4079.90

County Seat Water Supply by Province(2023)

公共服务用水 The Quantity of Water for Public Service	居民家庭用水 The Quantity of Water for Household Use	其他用水 The Quantity of Water for Other Purposes	用水户数（户） Number of Households with Access to Water Supply(unit)	居民家庭 Households	用水人口（万人） Population with Access to Water Supply (10000 persons)	地区名称 Name of Regions
122339.84	658845.26	68833.59	60070040	52891437	15170.19	全　国
5814.55	34165.71	3481.92	3811373	3400434	1044.06	河　北
4693.56	17551.51	1173.91	1766769	1602922	612.29	山　西
4046.08	14772.12	1481.27	2295525	2040079	450.23	内蒙古
1451.82	8048.53	1546.94	1178651	1001815	194.14	辽　宁
1168.06	5428.07	398.34	905046	817722	151.63	吉　林
1999.35	10906.52	366.62	1777000	1547595	322.09	黑龙江
5971.10	27605.43	3935.44	2683424	2348668	515.91	江　苏
6638.44	34814.47	3457.93	2996102	2610546	455.35	浙　江
7708.13	44511.87	3839.39	3996312	3563476	910.95	安　徽
5850.59	26744.25	2505.31	2158124	1878989	438.16	福　建
5795.77	36324.78	7932.42	3747035	3278549	673.85	江　西
6857.04	36620.96	4096.67	2839795	2623184	1022.34	山　东
11973.72	50879.37	5542.50	4590637	4258516	1480.26	河　南
3317.17	22701.47	1380.32	1794948	1572719	432.55	湖　北
10112.36	56678.76	4091.76	4091294	3421145	1131.36	湖　南
3404.60	28760.85	3671.43	1882386	1615690	519.25	广　东
5164.10	29297.15	1340.14	1776654	1585799	519.98	广　西
1172.67	5060.51	417.64	192149	160700	58.97	海　南
2037.51	8684.51	1279.95	971289	852898	191.12	重　庆
7777.92	51737.02	6474.23	5068614	4436534	1196.89	四　川
1712.52	27712.63	1742.80	2495502	2081084	630.32	贵　州
4369.83	24048.93	1629.54	1966762	1719702	567.14	云　南
473.16	2779.24	229.18	217862	191413	78.28	西　藏
3489.52	17449.88	880.90	1320171	1144350	515.97	陕　西
2432.40	10695.85	724.22	1134871	998124	427.65	甘　肃
976.77	2957.04	503.78	362046	311808	118.42	青　海
1480.21	3846.30	495.24	557699	478260	124.66	宁　夏
4450.89	18061.53	4213.80	1492000	1348716	386.37	新　疆

3-2 2023年按省分列的县城供水(公共供水)

地区名称 Name of Regions	综合生产能力 (万立方米/日) Integrated Production Capacity (10000 cu. m/day)	地下水 Underground Water	水厂个数 (个) Number of Water Plants (unit)	地下水 Underground Water	供水管道长度 (公里) Length of Water Supply Pipelines (km)	供水总量(万立方米) 合计 Total	售水量 小计 Subtotal	生产运营用水 The Quantity of Water for Production and Operation	公共服务用水 The Quantity of Water for Public Service
全　国	6313.83	1047.72	2433	764	304057.43	1211734.17	1025483.74	208195.21	111722.02
河　北	363.50	116.73	163	77	16735.34	65029.96	54376.42	11456.44	5552.86
山　西	127.79	87.00	123	98	9842.54	28700.84	25187.34	4417.96	3913.08
内蒙古	129.50	127.55	111	108	12579.17	25640.51	21402.04	2757.71	3418.05
辽　宁	85.41	8.33	33	10	5137.06	16784.58	11578.55	1750.87	1224.94
吉　林	46.63	9.78	20	9	2577.48	10436.84	7965.21	1180.45	1112.32
黑龙江	94.26	77.16	59	50	5946.99	18264.16	14666.27	1504.65	1928.67
江　苏	273.20	4.70	22		13382.04	57316.41	47711.86	11971.21	5556.16
浙　江	393.70		54		23990.35	78314.26	67513.81	23035.97	6205.44
安　徽	394.69	54.69	81	18	20446.68	81547.10	70281.28	16707.09	7134.31
福　建	278.38	2.80	74	7	11053.73	51099.71	41703.39	6744.14	5809.63
江　西	446.85	1.00	97	1	22757.25	77854.53	66530.29	16523.01	5778.47
山　东	358.95	110.70	118	45	12381.81	68649.99	61868.94	18783.81	5851.20
河　南	535.08	153.06	142	75	16298.86	81604.56	70470.27	11551.68	7702.00
湖　北	238.89	6.00	66		9766.11	41893.68	34398.16	7158.58	3301.47
湖　南	501.05	14.70	106	7	22556.27	105588.52	87319.39	17247.71	9737.16
广　东	266.10	6.00	58	1	12289.29	53867.66	45233.94	9435.55	3384.02
广　西	239.04	10.32	79	5	9878.95	49243.51	42131.42	7178.72	4975.24
海　南	54.90		14		2362.53	9965.22	8585.00	2154.18	1052.67
重　庆	82.75		38		2668.84	15307.35	12980.97	979.00	2037.51
四　川	443.78	11.96	196	10	19786.06	92912.30	78110.62	12958.39	7583.19
贵　州	249.24	10.42	142	13	13508.31	42891.23	35316.64	4775.45	1707.68
云　南	198.53	3.15	177	10	12476.57	42344.88	36106.46	6650.51	4244.67
西　藏	25.69	15.14	78	44	1519.95	4959.85	3196.44	211.81	399.72
陕　西	129.40	64.63	130	58	6111.32	24875.14	22313.51	2568.34	2978.06
甘　肃	95.73	35.67	90	37	5513.37	17786.89	15748.96	2132.78	2332.71
青　海	37.79	8.21	42	8	2154.97	5987.31	5067.82	634.23	976.77
宁　夏	48.34	25.76	23	11	1905.92	8140.15	7150.27	1739.11	1403.23
新　疆	174.66	82.26	97	62	8429.67	34727.03	30568.47	3985.86	4420.79

County Seat Water Supply by Province (Public Water Suppliers) (2023)

Total Quantity of Water Supply (10000 cu. m)				用水户数（户）	居民家庭	用水人口（万人）	地区名称
Water Sold		免费供水量	生活用水				
居民家庭用水	其他用水						
The Quantity of Water for Household Use	The Quantity of Water for Other Purposes	The Quantity of Free Water Supply	Domestic Water Use	Number of Households with Access to Water Supply (unit)	Households	Population with Access to Water Supply (10000 persons)	Name of Regions
642515.08	**63051.43**	**35136.85**	**8043.37**	**58870927**	**51989466**	**14966.22**	全 国
33950.23	3416.89	1947.69	470.82	3791913	3385197	1040.45	河 北
15965.99	890.31	636.34	224.91	1574685	1426941	581.07	山 西
14097.25	1129.03	744.02	133.12	2273430	2027997	446.77	内蒙古
7638.53	964.21	568.20	70.81	1121265	949459	191.66	辽 宁
5321.97	350.47	668.76	75.30	900163	813263	151.05	吉 林
10900.02	332.93	980.37	144.47	1759552	1534601	321.74	黑龙江
26431.37	3753.12	1370.24	592.61	2675941	2342726	515.02	江 苏
34814.47	3457.93	1460.94	79.06	2995992	2610546	455.35	浙 江
43290.52	3149.36	973.16	98.83	3921026	3496673	887.96	安 徽
26649.30	2500.32	2321.23	69.51	2155286	1877063	437.48	福 建
36296.48	7932.33	1706.98	313.88	3710970	3246092	673.02	江 西
34203.00	3030.93	372.59	78.36	2732585	2536252	985.99	山 东
47338.34	3878.25	2479.24	609.18	4370815	4075283	1425.84	河 南
22583.99	1354.12	2494.37	512.13	1782229	1562521	431.22	湖 北
56263.86	4070.66	5318.92	1456.97	3968028	3407951	1128.09	湖 南
28760.85	3653.52	521.51	205.02	1842917	1615690	519.25	广 东
28711.37	1266.09	913.67	118.54	1752613	1561967	513.29	广 西
4960.51	417.64	87.70	10.80	175594	144451	58.95	海 南
8684.51	1279.95	225.92	30.12	971289	852898	191.12	重 庆
51156.88	6412.16	3078.84	945.05	5021977	4397597	1192.39	四 川
27206.11	1627.40	375.99	74.56	2477442	2064147	623.99	贵 州
23674.14	1537.14	2079.86	543.30	1959115	1713870	562.71	云 南
2383.47	201.44	1329.98	970.30	189106	166386	70.84	西 藏
16005.35	761.76	538.15	64.51	1234376	1072278	505.87	陕 西
10570.35	713.12	362.67	26.11	1130895	994335	426.42	甘 肃
2957.04	499.78	360.74	11.55	362046	311808	118.42	青 海
3739.00	268.93	159.19	15.90	533071	457002	124.51	宁 夏
17960.18	4201.64	1059.58	97.65	1486606	1344472	385.75	新 疆

3-3　2023年按省分列的县城供水(自建设施供水)

地区名称 Name of Regions	综合生产能力 （万立方米/日） Integrated Production Capacity （10000 cu. m/day）	地下水 Underground Water	供水管道长度 （公里） Length of Water Supply Pipelines （km）	建成区 In Built District	供水总量(万立方米) 合计 Total	生产运营用水 The Quantity of Water for Production and Operation
全　国	824.12	439.50	10368.33	7370.39	91177.44	58447.28
河　北	27.35	26.29	465.61	414.61	4517.73	3975.53
山　西	52.44	40.10	1580.20	1026.83	5759.08	3109.48
内蒙古	22.95	22.69	532.56	245.76	4299.76	2644.62
辽　宁	10.70	7.70	454.00	422.00	1973.36	753.75
吉　林	4.45	4.38	113.42	113.42	394.01	184.30
黑龙江	8.30	8.29	189.94	149.24	565.77	454.90
江　苏	25.97	10.61	395.05	344.02	5073.51	3302.19
浙　江	18.16	0.14	102.02	7.00	905.07	472.07
安　徽	45.66	37.87	759.60	508.90	9272.87	6787.67
福　建	8.90	0.27	48.59	8.84	635.86	494.96
江　西	25.46	12.20	435.18	25.56	113.82	68.13
山　东	111.43	83.15	984.50	726.73	20498.01	16008.47
河　南	106.75	87.29	1182.66	901.00	19544.98	10067.98
湖　北	8.40	0.50	43.04	20.00	344.92	185.54
湖　南	13.49	6.33	637.27	619.77	1363.98	552.78
广　东	13.40	8.18	149.00	8.70	81.82	43.33
广　西	25.33	12.62	100.72	100.72	3973.40	3124.71
海　南	99.34	9.64	79.10	79.10	720.21	500.21
重　庆						
四　川	20.83	7.53	340.45	214.05	3130.79	2293.85
贵　州	6.37	1.84	35.00	30.43	629.56	2.80
云　南	87.32	4.60	175.73	164.91	899.63	307.28
西　藏	16.84	8.52	260.30	231.60	550.21	53.26
陕　西	44.54	25.94	757.05	466.58	4230.41	2155.28
甘　肃	4.56	3.55	135.73	129.01	429.26	192.97
青　海	0.50	0.50	7.00	7.00	86.52	82.52
宁　夏	3.22	2.02	94.21	94.21	945.25	534.66
新　疆	11.46	6.75	310.40	310.40	237.65	94.04

County Seat Water Supply by Province (Suppliers with Self-Built Facilities) (2023)

Total Quantity of Water Supply (10000 cu. m)			用水户数 (户) Number of Households with Access to Water Supply (unit)	居民家庭 Households	用水人口 (万人) Population with Access to Water Supply (10000 persons)	地区名称 Name of Regions
公共服务用水 The Quantity of Water for Public Service	居民家庭用水 The Quantity of Water for Household Use	其他用水 The Quantity of Water for Other Purposes				
10617.82	16330.18	5782.16	1199113	901971	203.97	全　国
261.69	215.48	65.03	19460	15237	3.61	河　北
780.48	1585.52	283.60	192084	175981	31.22	山　西
628.03	674.87	352.24	22095	12082	3.46	内蒙古
226.88	410.00	582.73	57386	52356	2.48	辽　宁
55.74	106.10	47.87	4883	4459	0.58	吉　林
70.68	6.50	33.69	17448	12994	0.35	黑龙江
414.94	1174.06	182.32	7483	5942	0.89	江　苏
433.00			110			浙　江
573.82	1221.35	690.03	75286	66803	22.99	安　徽
40.96	94.95	4.99	2838	1926	0.68	福　建
17.30	28.30	0.09	36065	32457	0.83	江　西
1005.84	2417.96	1065.74	107210	86932	36.35	山　东
4271.72	3541.03	1664.25	219822	183233	54.42	河　南
15.70	117.48	26.20	12719	10198	1.33	湖　北
375.20	414.90	21.10	123266	13194	3.27	湖　南
20.58		17.91	39469			广　东
188.86	585.78	74.05	24041	23832	6.69	广　西
120.00	100.00		16555	16249	0.02	海　南
						重　庆
194.73	580.14	62.07	46637	38937	4.50	四　川
4.84	506.52	115.40	18060	16937	6.33	贵　州
125.16	374.79	92.40	7647	5832	4.43	云　南
73.44	395.77	27.74	28756	25027	7.44	西　藏
511.46	1444.53	119.14	85795	72072	10.10	陕　西
99.69	125.50	11.10	3976	3789	1.23	甘　肃
		4.00				青　海
76.98	107.30	226.31	24628	21258	0.15	宁　夏
30.10	101.35	12.16	5394	4244	0.62	新　疆

3-4　2023年按县分列的县城供水

县名称 Name of Counties	综合生产能力（万立方米/日）Integrated Production Capacity (10000 cu. m/day)	地下水 Underground Water	供水管道长度（公里）Length of Water Supply Pipelines (km)	建成区 In Built District	供水总量（万立方米）Total Quantity of Water Supply (10000 cu. m)	生产运营用水 The Quantity of Water for Production and Operation
全　国	7138.0	1487.2	314425.76	275528.15	1302911.61	266642.49
河　北	390.9	143.0	17200.95	16418.68	69547.69	15431.97
井陉县	4.5	4.5	80.00	80.00	462.05	28.00
正定县	14.3		145.60	145.60	2523.40	713.21
行唐县	2.7	2.7	156.80	131.50	722.70	224.89
灵寿县	3.0	3.0	248.00	248.00	463.38	4.55
高邑县	3.5		65.80	58.80	349.85	
深泽县	3.9	0.9	230.83	230.30	719.40	154.40
赞皇县	1.7		155.05	102.45	533.08	225.35
无极县	3.0		130.60	100.00	956.45	300.00
平山县	3.8	3.8	157.47	157.40	923.05	131.33
元氏县	5.0		114.12	114.12	586.68	
赵　县	7.5		61.20	61.20	438.78	
滦南县	5.8	5.8	228.00	227.66	1494.00	601.00
乐亭县	3.4	3.4	218.29	218.29	932.12	108.03
迁西县	4.0	3.4	254.39	254.39	630.12	114.29
玉田县	5.0	5.0	196.97	176.97	885.07	226.25
曹妃甸区	16.0	5.0	280.05	280.05	1858.09	951.60
青龙满族自治县	3.5		68.48	68.48	445.47	92.99
昌黎县	4.4	4.4	205.00	205.00	1323.00	490.00
卢龙县	2.0	2.0	57.00	53.80	338.00	83.44
临漳县	3.0		169.10	169.10	687.25	33.46
成安县	2.0		240.00	240.00	414.92	5.00
大名县	4.2	2.0	247.00	247.00	581.00	52.00
涉　县	3.6	3.6	311.50	311.50	982.62	58.40
磁　县	5.0		216.20	216.20	1493.00	412.51
邱　县	3.0		116.00	96.00	1061.10	615.00
鸡泽县	2.8	0.8	219.00	219.00	770.00	150.00
广平县	2.5		61.99	61.99	655.81	13.12
馆陶县	3.0	1.4	224.00	224.00	463.50	
魏　县	6.0		210.54	210.54	1076.80	45.30
曲周县	6.5	1.5	201.70	201.70	536.00	5.30
临城县	4.0		99.00	86.00	277.00	33.00
内丘县	2.2	1.0	95.10	95.10	370.36	37.71
柏乡县	2.8		67.00	67.00	312.05	22.35
隆尧县	3.3		109.49	109.49	394.57	13.57
宁晋县	3.0		285.00	285.00	855.00	
巨鹿县	4.1	2.2	690.30	690.30	605.38	90.92
新河县	2.2	1.0	74.00	74.00	362.00	33.00
广宗县	2.0		123.92	123.92	359.90	65.28
平乡县	2.5	0.5	158.85	158.85	441.20	82.01
威　县	4.0		389.05	373.35	672.42	5.98
清河县	11.0		98.97	98.97	786.15	50.00
临西县	4.0		90.57	90.57	368.76	30.98

National County Seat Water Supply by County (2023)

公共服务用水 The Quantity of Water for Public Service	居民家庭用水 The Quantity of Water for Household Use	其他用水 The Quantity of Water for Other Purposes	用水户数（户）Number of Households with Access to Water Supply (unit)	居民家庭 Households	用水人口（万人）Population with Access to Water Supply (10000 persons)	县名称 Name of Counties
122339.84	658845.26	68833.59	60070040	52891437	15170.19	全　国
5814.55	34165.71	3481.92	3811373	3400434	1044.06	河　北
17.00	335.00	6.55	33000	30000	10.10	井陉县
284.42	767.72	426.68	71373	62679	22.13	正定县
228.12	118.17	68.32	18533	17750	7.53	行唐县
67.13	372.00		24743	23237	8.86	灵寿县
14.00	271.13		18000	15000	5.60	高邑县
65.00	393.00	19.00	26810	25368	9.20	深泽县
62.00	198.00		9320	8494	5.50	赞皇县
188.00	320.00	20.00	27490	26575	9.64	无极县
6.42	472.74	193.30	36000	26282	12.65	平山县
	402.60	81.45	24821	24628	9.80	元氏县
142.00	228.36		33900	32015	13.00	赵　县
211.53	540.64		64466	59032	15.63	滦南县
147.83	450.45	72.41	65825	56600	14.68	乐亭县
36.90	390.29		47855	44565	14.50	迁西县
125.47	468.10	1.02	48394	47430	16.90	玉田县
166.94	506.00	3.78	65586	62355	13.78	曹妃甸区
37.19	223.18	18.60	34581	32223	8.23	青龙满族自治县
115.00	468.00	50.00	40006	5082	12.39	昌黎县
54.25	145.56		19429	19142	6.60	卢龙县
31.93	556.76		21197	18978	12.28	临漳县
3.00	311.92		30143	30143	10.95	成安县
25.00	380.00		56896	48584	24.27	大名县
28.13	726.06	2.70	68689	66834	22.53	涉　县
145.00	585.00	134.00	66179	53015	22.30	磁　县
1.00	373.22		33480	24360	11.80	邱　县
105.00	357.14	20.00	41200	40654	12.14	鸡泽县
36.55	207.57		25980	20000	9.42	广平县
	369.00	47.00	31700	28560	12.48	馆陶县
71.80	676.60	76.80	83523	83523	37.87	魏　县
6.00	437.20		35008	34802	11.68	曲周县
40.00	160.00		6200	5800	7.05	临城县
23.22	276.13		35089	3209	8.33	内丘县
18.30	224.70		23258	22967	5.10	柏乡县
82.07	242.46	0.47	28560	13782	10.08	隆尧县
76.00	703.25		71201	68665	22.60	宁晋县
108.24	300.71	17.31	43355	40159	13.85	巨鹿县
32.00	210.00	25.00	16720	16720	5.70	新河县
49.24	189.60		31440	28013	8.10	广宗县
72.21	222.81	10.00	13936	9000	7.99	平乡县
39.43	478.33	4.80	28769	28269	16.27	威　县
107.39	501.03	0.83	42052	41233	25.45	清河县
40.26	232.32	6.20	23100	18480	9.20	临西县

3-4 续表1

县名称 Name of Counties	综合生产能力 （万立方米/日） Integrated Production Capacity (10000 cu. m/day)	地下水 Underground Water	供水管道长度 （公里） Length of Water Supply Pipelines (km)	建成区 In Built District	供水总量 （万立方米） Total Quantity of Water Supply (10000 cu. m)	生产运营用水 The Quantity of Water for Production and Operation
博野县	2.0		43.00	43.00	850.00	452.00
涞水县	2.9	0.9	189.78	189.78	933.09	300.97
阜平县	2.6	2.6	76.45	76.45	350.31	59.72
白沟新城	8.7	3.7	265.12	259.12	1335.61	628.29
定兴县	10.0	5.0	102.39	102.39	1488.34	766.70
唐县	2.5		129.44	129.44	536.03	25.58
高阳县	5.0		110.10	110.10	771.03	41.00
涞源县	1.2	0.8	112.95	112.95	423.00	3.00
望都县	2.5		65.62	65.62	594.76	84.29
易县	3.0		222.10	222.10	939.99	177.60
曲阳县	3.0		53.00	53.00	547.84	9.85
蠡县	1.2		107.00	107.00	474.95	105.00
顺平县	3.0		102.00	97.50	494.58	108.00
张北县	2.9	2.9	352.94	341.74	856.66	309.85
康保县	1.0	1.0	83.00	83.00	170.93	6.41
沽源县	2.7	2.7	140.33	133.83	494.30	238.10
尚义县	1.8	1.8	109.70	109.70	204.30	28.00
蔚县	2.5	2.5	217.00	170.00	520.00	5.00
阳原县	1.3	1.3	132.00	132.00	292.00	5.00
怀安县	2.0	2.0	100.73	100.73	406.00	142.00
怀来县	5.0	5.0	155.20	155.20	910.00	1.00
涿鹿县	2.0	2.0	168.35	168.35	434.04	22.52
赤城县	0.6	0.6	80.24	80.20	228.94	14.00
承德县	2.4	2.4	101.40	95.40	1017.22	492.60
兴隆县	1.4	1.3	132.00	130.00	385.00	
滦平县	6.0	6.0	179.36	179.36	725.71	148.42
隆化县	4.5	4.5	184.10	182.80	687.36	220.08
丰宁满族自治县	6.0	6.0	155.21	155.21	628.17	128.00
宽城满族自治县	3.0	0.0	148.35	133.40	469.27	118.13
围场满族蒙古族自治县	4.9	4.9	98.50	60.00	747.74	214.59
青县	7.2	1.2	151.42	151.42	932.38	276.29
东光县	6.0		210.66	187.79	483.75	20.01
海兴县	3.0		147.85	143.05	221.54	9.30
盐山县	2.5		187.27	128.83	615.94	0.10
肃宁县	3.0		120.50	120.50	939.00	342.27
南皮县	1.2		80.02	80.02	435.58	74.31
吴桥县	4.0		118.00	118.00	281.65	12.92
献县	6.0		276.00	263.00	1203.54	224.50
孟村回族自治县	2.0		148.64	148.64	273.00	48.73
固安县	12.7	4.6	363.78	363.78	2642.01	491.07
永清县	2.0	0.2	300.00	273.85	413.88	148.65
香河县	5.0	5.0	356.44	356.44	991.00	166.00
大城县	3.0		162.17	162.17	440.18	91.65
文安县	3.5	0.0	156.36	156.36	604.40	106.67

continued 1

公共服务用水 The Quantity of Water for Public Service	居民家庭用水 The Quantity of Water for Household Use	其他用水 The Quantity of Water for Other Purposes	用水户数（户） Number of Households with Access to Water Supply (unit)	居民家庭 Households	用水人口（万人） Population with Access to Water Supply (10000 persons)	县名称 Name of Counties
102.00	194.00		19800	19800	6.31	博野县
7.62	335.95	137.87	41551	39603	8.20	涞水县
23.93	202.95	4.20	31918	27896	4.47	阜平县
12.00	486.00		35400	29840	9.75	白沟新城
177.14	341.90		40866	38745	10.36	定兴县
1.65	354.48	107.49	37073	37073	9.36	唐县
18.00	442.00	145.97	39378	35925	9.15	高阳县
80.00	269.00	4.00	35154	26368	8.18	涞源县
27.41	365.29	31.25	17800	16510	8.12	望都县
77.26	379.43	154.77	28500	25000	9.36	易县
51.53	383.88		30415	29302	10.93	曲阳县
16.50	239.00	1.55	23154	20254	7.30	蠡县
12.00	296.39	13.00	31503	29871	7.27	顺平县
18.41	354.99	46.43	98852	82786	10.05	张北县
27.71	93.12	1.47	22631	21140	6.50	康保县
10.20	190.00	8.00	33575	26600	6.39	沽源县
57.00	87.00		17000	17000	5.00	尚义县
10.00	411.40		23712	22373	8.24	蔚县
23.00	211.00	2.00	25809	25809	6.69	阳原县
53.00	145.00		23011	21826	6.15	怀安县
25.00	493.00	246.00	93143	91150	10.30	怀来县
85.54	251.28	2.60	61391	57767	10.54	涿鹿县
40.27	160.64	1.30	33662	32440	6.78	赤城县
69.90	360.00	0.44	46352	46342	8.70	承德县
12.00	310.00	6.00	32600	28500	7.20	兴隆县
2.91	329.49	88.65	44677	41169	9.00	滦平县
52.20	320.31	2.40	49790	45885	8.30	隆化县
71.07	340.30	20.50	57759	54304	8.62	丰宁满族自治县
28.05	268.00	0.14	42091	38892	6.36	宽城满族自治县
122.28	320.44		43023	39000	9.85	围场满族蒙古族自治县
47.97	375.17	89.20	74614	67778	11.28	青县
12.00	363.16		24128	20865	11.93	东光县
0.35	127.15	50.32	17585	16282	5.27	海兴县
0.89	388.18	134.60	33000	26333	9.67	盐山县
80.67	432.61	8.33	31424	30873	9.01	肃宁县
5.75	291.46	41.63	23850	23076	7.00	南皮县
25.81	195.77		17864	17734	5.37	吴桥县
71.00	342.30	468.00	44580	38772	12.20	献县
20.88	148.47	6.97	13765	11830	4.58	孟村回族自治县
66.59	1032.40	1.07	142478	118834	21.61	固安县
64.90	144.17	0.40	43046	39219	4.37	永清县
137.00	536.00		115145	103074	13.52	香河县
2.09	281.29		31648	28939	7.03	大城县
27.99	286.63	95.00	45430	42373	6.25	文安县

3-4 续表2

县名称 Name of Counties	综合生产能力 (万立方米/日) Integrated Production Capacity (10000 cu. m/day)	地下水 Underground Water	供水管道长度 (公里) Length of Water Supply Pipelines (km)	建成区 In Built District	供水总量 (万立方米) Total Quantity of Water Supply (10000 cu. m)	生产运营用水 The Quantity of Water for Production and Operation
大厂回族自治县	4.4	4.4	133.30	133.30	524.02	122.94
枣强县	9.0	1.0	409.63	409.63	573.59	10.73
武邑县	2.0		130.00	124.00	690.00	52.00
武强县	5.8	3.0	326.98	190.28	718.90	245.00
饶阳县	2.0		204.53	96.25	670.32	400.76
安平县	3.7	0.7	365.62	365.62	968.00	92.00
故城县	3.8	1.8	344.00	274.30	1032.00	193.00
景县	2.0		90.00	90.00	1185.00	430.00
阜城县	4.0		172.00	163.00	566.00	47.00
容城县	3.0	0.0	81.49	81.49	645.27	148.35
雄县	7.0	3.5	340.00	340.00	940.79	445.74
安新县	2.0		155.00	154.00	527.30	72.06
山　西	180.2	127.1	11422.74	9393.45	34459.92	7527.44
清徐县						
阳曲县	0.9	0.9	83.92	83.92	283.00	130.00
娄烦县	0.9	0.9	35.00	35.00	191.60	6.42
阳高县	1.0	1.0	140.00	140.00	358.68	18.00
天镇县	4.4	4.4	240.80	240.80	369.90	10.00
广灵县	1.8	1.8	658.80	18.80	550.00	
灵丘县	1.5	1.5	170.30	170.30	335.40	83.30
浑源县	2.2	2.2	149.77	149.77	604.10	116.00
左云县	0.9	0.7	205.00	143.35	207.80	16.00
云州区	1.7	1.7	165.91	157.11	179.57	
平定县	11.3	9.3	240.00	220.00	2191.92	1573.22
盂县	2.8	2.8	202.86	171.02	773.60	
襄垣县	2.0	2.0	450.76	450.76	695.10	52.30
平顺县	0.7	0.4	428.46	40.96	265.21	27.48
黎城县	1.9	1.8	82.50	74.50	433.10	152.00
壶关县	2.5	2.5	69.70	69.70	409.12	4.28
长子县	4.3	1.8	164.38	164.38	605.00	288.00
武乡县	1.6	1.6	76.50	76.50	360.00	69.00
沁县	1.1	1.1	104.65	101.65	266.30	67.90
沁源县	0.6	0.6	128.00	128.00	188.65	30.60
沁水县	1.7		220.00	220.00	363.00	50.00
阳城县	2.0	2.0	396.56	390.00	564.11	9.83
陵川县	1.2		136.98	136.98	217.00	11.00
山阴县	1.1	1.1	179.00	117.00	385.00	
应县	1.9	1.9	440.00	350.00	356.50	54.25
右玉县	2.5	2.5	151.77	73.71	379.62	90.61
榆社县	1.3	1.3	181.65	73.00	429.05	181.66
左权县	2.5		70.33	70.33	389.80	4.00
和顺县	2.7	0.4	70.00	70.00	326.27	13.86
昔阳县	2.0	0.8	189.50	73.80	287.00	37.90
寿阳县	4.9	2.2	128.76	128.76	464.30	78.18

continued 2

公共服务用水 The Quantity of Water for Public Service	居民家庭用水 The Quantity of Water for Household Use	其他用水 The Quantity of Water for Other Purposes	用水户数（户）Number of Households with Access to Water Supply (unit)	居民家庭 Households	用水人口（万人）Population with Access to Water Supply (10000 persons)	县名称 Name of Counties
40.00	293.00		45641	43053	7.87	大厂回族自治县
108.11	351.53	16.48	40202	40002	14.30	枣强县
50.00	415.00	49.00	40000	39000	10.85	武邑县
5.10	377.30	1.50	22423	20598	7.83	武强县
7.58	201.82	9.10	23346	20970	7.33	饶阳县
103.00	578.00	5.00	35917	33086	15.13	安平县
15.00	703.00	42.00	61579	43444	17.52	故城县
60.00	523.00	32.00	31582	31002	11.80	景县
99.50	311.50	20.00	37645	36892	12.02	阜城县
172.54	219.53		24001	24000	10.16	容城县
80.54	281.16	36.97	34286	24000	7.24	雄县
82.74	237.12	42.10	26797	25028	5.33	安新县
4693.56	**17551.51**	**1173.91**	**1766769**	**1602922**	**612.29**	**山　西**
						清徐县
	124.80	5.20	30569	28060	6.32	阳曲县
14.86	158.53		13665	13506	4.53	娄烦县
47.10	237.01		35169	31890	9.00	阳高县
8.00	308.28	3.62	74000	71350	8.17	天镇县
117.38	385.42	17.20	62014	62014	10.90	广灵县
	187.70		56000	56000	8.80	灵丘县
29.50	384.10	16.00	29004	26132	10.79	浑源县
56.10	123.90	1.00	25204	23215	5.74	左云县
32.25	111.40		29440	26400	6.09	云州区
44.80	527.28	2.12	49538	48144	11.57	平定县
244.40	456.50		35000	25000	11.50	盂县
96.90	431.90		40278	37400	7.98	襄垣县
64.12	149.61		10375	9502	4.23	平顺县
61.00	163.00	20.00	21441	16291	5.69	黎城县
24.65	343.86	3.24	17830	16920	9.38	壶关县
46.00	218.00	7.00	30654	30614	8.47	长子县
62.00	167.00	27.90	16562	14121	6.44	武乡县
16.10	147.80	2.10	15707	14832	5.97	沁县
34.50	112.05	6.00	11825	10780	4.78	沁源县
140.00	150.00	13.00	14000	13300	5.50	沁水县
150.90	341.38		38830	36931	12.00	阳城县
4.00	178.00		20200	20200	6.56	陵川县
75.21	206.79		37900	36451	8.00	山阴县
42.50	213.11	5.14	29500	15300	12.00	应县
54.16	206.78	10.07	16990	11396	5.25	右玉县
45.44	153.39		26614	25080	4.46	榆社县
103.89	225.43		34551	31976	7.59	左权县
62.39	154.36	47.75	9530	8690	5.49	和顺县
30.00	185.00	9.20	25300	21300	8.40	昔阳县
96.51	238.48	0.01	13365	11016	7.73	寿阳县

3-4 续表3

县名称 Name of Counties	综合生产能力 （万立方米/日） Integrated Production Capacity (10000 cu. m/day)	地下水 Underground Water	供水管道长度 （公里） Length of Water Supply Pipelines (km)	建成区 In Built District	供水总量 （万立方米） Total Quantity of Water Supply (10000 cu. m)	生产运营用水 The Quantity of Water for Production and Operation
祁县	2.8	0.2	167.03	167.03	592.61	94.55
平遥县	1.8	1.8	273.97	273.97	662.25	
灵石县	1.2	1.1	140.62	140.62	449.32	2.10
临猗县	8.7	2.8	68.40	68.40	1460.00	784.58
万荣县	3.4	3.4	120.00	110.00	553.33	244.99
闻喜县	4.1	1.8	101.90	95.30	838.00	219.00
稷山县	3.0	3.0	374.47	374.47	487.74	3.52
新绛县	1.6	1.6	216.50	216.50	380.00	1.48
绛县	2.2	2.2	75.95	75.95	613.01	420.70
垣曲县	12.0	0.5	86.29	86.29	515.10	110.70
夏县	1.0	0.0	53.88	53.88	185.19	23.96
平陆县	1.4	1.0	46.00	46.00	268.85	46.40
芮城县	1.2	1.2	77.00	77.00	325.00	32.56
定襄县	2.4	2.3	125.00	107.60	693.80	315.00
五台县	1.4	1.0	57.35	57.35	452.35	111.02
代县	1.5	1.5	83.50	83.50	266.00	19.00
繁峙县	12.6	12.6	84.99	78.99	727.80	50.00
宁武县	1.3	0.2	149.30	96.30	437.89	69.20
静乐县	2.4	1.4	48.00	38.00	286.80	77.72
神池县	1.0	1.0	117.41	61.87	211.77	57.00
五寨县	1.4	0.4	158.07	107.26	356.00	122.00
岢岚县	0.9	0.3	55.00	55.00	163.00	18.00
河曲县	1.2	1.2	88.53	88.53	358.50	20.00
保德县	1.5	1.5	78.00	78.00	375.00	26.00
偏关县	0.6	0.6	48.92	48.92	153.30	1.62
曲沃县	1.4	1.4	116.57	116.57	457.12	20.12
翼城县	2.8	2.8	148.69	121.69	634.48	271.36
襄汾县	1.0	1.0	51.59	51.59	222.63	0.11
洪洞县	2.9		178.01	163.73	1056.59	221.87
古县	0.9	0.2	162.44	162.44	196.00	43.20
安泽县	0.5	0.5	49.30	49.30	118.25	9.50
浮山县	1.3	1.3	74.30	74.30	255.69	12.13
吉县	1.2	1.2	192.00	192.00	157.70	
乡宁县	1.5	0.8	93.79	93.79	355.00	105.00
大宁县	0.7	0.7	20.89	20.89	153.22	36.61
隰县	0.6	0.6	53.00	53.00	204.35	6.10
永和县	0.5	0.5	72.10	72.10	85.89	15.20
蒲县	1.4	1.4	152.00	152.00	306.00	26.60
汾西县	0.6	0.6	74.50	74.50	150.60	
文水县	1.2		175.54	175.54	437.00	43.00
交城县	4.8	4.8	394.88	394.88	659.52	22.09
兴县	3.2	3.2	52.20	35.90	437.50	24.76
临县	2.1	0.1	68.00	68.00	404.86	45.90
柳林县	4.0	4.0	91.10	75.00	895.88	

continued 3

公共服务用水 The Quantity of Water for Public Service	居民家庭用水 The Quantity of Water for Household Use	其他用水 The Quantity of Water for Other Purposes	用水户数（户） Number of Households with Access to Water Supply (unit)	居民家庭 Households	用水人口（万人） Population with Access to Water Supply (10000 persons)	县名称 Name of Counties
88.68	315.16		22436	20463	10.90	祁县
183.47	428.10		16190	14521	15.09	平遥县
126.13	277.06		20031	19968	13.50	灵石县
44.81	279.08	260.34	23000	22570	11.20	临猗县
66.52	183.59	4.06	28668	27090	9.31	万荣县
89.00	475.65	23.00	19143	18656	9.30	闻喜县
1.62	280.49	147.81	29622	22877	11.80	稷山县
8.52	195.00	120.00	24900	24600	12.15	新绛县
0.23	159.98		12946	10038	6.49	绛县
18.20	356.30		29319	26406	10.56	垣曲县
16.46	125.22	5.31	2568	2208	5.00	夏县
	179.10		16087	13243	7.50	平陆县
23.68	201.28	38.48	4306	3759	8.60	芮城县
175.00	138.80	20.00	12417	11518	7.50	定襄县
59.68	191.84	15.33	21822	19692	4.77	五台县
22.00	170.00	11.40	15060	14160	5.49	代县
250.57	394.82		31738	25717	8.79	繁峙县
87.32	151.78	0.70	31730	31420	7.80	宁武县
28.20	118.10	30.20	16993	14180	5.95	静乐县
31.39	101.76	5.80	14124	14032	4.70	神池县
84.00	102.00	21.00	17660	16951	6.14	五寨县
25.00	63.00	5.00	19180	16378	4.36	岢岚县
90.90	182.60	40.00	20071	18011	6.84	河曲县
60.00	226.00	3.00	28340	27150	10.80	保德县
9.70	112.40		12247	10579	3.67	偏关县
42.00	310.00	2.00	15333	13326	6.60	曲沃县
100.20	212.66	5.00	28167	24850	8.68	翼城县
53.44	106.88	17.81	23888	21527	10.80	襄汾县
254.82	443.61		58449	52265	15.00	洪洞县
7.10	123.70	7.00	11516	8559	4.09	古县
28.16	62.85		5823	3960	3.00	安泽县
26.40	177.48	24.98	11220	8860	5.56	浮山县
31.70	107.10		14000	13000	4.78	吉县
	210.00		7335	6523	8.00	乡宁县
49.98	49.49	5.35	8650	7568	2.83	大宁县
11.80	163.00	3.05	11541	11083	4.27	隰县
1.30	58.67	1.40	9560	7585	2.82	永和县
63.40	180.00	22.00	23484	21376	3.50	蒲县
15.60	109.40	2.50	11394	10891	5.85	汾西县
2.50	335.50		12221	9310	14.50	文水县
148.87	378.11	0.07	11008	8698	8.56	交城县
13.14	346.25		21580	19200	10.94	兴县
31.47	266.63	3.80	30375	28301	12.04	临县
277.17	563.77	5.25	3225	2568	11.00	柳林县

3-4 续表4

县名称 Name of Counties	综合生产能力 （万立方米/日） Integrated Production Capacity (10000 cu. m/day)	地下水 Underground Water	供水管道长度 （公里） Length of Water Supply Pipelines (km)	建成区 In Built District	供水总量 （万立方米） Total Quantity of Water Supply (10000 cu. m)	生产运营用水 The Quantity of Water for Production and Operation
石楼县	1.4	1.4	56.40	37.00	325.00	18.00
岚县	2.0	2.0	110.00	55.00	564.00	61.00
方山县	1.0	1.0	47.00	31.90	222.60	
中阳县	1.8	0.8	65.00	39.00	770.00	498.00
交口县	1.2	1.2	65.50	56.50	147.73	
内蒙古	152.5	150.2	13111.73	12370.56	29940.27	5402.33
土左旗	1.4	1.4	158.30	158.30	249.21	28.20
托县	1.0	1.0	258.00	258.00	200.00	28.00
和林县	2.4	2.4	190.00	190.00	176.03	
清水河县	0.7	0.7	70.90	70.20	174.00	3.00
武川县	1.4	1.4	99.00	99.00	340.00	35.30
土右旗	3.5	3.5	325.00	325.00	420.00	
固阳县	0.9	0.9	114.93	114.93	284.22	59.93
达尔罕茂明安联合旗	1.1	1.1	70.85	70.85	170.00	15.00
阿鲁科尔沁旗	2.3	2.3	338.42	338.42	430.93	
巴林左旗	1.8	1.8	524.08	467.00	499.80	
巴林右旗	3.3	3.3	116.70	116.70	409.56	4.60
林西县	1.7	1.7	261.00	261.00	477.00	102.00
克什克腾旗	3.0	3.0	83.90	83.90	408.00	1.00
翁牛特旗	9.0	9.0	154.50	153.40	1077.50	394.75
喀喇沁旗	3.9	3.9	51.90	51.90	978.28	82.05
宁城县	2.4	2.4	101.09	101.00	577.74	1.50
敖汉旗	5.0	5.0	286.80	272.80	914.70	389.70
科左中旗	2.0	2.0	62.00	62.00	264.52	65.00
科左后旗	2.5	2.5	529.60	264.60	605.21	7.20
开鲁县	4.4	4.4	224.59	204.59	1061.92	525.46
库伦旗	1.3	1.3	213.00	213.00	213.90	33.00
奈曼旗	3.2	3.2	220.35	220.35	609.63	109.20
扎鲁特旗	2.9	2.9	571.00	571.00	823.00	347.00
达拉特旗	5.8	5.8	228.07	228.07	950.00	136.55
准格尔旗	6.3	6.3	233.09	233.09	945.00	134.27
鄂托克前旗	0.7	0.7	441.37	289.00	233.33	48.10
鄂托克旗	1.9	1.9	130.00	130.00	231.81	
杭锦旗	1.3	1.3	265.00	265.00	238.81	25.72
乌审旗	1.2	1.2	298.00	298.00	397.50	30.00
伊金霍洛旗	5.0	5.0	661.13	661.13	994.01	221.91
阿荣旗	2.8	2.8	350.12	350.12	633.98	91.48
莫旗	3.0	3.0	68.03	68.03	757.00	387.70
鄂伦春旗	2.2	2.2	30.00	30.00	361.85	40.00
鄂温克旗			52.50	52.50	410.10	
陈巴尔虎旗	1.0	1.0	58.00	58.00	140.56	10.00
新左旗	0.2	0.2	8.58	8.58	60.30	0.30
新右旗	0.6	0.4	75.70	75.70	155.77	19.85
五原县	3.8	3.5	235.03	235.03	581.18	115.14

continued 4

公共服务用水 The Quantity of Water for Public Service	居民家庭用水 The Quantity of Water for Household Use	其他用水 The Quantity of Water for Other Purposes	用水户数（户） Number of Households with Access to Water Supply (unit)	居民家庭 Households	用水人口（万人） Population with Access to Water Supply (10000 persons)	县名称 Name of Counties
54.00	202.00	15.00	14473	14073	8.20	石楼县
	416.00	62.00	52000	52000	7.30	岚　县
19.37	125.87	48.42	11127	9224	4.30	方山县
31.80	110.00	0.20	2358	2330	9.00	中阳县
33.60	92.57	0.10	6389	5847	3.13	交口县
4046.08	**14772.12**	**1481.27**	**2295525**	**2040079**	**450.23**	**内蒙古**
32.00	149.40	2.80	35810	28482	6.00	土左旗
28.00	120.00	5.00	25257	25257	7.00	托　县
47.52	94.56		33878	32567	5.04	和林县
48.58	103.32	10.00	14216	12850	3.65	清水河县
67.80	178.70	15.40	26000	22000	4.36	武川县
	268.00	108.00	41000	40891	13.00	土右旗
57.21	123.27		38000	34000	5.50	固阳县
23.00	93.50	10.10	21123	19935	4.20	达尔罕茂明安联合旗
124.00	233.80	2.63	50837	43781	11.37	阿鲁科尔沁旗
74.95	331.76	60.07	58907	55901	10.45	巴林左旗
100.93	225.45	5.67	49104	41773	8.75	巴林右旗
82.00	219.00	32.00	42719	38534	6.16	林西县
90.00	249.00		43014	37898	8.17	克什克腾旗
20.75	515.00	22.00	57320	55051	16.18	翁牛特旗
275.15	456.55	97.59	32449	29649	7.44	喀喇沁旗
80.40	396.70		61000	53353	14.28	宁城县
97.00	350.00	18.00	50277	50207	13.71	敖汉旗
	145.93	23.80	26226	15781	6.33	科左中旗
207.20	310.80	53.34	32330	29760	7.53	科左后旗
149.80	287.85		44169	37872	8.34	开鲁县
13.80	110.00	2.10	19400	17400	2.99	库伦旗
153.30	266.08	5.00	51606	42000	8.20	奈曼旗
105.00	281.00	15.00	50422	44804	10.22	扎鲁特旗
119.46	496.60	28.20	80463	64377	18.18	达拉特旗
218.33	426.86	6.00	70658	60112	16.45	准格尔旗
	153.81	1.31	21935	18707	2.80	鄂托克前旗
130.43	99.25	1.27	30380	23998	3.58	鄂托克旗
60.26	123.76	5.38	33930	31106	4.43	杭锦旗
18.50	322.00	12.30	16885	15755	6.42	乌审旗
55.72	472.89	127.12	82150	80630	15.56	伊金霍洛旗
30.42	445.72		46813	35859	7.62	阿荣旗
79.93	243.08	11.45	53128	41889	8.06	莫　旗
20.00	275.00		14229	13067	2.87	鄂伦春旗
35.06	293.63	41.91	34671	31943	5.41	鄂温克旗
9.00	108.56		9368	8668	1.89	陈巴尔虎旗
9.50	48.00	0.20	4215	3799	1.58	新左旗
10.60	112.52		10778	9161	1.68	新右旗
49.00	293.40		39335	33036	11.04	五原县

3-4 续表5

县名称 Name of Counties	综合生产能力 （万立方米/日） Integrated Production Capacity (10000 cu. m/day)	地下水 Underground Water	供水管道长度 （公里） Length of Water Supply Pipelines (km)	建成区 In Built District	供水总量 （万立方米） Total Quantity of Water Supply (10000 cu. m)	生产运营用水 The Quantity of Water for Production and Operation
磴口县	2.7	2.7	173.55	94.40	465.83	216.60
乌拉特前旗	2.0	2.0	239.20	239.20	670.98	
乌拉特中旗	1.3	1.3	142.17	127.95	310.30	37.26
乌拉特后旗	1.5	1.5	96.08	96.08	260.00	0.80
杭锦后旗	5.2	5.2	260.96	250.66	704.00	355.00
卓资县	0.8	0.8	78.00	78.00	264.00	5.90
化德县	1.0	1.0	200.40	200.40	286.52	19.96
商都县	1.5	1.5	144.00	144.00	521.00	61.50
兴和县	1.5	1.5	109.00	109.00	345.00	2.00
凉城县	1.4	1.4	66.02	66.02	284.80	70.80
察右前旗	1.3	1.3	150.20	123.80	323.57	48.67
察右中旗	0.5	0.5	79.00	79.00	178.60	16.61
察右后旗	1.3	1.3	75.34	75.34	316.72	3.20
四子王旗	2.0	2.0	311.00	311.00	398.00	18.00
阿巴嘎旗	0.4	0.4	86.10	86.10	122.33	0.12
苏尼特左旗	0.5	0.5	33.10	33.10	122.76	15.31
苏尼特右旗	2.0	2.0	103.10	103.10	365.56	26.34
东乌珠穆沁旗	1.0	1.0	135.38	135.38	248.96	31.93
西乌珠穆沁旗	2.0	2.0	146.50	146.50	251.73	
太仆寺旗	1.8	1.8	103.03	103.03	442.00	73.50
镶黄旗	0.5	0.5	122.04	122.04	113.14	26.11
正镶白旗	0.8	0.8	184.20	83.70	131.83	57.58
正蓝旗	1.6	1.6	61.36	61.36	234.18	
多伦县	2.0	2.0	188.92	188.92	253.70	1.68
科尔沁右翼前旗	5.0	5.0	305.00	305.00	707.49	50.22
科右中旗	0.7	0.7	109.28	109.28	198.08	29.52
扎赉特旗	1.1	1.1	155.21	155.21	221.12	6.13
突泉县	1.1	1.1	161.90	161.90	390.00	51.00
阿拉善左旗	9.0	7.3	629.38	629.38	2139.58	669.69
阿拉善右旗	0.7	0.7	85.55	85.52	89.89	4.38
额济纳旗	1.5	1.5	216.23	216.00	122.25	9.61
辽　宁	96.1	16.0	5591.06	4870.67	18757.94	2504.62
康平县	8.5		208.00	208.00	789.01	41.19
法库县	11.3	2.8	238.10	194.10	1283.61	269.00
长海县	5.4		713.71	416.26	314.68	39.38
台安县	5.9	5.9	252.15	252.15	1083.72	410.28
岫岩满族自治县	3.5	0.9	168.80		704.60	0.80
抚顺县						
新宾满族自治县	2.0		124.04	124.04	701.00	53.23
清原满族自治县	8.0		262.00	262.00	927.00	64.00
本溪满族自治县	7.0	0.3	106.44	106.00	771.31	104.01
桓仁满族自治县	3.2		274.00	274.00	1174.00	204.00
宽甸满族自治县	5.5	0.2	560.00	550.00	1759.50	13.00

continued 5

公共服务用水 The Quantity of Water for Public Service	居民家庭用水 The Quantity of Water for Household Use	其他用水 The Quantity of Water for Other Purposes	用水户数（户）Number of Households with Access to Water Supply (unit)	居民家庭 Households	用水人口（万人）Population with Access to Water Supply (10000 persons)	县名称 Name of Counties
38.03	123.00		25498	17990	5.04	磴口县
160.96	384.33	3.36	68189	67946	11.25	乌拉特前旗
8.30	168.74	61.08	23986	19669	3.70	乌拉特中旗
1.50	220.00	10.90	12000	12000	3.74	乌拉特后旗
24.00	210.00	10.20	41769	41351	11.16	杭锦后旗
76.40	163.80	13.90	15232	14076	3.11	卓资县
64.38	146.45		27648	20421	5.66	化德县
80.50	341.00	7.00	51000	48000	6.71	商都县
31.00	292.00	2.00	32500	32500	6.50	兴和县
	170.00		15086	14120	3.53	凉城县
39.84	194.55	10.61	12483	11357	5.94	察右前旗
13.90	122.00	9.96	21000	21000	3.18	察右中旗
36.00	238.16	6.32	13514	11825	4.73	察右后旗
17.00	330.00	10.00	31250	30050	5.65	四子王旗
18.80	80.07	2.11	15000	9200	2.28	阿巴嘎旗
17.88	38.12	5.98	8211	6892	1.39	苏尼特左旗
76.92	98.60	82.58	23121	22400	4.41	苏尼特右旗
35.14	139.97		19938	16089	3.24	东乌珠穆沁旗
12.75	113.38	40.54	31186	26086	4.99	西乌珠穆沁旗
11.60	97.00	221.20	31499	29984	4.62	太仆寺旗
16.00	40.80	15.18	7849	7426	1.24	镶黄旗
2.48	52.08		11440	11344	2.25	正镶白旗
	185.19		23941	20947	3.43	正蓝旗
24.52	162.93	41.78	25989	22280	4.63	多伦县
190.47	205.10	189.51	47589	42961	4.70	科尔沁右翼前旗
4.90	125.66	0.22	26000	25000	7.50	科右中旗
59.06	134.51	1.78	54692	48826	6.23	扎赉特旗
2.62	300.00	2.00	18100	18100	6.90	突泉县
199.21	377.39		81338	70015	12.53	阿拉善左旗
30.06	36.02	9.42	9777	7597	1.44	阿拉善右旗
27.26	56.52		14698	10774	2.11	额济纳旗
1451.82	**8048.53**	**1546.94**	**1178651**	**1001815**	**194.14**	**辽　宁**
43.33	527.51		46063	38813	9.50	康平县
125.38	524.00	151.23	59225	51942	9.82	法库县
15.08	99.98	0.13	22721	20639	1.92	长海县
73.23	291.22	8.05	72125	61230	6.21	台安县
15.00	481.15	19.00	52284	47428	12.00	岫岩满族自治县
						抚顺县
18.05	177.06		26790	24690	6.10	新宾满族自治县
108.00	460.00	47.00	36712	27412	6.13	清原满族自治县
30.40	353.00	30.00	65169	56507	7.70	本溪满族自治县
129.00	410.00		64800	58000	9.00	桓仁满族自治县
78.00	602.00	736.50	99732	50229	8.36	宽甸满族自治县

3-4 续表6

县名称 Name of Counties	综合生产能力（万立方米/日）Integrated Production Capacity (10000 cu.m/day)	地下水 Underground Water	供水管道长度（公里）Length of Water Supply Pipelines (km)	建成区 In Built District	供水总量（万立方米）Total Quantity of Water Supply (10000 cu.m)	生产运营用水 The Quantity of Water for Production and Operation
黑山县	2.8	0.9	262.00	262.00	863.00	100.00
义县	4.4		189.74	189.74	1131.50	163.99
阜新蒙古族自治县			226.00	226.00	595.00	75.00
彰武县	5.0		240.00	240.00	400.00	15.00
辽阳县	5.0		172.00	165.00	1345.00	37.00
盘山县	2.1	0.4	322.80	147.90	526.28	221.25
铁岭县						
西丰县	3.0		191.77	191.77	840.00	265.00
昌图县	5.0		187.11	187.11	899.72	159.43
朝阳县	0.3		25.00	25.00	180.00	10.80
建平县	3.0	3.0	339.10	339.10	981.50	186.85
喀喇沁左翼蒙古族自治县	1.6	0.9	174.50	174.50	290.39	24.89
绥中县	2.0	0.8	168.00	168.00	484.00	
建昌县	1.8		185.80	168.00	713.12	46.52
吉 林	**51.1**	**14.2**	**2690.90**	**2616.81**	**10830.85**	**1364.75**
农安县	4.4	0.0	352.80	349.25	1196.90	82.48
永吉县	0.0	0.0	181.00	164.00	504.54	117.44
梨树县	0.9	0.9	44.25	44.25	304.02	15.50
伊通满族自治县	1.1	1.1	159.44	159.44	438.25	12.50
东丰县	3.8	0.1	55.51	55.51	539.56	22.94
东辽县	5.0	0.0	47.00	47.00	297.94	58.06
通化县	3.0		136.81	106.43	453.30	146.30
辉南县	3.3	0.3	156.00	156.00	981.18	128.18
柳河县	5.1	0.0	69.97	69.97	666.28	84.63
抚松县	4.0		47.94	47.94	576.70	163.57
靖宇县	1.2	1.2	171.00	171.00	429.20	20.40
长白朝鲜族自治县	2.3		88.60	67.04	401.34	41.28
前郭县			127.00	127.00	1213.75	79.00
长岭县	1.2	1.2	186.56	186.56	259.00	2.00
乾安县	3.0	3.0	137.72	137.72	277.42	32.74
镇赉县	2.3	2.3	341.00	341.00	624.24	154.36
通榆县	4.0	4.0	72.00	72.00	560.53	55.04
汪清县	5.0	0.0	205.00	203.40	681.70	54.70
安图县	1.5		111.30	111.30	425.00	93.63
黑龙江	**102.6**	**85.5**	**6136.93**	**5956.51**	**18829.93**	**1959.55**
依兰县	3.0	3.0	155.74	155.74	525.53	46.00
方正县	2.1	2.1	128.04	112.44	529.35	21.06
宾县	2.1	0.1	94.09	94.09	604.05	39.50
巴彦县	1.5	1.5	155.98	155.98	371.68	29.84
木兰县	0.8	0.8	85.00	85.00	291.50	21.00
通河县	2.0	2.0	111.00	111.00	246.31	41.11
延寿县	2.3	2.3	251.40	234.40	610.30	50.00
龙江县	4.2	4.2	175.89	175.89	745.65	50.43

continued 6

公共服务用水 The Quantity of Water for Public Service	居民家庭用水 The Quantity of Water for Household Use	其他用水 The Quantity of Water for Other Purposes	用水户数（户）Number of Households with Access to Water Supply (unit)	居民家庭 Households	用水人口（万人）Population with Access to Water Supply (10000 persons)	县名称 Name of Counties
110.00	450.00	90.00	42610	42610	13.10	黑山县
73.39	525.58	83.33	51800	46000	9.15	义县
69.00	267.00	42.00	37125	34055	5.46	阜新蒙古族自治县
40.00	280.00	15.00	32000	28000	6.74	彰武县
4.00	564.00	47.00	69900	67000	15.00	辽阳县
15.70	131.18	37.56	24016	19829	6.48	盘山县
						铁岭县
32.00	325.00	30.00	43919	38978	5.98	西丰县
129.05	387.52	20.00	73882	64894	11.09	昌图县
9.00	123.48	0.72	12032	10362	3.33	朝阳县
97.21	315.30	189.42	72505	60646	15.98	建平县
41.50	169.00		40008	35000	7.43	喀喇沁左翼蒙古族自治县
80.00	317.00		83381	74897	10.10	绥中县
115.50	267.55		49852	42654	7.56	建昌县
1168.06	**5428.07**	**398.34**	**905046**	**817722**	**151.63**	**吉 林**
35.83	779.20	23.50	105684	105682	16.00	农安县
47.42	228.68		57106	51730	8.10	永吉县
31.22	197.77	14.28	47037	41705	8.18	梨树县
109.83	244.80		48020	43000	8.40	伊通满族自治县
137.78	290.33	3.08	38827	34029	10.00	东丰县
24.65	93.69	20.05	17447	15635	3.10	东辽县
46.10	169.70	9.00	29105	25629	5.92	通化县
25.00	490.00	164.00	56726	50248	8.90	辉南县
34.15	342.83	21.31	56758	49592	7.33	柳河县
95.80	177.52	21.63	29087	25923	6.01	抚松县
52.40	200.30	13.20	36458	33240	6.09	靖宇县
69.67	172.56	25.64	21634	16012	3.39	长白朝鲜族自治县
190.00	614.50	28.50	80170	74538	10.81	前郭县
63.00	147.00	2.00	55500	48900	10.74	长岭县
16.10	212.20	4.40	27763	26586	7.18	乾安县
86.57	229.93	5.80	54830	48347	8.00	镇赉县
26.24	315.00	40.25	49700	43000	9.00	通榆县
51.30	315.80		61259	54309	9.43	汪清县
25.00	206.26	1.70	31935	29617	5.05	安图县
1999.35	**10906.52**	**366.62**	**1777000**	**1547595**	**322.09**	**黑龙江**
49.00	339.00	9.81	39300	36850	9.25	依兰县
40.54	349.10	17.00	39766	36600	6.35	方正县
24.63	351.11	8.00	42474	38974	11.28	宾县
17.53	263.19		52070	38175	9.50	巴彦县
17.00	179.84		20500	17000	6.32	木兰县
0.80	141.20	14.20	22130	20130	5.70	通河县
8.00	439.66	20.00	44130	42230	6.27	延寿县
40.87	310.10		71462	59190	9.40	龙江县

3-4 续表7

县名称 Name of Counties	综合生产能力 （万立方米/日） Integrated Production Capacity (10000 cu. m/day)	地下水 Underground Water	供水管道长度 （公里） Length of Water Supply Pipelines (km)	建成区 In Built District	供水总量 （万立方米） Total Quantity of Water Supply (10000 cu. m)	生产运营用水 The Quantity of Water for Production and Operation
依安县	5.0	5.0	107.80	107.80	347.55	123.05
泰来县	2.1	2.1	71.86	71.76	375.20	15.95
甘南县	3.2	3.2	191.40	191.40	395.67	77.89
富裕县	2.2	2.2	217.00	217.00	318.00	66.00
克山县	2.2	2.2	262.40	262.40	317.57	12.38
克东县	1.1	1.1	232.34	232.34	266.32	93.51
拜泉县	2.0	2.0	111.91	52.31	277.47	
鸡东县	2.0		93.40	93.40	490.50	20.30
萝北县	2.0	2.0	76.46	76.46	230.19	6.98
绥滨县	2.0	2.0	75.00	75.00	304.46	30.00
集贤县	1.7	1.7	137.43	130.51	596.00	113.70
友谊县	1.5	1.5	170.00	164.00	338.00	11.00
宝清县	3.0	3.0	307.00	307.00	933.00	47.00
饶河县	1.2	1.2	159.00	159.00	319.00	10.70
肇州县	1.3	1.3	83.00	83.00	439.70	11.00
肇源县	2.0	2.0	90.86	88.46	573.25	53.76
林甸县	2.0	2.0	130.00	130.00	300.50	5.95
杜尔伯特蒙古族自治县	2.0	2.0	64.70	64.70	520.00	80.00
嘉荫县	1.0	1.0	64.43	64.43	171.00	10.30
汤旺县	1.8	1.8	60.04	60.04	316.94	63.68
丰林县	2.1	2.1	135.37	135.37	345.20	57.40
大箐山县	0.5	0.5	103.59	103.59	138.62	7.80
南岔县	1.2		102.00	102.00	320.00	85.00
桦南县	3.1	3.0	156.91	155.31	504.87	23.49
桦川县	2.0	2.0	108.24	108.24	403.76	68.81
汤原县	2.4	2.4	143.60	143.60	322.00	87.00
勃利县	2.0	2.0	189.26	189.26	410.56	60.56
林口县	3.0		159.00	159.00	360.35	55.14
逊克县	1.0	1.0	113.20	86.00	244.55	29.23
孙吴县	2.0		179.00	179.00	216.20	43.00
望奎县	1.9	1.9	90.00	90.00	350.50	12.70
兰西县	2.5		99.70	76.00	540.00	58.00
青冈县	3.0	3.0	150.00	150.00	420.00	46.00
庆安县	4.0	4.0	124.27	124.27	669.00	39.00
明水县	3.0	3.0	74.72	74.72	434.20	50.00
绥棱县	3.0		90.30	70.00	487.02	70.01
呼玛县	0.7	0.7	59.60	59.60	118.41	10.92
塔河县	1.4		75.00	75.00	125.00	3.40
加格达奇区	4.6	4.6	120.00	120.00	665.00	
江 苏	**299.2**	**15.3**	**13777.09**	**11095.13**	**62389.92**	**15273.40**
丰 县	23.0	1.0	549.17	530.62	2457.33	623.73
沛 县	27.6	0.1	926.82	926.82	4354.25	881.60
睢宁县	18.0	3.0	765.40	623.90	4263.05	888.86

continued 7

公共服务用水 The Quantity of Water for Public Service	居民家庭用水 The Quantity of Water for Household Use	其他用水 The Quantity of Water for Other Purposes	用水户数（户）Number of Households with Access to Water Supply (unit)	居民家庭 Households	用水人口（万人）Population with Access to Water Supply (10000 persons)	县名称 Name of Counties
11.35	181.95	3.00	20736	19655	6.50	依安县
55.58	181.23	18.95	44960	35088	5.50	泰来县
57.46	175.41	4.77	30882	29248	5.48	甘南县
8.32	185.68	10.00	41003	32000	5.33	富裕县
36.27	208.65	9.50	41404	38074	6.52	克山县
16.97	133.39		42828	38167	4.85	克东县
51.00	165.00	4.47	52992	45814	6.50	拜泉县
66.60	274.70	6.00	41965	38183	7.00	鸡东县
3.00	157.63	6.58	24939	21387	4.61	萝北县
45.00	201.23	1.00	23000	21313	5.00	绥滨县
47.90	342.80	5.66	50688	47268	7.90	集贤县
15.00	261.58		13200	10290	3.48	友谊县
161.00	574.70	62.00	51800	44100	12.00	宝清县
33.71	242.19	2.40	28091	24873	3.91	饶河县
65.00	267.00	12.00	45000	36500	8.52	肇州县
46.00	349.00	5.49	31009	31000	8.90	肇源县
64.30	142.00	23.65	21500	21500	6.96	林甸县
33.00	285.00		40000	29643	6.46	杜尔伯特蒙古族自治县
25.10	101.70	10.00	7242	6466	2.37	嘉荫县
52.59	144.55	14.48	13600	12386	3.74	汤旺县
32.00	189.90	1.70	33936	30188	8.78	丰林县
22.00	86.15		10400	10373	2.80	大箐山县
12.00	181.00	8.00	34280	29878	3.80	南岔县
162.23	230.72		77590	69196	9.79	桦南县
65.29	188.56		34229	30395	6.84	桦川县
20.00	190.00	3.00	40972	35956	7.10	汤原县
6.00	213.00		33523	33000	8.29	勃利县
38.59	159.89	22.05	52775	37971	6.90	林口县
20.26	156.18	0.32	23479	20852	3.90	逊克县
5.00	126.00		23500	21600	5.85	孙吴县
76.30	219.00		52800	50800	6.67	望奎县
118.00	274.00	21.00	36900	30200	7.50	兰西县
24.00	290.00		62000	35000	9.51	青冈县
18.00	465.00	2.00	68200	60986	11.36	庆安县
62.00	222.20	21.00	35791	34200	6.95	明水县
27.00	283.00	13.01	62210	56000	10.97	绥棱县
23.16	79.73	0.58	8362	7612	1.90	呼玛县
9.00	99.60	5.00	15382	14284	3.80	塔河县
165.00	304.00		72000	67000	13.78	加格达奇区
5971.10	**27605.43**	**3935.44**	**2683424**	**2348668**	**515.91**	**江　苏**
190.66	1275.05	40.58	144717	139898	28.67	丰　县
879.34	2180.41	81.38	105237	100540	40.70	沛　县
380.54	1929.20	73.52	185556	160747	28.00	睢宁县

3-4 续表8

县名称 Name of Counties	综合生产能力 （万立方米/日） Integrated Production Capacity (10000 cu. m/day)	地下水 Underground Water	供水管道长度 （公里） Length of Water Supply Pipelines (km)	建成区 In Built District	供水总量 （万立方米） Total Quantity of Water Supply (10000 cu. m)	生产运营用水 The Quantity of Water for Production and Operation
如东县	11.0		2209.00	775.68	3857.45	1268.77
东海县	5.0		658.57	523.85	2690.82	687.84
灌云县	10.0		959.00	959.00	2982.17	190.50
灌南县	10.0		324.67	297.00	1644.10	367.80
涟水县	20.2	0.1	831.00	831.00	3724.80	1121.97
盱眙县	15.0	0.0	596.00	595.00	3477.31	718.41
金湖县	10.2	0.0	345.60	345.60	3324.56	637.68
响水县	5.0		606.30	606.30	1890.58	420.52
滨海县	10.0		554.44	554.44	2463.00	196.00
阜宁县	10.0		388.24	388.24	3178.29	723.30
射阳县	12.0	1.9	371.76	370.28	1712.41	178.56
建湖县	15.0		1609.97	966.00	2264.24	244.62
宝应县	13.9	0.1	796.87	521.12	2871.36	885.29
沭阳县	28.7	0.3	696.32	696.32	5698.00	1521.00
泗阳县	28.3	0.2	305.27	305.27	4672.34	1760.79
泗洪县	26.2	8.7	282.69	278.69	4863.86	1956.16
浙 江	411.9	0.1	24092.37	14170.43	79219.33	23508.04
桐庐县	28.2	0.0	659.43	659.43	3672.66	823.78
淳安县	8.0		410.58	410.58	1268.09	322.21
象山县	30.5		1371.31	1232.26	3988.94	1484.38
宁海县	23.0		904.15	904.15	4156.17	1198.89
永嘉县	4.0		362.00	270.00	587.65	128.24
平阳县	15.0		2610.00	298.27	3117.11	1109.22
苍南县	13.0		1935.00	634.00	3861.05	42.06
文成县	6.0		91.00	80.00	1374.00	
泰顺县	3.0		143.00	123.00	909.20	160.00
嘉善县	21.0		546.21	425.10	4470.00	1762.92
海盐县	28.5		655.00	583.00	4159.39	2456.74
德清县	12.0		970.00	819.00	3990.11	783.10
长兴县	15.0		1304.94	825.77	3871.35	945.14
安吉县	15.5		875.70	875.70	5421.66	1256.71
新昌县	15.5		2934.76	866.06	3487.60	955.02
武义县	15.0	0.1	650.47	400.95	2706.76	828.11
浦江县	37.5		984.20	889.20	6273.83	2662.46
磐安县	3.0		162.40	159.70	510.19	165.92
常山县	9.0		517.28	270.28	2620.11	1362.86
开化县	10.0		820.31	211.00	1719.34	465.86
龙游县	7.0		570.37	280.00	1518.90	654.10
岱山县	5.8		365.60	269.60	504.00	154.26
嵊泗县	3.4		124.00	124.00	275.10	
三门县	8.0		366.50	366.50	1509.93	219.64
天台县	10.0		423.00	342.00	2513.98	1036.22
仙居县	15.0		1234.40	222.80	2475.20	522.90

continued 8

公共服务用水 The Quantity of Water for Public Service	居民家庭用水 The Quantity of Water for Household Use	其他用水 The Quantity of Water for Other Purposes	用水户数（户）Number of Households with Access to Water Supply (unit)	居民家庭 Households	用水人口（万人）Population with Access to Water Supply (10000 persons)	县名称 Name of Counties
484.70	1052.31	912.86	86031	78157	21.08	如东县
226.78	922.60	480.20	123660	112336	32.31	东海县
356.00	1008.00	725.50	87541	87031	20.83	灌云县
350.00	726.30	50.00	120000	64200	23.20	灌南县
361.35	1273.74	27.42	203389	187253	24.95	涟水县
67.96	1729.67	182.00	120172	106252	23.14	盱眙县
51.80	1335.58	697.82	97322	46210	17.58	金湖县
180.50	954.30	7.47	97668	94819	14.64	响水县
389.00	1395.00	37.00	122894	119736	26.85	滨海县
353.38	1270.99	8.25	181086	162710	28.78	阜宁县
359.78	1024.15	35.92	84091	82743	25.60	射阳县
441.96	1135.06	55.30	162370	150889	23.43	建湖县
61.76	1202.66	76.10	157998	143560	20.89	宝应县
286.00	3186.00	65.00	241559	240165	50.61	沭阳县
478.47	1831.47	200.63	166027	150000	36.50	泗阳县
71.12	2172.94	178.49	196106	121422	28.15	泗洪县
6638.44	**34814.47**	**3457.93**	**2996102**	**2610546**	**455.35**	**浙 江**
553.57	1392.99	260.60	122636	110306	20.03	桐庐县
198.24	506.61	50.06	84385	70559	8.86	淳安县
401.44	1484.91	264.55	158165	140569	22.78	象山县
124.34	2220.31	38.61	152201	141377	26.30	宁海县
20.00	398.04		24313	23209	9.19	永嘉县
0.18	1652.15	2.69	97462	90427	15.47	平阳县
90.66	2550.76	581.62	115815	115815	19.43	苍南县
	745.00	398.00	37443	35779	6.03	文成县
264.00	300.00	15.00	22500	21000	8.00	泰顺县
129.51	1890.89	94.00	176923	154330	22.78	嘉善县
104.31	964.92	33.52	70320	58030	17.43	海盐县
378.40	2212.40	153.68	114423	96021	17.89	德清县
857.04	1604.51	12.41	173035	155253	31.13	长兴县
631.71	2189.37	569.82	96981	94336	25.70	安吉县
348.77	1448.12	172.79	131817	120556	25.24	新昌县
361.08	1221.93	53.59	114346	102476	21.58	武义县
471.30	2544.35		132293	116894	24.91	浦江县
6.56	281.20	0.93	13660	11027	3.71	磐安县
153.97	784.79		41795	32379	9.41	常山县
201.00	779.42		63712	38350	7.67	开化县
144.10	527.80		35990	29592	10.12	龙游县
50.24	252.14	5.03	33956	29590	7.76	岱山县
80.10	119.36	8.64	24007	20888	3.21	嵊泗县
72.90	856.08	106.64	71250	65744	9.18	三门县
78.00	1073.78		143119	137323	16.22	天台县
263.50	1179.00	162.00	164600	155000	11.85	仙居县

3-4 续表9

县名称 Name of Counties	综合生产能力 （万立方米/日） Integrated Production Capacity （10000 cu. m/day）	地下水 Underground Water	供水管道长度 （公里） Length of Water Supply Pipelines （km）	建成区 In Built District	供水总量 （万立方米） Total Quantity of Water Supply （10000 cu. m）	生产运营用水 The Quantity of Water for Production and Operation
青田县	10.0		155.81	144.03	1677.66	520.86
缙云县	10.0		208.11	171.00	1676.85	498.00
遂昌县	8.0		560.88	360.28	988.00	391.23
松阳县	10.0		637.70	450.38	1355.00	263.90
云和县	4.0		212.50	195.00	763.53	110.02
庆元县	4.0		198.50	198.50	1034.50	221.74
景宁县	4.0		127.26	108.89	761.47	1.55
安 徽	440.4	92.6	21206.28	19682.71	90819.97	23494.76
长丰县	36.1	0.1	675.00	570.00	4269.00	850.00
肥西县			863.95	863.95	2968.52	507.92
肥东县	28.0		1113.50	986.20	5054.32	987.80
庐江县	13.0		563.03	563.03	2838.82	747.20
南陵县	10.0		296.95	272.80	1889.77	322.68
怀远县	8.5	2.0	291.00	291.00	2670.00	204.00
五河县	11.1	1.6	262.38	262.38	1752.90	255.00
固镇县	7.1	2.1	275.20	275.20	1279.68	265.61
凤台县	13.5	1.4	385.15	266.91	2702.55	774.57
寿 县	4.8	0.1	683.67	683.67	1743.51	608.16
当涂县	6.0		291.22	291.00	1329.35	157.26
含山县	10.0		353.00	353.00	1775.00	474.00
和 县	10.0		402.35	401.89	1242.70	293.31
濉溪县	7.2	7.2	513.14	496.14	1824.20	940.00
枞阳县	7.0		363.70	222.70	638.00	129.53
怀宁县	5.3		726.20	726.20	1570.00	531.52
太湖县	5.0		566.80	460.00	1170.00	309.00
宿松县	5.0		558.14	558.14	1424.11	147.89
望江县	6.0		488.19	436.63	1373.86	392.90
岳西县	4.5		631.92	631.92	690.50	29.76
歙 县	6.2	0.2	277.82	269.00	1356.92	726.00
休宁县	3.0		140.00	140.00	810.00	100.00
黟 县	3.0		190.99	99.90	500.75	222.50
祁门县	3.0		279.30	279.30	493.80	78.82
来安县	20.1	1.0	464.21	464.21	3476.35	2023.15
全椒县	10.0		500.00	500.00	2012.19	560.99
定远县	8.0		507.00	491.00	2312.00	272.00
凤阳县	11.0		395.00	395.00	2338.00	670.00
临泉县	9.5	9.5	336.42	336.42	2880.00	1380.00
太和县	12.2	12.2	672.17	617.17	1812.68	166.40
阜南县	6.3	6.3	353.00	334.00	2286.46	410.96
颍上县	18.6	8.6	516.13	511.53	3203.09	1060.81
砀山县	6.7	6.7	336.50	336.50	1876.63	599.98
萧 县	3.4	3.4	363.00	363.00	739.78	70.89
灵璧县	10.5	10.5	375.00	294.00	1811.00	327.00

continued 9

公共服务用水 The Quantity of Water for Public Service	居民家庭用水 The Quantity of Water for Household Use	其他用水 The Quantity of Water for Other Purposes	用水户数（户） Number of Households with Access to Water Supply (unit)	居民家庭 Households	用水人口（万人） Population with Access to Water Supply (10000 persons)	县名称 Name of Counties
258.12	701.70	32.98	38523	32930	10.12	青田县
103.00	724.01	104.30	57287	49174	8.50	缙云县
24.65	448.34		51498	46715	6.71	遂昌县
67.75	542.00	271.00	32404	28124	8.65	松阳县
98.63	389.99	3.75	40003	32004	5.87	云和县
11.89	315.00	61.72	334786	234786	7.57	庆元县
89.48	512.60		24454	19983	6.05	景宁县
7708.13	**44511.87**	**3839.39**	**3996312**	**3563476**	**910.95**	**安　徽**
270.00	2856.00	143.00	75080	72580	38.05	长丰县
487.09	1241.59	232.18	224124	210987	39.54	肥西县
576.60	1927.10	312.43	223615	209440	31.51	肥东县
129.45	1568.58		154306	135178	23.44	庐江县
34.65	1158.20	75.81	64431	54980	14.68	南陵县
152.00	1980.00	41.00	75000	72000	29.79	怀远县
275.00	947.90	135.00	71236	61224	21.69	五河县
122.10	675.40	54.65	44847	42225	15.55	固镇县
426.20	913.66	98.09	123769	69692	20.69	凤台县
14.00	850.98	34.99	81539	80393	20.41	寿　县
38.46	765.43	235.38	71117	58632	14.72	当涂县
	960.00	6.00	34286	33986	12.65	含山县
194.39	689.23	46.21	48365	46972	16.21	和　县
50.00	779.20		44757	43000	15.21	濉溪县
40.51	410.63		60896	47723	10.66	枞阳县
64.43	733.89	21.70	75005	69377	10.87	怀宁县
65.00	660.00	36.00	41500	41500	18.40	太湖县
80.10	770.90	181.32	72215	59335	10.18	宿松县
18.00	639.60		49241	42794	12.01	望江县
151.46	365.29	53.59	53820	47563	12.40	岳西县
39.40	453.15	11.20	45003	42000	6.83	歙　县
35.00	413.00	124.00	20596	20182	5.55	休宁县
20.00	177.70	1.44	21210	16516	2.49	黟　县
48.04	306.58	8.13	32256	30593	5.31	祁门县
88.50	694.19	504.99	60309	54973	15.29	来安县
243.20	848.20	2.39	130600	118655	21.32	全椒县
347.00	1253.00	271.00	111958	92586	15.59	定远县
127.00	1179.00	17.00	105200	69093	24.06	凤阳县
188.00	1020.00	12.00	98750	87445	32.94	临泉县
224.27	1154.15		169938	150539	24.86	太和县
457.33	1151.53	28.00	159193	148735	18.38	阜南县
544.91	1136.26	57.15	147735	143168	25.50	颍上县
141.71	880.98	45.96	74627	66533	23.31	砀山县
85.10	446.53	76.00	91310	83700	24.31	萧　县
122.00	1099.00	77.00	71048	59615	28.68	灵璧县

3-4 续表10

县名称 Name of Counties	综合生产能力 （万立方米/日） Integrated Production Capacity (10000 cu. m/day)	地下水 Underground Water	供水管道长度 （公里） Length of Water Supply Pipelines (km)	建成区 In Built District	供水总量 （万立方米） Total Quantity of Water Supply (10000 cu. m)	生产运营用水 The Quantity of Water for Production and Operation
泗县	7.0	3.2	283.70	283.70	1646.29	516.85
霍邱县	9.0	2.0	456.15	348.48	1872.00	221.00
舒城县	12.1		251.32	251.32	2055.07	341.74
金寨县	10.0		348.50	340.00	1844.63	657.37
霍山县	9.0	0.0	502.86	495.66	1917.50	704.77
涡阳县	7.2	7.2	521.48	511.78	1686.20	179.90
蒙城县	12.6	4.6	351.20	274.60	4059.43	1421.58
利辛县	11.0	2.7	579.21	335.21	1679.26	464.43
东至县	5.0		256.16	244.99	739.00	151.00
石台县	1.5		54.46	54.46	196.67	36.40
青阳县	7.0		267.50	267.50	920.89	200.88
郎溪县	5.5		374.49	283.00	1297.00	361.60
泾县	5.0		297.08	297.08	1520.00	351.23
绩溪县	5.0		481.40	481.40	841.00	169.00
旌德县	4.0		169.74	169.74	428.59	119.40
福 建	**287.3**	**3.1**	**11102.32**	**10093.58**	**51735.57**	**7239.10**
闽侯县	29.5		599.64	399.64	2792.25	924.16
连江县	8.8		189.32	189.32	1972.50	11.50
罗源县	16.0		322.40	162.48	1444.26	
闽清县	4.5		135.24	135.24	666.02	80.51
永泰县	7.5		191.50	191.50	758.89	130.34
仙游县	11.5	0.3	479.79	479.79	2806.16	473.97
明溪县	1.5		118.48	118.48	561.73	119.72
清流县	1.8		106.44	106.44	520.46	15.34
宁化县	3.0		394.64	394.64	1106.69	66.52
大田县	6.0		157.20	131.45	1001.73	111.48
尤溪县	9.0		385.68	383.38	1442.22	504.79
将乐县	5.1		93.81	81.92	543.00	91.00
泰宁县	2.5		288.95	256.50	733.81	188.20
建宁县	3.5		309.35	296.08	788.33	313.75
惠安县	15.0		280.87	280.87	1548.46	309.92
安溪县	13.0		495.00	495.00	2814.81	108.90
永春县	6.0		257.10	257.10	1857.00	135.37
德化县	14.5		426.07	426.07	2363.04	333.13
云霄县	12.5		502.92	495.96	2687.12	500.75
漳浦县	15.0		504.41	424.82	2678.42	588.97
诏安县	6.5		536.94	180.06	1274.71	47.10
东山县	8.0		123.02	123.02	790.20	280.00
南靖县	3.0		141.00	141.00	764.10	24.04
平和县	4.0		172.30	134.00	651.39	
华安县	2.0		64.40	64.40	239.87	32.23
顺昌县	4.0		171.80	171.80	744.83	177.72
浦城县	6.0		251.80	251.80	1292.00	406.70

continued 10

公共服务用水 The Quantity of Water for Public Service	居民家庭用水 The Quantity of Water for Household Use	其他用水 The Quantity of Water for Other Purposes	用水户数（户） Number of Households with Access to Water Supply (unit)	居民家庭 Households	用水人口（万人） Population with Access to Water Supply (10000 persons)	县名称 Name of Counties
208.11	751.86	13.98	73270	65663	21.12	泗　县
204.00	1176.00	101.00	108724	107584	21.19	霍邱县
145.76	1103.09	128.95	98002	97150	22.82	舒城县
19.71	785.88	74.64	48654	46741	18.14	金寨县
333.05	597.30	10.28	62369	54912	16.34	霍山县
162.30	1036.80	24.00	113492	103752	30.09	涡阳县
128.12	1932.48	278.65	99360	97687	39.97	蒙城县
120.31	931.72	72.00	82917	75618	22.40	利辛县
54.00	449.00	11.00	23409	23159	10.04	东至县
10.00	131.57	4.00	13174	12384	2.54	石台县
63.47	445.00	80.19	38894	35978	10.23	青阳县
83.40	802.00	9.00	57244	49776	11.95	郎溪县
160.80	705.32	12.49	80102	63201	10.22	泾　县
98.00	333.00	67.00	43269	38371	6.00	绩溪县
16.20	224.00	8.60	24550	7586	4.82	旌德县
5850.59	**26744.25**	**2505.31**	**2158124**	**1878989**	**438.16**	**福　建**
489.95	940.88	6.94	91100	78298	24.54	闽侯县
589.10	913.05	8.46	71562	57834	17.22	连江县
398.62	848.02	67.12	43039	39179	7.30	罗源县
107.93	374.74		36413	33630	5.04	闽清县
86.44	382.73		45320	40200	8.40	永泰县
258.45	1374.70	2.99	146490	126306	32.50	仙游县
82.04	263.08	0.38	21913	19156	3.20	明溪县
198.17	239.00	0.88	19023	9201	3.57	清流县
226.04	561.82	32.34	52390	45690	9.32	宁化县
165.84	552.80	1.67	47754	44110	7.64	大田县
169.38	545.32	0.39	48963	20221	7.20	尤溪县
22.00	285.00	25.00	30989	26909	7.44	将乐县
106.83	315.54	2.83	25810	23047	4.97	泰宁县
40.78	354.80		23706	21027	5.06	建宁县
199.92	743.16	66.60	97148	86313	14.16	惠安县
591.57	1691.16	38.50	146807	145570	22.34	安溪县
10.06	1142.41	105.95	81446	74236	16.82	永春县
177.56	1331.17	2.20	106356	94199	23.87	德化县
133.09	1518.07	54.45	93555	86727	20.70	云霄县
71.82	1483.74	4.66	75920	66920	21.96	漳浦县
261.00	741.08		75937	72689	12.13	诏安县
8.00	370.00	62.00	20562	20380	7.18	东山县
35.07	555.93	52.53	42505	24334	6.80	南靖县
47.04	295.29	44.81	38000	36942	8.91	平和县
35.21	133.59	0.63	6327	6254	1.53	华安县
21.20	423.66	7.41	40924	37888	5.31	顺昌县
114.70	511.20	84.80	54245	46930	7.83	浦城县

3-4 续表11

县名称 Name of Counties	综合生产能力 (万立方米/日) Integrated Production Capacity (10000 cu. m/day)	地下水 Underground Water	供水管道长度 (公里) Length of Water Supply Pipelines (km)	建成区 In Built District	供水总量 (万立方米) Total Quantity of Water Supply (10000 cu. m)	生产运营用水 The Quantity of Water for Production and Operation
光泽县	7.0		221.43	140.00	681.41	62.25
松溪县	4.0		110.00	110.00	538.18	116.33
政和县	3.0		197.83	197.83	549.19	34.48
长汀县	6.1	2.8	167.10	167.10	1335.94	118.84
上杭县	6.5		753.40	753.40	1707.60	236.46
武平县	4.0		161.00	161.00	1250.00	250.00
连城县	4.8		125.00	125.00	1197.06	41.42
霞浦县	7.0		253.85	253.85	2431.19	171.00
古田县	5.0		217.55	217.55	1017.61	99.96
屏南县	2.4		86.27	86.27	491.38	28.80
寿宁县	2.0		95.84	95.84	398.00	39.00
周宁县	4.0		165.00	165.00	609.76	7.13
柘荣县	2.0		90.45	90.45	499.76	35.33
平潭县	10.0		757.53	757.53	2184.49	21.99
江　西	**472.3**	**13.2**	**23192.43**	**21814.53**	**77968.35**	**16591.14**
南昌县	25.0		2458.10	2458.10	7845.40	2392.82
安义县	9.0		76.33	76.33	946.82	108.84
进贤县	21.0		785.00	773.00	3272.67	11.39
浮梁县	6.6		360.70	360.70	722.71	280.50
莲花县	3.0		164.00	163.00	676.00	117.00
上栗县	2.8		232.80	232.80	599.15	127.64
芦溪县	5.0		356.00	356.00	613.00	37.00
武宁县	6.0		411.00	257.00	1304.24	196.36
修水县	12.2		460.60	460.50	2430.91	533.45
永修县	6.0		91.52	90.10	1334.00	328.54
德安县	5.0		299.00	299.00	1228.44	428.40
都昌县	6.0		94.83	94.83	1121.18	247.62
湖口县	8.3		320.00	305.00	1060.70	187.80
彭泽县	8.0		123.70	77.40	956.89	86.12
分宜县	6.0	1.0	392.28	351.00	1068.00	88.00
信丰县	15.0		1179.02	1179.02	2762.80	722.36
大余县	5.0		307.41	307.41	942.96	259.08
上犹县	5.0		290.47	290.47	1142.20	226.77
崇义县	2.0		136.21	136.21	534.27	114.34
安远县	5.5		272.90	272.90	682.86	69.69
定南县	10.0		542.60	542.60	1322.01	373.67
全南县	4.0		193.92	193.92	647.32	183.86
宁都县	10.0		905.50	905.50	1708.06	380.00
于都县	15.0		713.00	512.00	2730.30	993.70
兴国县	10.3		708.00	708.00	1821.00	368.00
会昌县	9.0		416.00	416.00	1079.98	44.40
寻乌县	8.9		209.43	209.43	765.13	90.49
石城县	5.0		195.90	195.90	808.16	39.43

continued 11

公共服务用水 The Quantity of Water for Public Service	居民家庭用水 The Quantity of Water for Household Use	其他用水 The Quantity of Water for Other Purposes	用水户数（户）Number of Households with Access to Water Supply (unit)	居民家庭 Households	用水人口（万人）Population with Access to Water Supply (10000 persons)	县名称 Name of Counties
4.20	458.46	42.18	34482	29729	6.54	光泽县
49.18	278.67	15.22	10858	10858	3.80	松溪县
118.24	303.44	0.85	12711	12320	5.09	政和县
241.49	740.77	15.40	36336	21802	12.58	长汀县
54.02	861.63	232.14	40201	32211	12.27	上杭县
240.00	390.00	70.00	45777	40685	9.10	武平县
87.47	429.56	400.25	43780	43780	8.07	连城县
34.80	1147.82	529.65	74532	69454	18.69	霞浦县
5.68	724.19	16.99	60353	53911	9.10	古田县
4.36	392.60		37915	34047	5.29	屏南县
68.00	184.00	24.00	10717	9967	4.66	寿宁县
29.60	485.97	9.16	31661	30363	5.30	周宁县
34.20	356.18	13.45	19411	791	5.12	柘荣县
231.54	1099.02	462.48	115186	104881	19.61	平潭县
5795.77	**36324.78**	**7932.42**	**3747035**	**3278549**	**673.85**	江　西
46.12	1056.70	3196.66	98320	65600	29.30	南昌县
39.16	645.63	4.71	28302	26112	7.00	安义县
93.24	1918.50	557.52	145887	134833	24.00	进贤县
73.44	258.06	2.24	55539	49928	8.29	浮梁县
108.00	240.00	42.00	33149	28302	6.75	莲花县
67.35	310.61	11.30	35801	32327	7.84	上栗县
18.00	425.00	63.00	37888	34188	5.00	芦溪县
45.83	780.34	52.17	86162	82727	9.54	武宁县
46.58	1394.38	158.47	269845	237669	26.52	修水县
231.96	511.75	85.40	67157	57275	10.00	永修县
9.78	601.41	13.29	71177	62906	8.23	德安县
94.62	667.54	6.78	70275	60436	12.00	都昌县
90.00	508.00	85.00	63543	59087	6.36	湖口县
162.67	478.45	95.69	40201	34099	6.40	彭泽县
53.00	818.00		73676	71257	11.60	分宜县
166.13	1412.74	65.39	136816	115898	22.36	信丰县
122.69	411.52	8.20	49639	42436	7.59	大余县
27.06	560.73	127.34	56793	56793	8.61	上犹县
39.12	301.74	0.06	31982	25966	4.46	崇义县
74.09	454.98	5.55	48608	39564	8.26	安远县
59.42	613.96	264.53	59635	57421	9.85	定南县
16.61	342.89	24.12	38717	33028	5.82	全南县
225.50	952.36	10.00	93805	83036	17.50	宁都县
225.97	1058.73	18.60	122586	100749	27.12	于都县
275.00	929.00	105.00	71656	58868	19.80	兴国县
168.02	578.10	144.30	61521	46882	9.58	会昌县
24.74	517.80	6.66	30454	30454	9.14	寻乌县
47.52	554.79	25.68	34140	30654	8.91	石城县

3-4 续表12

县名称 Name of Counties	综合生产能力 （万立方米/日） Integrated Production Capacity (10000 cu. m/day)	地下水 Underground Water	供水管道长度 （公里） Length of Water Supply Pipelines (km)	建成区 In Built District	供水总量 （万立方米） Total Quantity of Water Supply (10000 cu. m)	生产运营用水 The Quantity of Water for Production and Operation
吉安县	8.2	0.2	225.20	225.20	1416.47	317.66
吉水县	10.0		177.40	177.40	1320.00	498.90
峡江县	4.0		102.00	85.00	480.00	106.00
新干县	5.0		422.75	422.75	1041.00	213.31
永丰县	8.0		393.00	235.00	758.00	211.00
泰和县	7.0		627.57	627.57	1343.43	499.96
遂川县	9.9		326.00	308.00	700.00	106.00
万安县	4.0		292.00	292.00	654.62	231.84
安福县	6.0		203.04	181.70	859.00	275.63
永新县	3.0		650.91	650.91	880.00	246.52
奉新县	7.1		100.73	100.73	2175.60	642.10
万载县	9.0		385.42	385.42	1964.74	455.20
上高县	21.0	12.0	345.20	337.00	1933.44	30.43
宜丰县	14.0		1061.60	658.24	696.95	412.58
靖安县	6.0		207.80	121.50	595.72	165.22
铜鼓县	3.0		78.00	78.00	414.49	96.52
南城县	9.0		221.60	221.60	2031.00	185.00
黎川县	5.0		219.84	219.84	577.70	47.30
南丰县	5.0		223.00	170.50	1396.00	152.00
崇仁县	4.0		252.00	204.20	1161.00	40.00
乐安县	6.0		145.90	145.90	980.82	20.00
宜黄县	5.5		108.20	108.20	509.90	99.00
金溪县	8.5		197.00	197.00	1060.00	207.00
资溪县	2.0		92.76	92.76	392.72	4.20
广昌县	3.5		284.00	284.00	979.64	363.22
玉山县	15.0		583.00	583.00	1433.20	387.98
铅山县	7.0		465.35	465.35	780.00	58.24
横峰县	6.0		129.50	129.50	493.15	95.75
弋阳县	6.0		273.90	273.90	1003.00	268.23
余干县	10.0		472.61	472.61	1535.07	111.12
鄱阳县	8.0		288.00	288.00	1878.00	447.00
万年县	6.0		416.30	323.00	1018.00	130.00
婺源县	6.0		524.63	524.63	1378.53	428.96
山　东	470.4	193.9	13366.31	12366.96	89148.00	34792.28
平阴县	4.6	4.6	191.47	191.47	1332.59	576.59
商河县	3.0		305.69	305.69	899.37	309.56
桓台县	7.1	5.1	305.45	207.14	1907.54	118.54
高青县	5.5	0.5	228.09	228.09	882.36	257.17
沂源县	14.3	5.6	314.37	273.37	1919.44	1298.59
利津县	16.0		198.22	63.18	2161.89	1535.67
广饶县	5.7	5.7	215.75	215.75	1022.30	156.15
临朐县	16.0	5.0	312.32	287.24	4618.93	3571.57
昌乐县	18.5	0.6	224.91	211.31	5760.68	4670.39

continued 12

公共服务用水 The Quantity of Water for Public Service	居民家庭用水 The Quantity of Water for Household Use	其他用水 The Quantity of Water for Other Purposes	用水户数（户）Number of Households with Access to Water Supply (unit)	居民家庭 Households	用水人口（万人）Population with Access to Water Supply (10000 persons)	县名称 Name of Counties
119.57	587.32	176.42	65120	56988	12.37	吉安县
59.20	590.20	39.84	78680	68150	12.07	吉水县
53.00	231.00	30.00	20536	17211	3.08	峡江县
127.31	529.90		51928	45698	10.30	新干县
30.00	448.00	3.00	64287	58687	11.20	永丰县
24.59	612.28	5.09	75249	67243	12.51	泰和县
32.00	398.00	5.00	31552	29395	11.52	遂川县
19.50	310.90	16.00	29409	25279	4.91	万安县
46.18	418.78	29.03	67233	58405	8.66	安福县
106.83	387.85	7.78	56148	40553	9.06	永新县
227.20	569.30	135.00	79650	66207	8.30	奉新县
296.06	747.14	103.31	80286	70651	14.04	万载县
26.40	863.00	768.64	84241	77198	17.25	上高县
64.72	158.45		68562	61420	5.20	宜丰县
	287.63	97.15	35006	31866	3.95	靖安县
24.54	195.28	1.10	22461	19965	3.78	铜鼓县
165.00	1236.00	102.00	39855	39855	15.82	南城县
20.00	381.40	22.00	36425	31690	7.14	黎川县
156.00	773.00	74.18	52500	45500	11.80	南丰县
146.00	630.00	70.00	55200	53200	11.20	崇仁县
137.20	424.70	278.96	63219	54611	11.15	乐安县
12.00	382.00	1.10	24582	23958	6.36	宜黄县
88.00	486.00	131.00	56446	49522	8.73	金溪县
5.46	245.36	88.36	25876	23090	3.50	资溪县
19.90	488.02	10.26	55022	47042	7.81	广昌县
98.94	606.12	84.82	72900	62000	14.60	玉山县
24.57	600.16	15.03	44120	38027	12.61	铅山县
35.00	271.50	12.00	27260	27108	8.30	横峰县
87.02	518.03	5.12	46156	40568	10.70	弋阳县
364.37	658.50	206.01	72691	65120	15.24	余干县
280.00	892.00		83594	68394	20.07	鄱阳县
60.00	550.00	220.00	5800	4800	12.00	万年县
187.59	543.25	14.56	61767	50653	10.79	婺源县
6857.04	**36620.96**	**4096.67**	**2839795**	**2623184**	**1022.34**	山　东
94.00	553.00		35880	33949	13.23	平阴县
78.15	393.50	0.85	59363	52178	11.86	商河县
186.00	634.00	766.00	52661	49858	11.90	桓台县
82.53	245.55	220.03	30170	27356	6.26	高青县
77.72	456.72	25.57	59016	57550	15.71	沂源县
32.01	460.37		14069	12450	8.32	利津县
191.49	591.16		16685	15599	17.14	广饶县
140.13	791.55		2960	1858	29.17	临朐县
5.20	978.28		3720	2508	27.49	昌乐县

3-4 续表13

县名称 Name of Counties	综合生产能力 （万立方米/日） Integrated Production Capacity （10000 cu. m/day）	地下水 Underground Water	供水管道长度 （公里） Length of Water Supply Pipelines （km）	建成区 In Built District	供水总量 （万立方米） Total Quantity of Water Supply （10000 cu. m）	生产运营用水 The Quantity of Water for Production and Operation
微山县	4.4	4.4	139.87	136.18	918.53	196.87
鱼台县	10.0	4.5	177.30	177.30	1242.49	223.56
金乡县	4.6	4.0	546.90	496.90	1467.81	263.98
嘉祥县	5.8	5.8	123.50	123.50	1471.52	278.34
汶上县	5.7	5.7	322.41	322.41	1332.08	133.35
泗水县	5.8	5.3	208.91	208.91	1421.76	597.83
梁山县	4.3	4.3	220.80	220.80	1191.90	423.50
宁阳县	7.7	5.0	332.57	332.57	2075.00	1029.28
东平县	7.5	6.5	595.01	595.01	1290.23	398.68
五莲县	5.7		214.89	214.89	1107.04	395.56
莒县	20.0		282.19	282.19	4100.00	2168.00
沂南县	6.7	1.7	239.98	225.83	1890.00	727.60
郯城县	8.8	8.8	219.30	219.30	2152.27	795.11
沂水县	21.5	7.5	759.82	358.77	4701.77	2596.90
兰陵县	15.7	9.2	379.70	326.00	3191.87	670.87
费县	7.1	0.1	401.60	361.10	1595.67	511.09
平邑县	8.7	8.7	313.00	313.00	2048.07	884.00
莒南县	8.3		455.51	451.78	2081.03	760.29
蒙阴县	6.2	4.3	150.34	128.34	1366.81	620.00
临沭县	7.4	1.9	240.02	194.53	2125.00	809.00
宁津县	11.0	4.0	204.60	204.60	758.51	162.28
庆云县	6.8	0.0	161.00	161.00	680.61	105.70
临邑县	7.0		245.01	245.01	1941.21	565.79
齐河县	23.5	23.5	308.09	308.09	1608.70	551.75
平原县	3.0	0.0	209.21	209.21	1323.49	3.18
夏津县	5.0		201.69	201.69	925.00	30.07
武城县	7.0	2.4	302.40	302.40	1045.38	356.92
阳谷县	6.4	5.1	296.00	296.00	1045.00	246.60
莘县	7.0	1.0	191.62	163.77	1115.88	122.00
东阿县	5.0	5.0	141.98	141.98	517.06	32.12
冠县	2.6	2.6	260.00	260.00	919.53	312.34
高唐县	16.5	6.5	228.08	205.80	1180.10	258.10
惠民县	6.0		118.20	118.20	920.97	24.51
阳信县	13.0		127.02	127.02	886.45	365.09
无棣县	7.5		202.94	202.94	1379.00	623.75
博兴县	5.0		97.65	97.65	897.84	53.13
曹县	6.5	1.5	303.34	303.34	1853.94	610.43
单县	11.0		249.00	249.00	2764.00	505.00
成武县	3.2	0.2	77.77	77.77	724.12	259.13
巨野县	13.9	0.9	174.20	174.20	1483.30	213.93
郓城县	10.4	3.4	283.38	282.33	1627.24	242.82
鄄城县	22.0	20.5	169.09	169.09	2304.12	1259.60
东明县	8.5	2.5	194.15	193.32	1970.60	910.00

continued 13

公共服务用水 The Quantity of Water for Public Service	居民家庭用水 The Quantity of Water for Household Use	其他用水 The Quantity of Water for Other Purposes	用水户数（户） Number of Households with Access to Water Supply (unit)	居民家庭 Households	用水人口（万人） Population with Access to Water Supply (10000 persons)	县名称 Name of Counties
129.67	442.41	15.82	50198	48696	17.10	微山县
117.65	700.00	14.22	50778	48854	11.43	鱼台县
48.75	914.15	19.93	75027	58000	23.26	金乡县
139.00	815.00	76.26	73162	65100	17.03	嘉祥县
56.20	856.80	92.93	89026	85000	16.22	汶上县
74.47	562.26	11.19	60432	57864	17.22	泗水县
96.00	530.50		44215	43066	18.06	梁山县
227.50	568.42	170.00	40925	38650	14.55	宁阳县
108.93	654.10	12.90	70130	65882	20.01	东平县
156.34	473.19	1.23	57976	57416	15.17	五莲县
464.00	1066.00		65000	65000	25.30	莒县
245.00	614.90	107.50	38189	35193	17.46	沂南县
33.30	1189.43	0.84	73183	73123	24.40	郯城县
474.20	1294.60	26.07	99529	93745	39.91	沂水县
374.97	1970.12		162551	145901	48.21	兰陵县
73.76	749.82	82.80	59059	51195	23.77	费县
160.00	824.50	22.57	51600	49800	26.63	平邑县
155.30	901.95	2.49	14473	11370	28.42	莒南县
132.00	535.66	23.15	44331	44097	16.15	蒙阴县
131.00	962.00	53.00	59146	58676	24.04	临沭县
122.99	373.00	28.24	101264	83982	17.30	宁津县
43.91	411.00	55.00	64969	61978	14.80	庆云县
32.76	1032.19	120.12	80094	73639	26.20	临邑县
193.09	713.58	13.95	92263	91772	29.05	齐河县
	690.39	528.06	64440	57296	13.91	平原县
350.25	440.10		38302	33226	20.39	夏津县
198.38	446.66	2.42	51579	50029	13.62	武城县
47.40	708.00		37956	32073	13.91	阳谷县
45.00	592.00	278.00	53072	52085	19.26	莘县
64.70	312.11	49.70	39356	38136	12.16	东阿县
26.19	530.00		45576	45525	18.23	冠县
140.00	698.00		51468	49000	20.74	高唐县
86.53	454.28	270.00	42560	40000	10.92	惠民县
85.13	361.99	0.18	23445	22190	9.23	阳信县
11.35	478.69	132.72	22770	22594	11.36	无棣县
74.23	693.13	7.06	62644	61802	16.46	博兴县
202.95	818.76	29.80	73942	65362	30.68	曹县
190.00	1428.00	530.00	32500	27900	24.50	单县
46.70	355.58	1.25	5225	3944	11.27	成武县
173.37	929.00	35.00	81685	78100	26.89	巨野县
78.24	1100.36	3.82	116334	104294	38.82	郓城县
127.00	774.20	107.00	39415	36254	18.11	鄄城县
231.60	550.00	159.00	65482	42069	19.11	东明县

3-4 续表14

县名称 Name of Counties	综合生产能力 （万立方米/日） Integrated Production Capacity (10000 cu. m/day)	地下水 Underground Water	供水管道长度 （公里） Length of Water Supply Pipelines (km)	建成区 In Built District	供水总量 （万立方米） Total Quantity of Water Supply (10000 cu. m)	生产运营用水 The Quantity of Water for Production and Operation
河 南	**641.8**	**240.4**	**17481.52**	**16461.42**	**101149.54**	**21619.66**
中牟县	21.0	6.0	168.42	167.02	1283.14	132.60
杞 县	3.2	3.2	122.46	90.36	657.00	2.02
通许县	4.7	4.7	118.40	118.40	1020.50	350.19
尉氏县	3.1	3.1	178.96	178.96	802.66	200.30
兰考县	15.4	5.4	484.77	474.97	1576.05	659.90
新安县	5.7	2.2	136.42	131.62	1244.80	180.20
栾川县	4.5		225.80	187.30	810.00	136.00
嵩 县	3.5	3.5	36.60	36.60	792.70	261.20
汝阳县	4.5	4.5	129.58	124.58	910.00	150.00
宜阳县	7.0	7.0	352.92	352.92	1406.16	182.00
洛宁县	6.3	6.3	53.98	53.98	791.32	272.07
伊川县	3.0	3.0	128.13	128.13	917.91	2.75
宝丰县	3.4		354.25	354.25	1055.04	13.50
叶 县	7.0		361.35	109.24	1809.67	1036.00
鲁山县	5.6	2.6	126.23	74.00	1280.00	517.00
郏 县	6.8	0.8	205.00	193.00	1140.14	621.09
安阳县	72.2	4.9	46.00	46.00	550.10	98.20
汤阴县	8.5	2.1	139.87	139.87	1321.52	60.00
滑 县	7.5	2.0	405.10	405.10	1726.69	212.96
内黄县	9.8	0.5	222.87	182.87	1168.58	75.00
浚 县	4.0	1.0	155.90	155.90	947.07	17.06
淇 县	7.0		89.29	85.92	959.33	11.82
新乡县	4.5	1.5	150.05	150.05	922.36	289.67
获嘉县	6.9		200.00	200.00	1307.35	325.10
原阳县	12.0	6.0	622.65	600.65	1834.77	554.00
延津县	5.5	2.0	120.49	101.40	1017.86	360.97
封丘县	6.0	6.0	181.50	181.00	1299.60	508.30
修武县	5.5	1.5	131.06	131.06	877.20	336.34
博爱县	8.0		186.10	159.90	1225.00	315.00
武陟县	9.0	4.0	181.05	181.05	1395.77	590.84
温 县	4.5	1.0	125.70	125.70	1011.99	377.76
清丰县	10.0	1.0	177.93	161.93	1017.80	120.00
南乐县	7.8	2.8	163.50	135.78	1281.28	721.73
范 县	7.0		90.65	90.65	643.68	75.00
台前县	11.8	4.0	79.37	78.37	753.20	91.10
濮阳县	8.9	4.9	259.00	231.00	1490.86	190.00
鄢陵县	5.4	0.4	200.90	140.90	780.63	137.41
襄城县	4.6	1.1	168.60	135.80	609.71	103.00
舞阳县	6.0	3.0	198.07	99.70	1523.75	65.90
临颍县	12.6	1.6	175.92	175.92	1935.84	765.14
渑池县	6.9	1.6	75.62	72.62	637.60	47.00
卢氏县	3.7	2.8	98.28	98.28	543.54	86.75

continued 14

公共服务用水 The Quantity of Water for Public Service	居民家庭用水 The Quantity of Water for Household Use	其他用水 The Quantity of Water for Other Purposes	用水户数（户）Number of Households with Access to Water Supply (unit)	居民家庭 Households	用水人口（万人）Population with Access to Water Supply (10000 persons)	县名称 Name of Counties
11973.72	50879.37	5542.50	4590637	4258516	1480.26	河　南
119.27	838.71	47.40	65373	62621	13.11	中牟县
10.20	600.39	2.00	30100	29100	11.81	杞　县
113.32	438.42	15.60	64546	64171	9.95	通许县
232.40	302.66	14.02	39373	36773	17.26	尉氏县
124.90	594.25	23.00	82235	82024	27.65	兰考县
117.30	712.80	98.00	56013	37472	18.46	新安县
15.00	499.00	19.00	22797	21621	12.43	栾川县
54.50	337.93	8.87	21723	19000	10.83	嵩　县
140.00	408.00	27.00	37215	26500	8.73	汝阳县
369.17	612.23	89.50	50540	46990	21.80	宜阳县
98.91	315.94	10.00	36195	33753	13.56	洛宁县
199.38	612.66	2.69	23240	14174	21.05	伊川县
35.84	859.66		71213	62110	17.80	宝丰县
30.00	460.00	14.00	57586	55545	13.80	叶　县
136.00	505.00	32.00	51185	48316	17.98	鲁山县
104.25	250.40	15.13	38207	33291	13.00	郏　县
7.80	406.30	29.00	37200	36890	14.35	安阳县
	628.19	506.90	91000	84400	14.29	汤阴县
268.14	1051.10	3.73	96196	94700	23.42	滑　县
32.00	580.82	305.89	54876	50673	12.45	内黄县
52.26	627.75	168.42	48331	47965	22.50	浚　县
10.83	421.86	423.46	42412	39777	11.78	淇　县
237.49	287.49	48.98	29980	28113	9.62	新乡县
290.00	488.20	101.80	47532	43745	14.06	获嘉县
403.05	749.99	37.67	55627	52196	13.40	原阳县
260.71	287.99	7.16	34481	31139	10.15	延津县
139.00	350.36	243.24	49764	43804	12.80	封丘县
84.67	330.59	45.00	20901	19659	7.17	修武县
108.00	551.00	61.00	37269	35579	14.06	博爱县
75.54	507.73	57.91	79255	71216	26.58	武陟县
25.59	461.47	3.96	59764	54007	11.95	温　县
87.80	660.00	20.00	47900	47025	14.14	清丰县
67.96	434.78	0.01	27700	27110	9.60	南乐县
31.00	458.00		26912	24574	7.30	范　县
30.00	572.00		31766	31060	11.29	台前县
90.00	970.53	85.00	95580	95150	17.36	濮阳县
90.26	419.06	11.00	39312	35591	13.00	鄢陵县
103.60	305.73	24.10	27389	24237	12.17	襄城县
181.20	817.00	345.90	84022	79940	12.86	舞阳县
201.30	750.96	135.68	84134	77870	20.00	临颍县
42.90	434.70	65.00	36928	32781	11.83	渑池县
84.15	275.80	49.70	50304	44257	10.53	卢氏县

3-4 续表15

县名称 Name of Counties	综合生产能力 （万立方米/日） Integrated Production Capacity (10000 cu. m/day)	地下水 Underground Water	供水管道长度 （公里） Length of Water Supply Pipelines (km)	建成区 In Built District	供水总量 （万立方米） Total Quantity of Water Supply (10000 cu. m)	生产运营用水 The Quantity of Water for Production and Operation
南召县	5.7	0.6	264.60	264.60	1277.50	210.00
方城县	10.1	0.6	510.70	510.70	1465.00	205.00
西峡县	7.0	5.6	296.79	296.79	1692.82	677.41
镇平县	8.6	1.1	206.43	206.43	1837.85	597.68
内乡县	8.2	3.3	267.16	265.96	1106.00	253.00
淅川县	6.5	6.5	235.33	235.33	1684.70	266.70
社旗县	3.5	1.0	177.35	177.35	1133.00	256.50
唐河县	16.2	0.1	282.46	282.46	2155.15	313.96
新野县	11.4	2.4	227.37	227.37	2480.00	775.00
桐柏县	6.9	0.9	179.83	178.46	1048.81	349.40
民权县	10.2	1.7	170.65	170.65	1642.00	224.00
睢县	6.5	6.5	239.99	239.99	1205.10	195.00
宁陵县	3.3	3.3	108.27	98.27	740.50	77.00
柘城县	3.4	3.4	104.00	103.40	811.00	57.00
虞城县	3.4	3.4	132.60	132.60	1110.27	143.50
夏邑县	7.1	7.1	81.80	81.80	862.10	76.50
罗山县	5.0		109.80	91.70	910.00	20.00
光山县	10.0		314.86	268.36	1880.19	73.27
新县	5.4	0.1	132.67	132.67	1176.50	123.90
商城县	5.0		217.10	217.10	935.00	26.00
固始县	16.9	0.8	382.73	382.73	2398.00	240.00
潢川县	11.1	0.8	327.00	326.00	1845.00	485.00
淮滨县	5.9	5.9	120.54	120.54	935.50	115.23
息县	8.5	8.5	236.08	235.38	2147.00	1157.91
扶沟县	3.4	3.4	151.11	147.70	860.10	174.86
西华县	3.9	3.9	161.97	161.97	1137.77	256.30
商水县	10.0		532.80	532.80	1120.00	11.07
沈丘县	6.3	6.3	453.00	453.00	948.00	85.40
郸城县	6.3	6.3	951.28	945.28	940.61	172.66
太康县	4.5	4.5	305.35	305.35	1266.33	246.06
鹿邑县	4.1	4.1	180.55	180.55	1440.57	155.67
西平县	9.1	9.1	161.65	158.50	1387.50	333.00
上蔡县	4.7	4.7	55.55	49.50	1469.00	328.00
平舆县	5.0	5.0	127.20	104.70	1289.00	435.00
正阳县	6.0	6.0	161.56	154.44	1763.65	407.22
确山县	6.8	0.1	147.68	145.88	1447.92	226.66
泌阳县	10.2	0.2	196.27	196.27	1726.65	92.97
汝南县	5.4	5.0	177.27	161.70	1364.37	159.00
遂平县	2.5	2.5	120.16	120.16	1234.00	189.13
新蔡县	8.2	8.2	443.27	354.23	994.91	174.83
湖北	**247.3**	**6.5**	**9809.15**	**9116.23**	**42238.60**	**7344.12**
阳新县	20.0		321.39	321.39	2481.95	370.94
郧西县	9.0		93.17	93.17	854.90	9.10

continued 15

公共服务用水 The Quantity of Water for Public Service	居民家庭用水 The Quantity of Water for Household Use	其他用水 The Quantity of Water for Other Purposes	用水户数（户）Number of Households with Access to Water Supply (unit)	居民家庭 Households	用水人口（万人）Population with Access to Water Supply (10000 persons)	县名称 Name of Counties
115.00	474.50	143.00	25258	23960	11.65	南召县
242.00	864.00	10.00	68840	67768	29.70	方城县
309.61	527.77	8.79	67386	66286	20.54	西峡县
184.00	874.00	4.17	54237	53236	17.47	镇平县
125.00	553.40	73.60	56951	54607	18.28	内乡县
314.00	985.20	72.00	56360	55306	27.88	淅川县
305.00	445.00	33.50	54985	52950	21.18	社旗县
190.60	1402.95	46.59	75817	70665	24.94	唐河县
647.00	708.00	165.00	45340	43662	20.35	新野县
124.83	384.04	50.20	47656	36818	12.85	桐柏县
17.00	1089.00	78.00	53700	34700	15.52	民权县
100.00	728.10		52185	48350	18.34	睢县
86.50	469.00	48.00	21545	20263	10.00	宁陵县
84.00	570.00		73730	69549	22.86	柘城县
33.23	781.71		50532	50532	16.70	虞城县
61.40	642.20		69435	63935	20.17	夏邑县
103.00	650.00	5.00	49394	47321	22.00	罗山县
81.03	1398.44	10.30	59792	42922	26.23	光山县
57.82	619.50	41.28	55531	44500	14.42	新县
22.00	820.00	3.00	62174	59808	15.14	商城县
514.00	1439.00	7.00	78729	78332	40.00	固始县
153.00	961.00	1.00	87077	86307	36.77	潢川县
47.02	662.10	37.36	59869	59421	14.92	淮滨县
67.16	802.23	16.70	55250	54100	23.49	息县
95.00	493.10	39.00	62569	58573	11.98	扶沟县
129.50	488.55	114.00	74880	66064	13.80	西华县
109.29	722.45	133.16	66576	63900	17.13	商水县
118.80	582.00	22.80	85009	78238	25.90	沈丘县
62.55	411.76	33.91	30741	29100	27.18	郸城县
103.13	714.10	26.99	75086	70207	29.32	太康县
248.57	734.61	164.63	104706	96995	37.44	鹿邑县
13.60	625.00	65.90	71273	62784	20.40	西平县
519.00	509.00	28.00	55493	50187	21.69	上蔡县
215.00	555.00		98762	95760	27.10	平舆县
424.13	403.29	463.00	29165	26608	20.17	正阳县
152.70	685.61	220.22	44106	42085	14.59	确山县
272.68	1311.50		59112	52131	18.75	泌阳县
531.36	558.01	8.00	69736	67690	26.32	汝南县
2.60	465.32	128.00	69202	65412	20.22	遂平县
85.92	591.48	41.68	128372	120565	38.99	新蔡县
3317.17	22701.47	1380.32	1794948	1572719	432.55	湖 北
50.97	1419.67	254.28	140602	130070	16.62	阳新县
85.80	572.00	48.00	33614	32166	9.88	郧西县

3-4 续表16

县名称 Name of Counties	综合生产能力（万立方米/日）Integrated Production Capacity (10000 cu. m/day)	地下水 Underground Water	供水管道长度（公里）Length of Water Supply Pipelines (km)	建成区 In Built District	供水总量（万立方米）Total Quantity of Water Supply (10000 cu. m)	生产运营用水 The Quantity of Water for Production and Operation
竹山县	4.0		225.00	221.00	507.73	55.57
竹溪县	3.0		350.00	310.00	653.00	25.00
房　县	5.0		805.33	805.33	913.37	63.98
远安县	5.0		293.50	293.50	827.00	192.00
兴山县	4.0		179.65	87.20	334.25	90.86
秭归县	5.1		225.72	225.72	1135.46	430.32
长阳土家族自治县	2.4		115.19	115.19	670.00	130.00
五峰土家族自治县	3.0		69.00	69.00	264.20	15.10
南漳县	10.0		301.20	301.20	1241.00	446.00
谷城县	10.2	0.2	309.52	301.48	1383.86	224.12
保康县	2.3	0.3	30.00	30.00	337.70	8.10
沙洋县	9.0		327.48	258.37	1565.00	274.12
孝昌县	6.6		293.70	293.70	1913.00	375.00
大悟县	10.0		248.50	240.10	1640.50	312.50
云梦县	6.0		293.00	293.00	1686.00	190.00
公安县	12.5		373.10	373.10	1852.60	318.00
江陵县	5.0		189.99	188.99	803.85	174.90
团风县	3.5		196.90	87.00	1018.41	115.42
红安县	5.2		404.00	384.00	2344.00	624.00
罗田县	10.0		220.07	220.07	1040.34	249.90
英山县	2.0		295.12	230.00	721.38	32.28
浠水县	6.5		246.65	246.65	1657.14	49.86
蕲春县	11.5		360.93	360.93	2339.00	643.38
黄梅县	8.0		595.00	595.00	2129.00	732.20
嘉鱼县	6.0		281.60	281.60	1310.44	88.69
通城县	8.3	6.0	317.00	155.00	1241.30	104.30
崇阳县	10.0		166.50	158.50	1760.48	210.00
通山县	6.5		603.00	559.00	715.00	16.00
随　县	4.9		182.74	158.00	392.33	45.00
建始县	10.0		223.90	219.13	780.00	45.00
巴东县	4.0		143.88	143.88	642.98	79.29
咸丰县	4.9		98.60	98.60	1116.34	357.19
来凤县	6.0		179.00	179.00	932.20	71.00
鹤峰县	2.5		66.43	66.43	288.00	19.00
宣恩县	4.0		155.39	126.00	571.00	134.00
神农架林区	1.5		28.00	26.00	173.89	22.00
湖　南	514.5	21.0	23193.54	20057.28	106952.50	17800.49
长沙县	52.0		1245.54	1245.54	15560.24	4604.85
望城区	25.0		747.81	747.81	8733.36	2328.46
攸　县	8.5		552.00	535.60	1767.50	162.00
茶陵县	10.0		200.28	200.28	1697.39	142.51
炎陵县	2.0		211.90	211.90	472.94	80.30
湘潭县	11.0	0.0	1108.31	1108.31	2388.83	726.38

continued 16

The Quantity of Water for Public Service	The Quantity of Water for Household Use	The Quantity of Water for Other Purposes	Number of Households with Access to Water Supply (unit)	Households	Population with Access to Water Supply (10000 persons)	Name of Counties
58.73	323.21	13.96	41800	32887	7.97	竹山县
80.00	513.00	15.00	42300	42000	10.16	竹溪县
79.42	510.70	114.12	65248	64371	13.31	房　县
88.00	374.00	26.00	29276	27599	4.99	远安县
45.57	139.17	35.13	20164	18162	4.89	兴山县
4.00	417.60	0.48	36211	30881	11.94	秭归县
30.00	450.00		20500	20500	9.14	长阳土家族自治县
35.00	169.10		13044	12868	4.19	五峰土家族自治县
110.00	559.00	21.00	63972	27816	14.63	南漳县
213.81	732.89	6.04	62865	61949	16.91	谷城县
8.90	265.20	0.90	16075	15713	6.60	保康县
114.13	493.48	249.50	39845	30624	9.51	沙洋县
138.00	1012.00	85.00	82655	52845	19.11	孝昌县
332.00	748.00	26.00	67523	61335	13.75	大悟县
	1400.00	6.00	65000	60000	14.68	云梦县
10.00	1150.00	78.00	60110	56610	20.12	公安县
120.59	387.61	3.55	31810	24958	6.00	江陵县
120.59	725.90		21911	21763	7.75	团风县
190.00	960.00	35.00	58801	57392	18.40	红安县
74.30	578.10	6.60	42142	41541	14.35	罗田县
136.31	432.94		38968	38810	8.27	英山县
149.56	1084.84		93524	89378	16.85	浠水县
133.10	777.92		62064	32557	18.23	蕲春县
60.00	992.60		83150	80380	17.46	黄梅县
192.44	784.01	4.00	60904	56864	16.07	嘉鱼县
60.00	940.00	58.00	66000	51568	19.40	通城县
185.00	690.00	131.00	55000	53000	16.00	崇阳县
21.00	515.00	13.00	47313	45652	10.92	通山县
4.01	265.00	5.90	22223	17658	4.73	随　县
65.00	470.00	70.00	22992	20751	10.22	建始县
39.64	336.70	14.94	39386	33228	7.30	巴东县
24.00	333.05	38.00	38531	31923	9.09	咸丰县
169.30	545.98	0.92	51000	48000	8.00	来凤县
18.00	187.00	12.00	15320	13726	6.72	鹤峰县
58.00	326.00	8.00	32013	27236	6.09	宣恩县
12.00	119.80		11092	7938	2.30	神农架林区
10112.36	**56678.76**	**4091.76**	**4091294**	**3421145**	**1131.36**	**湖　南**
789.45	6901.27	1482.90	61902	55738	74.62	长沙县
2297.89	2814.31	171.90	176344	165430	74.62	望城区
283.00	911.00	5.50	65920	64710	27.83	攸　县
104.11	1056.62		60524	47335	26.08	茶陵县
48.15	242.94		29059	28273	5.00	炎陵县
0.60	1016.98	45.99	218962	98362	15.15	湘潭县

3-4 续表17

县名称 Name of Counties	综合生产能力 （万立方米/日） Integrated Production Capacity (10000 cu. m/day)	地下水 Underground Water	供水管道长度 （公里） Length of Water Supply Pipelines (km)	建成区 In Built District	供水总量 （万立方米） Total Quantity of Water Supply (10000 cu. m)	生产运营用水 The Quantity of Water for Production and Operation
衡阳县	10.2		1550.00	279.00	1944.00	330.00
衡南县	6.2	0.2	191.00	131.00	1066.95	277.00
衡山县	3.0		299.10	299.10	1232.66	313.00
衡东县	5.0		124.01	124.01	1048.00	105.00
祁东县	12.0		420.00	420.00	1759.00	185.00
南岳区	3.0		117.00	117.00	629.00	
新邵县	5.0		435.00	350.00	1065.33	88.76
邵阳县	6.0		262.00	262.00	1207.20	142.00
隆回县	10.0		611.00	327.60	1766.34	228.62
洞口县	6.0		257.14	228.44	1349.85	194.22
绥宁县	2.4	2.0	204.16	204.16	542.37	76.19
新宁县	7.7	0.3	519.40	519.40	1088.90	229.60
城步苗族自治县	3.0		126.00	108.00	459.00	21.00
岳阳县	8.0		144.70	132.40	1704.00	252.00
华容县	6.0		385.80	236.10	1972.00	330.80
湘阴县	18.6	8.6	480.25	460.60	1792.60	333.55
平江县	17.5	1.0	201.53	200.50	2141.22	195.00
安乡县	5.0	0.2	210.00	210.00	947.90	50.00
汉寿县	8.8	2.8	379.00	379.00	2232.90	26.00
澧县	10.2	1.2	363.20	363.20	1856.40	195.00
临澧县	6.0	0.6	320.98	294.20	1584.00	527.00
桃源县	6.0		365.48	365.48	2106.53	172.54
石门县	10.0		291.03	288.25	1923.21	228.00
慈利县	10.0		506.00	468.00	1206.02	117.54
桑植县	3.0		510.00	340.00	964.38	94.00
南县	11.0	3.0	349.95	325.00	1299.74	26.60
桃江县	5.0		335.18	328.10	1154.63	157.26
安化县	5.0		105.95	105.00	1171.00	167.00
大通湖区	1.0	1.0	76.21	76.00	222.29	6.30
桂阳县	20.0		495.00	495.00	2307.81	309.71
宜章县	6.0		274.81	274.81	1114.40	52.60
永兴县	5.0		299.00	299.00	1291.00	226.00
嘉禾县	4.0		257.00	236.00	596.90	41.00
临武县	5.0		300.00	300.00	1266.00	122.00
汝城县	8.0		336.00	162.00	528.00	32.00
桂东县	1.3		209.00	209.00	251.18	13.58
安仁县	4.9	0.3	307.00	279.50	781.20	120.00
东安县	4.5		288.00	288.00	1218.00	267.96
双牌县	3.0		100.20	88.54	694.26	103.07
道县	5.0		422.80	422.80	1609.70	408.25
江永县	3.0		121.73	119.72	639.50	10.32
宁远县	9.0		490.00	490.00	1790.98	270.30
蓝山县	4.0		508.00	508.00	792.30	33.60

continued 17

公共服务用水 The Quantity of Water for Public Service	居民家庭用水 The Quantity of Water for Household Use	其他用水 The Quantity of Water for Other Purposes	用水户数（户） Number of Households with Access to Water Supply (unit)	居民家庭 Households	用水人口（万人） Population with Access to Water Supply (10000 persons)	县名称 Name of Counties
36.00	920.00	165.00	65392	57218	17.00	衡阳县
78.90	447.05	102.00	61560	53476	9.49	衡南县
71.22	481.00	5.63	32303	29539	21.95	衡山县
154.00	418.00	2.30	58647	51400	14.00	衡东县
144.00	1222.00	34.00	121276	107052	22.91	祁东县
59.00	323.00		13909	13340	7.00	南岳区
173.42	595.71	1.86	58882	53691	10.46	新邵县
209.00	765.00	4.20	53287	33079	16.46	邵阳县
358.00	688.86	256.00	134662	61235	32.38	隆回县
59.07	613.79	5.81	57918	53782	13.09	洞口县
47.34	335.90	53.26	31060	27782	8.60	绥宁县
99.50	662.00	8.50	51926	38926	17.67	新宁县
47.00	294.00	10.00	30920	22030	12.80	城步苗族自治县
79.00	1074.00	55.00	70557	65147	14.29	岳阳县
78.20	1180.30	61.20	65358	61298	16.47	华容县
15.55	1138.40	63.50	60405	59395	16.78	湘阴县
328.00	1240.00	41.00	81000	8956	16.90	平江县
58.00	780.00	0.90	6000	4760	16.60	安乡县
159.00	1162.50	106.00	69300	65930	15.51	汉寿县
89.00	842.00	153.40	104652	103235	18.50	澧县
182.00	610.00	51.00	48120	38400	10.10	临澧县
16.73	1532.91	27.32	45910	42493	15.72	桃源县
50.23	1163.23	1.20	86315	83126	18.90	石门县
197.80	669.48		62020	52265	13.30	慈利县
120.83	574.83	2.72	25367	24796	13.09	桑植县
38.77	871.47	213.34	50128	46800	15.48	南县
3.32	900.37	20.45	58692	58603	15.00	桃江县
171.00	565.00		47750	42440	15.80	安化县
37.50	136.30	10.30	22260	20037	5.30	大通湖区
592.28	1139.55	92.06	126300	110000	30.00	桂阳县
170.60	804.60		59090	50558	14.90	宜章县
94.00	703.00	9.00	92811	83915	16.01	永兴县
28.00	378.80	20.10	32588	30547	11.18	嘉禾县
66.00	752.00	10.00	40397	29526	12.00	临武县
104.00	365.00	10.00	33000	30800	10.16	汝城县
18.90	190.00	5.00	20909	19621	6.67	桂东县
74.00	411.00	23.20	50528	48158	16.60	安仁县
80.39	633.35	60.90	63018	55778	19.91	东安县
87.37	286.61	46.39	26913	25511	8.98	双牌县
105.29	828.95	54.06	74354	51905	21.02	道县
15.48	474.72	15.48	22234	14270	6.06	江永县
168.12	1134.12	31.11	94162	94162	18.00	宁远县
64.10	518.00	12.00	31976	29520	16.00	蓝山县

3-4 续表18

县名称 Name of Counties	综合生产能力 （万立方米/日） Integrated Production Capacity （10000 cu. m/day）	地下水 Underground Water	供水管道长度 （公里） Length of Water Supply Pipelines （km）	建成区 In Built District	供水总量 （万立方米） Total Quantity of Water Supply （10000 cu. m）	生产运营用水 The Quantity of Water for Production and Operation
新田县	5.0		223.21	163.35	1152.74	198.26
江华瑶族自治县	8.5		274.05	274.05	1479.66	208.72
中方县	5.0		103.60	103.60	1074.41	179.71
沅陵县	7.5		273.03	226.03	1316.25	287.71
辰溪县	4.0		155.59	155.59	1015.45	178.01
溆浦县	11.5		121.50	121.50	1090.10	42.91
会同县	3.0		144.00	144.00	691.79	11.00
麻阳苗族自治县	4.0		304.00	160.00	870.00	12.00
新晃侗族自治县	4.0		248.20	163.50	636.60	140.53
芷江侗族自治县	6.0		114.15	93.30	677.00	12.80
通道县	1.5		117.30	117.30	417.56	15.17
靖州县	5.0		230.00	220.00	961.61	134.83
双峰县	7.0		432.50	395.20	1966.00	120.00
新化县	9.0		521.16	521.16	2063.73	177.61
泸溪县	3.0		112.33	112.33	641.48	31.68
凤凰县	7.5		233.50	233.50	753.60	337.00
花垣县	5.0		190.00	180.00	1115.50	190.00
保靖县	2.0		69.70	69.70	670.00	98.50
古丈县	2.0		107.10	107.10	426.63	47.27
永顺县	5.0		123.00	121.80	1081.20	26.00
龙山县	7.5		480.17	210.92	1912.28	226.91
广　东	**279.5**	**14.2**	**12438.29**	**10015.62**	**53949.48**	**9478.88**
始兴县	6.3	0.1	148.00	128.90	1028.75	265.86
仁化县	4.0		189.23	189.23	653.52	110.75
翁源县	5.5		74.36	74.36	911.00	244.00
乳源瑶族自治县	7.0		581.31	308.10	1614.06	485.34
新丰县	4.6	0.1	231.30	229.80	934.63	168.81
南澳县	6.0		150.00	150.00	415.00	93.00
遂溪县	5.0		357.00	233.00	1361.56	
徐闻县	5.0		619.10	619.10	1490.19	402.00
广宁县	6.0	6.0	235.07	235.07	1219.00	98.00
怀集县	10.0		747.72	581.72	1768.00	305.08
封开县	2.5		427.00	387.00	700.98	182.65
德庆县	4.0		220.00	220.00	1259.00	141.94
博罗县	27.5	8.0	731.60	587.10	4664.56	1405.83
惠东县	18.0		398.86	398.86	3124.56	903.69
龙门县	8.0		196.85	5.50	878.00	176.00
大埔县	3.0		231.00	231.00	1140.00	102.00
丰顺县	5.0		251.82	248.36	1361.80	250.22
五华县	12.0		176.00	176.00	3320.00	295.00
平远县	4.0		186.24	186.24	717.54	40.26
蕉岭县	5.0		309.18	309.18	798.00	93.55
海丰县	21.0		1506.95	1161.95	4406.00	701.31

continued 18

公共服务用水 The Quantity of Water for Public Service	居民家庭用水 The Quantity of Water for Household Use	其他用水 The Quantity of Water for Other Purposes	用水户数（户） Number of Households with Access to Water Supply (unit)	居民家庭 Households	用水人口（万人） Population with Access to Water Supply (10000 persons)	县名称 Name of Counties
86.23	609.33	60.02	59772	51469	14.02	新田县
111.79	748.50	5.38	33499	30936	12.59	江华瑶族自治县
195.43	524.91	146.36	30512	29993	8.10	中方县
14.48	790.19	6.07	74499	74499	19.27	沅陵县
31.59	620.93	7.78	61982	54180	13.00	辰溪县
215.70	622.20	3.29	65000	49564	13.88	溆浦县
265.00	301.32		30015	28143	10.25	会同县
24.00	650.00		66300	52300	12.39	麻阳苗族自治县
12.00	369.17	3.82	43575	38417	9.00	新晃侗族自治县
29.50	561.70	1.60	64931	59200	7.40	芷江侗族自治县
69.98	275.59		27929	22154	6.09	通道县
20.00	630.73		56597	44830	12.82	靖州县
96.00	1502.00	60.00	38500	37462	16.20	双峰县
102.98	1448.43	7.89	108774	94309	28.00	新化县
93.00	399.78	3.88	35521	23277	7.81	泸溪县
89.00	273.00	7.30	45348	45348	11.60	凤凰县
50.00	510.00	30.00	27100	23150	9.35	花垣县
68.50	360.00	13.00	38634	34954	9.00	保靖县
30.53	257.58	3.12	23117	20193	5.90	古丈县
51.00	655.00	27.00	48127	41862	17.80	永顺县
102.54	798.48	153.77	54995	50555	14.55	龙山县
3404.60	**28760.85**	**3671.43**	**1882386**	**1615690**	**519.25**	**广　东**
9.80	437.40	169.68	23841	19937	6.77	始兴县
20.63	493.37	20.12	19156	12981	5.12	仁化县
183.00	394.00		49230	30366	6.62	翁源县
132.22	679.70	27.28	47960	42317	10.13	乳源瑶族自治县
39.92	656.00	7.90	50127	45154	7.54	新丰县
30.00	222.00		16211	14789	4.00	南澳县
	865.45	387.44	72520	67183	22.98	遂溪县
1.19	413.00	338.00	38699	35695	23.14	徐闻县
185.00	696.00	86.70	75098	67566	12.65	广宁县
75.49	724.30	376.34	92723	82374	26.41	怀集县
13.08	380.20	36.03	30452	26869	6.39	封开县
145.34	596.05	166.63	4416	3903	6.35	德庆县
215.08	2190.39	127.15	78837	66184	34.46	博罗县
124.74	1802.77	9.19	75178	62671	26.06	惠东县
29.00	498.00		50210	43750	7.48	龙门县
44.00	659.00	31.00	68758	60387	11.00	大埔县
4.62	768.18	2.44	38296	32498	14.60	丰顺县
167.00	1235.00	126.00	98289	81633	25.00	五华县
127.27	455.25	7.78	29038	24385	8.36	平远县
26.21	593.38	6.06	57178	50071	8.02	蕉岭县
43.94	3117.03	242.72	131715	121931	31.40	海丰县

3-4 续表19

县名称 Name of Counties	综合生产能力 （万立方米/日） Integrated Production Capacity （10000 cu. m/day）	地下水 Underground Water	供水管道长度 （公里） Length of Water Supply Pipelines （km）	建成区 In Built District	供水总量 （万立方米） Total Quantity of Water Supply （10000 cu. m）	生产运营用水 The Quantity of Water for Production and Operation
陆河县	6.0		419.33	419.33	780.00	23.80
紫金县	9.0		122.00	122.00	1720.00	208.00
龙川县	7.8		266.05	264.58	1562.62	118.55
连平县	4.2		84.56	84.56	472.75	43.50
和平县	10.0		276.00	138.00	903.05	117.03
东源县			85.26		615.88	159.26
阳西县	7.5		329.42	239.92	1959.53	303.32
阳山县	6.0		345.18	345.18	1108.79	21.15
连山壮族瑶族自治县	1.8		60.72	60.72	315.00	
连南瑶族自治县	4.5		156.20		469.15	5.59
佛冈县	9.8		95.18	95.18	1892.35	318.17
饶平县	20.0		611.00	611.00	3298.00	828.00
揭西县	8.0		169.90	143.11	720.48	63.42
惠来县	7.0		77.50	77.50	891.50	82.00
新兴县	5.0		1176.40	559.07	2601.23	503.80
郁南县	3.5		195.00	195.00	873.00	218.00
广　西	**264.4**	**22.9**	**9979.67**	**9876.13**	**53216.91**	**10303.43**
隆安县	6.0		156.12	152.00	1205.98	267.24
马山县	2.5	0.5	100.00	77.00	436.00	15.00
上林县	2.0		124.98	124.98	492.13	
宾阳县	5.3	1.3	180.30	180.30	1289.02	265.53
柳城县	4.7	0.1	117.92	117.88	1221.43	671.43
鹿寨县	9.0	0.3	180.12	180.12	2651.47	1691.35
融安县	5.0		131.04	131.04	895.45	
融水苗族自治县	4.1	0.1	208.10	208.10	1089.74	118.12
三江侗族自治县	3.5		156.05	156.05	724.25	136.87
阳朔县	6.6		122.70	122.70	1476.59	460.89
灵川县	4.0		368.58	368.58	676.00	181.00
全州县	9.0		314.00	313.00	1381.22	349.00
兴安县	4.3	0.2	199.00	199.00	826.10	166.30
永福县	3.0		136.00	136.00	548.00	100.00
灌阳县	1.0		58.00	58.00	327.20	21.00
龙胜各族自治县	1.7		38.62	38.62	274.66	15.34
资源县	1.0		44.00	44.00	299.00	27.00
平乐县	3.0		235.55	226.40	480.23	47.21
恭城瑶族自治县	2.5		72.00	72.00	333.40	20.00
苍梧县	0.3		32.00	10.00	113.76	3.83
藤　县	9.5		303.50	303.50	2350.00	286.97
蒙山县	6.0		145.00	145.00	610.52	202.46
合浦县	17.9	7.9	449.66	449.66	3052.69	1344.60
上思县	3.0		351.64	351.36	728.00	24.00
灵山县	10.5	2.5	288.80	288.80	1870.70	275.46
浦北县	4.0		182.39	182.00	955.46	207.36

continued 19

公共服务用水 The Quantity of Water for Public Service	居民家庭用水 The Quantity of Water for Household Use	其他用水 The Quantity of Water for Other Purposes	用水户数（户）Number of Households with Access to Water Supply (unit)	居民家庭 Households	用水人口（万人）Population with Access to Water Supply (10000 persons)	县名称 Name of Counties
99.20	444.10	137.72	15410	15088	8.59	陆河县
69.00	667.00	3.00	38122	33652	16.39	紫金县
7.63	1151.82	132.02	66723	59922	31.65	龙川县
2.09	339.62	34.15	19912	18386	7.79	连平县
80.62	670.32	3.90	78938	34734	16.00	和平县
113.55	264.07	41.04	61442	51386	8.85	东源县
364.44	1059.64		56745	49463	16.34	阳西县
185.06	756.57	3.69	49962	47124	12.62	阳山县
18.00	228.00	11.00	5632	5418	1.71	连山壮族瑶族自治县
99.66	307.64	11.67	18528	17893	3.72	连南瑶族自治县
430.26	892.08	1.14	39594	31813	9.91	佛冈县
190.00	836.00	982.00	56117	50823	19.31	饶平县
15.86	473.52	56.14	31535	30424	12.84	揭西县
55.00	724.00	27.50	41240	40760	27.80	惠来县
54.70	1558.00		107689	93677	13.20	新兴县
2.00	512.00	58.00	46865	42483	8.05	郁南县
5164.10	**29297.15**	**1340.14**	**1776654**	**1585799**	**519.98**	**广　西**
60.72	539.46	58.53	21870	12620	6.17	隆安县
12.00	383.00	3.00	17445	17116	5.13	马山县
101.94	304.38	34.49	34963	30091	4.87	上林县
30.00	849.87	17.00	46941	44027	15.79	宾阳县
1.70	386.99		20131	18841	4.10	柳城县
151.33	548.80		26726	24862	11.01	鹿寨县
65.56	679.52		27053	21642	12.09	融安县
48.10	790.42	11.10	55400	48750	10.91	融水苗族自治县
10.00	447.42	10.36	31670	27073	5.94	三江侗族自治县
76.87	396.56	1.47	23965	20412	4.53	阳朔县
80.00	265.00	76.00	51473	46754	9.92	灵川县
142.00	635.60	1.00	59205	58511	11.85	全州县
9.80	529.00	15.00	39412	38683	7.74	兴安县
44.00	235.00		27638	26824	5.67	永福县
36.00	211.00	1.00	19266	1560	5.95	灌阳县
32.50	198.06	0.40	19520	19520	3.61	龙胜各族自治县
7.00	225.00		15517	15517	6.05	资源县
11.76	337.84	26.38	26739	21273	7.85	平乐县
17.00	262.40		13326	13201	6.42	恭城瑶族自治县
0.64	103.17	0.68	2200	2100	3.25	苍梧县
798.15	910.00	19.88	62700	51200	12.70	藤　县
2.03	324.35	8.92	28279	23954	6.27	蒙山县
77.02	1370.74	66.05	73988	51655	19.23	合浦县
127.00	385.00	72.00	25347	24000	8.14	上思县
377.56	999.19	3.82	55728	50490	23.72	灵山县
20.00	591.50		28699	25373	8.57	浦北县

3-4 续表 20

县名称 Name of Counties	综合生产能力 （万立方米/日） Integrated Production Capacity （10000 cu. m/day）	地下水 Underground Water	供水管道长度 （公里） Length of Water Supply Pipelines （km）	建成区 In Built District	供水总量 （万立方米） Total Quantity of Water Supply （10000 cu. m）	生产运营用水 The Quantity of Water for Production and Operation
平南县	11.0		264.03	264.03	2577.55	345.09
容　县	8.1	0.1	214.50	214.50	1012.19	102.12
陆川县	5.0		159.17	159.17	1465.11	117.00
博白县	8.1	0.8	409.90	409.90	2406.80	541.84
兴业县	8.3	0.3	137.23	137.23	889.00	52.70
田东县	5.0		263.70	263.70	1070.45	65.00
德保县	5.0		133.15	133.15	798.10	115.00
那坡县	2.0		67.70	67.70	320.38	9.01
凌云县	2.0		68.00	68.00	353.79	16.90
乐业县	2.0		90.60	90.60	121.95	25.69
田林县	2.0		71.24	71.24	440.95	48.43
西林县	1.3		80.39	80.39	313.95	18.32
隆林各族自治县	2.5		98.30	98.30	733.85	22.54
昭平县	3.0		121.00	121.00	445.82	15.00
钟山县	4.5	1.0	184.99	184.99	978.81	165.00
富川瑶族自治县	3.0		102.57	102.57	460.09	54.00
南丹县	5.3		105.79	105.79	1067.88	413.94
天峨县	3.0		51.30	51.30	478.52	2.68
凤山县	1.5		83.50	83.50	430.00	40.00
东兰县	3.0	3.0	49.92	49.92	248.66	3.44
罗城仫佬族自治县	2.0		200.40	200.40	593.35	34.03
环江毛南族自治县	2.5		115.20	115.20	789.40	31.00
巴马瑶族自治县	2.0		149.75	149.75	558.76	2.87
都安瑶族自治县	4.0		375.00	375.00	1098.02	56.20
大化瑶族自治县	6.0		115.00	109.98	530.67	70.67
忻城县	2.4	0.2	288.15	288.15	566.33	62.00
象州县	4.5	4.5	77.67	77.67	581.60	173.20
武宣县	4.5		135.00	135.00	885.82	23.00
金秀瑶族自治县	0.5		43.96	35.22	145.20	40.01
扶绥县	6.4		471.40	471.40	1392.06	298.73
宁明县	5.0		142.30	142.30	1116.97	286.97
龙州县	3.5		114.72	114.72	918.23	92.26
大新县	3.8		183.90	183.90	584.79	3.58
天等县	2.2	0.2	114.17	84.37	532.86	57.25
海　南	**154.2**	**9.6**	**2441.63**	**1154.20**	**10685.43**	**2654.39**
定安县	6.0		130.00		1066.30	186.22
屯昌县	5.0		125.07	125.07	672.86	17.67
澄迈县	5.0		145.00		551.52	25.50
临高县	101.6	9.5	284.90	145.10	1515.78	500.21
白沙黎族自治县	1.3		70.00	70.00	481.58	55.33
昌江县	5.5		560.00	210.00	1429.71	297.68
乐东县	2.6	0.1	127.00	125.00	599.05	

continued 20

公共服务用水 The Quantity of Water for Public Service	居民家庭用水 The Quantity of Water for Household Use	其他用水 The Quantity of Water for Other Purposes	用水户数（户）Number of Households with Access to Water Supply (unit)	居民家庭 Households	用水人口（万人）Population with Access to Water Supply (10000 persons)	县名称 Name of Counties
436.44	1467.90		62061	60790	21.74	平南县
83.16	638.55	55.35	40434	35580	19.45	容　县
280.11	875.30	0.70	37340	33340	18.33	陆川县
222.74	1179.48	91.89	70787	62190	33.28	博白县
18.00	692.19		28971	28580	10.48	兴业县
22.00	846.95		23345	21810	9.92	田东县
60.00	481.50	60.40	22724	21944	5.92	德保县
21.23	219.40	58.36	13007	11002	3.72	那坡县
86.00	181.00	13.10	13918	12478	4.85	凌云县
0.52	44.07	25.54	11572	9460	3.72	乐业县
97.62	225.22	10.00	13905	10742	4.33	田林县
30.74	221.40	1.01	13818	12130	2.16	西林县
88.05	485.56	12.15	16900	16158	10.01	隆林各族自治县
5.82	347.00		21185	19950	8.95	昭平县
22.85	693.16		39458	35142	11.37	钟山县
	340.00	7.00	27282	26839	6.22	富川瑶族自治县
	455.67	5.26	32973	31209	8.09	南丹县
53.88	318.03	103.92	17958	17620	4.07	天峨县
5.50	309.10	2.00	18980	18450	3.69	凤山县
29.49	182.25	9.01	10712	9403	3.39	东兰县
25.99	423.63		19314	18602	7.31	罗城仫佬族自治县
216.80	435.00	28.00	33700	24272	7.14	环江毛南族自治县
120.00	346.12	35.12	27338	27000	6.47	巴马瑶族自治县
62.57	820.21	7.02	54278	52640	11.50	都安瑶族自治县
100.00	250.00	60.00	18769	17447	11.05	大化瑶族自治县
40.00	380.33	10.00	28701	27763	6.60	忻城县
	362.40	4.00	26805	25107	5.50	象州县
176.00	440.00	242.00	36299	36299	8.40	武宣县
10.97	74.87		6850	5805	1.28	金秀瑶族自治县
165.03	796.40	4.72	32762	32415	9.75	扶绥县
31.00	568.00		23824	23823	8.01	宁明县
153.00	562.00	11.00	32182	31610	7.03	龙州县
121.06	389.00	7.96	23500	20150	4.82	大新县
36.85	336.19	47.55	19801	12000	3.95	天等县
1172.67	**5060.51**	**417.64**	**192149**	**160700**	**58.97**	**海　南**
55.47	461.81	207.57	27085	17004	5.82	定安县
114.39	424.01		20872	20583	4.73	屯昌县
20.50	396.00		12205	10385	6.60	澄迈县
147.43	673.30	65.54	34646	30479	7.20	临高县
4.67	335.11		10239	8491	2.43	白沙黎族自治县
216.96	672.63	49.99	18514	15473	6.75	昌江县
	550.00	40.00	9000	6000	3.39	乐东县

3-4　续表21

县名称 Name of Counties	综 合 生产能力 （万立方米/日） Integrated Production Capacity （10000 cu. m/day）	地下水 Underground Water	供水管道 长 度 （公里） Length of Water Supply Pipelines （km）	建成区 In Built District	供水总量 （万立方米） Total Quantity of Water Supply （10000 cu. m）	生产运营 用 水 The Quantity of Water for Production and Operation
陵水县	11.5		159.80		715.29	10.91
保亭县	3.0		240.50	116.50	490.20	
琼中县	2.0		53.62	53.62	509.81	
洋浦经济开发区	10.7		545.74	308.91	2653.33	1560.87
重 庆	**82.8**		**2668.84**	**2640.99**	**15307.35**	**979.00**
城口县	2.0		133.50	133.50	402.30	7.80
丰都县	7.2		230.00	230.00	1365.12	42.86
垫江县	11.6		289.90	289.90	1543.50	153.11
忠 县	9.7		242.79	242.79	1577.18	189.50
云阳县	13.2		389.16	389.16	2305.45	160.89
奉节县	9.0		281.93	281.93	1740.00	42.00
巫山县	6.0		115.38	97.00	640.00	55.00
巫溪县	4.0		72.00	72.00	883.00	91.80
石柱土家族自治县	5.8		380.80	380.80	1419.10	135.30
秀山土家族苗族自治县	6.0		227.67	218.20	1593.90	83.90
酉阳土家族苗族自治县	5.8		218.85	218.85	892.80	13.84
彭水苗族土家族自治县	2.5		86.86	86.86	945.00	3.00
四 川	**464.6**	**19.5**	**20126.51**	**17781.55**	**96043.09**	**15252.24**
金堂县	22.5	0.3	1392.83	1392.83	5599.83	2940.98
大邑县	7.0	7.0	157.79	143.65	2559.64	250.91
蒲江县	12.0		846.00	846.00	2033.84	519.91
东部新区管理委员会	39.1	0.1	807.03	507.03	3361.30	733.41
荣 县	6.0		313.00	313.00	1401.62	32.63
富顺县	12.8		182.00	182.00	2857.00	381.20
米易县	2.0		136.95	136.95	518.90	35.49
盐边县	1.2		70.00	70.00	266.31	76.22
泸 县			206.00	206.00	1399.27	302.89
合江县	9.5		320.00	293.00	1605.06	210.00
叙永县	4.0		170.96	170.96	1450.44	61.39
古蔺县	3.0		189.60	189.60	938.87	36.21
中江县	7.5	2.0	160.78	160.78	1640.08	246.28
三台县	8.7	2.7	332.00	332.00	1925.33	363.58
盐亭县	3.0		433.50	433.50	654.45	192.36
梓潼县	3.0		179.60	179.60	972.35	180.02
北川羌族自治县	6.5	4.5	165.70	148.68	724.56	31.22
平武县	1.6		94.00	92.00	140.00	1.50
旺苍县	4.0		202.44	202.44	696.68	37.68
青川县	1.2		58.73	58.73	207.70	
剑阁县	1.5		104.00	104.00	301.00	97.80
苍溪县	6.5		202.63	200.20	1331.64	219.77
蓬溪县	3.5		412.98	412.98	1066.45	97.65
大英县	7.5		337.57	335.27	1882.44	369.79
威远县	8.2		400.88	360.88	1867.88	372.13
资中县	15.4		195.00	195.00	1660.17	418.85

continued 21

公共服务用水 The Quantity of Water for Public Service	居民家庭用水 The Quantity of Water for Household Use	其他用水 The Quantity of Water for Other Purposes	用水户数（户） Number of Households with Access to Water Supply (unit)	居民家庭 Households	用水人口（万人） Population with Access to Water Supply (10000 persons)	县名称 Name of Counties
206.24	361.22	51.51	16173	14023	8.10	陵水县
120.00	360.00		17438	14173	3.02	保亭县
111.65	261.36		9000	7700	3.03	琼中县
175.36	565.07	3.03	16977	16389	7.90	洋浦经济开发区
2037.51	**8684.51**	**1279.95**	**971289**	**852898**	**191.12**	**重　庆**
81.90	269.00		25686	14978	5.44	城口县
306.98	756.24		116782	101224	16.10	丰都县
208.15	935.81	59.95	130358	114746	21.46	垫江县
284.24	807.68	32.70	104955	95238	20.34	忠　县
306.34	1314.78	167.20	167666	152275	31.22	云阳县
	1038.00	380.00	129843	115121	22.31	奉节县
17.00	487.00	2.00	34978	28353	13.79	巫山县
179.10	451.60	8.50	59501	52430	9.50	巫溪县
84.20	624.10	361.90	62431	56636	11.89	石柱土家族自治县
337.60	730.40	190.50	63032	59759	11.76	秀山土家族苗族自治县
147.00	551.90	18.20	32305	30592	12.68	酉阳土家族苗族自治县
85.00	718.00	59.00	43752	31546	14.63	彭水苗族土家族自治县
7777.92	**51737.02**	**6474.23**	**5068614**	**4436534**	**1196.89**	**四　川**
438.21	1689.10	57.01	169378	151790	48.00	金堂县
286.62	1056.76	129.93	113894	100098	11.71	大邑县
223.00	784.00		120202	40803	9.87	蒲江县
401.51	822.83	996.36	53713	48747	16.56	东部新区管理委员会
113.00	688.31	374.19	98528	85099	19.87	荣　县
27.80	1815.80	5.20	129121	114296	27.75	富顺县
129.10	295.01		32855	30116	7.38	米易县
52.72	94.84	7.79	10982	10671	2.75	盐边县
15.22	904.45	16.89	62363	53753	20.30	泸　县
48.60	1074.95	18.60	88056	73673	26.50	合江县
236.72	927.64		78686	59304	16.80	叙永县
48.00	651.51	37.20	47205	44216	16.02	古蔺县
121.84	1010.11	88.83	96987	89063	23.75	中江县
50.57	1104.86	186.69	122173	122133	29.42	三台县
9.86	389.31	3.04	58935	58652	11.06	盐亭县
138.25	582.44		52950	46390	7.60	梓潼县
210.63	331.12	35.20	34467	31518	7.98	北川羌族自治县
0.30	125.00	1.97	12103	10529	3.87	平武县
	565.00	31.00	57577	45396	11.65	旺苍县
40.60	120.70	4.10	11324	9371	2.70	青川县
	163.10		41054	36505	5.64	剑阁县
108.61	851.16	14.92	76291	68378	12.57	苍溪县
75.23	621.12	29.35	58793	51427	14.58	蓬溪县
190.85	896.73	167.52	85660	76121	17.65	大英县
127.05	765.70	337.05	123133	110362	19.94	威远县
	984.32	9.00	115261	100663	25.51	资中县

3-4 续表22

县名称 Name of Counties	综合生产能力 （万立方米/日） Integrated Production Capacity （10000 cu. m/day）	地下水 Underground Water	供水管道长度 （公里） Length of Water Supply Pipelines （km）	建成区 In Built District	供水总量 （万立方米） Total Quantity of Water Supply （10000 cu. m）	生产运营用水 The Quantity of Water for Production and Operation
犍为县	9.0		122.70	63.70	1191.20	23.80
井研县	4.0		234.70	234.70	794.00	88.00
夹江县	5.0		143.00	143.00	1004.99	
沐川县	2.8		63.00	58.00	503.76	102.22
峨边县	1.1		24.00	24.00	188.55	17.10
马边县	3.0		41.00	41.00	388.72	85.60
南部县	8.0		424.10	345.00	2756.20	489.00
营山县	10.0		261.00	261.00	1982.00	383.00
蓬安县	6.0		162.00	162.00	1303.29	397.00
仪陇县	4.8		215.00	215.00	1384.00	237.00
西充县	4.7		172.00	161.00	1695.00	285.00
眉山天府新区	6.3		307.00	307.00	1409.26	501.52
洪雅县	3.0		210.06	210.06	639.24	89.13
仁寿县	25.5		575.00	575.00	3654.00	650.00
丹棱县	2.0		112.33	112.33	724.00	123.00
青神县	4.2	0.2	144.23	98.31	676.23	94.01
江安县	3.0		122.50	82.68	1338.65	166.72
长宁县	5.0		165.00	165.00	955.30	45.00
高县	3.0		180.12	180.12	906.62	76.58
珙县	3.0		350.00	80.00	891.10	158.21
筠连县	2.9		138.00	81.00	740.00	110.00
兴文县	3.0		232.80	232.80	992.54	70.63
屏山县	4.2		187.00	187.00	977.09	364.70
岳池县	6.4		407.52	407.52	1941.96	166.61
武胜县	6.0		252.35	252.35	1483.51	156.04
邻水县	8.0		501.96	501.96	1763.38	122.98
宣汉县	6.0		186.80	186.80	1660.10	
开江县	6.0		154.65	154.65	770.00	87.00
大竹县	7.5		385.10	339.10	1854.50	285.50
渠县	8.5		300.67	300.67	1759.74	163.00
荥经县	2.5		174.30	174.30	512.44	115.62
汉源县	5.4		140.00	72.40	568.00	55.00
石棉县	2.6		67.60	67.60	459.00	29.10
天全县	3.0		594.00	273.00	448.04	14.80
芦山县	2.5		175.00	58.80	314.85	73.80
宝兴县	1.0		29.60	26.20	162.41	24.38
通江县	4.5		382.60	255.40	1422.00	158.00
南江县	4.0		287.12	232.72	715.00	83.00
平昌县	6.0		271.00	270.00	997.00	103.00
安岳县	7.5		310.00	310.00	1610.03	92.12
乐至县	4.1	0.1	281.62	224.72	1009.64	118.70
汶川县	1.0		84.30	84.30	208.36	16.44
理县	0.7		58.30	58.30	248.69	23.00
茂县	2.0		83.20	83.20	504.00	

continued 22

公共服务用水 The Quantity of Water for Public Service	居民家庭用水 The Quantity of Water for Household Use	其他用水 The Quantity of Water for Other Purposes	用水户数（户）Number of Households with Access to Water Supply (unit)	居民家庭 Households	用水人口（万人）Population with Access to Water Supply (10000 persons)	县名称 Name of Counties
28.70	733.00	162.80	74880	57160	12.32	犍为县
82.00	462.00		59028	53127	8.08	井研县
166.12	596.09	93.86	58900	46900	10.27	夹江县
22.79	311.71	11.04	28455	28455	4.62	沐川县
20.00	127.00		3172	2963	4.19	峨边县
27.70	210.00	14.80	9844	9728	4.35	马边县
58.00	1599.20		140577	127001	39.24	南部县
86.00	1185.00		120729	104597	26.76	营山县
255.10	529.92		79265	71911	19.37	蓬安县
356.00	625.00		79985	75720	20.96	仪陇县
160.00	810.00	190.00	79360	75150	16.70	西充县
143.20	479.82	112.30	59188	49314	11.60	眉山天府新区
63.07	360.58	5.52	48115	42478	9.88	洪雅县
125.00	1990.00	333.00	163437	146565	46.72	仁寿县
50.00	239.00	177.00	20060	19025	6.63	丹棱县
52.71	338.91	66.45	34475	29265	7.45	青神县
177.35	749.84	129.74	29582	21313	18.07	江安县
41.00	580.48	153.36	68717	57069	12.60	长宁县
46.09	552.60	78.63	51316	42812	15.88	高县
11.95	492.75	78.39	44648	40871	12.26	珙县
105.00	409.00		38370	25156	10.67	筠连县
158.34	540.96	67.21	56439	46190	14.70	兴文县
	375.43	150.00	26990	21782	7.50	屏山县
21.27	1349.04	84.04	130000	129000	22.00	岳池县
116.32	835.59	96.34	104827	95370	18.41	武胜县
300.90	1027.56		135598	123064	28.00	邻水县
204.32	1003.25	45.78	98339	86285	20.67	宣汉县
38.00	532.00	63.00	75046	69909	15.88	开江县
	1115.00	142.00	149265	137177	31.50	大竹县
12.58	1238.59	83.00	101483	101400	39.18	渠县
5.33	245.64	97.37	30706	24588	6.38	荥经县
53.80	319.10	70.00	49528	43528	5.74	汉源县
16.60	342.20	48.50	27424	24176	4.03	石棉县
57.96	307.68	14.60	21740	21608	4.76	天全县
55.60	100.34	40.31	20100	20000	3.50	芦山县
19.62	100.60	1.10	6276	5088	0.98	宝兴县
136.00	994.00	40.00	57471	55872	16.73	通江县
82.00	461.00		63156	57201	12.54	南江县
125.00	589.00	80.00	92000	72200	20.92	平昌县
32.73	707.25	512.25	125629	113510	28.45	安岳县
88.05	490.94	146.48	111802	98371	25.42	乐至县
35.40	127.78	18.93	5628	4902	3.00	汶川县
31.65	104.35		3538	2836	1.90	理县
79.00	348.00		4626	3954	4.80	茂县

3-4 续表 23

县名称 Name of Counties	综合生产能力 （万立方米/日） Integrated Production Capacity (10000 cu. m/day)	地下水 Underground Water	供水管道长度 （公里） Length of Water Supply Pipelines (km)	建成区 In Built District	供水总量 （万立方米） Total Quantity of Water Supply (10000 cu. m)	生产运营用水 The Quantity of Water for Production and Operation
松潘县	1.0		68.69	67.00	164.00	12.00
九寨沟县	2.8		45.80	45.80	579.72	5.09
金川县	1.0		25.00	25.00	94.00	9.00
小金县	0.7		110.00	45.00	114.22	3.00
黑水县	0.5		26.00	26.00	38.12	
壤塘县	0.7		18.00	18.00	108.00	
阿坝县	0.8	0.3	78.00	78.00	175.00	8.60
若尔盖县	0.4		48.00	48.00	153.00	10.00
红原县	1.1		54.14	54.14	226.49	7.20
泸定县	4.0		21.82	21.82	323.18	10.00
丹巴县	0.5		31.00	31.00	124.00	13.00
九龙县	0.5		30.00	30.00	104.80	1.00
雅江县	0.3		25.80	15.00	100.39	1.63
道孚县	0.4	0.1	87.80	65.30	72.04	5.40
炉霍县	0.4		43.90	36.00	106.00	12.00
甘孜县	1.6		85.00	55.00	254.56	110.10
新龙县	1.0		45.10	42.00	122.00	
德格县	1.0		21.00	8.00	96.00	3.00
白玉县	0.2		60.00	50.00	120.00	
石渠县	1.5		71.30	36.00	131.72	5.00
色达县	1.3		48.00	38.00	83.10	2.80
理塘县	1.3		119.00	55.70	168.37	1.68
巴塘县	1.2		42.50	42.50	72.90	7.00
乡城县	0.3		22.58	20.16	98.00	10.00
稻城县	0.5		40.06	20.00	131.00	6.00
得荣县	0.5	0.4	27.21	7.20	61.52	3.00
普格县	0.7		95.00	16.48	146.00	11.10
木里县	0.9		46.00	26.00	154.00	12.00
盐源县	1.6		118.00	70.00	640.10	14.36
德昌县	3.0		180.10	180.10	668.15	37.99
会东县	3.0		106.45	106.45	1001.61	30.00
宁南县	2.6		92.11	65.85	243.30	29.10
布拖县	0.5		32.58	22.58	174.00	20.00
金阳县	0.8		7.21	7.21	182.10	13.98
昭觉县	3.0		69.00	69.00	629.37	30.01
喜德县	0.9		52.00	35.00	328.00	34.00
冕宁县	2.0	0.2	100.00	94.10	424.22	26.00
越西县	1.3	0.5	26.30	26.30	270.24	20.00
甘洛县	1.0	0.1	29.66	11.67	364.97	42.02
美姑县	1.0	1.0	38.20	16.20	158.70	10.00
雷波县	1.4		52.00	33.22	265.00	20.00
贵　州	255.6	12.3	13543.31	12821.98	43520.79	4778.25
开阳县	4.1	0.1	206.64	202.07	908.82	190.04

continued 23

公共服务 用　水 The Quantity of Water for Public Service	居民家庭 用　水 The Quantity of Water for Household Use	其他用水 The Quantity of Water for Other Purposes	用　水 户　数 （户） Number of Households with Access to Water Supply (unit)	居民家庭 Households	用水人口 （万人） Population with Access to Water Supply (10000 persons)	县名称 Name of Counties
12.00	121.00		7125	6122	2.77	松潘县
33.61	456.45		6408	5215	3.42	九寨沟县
	76.00		7700	7700	1.70	金川县
3.00	99.22	1.00	4923	2678	1.69	小金县
13.81	22.61		4253	4253	1.50	黑水县
	4.00	4.00	3250	3230	0.93	壤塘县
4.00	146.00	6.40	5300	4850	2.70	阿坝县
	95.00	20.00	5700	5700	1.52	若尔盖县
2.10	0.88	1.30	3712	3558	1.50	红原县
48.50	185.00	16.00	6111	5210	3.31	泸定县
25.00	83.00		5300	4900	1.56	丹巴县
2.00	97.00		4423	4423	1.45	九龙县
38.58	44.25	1.13	2808	1840	2.09	雅江县
3.23	56.50		4308	4109	1.87	道孚县
20.00	55.00	3.00	2300	2300	2.12	炉霍县
20.50	113.40	5.24	5732	5732	2.87	甘孜县
20.00	77.00	3.00	1322	1170	1.20	新龙县
4.00	79.00	1.00	2088	1853	1.41	德格县
8.00	91.00	4.00	6020	5970	2.09	白玉县
5.40	114.58	5.74	2306	2070	1.21	石渠县
11.40	64.00		1910	1458	1.81	色达县
	138.45		11462	10152	3.59	理塘县
3.50	55.40	1.40	4156	3215	1.89	巴塘县
16.00	45.00	14.00	2896	2896	1.22	乡城县
1.00	111.85	2.00	2136	1863	1.04	稻城县
13.00	38.00	0.01	2048	1778	0.56	得荣县
11.65	84.05	3.06	7229	5922	2.92	普格县
11.00	88.00	5.00	7439	6994	2.40	木里县
134.95	392.65	4.04	15968	11836	6.68	盐源县
204.10	272.91	19.41	45771	30548	6.45	德昌县
70.00	509.18	268.18	20245	19545	9.80	会东县
10.70	157.05	7.21	9417	7812	3.10	宁南县
10.00	112.00		3500	3200	2.10	布拖县
10.00	137.91	3.81	9634	8724	4.00	金阳县
16.61	449.32	10.38	11463	10576	6.59	昭觉县
13.00	193.00	20.00	16750	16300	4.00	喜德县
57.98	264.84	10.80	16006	13889	5.82	冕宁县
6.95	202.27	10.27	21924	21500	7.52	越西县
25.81	210.93	20.21	11952	9532	5.07	甘洛县
27.00	80.66	12.00	3402	3003	4.00	美姑县
17.00	159.59	31.00	10782	9243	4.38	雷波县
1712.52	27712.63	1742.80	2495502	2081084	630.32	贵　州
5.55	478.24	88.94	65243	58141	12.61	开阳县

3-4 续表 24

县名称 Name of Counties	综合生产能力 （万立方米/日） Integrated Production Capacity (10000 cu. m/day)	地下水 Underground Water	供水管道长度 （公里） Length of Water Supply Pipelines (km)	建成区 In Built District	供水总量 （万立方米） Total Quantity of Water Supply (10000 cu. m)	生产运营用水 The Quantity of Water for Production and Operation
息烽县	4.0		121.00	121.00	604.71	
修文县	6.2	2.0	424.44	424.44	1585.66	800.51
六枝特区	8.7	1.7	762.00	762.00	1730.74	110.05
桐梓县	6.5		592.10	592.10	1789.28	317.04
绥阳县	3.5		212.89	212.89	934.39	3.65
正安县	5.5		227.00	203.00	873.85	40.00
道真县	4.5	1.5	87.00	87.00	801.00	23.00
务川县	3.5		321.55	321.55	544.96	
凤冈县	3.1		166.00	82.00	723.00	40.00
湄潭县	8.0		223.00	223.00	1241.24	200.00
余庆县	4.0		174.00	146.00	589.67	25.00
习水县	7.0		644.72	644.72	1225.81	341.08
普定县	4.7	1.0	153.00	153.00	637.47	4.07
镇宁县	3.0	0.2	322.30	322.30	632.80	35.20
关岭县	2.5		174.95	174.95	496.71	20.93
紫云县	5.0		201.20	201.20	284.46	2.27
大方县	6.6		178.00	178.00	1140.47	183.96
金沙县	4.8		199.00	199.00	1216.71	286.68
织金县	4.5		152.50	142.50	1059.20	58.30
纳雍县	2.7		369.75	369.75	846.57	
威宁自治县	6.5		321.80	321.80	1614.13	
赫章县	3.1		140.90	140.90	582.58	15.00
江口县	3.0		191.09	191.09	602.50	59.46
玉屏县	2.5	0.2	151.29	151.29	454.18	107.42
石阡县	4.3	0.2	237.20	237.20	519.22	208.87
思南县	8.0		234.00	234.00	647.00	54.59
印江县	5.0		137.00	137.00	779.59	47.18
德江县	6.3		156.34	156.34	1279.78	254.72
沿河县	2.0		292.80	292.80	718.41	52.81
松桃县	5.0		388.00	215.50	865.49	10.00
普安县	4.0		105.30	105.30	149.55	
晴隆县	9.4		221.00	45.00	132.72	8.07
贞丰县	3.0		108.34	62.90	520.06	
望谟县	2.5		70.00	70.00	413.60	16.00
册亨县	2.5		60.07	50.00	283.54	6.00
安龙县	2.5	1.4	207.90	207.90	584.36	14.76
黄平县	1.8		81.00	81.00	284.82	9.00
施秉县	1.3		213.20	213.20	261.00	22.50
三穗县	1.0		76.00	29.00	340.85	34.80
镇远县	4.0	4.0	161.50	129.02	291.20	2.40
岑巩县	2.5		113.10	113.10	453.24	
天柱县	2.5		228.84	228.84	611.10	229.20
锦屏县	2.0		114.00	83.00	226.88	1.81

continued 24

公共服务用水 The Quantity of Water for Public Service	居民家庭用水 The Quantity of Water for Household Use	其他用水 The Quantity of Water for Other Purposes	用水户数（户）Number of Households with Access to Water Supply (unit)	居民家庭 Households	用水人口（万人）Population with Access to Water Supply (10000 persons)	县名称 Name of Counties
139.08	343.57	6.00	37636	31965	5.92	息烽县
5.24	529.78	2.88	52414	38834	16.13	修文县
63.45	1118.52	233.45	90923	62123	17.00	六枝特区
50.00	915.90	9.02	123403	109276	19.40	桐梓县
7.30	750.44		43201	31073	9.61	绥阳县
15.00	674.32	50.00	55030	45652	13.00	正安县
131.50	453.30	19.00	45000	40600	11.89	道真县
	445.56		64988	54073	11.80	务川县
10.00	560.00		44887	37330	7.93	凤冈县
100.00	775.70		35300	34100	14.00	湄潭县
21.00	390.00	78.00	25567	25567	7.20	余庆县
19.76	688.94		103464	87687	16.00	习水县
4.91	505.71	2.99	11236	8621	12.19	普定县
26.47	450.33		37186	32925	8.65	镇宁县
21.34	361.20	6.10	34390	30025	7.20	关岭县
56.46	178.48		33342	28967	6.15	紫云县
51.33	641.99		55001	49520	10.90	大方县
26.24	623.04		74692	69256	17.95	金沙县
1.00	790.50	4.00	61000	56000	14.51	织金县
151.42	461.93	56.50	34563	30351	15.10	纳雍县
	659.39	684.17	71067	63373	25.24	威宁自治县
10.00	440.35	14.59	27350	23360	11.80	赫章县
111.95	322.76	4.76	35087	26308	7.29	江口县
5.00	267.83		32955	25755	4.62	玉屏县
2.00	221.09	3.77	29178	21396	8.42	石阡县
26.87	435.67	31.22	43600	34850	11.60	思南县
22.00	589.15		55891	48601	10.60	印江县
21.71	736.33	11.29	65640	59871	18.68	德江县
35.50	509.98		50106	44433	9.24	沿河县
10.06	695.48	2.53	56470	45100	16.00	松桃县
	122.12		17292	17132	4.21	普安县
4.17	109.48		10000	9817	6.00	晴隆县
	463.57		36369	33907	7.80	贞丰县
10.00	302.22	7.58	19100	16713	9.51	望谟县
2.49	226.50		24305	20800	8.30	册亨县
11.00	480.60		18958	16606	12.51	安龙县
13.05	235.12		16489	15097	7.81	黄平县
3.52	208.00		19350	14090	5.72	施秉县
26.80	200.90	20.10	24600	24600	6.80	三穗县
3.00	212.89	18.00	20831	10652	5.09	镇远县
	313.38	51.02	30122	26300	5.66	岑巩县
28.00	260.30	1.00	39077	34228	13.06	天柱县
10.15	169.00	0.77	23402	20302	6.80	锦屏县

3-4 续表25

县名称 Name of Counties	综合生产能力（万立方米/日）Integrated Production Capacity (10000 cu. m/day)	地下水 Underground Water	供水管道长度（公里）Length of Water Supply Pipelines (km)	建成区 In Built District	供水总量（万立方米）Total Quantity of Water Supply (10000 cu. m)	生产运营用水 The Quantity of Water for Production and Operation
剑河县	2.0		155.00	155.00	303.00	39.66
台江县	1.5		114.86	114.86	320.94	16.89
黎平县	4.9		269.00	269.00	690.74	
榕江县	6.0		113.00	113.00	662.45	15.84
从江县	3.8		246.65	246.65	423.05	73.89
雷山县	1.5		73.80	73.80	259.05	
麻江县	1.0		113.17	107.00	217.18	42.93
丹寨县	1.3		65.00	65.00	391.78	113.27
荔波县	4.0		87.58	87.58	512.20	64.80
贵定县	5.5		127.00	127.00	693.00	29.80
瓮安县	4.3		387.85	387.85	1422.84	48.56
独山县	7.7		195.00	195.00	613.43	39.00
平塘县	1.5		361.89	361.89	483.54	86.88
罗甸县	7.1	0.1	430.00	430.00	725.08	12.20
长顺县	1.5		175.70	175.70	437.90	112.26
龙里县	10.4		365.10	315.00	1287.97	105.00
惠水县	2.6		220.00	220.00	1182.19	113.25
三都水族自治县	2.0		119.00	119.00	411.13	27.65
云　南	**285.9**	**7.8**	**12652.30**	**10823.95**	**43244.51**	**6957.79**
嵩明县	2.2	0.4	89.00	89.00	548.00	144.00
富民县	1.7		72.72	54.29	275.50	42.00
宜良县	3.8	0.6	184.62	179.62	1180.42	29.40
石林彝族自治县	5.9		360.20	360.20	1235.09	282.00
禄劝彝族苗族自治县	1.7		74.10	74.10	498.00	3.00
寻甸县	4.0		231.80	231.80	896.51	120.60
昆明阳宗海风景名胜区	4.0	2.0	203.76	121.76	773.34	359.00
陆良县	5.0		347.99	314.12	1076.22	82.00
师宗县	3.0		152.16	124.00	474.50	28.60
罗平县	3.6	0.6	272.28	258.00	1077.27	340.13
富源县	5.0		138.32	138.32	1455.60	595.33
会泽县	8.0		318.00	318.00	1423.00	220.00
通海县	2.2	0.7	90.39	56.61	556.81	29.63
华宁县	2.3	0.3	112.24	112.24	291.40	85.00
易门县	2.5	1.0	99.00	85.34	394.25	6.16
峨山县	1.6		46.61	46.61	278.48	48.87
新平县	2.6		137.00	116.00	489.36	17.09
元江县	2.5		137.75	87.89	543.85	10.00
施甸县	2.5		148.00	148.00	497.00	98.00
龙陵县	2.3	0.3	189.20	188.80	368.40	102.00
昌宁县	1.9		210.70	199.10	420.22	83.42
鲁甸县	1.7		173.50	105.30	510.34	7.53
巧家县	2.0		98.00	98.00	682.71	30.00
盐津县	2.1		45.00	34.25	181.03	25.92

continued 25

公共服务用水 The Quantity of Water for Public Service	居民家庭用水 The Quantity of Water for Household Use	其他用水 The Quantity of Water for Other Purposes	用水户数（户）Number of Households with Access to Water Supply (unit)	居民家庭 Households	用水人口（万人）Population with Access to Water Supply (10000 persons)	县名称 Name of Counties
4.00	202.66	1.10	24312	22742	5.47	剑河县
43.73	200.67		21000	14000	4.81	台江县
30.20	536.43		45290	44265	13.64	黎平县
	531.28		42112	36315	11.20	榕江县
28.56	245.11	5.40	27542	23205	7.12	从江县
7.06	164.36	40.01	19493	17229	4.22	雷山县
5.00	128.40		18400	16895	3.55	麻江县
0.91	202.63	0.19	21719	19411	4.80	丹寨县
43.20	311.00		16250	12620	6.63	荔波县
37.00	498.00		43622	23622	8.84	贵定县
73.58	835.52	202.86	92307	72041	18.18	瓮安县
8.00	458.00		43396	20253	11.02	独山县
2.00	296.79	20.13	22400	16528	6.21	平塘县
4.05	586.25	1.00	42546	29000	8.75	罗甸县
36.47	213.86		23948	18986	8.44	长顺县
40.00	880.00	63.33	32000	24314	11.57	龙里县
77.65	795.65	1.10	36589	35655	11.30	惠水县
6.79	306.46		26871	18626	6.67	三都水族自治县
4369.83	**24048.93**	**1629.54**	**1966762**	**1719702**	**567.14**	**云　南**
40.00	232.00	30.00	25310	24938	6.98	嵩明县
3.00	148.00	44.00	14043	12310	4.71	富民县
237.40	750.10	5.90	29136	28817	7.69	宜良县
205.00	525.00	25.00	18589	17960	4.30	石林彝族自治县
161.00	310.00		12550	12542	5.90	禄劝彝族苗族自治县
103.98	458.90	20.03	36024	33524	8.00	寻甸县
122.04	46.10	206.10	1817	1594	5.54	昆明阳宗海风景名胜区
55.78	557.30	8.00	36830	36239	15.93	陆良县
20.27	327.03		22011	21026	6.90	师宗县
20.67	523.29	1.58	31500	30600	12.40	罗平县
36.00	403.00	58.96	24993	24577	9.78	富源县
1.00	1049.00	2.00	86160	69230	21.67	会泽县
163.35	291.86	2.30	36885	32516	7.90	通海县
5.80	135.20	20.20	24526	19604	4.03	华宁县
140.41	183.43		31574	29840	4.21	易门县
22.14	178.82	0.76	21874	18796	4.01	峨山县
149.54	246.25	1.30	25576	22761	6.32	新平县
44.55	384.00	38.00	33902	29791	5.40	元江县
5.00	277.00	15.00	22598	21510	5.42	施甸县
3.00	204.80	9.60	16760	2177	4.60	龙陵县
17.10	290.00	12.70	22426	20311	6.25	昌宁县
10.11	400.20	31.51	40876	40671	10.44	鲁甸县
40.00	560.96		37987	35158	8.06	巧家县
7.39	134.50	3.57	13165	13029	4.48	盐津县

3-4 续表26

县名称 Name of Counties	综合生产能力 （万立方米/日） Integrated Production Capacity (10000 cu. m/day)	地下水 Underground Water	供水管道长度 （公里） Length of Water Supply Pipelines (km)	建成区 In Built District	供水总量 （万立方米） Total Quantity of Water Supply (10000 cu. m)	生产运营用水 The Quantity of Water for Production and Operation
大关县	0.6		23.20	23.20	221.17	28.91
永善县	2.0		141.00	93.00	335.00	55.00
绥江县	2.2		162.62	162.62	566.80	85.08
镇雄县	4.3		194.00	138.00	1350.00	102.00
彝良县	1.0	0.1	100.59	87.20	327.14	20.00
威信县	2.7		109.32	109.00	568.40	59.00
玉龙纳西族自治县			66.50	66.50	231.00	22.00
永胜县	2.2		145.75	135.40	417.50	68.00
华坪县	3.0		190.00	190.00	310.50	49.00
宁蒗县	3.0		126.00	126.00	527.50	98.00
宁洱哈尼族彝族自治县	2.4		150.34	149.34	417.40	60.57
墨江哈尼族自治县	2.1		144.83	65.64	468.46	63.48
景东彝族自治县	2.0		95.47	95.47	401.03	34.53
景谷傣族彝族自治县	2.2		86.33	86.33	446.76	1.05
镇沅彝族哈尼族拉祜族自治县	0.8		66.50	48.60	215.07	23.80
江城哈尼族彝族自治县	0.6		60.60	60.60	196.29	20.00
孟连傣族拉祜族佤族自治县	1.3	0.5	50.00	43.59	268.00	105.00
澜沧拉祜族自治县	2.5	0.5	231.49	192.49	636.38	185.51
西盟佤族自治县	1.0		47.89	30.33	110.00	23.00
凤庆县	2.1	0.2	130.50	105.50	440.24	152.80
云县	2.0		195.00	195.00	563.00	116.00
永德县	1.0		85.40	64.80	222.11	
镇康县	1.0		79.00		314.30	75.00
双江县	2.4		143.00		400.50	70.00
耿马县	1.2		70.00	70.00	331.00	45.00
沧源县	1.3		140.88	132.65	209.01	41.55
双柏县	1.1	0.1	138.14	97.14	215.05	8.52
牟定县	1.2		157.79	143.38	346.90	44.30
南华县	2.4		150.92	99.16	405.00	33.20
姚安县	2.4		80.00	80.00	188.90	9.70
大姚县	3.0		171.84	88.42	437.09	62.95
永仁县	2.2		164.51	93.95	260.84	51.13
元谋县	2.0		125.86	125.86	467.50	50.70
武定县	2.1		164.00	125.00	440.13	20.80
屏边县	1.4		58.55	58.55	178.30	
建水县	4.0		339.64	339.64	1438.75	296.31
石屏县	4.0		117.00	117.00	556.80	87.37
泸西县	2.0		375.48	375.48	619.49	0.97
元阳县	0.6		60.45	54.25	265.55	15.25
红河县	1.0		83.53	83.53	208.21	40.00
金平县	1.0		88.05	70.50	251.10	40.00
绿春县	0.7		26.40	24.60	201.48	15.79
河口县	0.8		56.00	56.00	302.10	80.52

continued 26

公共服务 用　水 The Quantity of Water for Public Service	居民家庭 用　水 The Quantity of Water for Household Use	其他用水 The Quantity of Water for Other Purposes	用　水 户　数 （户） Number of Households with Access to Water Supply (unit)	居民家庭 Households	用水人口 （万人） Population with Access to Water Supply (10000 persons)	县名称 Name of Counties
	152.66	1.88	21090	17241	3.52	大关县
5.00	220.00	5.00	40024	39014	13.37	永善县
22.39	335.83	4.47	22000	20800	4.76	绥江县
76.00	1000.00	28.00	49215	48132	29.13	镇雄县
30.00	264.38	3.00	19572	15683	10.29	彝良县
95.00	279.00	30.00	14111	10385	6.71	威信县
17.00	182.00		8640	7865	3.78	玉龙纳西族自治县
68.00	231.20		16674	15770	4.91	永胜县
31.50	223.50	2.50	22003	18162	3.78	华坪县
125.00	295.00	4.50	20488	11975	4.82	宁蒗县
60.83	209.00	3.30	29894	26659	5.10	宁洱哈尼族彝族自治县
54.71	129.00	150.09	29524	20558	4.71	墨江哈尼族自治县
63.08	249.42	10.00	28631	20521	4.77	景东彝族自治县
114.42	243.37	4.25	27814	26399	6.12	景谷傣族彝族自治县
31.66	118.95	24.50	12605	8465	2.30	镇沅彝族哈尼族拉祜族自治县
17.87	124.00		11125	8744	3.25	江城哈尼族彝族自治县
3.00	137.00	2.00	12000	11120	4.25	孟连傣族拉祜族佤族自治县
0.54	341.78	49.93	26399	21110	5.09	澜沧拉祜族自治县
8.00	70.00	2.00	3876	3415	1.25	西盟佤族自治县
36.00	215.60	3.20	22196	22000	5.26	凤庆县
40.00	319.00	6.00	21000	18900	5.00	云　县
43.95	141.54		19251	15998	2.23	永德县
15.00	192.50	2.70	9361	7898	4.27	镇康县
	205.00	83.00	17010	15630	2.90	双江县
30.00	228.00	9.00	16457	14672	3.50	耿马县
	137.33	0.25	14621	10663	4.01	沧源县
56.79	114.46	1.71	13943	13403	3.36	双柏县
28.60	219.00	2.00	18015	17348	5.20	牟定县
23.98	269.00	6.82	28179	27254	6.98	南华县
26.30	147.70		7950	15	4.13	姚安县
0.86	335.27	2.10	32531	25054	6.66	大姚县
27.07	135.77	0.24	18595	16917	2.73	永仁县
96.47	281.00	5.00	11729	11364	6.76	元谋县
41.00	341.13	7.00	17157	16222	5.26	武定县
	104.90	35.00	11500	9708	2.85	屏边县
61.73	864.26	12.35	57525	51773	17.84	建水县
42.03	268.69	14.01	14400	11299	6.00	石屏县
172.68	346.89	1.25	20305	19850	10.31	泸西县
0.27	190.82	4.09	8399	7568	3.71	元阳县
13.00	137.00	1.00	16435	14802	3.36	红河县
1.40	203.20	0.50	10213	10213	4.87	金平县
28.85	129.43	1.60	11400	11400	2.73	绿春县
29.15	120.86	1.08	9831	8225	2.95	河口县

3-4 续表27

县名称 Name of Counties	综合生产能力 （万立方米/日） Integrated Production Capacity (10000 cu. m/day)	地下水 Underground Water	供水管道长度 （公里） Length of Water Supply Pipelines (km)	建成区 In Built District	供水总量 （万立方米） Total Quantity of Water Supply (10000 cu. m)	生产运营用水 The Quantity of Water for Production and Operation
砚山县	2.7		121.26	121.26	568.54	217.00
西畴县	1.0		64.00	64.00	103.78	3.00
麻栗坡县	1.6		77.60	77.60	166.54	19.75
马关县	1.7	0.4	82.10	82.10	485.82	102.82
丘北县	2.4		98.00	98.00	427.50	5.00
广南县	2.8		118.44	118.44	473.30	183.50
富宁县	1.4		301.03	292.65	492.45	101.93
勐海县	3.0		196.00	196.00	497.00	47.50
勐腊县	2.5		95.77	80.35	426.28	32.45
漾濞彝族自治县	1.0		66.00	48.00	151.24	44.75
祥云县	6.5		232.00	208.00	870.74	140.10
宾川县	2.1	0.1	215.03	206.03	557.96	85.81
弥渡县	1.5		85.90	85.70	275.50	40.00
南涧彝族自治县	2.0		74.10	42.00	208.20	39.15
巍山彝族回族自治县	1.5		122.89	66.00	186.54	23.74
永平县	1.3		138.00	138.00	308.97	45.10
云龙县	0.5		90.60	18.80	130.34	13.00
洱源县	1.5		137.00	116.50	419.66	10.00
剑川县	0.8		160.30	151.90	248.00	49.42
鹤庆县	1.6		122.30	122.30	439.70	115.63
梁河县	2.0		40.00	40.00	194.44	9.31
盈江县	2.5		345.14	146.26	861.40	280.00
陇川县	1.5		76.99	64.44	299.97	77.60
福贡县	81.2		20.00		229.00	1.00
贡山独龙族怒族自治县	0.4		24.27	24.27	38.80	3.00
兰坪白族普米族自治县	3.0		91.27	52.60	372.03	3.02
德钦县	1.2		54.60	54.60	160.00	7.20
维西傈僳族自治县	2.2		75.00	63.08	245.76	5.54
西　藏	**42.5**	**23.7**	**1780.25**	**1570.56**	**5510.06**	**265.07**
曲水县	0.2		23.00	23.00	70.00	5.00
当雄县	0.4		26.51	21.10	74.69	
林周县	0.4	0.4	21.20	21.20	125.10	2.40
墨竹工卡县	0.5	0.5	47.22	47.22	185.60	
尼木县	0.6	0.6	18.00	18.00	127.75	5.60
亚东县	0.9	0.8	10.00	5.00	132.00	
聂拉木县	0.5	0.5	24.00	5.00	60.00	
仲巴县	0.2	0.2	13.69	13.69	33.80	
定结县	0.1	0.1	36.68	10.50	50.00	
康马县	0.4	0.1	14.23	14.23	15.50	2.50
吉隆县	0.2		24.50	9.90	59.00	0.30
萨嘎县	1.2	1.0	39.02	32.92	65.94	6.00
谢通门县	0.3	0.3	3.60	2.80	71.00	
萨迦县	0.3		38.09	38.09	59.03	10.10

continued 27

公共服务 用水 The Quantity of Water for Public Service	居民家庭 用水 The Quantity of Water for Household Use	其他用水 The Quantity of Water for Other Purposes	用水 户数 (户) Number of Households with Access to Water Supply (unit)	居民家庭 Households	用水人口 (万人) Population with Access to Water Supply (10000 persons)	县名称 Name of Counties
69.00	132.00	25.00	38823	33593	9.20	砚山县
5.41	86.18		4768	4434	2.25	西畴县
10.00	106.00	2.00	16457	13536	3.29	麻栗坡县
48.00	290.00		20684	19458	5.53	马关县
10.00	212.00	145.00	38923	38923	12.20	丘北县
24.20	230.90	5.10	32945	23354	9.93	广南县
58.11	259.48	8.86	24436	21980	8.08	富宁县
32.00	400.50	1.00	17768	10837	10.01	勐海县
66.49	233.16	18.38	16585	14798	5.63	勐腊县
12.00	52.27	17.92	11882	11739	2.34	漾濞彝族自治县
131.99	491.23		1637	1379	11.64	祥云县
171.25	200.31		25490	21184	5.04	宾川县
58.00	142.50		14112	11112	4.17	弥渡县
2.85	150.60		20334	17414	2.80	南涧彝族自治县
10.00	146.80	2.60	15347	14816	3.49	巍山彝族回族自治县
57.70	158.60	1.80	22490	21687	6.09	永平县
18.00	86.40		4112	3312	1.87	云龙县
13.00	230.26	100.18	16849	11457	3.37	洱源县
64.38	102.10		6396	6396	2.10	剑川县
	147.07	27.10	14633	13633	3.91	鹤庆县
9.44	152.05	1.64	14590	11200	2.40	梁河县
7.50	372.10	6.40	29830	22124	7.76	盈江县
19.74	163.39	17.43	17221	17221	4.93	陇川县
46.00	31.00	73.00	4135	3198	1.20	福贡县
11.00	3.00	7.30	1100	1100	0.41	贡山独龙族怒族自治县
61.02	182.59	94.00	9666	8216	6.61	兰坪白族普米族自治县
20.00	106.00	13.00	4464	3919	1.29	德钦县
79.09	109.26		10285	7967	3.90	维西傈僳族自治县
473.16	**2779.24**	**229.18**	**217862**	**191413**	**78.28**	**西 藏**
3.00	43.00	1.00	1700	1600	1.16	曲水县
25.13	25.60	16.42	2820	2650	1.10	当雄县
15.56	75.65	10.56	3800	3800	1.60	林周县
40.00	121.00	5.60	3259	3045	1.85	墨竹工卡县
25.28	86.42	2.20	2634	2370	1.00	尼木县
					0.67	亚东县
			6100	5000	0.90	聂拉木县
			1609	1033	0.51	仲巴县
			1264	1205	0.74	定结县
1.70	4.00		1197	418	0.69	康马县
0.20	11.00	0.90	2892	2862	1.45	吉隆县
17.69	39.43		7800	7798	1.07	萨嘎县
			950	950	1.73	谢通门县
7.63	31.55	1.53	1748	1748	0.85	萨迦县

3-4 续表28

县名称 Name of Counties	综合生产能力 （万立方米/日） Integrated Production Capacity (10000 cu. m/day)	地下水 Underground Water	供水管道长度 （公里） Length of Water Supply Pipelines (km)	建成区 In Built District	供水总量 （万立方米） Total Quantity of Water Supply (10000 cu. m)	生产运营用水 The Quantity of Water for Production and Operation
岗巴县	0.4	0.4	12.50	9.50	47.80	
拉孜县	0.4		4.17	4.17	136.20	24.20
江孜县	1.2	1.2	27.60	27.60	208.04	0.68
定日县	0.3	0.2	38.00	38.00	60.00	
南木林县	0.4	0.4	15.00	15.00	145.00	17.00
昂仁县	0.3	0.3	23.60	23.60	86.00	
白朗县	1.2	1.2	18.00	18.00	106.80	
仁布县	0.3		27.00	20.00	91.00	
左贡县	7.1	0.1	28.00	28.00	32.00	4.00
丁青县	0.9		44.00	23.80	99.98	0.05
八宿县	0.6		12.48	12.48	61.00	7.00
江达县	0.3	0.3	27.99	27.99	97.00	3.00
洛隆县	0.2		15.00	12.00	85.00	2.00
察雅县	1.0		20.00	18.80	85.00	4.00
贡觉县	0.5		30.84	30.84	173.00	
边坝县	0.2		16.50	16.50	58.81	6.80
类乌齐县	1.0	0.5	30.60	30.60	78.00	4.00
芒康县	0.6	0.6	22.00	8.00	102.25	2.00
朗县	0.4	0.4	24.51	23.51	51.80	1.00
墨脱县	1.2		21.20	19.50	52.70	1.00
工布江达县	0.7		17.60	12.20	66.69	2.00
察隅县	0.4		19.95	18.60	50.34	3.45
波密县	1.0		27.09	23.79	125.00	3.00
米林县	0.4		5.96	5.96	68.97	12.22
错那县	0.3		12.50	9.60	81.60	0.50
浪卡子县	0.4	0.4	32.50	28.00	101.42	2.34
贡嘎县	0.6	0.6	29.00	29.00	122.00	9.00
加查县	0.3		35.00	2.00	66.00	2.00
桑日县	0.4	0.4	30.00	30.00	81.00	9.00
洛扎县	0.5		24.50	24.50	120.75	
琼结县	0.3	0.3	35.00	20.00	95.03	
措美县	0.3		13.40	13.40	92.00	9.00
扎囊县	0.3	0.3	20.00	15.00	50.00	2.00
曲松县	0.3	0.3	18.50	18.50	57.60	1.80
隆子县	0.3	0.3	23.70	23.70	116.80	46.60
聂荣县	0.9	0.9	28.40	28.40	62.62	
双湖县	0.1	0.1			8.55	0.80
嘉黎县	0.3	0.3	13.60	13.60	29.60	
比如县	1.2	1.2	42.00	39.00	190.72	2.52
尼玛县	0.2	0.2	20.80	20.80	20.00	3.00
巴青县	0.5	0.5	88.99	88.99	67.38	1.31
申扎县	0.2	0.2	59.60	59.60	40.76	2.00
安多县	0.5	0.4	97.24	97.24	80.00	7.00

continued 28

公共服务用水 The Quantity of Water for Public Service	居民家庭用水 The Quantity of Water for Household Use	其他用水 The Quantity of Water for Other Purposes	用水户数（户）Number of Households with Access to Water Supply (unit)	居民家庭 Households	用水人口（万人）Population with Access to Water Supply (10000 persons)	县名称 Name of Counties
			809	789	0.35	岗巴县
8.00	60.00	10.00	3700	3070	2.24	拉孜县
39.92	53.70	61.89	3671	3590	1.40	江孜县
			6500	4650	1.00	定日县
20.00	97.00	6.00	4240	3485	1.36	南木林县
9.00	64.00		2400	2300	0.94	昂仁县
30.30	50.00		832	832	0.90	白朗县
	8.20	3.80	2024	1652	0.95	仁布县
	9.00	3.00	2530	1500	0.75	左贡县
2.26	68.35	1.93	5530	5442	3.46	丁青县
3.00	40.00		5000	5000	1.40	八宿县
3.20	3.50	3.60	3524	341	1.68	江达县
3.00	62.00	4.00	2832	2760	1.80	洛隆县
4.00	67.00	3.00	5000	4200	1.42	察雅县
0.38	146.56	0.84	1400	1390	0.76	贡觉县
3.45	38.56	5.00	2560	2500	1.00	边坝县
2.00	53.00	2.00	1750	1750	1.00	类乌齐县
1.00	80.00	5.00	4666	4666	2.80	芒康县
3.60	37.00	3.40	1050	1050	0.51	朗　县
2.00	44.60	1.00	2015	931	0.58	墨脱县
4.00	54.49		2765	1765	1.00	工布江达县
3.45	41.25	0.56	898	898	0.52	察隅县
2.00	110.00		6700	6400	2.10	波密县
7.03	33.06	5.06	1779	1699	0.65	米林县
0.30	38.00	1.40	1892	892	0.80	错那县
1.68	78.60	3.60	2600	2600	0.86	浪卡子县
9.00	74.00	15.00	12233	10801	2.00	贡嘎县
3.00	50.00		1718	1583	2.00	加查县
6.00	23.00	4.00	4000	3200	0.90	桑日县
			1287	1287	0.47	洛扎县
39.51	41.43	10.00	1905	1600	0.64	琼结县
7.00	1.00		2345	2258	1.14	措美县
15.00	25.00	7.50	3200	1200	0.68	扎囊县
4.50	42.50		1773	1412	0.26	曲松县
10.60	39.80	6.40	1522	1341	1.00	隆子县
2.52	12.10		1479	1454	1.00	聂荣县
0.60	7.15		455	415	0.13	双湖县
2.00	18.00		2960	1481	0.50	嘉黎县
12.80	155.40		10600	10180	4.90	比如县
2.00	8.72	1.00	1200	800	0.38	尼玛县
5.44	25.81	1.17	3722	3421	0.91	巴青县
2.73	29.00	3.03	2500	2250	0.80	申扎县
6.00	18.50	0.50	3500	3410	1.50	安多县

3-4 续表29

县名称 Name of Counties	综合生产能力 （万立方米/日） Integrated Production Capacity (10000 cu. m/day)	地下水 Underground Water	供水管道长度 （公里） Length of Water Supply Pipelines (km)	建成区 In Built District	供水总量 （万立方米） Total Quantity of Water Supply (10000 cu. m)	生产运营用水 The Quantity of Water for Production and Operation
索县	0.4	0.2	28.50	28.50	85.00	2.00
班戈县	0.6	0.6	15.13	15.13	77.52	5.90
革吉县	1.2	1.2	42.39	42.39	36.80	
札达县	0.2	0.2	22.65	14.60	47.93	
日土县	0.8	0.8	16.69	16.69	89.30	20.00
改则县	2.5	2.5	10.00	10.00	60.59	1.50
葛尔县	0.9	0.9	135.00	135.00	224.00	
普兰县	0.4	0.4	11.23	11.23	40.30	4.50
措勤县	0.8	0.6	4.60	4.60	67.00	3.00
陕 西	**173.9**	**90.6**	**6868.37**	**5627.75**	**29105.55**	**4723.62**
蓝田县	3.5	1.5	135.08	86.87	862.38	383.34
周至县	5.6	0.9	170.15	78.34	794.97	39.19
宜君县	0.4		53.24	31.24	49.76	0.16
岐山县	3.9	2.5	50.00	44.00	421.80	50.00
扶风县	5.6	3.1	108.00	108.00	753.28	130.00
眉县	2.7	1.4	71.34	71.34	436.08	78.89
陇县	3.5	3.5	131.88	106.74	513.70	93.35
千阳县	1.2	1.2	65.38	65.00	181.10	27.60
麟游县	0.5	0.1	33.20	33.20	149.81	20.37
凤县	1.2		45.37	25.67	162.10	35.00
太白县	0.5		45.22	40.05	155.00	
三原县	7.9	2.2	169.09	169.09	961.50	289.87
泾阳县	4.0	2.5	258.54	170.27	802.80	216.54
乾县	1.3	1.3	116.79	101.80	472.93	41.35
礼泉县	3.0	2.9	96.70	90.70	606.40	214.20
永寿县	0.6	0.5	58.33	52.73	259.92	61.27
长武县	1.2		85.92	76.07	290.00	3.60
旬邑县	1.6		35.30	32.60	167.32	26.30
淳化县	0.4	0.4	32.90	32.90	140.76	14.82
武功县	2.3	1.2	80.94	49.00	588.04	130.80
潼关县	3.0	3.0	65.20	64.00	327.10	24.00
大荔县	3.4	3.4	152.40	150.40	625.80	6.00
合阳县	4.7	2.8	124.90	114.53	551.01	132.70
澄城县	3.3	1.4	62.49	51.58	577.74	150.45
蒲城县	4.5	4.5	205.85	205.85	784.56	145.60
白水县	1.0	1.0	58.51	50.53	213.00	42.00
富平县	6.5	6.5	216.87	175.90	998.90	117.30
延长县	1.0		81.13	42.00	228.02	4.20
延川县	0.6		37.00	37.00	127.95	2.48
志丹县	1.2	1.2	57.20	57.20	342.25	
吴起县	1.2	1.2	109.00	51.80	394.00	135.00
甘泉县	0.9		63.00	37.00	161.35	4.46
富县	1.0		70.00	70.00	260.00	28.10

continued 29

公共服务用水 The Quantity of Water for Public Service	居民家庭用水 The Quantity of Water for Household Use	其他用水 The Quantity of Water for Other Purposes	用水户数（户）Number of Households with Access to Water Supply (unit)	居民家庭 Households	用水人口（万人）Population with Access to Water Supply (10000 persons)	县名称 Name of Counties
6.60	33.60	1.40	4200	4200	1.10	索 县
4.70	33.12	0.80	1550	1550	1.16	班戈县
8.80	24.09	2.60	1800	1800	0.90	革吉县
	47.45		2000	1852	0.60	札达县
30.00	29.00	10.00	1041	994	0.64	日土县
1.60	10.00	0.49	2630	2580	0.66	改则县
	213.00		24665	24665	4.40	葛尔县
	32.05	1.00	5175	3086	1.26	普兰县
3.00	10.00	1.00	1962	1962	0.80	措勤县
3489.52	**17449.88**	**880.90**	**1320171**	**1144350**	**515.97**	**陕 西**
68.57	349.92	8.66	27186	25666	9.97	蓝田县
180.00	452.29	1.24	41751	30853	7.60	周至县
4.00	38.60		4200	3574	1.84	宜君县
37.00	277.00	27.00	14883	12870	4.89	岐山县
162.00	428.00	1.28	8963	8572	7.35	扶风县
42.35	271.84		23913	23305	7.17	眉 县
173.19	208.25		2819	2345	9.10	陇 县
27.78	106.60	2.00	18000	16600	4.50	千阳县
42.02	77.41	0.38	13200	13200	3.12	麟游县
12.10	87.90	3.10	6130	6022	2.70	凤 县
27.00	78.20	30.00	3990	3900	1.70	太白县
24.77	473.23	36.83	20784	20303	14.55	三原县
119.30	286.92	55.69	25159	19088	7.74	泾阳县
14.13	377.64	12.44	32480	31655	12.01	乾 县
100.00	222.00	27.50	34231	2831	9.60	礼泉县
63.80	104.50	7.49	10321	9662	5.13	永寿县
76.00	159.00	1.40	16051	13445	5.66	长武县
28.60	89.20	8.90	7033	7007	3.73	旬邑县
17.25	81.90	1.76	8557	8496	3.22	淳化县
27.55	346.20	14.49	35223	4221	9.57	武功县
18.00	230.30	23.70	23251	23251	6.40	潼关县
96.00	382.80	100.00	23880	21820	10.24	大荔县
28.26	282.40	56.45	17092	15335	6.30	合阳县
75.00	298.74	6.55	27377	26711	12.28	澄城县
25.85	530.26	7.80	26638	1347	13.73	蒲城县
36.00	122.00	1.00	22698	22550	6.28	白水县
60.00	752.70	53.00	38515	34728	16.03	富平县
62.40	125.14	3.28	13031	11028	5.23	延长县
10.12	103.25	0.64	7433	6307	5.69	延川县
82.18	226.19	1.73	20500	17000	6.20	志丹县
30.00	163.00	19.00	20560	20560	7.10	吴起县
36.43	95.93	7.36	7478	5950	3.40	甘泉县
17.90	175.80	3.60	12484	12484	5.70	富 县

3-4 续表30

县名称 Name of Counties	综合生产能力 （万立方米/日） Integrated Production Capacity (10000 cu. m/day)	地下水 Underground Water	供水管道长度（公里） Length of Water Supply Pipelines (km)	建成区 In Built District	供水总量（万立方米） Total Quantity of Water Supply (10000 cu. m)	生产运营用水 The Quantity of Water for Production and Operation
洛川县	1.5		91.64	91.64	240.00	38.00
宜川县	0.6		45.40	36.29	148.00	9.93
黄龙县	0.5		60.00	60.00	90.80	6.90
黄陵县	0.8		99.00	99.00	249.00	6.00
城固县	6.0	6.0	115.10	105.10	1124.00	60.00
洋县	5.2		78.10	77.00	862.00	306.00
西乡县	5.8		102.30	86.00	640.65	134.20
勉县	5.2	3.6	160.20	151.20	1244.00	359.20
宁强县	2.2		88.00	88.00	305.00	49.00
略阳县	2.0		63.00	53.00	293.00	78.00
镇巴县	1.0		88.80	73.80	229.00	20.10
留坝县	0.3		9.00	9.00	97.00	21.60
佛坪县	1.0		42.00	42.00	67.52	10.00
府谷县	5.0	5.0	237.26	237.26	974.00	73.00
靖边县	2.7	2.7	165.35	165.35	731.94	21.90
定边县	0.8	0.8	515.14	121.13	705.00	
绥德县	16.5	16.5	139.91	139.91	437.70	99.70
米脂县	1.8	0.8	124.80	58.70	280.34	77.30
佳县	0.4	0.4	20.40	20.00	34.00	0.90
吴堡县	0.4		43.80	43.20	162.51	11.40
清涧县	0.7	0.3	45.50	45.20	253.93	50.15
子洲县	0.8	0.3	66.80	56.80	196.06	63.72
汉阴县	2.8		144.10	144.10	635.07	140.65
石泉县	2.4		68.13	68.13	448.61	99.77
宁陕县	0.4		31.09	31.09	79.40	3.03
紫阳县	1.1		29.46	26.66	358.11	62.49
岚皋县	1.0		92.00	86.00	278.00	5.00
平利县	2.3		130.00	130.00	290.18	21.78
镇坪县	0.8		50.23	41.65	74.12	5.00
白河县	1.3		71.00	51.00	238.50	5.00
洛南县	3.0	3.0	154.94	154.94	600.00	26.70
丹凤县	4.9		94.00	82.00	567.00	34.00
商南县	2.3	0.1	138.00	138.00	723.19	20.66
山阳县	1.6	1.0	91.00	83.20	646.94	92.60
镇安县	1.5		96.00	83.00	230.95	26.00
柞水县	4.4		130.00	75.00	208.70	35.00
甘 肃	**100.3**	**39.2**	**5649.10**	**5159.63**	**18216.15**	**2325.75**
永登县	1.3	0.4	53.00	53.00	353.10	6.50
皋兰县	2.4		137.16	137.16	388.50	128.02
榆中县	3.5		95.80	95.80	348.60	68.96
永昌县	2.0		82.50	59.20	257.00	33.22
靖远县	3.2		137.00	136.33	381.50	28.00
会宁县	2.5		67.20	67.20	444.10	13.00

continued 30

公共服务用水 The Quantity of Water for Public Service	居民家庭用水 The Quantity of Water for Household Use	其他用水 The Quantity of Water for Other Purposes	用水户数（户） Number of Households with Access to Water Supply (unit)	居民家庭 Households	用水人口（万人） Population with Access to Water Supply (10000 persons)	县名称 Name of Counties
30.00	136.00	9.00	9349	8900	7.44	洛川县
10.94	107.80	4.53	9579	9170	4.65	宜川县
21.80	46.10	8.50	3200	3200	1.58	黄龙县
80.00	128.00		14174	12917	4.15	黄陵县
40.50	964.26	5.60	56945	56770	15.52	城固县
64.00	384.00	40.00	21301	20142	10.33	洋县
61.00	394.45	21.20	30430	30114	10.56	西乡县
98.50	717.60	3.20	55044	47043	16.65	勉县
27.00	187.00	1.00	24369	23950	7.04	宁强县
13.00	174.00		17640	14830	6.30	略阳县
15.10	171.80	3.80	14813	14743	5.55	镇巴县
10.50	40.50	0.20	4129	3748	1.38	留坝县
5.00	42.50	0.02	3323	2783	0.86	佛坪县
106.00	657.00	51.00	31525	31525	17.88	府谷县
167.98	436.26		25172	25140	24.20	靖边县
177.00	419.00	6.00	22633	18226	10.75	定边县
47.00	236.80	9.70	33462	29641	9.99	绥德县
15.37	146.09	3.24	10000	9733	5.15	米脂县
0.90	28.00	0.20	10696	10576	2.20	佳县
15.11	130.50	5.00	8167	8039	3.00	吴堡县
16.98	175.00	0.50	11919	11791	5.54	清涧县
10.00	104.87	7.00	11460	10975	4.47	子洲县
15.92	437.22	14.22	35014	32720	11.02	汉阴县
6.15	251.54	1.57	20161	16912	7.50	石泉县
5.01	55.56	7.80	5485	5235	1.93	宁陕县
5.70	257.42	1.85	21141	17864	6.22	紫阳县
19.00	180.00	32.00	12026	11887	5.61	岚皋县
20.01	225.00	15.00	18000	18000	6.18	平利县
5.10	55.20	0.65	3585	2992	1.47	镇坪县
71.38	134.98	10.00	12988	11140	4.90	白河县
22.50	529.60	5.00	53400	52000	16.02	洛南县
85.00	415.00		18452	17960	13.65	丹凤县
185.90	482.00	26.20	14780	12694	7.18	商南县
86.62	338.72	58.00	32765	31277	11.10	山阳县
36.00	155.00	3.95	11991	11785	6.67	镇安县
66.00	100.00	0.70	15242	15242	5.60	柞水县
2432.40	**10695.85**	**724.22**	**1134871**	**998124**	**427.65**	**甘 肃**
58.50	226.50	18.90	28581	28057	10.84	永登县
49.51	83.02	39.89	8599	8201	6.87	皋兰县
72.15	172.59	0.11	30329	28904	6.30	榆中县
36.60	135.42	27.35	25121	21092	4.02	永昌县
48.00	235.00	21.00	28350	28350	9.33	靖远县
173.00	167.60	49.80	40174	39405	15.26	会宁县

3-4 续表31

县名称 Name of Counties	综合生产能力 （万立方米/日） Integrated Production Capacity (10000 cu. m/day)	地下水 Underground Water	供水管道长度 （公里） Length of Water Supply Pipelines (km)	建成区 In Built District	供水总量 （万立方米） Total Quantity of Water Supply (10000 cu. m)	生产运营用水 The Quantity of Water for Production and Operation
景泰县	2.0		112.00	112.00	327.00	23.80
清水县	2.0		87.00	65.47	313.24	46.37
秦安县	1.5	1.2	77.90	77.90	354.20	39.00
甘谷县	2.1	0.8	148.93	148.93	684.92	18.06
武山县	1.0	1.0	97.00	97.00	284.00	23.00
张家川回族自治县	0.8		36.00	33.60	277.42	23.50
民勤县	4.3	4.3	237.56	237.56	426.00	36.00
古浪县	1.0		98.34	98.34	215.72	
天祝藏族自治县	1.5		76.60	58.60	234.75	48.20
肃南县	1.0		31.30	31.30	117.00	38.20
民乐县	2.5	2.5	204.28	204.28	359.75	22.78
临泽县	1.5	1.5	145.52	145.52	327.43	70.08
高台县	2.7	2.7	140.00	140.00	337.60	35.35
山丹县	2.5	0.8	171.00	171.00	574.65	48.68
泾川县	1.2	1.2	83.87	83.87	287.34	15.69
灵台县	1.8		79.00	79.00	228.00	19.00
崇信县	0.6	0.6	78.00	78.00	146.63	25.07
庄浪县	2.5		74.00	74.00	406.06	244.00
静宁县	2.5	1.6	70.00	70.00	499.82	44.80
金塔县	1.6	1.6	80.49	80.49	201.68	3.10
瓜州县	2.0	2.0	172.16	77.78	433.48	24.36
肃北蒙古族自治县	0.3	0.3	45.00	45.00	112.00	32.00
阿克塞哈萨克族自治县	0.4		63.70	63.70	80.00	10.00
庆城县	1.3		108.00	108.00	235.57	9.70
环县	2.7	0.4	127.30	127.30	249.03	11.13
华池县	0.7		66.20	66.20	140.54	39.42
合水县	0.6		32.60	32.60	144.69	9.73
正宁县	0.8		73.87	73.87	144.20	14.04
宁县	0.8	0.8	60.55	58.80	162.80	48.00
镇原县	2.0	2.0	39.00	37.09	158.51	26.38
通渭县	0.8		78.13	78.13	256.80	58.30
陇西县	3.9	1.6	237.53	237.53	897.19	201.80
渭源县	3.0		65.15	63.12	254.30	8.00
临洮县	1.4	1.4	86.57	86.57	432.33	11.15
漳县	1.0	1.0	58.35	58.35	135.15	1.50
岷县	4.0	4.0	85.00	85.00	380.00	25.00
成县	3.5		118.00	118.00	398.60	4.00
文县	0.6	0.6	32.00	32.00	175.00	21.00
宕昌县	1.6		76.28	76.28	107.70	6.00
康县	0.5		58.00	42.10	90.02	2.20
西和县	1.2	0.2	206.00	67.00	411.00	24.00
礼县	1.0	1.0	125.00	120.00	229.00	10.30
徽县	1.0		75.00	72.00	244.92	2.30

continued 31

公共服务用水 The Quantity of Water for Public Service	居民家庭用水 The Quantity of Water for Household Use	其他用水 The Quantity of Water for Other Purposes	用水户数（户）Number of Households with Access to Water Supply (unit)	居民家庭 Households	用水人口（万人）Population with Access to Water Supply (10000 persons)	县名称 Name of Counties
40.50	223.20	9.00	26257	21000	11.81	景泰县
30.92	179.41	15.21	12372	11715	7.17	清水县
75.00	209.00	2.10	38725	37255	12.86	秦安县
81.35	478.83	52.05	41164	41100	22.69	甘谷县
18.00	209.00	10.00	17500	15500	7.33	武山县
37.51	154.57	8.78	14560	14257	4.75	张家川回族自治县
126.00	190.80	3.20	29600	26000	5.78	民勤县
74.31	91.50		18642	15088	5.70	古浪县
1.74	139.85	2.10	16414	16414	7.47	天祝藏族自治县
23.50	46.70		5286	4826	1.01	肃南县
81.37	195.28	26.04	41954	4769	9.75	民乐县
93.89	128.35	2.40	8970	7650	3.81	临泽县
10.95	238.30	16.55	36595	22164	8.09	高台县
17.11	438.61	21.35	40572	37745	10.47	山丹县
48.32	187.97	7.17	22931	19062	6.31	泾川县
38.00	163.00		11019	9236	3.19	灵台县
34.60	79.62	1.49	13591	13341	3.53	崇信县
21.00	132.00	5.85	32543	25332	4.46	庄浪县
67.22	298.00	20.00	13355	11500	7.61	静宁县
30.10	137.08	12.00	21102	17484	6.57	金塔县
123.78	146.65	70.63	27782	24353	6.15	瓜州县
18.00	56.00	5.50	5414	4685	1.10	肃北蒙古族自治县
5.04	55.76	5.86	4200	4000	1.14	阿克塞哈萨克族自治县
32.42	160.38	9.69	16080	15746	6.95	庆城县
26.11	164.24	3.90	14143	13936	7.65	环县
20.26	63.56	11.96	8727	6593	3.52	华池县
38.42	66.75	16.10	17810	16480	5.07	合水县
21.90	93.56		14500	13700	4.20	正宁县
6.70	89.60	8.80	10350	9350	4.47	宁县
39.15	75.28	2.44	16000	12000	3.96	镇原县
	162.83	2.10	26531	24963	6.61	通渭县
46.36	463.60	30.91	35782	35010	23.16	陇西县
9.50	187.80	13.00	10580	9120	4.07	渭源县
16.85	352.75	8.51	36240	36240	15.98	临洮县
3.50	94.00	11.00	5500	4530	4.89	漳县
20.00	306.00	8.00	23840	23840	9.99	岷县
38.00	262.30	18.30	9710	9630	9.92	成县
21.00	105.00	8.00	10340	10020	4.06	文县
5.00	90.00	1.00	9003	8672	3.35	宕昌县
7.40	74.80		6800	5784	2.83	康县
5.00	339.00	2.00	19649	18149	11.72	西和县
31.25	155.00	4.45	13200	12446	6.30	礼县
57.50	160.12		14800	14800	5.74	徽县

3-4 续表32

县名称 Name of Counties	综合生产能力 （万立方米/日） Integrated Production Capacity (10000 cu. m/day)	地下水 Underground Water	供水管道长度 （公里） Length of Water Supply Pipelines (km)	建成区 In Built District	供水总量 （万立方米） Total Quantity of Water Supply (10000 cu. m)	生产运营用水 The Quantity of Water for Production and Operation
两当县	0.3		42.40	42.40	59.22	2.80
临夏县	0.5		68.75	68.65	167.68	28.42
康乐县	1.0		93.58	45.08	337.50	130.00
永靖县	2.0		81.00	46.50	688.00	78.00
广河县	2.9	1.8	55.90	29.81	330.90	34.50
和政县	2.0		92.21	92.21	519.12	197.00
东乡族自治县	0.7		75.00	26.10	138.00	26.70
积石山县	0.7		23.42	23.42	414.10	46.00
临潭县	0.7		61.80	61.80	125.38	5.41
卓尼县	0.6		59.54	59.54	97.14	4.33
舟曲县	1.1	1.1	51.30	51.30	228.03	
迭部县	0.4	0.1	42.41	39.90	149.00	22.00
玛曲县	0.3		31.95	31.95	67.55	6.70
碌曲县	0.4	0.4	27.00	27.00	81.80	22.20
夏河县	0.5	0.5	52.00	52.00	163.89	19.00
青　海	38.3	8.7	2161.97	2017.30	6073.83	716.75
大通县	6.0		142.00	142.00	439.74	
湟源县	2.0		125.55	95.68	328.92	70.29
民和县	1.5		220.00	220.00	426.63	30.20
互助县	5.5	0.5	104.42	104.42	603.52	85.02
化隆县	3.8		158.40	158.40	347.90	26.30
循化县	0.7		80.70	34.70	165.18	18.03
门源县	1.0		117.07	117.07	299.23	30.00
祁连县	0.6	0.3	75.00	43.00	140.75	13.50
海晏县	0.7	0.7	43.90	43.90	105.00	5.00
刚察县	0.8		36.53	36.53	166.97	17.50
西海镇	2.0	2.0	51.00	51.00	81.74	32.00
尖扎县	0.5		46.00	27.00	126.50	24.00
泽库县	0.2		22.00	22.00	76.20	20.00
河南县	0.4		26.70	26.70	119.88	24.20
共和县	2.0	2.0	94.56	94.56	535.37	58.49
同德县	0.5		18.40	18.40	95.16	11.00
贵德县	0.9	0.7	96.85	96.85	261.57	4.32
兴海县	1.5		37.79	37.79	124.26	5.98
贵南县	0.5		19.63	19.63	88.24	5.11
班玛县	0.2		19.00	19.00	38.00	2.50
久治县	0.3		28.00	28.00	45.00	8.00
甘德县	0.2		55.09	55.09	72.95	9.21
玛沁县	1.0	1.0	97.66	81.16	267.57	123.57
达日县	0.3		38.30	37.00	36.27	5.55
玛多县	0.2		21.00	21.00	54.20	10.00
杂多县	0.3		9.37	9.37	129.25	8.30
称多县	0.5		34.84	34.84	73.15	0.70

continued 32

公共服务 用 水 The Quantity of Water for Public Service	居民家庭 用 水 The Quantity of Water for Household Use	其他用水 The Quantity of Water for Other Purposes	用 水 户 数 （户） Number of Households with Access to Water Supply（unit）	居民家庭 Households	用水人口 （万人） Population with Access to Water Supply （10000 persons）	县名称 Name of Counties
4.80	44.52	0.70	3095	2984	1.17	两当县
23.52	87.91	10.16	9660	6200	4.09	临夏县
50.00	123.00		14033	12351	6.93	康乐县
95.00	457.00	8.00	33852	32651	8.44	永靖县
29.50	236.40	4.50	15256	14534	5.04	广河县
15.60	205.00	6.52	11687	11486	6.53	和政县
26.40	74.90	5.90	4652	4652	16.08	东乡族自治县
70.00	248.00	22.00	11061	8061	5.70	积石山县
1.68	106.12	5.95	8300	7980	3.49	临潭县
33.78	54.15		7735	7735	2.41	卓尼县
30.68	157.67		13062	9965	4.06	舟曲县
33.00	44.00	22.00	4516	4041	1.95	迭部县
6.90	36.50	7.00	4730	4730	1.90	玛曲县
16.00	39.50	1.50	2945	2460	1.46	碌曲县
13.25	115.00	15.50	9000	8800	2.59	夏河县
976.77	**2957.04**	**503.78**	**362046**	**311808**	**118.42**	**青　海**
90.00	295.00	9.25	31985	31652	21.05	大通县
77.64	119.60	3.43	27663	14194	7.00	湟源县
100.39	230.19		49180	39078	8.10	民和县
48.00	246.00	126.50	47308	39854	8.98	互助县
18.00	172.60	20.00	17301	17022	6.93	化隆县
41.20	76.05	1.70	12296	11164	5.12	循化县
50.00	182.73		13605	13129	5.59	门源县
30.24	69.46	0.83	11078	10548	2.21	祁连县
9.00	82.00	8.00	5725	5149	2.60	海晏县
47.84	68.85		4431	4144	1.82	刚察县
6.65	29.93	5.86	6720	6320	2.31	西海镇
24.00	53.00	13.00	6775	6762	2.05	尖扎县
19.00	31.00		2635	2568	1.62	泽库县
28.00	53.00		3732	3389	1.72	河南县
87.69	176.77	162.42	15978	13921	7.13	共和县
20.20	41.46	17.50	4300	3566	1.56	同德县
38.28	145.80	49.66	19563	19563	4.90	贵德县
35.88	72.25	6.62	7306	5804	3.17	兴海县
38.32	31.54	6.92	8400	6988	1.96	贵南县
2.50	27.00		2560	2560	1.01	班玛县
9.00	18.00		2232	2232	0.53	久治县
15.80	45.20		2044	1864	0.79	甘德县
17.00	97.00	16.00	5096	5006	3.80	玛沁县
6.10	15.33		1372	1152	0.92	达日县
10.00	34.00		1300	1270	0.56	玛多县
5.00	94.95	6.00	4435	4360	2.61	杂多县
0.80	64.00	0.50	2140	1935	1.24	称多县

3-4 续表33

县名称 Name of Counties	综合生产能力 （万立方米/日） Integrated Production Capacity (10000 cu. m/day)	地下水 Underground Water	供水管道长度 （公里） Length of Water Supply Pipelines (km)	建成区 In Built District	供水总量 （万立方米） Total Quantity of Water Supply (10000 cu. m)	生产运营用水 The Quantity of Water for Production and Operation
治多县	0.4		10.00	10.00	109.50	4.20
囊谦县	1.2		30.22	30.22	88.63	2.63
曲麻莱县	0.5		75.00	75.00	66.60	1.50
乌兰县	0.3		19.60	19.60	112.01	10.93
都兰县	0.6		75.00	75.00	92.22	18.61
天峻县	0.8	0.8	100.96	100.96	237.09	
大柴旦行委	0.7	0.7	31.43	31.43	118.63	30.11
宁　夏	51.6	27.8	2000.13	1920.93	9085.40	2273.77
永宁县	6.0	6.0	152.00	152.00	1017.77	561.69
贺兰县	8.8	1.8	201.21	201.21	2677.57	779.88
平罗县	3.0	3.0	287.00	287.00	973.27	256.00
盐池县	3.5	1.5	271.00	243.00	665.91	138.68
同心县	3.6	3.6	254.00	254.00	570.61	190.44
红寺堡区	6.3	6.3	142.48	142.48	286.67	16.24
西吉县	4.5		76.90	76.90	451.42	49.88
隆德县	3.3		143.18	143.18	704.81	53.28
泾源县	2.0		46.00	46.00	161.00	15.00
彭阳县	1.5	1.5	82.00	82.00	296.95	9.40
中宁县	4.1	4.1	113.00	113.00	772.31	202.11
海原县	5.0		231.36	180.16	507.11	1.17
新　疆	186.1	89.0	8740.07	7632.61	34964.68	4079.90
鄯善县	12.0	1.5	341.92	341.92	1996.00	986.00
托克逊县	3.0	1.1	182.60	182.60	593.81	73.67
巴里坤哈萨克自治县	0.8	0.8	61.62	61.62	184.38	19.75
伊吾县	0.4	0.4	43.92	38.70	114.40	
呼图壁县	4.4	2.2	140.24	140.24	626.00	80.00
玛纳斯县	4.5	4.5	112.47	112.47	403.23	6.75
奇台县	4.8	4.8	144.32	144.32	588.46	62.10
吉木萨尔县	5.2	1.3	154.00	154.00	510.00	19.00
木垒哈萨克自治县	1.1		132.04	125.81	246.90	60.25
精河县	8.7	2.2	113.00	113.00	805.00	61.57
温泉县	0.5	0.5	65.30	65.30	106.00	8.95
轮台县	0.9	0.9	124.84	84.34	335.00	30.00
尉犁县			33.00	29.16	204.00	20.30
若羌县	4.8		276.40	274.80	105.95	42.21
且末县	1.3	1.3	58.40	52.12	200.00	10.00
焉耆回族自治县	6.6	6.6	70.00	70.00	582.00	193.00
和静县	3.5	3.5	109.60	109.60	1592.00	26.00
和硕县	4.0		79.06	79.06	279.99	14.23
博湖县	0.4	0.4	32.90	32.00	115.00	
温宿县	1.7	1.7	74.69	74.69	623.11	99.62
沙雅县	5.5	5.5	339.00	339.00	1154.00	6.00
新和县	1.5	1.5	102.00	102.00	459.00	2.00

continued 33

公共服务 用　水 The Quantity of Water for Public Service	居民家庭 用　水 The Quantity of Water for Household Use	其他用水 The Quantity of Water for Other Purposes	用　水 户　数 （户） Number of Households with Access to Water Supply（unit）	居民家庭 Households	用水人口 （万人） Population with Access to Water Supply（10000 persons）	县名称 Name of Counties
14.00	83.30		3033	2988	1.86	治多县
4.00	72.00		5300	4200	2.95	囊谦县
5.00	57.90		14793	14496	1.61	曲麻莱县
13.29	60.92	9.77	8614	4351	1.43	乌兰县
10.20	51.12		5512	4875	1.75	都兰县
11.66	28.99	28.60	4510	2633	0.85	天峻县
42.09	30.10	11.22	3124	3071	0.69	大柴旦行委
1480.21	**3846.30**	**495.24**	**557699**	**478260**	**124.66**	**宁　夏**
93.12	239.25	0.66	39395	29286	5.21	永宁县
664.41	959.94	73.96	115533	99394	19.00	贺兰县
103.00	429.60	61.47	87752	80432	14.96	平罗县
57.92	342.09	55.23	41589	34648	8.92	盐池县
2.70	304.11	13.00	33625	27454	14.49	同心县
101.00	97.53	52.00	18476	14269	4.52	红寺堡区
59.30	287.06	1.31	31156	27031	10.10	西吉县
158.68	227.30	170.55	46721	39864	3.85	隆德县
13.00	80.00	24.00	10400	8700	3.30	泾源县
59.10	165.90	29.80	22718	18026	5.98	彭阳县
99.30	379.00	2.89	70754	62387	20.56	中宁县
68.68	334.52	10.37	39580	36769	13.77	海原县
4450.89	**18061.53**	**4213.80**	**1492000**	**1348716**	**386.37**	**新　疆**
103.00	259.00	520.00	37000	33000	8.31	鄯善县
141.10	271.10	41.35	28744	25585	7.30	托克逊县
27.88	59.20	61.17	11291	9968	2.20	巴里坤哈萨克自治县
26.41	45.00	23.50	3655	3446	0.64	伊吾县
60.00	439.00		44654	40000	5.00	呼图壁县
80.48	290.00		32040	28830	6.40	玛纳斯县
58.00	282.40	125.00	49750	49750	9.86	奇台县
10.00	401.00		35245	28196	5.60	吉木萨尔县
65.20	82.20		14153	12944	1.71	木垒哈萨克自治县
91.50	228.78	352.35	35255	32797	4.50	精河县
7.16	68.02	5.37	4450	3982	1.27	温泉县
15.00	263.00		14950	14850	6.85	轮台县
14.00	148.00		11390	11163	3.10	尉犁县
	47.74		14155	13228	3.01	若羌县
26.00	134.00	7.00	15012	14242	2.82	且末县
160.50	199.50	1.00	36683	36580	5.08	焉耆回族自治县
132.00	154.00	1168.00	30000	28200	6.52	和静县
44.39	149.11	22.58	9600	5420	3.23	和硕县
12.50	93.00		11812	11665	1.74	博湖县
124.72	237.00	110.32	30300	30000	9.00	温宿县
404.75	354.95	290.30	45809	45809	10.07	沙雅县
30.00	368.00	12.00	26104	25900	9.50	新和县

3-4 续表 34

县名称 Name of Counties	综合生产能力（万立方米/日）Integrated Production Capacity (10000 cu. m/day)	地下水 Underground Water	供水管道长度（公里）Length of Water Supply Pipelines (km)	建成区 In Built District	供水总量（万立方米）Total Quantity of Water Supply (10000 cu. m)	生产运营用水 The Quantity of Water for Production and Operation
拜城县	1.9	1.9	75.00	72.00	382.56	10.56
乌什县	1.0	1.0	65.50	48.00	360.00	80.00
阿瓦提县			55.00	55.00	390.00	30.00
柯坪县	1.4	1.4	41.00	31.00	129.58	33.46
阿克陶县	2.0		78.22	78.22	445.28	45.30
阿合奇县	0.8	0.8	43.00	43.00	164.00	35.00
乌恰县	2.0		144.29	144.29	210.00	27.10
疏附县	3.7	1.7	130.26	130.26	787.64	38.00
疏勒县	3.0	3.0	141.00	141.00	759.00	135.00
英吉沙县	3.2	3.2	161.08	117.68	702.14	27.39
泽普县	2.2	2.2	179.60	151.10	735.00	
莎车县	6.0	6.0	236.00	227.00	1962.75	123.65
叶城县	5.0	0.5	295.00	262.00	956.25	88.30
麦盖提县	2.3	2.3	111.22	111.22	755.00	54.00
岳普湖县	3.0	3.0	122.40	111.40	453.00	15.67
伽师县	2.0	2.0	102.05	102.05	652.10	18.56
巴楚县	5.3		322.60	150.60	674.42	81.82
塔什库尔干塔吉克自治县	2.3		110.40	109.50	303.70	0.01
和田县						
墨玉县	4.0	4.0	164.85	164.85	1381.21	304.00
皮山县	3.5	3.5	116.44	89.39	420.00	7.15
洛浦县	1.6	1.6	126.71	72.01	633.45	9.13
策勒县	1.0	0.3	110.05	60.00	325.00	3.20
于田县	5.6		202.00	60.00	385.63	85.66
民丰县	0.4	0.4	36.52	36.52	163.36	2.98
伊宁县	5.1		202.70	202.70	820.33	99.36
察布查尔县	2.3	2.3	84.00	84.00	416.70	19.60
霍城县	2.0		77.25	77.25	453.00	26.40
巩留县	6.1		491.00	404.00	1031.40	68.76
新源县	5.5		151.83	151.83	1814.10	220.70
昭苏县	2.0		183.25	151.00	264.22	83.00
特克斯县	2.0		308.00	265.00	600.00	87.00
尼勒克县	2.0	2.0	148.00	148.00	472.00	37.76
额敏县	4.0	3.4	373.00	373.00	428.00	32.04
托里县	1.5	0.2	140.58	140.58	375.84	39.20
裕民县	1.6		62.20	44.52	375.00	98.00
和布克赛尔蒙古自治县	0.9	0.9	31.90	31.90	107.00	20.00
布尔津县	1.8	0.9	115.44	31.32	243.28	10.12
富蕴县	2.5		32.00	32.00	273.00	32.00
福海县	2.5		127.74	46.00	440.00	72.00
哈巴河县	1.5		87.77	53.07	460.96	18.52
青河县	1.8		40.00	23.60	220.00	22.20
吉木乃县	2.4		121.90	78.00	214.55	15.90

continued 34

公共服务用水 The Quantity of Water for Public Service	居民家庭用水 The Quantity of Water for Household Use	其他用水 The Quantity of Water for Other Purposes	用水户数（户） Number of Households with Access to Water Supply (unit)	居民家庭 Households	用水人口（万人） Population with Access to Water Supply (10000 persons)	县名称 Name of Counties
43.21	272.79		35078	34195	8.60	拜城县
70.00	165.00	10.00	17918	17918	5.19	乌什县
38.00	282.00		12370	12170	9.85	阿瓦提县
49.50	37.37	4.59	6700	6500	1.05	柯坪县
67.30	291.00	2.00	9649	9522	6.12	阿克陶县
20.00	31.00	67.30	8600	8246	1.52	阿合奇县
96.20	63.70		15000	12900	2.83	乌恰县
89.00	481.30	104.90	15654	15421	6.26	疏附县
27.00	528.00	2.00	21980	21180	9.98	疏勒县
28.25	439.94	128.58	30596	29962	7.20	英吉沙县
135.24	493.63	47.33	26000	2500	6.35	泽普县
194.00	1326.00	10.33	62745	58859	36.91	莎车县
43.00	734.75	9.20	38840	32700	17.30	叶城县
46.00	483.00	93.00	27301	19110	8.43	麦盖提县
60.41	281.37	54.62	14274	13352	4.94	岳普湖县
36.74	532.27		39263	28650	10.02	伽师县
122.12	461.00		83815	79193	15.10	巴楚县
	277.38	8.70	8252	7513	2.31	塔什库尔干塔吉克自治县
						和田县
208.00	640.84	139.00	34885	32850	10.84	墨玉县
51.15	210.00	118.10	16239	15239	4.21	皮山县
164.72	308.04	98.30	15660	15165	4.59	洛浦县
5.80	288.60	6.40	11266	11103	3.46	策勒县
29.40	151.08	19.90	33262	32972	6.62	于田县
38.09	82.99	12.03	11046	9812	2.28	民丰县
65.30	458.30	78.00	21000	20722	6.10	伊宁县
27.00	366.00	3.10	25353	25353	5.79	察布查尔县
12.70	298.80	36.30	22987	21137	6.27	霍城县
123.77	455.69	209.03	26508	22484	6.25	巩留县
315.61	368.61	18.19	41243	41243	9.53	新源县
51.00	81.00	6.30	12393	12024	5.64	昭苏县
84.00	380.80	15.00	22615	22380	5.77	特克斯县
28.32	358.46	4.72	1318	1210	5.26	尼勒克县
68.79	262.55	17.62	38585	33105	5.76	额敏县
58.60	193.24	49.40	20021	17667	3.08	托里县
45.00	160.00	20.00	13600	8050	3.00	裕民县
4.60	62.40		11749	10302	1.80	和布克赛尔蒙古自治县
38.49	154.19	17.83	18730	15882	2.99	布尔津县
83.00	156.00		21280	17210	3.86	富蕴县
34.00	302.00	14.00	15604	13463	2.72	福海县
102.70	267.80	9.54	16933	14733	3.44	哈巴河县
6.41	161.45	14.27	12417	10153	1.86	青河县
3.88	137.19	24.28	11219	9011	1.58	吉木乃县

3-5　2023年按县分列的县城供水(公共供水)

县名称 Name of Counties	综合生产能力 (万立方米/日) Integrated Production Capacity (10000 cu. m/day)	地下水 Underground Water	水厂个数(个) Number of Water Plants (unit)	地下水 Underground Water	供水管道长度(公里) Length of Water Supply Pipelines (km)	合计 Total	供水总量(万立方米) 售水量 小计 Subtotal	生产运营用水 The Quantity of Water for Production and Operation	公共服务用水 The Quantity of Water for Public Service
全　国	6313.8	1047.7	2433	764	304057.43	1211734.17	1025483.74	208195.21	111722.02
河　北	363.5	116.7	163	77	16735.34	65029.96	54376.42	11456.44	5552.86
井陉县	4.5	4.5	1	1	80.00	462.05	386.55	28.00	17.00
正定县	14.3		2		145.60	2523.40	2192.03	713.21	284.42
行唐县	2.7	2.7	1	1	156.80	722.70	639.50	224.89	228.12
灵寿县	2.9	2.9	2	2	130.00	458.60	438.90	4.20	62.70
高邑县	3.5		1		65.80	349.85	285.13		14.00
深泽县	3.0		1		214.53	600.00	512.00	70.00	30.00
赞皇县	1.7		2		155.05	533.08	485.35	225.35	62.00
无极县	3.0		1		130.60	956.45	828.00	300.00	188.00
平山县	3.8	3.8	2	2	157.47	923.05	803.79	131.33	6.42
元氏县	5.0		1		114.12	586.68	484.05		
赵　县	7.5		1		61.20	438.78	370.36		142.00
滦南县	4.0	4.0	1	1	156.00	893.00	752.17		211.53
乐亭县	3.0	3.0	2	2	206.29	811.62	658.22	3.03	132.33
迁西县	3.0	3.0	1	1	232.59	610.92	522.28	100.39	36.90
玉田县	2.5	2.5	1	1	46.97	748.00	683.77	130.00	119.77
曹妃甸区	16.0	5.0	4	1	280.05	1858.09	1628.32	951.60	166.94
青龙满族自治县	3.5		2		68.48	445.47	371.96	92.99	37.19
昌黎县	3.0		1		195.00	812.00	612.00	81.00	73.00
卢龙县	2.0	2.0	1	1	57.00	338.00	283.25	83.44	54.25
临漳县	3.0		1		169.10	687.25	622.15	33.46	31.93
成安县	2.0		3		240.00	414.92	319.92	5.00	3.00
大名县	4.2	2.0	2	1	247.00	581.00	457.00	52.00	25.00
涉　县	3.6	3.6	4	4	311.50	982.62	815.29	58.40	28.13
磁　县	5.0		1		216.20	1493.00	1276.51	412.51	145.00
邱　县	3.0		1		116.00	1061.10	989.22	615.00	1.00
鸡泽县	2.8	0.8	2		219.00	770.00	632.14	150.00	105.00
广平县	2.5		1		61.99	655.81	257.24	13.12	36.55
馆陶县	3.0	1.4	2	1	224.00	463.50	416.00		
魏　县	6.0		2		210.54	1076.80	870.50	45.30	71.80
曲周县	6.5	1.5	2	1	201.70	536.00	448.50	5.30	6.00
临城县	4.0		2		99.00	277.00	233.00	33.00	40.00
内丘县	2.2	1.0	3	1	95.10	370.36	337.06	37.71	23.22
柏乡县	2.8		1		67.00	312.05	265.35	22.35	18.30
隆尧县	3.3		1		109.49	394.57	338.57	13.57	82.07
宁晋县	3.0		1		285.00	855.00	779.25		76.00
巨鹿县	4.1	2.2	2	1	690.30	605.38	517.18	90.92	108.24
新河县	2.2	1.0	2	1	74.00	362.00	300.00	33.00	32.00

County Seat Water Supply by County (Public Water Suppliers) (2023)

Total Quantity of Water Supply (10000 cu. m)				用水户数 (户)	居民家庭	用 水 人 口 (万人)	县名称
Water Sold		免 费 供水量	生活用水				
居民家庭 用 水 The Quantity of Water for Household Use	其他用水 The Quantity of Water for Other Purposes	The Quantity of Free Water Supply	Domestic Water Use	Number of Households with Access to Water Supply (unit)	Households	Population with Access to Water Supply (10000 persons)	Name of Counties
642515.08	63051.43	35136.85	8043.37	58870927	51989466	14966.22	全 国
33950.23	3416.89	1947.69	470.82	3791913	3385197	1040.45	河 北
335.00	6.55			33000	30000	10.10	井陉县
767.72	426.68	44.00		71373	62679	22.13	正定县
118.17	68.32			18533	17750	7.53	行唐县
372.00				24740	23237	8.86	灵寿县
271.13				18000	15000	5.60	高邑县
393.00	19.00			25897	25368	9.20	深泽县
198.00				9320	8494	5.50	赞皇县
320.00	20.00	15.00	5.00	27490	26575	9.64	无极县
472.74	193.30	45.70		36000	26282	12.65	平山县
402.60	81.45			24821	24628	9.80	元氏县
228.36				33900	32015	13.00	赵 县
540.64				64452	59032	15.63	滦南县
450.45	72.41	16.80	3.50	65800	56600	14.68	乐亭县
384.99		0.69		46000	43100	13.91	迁西县
433.00	1.00	0.29	0.29	40034	39900	15.60	玉田县
506.00	3.78	0.20	0.06	65586	62355	13.78	曹妃甸区
223.18	18.60	6.69		34581	32223	8.23	青龙满族自治县
408.00	50.00	78.00		38074	3665	11.95	昌黎县
145.56				19429	19142	6.60	卢龙县
556.76				21197	18978	12.28	临漳县
311.92		15.00	15.00	30143	30143	10.95	成安县
380.00		5.00		56896	48584	24.27	大名县
726.06	2.70	1.00	1.00	68689	66834	22.53	涉 县
585.00	134.00			66179	53015	22.30	磁 县
373.22				33480	24360	11.80	邱 县
357.14	20.00	15.00	8.00	41200	40654	12.14	鸡泽县
207.57		307.50	307.50	25980	20000	9.42	广平县
369.00	47.00	5.00	5.00	31700	28560	12.48	馆陶县
676.60	76.80	53.40		83523	83523	37.87	魏 县
437.20		0.50		35008	34802	11.68	曲周县
160.00		2.00		6200	5800	7.05	临城县
276.13				35089	3209	8.33	内丘县
224.70		12.00		23258	22967	5.10	柏乡县
242.46	0.47			28560	13782	10.08	隆尧县
703.25				71201	68665	22.60	宁晋县
300.71	17.31	1.50		43355	40159	13.85	巨鹿县
210.00	25.00	10.00		16720	16720	5.70	新河县

3-5 续表1

县名称 Name of Counties	综合生产能力 （万立方米/日） Integrated Production Capacity (10000 cu. m/day)	地下水 Under-ground Water	水厂个数（个） Number of Water Plants (unit)	地下水 Under-ground Water	供水管道长度（公里） Length of Water Supply Pipelines (km)	合计 Total	小计 Subtotal	生产运营用水 The Quantity of Water for Production and Operation	公共服务用水 The Quantity of Water for Public Service
广宗县	2.0		1		123.92	359.90	304.12	65.28	49.24
平乡县	2.5	0.5	2	1	158.85	441.20	387.03	82.01	72.21
威县	4.0		2		389.05	672.42	528.54	5.98	39.43
清河县	11.0		1		98.97	786.15	659.25	50.00	107.39
临西县	4.0		1		90.57	368.76	309.76	30.98	40.26
博野县	2.0		1		43.00	850.00	748.00	452.00	102.00
涞水县	2.0		1		189.63	635.22	484.54	3.10	7.62
阜平县	2.6	2.6	5	5	76.45	350.31	290.80	59.72	23.93
白沟新城	8.6	3.6	4	3	257.12	1305.01	1095.69	603.69	12.00
定兴县	5.0		1		102.39	817.34	614.74	95.70	177.14
唐县	2.5		1		129.44	536.03	489.20	25.58	1.65
高阳县	5.0		1		110.10	771.03	646.97	41.00	18.00
涞源县	1.2	0.8	1	1	112.95	423.00	356.00	3.00	80.00
望都县	2.5		1		65.62	594.76	508.24	84.29	27.41
易县	3.0		1		222.10	939.99	789.06	177.60	77.26
曲阳县	3.0		1		53.00	547.84	445.26	9.85	51.53
蠡县	1.2		1		107.00	474.95	362.05	105.00	16.50
顺平县	3.0		1		102.00	494.58	429.39	108.00	12.00
张北县	2.7	2.7	3	3	341.74	788.30	661.32	241.49	18.41
康保县	1.0	1.0	1	1	83.00	170.93	128.71	6.41	27.71
沽源县	2.1	2.1	2	2	133.83	268.00	220.00	17.00	5.00
尚义县	1.8	1.8	2	2	109.70	204.30	172.00	28.00	57.00
蔚县	2.5	2.5	1	1	217.00	520.00	426.40	5.00	10.00
阳原县	1.3	1.3	2	2	132.00	292.00	241.00	5.00	23.00
怀安县	2.0	2.0	1	1	100.73	406.00	340.00	142.00	53.00
怀来县	5.0	5.0	2	2	155.20	910.00	765.00	1.00	25.00
涿鹿县	2.0	2.0	1	1	168.35	434.04	361.94	22.52	85.54
赤城县	0.6	0.6	1	1	80.24	228.94	216.21	14.00	40.27
承德县	1.0	1.0	3	3	95.40	524.28	430.00	34.66	34.90
兴隆县	1.4	1.3	4	3	132.00	385.00	328.00		12.00
滦平县	6.0	6.0	3	1	179.36	725.71	569.47	148.42	2.91
隆化县	2.5	2.5	2	2	179.60	516.96	424.59	72.08	42.20
丰宁满族自治县	4.0	4.0	2	2	152.60	460.67	392.37	10.00	42.07
宽城满族自治县	3.0		2		148.10	461.00	406.05	110.00	28.05
围场满族蒙古族自治县	4.0	4.0	1	1	98.50	493.29	402.86		82.42
青县	7.2	1.2	2	1	151.42	932.38	788.63	276.29	47.97
东光县	6.0		1		210.66	483.75	395.17	20.01	12.00
海兴县	3.0		1		147.85	221.54	187.12	9.30	0.35
盐山县	2.5		1		187.27	615.94	523.77	0.10	0.89

continued 1

Total Quantity of Water Supply (10000 cu. m)				用水户数（户）		用 水 人 口（万人）	县名称
Water Sold		免 费供水量	生活用水		居民家庭		
居民家庭用 水 The Quantity of Water for Household Use	其他用水 The Quantity of Water for Other Purposes	The Quantity of Free Water Supply	Domestic Water Use	Number of Households with Access to Water Supply (unit)	Households	Population with Access to Water Supply (10000 persons)	Name of Counties
189.60				31440	28013	8.10	广宗县
222.81	10.00			13936	9000	7.99	平乡县
478.33	4.80	24.20	3.00	28769	28269	16.27	威 县
501.03	0.83			42052	41233	25.45	清河县
232.32	6.20			23100	18480	9.20	临西县
194.00		30.00		19800	19800	6.31	博野县
335.95	137.87	8.50	8.50	41544	39603	8.20	涞水县
202.95	4.20	0.50		31918	27896	4.47	阜平县
480.00				35270	29735	9.71	白沟新城
341.90		75.90		40866	38745	10.36	定兴县
354.48	107.49			37073	37073	9.36	唐 县
442.00	145.97	0.03		39378	35925	9.15	高阳县
269.00	4.00	2.00		35154	26368	8.18	涞源县
365.29	31.25	17.30		17800	16510	8.12	望都县
379.43	154.77	85.89		28500	25000	9.36	易 县
383.88		18.00	6.00	30415	29302	10.93	曲阳县
239.00	1.55	36.29	29.03	23154	20254	7.30	蠡 县
296.39	13.00	14.00	14.00	31503	29871	7.27	顺平县
354.99	46.43	0.10		98836	82786	10.05	张北县
93.12	1.47	12.33	2.65	22631	21140	6.50	康保县
190.00	8.00	2.00	2.00	33560	26600	6.39	沽源县
87.00		0.30	0.15	17000	17000	5.00	尚义县
411.40				23712	22373	8.24	蔚 县
211.00	2.00			25809	25809	6.69	阳原县
145.00		12.00		23011	21826	6.15	怀安县
493.00	246.00			93143	91150	10.30	怀来县
251.28	2.60			61391	57767	10.54	涿鹿县
160.64	1.30			33662	32440	6.78	赤城县
360.00	0.44	4.66		46342	46342	8.70	承德县
310.00	6.00	2.00		32600	28500	7.20	兴隆县
329.49	88.65	32.65	32.65	44677	41169	9.00	滦平县
310.31		1.20		49295	45490	8.20	隆化县
340.30		25.00	19.60	57739	54304	8.62	丰宁满族自治县
268.00		18.00		42091	38892	6.36	宽城满族自治县
320.44		7.50		43000	39000	9.85	围场满族蒙古族自治县
375.17	89.20	0.05	0.05	74614	67778	11.28	青 县
363.16				24128	20865	11.93	东光县
127.15	50.32	2.95	0.85	17585	16282	5.27	海兴县
388.18	134.60	0.02		33000	26333	9.67	盐山县

3-5 续表2

县名称 Name of Counties	综合生产能力 （万立方米/日） Integrated Production Capacity (10000 cu.m/day)	地下水 Underground Water	水厂个数（个） Number of Water Plants (unit)	地下水 Underground Water	供水管道长度（公里） Length of Water Supply Pipelines (km)	合计 Total	供水总量(万立方米) 售水量 小计 Subtotal	生产运营用水 The Quantity of Water for Production and Operation	公共服务用水 The Quantity of Water for Public Service
肃宁县	3.0		1		120.50	939.00	863.88	342.27	80.67
南皮县	1.2		1		80.02	435.58	413.15	74.31	5.75
吴桥县	4.0		2		118.00	281.65	234.50	12.92	25.81
献 县	6.0		1		276.00	1203.54	1105.80	224.50	71.00
孟村回族自治县	2.0		1		148.64	273.00	225.05	48.73	20.88
固安县	12.7	4.6	7	5	363.78	2642.01	1591.13	491.07	66.59
永清县	2.0	0.2	2	1	300.00	413.88	358.12	148.65	64.90
香河县	5.0	5.0	1	1	356.44	991.00	839.00	166.00	137.00
大城县	3.0		1		162.17	440.18	375.03	91.65	2.09
文安县	3.5		1		156.36	604.40	516.29	106.67	27.99
大厂回族自治县	4.4	4.4	2	2	133.30	524.02	455.94	122.94	40.00
枣强县	9.0	1.0	2	1	409.63	573.59	486.85	10.73	108.11
武邑县	2.0		1		130.00	690.00	566.00	52.00	50.00
武强县	3.8	1.5	2	1	324.68	698.90	608.90	230.00	5.10
饶阳县	2.0		1		204.53	670.32	619.26	400.76	7.58
安平县	3.7	0.7	2	1	365.62	968.00	778.00	92.00	103.00
故城县	3.0	1.0	2	1	320.00	782.00	703.00	20.00	5.00
景 县	2.0		1		90.00	1185.00	1045.00	430.00	60.00
阜城县	4.0		3		172.00	566.00	478.00	47.00	99.50
容城县	3.0		1		81.49	642.67	537.82	145.75	172.54
雄 县	3.5		1		340.00	596.30	499.92	200.30	50.54
安新县	2.0		1		155.00	527.30	434.02	72.06	82.74
山 西	**127.8**	**87.0**	**123**	**98**	**9842.54**	**28700.84**	**25187.34**	**4417.96**	**3913.08**
清徐县									
阳曲县	0.9	0.9	2	2	83.92	283.00	260.00	130.00	
娄烦县	0.9	0.9	1	1	35.00	191.60	179.81	6.42	14.86
阳高县	1.0	1.0	1	1	140.00	354.58	298.01	18.00	43.00
天镇县	2.2	2.2	1	1	156.00	335.00	295.00	4.00	4.00
广灵县	0.8	0.8	1	1	334.00	290.00	260.00		58.69
灵丘县	1.5	1.5	1		170.30	335.40	271.00	83.30	
浑源县	1.4	1.4	2	1	139.67	413.00	354.50	19.00	19.50
左云县	0.5	0.5	2	2	108.00	174.80	164.00		51.10
云州区	1.7	1.7	3	3	165.91	179.57	143.65		32.25
平定县	10.0	8.0	3	1	240.00	2189.97	2145.47	1573.22	44.60
盂 县	2.8	2.8	3	3	202.86	773.60	700.90		244.40
襄垣县	2.0	2.0	2	2	450.76	695.10	581.10	52.30	96.90
平顺县	0.7	0.4	1		428.46	265.21	241.21	27.48	64.12
黎城县	1.0	1.0	2	2	79.00	233.10	196.00	32.00	21.00
壶关县	2.5	2.5	3	3	69.70	409.12	376.03	4.28	24.65

continued 2

The Quantity of Water for Household Use	The Quantity of Water for Other Purposes	The Quantity of Free Water Supply	Domestic Water Use	Number of Households with Access to Water Supply (unit)	Households	Population with Access to Water Supply (10000 persons)	Name of Counties
432.61	8.33			31424	30873	9.01	肃宁县
291.46	41.63			23850	23076	7.00	南皮县
195.77				17864	17734	5.37	吴桥县
342.30	468.00	13.64	1.43	44580	38772	12.20	献县
148.47	6.97	5.50	4.50	13765	11830	4.58	孟村回族自治县
1032.40	1.07	739.10		142478	118834	21.61	固安县
144.17	0.40			43046	39219	4.37	永清县
536.00				115145	103074	13.52	香河县
281.29				31648	28939	7.03	大城县
286.63	95.00	0.10		45430	42373	6.25	文安县
293.00				45641	43053	7.87	大厂回族自治县
351.53	16.48	30.23	0.01	40202	40002	14.30	枣强县
415.00	49.00	5.00		40000	39000	10.85	武邑县
372.30	1.50	0.05	0.05	22298	20473	7.78	武强县
201.82	9.10	0.18		23346	20970	7.33	饶阳县
578.00	5.00	30.00		35917	33086	15.13	安平县
641.00	37.00			60349	42244	17.01	故城县
523.00	32.00	10.00	1.00	31582	31002	11.80	景县
311.50	20.00	3.00		37645	36892	12.02	阜城县
219.53		33.50		24000	24000	10.16	容城县
249.08		5.00		30000	21000	6.66	雄县
237.12	42.10	3.75		26797	25028	5.33	安新县
15965.99	**890.31**	**636.34**	**224.91**	**1574685**	**1426941**	**581.07**	山西
							清徐县
124.80	5.20			30569	28060	6.32	阳曲县
158.53				13665	13506	4.53	娄烦县
237.01		12.00	12.00	33958	31890	9.00	阳高县
287.00		11.00		37000	35850	7.39	天镇县
192.71	8.60			31007	31007	7.90	广灵县
187.70				56000	56000	8.80	灵丘县
302.00	14.00	21.00	6.00	26100	23600	10.30	浑源县
112.90		0.40		22104	20135	5.14	左云县
111.40		20.92		29440	26400	6.09	云州区
525.53	2.12			49425	48062	11.51	平定县
456.50				35000	25000	11.50	盂县
431.90		5.50	5.50	40278	37400	7.98	襄垣县
149.61				10375	9502	4.23	平顺县
143.00				20241	15191	5.13	黎城县
343.86	3.24			17830	16920	9.38	壶关县

3-5 续表3

县名称 Name of Counties	综合生产能力 （万立方米/日） Integrated Production Capacity (10000 cu. m/day)	地下水 Underground Water	水厂个数（个） Number of Water Plants (unit)	地下水 Underground Water	供水管道长度（公里） Length of Water Supply Pipelines (km)	供水总量(万立方米) 合计 Total	小计 Subtotal	售水量 生产运营用水 The Quantity of Water for Production and Operation	公共服务用水 The Quantity of Water for Public Service
长子县	3.4	0.9	3	2	138.38	466.00	420.00	162.00	43.00
武乡县	1.3	1.3	1	1	76.50	310.00	275.90	31.00	60.00
沁　县	0.7	0.7	1	1	101.65	199.70	167.30	33.70	
沁源县	0.6	0.6	2	1	125.00	182.10	176.60	25.60	33.00
沁水县	1.7		1		220.00	363.00	353.00	50.00	140.00
阳城县	2.0	2.0	2	2	396.56	564.11	502.11	9.83	150.90
陵川县	1.2		1		136.98	217.00	193.00	11.00	4.00
山阴县	1.1	1.1	2	2	179.00	385.00	282.00		75.21
应　县	1.0	1.0	2	2	220.00	356.50	315.00	54.25	42.50
右玉县	2.0	2.0	2	2	150.00	295.00	277.00	26.00	54.00
榆社县	0.9	0.9	1	1	108.65	268.93	220.37	21.96	45.04
左权县	2.5		1		70.33	389.80	333.32	4.00	103.89
和顺县	2.7	0.4	1		70.00	326.27	278.36	13.86	62.39
昔阳县	2.0	0.8	1	1	189.50	287.00	262.10	37.90	30.00
寿阳县	3.7	1.0	3	2	73.76	406.69	355.57	78.18	76.51
祁　县	2.6		3	1	159.03	537.61	443.39	54.55	78.68
平遥县	1.8	1.8	1	1	273.97	662.25	611.57		183.47
灵石县	1.2	1.1	1	1	140.62	449.32	405.29	2.10	126.13
临猗县	5.9		1		59.60	664.00	572.81	0.58	42.81
万荣县	1.4	1.4	3	3	90.00	350.36	296.19	86.68	62.46
闻喜县	2.0		1		71.90	270.00	238.65	22.00	6.00
稷山县	1.5	1.5	2	2	374.47	287.74	233.44	1.76	1.02
新绛县	1.6	1.6	1	1	216.50	380.00	325.00	1.48	8.52
绛　县	0.7	0.7	1	1	70.95	200.30	168.20	47.27	0.23
垣曲县	2.0	0.5	2	1	86.29	515.10	485.20	110.70	18.20
夏　县	1.0				53.88	184.68	170.44	23.96	15.95
平陆县	1.4	1.0	2	1	46.00	268.85	225.50	46.40	
芮城县	1.2	1.2	1	1	77.00	325.00	296.00	32.56	23.68
定襄县	1.1	1.1	1	1	110.00	341.00	296.00	72.00	85.00
五台县	1.0	1.0	1	1	43.95	310.00	235.52	9.50	29.92
代　县	1.5	1.5	2	2	83.50	248.00	204.40	19.00	22.00
繁峙县	2.6	2.6	1	1	78.99	321.00	288.59	15.00	47.07
宁武县	1.3	0.2	2	1	149.30	437.89	309.00	69.20	87.32
静乐县	1.4	1.4	2	2	43.50	236.80	204.22	57.72	13.20
神池县	0.5	0.5	2	2	61.87	131.77	115.95		17.39
五寨县	1.0		2		78.97	289.00	262.00	71.00	68.00
岢岚县	0.9	0.3	2	1	55.00	163.00	111.00	18.00	25.00
河曲县	1.0	1.0	2	2	88.53	304.00	279.00	8.00	82.00
保德县	1.5	1.5	2	2	78.00	375.00	315.00	26.00	60.00

continued 3

Total Quantity of Water Supply (10000 cu. m)				用水户数 （户）	居民家庭	用 水 人 口 （万人）	县名称
Water Sold		免 费 供水量	生活用水				
居民家庭 用 水 The Quantity of Water for Household Use	其他用水 The Quantity of Water for Other Purposes	The Quantity of Free Water Supply	Domestic Water Use	Number of Households with Access to Water Supply (unit)	Households	Population with Access to Water Supply (10000 persons)	Name of Counties
215.00				29729	29729	8.38	长子县
157.00	27.90			14757	14041	6.24	武乡县
133.60		13.70		12146	12031	4.20	沁 县
112.00	6.00			11645	10600	4.71	沁源县
150.00	13.00			14000	13300	5.50	沁水县
341.38				38830	36931	12.00	阳城县
178.00		3.00		20200	20200	6.56	陵川县
206.79		28.00		37900	36451	8.00	山阴县
213.11	5.14	10.00	8.00	29500	15300	12.00	应 县
197.00				13500	8000	4.65	右玉县
153.37		14.36		26548	25014	4.45	榆社县
225.43		0.80	0.80	34551	31976	7.59	左权县
154.36	47.75	10.00		9530	8690	5.49	和顺县
185.00	9.20			25300	21300	8.40	昔阳县
200.87	0.01	10.00	8.00	8605	7716	6.00	寿阳县
310.16		2.00		19236	17263	8.27	祁 县
428.10				16190	14521	15.09	平遥县
277.06		0.50		20031	19968	13.50	灵石县
269.08	260.34			21780	21390	10.74	临猗县
147.05				25168	23590	8.23	万荣县
210.65				6923	6436	3.10	闻喜县
178.99	51.67	8.23	8.23	15811	12393	8.00	稷山县
195.00	120.00			24900	24600	12.15	新绛县
120.70				11817	8950	6.00	绛 县
356.30				29319	26406	10.56	垣曲县
125.22	5.31			2566	2208	5.00	夏 县
179.10		0.50		16087	13243	7.50	平陆县
201.28	38.48			4306	3759	8.60	芮城县
129.00	10.00	13.00	2.00	8712	8223	7.12	定襄县
186.60	9.50	41.90		20810	19536	4.65	五台县
152.00	11.40	8.00	8.00	13706	13312	5.35	代 县
226.52		1.00		29332	23374	7.96	繁峙县
151.78	0.70	95.00	95.00	31730	31420	7.80	宁武县
113.10	20.20	0.58		16853	14066	5.89	静乐县
92.76	5.80	2.64		11773	11687	4.60	神池县
102.00	21.00	6.00		17650	16951	6.14	五寨县
63.00	5.00	29.00		19180	16378	4.36	岢岚县
149.00	40.00	1.00		18579	16519	6.35	河曲县
226.00	3.00	25.00		28340	27150	10.80	保德县

3-5 续表4

县名称 Name of Counties	综合生产能力（万立方米/日）Integrated Production Capacity (10000 cu.m/day)	地下水 Underground Water	水厂个数（个）Number of Water Plants (unit)	地下水 Underground Water	供水管道长度（公里）Length of Water Supply Pipelines (km)	供水总量(万立方米) 合计 Total	售水量 小计 Subtotal	生产运营用水 The Quantity of Water for Production and Operation	公共服务用水 The Quantity of Water for Public Service
偏关县	0.6	0.6	2	2	48.92	153.30	123.72	1.62	9.70
曲沃县	1.3	1.3	1	1	116.57	457.00	374.00	20.00	42.00
翼城县	2.0	2.0	1	1	121.69	347.48	302.22	26.36	58.20
襄汾县	1.0	1.0	1	1	51.59	222.63	178.24	0.11	53.44
洪洞县	2.9		1		178.01	1056.59	920.30	221.87	254.82
古县	0.6	0.2	1	1	162.44	157.10	142.10	14.20	7.10
安泽县	0.5	0.5	1	1	49.30	118.25	100.51	9.50	28.16
浮山县	0.7	0.7	1	1	37.15	152.02	137.32		0.50
吉县	1.2	1.2	2	2	192.00	157.70	138.80		31.70
乡宁县	1.5	0.8	1		93.79	355.00	315.00	105.00	
大宁县	0.5	0.5	1	1	18.59	105.00	93.21	12.21	37.58
隰县	0.6	0.6	1		53.00	204.35	183.95	6.10	11.80
永和县	0.5	0.5	1	1	72.10	85.89	76.57	15.20	1.30
蒲县	0.7	0.7	1	1	76.00	160.00	146.00	13.30	31.70
汾西县	0.6	0.6	2	2	74.50	150.60	127.50		15.60
文水县	1.2		1	1	175.54	437.00	381.00	43.00	2.50
交城县	2.4	2.4	2	2	197.44	659.52	549.14	22.09	148.87
兴县	3.2	3.2	2	2	52.20	437.50	384.15	24.76	13.14
临县	2.0				66.00	383.25	326.19	28.90	31.47
柳林县	4.0	4.0	1	1	91.10	895.88	846.19		277.17
石楼县	0.7	0.7	1	1	39.40	192.00	156.00		28.00
岚县	1.0	1.0	2	2	55.00	282.00	257.00	51.00	
方山县	1.0	1.0	1	1	47.00	222.60	193.66		19.37
中阳县	1.8	0.8	4	3	65.00	770.00	640.00	498.00	31.80
交口县	0.8	0.8	1	1	56.50	145.36	123.90		33.60
内蒙古	**129.5**	**127.6**	**111**	**108**	**12579.17**	**25640.51**	**21402.04**	**2757.71**	**3418.05**
土左旗	1.4	1.4	2	2	158.30	249.21	212.40	28.20	32.00
托县	1.0	1.0	1	1	258.00	200.00	181.00	28.00	28.00
和林县	2.4	2.4	1	1	190.00	176.03	142.08		47.52
清水河县	0.6	0.6	1	1	62.40	123.00	113.90	3.00	24.58
武川县	1.4	1.4	1	1	99.00	340.00	297.20	35.30	67.80
土右旗	3.5	3.5	2	2	325.00	420.00	376.00		
固阳县	0.9	0.9	1	1	114.93	284.22	240.41	59.93	57.21
达尔罕茂明安联合旗	1.1	1.1	1	1	70.85	170.00	141.60	15.00	23.00
阿鲁科尔沁旗	2.3	2.3	2	2	338.42	430.93	360.43		124.00
巴林左旗	1.8	1.8	2	2	524.08	485.80	452.78		60.95
巴林右旗	3.0	3.0	1	1	114.30	404.96	332.05		100.93
林西县	1.1	1.1	2	2	255.00	411.00	369.00	36.00	82.00
克什克腾旗	3.0	3.0	2	2	83.90	408.00	340.00	1.00	90.00

continued 4

Total Quantity of Water Supply (10000 cu. m)				用水户数（户）	居民家庭	用水人口（万人）	县名称
Water Sold		免费供水量	生活用水				
居民家庭用水 The Quantity of Water for Household Use	其他用水 The Quantity of Water for Other Purposes	The Quantity of Free Water Supply	Domestic Water Use	Number of Households with Access to Water Supply (unit)	Households	Population with Access to Water Supply (10000 persons)	Name of Counties
112.40		1.40		12247	10579	3.67	偏关县
310.00	2.00	19.00		15333	13326	6.60	曲沃县
212.66	5.00	16.00		27900	24850	8.68	翼城县
106.88	17.81	22.25	22.25	23888	21527	10.80	襄汾县
443.61		12.54	7.84	58449	52265	15.00	洪洞县
113.80	7.00	3.00	2.00	9356	6549	3.90	古　县
62.85				5823	3960	3.00	安泽县
111.92	24.90	4.75		5860	5060	5.20	浮山县
107.10				14000	13000	4.78	吉　县
210.00				7335	6523	8.00	乡宁县
40.17	3.25	2.74	1.53	7688	6801	2.67	大宁县
163.00	3.05	2.80	2.55	11541	11083	4.27	隰　县
58.67	1.40	0.90		9560	7585	2.82	永和县
90.00	11.00			11742	10688	3.40	蒲　县
109.40	2.50	0.60	0.60	11394	10891	5.85	汾西县
335.50				12221	9310	14.50	文水县
378.11	0.07	0.58	0.58	11008	8698	8.56	交城县
346.25		14.15		21580	19200	10.94	兴　县
262.02	3.80	24.70	24.03	30251	28236	12.00	临　县
563.77	5.25			3225	2568	11.00	柳林县
118.00	10.00	20.00	10.00	8150	7950	5.00	石楼县
206.00		15.90		26000	26000	7.00	岚　县
125.87	48.42			11127	9224	4.30	方山县
110.00	0.20	80.00		2358	2330	9.00	中阳县
90.20	0.10			6117	5593	3.00	交口县
14097.25	**1129.03**	**744.02**	**133.12**	**2273430**	**2027997**	**446.77**	**内蒙古**
149.40	2.80			35810	28482	6.00	土左旗
120.00	5.00	4.00	4.00	25257	25257	7.00	托　县
94.56				33878	32567	5.04	和林县
86.32				13485	12821	3.39	清水河县
178.70	15.40			26000	22000	4.36	武川县
268.00	108.00			41000	40891	13.00	土右旗
123.27				38000	34000	5.50	固阳县
93.50	10.10			21123	19935	4.20	达尔罕茂明安联合旗
233.80	2.63			50837	43781	11.37	阿鲁科尔沁旗
331.76	60.07			58901	55901	10.45	巴林左旗
225.45	5.67			49101	41773	8.75	巴林右旗
219.00	32.00			42656	38534	6.16	林西县
249.00				43014	37898	8.17	克什克腾旗

3-5 续表5

县名称 Name of Counties	综合生产能力 (万立方米/日) Integrated Production Capacity (10000 cu. m/day)	地下水 Under-ground Water	水厂个数 (个) Number of Water Plants (unit)	地下水 Under-ground Water	供水管道长度 (公里) Length of Water Supply Pipelines (km)	供水总量(万立方米)			
						合计 Total	售水量		
							小计 Subtotal	生产运营用水 The Quantity of Water for Production and Operation	公共服务用水 The Quantity of Water for Public Service
翁牛特旗	4.5	4.5	4	4	142.50	675.00	550.00	20.00	10.00
喀喇沁旗	3.0	3.0	2	2	49.00	642.48	575.54	4.82	110.61
宁城县	2.4	2.4	1	1	101.09	577.74	478.60	1.50	80.40
敖汉旗	3.5	3.5	2	2	280.00	392.40	332.40	34.10	90.20
科左中旗	1.0	1.0	1	1	60.00	173.47	143.68		
科左后旗	1.3	1.3	1	1	264.60	315.94	289.27	3.60	103.60
开鲁县	2.2	2.2	1	1	204.59	530.96	432.15	69.40	74.90
库伦旗	1.3	1.3	1	1	213.00	213.90	158.90	33.00	13.80
奈曼旗	1.7	1.7	2	2	210.35	435.43	359.38		93.30
扎鲁特旗	1.4	1.4	1	1	561.00	418.00	343.00	47.00	38.00
达拉特旗	5.7	5.7	3	2	223.07	937.50	768.31	131.55	118.26
准格尔旗	6.3	6.3	4	4	233.09	945.00	785.46	134.27	218.33
鄂托克前旗	0.7	0.7	1	1	441.37	233.33	203.22	48.10	
鄂托克旗	1.9	1.9	10	10	130.00	231.81	230.95		130.43
杭锦旗	1.3	1.3	1	1	265.00	238.81	215.12	25.72	60.26
乌审旗	1.2	1.2	1	1	298.00	397.50	382.80	30.00	18.50
伊金霍洛旗	5.0	5.0	2	2	661.13	994.01	877.64	221.91	55.72
阿荣旗	1.4	1.4	1	1	175.06	350.17	283.81	45.74	15.21
莫旗	1.5	1.5	2	2	68.03	371.00	336.16	65.70	15.93
鄂伦春旗	1.2	1.2	1	1	30.00	341.85	315.00	40.00	20.00
鄂温克旗					52.50	410.10	370.60		35.06
陈巴尔虎旗	1.0	1.0	1	1	58.00	139.16	126.16	10.00	9.00
新左旗	0.2	0.2	1	1	8.58	60.30	58.00	0.30	9.50
新右旗	0.5	0.3	1	1	75.70	153.92	141.12	19.85	10.60
五原县	3.5	3.5	1	1	235.03	491.07	367.43	25.03	49.00
磴口县	2.1	2.1	2	2	173.55	330.00	241.80	102.80	16.00
乌拉特前旗	2.0	2.0	1	1	239.20	670.98	548.65		160.96
乌拉特中旗	1.3	1.3	1	1	142.17	310.30	275.38	37.26	8.30
乌拉特后旗	1.5	1.5	1	1	96.08	260.00	233.20	0.80	1.50
杭锦后旗	4.0	4.0	1	1	258.06	525.00	420.20	176.00	24.00
卓资县	0.8	0.8	1	1	78.00	264.00	260.00	5.90	76.40
化德县	1.0	1.0	2	2	200.40	286.52	230.79	19.96	64.38
商都县	1.5	1.5	3	3	144.00	521.00	490.00	61.50	80.50
兴和县	1.5	1.5	2	2	109.00	345.00	327.00	2.00	31.00
凉城县	1.0	1.0	2	2	62.02	214.00	170.00		
察右前旗	1.3	1.3	1	1	150.20	323.57	293.67	48.67	39.84
察右中旗	0.5	0.5	1	1	79.00	178.60	162.47	16.61	13.90
察右后旗	1.3	1.3	1		75.34	316.72	283.68	3.20	36.00
四子王旗	2.0	2.0	2	2	311.00	398.00	375.00	18.00	17.00

continued 5

Total Quantity of Water Supply (10000 cu. m)				用水户数（户）	居民家庭	用水人口（万人）	县名称
Water Sold		免费供水量	生活用水				
居民家庭用水 The Quantity of Water for Household Use	其他用水 The Quantity of Water for Other Purposes	The Quantity of Free Water Supply	Domestic Water Use	Number of Households with Access to Water Supply (unit)	Households	Population with Access to Water Supply (10000 persons)	Name of Counties
500.00	20.00	10.00	1.00	52010	50000	15.00	翁牛特旗
433.04	27.07			31449	28649	7.09	喀喇沁旗
396.70		13.24		61000	53353	14.28	宁城县
190.10	18.00			49952	49952	13.59	敖汉旗
120.93	22.75	1.00		25875	15430	6.21	科左中旗
155.40	26.67			32000	29500	7.33	科左后旗
287.85		6.20		44145	37872	8.34	开鲁县
110.00	2.10	21.00		19400	17400	2.99	库伦旗
266.08				45000	42000	8.20	奈曼旗
258.00				49352	43854	9.94	扎鲁特旗
491.30	27.20	62.00		80153	64067	18.08	达拉特旗
426.86	6.00	4.00		70658	60112	16.45	准格尔旗
153.81	1.31			21935	18707	2.80	鄂托克前旗
99.25	1.27	0.02		30380	23998	3.58	鄂托克旗
123.76	5.38			33930	31106	4.43	杭锦旗
322.00	12.30	2.30		16885	15755	6.42	乌审旗
472.89	127.12	0.56		82150	80630	15.56	伊金霍洛旗
222.86				42381	33372	7.23	阿荣旗
243.08	11.45			53109	41889	8.06	莫旗
255.00				13829	12717	2.70	鄂伦春旗
293.63	41.91	0.10		34671	31943	5.41	鄂温克旗
107.16				9150	8450	1.85	陈巴尔虎旗
48.00	0.20			4215	3799	1.58	新左旗
110.67				10498	8881	1.59	新右旗
293.40		38.79	18.34	39335	33036	11.04	五原县
123.00		62.00		25481	17990	5.04	磴口县
384.33	3.36	9.16		68189	67946	11.25	乌拉特前旗
168.74	61.08	6.12	6.12	23986	19669	3.70	乌拉特中旗
220.00	10.90	1.60		12000	12000	3.74	乌拉特后旗
210.00	10.20	54.80	32.00	41765	41351	11.16	杭锦后旗
163.80	13.90	2.00		15232	14076	3.11	卓资县
146.45		27.88		27648	20421	5.66	化德县
341.00	7.00	11.00	9.60	51000	48000	6.71	商都县
292.00	2.00			32500	32500	6.50	兴和县
170.00				15080	14120	3.53	凉城县
194.55	10.61	0.82		12483	11357	5.94	察右前旗
122.00	9.96			21000	21000	3.18	察右中旗
238.16	6.32	8.00		13514	11825	4.73	察右后旗
330.00	10.00	10.00	10.00	31250	30050	5.65	四子王旗

3-5 续表6

县名称 Name of Counties	综合生产能力（万立方米/日）Integrated Production Capacity (10000 cu.m/day)	地下水 Underground Water	水厂个数（个）Number of Water Plants (unit)	地下水 Underground Water	供水管道长度（公里）Length of Water Supply Pipelines (km)	供水总量(万立方米) 合计 Total	售水量 小计 Subtotal	生产运营用水 The Quantity of Water for Production and Operation	公共服务用水 The Quantity of Water for Public Service
阿巴嘎旗	0.4	0.4	1	1	86.10	122.33	101.10	0.12	18.80
苏尼特左旗	0.5	0.5	1	1	33.10	122.76	77.29	15.31	17.88
苏尼特右旗	2.0	2.0	1	1	103.10	365.56	284.44	26.34	76.92
东乌珠穆沁旗	1.0	1.0	1	1	135.38	248.96	207.04	31.93	35.14
西乌珠穆沁旗	2.0	2.0	1	1	146.50	251.73	166.67		12.75
太仆寺旗	0.9	0.9	2	2	103.03	221.00	182.30	73.50	11.60
镶黄旗	0.5	0.5	1	1	122.04	113.14	98.09	26.11	16.00
正镶白旗	0.8	0.8	1	1	184.20	131.83	112.14	57.58	2.48
正蓝旗	1.6	1.6	1	1	61.36	234.18	185.19		
多伦县	2.0	2.0	2	2	188.92	253.70	230.91	1.68	24.52
科尔沁右翼前旗	5.0	5.0	1	1	305.00	707.49	635.30	50.22	190.47
科右中旗	0.7	0.7	3	3	109.28	198.08	160.30	29.52	4.90
扎赉特旗	1.1	1.1	1	1	155.21	210.34	190.70		59.06
突泉县	1.1	1.1	1	1	161.90	390.00	355.62	51.00	2.62
阿拉善左旗	9.0	7.3	4	2	629.38	2139.58	1246.29	669.69	199.21
阿拉善右旗	0.7	0.7	1	1	85.55	89.89	79.88	4.38	30.06
额济纳旗	1.5	1.5	1	1	216.23	122.25	93.39	9.61	27.26
辽 宁	**85.4**	**8.3**	**33**	**10**	**5137.06**	**16784.58**	**11578.55**	**1750.87**	**1224.94**
康平县	8.5		3	2	208.00	789.01	612.03	41.19	43.33
法库县	8.5		2		128.10	809.00	595.00	49.00	19.00
长海县	5.4		2		713.71	314.68	154.57	39.38	15.08
台安县	2.5	2.5	1	1	252.15	700.17	399.23	26.73	73.23
岫岩满族自治县	3.5	0.9	1	1	168.80	704.60	515.95	0.80	15.00
抚顺县									
新宾满族自治县	2.0		1		124.04	701.00	248.34	53.23	18.05
清原满族自治县	8.0		3		262.00	927.00	679.00	64.00	108.00
本溪满族自治县	6.5		1		106.44	769.00	515.10	101.70	30.40
桓仁满族自治县	3.2		1		274.00	1174.00	743.00	204.00	129.00
宽甸满族自治县	2.5		1		280.00	879.50	549.50	6.50	39.00
黑山县	2.8	0.9	2	1	262.00	863.00	750.00	100.00	110.00
义县	4.4		1		189.74	1131.50	846.29	163.99	73.39
阜新蒙古族自治县					226.00	595.00	453.00	75.00	69.00
彰武县	5.0		1		240.00	400.00	350.00	15.00	40.00
辽阳县	5.0		1		172.00	1345.00	652.00	37.00	4.00
盘山县	2.1	0.4	4	2	322.80	526.28	405.69	221.25	15.70
铁岭县									
西丰县	3.0		1		191.77	840.00	652.00	265.00	32.00
昌图县	5.0		1		187.11	899.72	696.00	159.43	129.05
朝阳县	0.3		1		25.00	180.00	144.00	10.80	9.00

continued 6

Total Quantity of Water Supply(10000 cu. m)		免 费 供水量 The Quantity of Free Water Supply	生活用水 Domestic Water Use	用水户数 (户) Number of Households with Access to Water Supply (unit)	居民家庭 Households	用 水 人 口 (万人) Population with Access to Water Supply (10000 persons)	县名称 Name of Counties
Water Sold							
居民家庭 用 水 The Quantity of Water for Household Use	其他用水 The Quantity of Water for Other Purposes						
80.07	2.11	14.00		15000	9200	2.28	阿巴嘎旗
38.12	5.98	24.80		8211	6892	1.39	苏尼特左旗
98.60	82.58	52.06	52.06	23121	22400	4.41	苏尼特右旗
139.97		31.92		19938	16089	3.24	东乌珠穆沁旗
113.38	40.54	63.62		31186	26086	4.99	西乌珠穆沁旗
97.00	0.20	0.20		31499	29984	4.62	太仆寺旗
40.80	15.18			7849	7426	1.24	镶黄旗
52.08		0.10		11440	11344	2.25	正镶白旗
185.19		0.36		23941	20947	3.43	正蓝旗
162.93	41.78	4.91		25989	22280	4.63	多伦县
205.10	189.51	3.00		47589	42961	4.70	科尔沁右翼前旗
125.66	0.22			26000	25000	7.50	科右中旗
129.86	1.78			54102	48285	6.07	扎赉特旗
300.00	2.00	0.03		18100	18100	6.90	突泉县
377.39		171.17		81338	70015	12.53	阿拉善左旗
36.02	9.42	2.99		9777	7597	1.44	阿拉善右旗
56.52		18.27		14698	10774	2.11	额济纳旗
7638.53	**964.21**	**568.20**	**70.81**	**1121265**	**949459**	**191.66**	辽 宁
527.51				46063	38813	9.50	康平县
415.00	112.00			54225	46942	7.70	法库县
99.98	0.13	21.27		22721	20639	1.92	长海县
291.22	8.05	138.69		72125	61230	6.21	台安县
481.15	19.00	1.60	0.50	52284	47428	12.00	岫岩满族自治县
							抚顺县
177.06		212.99		26790	24690	6.10	新宾满族自治县
460.00	47.00	73.00	51.00	36712	27412	6.13	清原满族自治县
353.00	30.00	3.60		65167	56507	7.70	本溪满族自治县
410.00				64800	58000	9.00	桓仁满族自治县
301.00	203.00	2.00		47356	2873	8.00	宽甸满族自治县
450.00	90.00			42610	42610	13.10	黑山县
525.58	83.33	24.96	19.31	51800	46000	9.15	义 县
267.00	42.00			37125	34055	5.46	阜新蒙古族自治县
280.00	15.00	25.00		32000	28000	6.74	彰武县
564.00	47.00			69900	67000	15.00	辽阳县
131.18	37.56	1.87		24016	19829	6.48	盘山县
							铁岭县
325.00	30.00			43919	38978	5.98	西丰县
387.52	20.00	30.00		73882	64894	11.09	昌图县
123.48	0.72			12032	10362	3.33	朝阳县

3-5 续表7

县名称 Name of Counties	综合生产能力 （万立方米/日） Integrated Production Capacity (10000 cu. m/day)	地下水 Under-ground Water	水 厂个 数（个） Number of Water Plants (unit)	地下水 Under-ground Water	供水管道长 度（公里） Length of Water Supply Pipelines (km)	供水总量(万立方米) 合 计 Total	售水量 小计 Subtotal	生产运营用 水 The Quantity of Water for Production and Operation	公共服务用 水 The Quantity of Water for Public Service
建平县	2.1	2.1	2	2	275.60	755.00	562.28	50.35	17.21
喀喇沁左翼蒙古族自治县	1.5	0.8	1		174.00	284.00	229.00	20.00	40.00
绥中县	2.0	0.8	1	1	168.00	484.00	397.00		80.00
建昌县	1.8		1		185.80	713.12	429.57	46.52	115.50
吉 林	**46.6**	**9.8**	**20**	**9**	**2577.48**	**10436.84**	**7965.21**	**1180.45**	**1112.32**
农安县	4.4		1		352.80	1195.96	920.07	81.58	35.79
永吉县					181.00	495.49	384.49	109.67	46.14
梨树县	0.8	0.8	2	2	44.25	266.19	220.94	1.20	7.69
伊通满族自治县	1.1	1.1	1	1	154.44	424.75	353.63		108.83
东丰县	3.7		2		55.51	532.91	447.48	19.37	137.78
东辽县	5.0		1		47.00	295.63	194.14	55.79	24.65
通化县	3.0		1		136.81	453.30	371.10	146.30	46.10
辉南县	3.0		1		156.00	971.00	797.00	118.00	25.00
柳河县	5.0		1		69.97	657.00	473.64	75.35	34.15
抚松县	4.0		1		47.94	576.70	458.52	163.57	95.80
靖宇县	1.2	1.2	2	2	171.00	429.20	286.30	20.40	52.40
长白朝鲜族自治县	2.3		1		88.60	401.34	309.15	41.28	69.67
前郭县					127.00	1213.75	912.00	79.00	190.00
长岭县	1.2	1.2	1	1	147.00	259.00	214.00	2.00	63.00
乾安县	1.5	1.5	1	1	68.86	144.70	132.72	16.37	8.05
镇赉县	2.0	2.0	1	1	341.00	557.32	409.74	97.34	80.97
通榆县	2.0	2.0	1	1	72.00	465.00	341.00	14.00	10.00
汪清县	5.0		1		205.00	672.60	412.70	45.60	51.30
安图县	1.5		1		111.30	425.00	326.59	93.63	25.00
黑龙江	**94.3**	**77.2**	**59**	**50**	**5946.99**	**18264.16**	**14666.27**	**1504.65**	**1928.67**
依兰县	3.0	3.0	1	1	155.74	525.53	443.81	46.00	49.00
方正县	2.0	2.0	1	1	112.44	510.65	409.00	9.36	40.54
宾 县	2.0		1		93.79	586.34	405.53	26.42	20.00
巴彦县	1.5	1.5	1	1	155.98	371.68	310.56	29.84	17.53
木兰县	0.8	0.8	2	2	85.00	291.50	217.84	21.00	17.00
通河县	2.0	2.0	1	1	111.00	246.31	197.31	41.11	0.80
延寿县	2.0	2.0	1	1	125.70	610.00	517.36	50.00	8.00
龙江县	4.0	4.0	1	1	175.89	737.26	393.01	46.85	36.06
依安县	2.0	2.0	1	1	107.80	285.00	256.80	60.50	11.35
泰来县	2.0	2.0	1	1	71.26	345.00	241.51	2.67	54.38
甘南县	3.0	3.0	1	1	191.40	386.14	306.00	68.36	57.46
富裕县	2.0	2.0	1	1	195.00	252.00	204.00		8.32
克山县	1.8	1.8	3	3	262.00	312.24	261.47	7.05	36.27
克东县	0.5	0.5	1	1	232.00	192.07	169.62	19.26	16.97

continued 7

Total Quantity of Water Supply (10000 cu. m)				用水户数（户）	居民家庭	用水人口（万人）	县名称
Water Sold		免费供水量	生活用水				
居民家庭用水 The Quantity of Water for Household Use	其他用水 The Quantity of Water for Other Purposes	The Quantity of Free Water Supply	Domestic Water Use	Number of Households with Access to Water Supply (unit)	Households	Population with Access to Water Supply (10000 persons)	Name of Counties
315.30	179.42			72505	60646	15.98	建平县
169.00				40000	35000	7.43	喀喇沁左翼蒙古族自治县
317.00				83381	74897	10.10	绥中县
267.55		33.22		49852	42654	7.56	建昌县
5321.97	**350.47**	**668.76**	**75.30**	**900163**	**813263**	**151.05**	**吉　林**
779.20	23.50	69.59		105682	105682	16.00	农安县
228.68		30.00	30.00	57106	51730	8.10	永吉县
197.77	14.28			47037	41705	8.18	梨树县
244.80				48000	43000	8.40	伊通满族自治县
290.33		5.18		38827	34029	10.00	东丰县
93.69	20.01	60.00		17442	15635	3.10	东辽县
169.70	9.00	8.00		29105	25629	5.92	通化县
490.00	164.00	76.48		56726	50248	8.90	辉南县
342.83	21.31	73.16		56758	49592	7.33	柳河县
177.52	21.63	8.20		29087	25923	6.01	抚松县
200.30	13.20	44.70		36458	33240	6.09	靖宇县
172.56	25.64	15.55		21634	16012	3.39	长白朝鲜族自治县
614.50	28.50	36.50		80170	74538	10.81	前郭县
147.00	2.00	2.00		55500	48900	10.74	长岭县
106.10	2.20	1.50	1.50	22962	22127	6.60	乾安县
229.93	1.50	45.70		54793	48347	8.00	镇赉县
315.00	2.00	23.00		49700	43000	9.00	通榆县
315.80		167.50	42.30	61241	54309	9.43	汪清县
206.26	1.70	1.70	1.50	31935	29617	5.05	安图县
10900.02	**332.93**	**980.37**	**144.47**	**1759552**	**1534601**	**321.74**	**黑龙江**
339.00	9.81	4.19	2.00	39300	36850	9.25	依兰县
349.10	10.00	8.00		36600	36600	6.35	方正县
351.11	8.00	125.13	13.00	42460	38974	11.28	宾　县
263.19		0.05		52070	38175	9.50	巴彦县
179.84		29.00		20500	17000	6.32	木兰县
141.20	14.20			22130	20130	5.70	通河县
439.36	20.00	51.00	19.70	31240	30000	6.15	延寿县
310.10		193.00		71462	59190	9.40	龙江县
181.95	3.00			20736	19655	6.50	依安县
181.23	3.23	29.50	2.10	44928	35088	5.50	泰来县
175.41	4.77	0.31		30877	29248	5.48	甘南县
185.68	10.00			41000	32000	5.33	富裕县
208.65	9.50	10.34	10.34	41400	38074	6.52	克山县
133.39				42817	38167	4.85	克东县

3-5 续表8

县名称 Name of Counties	综合生产能力 （万立方米/日） Integrated Production Capacity （10000 cu. m/day）	地下水 Underground Water	水厂个数 （个） Number of Water Plants （unit）	地下水 Underground Water	供水管道长度 （公里） Length of Water Supply Pipelines （km）	供水总量（万立方米）			
						合计 Total	售水量		
							小计 Subtotal	生产运营用水 The Quantity of Water for Production and Operation	公共服务用水 The Quantity of Water for Public Service
拜泉县	2.0	2.0	1	1	111.91	277.00	220.00		51.00
鸡东县	2.0		1		93.40	490.50	367.60	20.30	66.60
萝北县	2.0	2.0	1	1	76.46	230.19	174.19	6.98	3.00
绥滨县	2.0	2.0	2	2	75.00	304.46	277.23	30.00	45.00
集贤县	1.6	1.6	1	1	133.43	566.00	480.06	87.70	47.90
友谊县	1.5	1.5	1	1	170.00	338.00	287.58	11.00	15.00
宝清县	3.0	3.0	2	2	307.00	933.00	844.70	47.00	161.00
饶河县	1.2	1.2	1	1	159.00	319.00	289.00	10.70	33.71
肇州县	1.3	1.3	1	1	83.00	439.70	355.00	11.00	65.00
肇源县	1.3	1.3	1	1	87.26	529.00	410.00	15.00	46.00
林甸县	2.0	2.0	1	1	130.00	300.50	235.90	5.95	64.30
杜尔伯特蒙古族自治县	2.0	2.0	1	1	64.70	520.00	398.00	80.00	33.00
嘉荫县	1.0	1.0	1	1	64.43	171.00	147.10	10.30	25.10
汤旺县	1.8	1.8	3	3	60.04	316.94	275.30	63.68	52.59
丰林县	2.1	2.1	3	3	135.37	345.20	281.00	57.40	32.00
大箐山县	0.5	0.5	1	1	103.59	138.62	115.95	7.80	22.00
南岔县	1.2		1		102.00	320.00	286.00	85.00	12.00
桦南县	3.0	3.0	1	1	155.31	488.56	400.13	9.22	160.19
桦川县	1.2	1.2	1	1	103.24	333.76	252.66	28.81	35.29
汤原县	2.0	2.0	2	2	143.20	275.00	253.00	40.00	20.00
勃利县	2.0	2.0	1		187.46	405.00	274.00	55.00	6.00
林口县	3.0		1		159.00	360.35	275.67	55.14	38.59
逊克县	1.0	1.0	1	1	113.20	244.55	205.99	29.23	20.26
孙吴县	2.0		1		179.00	216.20	174.00	43.00	5.00
望奎县	1.9	1.9	1	1	90.00	350.50	308.00	12.70	76.30
兰西县	2.5		2		99.70	540.00	471.00	58.00	118.00
青冈县	3.0	3.0	1	1	150.00	420.00	360.00	46.00	24.00
庆安县	3.9	3.9	2	2	121.77	655.00	510.00	25.00	18.00
明水县	2.0	2.0	1	1	68.62	389.00	310.00	40.00	34.00
绥棱县	3.0		1		90.30	487.00	393.00	70.00	27.00
呼玛县	0.7	0.7	1	1	59.60	118.41	114.39	10.92	23.16
塔河县	1.4		1		75.00	125.00	117.00	3.40	9.00
加格达奇区	4.6	4.6	1	1	120.00	665.00	469.00		165.00
江 苏	273.2	4.7	22		13382.04	57316.41	47711.86	11971.21	5556.16
丰 县	20.0		1		495.92	2248.16	1920.85	418.56	186.66
沛 县	20.0		1		703.82	2499.82	2168.30	551.60	548.34
睢宁县	15.0		1		739.40	4027.17	3036.24	652.98	380.54
如东县	11.0				2209.00	3857.45	3718.64	1268.77	484.70
东海县	5.0		1		658.57	2690.82	2317.42	687.84	226.78

continued 8

Total Quantity of Water Supply (10000 cu. m)				用水户数（户）	居民家庭	用 水 人 口（万人）	县名称
Water Sold		免 费 供水量					
居民家庭 用 水 The Quantity of Water for Household Use	其他用水 The Quantity of Water for Other Purposes	The Quantity of Free Water Supply	生活用水 Domestic Water Use	Number of Households with Access to Water Supply (unit)	Households	Population with Access to Water Supply (10000 persons)	Name of Counties
165.00	4.00	9.00	2.00	52992	45814	6.50	拜泉县
274.70	6.00	67.79		41965	38183	7.00	鸡东县
157.63	6.58	11.82	11.60	24939	21387	4.61	萝北县
201.23	1.00	8.00	8.00	23000	21313	5.00	绥滨县
338.80	5.66			50382	47004	7.82	集贤县
261.58				13200	10290	3.48	友谊县
574.70	62.00	8.00		51800	44100	12.00	宝清县
242.19	2.40			28091	24873	3.91	饶河县
267.00	12.00	1.70		45000	36500	8.52	肇州县
349.00		25.00	3.00	31000	31000	8.90	肇源县
142.00	23.65	25.10		21500	21500	6.96	林甸县
285.00		40.00	40.00	40000	29643	6.46	杜尔伯特蒙古族自治县
101.70	10.00	2.60		7242	6466	2.37	嘉荫县
144.55	14.48	1.54	1.54	13600	12386	3.74	汤旺县
189.90	1.70	5.10		33936	30188	8.78	丰林县
86.15		0.50		10400	10373	2.80	大箐山县
181.00	8.00	17.00		34280	29878	3.80	南岔县
230.72		1.23	1.23	77583	69196	9.79	桦南县
188.56		47.59	21.68	34210	30395	6.84	桦川县
190.00	3.00	1.00		40970	35956	7.10	汤原县
213.00		40.00		33500	33000	8.29	勃利县
159.89	22.05			52775	37971	6.90	林口县
156.18	0.32	0.40		23479	20852	3.90	逊克县
126.00		10.00	0.50	23500	21600	5.85	孙吴县
219.00		0.50		52800	50800	6.67	望奎县
274.00	21.00	30.00		36900	30200	7.50	兰西县
290.00		10.00	4.00	62000	35000	9.51	青冈县
465.00	2.00	0.20		68195	60986	11.36	庆安县
220.00	16.00	26.00		34841	33700	6.80	明水县
283.00	13.00	51.00		62208	56000	10.97	绥棱县
79.73	0.58	3.78	3.78	8362	7612	1.90	呼玛县
99.60	5.00			15382	14284	3.80	塔河县
304.00		85.00		72000	67000	13.78	加格达奇区
26431.37	**3753.12**	**1370.24**	**592.61**	**2675941**	**2342726**	**515.02**	**江 苏**
1275.05	40.58	5.07		144674	139898	28.67	丰 县
1006.36	62.00			99297	94600	39.82	沛 县
1929.20	73.52	2.53	2.50	185546	160747	28.00	睢宁县
1052.31	912.86	1.29	0.56	86031	78157	21.08	如东县
922.60	480.20			123660	112336	32.31	东海县

3-5 续表9

县名称 Name of Counties	综合生产能力(万立方米/日) Integrated Production Capacity (10000 cu. m/day)	地下水 Underground Water	水厂个数(个) Number of Water Plants (unit)	地下水 Underground Water	供水管道长度(公里) Length of Water Supply Pipelines (km)	供水总量(万立方米) 合计 Total	售水量 小计 Subtotal	生产运营用水 The Quantity of Water for Production and Operation	公共服务用水 The Quantity of Water for Public Service
灌云县	10.0		1		959.00	2982.17	2280.00	190.50	356.00
灌南县	10.0		1		324.67	1644.10	1494.10	367.80	350.00
涟水县	20.0		1		830.00	3687.40	2747.08	1084.57	361.35
盱眙县	15.0				595.00	3477.02	2697.75	718.16	67.93
金湖县	10.0		1		345.60	3254.98	2653.30	568.10	51.80
响水县	5.0		1		606.30	1890.58	1562.79	420.52	180.50
滨海县	10.0		1		554.44	2463.00	2017.00	196.00	389.00
阜宁县	10.0		1		388.24	3178.29	2355.92	723.30	353.38
射阳县	10.0		2		370.28	1615.48	1501.48	99.36	351.87
建湖县	15.0		2		1609.97	2264.24	1876.94	244.62	441.96
宝应县	13.0		1		786.82	2610.33	1964.78	624.26	61.76
沭阳县	25.0		1		626.32	4833.00	4193.00	718.00	224.00
泗阳县	27.0		3		300.00	4285.32	3884.34	1405.89	478.47
泗洪县	22.2	4.7	2		278.69	3807.08	3321.93	1030.38	61.12
浙 江	393.7		54		23990.35	78314.26	67513.81	23035.97	6205.44
桐庐县	28.0		2		659.43	3613.12	2971.40	764.24	553.57
淳安县	8.0		2		410.58	1268.09	1077.12	322.21	198.24
象山县	30.5		5		1371.31	3988.94	3635.28	1484.38	401.44
宁海县	23.0		1		904.15	4156.17	3582.15	1198.89	124.34
永嘉县	4.0		1		362.00	587.65	546.28	128.24	20.00
平阳县	15.0		1		2610.00	3117.11	2764.24	1109.22	0.18
苍南县	13.0		2		1935.00	3861.05	3265.10	42.06	90.66
文成县	6.0		1		91.00	1374.00	1143.00		
泰顺县	3.0		1		143.00	909.20	739.00	160.00	264.00
嘉善县	21.0		1		546.21	4470.00	3877.32	1762.92	129.51
海盐县	28.5		2		655.00	4159.39	3559.49	2456.74	104.31
德清县	12.0		1		970.00	3990.11	3527.58	783.10	378.40
长兴县	15.0		2		1304.94	3871.35	3419.10	945.14	857.04
安吉县	15.0		3		875.70	5267.36	4493.31	1102.41	631.71
新昌县	15.5		3		2934.76	3487.60	2924.70	955.02	348.77
武义县	14.0		2		643.45	2448.53	2206.48	569.88	361.08
浦江县	21.0		2		889.20	5840.83	5245.11	2662.46	38.30
磐安县	3.0		2		162.40	510.19	454.61	165.92	6.56
常山县	9.0		2		517.28	2620.11	2301.62	1362.86	153.97
开化县	10.0		1		820.31	1719.34	1446.28	465.86	201.00
龙游县	7.0		1		570.37	1518.90	1326.00	654.10	144.10
岱山县	5.8		2		365.60	504.00	461.67	154.26	50.24
嵊泗县	3.4		4		124.00	275.10	208.10		80.10
三门县	8.0		1		366.50	1509.93	1255.26	219.64	72.90

continued 9

Total Quantity of Water Supply(10000 cu. m)				用水户数（户）		用水人口（万人）	县名称
Water Sold		免费供水量	生活用水		居民家庭		
居民家庭用水 The Quantity of Water for Household Use	其他用水 The Quantity of Water for Other Purposes	The Quantity of Free Water Supply	Domestic Water Use	Number of Households with Access to Water Supply (unit)	Households	Population with Access to Water Supply (10000 persons)	Name of Counties
1008.00	725.50	277.00	275.00	87541	87031	20.83	灌云县
726.30	50.00			120000	64200	23.20	灌南县
1273.74	27.42	231.27		203382	187253	24.95	涟水县
1729.66	182.00	226.72	5.08	120152	106250	23.13	盱眙县
1335.58	697.82	1.80	0.18	97322	46210	17.58	金湖县
954.30	7.47	13.79	10.00	97668	94819	14.64	响水县
1395.00	37.00	30.00	13.40	122894	119736	26.85	滨海县
1270.99	8.25	61.00	0.50	181086	162710	28.78	阜宁县
1024.15	26.10			82743	82743	25.60	射阳县
1135.06	55.30	30.00	2.00	162370	150889	23.43	建湖县
1202.66	76.10	250.87	250.87	157955	143560	20.89	宝应县
3186.00	65.00	205.00	10.60	241528	240165	50.61	沭阳县
1831.47	168.51	31.98	20.00	166000	150000	36.50	泗阳县
2172.94	57.49	1.92	1.92	196092	121422	28.15	泗洪县
34814.47	3457.93	1460.94	79.06	2995992	2610546	455.35	浙 江
1392.99	260.60	269.95		122636	110306	20.03	桐庐县
506.61	50.06	0.39	0.39	84385	70559	8.86	淳安县
1484.91	264.55	21.93		158165	140569	22.78	象山县
2220.31	38.61	90.83		152201	141377	26.30	宁海县
398.04		2.94	2.94	24313	23209	9.19	永嘉县
1652.15	2.69			97462	90427	15.47	平阳县
2550.76	581.62	7.20	7.20	115815	115815	19.43	苍南县
745.00	398.00			37443	35779	6.03	文成县
300.00	15.00	42.20		22500	21000	8.00	泰顺县
1890.89	94.00	2.50		176923	154330	22.78	嘉善县
964.92	33.52	161.42		70320	58030	17.43	海盐县
2212.40	153.68	23.86	10.81	114423	96021	17.89	德清县
1604.51	12.41	6.26	0.96	173035	155253	31.13	长兴县
2189.37	569.82	29.80	29.80	96970	94336	25.70	安吉县
1448.12	172.79	112.38		131817	120556	25.24	新昌县
1221.93	53.59	61.23		114334	102476	21.58	武义县
2544.35		17.64		132206	116894	24.91	浦江县
281.20	0.93	7.64	7.64	13660	11027	3.71	磐安县
784.79				41795	32379	9.41	常山县
779.42		5.55	5.55	63712	38350	7.67	开化县
527.80		7.37	7.37	35990	29592	10.12	龙游县
252.14	5.03	0.86	0.86	33956	29590	7.76	岱山县
119.36	8.64	6.00	3.00	24007	20888	3.21	嵊泗县
856.08	106.64	6.00		71250	65744	9.18	三门县

3-5 续表10

县名称 Name of Counties	综合生产能力（万立方米/日） Integrated Production Capacity (10000 cu. m/day)	地下水 Underground Water	水厂个数（个） Number of Water Plants (unit)	地下水 Underground Water	供水管道长度（公里） Length of Water Supply Pipelines (km)	供水总量(万立方米) 合计 Total	售水量 小计 Subtotal	生产运营用水 The Quantity of Water for Production and Operation	公共服务用水 The Quantity of Water for Public Service
天台县	10.0		1		423.00	2513.98	2188.00	1036.22	78.00
仙居县	15.0		1		1234.40	2475.20	2127.40	522.90	263.50
青田县	10.0		1		155.81	1677.66	1513.66	520.86	258.12
缙云县	10.0		1		208.11	1676.85	1429.31	498.00	103.00
遂昌县	8.0		1		560.88	988.00	864.22	391.23	24.65
松阳县	10.0		1		637.70	1355.00	1144.65	263.90	67.75
云和县	4.0		1		212.50	763.53	602.39	110.02	98.63
庆元县	4.0		1		198.50	1034.50	610.35	221.74	11.89
景宁县	4.0		1		127.26	761.47	603.63	1.55	89.48
安徽	394.7	54.7	81	18	20446.68	81547.10	70281.28	16707.09	7134.31
长丰县	36.0		3		675.00	4263.00	4113.00	850.00	270.00
肥西县					863.95	2968.52	2468.78	507.92	487.09
肥东县	28.0		2		1113.50	5054.32	3803.93	987.80	576.60
庐江县	13.0		2		563.03	2838.82	2445.23	747.20	129.45
南陵县	10.0		1		296.95	1889.77	1591.34	322.68	34.65
怀远县	5.5		3		221.00	2150.00	1857.00	114.00	122.00
五河县	9.5		2		259.38	1535.00	1395.00	125.00	215.00
固镇县	5.0		1		273.62	1190.92	1029.00	221.70	98.10
凤台县	11.4		2		378.85	1974.83	1484.80	74.57	421.28
寿县	4.0		1		564.67	1589.51	1354.13	490.16	
当涂县	6.0		1		291.22	1329.35	1196.53	157.26	38.46
含山县	10.0		2		353.00	1775.00	1440.00	474.00	
和县	10.0		1		402.35	1242.70	1223.14	293.31	194.39
濉溪县	4.2	4.2	2	2	496.14	964.20	909.20	110.00	50.00
枞阳县	7.0		1		363.70	638.00	580.67	129.53	40.51
怀宁县	5.0		1		575.00	1510.00	1291.54	471.52	64.43
太湖县	5.0		1		566.80	1170.00	1070.00	309.00	65.00
宿松县	5.0		1		558.14	1424.11	1180.21	147.89	80.10
望江县	6.0		1		488.19	1373.86	1050.50	392.90	18.00
岳西县	4.5		3		631.92	690.50	600.10	29.76	151.46
歙县	6.0		1		277.32	1310.92	1183.75	680.00	39.40
休宁县	3.0		2		140.00	810.00	672.00	100.00	35.00
黟县	3.0		2		190.99	500.75	421.64	222.50	20.00
祁门县	3.0		1		279.30	493.80	441.57	78.82	48.04
来安县	15.0		3		409.89	1671.47	1505.95	675.63	88.50
全椒县	10.0		1		500.00	2012.19	1654.78	560.99	243.20
定远县	8.0		2		507.00	2312.00	2143.00	272.00	347.00
凤阳县	11.0		2		395.00	2338.00	1993.00	670.00	127.00
临泉县	6.0	6.0	1	1	320.42	2180.00	1900.00	880.00	88.00

continued 10

Total Quantity of Water Supply (10000 cu. m)				用水户数 (户)	居民家庭	用 水 人 口 (万人)	县名称
Water Sold		免 费 供水量	生活用水				
居民家庭 用 水 The Quantity of Water for Household Use	其他用水 The Quantity of Water for Other Purposes	The Quantity of Free Water Supply	Domestic Water Use	Number of Households with Access to Water Supply (unit)	Households	Population with Access to Water Supply (10000 persons)	Name of Counties
1073.78		2.98		143119	137323	16.22	天台县
1179.00	162.00	4.20		164600	155000	11.85	仙居县
701.70	32.98	0.90		38523	32930	10.12	青田县
724.01	104.30	58.22	2.00	57287	49174	8.50	缙云县
448.34		0.54	0.54	51498	46715	6.71	遂昌县
542.00	271.00	94.85		32404	28124	8.65	松阳县
389.99	3.75	44.63		40003	32004	5.87	云和县
315.00	61.72	348.67		334786	234786	7.57	庆元县
512.60		22.00		24454	19983	6.05	景宁县
43290.52	**3149.36**	**973.16**	**98.83**	**3921026**	**3496673**	**887.96**	**安　徽**
2850.00	143.00	60.00		75000	72500	38.00	长丰县
1241.59	232.18			224124	210987	39.54	肥西县
1927.10	312.43	5.49	2.69	223615	209440	31.51	肥东县
1568.58		7.12		154306	135178	23.44	庐江县
1158.20	75.81	86.54		64431	54980	14.68	南陵县
1600.00	21.00	3.00	3.00	60000	58000	22.58	怀远县
930.00	125.00			70531	60529	21.62	五河县
662.40	46.80	1.80		41085	38779	14.50	固镇县
903.06	85.89	45.20		121936	68352	20.29	凤台县
841.98	21.99	9.10		81290	80169	20.36	寿　县
765.43	235.38	106.32		71117	58632	14.72	当涂县
960.00	6.00			34286	33986	12.65	含山县
689.23	46.21			48365	46972	16.21	和　县
749.20				44457	42700	15.10	濉溪县
410.63				60896	47723	10.66	枞阳县
733.89	21.70	0.28	0.28	75005	69377	10.87	怀宁县
660.00	36.00	8.00	3.00	41500	41500	18.40	太湖县
770.90	181.32	115.81		72215	59335	10.18	宿松县
639.60		3.10		49241	42794	12.01	望江县
365.29	53.59			53820	47563	12.40	岳西县
453.15	11.20	0.20		45000	42000	6.83	歙　县
413.00	124.00	50.00		20596	20182	5.55	休宁县
177.70	1.44	0.71		21210	16516	2.49	黟　县
306.58	8.13	0.83	0.83	32256	30593	5.31	祁门县
694.19	47.63	18.37	3.40	60293	54973	15.29	来安县
848.20	2.39	33.27	3.58	130600	118655	21.32	全椒县
1253.00	271.00	16.00	10.00	111958	92586	15.59	定远县
1179.00	17.00	5.00	3.00	105200	69093	24.06	凤阳县
920.00	12.00	1.00		89750	78945	29.45	临泉县

3-5 续表11

县名称 Name of Counties	综合生产能力（万立方米/日） Integrated Production Capacity (10000 cu. m/day)	地下水 Underground Water	水厂个数（个） Number of Water Plants (unit)	地下水 Underground Water	供水管道长度（公里） Length of Water Supply Pipelines (km)	供水总量(万立方米) 合计 Total	售水量 小计 Subtotal	生产运营用水 The Quantity of Water for Production and Operation	公共服务用水 The Quantity of Water for Public Service
太和县	6.9	6.9	4	4	651.17	1627.86	1360.00	66.00	163.00
阜南县	5.0	5.0	1	1	344.00	1819.46	1580.82	112.96	383.33
颍上县	14.3	4.3	2	1	506.53	2196.16	1792.20	284.55	483.16
砀山县	5.0	5.0	2	2	313.00	1280.00	1072.00	131.00	129.00
萧县	3.0	3.0	1	1	358.00	614.45	553.19	0.12	67.00
灵璧县	9.5	9.5	2	2	358.00	1726.00	1540.00	260.00	105.00
泗县	5.0	1.2	1	1	275.00	1265.69	1110.20	216.32	128.04
霍邱县	7.0		1		456.15	1490.00	1320.00	184.00	202.00
舒城县	12.0		2		251.32	2054.07	1718.54	340.74	145.76
金寨县	10.0		2		348.50	1844.63	1537.60	657.37	19.71
霍山县	8.0		2		495.66	1775.20	1503.10	562.47	333.05
涡阳县	6.3	6.3	1	1	511.78	1626.20	1343.00	119.90	162.30
蒙城县	9.6	1.6	2	1	337.20	3443.43	3144.83	861.58	114.12
利辛县	10.0	1.7	2	1	383.21	1639.26	1548.46	424.43	120.31
东至县	5.0		2		256.16	739.00	665.00	151.00	54.00
石台县	1.5		1		54.46	196.67	181.97	36.40	10.00
青阳县	7.0		1		267.50	920.89	789.54	200.88	63.47
郎溪县	5.5		1		374.49	1297.00	1256.00	361.60	83.40
泾县	5.0		1		297.08	1520.00	1229.84	351.23	160.80
绩溪县	5.0		1		481.40	841.00	667.00	169.00	98.00
旌德县	4.0		2		169.74	428.59	368.20	119.40	16.20
福建	278.4	2.8	74	7	11053.73	51099.71	41703.39	6744.14	5809.63
闽侯县	29.5		3		599.64	2792.25	2361.93	924.16	489.95
连江县	8.8		2		189.32	1972.50	1522.11	11.50	589.10
罗源县	16.0		4		322.40	1444.26	1313.76		398.62
闽清县	4.5		2		135.24	666.02	563.18	80.51	107.93
永泰县	7.5		3		191.50	758.89	599.51	130.34	86.44
仙游县	11.0		2		474.00	2749.92	2053.87	462.97	240.85
明溪县	1.5		1		118.48	561.73	465.22	119.72	82.04
清流县	1.8		1		106.44	520.46	453.39	15.34	198.17
宁化县	3.0		1		394.64	1106.69	886.72	66.52	226.04
大田县	6.0		1		157.20	1001.73	831.79	111.48	165.84
尤溪县	6.0		2		383.38	1298.22	1075.88	364.79	169.38
将乐县	5.1		1		93.81	543.00	423.00	91.00	22.00
泰宁县	1.5		1		253.45	585.81	465.40	100.50	84.03
建宁县	2.5		1		304.35	500.71	421.71	57.49	40.22
惠安县	15.0		2		280.87	1548.46	1319.60	309.92	199.92
安溪县	13.0		1		495.00	2814.81	2430.13	108.90	591.57
永春县	6.0		1		257.10	1857.00	1393.79	135.37	10.06

continued 11

Total Quantity of Water Supply (10000 cu. m)				用水户数（户）		用水人口（万人）	县名称
Water Sold		免费供水量	生活用水		居民家庭		
居民家庭用水 The Quantity of Water for Household Use	其他用水 The Quantity of Water for Other Purposes	The Quantity of Free Water Supply	Domestic Water Use	Number of Households with Access to Water Supply (unit)	Households	Population with Access to Water Supply (10000 persons)	Name of Counties
1131.00		22.53		169695	150453	24.66	太和县
1084.53		0.08	0.08	156303	145925	17.53	阜南县
1018.00	6.49	40.00	5.20	134305	130153	23.50	颍上县
812.00		21.00		71327	63233	22.30	砀山县
410.07	76.00			86610	79000	22.90	萧 县
1098.00	77.00	1.00	0.20	61988	54015	26.48	灵璧县
751.86	13.98	0.15	0.15	73270	65663	21.12	泗 县
878.00	56.00	45.00		100212	99125	18.47	霍邱县
1103.09	128.95	8.90	8.90	98000	97150	22.82	舒城县
785.88	74.64	5.03		48654	46741	18.14	金寨县
597.30	10.28	5.00	1.10	62363	54912	16.34	霍山县
1036.80	24.00	35.20		113417	103752	30.09	涡阳县
1890.48	278.65	1.18		99060	97439	39.80	蒙城县
931.72	72.00	0.60	0.07	81097	75618	22.40	利辛县
449.00	11.00	5.00		23409	23159	10.04	东至县
131.57	4.00	10.00	10.00	13174	12384	2.54	石台县
445.00	80.19	45.35	34.69	38894	35978	10.23	青阳县
802.00	9.00	1.30	0.76	57244	49776	11.95	郎溪县
705.32	12.49	142.61	7.81	80102	63201	10.22	泾 县
333.00	67.00	5.00		43269	38371	6.00	绩溪县
224.00	8.60	1.09	0.09	24550	7586	4.82	旌德县
26649.30	**2500.32**	**2321.23**	**69.51**	**2155286**	**1877063**	**437.48**	**福 建**
940.88	6.94	74.43		91100	78298	24.54	闽侯县
913.05	8.46	196.06	2.78	71562	57834	17.22	连江县
848.02	67.12	6.59		43039	39179	7.30	罗源县
374.74		27.20		36413	33630	5.04	闽清县
382.73		63.95		45320	40200	8.40	永泰县
1350.05		296.45		144508	124555	31.94	仙游县
263.08	0.38	12.58		21913	19156	3.20	明溪县
239.00	0.88	0.04	0.04	19023	9201	3.57	清流县
561.82	32.34	47.86		52390	45690	9.32	宁化县
552.80	1.67	26.33	0.03	47754	44110	7.64	大田县
541.32	0.39	40.59	2.02	48563	20201	7.15	尤溪县
285.00	25.00	35.47		30989	26909	7.44	将乐县
280.04	0.83	28.14	28.14	25552	23032	4.96	泰宁县
324.00		1.50		23508	20887	5.00	建宁县
743.16	66.60	13.28	1.00	97148	86313	14.16	惠安县
1691.16	38.50	10.78	2.90	146807	145570	22.34	安溪县
1142.41	105.95	150.07		81446	74236	16.82	永春县

3-5 续表12

县名称 Name of Counties	综合生产能力（万立方米/日）Integrated Production Capacity (10000 cu. m/day)	地下水 Underground Water	水厂个数（个）Number of Water Plants (unit)	地下水 Underground Water	供水管道长度（公里）Length of Water Supply Pipelines (km)	供水总量(万立方米) 合计 Total	小计 Subtotal	售水量 生产运营用水 The Quantity of Water for Production and Operation	公共服务用水 The Quantity of Water for Public Service
德化县	14.5		2		426.07	2363.04	1844.06	333.13	177.56
云霄县	12.5		2		502.92	2687.12	2206.36	500.75	133.09
漳浦县	15.0		2		504.41	2678.42	2149.19	588.97	71.82
诏安县	6.5		3		536.94	1274.71	1049.18	47.10	261.00
东山县	8.0		2		123.02	790.20	720.00	280.00	8.00
南靖县	3.0		1		141.00	764.10	667.57	24.04	35.07
平和县	4.0		1		172.30	651.39	387.14		47.04
华安县	2.0		1		64.40	239.87	201.66	32.23	35.21
顺昌县	4.0		1		171.80	744.83	629.99	177.72	21.20
浦城县	6.0		2		251.80	1292.00	1117.40	406.70	114.70
光泽县	3.5		2		221.43	681.41	567.09	62.25	4.20
松溪县	4.0		2		110.00	538.18	459.40	116.33	49.18
政和县	3.0		1		197.83	549.19	457.01	34.48	118.24
长汀县	6.1	2.8	7	6	167.10	1335.94	1116.50	118.84	241.49
上杭县	6.5		2		753.40	1707.60	1384.25	236.46	54.02
武平县	4.0		2		161.00	1250.00	950.00	250.00	240.00
连城县	4.8		3	1	125.00	1197.06	958.70	41.42	87.47
霞浦县	7.0		1		253.85	2431.19	1883.27	171.00	34.80
古田县	5.0		1		217.55	1017.61	846.82	99.96	5.68
屏南县	2.4		2		86.27	491.38	425.76	28.80	4.36
寿宁县	2.0		1		95.84	398.00	315.00	39.00	68.00
周宁县	4.0		2		165.00	609.76	531.86	7.13	29.60
柘荣县	2.0		1		90.45	499.76	439.16	35.33	34.20
平潭县	10.0		1		757.53	2184.49	1815.03	21.99	231.54
江 西	446.9	1.0	97	1	22757.25	77854.53	66530.29	16523.01	5778.47
南昌县	25.0		2		2458.10	7845.40	6692.30	2392.82	46.12
安义县	9.0		1		76.33	946.82	798.34	108.84	39.16
进贤县	21.0		2		785.00	3272.67	2580.65	11.39	93.24
浮梁县	6.6		1		360.70	722.71	614.24	280.50	73.44
莲花县	3.0		1		164.00	676.00	507.00	117.00	108.00
上栗县	2.8		1		232.80	599.15	516.90	127.64	67.35
芦溪县	5.0		1		356.00	613.00	543.00	37.00	18.00
武宁县	6.0		1		411.00	1304.24	1074.70	196.36	45.83
修水县	12.0		10		459.20	2391.61	2093.58	502.45	41.78
永修县	6.0		1		91.52	1334.00	1157.65	328.54	231.96
德安县	5.0		1		299.00	1228.44	1052.88	428.40	9.78
都昌县	6.0		1		94.83	1121.18	1016.56	247.62	94.62
湖口县	8.3		2		320.00	1060.70	870.80	187.80	90.00
彭泽县	8.0		1		123.70	956.89	822.93	86.12	162.67

continued 12

Total Quantity of Water Supply (10000 cu. m)				用水户数（户）		用水人口（万人）	县名称
Water Sold		免费供水量	生活用水		居民家庭		
居民家庭用水 The Quantity of Water for Household Use	其他用水 The Quantity of Water for Other Purposes	The Quantity of Free Water Supply	Domestic Water Use	Number of Households with Access to Water Supply (unit)	Households	Population with Access to Water Supply (10000 persons)	Name of Counties
1331.17	2.20	96.54		106356	94199	23.87	德化县
1518.07	54.45	103.24		93555	86727	20.70	云霄县
1483.74	4.66	162.09		75920	66920	21.96	漳浦县
741.08		36.38		75937	72689	12.13	诏安县
370.00	62.00	0.20	0.20	20562	20380	7.18	东山县
555.93	52.53			42505	24334	6.80	南靖县
295.29	44.81	155.00		38000	36942	8.91	平和县
133.59	0.63			6327	6254	1.53	华安县
423.66	7.41			40924	37888	5.31	顺昌县
511.20	84.80	14.00		54245	46930	7.83	浦城县
458.46	42.18	9.89	7.00	34482	29729	6.54	光泽县
278.67	15.22			10858	10858	3.80	松溪县
303.44	0.85	22.32	1.91	12711	12320	5.09	政和县
740.77	15.40	9.90	9.90	36336	21802	12.58	长汀县
861.63	232.14	62.23		40201	32211	12.27	上杭县
390.00	70.00	130.00		45777	40685	9.10	武平县
429.56	400.25	61.94		43780	43780	8.07	连城县
1147.82	529.65	291.16		74532	69454	18.69	霞浦县
724.19	16.99	17.23		60353	53911	9.10	古田县
392.60				37915	34047	5.29	屏南县
184.00	24.00	60.00	10.00	10717	9967	4.66	寿宁县
485.97	9.16	12.75		31661	30363	5.30	周宁县
356.18	13.45	19.60		19411	791	5.12	柘荣县
1099.02	462.48	25.44	3.59	115186	104881	19.61	平潭县
36296.48	**7932.33**	**1706.98**	**313.88**	**3710970**	**3246092**	**673.02**	**江 西**
1056.70	3196.66	265.35		98320	65600	29.30	南昌县
645.63	4.71	23.31		28302	26112	7.00	安义县
1918.50	557.52	1.68		145887	134833	24.00	进贤县
258.06	2.24	26.87		55539	49928	8.29	浮梁县
240.00	42.00			33149	28302	6.75	莲花县
310.61	11.30	25.84		35801	32327	7.84	上栗县
425.00	63.00	20.00	1.00	37888	34188	5.00	芦溪县
780.34	52.17	124.42	25.80	86162	82727	9.54	武宁县
1390.88	158.47	5.00		269757	237581	26.49	修水县
511.75	85.40	4.80		67157	57275	10.00	永修县
601.41	13.29			71177	62906	8.23	德安县
667.54	6.78	94.62		70275	60436	12.00	都昌县
508.00	85.00	10.90		63543	59087	6.36	湖口县
478.45	95.69	76.55		40201	34099	6.40	彭泽县

3-5 续表13

县名称 Name of Counties	综合生产能力 （万立方米/日） Integrated Production Capacity (10000 cu.m/day)	地下水 Underground Water	水厂个数（个） Number of Water Plants (unit)	地下水 Underground Water	供水管道长度（公里） Length of Water Supply Pipelines (km)	供水总量(万立方米) 合计 Total	售水量 小计 Subtotal	生产运营用水 The Quantity of Water for Production and Operation	公共服务用水 The Quantity of Water for Public Service
分宜县	6.0	1.0	2		392.28	1068.00	959.00	88.00	53.00
信丰县	15.0		2		1179.02	2762.80	2366.62	722.36	166.13
大余县	5.0		1		307.41	942.96	801.49	259.08	122.69
上犹县	5.0		1		290.47	1142.20	941.90	226.77	27.06
崇义县	2.0		1		136.21	534.27	455.26	114.34	39.12
安远县	5.5		2		272.90	682.86	604.31	69.69	74.09
定南县	10.0		2		542.60	1322.01	1311.58	373.67	59.42
全南县	4.0		1		193.92	647.32	567.48	183.86	16.61
宁都县	10.0		2		905.50	1708.06	1567.86	380.00	225.50
于都县	15.0		2		713.00	2730.30	2297.00	993.70	225.97
兴国县	10.3		1		708.00	1821.00	1677.00	368.00	275.00
会昌县	9.0		1		416.00	1079.98	934.82	44.40	168.02
寻乌县	8.9		2		209.43	765.13	639.69	90.49	24.74
石城县	5.0		1		195.90	808.16	667.42	39.43	47.52
吉安县	8.0		1		225.00	1416.47	1200.97	317.66	119.57
吉水县	10.0		2		177.40	1320.00	1188.14	498.90	59.20
峡江县	4.0		1		102.00	480.00	420.00	106.00	53.00
新干县	5.0		1		422.75	1041.00	870.52	213.31	127.31
永丰县	8.0		1		393.00	758.00	692.00	211.00	30.00
泰和县	7.0		2		627.57	1343.43	1141.92	499.96	24.59
遂川县	5.0		1		326.00	700.00	541.00	106.00	32.00
万安县	4.0		2		292.00	654.62	578.24	231.84	19.50
安福县	6.0		1		203.04	859.00	769.62	275.63	46.18
永新县	3.0		1		650.91	880.00	748.98	246.52	106.83
奉新县	6.0		2		76.67	2135.00	1533.00	622.00	219.00
万载县	9.0		2		385.42	1964.74	1601.71	455.20	296.06
上高县	9.0		2		337.00	1899.52	1654.55	13.40	22.10
宜丰县	7.0		3		660.28	696.95	635.75	412.58	64.72
靖安县	6.0		1		207.80	595.72	550.00	165.22	
铜鼓县	3.0		1		78.00	414.49	317.44	96.52	24.54
南城县	9.0		2		221.60	2031.00	1688.00	185.00	165.00
黎川县	5.0		1		219.84	577.70	470.70	47.30	20.00
南丰县	5.0		2		223.00	1396.00	1155.18	152.00	156.00
崇仁县	4.0		1		252.00	1161.00	886.00	40.00	146.00
乐安县	6.0		2		145.90	980.82	860.86	20.00	137.20
宜黄县	5.5		3		108.20	509.90	494.10	99.00	12.00
金溪县	8.5		2		197.00	1060.00	912.00	207.00	88.00
资溪县	2.0		2		92.76	392.72	343.38	4.20	5.46
广昌县	3.5		1		284.00	979.64	881.40	363.22	19.90

continued 13

Total Quantity of Water Supply (10000 cu. m)				用水户数 （户）	居民家庭	用 水 人 口 （万人）	县名称
Water Sold		免 费 供水量	生活用水				
居民家庭 用 水 The Quantity of Water for Household Use	其他用水 The Quantity of Water for Other Purposes	The Quantity of Free Water Supply	Domestic Water Use	Number of Households with Access to Water Supply (unit)	Households	Population with Access to Water Supply (10000 persons)	Name of Counties
818.00				73676	71257	11.60	分宜县
1412.74	65.39	4.23	0.50	136816	115898	22.36	信丰县
411.52	8.20	0.50	0.50	49639	42436	7.59	大余县
560.73	127.34	0.20		56793	56793	8.61	上犹县
301.74	0.06	7.20		31982	25966	4.46	崇义县
454.98	5.55	3.45	1.55	48608	39564	8.26	安远县
613.96	264.53	1.10	0.50	59635	57421	9.85	定南县
342.89	24.12	45.76	32.57	38717	33028	5.82	全南县
952.36	10.00	10.00	10.00	93805	83036	17.50	宁都县
1058.73	18.60	55.30	31.00	122586	100749	27.12	于都县
929.00	105.00	21.00	1.31	71656	58868	19.80	兴国县
578.10	144.30	17.48		61521	46882	9.58	会昌县
517.80	6.66	29.55	2.00	30454	30454	9.14	寻乌县
554.79	25.68	0.64	0.64	34140	30654	8.91	石城县
587.32	176.42			65120	56988	12.37	吉安县
590.20	39.84			78680	68150	12.07	吉水县
231.00	30.00			20536	17211	3.08	峡江县
529.90				51928	45698	10.30	新干县
448.00	3.00	0.70		64287	58687	11.20	永丰县
612.28	5.09	23.65		75249	67243	12.51	泰和县
398.00	5.00	64.00	62.00	31552	29395	11.52	遂川县
310.90	16.00			29409	25279	4.91	万安县
418.78	29.03	3.49	3.04	67233	58405	8.66	安福县
387.85	7.78			56148	40553	9.06	永新县
557.00	135.00			78743	65337	8.10	奉新县
747.14	103.31	68.94	9.58	80286	70651	14.04	万载县
850.50	768.55	21.60	1.47	83452	76409	16.85	上高县
158.45				34281	30710	5.00	宜丰县
287.63	97.15			35006	31866	3.95	靖安县
195.28	1.10	52.09	20.59	22461	19965	3.78	铜鼓县
1236.00	102.00	22.00	9.00	39855	39855	15.82	南城县
381.40	22.00	31.00	16.00	36425	31690	7.14	黎川县
773.00	74.18	22.00	6.00	52500	45500	11.80	南丰县
630.00	70.00	200.00	60.00	55200	53200	11.20	崇仁县
424.70	278.96	37.62		63219	54611	11.15	乐安县
382.00	1.10	0.40		24582	23958	6.36	宜黄县
486.00	131.00	52.00		56446	49522	8.73	金溪县
245.36	88.36	13.02	1.02	25876	23090	3.50	资溪县
488.02	10.26	4.00	2.00	55022	47042	7.81	广昌县

3-5 续表14

县名称 Name of Counties	综合生产能力 （万立方米/日） Integrated Production Capacity (10000 cu. m/day)	地下水 Under-ground Water	水厂个数 （个） Number of Water Plants (unit)	地下水 Under-ground Water	供水管道长度 （公里） Length of Water Supply Pipelines (km)	供水总量(万立方米) 合计 Total	售水量 小计 Subtotal	生产运营用水 The Quantity of Water for Production and Operation	公共服务用水 The Quantity of Water for Public Service
玉山县	15.0		2		583.00	1433.20	1177.86	387.98	98.94
铅山县	7.0		1	1	465.35	780.00	698.00	58.24	24.57
横峰县	6.0		1		129.50	493.15	414.25	95.75	35.00
弋阳县	6.0		1		273.90	1003.00	878.40	268.23	87.02
余干县	10.0		1		472.61	1535.07	1340.00	111.12	364.37
鄱阳县	8.0		2		288.00	1878.00	1619.00	447.00	280.00
万年县	6.0		2		416.30	1018.00	960.00	130.00	60.00
婺源县	6.0		1		524.63	1378.53	1174.36	428.96	187.59
山　东	**359.0**	**110.7**	**118**	**45**	**12381.81**	**68649.99**	**61868.94**	**18783.81**	**5851.20**
平阴县	3.0	3.0	2	2	191.47	1159.00	1050.00	403.00	94.00
商河县	3.0		1		305.69	899.37	782.06	309.56	78.15
桓台县	7.0	5.0	2	2	305.45	1890.00	1687.00	101.00	186.00
高青县	5.0		2		228.09	715.35	638.27	110.06	62.63
沂源县	12.0	4.0	5	2	273.37	1837.70	1776.86	1217.38	77.19
利津县	16.0		2		198.22	2161.89	2028.05	1535.67	32.01
广饶县	5.5	5.5	2	2	215.75	953.30	869.80	87.15	191.49
临朐县	5.0		1		221.77	1342.93	1227.25	445.57	0.13
昌乐县	11.5		2		211.31	3210.95	3104.14	2166.86	
微山县	3.9	3.9	2	2	130.37	773.41	639.65	101.59	108.04
鱼台县	6.0	2.5	2	1	177.30	926.49	739.43	21.56	12.65
金乡县	3.6	3.0	3	2	544.00	1298.00	1077.00	94.17	48.75
嘉祥县	5.0	5.0	2	2	120.00	1190.43	1027.51	32.51	139.00
汶上县	5.2	5.2	4	4	319.31	1200.90	1008.10	97.90	53.40
泗水县	5.0	5.0	2	2	136.91	1163.21	987.20	355.50	58.25
梁山县	1.5	1.5	1	1	142.80	868.90	727.00	173.50	58.00
宁阳县	4.0	4.0	2	2	283.57	847.29	767.49	49.28	157.50
东平县	4.5	4.5	2	2	575.21	1071.13	955.51	204.28	90.03
五莲县	5.7		4		214.89	1107.04	1026.32	395.56	156.34
莒县	20.0		6		282.19	4100.00	3698.00	2168.00	464.00
沂南县	5.0		2		236.98	1645.00	1450.00	557.00	196.00
郯城县	7.0	7.0	3	3	214.40	1484.32	1350.73	178.78	27.80
沂水县	13.8	0.8	8	1	694.82	3235.00	2925.00	1433.00	449.00
兰陵县	15.5	9.0	4	3	333.00	3104.67	2928.76	649.03	310.81
费县	7.0		2		356.60	1558.30	1380.10	510.60	55.20
平邑县	6.0	6.0	2	2	290.00	1057.57	900.57	126.00	135.00
莒南县	7.0		3		447.23	1927.20	1666.20	606.46	155.30
蒙阴县	3.2	1.3	5	2	141.00	549.00	493.00	58.00	126.00
临沭县	5.5		2		236.02	1722.00	1552.00	513.00	105.00
宁津县	7.0		2		204.60	723.00	651.00	142.50	107.34

continued 14

Total Quantity of Water Supply (10000 cu. m)				用水户数（户）	居民家庭	用水人口（万人）	县名称
Water Sold		免费供水量	生活用水				
居民家庭用水 The Quantity of Water for Household Use	其他用水 The Quantity of Water for Other Purposes	The Quantity of Free Water Supply	Domestic Water Use	Number of Households with Access to Water Supply (unit)	Households	Population with Access to Water Supply (10000 persons)	Name of Counties
606.12	84.82	71.54	10.00	72900	62000	14.60	玉山县
600.16	15.03	35.00		44120	38027	12.61	铅山县
271.50	12.00	20.00		27260	27108	8.30	横峰县
518.03	5.12	10.48	2.21	46156	40568	10.70	弋阳县
658.50	206.01			72691	65120	15.24	余干县
892.00		73.00		83594	68394	20.07	鄱阳县
550.00	220.00			5800	4800	12.00	万年县
543.25	14.56	4.70	3.60	61767	50653	10.79	婺源县
34203.00	**3030.93**	**372.59**	**78.36**	**2732585**	**2536252**	**985.99**	**山 东**
553.00				35870	33949	13.23	平阴县
393.50	0.85			59363	52178	11.86	商河县
634.00	766.00			52655	49858	11.90	桓台县
245.55	220.03			29965	27356	6.26	高青县
456.72	25.57			58877	57550	15.71	沂源县
460.37				14069	12450	8.32	利津县
591.16		8.00		16649	15599	17.14	广饶县
781.55				2005	1210	28.90	临朐县
937.28				2448	2261	27.28	昌乐县
429.62	0.40	17.43		49487	48094	16.82	微山县
700.00	5.22	30.66		50644	48854	11.43	鱼台县
914.15	19.93	13.00	10.00	75000	58000	23.26	金乡县
815.00	41.00			73150	65100	17.03	嘉祥县
856.80				89000	85000	16.22	汶上县
562.26	11.19			60290	57864	17.22	泗水县
495.50		21.00		43179	42103	17.66	梁山县
560.71		4.05	4.05	40880	38630	14.25	宁阳县
648.30	12.90	23.91	22.37	69857	65622	19.50	东平县
473.19	1.23			57976	57416	15.17	五莲县
1066.00				65000	65000	25.30	莒 县
612.00	85.00			36464	33910	16.90	沂南县
1144.15				69057	69057	23.09	郯城县
1042.00	1.00			97806	92170	39.28	沂水县
1968.92		9.17	9.17	154695	139620	46.21	兰陵县
731.50	82.80			52769	44905	21.54	费 县
617.00	22.57	32.00		43100	42800	22.57	平邑县
901.95	2.49	16.00		14458	11370	28.42	莒南县
288.00	21.00	9.00		40211	40137	14.75	蒙阴县
914.00	20.00	28.00	12.00	57586	57396	23.62	临沭县
373.00	28.16			101236	83982	17.30	宁津县

3-5 续表15

县名称 Name of Counties	综合生产能力（万立方米/日） Integrated Production Capacity (10000 cu. m/day)	地下水 Underground Water	水厂个数（个） Number of Water Plants (unit)	地下水 Underground Water	供水管道长度（公里） Length of Water Supply Pipelines (km)	供水总量(万立方米) 合计 Total	售水量 小计 Subtotal	生产运营用水 The Quantity of Water for Production and Operation	公共服务用水 The Quantity of Water for Public Service
庆云县	6.8		2		161.00	667.00	602.00	97.00	39.00
临邑县	7.0		2		245.01	1941.21	1750.86	565.79	32.76
齐河县	22.0	22.0	4	4	261.09	1531.70	1395.37	496.75	185.59
平原县	3.0		1		207.61	1320.31	1218.45		
夏津县	5.0		1		201.69	925.00	820.42	30.07	350.25
武城县	4.0		1		302.40	640.00	599.00	38.00	163.00
阳谷县	6.3	5.0	2	1	251.00	1032.00	989.00	239.00	42.00
莘县	6.0		1		163.77	1052.88	974.00	59.00	45.00
东阿县	5.0	5.0	2	2	141.98	517.06	458.63	32.12	64.70
冠县	2.0	2.0	2		197.00	699.00	648.00	103.00	15.00
高唐县	10.0		1		159.08	1022.00	938.00	100.00	140.00
惠民县	6.0		1		118.20	920.97	835.32	24.51	86.53
阳信县	13.0		3		127.02	886.45	812.39	365.09	85.13
无棣县	7.5		2		202.94	1379.00	1246.51	623.75	11.35
博兴县	5.0		1		97.65	897.84	827.55	53.13	74.23
曹县	5.0		1		229.34	1384.00	1192.00	281.47	195.65
单县	5.0		1		240.00	943.00	832.00	30.00	175.00
成武县	3.0		1		76.27	647.10	585.64	210.06	20.00
巨野县	13.0		2		163.20	1352.00	1220.00	130.00	126.00
郓城县	7.0		2	1	270.00	1285.00	1083.00		40.00
鄄城县	2.0	0.5	1		169.09	634.12	597.80	160.60	30.00
东明县	6.0		2		164.15	1249.00	1129.00	300.00	195.00
河　南	535.1	153.1	142	75	16298.86	81604.56	70470.27	11551.68	7702.00
中牟县	10.5	3.0	3	2	150.12	998.21	853.05	20.50	67.15
杞县	2.6	2.6	1	1	90.36	438.00	395.61	0.02	0.20
通许县	3.5	3.5	1	1	109.20	652.86	549.89	137.19	35.28
尉氏县	2.2	2.2	1	1	144.23	552.03	498.75	104.94	134.50
兰考县	14.5	4.5	2	1	353.77	1300.05	1126.05	522.90	69.90
新安县	3.5		2		103.42	871.40	734.90		117.00
栾川县	4.5		4		225.80	810.00	669.00	136.00	15.00
嵩县	3.0	3.0	2	2	34.60	610.20	480.00	89.70	43.50
汝阳县	4.0	4.0	2	1	106.00	810.00	625.00	85.00	105.00
宜阳县	6.0	6.0	5	4	350.72	1155.16	1001.90		331.67
洛宁县	3.3	3.3	2	2	52.38	544.27	449.87	103.22	41.71
伊川县	3.0	3.0	1		124.63	910.61	810.18		195.73
宝丰县	3.4		1		354.25	1055.04	909.00	13.50	35.84
叶县	7.0		1		361.35	1809.67	1540.00	1036.00	30.00
鲁山县	5.0	2.0	2	1	109.02	1075.00	985.00	466.00	87.00
郏县	6.0		3	2	205.00	971.49	822.22	452.44	104.25

continued 15

Total Quantity of Water Supply (10000 cu. m)				用水户数(户)		用水人口(万人)	县名称
Water Sold		免费供水量			居民家庭		
居民家庭用水 The Quantity of Water for Household Use	其他用水 The Quantity of Water for Other Purposes	The Quantity of Free Water Supply	生活用水 Domestic Water Use	Number of Households with Access to Water Supply (unit)	Households	Population with Access to Water Supply (10000 persons)	Name of Counties
411.00	55.00			64958	61978	14.80	庆云县
1032.19	120.12	23.08		80094	73639	26.20	临邑县
699.08	13.95			91183	91183	28.86	齐河县
690.39	528.06	10.00		64438	57296	13.91	平原县
440.10		15.00	7.18	38302	33226	20.39	夏津县
398.00				40079	39529	11.32	武城县
708.00				37950	32073	13.91	阳谷县
592.00	278.00			53065	52085	19.26	莘县
312.11	49.70	18.20	8.06	39356	38136	12.16	东阿县
530.00				45525	45525	18.23	冠县
698.00				51400	49000	20.74	高唐县
454.28	270.00			42560	40000	10.92	惠民县
361.99	0.18			23445	22190	9.23	阳信县
478.69	132.72			22770	22594	11.36	无棣县
693.13	7.06			62644	61802	16.46	博兴县
685.08	29.80			60972	57722	25.60	曹县
607.00	20.00	22.00	5.00	24000	23400	23.00	单县
355.58		0.57		5205	3944	11.27	成武县
929.00	35.00	10.00		81600	78100	26.89	巨野县
1043.00		60.00		105426	94256	33.00	郓城县
407.20		1.52	0.53	28185	25264	12.18	鄄城县
510.00	124.00			55682	33869	18.16	东明县
47338.34	**3878.25**	**2479.24**	**609.18**	**4370815**	**4075283**	**1425.84**	**河南**
763.19	2.21	21.01		58716	57616	12.09	中牟县
395.39				21000	20000	9.00	杞县
377.42		0.64	0.60	60406	60185	9.15	通许县
248.00	11.31	18.42	18.42	27500	24900	13.68	尉氏县
533.25		45.00		77059	76848	26.34	兰考县
607.80	10.10	8.50		41903	34651	16.70	新安县
499.00	19.00	20.00	19.00	22797	21621	12.43	栾川县
337.93	8.87	31.00		21000	19000	10.83	嵩县
408.00	27.00	19.00	18.00	37200	26500	8.73	汝阳县
591.23	79.00			47380	45480	21.00	宜阳县
304.94				35645	33203	13.38	洛宁县
612.06	2.39			23236	14173	21.00	伊川县
859.66		43.00		71213	62110	17.80	宝丰县
460.00	14.00			57586	55545	13.80	叶县
400.00	32.00	30.00	30.00	48890	46255	17.11	鲁山县
250.40	15.13	14.71		38118	33291	13.00	郏县

3-5 续表16

县名称 Name of Counties	综合生产能力 (万立方米/日) Integrated Production Capacity (10000 cu. m/day)	地下水 Underground Water	水厂个数(个) Number of Water Plants (unit)	地下水 Underground Water	供水管道长度(公里) Length of Water Supply Pipelines (km)	供水总量(万立方米) 合计 Total	小计 Subtotal	售水量 生产运营用水 The Quantity of Water for Production and Operation	公共服务用水 The Quantity of Water for Public Service
安阳县	67.3				46.00	81.10	72.30	4.20	1.80
汤阴县	4.0		2	1	123.87	1261.52	1135.09		
滑县	5.5		1	1	237.10	1626.69	1435.93	121.96	259.14
内黄县	9.3		2	1	182.87	992.58	817.71		
浚县	4.0	1.0	2	1	155.90	947.07	865.49	17.06	52.26
淇县	3.5		1		81.49	854.17	762.81		6.93
新乡县	3.0	0.4	1		131.05	375.36	316.63	88.67	66.49
获嘉县	5.0		1	1	130.00	617.35	515.10	25.10	50.00
原阳县	9.0	3.0	2	1	600.65	784.77	694.71	134.00	93.05
延津县	4.5	1.0	2	1	110.49	654.00	552.97	260.71	
封丘县	3.0	3.0	1	1	161.50	647.30	588.60		
修武县	4.0		1		117.06	577.00	496.40	116.34	69.27
博爱县	8.0		2		186.10	1225.00	1035.00	315.00	108.00
武陟县	7.0	2.0	2	1	181.05	1125.77	962.02	320.84	75.54
温县	3.5		1		87.20	888.69	745.48	277.76	21.29
清丰县	9.0		3	2	161.93	907.80	777.80	80.00	37.80
南乐县	6.7	1.7	2	1	163.50	895.28	838.48	335.73	67.96
范县	7.0		2		90.65	643.68	564.00	75.00	31.00
台前县	11.2	3.4	2	2	74.37	753.20	693.10	91.10	30.00
濮阳县	4.0		1		231.00	1130.86	975.53	40.00	55.00
鄢陵县	5.0		1		190.90	693.74	570.84	82.91	57.87
襄城县	4.1	0.6	2	1	135.80	426.71	353.43	46.00	41.60
舞阳县	3.0		1		172.07	723.75	610.00	60.80	61.20
临颍县	11.0		2		155.80	1402.14	1319.38	381.57	187.17
渑池县	6.5	1.2	1	1	71.02	521.00	473.00	13.00	36.00
卢氏县	2.0	2.0	2	2	90.78	485.84	438.70	39.25	78.75
南召县	5.0		1		262.10	1152.00	817.00	135.00	79.00
方城县	9.5		2	1	507.50	1320.00	1176.00	90.00	240.00
西峡县	5.5	5.5	2	2	270.79	1145.82	976.58	212.41	259.61
镇平县	7.5		3		189.43	1468.00	1290.00	272.00	158.00
内乡县	6.2	1.5	2	1	243.24	1091.00	990.00	253.00	125.00
淅川县	5.5	5.5	3	3	232.13	1380.50	1333.70	133.70	245.00
社旗县	2.5		1		174.35	803.00	710.00	136.50	105.00
唐河县	16.0		2		280.36	2116.87	1915.82	290.06	181.28
新野县	10.2	1.3	3	1	220.87	2130.00	1945.00	570.00	555.00
桐柏县	6.0		3		172.33	940.01	799.67	283.15	91.33
民权县	8.5		3	2	167.35	1415.00	1181.00	14.00	17.00
睢县	6.0	6.0	3	3	232.69	1008.00	826.00	195.00	100.00
宁陵县	2.5	2.5	1	1	102.00	628.50	568.50	77.00	86.50

continued 16

Total Quantity of Water Supply (10000 cu. m)				用水户数（户）	居民家庭	用水人口（万人）	县名称
Water Sold		免费供水量	生活用水				
居民家庭用水 The Quantity of Water for Household Use	其他用水 The Quantity of Water for Other Purposes	The Quantity of Free Water Supply	Domestic Water Use	Number of Households with Access to Water Supply (unit)	Households	Population with Access to Water Supply (10000 persons)	Name of Counties
66.30				9500	9190	3.85	安阳县
628.19	506.90			91000	84400	14.29	汤阴县
1051.10	3.73	37.21	12.20	95300	94700	23.42	滑　县
525.82	291.89			50213	46273	11.25	内黄县
627.75	168.42			48331	47965	22.50	浚　县
345.05	410.83	3.89	3.89	41682	39087	11.48	淇县
142.49	18.98			23900	23572	8.73	新乡县
398.20	41.80			46112	42355	13.60	获嘉县
449.99	17.67			50027	47196	11.80	原阳县
287.99	4.27			34463	31139	10.15	延津县
350.36	238.24			49739	43804	12.80	封丘县
310.79		20.50		19289	18140	6.85	修武县
551.00	61.00	33.00		37269	35579	14.06	博爱县
507.73	57.91			79255	71216	26.58	武陟县
443.47	2.96			57864	52307	11.50	温　县
660.00				47100	47025	14.14	清丰县
434.78	0.01			27700	27110	9.60	南乐县
458.00		5.09		26912	24574	7.30	范　县
572.00				31766	31060	11.29	台前县
855.53	25.00			95000	94710	17.26	濮阳县
419.06	11.00			39266	35591	13.00	鄢陵县
243.73	22.10	19.00	4.00	20900	18017	9.16	襄城县
488.00		13.75		43822	41000	12.00	舞阳县
749.96	0.68	6.23		84058	77819	19.98	临颍县
359.00	65.00			35123	31092	11.15	渑池县
271.00	49.70			49349	43762	10.17	卢氏县
460.00	143.00	208.00		23868	23790	11.51	南召县
836.00	10.00	10.00		67110	66038	29.25	方城县
495.77	8.79			66014	64925	20.00	西峡县
860.00				53061	52202	17.10	镇平县
538.40	73.60	28.00		55131	53035	15.55	内乡县
925.00	30.00	3.50	0.80	54180	53446	26.77	淅川县
445.00	23.50	18.00	1.10	54850	52950	21.18	社旗县
1399.17	45.31	27.20	2.57	75674	70579	24.93	唐河县
670.00	150.00	35.00	20.00	44145	42912	19.97	新野县
382.09	43.10	86.06	33.13	47471	36647	12.48	桐柏县
1072.00	78.00	89.00		53000	34000	15.29	民权县
531.00		12.50	12.50	48185	44350	16.74	睢　县
405.00				15210	14050	7.80	宁陵县

3-5 续表17

县名称 Name of Counties	综合生产能力 （万立方米/日） Integrated Production Capacity (10000 cu. m/day)	地下水 Under-ground Water	水厂个数（个） Number of Water Plants (unit)	地下水 Under-ground Water	供水管道长度（公里） Length of Water Supply Pipelines (km)	供水总量(万立方米) 合计 Total	小计 Subtotal	售水量 生产运营用水 The Quantity of Water for Production and Operation	公共服务用水 The Quantity of Water for Public Service
柘城县	3.0	3.0	1	1	99.00	680.00	580.00	30.00	10.00
虞城县	3.0	3.0	1	1	127.00	969.27	817.44	143.50	33.23
夏邑县	6.8	6.8	2	2	77.10	831.00	749.00	64.00	55.00
罗山县	5.0		2		109.80	910.00	778.00	20.00	103.00
光山县	10.0		1		314.86	1880.19	1563.04	73.27	81.03
新　县	5.3		1		130.98	1160.00	826.00	123.90	57.82
商城县	5.0		1		217.10	935.00	871.00	26.00	22.00
固始县	16.0		2		374.73	2298.00	2100.00	190.00	489.00
潢川县	10.0		2		315.00	1495.00	1250.00	210.00	84.00
淮滨县	5.8	5.8	2	2	117.54	900.00	826.21	83.10	46.70
息　县	3.5	3.5	1	1	221.20	662.00	559.00	2.00	2.00
扶沟县	3.0		1		147.73	746.70	688.56	87.56	74.00
西华县	3.0	3.0	1	1	151.00	910.00	760.58	95.00	90.58
商水县	10.0		2		532.80	1120.00	975.97	11.07	109.29
沈丘县	4.3	4.3	1	1	443.00	830.00	691.00	42.70	59.40
郸城县	4.0	4.0	1	1	930.28	728.95	469.22		42.95
太康县	3.0	3.0	1	1	285.81	936.39	760.34	89.80	23.60
鹿邑县	3.0	3.0	2	2	175.25	1268.57	1131.48	102.67	164.57
西平县	8.5	8.5	3	2	150.00	1190.00	840.00	201.00	
上蔡县	2.7	2.7	2	2	49.50	798.00	713.00	148.00	41.00
平舆县	3.0	3.0	2	2	112.20	1000.00	916.00	330.00	70.00
正阳县	2.8	2.8	1	1	139.56	610.65	544.64	94.22	62.13
确山县	6.4		1		145.88	1383.51	1220.78	182.70	132.25
泌阳县	10.0		1		196.27	1650.00	1600.50	59.00	230.00
汝南县	4.3	4.3	2	2	171.70	1077.36	969.36	22.00	385.36
遂平县	2.5	2.5	2	2	120.16	1234.00	785.05	189.13	2.60
新蔡县	8.2	8.2	1		443.27	994.91	893.91	174.83	85.92
湖　北	**238.9**	**6.0**	**66**		**9766.11**	**41893.68**	**34398.16**	**7158.58**	**3301.47**
阳新县	20.0		2		321.39	2481.95	2095.86	370.94	50.97
郧西县	9.0		2		93.17	854.90	714.90	9.10	85.80
竹山县	4.0		3		225.00	507.73	451.47	55.57	58.73
竹溪县	3.0		1		350.00	653.00	633.00	25.00	80.00
房　县	5.0		2		805.33	913.37	768.22	63.98	79.42
远安县	5.0		2		293.50	827.00	680.00	192.00	88.00
兴山县	2.0		1		166.65	302.41	278.89	67.32	40.87
秭归县	4.5		2		220.72	975.46	692.40	270.32	4.00
长阳土家族自治县	2.4		2		115.19	670.00	610.00	130.00	30.00
五峰土家族自治县	3.0		1		69.00	264.20	219.20	15.10	35.00
南漳县	10.0		2		301.20	1241.00	1136.00	446.00	110.00

continued 17

Total Quantity of Water Supply (10000 cu. m)				用水户数（户）	居民家庭	用水人口（万人）	县名称
Water Sold		免费供水量	生活用水				
居民家庭用水 The Quantity of Water for Household Use	其他用水 The Quantity of Water for Other Purposes	The Quantity of Free Water Supply	Domestic Water Use	Number of Households with Access to Water Supply (unit)	Households	Population with Access to Water Supply (10000 persons)	Name of Counties
540.00				72000	68000	22.00	柘城县
640.71		0.90		46532	46532	15.00	虞城县
630.00				69000	63500	20.00	夏邑县
650.00	5.00	102.00	4.00	49394	47321	22.00	罗山县
1398.44	10.30	184.95	37.00	59792	42922	26.23	光山县
619.50	24.78	179.95	179.95	55500	44500	14.42	新 县
820.00	3.00	28.60	28.60	62174	59808	15.14	商城县
1419.00	2.00	50.00		76119	75722	39.30	固始县
955.00	1.00	81.00	15.00	86833	86121	36.70	潢川县
661.00	35.41	0.80		58969	58921	14.83	淮滨县
553.00	2.00	50.00		53950	52800	23.42	息 县
488.00	39.00	2.98		61809	58093	11.81	扶沟县
469.00	106.00	39.42	38.42	72690	64157	12.93	西华县
722.45	133.16			66576	63900	17.13	商水县
582.00	6.90			84929	78238	25.90	沈丘县
392.96	33.31	129.12		30344	28845	27.00	郸城县
623.48	23.46	45.40		68995	66394	27.49	太康县
710.61	153.63			101120	93959	36.04	鹿邑县
576.00	63.00	305.00		68723	62154	20.00	西平县
509.00	15.00			50460	50187	21.69	上蔡县
516.00				93562	90560	25.50	平舆县
388.29		34.82		28565	26008	20.00	正阳县
685.61	220.22			44106	42085	14.59	确山县
1311.50				59112	52131	18.75	泌阳县
555.00	7.00	10.00		69499	67463	26.24	汝南县
465.32	128.00	327.09	130.00	69202	65412	20.22	遂平县
591.48	41.68			128372	120565	38.99	新蔡县
22583.99	**1354.12**	**2494.37**	**512.13**	**1782229**	**1562521**	**431.22**	**湖 北**
1419.67	254.28	3.71		140602	130070	16.62	阳新县
572.00	48.00	57.20		33614	32166	9.88	郧西县
323.21	13.96	10.49	2.98	41800	32887	7.97	竹山县
513.00	15.00	10.00		42300	42000	10.16	竹溪县
510.70	114.12			65248	64371	13.31	房 县
374.00	26.00	28.00		29276	27599	4.99	远安县
135.77	34.93	12.90		17764	15932	4.50	兴山县
417.60	0.48	130.06		36206	30881	11.94	秭归县
450.00		5.00		20500	20500	9.14	长阳土家族自治县
169.10		15.00		13044	12868	4.19	五峰土家族自治县
559.00	21.00			63972	27816	14.63	南漳县

3-5 续表18

县名称 Name of Counties	综合生产能力 （万立方米/日） Integrated Production Capacity (10000 cu. m/day)	地下水 Under-ground Water	水厂个数（个） Number of Water Plants (unit)	地下水 Under-ground Water	供水管道长度（公里） Length of Water Supply Pipelines (km)	供水总量(万立方米) 合计 Total	售水量 小计 Subtotal	生产运营用水 The Quantity of Water for Production and Operation	公共服务用水 The Quantity of Water for Public Service
谷城县	10.0		1		301.48	1336.98	1129.98	224.12	205.81
保康县	2.0		2		28.00	293.50	238.90	6.10	5.90
沙洋县	9.0		1		327.48	1565.00	1131.23	274.12	114.13
孝昌县	6.6		1		293.70	1913.00	1610.00	375.00	138.00
大悟县	10.0		1		248.50	1640.50	1418.50	312.50	332.00
云梦县	6.0		1		293.00	1686.00	1596.00		190.00
公安县	12.5		3		373.10	1852.60	1556.00	318.00	10.00
江陵县	5.0		1		189.99	803.85	686.65	174.90	120.59
团风县	3.5		2		196.90	1018.41	961.91	115.42	120.59
红安县	5.2		2		404.00	2344.00	1809.00	624.00	190.00
罗田县	10.0		3		220.07	1040.34	908.90	249.90	74.30
英山县	2.0		1		295.12	721.38	601.53	32.28	136.31
浠水县	6.5		2		246.65	1657.14	1284.26	49.86	149.56
蕲春县	11.5		2		360.93	2339.00	1554.40	643.38	133.10
黄梅县	8.0		2		595.00	2129.00	1784.80	732.20	60.00
嘉鱼县	6.0		1		281.60	1310.44	1069.14	88.69	192.44
通城县	8.0	6.0	3		302.00	1179.30	1100.30	104.30	60.00
崇阳县	10.0		2		166.50	1760.48	1216.00	210.00	185.00
通山县	6.5		2		603.00	715.00	565.00	16.00	21.00
随　县	4.9		1		182.74	392.33	319.91	45.00	4.01
建始县	5.0		2		223.90	780.00	650.00	45.00	65.00
巴东县	4.0		1		143.88	642.98	470.57	79.29	39.64
咸丰县	4.9		2		98.60	1116.34	752.24	357.19	24.00
来凤县	6.0		2		179.00	932.20	787.20	71.00	169.30
鹤峰县	2.5		2		66.43	288.00	236.00	19.00	18.00
宣恩县	4.0		2		155.39	571.00	526.00	134.00	58.00
神农架林区	1.5		1		28.00	173.89	153.80	22.00	12.00
湖　南	**501.1**	**14.7**	**106**	**7**	**22556.27**	**105588.52**	**87319.39**	**17247.71**	**9737.16**
长沙县	52.0		3		1245.54	15560.24	13778.47	4604.85	789.45
望城区	25.0		1		747.81	8733.36	7612.56	2328.46	2297.89
攸　县	8.5		3		552.00	1767.50	1361.50	162.00	283.00
茶陵县	10.0		2		200.28	1697.39	1303.24	142.51	104.11
炎陵县	2.0		1		211.90	472.94	371.39	80.30	48.15
湘潭县	11.0		2		554.15	2386.19	1787.31	724.34	
衡阳县	10.2		2		1550.00	1944.00	1451.00	330.00	36.00
衡南县	6.0		1		186.00	1056.00	894.00	267.00	78.00
衡山县	3.0		1		299.10	1232.66	870.85	313.00	71.22
衡东县	5.0		1		124.01	1048.00	679.30	105.00	154.00
祁东县	6.0		3		410.00	1597.00	1423.00	149.00	100.00

continued 18

Total Quantity of Water Supply (10000 cu. m)				用水户数 (户)	居民家庭	用水人口 (万人)	县名称
Water Sold		免费供水量	生活用水				
居民家庭用水 The Quantity of Water for Household Use	其他用水 The Quantity of Water for Other Purposes	The Quantity of Free Water Supply	Domestic Water Use	Number of Households with Access to Water Supply (unit)	Households	Population with Access to Water Supply (10000 persons)	Name of Counties
698.01	2.04	110.00		61323	60491	16.78	谷城县
226.00	0.90			13303	13203	6.39	保康县
493.48	249.50	214.73	0.15	39845	30624	9.51	沙洋县
1012.00	85.00	88.00	15.00	82655	52845	19.11	孝昌县
748.00	26.00	33.00		67523	61335	13.75	大悟县
1400.00	6.00	10.00	5.00	65000	60000	14.68	云梦县
1150.00	78.00	40.00		60110	56610	20.12	公安县
387.61	3.55	6.20		31810	24958	6.00	江陵县
725.90				21911	21763	7.75	团风县
960.00	35.00	408.00	283.00	58801	57392	18.40	红安县
578.10	6.60	21.54		42142	41541	14.35	罗田县
432.94		9.48		38968	38810	8.27	英山县
1084.84				93524	89378	16.85	浠水县
777.92		374.67		62064	32557	18.23	蕲春县
992.60		13.30		83150	80380	17.46	黄梅县
784.01	4.00	48.00		60904	56864	16.07	嘉鱼县
900.00	36.00	59.00	39.00	60000	47568	18.80	通城县
690.00	131.00	184.48	2.50	55000	53000	16.00	崇阳县
515.00	13.00	85.00	52.00	47313	45652	10.92	通山县
265.00	5.90	10.30		22223	17658	4.73	随 县
470.00	70.00	87.00	13.00	22992	20751	10.22	建始县
336.70	14.94	63.50	63.50	39386	33228	7.30	巴东县
333.05	38.00	249.81	10.00	38531	31923	9.09	咸丰县
545.98	0.92	80.00	20.00	51000	48000	8.00	来凤县
187.00	12.00	20.00		15320	13726	6.72	鹤峰县
326.00	8.00	6.00	6.00	32013	27236	6.09	宣恩县
119.80				11092	7938	2.30	神农架林区
56263.86	**4070.66**	**5318.92**	**1456.97**	**3968028**	**3407951**	**1128.09**	**湖 南**
6901.27	1482.90	87.52	11.70	61902	55738	74.62	长沙县
2814.31	171.90			176344	165430	74.62	望城区
911.00	5.50	96.00	8.00	65920	64710	27.83	攸 县
1056.62		215.73	25.73	60524	47335	26.08	茶陵县
242.94		41.00	11.00	29059	28273	5.00	炎陵县
1016.98	45.99	113.60	5.78	109481	98362	15.15	湘潭县
920.00	165.00	172.00	25.00	65392	57218	17.00	衡阳县
447.00	102.00	6.00	6.00	61280	53196	9.40	衡南县
481.00	5.63	170.71	1.01	32303	29539	21.95	衡山县
418.00	2.30	191.76	9.58	58647	51400	14.00	衡东县
1151.00	23.00	3.00	3.00	119735	105926	22.40	祁东县

3-5 续表19

县名称 Name of Counties	综合生产能力(万立方米/日) Integrated Production Capacity (10000 cu. m/day)	地下水 Underground Water	水厂个数(个) Number of Water Plants (unit)	地下水 Underground Water	供水管道长度(公里) Length of Water Supply Pipelines (km)	供水总量(万立方米) 合计 Total	售水量 小计 Subtotal	生产运营用水 The Quantity of Water for Production and Operation	公共服务用水 The Quantity of Water for Public Service
南岳区	3.0		2		117.00	629.00	382.00		59.00
新邵县	5.0		1		435.00	1065.33	859.75	88.76	173.42
邵阳县	6.0		1		262.00	1207.20	1120.20	142.00	209.00
隆回县	10.0		1		611.00	1766.34	1531.48	228.62	358.00
洞口县	6.0		1		257.14	1349.85	872.89	194.22	59.07
绥宁县	2.0	2.0	1		200.00	531.79	502.11	75.61	45.69
新宁县	7.0		1		512.00	870.30	781.00	71.00	96.00
城步苗族自治县	3.0		1		126.00	459.00	372.00	21.00	47.00
岳阳县	8.0		2		144.70	1704.00	1460.00	252.00	79.00
华容县	6.0		1		385.80	1972.00	1650.50	330.80	78.20
湘阴县	17.0	7.0	4	3	459.90	1595.00	1353.40	318.00	
平江县	16.5		2		196.53	1841.22	1504.00	195.00	128.00
安乡县	5.0	0.2	1		210.00	947.90	888.90	50.00	58.00
汉寿县	7.5	1.5	2	1	379.00	2132.90	1353.50	13.00	72.00
澧县	9.0		1		362.00	1855.00	1278.00	195.00	89.00
临澧县	5.0		1		320.98	1252.00	1038.00	217.00	160.00
桃源县	6.0		1		365.48	2106.53	1749.50	172.54	16.73
石门县	10.0		1		291.03	1923.21	1442.66	228.00	50.23
慈利县	10.0		2		506.00	1206.02	984.82	117.54	197.80
桑植县	3.0		2		510.00	964.38	792.38	94.00	120.83
南县	11.0	3.0	2	1	349.95	1299.74	1150.18	26.60	38.77
桃江县	5.0		2		335.18	1154.63	1081.40	157.26	3.32
安化县	5.0		2		105.95	1171.00	903.00	167.00	171.00
大通湖区	1.0	1.0	1	1	76.21	222.29	190.40	6.30	37.50
桂阳县	20.0		3		495.00	2307.81	2133.60	309.71	592.28
宜章县	6.0		2		274.81	1114.40	1027.80	52.60	170.60
永兴县	5.0		1		299.00	1291.00	1032.00	226.00	94.00
嘉禾县	4.0		1		257.00	596.90	467.90	41.00	28.00
临武县	5.0		1		300.00	1266.00	950.00	122.00	66.00
汝城县	8.0		2		336.00	528.00	511.00	32.00	104.00
桂东县	1.3		1		209.00	251.18	227.48	13.58	18.90
安仁县	4.6		2		285.00	760.00	607.00	120.00	74.00
东安县	4.5		1		288.00	1218.00	1042.60	267.96	80.39
双牌县	3.0		1		100.20	694.26	523.44	103.07	87.37
道县	5.0		1		422.80	1609.70	1396.55	408.25	105.29
江永县	3.0		1		121.73	639.50	516.00	10.32	15.48
宁远县	9.0		2		490.00	1790.98	1603.65	270.30	168.12
蓝山县	4.0		1		508.00	792.30	627.70	33.60	64.10
新田县	5.0		1		223.21	1152.74	953.84	198.26	86.23

continued 19

Total Quantity of Water Supply (10000 cu. m)				用水户数（户）	居民家庭	用 水 人 口（万人）	县名称
Water Sold		免 费 供水量	生活用水				
居民家庭 用 水 The Quantity of Water for Household Use	其他用水 The Quantity of Water for Other Purposes	The Quantity of Free Water Supply	Domestic Water Use	Number of Households with Access to Water Supply (unit)	Households	Population with Access to Water Supply (10000 persons)	Name of Counties
323.00		138.00	109.00	13909	13340	7.00	南岳区
595.71	1.86	19.60	14.76	58882	53691	10.46	新邵县
765.00	4.20	12.00	12.00	53287	33079	16.46	邵阳县
688.86	256.00	35.00		134662	61235	32.38	隆回县
613.79	5.81	226.56	48.76	57918	53782	13.09	洞口县
327.55	53.26	29.36	18.54	29970	26820	7.95	绥宁县
607.50	6.50	34.50	20.50	49700	36700	16.76	新宁县
294.00	10.00	55.00	6.00	30920	22030	12.80	城步苗族自治县
1074.00	55.00	77.00	14.00	70557	65147	14.29	岳阳县
1180.30	61.20	163.20	94.20	65358	61298	16.47	华容县
973.40	62.00	83.60	22.00	59905	58895	16.67	湘阴县
1140.00	41.00	51.22	15.00	80000	7956	16.50	平江县
780.00	0.90	3.00		6000	4760	16.60	安乡县
1162.50	106.00	406.60	301.00	69289	65930	15.51	汉寿县
842.00	152.00	287.00	88.00	104635	103235	18.50	澧 县
610.00	51.00	96.00	21.00	48100	38400	10.10	临澧县
1532.91	27.32	205.96	39.81	45910	42493	15.72	桃源县
1163.23	1.20	140.55	0.20	86315	83126	18.90	石门县
669.48		89.63	4.23	62020	52265	13.30	慈利县
574.83	2.72	75.48	0.48	25367	24796	13.09	桑植县
871.47	213.34	29.88	20.36	50128	46800	15.48	南 县
900.37	20.45	36.00	36.00	58692	58603	15.00	桃江县
565.00		90.00	30.00	47750	42440	15.80	安化县
136.30	10.30	0.48	0.48	22260	20037	5.30	大通湖区
1139.55	92.06	62.00	1.97	126300	110000	30.00	桂阳县
804.60		22.60	0.48	59090	50558	14.90	宜章县
703.00	9.00	87.00	31.00	92811	83915	16.01	永兴县
378.80	20.10	89.00	29.40	32588	30547	11.18	嘉禾县
752.00	10.00	159.00	10.00	40397	29526	12.00	临武县
365.00	10.00	9.00	8.00	33000	30800	10.16	汝城县
190.00	5.00	16.80	10.00	20909	19621	6.67	桂东县
395.00	18.00	36.00		43428	41058	16.00	安仁县
633.35	60.90	67.97	4.88	63018	55778	19.91	东安县
286.61	46.39	103.87	3.25	26913	25511	8.98	双牌县
828.95	54.06	0.70	0.70	74354	51905	21.02	道 县
474.72	15.48	68.20	2.70	22234	14270	6.06	江永县
1134.12	31.11	82.33	24.56	94162	94162	18.00	宁远县
518.00	12.00	12.60	0.80	31976	29520	16.00	蓝山县
609.33	60.02	59.21	40.56	59772	51469	14.02	新田县

3-5 续表 20

县名称 Name of Counties	综合生产能力 （万立方米/日） Integrated Production Capacity (10000 cu. m/day)	地下水 Underground Water	水厂个数（个） Number of Water Plants (unit)	地下水 Underground Water	供水管道长度（公里） Length of Water Supply Pipelines (km)	供水总量(万立方米) 合计 Total	小计 Subtotal	售水量 生产运营用水 The Quantity of Water for Production and Operation	公共服务用水 The Quantity of Water for Public Service
江华瑶族自治县	8.5		2		274.05	1479.66	1074.39	208.72	111.79
中方县	5.0		1		103.60	1074.41	1046.41	179.71	195.43
沅陵县	7.5		2		273.03	1316.25	1098.45	287.71	14.48
辰溪县	4.0		1		155.59	1015.45	838.31	178.01	31.59
溆浦县	11.5		1		120.50	1090.09	884.09	42.90	215.70
会同县	3.0		1		144.00	691.79	577.32	11.00	265.00
麻阳苗族自治县	4.0		1		304.00	870.00	686.00	12.00	24.00
新晃侗族自治县	4.0		1		248.20	636.60	525.52	140.53	12.00
芷江侗族自治县	6.0		2		114.15	677.00	605.60	12.80	29.50
通道县	1.5		1		117.30	417.56	360.74	15.17	69.98
靖州县	5.0		1		230.00	961.61	785.56	134.83	20.00
双峰县	7.0		2		432.50	1966.00	1778.00	120.00	96.00
新化县	9.0		2		521.16	2063.73	1736.91	177.61	102.98
泸溪县	3.0		1		112.33	641.48	528.34	31.68	93.00
凤凰县	7.5		2		226.50	746.60	699.30	330.00	89.00
花垣县	5.0		2		190.00	1115.50	780.00	190.00	50.00
保靖县	2.0		1	1	69.70	670.00	540.00	98.50	68.50
古丈县	2.0		2		107.10	426.63	338.50	47.27	30.53
永顺县	5.0		1		123.00	1081.20	759.00	26.00	51.00
龙山县	7.5		2		480.17	1912.28	1281.70	226.91	102.54
广 东	**266.1**	**6.0**	**58**	**1**	**12289.29**	**53867.66**	**45233.94**	**9435.55**	**3384.02**
始兴县	6.0		1		144.30	985.48	839.47	232.60	9.80
仁化县	4.0		1		189.23	653.52	644.87	110.75	20.63
翁源县	5.5		2		74.36	911.00	821.00	244.00	183.00
乳源瑶族自治县	7.0		1		581.31	1614.06	1324.54	485.34	132.22
新丰县	4.5		1		224.00	896.08	834.08	158.74	19.34
南澳县	6.0		1		150.00	415.00	345.00	93.00	30.00
遂溪县	5.0		1		357.00	1361.56	1252.89		
徐闻县	5.0		2		619.10	1490.19	1154.19	402.00	1.19
广宁县	6.0	6.0	1	1	235.07	1219.00	1065.70	98.00	185.00
怀集县	10.0		1		747.72	1768.00	1481.21	305.08	75.49
封开县	2.5		1		427.00	700.98	611.96	182.65	13.08
德庆县	4.0		1		220.00	1259.00	1049.96	141.94	145.34
博罗县	19.5		6		731.60	4664.56	3938.45	1405.83	215.08
惠东县	18.0		1		398.86	3124.56	2840.39	903.69	124.74
龙门县	8.0		1		196.85	878.00	703.00	176.00	29.00
大埔县	3.0		1		231.00	1140.00	836.00	102.00	44.00
丰顺县	5.0		2		251.82	1361.80	1025.46	250.22	4.62
五华县	12.0		1		176.00	3320.00	1823.00	295.00	167.00

continued 20

Total Quantity of Water Supply (10000 cu. m)				用水户数（户）		用水人口（万人）	县名称
Water Sold		免费供水量	生活用水		居民家庭		
居民家庭用水 The Quantity of Water for Household Use	其他用水 The Quantity of Water for Other Purposes	The Quantity of Free Water Supply	Domestic Water Use	Number of Households with Access to Water Supply (unit)	Households	Population with Access to Water Supply (10000 persons)	Name of Counties
748.50	5.38	257.03	96.00	33499	30936	12.59	江华瑶族自治县
524.91	146.36	20.00	5.00	30512	29993	8.10	中方县
790.19	6.07	110.00	5.45	74499	74499	19.27	沅陵县
620.93	7.78	5.14	0.40	61982	54180	13.00	辰溪县
622.20	3.29	105.00	6.00	65000	49564	13.88	溆浦县
301.32		29.40	0.22	30015	28143	10.25	会同县
650.00		83.00		66300	52300	12.39	麻阳苗族自治县
369.17	3.82	3.44	3.44	43575	38417	9.00	新晃侗族自治县
561.70	1.60	11.40	6.40	64931	59200	7.40	芷江侗族自治县
275.59		2.96	0.67	27929	22154	6.09	通道县
630.73		0.50	0.50	56597	44830	12.82	靖州县
1502.00	60.00	67.00	29.00	38500	37462	16.20	双峰县
1448.43	7.89	4.39	4.39	108774	94309	28.00	新化县
399.78	3.88	18.63	3.63	35521	23277	7.81	泸溪县
273.00	7.30	7.30	7.30	45348	45348	11.60	凤凰县
510.00	30.00	5.50	3.00	27100	23150	9.35	花垣县
360.00	13.00	67.00	17.00	38634	34954	9.00	保靖县
257.58	3.12	13.81	2.89	23117	20193	5.90	古丈县
655.00	27.00	118.20	74.00	48127	41862	17.80	永顺县
798.48	153.77	30.00	0.26	54995	50555	14.55	龙山县
28760.85	**3653.52**	**521.51**	**205.02**	**1842917**	**1615690**	**519.25**	**广　东**
437.40	159.67	0.30	0.30	23841	19937	6.77	始兴县
493.37	20.12	1.01		19156	12981	5.12	仁化县
394.00		25.00	3.00	49230	30366	6.62	翁源县
679.70	27.28			47960	42317	10.13	乳源瑶族自治县
656.00				50127	45154	7.54	新丰县
222.00		2.00		16211	14789	4.00	南澳县
865.45	387.44	25.62	25.62	72520	67183	22.98	遂溪县
413.00	338.00			38699	35695	23.14	徐闻县
696.00	86.70	5.80	1.00	75098	67566	12.65	广宁县
724.30	376.34	0.63	0.57	92723	82374	26.41	怀集县
380.20	36.03	1.16	1.16	30452	26869	6.39	封开县
596.05	166.63			4416	3903	6.35	德庆县
2190.39	127.15	48.01	0.31	78837	66184	34.46	博罗县
1802.77	9.19	4.45	4.45	75178	62671	26.06	惠东县
498.00				50210	43750	7.48	龙门县
659.00	31.00	83.00	83.00	68758	60387	11.00	大埔县
768.18	2.44	55.99	0.51	38296	32498	14.60	丰顺县
1235.00	126.00			98289	81633	25.00	五华县

3-5 续表21

县名称 Name of Counties	综合生产能力（万立方米/日）Integrated Production Capacity (10000 cu. m/day)	地下水 Underground Water	水厂个数（个）Number of Water Plants (unit)	地下水 Underground Water	供水管道长度（公里）Length of Water Supply Pipelines (km)	供水总量(万立方米) 合计 Total	售水量 小计 Subtotal	生产运营用水 The Quantity of Water for Production and Operation	公共服务用水 The Quantity of Water for Public Service
平远县	4.0		2		186.24	717.54	630.56	40.26	127.27
蕉岭县	5.0		1		309.18	798.00	719.20	93.55	26.21
海丰县	21.0		3		1506.95	4406.00	4105.00	701.31	43.94
陆河县	6.0		1		419.33	780.00	704.82	23.80	99.20
紫金县	9.0		2		122.00	1720.00	947.00	208.00	69.00
龙川县	7.8		5		266.05	1562.62	1410.02	118.55	7.63
连平县	4.2		2		84.56	472.75	419.36	43.50	2.09
和平县	5.0		1		138.00	903.05	871.87	117.03	80.62
东源县					85.26	615.88	577.92	159.26	113.55
阳西县	7.5				329.42	1959.53	1727.40	303.32	364.44
阳山县	6.0		2		345.18	1108.79	966.47	21.15	185.06
连山壮族瑶族自治县	1.8		2		60.72	315.00	257.00		18.00
连南瑶族自治县	4.5		2		156.20	469.15	424.56	5.59	99.66
佛冈县	9.8		1		95.18	1892.35	1641.65	318.17	430.26
饶平县	20.0		1		611.00	3298.00	2836.00	828.00	190.00
揭西县	8.0		2		169.90	720.48	608.94	63.42	15.86
惠来县	7.0		1		77.50	891.50	888.50	82.00	55.00
新兴县	5.0		1		1176.40	2601.23	2116.50	503.80	54.70
郁南县	3.5		1		195.00	873.00	790.00	218.00	2.00
广　西	239.0	10.3	79	5	9878.95	49243.51	42131.42	7178.72	4975.24
隆安县	6.0		1		156.12	1205.98	925.95	267.24	60.72
马山县	2.5	0.5	3	1	100.00	436.00	413.00	15.00	12.00
上林县	2.0		1		124.98	492.13	440.81		101.94
宾阳县	5.3	1.3	3	1	180.30	1289.02	1162.40	265.53	30.00
柳城县	4.0		1		111.86	1182.49	1021.18	632.49	1.70
鹿寨县	5.0		1		165.12	1602.00	1342.01	789.30	3.91
融安县	5.0		1		131.04	895.45	745.08		65.56
融水苗族自治县	4.0		1		200.10	1087.00	965.00	118.00	48.00
三江侗族自治县	3.5		2		156.05	724.25	604.65	136.87	10.00
阳朔县	6.6		2		122.70	1476.59	935.79	460.89	76.87
灵川县	4.0				368.58	676.00	602.00	181.00	80.00
全州县	4.5		2		303.00	1209.62	956.00	219.00	141.00
兴安县	4.0		1		195.00	820.00	714.00	162.00	9.00
永福县	3.0		1		136.00	548.00	379.00	100.00	44.00
灌阳县	1.0				58.00	327.20	269.00	21.00	36.00
龙胜各族自治县	1.7		1		38.62	274.66	246.30	15.34	32.50
资源县	1.0		2		44.00	299.00	259.00	27.00	7.00
平乐县	3.0		1		235.55	480.23	423.19	47.21	11.76
恭城瑶族自治县	2.5		1		72.00	333.40	299.40	20.00	17.00

continued 21

Total Quantity of Water Supply (10000 cu. m)				用水户数（户）		用 水	县名称
Water Sold		免 费供水量			居民家庭	人 口（万人）	
居民家庭用 水 The Quantity of Water for Household Use	其他用水 The Quantity of Water for Other Purposes	The Quantity of Free Water Supply	生活用水 Domestic Water Use	Number of Households with Access to Water Supply (unit)	Households	Population with Access to Water Supply (10000 persons)	Name of Counties
455.25	7.78	9.50		29038	24385	8.36	平远县
593.38	6.06			57178	50071	8.02	蕉岭县
3117.03	242.72	29.46		131715	121931	31.40	海丰县
444.10	137.72			15410	15088	8.59	陆河县
667.00	3.00	60.00		38122	33652	16.39	紫金县
1151.82	132.02	42.96	42.96	66723	59922	31.65	龙川县
339.62	34.15	2.58		19912	18386	7.79	连平县
670.32	3.90	2.23	2.23	39469	34734	16.00	和平县
264.07	41.04	2.11	2.11	61442	51386	8.85	东源县
1059.64		1.80	1.80	56745	49463	16.34	阳西县
756.57	3.69			49962	47124	12.62	阳山县
228.00	11.00	36.00	36.00	5632	5418	1.71	连山壮族瑶族自治县
307.64	11.67			18528	17893	3.72	连南瑶族自治县
892.08	1.14	3.40		39594	31813	9.91	佛冈县
836.00	982.00	68.00		56117	50823	19.31	饶平县
473.52	56.14			31535	30424	12.84	揭西县
724.00	27.50			41240	40760	27.80	惠来县
1558.00		10.50		107689	93677	13.20	新兴县
512.00	58.00			46865	42483	8.05	郁南县
28711.37	**1266.09**	**913.67**	**118.54**	**1752613**	**1561967**	**513.29**	**广 西**
539.46	58.53	93.17	12.52	21870	12620	6.17	隆安县
383.00	3.00			17445	17116	5.13	马山县
304.38	34.49			34963	30091	4.87	上林县
849.87	17.00			46941	44027	15.79	宾阳县
386.99		0.20	0.20	20129	18841	4.10	柳城县
548.80		0.45	0.45	26726	24862	11.01	鹿寨县
679.52		59.81		27053	21642	12.09	融安县
788.00	11.00	1.00	1.00	55180	48530	10.82	融水苗族自治县
447.42	10.36	27.30		31670	27073	5.94	三江侗族自治县
396.56	1.47	402.15	8.54	23965	20412	4.53	阳朔县
265.00	76.00	10.00	10.00	51473	46754	9.92	灵川县
596.00				52685	52151	11.06	全州县
528.00	15.00	6.00	3.00	39370	38643	7.73	兴安县
235.00		18.00		27638	26824	5.67	永福县
211.00	1.00	20.00		19266	1560	5.95	灌阳县
198.06	0.40			19520	19520	3.61	龙胜各族自治县
225.00				15517	15517	6.05	资源县
337.84	26.38	6.68	1.48	26739	21273	7.85	平乐县
262.40				13326	13201	6.42	恭城瑶族自治县

3-5 续表22

县名称 Name of Counties	综合生产能力（万立方米/日） Integrated Production Capacity (10000 cu.m/day)	地下水 Under-ground Water	水 厂 个 数（个） Number of Water Plants (unit)	地下水 Under-ground Water	供水管道长度（公里） Length of Water Supply Pipelines (km)	供水总量(万立方米) 合 计 Total	售水量 小计 Subtotal	生产运营用水 The Quantity of Water for Production and Operation	公共服务用水 The Quantity of Water for Public Service
苍梧县	0.3		1		32.00	113.76	108.32	3.83	0.64
藤　县	9.5		2		303.50	2350.00	2015.00	286.97	798.15
蒙山县	6.0		1		145.00	610.52	537.76	202.46	2.03
合浦县	10.0		1		439.66	1377.28	1183.00	95.60	77.02
上思县	3.0		2		351.64	728.00	608.00	24.00	127.00
灵山县	8.0		2		271.80	1666.70	1452.03	113.46	364.56
浦北县	4.0		1		182.39	955.46	818.86	207.36	20.00
平南县	11.0		1		264.03	2577.55	2249.43	345.09	436.44
容　县	8.0		2		209.29	975.69	842.68	102.12	83.16
陆川县	5.0		1		159.17	1465.11	1273.11	117.00	280.11
博白县	7.3		2		407.90	2156.12	1785.27	366.36	206.20
兴业县	8.0		2		128.23	835.14	709.03	15.00	8.00
田东县	5.0		1		263.70	1070.45	933.95	65.00	22.00
德保县	5.0		1		133.15	798.10	716.90	115.00	60.00
那坡县	2.0		2		67.70	320.38	308.00	9.01	21.23
凌云县	2.0		1		68.00	353.79	297.00	16.90	86.00
乐业县	2.0		1		90.60	121.95	95.82	25.69	0.52
田林县	2.0		1		71.24	440.95	381.27	48.43	97.62
西林县	1.3		1		80.39	313.95	271.47	18.32	30.74
隆林各族自治县	2.5		1		98.30	733.85	608.30	22.54	88.05
昭平县	3.0		1		121.00	445.82	367.82	15.00	5.82
钟山县	4.5	1.0	2	1	184.99	978.81	881.01	165.00	22.85
富川瑶族自治县	3.0		1		102.57	460.09	401.00	54.00	
南丹县	4.5		3		101.49	761.63	568.62	136.34	
天峨县	3.0		2		51.30	478.52	478.51	2.68	53.88
凤山县	1.5		1		83.50	430.00	356.60	40.00	5.50
东兰县	3.0	3.0	1	1	49.92	248.66	224.19	3.44	29.49
罗城仫佬族自治县	2.0		1		200.40	593.35	483.65	34.03	25.99
环江毛南族自治县	2.5		1		115.20	789.40	710.80	31.00	216.80
巴马瑶族自治县	2.0		1		149.75	558.76	504.11	2.87	120.00
都安瑶族自治县	4.0		1		375.00	1098.02	946.00	56.20	62.57
大化瑶族自治县	6.0		2		115.00	530.67	480.67	70.67	100.00
忻城县	2.2		1	1	288.00	526.00	452.00	52.00	40.00
象州县	4.5	4.5	1		77.67	581.60	539.60	173.20	
武宣县	4.5		1		135.00	885.82	881.00	23.00	176.00
金秀瑶族自治县	0.5		1		43.96	145.20	125.85	40.01	10.97
扶绥县	5.0		1		469.40	1303.35	1176.17	210.02	165.03
宁明县	3.5		1		138.30	1078.00	847.00	248.00	31.00
龙州县	3.5		1		114.72	918.23	818.26	92.26	153.00
大新县	3.8		1		183.90	584.79	521.60	3.58	121.06
天等县	2.0		1		111.17	523.02	468.00	47.41	36.85

continued 22

Total Quantity of Water Supply (10000 cu. m)				用水户数（户） Number of Households with Access to Water Supply (unit)	居民家庭 Households	用水人口（万人） Population with Access to Water Supply (10000 persons)	县名称 Name of Counties
Water Sold		免费供水量 The Quantity of Free Water Supply	生活用水 Domestic Water Use				
居民家庭用水 The Quantity of Water for Household Use	其他用水 The Quantity of Water for Other Purposes						
103.17	0.68	2.93		2200	2100	3.25	苍梧县
910.00	19.88	60.00	60.00	62700	51200	12.70	藤　县
324.35	8.92	4.00		28279	23954	6.27	蒙山县
1007.00	3.38	0.72	0.72	67000	44667	17.68	合浦县
385.00	72.00			25347	24000	8.14	上思县
970.19	3.82	0.01	0.01	52643	47405	22.87	灵山县
591.50		0.60		28699	25373	8.57	浦北县
1467.90		60.26		62061	60790	21.74	平南县
602.05	55.35			38634	33780	18.87	容　县
875.30	0.70	0.60		37340	33340	18.33	陆川县
1131.10	81.61			67007	58440	31.13	博白县
686.03				28287	27900	10.16	兴业县
846.95				23345	21810	9.92	田东县
481.50	60.40	0.60	0.60	22724	21944	5.92	德保县
219.40	58.36			13007	11002	3.72	那坡县
181.00	13.10			13918	12478	4.85	凌云县
44.07	25.54	2.87	2.87	11572	9460	3.72	乐业县
225.22	10.00			13905	10742	4.33	田林县
221.40	1.01			13818	12130	2.16	西林县
485.56	12.15			16900	16158	10.01	隆林各族自治县
347.00		10.00		21185	19950	8.95	昭平县
693.16				39458	35142	11.37	钟山县
340.00	7.00			27282	26839	6.22	富川瑶族自治县
427.02	5.26	97.92		32286	30522	7.78	南丹县
318.03	103.92			17958	17620	4.07	天峨县
309.10	2.00	2.00	1.50	18980	18450	3.69	凤山县
182.25	9.01	6.48	2.51	10712	9403	3.39	东兰县
423.63		9.18	9.18	19314	18602	7.31	罗城仫佬族自治县
435.00	28.00	2.30		33700	24272	7.14	环江毛南族自治县
346.12	35.12	0.85	0.85	27338	27000	6.47	巴马瑶族自治县
820.21	7.02	0.20	0.20	54278	52640	11.50	都安瑶族自治县
250.00	60.00			18769	17447	11.05	大化瑶族自治县
350.00	10.00			28471	27541	6.56	忻城县
362.40	4.00	2.00		26805	25107	5.50	象州县
440.00	242.00			36299	36299	8.40	武宣县
74.87				6850	5805	1.28	金秀瑶族自治县
796.40	4.72	2.48		32761	32415	9.75	扶绥县
568.00		2.00	2.00	23823	23823	8.01	宁明县
562.00	11.00	0.70	0.70	32182	31610	7.03	龙州县
389.00	7.96	0.19	0.19	23500	20150	4.82	大新县
336.19	47.55	0.02	0.02	19800	12000	3.95	天等县

3-5 续表23

县名称 Name of Counties	综合生产能力 （万立方米/日） Integrated Production Capacity (10000 cu. m/day)	地下水 Under-ground Water	水厂个数 （个） Number of Water Plants (unit)	地下水 Under-ground Water	供水管道长度 （公里） Length of Water Supply Pipelines (km)	合计 Total	供水总量(万立方米) 售水量 小计 Subtotal	生产运营用水 The Quantity of Water for Production and Operation	公共服务用水 The Quantity of Water for Public Service
海　南	**54.9**		14		2362.53	9965.22	8585.00	2154.18	1052.67
定安县	6.0		1		130.00	1066.30	911.07	186.22	55.47
屯昌县	5.0		1		125.07	672.86	556.07	17.67	114.39
澄迈县	5.0		2		145.00	551.52	442.00	25.50	20.50
临高县	2.4		1		214.80	795.57	666.27		27.43
白沙黎族自治县	1.3		1		70.00	481.58	395.11	55.33	4.67
昌江县	5.5		2		560.00	1429.71	1237.26	297.68	216.96
乐东县	2.5		1		118.00	599.05	590.00		
陵水县	11.5		2		159.80	715.29	629.88	10.91	206.24
保亭县	3.0		1		240.50	490.20	480.00		120.00
琼中县	2.0		1		53.62	509.81	373.01		111.65
洋浦经济开发区	10.7		1		545.74	2653.33	2304.33	1560.87	175.36
重　庆	**82.8**		38		2668.84	15307.35	12980.97	979.00	2037.51
城口县	2.0		1		133.50	402.30	358.70	7.80	81.90
丰都县	7.2		4		230.00	1365.12	1106.08	42.86	306.98
垫江县	11.6		3		289.90	1543.50	1357.02	153.11	208.15
忠　县	9.7		3		242.79	1577.18	1314.12	189.50	284.24
云阳县	13.2		10		389.16	2305.45	1949.21	160.89	306.34
奉节县	9.0		3		281.93	1740.00	1460.00	42.00	
巫山县	6.0		3		115.38	640.00	561.00	55.00	17.00
巫溪县	4.0		2		72.00	883.00	731.00	91.80	179.10
石柱土家族自治县	5.8		1		380.80	1419.10	1205.50	135.30	84.20
秀山土家族苗族自治县	6.0		2		227.67	1593.90	1342.40	83.90	337.60
酉阳土家族苗族自治县	5.8		5		218.85	892.80	730.94	13.84	147.00
彭水苗族土家族自治县	2.5		1		86.86	945.00	865.00	3.00	85.00
四　川	**443.8**	12.0	196	10	19786.06	92912.30	78110.62	12958.39	7583.19
金堂县	18.0		3		1377.24	3965.38	3490.85	1430.63	314.11
大邑县	7.0	7.0	2	1	157.79	2559.64	1724.22	250.91	286.62
蒲江县	12.0		1		846.00	2033.84	1526.91	519.91	223.00
东部新区管理委员会	38.8		8		807.03	3259.41	2852.22	655.39	392.32
荣　县	6.0		1		313.00	1401.62	1208.13	32.63	113.00
富顺县	12.8		9		182.00	2857.00	2230.00	381.20	27.80
米易县	2.0				136.95	518.90	459.60	35.49	129.10
盐边县	1.2		1		70.00	266.31	231.57	76.22	52.72
泸　县					206.00	1399.27	1239.45	302.89	15.22
合江县	9.5		1		320.00	1605.06	1352.15	210.00	48.60
叙永县	4.0		2		170.96	1450.44	1225.75	61.39	236.72

continued 23

Total Quantity of Water Supply(10000 cu. m)				用水户数（户）		用水人口（万人）	县名称
Water Sold		免费供水量	生活用水		居民家庭		
居民家庭用水 The Quantity of Water for Household Use	其他用水 The Quantity of Water for Other Purposes	The Quantity of Free Water Supply	Domestic Water Use	Number of Households with Access to Water Supply (unit)	Households	Population with Access to Water Supply (10000 persons)	Name of Counties
4960.51	**417.64**	**87.70**	**10.80**	**175594**	**144451**	**58.95**	海 南
461.81	207.57			27085	17004	5.82	定安县
424.01		1.72	1.72	20872	20583	4.73	屯昌县
396.00		9.50		12205	10385	6.60	澄迈县
573.30	65.54	9.08	9.08	18091	14230	7.18	临高县
335.11				10239	8491	2.43	白沙黎族自治县
672.63	49.99	3.60		18514	15473	6.75	昌江县
550.00	40.00			9000	6000	3.39	乐东县
361.22	51.51			16173	14023	8.10	陵水县
360.00				17438	14173	3.02	保亭县
261.36		63.80		9000	7700	3.03	琼中县
565.07	3.03			16977	16389	7.90	洋浦经济开发区
8684.51	**1279.95**	**225.92**	**30.12**	**971289**	**852898**	**191.12**	重 庆
269.00		7.70		25686	14978	5.44	城口县
756.24		76.00	3.12	116782	101224	16.10	丰都县
935.81	59.95	0.01		130358	114746	21.46	垫江县
807.68	32.70			104955	95238	20.34	忠 县
1314.78	167.20	57.11		167666	152275	31.22	云阳县
1038.00	380.00			129843	115121	22.31	奉节县
487.00	2.00	25.00	9.00	34978	28353	13.79	巫山县
451.60	8.50	40.00		59501	52430	9.50	巫溪县
624.10	361.90			62431	56636	11.89	石柱土家族自治县
730.40	190.50	0.10		63032	59759	11.76	秀山土家族苗族自治县
551.90	18.20	2.00		32305	30592	12.68	酉阳土家族苗族自治县
718.00	59.00	18.00	18.00	43752	31546	14.63	彭水苗族土家族自治县
51156.88	**6412.16**	**3078.84**	**945.05**	**5021977**	**4397597**	**1192.39**	四 川
1689.10	57.01	24.10	6.13	169378	151790	48.00	金堂县
1056.76	129.93	443.89		113894	100098	11.71	大邑县
784.00		97.55		120202	40803	9.87	蒲江县
808.62	995.89	4.82		50529	45646	15.94	东部新区管理委员会
688.31	374.19	75.00	12.00	98528	85099	19.87	荣 县
1815.80	5.20	304.00		129121	114296	27.75	富顺县
295.01				32855	30116	7.38	米易县
94.84	7.79	5.74	0.74	10982	10671	2.75	盐边县
904.45	16.89	2.63		62363	53753	20.30	泸 县
1074.95	18.60	2.40	2.40	88056	73673	26.50	合江县
927.64		24.69	11.69	78686	59304	16.80	叙永县

3-5 续表24

县名称 Name of Counties	综合生产能力（万立方米/日）Integrated Production Capacity (10000 cu.m/day)	地下水 Underground Water	水厂个数（个）Number of Water Plants (unit)	地下水 Underground Water	供水管道长度（公里）Length of Water Supply Pipelines (km)	供水总量(万立方米) 合计 Total	售水量 小计 Subtotal	生产运营用水 The Quantity of Water for Production and Operation	公共服务用水 The Quantity of Water for Public Service
古蔺县	3.0		1		189.60	938.87	772.92	36.21	48.00
中江县	6.5	1.5	3	1	145.78	1489.41	1316.39	108.89	121.58
三台县	6.0		1		324.00	1794.63	1575.00	262.00	30.00
盐亭县	3.0		1		433.50	654.45	594.57	192.36	9.86
梓潼县	3.0		1		179.60	972.35	900.71	180.02	138.25
北川羌族自治县	3.5	1.5	2	1	95.70	610.04	493.65	24.77	195.54
平武县	1.6		3		94.00	140.00	128.77	1.50	0.30
旺苍县	4.0		2		202.44	696.68	633.68	37.68	
青川县	1.2		1		58.73	207.70	165.40		40.60
剑阁县	1.5		1		104.00	301.00	260.90	97.80	
苍溪县	6.5		2		202.63	1331.64	1194.46	219.77	108.61
蓬溪县	3.5		1		412.98	1066.45	823.35	97.65	75.23
大英县	5.5		2		335.27	1697.95	1440.40	185.30	190.85
威远县	8.2		3		400.88	1867.88	1601.93	372.13	127.05
资中县	15.0		2		185.00	1520.00	1272.00	326.00	
犍为县	9.0		2		122.70	1191.20	948.30	23.80	28.70
井研县	4.0		1		234.70	794.00	632.00	88.00	82.00
夹江县	5.0		1		143.00	1004.99	856.07		166.12
沐川县	2.8		2		63.00	503.76	447.76	102.22	22.79
峨边县	1.1		1		24.00	188.55	164.10	17.10	20.00
马边县	3.0		2		41.00	388.72	338.10	85.60	27.70
南部县	8.0		2		424.10	2756.20	2146.20	489.00	58.00
营山县	10.0		2		261.00	1982.00	1654.00	383.00	86.00
蓬安县	6.0		2		162.00	1303.29	1182.02	397.00	255.10
仪陇县	4.8		1		215.00	1384.00	1218.00	237.00	356.00
西充县	4.7		1		172.00	1695.00	1445.00	285.00	160.00
眉山天府新区	6.0		2		307.00	1310.46	1138.04	457.72	143.20
洪雅县	3.0		1		210.06	639.24	518.30	89.13	63.07
仁寿县	25.5		4		575.00	3654.00	3098.00	650.00	125.00
丹棱县	2.0		1		112.33	724.00	589.00	123.00	50.00
青神县	4.0		2		125.83	634.13	509.98	79.21	41.21
江安县	3.0		2		122.50	1338.65	1223.65	166.72	177.35
长宁县	5.0		2		165.00	955.30	819.84	45.00	41.00
高　县	3.0		1		180.12	906.62	753.90	76.58	46.09
珙　县	3.0		1		350.00	891.10	741.30	158.21	11.95
筠连县	2.9		2		138.00	740.00	624.00	110.00	105.00
兴文县	3.0		1		232.80	992.54	837.14	70.63	158.34
屏山县	4.2		1		187.00	977.09	890.13	364.70	
岳池县	6.4		1		407.52	1941.96	1620.96	166.61	21.27
武胜县	6.0		2		252.35	1483.51	1204.29	156.04	116.32

continued 24

Total Quantity of Water Supply (10000 cu. m)				用水户数（户）	居民家庭	用水人口（万人）	县名称
Water Sold		免费供水量	生活用水				
居民家庭用水 The Quantity of Water for Household Use	其他用水 The Quantity of Water for Other Purposes	The Quantity of Free Water Supply	Domestic Water Use	Number of Households with Access to Water Supply (unit)	Households	Population with Access to Water Supply (10000 persons)	Name of Counties
651.51	37.20	13.95		47205	44216	16.02	古蔺县
997.09	88.83	12.10		93787	86163	22.50	中江县
1098.00	185.00	2.63	1.20	122113	122113	29.40	三台县
389.31	3.04	2.16	0.75	58935	58652	11.06	盐亭县
582.44				52950	46390	7.60	梓潼县
238.14	35.20	36.37	36.37	25551	22995	7.00	北川羌族自治县
125.00	1.97	0.80	0.80	12103	10529	3.87	平武县
565.00	31.00			57577	45396	11.65	旺苍县
120.70	4.10	9.00		11324	9371	2.70	青川县
163.10				41054	36505	5.64	剑阁县
851.16	14.92	0.91	0.91	76291	68378	12.57	苍溪县
621.12	29.35	62.34	0.10	58793	51427	14.58	蓬溪县
896.73	167.52	34.05		85655	76121	17.65	大英县
765.70	337.05	8.00	0.12	123133	110362	19.94	威远县
937.00	9.00			114647	100107	25.33	资中县
733.00	162.80	3.20	3.20	74880	57160	12.32	犍为县
462.00		22.00	22.00	59028	53127	8.08	井研县
596.09	93.86	95.69	20.50	58900	46900	10.27	夹江县
311.71	11.04	25.00	24.00	28455	28455	4.62	沐川县
127.00		4.45		3172	2963	4.19	峨边县
210.00	14.80	0.12		9844	9728	4.35	马边县
1599.20		302.00	302.00	140577	127001	39.24	南部县
1185.00				120729	104597	26.76	营山县
529.92		3.67	2.70	79265	71911	19.37	蓬安县
625.00		10.00	9.00	79985	75720	20.96	仪陇县
810.00	190.00			79360	75150	16.70	西充县
479.82	57.30	7.00		59188	49314	11.60	眉山天府新区
360.58	5.52	0.74		48115	42478	9.88	洪雅县
1990.00	333.00	3.20	3.20	163437	146565	46.72	仁寿县
239.00	177.00	30.00		20060	19025	6.63	丹棱县
323.11	66.45	4.20		34222	29084	7.33	青神县
749.84	129.74			29582	21313	18.07	江安县
580.48	153.36	12.70	8.60	68747	57069	12.60	长宁县
552.60	78.63			51316	42812	15.88	高 县
492.75	78.39	0.23		44648	40871	12.26	珙 县
409.00		57.00		38370	25156	10.67	筠连县
540.96	67.21			56439	46190	14.70	兴文县
375.43	150.00			26990	21782	7.50	屏山县
1349.04	84.04			130000	129000	22.00	岳池县
835.59	96.34			104827	95370	18.41	武胜县

3-5 续表25

县名称 Name of Counties	综合生产能力 (万立方米/日) Integrated Production Capacity (10000 cu. m/day)	地下水 Underground Water	水厂个数 (个) Number of Water Plants (unit)	地下水 Underground Water	供水管道长度 (公里) Length of Water Supply Pipelines (km)	供水总量(万立方米)			
						合计 Total	售水量		
							小计 Subtotal	生产运营用水 The Quantity of Water for Production and Operation	公共服务用水 The Quantity of Water for Public Service
邻水县	8.0		1		501.96	1763.38	1451.44	122.98	300.90
宣汉县	6.0		2		186.80	1660.10	1253.35		204.32
开江县	6.0		1		154.65	770.00	720.00	87.00	38.00
大竹县	7.5		2		385.10	1854.50	1542.50	285.50	
渠县	8.5		3		300.67	1759.74	1497.17	163.00	12.58
荥经县	2.5		1		174.30	512.44	463.96	115.62	5.33
汉源县	2.7		1		72.40	567.00	496.90	55.00	53.80
石棉县	2.6		1		67.60	459.00	436.40	29.10	16.60
天全县	3.0		2		594.00	448.04	395.04	14.80	57.96
芦山县	2.5				175.00	314.85	270.05	73.80	55.60
宝兴县	0.5		2		14.80	89.01	72.30	12.19	9.81
通江县	4.5		2		382.60	1422.00	1328.00	158.00	136.00
南江县	4.0		1		287.12	715.00	626.00	83.00	82.00
平昌县	6.0		2		271.00	997.00	897.00	103.00	125.00
安岳县	7.5		3		310.00	1610.03	1344.35	92.12	32.73
乐至县	4.0		2		278.32	990.33	824.86	99.39	88.05
汶川县	1.0		1		84.30	208.36	198.55	16.44	35.40
理县	0.7		2	2	58.30	248.69	159.00	23.00	31.65
茂县	2.0		1		83.20	504.00	427.00		79.00
松潘县	1.0		1		68.69	164.00	145.00	12.00	12.00
九寨沟县	2.0		2		23.80	301.72	217.15	5.09	33.61
金川县	1.0		2		25.00	94.00	85.00	9.00	
小金县	0.7		3		110.00	114.22	106.22	3.00	3.00
黑水县	0.5		1		26.00	38.12	36.42		13.81
壤塘县	0.7		1		18.00	108.00	8.00		
阿坝县	0.8	0.3	1	1	78.00	175.00	165.00	8.60	4.00
若尔盖县	0.4		1		48.00	153.00	125.00	10.00	
红原县	1.1		1		47.22	222.81	7.80	4.10	2.10
泸定县	4.0		3		21.82	323.18	259.50	10.00	48.50
丹巴县	0.5		2		31.00	124.00	121.00	13.00	25.00
九龙县	0.5		2		30.00	104.80	100.00	1.00	2.00
雅江县	0.3		1		25.80	100.39	85.59	1.63	38.58
道孚县	0.4	0.1	1		87.80	72.04	65.13	5.40	3.23
炉霍县	0.4		2		43.90	106.00	90.00	12.00	20.00
甘孜县	1.0		1		85.00	169.46	164.14	25.00	20.50
新龙县	1.0		4		41.60	122.00	100.00		20.00
德格县	1.0		3		21.00	96.00	87.00	3.00	4.00
白玉县	0.2		4		60.00	120.00	103.00		8.00
石渠县	0.3		1		25.30	108.52	107.52	1.60	2.00

continued 25

The Quantity of Water for Household Use	The Quantity of Water for Other Purposes	The Quantity of Free Water Supply	Domestic Water Use	Number of Households with Access to Water Supply (unit)	Households	Population with Access to Water Supply (10000 persons)	Name of Counties
1027.56		15.00	15.00	135598	123064	28.00	邻水县
1003.25	45.78	326.75		98339	86285	20.67	宣汉县
532.00	63.00			75046	69909	15.88	开江县
1115.00	142.00			149265	137177	31.50	大竹县
1238.59	83.00	115.57		101483	101400	39.18	渠　县
245.64	97.37	5.33	0.09	30706	24588	6.38	荥经县
318.10	70.00	10.00	6.00	23528	23528	5.40	汉源县
342.20	48.50	9.20		27424	24176	4.03	石棉县
307.68	14.60			21740	21608	4.76	天全县
100.34	40.31	43.00	43.00	20100	20000	3.50	芦山县
50.30		9.81		3300	2550	0.95	宝兴县
994.00	40.00	41.00		57471	55872	16.73	通江县
461.00				63156	57201	12.54	南江县
589.00	80.00	35.00		92000	72200	20.92	平昌县
707.25	512.25	0.03	0.03	125629	113510	28.45	安岳县
490.94	146.48			111792	98371	25.42	乐至县
127.78	18.93			5628	4902	3.00	汶川县
104.35		70.00	30.00	3538	2836	1.90	理　县
348.00				4626	3954	4.80	茂　县
121.00		12.00		7125	6122	2.77	松潘县
178.45				6252	5059	3.32	九寨沟县
76.00		1.00	1.00	7700	7700	1.70	金川县
99.22	1.00	3.00	2.00	4923	2678	1.69	小金县
22.61				4253	4253	1.50	黑水县
4.00	4.00	95.05	95.05	3250	3230	0.93	壤塘县
146.00	6.40			5300	4850	2.70	阿坝县
95.00	20.00	20.00	1.00	5700	5700	1.52	若尔盖县
0.30	1.30	214.00	214.00	3567	3428	1.45	红原县
185.00	16.00	60.88	45.00	6111	5210	3.31	泸定县
83.00				5300	4900	1.56	丹巴县
97.00				4423	4423	1.45	九龙县
44.25	1.13	5.50	1.80	2808	1840	2.09	雅江县
56.50				4308	4109	1.87	道孚县
55.00	3.00			2300	2300	2.12	炉霍县
113.40	5.24	1.00	0.30	5732	5732	2.87	甘孜县
77.00	3.00	20.00	2.00	1322	1170	1.20	新龙县
79.00	1.00			2088	1853	1.41	德格县
91.00	4.00	4.00		6020	5970	2.09	白玉县
101.78	2.14			1350	1350	1.01	石渠县

3-5 续表26

县名称 Name of Counties	综合生产能力 （万立方米/日） Integrated Production Capacity (10000 cu. m/day)	地下水 Under-ground Water	水厂个数（个） Number of Water Plants (unit)	地下水 Under-ground Water	供水管道长度（公里） Length of Water Supply Pipelines (km)	供水总量(万立方米) 合计 Total	小计 Subtotal	售水量 生产运营用水 The Quantity of Water for Production and Operation	公共服务用水 The Quantity of Water for Public Service
色达县	1.2		2		17.00	83.10	78.20	2.80	11.40
理塘县	1.3		2		119.00	168.37	140.13	1.68	
巴塘县	1.2		1		42.50	72.90	67.30	7.00	3.50
乡城县	0.3		1		22.58	98.00	85.00	10.00	16.00
稻城县	0.5		2		40.06	131.00	120.85	6.00	1.00
得荣县	0.2	0.1	1		27.21	61.52	54.01	3.00	13.00
普格县	0.7		2		95.00	146.00	109.86	11.10	11.65
木里县	0.9		2		46.00	154.00	116.00	12.00	11.00
盐源县	1.6		2		118.00	640.10	546.00	14.36	134.95
德昌县	3.0		2		180.10	668.15	534.41	37.99	204.10
会东县	3.0		2		106.45	1001.61	877.36	30.00	70.00
宁南县	2.6		2		92.11	243.30	204.06	29.10	10.70
布拖县	0.5		2	2	32.58	174.00	142.00	20.00	10.00
金阳县	0.8		1	1	7.21	182.10	165.70	13.98	10.00
昭觉县	3.0		2		69.00	629.37	506.32	30.01	16.61
喜德县	0.9		1		52.00	328.00	260.00	34.00	13.00
冕宁县	1.8		2		95.50	377.88	313.28	26.00	57.98
越西县	1.3	0.5	1		26.30	270.24	239.49	20.00	6.95
甘洛县	0.8		1		28.12	362.00	296.00	41.00	25.00
美姑县	1.0	1.0	1	1	38.20	158.70	129.66	10.00	27.00
雷波县	1.4		2		52.00	265.00	227.59	20.00	17.00
贵州	**249.2**	**10.4**	**142**	**13**	**13508.31**	**42891.23**	**35316.64**	**4775.45**	**1707.68**
开阳县	4.0		3		201.64	894.66	748.61	187.24	0.71
息烽县	4.0		2		121.00	604.71	488.65		139.08
修文县	6.2	2.0	7	4	424.44	1585.66	1338.41	800.51	5.24
六枝特区	7.0		1		732.00	1115.34	910.07	110.05	63.45
桐梓县	6.5		2		592.10	1789.28	1291.96	317.04	50.00
绥阳县	3.5		1		212.89	934.39	761.39	3.65	7.30
正安县	5.5		3		227.00	873.85	779.32	40.00	15.00
道真县	4.5	1.5	2	1	87.00	801.00	626.80	23.00	131.50
务川县	3.5		3		321.55	544.96	445.56		
凤冈县	3.1		2		166.00	723.00	610.00	40.00	10.00
湄潭县	8.0		2		223.00	1241.24	1075.70	200.00	100.00
余庆县	4.0		2		174.00	589.67	514.00	25.00	21.00
习水县	7.0		3		644.72	1225.81	1049.78	341.08	19.76
普定县	4.7	1.0	4	1	153.00	637.47	517.68	4.07	4.91
镇宁县	3.0	0.2	2	1	322.30	632.80	512.00	35.20	26.47
关岭县	2.5		4		174.95	496.71	409.57	20.93	21.34
紫云县	5.0		3		201.20	284.46	237.21	2.27	56.46

continued 26

Total Quantity of Water Supply (10000 cu. m)				用水户数（户）	居民家庭	用水人口（万人）	县名称
Water Sold		免费供水量					
居民家庭用水 The Quantity of Water for Household Use	其他用水 The Quantity of Water for Other Purposes	The Quantity of Free Water Supply	生活用水 Domestic Water Use	Number of Households with Access to Water Supply (unit)	Households	Population with Access to Water Supply (10000 persons)	Name of Counties
64.00				1910	1458	1.81	色达县
138.45		8.79		11462	10152	3.59	理塘县
55.40	1.40	2.00		4156	3215	1.89	巴塘县
45.00	14.00	5.00		2896	2896	1.22	乡城县
111.85	2.00	5.00	5.00	2136	1863	1.04	稻城县
38.00	0.01	0.01	0.01	2048	1778	0.56	得荣县
84.05	3.06	10.62	0.60	7229	5922	2.92	普格县
88.00	5.00	8.00		7439	6994	2.40	木里县
392.65	4.04	1.02		15968	11836	6.68	盐源县
272.91	19.41	71.30	0.59	45771	30548	6.45	德昌县
509.18	268.18	23.33		20245	19545	9.80	会东县
157.05	7.21	4.13		9417	7812	3.10	宁南县
112.00		8.00		3500	3200	2.10	布拖县
137.91	3.81	1.23	1.23	9634	8724	4.00	金阳县
449.32	10.38	16.61		11463	10576	6.59	昭觉县
193.00	20.00	30.00		16750	16300	4.00	喜德县
218.50	10.80	8.60	8.60	15946	13829	5.54	冕宁县
202.27	10.27	1.34	1.34	21924	21500	7.52	越西县
210.00	20.00	3.00	3.00	11850	9480	4.74	甘洛县
80.66	12.00	2.00		3402	3003	4.00	美姑县
159.59	31.00	3.41		10782	9243	4.38	雷波县
27206.11	**1627.40**	**375.99**	**74.56**	**2477442**	**2064147**	**623.99**	**贵　州**
471.72	88.94	3.94		64106	58127	11.08	开阳县
343.57	6.00	0.95	0.95	37636	31965	5.92	息烽县
529.78	2.88			52414	38834	16.13	修文县
618.52	118.05			74000	45200	12.20	六枝特区
915.90	9.02	166.80		123403	109276	19.40	桐梓县
750.44				43201	31073	9.61	绥阳县
674.32	50.00	5.00	5.00	55030	45652	13.00	正安县
453.30	19.00	9.00		45000	40600	11.89	道真县
445.56				64988	54073	11.80	务川县
560.00				44887	37330	7.93	凤冈县
775.70		1.24		35300	34100	14.00	湄潭县
390.00	78.00			25567	25567	7.20	余庆县
688.94				103464	87687	16.00	习水县
505.71	2.99	3.21		11236	8621	12.19	普定县
450.33		40.71		37186	32925	8.65	镇宁县
361.20	6.10			34390	30025	7.20	关岭县
178.48		4.27	4.27	33342	28967	6.15	紫云县

3-5 续表27

县名称 Name of Counties	综合生产能力 （万立方米/日） Integrated Production Capacity (10000 cu. m/day)	地下水 Under-ground Water	水厂个数（个） Number of Water Plants (unit)	地下水 Under-ground Water	供水管道长度（公里） Length of Water Supply Pipelines (km)	供水总量（万立方米）			
						合计 Total	小计 Subtotal	生产运营用水 The Quantity of Water for Production and Operation	公共服务用水 The Quantity of Water for Public Service
大方县	6.6		4		178.00	1140.47	877.28	183.96	51.33
金沙县	4.8		3		199.00	1216.71	935.96	286.68	26.24
织金县	4.5		2		152.50	1059.20	853.80	58.30	1.00
纳雍县	2.7		2		369.75	846.57	669.85		151.42
威宁自治县	6.5		3		321.80	1614.13	1343.56		
赫章县	3.1		4		140.90	582.58	479.94	15.00	10.00
江口县	3.0		2		191.09	602.50	498.93	59.46	111.95
玉屏县	2.5	0.2	2	1	151.29	454.18	380.25	107.42	5.00
石阡县	4.3	0.2	3	1	237.20	519.22	435.73	208.87	2.00
思南县	8.0		3		234.00	647.00	548.35	54.59	26.87
印江县	5.0		2		137.00	779.59	658.33	47.18	22.00
德江县	6.3		4		156.34	1279.78	1024.05	254.72	21.71
沿河县	2.0		1		292.80	718.41	598.29	52.81	35.50
松桃县	5.0		2		388.00	865.49	718.07	10.00	10.06
普安县	4.0		2		105.30	149.55	122.12		
晴隆县	5.0		2		221.00	132.72	121.72	8.07	4.17
贞丰县	3.0		2		108.34	520.06	463.57		
望谟县	2.5		2		70.00	413.60	335.80	16.00	10.00
册亨县	2.5		3		60.07	283.54	234.99	6.00	2.49
安龙县	2.5	1.4	3	2	207.90	584.36	506.36	14.76	11.00
黄平县	1.8		3		81.00	284.82	257.17	9.00	13.05
施秉县	1.3		2		213.20	261.00	234.02	22.50	3.52
三穗县	1.0		1		76.00	340.85	282.60	34.80	26.80
镇远县	4.0	4.0	2	2	161.50	291.20	236.29	2.40	3.00
岑巩县	2.5		2		113.10	453.24	364.40		
天柱县	2.5		1		228.84	611.10	518.50	229.20	28.00
锦屏县	2.0		1		114.00	226.88	181.73	1.81	10.15
剑河县	2.0		1		155.00	303.00	247.42	39.66	4.00
台江县	1.5		1		114.86	320.94	261.29	16.89	43.73
黎平县	4.9		3		269.00	690.74	566.63		30.20
榕江县	6.0		2		113.00	662.45	547.12	15.84	
从江县	3.8		2		246.65	423.05	352.96	73.89	28.56
雷山县	1.5		2		73.80	259.05	211.43		7.06
麻江县	1.0		1		113.17	217.18	176.33	42.93	5.00
丹寨县	1.3		2		65.00	391.78	317.00	113.27	0.91
荔波县	4.0		2		87.58	512.20	419.00	64.80	43.20
贵定县	5.5		2		127.00	693.00	564.80	29.80	37.00
瓮安县	4.3		3		387.85	1422.84	1160.52	48.56	73.58
独山县	7.7		2		195.00	613.43	505.00	39.00	8.00

continued 27

Total Quantity of Water Supply (10000 cu. m)				用水户数（户）	居民家庭	用水人口（万人）	县名称
Water Sold		免费供水量	生活用水				
居民家庭用水 The Quantity of Water for Household Use	其他用水 The Quantity of Water for Other Purposes	The Quantity of Free Water Supply	Domestic Water Use	Number of Households with Access to Water Supply (unit)	Households	Population with Access to Water Supply (10000 persons)	Name of Counties
641.99		51.66	35.00	55001	49520	10.90	大方县
623.04				74692	69256	17.95	金沙县
790.50	4.00			61000	56000	14.51	织金县
461.93	56.50			34563	30351	15.10	纳雍县
659.39	684.17			71067	63373	25.24	威宁自治县
440.35	14.59			27350	23360	11.80	赫章县
322.76	4.76	16.30	9.00	35087	26308	7.29	江口县
267.83		5.00		32955	25755	4.62	玉屏县
221.09	3.77			29178	21396	8.42	石阡县
435.67	31.22			43600	34850	11.60	思南县
589.15				55891	48601	10.60	印江县
736.33	11.29			65640	59871	18.68	德江县
509.98		14.37		50106	44433	9.24	沿河县
695.48	2.53			56470	45100	16.00	松桃县
122.12				17292	17132	4.21	普安县
109.48				10000	9817	6.00	晴隆县
463.57				36369	33907	7.80	贞丰县
302.22	7.58			19100	16713	9.51	望谟县
226.50				24305	20800	8.30	册亨县
480.60				18958	16606	12.51	安龙县
235.12				16489	15097	7.81	黄平县
208.00				19350	14090	5.72	施秉县
200.90	20.10			24600	24600	6.80	三穗县
212.89	18.00	2.34	2.34	20831	10652	5.09	镇远县
313.38	51.02			30122	26300	5.66	岑巩县
260.30	1.00			39077	34228	13.06	天柱县
169.00	0.77	1.05		23402	20302	6.80	锦屏县
202.66	1.10			24312	22742	5.47	剑河县
200.67				21000	14000	4.81	台江县
536.43				45290	44265	13.64	黎平县
531.28				42112	36315	11.20	榕江县
245.11	5.40			27542	23205	7.12	从江县
164.36	40.01			19493	17229	4.22	雷山县
128.40				18400	16895	3.55	麻江县
202.63	0.19			21719	19411	4.80	丹寨县
311.00				16250	12620	6.63	荔波县
498.00				43622	23622	8.84	贵定县
835.52	202.86			92307	72041	18.18	瓮安县
458.00		16.61		43396	20253	11.02	独山县

3-5 续表28

县名称 Name of Counties	综合生产能力 （万立方米/日） Integrated Production Capacity (10000 cu. m/day)	地下水 Underground Water	水厂个数 （个） Number of Water Plants (unit)	地下水 Underground Water	供水管道长度 （公里） Length of Water Supply Pipelines (km)	合计 Total	供水总量(万立方米) 售水量 小计 Subtotal	生产运营用水 The Quantity of Water for Production and Operation	公共服务用水 The Quantity of Water for Public Service
平塘县	1.5		1		361.89	483.54	405.80	86.88	2.00
罗甸县	6.9		3		430.00	725.08	603.50	12.20	4.05
长顺县	1.5		1		175.70	437.90	362.59	112.26	36.47
龙里县	10.4		3		365.10	1287.97	1088.33	105.00	40.00
惠水县	2.6		1		220.00	1182.19	987.65	113.25	77.65
三都水族自治县	2.0		1		119.00	411.13	340.90	27.65	6.79
云　南	198.5	3.2	177	10	12476.57	42344.88	36106.46	6650.51	4244.67
嵩明县	1.8		1		89.00	548.00	446.00	144.00	40.00
富民县	1.7		3		72.72	275.50	237.00	42.00	3.00
宜良县	3.0		2		146.62	972.12	814.50	1.00	233.50
石林彝族自治县	5.9		3		360.20	1235.09	1037.00	282.00	205.00
禄劝彝族苗族自治县	1.7		3	1	73.00	498.00	474.00	3.00	161.00
寻甸县	4.0		2		231.80	896.51	703.51	120.60	103.98
昆明阳宗海风景名胜区	2.5	0.5	5	2	170.00	578.34	538.24	258.00	62.04
陆良县	5.0		2		347.99	1076.22	703.08	82.00	55.78
师宗县	3.0		1		152.16	474.50	375.90	28.60	20.27
罗平县	3.3	0.3	2	1	272.28	1032.13	840.53	303.66	12.00
富源县	5.0		4		138.32	1455.60	1093.29	595.33	36.00
会泽县	8.0		2		318.00	1423.00	1272.00	220.00	1.00
通海县	1.9	0.5	3	2	90.39	454.71	385.04	14.49	151.85
华宁县	1.3		2		112.24	291.00	245.80	85.00	5.80
易门县	2.5	1.0	1	1	99.00	394.25	330.00	6.16	140.41
峨山县	1.6		1		46.61	278.48	250.59	48.87	22.14
新平县	2.6		2	1	137.00	489.36	414.18	17.09	149.54
元江县	2.5		2		137.75	543.85	476.55	10.00	44.55
施甸县	2.5		3		148.00	497.00	395.00	98.00	5.00
龙陵县	2.0		3		186.00	340.00	291.00	102.00	3.00
昌宁县	1.9		3		210.70	420.22	403.22	83.42	17.10
鲁甸县	1.7		1		173.50	510.34	449.35	7.53	10.11
巧家县	2.0		2		98.00	682.71	630.96	30.00	40.00
盐津县	2.1		3		45.00	181.03	171.38	25.92	7.39
大关县	0.6		1		23.20	221.17	183.45	28.91	
永善县	2.0		1		141.00	335.00	285.00	55.00	5.00
绥江县	2.2		1		162.62	566.80	447.77	85.08	22.39
镇雄县	4.3		5		194.00	1350.00	1206.00	102.00	76.00
彝良县	0.9		1		97.99	327.07	317.31	20.00	30.00
威信县	2.7		4		109.32	568.40	463.00	59.00	95.00
玉龙纳西族自治县					66.50	231.00	221.00	22.00	17.00

continued 28

Total Quantity of Water Supply (10000 cu. m)				用水户数（户）	居民家庭	用水人口（万人）	县名称
Water Sold		免费供水量	生活用水				
居民家庭用水 The Quantity of Water for Household Use	其他用水 The Quantity of Water for Other Purposes	The Quantity of Free Water Supply	Domestic Water Use	Number of Households with Access to Water Supply (unit)	Households	Population with Access to Water Supply (10000 persons)	Name of Counties
296.79	20.13	15.54		22400	16528	6.21	平塘县
586.25	1.00	18.00	18.00	42546	29000	8.75	罗甸县
213.86				23948	18986	8.44	长顺县
880.00	63.33			32000	24314	11.57	龙里县
795.65	1.10			36589	35655	11.30	惠水县
306.46				26871	18626	6.67	三都水族自治县
23674.14	**1537.14**	**2079.86**	**543.30**	**1959115**	**1713870**	**562.71**	**云　南**
232.00	30.00	52.00		25310	24938	6.98	嵩明县
148.00	44.00			14043	12310	4.71	富民县
577.90	2.10	85.76	85.76	28175	27905	5.87	宜良县
525.00	25.00	69.80		18589	17960	4.30	石林彝族自治县
310.00				12550	12542	5.90	禄劝彝族苗族自治县
458.90	20.03			36024	33524	8.00	寻甸县
24.10	194.10			1499	1276	4.74	昆明阳宗海风景名胜区
557.30	8.00	257.76	195.20	36830	36239	15.93	陆良县
327.03		60.00	5.00	22011	21026	6.90	师宗县
523.29	1.58	91.50	7.00	31500	30600	12.40	罗平县
403.00	58.96	209.00	43.00	24993	24577	9.78	富源县
1049.00	2.00	40.00	40.00	86160	69230	21.67	会泽县
218.70		0.12		36551	32182	7.80	通海县
135.00	20.00	2.00	1.00	24496	19574	4.00	华宁县
183.43	30.10	2.90		31574	29840	4.21	易门县
178.82	0.76	2.00	2.00	21874	18796	4.01	峨山县
246.25	1.30	0.02	0.02	25576	22761	6.32	新平县
384.00	38.00	0.30	0.30	33902	29791	5.40	元江县
277.00	15.00	84.00	8.00	22598	21510	5.42	施甸县
180.00	6.00	13.00	5.00	16000	1825	4.30	龙陵县
290.00	12.70	9.00	5.00	22426	20311	6.25	昌宁县
400.20	31.51	8.84	8.84	40876	40671	10.44	鲁甸县
560.96		5.90	5.90	37987	35158	8.06	巧家县
134.50	3.57	4.77		13165	13029	4.48	盐津县
152.66	1.88	0.12		21090	17241	3.52	大关县
220.00	5.00	30.00	16.00	40024	39014	13.37	永善县
335.83	4.47	56.68	14.17	22000	20800	4.76	绥江县
1000.00	28.00	8.00	6.00	49215	48132	29.13	镇雄县
264.31	3.00	4.00	4.00	19523	15634	10.28	彝良县
279.00	30.00	61.00	1.00	14111	10385	6.71	威信县
182.00				8640	7865	3.78	玉龙纳西族自治县

3-5 续表29

县名称 Name of Counties	综合生产能力（万立方米/日） Integrated Production Capacity (10000 cu. m/day)	地下水 Underground Water	水厂个数（个） Number of Water Plants (unit)	地下水 Underground Water	供水管道长度（公里） Length of Water Supply Pipelines (km)	供水总量(万立方米) 合计 Total	售水量 小计 Subtotal	生产运营用水 The Quantity of Water for Production and Operation	公共服务用水 The Quantity of Water for Public Service
永胜县	2.2		1		145.75	417.50	367.20	68.00	68.00
华坪县	3.0		2		190.00	310.50	306.50	49.00	31.50
宁蒗县	3.0		2		126.00	527.50	522.50	98.00	125.00
宁洱哈尼族彝族自治县	2.3		1		147.00	400.00	316.30	60.00	60.00
墨江哈尼族自治县	2.1		3		144.83	468.46	397.28	63.48	54.71
景东彝族自治县	2.0		2		95.47	401.03	357.03	34.53	63.08
景谷傣族彝族自治县	2.2		2		86.33	446.76	363.09	1.05	114.42
镇沅彝族哈尼族拉祜族自治县	0.8		1		66.50	215.07	198.91	23.80	31.66
江城哈尼族彝族自治县	0.6		1		60.60	196.29	161.87	20.00	17.87
孟连傣族拉祜族佤族自治县	1.3	0.5	2	1	50.00	268.00	247.00	105.00	3.00
澜沧拉祜族自治县	2.0		1		224.99	602.58	543.96	161.81	0.54
西盟佤族自治县	1.0		1		47.89	110.00	103.00	23.00	8.00
凤庆县	1.6		2		115.00	348.24	315.60	90.80	8.00
云县	2.0		1		195.00	563.00	481.00	116.00	40.00
永德县	1.0		1		85.40	222.11	185.49		43.95
镇康县	1.0		1		79.00	314.30	285.20	75.00	15.00
双江县	2.4		2		143.00	400.50	358.00	70.00	
耿马县	1.2		1		70.00	331.00	312.00	45.00	30.00
沧源县	1.3		3		140.88	209.01	179.13	41.55	
双柏县	1.0		1		118.94	211.40	177.83	8.52	56.79
牟定县	1.2		1		157.79	344.00	291.00	42.00	28.00
南华县	2.4		2		150.92	405.00	333.00	33.20	23.98
姚安县	2.4		2		80.00	188.90	183.70	9.70	26.30
大姚县	3.0		2		168.01	428.30	392.39	56.43	0.20
永仁县	2.2		1		164.51	260.84	214.21	51.13	27.07
元谋县	2.0		1		125.86	467.50	433.17	50.70	96.47
武定县	2.1		2		164.00	440.13	409.93	20.80	41.00
屏边县	1.4		1		58.55	178.30	139.90		
建水县	4.0		1		339.64	1438.75	1234.65	296.31	61.73
石屏县	4.0		1		117.00	556.80	412.10	87.37	42.03
泸西县	2.0		2		375.48	619.49	521.79	0.97	172.68
元阳县	0.6		1		60.45	265.55	210.43	15.25	0.27
红河县	1.0		1		83.53	208.21	191.00	40.00	13.00
金平县	1.0		3		88.05	251.10	245.10	40.00	1.40
绿春县	0.7		1		26.40	201.48	175.67	15.79	28.85
河口县	0.8		1		56.00	302.10	231.61	80.52	29.15
砚山县	2.7		2		121.26	568.54	443.00	217.00	69.00
西畴县	1.0		1		64.00	103.78	94.59	3.00	5.41

continued 29

Total Quantity of Water Supply (10000 cu. m)				用水户数（户）	居民家庭	用 水 人 口 （万人）	县名称
Water Sold		免 费 供水量	生活用水				
居民家庭 用 水 The Quantity of Water for Household Use	其他用水 The Quantity of Water for Other Purposes	The Quantity of Free Water Supply	Domestic Water Use	Number of Households with Access to Water Supply (unit)	Households	Population with Access to Water Supply (10000 persons)	Name of Counties
231.20		50.00		16674	15770	4.91	永胜县
223.50	2.50			22003	18162	3.78	华坪县
295.00	4.50			20488	11975	4.82	宁蒗县
195.00	1.30	8.80		29534	26389	5.00	宁洱哈尼族彝族自治县
129.00	150.09	0.82		29524	20558	4.71	墨江哈尼族自治县
249.42	10.00	3.00		28631	20521	4.77	景东彝族自治县
243.37	4.25	46.10		27814	26399	6.12	景谷傣族彝族自治县
118.95	24.50			12605	8465	2.30	镇沅彝族哈尼族拉祜族自治县
124.00		22.57		11125	8744	3.25	江城哈尼族彝族自治县
137.00	2.00	6.00		12000	11120	4.25	孟连傣族拉祜族佤族自治县
331.68	49.93	10.02	10.02	25279	19990	4.70	澜沧拉祜族自治县
70.00	2.00	2.00		3876	3415	1.25	西盟佤族自治县
215.60	1.20	5.00	5.00	22116	22000	5.26	凤庆县
319.00	6.00	40.00		21000	18900	5.00	云 县
141.54		15.74	2.00	19251	15998	2.23	永德县
192.50	2.70	4.10	4.04	9361	7898	4.27	镇康县
205.00	83.00	38.00	7.00	17010	15630	2.90	双江县
228.00	9.00	10.00	5.00	16457	14672	3.50	耿马县
137.33	0.25	10.00		14621	10663	4.01	沧源县
110.81	1.71	1.45	1.45	13383	12843	3.16	双柏县
219.00	2.00	3.00		18005	17348	5.20	牟定县
269.00	6.82	34.00		28179	27254	6.98	南华县
147.70		4.10		7950	15	4.13	姚安县
333.66	2.10	0.20	0.10	32396	24932	6.63	大姚县
135.77	0.24	21.74	4.74	18595	16917	2.73	永仁县
281.00	5.00	3.60	0.30	11729	11364	6.76	元谋县
341.13	7.00	4.20	1.80	17157	16222	5.26	武定县
104.90	35.00	9.90	1.00	11500	9708	2.85	屏边县
864.26	12.35			57525	51773	17.84	建水县
268.69	14.01	94.58		14400	11299	6.00	石屏县
346.89	1.25	18.21		20305	19850	10.31	泸西县
190.82	4.09	38.35		8399	7568	3.71	元阳县
137.00	1.00	8.00	2.00	16435	14802	3.36	红河县
203.20	0.50			10213	10213	4.87	金平县
129.43	1.60	6.20		11400	11400	2.73	绿春县
120.86	1.08	40.46	0.20	9831	8225	2.95	河口县
132.00	25.00	102.46	25.00	38823	33593	9.20	砚山县
86.18				4768	4434	2.25	西畴县

3-5 续表30

县名称 Name of Counties	综合生产能力 (万立方米/日) Integrated Production Capacity (10000 cu. m/day)	地下水 Under-ground Water	水厂个数 (个) Number of Water Plants (unit)	地下水 Under-ground Water	供水管道长度 (公里) Length of Water Supply Pipelines (km)	供水总量(万立方米)			
						合计 Total	售水量		
							小计 Subtotal	生产运营用水 The Quantity of Water for Production and Operation	公共服务用水 The Quantity of Water for Public Service
麻栗坡县	1.6		2		77.60	166.54	137.75	19.75	10.00
马关县	1.7	0.4	2	1	82.10	485.82	440.82	102.82	48.00
丘北县	2.4		2		98.00	427.50	372.00	5.00	10.00
广南县	2.8		2		118.44	473.30	443.70	183.50	24.20
富宁县	1.4		3		301.03	492.45	428.38	101.93	58.11
勐海县	3.0		2		196.00	497.00	481.00	47.50	32.00
勐腊县	2.5		2		95.77	426.28	350.48	32.45	66.49
漾濞彝族自治县	1.0		2		66.00	151.24	126.94	44.75	12.00
祥云县	6.5		4		232.00	870.74	763.32	140.10	131.99
宾川县	2.0		1		196.63	529.38	428.79	58.23	170.25
弥渡县	1.5		1		83.90	275.50	240.50	40.00	58.00
南涧彝族自治县	2.0		1		74.10	208.20	192.60	39.15	2.85
巍山彝族回族自治县	1.5		2		122.89	186.54	183.14	23.74	10.00
永平县	1.3		2		138.00	308.97	263.20	45.10	57.70
云龙县	0.5		1		90.60	130.34	117.40	13.00	18.00
洱源县	1.5		1		137.00	419.66	353.44	10.00	13.00
剑川县	0.8		2		160.30	248.00	215.90	49.42	64.38
鹤庆县	1.6		2		122.30	439.70	289.80	115.63	
梁河县	2.0		2		40.00	194.44	172.44	9.31	9.44
盈江县	2.5		2		345.14	861.40	666.00	280.00	7.50
陇川县	1.5		1		75.99	299.97	278.16	77.60	19.74
福贡县	0.5		2		20.00	169.00	91.00	1.00	46.00
贡山独龙族怒族自治县	0.4		2		24.27	38.80	24.30	3.00	11.00
兰坪白族普米族自治县	3.0				91.27	372.03	340.63	3.02	61.02
德钦县	0.6		4		27.30	86.90	73.10	3.60	10.00
维西傈僳族自治县	2.2		2		75.00	245.76	193.89	5.54	79.09
西　　藏	**25.7**	**15.1**	**78**	**44**	**1519.95**	**4959.85**	**3196.44**	**211.81**	**399.72**
曲水县	0.2		1		23.00	70.00	52.00	5.00	3.00
当雄县	0.4		1		26.51	74.69	67.15		25.13
林周县	0.4	0.4	2	1	21.20	125.10	104.17	2.40	15.56
墨竹工卡县	0.5	0.5	2	2	47.22	185.60	166.60		40.00
尼木县	0.6	0.6	1	1	18.00	127.75	119.50	5.60	25.28
亚东县	0.9	0.8	1	1	10.00	132.00			
聂拉木县	0.5	0.5	1		24.00	60.00			
仲巴县	0.2	0.2	1	1	13.69	33.80			
定结县	0.1	0.1	1	1	36.68	50.00			
康马县	0.4	0.1	2	1	14.23	15.50	8.20	2.50	1.70
吉隆县	0.2		1		20.00	59.00	12.40	0.30	0.20

continued 30

Total Quantity of Water Supply (10000 cu. m)				用水户数（户）		用水人口（万人）	县名称
Water Sold		免费供水量	生活用水		居民家庭		
居民家庭用水 The Quantity of Water for Household Use	其他用水 The Quantity of Water for Other Purposes	The Quantity of Free Water Supply	Domestic Water Use	Number of Households with Access to Water Supply (unit)	Households	Population with Access to Water Supply (10000 persons)	Name of Counties
106.00	2.00	0.14	0.14	16457	13536	3.29	麻栗坡县
290.00				20684	19458	5.53	马关县
212.00	145.00	0.50	0.20	38923	38923	12.20	丘北县
230.90	5.10	6.00		32945	23354	9.93	广南县
259.48	8.86	0.05		24436	21980	8.08	富宁县
400.50	1.00	1.00	1.00	17768	10837	10.01	勐海县
233.16	18.38			16585	14798	5.63	勐腊县
52.27	17.92			11882	11739	2.34	漾濞彝族自治县
491.23				1637	1379	11.64	祥云县
200.31				24510	21184	5.04	宾川县
142.50				14112	11112	4.17	弥渡县
150.60				20334	17414	2.80	南涧彝族自治县
146.80	2.60	0.70		15347	14816	3.49	巍山彝族回族自治县
158.60	1.80	0.20		22490	21687	6.09	永平县
86.40		0.04	0.04	4112	3312	1.87	云龙县
230.26	100.18	0.09	0.01	16849	11457	3.37	洱源县
102.10				6396	6396	2.10	剑川县
147.07	27.10	109.90		14633	13633	3.91	鹤庆县
152.05	1.64	2.00		14590	11200	2.40	梁河县
372.10	6.40	0.40		29830	22124	7.76	盈江县
163.39	17.43	1.87	1.87	17221	17221	4.93	陇川县
31.00	13.00	52.00		4135	3198	1.20	福贡县
3.00	7.30	11.50	11.50	1100	1100	0.41	贡山独龙族怒族自治县
182.59	94.00	20.40	2.80	9666	8216	6.61	兰坪白族普米族自治县
53.00	6.50	4.70		2514	2154	0.64	德钦县
109.26		20.10		10285	7967	3.90	维西傈僳族自治县
2383.47	**201.44**	**1329.98**	**970.30**	**189106**	**166386**	**70.84**	**西 藏**
43.00	1.00	10.00	10.00	1700	1600	1.16	曲水县
25.60	16.42	3.42	3.42	2820	2650	1.10	当雄县
75.65	10.56	12.43		3800	3800	1.60	林周县
121.00	5.60			3259	3045	1.85	墨竹工卡县
86.42	2.20	1.00	1.00	2634	2370	1.00	尼木县
		117.00	96.00			0.67	亚东县
		52.00	45.00	6100	5000	0.90	聂拉木县
		28.80	20.00	1609	1033	0.51	仲巴县
		48.00	46.00	1264	1205	0.74	定结县
4.00		4.30	4.30	1197	418	0.69	康马县
11.00	0.90	43.20	40.10	2892	2862	1.45	吉隆县

3-5 续表31

县名称 Name of Counties	综合生产能力(万立方米/日) Integrated Production Capacity (10000 cu. m/day)	地下水 Underground Water	水厂个数(个) Number of Water Plants (unit)	地下水 Underground Water	供水管道长度(公里) Length of Water Supply Pipelines (km)	供水总量(万立方米) 合计 Total	售水量 小计 Subtotal	生产运营用水 The Quantity of Water for Production and Operation	公共服务用水 The Quantity of Water for Public Service
萨嘎县	1.0	1.0	3	3	32.92	44.94	42.12		12.69
谢通门县	0.3	0.3	1	1	3.60	71.00			
萨迦县	0.3		1		38.09	59.03	50.81	10.10	7.63
岗巴县	0.4	0.4	1	1	12.50	47.80			
拉孜县	0.4		2	2	4.17	136.20	102.20	24.20	8.00
江孜县	0.8	0.8	2	1	27.00	147.36	95.51		29.92
定日县	0.3	0.2	1	1	38.00	60.00			
南木林县	0.4	0.4	1	1	15.00	145.00	140.00	17.00	20.00
昂仁县	0.3	0.3	1	1	23.60	86.00	73.00		9.00
白朗县	0.4	0.4	2	2	18.00	106.80	80.30		30.30
仁布县	0.3		3		27.00	91.00	12.00		
左贡县	0.1	0.1	1	1	10.00	16.00			
丁青县	0.4		1		14.00	99.48	72.09		2.21
八宿县	0.6		2		12.48	61.00	50.00	7.00	3.00
江达县	0.3	0.3	1	1	27.99	97.00	13.30	3.00	3.20
洛隆县	0.2		1		15.00	85.00	71.00	2.00	3.00
察雅县	0.5		1		10.00	38.00	31.00	2.00	1.00
贡觉县	0.5		1		30.84	173.00	147.78		0.38
边坝县	0.2		1		16.50	58.81	53.81	6.80	3.45
类乌齐县	0.5		1		25.60	71.00	54.00		2.00
芒康县	0.6	0.6			22.00	102.25	88.00	2.00	1.00
朗县	0.4	0.4	1	1	24.51	51.80	45.00	1.00	3.60
墨脱县	1.2		2		21.20	52.70	48.60	1.00	2.00
工布江达县	0.7		1		15.60	66.69	60.49	2.00	4.00
察隅县	0.4		1		19.95	50.34	48.71	3.45	3.45
波密县	1.0		1		27.09	125.00	115.00	3.00	2.00
米林县	0.4		1		5.96	68.97	57.37	12.22	7.03
错那县	0.3		2		12.50	81.60	40.20	0.50	0.30
浪卡子县	0.4	0.4	1	1	32.50	101.42	86.22	2.34	1.68
贡嘎县	0.6	0.6	1	1	29.00	122.00	107.00	9.00	9.00
加查县	0.3		1		35.00	66.00	55.00	2.00	3.00
桑日县	0.4	0.4	1	1	30.00	81.00	42.00	9.00	6.00
洛扎县	0.5		1		24.50	120.75			
琼结县	0.3	0.3	1	1	35.00	95.03	90.94		39.51
措美县	0.3		1		13.40	92.00	17.00	9.00	7.00
扎囊县	0.3	0.3	1	1	20.00	50.00	49.50	2.00	15.00
曲松县	0.3	0.3	1	1	18.50	57.60	48.80	1.80	4.50
隆子县	0.3	0.3	1	1	23.70	116.80	103.40	46.60	10.60

continued 31

Total Quantity of Water Supply (10000 cu. m)				用水户数（户）	居民家庭	用水人口（万人）	县名称
Water Sold		免费供水量	生活用水				
居民家庭用水 The Quantity of Water for Household Use	其他用水 The Quantity of Water for Other Purposes	The Quantity of Free Water Supply	Domestic Water Use	Number of Households with Access to Water Supply (unit)	Households	Population with Access to Water Supply (10000 persons)	Name of Counties
29.43				7200	7200	0.92	萨嘎县
		61.00	50.00	950	950	1.73	谢通门县
31.55	1.53	5.97	0.90	1748	1748	0.85	萨迦县
		43.80	41.00	809	789	0.35	岗巴县
60.00	10.00	16.00	16.00	3700	3070	2.24	拉孜县
13.70	51.89	17.25	3.00	2700	2630	1.20	江孜县
		52.00	40.00	6500	4650	1.00	定日县
97.00	6.00	2.00		4240	3485	1.36	南木林县
64.00		10.00	8.00	2400	2300	0.94	昂仁县
50.00		11.00	2.00	832	832	0.90	白朗县
8.20	3.80	69.00	6.00	2024	1652	0.95	仁布县
		15.00	15.00	1500	1000	0.65	左贡县
68.00	1.88	25.39		2765	2721	1.73	丁青县
40.00		5.00		5000	5000	1.40	八宿县
3.50	3.60	77.69	60.00	3524	341	1.68	江达县
62.00	4.00	3.00	3.00	2832	2760	1.80	洛隆县
27.00	1.00	3.00	3.00	2200	1400	0.70	察雅县
146.56	0.84	17.15	17.15	1400	1390	0.76	贡觉县
38.56	5.00	1.00	1.00	2560	2500	1.00	边坝县
50.00	2.00	5.00	5.00	1600	1600	0.90	类乌齐县
80.00	5.00	2.25	2.25	4666	4666	2.80	芒康县
37.00	3.40	0.50	0.50	1050	1050	0.51	朗县
44.60	1.00			2015	931	0.58	墨脱县
54.49				1765	1765	1.00	工布江达县
41.25	0.56			898	898	0.52	察隅县
110.00				6700	6400	2.10	波密县
33.06	5.06			1779	1699	0.65	米林县
38.00	1.40	40.00		1892	892	0.80	错那县
78.60	3.60	5.20	5.20	2600	2600	0.86	浪卡子县
74.00	15.00	4.00	3.00	12233	10801	2.00	贡嘎县
50.00				1718	1583	2.00	加查县
23.00	4.00	30.00	30.00	4000	3200	0.90	桑日县
		113.75	100.00	1287	1287	0.47	洛扎县
41.43	10.00	2.64		1905	1600	0.64	琼结县
1.00		66.00	52.00	2345	2258	1.14	措美县
25.00	7.50			3200	1200	0.68	扎囊县
42.50		2.70		1773	1412	0.26	曲松县
39.80	6.40	9.80	4.20	1522	1341	1.00	隆子县

3-5 续表32

县名称 Name of Counties	综合生产能力 （万立方米/日） Integrated Production Capacity (10000 cu. m/day)	地下水 Underground Water	水厂个数（个） Number of Water Plants (unit)	地下水 Underground Water	供水管道长度（公里） Length of Water Supply Pipelines (km)	供水总量(万立方米) 合计 Total	售水量 小计 Subtotal	生产运营用水 The Quantity of Water for Production and Operation	公共服务用水 The Quantity of Water for Public Service
聂荣县	0.3	0.3	1	1	15.00	48.00			
双湖县									
嘉黎县	0.1	0.1	1	1	13.60	9.60			
比如县	0.6	0.6	1	1	18.00	95.36	75.36		10.00
尼玛县	0.2	0.2	1	1	20.80	20.00	14.72	3.00	2.00
巴青县	0.3	0.3	1	1	52.00	33.65			
申扎县	0.1	0.1	1		29.80	32.00	28.00	2.00	1.00
安多县	0.2	0.2	1	1	48.62	48.00			
索县	0.2		1		28.50	49.00	7.60	2.00	1.00
班戈县	0.4	0.4	1	1	15.13	33.00			
革吉县	0.6	0.6	1	1	14.70	18.40	17.09		4.40
札达县	0.2	0.2	1	1	22.65	47.93	47.45		
日土县	0.2	0.2	1	1	16.69	44.80	44.50	10.00	15.00
改则县	0.2	0.2	1	1	10.00	47.00			
葛尔县	0.9	0.9	2		135.00	224.00	213.00		
普兰县	0.2	0.2	1		7.63	29.30	26.55		
措勤县	0.2		1	1	4.60	50.00			
陕 西	**129.4**	**64.6**	**130**	**58**	**6111.32**	**24875.14**	**22313.51**	**2568.34**	**2978.06**
蓝田县	2.0		1	1	90.08	490.38	438.49	120.34	50.44
周至县	2.8	0.5	2	1	98.75	629.79	507.54	2.63	140.00
宜君县	0.4		2		53.24	49.76	42.76	0.16	4.00
岐山县	2.5	1.1	2	2	36.00	347.80	317.00	22.00	19.00
扶风县	2.8	1.5	5	4	98.00	392.64	360.64	65.00	81.00
眉县	2.7	1.4	3	2	71.34	436.08	393.08	78.89	42.35
陇县	3.0	3.0	2	2	130.88	353.70	314.79	13.35	93.19
千阳县	1.2	1.2	1	1	65.38	181.10	163.98	27.60	27.78
麟游县	0.5	0.1	1		33.20	149.81	140.18	20.37	42.02
凤县	1.2		1		45.37	162.10	138.10	35.00	12.10
太白县	0.5		1		45.22	155.00	135.20		27.00
三原县	4.8	1.2	1	1	160.04	858.30	721.50	225.32	15.82
泾阳县	2.0	2.0	3	3	129.27	539.27	414.92	5.21	119.30
乾县	1.2	1.2	2	2	114.79	440.37	413.00	27.68	7.12
礼泉县	1.8	1.8	3	3	78.50	381.70	339.00	57.00	72.00
永寿县	0.5	0.4	3	2	58.33	239.12	216.26	40.47	63.80
长武县	1.2		2		85.92	290.00	240.00	3.60	76.00
旬邑县	1.6		1		35.30	167.32	153.00	26.30	28.60
淳化县	0.4	0.4	3	4	30.40	134.46	109.43	8.52	17.25
武功县	2.1	1.1	4	3	79.86	559.00	490.00	109.00	26.00

continued 32

Total Quantity of Water Supply (10000 cu. m)				用水户数（户）	居民家庭	用水人口（万人）	县名称
Water Sold		免费供水量	生活用水				
居民家庭用水 The Quantity of Water for Household Use	其他用水 The Quantity of Water for Other Purposes	The Quantity of Free Water Supply	Domestic Water Use	Number of Households with Access to Water Supply (unit)	Households	Population with Access to Water Supply (10000 persons)	Name of Counties
		42.00	42.00	752	727	0.50	聂荣县
							双湖县
		9.50	9.50	1020	980	0.40	嘉黎县
65.36				5600	5200	3.40	比如县
8.72	1.00	3.00	3.00	1200	800	0.38	尼玛县
		31.65	25.78	1989	1989	0.66	巴青县
24.00	1.00			1400	1350	0.70	申扎县
		45.00	42.00	2400	2400	1.30	安多县
3.60	1.00	36.00	36.00	3200	3200	1.00	索县
		30.00	30.00	550	550	0.40	班戈县
11.39	1.30			1380	1380	0.72	革吉县
47.45				2000	1852	0.60	札达县
14.50	5.00			941	896	0.60	日土县
		45.59	3.00	1330	1330	0.60	改则县
213.00		5.00		24665	24665	4.40	葛尔县
25.55	1.00			2110	21	0.94	普兰县
		45.00	45.00	1462	1462	0.60	措勤县
16005.35	**761.76**	**538.15**	**64.51**	**1234376**	**1072278**	**505.87**	**陕　西**
263.96	3.75	11.00		26551	25134	9.78	蓝田县
364.29	0.62	98.25		26902	17825	7.30	周至县
38.60		2.20	1.27	4200	3574	1.84	宜君县
252.00	24.00	0.80		13380	11850	4.61	岐山县
214.00	0.64			6423	6220	6.85	扶风县
271.84		3.90	1.20	23913	23305	7.17	眉　县
208.25				2794	2345	9.10	陇　县
106.60	2.00			18000	16600	4.50	千阳县
77.41	0.38			13200	13200	3.12	麟游县
87.90	3.10	11.00	7.50	6130	6022	2.70	凤　县
78.20	30.00	6.00	6.00	3990	3900	1.70	太白县
462.03	18.33	11.91		18478	18174	14.45	三原县
268.66	21.75	26.00		18659	16888	7.36	泾阳县
369.30	8.90	16.00		32360	31589	12.00	乾　县
185.00	25.00	1.70	1.40	32768	2505	9.45	礼泉县
104.50	7.49	1.36	1.36	10321	9662	5.13	永寿县
159.00	1.40	15.00		16051	13445	5.66	长武县
89.20	8.90	7.00	2.10	7033	7007	3.73	旬邑县
81.90	1.76	3.56	3.56	8554	8496	3.22	淳化县
341.00	14.00	9.00	8.55	34331	3465	9.21	武功县

3-5 续表33

县名称 Name of Counties	综合生产能力 （万立方米/日） Integrated Production Capacity (10000 cu.m/day)	地下水 Under-ground Water	水厂个数（个） Number of Water Plants (unit)	地下水 Under-ground Water	供水管道长度（公里） Length of Water Supply Pipelines (km)	供水总量(万立方米) 合计 Total	售水量 小计 Subtotal	生产运营用水 The Quantity of Water for Production and Operation	公共服务用水 The Quantity of Water for Public Service
潼关县	3.0	3.0	1	1	65.20	327.10	296.00	24.00	18.00
大荔县	3.0	3.0	1	1	129.20	581.00	540.00	6.00	65.00
合阳县	3.9	2.0	2	1	116.20	497.75	446.55	96.30	23.65
澄城县	2.8	0.9	2	1	53.79	466.24	419.24	80.00	67.00
蒲城县	4.5	4.5	2	2	205.00	780.56	705.51	142.40	25.50
白水县	1.0	1.0	1	1	58.51	213.00	201.00	42.00	36.00
富平县	5.0	5.0	1	1	180.87	941.60	925.70	69.00	57.00
延长县	1.0		2		81.13	228.02	195.02	4.20	62.40
延川县	0.6		1		37.00	127.95	116.49	2.48	10.12
志丹县	1.2	1.2	1	1	57.20	342.25	310.10		82.18
吴起县	1.2	1.2	3	3	109.00	394.00	347.00	135.00	30.00
甘泉县	0.9		1		63.00	161.35	144.18	4.46	36.43
富县	1.0		2		70.00	260.00	225.40	28.10	17.90
洛川县	1.5		1		91.64	240.00	213.00	38.00	30.00
宜川县	0.6		1		45.40	148.00	133.20	9.93	10.94
黄龙县	0.5		1		60.00	90.80	83.30	6.90	21.80
黄陵县	0.8		1		99.00	249.00	214.00	6.00	80.00
城固县	4.0	4.0	2	2	88.10	662.00	608.36	38.00	10.50
洋县	2.0		1		66.00	537.00	469.00	1.00	45.00
西乡县	3.6		2		89.00	549.80	520.00	79.20	56.00
勉县	3.6	3.6	2	2	120.20	999.00	933.50	139.20	98.50
宁强县	2.2		3		88.00	305.00	264.00	49.00	27.00
略阳县	2.0		2		63.00	293.00	265.00	78.00	13.00
镇巴县	1.0		1		88.80	229.00	210.80	20.10	15.10
留坝县	0.3		1		9.00	97.00	72.80	21.60	10.50
佛坪县	1.0		2	1	42.00	67.52	57.52	10.00	5.00
府谷县	5.0	5.0	1	1	237.26	974.00	887.00	73.00	106.00
靖边县	2.6	2.6	1	1	160.35	710.04	604.24		167.98
定边县	0.8	0.8	2	1	515.14	705.00	602.00		177.00
绥德县	5.7	5.7	2	2	134.31	316.00	271.50	7.70	35.50
米脂县	1.0		1	1	67.80	223.34	185.00	26.00	14.57
佳县	0.4	0.4			20.40	34.00	30.00	0.90	0.90
吴堡县	0.4		1		42.00	160.50	160.00	10.00	15.00
清涧县	0.4	0.2	1	1	44.00	215.62	204.32	40.40	15.55
子洲县	0.5		1		55.80	118.34	107.87	13.00	5.00
汉阴县	2.0		5		83.60	386.07	359.01	18.85	8.12
石泉县	2.3		3		66.53	414.03	324.45	71.34	
宁陕县	0.4		2		31.09	79.40	71.40	3.03	5.01

continued 33

Total Quantity of Water Supply (10000 cu. m)				用水户数（户）	居民家庭	用水人口（万人）	县名称
Water Sold		免费供水量	生活用水				
居民家庭用水 The Quantity of Water for Household Use	其他用水 The Quantity of Water for Other Purposes	The Quantity of Free Water Supply	Domestic Water Use	Number of Households with Access to Water Supply (unit)	Households	Population with Access to Water Supply (10000 persons)	Name of Counties
230.30	23.70	3.10	1.20	23251	23251	6.40	潼关县
369.00	100.00			20200	18380	9.15	大荔县
274.00	52.60			15359	14900	6.14	合阳县
269.24	3.00	10.00		27312	26691	11.01	澄城县
529.81	7.80	0.90		26600	1317	13.72	蒲城县
122.00	1.00			22698	22550	6.28	白水县
746.70	53.00	6.90		35732	32360	15.75	富平县
125.14	3.28	1.00		13031	11028	5.23	延长县
103.25	0.64	0.59		7433	6307	5.69	延川县
226.19	1.73			20500	17000	6.20	志丹县
163.00	19.00	9.50		20560	20560	7.10	吴起县
95.93	7.36			7478	5950	3.40	甘泉县
175.80	3.60	18.80		12484	12484	5.70	富县
136.00	9.00	10.00		9349	8900	7.44	洛川县
107.80	4.53			9579	9170	4.65	宜川县
46.10	8.50			3200	3200	1.58	黄龙县
128.00				14174	12917	4.15	黄陵县
556.46	3.40	18.00	18.00	39945	39945	14.62	城固县
383.00	40.00	15.00		21168	20032	10.30	洋县
369.60	15.20	8.00		28470	28224	9.91	西乡县
694.60	1.20	15.00		53590	45803	16.18	勉县
187.00	1.00	23.00		24369	23950	7.04	宁强县
174.00		10.00		17640	14830	6.30	略阳县
171.80	3.80	6.20	1.20	14813	14743	5.55	镇巴县
40.50	0.20	12.00		4129	3748	1.38	留坝县
42.50	0.02			3323	2783	0.86	佛坪县
657.00	51.00			31525	31525	17.88	府谷县
436.26		5.47	5.47	25140	25140	24.20	靖边县
419.00	6.00			22633	18226	10.75	定边县
223.60	4.70	1.00	0.10	31423	27715	9.44	绥德县
141.19	3.24			9400	9253	5.00	米脂县
28.00	0.20			10696	10576	2.20	佳县
130.00	5.00	0.20	0.20	8080	7954	2.95	吴堡县
147.87	0.50			10983	10884	5.17	清涧县
84.87	5.00			10835	10450	4.00	子洲县
317.82	14.22	13.26		23798	22538	10.80	汉阴县
251.54	1.57	50.60		20156	16912	7.50	石泉县
55.56	7.80			5485	5235	1.93	宁陕县

3-5 续表34

县名称 Name of Counties	综合生产能力 （万立方米/日） Integrated Production Capacity (10000 cu. m/day)	地下水 Under-ground Water	水厂个数（个） Number of Water Plants (unit)	地下水 Under-ground Water	供水管道长度（公里） Length of Water Supply Pipelines (km)	供水总量(万立方米) 合计 Total	售水量 小计 Subtotal	生产运营用水 The Quantity of Water for Production and Operation	公共服务用水 The Quantity of Water for Public Service
紫阳县	1.0		2		22.66	342.00	311.35	51.00	5.20
岚皋县	1.0				92.00	278.00	236.00	5.00	19.00
平利县	2.3		1		130.00	290.18	281.79	21.78	20.01
镇坪县	0.8		3		50.23	74.12	65.95	5.00	5.10
白河县	1.3		2		71.00	238.50	221.36	5.00	71.38
洛南县	3.0	3.0	2		154.94	600.00	583.80	26.70	22.50
丹凤县	4.9		8		94.00	567.00	534.00	34.00	85.00
商南县	1.2		1		69.00	352.71	344.28	10.33	92.95
山阳县	1.5	0.9	5	3	87.10	611.00	540.00	65.00	85.00
镇安县	1.5		1		96.00	230.95	220.95	26.00	36.00
柞水县	2.2		1		70.00	208.70	201.70	35.00	66.00
甘 肃	95.7	35.7	90	37	5513.37	17786.89	15748.96	2132.78	2332.71
永登县	1.0	0.2	1	1	53.00	276.10	233.40	6.50	26.00
皋兰县	2.4		2		137.16	388.50	300.44	128.02	49.51
榆中县	3.5		1		95.80	348.60	313.81	68.96	72.15
永昌县	2.0		2	1	82.50	257.00	232.59	33.22	36.60
靖远县	3.2		1		137.00	381.50	332.00	28.00	48.00
会宁县	2.5		1		67.20	444.10	403.40	13.00	173.00
景泰县	2.0		1		112.00	327.00	296.50	23.80	40.50
清水县	2.0		2	1	87.00	313.24	271.91	46.37	30.92
秦安县	1.5	1.2	1	1	77.90	354.20	325.10	39.00	75.00
甘谷县	2.1	0.8	5	3	148.93	684.92	630.29	18.06	81.35
武山县	1.0	1.0	1	1	97.00	284.00	260.00	23.00	18.00
张家川回族自治县	0.8		1		36.00	277.42	224.36	23.50	37.51
民勤县	4.3	4.3	1	1	237.56	426.00	356.00	36.00	126.00
古浪县	1.0		2		98.34	215.72	165.81		74.31
天祝藏族自治县	1.5		1		76.60	234.75	191.89	48.20	1.74
肃南县	1.0				31.30	117.00	108.40	38.20	23.50
民乐县	2.5	2.5	2	1	204.28	359.75	325.47	22.78	81.37
临泽县	1.0	1.0	1	1	140.52	241.37	208.66	44.41	33.50
高台县	2.7	2.7	2	2	140.00	337.60	301.15	35.35	10.95
山丹县	1.7		1		133.00	489.65	440.75	48.68	17.11
泾川县	1.2	1.2	1	1	83.87	287.34	259.15	15.69	48.32
灵台县	1.8		1		79.00	228.00	220.00	19.00	38.00
崇信县	0.6	0.6	2	2	78.00	146.63	140.78	25.07	34.60
庄浪县	2.5		1		74.00	406.06	402.85	244.00	21.00
静宁县	2.5	1.6	2	1	70.00	499.82	430.02	44.80	67.22
金塔县	1.6	1.6	1	1	80.49	201.68	182.28	3.10	30.10

continued 34

Total Quantity of Water Supply (10000 cu. m)				用水户数 (户)	居民家庭	用 水 人 口 (万人)	县名称
Water Sold		免 费 供水量	生活用水				
居民家庭 用 水 The Quantity of Water for Household Use	其他用水 The Quantity of Water for Other Purposes	The Quantity of Free Water Supply	Domestic Water Use	Number of Households with Access to Water Supply (unit)	Households	Population with Access to Water Supply (10000 persons)	Name of Counties
253.50	1.65	5.65		20131	17044	5.91	紫阳县
180.00	32.00			12026	11887	5.61	岚皋县
225.00	15.00			18000	18000	6.18	平利县
55.20	0.65	0.10		3585	2992	1.47	镇坪县
134.98	10.00			12988	11140	4.90	白河县
529.60	5.00	8.20	5.40	53400	52000	16.02	洛南县
415.00				18452	17960	13.65	丹凤县
241.00				7390	6347	7.03	商南县
332.00	58.00	55.00		30592	29244	10.40	山阳县
155.00	3.95			11991	11785	6.67	镇安县
100.00	0.70	6.00		15242	15242	5.60	柞水县
10570.35	**713.12**	**362.67**	**26.11**	**1130895**	**994335**	**426.42**	**甘 肃**
182.00	18.90	12.50		26845	26321	10.23	永登县
83.02	39.89			8599	8201	6.87	皋兰县
172.59	0.11	0.50		30329	28904	6.30	榆中县
135.42	27.35	0.01	0.01	25121	21092	4.02	永昌县
235.00	21.00	17.00		28350	28350	9.33	靖远县
167.60	49.80			40174	39405	15.26	会宁县
223.20	9.00			26257	21000	11.81	景泰县
179.41	15.21	0.02		12372	11715	7.17	清水县
209.00	2.10	1.10	1.10	38725	37255	12.86	秦安县
478.83	52.05			41164	41100	22.69	甘谷县
209.00	10.00			17500	15500	7.33	武山县
154.57	8.78	45.32	0.65	14560	14257	4.75	张家川回族自治县
190.80	3.20			29600	26000	5.78	民勤县
91.50		12.40		18642	15088	5.70	古浪县
139.85	2.10	21.76		16414	16414	7.47	天祝藏族自治县
46.70				5286	4826	1.01	肃南县
195.28	26.04			41954	4769	9.75	民乐县
128.35	2.40	3.00	3.00	8970	7650	3.81	临泽县
238.30	16.55	0.01		36595	22164	8.09	高台县
358.61	16.35	1.20	0.03	39069	36242	10.04	山丹县
187.97	7.17	0.40		22931	19062	6.31	泾川县
163.00				11019	9236	3.19	灵台县
79.62	1.49			13591	13341	3.53	崇信县
132.00	5.85			32543	25332	4.46	庄浪县
298.00	20.00	10.00		13355	11500	7.61	静宁县
137.08	12.00	1.30		21102	17484	6.57	金塔县

3-5 续表35

县名称 Name of Counties	综合生产能力 (万立方米/日) Integrated Production Capacity (10000 cu. m/day)	地下水 Under-ground Water	水厂个数 (个) Number of Water Plants (unit)	地下水 Under-ground Water	供水管道长度 (公里) Length of Water Supply Pipelines (km)	供水总量(万立方米)			
						合计 Total	售水量		
							小计 Subtotal	生产运营用水 The Quantity of Water for Production and Operation	公共服务用水 The Quantity of Water for Public Service
瓜州县	2.0	2.0	2	2	172.16	433.48	365.42	24.36	123.78
肃北蒙古族自治县	0.3	0.3	1	1	45.00	112.00	111.50	32.00	18.00
阿克塞哈萨克族自治县	0.4		1		63.70	80.00	76.66	10.00	5.04
庆城县	1.3		1		108.00	235.57	212.19	9.70	32.42
环 县	2.7	0.4	3	1	127.30	249.03	205.38	11.13	26.11
华池县	0.7		2		66.20	140.54	135.20	39.42	20.26
合水县	0.6		2		32.60	144.69	131.00	9.73	38.42
正宁县	0.8		4		73.87	144.20	129.50	14.04	21.90
宁 县	0.6	0.6	2	2	32.75	161.80	152.10	48.00	6.70
镇原县	2.0	2.0	2	2	39.00	158.51	143.25	26.38	39.15
通渭县	0.8		1		78.13	256.80	223.23	58.30	
陇西县	3.9	1.6	1		185.00	897.19	742.67	201.80	46.36
渭源县	3.0		1		65.15	254.30	218.30	8.00	9.50
临洮县	1.4	1.4	1	1	86.57	432.33	389.26	11.15	16.85
漳 县	1.0	1.0	1	1	58.35	135.15	110.00	1.50	3.50
岷 县	4.0	4.0	1	1	85.00	380.00	359.00	25.00	20.00
成 县	3.5		2		118.00	398.60	322.60	4.00	38.00
文 县	0.6	0.6	1	1	32.00	175.00	155.00	21.00	21.00
宕昌县	1.6		1		76.28	107.70	102.00	6.00	5.00
康 县	0.5		1		58.00	90.02	84.40	2.20	7.40
西和县	1.2	0.2	2	1	206.00	411.00	370.00	24.00	5.00
礼 县	1.0	1.0	1	1	125.00	229.00	201.00	10.30	31.25
徽 县	1.0		1		72.00	242.12	217.12	2.00	55.00
两当县	0.3		1		42.40	59.22	52.82	2.80	4.80
临夏县	0.5		1		68.75	167.68	150.01	28.42	23.52
康乐县	1.0		1		93.58	337.50	303.00	130.00	50.00
永靖县	2.0		1		81.00	688.00	638.00	78.00	95.00
广河县	1.1		1		46.50	330.90	304.90	34.50	29.50
和政县	1.0		2		92.21	341.72	246.72	30.00	11.30
东乡族自治县	0.7		1		75.00	138.00	133.90	26.70	26.40
积石山县	0.7		2		23.42	414.10	386.00	46.00	70.00
临潭县	0.7		1	1	61.80	125.38	119.16	5.41	1.68
卓尼县	0.6		1		59.54	97.14	92.26	4.33	33.78
舟曲县	1.1	1.1	1	1	51.30	228.03	188.35		30.68
迭部县	0.4	0.1	1		42.41	149.00	121.00	22.00	33.00
玛曲县	0.3		1		31.95	67.55	57.10	6.70	6.90
碌曲县	0.4	0.4	1	1	27.00	81.80	79.20	22.20	16.00
夏河县	0.5	0.5	1	1	52.00	163.89	162.75	19.00	13.25

continued 35

Total Quantity of Water Supply (10000 cu. m)				用水户数（户）	居民家庭	用 水 人 口 （万人）	县名称
Water Sold		免 费 供水量 The Quantity of Free Water Supply	生活用水 Domestic Water Use	Number of Households with Access to Water Supply (unit)	Households	Population with Access to Water Supply (10000 persons)	Name of Counties
居民家庭 用 水 The Quantity of Water for Household Use	其他用水 The Quantity of Water for Other Purposes						
146.65	70.63	7.12		27782	24353	6.15	瓜州县
56.00	5.50			5414	4685	1.10	肃北蒙古族自治县
55.76	5.86	0.05	0.05	4200	4000	1.14	阿克塞哈萨克族自治县
160.38	9.69	0.02		16080	15746	6.95	庆城县
164.24	3.90			14143	13936	7.65	环 县
63.56	11.96	0.50		8727	6593	3.52	华池县
66.75	16.10	0.26		17810	16480	5.07	合水县
93.56		2.00		14500	13700	4.20	正宁县
88.60	8.80	2.80		9800	8800	4.28	宁 县
75.28	2.44	10.00		16000	12000	3.96	镇原县
162.83	2.10	2.42		26531	24963	6.61	通渭县
463.60	30.91	10.00		35782	35010	23.16	陇西县
187.80	13.00	18.00	4.00	10580	9120	4.07	渭源县
352.75	8.51	5.36		36240	36240	15.98	临洮县
94.00	11.00	0.15		5500	4530	4.89	漳 县
306.00	8.00	3.00		23840	23840	9.99	岷 县
262.30	18.30	3.20		9710	9630	9.92	成 县
105.00	8.00	2.00		10340	10020	4.06	文 县
90.00	1.00	3.00	2.02	9003	8672	3.35	宕昌县
74.80		2.22		6800	5784	2.83	康 县
339.00	2.00	6.00		19649	18149	11.72	西和县
155.00	4.45	3.00		13200	12446	6.30	礼 县
160.12		6.00		14800	14800	5.74	徽 县
44.52	0.70	1.80		3095	2984	1.17	两当县
87.91	10.16	1.37	1.37	9660	6200	4.09	临夏县
123.00				14033	12351	6.93	康乐县
457.00	8.00	10.00		33852	32651	8.44	永靖县
236.40	4.50	9.40	0.56	15256	14534	5.04	广河县
205.00	0.42	65.00		11500	11486	6.53	和政县
74.90	5.90	4.00		4652	4652	16.08	东乡族自治县
248.00	22.00	20.00		11061	8061	5.70	积石山县
106.12	5.95	1.62	1.24	8300	7980	3.49	临潭县
54.15		0.88	0.88	7735	7735	2.41	卓尼县
157.67		17.47		13062	9965	4.06	舟曲县
44.00	22.00	13.00	10.00	4516	4041	1.95	迭部县
36.50	7.00	2.87	1.00	4730	4730	1.90	玛曲县
39.50	1.50	1.50	0.20	2945	2460	1.46	碌曲县
115.00	15.50	0.14		9000	8800	2.59	夏河县

3-5 续表36

县名称 Name of Counties	综合生产能力 (万立方米/日) Integrated Production Capacity (10000 cu. m/day)	地下水 Underground Water	水厂个数 (个) Number of Water Plants (unit)	地下水 Underground Water	供水管道长度(公里) Length of Water Supply Pipelines (km)	供水总量(万立方米)			
						合计 Total	售水量		
							小计 Subtotal	生产运营用水 The Quantity of Water for Production and Operation	公共服务用水 The Quantity of Water for Public Service
青海	**37.8**	**8.2**	**42**	**8**	**2154.97**	**5987.31**	**5067.82**	**634.23**	**976.77**
大通县	6.0		1	1	142.00	439.74	394.25		90.00
湟源县	2.0		1		125.55	328.92	270.96	70.29	77.64
民和县	1.5		2		220.00	426.63	360.78	30.20	100.39
互助县	5.0		2	1	97.42	517.00	419.00	2.50	48.00
化隆县	3.8		2		158.40	347.90	236.90	26.30	18.00
循化县	0.7		1		80.70	165.18	136.98	18.03	41.20
门源县	1.0		2		117.07	299.23	262.73	30.00	50.00
祁连县	0.6	0.3	1		75.00	140.75	114.03	13.50	30.24
海晏县	0.7	0.7	1	1	43.90	105.00	104.00	5.00	9.00
刚察县	0.8		1		36.53	166.97	134.19	17.50	47.84
西海镇	2.0	2.0	1	1	51.00	81.74	74.44	32.00	6.65
尖扎县	0.5		2		46.00	126.50	114.00	24.00	24.00
泽库县	0.2		1		22.00	76.20	70.00	20.00	19.00
河南县	0.4		1		26.70	119.88	105.20	24.20	28.00
共和县	2.0	2.0	1	1	94.56	535.37	485.37	58.49	87.69
同德县	0.5		1		18.40	95.16	90.16	11.00	20.20
贵德县	0.9	0.7	1		96.85	261.57	238.06	4.32	38.28
兴海县	1.5		1		37.79	124.26	120.73	5.98	35.88
贵南县	0.5		1		19.63	88.24	81.89	5.11	38.32
班玛县	0.2		1		19.00	38.00	32.00	2.50	2.50
久治县	0.3		2		28.00	45.00	35.00	8.00	9.00
甘德县	0.2		2		55.09	72.95	70.21	9.21	15.80
玛沁县	1.0	1.0	1		97.66	267.57	253.57	123.57	17.00
达日县	0.3		1		38.30	36.27	26.98	5.55	6.10
玛多县	0.2		1	1	21.00	54.20	54.00	10.00	10.00
杂多县	0.3		1		9.37	129.25	114.25	8.30	5.00
称多县	0.5		1		34.84	73.15	66.00	0.70	0.80
治多县	0.4		1		10.00	109.50	101.50	4.20	14.00
囊谦县	1.2		1		30.22	88.63	78.63	2.63	4.00
曲麻莱县	0.5		1		75.00	66.60	64.40	1.50	5.00
乌兰县	0.3		2		19.60	112.01	94.91	10.93	13.29
都兰县	0.6		1		75.00	92.22	79.93	18.61	10.20
天峻县	0.8	0.8	1	1	100.96	237.09	69.25		11.66
大柴旦行委	0.7	0.7	1	1	31.43	118.63	113.52	30.11	42.09
宁夏	**48.3**	**25.8**	**23**	**11**	**1905.92**	**8140.15**	**7150.27**	**1739.11**	**1403.23**
永宁县	6.0	6.0	1	1	147.00	1017.38	894.33	561.69	93.12
贺兰县	7.0		2		190.00	2184.09	1984.71	293.50	664.41

continued 36

The Quantity of Water for Household Use	The Quantity of Water for Other Purposes	The Quantity of Free Water Supply	Domestic Water Use	Number of Households with Access to Water Supply (unit)	Households	Population with Access to Water Supply (10000 persons)	Name of Counties
2957.04	**499.78**	**360.74**	**11.55**	**362046**	**311808**	**118.42**	青　海
295.00	9.25	2.00	2.00	31985	31652	21.05	大通县
119.60	3.43	13.16		27663	14194	7.00	湟源县
230.19		54.00		49180	39078	8.10	民和县
246.00	122.50	45.00	2.80	47308	39854	8.98	互助县
172.60	20.00	69.00		17301	17022	6.93	化隆县
76.05	1.70	20.00	5.00	12296	11164	5.12	循化县
182.73				13605	13129	5.59	门源县
69.46	0.83			11078	10548	2.21	祁连县
82.00	8.00			5725	5149	2.60	海晏县
68.85				4431	4144	1.82	刚察县
29.93	5.86	0.89	0.16	6720	6320	2.31	西海镇
53.00	13.00	9.00		6775	6762	2.05	尖扎县
31.00		1.00		2635	2568	1.62	泽库县
53.00		0.45		3732	3389	1.72	河南县
176.77	162.42			15978	13921	7.13	共和县
41.46	17.50			4300	3566	1.56	同德县
145.80	49.66	1.28		19563	19563	4.90	贵德县
72.25	6.62			7306	5804	3.17	兴海县
31.54	6.92			8400	6988	1.96	贵南县
27.00				2560	2560	1.01	班玛县
18.00				2232	2232	0.53	久治县
45.20		0.32		2044	1864	0.79	甘德县
97.00	16.00			5096	5006	3.80	玛沁县
15.33				1372	1152	0.92	达日县
34.00				1300	1270	0.56	玛多县
94.95	6.00			4435	4360	2.61	杂多县
64.00	0.50	0.30	0.24	2140	1935	1.24	称多县
83.30				3033	2988	1.86	治多县
72.00				5300	4200	2.95	囊谦县
57.90				14793	14496	1.61	曲麻莱县
60.92	9.77	2.82	1.35	8614	4351	1.43	乌兰县
51.12				5512	4875	1.75	都兰县
28.99	28.60	141.52		4510	2633	0.85	天峻县
30.10	11.22			3124	3071	0.69	大柴旦行委
3739.00	**268.93**	**159.19**	**15.90**	**533071**	**457002**	**124.51**	宁　夏
239.25	0.27	50.00		39394	29286	5.21	永宁县
959.94	66.86			115521	99394	19.00	贺兰县

3-5 续表37

县名称 Name of Counties	综合生产能力(万立方米/日) Integrated Production Capacity (10000 cu. m/day)	地下水 Underground Water	水厂个数(个) Number of Water Plants (unit)	地下水 Underground Water	供水管道长度(公里) Length of Water Supply Pipelines (km)	供水总量(万立方米)			
						合计 Total	售水量		
							小计 Subtotal	生产运营用水 The Quantity of Water for Production and Operation	公共服务用水 The Quantity of Water for Public Service
平罗县	2.8	2.8	2	2	287.00	920.90	797.70	256.00	103.00
盐池县	3.5	1.5	1		271.00	665.91	593.92	138.68	57.92
同心县	3.6	3.6	2	2	254.00	570.61	510.25	190.44	2.70
红寺堡区	6.3	6.3	2	1	142.48	286.67	266.77	16.24	101.00
西吉县	4.5		1		76.90	451.42	397.55	49.88	59.30
隆德县	2.1		3		71.18	314.10	219.10	5.00	90.00
泾源县	2.0		3		46.00	161.00	132.00	15.00	13.00
彭阳县	1.5	1.5	1	1	82.00	296.95	264.20	9.40	59.10
中宁县	4.0	4.0	2		107.00	764.01	675.00	202.11	91.00
海原县	5.0		3	2	231.36	507.11	414.74	1.17	68.68
新 疆	174.7	82.3	97	62	8429.67	34727.03	30568.47	3985.86	4420.79
鄯善县	12.0	1.5	2	1	341.92	1996.00	1868.00	986.00	103.00
托克逊县	3.0	1.1	2	1	182.60	593.81	527.22	73.67	141.10
巴里坤哈萨克自治县	0.8	0.8	2	2	61.62	184.38	168.00	19.75	27.88
伊吾县	0.4	0.4	2	2	43.92	114.40	94.91		26.41
呼图壁县	4.4	2.2	2	1	140.24	626.00	579.00	80.00	60.00
玛纳斯县	4.5	4.5	2	2	112.47	403.23	377.23	6.75	80.48
奇台县	4.8	4.8	3	2	144.32	588.46	527.50	62.10	58.00
吉木萨尔县	5.2	1.3	2		154.00	510.00	430.00	19.00	10.00
木垒哈萨克自治县	1.1		1		132.04	246.90	207.65	60.25	65.20
精河县	8.7	2.2	2	1	113.00	805.00	734.20	61.57	91.50
温泉县	0.5	0.5	1	1	65.30	106.00	89.50	8.95	7.16
轮台县	0.9	0.9	1	1	124.84	335.00	308.00	30.00	15.00
尉犁县					33.00	204.00	182.30	20.30	14.00
若羌县	2.4		1		139.00	105.95	89.95	42.21	
且末县	1.3	1.3	1	1	58.40	200.00	177.00	10.00	26.00
焉耆回族自治县	3.3	3.3	1	1	65.00	535.00	507.00	160.00	152.00
和静县	3.5	3.5	1	1	109.60	1592.00	1480.00	26.00	132.00
和硕县	4.0		1		79.06	279.99	230.31	14.23	44.39
博湖县	0.4	0.4	1	1	32.90	115.00	105.50		12.50
温宿县	1.7	1.7	1	1	74.69	623.11	571.66	99.62	124.72
沙雅县	5.5	5.5	2	2	339.00	1154.00	1056.00	6.00	404.75
新和县	1.5	1.5	1	1	102.00	459.00	412.00	2.00	30.00
拜城县	1.9	1.9	1	1	75.00	382.56	326.56	10.56	43.21
乌什县	1.0	1.0	1	1	65.50	360.00	325.00	80.00	70.00
阿瓦提县					55.00	390.00	350.00	30.00	38.00
柯坪县	1.4	1.4	1	1	41.00	129.58	124.92	33.46	49.50
阿克陶县	2.0		1		78.22	445.28	405.60	45.30	67.30

continued 37

Total Quantity of Water Supply (10000 cu. m)				用水户数 (户) Number of Households with Access to Water Supply (unit)	居民家庭 Households	用 水 人 口 (万人) Population with Access to Water Supply (10000 persons)	县名称 Name of Counties
Water Sold		免 费 供水量 The Quantity of Free Water Supply	生活用水 Domestic Water Use				
居民家庭 用 水 The Quantity of Water for Household Use	其他用水 The Quantity of Water for Other Purposes						
429.60	9.10	15.00	13.00	87752	80432	14.96	平罗县
342.09	55.23			41589	34648	8.92	盐池县
304.11	13.00	2.70		33625	27454	14.49	同心县
97.53	52.00	2.90	2.90	18476	14269	4.52	红寺堡区
287.06	1.31	3.59		31156	27031	10.10	西吉县
120.00	4.10	63.00		22106	18606	3.70	隆德县
80.00	24.00	22.00		10400	8700	3.30	泾源县
165.90	29.80			22718	18026	5.98	彭阳县
379.00	2.89			70754	62387	20.56	中宁县
334.52	10.37			39580	36769	13.77	海原县
17960.18	4201.64	1059.58	97.65	1486606	1344472	385.75	新　疆
259.00	520.00			37000	33000	8.31	鄯善县
271.10	41.35	8.00	8.00	28744	25585	7.30	托克逊县
59.20	61.17	1.00	1.00	11291	9968	2.20	巴里坤哈萨克自治县
45.00	23.50	8.59		3655	3446	0.64	伊吾县
439.00				44654	40000	5.00	呼图壁县
290.00				32040	28830	6.40	玛纳斯县
282.40	125.00	2.60	2.60	49750	49750	9.86	奇台县
401.00				35245	28196	5.60	吉木萨尔县
82.20		0.10	0.10	14153	12944	1.71	木垒哈萨克自治县
228.78	352.35			35255	32797	4.50	精河县
68.02	5.37			4450	3982	1.27	温泉县
263.00		3.00	3.00	14950	14850	6.85	轮台县
148.00		2.00		11390	11163	3.10	尉犁县
47.74				14155	13228	3.01	若羌县
134.00	7.00			15012	14242	2.82	且末县
195.00				36535	36535	5.03	焉耆回族自治县
154.00	1168.00			30000	28200	6.52	和静县
149.11	22.58			9600	5420	3.23	和硕县
93.00				11812	11665	1.74	博湖县
237.00	110.32	0.04	0.04	30300	30000	9.00	温宿县
354.95	290.30			45809	45809	10.07	沙雅县
368.00	12.00			26104	25900	9.50	新和县
272.79		10.00		35078	34195	8.60	拜城县
165.00	10.00			17918	17918	5.19	乌什县
282.00		10.00	10.00	12370	12170	9.85	阿瓦提县
37.37	4.59	4.40		6700	6500	1.05	柯坪县
291.00	2.00	1.18	0.12	9649	9522	6.12	阿克陶县

3-5 续表38

县名称 Name of Counties	综合生产能力 (万立方米/日) Integrated Production Capacity (10000 cu. m/day)	地下水 Under-ground Water	水厂个数 (个) Number of Water Plants (unit)	地下水 Under-ground Water	供水管道长度 (公里) Length of Water Supply Pipelines (km)	供水总量(万立方米)			
						合计 Total	小计 Subtotal	生产运营用水 The Quantity of Water for Production and Operation	公共服务用水 The Quantity of Water for Public Service
阿合奇县	0.8	0.8	2	2	43.00	164.00	153.30	35.00	20.00
乌恰县	2.0		1		144.29	210.00	187.00	27.10	96.20
疏附县	3.7	1.7	2	2	130.26	787.64	713.20	38.00	89.00
疏勒县	3.0	3.0	2	2	141.00	759.00	692.00	135.00	27.00
英吉沙县	3.2	3.2	1	1	161.08	702.14	624.16	27.39	28.25
泽普县	2.2	2.2	1	1	179.60	735.00	676.20		135.24
莎车县	6.0	6.0	2		236.00	1962.75	1653.98	123.65	194.00
叶城县	4.5		3	2	285.00	909.60	828.60	42.00	43.00
麦盖提县	2.3	2.3	1	1	111.22	755.00	676.00	54.00	46.00
岳普湖县	3.0	3.0	2	2	122.40	453.00	412.07	15.67	60.41
伽师县	2.0	2.0	1	1	102.05	652.10	587.57	18.56	36.74
巴楚县	3.0		2		322.60	674.42	664.94	81.82	122.12
塔什库尔干塔吉克自治县	2.3		1		110.40	303.70	286.09	0.01	
和田县									
墨玉县	4.0	4.0	1	1	164.85	1381.21	1291.84	304.00	208.00
皮山县	3.5	3.5	1	1	116.44	420.00	386.40	7.15	51.15
洛浦县	1.6	1.6	2	2	126.71	633.45	580.19	9.13	164.72
策勒县	1.0	0.3	2	1	110.05	325.00	304.00	3.20	5.80
于田县	5.6		2	1	202.00	385.63	286.04	85.66	29.40
民丰县	0.4	0.4	2	1	36.52	163.36	136.09	2.98	38.09
伊宁县	5.1		1		202.70	820.33	700.96	99.36	65.30
察布查尔县	2.3	2.3	1	1	84.00	416.70	415.70	19.60	27.00
霍城县	2.0		1		77.25	453.00	374.20	26.40	12.70
巩留县	6.1		5	4	491.00	1031.40	857.25	68.76	123.77
新源县	5.5		1		151.83	1814.10	923.11	220.70	315.61
昭苏县	2.0		2		183.25	264.22	221.30	83.00	51.00
特克斯县	2.0		1		308.00	600.00	566.80	87.00	84.00
尼勒克县	2.0	2.0	2	2	148.00	472.00	429.26	37.76	28.32
额敏县	1.0	0.4	2	1	215.00	284.00	237.00	17.30	47.19
托里县	1.5	0.2	4	3	140.58	375.84	340.44	39.20	58.60
裕民县	1.6		1		62.20	375.00	323.00	98.00	45.00
和布克赛尔蒙古自治县	0.9	0.9	1	1	31.90	107.00	87.00	20.00	4.60
布尔津县	1.8	0.9	2	1	115.44	243.28	220.63	10.12	38.49
富蕴县	2.5		1		32.00	273.00	271.00	32.00	83.00
福海县	2.5		2		127.74	440.00	422.00	72.00	34.00
哈巴河县	1.5		1		87.77	460.96	398.56	18.52	102.70
青河县	1.8		2		40.00	220.00	204.33	22.20	6.41
吉木乃县	2.4		1		121.90	214.55	181.25	15.90	3.88

continued 38

The Quantity of Water for Household Use	The Quantity of Water for Other Purposes	The Quantity of Free Water Supply	Domestic Water Use	Number of Households with Access to Water Supply (unit)	Households	Population with Access to Water Supply (10000 persons)	Name of Counties
31.00	67.30			8600	8246	1.52	阿合奇县
63.70				15000	12900	2.83	乌恰县
481.30	104.90	9.60		15654	15421	6.26	疏附县
528.00	2.00	2.00		21980	21180	9.98	疏勒县
439.94	128.58			30596	29962	7.20	英吉沙县
493.63	47.33			26000	2500	6.35	泽普县
1326.00	10.33			62745	58859	36.91	莎车县
734.60	9.00			38700	32660	17.27	叶城县
483.00	93.00			27301	19110	8.43	麦盖提县
281.37	54.62	2.19	2.19	14274	13352	4.94	岳普湖县
532.27		0.36		39263	28650	10.02	伽师县
461.00				83815	79193	15.10	巴楚县
277.38	8.70	0.11		8252	7513	2.31	塔什库尔干塔吉克自治县
							和田县
640.84	139.00			34885	32850	10.84	墨玉县
210.00	118.10			16239	15239	4.21	皮山县
308.04	98.30			15660	15165	4.59	洛浦县
288.60	6.40			11266	11103	3.46	策勒县
151.08	19.90	19.00	19.00	33262	32972	6.62	于田县
82.99	12.03	18.90		11046	9812	2.28	民丰县
458.30	78.00	40.73		21000	20722	6.10	伊宁县
366.00	3.10			25353	25353	5.79	察布查尔县
298.80	36.30	61.60		22987	21137	6.27	霍城县
455.69	209.03	77.51	34.38	26508	22484	6.25	巩留县
368.61	18.19	711.76		41243	41243	9.53	新源县
81.00	6.30	12.00	5.00	12393	12024	5.64	昭苏县
380.80	15.00			22615	22380	5.77	特克斯县
358.46	4.72	4.70	4.00	1318	1210	5.26	尼勒克县
165.85	6.66			33479	28946	5.22	额敏县
193.24	49.40			20021	17667	3.08	托里县
160.00	20.00	16.00		13600	8050	3.00	裕民县
62.40				11749	10302	1.80	和布克赛尔蒙古自治县
154.19	17.83			18730	15882	2.99	布尔津县
156.00				21280	17210	3.86	富蕴县
302.00	14.00			15604	13463	2.72	福海县
267.80	9.54	19.94		16933	14733	3.44	哈巴河县
161.45	14.27			12417	10153	1.86	青河县
137.19	24.28	12.27	8.22	11219	9011	1.58	吉木乃县

3-6　2023年按县分列的县城供水(自建设施供水)

县名称 Name of Counties	综合生产能力 (万立方米/日) Integrated Production Capacity (10000 cu. m/day)	地下水 Underground Water	供水管道长度 (公里) Length of Water Supply Pipelines (km)	建成区 In Built District	供水总量(万立方米) 合计 Total	生产运营用水 The Quantity of Water for Production and Operation
全　国	824.1	439.5	10368.33	7370.39	91177.44	58447.28
河　北	27.4	26.3	465.61	414.61	4517.73	3975.53
灵寿县	0.1	0.1	118.00	118.00	4.78	0.35
深泽县	0.9	0.9	16.30	16.30	119.40	84.40
滦南县	1.8	1.8	72.00	72.00	601.00	601.00
乐亭县	0.4	0.4	12.00	12.00	120.50	105.00
迁西县	1.0	0.4	21.80	21.80	19.20	13.90
玉田县	2.5	2.5	150.00	130.00	137.07	96.25
昌黎县	1.4	1.4	10.00	10.00	511.00	409.00
涞水县	0.9	0.9	0.15	0.15	297.87	297.87
白沟新城	0.1	0.1	8.00	2.00	30.60	24.60
定兴县	5.0	5.0			671.00	671.00
张北县	0.2	0.2	11.20		68.36	68.36
沽源县	0.6	0.6	6.50		226.30	221.10
承德县	1.4	1.4	6.00		492.94	457.94
隆化县	2.0	2.0	4.50	3.20	170.40	148.00
丰宁满族自治县	2.0	2.0	2.61	2.61	167.50	118.00
宽城满族自治县			0.25	0.25	8.27	8.13
围场满族蒙古族自治县	0.9	0.9			254.45	214.59
武强县	2.0	1.5	2.30	2.30	20.00	15.00
故城县	0.8	0.8	24.00	24.00	250.00	173.00
容城县					2.60	2.60
雄　县	3.5	3.5			344.49	245.44
山　西	52.4	40.1	1580.20	1026.83	5759.08	3109.48
阳高县					4.10	
天镇县	2.2	2.2	84.80	84.80	34.90	6.00
广灵县	1.0	1.0	324.80	10.00	260.00	
浑源县	0.8	0.8	10.10	10.10	191.10	97.00
左云县	0.4	0.2	97.00	67.00	33.00	16.00
平定县	1.3	1.3			1.95	
黎城县	0.9	0.8	3.50	3.50	200.00	120.00
长子县	0.9	0.9	26.00	26.00	139.00	126.00
武乡县	0.3	0.3			50.00	38.00
沁　县	0.4	0.4	3.00		66.60	34.20
沁源县			3.00	3.00	6.55	5.00
应　县	1.0	1.0	220.00	210.00		
右玉县	0.5	0.5	1.77	1.71	84.62	64.61
榆社县	0.4	0.4	73.00	73.00	160.12	159.70

County Seat Water Supply by County (Suppliers with Self-Built Facilities) (2023)

Total Quantity of Water Supply (10000 cu. m)			用水户数（户） Number of Households with Access to Water Supply (unit)	居民家庭 Households	用水人口（万人）Population with Access to Water Supply (10000 persons)	县名称 Name of Counties
公共服务用水 The Quantity of Water for Public Service	居民家庭用水 The Quantity of Water for Household Use	其他用水 The Quantity of Water for Other Purposes				
10617.82	16330.18	5782.16	1199113	901971	203.97	全　国
261.69	215.48	65.03	19460	15237	3.61	河　北
4.43			3			灵寿县
35.00			913			深泽县
			14			滦南县
15.50			25			乐亭县
	5.30		1855	1465	0.59	迁西县
5.70	35.10	0.02	8360	7530	1.30	玉田县
42.00	60.00		1932	1417	0.44	昌黎县
			7			涞水县
	6.00		130	105	0.04	白沟新城
						定兴县
			16			张北县
5.20			15			沽源县
35.00			10			承德县
10.00	10.00	2.40	495	395	0.10	隆化县
29.00		20.50	20			丰宁满族自治县
		0.14				宽城满族自治县
39.86			23			围场满族蒙古族自治县
	5.00		125	125	0.05	武强县
10.00	62.00	5.00	1230	1200	0.51	故城县
			1			容城县
30.00	32.08	36.97	4286	3000	0.58	雄　县
780.48	1585.52	283.60	192084	175981	31.22	山　西
4.10			1211			阳高县
4.00	21.28	3.62	37000	35500	0.78	天镇县
58.69	192.71	8.60	31007	31007	3.00	广灵县
10.00	82.10	2.00	2904	2532	0.49	浑源县
5.00	11.00	1.00	3100	3080	0.60	左云县
0.20	1.75		113	82	0.06	平定县
40.00	20.00	20.00	1200	1100	0.56	黎城县
3.00	3.00	7.00	925	885	0.09	长子县
2.00	10.00		1805	80	0.20	武乡县
16.10	14.20	2.10	3561	2801	1.77	沁　县
1.50	0.05		180	180	0.07	沁源县
						应　县
0.16	9.78	10.07	3490	3396	0.60	右玉县
0.40	0.02		66	66	0.01	榆社县

3-6 续表1

县名称 Name of Counties	综合生产能力 （万立方米/日） Integrated Production Capacity (10000 cu.m/day)	地下水 Underground Water	供水管道长度（公里） Length of Water Supply Pipelines (km)	建成区 In Built District	供水总量(万立方米) 合计 Total	生产运营用水 The Quantity of Water for Production and Operation
寿阳县	1.2	1.2	55.00	55.00	57.61	
祁县	0.2	0.2	8.00	8.00	55.00	40.00
临猗县	2.8	2.8	8.80	8.80	796.00	784.00
万荣县	2.0	2.0	30.00	30.00	202.97	158.31
闻喜县	2.1	1.8	30.00	30.00	568.00	197.00
稷山县	1.5	1.5			200.00	1.76
绛县	1.5	1.5	5.00	5.00	412.71	373.43
垣曲县	10.0					
夏县					0.51	
定襄县	1.3	1.2	15.00		352.80	243.00
五台县	0.4		13.40	13.40	142.35	101.52
代县	0.1	0.1			18.00	
繁峙县	10.0	10.0	6.00		406.80	35.00
静乐县	1.0		4.50	2.00	50.00	20.00
神池县	0.5	0.5	55.54		80.00	57.00
五寨县	0.4	0.4	79.10	53.63	67.00	51.00
河曲县	0.2	0.2			54.50	12.00
曲沃县	0.1	0.1			0.12	0.12
翼城县	0.8	0.8	27.00		287.00	245.00
古县	0.3				38.90	29.00
浮山县	0.6	0.6	37.15	37.15	103.67	12.13
大宁县	0.2	0.2	2.30	2.30	48.22	24.40
蒲县	0.7	0.7	76.00	76.00	146.00	13.30
交城县	2.4	2.4	197.44	197.44		
临县	0.1	0.1	2.00	2.00	21.61	17.00
石楼县	0.7	0.7	17.00	17.00	133.00	18.00
岚县	1.0	1.0	55.00		282.00	10.00
交口县	0.4	0.4	9.00		2.37	
内蒙古	**23.0**	**22.7**	**532.56**	**245.76**	**4299.76**	**2644.62**
清水河县	0.1	0.1	8.50	7.80	51.00	
巴林左旗					14.00	
巴林右旗	0.3	0.3	2.40	2.40	4.60	4.60
林西县	0.6	0.6	6.00	6.00	66.00	66.00
翁牛特旗	4.5	4.5	12.00	10.90	402.50	374.75
喀喇沁旗	0.9	0.9	2.90	2.90	335.80	77.23
敖汉旗	1.5	1.5	6.80	6.80	522.30	355.60
科左中旗	1.0	1.0	2.00	2.00	91.05	65.00
科左后旗	1.3	1.3	265.00		289.27	3.60
开鲁县	2.2	2.2	20.00		530.96	456.06
奈曼旗	1.5	1.5	10.00	10.00	174.20	109.20
扎鲁特旗	1.5	1.5	10.00	10.00	405.00	300.00
达拉特旗	0.1	0.1	5.00	5.00	12.50	5.00
阿荣旗	1.4	1.4	175.06	175.06	283.81	45.74
莫旗	1.5	1.5			386.00	322.00
鄂伦春旗	1.0	1.0			20.00	

continued 1

The Quantity of Water for Public Service	The Quantity of Water for Household Use	The Quantity of Water for Other Purposes	Number of Households with Access to Water Supply (unit)	Households 居民家庭	Population with Access to Water Supply (10000 persons)	Name of Counties
20.00	37.61		4760	3300	1.73	寿阳县
10.00	5.00		3200	3200	2.63	祁　县
2.00	10.00		1220	1180	0.46	临猗县
4.06	36.54	4.06	3500	3500	1.08	万荣县
83.00	265.00	23.00	12220	12220	6.20	闻喜县
0.60	101.50	96.14	13811	10484	3.80	稷山县
	39.28		1129	1088	0.49	绛　县
						垣曲县
0.51			2			夏　县
90.00	9.80	10.00	3705	3295	0.38	定襄县
29.76	5.24	5.83	1012	156	0.12	五台县
	18.00		1354	848	0.14	代　县
203.50	168.30		2406	2343	0.83	繁峙县
15.00	5.00	10.00	140	114	0.06	静乐县
14.00	9.00		2351	2345	0.10	神池县
16.00			10			五寨县
8.90	33.60		1492	1492	0.49	河曲县
						曲沃县
42.00			267			翼城县
	9.90		2160	2010	0.19	古　县
25.90	65.56	0.08	5360	3800	0.36	浮山县
12.40	9.32	2.10	962	767	0.16	大宁县
31.70	90.00	11.00	11742	10688	0.10	蒲　县
						交城县
	4.61		124	65	0.04	临　县
26.00	84.00	5.00	6323	6123	3.20	石楼县
	210.00	62.00	26000	26000	0.30	岚　县
	2.37		272	254	0.13	交口县
628.03	**674.87**	**352.24**	**22095**	**12082**	**3.46**	**内蒙古**
24.00	17.00	10.00	731	29	0.26	清水河县
14.00			6			巴林左旗
			3			巴林右旗
			63			林西县
10.75	15.00	2.00	5310	5051	1.18	翁牛特旗
164.54	23.51	70.52	1000	1000	0.35	喀喇沁旗
6.80	159.90		325	255	0.12	敖汉旗
	25.00	1.05	351	351	0.12	科左中旗
103.60	155.40	26.67	330	260	0.20	科左后旗
74.90			24			开鲁县
60.00		5.00	6606			奈曼旗
67.00	23.00	15.00	1070	950	0.28	扎鲁特旗
1.20	5.30	1.00	310	310	0.10	达拉特旗
15.21	222.86		4432	2487	0.39	阿荣旗
64.00			19			莫　旗
	20.00		400	350	0.17	鄂伦春旗

3-6 续表2

县名称 Name of Counties	综合生产能力 （万立方米/日） Integrated Production Capacity (10000 cu. m/day)	地下水 Underground Water	供水管道长度（公里） Length of Water Supply Pipelines (km)	建成区 In Built District	供水总量(万立方米) 合计 Total	生产运营用水 The Quantity of Water for Production and Operation
陈巴尔虎旗					1.40	
新右旗	0.1	0.1			1.85	
五原县	0.3				90.11	90.11
磴口县	0.6	0.6			135.83	113.80
杭锦后旗	1.2	1.2	2.90	2.90	179.00	179.00
凉城县	0.4	0.4	4.00	4.00	70.80	70.80
太仆寺旗	0.9	0.9			221.00	
扎赉特旗					10.78	6.13
辽　宁	10.7	7.7	454.00	422.00	1973.36	753.75
法库县	2.8	2.8	110.00	88.00	474.61	220.00
台安县	3.4	3.4			383.55	383.55
本溪满族自治县	0.5	0.3			2.31	2.31
宽甸满族自治县	3.0	0.2	280.00	270.00	880.00	6.50
建平县	1.0	1.0	63.50	63.50	226.50	136.50
喀喇沁左翼蒙古族自治县	0.1	0.1	0.50	0.50	6.39	4.89
吉　林	4.5	4.4	113.42	113.42	394.01	184.30
农安县					0.94	0.90
永吉县					9.05	7.77
梨树县	0.1	0.1			37.83	14.30
伊通满族自治县			5.00	5.00	13.50	12.50
东丰县	0.1	0.1			6.65	3.57
东辽县					2.31	2.27
辉南县	0.3	0.3			10.18	10.18
柳河县	0.1				9.28	9.28
长岭县			39.56	39.56		
乾安县	1.5	1.5	68.86	68.86	132.72	16.37
镇赉县	0.3	0.3			66.92	57.02
通榆县	2.0	2.0			95.53	41.04
汪清县					9.10	9.10
黑龙江	8.3	8.3	189.94	149.24	565.77	454.90
方正县	0.1	0.1	15.60		18.70	11.70
宾　县	0.1	0.1	0.30	0.30	17.71	13.08
延寿县	0.3	0.3	125.70	108.70	0.30	
龙江县	0.2	0.2			8.39	3.58
依安县	3.0	3.0			62.55	62.55
泰来县	0.1	0.1	0.60	0.50	30.20	13.28
甘南县	0.2	0.2			9.53	9.53
富裕县	0.2	0.2	22.00	22.00	66.00	66.00
克山县	0.4	0.4	0.40	0.40	5.33	5.33
克东县	0.5	0.5	0.34	0.34	74.25	74.25
拜泉县					0.47	
集贤县	0.1	0.1	4.00		30.00	26.00
肇源县	0.7	0.7	3.60	1.20	44.25	38.76
桦南县	0.1		1.60		16.31	14.27

continued 2

The Quantity of Water for Public Service	The Quantity of Water for Household Use	The Quantity of Water for Other Purposes	Number of Households with Access to Water Supply (unit)	Households	Population with Access to Water Supply (10000 persons)	Name of Counties
		1.40	218	218	0.04	陈巴尔虎旗
		1.85	280	280	0.09	新右旗
						五原县
22.03			17			磴口县
			4			杭锦后旗
			6			凉城县
		221.00				太仆寺旗
		4.65	590	541	0.16	扎赉特旗
226.88	**410.00**	**582.73**	**57386**	**52356**	**2.48**	**辽 宁**
106.38	109.00	39.23	5000	5000	2.12	法库县
						台安县
			2			本溪满族自治县
39.00	301.00	533.50	52376	47356	0.36	宽甸满族自治县
80.00		10.00				建平县
1.50			8			喀喇沁左翼蒙古族自治县
55.74	**106.10**	**47.87**	**4883**	**4459**	**0.58**	**吉 林**
0.04			2			农安县
1.28						永吉县
23.53						梨树县
1.00			20			伊通满族自治县
		3.08				东丰县
		0.04	5			东辽县
						辉南县
						柳河县
						长岭县
8.05	106.10	2.20	4801	4459	0.58	乾安县
5.60		4.30	37			镇赉县
16.24		38.25				通榆县
			18			汪清县
70.68	**6.50**	**33.69**	**17448**	**12994**	**0.35**	**黑龙江**
		7.00	3166			方正县
4.63			14			宾 县
		0.30	12890	12230	0.12	延寿县
4.81						龙江县
						依安县
1.20		15.72	32			泰来县
			5			甘南县
			3			富裕县
			4			克山县
			11			克东县
		0.47				拜泉县
		4.00	306	264	0.08	集贤县
		5.49	9			肇源县
2.04			7			桦南县

3-6 续表3

县名称 Name of Counties	综合生产能力 （万立方米/日） Integrated Production Capacity (10000 cu. m/day)	地下水 Underground Water	供水管道长度（公里） Length of Water Supply Pipelines (km)	建成区 In Built District	供水总量(万立方米) 合计 Total	生产运营用水 The Quantity of Water for Production and Operation
桦川县	0.8	0.8	5.00	5.00	70.00	40.00
汤原县	0.4	0.4	0.40	0.40	47.00	47.00
勃利县			1.80	1.80	5.56	5.56
庆安县	0.1	0.1	2.50	2.50	14.00	14.00
明水县	1.0	1.0	6.10	6.10	45.20	10.00
绥棱县					0.02	0.01
江　苏	26.0	10.6	395.05	344.02	5073.51	3302.19
丰　县	3.0	1.0	53.25	34.70	209.17	205.17
沛　县	7.6	0.1	223.00	223.00	1854.43	330.00
睢宁县	3.0	3.0	26.00		235.88	235.88
涟水县	0.2	0.1	1.00	1.00	37.40	37.40
盱眙县			1.00		0.29	0.25
金湖县	0.2				69.58	69.58
射阳县	2.0	1.9	1.48		96.93	79.20
宝应县	0.9	0.1	10.05	10.05	261.03	261.03
沭阳县	3.7	0.3	70.00	70.00	865.00	803.00
泗阳县	1.3	0.2	5.27	5.27	387.02	354.90
泗洪县	4.0	4.0	4.00		1056.78	925.78
浙　江	18.2	0.1	102.02	7.00	905.07	472.07
桐庐县	0.2				59.54	59.54
安吉县	0.5				154.30	154.30
武义县	1.0	0.1	7.02	7.00	258.23	258.23
浦江县	16.5		95.00		433.00	
安　徽	45.7	37.9	759.60	508.90	9272.87	6787.67
长丰县	0.1	0.1			6.00	
怀远县	3.0	2.0	70.00	70.00	520.00	90.00
五河县	1.6	1.6	3.00	3.00	217.90	130.00
固镇县	2.1	2.1	1.58	1.58	88.76	43.91
凤台县	2.1	1.4	6.30		727.72	700.00
寿　县	0.8	0.1	119.00	119.00	154.00	118.00
濉溪县	3.0	3.0	17.00		860.00	830.00
怀宁县	0.3		151.20	151.20	60.00	60.00
歙　县	0.2	0.2	0.50		46.00	46.00
来安县	5.1	1.0	54.32	54.32	1804.88	1347.52
临泉县	3.5	3.5	16.00	16.00	700.00	500.00
太和县	5.3	5.3	21.00	21.00	184.82	100.40
阜南县	1.3	1.3	9.00	9.00	467.00	298.00
颍上县	4.3	4.3	9.60	9.60	1006.93	776.26
砀山县	1.7	1.7	23.50	23.50	596.63	468.98
萧　县	0.4	0.4	5.00	5.00	125.33	70.77
灵璧县	1.0	1.0	17.00	17.00	85.00	67.00
泗　县	2.0	2.0	8.70	8.70	380.60	300.53

continued 3

The Quantity of Water for Public Service	The Quantity of Water for Household Use	The Quantity of Water for Other Purposes	Number of Households with Access to Water Supply(unit)	Households 居民家庭	Population with Access to Water Supply (10000 persons)	Name of Counties
30.00			19			桦川县
			2			汤原县
			23			勃利县
			5			庆安县
28.00	2.20	5.00	950	500	0.15	明水县
		0.01	2			绥棱县
414.94	**1174.06**	**182.32**	**7483**	**5942**	**0.89**	江 苏
4.00			43			丰 县
331.00	1174.05	19.38	5940	5940	0.88	沛 县
			10			睢宁县
			7			涟水县
0.03	0.01		20	2	0.01	盱眙县
						金湖县
7.91		9.82	1348			射阳县
			43			宝应县
62.00			31			沭阳县
		32.12	27			泗阳县
10.00		121.00	14			泗洪县
433.00			**110**			浙 江
						桐庐县
			11			安吉县
			12			武义县
433.00			87			浦江县
573.82	**1221.35**	**690.03**	**75286**	**66803**	**22.99**	安 徽
	6.00		80	80	0.05	长丰县
30.00	380.00	20.00	15000	14000	7.21	怀远县
60.00	17.90	10.00	705	695	0.07	五河县
24.00	13.00	7.85	3762	3446	1.05	固镇县
4.92	10.60	12.20	1833	1340	0.40	凤台县
14.00	9.00	13.00	249	224	0.05	寿 县
	30.00		300	300	0.11	濉溪县
						怀宁县
			3			歙 县
		457.36	16			来安县
100.00	100.00		9000	8500	3.49	临泉县
61.27	23.15		243	86	0.20	太和县
74.00	67.00	28.00	2890	2810	0.85	阜南县
61.75	118.26	50.66	13430	13015	2.00	颍上县
12.71	68.98	45.96	3300	3300	1.01	砀山县
18.10	36.46		4700	4700	1.41	萧 县
17.00	1.00		9060	5600	2.20	灵璧县
80.07						泗 县

3-6 续表4

县名称 Name of Counties	综合生产能力 （万立方米/日） Integrated Production Capacity (10000 cu. m/day)	地下水 Underground Water	供水管道长度 （公里） Length of Water Supply Pipelines (km)	建成区 In Built District	供水总量（万立方米） 合计 Total	生产运营用水 The Quantity of Water for Production and Operation
霍邱县	2.0	2.0			382.00	37.00
舒城县	0.1				1.00	1.00
霍山县	1.0		7.20		142.30	142.30
涡阳县	0.9	0.9	9.70		60.00	60.00
蒙城县	3.0	3.0	14.00		616.00	560.00
利辛县	1.0	1.0	196.00		40.00	40.00
福　建	**8.9**	**0.3**	**48.59**	**8.84**	**635.86**	**494.96**
仙游县	0.5	0.3	5.79	5.79	56.24	11.00
尤溪县	3.0		2.30		144.00	140.00
泰宁县	1.0		35.50	3.05	148.00	87.70
建宁县	1.0		5.00		287.62	256.26
光泽县	3.5					
江　西	**25.5**	**12.2**	**435.18**	**25.56**	**113.82**	**68.13**
修水县	0.2		1.40	1.30	39.30	31.00
吉安县	0.2	0.2	0.20	0.20		
遂川县	5.0					
奉新县	1.1		24.06	24.06	40.60	20.10
上高县	12.0	12.0	8.20		33.92	17.03
宜丰县	7.0		401.32			
山　东	**111.4**	**83.2**	**984.50**	**726.73**	**20498.01**	**16008.47**
平阴县	1.6	1.6			173.59	173.59
桓台县	0.1	0.1			17.54	17.54
高青县	0.5	0.5			167.01	147.11
沂源县	2.3	1.6	41.00		81.74	81.21
广饶县	0.2	0.2			69.00	69.00
临朐县	11.0	5.0	90.55	76.48	3276.00	3126.00
昌乐县	7.0	0.6	13.60		2549.73	2503.53
微山县	0.5	0.5	9.50	9.50	145.12	95.28
鱼台县	4.0	2.0			316.00	202.00
金乡县	1.0	1.0	2.90	2.90	169.81	169.81
嘉祥县	0.8	0.8	3.50	3.50	281.09	245.83
汶上县	0.5	0.5	3.10	3.10	131.18	35.45
泗水县	0.8	0.3	72.00	72.00	258.55	242.33
梁山县	2.8	2.8	78.00	78.00	323.00	250.00
宁阳县	3.7	1.0	49.00	49.00	1227.71	980.00
东平县	3.0	2.0	19.80	19.80	219.10	194.40
沂南县	1.7	1.7	3.00		245.00	170.60
郯城县	1.8	1.8	4.90	4.90	667.95	616.33
沂水县	7.7	6.7	65.00	5.00	1466.77	1163.90
兰陵县	0.2	0.2	46.70		87.20	21.84
费　县	0.1	0.1	45.00	4.50	37.37	0.49
平邑县	2.7	2.7	23.00	23.00	990.50	758.00
莒南县	1.4		8.28	8.28	153.83	153.83
蒙阴县	3.0	3.0	9.34	9.34	817.81	562.00

continued 4

The Quantity of Water for Public Service	The Quantity of Water for Household Use	The Quantity of Water for Other Purposes	Number of Households with Access to Water Supply(unit)	Households 居民家庭	Population with Access to Water Supply (10000 persons)	Name of Counties
2.00	298.00	45.00	8512	8459	2.72	霍邱县
			2			舒城县
			6			霍山县
			75			涡阳县
14.00	42.00		300	248	0.17	蒙城县
			1820			利辛县
40.96	**94.95**	**4.99**	**2838**	**1926**	**0.68**	**福 建**
17.60	24.65	2.99	1982	1751	0.56	仙游县
	4.00		400	20	0.05	尤溪县
22.80	35.50	2.00	258	15	0.01	泰宁县
0.56	30.80		198	140	0.06	建宁县
						光泽县
17.30	**28.30**	**0.09**	**36065**	**32457**	**0.83**	**江 西**
4.80	3.50		88	88	0.03	修水县
						吉安县
						遂川县
8.20	12.30		907	870	0.20	奉新县
4.30	12.50	0.09	789	789	0.40	上高县
			34281	30710	0.20	宜丰县
1005.84	**2417.96**	**1065.74**	**107210**	**86932**	**36.35**	**山 东**
			10			平阴县
			6			桓台县
19.90			205			高青县
0.53			139			沂源县
			36			广饶县
140.00	10.00		955	648	0.27	临朐县
5.20	41.00		1272	247	0.21	昌乐县
21.63	12.79	15.42	711	602	0.28	微山县
105.00		9.00	134			鱼台县
			27			金乡县
		35.26	12			嘉祥县
2.80		92.93	26			汶上县
16.22			142			泗水县
38.00	35.00		1036	963	0.40	梁山县
70.00	7.71	170.00	45	20	0.30	宁阳县
18.90	5.80		273	260	0.51	东平县
49.00	2.90	22.50	1725	1283	0.56	沂南县
5.50	45.28	0.84	4126	4066	1.31	郯城县
25.20	252.60	25.07	1723	1575	0.63	沂水县
64.16	1.20		7856	6281	2.00	兰陵县
18.56	18.32		6290	6290	2.23	费县
25.00	207.50		8500	7000	4.06	平邑县
			15			莒南县
6.00	247.66	2.15	4120	3960	1.40	蒙阴县

3-6 续表5

县名称 Name of Counties	综合生产能力 （万立方米/日） Integrated Production Capacity (10000 cu.m/day)	地下水 Underground Water	供水管道长度（公里） Length of Water Supply Pipelines (km)	建成区 In Built District	供水总量(万立方米) 合计 Total	生产运营用水 The Quantity of Water for Production and Operation
临沭县	1.9	1.9	4.00	1.00	403.00	296.00
宁津县	4.0	4.0			35.51	19.78
庆云县					13.61	8.70
齐河县	1.5	1.5	47.00	47.00	77.00	55.00
平原县			1.60	1.60	3.18	3.18
武城县	3.0	2.4			405.38	318.92
阳谷县	0.1	0.1	45.00	45.00	13.00	7.60
莘　县	1.0	1.0	27.85		63.00	63.00
冠　县	0.6	0.6	63.00	63.00	220.53	209.34
高唐县	6.5	6.5	69.00	62.00	158.10	158.10
曹　县	1.5	1.5	74.00	74.00	469.94	328.96
单　县	6.0		9.00	9.00	1821.00	475.00
成武县	0.2	0.2	1.50	1.50	77.02	49.07
巨野县	0.9	0.9	11.00	11.00	131.30	83.93
郓城县	3.4	3.4	13.38	12.33	342.24	242.82
鄄城县	20.0	20.0			1670.00	1099.00
东明县	2.5	2.5	30.00	30.00	721.60	610.00
河　南	**106.8**	**87.3**	**1182.66**	**901.00**	**19544.98**	**10067.98**
中牟县	10.5	3.0	18.30	16.90	284.93	112.10
杞　县	0.6	0.6	32.10		219.00	2.00
通许县	1.2	1.2	9.20	9.20	367.64	213.00
尉氏县	0.9	0.9	34.73	34.73	250.63	95.36
兰考县	0.9	0.9	131.00	131.00	276.00	137.00
新安县	2.2	2.2	33.00	33.00	373.40	180.20
嵩　县	0.5	0.5	2.00	2.00	182.50	171.50
汝阳县	0.5	0.5	23.58	23.58	100.00	65.00
宜阳县	1.0	1.0	2.20	2.20	251.00	182.00
洛宁县	3.0	3.0	1.60	1.60	247.05	168.85
伊川县			3.50	3.50	7.30	2.75
鲁山县	0.6	0.6	17.21		205.00	51.00
郏　县	0.8	0.8			168.65	168.65
安阳县	4.9	4.9			469.00	94.00
汤阴县	4.5	2.1	16.00	16.00	60.00	60.00
滑　县	2.0	2.0	168.00	168.00	100.00	91.00
内黄县	0.5	0.5	40.00		176.00	75.00
淇　县	3.5		7.80	7.80	105.16	11.82
新乡县	1.5	1.2	19.00	19.00	547.00	201.00
获嘉县	1.9		70.00	70.00	690.00	300.00
原阳县	3.0	3.0	22.00		1050.00	420.00
延津县	1.0	1.0	10.00		363.86	100.26
封丘县	3.0	3.0	20.00	20.00	652.30	508.30
修武县	1.5	1.5	14.00	14.00	300.20	220.00
武陟县	2.0	2.0			270.00	270.00

continued 5

Total Quantity of Water Supply (10000 cu. m)			用 水 户 数 (户) Number of Households with Access to Water Supply (unit)	居 民 家 庭 Households	用水人口 (万人) Population with Access to Water Supply (10000 persons)	县名称 Name of Counties
公共服务 用 水 The Quantity of Water for Public Service	居民家庭 用 水 The Quantity of Water for Household Use	其他用水 The Quantity of Water for Other Purposes				
26.00	48.00	33.00	1560	1280	0.42	临沭县
15.65		0.08	28			宁津县
4.91			11			庆云县
7.50	14.50		1080	589	0.19	齐河县
			2			平原县
35.38	48.66	2.42	11500	10500	2.30	武城县
5.40			6			阳谷县
			7			莘　县
11.19			51			冠　县
			68			高唐县
7.30	133.68		12970	7640	5.08	曹　县
15.00	821.00	510.00	8500	4500	1.50	单　县
26.70		1.25	20			成武县
47.37			85			巨野县
38.24	57.36	3.82	10908	10038	5.82	郓城县
97.00	367.00	107.00	11230	10990	5.93	鄄城县
36.60	40.00	35.00	9800	8200	0.95	东明县
4271.72	3541.03	1664.25	219822	183233	54.42	河　南
52.12	75.52	45.19	6657	5005	1.02	中牟县
10.00	205.00	2.00	9100	9100	2.81	杞　县
78.04	61.00	15.60	4140	3986	0.80	通许县
97.90	54.66	2.71	11873	11873	3.58	尉氏县
55.00	61.00	23.00	5176	5176	1.31	兰考县
0.30	105.00	87.90	14110	2821	1.76	新安县
11.00			723			嵩　县
35.00			15			汝阳县
37.50	21.00	10.50	3160	1510	0.80	宜阳县
57.20	11.00	10.00	550	550	0.18	洛宁县
3.65	0.60	0.30	4	1	0.05	伊川县
49.00	105.00		2295	2061	0.87	鲁山县
			89			郏　县
6.00	340.00	29.00	27700	27700	10.50	安阳县
						汤阴县
9.00			896			滑　县
32.00	55.00	14.00	4663	4400	1.20	内黄县
3.90	76.81	12.63	730	690	0.30	淇　县
171.00	145.00	30.00	6080	4541	0.89	新乡县
240.00	90.00	60.00	1420	1390	0.46	获嘉县
310.00	300.00	20.00	5600	5000	1.60	原阳县
260.71		2.89	18			延津县
139.00		5.00	25			封丘县
15.40	19.80	45.00	1612	1519	0.32	修武县
						武陟县

3-6 续表6

县名称 Name of Counties	综合生产能力（万立方米/日）Integrated Production Capacity (10000 cu.m/day)	地下水 Underground Water	供水管道长度（公里）Length of Water Supply Pipelines (km)	建成区 In Built District	供水总量(万立方米) 合计 Total	生产运营用水 The Quantity of Water for Production and Operation
温　县	1.0	1.0	38.50	38.50	123.30	100.00
清丰县	1.0	1.0	16.00		110.00	40.00
南乐县	1.1	1.1			386.00	386.00
台前县	0.6	0.6	5.00	4.00		
濮阳县	4.9	4.9	28.00		360.00	150.00
鄢陵县	0.4	0.4	10.00		86.89	54.50
襄城县	0.5	0.5	32.80		183.00	57.00
舞阳县	3.0	3.0	26.00		800.00	5.10
临颍县	1.6	1.6	20.12	20.12	533.70	383.57
渑池县	0.4	0.4	4.60	3.60	116.60	34.00
卢氏县	1.7	0.8	7.50	7.50	57.70	47.50
南召县	0.7	0.6	2.50	2.50	125.50	75.00
方城县	0.6	0.6	3.20	3.20	145.00	115.00
西峡县	1.5	0.1	26.00	26.00	547.00	465.00
镇平县	1.1	1.1	17.00	17.00	369.85	325.68
内乡县	2.0	1.8	23.92	22.72	15.00	
淅川县	1.0	1.0	3.20	3.20	304.20	133.00
社旗县	1.0	1.0	3.00	3.00	330.00	120.00
唐河县	0.2	0.1	2.10	2.10	38.28	23.90
新野县	1.2	1.1	6.50	6.50	350.00	205.00
桐柏县	0.9	0.9	7.50	6.50	108.80	66.25
民权县	1.7	1.7	3.30	3.30	227.00	210.00
睢　县	0.5	0.5	7.30	7.30	197.10	
宁陵县	0.8	0.8	6.27	6.27	112.00	
柘城县	0.4	0.4	5.00	5.00	131.00	27.00
虞城县	0.4	0.4	5.60	5.60	141.00	
夏邑县	0.3	0.3	4.70	4.70	31.10	12.50
新　县	0.1	0.1	1.69	1.69	16.50	
固始县	0.9	0.8	8.00	8.00	100.00	50.00
潢川县	1.1	0.8	12.00	11.00	350.00	275.00
淮滨县	0.1	0.1	3.00	3.00	35.50	32.13
息　县	5.0	5.0	14.88	14.88	1485.00	1155.91
扶沟县	0.4	0.4	3.38		113.40	87.30
西华县	0.9	0.9	10.97	10.97	227.77	161.30
沈丘县	2.0	2.0	10.00	10.00	118.00	42.70
郸城县	2.3	2.3	21.00	15.00	211.66	172.66
太康县	1.5	1.5	19.54	19.54	329.94	156.26
鹿邑县	1.1	1.1	5.30	5.30	172.00	53.00
西平县	0.6	0.6	11.65	8.50	197.50	132.00
上蔡县	2.0	2.0	6.05		671.00	180.00
平舆县	2.0	2.0	15.00		289.00	105.00
正阳县	3.2	3.2	22.00	22.00	1153.00	313.00
确山县	0.4	0.1	1.80		64.41	43.96
泌阳县	0.2	0.2			76.65	33.97

continued 6

The Quantity of Water for Public Service	The Quantity of Water for Household Use	The Quantity of Water for Other Purposes	Number of Households with Access to Water Supply (unit)	Households	Population with Access to Water Supply (10000 persons)	Name of Counties
4.30	18.00	1.00	1900	1700	0.45	温　县
50.00		20.00	800			清丰县
						南乐县
						台前县
35.00	115.00	60.00	580	440	0.10	濮阳县
32.39			46			鄢陵县
62.00	62.00	2.00	6489	6220	3.01	襄城县
120.00	329.00	345.90	40200	38940	0.86	舞阳县
14.13	1.00	135.00	76	51	0.02	临颍县
6.90	75.70		1805	1689	0.68	渑池县
5.40	4.80		955	495	0.36	卢氏县
36.00	14.50		1390	170	0.14	南召县
2.00	28.00		1730	1730	0.45	方城县
50.00	32.00		1372	1361	0.54	西峡县
26.00	14.00	4.17	1176	1034	0.37	镇平县
	15.00		1820	1572	2.73	内乡县
69.00	60.20	42.00	2180	1860	1.11	淅川县
200.00		10.00	135			社旗县
9.32	3.78	1.28	143	86	0.01	唐河县
92.00	38.00	15.00	1195	750	0.38	新野县
33.50	1.95	7.10	185	171	0.37	桐柏县
	17.00		700	700	0.23	民权县
	197.10		4000	4000	1.60	睢　县
	64.00	48.00	6335	6213	2.20	宁陵县
74.00	30.00		1730	1549	0.86	柘城县
	141.00		4000	4000	1.70	虞城县
6.40	12.20		435	435	0.17	夏邑县
		16.50	31			新　县
25.00	20.00	5.00	2610	2610	0.70	固始县
69.00	6.00		244	186	0.07	潢川县
0.32	1.10	1.95	900	500	0.09	淮滨县
65.16	249.23	14.70	1300	1300	0.07	息　县
21.00	5.10		760	480	0.17	扶沟县
38.92	19.55	8.00	2190	1907	0.87	西华县
59.40		15.90	80			沈丘县
19.60	18.80	0.60	397	255	0.18	郸城县
79.53	90.62	3.53	6091	3813	1.83	太康县
84.00	24.00	11.00	3586	3036	1.40	鹿邑县
13.60	49.00	2.90	2550	630	0.40	西平县
478.00		13.00	5033			上蔡县
145.00	39.00		5200	5200	1.60	平舆县
362.00	15.00	463.00	600	600	0.17	正阳县
20.45						确山县
42.68						泌阳县

3-6 续表7

县名称 Name of Counties	综合生产能力 （万立方米/日） Integrated Production Capacity (10000 cu. m/day)	地下水 Underground Water	供水管道长度 （公里） Length of Water Supply Pipelines (km)	建成区 In Built District	供水总量(万立方米) 合计 Total	生产运营用水 The Quantity of Water for Production and Operation
汝南县	1.1	0.7	5.57		287.01	137.00
湖 北	**8.4**	**0.5**	**43.04**	**20.00**	**344.92**	**185.54**
兴山县	2.0		13.00	13.00	31.84	23.54
秭归县	0.6		5.00	5.00	160.00	160.00
谷城县	0.2	0.2	8.04		46.88	
保康县	0.3	0.3	2.00	2.00	44.20	2.00
通城县	0.3		15.00		62.00	
建始县	5.0					
湖 南	**13.5**	**6.3**	**637.27**	**619.77**	**1363.98**	**552.78**
湘潭县			554.16	554.16	2.64	2.04
衡南县	0.2	0.2	5.00	5.00	10.95	10.00
祁东县	6.0		10.00	10.00	162.00	36.00
绥宁县	0.4		4.16	4.16	10.58	0.58
新宁县	0.7	0.3	7.40	7.40	218.60	158.60
湘阴县	1.6	1.6	20.35	20.35	197.60	15.55
平江县	1.0	1.0	5.00	5.00	300.00	
汉寿县	1.3	1.3			100.00	13.00
澧 县	1.2	1.2	1.20	1.20	1.40	
临澧县	1.0	0.6			332.00	310.00
安仁县	0.3	0.3	22.00	4.50	21.20	
溆浦县			1.00	1.00	0.01	0.01
凤凰县			7.00	7.00	7.00	7.00
广 东	**13.4**	**8.2**	**149.00**	**8.70**	**81.82**	**43.33**
始兴县	0.3	0.1	3.70	2.90	43.27	33.26
新丰县	0.1	0.1	7.30	5.80	38.55	10.07
博罗县	8.0	8.0				
和平县	5.0		138.00			
广 西	**25.3**	**12.6**	**100.72**	**100.72**	**3973.40**	**3124.71**
柳城县	0.7	0.1	6.06	6.06	38.94	38.94
鹿寨县	4.0	0.3	15.00	15.00	1049.47	902.05
融水苗族自治县	0.1	0.1	8.00	8.00	2.74	0.12
全州县	4.5		11.00	11.00	171.60	130.00
兴安县	0.3	0.2	4.00	4.00	6.10	4.30
合浦县	7.9	7.9	10.00	10.00	1675.41	1249.00
灵山县	2.5	2.5	17.00	17.00	204.00	162.00
容 县	0.1	0.1	5.21	5.21	36.50	
博白县	0.8	0.8	2.00	2.00	250.68	175.48
兴业县	0.3	0.3	9.00	9.00	53.86	37.70
南丹县	0.8		4.30	4.30	306.25	277.60
忻城县	0.2	0.2	0.15	0.15	40.33	10.00
扶绥县	1.4		2.00	2.00	88.71	88.71
宁明县	1.5		4.00	4.00	38.97	38.97
天等县	0.2	0.2	3.00	3.00	9.84	9.84

continued 7

Total Quantity of Water Supply (10000 cu. m)			用水户数(户) Number of Households with Access to Water Supply (unit)	居民家庭 Households	用水人口(万人) Population with Access to Water Supply (10000 persons)	县名称 Name of Counties
公共服务用水 The Quantity of Water for Public Service	居民家庭用水 The Quantity of Water for Household Use	其他用水 The Quantity of Water for Other Purposes				
146.00	3.01	1.00	237	227	0.08	汝南县
15.70	**117.48**	**26.20**	**12719**	**10198**	**1.33**	**湖 北**
4.70	3.40	0.20	2400	2230	0.39	兴山县
			5			秭归县
8.00	34.88	4.00	1542	1458	0.13	谷城县
3.00	39.20		2772	2510	0.21	保康县
	40.00	22.00	6000	4000	0.60	通城县
						建始县
375.20	**414.90**	**21.10**	**123266**	**13194**	**3.27**	**湖 南**
0.60			109481			湘潭县
0.90	0.05		280	280	0.09	衡南县
44.00	71.00	11.00	1541	1126	0.51	祁东县
1.65	8.35		1090	962	0.65	绥宁县
3.50	54.50	2.00	2226	2226	0.91	新宁县
15.55	165.00	1.50	500	500	0.11	湘阴县
200.00	100.00		1000	1000	0.40	平江县
87.00			11			汉寿县
		1.40	17			澧 县
22.00			20			临澧县
	16.00	5.20	7100	7100	0.60	安仁县
						溆浦县
						凤凰县
20.58		**17.91**	**39469**			**广 东**
		10.01				始兴县
20.58		7.90				新丰县
						博罗县
			39469			和平县
188.86	**585.78**	**74.05**	**24041**	**23832**	**6.69**	**广 西**
			2			柳城县
147.42						鹿寨县
0.10	2.42	0.10	220	220	0.09	融水苗族自治县
1.00	39.60	1.00	6520	6360	0.79	全州县
0.80	1.00		42	40	0.01	兴安县
	363.74	62.67	6988	6988	1.55	合浦县
13.00	29.00		3085	3085	0.85	灵山县
	36.50		1800	1800	0.58	容 县
16.54	48.38	10.28	3780	3750	2.15	博白县
10.00	6.16		684	680	0.32	兴业县
	28.65		687	687	0.31	南丹县
	30.33		230	222	0.04	忻城县
			1			扶绥县
			1			宁明县
			1			天等县

3-6 续表8

县名称 Name of Counties	综合生产能力 （万立方米/日） Integrated Production Capacity （10000 cu. m/day）	地下水 Underground Water	供水管道长度 （公里） Length of Water Supply Pipelines （km）	建成区 In Built District	供水总量(万立方米) 合计 Total	生产运营用水 The Quantity of Water for Production and Operation
海 南	99.3	9.6	79.10	79.10	720.21	500.21
临高县	99.2	9.5	70.10	70.10	720.21	500.21
乐东县	0.1	0.1	9.00	9.00		
四 川	20.8	7.5	340.45	214.05	3130.79	2293.85
金堂县	4.5	0.3	15.59	15.59	1634.45	1510.35
东部新区管理委员会	0.3	0.1			101.89	78.02
中江县	1.0	0.5	15.00	15.00	150.67	137.39
三台县	2.7	2.7	8.00	8.00	130.70	101.58
北川羌族自治县	3.0	3.0	70.00	70.00	114.52	6.45
大英县	2.0		2.30		184.49	184.49
资中县	0.4		10.00	10.00	140.17	92.85
眉山天府新区	0.3				98.80	43.80
青神县	0.2	0.2	18.40		42.10	14.80
汉源县	2.7		67.60		1.00	
宝兴县	0.5		14.80	14.80	73.40	12.19
乐至县	0.1	0.1	3.30	3.30	19.31	19.31
九寨沟县	0.8		22.00	22.00	278.00	
红原县			6.92	6.92	3.68	3.10
甘孜县	0.6				85.10	85.10
新龙县			3.50	3.50		
石渠县	1.2		46.00	18.00	23.20	3.40
色达县	0.1		31.00	21.00		
得荣县	0.3	0.3				
冕宁县	0.2	0.2	4.50	4.50	46.34	
甘洛县	0.1	0.1	1.54	1.44	2.97	1.02
贵 州	6.4	1.8	35.00	30.43	629.56	2.80
开阳县	0.1	0.1	5.00	0.43	14.16	2.80
六枝特区	1.7	1.7	30.00	30.00	615.40	
晴隆县	4.4					
罗甸县	0.2	0.1				
云 南	87.3	4.6	175.73	164.91	899.63	307.28
嵩明县	0.4	0.4				
宜良县	0.8	0.6	38.00	33.00	208.30	28.40
禄劝彝族苗族自治县			1.10	1.10		
昆明阳宗海风景名胜区	1.5	1.5	33.76	33.76	195.00	101.00
罗平县	0.3	0.3			45.14	36.47
通海县	0.3	0.2			102.10	15.14
华宁县	1.0	0.3			0.40	
龙陵县	0.3	0.3	3.20	2.80	28.40	
彝良县	0.1	0.1	2.60	2.60	0.07	
宁洱哈尼族彝族自治县	0.1		3.34	3.34	17.40	0.57
澜沧拉祜族自治县	0.5	0.5	6.50	6.50	33.80	23.70
凤庆县	0.5	0.2	15.50	11.50	92.00	62.00

continued 8

Total Quantity of Water Supply (10000 cu. m)			用水户数（户） Number of Households with Access to Water Supply (unit)	居民家庭 Households	用水人口（万人） Population with Access to Water Supply (10000 persons)	县名称 Name of Counties
公共服务用水 The Quantity of Water for Public Service	居民家庭用水 The Quantity of Water for Household Use	其他用水 The Quantity of Water for Other Purposes				
120.00	**100.00**		**16555**	**16249**	**0.02**	海　南
120.00	100.00		16555	16249	0.02	临高县
						乐东县
194.73	**580.14**	**62.07**	**46637**	**38937**	**4.50**	四　川
124.10						金堂县
9.19	14.21	0.47	3184	3101	0.62	东部新区管理委员会
0.26	13.02		3200	2900	1.25	中江县
20.57	6.86	1.69	60	20	0.02	三台县
15.09	92.98		8916	8523	0.98	北川羌族自治县
			5			大英县
	47.32		614	556	0.18	资中县
		55.00				眉山天府新区
11.50	15.80		253	181	0.12	青神县
	1.00		26000	20000	0.34	汉源县
9.81	50.30	1.10	2976	2538	0.03	宝兴县
			10			乐至县
	278.00		156	156	0.10	九寨沟县
	0.58		145	130	0.05	红原县
						甘孜县
						新龙县
3.40	12.80	3.60	956	720	0.20	石渠县
						色达县
						得荣县
	46.34		60	60	0.28	冕宁县
0.81	0.93	0.21	102	52	0.33	甘洛县
4.84	**506.52**	**115.40**	**18060**	**16937**	**6.33**	贵　州
4.84	6.52		1137	14	1.53	开阳县
	500.00	115.40	16923	16923	4.80	六枝特区
						晴隆县
						罗甸县
125.16	**374.79**	**92.40**	**7647**	**5832**	**4.43**	云　南
						嵩明县
3.90	172.20	3.80	961	912	1.82	宜良县
						禄劝彝族苗族自治县
60.00	22.00	12.00	318	318	0.80	昆明阳宗海风景名胜区
8.67						罗平县
11.50	73.16	2.30	334	334	0.10	通海县
	0.20	0.20	30	30	0.03	华宁县
	24.80	3.60	760	352	0.30	龙陵县
	0.07		49	49	0.01	彝良县
0.83	14.00	2.00	360	270	0.10	宁洱哈尼族彝族自治县
	10.10		1120	1120	0.39	澜沧拉祜族自治县
28.00		2.00	80			凤庆县

3-6 续表9

县名称 Name of Counties	综合生产能力 （万立方米/日） Integrated Production Capacity (10000 cu.m/day)	地下水 Underground Water	供水管道长度 （公里） Length of Water Supply Pipelines (km)	建成区 In Built District	供水总量(万立方米) 合计 Total	生产运营用水 The Quantity of Water for Production and Operation
双柏县	0.1	0.1	19.20	19.20	3.65	
牟定县					2.90	2.30
大姚县			3.83	2.61	8.79	6.52
宾川县	0.1	0.1	18.40	18.40	28.58	27.58
弥渡县			2.00	1.80		
陇川县			1.00	1.00		
福贡县	80.7				60.00	
德钦县	0.6		27.30	27.30	73.10	3.60
西 藏	**16.8**	**8.5**	**260.30**	**231.60**	**550.21**	**53.26**
吉隆县			4.50	4.50		
萨嘎县	0.2		6.10		21.00	6.00
江孜县	0.4	0.4	0.60	0.60	60.68	0.68
白朗县	0.8	0.8				
左贡县	7.0		18.00	18.00	16.00	4.00
丁青县	0.5		30.00	10.00	0.50	0.05
察雅县	0.5		10.00	9.40	47.00	2.00
类乌齐县	0.5	0.5	5.00	5.00	7.00	4.00
工布江达县			2.00			
聂荣县	0.6	0.6	13.40	13.40	14.62	
双湖县	0.1	0.1			8.55	0.80
嘉黎县	0.2	0.2			20.00	
比如县	0.6	0.6	24.00	24.00	95.36	2.52
巴青县	0.3	0.3	36.99	36.99	33.73	1.31
申扎县	0.1	0.1	29.80	29.80	8.76	
安多县	0.3	0.2	48.62	48.62	32.00	7.00
索 县	0.2	0.2			36.00	
班戈县	0.2	0.2			44.52	5.90
革吉县	0.6	0.6	27.69	27.69	18.40	
日土县	0.6	0.6			44.50	10.00
改则县	2.3	2.3			13.59	1.50
普兰县	0.2	0.2	3.60	3.60	11.00	4.50
措勤县	0.6	0.6			17.00	3.00
陕 西	**44.5**	**25.9**	**757.05**	**466.58**	**4230.41**	**2155.28**
蓝田县	1.5	1.5	45.00		372.00	263.00
周至县	2.8	0.5	71.40	6.92	165.18	36.56
岐山县	1.4	1.4	14.00	14.00	74.00	28.00
扶风县	2.8	1.5	10.00	10.00	360.64	65.00
陇 县	0.5	0.5	1.00	1.00	160.00	80.00
三原县	3.1	1.0	9.05	9.05	103.20	64.55
泾阳县	2.0	0.5	129.27	41.00	263.53	211.33
乾 县	0.1	0.1	2.00	0.80	32.56	13.67
礼泉县	1.2	1.1	18.20	16.70	224.70	157.20
永寿县	0.1	0.1			20.80	20.80

continued 9

Total Quantity of Water Supply(10000 cu. m)			用水户数(户) Number of Households with Access to Water Supply(unit)	居民家庭 Households	用水人口(万人) Population with Access to Water Supply(10000 persons)	县名称 Name of Counties
公共服务用水 The Quantity of Water for Public Service	居民家庭用水 The Quantity of Water for Household Use	其他用水 The Quantity of Water for Other Purposes				
	3.65		560	560	0.20	双柏县
0.60			10			牟定县
0.66	1.61		135	122	0.03	大姚县
1.00			980			宾川县
						弥渡县
						陇川县
		60.00				福贡县
10.00	53.00	6.50	1950	1765	0.65	德钦县
73.44	**395.77**	**27.74**	**28756**	**25027**	**7.44**	**西 藏**
						吉隆县
5.00	10.00		600	598	0.15	萨嘎县
10.00	40.00	10.00	971	960	0.20	江孜县
						白朗县
	9.00	3.00	1030	500	0.10	左贡县
0.05	0.35	0.05	2765	2721	1.73	丁青县
3.00	40.00	2.00	2800	2800	0.72	察雅县
	3.00		150	150	0.10	类乌齐县
			1000			工布江达县
2.52	12.10		727	727	0.50	聂荣县
0.60	7.15		455	415	0.13	双湖县
2.00	18.00		1940	501	0.10	嘉黎县
2.80	90.04		5000	4980	1.50	比如县
5.44	25.81	1.17	1733	1432	0.25	巴青县
1.73	5.00	2.03	1100	900	0.10	申扎县
6.00	18.50	0.50	1100	1010	0.20	安多县
5.60	30.00	0.40	1000	1000	0.10	索 县
4.70	33.12	0.80	1000	1000	0.76	班戈县
4.40	12.70	1.30	420	420	0.18	革吉县
15.00	14.50	5.00	100	98	0.04	日土县
1.60	10.00	0.49	1300	1250	0.06	改则县
	6.50		3065	3065	0.32	普兰县
3.00	10.00	1.00	500	500	0.20	措勤县
511.46	**1444.53**	**119.14**	**85795**	**72072**	**10.10**	**陕 西**
18.13	85.96	4.91	635	532	0.19	蓝田县
40.00	88.00	0.62	14849	13028	0.30	周至县
18.00	25.00	3.00	1503	1020	0.28	岐山县
81.00	214.00	0.64	2540	2352	0.50	扶风县
80.00			25			陇 县
8.95	11.20	18.50	2306	2129	0.10	三原县
	18.26	33.94	6500	2200	0.38	泾阳县
7.01	8.34	3.54	120	66	0.01	乾 县
28.00	37.00	2.50	1463	326	0.15	礼泉县
						永寿县

3-6 续表10

县名称 Name of Counties	综合生产能力 （万立方米/日） Integrated Production Capacity (10000 cu. m/day)	地下水 Underground Water	供水管道长度 （公里） Length of Water Supply Pipelines (km)	建成区 In Built District	供水总量(万立方米) 合计 Total	生产运营用水 The Quantity of Water for Production and Operation
淳化县			2.50	2.50	6.30	6.30
武功县	0.1	0.1	1.08	0.86	29.04	21.80
大荔县	0.4	0.4	23.20	23.20	44.80	
合阳县	0.8	0.8	8.70	5.80	53.26	36.40
澄城县	0.5	0.5	8.70	8.70	111.50	70.45
蒲城县			0.85	0.85	4.00	3.20
富平县	1.5	1.5	36.00		57.30	48.30
城固县	2.0	2.0	27.00	27.00	462.00	22.00
洋县	3.2		12.10	11.00	325.00	305.00
西乡县	2.2		13.30	11.10	90.85	55.00
勉县	1.7		40.00	31.00	245.00	220.00
靖边县	0.1	0.1	5.00	5.00	21.90	21.90
绥德县	10.8	10.8	5.60	5.60	121.70	92.00
米脂县	0.8	0.8	57.00	50.00	57.00	51.30
吴堡县			1.80	1.20	2.01	1.40
清涧县	0.3	0.2	1.50	1.20	38.31	9.75
子洲县	0.3	0.3	11.00	11.00	77.72	50.72
汉阴县	0.8		60.50	60.50	249.00	121.80
石泉县	0.1		1.60	1.60	34.58	28.43
紫阳县	0.1		6.80	5.00	16.11	11.49
商南县	1.1	0.1	69.00	69.00	370.48	10.33
山阳县	0.1	0.1	3.90		35.94	27.60
柞水县	2.2		60.00	35.00		
甘 肃	4.6	3.6	135.73	129.01	429.26	192.97
永登县	0.3	0.3			77.00	
临泽县	0.5	0.5	5.00	5.00	86.06	25.67
山丹县	0.8	0.8	38.00	38.00	85.00	
宁县	0.2	0.2	27.80	27.80	1.00	
陇西县			52.53	52.53		
徽县			3.00		2.80	0.30
广河县	1.8	1.8	9.40	5.68		
和政县	1.0				177.40	167.00
青 海	0.5	0.5	7.00	7.00	86.52	82.52
互助县	0.5	0.5	7.00	7.00	86.52	82.52
宁 夏	3.2	2.0	94.21	94.21	945.25	534.66
永宁县			5.00	5.00	0.39	
贺兰县	1.8	1.8	11.21	11.21	493.48	486.38
平罗县	0.2	0.2			52.37	
隆德县	1.2		72.00	72.00	390.71	48.28
中宁县	0.1	0.1	6.00	6.00	8.30	
新 疆	11.5	6.8	310.40	310.40	237.65	94.04
若羌县	2.4		137.40	137.40		
焉耆回族自治县	3.3	3.3	5.00	5.00	47.00	33.00
叶城县	0.5	0.5	10.00	10.00	46.65	46.30
巴楚县	2.3					
额敏县	3.0	3.0	158.00	158.00	144.00	14.74

continued 10

Total Quantity of Water Supply (10000 cu. m)			用水户数（户） Number of Households with Access to Water Supply (unit)	居民家庭 Households	用水人口（万人） Population with Access to Water Supply (10000 persons)	县名称 Name of Counties
公共服务用水 The Quantity of Water for Public Service	居民家庭用水 The Quantity of Water for Household Use	其他用水 The Quantity of Water for Other Purposes				
			3			淳化县
1.55	5.20	0.49	892	756	0.36	武功县
31.00	13.80		3680	3440	1.09	大荔县
4.61	8.40	3.85	1733	435	0.16	合阳县
8.00	29.50	3.55	65	20	1.27	澄城县
0.35	0.45		38	30	0.01	蒲城县
3.00	6.00		2783	2368	0.28	富平县
30.00	407.80	2.20	17000	16825	0.90	城固县
19.00	1.00		133	110	0.03	洋县
5.00	24.85	6.00	1960	1890	0.65	西乡县
	23.00	2.00	1454	1240	0.47	勉县
			32			靖边县
11.50	13.20	5.00	2039	1926	0.55	绥德县
0.80	4.90		600	480	0.15	米脂县
0.11	0.50		87	85	0.05	吴堡县
1.43	27.13		936	907	0.37	清涧县
5.00	20.00	2.00	625	525	0.47	子洲县
7.80	119.40		11216	10182	0.22	汉阴县
6.15			5			石泉县
0.50	3.92	0.20	1010	820	0.31	紫阳县
92.95	241.00	26.20	7390	6347	0.15	商南县
1.62	6.72		2173	2033	0.70	山阳县
						柞水县
99.69	125.50	11.10	3976	3789	1.23	甘　肃
32.50	44.50		1736	1736	0.61	永登县
60.39						临泽县
	80.00	5.00	1503	1503	0.43	山丹县
	1.00		550	550	0.19	宁县
						陇西县
2.50						徽县
						广河县
4.30		6.10	187			和政县
		4.00				青　海
		4.00				互助县
76.98	107.30	226.31	24628	21258	0.15	宁　夏
		0.39	1			永宁县
		7.10	12			贺兰县
		52.37				平罗县
68.68	107.30	166.45	24615	21258	0.15	隆德县
8.30						中宁县
30.10	101.35	12.16	5394	4244	0.62	新　疆
						若羌县
8.50	4.50	1.00	148	45	0.05	焉耆回族自治县
	0.15	0.20	140	40	0.03	叶城县
						巴楚县
21.60	96.70	10.96	5106	4159	0.54	额敏县

四、县城节约用水
County Seat Water Conservation

简要说明

本部分主要反映县城节约用水情况，只统计设有节约用水管理机构的县城，汇总量均不代表全社会。主要包括设有节约用水管理机构的县城的计划用水量、实际用水量、节约用水量等内容。

Brief Introduction

This section mainly demonstrates status of county seat water conservation. Statistics only covers county with water conservation authorities, therefore the data does not represent the situation of the whole society. Main indicators include planned households supplied, actual quantity of water used, quantity of water saved, etc.

4 全国历年县城节约用水情况(2000—2023)
National County Seat Water Conservation in Past Years (2000—2023)

年份 Year	计划用水量 （万立方米） Planned Quantity of Water Use (10000 cu. m)	新水取用量 （万立方米） Fresh Water Used (10000 cu. m)	工业用水 重复利用量 （万立方米） Quantity of Industrial Water Recycled (10000 cu. m)	节约用水量 （万立方米） Water Saved (10000 cu. m)
2000	115591	109069	95763	20322
2001	161795	133634	24206	28161
2002	110702	91610	26321	19092
2003	120551	94938	24815	25613
2004	123176	98004	25790	25163
2005	155933	118727	32852	37206
2006		122700	32523	21546
2007		127318	99648	22675
2008		122275	53278	20480
2009		139735	130864	23135
2010		157563	133337	35963
2011		119923	95932	26165
2012		180603	52051	30853
2013		136223	159152	22286
2014		140966	164833	30029
2015		126923	173337	32419
2016		115707	165369	23086
2017		106174	167080	24873
2018		111385	189581	26618
2019		140990	169218	28609
2020		188350	104108	48132
2021		163019	126908	49765
2022		176670	162746	54399
2023		236099	209531	38891

注：自2006年起，不统计计划用水量指标。
Note: From 2006, "Planned Quantity of Water Use" has not been counted.

4-1　2023年按省分列的全国县城节约用水

计量单位：万立方米

地区名称 Name of Regions	计划用水户数（户） Planned Water Consumers (unit)	自备水计划用水户数 Planned Self-produced Water Consumers	计划用水户实际用水量 合计 Total	工业 Industry	新水取用量 Fresh Water Used	工业 Industry	重复利用量 Water Reused
全　国	1213275	33788	467570	286143	236099	76612	231471
河　北							
山　西	210426	4972	12645	3294	10762	2114	1883
内蒙古	129862	78	23396	11263	21404	9544	1993
辽　宁	85	75	274	220	166	112	108
吉　林	349	60	1074	353	1027	306	47
黑龙江	16794	32	411	208	387	184	25
江　苏	1765	201	35442	20761	20017	6154	15425
浙　江	3089	328	26813	19264	10838	8003	15976
安　徽	7	7	262	262	160	160	102
福　建	12880		748	0	748	0	
江　西	35158	147	61438	8334	59378	7509	2060
山　东	5257	1130	160362	146510	26373	16561	133989
河　南	32631	11218	24162	10443	19034	6903	5128
湖　北	1401		2770	83	2620	83	150
湖　南	29972	4951	15749	3741	13375	3266	2374
广　东	84633	1002	8611	381	8463	339	148
广　西							
海　南	3774	49	5454	2800	5444	2790	10
重　庆	372	4	2415	974	2098	813	317
四　川	343975	278	14884	4147	13289	3514	1595
贵　州	939	458	20871	13872	3971	1054	16900
云　南	124913	5267	4537	1723	3552	1082	986
西　藏	200	200	15		15		
陕　西	87510	1112	40799	36167	8980	4783	31819
甘　肃	60244	2196	2128	232	1694	229	434
青　海							
宁　夏	24788	13	1306	953	1306	953	
新　疆	2251	10	1003	156	1000	156	3

County Seat Water Conservation by Province (2023)

Measurement Unit: 10000 cu. m

Actual Quantity of Water Used				节约用水量 Water Saved		节水措施投资总额（万元） Total Investment in Water-Saving Measures (10000 RMB)	地区名称 Name of Regions
工业 Industry	超计划定额用水量 Water Quantity Consumed in Excess of Quota	重复利用率（%） Reuse Rate	工业 Industry		工业 Industry		
209531	**1699**	**49.51**	**73.23**	**38891**	**23161**	**111901**	全 国
							河 北
1181	112	14.89	35.84	772	239	423	山 西
1719	303	8.52	15.26	640	86	17253	内蒙古
108		39.53	49.16	111	111	380	辽 宁
47		4.42	13.43	134	48	77	吉 林
25		5.96	11.76	23	7		黑龙江
14607		43.52	70.36	9206	8317	17746	江 苏
11261	76	59.58	58.46	1815	1281	1757	浙 江
102		38.77	38.77	102	102	20	安 徽
	55			130			福 建
825		3.35	9.90	1676	501	7257	江 西
129949	12	83.55	88.70	6628	4485	41499	山 东
3540	847	21.22	33.90	5684	3583	3021	河 南
		5.42		3			湖 北
475	8	15.07	12.70	498	341	2884	湖 南
42	0	1.72	11.04	40	31	75	广 东
							广 西
10		0.18	0.36	33	5	121	海 南
161	23	13.14	16.52	405	150	9855	重 庆
633	33	10.72	15.26	1782	415	95	四 川
12818	62	80.97	92.40	5476	393	633	贵 州
640	93	21.72	37.17	376	311	1028	云 南
							西 藏
31384	54	77.99	86.78	2773	2513	7521	陕 西
3	6	20.40	1.29	48	8	56	甘 肃
							青 海
	14			485	236	200	宁 夏
			0.30	52			新 疆

4-2　2023年按县分列的全国县城节约用水

计量单位：万立方米

县名称 Name of Counties	计划用水户数（户） Planned Water Consumers (unit)	自备水计划用水户数 Planned Self-produced Water Consumers	计划用水户实际用水量				重复利用量 Water Reused
			合计 Total	工业 Industry	新水取用量 Fresh Water Used	工业 Industry	
全　国	**1213275**	**33788**	**467570**	**286143**	**236099**	**76612**	**231471**
山　西	**210426**	**4972**	**12645**	**3294**	**10762**	**2114**	**1883**
阳高县	30100		200	44	165	34	35
天镇县	332	22	100	38	55	5	45
广灵县	14752	698					
左云县	22000	302	160	21	151	12	9
长子县	92	26	76	76	38	38	38
沁水县	721		363	25	363	25	
阳城县	980		564	10	564	10	
陵川县	13		14		12		2
应　县	29500	2600					
和顺县	40		21		21		
寿阳县	16	16	80	25	80	25	
祁　县	78	4	221	77	194	50	27
灵石县	835		128		128		
临猗县	50		147	97	140	90	7
万荣县	112		25		25		
闻喜县	15		827	748	379	303	448
新绛县	330		155	80	85	30	70
绛　县	96	50	50	35	25	15	25
夏　县	2566		170	10	170	10	
平陆县	17		4	4	2	2	1
定襄县	150	30	247	108	165	66	82
五台县	690		143	143	68	68	75
代　县	12900		248	42	48	17	200
繁峙县	133	9	13	6	10	3	3
静乐县	10658		237				237
岢岚县	19180						
河曲县	6		6	4	6	4	
保德县	28340		375		375		
曲沃县	15	3	7180	1702	6784	1306	396
翼城县	350	12	99		73		26
浮山县	270						
隰　县	121		42		14		28
兴　县	21580		438		438		
石楼县	8150	1200					
方山县	38		183		183		
交口县	5200		129				129
内蒙古	**129862**	**78**	**23396**	**11263**	**21404**	**9544**	**1993**
巴林左旗	22	6	134	88	49	3	85
林西县	93	63	761	269	761	269	

County Seat Water Conservation by County (2023)

Measurement Unit: 10000 cu. m

Actual Quantity of Water Used		Reuse Rate (%)		Water Saved		Total Investment in Water-Saving Measures (10000 RMB)	Name of Counties
Industry	Water Quantity Consumed in Excess of Quota		Industry		Industry		
209531	1699	49.51	73.23	38891	23161	111901	全 国
1181	112	14.89	35.84	772	239	423	山 西
10		17.50	21.84	98	9		阳高县
33		44.99	86.84	80	53	112	天镇县
							广灵县
9		5.63	42.86	9			左云县
38		50.00	50.00	9	9	7	长子县
				1		11	沁水县
							阳城县
		14.29		4		109	陵川县
				25	8	10	应 县
							和顺县
				70	23		寿阳县
27	1	12.22	35.06	65	11	1	祁 县
							灵石县
7	7	4.69	7.11	7	7	1	临猗县
	12			11		19	万荣县
445		54.17	59.49				闻喜县
50	70	45.16	62.50	2	2	1	新绛县
20	20	50.00	57.14	5	5	30	绛 县
						40	夏 县
1		34.29	34.29	1	1	8	平陆县
42	1	33.20	38.89	39	35	10	定襄县
75		52.45	52.45	45	38		五台县
25		80.65	59.52	115	28	3	代 县
3	1	23.08	50.00	1	1	3	繁峙县
		100.00					静乐县
						17	岢岚县
							河曲县
				45		40	保德县
396		5.52	23.27	9	9	2	曲沃县
		26.26		45			翼城县
							浮山县
		66.67		11			隰 县
				9			兴 县
				16			石楼县
				50			方山县
		100.00					交口县
1719	303	8.52	15.26	640	86	17253	内蒙古
85		63.38	96.66	85	85		巴林左旗
		2					林西县

4-2 续表1

计量单位:万立方米

县名称 Name of Counties	计划用水户数（户） Planned Water Consumers (unit)	自备水计划用水户数 Planned Self-produced Water Consumers	计划用水户实际用水量					重复利用量 Water Reused
			合计 Total	工业 Industry	新水取用量 Fresh Water Used	工业 Industry	
科左后旗	32000		260		260		
达拉特旗	80153	9	950		950		
准格尔旗	496		17950	10900	16317	9267	1634
鄂托克前旗	16		32		32		
鄂托克旗	126		2633		2359		274
杭锦旗	26		29	6	29	6	
乌审旗	16885		348		348		
伊金霍洛旗	45		298		298		
辽 宁	**85**	**75**	**274**	**220**	**166**	**112**	**108**
本溪满族自治县	2	2	2	2	2	2	
建平县	65	65	207	207	103	103	103
喀喇沁左翼蒙古族自治县	18	8	65	11	60	6	5
吉 林	**349**	**60**	**1074**	**353**	**1027**	**306**	**47**
农安县	53	2	118	74	118	74	
永吉县	33		59	18	59	18	
梨树县	24	13	61	14	61	14	
伊通满族自治县	17	2	63	29	63	29	
东丰县	39	10	88	34	65	10	23
东辽县	22	5	439	32	439	32	0
通化县	8	8	4	3	4	3	
辉南县	15	15	20	20	1	1	19
柳河县	28	5	95	95	90	90	5
抚松县	20		46		46		
靖宇县	12		4		4		
长白朝鲜族自治县	15		15	5	15	5	
镇赉县	3		21	21	21	21	
汪清县	29						
安图县	31		41	7	41	7	
黑龙江	**16794**	**32**	**411**	**208**	**387**	**184**	**25**
泰来县	32	32	75	75	70	70	6
鸡东县	12						
丰林县	16750		336	133	317	114	19
江 苏	**1765**	**201**	**35442**	**20761**	**20017**	**6154**	**15425**
丰　县	31	30	3718	1466	2457	205	1260
沛　县	72	20	2329	2162	1438	1278	891
睢宁县	82	10	2650	2084	510	313	2139
如东县	71		7042	6837	1046	855	5996
灌云县	347		344	22	321	22	23
灌南县	266		264	128	205	85	59
涟水县	131	7	7341	1309	6629	680	712

continued 1

Measurement Unit: 10000 cu. m

工　业 Industry	超计划定额用水量 Water Quantity Consumed in Excess of Quota	重复利用率（%）Reuse Rate (%)	工　业 Industry	节约用水量 Water Saved	工　业 Industry	节水措施投资总额（万元）Total Investment in Water-Saving Measures (10000 RMB)	县名称 Name of Counties
				141			科左后旗
							达拉特旗
1634		9.10	14.99				准格尔旗
							鄂托克前旗
	300	10.41		400		17000	鄂托克旗
			1	3	1	13	杭锦旗
				5		207	乌审旗
				6		33	伊金霍洛旗
108		39.53	49.16	111	111	380	辽　宁
				2	2		本溪满族自治县
103		50.00	50.00	103	103	380	建平县
5		7.69	43.90	5	5		喀喇沁左翼蒙古族自治县
47		4.42	13.43	134	48	77	吉　林
							农安县
				5	5		永吉县
							梨树县
							伊通满族自治县
23		26.44	69.50	23	23	46	东丰县
0		0.02	0.28	83	9	1	东辽县
							通化县
19		94.38	94.38				辉南县
5		5.13	5.13	5		19	柳河县
				10	10		抚松县
				6		5	靖宇县
							长白朝鲜族自治县
						5	镇赉县
				2			汪清县
							安图县
25		5.96	11.76	23	7		黑龙江
6		7.30	7.30	7	7		泰来县
							鸡东县
19		5.65	14.29	16			丰林县
14607		43.52	70.36	9206	8317	17746	江　苏
1260		33.90	86.00	1260	1260	9563	丰县
884		38.26	40.89	59	50		沛县
1772		80.73	85.00	2139	1772		睢宁县
5982		85.15	87.49	200	180	430	如东县
			6.69	31	28	30	灌云县
43		22.35	33.59	160	70	35	灌南县
629		9.70	48.05	886	626	2411	涟水县

4-2 续表2

计量单位:万立方米

县名称 Name of Counties	计划用水户数（户） Planned Water Consumers (unit)	自备水计划用水户数 Planned Self-produced Water Consumers	计划用水户实际用水量				重复利用量 Water Reused
			合计 Total	工业 Industry	新水取用量 Fresh Water Used	工业 Industry	
金湖县	241	13	563	241	430	143	133
滨海县	86	37	5430	1394	5430	1394	
宝应县	96	43	696	696	375	375	321
泗阳县	162	27	4531	4164	906	679	3625
泗洪县	180	14	535	258	270	125	265
浙　江	3089	328	26813	19264	10838	8003	15976
桐庐县	256	2	1156	925	731	578	425
淳安县	313		814	193	548	193	266
嘉善县	301		6898	2757	1963	1715	4935
海盐县	796		8744	7829	1720	1229	7023
长兴县	163		4287	3916	1198	870	3089
新昌县	71		1180	856	1180	856	
岱山县	267		227	206	216	197	11
嵊泗县	93		50		50		
三门县	203		1027	797	1017	787	10
天台县	326	326	867	526	676	335	191
缙云县	37		136	128	136	128	
遂昌县	75		505	505	505	505	
松阳县	76		626	464	626	464	
云和县	41		156	122	130	105	26
庆元县	52		75	41	75	41	
景宁县	19		66		66		
安　徽	7	7	262	262	160	160	102
颍上县	7	7	262	262	160	160	102
福　建	12880		748	0	748	0	
闽侯县	12047						
仙游县	107		402		402		
永春县	664		342		342		
华安县	62		5	0	5	0	
江　西	35158	147	61438	8334	59378	7509	2060
南昌县	281	32	3602	3025	3602	3025	
安义县	51		1000	194	598	98	402
进贤县	185		3427	1489	2939	1215	487
信丰县	169	19	2170	1360	1350	1000	820
会昌县	138	30	200	3	200	3	
宜丰县	34218						
铅山县	28	20	471	191	471	191	
余干县	88	46	49608	1942	49258	1847	351
万年县			960	130	960	130	
山　东	5257	1130	160362	146510	26373	16561	133989
平阴县	35	10	6756	5793	1328	365	5428

continued 2

Measurement Unit: 10000 cu. m

Actual Quantity of Water Used			节 约 用水量		节水措施投资总额 (万元)	县名称
工 业 Industry	超计划定额用水量 Water Quantity Consumed in Excess of Quota	重 复 利用率 (%) Reuse Rate (%)	工 业 Industry	Water Saved	工 业 Industry	Total Investment in Water-Saving Measures (10000 RMB)	Name of Counties
98		23.67	40.61				金湖县
							滨海县
321		46.12	46.12	196	196	389	宝应县
3485		80.00	83.69	3625	3485	3788	泗阳县
133		49.53	51.55	650	650	1100	泗洪县
11261	76	59.58	58.46	1815	1281	1757	浙 江
347		36.76	37.54	540	540		桐庐县
	33	32.67		249		68	淳安县
1041		71.54	37.77			450	嘉善县
6600	24	80.33	84.30	157	133	11	海盐县
3046	2	72.06	77.78	140	111	339	长兴县
						402	新昌县
9	13	4.85	4.37	22	17	9	岱山县
	3			26		10	嵊泗县
10		0.97	1.25	131	10	100	三门县
191		22.00	36.25	241	216	100	天台县
				4		200	缙云县
				30	30		遂昌县
				233	201	45	松阳县
17		16.67	13.93	17	13	8	云和县
				15	10	10	庆元县
				11		7	景宁县
102		38.77	38.77	102	102	20	安 徽
102		38.77	38.77	102	102	20	颍上县
		55		130			福 建
							闽侯县
		8		130			仙游县
		47					永春县
							华安县
825		3.35	9.90	1676	501	7257	江 西
							南昌县
96		40.19	49.38				安义县
274		14.22	18.42	525		157	进贤县
360		37.79	26.47	230	130	310	信丰县
				400	200	10	会昌县
							宜丰县
				21	21	150	铅山县
95		0.71	4.89	500	150	6630	余干县
							万年县
129949	12	83.55	88.70	6628	4485	41499	山 东
5428		80.34	93.70	286	130	400	平阴县

4-2 续表3

计量单位:万立方米

县名称 Name of Counties	计划用水户数（户） Planned Water Consumers（unit）	自备水计划用水户数 Planned Self-produced Water Consumers	计划用水户实际用水量		新水取用量 Fresh Water Used		重复利用量 Water Reused
			合计 Total	工业 Industry		工业 Industry	
商河县	58		3857	2922	758	69	3099
桓台县	6	6	18		18		
高青县	147	59	9502	9217	1397	1219	8105
沂源县	123	12	13293	12679	1728	1114	11565
利津县	32		25612	25550	3128	3066	22484
广饶县	101	36	16462	15500	1539	1364	14923
临朐县	28		2016	599	1490	74	526
昌乐县	263	81	3543	3538	2666	2661	877
微山县	20	12	370	207	211	87	159
鱼台县	40	5	444	390	214	180	230
金乡县	27	27	245	167	170	115	76
嘉祥县	37	12	406	143	308	57	98
汶上县	42	26	253	56	212	29	41
泗水县	144	142	2174	2174	259	259	1915
梁山县	31	9	311	280	182	151	130
宁阳县	451	4	1228	370	216	170	1012
东平县	585	7	245	160	72	40	173
五莲县	837		2948	2356	698	482	2250
莒　县	1157		3169	1915	1664	596	1505
沂南县	37	9	509	403	509	403	
郯城县	170	60	994	678	452	136	542
沂水县	148	147	1467	592	1041	166	426
兰陵县	76		87	22	87	22	
费　县	18	18	850	30	30	10	820
平邑县	17	17	32	29	22	22	10
莒南县	11	3	154	154	154	154	
蒙阴县	23	23	720	165	720	165	
临沭县	10	6	6	5	3	3	3
庆云县	2	2	480	232	375	127	105
临邑县	50		1680	532	1420	300	260
平原县	6	2	12860	12860	874	874	11986
惠民县	31		254	151	127	24	127
阳信县	18		3003	3000	453	450	2550
无棣县	34		3220	3151	382	313	2838
博兴县	47		40267	40182	1208	1123	39059
成武县	20	20	111	111	69	69	42
巨野县	85	85	723	166	131	84	592
郓城县	290	290	92	32	58	19	34
河南	**32631**	**11218**	**24162**	**10443**	**19034**	**6903**	**5128**
嵩　县	70	12	4		2		2
宜阳县	174	140	279	211	272	211	7

continued 3

Measurement Unit: 10000 cu. m

Actual Quantity of Water Used			节约用水量		节水措施投资总额（万元）	县名称
工 业	超计划定额用水量	重复利用率（%）	工 业	工 业		
Industry	Water Quantity Consumed in Excess of Quota	Reuse Rate	Industry	Industry	Total Investment in Water-Saving Measures (10000 RMB)	Name of Counties
2853	1	80.35	97.64	128	36	80	商河县
						1	桓台县
7998	10	85.30	86.77	6	5	10	高青县
11565		87.00	91.21	44	44	40	沂源县
22484		87.79	88.00	2110	1353	37000	利津县
14136		90.65	91.20	40	39	60	广饶县
526		26.08	87.73	61	54	40	临朐县
877		24.75	24.79	877	877	252	昌乐县
120		43.05	58.15	159	120	7	微山县
210		51.80	53.85	396	390	11	鱼台县
51		30.81	30.81	138	51	56	金乡县
86	1	24.12	60.00	98	86	32	嘉祥县
27		16.34	47.53	44	24	348	汶上县
1915		88.11	88.11	266	266	22	泗水县
130		41.60	46.23	150		240	梁山县
200		82.41	54.05	220	110	200	宁阳县
120		70.61	75.00	75	70	60	东平县
1874		76.32	79.54	30	27	8	五莲县
1319		47.49	68.88	35	32		莒县
							沂南县
542		54.56	80.00	217	170	856	郯城县
426		29.03	71.95	110	84	62	沂水县
						81	兰陵县
20		96.47	66.67				费县
6		30.30	21.78				平邑县
							莒南县
							蒙阴县
3		48.39	50.00	1	1	22	临沭县
105		21.85	45.34				庆云县
232		15.48	43.61	245	225	425	临邑县
11986		93.20	93.20	74	74	526	平原县
127		50.00	84.11	45	4		惠民县
2550		84.92	85.00				阳信县
2838		88.14	90.07	6	6	66	无棣县
39059		97.00	97.21	44	44	416	博兴县
42		37.50	37.50	23	23	66	成武县
82		81.83	49.42	592	82	66	巨野县
13		36.96	40.63	108	58	47	郓城县
3540	847	21.22	33.90	5684	3583	3021	河 南
		50.00		4			嵩县
		2.51		23	18		宜阳县

4-2 续表4

计量单位:万立方米

县名称 Name of Counties	计划用水户数（户） Planned Water Consumers (unit)	自备水计划用水户数 Planned Self-produced Water Consumers	计划用水户实际用水量				重复利用量 Water Reused
			合计 Total	工业 Industry	新水取用量 Fresh Water Used	工业 Industry	
洛宁县	12	12	354	25	254	12	100
伊川县	20		121		22		99
宝丰县	530	443	3016	970	2765	718	251
鲁山县	150	132	578	298	530	252	48
郏县	135	132	132	98	132	98	
安阳县	75	75	49	39	40	30	9
浚县	137	103	630	169	521	60	109
淇县	36	36	1136	1060	760	748	376
新乡县	158	139	450	201	450	201	
获嘉县	53	53	816	736	816	736	
原阳县	150	52	264	181	230	150	34
延津县	241		333	5	243	3	90
封丘县	52		1490	251	1370	146	120
南乐县	23	23	33	15	20	8	13
鄢陵县	28	15	78	3	78	3	
襄城县	143	113	1092	348	927	183	165
渑池县	134	39	753	179	243	66	510
南召县	139	139	217	197	160	145	57
方城县	350	35	860	315	610	145	250
西峡县	158	158	611	390	500	370	111
镇平县	131	47	1372	607	1246	513	126
内乡县	600	100	587	410	437	270	150
淅川县	292	292	500	405	410	319	90
社旗县	750	135	910	450	790	330	120
唐河县	143	143	673	281	178	83	495
新野县	580	173	1030	630	640	260	390
桐柏县	35	15	137	58	113	34	24
民权县	3300	90	458	454	8	4	450
宁陵县	15210	6335	107	75	76	45	31
虞城县	112	112	4	4	3	3	1
扶沟县	80	25	271	119	166	15	105
西华县	6752	995	110	25	90	13	20
商水县	625		90	14	89	13	1
郸城县	46	16	518	204	420	159	98
鹿邑县	11		150		120		30
上蔡县	381	351	590	118	499	27	91
平舆县	363	363	958	96	925	85	33
正阳县	58	58	580	180	580	180	
确山县	23	23	44	39	35	31	9
泌阳县	103	85	110	56	88	34	22
汝南县	38	9	615	8	615	8	

continued 4

Measurement Unit: 10000 cu. m

| 业 Industry	超计划定额 用水量 Water Quantity Consumed in Excess of Quota	重复利用率 (%) Reuse Rate (%)	工 业 Industry	节约用水量 Water Saved	工 业 Industry	节水措施投资总额（万元） Total Investment in Water-Saving Measures (10000 RMB)	县名称 Name of Counties
13	200	28.25	52.00	53	8		洛宁县
		81.74		90	41		伊川县
251		8.34	25.93	138	41		宝丰县
46		8.30	15.44	70	68		鲁山县
	2			76			郏 县
9		17.53	22.08	10	10	90	安阳县
108	8	17.26	64.27				浚 县
312		33.10	29.43				淇 县
				1335	600		新乡县
				259	254		获嘉县
31	3	12.76	17.06	302	260		原阳县
2		27.03	40.00				延津县
105		8.05	41.83	40	13	33	封丘县
7		39.39	46.67				南乐县
				91	89		鄢陵县
165		15.11	47.41	165	165		襄城县
113		67.73	63.27	22	16	19	渑池县
52	70	26.27	26.40	78	68	115	南召县
170		29.07	53.97	440	300	44	方城县
20		18.17	5.13	48			西峡县
94		9.18	15.49	144	117	1	镇平县
140		25.55	34.15	130	115	12	内乡县
86		18.00	21.23	155	122	16	淅川县
120	75	13.19	26.67	164	120	60	社旗县
198		73.55	70.46	595	440	48	唐河县
370	350	37.86	58.73	370	340	800	新野县
24	112	17.52	41.38	19		26	桐柏县
450		98.36	99.12	85	26	100	民权县
30		28.97	40.00	3	3		宁陵县
1		24.39	24.39				虞城县
105		38.58	87.71	219	95	7	扶沟县
12		18.24	47.99	14		1	西华县
1	8	1.11	7.14	40	13		商水县
45		18.92	22.06	68	68		郸城县
		20.00		12		8	鹿邑县
91	16	15.35	77.06	351	134		上蔡县
11		3.44	11.46	20	13		平舆县
							正阳县
8		20.25	20.07				确山县
22	3	20.00	39.29	22	22		泌阳县
				29	3	1641	汝南县

4-2 续表5

计量单位：万立方米

县名称 Name of Counties	计划用水户数（户） Planned Water Consumers (unit)	自备水计划用水户数 Planned Self-produced Water Consumers	计划用水户实际用水量				重复利用量 Water Reused
			合计 Total	工业 Industry	新水取用量 Fresh Water Used	工业 Industry	
遂平县	30		1053	521	560	192	493
湖 北	1401		2770	83	2620	83	150
竹溪县			880	83	730	83	150
云梦县	1401		1890		1890		
湖 南	29972	4951	15749	3741	13375	3266	2374
长沙县	345		2673	2151	2505	2109	168
炎陵县	30		96	79	96	79	
湘潭县	118	118	5412	231	5412	231	
衡阳县	4200	2600	386	250	181	112	205
绥宁县	12	12	725	236	502	203	223
安乡县	25	25	2698	217	2698	217	
汉寿县	937		373	137	337	117	36
澧县	17	17	153	64	127	38	26
慈利县	168	9	1880	240	190	50	1690
永兴县	650		226	136	200	110	26
桂东县	19200		343		343		
安仁县	3400	2170	780		780		
沅陵县	52						
麻阳苗族自治县	800		5		5		
通道县	18						
广 东	84633	1002	8611	381	8463	339	148
始兴县	2		43	34	22	14	21
翁源县			821		821		
新丰县	14490	734	21	20	19	19	2
平远县	68	68	6127	150	6127	150	
蕉岭县	27000	200	455	13	455	13	
陆河县	4		84	45	84	45	
紫金县	3600		1060	120	935	100	125
和平县	39469						
海 南	3774	49	5454	2800	5444	2790	10
屯昌县	3725						
临高县	1	1	983		983		
昌江县	48	48	4472	2800	4462	2790	10
重 庆	372	4	2415	974	2098	813	317
城口县	11		43		43		
丰都县	16	2	609	551	518	460	91
垫江县	30		219	109	219	109	
忠县	62		343	129	304	108	39
云阳县	51	1	230	13	230	13	
巫山县	11		59	8	59	8	
巫溪县	85		106	2	106	2	

continued 5

Measurement Unit: 10000 cu. m

Actual Quantity of Water Used			节 约 用水量		节水措施投资总额（万元）	县名称
工 业 Industry	超计划定额用水量 Water Quantity Consumed in Excess of Quota	重复利用率（%）Reuse Rate	工 业 Industry	Water Saved	工 业 Industry	Total Investment in Water-Saving Measures (10000 RMB)	Name of Counties

工业 Industry	超计划定额用水量	重复利用率(%)	工业 Industry	Water Saved	工业 Industry	投资总额	县名称
329		46.82	63.15				遂平县
		5.42		3			湖 北
		17.05		3			竹溪县
							云梦县
475	8	15.07	12.70	498	341	2884	湖 南
42		6.29	1.95	176	75	2150	长沙县
				11	11	200	炎陵县
				24	24		湘潭县
138		53.11	55.20				衡阳县
33		30.76	13.98	28	28	13	绥宁县
							安乡县
20	8	9.65	14.60	32	25		汉寿县
26		17.06	40.42	26	26	182	澧县
190		89.89	79.17	125	95	300	慈利县
26		11.50	19.12	36	32	10	永兴县
							桂东县
				36	26	26	安仁县
							沅陵县
							麻阳苗族自治县
				4	0	3	通道县
42	0	1.72	11.04	40	31	75	广 东
21		48.58	60.19	21	21		始兴县
							翁源县
1	0	9.92	6.72	1	1	75	新丰县
				18	10		平远县
							蕉岭县
							陆河县
20		11.79	16.67				紫金县
							和平县
10		0.18	0.36	33	5	121	海 南
							屯昌县
				27			临高县
10		0.22	0.36	6	5	121	昌江县
161	23	13.14	16.52	405	150	9855	重 庆
				1		50	城口县
91		14.98	16.56	91	91	4527	丰都县
				30		1100	垫江县
21		11.28	16.53	57	20	560	忠县
				4		864	云阳县
				25	0	1000	巫山县
				29	1	499	巫溪县

4-2 续表6

计量单位:万立方米

县名称 Name of Counties	计划用水户数（户） Planned Water Consumers (unit)	自备水计划用水户数 Planned Self-produced Water Consumers	计划用水户实际用水量					重复利用量 Water Reused
			合计 Total	工业 Industry	新水取用量 Fresh Water Used	工业 Industry	
石柱土家族自治县	43		375	97	188	48	188
秀山土家族苗族自治县	44	1	307	61	307	61	
酉阳土家族苗族自治县	14		73	3	73	3	
彭水苗族土家族自治县	5		52	2	52	2	
四 川	**343975**	**278**	**14884**	**4147**	**13289**	**3514**	**1595**
金堂县	4	4	1636	1510	1636	1510	
大邑县	134	100	803	386	725	310	78
蒲江县	42		138	102	138	102	
东部新区管理委员会	212	50	526		50		476
富顺县	18610		434	77	434	77	
中江县	41						
三台县	187	60	1326	332	1193	233	133
苍溪县	47		212	93	194	75	18
威远县	59	5	766	232	643	159	123
资中县	12		212		184		28
营山县							
眉山天府新区	10	9	1085	42	1085	42	
邻水县	123507		1789	122	1789	122	
渠 县	101483		1528	180	1528	180	
天全县	4		83	77	62	56	22
宝兴县	3300		72		65		7
南江县	63156		730		730		
安岳县	615		1260	590	713	348	547
乐至县	3143		481	216	382	144	99
九寨沟县	117		2	2	1	1	1
泸定县	5210		195		195		
丹巴县	5300	50	121		121		
雅江县			86		86		
甘孜县	3500						
石渠县	900		32	3	32	3	
普格县	7		39		36		3
木里县	2340		87	7	80		7
盐源县	10100		595		595		
德昌县	34						
会东县	6		60	7	60	7	
宁南县	1852		344	64	321	60	23
冕宁县	11		32		32		
越西县	15		106	106	86	86	20
美姑县			103		92		11
雷波县	17						

continued 6

Measurement Unit: 10000 cu. m

Industry	Water Quantity Consumed in Excess of Quota	Reuse Rate (%)	Industry	Water Saved	Industry	Total Investment in Water-Saving Measures (10000 RMB)	Name of Counties
48	3	50.00	50.00	107	34	750	石柱土家族自治县
	20			37		495	秀山土家族苗族自治县
				10	1	10	酉阳土家族苗族自治县
				15	3		彭水苗族土家族自治县
633	**33**	**10.72**	**15.26**	**1782**	**415**	**95**	四川
							金堂县
76		9.71	19.69				大邑县
							蒲江县
		90.53					东部新区管理委员会
							富顺县
							中江县
99		10.00	29.95	183	157	13	三台县
18		8.54	19.53	18	18		苍溪县
73		16.06	31.47	123	73		威远县
		13.21		28	1		资中县
				1022			营山县
	1						眉山天府新区
							邻水县
							渠县
22		25.90	27.95	22	22	10	天全县
		9.68					宝兴县
							南江县
242	9	43.41	41.02	130	90		安岳县
72		20.58	33.33	60	44		乐至县
0		27.41	18.35	0	0		九寨沟县
							泸定县
							丹巴县
							雅江县
							甘孜县
	23			20		22	石渠县
		7.69		3		15	普格县
7		8.05	100.00	20	5	23	木里县
				121			盐源县
							德昌县
				6	1		会东县
3		6.74	5.44	25	4	13	宁南县
				0			冕宁县
20		18.81	18.81				越西县
		10.69					美姑县
							雷波县

4-2 续表7

计量单位：万立方米

县名称 Name of Counties	计划用水户数（户） Planned Water Consumers (unit)	自备水计划用水户数 Planned Self-produced Water Consumers	计划用水户实际用水量					重复利用量 Water Reused
			合计 Total	工业 Industry	新水取用量 Fresh Water Used	工业 Industry	
贵 州	**939**	**458**	**20871**	**13872**	**3971**	**1054**	**16900**
息烽县	223	122	4232	2438	2221	427	2011
修文县	160	85	11469	11164	766	461	10703
大方县	20		123		123		
德江县	39		202				202
普安县	230	210	217	46	196	28	21
安龙县	15		67		67		
施秉县	13	6	65		65		
从江县	22		103	20	103	20	
贵定县	28		92	77	92	77	
独山县	69	11	265	61	240	36	25
罗甸县	20	3	85	9	81	6	4
长顺县	100	21	3952	58	19		3933
云 南	**124913**	**5267**	**4537**	**1723**	**3552**	**1082**	**986**
嵩明县	182		397	397	274	274	123
富民县	102	45	492		492		
禄劝彝族苗族自治县	96		6	1	3		3
寻甸县	88						
昆明阳宗海风景名胜区	30	10	1746	860	1226	560	520
罗平县	6110	5132	511	121	486	106	25
绥江县	22000		531	84	500	55	32
凤庆县	12000	80	248	153	120	45	128
永德县	19251		222		222		
耿马县	16457		45	45	23	23	22
牟定县							
大姚县	32390		54				54
金平县	6		38		38		
福贡县	4135						
兰坪白族普米族自治县	9666		247	61	169	19	78
德钦县	2400						
西 藏	**200**	**200**	**15**		**15**		
安多县	200	200	15		15		
陕 西	**87510**	**1112**	**40799**	**36167**	**8980**	**4783**	**31819**
扶风县	15	8	231	210	133	112	98
陇 县	25	25	34	34	25	25	9
三原县	77	58	809	701	323	278	486
泾阳县	5671	4	400	14	197	14	203
乾 县	53		325	149	293	120	32
永寿县	8	8	21	21			21
长武县	31	26	1475	1113	745	384	729
旬邑县	171		139	69	124	61	15

计量单位：万立方米

continued 7

Measurement Unit: 10000 cu. m

Actual Quantity of Water Used				节约用水量		节水措施投资总额（万元）	县名称
工 业 Industry	超计划定额用水量 Water Quantity Consumed in Excess of Quota	重复利用率（%） Reuse Rate	工 业（%） Industry	工 业 Water Saved	工 业 Industry	Total Investment in Water-Saving Measures (10000 RMB)	Name of Counties
12818	**62**	**80.97**	**92.40**	**5476**	**393**	**633**	贵　州
2011	47	47.52	82.49	5296	299	592	息烽县
10703		93.32	95.87	53	53	25	修文县
							大方县
			100.00				德江县
18	9	9.70	38.88	5	3		普安县
				0			安龙县
							施秉县
							从江县
						1	贵定县
25		9.45	41.08	114	32	15	独山县
3	6	4.73	34.97	8	6		罗甸县
58		99.53	100.00				长顺县
640	**93**	**21.72**	**37.17**	**376**	**311**	**1028**	云　南
123	33	31.00	31.00	123	123		嵩明县
							富民县
1		50.00	100.00	4	1	240	禄劝彝族苗族自治县
							寻甸县
300		29.79	34.88	30	25	10	昆明阳宗海风景名胜区
15	60	4.89	12.40	50	15	20	罗平县
29		6.00	34.66	14	14	3	绥江县
108		51.61	70.59	148	128	600	凤庆县
							永德县
22		48.89	48.89				耿马县
				7	5	155	牟定县
			100.00				大姚县
							金平县
							福贡县
42		31.76	68.45				兰坪白族普米族自治县
							德钦县
							西　藏
							安多县
31384	**54**	**77.99**	**86.78**	**2773**	**2513**	**7521**	陕　西
98		42.42	46.67	116	108	100	扶风县
9		26.30	26.30	6	6	140	陇　县
423		60.09	60.37	486	423	135	三原县
			50.78	32	9		泾阳县
29	23	9.85	19.69				乾　县
21		100.00	100.00	12	12	4	永寿县
729		49.45	65.49	729	729	91	长武县
8		11.02	11.08	25	9	18	旬邑县

4-2 续表 8

计量单位：万立方米

县名称 Name of Counties	计划用水户数（户） Planned Water Consumers (unit)	自备水计划用水户数 Planned Self-produced Water Consumers	计划用水户实际用水量				重复利用量 Water Reused
			合计 Total	工业 Industry	新水取用量 Fresh Water Used	工业 Industry	
淳化县	2	2	6	6	5	5	1
合阳县	23	5	19	13	11	9	8
澄城县	20420	65	609	211	570	172	39
蒲城县	30	30	33	8	28	3	5
白水县	13670		218	44	182	34	36
延长县	300		94	16	52	9	42
延川县	1126		100	28	100	28	
志丹县	5000		342		342		
宜川县	4156		133		133		
宁强县	46	9	451	23	448	21	3
略阳县	33	28	29510	29485	530	525	28980
靖边县	202	30	4044	3796	3064	2816	980
清涧县	22	5	2	1			2
石泉县	3		295	7	295	7	
紫阳县	5400	580	209	97	153	79	56
平利县	18000	210	300	43	275	32	25
白河县	12988		204		204		
丹凤县	13	12	380	52	377	49	3
商南县	25	7	416	26	371		46
甘　肃	**60244**	**2196**	**2128**	**232**	**1694**	**229**	**434**
皋兰县	2190	2190	232	103	232	103	
榆中县	69		314		314		
民勤县	10		23		23		
临泽县	183	6	386	90	298	90	88
金塔县	21102		202		202		
瓜州县	27782		686		433		252
肃北蒙古族自治县	4685		135	21	112	18	23
阿克塞哈萨克族自治县	4200		81		10		71
渭源县	23		69	18	69	18	
宁　夏	**24788**	**13**	**1306**	**953**	**1306**	**953**	
永宁县	1	1	0				
贺兰县	153	12	880	748	880	748	
隆德县	24615		272	51	272	51	
彭阳县	19		154	154	154	154	
新　疆	**2251**	**10**	**1003**	**156**	**1000**	**156**	**3**
鄯善县	136		79	79	79	79	
托克逊县	180		2				2
若羌县	1000						
焉耆回族自治县	120	10	121	10	120	10	1
和静县	5						
巴楚县	810		801	67	801	67	

continued 8

Measurement Unit: 10000 cu. m

Actual Quantity of Water Used		Reuse Rate (%) 重复利用率(%)		Water Saved 节约用水量		节水措施投资总额(万元) Total Investment in Water-Saving Measures (10000 RMB)	县名称 Name of Counties
工业 Industry	超计划定额用水量 Water Quantity Consumed in Excess of Quota		工业 Industry		工业 Industry		
1		19.05	19.67	1	1	20	淳化县
4	9	42.11	30.77	8	4	8	合阳县
39	10	6.40	18.48	75	58	2580	澄城县
5	1	15.15	62.50	9	6	10	蒲城县
10	9	16.51	21.84	36	11	100	白水县
7		44.68	43.75	51		8	延长县
							延川县
							志丹县
							宜川县
3		0.55	10.69	3	3	85	宁强县
28960	1	98.20	98.22	90	89	56	略阳县
980		24.23	25.82	980	980	3480	靖边县
1		100.00	100.00	2	1		清涧县
				1		4	石泉县
18	2	26.86	18.56	45	21	280	紫阳县
11		8.33	25.58	15	9	180	平利县
				5		50	白河县
3		0.79	5.78				丹凤县
26		11.01	100.00	46	26	180	商南县
3	**6**	**20.40**	**1.29**	**48**	**8**	**56**	**甘　肃**
							皋兰县
							榆中县
				5			民勤县
		22.78		17			临泽县
	5						金塔县
		36.81					瓜州县
3	1	17.04	14.29	14	4	26	肃北蒙古族自治县
	0	87.17					阿克塞哈萨克族自治县
				12	4	30	渭源县
	14			**485**	**236**	**200**	**宁　夏**
							永宁县
	14			300	201	200	贺兰县
				177	34		隆德县
				8			彭阳县
		0.30		**52**			**新　疆**
							鄯善县
		100.00					托克逊县
							若羌县
		0.83					焉耆回族自治县
							和静县
				52			巴楚县

五、县城燃气
County Seat Gas

简要说明

县城燃气指符合《城镇燃气设计规范》的规定，供县城生产和生活作燃料使用的人工煤气、天然气和液化石油气等气体能源。

本部分分人工煤气、天然气和液化石油气三部分，主要包括县城燃气的供应能力、供应量、服务情况等内容。

Brief Introduction

County seat gas is a general designation describing gaseous energy such as man-made coal gas, natural gas and LPG, which is provided for county seat production and domestic use according to *Code for design of city gas engineering*.

This section includes three parts: statistics on man-made coal gas, natural gas and LPG. Indicators such as supply capacity, quantity of gas supplied, service, etc. are used.

5　全国历年县城燃气情况(2000—2023)

年份 Year	人工煤气 Man-Made Coal Gas				天然气	
	供气总量 （亿立方米） Total Gas Supplied (100 Million cu. m)	居民家庭 Households	用气人口 （万人） Population with Access to Gas (10000 persons)	管道长度 （公里） Length of Gas Supply Pipeline (km)	供气总量 （亿立方米） Total Gas Supplied (100 Million cu. m)	居民家庭 Households
2000	1.72	1.63	73.10	615	3.31	2.25
2001	2.14	1.85	89.85	424	4.37	2.71
2002	1.19	1.13	68.30	493	6.36	3.30
2003	0.73	0.60	51.33	519	7.67	4.16
2004	1.80	1.51	81.91	551	10.97	5.43
2005	3.04	2.01	127.35	830	18.12	5.83
2006	1.26	0.49	54.58	745	16.47	7.11
2007	1.44	0.51	58.52	1158	24.45	7.01
2008	2.68	1.84	72.22	1426	23.26	9.00
2009	1.78	0.97	69.12	1459	32.16	13.79
2010	4.06	1.03	69.97	1520	39.98	17.09
2011	9.51	1.14	66.53	1458	53.87	22.83
2012	8.57	1.08	53.58	1255	70.14	28.11
2013	7.65	2.24	63.15	1345	81.58	31.55
2014	8.49	2.12	56.05	1542	92.65	34.50
2015	8.21	2.29	55.50	1376	102.60	37.97
2016	7.18	1.03	60.08	1366	105.70	39.25
2017	7.41	1.38	65.65	1296	137.96	48.00
2018	6.22	3.31	68.90	1869	171.04	57.61
2019	3.62	1.69	70.20	2671	201.87	67.21
2020	4.17	1.92	69.50	2761	214.53	72.13
2021	4.42	2.23	69.91	2743	253.64	79.82
2022	3.96	1.90	57.01	2289	273.64	87.15
2023	1.36	0.43	22.27	768	299.84	91.47

注：自 2006 年起，燃气普及率指标按县城人口和县城暂住人口合计为分母计算。

National County Seat Gas in Past Years (2000—2023)

Natural Gas		液 化 石 油 气 LPG				燃气普及率(%)
用气人口(万人) Population with Access to Gas (10000 persons)	管道长度(公里) Length of Gas Supply Pipeline (km)	供气总量(万吨) Total Gas Supplied (10000 tons)	居民家庭 Households	用气人口(万人) Population with Access to Gas (10000 persons)	管道长度(公里) Length of Gas Supply Pipeline (km)	Gas Coverage Rate (%)
237	5268	110.84	98.23	2723	96	54.41
274	6400	127.55	109.90	3653	674	44.55
316	7398	142.42	124.23	4025	760	49.69
361	8397	174.45	140.17	4508	1033	53.28
437	9881	188.94	156.37	4961	1172	56.87
519	12602	185.90	147.10	5151	1203	57.80
780	17487	195.04	147.07	5405	1728	52.45
943	21882	203.22	158.60	6217	2355	57.33
1123	27110	202.14	160.60	6504	2899	59.11
1404	34214	212.58	171.00	6776	3136	61.66
1835	42156	218.50	174.97	7098	3053	64.89
2414	52450	242.17	205.23	7058	2594	66.52
2926	66697	256.94	212.13	7241	2773	68.50
3555	77122	241.07	196.89	7208	2236	70.91
4165	88862	235.32	198.38	7242	2538	73.24
4715	106466	230.01	192.99	7081	2068	75.90
5096	105966	219.22	184.36	6919	1579	78.19
6186	126539	215.48	183.50	6458	1504	81.35
6848	144314	214.06	181.31	6243	1829	83.85
7520	167650	217.10	177.81	6128	1865	86.47
8170	186244	199.54	170.15	5874	1461	89.07
8679	206014	190.75	163.47	5391	2317	90.32
9194	225873	187.38	156.61	5013	1386	91.38
9654	254143	189.69	155.26	4595	1721	92.45

Note: Since 2006, gas coverage rate has been calculated based on denominator which combines both permanent and temporary residents in county seat areas.

5-1-1 2023年按省分列的县城人工煤气

地区名称 Name of Regions	生产能力 （万立方米/日） Production Capacity (10000 cu. m/day)	储气能力 （万立方米） Gas Storage Capacity (10000 cu. m)	供气管道长度(公里) Length of Gas Supply Pipeline (km)	自制气量 （万立方米） Self-Produced Gas (10000 cu. m)	供气总量(万立方米) 合计 Total
全　国		200.50	768.26		13574.71
河　北		7.00	768.26		13245.76
山　西					
内蒙古					328.52
辽　宁					
吉　林					
黑龙江					
江　苏					
浙　江					
安　徽					
福　建					
江　西					
山　东					
河　南					
湖　北					
湖　南					
广　东					
广　西					
海　南					
重　庆					
四　川					
贵　州					
云　南		193.50			0.43
西　藏					
陕　西					
甘　肃					
青　海					
宁　夏					
新　疆					

County Seat Man-made Coal Gas by Province(2023)

Total Gas Supplied(10000 cu. m)		燃气损失量 Loss Amount	用气户数 （户） Number of Households with Access to Gas(unit)	居民家庭 Households	用气人口 （万人） Population with Access to Gas (10000 persons)	地区名称 Name of Regions
销售气量 Quantity Sold	居民家庭 Households					
13497.71	**4271.71**	**77.00**	**83779**	**81873**	**22.27**	全　国
13197.27	3971.57	48.49	74941	74115	19.72	河　北
						山　西
300.02	300.02	28.50	1400	1400	0.30	内蒙古
						辽　宁
						吉　林
						黑龙江
						江　苏
						浙　江
						安　徽
						福　建
						江　西
						山　东
						河　南
						湖　北
						湖　南
						广　东
						广　西
						海　南
						重　庆
						四　川
						贵　州
0.42	0.12	0.01	7438	6358	2.25	云　南
						西　藏
						陕　西
						甘　肃
						青　海
						宁　夏
						新　疆

5-1-2 2023年按县分列的县城人工煤气

县名称 Name of Counties	生产能力 （万立方米/日） Production Capacity (10000 cu. m/day)	储气能力 （万立方米） Gas Storage Capacity (10000 cu. m)	供气管道长度（公里） Length of Gas Supply Pipeline (km)	自制气量 （万立方米） Self-Produced Gas (10000 cu. m)	供气总量(万立方米) 合计 Total
全　国		200.50	768.26		13574.71
河　北		7.00	768.26		13245.76
滦南县			32.90		6136.79
涉　县		7.00	735.36		7108.97
内蒙古					328.52
察右中旗					328.52
云　南		193.50			0.43
宜良县		193.50			0.43

County Seat Man-made Coal Gas by Province (2023)

Total Gas Supplied (10000 cu. m)		燃气损失量 Loss Amount	用气户数 (户) Number of Households with Access to Gas (unit)	居民家庭 Households	用气人口 (万人) Population with Access to Gas (10000 persons)	县名称 Name of Counties
销售气量 Quantity Sold	居民家庭 Households					
13497.71	4271.71	77.00	83779	81873	22.27	全　国
13197.27	3971.57	48.49	74941	74115	19.72	河　北
6096.30		40.49	17			滦南县
7100.97	3971.57	8.00	74924	74115	19.72	涉　县
300.02	300.02	28.50	1400	1400	0.30	内蒙古
300.02	300.02	28.50	1400	1400	0.30	察右中旗
0.42	0.12	0.01	7438	6358	2.25	云　南
0.42	0.12	0.01	7438	6358	2.25	宜良县

5-2-1　2023年按省分列的县城天然气

地区名称 Name of Regions	储气能力 （万立方米） Gas Storage Capacity (10000 cu. m)	供气管道长度 （公里） Length of Gas Supply Pipeline (km)	供气总量(万立方米)			
			合计 Total	销售气量 Quantity Sold	居民家庭 Households	集中供热 Central Heating
全　国	17452.18	254142.70	2998378.86	2953266.67	914715.46	174484.14
河　北	1103.50	27644.24	293090.21	288079.94	108669.59	31060.77
山　西	546.93	14108.32	182672.97	179970.52	52779.12	19660.51
内蒙古	1117.01	5517.98	74298.99	72997.94	15193.31	7786.19
辽　宁	191.81	3112.41	68323.93	67819.15	11062.14	302.09
吉　林	138.55	1635.61	12543.05	12359.71	4341.96	368.85
黑龙江	390.56	1981.92	13888.09	13634.22	4762.49	1311.70
江　苏	636.88	10435.97	130300.63	128563.87	38384.02	500.00
浙　江	742.60	10077.56	187594.66	186774.36	15071.54	
安　徽	714.04	15877.28	234397.49	228194.56	47894.38	
福　建	678.86	6356.76	56916.89	56269.23	9393.27	
江　西	1175.93	10960.89	153280.03	151850.83	29608.76	1082.30
山　东	787.77	21798.89	306904.01	304060.65	76170.25	10646.63
河　南	879.74	17724.69	199041.82	195666.51	84450.33	6238.80
湖　北	346.35	12254.78	54434.34	53635.18	24348.10	110.34
湖　南	2057.41	14531.87	100680.29	99346.51	46534.31	
广　东	470.18	4370.37	43649.98	43390.21	9760.99	357.00
广　西	299.33	2816.34	24146.84	24012.72	6491.80	
海　南	124.64	899.64	6108.22	6068.70	692.29	
重　庆	72.19	3023.72	32485.15	31463.03	20178.70	480.82
四　川	369.82	34551.06	242900.40	235461.47	135901.44	73.13
贵　州	619.01	5169.66	53205.94	52833.00	11257.82	30.14
云　南	582.19	4082.92	30033.50	29762.64	3582.78	
西　藏						
陕　西	2196.54	11497.51	165257.71	163416.33	64448.04	44188.51
甘　肃	407.19	2719.54	63973.18	63245.42	15370.72	12621.76
青　海	86.30	1016.40	38204.43	37691.07	11778.63	11540.60
宁　夏	62.47	2408.80	57837.37	56934.17	15258.99	3150.60
新　疆	654.38	7567.57	172208.74	169764.73	51329.69	22973.40

County Seat Natural Gas by Province (2023)

Total Gas Supplied (10000 cu. m) 燃气汽车 Gas-Powered Automobiles	燃气损失量 Loss Amount	用气户数（户）Number of Household with Access to Gas (unit)	居民家庭 Households	用气人口（万人）Population with Access to Gas (10000 persons)	天然气汽车加气站（座）Gas Stations for CNG-Fueled Motor Vehicles (unit)	地区名称 Name of Regions
327545.76	**45112.19**	**36840827**	**35400137**	**9653.96**	**1973**	全 国
18546.94	5010.27	3604631	3502995	846.12	132	河 北
28843.72	2702.45	1701445	1673915	467.45	154	山 西
21735.89	1301.05	805681	733904	202.45	160	内蒙古
5440.67	504.78	437105	431605	105.35	55	辽 宁
5248.23	183.34	377199	366165	85.31	46	吉 林
4667.80	253.87	379829	363724	98.60	74	黑龙江
3854.41	1736.76	1773434	1753965	426.98	39	江 苏
601.13	820.30	1087958	1077178	270.66	10	浙 江
17363.28	6202.93	2520620	2382845	679.32	63	安 徽
662.12	647.66	783280	773712	232.48	6	福 建
514.93	1429.20	1520765	1268907	368.90	9	江 西
11246.30	2843.36	3300001	3257671	902.39	103	山 东
10022.41	3375.31	3549513	3462924	1094.43	114	河 南
3785.58	799.16	1220014	1199591	278.80	35	湖 北
4493.71	1333.78	2157604	2114732	615.24	32	湖 南
1089.20	259.77	674164	669588	211.47	5	广 东
10.60	134.12	415448	410729	127.57	4	广 西
3562.44	39.52	106108	104945	21.79	14	海 南
2778.73	1022.12	835673	800244	174.08	17	重 庆
21756.68	7438.93	4687099	4480689	1031.00	107	四 川
1954.11	372.94	547778	525310	188.86	33	贵 州
2011.00	270.86	316565	308451	137.59	16	云 南
						西 藏
24310.40	1841.38	1526563	1421872	400.25	208	陕 西
30059.85	727.76	624645	576594	215.48	114	甘 肃
2639.83	513.36	201605	182154	57.01	22	青 海
17605.39	903.20	389933	368671	75.15	95	宁 夏
82740.41	2444.01	1296167	1187057	339.23	306	新 疆

5-2-2　2023年按县分列的县城天然气

县名称 Name of Counties	储气能力 （万立方米） Gas Storage Capacity (10000 cu. m)	供气管道长度 （公里） Length of Gas Supply Pipeline (km)	供气总量(万立方米)			
			合计 Total	销售气量 Quantity Sold	居民家庭 Households	集中供热 Central Heating
全　国	17452.18	254142.70	2998378.86	2953266.67	914715.46	174484.14
河　北	1103.50	27644.24	293090.21	288079.94	108669.59	31060.77
井陉县	10.48	94.97	3850.38	3786.75	712.57	
正定县		1052.04	4180.95	4165.17	2844.82	820.35
行唐县		132.03	622.25	603.89	351.50	
灵寿县		83.40	1633.00	1525.00	1438.00	32.00
高邑县		610.00	13488.00	13458.00	2080.00	650.00
深泽县	15.00	170.00	210.10	200.00	117.00	2.80
赞皇县	9.80	115.00	15403.10	15403.00	51.00	
无极县	1.00	128.00	2566.84	2474.11	549.64	1924.46
平山县	7.70	120.38	666.20	656.00	262.00	
元氏县		416.76	9095.48	8913.57	589.03	3559.96
赵　县	2.05	395.65	2621.60	2580.34	976.20	72.19
滦南县		57.57	2724.84	2637.39	2547.77	1.82
乐亭县	1.60	189.66	580.28	575.39	432.52	68.99
迁西县		157.37	12258.54	12250.36	329.56	
玉田县		182.86	7783.90	7670.13	2889.28	895.70
曹妃甸区	39.50	356.77	9983.73	9971.20	784.09	107.59
青龙满族自治县	8.60	105.08	473.75	468.77	164.49	
昌黎县	4.00	382.90	1082.65	1069.00	804.00	
卢龙县		17.26	103.02	99.86	99.86	
临漳县	6.00	1649.00	3180.00	3120.00	1348.00	
成安县	13.00	1185.00	10385.00	10190.00	1813.00	290.00
大名县	10.00	635.00	5578.08	5288.69	4774.59	506.10
涉　县	3.73	19.60	165.56	163.83	36.60	
磁　县		257.00	2200.00	2099.00	1560.00	
邱　县		75.00	1338.42	1328.96	1328.96	
鸡泽县	6.50	376.00	3090.00	3000.00	1000.00	534.00
广平县	3.00	180.00	2374.70	2373.70	2373.70	
馆陶县	99.10	46.00	421.00	411.00	163.00	142.00
魏　县	94.00	152.73	2341.73	2340.63	2313.55	27.08
曲周县	45.00	82.00	2403.60	2402.80	1740.40	662.40
临城县	6.00	637.74	373.23	355.69	316.31	
内丘县	6.00	758.50	1941.60	1941.00	485.00	280.00
柏乡县		78.50	887.30	864.30	659.00	
隆尧县	50.00	150.00	1555.22	1554.00	1533.00	
宁晋县		2172.91	14223.29	13807.29	7805.80	
巨鹿县			6420.88	6375.49	5032.76	196.00
新河县	20.00	78.30	438.40	429.00	293.00	
广宗县		619.00	3396.00	3227.00	345.00	33.00
平乡县		1205.17	5532.83	5526.83	267.37	1600.00
威　县		183.00	1030.50	1030.00	1030.00	

County Seat Natural Gas by County(2023)

Total Gas Supplied(10000 cu. m) Gas-Powered Automobiles	燃气损失量 Loss Amount	用气户数（户） Number of Household with Access to Gas (unit)	居民家庭 Households	用气人口（万人）Population with Access to Gas (10000 persons)	天然气汽车加气站（座）Gas Stations for CNG-Fueled Motor Vehicles (unit)	县名称 Name of Counties
327545.76	45112.19	36840827	35400137	9653.96	1973	全　国
18546.94	5010.27	3604631	3502995	846.12	132	河　北
2145.10	63.63	31644	31549	5.98	10	井陉县
500.00	15.78	100374	99772	21.13	8	正定县
252.00	18.36	23254	21368	5.02	4	行唐县
55.00	108.00	31151	31150	6.10	2	灵寿县
870.00	30.00	43000	42000	5.50	5	高邑县
	10.10	13415	13234	7.30		深泽县
	0.10	2143	2120	0.64		赞皇县
	92.73	18530	18524	7.20		无极县
378.00	10.20	26822	26756	11.65	4	平山县
	181.91	21109	20926	8.38		元氏县
18.80	41.26	39209	38962	13.00	3	赵　县
2.87	87.45	56460	55272	15.01	6	滦南县
	4.89	48090	47784	14.68		乐亭县
425.30	8.18	30992	30827	12.00	4	迁西县
	113.77	79807	79425	16.40		玉田县
7184.48	12.53	48091	48055	10.54	7	曹妃甸区
63.28	4.98	22609	22473	6.10	1	青龙满族自治县
60.00	13.65	36727	36245	11.39	1	昌黎县
	3.16	12436	12436	4.23		卢龙县
	60.00	28798	28385	12.16		临漳县
210.00	195.00	51100	51000	10.60	1	成安县
8.00	289.39	56887	56535	23.06	1	大名县
127.23	1.73	3463	3443	1.21	7	涉　县
	101.00	58610	58247	15.34		磁　县
	9.46	31400	31400	11.80		邱　县
120.00	90.00	29804	29503	12.14	1	鸡泽县
	1.00	20300	20300	8.12		广平县
96.00	10.00	10522	10463	4.87	1	馆陶县
	1.10	90950	90112	36.38		魏　县
	0.80	45464	39722	9.60		曲周县
20.20	17.54	12669	12644	3.00	1	临城县
36.00	0.60	22727	22527	8.22	2	内丘县
64.00	23.00	14007	13942	5.05	1	柏乡县
21.00	1.22	33655	33650	9.76	1	隆尧县
	416.00	65833	65186	21.18		宁晋县
	45.39	105765	105539	12.75		巨鹿县
	9.40	18292	16275	5.65		新河县
	169.00	27620	27459	7.29		广宗县
	6.00	28000	27723	7.84		平乡县
	0.50	32118	32118	13.20		威　县

5-2-2 续表1

县名称 Name of Counties	储气能力 （万立方米） Gas Storage Capacity (10000 cu. m)	供气管道长度 （公里） Length of Gas Supply Pipeline (km)	供气总量(万立方米)			
			合计 Total	销售气量 Quantity Sold	居民家庭 Households	集中供热 Central Heating
清河县		927.90	4845.00	4782.00	1332.00	
临西县	12.00	242.50	1280.96	1271.86	375.00	133.00
博野县	3.00	126.37	2572.45	2560.00	715.00	1585.00
涞水县	5.00	349.50	1136.76	1082.71	609.71	
阜平县	1.00	72.90	903.00	868.00	236.00	203.00
白沟新城		421.03	2879.76	2821.72	1600.00	28.56
定兴县	10.00	120.00	3223.80	2985.00	2079.00	
唐　县		312.16	1732.48	1713.48	1127.48	586.00
高阳县		170.00	5389.68	5159.13	1444.57	
涞源县	3.00	64.61	615.50	615.00	72.00	
望都县		165.00	2419.33	2369.33	1973.87	
易　县	6.00	78.00	580.35	551.42	551.42	
曲阳县		135.78	290.70	279.90	173.40	
蠡　县		164.00	4517.00	4489.00	671.00	3769.00
顺平县		63.91	3710.00	3650.00	540.00	90.00
张北县	19.00	289.21	1372.01	1353.01	154.40	89.18
康保县						
沽源县	6.00	87.27	116.78	113.78	59.68	13.00
尚义县	28.00	32.53	2185.70	2185.15	188.90	
蔚　县	12.00	201.42	346.87	343.79	170.69	30.43
阳原县	5.20	11.84	449.88	437.88	437.88	
怀安县	28.00	130.51	318.80	311.00	245.00	66.00
怀来县	2.12	109.00	1093.55	1072.27	890.37	181.90
涿鹿县	6.00	248.05	613.44	610.66	207.46	105.00
赤城县	3.00	47.58	69.52	68.82	46.50	5.80
承德县	9.00	75.00	329.50	323.00	133.00	
兴隆县	0.60	13.00	39.50	39.00	39.00	
滦平县	5.00	14.50	356.00	354.00	52.00	302.00
隆化县	10.00	129.10	366.00	356.00	275.00	
丰宁满族自治县	10.00	108.00	764.86	746.80	555.30	46.70
宽城满族自治县	15.00	76.36	645.00	643.00	276.00	
围场满族蒙古族自治县	6.00	70.00	445.00	439.00	260.00	
青　县		620.65	3846.52	3663.31	2201.83	
东光县	1.50	1334.40	3176.80	3023.50	2537.82	
海兴县	100.00	57.50	328.25	323.20	218.06	90.56
盐山县		195.20	2889.00	2888.10	1654.00	145.00
肃宁县		61.50	815.50	814.90	811.00	
南皮县	10.00	321.07	1178.90	1139.70	701.47	438.23
吴桥县	10.00	504.44	1995.76	1946.13	1019.38	794.10
献　县	5.00	264.52	994.91	992.97	913.20	
孟村回族自治县		224.00	2310.00	2200.00	975.00	
固安县	100.00	696.86	13764.00	13640.00	3004.80	3416.00

continued 1

Total Gas Supplied (10000 cu. m)		用气户数（户）	居民家庭	用气人口（万人）	天然气汽车加气站（座）	县名称
燃气汽车 Gas-Powered Automobiles	燃气损失量 Loss Amount	Number of Household with Access to Gas (unit)	Households	Population with Access to Gas (10000 persons)	Gas Stations for CNG-Fueled Motor Vehicles (unit)	Name of Counties
	63.00	411483	411283	23.73		清河县
	9.10	24009	23591	8.72		临西县
260.00	12.45	20874	19416	5.99	1	博野县
51.00	54.05	18656	18527	6.05	2	涞水县
0.57	35.00	8497	8434	2.00	1	阜平县
	58.04	73556	69702	9.70		白沟新城
100.00	238.80	48100	46000	10.00	1	定兴县
	19.00	35300	34822	9.05		唐县
	230.55	32300	31400	7.20		高阳县
	0.50	13040	13000	3.90		涞源县
28.00	50.00	43200	42000	8.04	1	望都县
	28.93	27500	27500	7.01		易县
	10.80	24945	24240	10.00		曲阳县
21.00	28.00	23000	14000	5.50	1	蠡县
	60.00	14200	12400	4.37		顺平县
1109.43	19.00	31091	24958	7.04	8	张北县
						康保县
41.10	3.00	23652	23569	5.80	1	沽源县
1409.90	0.55	9800	9795	3.07	7	尚义县
	3.08	29970	28032	7.99		蔚县
	12.00	18173	18173	5.45		阳原县
	7.80	7735	5785	1.93		怀安县
	21.28	67091	65205	9.85		怀来县
174.93	2.78	35409	35200	9.71	1	涿鹿县
	0.70	7577	7542	1.66		赤城县
30.00	6.50	16600	16500	5.00	1	承德县
	0.50	6500	6500	1.70		兴隆县
	2.00	7150	6500	2.25		滦平县
81.00	10.00	30000	28000	5.20	1	隆化县
	18.06	42927	42832	8.19		丰宁满族自治县
	2.00	9618	9611	1.72		宽城满族自治县
36.00	6.00	38830	38762	9.32	1	围场满族蒙古族自治县
12.43	183.21	46779	46322	10.67	1	青县
182.70	153.30	32857	32667	10.12	2	东光县
14.58	5.05	17856	17464	4.62	1	海兴县
150.00	0.90	36493	32156	8.74	1	盐山县
	0.60	28367	28347	8.04		肃宁县
	39.20	28011	27539	7.00		南皮县
132.65	49.63	21579	21467	5.37	2	吴桥县
73.22	1.94	42121	42033	11.09	5	献县
	110.00	32500	17500	4.58		孟村回族自治县
	124.00	73896	62600	18.61		固安县

5-2-2 续表2

县名称 Name of Counties	储气能力 (万立方米) Gas Storage Capacity (10000 cu. m)	供气管道长度 (公里) Length of Gas Supply Pipeline (km)	供气总量(万立方米)			
			合计 Total	销售气量 Quantity Sold	居民家庭 Households	集中供热 Central Heating
永清县		321.05	8798.85	8640.20	2873.30	
香河县		494.60	2176.40	2176.20	1976.00	
大城县		171.02	8900.00	8700.00	1650.00	730.00
文安县	38.00	216.00	7877.22	7684.16	6387.92	
大厂回族自治县		293.07	3642.54	3578.80	1161.23	2165.73
枣强县	5.01	277.70	616.55	599.14	546.94	
武邑县	2.01	90.93	5090.00	5080.00	720.00	470.00
武强县	12.00	7.50	600.10	600.00	82.50	0.90
饶阳县		39.10	2667.00	2657.00	193.00	2281.00
安平县	90.00	380.00	7058.00	6840.00	2030.00	
故城县	2.00	93.00	508.00	506.00	344.00	
景县	20.00	190.00	3366.00	3339.00	1046.00	15.00
阜城县	25.00	121.00	1307.72	1306.72	1207.32	
容城县	9.00	78.00	871.00	836.00	95.00	46.00
雄县	4.00	129.95	2484.00	2376.00	1817.00	
安新县	3.00	96.00	1612.06	1596.06	768.82	827.24
山西	546.93	14108.32	182672.97	179970.52	52779.12	19660.51
清徐县		385.44	2139.00	2033.00	1653.00	
阳曲县	4.00	423.85	6163.80	6147.20	1596.02	
娄烦县		18.50	1567.12	1566.92	45.20	28.00
阳高县	4.00	119.80	308.08	307.87	114.68	
天镇县	0.40	83.70	110.22	108.32	74.12	
广灵县	2.00	38.70	253.47	252.00	26.00	
灵丘县		176.52	773.44	773.34	170.43	85.00
浑源县	2.00	71.68	305.80	302.77	50.81	
左云县	12.00	54.54	1485.41	1484.51	44.49	55.52
云州区		135.73	4804.65	4804.00	106.00	
平定县	42.40	1074.11	20105.18	19943.02	3224.30	
盂县	9.00	397.00	3230.00	3148.00	1462.00	219.00
襄垣县		385.00	715.00	700.00	320.00	
平顺县	4.00	101.20	150.00	145.00	145.00	
黎城县		259.26	628.04	623.54	130.00	493.54
壶关县		317.93	1380.03	1365.02	510.65	
长子县		183.98	3156.14	3114.14	154.49	
武乡县	1.30	94.96	1603.49	1593.99	343.68	
沁县	3.60	35.62	153.66	153.48	107.85	45.63
沁源县	49.38	14.14	105.35	103.95	43.06	
沁水县		156.85	4291.50	4283.00	1268.90	3014.10
阳城县		559.50	5596.60	5520.30	2203.34	
陵川县	3.00	280.00	432.18	430.18	430.18	
山阴县	34.00	240.44	186.46	181.46	181.46	
应县		161.57	12463.00	12183.00	840.00	

continued 2

Total Gas Supplied (10000 cu. m)		用气户数 (户)	居民家庭	用气人口 (万人)	天然气汽车加气站 (座)	县名称
燃气汽车 Gas-Powered Automobiles	燃气损失量 Loss Amount	Number of Household with Access to Gas (unit)	Households	Population with Access to Gas (10000 persons)	Gas Stations for CNG-Fueled Motor Vehicles (unit)	Name of Counties
365.20	158.65	42568	41358	4.37	7	永清县
	0.20	107212	106180	13.52		香河县
	200.00	31445	30110	7.03		大城县
	193.06	48153	46825	6.25		文安县
49.60	63.74	44047	43583	7.87	1	大厂回族自治县
0.07	17.41	38934	38404	11.80	1	枣强县
510.00	10.00	19740	19705	5.92	3	武邑县
36.50	0.10	12300	12120	4.70	1	武强县
183.00	10.00	11949	11919	4.77	1	饶阳县
581.40	218.00	45028	43524	14.10	2	安平县
79.00	2.00	36400	33400	10.04	2	故城县
78.00	27.00	31000	30564	8.15	1	景　县
98.40	1.00	29398	28265	8.62	3	阜城县
	35.00	15380	14882	9.23		容城县
	108.00	38322	38071	7.00		雄　县
	16.00	17666	17660	5.30		安新县
28843.72	2702.45	1701445	1673915	467.45	154	山　西
	106.00	43544	43123	9.75		清徐县
	16.60	37355	37255	5.61		阳曲县
1493.72	0.20	5022	4990	1.49	2	娄烦县
	0.21	18448	18331	5.30		阳高县
0.88	1.90	16294	10505	4.80	1	天镇县
10.00	1.47	5580	5510	2.76	1	广灵县
30.26	0.10	23615	23453	7.30	1	灵丘县
91.57	3.03	17134	17034	5.60	1	浑源县
1330.80	0.90	6605	6564	2.50	2	左云县
4627.86	0.65	9750	9700	5.30	5	云州区
2509.00	162.16	90790	90039	11.53	5	平定县
66.00	82.00	57240	56880	8.86	1	盂　县
	15.00	38307	37098	7.01		襄垣县
	5.00	5481	5481	2.40		平顺县
	4.50	14422	14333	4.97		黎城县
	15.01	23799	23694	6.70		壶关县
	42.00	15047	14969	5.99		长子县
	9.50	14437	14311	5.50		武乡县
	0.18	11222	11202	3.21		沁　县
	1.40	3930	3920	2.75		沁源县
	8.50	22443	22186	5.00		沁水县
66.00	76.30	93807	93116	12.00	2	阳城县
	2.00	20210	20210	6.01	1	陵川县
	5.00	6401	6401	1.92	15	山阴县
	280.00	39438	38891	10.90	6	应　县

5-2-2 续表3

县名称 Name of Counties	储气能力 （万立方米） Gas Storage Capacity (10000 cu. m)	供气管道长度 （公里） Length of Gas Supply Pipeline (km)	供气总量(万立方米)			
			合计 Total	销售气量 Quantity Sold	居民家庭 Households	集中供热 Central Heating
右玉县	10.00	32.94	185.00	183.00	78.00	
榆社县	6.00	30.34	451.89	447.45	23.00	
左权县	58.00	265.30	1028.95	1008.26	295.97	
和顺县		72.10	1228.00	1215.00	310.00	
昔阳县	3.00	164.67	1413.30	1409.30	1109.80	
寿阳县		90.06	988.83	988.63	462.98	
祁　县		210.01	7604.00	7380.85	2837.41	
平遥县		281.50	7866.00	7788.00	2067.00	428.00
灵石县		194.00	64.60	64.40	64.40	
临猗县	0.01	281.20	1815.00	1742.00	784.00	
万荣县	23.60	134.00	3196.00	3113.00	1253.00	
闻喜县		429.00	6793.00	6790.00	1836.00	
稷山县		338.74	8426.49	8263.20	2733.31	
新绛县		137.60	2857.67	2675.67	2462.58	
绛　县		203.00	3619.95	3618.50	1337.56	354.16
垣曲县		59.60	3927.20	3922.20	542.73	
夏　县		414.61	1610.00	1545.00	1038.00	5.30
平陆县		153.01	2565.17	2552.67	781.97	
芮城县	6.00	150.00	2125.60	1975.60	1975.60	
定襄县		83.50	918.00	910.00	160.00	54.00
五台县		47.07	478.00	466.00	466.00	
代　县		62.60	259.00	255.00	60.00	
繁峙县	11.60	134.60	325.77	313.42	126.30	120.00
宁武县	1.00	40.00	402.45	397.31	25.68	
静乐县	11.00	22.00	11.00	10.80	10.80	
神池县	6.00	8.50	0.21	0.20	0.20	
五寨县		99.30	407.60	407.50	198.90	55.50
岢岚县		14.60	27.50	27.49	23.49	
河曲县	5.00	45.20	429.04	427.91	177.38	192.11
保德县		144.08	3029.00	3000.00	1300.00	1300.00
偏关县						
曲沃县		400.17	7844.68	7795.21	438.86	
翼城县		80.00	795.00	755.00	715.00	
襄汾县	4.00	108.55	682.65	680.60	655.52	
洪洞县		647.70	6299.17	6285.67	4146.00	
古　县		99.30	219.50	208.50	160.00	
安泽县		123.46	2684.04	2684.00	326.56	2168.00
浮山县	2.40	44.00	33.00	31.00	29.00	
吉　县	0.60	52.66	800.00	798.50	60.00	
乡宁县		272.70	987.00	973.90	462.40	
大宁县	15.02	59.92	2669.75	2650.18	40.18	1669.00
隰　县	33.92	38.11	1863.04	1863.02	39.81	

continued 3

Total Gas Supplied (10000 cu. m)		用气户数 （户）	居民家庭	用气人口 （万人）	天然气汽车 加气站 （座）	县名称
燃气汽车 Gas-Powered Automobiles	燃气损失量 Loss Amount	Number of Household with Access to Gas (unit)	Households	Population with Access to Gas (10000 persons)	Gas Stations for CNG-Fueled Motor Vehicles (unit)	Name of Counties
	2.00	11353	11287	5.10		右玉县
	4.44	6298	6287	2.20		榆社县
7.07	20.69	19480	19402	7.59	1	左权县
22.00	13.00	21000	20850	5.31	1	和顺县
213.69	4.00	40139	39829	7.66	2	昔阳县
	0.20	17861	17766	6.22	7	寿阳县
6.20	223.15	45022	42559	10.80	1	祁　县
90.00	78.00	61803	60721	13.56	5	平遥县
	0.20	50000	50000	10.00	12	灵石县
22.00	73.00	26789	26335	9.38	2	临猗县
698.00	83.00	26523	26119	7.66	4	万荣县
4954.00	3.00	32000	29300	9.30	5	闻喜县
49.37	163.29	38926	38226	11.00	6	稷山县
	182.00	36122	34741	11.73		新绛县
33.02	1.45	20056	19615	6.10	1	绛　县
300.00	5.00	16246	15934	7.80	5	垣曲县
	65.00	22054	21693	4.34		夏　县
1644.42	12.50	14621	14515	4.50	4	平陆县
	150.00	33650	33650	8.18		芮城县
110.00	8.00	16820	16205	3.75	2	定襄县
	12.00	16461	16461	3.86		五台县
28.00	4.00	7680	7600	2.29	1	代　县
	12.35	22970	22963	7.10	7	繁峙县
1.18	5.14	2658	2627	0.78	2	宁武县
	0.20	1596	1596	0.49		静乐县
	0.01	32	32	0.02	1	神池县
153.00	0.10	16036	15994	5.11	3	五寨县
2.01	0.01	3400	3393	1.02	6	岢岚县
58.42	1.13	14569	14343	4.96	2	河曲县
400.00	29.00	26103	25825	9.65	5	保德县
						偏关县
6894.69	49.47	19818	19649	6.36	6	曲沃县
	40.00	27785	27604	8.32	3	翼城县
	2.05	32921	32603	10.60		襄汾县
117.35	13.50	61830	61747	14.97	2	洪洞县
	11.00	10982	10775	3.86		古　县
	0.04	13160	12940	3.10		安泽县
	2.00	1341	1338	0.46		浮山县
21.00	1.50	8006	7707	3.50	1	吉　县
	13.10	21732	21327	7.60	1	乡宁县
941.00	19.57	3852	3443	1.48	1	大宁县
1823.21	0.02	4957	4919	2.40	3	隰　县

5-2-2 续表4

县名称 Name of Counties	储气能力 （万立方米） Gas Storage Capacity (10000 cu. m)	供气管道长度 （公里） Length of Gas Supply Pipeline (km)	供气总量(万立方米)			
			合计 Total	销售气量 Quantity Sold	居民家庭 Households	集中供热 Central Heating
永和县		51.83	1014.01	1014.00	155.40	858.50
蒲　县	4.50	114.90	181.00	146.00	96.90	
汾西县	3.00	50.20	65.80	60.00	32.30	27.70
文水县	5.00	152.27	2004.00	2003.00	520.00	
交城县		48.30	1047.90	1047.00	168.90	525.20
兴　县	100.00	134.28	5396.20	5347.50	760.00	4310.20
临　县	17.00	524.34	2410.49	2261.72	1080.89	1080.83
柳林县	9.00	490.69	5555.96	5278.16	2300.00	
石楼县	34.00	28.00	2644.50	2644.00	225.00	2418.50
岚　县		371.85	1000.00	970.00	420.00	40.00
方山县	0.10	9.69	18.99	18.94	11.15	
中阳县	0.60	22.50	180.00	174.00	146.00	
交口县	5.50	69.75	114.45	114.25	1.53	112.72
内蒙古	**1117.01**	**5517.98**	**74298.99**	**72997.94**	**15193.31**	**7786.19**
土左旗		1177.00	7642.50	7642.43	974.63	6535.92
托　县	99.00	180.00	541.00	516.00	276.00	138.00
和林县		447.06	2092.92	2092.82	359.17	
清水河县	1.50	21.45	165.14	163.04	110.06	14.48
武川县	0.40	24.60	523.75	511.55	47.93	
土右旗	100.00	248.00	11787.00	11702.00	2536.00	205.00
固阳县	25.00	246.35	5320.00	5298.00	122.15	150.76
达尔罕茂明安联合旗	3.00	15.00	394.00	385.00	198.00	
阿鲁科尔沁旗	5.60	65.18	291.00	253.00	87.63	1.77
巴林左旗	17.42	48.10	1465.66	1463.60	82.80	
巴林右旗						
林西县	8.90	39.75	757.23	754.28	77.67	
克什克腾旗	1.50	34.55	813.00	804.00	62.30	
翁牛特旗	0.50	16.20	124.20	124.00	37.50	
喀喇沁旗	5.00		180.00	176.83		
宁城县	3.00	7.80	312.88	312.05	9.30	9.96
敖汉旗	12.00	28.50	434.80	432.00	60.00	
科左中旗	11.20	49.80	127.07	120.02	32.06	
科左后旗	2.00	37.30	151.60	151.10	90.00	
开鲁县	32.50	140.00	593.78	592.00	139.00	
库伦旗	0.27	13.60				
奈曼旗	8.76	125.00	594.57	575.51	121.06	
扎鲁特旗	12.50	34.53	62.26	62.25	62.25	
达拉特旗		203.40	7971.80	7691.80	1277.00	
准格尔旗	0.31	117.75	425.30	423.70	232.10	
鄂托克前旗	285.60	128.96	4883.00	4828.00	1450.00	
鄂托克旗		61.76	637.80	632.00	260.00	28.00
杭锦旗	30.00	76.12	3980.30	3660.30	1533.50	560.24

continued 4

Gas-Powered Automobiles	Loss Amount	Number of Household with Access to Gas (unit)	Households	Population with Access to Gas (10000 persons)	Gas Stations for CNG-Fueled Motor Vehicles (unit)	Name of Counties
	0.01	3803	3756	2.45		永和县
	35.00	7854	7788	3.39	1	蒲 县
	5.80	1887	1721	0.93		汾西县
	1.00	32110	31953	13.40		文水县
	0.90	13145	13099	5.24		交城县
	48.70	26580	26364	10.90		兴 县
	148.77	30718	30498	12.08		临 县
	277.80	38935	38630	10.80		柳林县
	0.50	7056	7052	2.59		石楼县
	30.00	14433	14384	4.31		岚 县
	0.05	1182	1178	0.45		方山县
28.00	6.00	8410	8025	5.50	8	中阳县
	0.20	359	351	0.14		交口县
21735.89	1301.05	805681	733904	202.45	160	内蒙古
131.88	0.07	70137	69737	5.30	2	土左旗
66.00	25.00	3895	3648	2.00	8	托 县
233.03	0.10	29766	29440	5.04	1	和林县
8.50	2.10	8220	8115	2.42	1	清水河县
180.00	12.20	7650	7597	2.30	1	武川县
264.00	85.00	36961	34608	12.80	3	土右旗
1923.40	22.00	17311	17021	5.20	2	固阳县
187.00	9.00	6209	5970	2.69	3	达尔罕茂明安联合旗
123.30	38.00	13018	13000	3.92	1	阿鲁科尔沁旗
159.70	2.06	6987	6973	2.60	2	巴林左旗
						巴林右旗
676.61	2.95	5166	5142	1.18	3	林西县
737.80	9.00	6100	6060	1.65	2	克什克腾旗
85.20	0.20	410	180	0.20	1	翁牛特旗
176.83	3.17	30			2	喀喇沁旗
291.00	0.83	3235	3231	0.97	1	宁城县
340.00	2.80	10156	10099	3.40	1	敖汉旗
25.47	7.05	6469	6400	2.00	2	科左中旗
55.10	0.50	8600	8475	2.10	1	科左后旗
92.00	1.78	28195	2800	6.77	2	开鲁县
						库伦旗
143.10	19.06	19155	18955	6.39	1	奈曼旗
	0.01	11371	11371	3.07	1	扎鲁特旗
764.60	280.00	50000	49000	16.07	5	达拉特旗
86.00	1.60	30251	30214	10.57	3	准格尔旗
1100.00	55.00	21874	20084	2.45	2	鄂托克前旗
169.00	5.80	14308	13780	3.39	2	鄂托克旗
1566.55	320.00	22272	22122	4.23	10	杭锦旗

5-2-2 续表5

县名称 Name of Counties	储气能力 （万立方米） Gas Storage Capacity (10000 cu. m)	供气管道长度 （公里） Length of Gas Supply Pipeline (km)	供气总量(万立方米)			集中供热 Central Heating
			合计 Total	销售气量 Quantity Sold	居民家庭 Households	
乌审旗	75.49	553.00	3067.08	3063.88	567.11	
伊金霍洛旗	140.00	385.00	2900.00	2850.00	880.00	
阿荣旗	11.00	194.35	588.03	561.03	197.86	
莫 旗	8.00	42.85	225.68	224.98	101.82	
鄂伦春旗						
鄂温克旗	15.86	29.20	723.27	684.59	326.10	
陈巴尔虎旗	7.50	3.80	30.30	25.20		
新左旗						
新右旗						
五原县	12.17	39.36	2105.68	1921.08	90.72	132.06
磴口县	12.00	37.60	398.00	397.00	90.00	10.00
乌拉特前旗	1.10	27.00	215.80	215.75	115.07	
乌拉特中旗	0.85	17.38	290.13	288.68	88.68	
乌拉特后旗	1.79	12.50	4276.10	4275.10	36.62	
杭锦后旗	2.06	28.73	839.70	829.69	64.28	
卓资县	0.62	12.00	104.00	103.60		
化德县	24.00	130.23	934.08	922.08	153.88	
商都县	3.00	33.00	315.70	310.50	110.30	
兴和县	10.00	87.00	300.00	299.99	214.99	
凉城县	1.50	32.60	159.40	158.20	60.00	
察右前旗	13.00	35.89	871.49	865.49	786.38	
察右中旗	1.20	30.00	187.69	185.81	106.72	
察右后旗	1.00	2.94	71.00	70.00	2.00	
四子王旗			150.19	150.17		
阿巴嘎旗						
苏尼特左旗	0.10		0.05	0.04		
苏尼特右旗	7.45		330.00	319.85		
东乌珠穆沁旗						
西乌珠穆沁旗	6.60		205.00	203.00		
太仆寺旗	3.21	16.78	210.00	207.60	49.00	
镶黄旗						
正镶白旗						
正蓝旗	60.00	17.40	82.69	76.27	39.19	
多伦县	3.40	25.01	300.00	291.00	141.00	
科尔沁右翼前旗	8.20	30.83	201.92	194.73	14.63	
科右中旗	0.55		80.11	80.00		
扎赉特旗						
突泉县	2.00	7.00	15.00	14.70		
阿拉善左旗	11.00	89.50	1224.18	1216.68	717.88	
阿拉善右旗	3.40		623.18	623.00		
额济纳旗	3.00	9.27	0.98	0.97	0.97	

continued 5

Total Gas Supplied (10000 cu. m)		用气户数 (户)		用气人口 (万人)	天然气汽车加气站 (座)	县名称
燃气汽车 Gas-Powered Automobiles	燃气损失量 Loss Amount	Number of Household with Access to Gas (unit)	居民家庭 Households	Population with Access to Gas (10000 persons)	Gas Stations for CNG-Fueled Motor Vehicles (unit)	Name of Counties
229.00	3.20	38782	35148	6.30	6	乌审旗
591.00	50.00	61000	60000	15.53	6	伊金霍洛旗
204.17	27.00	17066	16956	4.00	2	阿荣旗
7.01	0.70	10405	9999	3.12	1	莫　旗
						鄂伦春旗
227.89	38.68	11553	11531	3.38	2	鄂温克旗
25.20	5.10	80			1	陈巴尔虎旗
						新左旗
						新右旗
1698.30	184.60	14217	14185	3.95	10	五原县
297.00	1.00	14600	14534	4.35	2	磴口县
11.00	0.05	16458	16433	4.94	9	乌拉特前旗
200.00	1.45	11099	11083	3.00	1	乌拉特中旗
4238.48	1.00	7070	7066	2.00	7	乌拉特后旗
651.15	10.01	8478	8456	3.47	6	杭锦后旗
103.60	0.40	1200			1	卓资县
768.20	12.00	15385	15167	4.35	2	化德县
200.20	5.20	3300	2950	2.20	1	商都县
85.00	0.01	8900	8800	3.22	3	兴和县
55.00	1.20	5275	5170	1.55	5	凉城县
	6.00	18130	17934	5.41		察右前旗
79.09	1.88	6490	6400	2.25	1	察右中旗
68.00	1.00	361	360	0.11	1	察右后旗
150.17	0.02	300			1	四子王旗
						阿巴嘎旗
0.04	0.01	14600			1	苏尼特左旗
319.85	10.15	600			3	苏尼特右旗
						东乌珠穆沁旗
203.00	2.00	133			3	西乌珠穆沁旗
158.60	2.40	5102	4680	2.95	3	太仆寺旗
						镶黄旗
						正镶白旗
37.08	6.42	4100	4000	1.60	1	正蓝旗
150.00	9.00	12700	12658	3.83	1	多伦县
175.29	7.19	4345	4341	1.30	3	科尔沁右翼前旗
80.00	0.11	500			1	科右中旗
						扎赉特旗
14.70	0.30	13500			2	突泉县
498.80	7.50	42013	41851	10.88	2	阿拉善左旗
623.00	0.18	13			9	阿拉善右旗
	0.01	180	180	0.05		额济纳旗

5-2-2 续表6

县名称 Name of Counties	储气能力 (万立方米) Gas Storage Capacity (10000 cu. m)	供气管道长度 (公里) Length of Gas Supply Pipeline (km)	供气总量(万立方米)			
			合计 Total	销售气量 Quantity Sold	居民家庭 Households	集中供热 Central Heating
辽 宁	**191.81**	**3112.41**	**68323.93**	**67819.15**	**11062.14**	**302.09**
康平县		257.31	1100.61	1081.00	147.00	
法库县	71.50	361.87	37895.44	37821.35	145.35	
长海县	5.00	39.44	58.71	58.21	46.66	
台安县		200.60	9084.94	8905.65	6426.76	
岫岩满族自治县	6.00	58.20	368.82	365.80	365.80	
抚顺县						
新宾满族自治县	0.70	14.47	197.15	187.93	31.21	
清原满族自治县	0.09	25.98	431.36	425.96	75.03	
本溪满族自治县	3.00	17.54	343.00	342.85	35.00	
桓仁满族自治县	3.60	38.40	732.00	728.00	131.00	112.00
宽甸满族自治县	6.00	27.68	122.70	120.00	120.00	
黑山县	10.00	290.90	2494.00	2483.00	290.00	
义 县	1.00	79.90	150.00	143.00	100.10	
阜新蒙古族自治县	5.00	70.80	1016.00	1000.00	300.00	
彰武县	3.90	87.72	390.04	389.24	108.00	61.09
辽阳县	25.00	316.00	5568.00	5468.00	1395.00	
盘山县	13.40	546.97	2608.36	2564.83	201.75	
铁岭县						
西丰县	5.60	46.77	553.00	550.60	20.50	
昌图县	4.00	149.11	1130.74	1127.18	199.44	
朝阳县	3.62	11.00	235.80	234.00		
建平县	15.00	78.00	1053.33	1053.00	230.00	30.00
喀喇沁左翼蒙古族自治县	6.00	99.20	1575.43	1559.55	79.54	
绥中县	2.00	207.55	929.00	925.00	400.00	99.00
建昌县	1.40	87.00	285.50	285.00	214.00	
吉 林	**138.55**	**1635.61**	**12543.05**	**12359.71**	**4341.96**	**368.85**
农安县	5.58	167.00	1355.00	1350.00	476.32	
永吉县	10.00	74.00	1144.60	1140.60	79.53	111.83
梨树县		163.14	572.00	555.00	305.00	
伊通满族自治县	2.60	95.00	756.70	756.60	120.72	
东丰县	4.10	29.20	286.12	279.62	1.86	13.32
东辽县	19.80	8.86	249.88	249.38		97.70
通化县	30.00	194.60	1125.00	1100.00	450.00	100.00
辉南县	4.37	76.20	231.00	220.50		
柳河县		99.30	788.00	785.00	392.00	46.00
抚松县	3.40	74.93	236.10	236.02	35.87	
靖宇县	1.00	15.39	86.94	86.84	5.00	
长白朝鲜族自治县	3.30		18.80	18.00		
前郭县		175.00	987.10	987.00	861.00	
长岭县	35.00	190.46	1180.75	1160.75	490.00	
乾安县	11.50	51.55	1090.80	1086.00	326.00	

continued 6

Total Gas Supplied (10000 cu. m)		用气户数（户）	居民家庭	用气人口（万人）	天然气汽车加气站（座）	县名称
燃气汽车 Gas-Powered Automobiles	燃气损失量 Loss Amount	Number of Household with Access to Gas (unit)	Households	Population with Access to Gas (10000 persons)	Gas Stations for CNG-Fueled Motor Vehicles (unit)	Name of Counties
5440.67	**504.78**	**437105**	**431605**	**105.35**	**55**	辽　宁
	19.61	19300	19100	4.80	3	康平县
35.73	74.09	28988	28479	4.36	2	法库县
	0.50	6988	6953	1.51		长海县
2478.89	179.29	21936	21801	4.35	9	台安县
	3.02	9822	9822	2.40	4	岫岩满族自治县
						抚顺县
122.72	9.22	4357	4291	1.26	1	新宾满族自治县
97.19	5.40	12876	12673	3.20	1	清原满族自治县
125.00	0.15	5850	5448	1.58	3	本溪满族自治县
109.00	4.00	13426	13326	3.96	1	桓仁满族自治县
	2.70	9460	9460	1.92		宽甸满族自治县
4.00	11.00	49293	49074	11.50	1	黑山县
	7.00	21040	21000	7.80	2	义　县
150.00	16.00	9450	9150	2.10	3	阜新蒙古族自治县
15.46	0.80	15911	15799	3.20	1	彰武县
1038.00	100.00	18161	18106	5.10	4	辽阳县
194.20	43.53	35294	34002	6.48	1	盘山县
						铁岭县
167.93	2.40	3766	3674	0.90	1	西丰县
456.75	3.56	34274	34136	9.00	5	昌图县
234.00	1.80				1	朝阳县
	0.33	35663	35200	10.60	3	建平县
	15.88	15405	15200	4.56	1	喀喇沁左翼蒙古族自治县
164.00	4.00	45685	45059	9.67	7	绥中县
47.80	0.50	20160	19852	5.10	1	建昌县
5248.23	**183.34**	**377199**	**366165**	**85.31**	**46**	吉　林
769.82	5.00	45318	45237	12.21	5	农安县
73.10	4.00	10517	10348	3.10	1	永吉县
28.00	17.00	33225	32147	8.20	1	梨树县
444.75	0.10	19275	18815	4.10	4	伊通满族自治县
264.44	6.50	950	228	0.13	2	东丰县
	0.50	15				东辽县
550.00	25.00	18726	17813	5.23	1	通化县
220.50	10.50				4	辉南县
347.00	3.00	48553	48053	6.64	1	柳河县
178.13	0.08	4798	4776	1.43	1	抚松县
45.24	0.10	500	488	0.20	1	靖宇县
18.00	0.80	330			1	长白朝鲜族自治县
124.00	0.10	49628	49356	10.84	2	前郭县
670.75	20.00	43646	41124	10.52	7	长岭县
760.00	4.80	18620	18219	5.46	10	乾安县

5-2-2 续表7

县名称 Name of Counties	储气能力 （万立方米） Gas Storage Capacity (10000 cu. m)	供气管道长度 （公里） Length of Gas Supply Pipeline (km)	供气总量(万立方米)			集中供热 Central Heating
			合计 Total	销售气量 Quantity Sold	居民家庭 Households	
镇赉县	0.60	80.98	748.96	746.66	451.66	
通榆县	4.30	81.00	1576.30	1493.74	254.00	
汪清县	3.00	59.00	109.00	108.00	93.00	
安图县						
黑龙江	**390.56**	**1981.92**	**13888.09**	**13634.22**	**4762.49**	**1311.70**
依兰县	12.00	65.00	809.90	809.00	449.00	
方正县	2.40	27.72	235.60	235.30	75.69	
宾　县	20.70	55.20	223.56	220.23	3.60	
巴彦县	1.20	55.97	51.21	51.02	4.05	
木兰县	0.65	15.30	51.10	51.00	23.60	
通河县	2.30	38.74	201.30	201.00	51.00	
延寿县	6.00	32.25	313.85	311.44	72.46	
龙江县	5.50	26.99	267.34	261.41	133.72	27.72
依安县	0.15		110.00	108.00		
泰来县	2.83	16.41	132.28	131.80	31.73	
甘南县	0.60	16.92	14.20	14.10	2.90	
富裕县	1.90	23.50	692.50	680.00	41.29	
克山县	6.00	23.51	67.70	66.00	66.00	
克东县	19.00	17.95	1749.74	1684.74	78.20	
拜泉县	5.92	14.04	278.30	272.10	3.30	80.00
鸡东县	7.20		35.04	35.00		
萝北县	1.80	23.00	22.99	22.51	21.40	
绥滨县	0.80	60.51	115.10	115.00	29.78	
集贤县	8.80	79.88	233.04	229.44	71.44	
友谊县	3.00	12.43	113.66	113.35	18.08	
宝清县	3.00	37.42	905.00	902.00	805.00	
饶河县	1.00	44.00	48.00	47.50	44.50	1.50
肇州县	8.60	101.50	1078.00	1040.00	586.00	209.00
肇源县	2.00	42.50	821.00	788.90	276.30	
林甸县	5.52	35.50	439.98	432.67	12.68	91.00
杜尔伯特蒙古族自治县		131.29	1211.00	1205.00	108.00	762.00
嘉荫县	0.01	12.60	2.73	2.37	2.37	
汤旺县	3.00		11.95	11.50		
丰林县	0.30	47.00	34.56	34.45	16.00	
大箐山县						
南岔县						
桦南县	12.50	187.34	360.20	359.70	267.00	47.30
桦川县	1.02	115.27	168.80	168.18	132.20	
汤原县	0.63	95.50	155.37	152.97	76.57	
勃利县	183.00	100.08	296.70	289.20	129.20	
林口县	3.00	10.00	16.98	16.90	16.90	
逊克县	3.60	24.00	79.81	78.61	33.59	45.02

continued 7

Gas-Powered Automobiles	Loss Amount	Number of Household with Access to Gas (unit)	Households	Population with Access to Gas (10000 persons)	Gas Stations for CNG-Fueled Motor Vehicles (unit)	Name of Counties
295.00	2.30	36431	35912	7.23	2	镇赉县
444.50	82.56	37017	34028	8.18	2	通榆县
15.00	1.00	9650	9621	1.84	1	汪清县
						安图县
4667.80	253.87	379829	363724	98.60	74	黑龙江
360.00	0.90	10020	9980	2.69	2	依兰县
148.00	0.30	10962	10900	3.05	1	方正县
	3.33	581	571	0.19		宾　县
43.35	0.19	707	700	0.21	1	巴彦县
27.30	0.10	3013	3000	0.75	1	木兰县
34.00	0.30	7410	6100	2.22	1	通河县
0.03	2.41	12264	12197	3.66	1	延寿县
65.00	5.93	22073	22023	6.62	1	龙江县
108.00	2.00	360			1	依安县
100.07	0.48	5182	5176	1.30	2	泰来县
11.20	0.10	3699	1099	0.21	3	甘南县
132.90	12.50	6838	6769	2.95	3	富裕县
	1.70	4390	4390	1.31		克山县
48.45	65.00	2608	2590	0.74	2	克东县
186.10	6.20	500	496	0.20	3	拜泉县
35.00	0.04	230			1	鸡东县
	0.48	3920	3912	1.17		萝北县
65.00	0.10	15710	15611	4.50	1	绥滨县
158.00	3.60	12549	12524	4.25	1	集贤县
95.27	0.31	2899	2881	0.85	1	友谊县
97.00	3.00	18777	18217	4.28	1	宝清县
	0.50	5221	5200	1.60	1	饶河县
245.00	38.00	21600	21000	4.73	2	肇州县
512.60	32.10	24704	24652	5.17	6	肇源县
321.68	7.31	1875	1850	0.68	6	林甸县
335.00	6.00	16045	16000	4.80	6	杜尔伯特蒙古族自治县
	0.36	2200	2200	0.59		嘉荫县
11.50	0.45	30			1	汤旺县
	0.11	2431	2384	0.73		丰林县
						大箐山县
						南岔县
40.00	0.50	36150	32850	7.20	1	桦南县
1.12	0.62	18992	18777	5.35	1	桦川县
76.40	2.40	14208	12134	2.75	1	汤原县
160.00	7.50	17320	16920	6.50	1	勃利县
	0.08	2600	2600	0.78	1	林口县
	1.20	5323	5304	1.53		逊克县

5-2-2 续表8

县名称 Name of Counties	储气能力 （万立方米） Gas Storage Capacity (10000 cu. m)	供气管道长度 （公里） Length of Gas Supply Pipeline (km)	供气总量(万立方米)			集中供热 Central Heating
			合计 Total	销售气量 Quantity Sold	居民家庭 Households	
孙吴县	6.40	48.00	88.20	85.00	20.00	
望奎县	1.79	29.70	250.22	246.62	5.72	
兰西县		15.90	762.10	749.10	15.90	
青冈县	3.00	71.00	670.00	650.00	480.00	
庆安县	14.84	133.80	464.18	463.11	404.40	48.16
明水县	14.15	38.00	40.00	39.80	19.20	
绥棱县	8.35	11.50	83.45	82.40	3.32	
呼玛县	0.10	10.00	22.10	21.40	21.40	
塔河县						
加格达奇区	6.00	34.70	159.35	154.40	109.00	
江 苏	636.88	10435.97	130300.63	128563.87	38384.02	500.00
丰 县	52.00	271.47	4270.00	4233.50	2046.00	500.00
沛 县	36.00	384.60	6269.02	6161.33	3121.00	
睢宁县	46.00	729.40	4251.95	4173.60	1283.71	
如东县	35.60	474.45	12142.82	12049.98	631.44	
东海县	0.75	387.00	4973.00	4797.00	1456.21	
灌云县	32.00	181.45	19627.59	19597.59	954.76	
灌南县	17.13	628.35	3836.89	3708.00	1599.00	
涟水县	32.00	516.39	5048.57	4813.81	1413.31	
盱眙县	6.00	727.26	5754.33	5706.65	1112.79	
金湖县	22.00	504.00	5103.00	5072.00	1900.00	
响水县	43.70	198.80	1183.69	1164.30	632.69	
滨海县	67.80	220.00	3200.00	3174.00	1359.00	
阜宁县	64.20	250.00	3688.00	3559.00	1680.00	
射阳县	7.00	352.30	4271.81	4151.30	1929.86	
建湖县	1.20	629.67	4900.00	4850.00	2180.00	
宝应县	8.50	887.37	8491.96	8491.35	2284.18	
沭阳县	58.00	1855.00	17203.00	16891.46	5890.80	
泗阳县	17.00	328.46	5754.00	5674.00	4459.27	
泗洪县	90.00	910.00	10331.00	10295.00	2450.00	
浙 江	742.60	10077.56	187594.66	186774.36	15071.54	
桐庐县	19.00	686.50	5985.25	5888.93	784.24	
淳安县	22.80	142.35	2010.10	2010.00	620.00	
象山县	21.00	357.00	3791.91	3791.16	592.10	
宁海县	44.06	599.56	7141.65	7126.65	1020.10	
永嘉县		64.19	641.50	640.00	340.00	
平阳县	18.50	68.36	1492.60	1480.17	323.07	
苍南县	25.00	63.20	888.84	887.86	887.86	
文成县	6.00	11.58	196.85	195.19	37.81	
泰顺县	12.00	36.14	164.83	164.76	98.85	
嘉善县	36.00	692.82	5567.05	5513.00	1347.00	
海盐县	7.20	495.45	10571.31	10567.81	794.52	

continued 8

Total Gas Supplied (10000 cu. m)		用气户数（户）		用气人口（万人）	天然气汽车加气站（座）	县名称
燃气汽车 Gas-Powered Automobiles	燃气损失量 Loss Amount	Number of Household with Access to Gas (unit)	居民家庭 Households	Population with Access to Gas (10000 persons)	Gas Stations for CNG-Fueled Motor Vehicles (unit)	Name of Counties
50.00	3.20	3248	3229	0.97	1	孙吴县
215.00	3.60	450	281	0.14	3	望奎县
733.20	13.00	3310	1401	0.32	3	兰西县
100.00	20.00	31000	30800	6.75	6	青冈县
10.55	1.07	10193	10022	1.95	1	庆安县
20.00	0.20	2830	1920	0.64	4	明水县
79.08	1.05	1155	852	0.21	1	绥棱县
	0.70	2252	2247	0.70		呼玛县
						塔河县
42.00	4.95	12000	11965	3.36	1	加格达奇区
3854.41	**1736.76**	**1773434**	**1753965**	**426.98**	**39**	江 苏
182.00	36.50	116526	114720	27.38	2	丰 县
	107.69	139064	138948	38.60		沛 县
180.00	78.35	101886	101161	19.40	2	睢宁县
289.00	92.84	51150	50957	12.00	5	如东县
120.41	176.00	75387	75036	27.74	1	东海县
90.36	30.00	52326	52105	16.22	3	灌云县
	128.89	79064	76759	13.84		灌南县
147.51	234.76	104548	101618	21.95	3	涟水县
175.16	47.68	79056	78238	15.64	4	盱眙县
96.50	31.00	65635	65113	13.07	1	金湖县
87.20	19.39	37037	36834	13.57	1	响水县
	26.00	67215	66587	24.30		滨海县
151.00	129.00	78255	77641	20.00	2	阜宁县
151.00	120.51	65635	64592	20.85	1	射阳县
650.00	50.00	88950	88514	17.85	2	建湖县
54.82	0.61	104272	103852	19.01	2	宝应县
479.59	311.54	214339	211639	46.70	6	沭阳县
819.86	80.00	109519	107001	34.60	1	泗阳县
180.00	36.00	143570	142650	24.26	3	泗洪县
601.13	**820.30**	**1087958**	**1077178**	**270.66**	**10**	浙 江
59.26	96.32	64200	63551	11.93	1	桐庐县
54.00	0.10	50043	49523	7.04	1	淳安县
92.00	0.75	58624	58110	13.61	1	象山县
	15.00	66452	65901	13.13		宁海县
	1.50	24500	24430	6.03		永嘉县
	12.43	30286	30203	9.09		平阳县
	0.98	32992	32992	8.93		苍南县
	1.66	4115	4099	0.54		文成县
	0.07	9320	9303	3.28		泰顺县
	54.05	96728	96314	21.93		嘉善县
43.80	3.50	68356	67898	16.45	1	海盐县

5-2-2 续表9

县名称 Name of Counties	储气能力 （万立方米） Gas Storage Capacity (10000 cu. m)	供气管道长度 （公里） Length of Gas Supply Pipeline (km)	供气总量(万立方米)			
			合计 Total	销售气量 Quantity Sold	居民家庭 Households	集中供热 Central Heating
德清县	1.14	430.00	4116.58	4034.85	1228.93	
长兴县	87.00	1328.28	38667.83	38493.35	1729.95	
安吉县	90.00	1522.50	12249.85	12244.50	1233.00	
新昌县	27.40	485.02	9876.49	9832.19	734.92	
武义县	54.00	575.08	18506.43	18501.12	321.18	
浦江县	18.00	486.40	7082.00	7073.00	470.00	
磐安县	1.80	162.77	110.08	108.04	41.24	
常山县	29.00	185.00	4421.00	4400.00	154.00	
开化县		78.94	911.10	911.00	106.00	
龙游县	10.80	274.00	8709.00	8672.00	385.40	
岱山县	41.00	90.50	901.00	881.00	165.27	
嵊泗县						
三门县	0.01	204.33	6428.00	6370.00	263.00	
天台县	22.60	225.00	3035.00	2980.00	520.00	
仙居县	18.75	249.56	3800.36	3800.21	306.26	
青田县	13.20	126.21	3352.47	3338.33	156.96	
缙云县	36.00	125.74	8260.50	8259.90	153.10	
遂昌县	3.24	80.00	4581.16	4579.34	47.64	
松阳县	54.00	124.79	11743.72	11646.40	28.58	
云和县	11.90	53.90	1980.89	1977.30	77.26	
庆元县	10.00	36.50	289.00	286.00	55.00	
景宁县	1.20	15.89	120.31	120.30	48.30	
安　徽	714.04	15877.28	234397.49	228194.56	47894.38	
长丰县	30.00	291.23	2047.00	2011.00	1223.00	
肥西县	7.60	1394.01	1512.00	1505.50	1317.80	
肥东县	40.00	851.00	13739.00	13671.00	5322.00	
庐江县		459.86	5856.00	5818.93	1360.98	
南陵县	3.29	386.74	3167.08	3054.71	1423.48	
怀远县	23.20	155.00	782.00	780.00	400.00	
五河县	4.00	336.41	1791.78	1786.07	1752.15	
固镇县	22.00	178.72	1337.75	1312.93	1046.88	
凤台县	13.00	185.78	1678.00	1650.00	1495.00	
寿　县	0.43	241.26	1217.00	1192.00	896.00	
当涂县		313.78	4327.05	4213.15	1082.49	
含山县	11.00	165.00	1955.00	1865.00	1032.00	
和　县	8.00	318.62	3747.59	3746.36	508.98	
濉溪县		333.76	1000.00	950.00	950.00	
枞阳县	6.00	88.40	1194.39	1141.40	361.30	
怀宁县	7.60	466.00	5596.00	5377.00	644.00	
太湖县	7.00	325.51	1680.00	1635.00	335.00	
宿松县	64.00	299.78	530.60	520.00	301.50	
望江县	21.00	138.95	555.50	553.70	396.50	

continued 9

Total Gas Supplied (10000 cu. m) 燃气汽车 Gas-Powered Automobiles	燃气损失量 Loss Amount	用气户数 (户) Number of Household with Access to Gas (unit)	居民家庭 Households	用气人口 (万人) Population with Access to Gas (10000 persons)	天然气汽车加气站 (座) Gas Stations for CNG-Fueled Motor Vehicles (unit)	县名称 Name of Counties
	81.73	65375	64745	17.15		德清县
21.53	174.48	123209	120191	30.18		长兴县
	5.35	68050	68015	20.40		安吉县
67.28	44.30	51487	51049	15.60	2	新昌县
	5.31	32169	31373	10.98		武义县
	9.00	33543	33293	10.91		浦江县
	2.04	6517	6494	1.80		磐安县
	21.00	20410	20200	6.06	1	常山县
	0.10	8702	8618	3.04		开化县
	37.00	30753	30285	6.67		龙游县
70.60	20.00	17800	17700	4.42	1	岱山县
						嵊泗县
65.66	58.00	16962	16751	5.02	1	三门县
127.00	55.00	37419	37105	7.70	1	天台县
	0.15	15130	14915	5.03		仙居县
	14.14	14078	13984	2.03		青田县
	0.60	13725	13494	4.00		缙云县
	1.82	4904	4820	1.44		遂昌县
	97.32	4320	4160	1.46		松阳县
	3.59	7151	7069	1.60		云和县
	3.00	4521	4493	1.35		庆元县
	0.01	6117	6100	1.86		景宁县
17363.28	6202.93	2520620	2382845	679.32	63	安　徽
40.00	36.00	58865	51220	25.20	1	长丰县
147.72	6.50	63766	56799	21.20	3	肥西县
8281.00	68.00	201192	124797	26.80	8	肥东县
305.16	37.07	104660	104154	16.44	1	庐江县
58.29	112.37	83513	82683	13.45	4	南陵县
378.00	2.00	56000	44000	21.20	2	怀远县
	5.71	65025	64275	19.30		五河县
266.05	24.82	41262	41009	14.44	2	固镇县
155.00	28.00	58849	58479	16.22	2	凤台县
7.84	25.00	57426	57085	14.80	1	寿　县
	113.90	49075	48543	14.36		当涂县
135.00	90.00	46090	45725	10.60	1	含山县
120.00	1.23	28023	27801	8.14	1	和　县
	50.00	37380	37380	14.95		濉溪县
70.08	52.99	28384	28146	8.44	2	枞阳县
383.00	219.00	46180	45980	9.28	2	怀宁县
35.20	45.00	31236	30762	10.50	1	太湖县
50.00	10.60	30610	30330	7.75	1	宿松县
37.70	1.80	25020	24113	7.04	1	望江县

5-2-2 续表10

县名称 Name of Counties	储气能力 （万立方米） Gas Storage Capacity (10000 cu. m)	供气管道长度 （公里） Length of Gas Supply Pipeline (km)	供气总量(万立方米)			
			合计 Total	销售气量 Quantity Sold	居民家庭 Households	集中供热 Central Heating
岳西县	7.00	191.80	518.00	507.00	257.00	
歙　县	12.00	84.20	1604.10	1600.00	165.00	
休宁县	5.90	52.94	247.50	246.00	129.50	
黟　县	3.20	31.50	142.10	142.00	15.91	
祁门县	5.60	123.31	150.46	146.77	105.18	
来安县	6.00	352.18	3865.55	3718.36	623.76	
全椒县		345.37	4003.11	3984.65	1569.50	
定远县	2.82	635.29	2506.53	2367.85	1344.65	
凤阳县	110.00	866.00	104896.00	100816.00	1156.00	
临泉县	17.18	155.94	2335.00	2326.00	2069.00	
太和县	5.90	235.50	3821.37	3817.25	1280.20	
阜南县	24.00	316.70	1820.00	1800.00	800.00	
颖上县	28.00	254.64	6834.00	6785.00	1070.90	
砀山县	12.50	213.94	1576.93	1533.55	1319.88	
萧　县	10.00	292.00	1666.00	1648.00	1427.00	
灵璧县	15.00	145.70	1554.00	1530.00	650.00	
泗　县	21.20	220.62	2603.49	2602.99	833.17	
霍邱县	6.14	625.00	1386.22	1373.27	967.11	
舒城县	2.96	522.70	4246.46	4244.25	1346.45	
金寨县	24.00	281.34	3596.65	3554.00	1009.26	
霍山县	27.60	373.24	4888.29	4877.79	686.52	
涡阳县	3.00	305.27	3465.59	3333.25	1536.65	
蒙城县	6.00	710.00	5467.03	5057.01	2110.00	
利辛县	13.00	608.00	3517.00	3501.00	1474.00	
东至县	3.00	104.22	195.32	193.20	147.14	
石台县	1.72	30.00	84.68	83.36	47.67	
青阳县	3.00	212.82	2218.00	2200.00	554.00	
郎溪县	28.00	402.00	8437.00	8387.00	688.24	
泾　县	21.30	160.29	1102.47	1102.26	372.63	
绩溪县	16.40	55.00	1233.50	1233.00	174.00	
旌德县	3.50	39.96	701.40	700.00	115.00	
福　建	678.86	6356.76	56916.89	56269.23	9393.27	
闽侯县	0.20	395.01	2658.27	2614.03	1220.86	
连江县	10.60	263.11	1156.00	1152.00	626.00	
罗源县	36.00	186.43	11383.00	11308.00	484.00	
闽清县	100.00	190.22	4189.09	4188.99	108.61	
永泰县	15.00	70.58	355.48	352.65	212.87	
仙游县	1.50	567.69	2724.15	2684.41	498.86	
明溪县	14.40	27.09	711.88	711.58	16.38	
清流县	13.60	76.20	825.12	813.12	63.39	
宁化县	5.00	88.15	226.00	221.00	170.00	
大田县	16.00	109.65	470.09	468.59	109.41	

continued 10

Total Gas Supplied(10000 cu. m)		用气户数（户）	居民家庭 Households	用气人口（万人）	天然气汽车加气站（座）	县名称
燃气汽车 Gas-Powered Automobiles	燃气损失量 Loss Amount	Number of Household with Access to Gas (unit)		Population with Access to Gas (10000 persons)	Gas Stations for CNG-Fueled Motor Vehicles (unit)	Name of Counties
	11.00	17490	17326	6.12		岳西县
	4.10	20070	20000	5.82		歙　县
	1.50	11277	11136	2.50		休宁县
	0.10	2450	2400	0.74		黟　县
	3.69	9132	7931	3.06		祁门县
645.42	147.19	56293	51057	12.99	2	来安县
51.10	18.46	61627	61534	20.62	1	全椒县
71.31	138.68	76759	76223	15.48	2	定远县
177.00	4080.00	75134	73997	21.53	1	凤阳县
257.00	9.00	77542	77156	27.14	1	临泉县
204.00	4.12	87366	86886	22.31	1	太和县
	20.00	64000	63800	14.00		阜南县
235.00	49.00	73825	73425	20.48	1	颍上县
93.14	43.38	59556	58173	17.33	1	砀山县
203.00	18.00	42583	42377	11.77	1	萧　县
52.00	24.00	42110	41885	13.68	1	灵璧县
1273.00	0.50	67885	67473	19.16	2	泗　县
98.49	12.95	59962	59124	11.90	4	霍邱县
2389.20	2.21	65547	65397	19.86	3	舒城县
167.14	42.65	56741	55833	12.57	1	金寨县
174.31	10.50	45535	44823	9.63	1	霍山县
159.50	132.34	57899	52216	25.50	1	涡阳县
320.60	410.02	95056	94460	33.00	1	蒙城县
	16.00	55800	52000	17.00	1	利辛县
46.06	2.12	5648	5618	1.56	1	东至县
	1.32	4240	4165	1.38		石台县
75.00	18.00	28620	28210	7.18	1	青阳县
137.00	50.00	37000	35208	11.10	1	郎溪县
63.97	0.21	29591	29495	8.90	1	泾　县
	0.50	12726	11726	2.70		绩溪县
	1.40	8600	8510	2.20		旌德县
662.12	**647.66**	**783280**	**773712**	**232.48**	**6**	**福　建**
22.84	44.24	81981	81723	23.84	1	闽侯县
	4.00	43650	42169	14.70		连江县
	75.00	53506	53322	5.83		罗源县
	0.10	10202	9850	4.17		闽清县
	2.83	13206	13113	4.61		永泰县
	39.74	43553	42994	14.31		仙游县
	0.30	1617	1615	0.85		明溪县
	12.00	3493	3274	1.05		清流县
	5.00	22355	22140	5.50		宁化县
	1.50	12712	12359	3.82		大田县

5-2-2 续表11

县名称 Name of Counties	储气能力 （万立方米） Gas Storage Capacity (10000 cu. m)	供气管道长度 （公里） Length of Gas Supply Pipeline (km)	供气总量(万立方米)			集中供热 Central Heating
			合计 Total	销售气量 Quantity Sold	居民家庭 Households	
尤溪县	12.00	32.04	94.80	93.97	93.97	
将乐县	6.00	104.00	305.68	305.65	291.11	
泰宁县	3.62	140.09	168.93	166.93	70.56	
建宁县	3.80	14.71	212.64	212.63	39.52	
惠安县		440.30	1876.00	1864.00	266.00	
安溪县	16.00	318.10	2315.34	2315.27	962.45	
永春县	13.30	229.00	2377.00	2362.00	198.00	
德化县	72.00	628.08	10149.62	9850.17	656.70	
云霄县		178.66	1101.14	1100.63	174.37	
漳浦县	96.01	205.88	2098.84	2072.05	387.64	
诏安县	8.00	104.12	233.79	232.77	66.71	
东山县	8.00	290.48	317.37	315.79	59.22	
南靖县	40.50	167.74	1042.94	1042.23	88.99	
平和县	5.40	81.40	977.00	976.20	860.93	
华安县	0.42	25.57	20.63	20.53	9.76	
顺昌县	2.20	15.89	43.80	43.70	43.70	
浦城县	1.50	32.90	108.53	106.39	106.39	
光泽县	22.40	28.85	399.43	399.42	20.00	
松溪县		10.70				
政和县	1.50	29.00	66.00	65.00	65.00	
长汀县	16.20	145.00	1265.02	1259.59	171.95	
上杭县	18.00	241.04	1480.17	1446.12	324.99	
武平县	18.00	128.76	720.50	720.00	192.00	
连城县	12.00	11.30	1421.80	1420.00		
霞浦县	43.20	180.00	1852.00	1832.00	246.00	
古田县	9.00	89.90	251.20	250.00	96.00	
屏南县	12.00	45.00	205.40	204.00	36.00	
寿宁县	12.00	15.50	462.66	451.66	9.00	
周宁县	0.24	11.83	25.00	24.50	24.50	
柘荣县		43.73				
平潭县	13.27	393.06	624.58	601.66	321.43	
江　西	1175.93	10960.89	153280.03	151850.83	29608.76	1082.30
南昌县	8.06	1470.00	12971.00	12841.00	4183.00	
安义县	10.73	112.51	15284.98	15231.29	115.48	
进贤县	18.00	264.50	4670.00	4395.00	2186.00	
浮梁县	36.00	274.82	10614.53	10482.70	557.79	
莲花县	4.11	24.00	530.39	527.59	100.06	
上栗县	12.81	42.60	130.32	127.30	42.30	
芦溪县	36.00	11.20	8810.00	8800.00	780.00	
武宁县	9.00	86.50	809.52	800.00	348.00	
修水县	12.00	213.50	1117.32	1108.00	657.70	
永修县	54.00	287.05	4291.00	4290.50	4290.50	

continued 11

Total Gas Supplied (10000 cu. m)		用气户数（户）	居民家庭	用气人口（万人）	天然气汽车加气站（座）	县名称
燃气汽车 Gas-Powered Automobiles	燃气损失量 Loss Amount	Number of Household with Access to Gas (unit)	Households	Population with Access to Gas (10000 persons)	Gas Stations for CNG-Fueled Motor Vehicles (unit)	Name of Counties
	0.83	5662	5662	1.32		尤溪县
1.56	0.03	14525	14200	6.27	1	将乐县
	2.00	7723	7645	3.13		泰宁县
173.00	0.01	2236	2180	0.63	1	建宁县
	12.00	33102	32936	9.27		惠安县
	0.07	74213	73913	18.39		安溪县
	15.00	21900	21700	3.53		永春县
	299.45	48398	47207	16.50		德化县
	0.51	18420	18224	7.29		云霄县
82.58	26.79	59748	59039	18.43	1	漳浦县
	1.02	11486	11279	4.25		诏安县
2.72	1.58	14825	14405	4.18	1	东山县
	0.71	13410	13220	4.73		南靖县
	0.80	13551	13199	3.80		平和县
	0.10	1661	1620	0.36		华安县
	0.10	3138	3138	0.94		顺昌县
	2.14	5546	5546	1.66		浦城县
379.42	0.01	2217	2216	0.64	1	光泽县
						松溪县
	1.00	2500	2500	0.78		政和县
	5.43	14260	14011	6.00		长汀县
	34.05	26704	26367	11.37		上杭县
	0.50	20015	19730	4.62		武平县
	1.80	7				连城县
	20.00	19199	19096	9.02		霞浦县
	1.20	8731	8710	2.55		古田县
	1.40	3810	3800	0.41		屏南县
	11.00	1450	1432	0.51		寿宁县
	0.50	2257	2257	0.60		周宁县
						柘荣县
	22.92	46311	45921	12.62		平潭县
514.93	**1429.20**	**1520765**	**1268907**	**368.90**	**9**	江　西
	130.00	297722	73532	24.50	4	南昌县
	53.69	22757	22484	6.24		安义县
	275.00	76400	76001	20.00		进贤县
	131.83	26815	26229	6.37		浮梁县
	2.80	6500	3200	1.28		莲花县
	3.02	985	973	0.35		上栗县
	10.00	18884	18800	1.20		芦溪县
	9.52	27655	27486	8.20		武宁县
	9.32	40491	40044	8.82		修水县
	0.50	31486	31486	2.43		永修县

5-2-2 续表12

县名称 Name of Counties	储气能力 （万立方米） Gas Storage Capacity (10000 cu. m)	供气管道长度 （公里） Length of Gas Supply Pipeline (km)	供气总量(万立方米)			集中供热 Central Heating
			合计 Total	销售气量 Quantity Sold	居民家庭 Households	
德安县		88.00	381.00	370.00	270.00	
都昌县	32.50	123.56	485.87	485.77	263.60	
湖口县		149.51	5426.80	5426.79	353.40	
彭泽县	45.00	241.89	1826.66	1825.62	639.33	
分宜县	25.00	184.40	4404.97	4392.00	663.72	
信丰县	54.00	592.91	3046.68	3035.40	756.00	
大余县	7.20	60.88	2550.88	2540.29	98.69	
上犹县	75.00	80.00	1864.00	1856.64	186.40	
崇义县	10.54	56.00	188.85	186.73	55.80	
安远县	12.00	255.21	345.36	345.00	326.00	
定南县	12.00	129.00	1247.00	1243.00	133.00	
全南县	13.80	78.05	297.01	295.71	65.06	
宁都县	12.00	57.30	30.00	29.70	29.70	
于都县	16.00	320.00	496.00	490.00	490.00	
兴国县	18.80	456.00	427.15	426.00	426.00	
会昌县	12.60	102.00	289.50	288.95	115.80	
寻乌县	27.20	65.51	435.50	434.00	151.00	
石城县	8.00	71.80	439.23	439.16	169.10	
吉安县	92.00	597.82	2874.95	2860.31	550.60	
吉水县	30.00	467.34	5262.26	5226.62	387.94	
峡江县	15.00	68.74	875.30	857.70	127.65	
新干县	7.20	251.50	1360.00	1282.00	1282.00	
永丰县	12.00	151.60	961.57	959.57	228.92	
泰和县	54.00	510.19	1178.82	1168.91	374.07	
遂川县	17.02	52.30	445.60	436.00	45.60	
万安县	6.00	75.90	143.74	143.41	50.95	
安福县	3.60	133.00	280.40	272.23	155.65	6.00
永新县	20.19	71.11	312.00	303.65	71.69	
奉新县	18.00	296.06	7457.00	7452.00	1118.00	
万载县	30.00	95.50	1382.70	1320.00	334.00	
上高县	27.00	160.00	9907.43	9813.16	922.51	
宜丰县	54.00	201.26	9182.82	9107.62	701.40	
靖安县	63.20	61.00	908.01	903.50	190.67	
铜鼓县	6.00	82.55	360.80	352.00	352.00	
南城县	6.00	185.50	780.00	779.40	398.50	
黎川县	14.50	113.60	5628.93	5489.49	202.54	
南丰县	21.67	68.00	1185.65	1174.91	593.50	
崇仁县	6.00	58.30	650.10	649.00	152.30	
乐安县	7.00	71.30	245.32	245.01	245.01	
宜黄县	5.60	50.31	713.45	705.28	127.89	
金溪县	7.20	102.00	504.70	504.55	504.55	
资溪县	3.00	29.00	62.50	62.00	62.00	

continued 12

Total Gas Supplied (10000 cu. m)		用气户数（户）	居民家庭	用气人口（万人）	天然气汽车加气站（座）	县名称
燃气汽车 Gas-Powered Automobiles	燃气损失量 Loss Amount	Number of Household with Access to Gas (unit)	Households	Population with Access to Gas (10000 persons)	Gas Stations for CNG-Fueled Motor Vehicles (unit)	Name of Counties
	11.00	15583	15378	3.94		德安县
	0.10	10856	10653	5.00		都昌县
	0.01	23456	23040	6.03		湖口县
	1.04	22000	20850	6.10		彭泽县
38.35	12.97	39395	39233	9.90	1	分宜县
116.08	11.28	48309	47773	19.10	1	信丰县
	10.59	15811	15740	4.20		大余县
	7.36	11896	11888	3.53		上犹县
	2.12	5444	5441	1.86		崇义县
	0.36	20600	20484	4.43		安远县
	4.00	15058	14982	4.51		定南县
	1.30	11201	9580	3.91		全南县
	0.30	3100	3100	1.70		宁都县
	6.00	20553	20553	11.57		于都县
	1.15	25600	25600	10.77		兴国县
	0.55	9300	9202	2.30		会昌县
	1.50	9522	9427	3.85		寻乌县
	0.07	12535	12416	3.49		石城县
	14.64	41489	40932	11.07		吉安县
	35.64	34390	33971	9.58		吉水县
	17.60	10393	10257	2.45		峡江县
	78.00	25070	25070	7.50		新干县
	2.00	20686	20398	8.94		永丰县
	9.91	28960	28840	7.40		泰和县
	9.60	3196	3160	1.25		遂川县
	0.33	3782	3762	1.55		万安县
	8.17	10738	10691	3.70		安福县
	8.35	7266	7252	2.67		永新县
	5.00	59120	48000	7.73		奉新县
	62.70	19466	19297	7.79		万载县
91.14	94.27	53377	52775	15.17	1	上高县
	75.20	32561	32240	2.74		宜丰县
	4.51	13084	13000	2.10		靖安县
	8.80	10800	10800	2.25	1	铜鼓县
	0.60	24235	24125	9.60		南城县
	139.44	13806	12950	5.18		黎川县
269.36	10.74	27465	27164	7.40	1	南丰县
	1.10	12903	12857	4.61		崇仁县
	0.31	17725	17725	6.68		乐安县
	8.17	17230	17040	4.99		宜黄县
	0.15	13808	13808	5.52		金溪县
	0.50	942	942	0.40		资溪县

5-2-2 续表13

县名称 Name of Counties	储气能力 （万立方米） Gas Storage Capacity （10000 cu. m）	供气管道长度 （公里） Length of Gas Supply Pipeline （km）	供气总量(万立方米)			
			合计 Total	销售气量 Quantity Sold	居民家庭 Households	集中供热 Central Heating
广昌县	6.00	53.00	632.55	631.58	164.00	
玉山县	18.00	193.00	1802.00	1734.00	240.00	
铅山县		149.78	3611.00	3603.00	274.69	
横峰县	2.30	52.00	4691.20	4690.00	32.00	
弋阳县	12.00	148.00	1275.50	1269.50	193.20	1076.30
余干县	3.00	66.23	2704.29	2674.29	252.00	
鄱阳县	12.00	47.80	637.00	636.00	497.00	
万年县	4.50	130.00	1388.67	1369.00	183.00	
婺源县	9.60	268.50	462.25	461.00	139.50	
山　东	787.77	21798.89	306904.01	304060.65	76170.25	10646.63
平阴县	36.00	539.45	4829.07	4828.07	1013.53	
商河县		238.00	3494.88	3430.88	768.00	2441.88
桓台县		329.02	1557.31	1549.60	1534.25	
高青县		1051.28	10791.40	10696.83	547.14	
沂源县	66.00	167.10	11761.78	11727.64	602.46	
利津县	16.00	365.00	2552.00	2491.00	1698.00	
广饶县	31.50	361.86	33770.38	33723.74	1099.86	
临朐县	24.50	730.46	18563.00	18387.00	1028.00	500.00
昌乐县	12.00	227.26	4885.90	4760.86	1753.22	462.00
微山县	25.60	236.16	1306.91	1305.90	589.42	
鱼台县	1.06	75.50	725.77	714.74	570.00	
金乡县	55.00	724.71	6702.73	6651.43	1020.59	
嘉祥县	3.50	187.00	550.00	537.00	516.00	
汶上县	2.00	150.00	1872.00	1870.00	1770.00	
泗水县	3.00	258.60	2559.51	2524.91	646.98	348.00
梁山县	16.00	580.38	4396.26	4381.63	479.99	
宁阳县	9.70	566.73	6621.80	6569.87	1613.00	544.76
东平县	100.00	204.55	2271.79	2203.62	1046.77	460.00
五莲县	6.00	375.60	3305.00	3295.00	1167.00	378.00
莒　县		523.81	11404.03	11396.43	1140.78	142.42
沂南县	5.00	695.19	1673.67	1652.51	1607.29	
郯城县		433.40	11788.74	11738.08	778.36	
沂水县	10.00	407.51	11123.59	11097.59	888.99	
兰陵县	10.30	234.67	7540.00	7535.30	969.49	293.00
费　县		530.00	15185.95	15173.95	716.88	
平邑县		462.30	1490.10	1490.00	945.00	254.00
莒南县	30.00	787.54	2831.87	2828.34	1653.41	
蒙阴县	15.00	260.17	2788.00	2785.00	460.00	
临沭县		333.90	5227.21	5210.00	767.00	
宁津县		244.22	3229.00	3103.00	2640.00	291.00
庆云县		152.06	2316.20	2225.36	1513.24	
临邑县	20.00	805.00	7990.00	7768.00	5158.56	

continued 13

Total Gas Supplied (10000 cu. m)		用气户数（户）	居民家庭 Households	用气人口（万人）	天然气汽车加气站（座）	县名称
燃气汽车 Gas-Powered Automobiles	燃气损失量 Loss Amount	Number of Household with Access to Gas (unit)		Population with Access to Gas (10000 persons)	Gas Stations for CNG-Fueled Motor Vehicles (unit)	Name of Counties
	0.97	12866	12770	4.37		广昌县
	68.00	15159	14659	2.50		玉山县
	8.00	15159	15052	5.26		铅山县
	1.20	3688	3638	1.40		横峰县
	6.00	15000	14620	4.45		弋阳县
	30.00	22682	22482	6.75		余干县
	1.00	37863	37785	9.50		鄱阳县
	19.67	14180	13890	6.20		万年县
	1.25	11762	11380	4.62		婺源县
11246.30	2843.36	3300001	3257671	902.39	103	山 东
	1.00	75827	75533	12.63		平阴县
	64.00	52340	52160	10.88		商河县
15.35	7.71	55431	54776	11.65	1	桓台县
168.11	94.57	43415	43273	5.86	3	高青县
90.59	34.14	48416	48252	14.40	2	沂源县
	61.00	38745	38454	7.42		利津县
88.32	46.64	79263	79047	16.88	1	广饶县
515.00	176.00	109065	108256	26.52	6	临朐县
	125.04	105444	104880	26.79		昌乐县
68.12	1.01	54141	54013	16.04	1	微山县
76.46	11.03	42937	36036	8.60	1	鱼台县
79.20	51.30	79592	78917	22.96	6	金乡县
12.50	13.00	52070	52000	15.28	3	嘉祥县
98.00	2.00	39000	38000	11.70	8	汶上县
54.30	34.60	44456	43788	15.92	1	泗水县
181.95	14.63	48854	48544	14.75	1	梁山县
93.25	51.93	39500	37513	13.80	2	宁阳县
	68.17	76874	76270	19.95		东平县
65.00	10.00	50244	50111	14.07	2	五莲县
1355.99	7.60	85551	85109	21.70	5	莒 县
45.22	21.16	41837	40607	11.61	1	沂南县
18.30	50.66	59636	59322	19.48	1	郯城县
254.65	26.00	98138	97443	30.77	2	沂水县
7.50	4.70	79249	78702	31.68	1	兰陵县
81.23	12.00	71562	71402	22.34	1	费 县
291.00	0.10	66547	61032	21.75	1	平邑县
852.65	3.53	103198	102872	24.96	4	莒南县
20.60	3.00	34825	34650	12.96	4	蒙阴县
	17.21	57233	56838	19.95		临沭县
172.00	126.00	46145	45686	16.70	4	宁津县
	90.84	58309	57068	14.80		庆云县
172.95	222.00	103879	101654	25.23	4	临邑县

5-2-2 续表14

县名称 Name of Counties	储气能力 （万立方米） Gas Storage Capacity (10000 cu. m)	供气管道长度 （公里） Length of Gas Supply Pipeline (km)	供气总量(万立方米) 合计 Total	销售气量 Quantity Sold	居民家庭 Households	集中供热 Central Heating
齐河县		504.12	8758.88	8746.12	1974.28	338.22
平原县	6.00	586.50	6108.94	5863.94	1799.79	
夏津县	1.50	190.65	3717.00	3690.00	1350.00	
武城县	2.90	473.09	3663.00	3503.00	2402.00	455.00
阳谷县		300.50	4960.31	4935.51	1974.20	14.00
莘　县	2.09	250.16	1957.00	1925.00	1737.50	168.50
东阿县	48.00	392.87	6251.00	6140.00	1519.00	
冠　县		569.21	7833.13	7826.00	1705.60	343.20
高唐县	123.00	1103.40	8013.59	7672.25	3138.72	2007.40
惠民县		119.04	2629.11	2582.85	950.40	30.00
阳信县	1.02	282.25	5710.97	5696.03	3780.56	
无棣县		229.72	3086.00	3083.00	2487.00	360.00
博兴县		68.26	1549.07	1516.00	1338.00	
曹　县		242.52	1610.08	1562.00	1018.00	
单　县	30.00	352.31	4225.25	4117.66	1575.68	141.55
成武县	19.00	422.69	2394.82	2325.95	1375.18	34.00
巨野县	3.10	106.00	1795.74	1795.73	1017.14	
郓城县	3.00	736.50	6554.37	6485.12	4241.92	639.70
鄄城县	50.00	507.84	4355.67	4319.04	478.31	
东明县		1122.83	14624.23	14622.17	1603.76	
河　南	879.74	17724.69	199041.82	195666.51	84450.33	6238.80
中牟县		405.00	5608.01	5521.00	2005.00	3428.00
杞　县	4.00	62.94	784.06	772.06	619.79	56.27
通许县	6.00	84.70	1060.00	1050.00	792.00	
尉氏县	4.00	158.23	4039.75	3979.15	1875.00	
兰考县	24.00	419.24	4125.36	4012.17	2174.18	
新安县	2.30	288.33	9568.00	9532.00	709.00	300.00
栾川县	12.00	48.00	567.00	562.00	438.00	
嵩　县	8.85	50.10	398.60	390.10	156.00	5.00
汝阳县	3.00	55.10	103.20	101.50	85.00	
宜阳县	10.00	308.01	3912.29	3726.68	745.37	409.86
洛宁县	12.00	50.00	1273.00	1240.00	184.00	510.00
伊川县		301.60	15103.00	15100.00	2035.00	90.00
宝丰县		86.25	2138.25	2089.54	917.06	
叶　县	1.00	87.50	2866.35	2780.35	504.51	
鲁山县		78.20	657.40	655.00	282.00	74.00
郏　县		136.20	2560.00	2486.00	593.00	
安阳县	4.70	113.00	1615.00	1586.00	312.00	
汤阴县		1695.39	7328.30	7240.50	2858.20	2.90
滑　县	11.00	480.73	5674.60	5659.40	1981.10	
内黄县	11.00	110.76	1682.00	1672.00	1475.00	
浚　县		238.38	1590.62	1560.95	918.00	24.35

continued 14

Total Gas Supplied (10000 cu. m)		用气户数（户）		用气人口（万人）	天然气汽车加气站（座）	县名称
燃气汽车	燃气损失量		居民家庭			
Gas-Powered Automobiles	Loss Amount	Number of Household with Access to Gas (unit)	Households	Population with Access to Gas (10000 persons)	Gas Stations for CNG-Fueled Motor Vehicles (unit)	Name of Counties
2485.00	12.76	95364	95162	26.45	3	齐河县
	245.00	66908	63027	13.11		平原县
970.20	27.00	42023	41923	18.37	9	夏津县
490.00	160.00	44800	44160	8.96	2	武城县
231.00	24.80	58619	58332	12.27	2	阳谷县
19.00	32.00	44894	44703	18.31	1	莘县
42.60	111.00	77700	77323	11.24	3	东阿县
48.41	7.13	44150	43568	15.45	1	冠县
22.26	341.34	78289	77199	20.39	2	高唐县
73.00	46.26	64724	64388	10.92	3	惠民县
	14.94	33212	32514	9.23		阳信县
218.84	3.00	62134	61665	11.36	2	无棣县
	33.07	79783	79132	16.46		博兴县
54.00	48.08	61503	60906	24.32	1	曹县
	107.59	95445	94949	22.90		单县
79.70	68.87	43590	43347	8.58	1	成武县
54.80	0.01	65557	65110	27.16	1	巨野县
1534.25	69.25	84834	84358	34.73	4	郓城县
	36.63	35879	35714	14.03		鄄城县
45.00	2.06	78870	77983	18.12	2	东明县
10022.41	**3375.31**	**3549513**	**3462924**	**1094.43**	**114**	**河南**
88.00	87.01	60869	50152	12.09	1	中牟县
96.00	12.00	23155	21960	8.90	4	杞县
200.00	10.00	26102	25937	5.90	1	通许县
186.40	60.60	74719	73874	15.41	1	尉氏县
53.50	113.19	66929	66748	26.65	1	兰考县
433.00	36.00	59763	58700	15.80	2	新安县
	5.00	33800	16272	13.00		栾川县
38.00	8.50	11000	10650	3.20	1	嵩县
	1.70	8126	8065	1.52		汝阳县
	185.61	46315	46000	16.10		宜阳县
120.00	33.00	10432	10245	4.08	2	洛宁县
43.00	3.00	55000	48091	19.35	6	伊川县
	48.71	51557	51303	12.80		宝丰县
6.50	86.00	37627	37404	9.20	6	叶县
	2.40	20566	20367	7.88		鲁山县
	74.00	32182	32000	6.70		郏县
74.00	29.00	20160	19961	7.65	2	安阳县
11.20	87.80	78180	77498	14.09	4	汤阴县
212.20	15.20	108081	107227	23.32	1	滑县
	10.00	35554	34915	11.01		内黄县
118.35	29.67	50481	50141	20.05	1	浚县

5-2-2 续表15

县名称 Name of Counties	储气能力 （万立方米） Gas Storage Capacity (10000 cu. m)	供气管道长度 （公里） Length of Gas Supply Pipeline (km)	供气总量(万立方米)			
			合计 Total	销售气量 Quantity Sold	居民家庭 Households	集中供热 Central Heating
淇　县		177.00	2212.00	2166.00	1129.00	
新乡县	2.00	170.50	6321.00	6078.00	1289.00	
获嘉县	1.90	281.99	2514.00	2410.00	1881.00	
原阳县		84.50	2582.17	2542.76	1013.68	
延津县	1.85	78.50	800.35	780.69	533.17	187.52
封丘县	50.00	45.00	806.08	794.08	554.55	
修武县	8.00	316.18	605.50	600.00	550.00	
博爱县	1.25	274.00	2913.00	2880.00	662.00	80.00
武陟县	48.92	267.76	3826.00	3713.00	1916.00	
温　县	2.00	120.00	4167.00	4020.00	1470.00	30.00
清丰县	9.00	232.00	2803.00	2715.00	1702.00	
南乐县	3.00	460.00	4912.01	4841.87	2081.76	
范　县	0.80	64.22	2100.00	2075.00	1449.00	600.00
台前县		42.07	1220.32	1218.52	609.40	
濮阳县	20.00	481.14	3011.40	2896.60	2748.60	
鄢陵县	1.92	338.20	1638.00	1609.00	1506.96	
襄城县	1.00	122.20	1721.00	1673.00	1378.00	80.00
舞阳县	0.30	2439.02	1639.00	1624.00	900.00	
临颍县		82.23	4452.00	4451.00	2257.30	
渑池县	0.80	151.72	7085.00	7064.00	163.80	
卢氏县	21.60	23.83	626.45	618.00	82.50	
南召县	50.00	144.42	711.35	710.00	585.50	
方城县	8.80	129.10	1445.00	1400.00	935.00	
西峡县	12.00	80.13	2264.80	2263.00	299.00	
镇平县	40.50	118.21	1602.30	1547.37	336.28	
内乡县	40.00	68.72	700.96	699.22	385.00	
淅川县	22.40	160.62	1482.68	1473.23	1229.08	
社旗县	0.65	87.93	213.19	206.43	206.15	
唐河县	95.00	316.00	3461.64	3453.41	1625.00	
新野县	0.50	204.32	643.00	635.00	540.00	
桐柏县	3.00	40.30	120.38	120.00	95.00	
民权县	15.20	205.00	2398.00	2333.00	2264.00	11.00
睢　县	9.80	79.50	879.90	873.00	308.00	204.60
宁陵县		132.00	438.10	429.30	109.50	24.30
柘城县	1.50	83.20	1225.36	1210.00	544.50	
虞城县	26.00	259.00	4103.12	3943.00	1892.00	
夏邑县	10.00	129.00	1980.00	1960.00	1820.00	
罗山县		53.70	990.00	987.00	502.00	
光山县	8.00	92.00	1582.00	1557.00	1309.00	121.00
新　县		48.60	252.70	252.00	205.00	
商城县		82.93	600.36	600.00	571.00	
固始县	3.00	315.52	6360.00	6350.00	2715.00	

continued 15

Total Gas Supplied (10000 cu. m) 燃气汽车 Gas-Powered Automobiles	燃气损失量 Loss Amount	用气户数（户）Number of Household with Access to Gas (unit)	居民家庭 Households	用气人口（万人）Population with Access to Gas (10000 persons)	天然气汽车加气站（座）Gas Stations for CNG-Fueled Motor Vehicles (unit)	县名称 Name of Counties
17.00	46.00	38550	37285	11.24	2	淇　县
269.00	243.00	34734	34615	9.53	1	新乡县
431.00	104.00	40151	39550	11.19	3	获嘉县
60.00	39.41	43862	43359	8.71	3	原阳县
60.00	19.66	27360	27142	9.77	1	延津县
161.10	12.00	24460	24259	8.49	3	封丘县
50.00	5.50	16465	15899	6.10	1	修武县
125.00	33.00	36309	36166	12.16	6	博爱县
116.00	113.00	68507	68062	26.50	1	武陟县
	147.00	33200	32912	9.87		温　县
884.00	88.00	41234	40855	14.14	1	清丰县
	70.14	44310	43890	10.06		南乐县
25.90	25.00	37175	36815	7.74	1	范　县
220.00	1.80	20176	19618	7.35	1	台前县
148.00	114.80	81800	81150	17.36	1	濮阳县
73.04	29.00	38379	37658	12.10	1	鄢陵县
12.00	48.00	56137	55997	9.74	2	襄城县
46.00	15.00	59205	52200	11.00	1	舞阳县
39.00	1.00	51211	50365	20.37	1	临颍县
82.10	21.00	18620	18418	6.17	1	渑池县
119.96	8.45	12000	11894	3.60	1	卢氏县
113.00	1.35	14075	13880	7.76	2	南召县
	45.00	54278	53982	17.70		方城县
53.90	1.80	21320	18000	6.00	2	西峡县
	54.93	31020	30527	10.89		镇平县
	1.74	45652	45557	18.29		内乡县
244.15	9.45	28684	28452	13.35	3	淅川县
0.28	6.76	22160	21790	8.23	2	社旗县
1325.00	8.23	62962	62543	20.51	5	唐河县
95.00	8.00	36658	36585	19.76	1	新野县
	0.38	12431	12200	4.80		桐柏县
58.00	65.00	59289	58590	15.20	1	民权县
182.50	6.90	33500	31200	8.65	1	睢　县
29.20	8.80	16043	15948	6.40	1	宁陵县
	15.36	45800	45500	13.00		柘城县
130.00	160.12	43062	43000	12.80	5	虞城县
120.00	20.00	50600	50200	10.41	3	夏邑县
	3.00	34587	33292	11.80		罗山县
127.00	25.00	39824	39703	17.99	1	光山县
	0.70	5658	5617	3.12		新　县
29.00	0.36	22190	22050	8.80	2	商城县
1340.00	10.00	58865	56800	33.20	5	固始县

5-2-2 续表16

县名称 Name of Counties	储气能力 (万立方米) Gas Storage Capacity (10000 cu. m)	供气管道长度 (公里) Length of Gas Supply Pipeline (km)	供气总量(万立方米)			集中供热 Central Heating
			合计 Total	销售气量 Quantity Sold	居民家庭 Households	
潢川县	0.90	61.00	1841.50	1835.00	480.00	
淮滨县		136.39	713.80	704.80	258.42	
息　县		103.00	979.62	977.22	791.88	
扶沟县		81.06	1506.00	1468.00	964.00	
西华县		63.97	2375.90	2359.25	1503.26	
商水县		642.90	2772.00	2746.00	1306.00	
沈丘县	2.00	783.60	4356.80	4272.30	2372.11	
郸城县	98.00	203.86	2340.00	2319.00	1145.00	
太康县	2.00	166.96	1803.76	1751.73	1143.94	
鹿邑县	77.65	233.00	2746.22	2746.02	1275.82	
西平县	0.55	56.44	2526.00	2415.00	1210.00	
上蔡县		60.00	1265.70	1213.59	752.04	
平舆县	32.00	102.28	2392.21	2287.03	1154.02	
正阳县		57.03	1470.81	1429.43	588.37	
确山县		94.56	1112.80	1079.00	500.00	
泌阳县		110.65	1165.57	1100.59	675.36	
汝南县	32.10	222.39	1177.22	1123.68	779.51	
遂平县		74.49	1625.14	1575.23	1035.53	
新蔡县		131.19	805.86	774.76	502.13	
湖　北	346.35	12254.78	54434.34	53635.18	24348.10	110.34
阳新县	9.00	404.00	3741.00	3709.00	964.00	
郧西县	3.65	32.62	348.33	348.20	210.20	
竹山县	6.00	28.16	213.88	212.00	146.71	
竹溪县	31.20	122.80	152.86	152.10	31.22	
房　县	12.00	57.88	583.18	563.00	108.00	
远安县	5.80	279.00	512.91	511.71	220.42	
兴山县	3.00	88.20	321.45	321.00	80.65	
秭归县	20.00	120.00	1726.00	1677.00	425.00	
长阳土家族自治县	0.50	506.69	1420.00	1415.00	1415.00	
五峰土家族自治县	15.00	61.10	366.70	366.20	102.00	
南漳县	0.30	200.00	1821.48	1785.63	591.60	
谷城县	1.10	260.23	5165.00	5082.98	920.96	
保康县	6.00	132.98	370.20	370.00	109.15	36.74
沙洋县	4.50	502.34	1541.15	1529.12	464.37	
孝昌县		574.48	7522.30	7468.69	2946.49	
大悟县	2.10	94.03	546.50	542.11	513.20	
云梦县		959.94	2305.90	2300.00	986.45	
公安县	40.00	212.46	2369.70	2333.70	1826.20	
江陵县	4.70	104.37	954.90	946.00	641.00	
团风县	3.00	179.00	1322.66	1305.90	421.79	
红安县	1.50	280.00	3880.20	3800.00	661.00	
罗田县		41.32	450.37	448.60	360.11	

continued 16

Total Gas Supplied (10000 cu. m) 燃气汽车 Gas-Powered Automobiles	燃气损失量 Loss Amount	用气户数（户） Number of Household with Access to Gas (unit)	居民家庭 Households	用气人口（万人） Population with Access to Gas (10000 persons)	天然气汽车加气站（座） Gas Stations for CNG-Fueled Motor Vehicles (unit)	县名称 Name of Counties
120.00	6.50	32000	30050	10.11	1	潢川县
108.00	9.00	34230	34042	8.84	1	淮滨县
185.34	2.40	42748	42333	21.19	1	息县
45.00	38.00	42865	42464	10.48	1	扶沟县
133.55	16.65	39916	39909	10.61	2	西华县
	26.00	59898	59370	16.98	1	商水县
97.51	84.50	103175	102175	25.05	2	沈丘县
146.00	21.00	52786	51780	23.14	1	郸城县
112.50	52.03	59883	59872	21.53	1	太康县
165.00	0.20	60221	59513	21.44	1	鹿邑县
295.00	111.00	66221	66021	20.00	1	西平县
101.46	52.11	61138	60868	15.11	1	上蔡县
	105.18	106375	105877	25.20		平舆县
	41.38	38165	37874	15.15		正阳县
	33.80	40152	34491	10.52		确山县
	64.98	39020	38741	15.25		泌阳县
46.77	53.54	55573	55198	22.23	1	汝南县
	49.91	65104	64781	19.11		遂平县
	31.10	76942	76530	25.94		新蔡县
3785.58	799.16	1220014	1199591	278.80	35	湖 北
299.00	32.00	62665	62220	12.16	1	阳新县
138.00	0.13	12900	12500	5.46	1	郧西县
	1.88	13872	13837	4.17		竹山县
0.91	0.76	18970	18900	3.90	1	竹溪县
7.00	20.18	11077	10921	4.37	2	房县
45.70	1.20	21286	21070	1.50	1	远安县
185.42	0.45	6024	5952	1.60	1	兴山县
91.00	49.00	33795	33779	9.69	1	秭归县
	5.00	32016	32016	9.10		长阳土家族自治县
26.00	0.50	5210	5091	1.66	1	五峰土家族自治县
76.47	35.85	33500	33015	10.00	1	南漳县
139.18	82.02	60894	60135	14.03	1	谷城县
	0.20	9660	9530	4.20		保康县
122.28	12.03	25429	24999	7.50	2	沙洋县
612.88	53.61	59300	58200	18.26	2	孝昌县
2.50	4.39	15026	14986	7.05	1	大悟县
414.23	5.90	43780	41210	12.05	2	云梦县
197.00	36.00	76429	75057	17.41	1	公安县
50.00	8.90	18689	18467	1.64	1	江陵县
547.00	16.76	35302	34912	5.90	1	团风县
144.00	80.20	42826	41453	12.75	1	红安县
	1.77	21647	21039	8.65		罗田县

5-2-2 续表17

县名称 Name of Counties	储气能力 （万立方米） Gas Storage Capacity (10000 cu. m)	供气管道长度 （公里） Length of Gas Supply Pipeline (km)	供气总量(万立方米)			集中供热 Central Heating
			合计 Total	销售气量 Quantity Sold		
					居民家庭 Households	
英山县	6.75	645.40	1117.92	1087.94	718.98	
浠水县		1217.10	2299.21	2253.66	1108.21	
蕲春县	1.50	1410.91	2718.92	2646.88	1320.22	
黄梅县		1683.00	2191.18	2153.64	1367.12	
嘉鱼县		118.00	1001.42	995.00	568.00	
通城县	18.00	88.00	799.00	798.00	384.00	
崇阳县	4.00	37.22	258.76	253.96	253.96	
通山县	5.00	56.00	362.00	350.00	350.00	
随　县	73.00	201.37	1112.14	1085.32	289.00	
建始县	1.80	581.83	1027.67	984.68	553.80	73.60
巴东县	36.00	47.50	269.90	269.00	241.18	
咸丰县	1.50	514.00	1470.00	1450.00	1270.00	
来凤县		165.00	1101.00	1060.00	1020.00	
鹤峰县	10.45	91.26	178.65	175.45	172.48	
宣恩县	1.00	115.21	567.90	563.71	471.63	
神农架林区	18.00	41.38	322.00	320.00	114.00	
湖　南	**2057.41**	**14531.87**	**100680.29**	**99346.51**	**46534.31**	
长沙县	1200.60	490.98	21967.68	21890.46	7719.89	
望城区	38.00	1298.00	16326.00	16074.00	5447.00	
攸　县	26.00	329.69	1354.32	1350.32	1048.96	
茶陵县	12.00	245.00	771.00	767.00	388.00	
炎陵县	7.00	226.00	439.58	431.53	163.38	
湘潭县		717.32	5011.92	4908.69	1448.91	
衡阳县	10.00	557.97	1394.00	1392.00	1392.00	
衡南县	4.30	114.86	486.70	473.20	464.20	
衡山县	0.02	40.30	843.78	822.00	810.10	
衡东县	2.00	669.04	834.00	780.00	607.25	
祁东县	20.00	490.00	1560.00	1545.00	1176.00	
南岳区		151.00	542.00	526.00	352.00	
新邵县	70.00	161.00	421.92	420.00	314.00	
邵阳县	12.00	42.73	713.60	710.00	584.56	
隆回县	7.50	128.87	899.40	869.40	628.28	
洞口县	12.00	142.00	537.00	532.00	320.00	
绥宁县	5.25	110.00	93.46	93.42	93.42	
新宁县	10.00	218.00	770.00	748.00	617.00	
城步苗族自治县	3.50	48.30	37.65	35.57	35.57	
岳阳县	1.00	378.00	2900.00	2870.00	1168.00	
华容县	18.00	285.08	1254.28	1217.75	1179.80	
湘阴县	71.00	192.00	1979.00	1906.00	831.00	
平江县	12.40	210.00	2300.00	2290.00	1236.00	
安乡县	1.00	345.00	629.00	621.00	500.00	
汉寿县		798.25	1680.10	1656.10	1014.00	

continued 17

Total Gas Supplied (10000 cu. m) 燃气汽车 Gas-Powered Automobiles	燃气损失量 Loss Amount	用气户数（户）Number of Household with Access to Gas (unit)	居民家庭 Households	用气人口（万人）Population with Access to Gas (10000 persons)	天然气汽车加气站（座）Gas Stations for CNG-Fueled Motor Vehicles (unit)	县名称 Name of Counties
53.00	29.98	41541	41052	5.27	1	英山县
128.00	45.55	80397	79592	12.67	1	浠水县
19.40	72.04	86813	85469	15.88	1	蕲春县
154.09	37.54	96875	95843	16.00	2	黄梅县
	6.42	38548	38188	4.50		嘉鱼县
	1.00	23682	23563	5.80	1	通城县
	4.80	8845	8845	2.86		崇阳县
	12.00	23000	23000	6.90		通山县
59.00	26.82	17820	16897	2.53	1	随　县
13.45	42.99	22985	22600	7.80	1	建始县
26.92	0.90	13269	13160	2.78	2	巴东县
180.00	20.00	36000	33340	8.45	1	咸丰县
	41.00	36237	36015	6.21		来凤县
	3.20	3805	3765	1.50		鹤峰县
29.15	4.19	19628	18941	5.40	1	宣恩县
24.00	2.00	10272	10032	1.20	1	神农架林区
4493.71	1333.78	2157604	2114732	615.24	32	湖　南
2351.60	77.22	319378	314710	71.34	2	长沙县
	252.00	220797	219789	62.46		望城区
2.50	4.00	45642	45302	17.45	2	攸　县
214.00	4.00	25330	23036	7.60	1	茶陵县
	8.05	10547	10349	3.11		炎陵县
	103.23	72000	70300	14.50		湘潭县
	2.00	55200	55200	15.68		衡阳县
9.00	13.50	18690	18250	7.12	1	衡南县
8.61	21.78	20952	19112	7.12	1	衡山县
	54.00	34951	34689	11.89		衡东县
28.00	15.00	62103	61082	19.80	1	祁东县
	16.00	11996	11685	5.50		南岳区
	1.92	30583	30446	6.00		新邵县
	3.60	18504	17893	5.62		邵阳县
	30.00	42156	41925	14.75		隆回县
81.00	5.00	23850	23660	5.87	1	洞口县
	0.04	5600	5600	1.96		绥宁县
	22.00	28002	25467	7.80	1	新宁县
	2.08	1568	1568	0.63		城步苗族自治县
200.00	30.00	43289	42873	10.50	1	岳阳县
37.95	36.53	52629	52152	14.28	1	华容县
	73.00	47296	45745	14.19		湘阴县
158.00	10.00	56000	55400	9.80	1	平江县
	8.00	23132	22900	6.00		安乡县
91.00	24.00	59249	58628	14.47	1	汉寿县

5-2-2 续表18

县名称 Name of Counties	储气能力 （万立方米） Gas Storage Capacity (10000 cu. m)	供气管道长度 （公里） Length of Gas Supply Pipeline (km)	供气总量(万立方米)			集中供热 Central Heating
			合计 Total	销售气量 Quantity Sold		
					居民家庭 Households	
澧　县	40.00	192.00	2000.00	1958.00	1150.00	
临澧县	65.00	537.90	1124.00	1089.00	627.00	
桃源县	3.00	223.30	1663.63	1606.63	612.50	
石门县	40.00	366.00	1748.32	1683.00	1605.00	
慈利县	8.00	360.60	1176.00	1168.00	954.00	
桑植县	12.50	90.00	470.40	455.00	423.00	
南　县	12.00	206.06	1461.88	1389.77	972.91	
桃江县	3.80	114.70	2286.58	2284.53	1186.59	
安化县	9.90	37.40	397.16	394.06	101.21	
大通湖区	0.36	20.90	74.50	73.00	73.00	
桂阳县	31.00	541.02	3344.00	3331.00	1142.00	
宜章县	16.00	272.00	5842.00	5839.00	339.00	
永兴县	38.40	81.65	1148.57	1145.36	1023.20	
嘉禾县	4.50	165.01	428.70	410.00	165.76	
临武县	6.60	95.00	392.00	390.00	256.00	
汝城县	24.00	130.49	628.24	626.30	543.15	
桂东县	3.60	80.30	125.08	124.98	84.40	
安仁县	4.10	84.60	379.50	358.20	131.00	
东安县	1.20	55.00	42.23	41.00	15.50	
双牌县	3.00	121.85	217.37	196.64	139.40	
道　县	1.20	37.00	98.58	95.71	26.88	
江永县	2.78	19.21	150.00	149.80	28.31	
宁远县	9.00	104.00	448.00	446.00	238.00	
蓝山县	3.00	113.69	190.05	190.01	88.21	
新田县	12.00	65.69	367.00	365.00	180.00	
江华瑶族自治县	19.00	58.20	698.94	698.44	153.15	
中方县		34.54	299.85	296.22	24.14	
沅陵县	13.10	86.50	303.85	303.50	179.06	
辰溪县	6.00	98.50	168.84	168.54	79.10	
溆浦县	6.25	214.09	388.50	388.00	388.00	
会同县	6.00	21.00	108.85	106.35	70.25	
麻阳苗族自治县	10.00	47.91	288.68	288.30	245.10	
新晃侗族自治县	10.00	28.77	144.50	144.00	119.52	
芷江侗族自治县	3.00	24.35	10.94	10.81	10.81	
通道县	3.00	134.29	222.73	218.63	175.63	
靖州县	8.40	218.00	468.00	458.00	359.00	
双峰县	10.00	229.00	867.00	859.00	859.00	
新化县	24.00	160.00	2474.00	2432.00	917.00	
泸溪县	18.75	52.00	255.90	255.20	29.00	
凤凰县	2.80	37.00	134.00	130.00	128.00	
花垣县	3.60	66.50	177.37	177.36	80.20	
保靖县	6.00	60.00	467.90	467.00	93.40	

continued 18

Total Gas Supplied (10000 cu. m)		用气户数（户）	居民家庭	用气人口（万人）	天然气汽车加气站（座）	县名称
燃气汽车 Gas-Powered Automobiles	燃气损失量 Loss Amount	Number of Household with Access to Gas (unit)	Households	Population with Access to Gas (10000 persons)	Gas Stations for CNG-Fueled Motor Vehicles (unit)	Name of Counties
155.00	42.00	69000	68420	17.16	1	澧县
95.40	35.00	32426	31956	6.67	1	临澧县
156.00	57.00	34887	32586	10.29	1	桃源县
46.32	65.32	55360	54590	15.20	2	石门县
214.00	8.00	34570	32900	8.71	1	慈利县
	15.40	23496	23281	9.60		桑植县
181.95	72.11	31538	29630	10.10	1	南县
125.00	2.05	39220	38985	9.72	1	桃江县
81.00	3.10	7423	7364	2.77	1	安化县
	1.50	7150	7150	2.63		大通湖区
171.00	13.00	52538	45356	12.87	1	桂阳县
0.02	3.00	22809	22712	7.98	1	宜章县
	3.21	33452	33105	11.83	1	永兴县
	18.70	11461	11404	3.58		嘉禾县
	2.00	16382	16250	6.50		临武县
	1.94	20011	19724	7.81		汝城县
	0.10	7963	7916	3.93		桂东县
	21.30	12360	12210	5.20	1	安仁县
10.92	1.23	2930	2890	0.87	1	东安县
	20.73	8386	8315	4.48		双牌县
	2.87	3104	3069	1.23		道县
35.44	0.20	2353	1905	0.87	1	江永县
	2.00	16015	16002	6.41		宁远县
	0.04	5546	5503	2.38		蓝山县
40.00	2.00	24230	23603	7.71	1	新田县
	0.50	9946	9855	3.90		江华瑶族自治县
	3.63	2000	1988	0.80		中方县
	0.35	13500	13350	4.56		沅陵县
	0.30	7832	7731	3.50		辰溪县
	0.50	17409	17409	5.92		溆浦县
	2.50	4779	4743	1.57		会同县
	0.38	13911	13261	6.91		麻阳苗族自治县
	0.50	6565	6255	3.80		新晃侗族自治县
	0.13	2262	2262	0.68		芷江侗族自治县
	4.10	10058	9500	3.11		通道县
	10.00	22091	21879	8.00		靖州县
	8.00	33426	33426	8.24		双峰县
	42.00	49050	48505	12.26		新化县
	0.70	2111	2096	0.60		泸溪县
	4.00	8200	8100	2.60	1	凤凰县
	0.01	4155	4015	1.20		花垣县
	0.90	6882	6823	2.47		保靖县

5-2-2 续表19

县名称 Name of Counties	储气能力 （万立方米） Gas Storage Capacity (10000 cu. m)	供气管道长度 （公里） Length of Gas Supply Pipeline (km)	供气总量(万立方米)			集中供热 Central Heating
			合计 Total	销售气量 Quantity Sold	居民家庭 Households	
古丈县	3.00	61.40	43.26	42.98	38.57	
永顺县	3.00	76.40	63.00	62.75	60.04	
龙山县	3.00	318.66	1144.00	1100.00	880.00	
广　东	**470.18**	**4370.37**	**43649.98**	**43390.21**	**9760.99**	**357.00**
始兴县	8.64	173.66	399.62	396.62	396.62	
仁化县	0.03	174.88	730.90	715.36	715.36	
翁源县	6.16	14.50	67.20	67.00	67.00	
乳源瑶族自治县	30.00	83.60	273.00	272.40	272.40	
新丰县	80.20	100.00	837.42	836.54	105.00	
南澳县						
遂溪县						
徐闻县	3.00	79.00	533.71	531.89	84.44	
广宁县	13.00	110.00	505.00	500.00	280.00	
怀集县	12.00	90.80	1498.00	1483.00	494.00	
封开县	3.60	60.00	383.87	381.87	143.56	
德庆县	10.80	98.00	10347.20	10334.20	211.00	
博罗县	5.40	450.05	2955.33	2952.20	599.77	
惠东县	4.00	44.00	32.20	31.20	31.20	
龙门县	9.60	61.30	571.93	566.28	105.62	
大埔县	3.00	235.62	359.19	359.07	329.79	
丰顺县	12.00	94.00	948.10	947.53	251.56	
五华县	6.00	271.09	428.50	423.60	325.80	
平远县	8.00	129.60	508.77	507.80	212.60	
蕉岭县	3.80	85.30	384.80	382.80	380.20	
海丰县	12.00	210.00	1400.00	1378.00	993.83	
陆河县	3.25	102.58	336.00	331.14	99.20	
紫金县	10.80	93.52	162.55	151.26	67.92	
龙川县	5.40	102.50	940.19	920.63	800.10	
连平县	7.20	26.00	46.57	45.89	45.89	
和平县	12.60	42.66	570.06	565.59	354.37	
东源县	28.00	59.80	3016.23	3008.00	551.90	
阳西县	15.00	488.05	1068.25	1059.58	280.44	357.00
阳山县	4.20	34.70	208.74	208.00	101.35	
连山壮族瑶族自治县						
连南瑶族自治县	5.50	14.30	26.21	26.10	26.10	
佛冈县	27.00	257.48	9894.36	9859.02	260.41	
饶平县	90.00	123.00	225.47	212.24	135.90	
揭西县						
惠来县						
新兴县	24.00	353.27	3315.61	3263.40	816.66	
郁南县	6.00	107.11	675.00	672.00	221.00	

continued 19

Gas-Powered Automobiles	Loss Amount	Number of Household with Access to Gas (unit)	Households	Population with Access to Gas (10000 persons)	Gas Stations for CNG-Fueled Motor Vehicles (unit)	Name of Counties
	0.28	4629	4608	2.37		古丈县
	0.25	2654	2626	1.12		永顺县
	44.00	32090	31713	9.69		龙山县
1089.20	259.77	674164	669588	211.47	5	广　东
	3.00	10851	10851	2.77		始兴县
	15.54	16825	16825	4.65		仁化县
	0.20	4500	4500	1.30		翁源县
	0.60	11035	11035	3.51		乳源瑶族自治县
	0.88	4025	3983	2.03		新丰县
						南澳县
						遂溪县
447.44	1.82	9754	9663	7.94	1	徐闻县
	5.00	22100	22030	4.20		广宁县
	15.00	36660	36524	11.69		怀集县
14.53	2.00	9194	9000	2.00	1	封开县
3.63	13.00	12782	12631	4.36	1	德庆县
623.60	3.13	49717	49631	16.50	1	博罗县
	1.00	13412	13412	4.00		惠东县
	5.65	11830	11680	1.72		龙门县
	0.12	29446	29356	10.01		大埔县
	0.57	37710	37518	13.40		丰顺县
	4.90	34409	34310	14.06		五华县
	0.97	18924	18823	5.70		平远县
	2.00	22150	21897	6.22	1	蕉岭县
	22.00	55693	54896	19.27		海丰县
	4.86	7999	7390	3.84		陆河县
	11.29	6732	6724	2.70		紫金县
	19.56	46594	46360	16.23		龙川县
	0.68	3933	3933	0.10		连平县
	4.47	19554	19465	6.80		和平县
	8.23	33039	32916	6.20		东源县
	8.67	41600	41456	13.31		阳西县
	0.74	4595	4263	1.30		阳山县
						连山壮族瑶族自治县
	0.11	1301	1301	0.52		连南瑶族自治县
	35.34	20680	20507	5.67		佛冈县
	13.23	10572	10499	4.19		饶平县
						揭西县
						惠来县
	52.21	52007	51723	11.38		新兴县
	3.00	14541	14486	3.90		郁南县

5-2-2 续表20

县名称 Name of Counties	储气能力 （万立方米） Gas Storage Capacity (10000 cu. m)	供气管道长度 （公里） Length of Gas Supply Pipeline (km)	供气总量(万立方米)		
			合计 Total	销售气量 Quantity Sold	
				居民家庭 Households	集中供热 Central Heating
广　西	**299.33**	**2816.34**	**24146.84**	**24012.72**	**6491.80**
隆安县	6.00	62.00	668.20	668.00	90.00
马山县	3.00	26.27	18.35	18.30	18.10
上林县	2.80	110.01	164.00	160.00	102.00
宾阳县	12.00	152.00	513.20	512.80	512.80
柳城县					
鹿寨县	18.00	64.00	370.00	367.00	227.00
融安县	9.75	17.40	151.20	151.00	131.00
融水苗族自治县	6.00	48.00	226.50	225.00	166.00
三江侗族自治县	4.20	63.70	200.70	197.50	144.30
阳朔县	4.00	49.80	90.10	90.00	90.00
灵川县		222.00	572.00	559.58	434.12
全州县	3.00	16.21	186.55	183.55	167.64
兴安县	12.00	150.37	406.87	400.17	292.12
永福县	11.00	27.00	337.00	336.70	14.00
灌阳县	3.13	63.10	59.69	58.19	58.19
龙胜各族自治县					
资源县	4.50	14.00	41.25	40.00	40.00
平乐县	0.23	16.13	22.62	21.52	15.93
恭城瑶族自治县					
苍梧县					
藤　县	54.00	273.98	14146.60	14118.00	402.51
蒙山县	4.75	15.40	31.50	31.20	31.20
合浦县	7.50	68.20	235.88	234.82	154.02
上思县	0.24	58.35	43.12	42.78	31.85
灵山县	14.40	46.26	292.17	278.67	211.32
浦北县	12.00	50.00	383.03	380.88	102.00
平南县	3.60	58.62	296.00	294.00	221.00
容　县	2.80	21.10	690.00	672.28	256.83
陆川县					
博白县	4.74	124.14	866.28	860.13	485.31
兴业县	8.40	29.40	184.70	183.00	183.00
田东县		48.65	429.80	428.60	328.60
德保县	6.00	5.65	13.20	12.60	12.60
那坡县	0.72	53.00	15.79	15.34	15.34
凌云县					
乐业县					
田林县	0.40	30.50			
西林县					
隆林各族自治县	2.81	38.87	146.74	146.69	43.86
昭平县	7.20	126.53	124.20	122.00	122.00
钟山县	2.40	26.68	199.36	198.33	51.68

continued 20

燃气汽车 Gas-Powered Automobiles	Total Gas Supplied (10000 cu. m) 燃气损失量 Loss Amount	用气户数 （户） Number of Household with Access to Gas （unit）	居民家庭 Households	用气人口 （万人） Population with Access to Gas （10000 persons）	天然气汽车 加气站 （座） Gas Stations for CNG-Fueled Motor Vehicles （unit）	县名称 Name of Counties
10.60	134.12	415448	410729	127.57	4	广　西
	0.20	9679	9577	4.00		隆安县
	0.05	2447	2444	0.75		马山县
	4.00	8774	8753	1.75		上林县
	0.40	24670	24670	4.94		宾阳县
						柳城县
	3.00	15121	15000	4.49		鹿寨县
	0.20	7738	7706	2.85		融安县
	1.50	10940	10790	3.60		融水苗族自治县
3.60	3.20	8346	6513	1.99	2	三江侗族自治县
	0.10	3117	3117	0.99		阳朔县
	12.42	22750	22620	6.24		灵川县
	3.00	12000	11982	2.80		全州县
	6.70	21711	21562	4.86		兴安县
	0.30	2039	2022	0.60		永福县
	1.50	4646	4646	1.18		灌阳县
						龙胜各族自治县
	1.25	1499	1499	0.68		资源县
	1.10	1334	1324	0.46		平乐县
						恭城瑶族自治县
						苍梧县
	28.60	25559	25424	6.81		藤　县
	0.30	1725	1725	0.56		蒙山县
	1.06	15900	15891	3.40		合浦县
	0.34	3026	3011	1.05		上思县
	13.50	17383	17086	6.43		灵山县
	2.15	7100	7055	2.80		浦北县
	2.00	10346	10259	3.09		平南县
	17.72	12152	12032	4.81		容　县
						陆川县
	6.15	36609	36529	14.61	1	博白县
	1.70	4400	4400	1.32		兴业县
	1.20	13330	13290	4.00		田东县
	0.60	660	660	0.14		德保县
	0.45	1319	1319	0.58		那坡县
						凌云县
						乐业县
						田林县
						西林县
	0.05	7000	6748	3.23		隆林各族自治县
	2.20	4600	4600	1.98		昭平县
	1.03	5057	5040	1.07		钟山县

5-2-2 续表21

县名称 Name of Counties	储气能力 （万立方米） Gas Storage Capacity (10000 cu. m)	供气管道长度 （公里） Length of Gas Supply Pipeline (km)	供气总量(万立方米)			集中供热 Central Heating
			合计 Total	销售气量 Quantity Sold	居民家庭 Households	
富川瑶族自治县	1.28	21.67	21.09	20.89	15.78	
南丹县	3.60	36.00	162.00	156.70	121.50	
天峨县	0.60	7.10	15.05	14.95	5.99	
凤山县						
东兰县						
罗城仫佬族自治县	0.05	15.37	25.53	25.35	25.35	
环江毛南族自治县	8.00	20.00	0.41	0.40	0.40	
巴马瑶族自治县	1.40	60.00	132.69	132.00	78.96	
都安瑶族自治县	6.38	58.61	78.05	77.25	69.78	
大化瑶族自治县	0.70	31.36	98.40	98.04	98.04	
忻城县	1.70	13.13	21.15	20.98	20.98	
象州县	6.00	27.40	288.20	288.00	288.00	
武宣县	6.40	109.97	271.17	270.12	195.25	
金秀瑶族自治县	0.36	12.85	2.52	2.51	1.52	
扶绥县	18.00	150.45	684.95	678.94	262.23	
宁明县						
龙州县	6.00	24.81	108.53	107.76	86.40	
大新县	1.00	20.50				
天等县	6.29	29.80	110.50	110.20	65.30	
海　南	124.64	899.64	6108.22	6068.70	692.29	
定安县	8.80	29.00	187.80	187.00	25.80	
屯昌县	3.50	40.00	1561.00	1552.00	10.00	
澄迈县	3.00	50.83	111.21	110.25	110.25	
临高县	5.96	93.70	1282.40	1278.40	118.36	
白沙黎族自治县	3.75	101.60	73.11	71.65	37.09	
昌江县	2.70	66.66	1352.00	1350.00	60.27	
乐东县	0.40	68.50	49.60	47.20	46.00	
陵水县	7.76	41.72	1115.71	1111.73	28.00	
保亭县	0.45	20.14	37.81	36.41	8.00	
琼中县	8.32	107.49	79.58	71.06	31.52	
洋浦经济开发区	80.00	280.00	258.00	253.00	217.00	
重　庆	72.19	3023.72	32485.15	31463.03	20178.70	480.82
城口县	11.00	48.75	454.02	450.92	323.90	
丰都县		177.91	5083.16	5062.78	1995.18	
垫江县	9.40	515.43	4976.41	4774.39	3919.59	480.82
忠　县		224.94	4198.30	4133.78	1806.77	
云阳县	14.86	316.60	4950.22	4705.09	3306.13	
奉节县	9.00	321.09	3649.69	3379.55	2255.32	
巫山县	6.00	328.06	1784.37	1741.86	1285.17	
巫溪县	5.00	91.00	349.00	347.00	347.00	
石柱土家族自治县	1.50	130.48	2834.87	2764.87	2393.70	
秀山土家族苗族自治县	5.00	424.97	1781.90	1760.00	1051.31	

continued 21

Gas-Powered Automobiles	Loss Amount	Number of Household with Access to Gas (unit)	Households	Population with Access to Gas (10000 persons)	Gas Stations for CNG-Fueled Motor Vehicles (unit)	Name of Counties
	0.20	1432	1425	0.57		富川瑶族自治县
	5.30	5895	5851	2.34		南丹县
	0.10	300	287	0.11		天峨县
						凤山县
						东兰县
	0.18	1986	1986	0.79		罗城仫佬族自治县
	0.01	20	20	0.01		环江毛南族自治县
	0.69	4686	4510	4.06		巴马瑶族自治县
7.00	0.80	6487	6068	1.72	1	都安瑶族自治县
	0.36	6722	6722	1.55		大化瑶族自治县
	0.17	2914	2914	1.15		忻城县
	0.20	8537	8537	3.58		象州县
	1.05	15230	15131	4.57		武宣县
	0.01	216	211	0.05		金秀瑶族自治县
	6.01	22751	22612	5.65		扶绥县
						宁明县
	0.77	6730	6688	2.30		龙州县
						大新县
	0.30	8565	8473	1.06		天等县
3562.44	39.52	106108	104945	21.79	14	海　南
	0.80	3803	3785	1.89	1	定安县
1100.00	9.00	2726	2711	0.41	2	屯昌县
	0.96	16175	16175	2.61	2	澄迈县
92.30	4.00	27049	26954	2.94	1	临高县
	1.46	8673	8621	1.10		白沙黎族自治县
1289.73	2.00	8205	8160	3.26	1	昌江县
	2.40	7443	7428	0.90		乐东县
1016.00	3.98	9183	8332	3.16	2	陵水县
28.41	1.40	3500	3499	0.90	1	保亭县
	8.52	6101	6075	1.82		琼中县
36.00	5.00	13250	13205	2.80	4	洋浦经济开发区
2778.73	1022.12	835673	800244	174.08	17	重　庆
103.42	3.10	15663	15428	4.22	1	城口县
301.25	20.38	97253	94859	16.12	2	丰都县
373.98	202.02	139294	132622	20.46	2	垫江县
393.31	64.52	121917	119388	19.56	2	忠　县
707.23	245.13	130917	129615	30.87	2	云阳县
57.30	270.14	85369	67435	20.23	2	奉节县
40.00	42.51	56223	55594	11.94	1	巫山县
	2.00	13948	13948	4.88		巫溪县
371.17	70.00	52713	52583	10.73	2	石柱土家族自治县
106.07	21.90	52250	50122	10.75	2	秀山土家族苗族自治县

5-2-2 续表 22

县名称 Name of Counties	储气能力 （万立方米） Gas Storage Capacity (10000 cu. m)	供气管道长度 （公里） Length of Gas Supply Pipeline (km)	供气总量(万立方米)			集中供热 Central Heating
			合计 Total	销售气量 Quantity Sold	居民家庭 Households	
酉阳土家族苗族自治县	7.50	256.40	1228.42	1168.00	648.00	
彭水苗族土家族自治县	2.93	188.09	1194.79	1174.79	846.63	
四　川	**369.82**	**34551.06**	**242900.40**	**235461.47**	**135901.44**	**73.13**
金堂县		959.64	25659.91	24865.87	4681.99	
大邑县	5.50	486.39	6646.07	6601.07	3516.68	
蒲江县		172.00	2534.51	2527.92	1271.50	
东部新区管理委员会		597.93	3559.48	3482.19	969.83	
荣　县		429.40	5350.51	5003.51	3147.00	
富顺县	4.00	1013.37	5171.00	4901.00	4402.00	
米易县	6.00	106.92	195.06	194.55	95.33	
盐边县	6.00	3.77	17.10	16.77	5.01	
泸　县		214.61	6850.00	6605.00	1935.00	
合江县		389.26	4067.00	3948.00	2085.00	
叙永县	2.00	217.59	2882.10	2751.15	2399.83	
古蔺县	6.00	121.00	1011.00	998.00	860.00	
中江县	32.00	431.33	5125.00	4995.00	2865.00	
三台县		1119.16	6964.00	6783.00	5054.00	
盐亭县	1.27	237.00	2452.50	2442.50	1773.00	
梓潼县		389.10	2103.00	2060.00	1250.00	
北川羌族自治县		212.00	1767.16	1737.16	1043.00	
平武县	0.75	481.22	1072.08	1068.88	945.28	
旺苍县		1715.00	2648.22	2645.42	2365.00	
青川县	1.80	960.00	870.40	847.15	430.00	
剑阁县		2691.76	1529.14	1520.80	555.97	
苍溪县		3086.73	2142.00	2081.00	1739.00	
蓬溪县	0.64	323.54	3265.11	3247.25	2220.60	
大英县		462.42	6261.38	6136.47	1485.41	
威远县		1300.90	5710.02	5577.02	2575.08	
资中县	6.00	616.67	4249.73	4159.50	2803.80	
犍为县		336.72	3286.62	3277.77	1930.79	
井研县		301.26	2900.00	2755.00	1603.00	
夹江县		1074.60	2972.00	2922.00	1510.00	
沐川县	0.20	62.85	2031.62	2027.62	1115.67	
峨边县	5.80	17.08	11.30	11.24	0.80	
马边县		88.20	432.81	414.17	394.17	
南部县	3.00	1323.00	6314.00	5950.00	4941.00	
营山县	41.00	211.23	3840.70	3533.44	3144.76	
蓬安县	1.00	149.60	2663.00	2565.00	1880.60	
仪陇县	2.50	216.00	2085.26	2061.26	1539.83	
西充县	3.00	183.00	2350.00	2280.00	1840.00	
眉山天府新区		221.17	4537.58	4472.58	2132.70	
洪雅县		142.27	1925.88	1859.53	970.60	

continued 22

Total Gas Supplied (10000 cu. m)		用气户数 (户)	居民家庭	用气人口 (万人)	天然气汽车 加气站 (座)	县名称
燃气汽车 Gas-Powered Automobiles	燃气损失量 Loss Amount	Number of Household with Access to Gas (unit)	Households	Population with Access to Gas (10000 persons)	Gas Stations for CNG-Fueled Motor Vehicles (unit)	Name of Counties
	60.42	28683	28053	11.47		酉阳土家族苗族自治县
325.00	20.00	41443	40597	12.85	1	彭水苗族土家族自治县
21756.68	**7438.93**	**4687099**	**4480689**	**1031.00**	**107**	四 川
1720.29	794.04	186930	180808	48.66	5	金堂县
270.00	45.00	86570	86433	11.03	3	大邑县
264.34	6.59	47656	45266	9.83	1	蒲江县
0.34	77.29	69784	67729	12.33	6	东部新区管理委员会
1856.51	347.00	88831	84501	19.57	5	荣 县
499.00	270.00	188715	147586	27.72	7	富顺县
	0.51	25349	25237	5.05		米易县
	0.33	536	530	0.87		盐边县
310.00	245.00	55320	49720	20.04	1	泸 县
591.00	119.00	93238	91200	26.30	1	合江县
351.32	130.95	63205	62150	16.40	1	叙永县
	13.00	32310	32100	15.06		古蔺县
768.00	130.00	85300	82400	22.15	2	中江县
	181.00	177788	174867	27.89	3	三台县
669.50	10.00	61097	60961	10.80	2	盐亭县
810.00	43.00	92542	91664	7.45	2	梓潼县
	30.00	38445	34451	7.87	3	北川羌族自治县
123.60	3.20	22195	21522	3.57	1	平武县
226.03	2.80	72259	69892	11.20	1	旺苍县
	23.25	9667	9453	2.28		青川县
653.10	8.34	26107	23906	5.24	2	剑阁县
281.00	61.00	75764	70811	12.50	2	苍溪县
384.00	17.86	58925	57071	14.18	3	蓬溪县
276.40	124.91	84153	83276	17.65	2	大英县
500.00	133.00	117304	115098	19.59	3	威远县
460.80	90.23	86947	80128	24.90	1	资中县
	8.85	83935	82080	12.21		犍为县
406.00	145.00	53353	52229	8.50	1	井研县
1412.00	50.00	64918	63509	9.76	3	夹江县
119.20	4.00	24052	23243	4.25	1	沐川县
	0.06	70	35	0.11		峨边县
20.00	18.64	8212	8112	3.50	1	马边县
760.00	364.00	125375	115779	38.04	3	南部县
388.68	307.26	120729	104597	26.76	2	营山县
428.00	98.00	70456	65453	18.68	1	蓬安县
400.00	24.00	77299	75890	20.40	1	仪陇县
370.00	70.00	66300	60325	16.00	1	西充县
	65.00	56010	51310	11.05	1	眉山天府新区
202.96	66.35	36698	35263	9.46	1	洪雅县

5-2-2 续表23

县名称 Name of Counties	储气能力 （万立方米） Gas Storage Capacity (10000 cu. m)	供气管道长度 （公里） Length of Gas Supply Pipeline (km)	供气总量(万立方米)			集中供热 Central Heating
			合计 Total	销售气量 Quantity Sold	居民家庭 Households	
仁寿县	10.00	352.56	6058.00	5853.00	4238.00	
丹棱县	0.60	293.24	9961.01	9843.00	1933.00	
青神县	0.50	185.00	5602.94	5602.93	676.02	
江安县		232.00	2183.93	2115.37	1738.50	
长宁县	3.80	236.00	2301.90	2188.80	1046.50	
高 县		1703.00	3064.89	2943.21	1175.47	
珙 县		647.45	2385.00	2339.58	2209.00	
筠连县		300.26	3073.82	2967.64	2105.50	
兴文县	2.20	334.80	3960.00	3910.00	3910.00	
屏山县	0.50	318.12	2118.00	2066.00	956.66	
岳池县	3.40	862.90	5234.98	5130.24	2791.58	
武胜县	1.80	332.00	4088.13	3956.70	2326.80	
邻水县	26.00	993.28	7407.45	7206.43	6154.13	
宣汉县		576.33	4103.00	3501.00	3500.00	
开江县		255.05	2382.74	2336.58	1887.13	
大竹县	6.40	219.90	5901.56	5775.37	3475.46	
渠 县	1.25	242.96	6261.22	5978.00	5433.00	
荥经县		149.66	1104.43	1056.32	959.89	
汉源县	1.00	52.16	427.00	424.00	227.00	
石棉县						
天全县		218.48	926.13	920.28	563.08	
芦山县		167.96	493.10	478.00	385.00	
宝兴县	0.90	100.00	115.00	110.00	67.00	
通江县	0.20	576.42	2536.42	2438.11	2012.12	
南江县	3.50	390.00	2688.00	2555.00	1916.00	
平昌县	4.00	535.30	4231.80	4020.00	3870.00	
安岳县	72.70	605.09	4652.06	4404.54	2473.98	
乐至县	4.20	134.00	2715.44	2588.00	1942.00	
汶川县	3.28	72.50	83.00	82.00	30.00	
理 县						
茂 县	3.00	79.00	220.00	217.00	165.00	
松潘县	7.40	30.71	4.68	4.18	3.78	
九寨沟县	18.00	112.40	355.67	336.86	121.00	
金川县	6.00	26.00	47.11	46.91	46.91	
小金县						
黑水县						
壤塘县						
阿坝县						
若尔盖县						
红原县	5.33	25.60	91.09	91.00	18.39	72.60
泸定县						
丹巴县						

continued 23

Total Gas Supplied (10000 cu. m)		用气户数 (户)	居民家庭	用气人口 (万人)	天然气汽车加气站 (座)	县名称
燃气汽车 Gas-Powered Automobiles	燃气损失量 Loss Amount	Number of Household with Access to Gas (unit)	Households	Population with Access to Gas (10000 persons)	Gas Stations for CNG-Fueled Motor Vehicles (unit)	Name of Counties
913.00	205.00	149234	142354	46.00	4	仁寿县
103.90	118.01	37819	36145	5.96	1	丹棱县
197.47	0.01	28591	27701	7.33	1	青神县
	68.56	56456	55133	18.31		江安县
424.60	113.10	40127	39918	11.31	3	长宁县
960.00	121.68	49998	48978	16.57	1	高 县
	45.42	54497	53495	12.90	1	珙 县
	106.18	42010	41292	10.80		筠连县
	50.00	36000	36000	14.32		兴文县
184.02	52.00	31875	29966	6.80	1	屏山县
552.16	104.74	164320	160433	21.31	1	岳池县
	131.43	97630	95583	18.17		武胜县
	201.02	173913	171664	28.20		邻水县
	602.00	90480	89480	20.40		宣汉县
170.00	46.16	66465	64580	15.80	1	开江县
923.31	126.19	113785	108106	30.83	2	大竹县
543.00	283.22	259425	247260	38.30	3	渠 县
	48.11	19199	18812	6.38	2	荥经县
	3.00	6380	6180	1.94	1	汉源县
						石棉县
	5.85	22667	22350	4.53		天全县
	15.10	10785	10295	3.10	2	芦山县
	5.00	1733	1712	0.61	1	宝兴县
	98.31	63420	59942	15.12		通江县
	133.00	53124	51512	12.25	1	南江县
65.00	211.80	81540	80542	20.90	3	平昌县
282.90	247.52	100765	98620	27.85	2	安岳县
409.00	127.44	76124	74224	24.72	1	乐至县
	1.00	3525	2986	1.20		汶川县
						理 县
	3.00	6690	6427	3.50		茂 县
	0.50	3058	2670	0.90		松潘县
	18.81	5749	4861	2.15		九寨沟县
	0.20	1162	1162	0.35		金川县
						小金县
						黑水县
						壤塘县
						阿坝县
						若尔盖县
	0.09	303	282	0.12	1	红原县
						泸定县
						丹巴县

5-2-2 续表24

县名称 Name of Counties	储气能力 （万立方米） Gas Storage Capacity (10000 cu. m)	供气管道长度 （公里） Length of Gas Supply Pipeline (km)	供气总量(万立方米)			
			合计 Total	销售气量 Quantity Sold	居民家庭 Households	集中供热 Central Heating
九龙县						
雅江县						
道孚县	6.00	21.50	18.06	17.20	17.20	
炉霍县						
甘孜县						
新龙县						
德格县						
白玉县						
石渠县						
色达县						
理塘县						
巴塘县	6.25	17.70	22.61	22.60	1.60	0.53
乡城县						
稻城县	2.90	7.79	0.08	0.08	0.01	
得荣县						
普格县						
木里县						
盐源县						
德昌县	23.60	30.00	529.55	519.15	3.50	
会东县	7.20	15.00				
宁南县						
布拖县						
金阳县	5.80	17.23	78.60	73.60	26.00	
昭觉县	3.65	3.65	17.75	17.00	17.00	
喜德县						
冕宁县						
越西县						
甘洛县						
美姑县						
雷波县		12.37				
贵　州	619.01	5169.66	53205.94	52833.00	11257.82	30.14
开阳县	22.00	108.70	9846.66	9846.23	395.00	
息烽县	6.00	139.52	2603.02	2598.00	192.10	
修文县	4.20	247.30	5900.13	5778.87	430.90	
六枝特区	3.75	414.30	1098.30	1078.30	508.39	
桐梓县	13.80	106.50	1591.10	1585.55	619.13	
绥阳县	3.34	50.85	238.05	236.88	167.92	
正安县	3.30	53.66	835.36	821.45	422.23	
道真县	3.81	43.60	61.40	60.20	56.80	
务川县	29.00	72.08	588.00	587.50	358.00	
凤冈县	6.50	58.02	365.00	360.00	260.00	
湄潭县	6.00	51.99	1230.64	1229.54	1229.54	

continued 24

Total Gas Supplied (10000 cu. m)		用气户数（户）	居民家庭	用气人口（万人）	天然气汽车加气站（座）	县名称
燃气汽车 Gas-Powered Automobiles	燃气损失量 Loss Amount	Number of Household with Access to Gas (unit)	Households	Population with Access to Gas (10000 persons)	Gas Stations for CNG-Fueled Motor Vehicles (unit)	Name of Counties
						九龙县
						雅江县
	0.86	1300	1300	1.50		道孚县
						炉霍县
						甘孜县
						新龙县
						德格县
						白玉县
						石渠县
						色达县
						理塘县
	0.01	151	88	0.25		巴塘县
						乡城县
		27	24	0.01		稻城县
						得荣县
						普格县
						木里县
						盐源县
506.25	10.40	600	583	0.23	1	德昌县
						会东县
						宁南县
						布拖县
	5.00	998	614	0.52		金阳县
	0.75	830	830	0.71		昭觉县
						喜德县
						冕宁县
						越西县
						甘洛县
						美姑县
						雷波县
1954.11	372.94	547778	525310	188.86	33	**贵　州**
0.90	0.43	24375	23150	8.10	1	开阳县
	5.02	11371	11320	3.98		息烽县
56.45	121.26	15304	15000	5.90	1	修文县
183.07	20.00	19372	18949	7.70	1	六枝特区
247.48	5.55	41711	41209	6.58	2	桐梓县
68.96	1.17	14135	14083	5.30	1	绥阳县
159.74	13.91	24686	23691	11.96	1	正安县
3.40	1.20	9773	9673	6.80	1	道真县
79.50	0.50	20745	20345	6.22	2	务川县
100.00	5.00	14208	14103	5.60	1	凤冈县
	1.10	13780	13780	5.20	2	湄潭县

5-2-2 续表25

县名称 Name of Counties	储气能力 （万立方米） Gas Storage Capacity (10000 cu. m)	供气管道长度 （公里） Length of Gas Supply Pipeline (km)	供气总量(万立方米)			集中供热 Central Heating
			合计 Total	销售气量 Quantity Sold	居民家庭 Households	
余庆县	6.75	50.09	669.69	666.69	130.00	
习水县	100.00	390.00	10264.00	10254.00	1250.00	
普定县	2.50	192.00	803.00	779.00	288.60	20.00
镇宁县	3.30	35.90	172.90	170.00	16.24	
关岭县	3.00	56.41	217.83	216.28	81.68	
紫云县	6.00	29.89	40.32	39.66	10.20	
大方县	8.20	48.80	347.00	345.00	75.00	
金沙县	24.00	58.96	372.04	366.84	219.70	10.14
织金县						
纳雍县	1.50	45.00	200.00	199.00	199.00	
威宁自治县	6.00	110.10	370.05	370.00	210.00	
赫章县	3.96	32.50	0.84	0.14	0.14	
江口县	5.80	93.45	506.95	505.00	40.68	
玉屏县	12.00	80.00	531.03	530.00	3.70	
石阡县	6.60	23.00	147.01	147.00	20.00	
思南县	4.00	126.50	165.00	155.00	65.00	
印江县	7.59	61.30	95.90	94.90	94.90	
德江县	3.80	81.60	103.72	102.18	57.24	
沿河县	20.00	75.30	285.00	275.74	218.30	
松桃县	6.00	59.60	466.00	452.71	228.64	
普安县		7.44				
晴隆县		10.30				
贞丰县	12.60	160.71	737.00	736.00	193.00	
望谟县						
册亨县	0.06	17.30	5.60	5.30	5.30	
安龙县		36.13				
黄平县	66.85	51.43	63.19	52.31	52.31	
施秉县	17.50	16.50	280.01	280.00		
三穗县	30.00	68.00	14.30	13.44	13.44	
镇远县		37.00				
岑巩县	3.00	46.00	11.20	11.04	0.82	
天柱县		24.80				
锦屏县		15.00				
剑河县						
台江县	10.00	54.64	1700.00	1649.00		
黎平县		31.00				
榕江县						
从江县	3.05	28.60	4.39	4.08	4.08	
雷山县		17.70				
麻江县						
丹寨县	5.00	79.06	320.00	315.00	100.00	
荔波县	0.56	65.11	23.30	22.80	18.95	

continued 25

Total Gas Supplied (10000 cu. m)		用气户数 (户)	居民家庭	用气人口 (万人)	天然气汽车加气站 (座)	县名称
燃气汽车 Gas-Powered Automobiles	燃气损失量 Loss Amount	Number of Household with Access to Gas (unit)	Households	Population with Access to Gas (10000 persons)	Gas Stations for CNG-Fueled Motor Vehicles (unit)	Name of Counties
	3.00	8762	8420	6.37		余庆县
150.00	10.00	72321	71021	9.60	2	习水县
144.00	24.00	15951	15319	5.29	1	普定县
	2.90	1394	1352	0.54		镇宁县
134.60	1.55	3620	3575	1.45	1	关岭县
28.20	0.66	1184	1169	0.50	1	紫云县
	2.00	450	442	0.19	1	大方县
	5.20	9389	9284	3.50		金沙县
						织金县
	1.00	900	900	0.27		纳雍县
	0.05	14800	14600	5.40		威宁自治县
	0.70	23	23	0.01		赫章县
	1.95	3155	2756	1.35		江口县
	1.03	283	266	0.50	1	玉屏县
72.00	0.01	795	772	0.31	1	石阡县
	10.00	7045	6932	3.03		思南县
	1.00	5337	5337	1.57		印江县
	1.54	6887	6837	2.50		德江县
	9.26	12350	11825	4.03	1	沿河县
	13.29	19295	18964	6.50		松桃县
						普安县
						晴隆县
	1.00	7864	7436	2.60		贞丰县
						望谟县
	0.30	356	356	0.26	1	册亨县
						安龙县
	10.88	5428	5428	4.03	1	黄平县
	0.01	2				施秉县
	0.86	207	207	0.08		三穗县
						镇远县
	0.16	520	508	0.20	1	岑巩县
						天柱县
						锦屏县
						剑河县
	51.00	7			1	台江县
						黎平县
						榕江县
	0.31	480	480	0.62	1	从江县
						雷山县
						麻江县
35.00	5.00	1973	1825	0.58	1	丹寨县
	0.50	6802	6465	4.45		荔波县

5-2-2 续表26

县名称 Name of Counties	储气能力 （万立方米） Gas Storage Capacity (10000 cu. m)	供气管道长度 （公里） Length of Gas Supply Pipeline (km)	供气总量(万立方米)		
			合计 Total	销售气量 Quantity Sold	
				居民家庭 Households	集中供热 Central Heating
贵定县	38.00	166.88	1932.81	1901.89	293.56
瓮安县	60.00	609.59	2175.34	2174.40	905.38
独山县	3.00	77.08	173.00	171.00	75.20
平塘县	0.59	58.50	52.00	50.20	30.20
罗甸县	6.00	25.36	83.30	83.16	83.16
长顺县	6.80	125.78	251.00	249.50	173.80
龙里县	12.00	196.78	3496.35	3495.12	1207.45
惠水县	10.80	129.15	1765.62	1765.60	250.64
三都水族自治县	0.50	16.90	1.59	1.50	1.50
云　南	**582.19**	**4082.92**	**30033.50**	**29762.64**	**3582.78**
嵩明县	3.00	107.80	84.47	83.87	83.79
富民县	100.00	70.73	2756.12	2739.43	39.99
宜良县	24.00	144.00	1998.25	1998.00	99.77
石林彝族自治县	6.00	120.45	235.04	234.54	68.48
禄劝彝族苗族自治县	18.00	62.50	243.70	243.50	42.50
寻甸县	3.30	122.00	530.00	526.00	130.00
昆明阳宗海风景名胜区	18.50	112.50	5020.11	5020.00	22.00
陆良县	11.50	432.40	2200.45	2200.00	95.36
师宗县	30.00	48.60	1497.24	1482.27	22.50
罗平县	7.50	44.07	75.97	72.32	18.81
富源县	20.00	30.00	710.00	681.60	81.60
会泽县	12.00	82.80	1800.00	1780.00	870.00
通海县	10.00	23.20	1870.00	1843.00	0.70
华宁县	3.00	32.60	61.00	60.26	3.60
易门县	5.70	73.45	2119.00	2112.00	8.14
峨山县		30.60	1514.81	1514.80	3.00
新平县	3.00	26.43	21.38	21.15	21.15
元江县					
施甸县	3.00	52.60	107.32	106.44	25.00
龙陵县	0.11	65.39	79.88	79.78	20.75
昌宁县					
鲁甸县	21.00	51.00			
巧家县	3.60	47.50			
盐津县	5.04	123.00	76.75	76.54	76.54
大关县	0.60	25.00	12.50	12.48	
永善县	12.00	65.84	131.97	126.69	78.62
绥江县	3.00	39.33	64.96	64.91	62.03
镇雄县	35.00	88.00	926.00	885.00	350.00
彝良县	3.70	25.00			
威信县					
玉龙纳西族自治县		38.50	185.50	184.10	175.80
永胜县	4.00	78.12	21.63	20.68	20.68

continued 26

Total Gas Supplied (10000 cu. m)		用气户数（户）		用气人口（万人）	天然气汽车加气站（座）	县名称
燃气汽车 Gas-Powered Automobiles	燃气损失量 Loss Amount	Number of Household with Access to Gas (unit)	居民家庭 Households	Population with Access to Gas (10000 persons)	Gas Stations for CNG-Fueled Motor Vehicles (unit)	Name of Counties
120.48	30.92	11053	10721	3.92	1	贵定县
129.61	0.94	42444	42067	16.13	1	瓮安县
	2.00	9560	9404	6.00		独山县
	1.80	2700	2610	0.97		平塘县
	0.14	2663	2663	1.20	1	罗甸县
	1.50	15110	3720	6.11		长顺县
172.40	1.23	32313	31928	9.69	1	龙里县
68.32	0.02	14292	13792	5.50	1	惠水县
	0.09	603	603	0.27		三都水族自治县
2011.00	**270.86**	**316565**	**308451**	**137.59**	**16**	**云南**
	0.60	12497	12438	4.97		嵩明县
51.04	16.69	6563	6511	1.69	1	富民县
	0.25	12906	12748	2.65		宜良县
	0.50	9691	9680	2.91		石林彝族自治县
201.00	0.20	7000	6756	2.80		禄劝彝族苗族自治县
130.00	4.00	16681	16471	4.01	1	寻甸县
	0.11	3822	3122	1.28		昆明阳宗海风景名胜区
93.95	0.45	10219	9483	4.50	1	陆良县
	14.97	3807	3725	1.80		师宗县
43.84	3.65	2765	2685	1.10	1	罗平县
	28.40	6950	6920	3.27		富源县
910.00	20.00	62160	60680	19.00	1	会泽县
	27.00	98	85	0.03		通海县
	0.74	610	590	0.33		华宁县
	7.00	1224	1123	0.72		易门县
	0.01	188	173	0.03		峨山县
	0.23	1598	1598	0.56		新平县
						元江县
	0.88	942	880	0.80		施甸县
	0.10	1848	1802	2.00		龙陵县
						昌宁县
						鲁甸县
						巧家县
	0.21	6474	6474	2.85		盐津县
12.48	0.02	272			1	大关县
	5.28	5952	5807	6.68		永善县
	0.05	5026	4865	1.75		绥江县
60.13	41.00	12101	11953	15.99	1	镇雄县
						彝良县
						威信县
8.30	1.40	12900	12800	3.68	2	玉龙纳西族自治县
	0.95	1955	1955	0.78		永胜县

5-2-2 续表 27

县名称 Name of Counties	储气能力 （万立方米） Gas Storage Capacity (10000 cu. m)	供气管道长度 （公里） Length of Gas Supply Pipeline (km)	供气总量(万立方米) 合计 Total	销售气量 Quantity Sold	居民家庭 Households	集中供热 Central Heating
华坪县	30.00	31.50	25.65	25.60	17.95	
宁蒗县						
宁洱哈尼族彝族自治县		29.50	6.91	6.83	1.79	
墨江哈尼族自治县						
景东彝族自治县	0.45	45.00	9.61	9.60	9.60	
景谷傣族彝族自治县	3.00	23.50	3.84	3.80	3.80	
镇沅彝族哈尼族拉祜族自治县						
江城哈尼族彝族自治县						
孟连傣族拉祜族佤族自治县						
澜沧拉祜族自治县		5.00				
西盟佤族自治县						
凤庆县	12.00	38.80	55.20	55.00	55.00	
云　县	3.51	27.20	49.01	48.99	19.00	
永德县	8.76	19.98	12.12	12.04	6.86	
镇康县	3.00	11.73	5.81	5.80	5.80	
双江县						
耿马县						
沧源县						
双柏县	2.60	35.16	19.10	18.80	7.32	
牟定县	30.00	24.87	21.99	21.88	20.25	
南华县		65.98	1246.00	1186.00	211.00	
姚安县	0.40	35.00	21.98	21.78	16.20	
大姚县	0.35	38.10	154.80	154.70	79.00	
永仁县						
元谋县	2.50	15.25	18.06	17.16	11.68	
武定县	18.00	40.04	162.00	160.00	135.00	
屏边县						
建水县	12.00	58.62	163.00	155.00	96.71	
石屏县	3.50	35.05	4.81	4.80	2.40	
泸西县	3.40	49.64	225.63	224.63	21.00	
元阳县	3.85	9.00				
红河县						
金平县						
绿春县	0.21	7.39	0.14	0.12	0.11	
河口县	6.00	33.10	98.73	94.21	11.56	
砚山县	6.40	52.00	388.99	388.36	34.00	
西畴县	3.00	32.00	12.60	12.45	12.00	
麻栗坡县						
马关县	6.00	22.00	17.00	16.80	16.80	
丘北县	4.00	91.00	200.10	200.00	115.00	
广南县	5.50	35.00	146.79	145.34	20.52	
富宁县	4.00	21.26	66.26	65.67	1.33	

continued 27

Total Gas Supplied (10000 cu. m) 燃气汽车 Gas-Powered Automobiles	燃气损失量 Loss Amount	用气户数 (户) Number of Household with Access to Gas (unit)	居民家庭 Households	用气人口 (万人) Population with Access to Gas (10000 persons)	天然气汽车加气站 (座) Gas Stations for CNG-Fueled Motor Vehicles (unit)	县名称 Name of Counties
7.65	0.05	5735	5250	2.27	1	华坪县
						宁蒗县
	0.08	392	366	0.14		宁洱哈尼族彝族自治县
						墨江哈尼族自治县
	0.01	805	805	0.40		景东彝族自治县
	0.04	353	353	0.14		景谷傣族彝族自治县
						镇沅彝族哈尼族拉祜族自治县
						江城哈尼族彝族自治县
						孟连傣族拉祜族佤族自治县
						澜沧拉祜族自治县
						西盟佤族自治县
	0.20	1886	1886	1.26		凤庆县
	0.02	7289	7250	1.72		云县
	0.08	535	503	0.16		永德县
	0.01	220	220	0.10		镇康县
						双江县
						耿马县
						沧源县
	0.30	766	612	0.23		双柏县
	0.11	2420	2389	1.94		牟定县
	60.00	8825	8737	3.52		南华县
	0.20	981	932	0.36		姚安县
	0.10	5399	5373	1.59		大姚县
						永仁县
	0.90	5608	5595	3.00		元谋县
25.00	2.00	6750	6600	2.70	1	武定县
						屏边县
	8.00	9879	9500	2.90		建水县
	0.01	266	264	0.41		石屏县
	1.00	2200	2174	3.10		泸西县
						元阳县
						红河县
						金平县
	0.02	17	16	0.01		绿春县
82.65	4.52	2005	1829	0.80	1	河口县
218.36	0.63	4960	4850	1.94	1	砚山县
	0.15	1095	1082	0.68		西畴县
						麻栗坡县
	0.20	2100	2100	1.53		马关县
85.00	0.10	4850	4395	5.83	1	丘北县
81.60	1.45	2757	2573	1.93	1	广南县
	0.59	283	217	0.09		富宁县

5-2-2 续表28

县名称 Name of Counties	储气能力（万立方米）Gas Storage Capacity (10000 cu. m)	供气管道长度（公里）Length of Gas Supply Pipeline (km)	供气总量(万立方米)			集中供热 Central Heating
			合计 Total	销售气量 Quantity Sold	居民家庭 Households	
勐海县	9.60	38.03	83.00	82.90	17.49	
勐腊县						
漾濞彝族自治县	0.60	23.00	41.57	40.80	3.96	
祥云县	4.00	48.50	750.70	750.00	12.00	
宾川县		143.26	72.45	72.00	50.00	
弥渡县	1.50	101.60	134.33	134.30	34.26	
南涧彝族自治县	5.00	16.59	10.50	10.00	0.50	
巍山彝族回族自治县		82.53	1101.00	1100.00	1.00	
永平县	2.80	42.15	22.06	21.86	19.53	
云龙县	0.85	22.67	15.31	15.30	15.30	
洱源县	3.00	12.95	5.25	5.23	5.00	
剑川县	6.00	55.19	20.38	20.26	11.56	
鹤庆县		69.46	193.49	190.61	6.40	
梁河县						
盈江县	3.20	129.14	66.21	58.47	17.10	
陇川县	0.26	59.77	7.72	7.50	7.50	
福贡县						
贡山独龙族怒族自治县						
兰坪白族普米族自治县	6.40	42.00	29.35	28.69	28.69	
德钦县						
维西傈僳族自治县						
西　藏						
曲水县						
当雄县						
林周县						
墨竹工卡县						
尼木县						
亚东县						
聂拉木县						
仲巴县						
定结县						
康马县						
吉隆县						
萨嘎县						
谢通门县						
萨迦县						
岗巴县						
拉孜县						
江孜县						
定日县						
南木林县						
昂仁县						

continued 28

Total Gas Supplied (10000 cu. m)		用气户数（户）	居民家庭 Households	用气人口（万人）	天然气汽车加气站（座）	县名称
燃气汽车 Gas-Powered Automobiles	燃气损失量 Loss Amount	Number of Household with Access to Gas (unit)		Population with Access to Gas (10000 persons)	Gas Stations for CNG-Fueled Motor Vehicles (unit)	Name of Counties
	0.10	5000	4949	1.98		勐海县
						勐腊县
	0.77	440	424	0.15		漾濞彝族自治县
	0.70	1660	1576	0.78		祥云县
	0.45	3482	3378	1.52		宾川县
	0.03	3534	3456	1.25		弥渡县
	0.50	112	80	0.02		南涧彝族自治县
	1.00	620	560	0.40		巍山彝族回族自治县
	0.20	1387	1352	0.56		永平县
	0.01	1061	1061	0.62	1	云龙县
	0.02	872	871	0.42		洱源县
	0.12	828	778	0.35		剑川县
	2.88	3203	3168	0.92		鹤庆县
						梁河县
	7.74	7220	7082	1.97		盈江县
	0.22	1246	1246	0.52		陇川县
						福贡县
						贡山独龙族怒族自治县
	0.66	1275	1275	1.20		兰坪白族普米族自治县
						德钦县
						维西傈僳族自治县
						西　藏
						曲水县
						当雄县
						林周县
						墨竹工卡县
						尼木县
						亚东县
						聂拉木县
						仲巴县
						定结县
						康马县
						吉隆县
						萨嘎县
						谢通门县
						萨迦县
						岗巴县
						拉孜县
						江孜县
						定日县
						南木林县
						昂仁县

5-2-2 续表29

县名称 Name of Counties	储气能力 （万立方米） Gas Storage Capacity (10000 cu. m)	供气管道长度 （公里） Length of Gas Supply Pipeline (km)	供气总量(万立方米)			
			合计 Total	销售气量 Quantity Sold	居民家庭 Households	集中供热 Central Heating
白朗县						
仁布县						
左贡县						
丁青县						
八宿县						
江达县						
洛隆县						
察雅县						
贡觉县						
边坝县						
类乌齐县						
芒康县						
朗　县						
墨脱县						
工布江达县						
察隅县						
波密县						
米林县						
错那县						
浪卡子县						
贡嘎县						
加查县						
桑日县						
洛扎县						
琼结县						
措美县						
扎囊县						
曲松县						
隆子县						
聂荣县						
双湖县						
嘉黎县						
比如县						
尼玛县						
巴青县						
申扎县						
安多县						
索　县						
班戈县						
革吉县						
札达县						
日土县						

continued 29

Total Gas Supplied (10000 cu. m)		用气户数 (户)	居民家庭	用气人口 (万人)	天然气汽车加气站 (座)	县名称
燃气汽车 Gas-Powered Automobiles	燃气损失量 Loss Amount	Number of Household with Access to Gas (unit)	Households	Population with Access to Gas (10000 persons)	Gas Stations for CNG-Fueled Motor Vehicles (unit)	Name of Counties
						白朗县
						仁布县
						左贡县
						丁青县
						八宿县
						江达县
						洛隆县
						察雅县
						贡觉县
						边坝县
						类乌齐县
						芒康县
						朗　县
						墨脱县
						工布江达县
						察隅县
						波密县
						米林县
						错那县
						浪卡子县
						贡嘎县
						加查县
						桑日县
						洛扎县
						琼结县
						措美县
						扎囊县
						曲松县
						降子县
						聂荣县
						双湖县
						嘉黎县
						比如县
						尼玛县
						巴青县
						申扎县
						安多县
						索　县
						班戈县
						革吉县
						札达县
						日土县

5-2-2 续表30

县名称 Name of Counties	储气能力 （万立方米） Gas Storage Capacity （10000 cu. m）	供气管道长度 （公里） Length of Gas Supply Pipeline （km）	供气总量(万立方米)			
			合计 Total	销售气量 Quantity Sold	居民家庭 Households	集中供热 Central Heating
改则县						
葛尔县						
普兰县						
措勤县						
陕　西	2196.54	11497.51	165257.71	163416.33	64448.04	44188.51
蓝田县	100.00	185.02	3456.36	3365.00	3091.03	
周至县	3.00	561.69	3633.61	3560.94	1721.00	235.00
宜君县	25.00	27.00	973.60	968.00	296.00	
岐山县	6.00	164.70	2621.00	2600.00	810.00	
扶风县	3.00	83.30	2951.61	2921.81	1215.05	414.62
眉　县	0.83	68.40	933.81	921.96	399.76	288.25
陇　县	4.00	98.20	2302.38	2275.36	1016.24	675.73
千阳县		66.00	1044.11	1035.97	289.60	26.38
麟游县	0.80	25.00	175.04	174.38	59.75	15.75
凤　县	3.80	30.34	287.94	287.92	138.12	114.24
太白县		62.47	897.93	895.43	151.00	497.43
三原县	10.00	150.21	9842.00	9837.00	3277.89	564.06
泾阳县	6.00	1666.00	1530.11	1458.00	811.67	
乾　县		248.00	4827.98	4810.21	1413.06	877.97
礼泉县	40.00	410.00	3807.00	3640.00	1371.00	1847.00
永寿县	5.00	88.08	2958.91	2908.18	403.61	822.88
长武县	4.81	39.22	305.72	305.67	126.00	9.56
旬邑县	23.00	15.50	360.04	360.00	82.00	
淳化县	1.50	176.62	1572.25	1554.95	289.00	834.01
武功县		78.95	1642.88	1639.88	1035.26	156.29
潼关县	10.00	43.20	2654.00	2645.00	625.00	1808.00
大荔县	0.85	106.15	2170.00	2168.00	1366.00	595.00
合阳县	15.00	138.88	3797.10	3777.00	1285.50	2336.00
澄城县	10.00	98.50	3603.93	3545.93	1079.08	1229.85
蒲城县	0.63	138.95	2144.20	2134.00	1150.00	
白水县	1.00	36.00	626.30	626.00	204.00	122.00
富平县	10.20	346.15	5007.50	4816.00	2508.00	456.00
延长县	0.85	45.99	3372.81	3365.74	1136.03	1731.36
延川县	1.00	42.65	2478.11	2478.03	856.00	1541.76
志丹县	1.92	112.90	5723.24	5703.00	1626.00	3920.00
吴起县	1.50	86.00	7574.52	7532.55	866.44	6271.66
甘泉县	1.90	252.00	2918.00	2878.00	1857.00	
富　县	0.20	61.40	2469.05	2468.16	2147.30	
洛川县	1.00	35.40	2113.66	2111.66	1967.66	
宜川县	1.40	79.12	2983.34	2974.43	1074.06	1790.79
黄龙县	56.00	89.40	1216.70	1211.00	1080.00	130.00
黄陵县	10.00	678.50	2746.00	2628.00	905.00	1500.00

continued 30

Total Gas Supplied (10000 cu. m)		用气户数 (户)		用气人口 (万人)	天然气汽车加气站 (座)	县名称
燃气汽车 Gas-Powered Automobiles	燃气损失量 Loss Amount	Number of Household with Access to Gas (unit)	居民家庭 Households	Population with Access to Gas (10000 persons)	Gas Stations for CNG-Fueled Motor Vehicles (unit)	Name of Counties
						改则县
						葛尔县
						普兰县
						措勤县
24310.40	1841.38	1526563	1421872	400.25	208	陕 西
273.97	91.36	38470	37972	9.12	1	蓝田县
1604.94	72.67	33786	32628	7.40	5	周至县
	5.60	6800	6400	1.80		宜君县
530.00	21.00	18520	18246	4.81	3	岐山县
356.00	29.80	27906	27376	6.80	4	扶风县
15.75	11.85	57243	21978	6.96	6	眉 县
113.79	27.02	29027	28711	8.12	2	陇 县
40.50	8.14	12240	12000	4.61	3	千阳县
12.61	0.66	8850	8602	2.42	1	麟游县
25.53	0.02	9648	9422	2.51	1	凤 县
	2.50	4900	4722	1.47		太白县
100.00	5.00	68432	68333	13.92	11	三原县
379.00	72.11	17950	17645	6.28	2	泾阳县
1333.61	17.77	31840	31457	11.47	6	乾 县
330.00	167.00	35601	33908	9.51	4	礼泉县
224.11	50.73	9548	9497	3.63	5	永寿县
56.97	0.05	15273	13072	4.68	2	长武县
274.10	0.04	7900	7200	2.55	2	旬邑县
133.29	17.30	8747	8499	3.07	2	淳化县
74.00	3.00	22735	22381	8.84	1	武功县
212.00	9.00	15120	13762	5.76	1	潼关县
10.00	2.00	32690	32570	9.10	4	大荔县
155.50	20.10	28503	26868	5.61	3	合阳县
1237.00	58.00	25000	23500	7.00	8	澄城县
300.00	10.20	54500	42038	11.00	11	蒲城县
146.00	0.30	9950	9850	3.11	1	白水县
1852.00	191.50	62029	52251	15.71	7	富平县
74.63	7.07	15936	15449	4.78	3	延长县
80.20	0.08	17300	16800	3.81	1	延川县
157.00	20.24	27437	26795	6.40	3	志丹县
64.25	41.97	25947	25552	6.50	1	吴起县
132.00	40.00	14288	13410	3.25	1	甘泉县
139.91	0.89	21140	19326	5.80	4	富 县
142.00	2.00	22488	21315	6.91	3	洛川县
109.58	8.91	23160	22804	4.67	2	宜川县
1.00	5.70	12000	11700	1.37	3	黄龙县
105.00	118.00	20318	19796	3.77	4	黄陵县

5-2-2 续表31

县名称 Name of Counties	储气能力 （万立方米） Gas Storage Capacity (10000 cu. m)	供气管道长度 （公里） Length of Gas Supply Pipeline (km)	供气总量(万立方米)			
			合计 Total	销售气量 Quantity Sold	居民家庭 Households	集中供热 Central Heating
城固县	96.00	157.35	1657.00	1654.90	1552.90	
洋 县	0.18	120.00	836.03	836.00	746.20	
西乡县		42.00	1100.80	1100.20	1012.60	
勉 县	60.00	136.90	1548.00	1547.10	280.90	
宁强县	86.02	152.77	2192.10	2190.10	642.60	
略阳县	29.00	15.00	45.06	45.00	30.90	0.10
镇巴县	0.80	18.17	37.49	37.03	19.36	
留坝县		22.25	360.92	359.91	64.25	295.66
佛坪县	0.50	6.32	32.50	32.30	15.61	16.69
府谷县		113.81	2435.28	2351.18	1799.48	174.41
靖边县	540.00	1911.24	13312.41	13207.41	4114.04	6215.00
定边县	850.00	575.50	16400.00	16100.00	7955.00	1168.00
绥德县	0.36	243.35	2516.60	2493.00	967.50	
米脂县		111.03	6821.00	6816.00	869.00	
佳 县	26.00	240.00	5819.00	5790.00	390.00	2500.00
吴堡县	1.23	23.10	506.00	500.00	270.00	
清涧县		158.00	2322.35	2280.92	820.00	103.36
子洲县	30.00	111.13	2760.00	2702.00	150.00	2489.00
汉阴县	18.00	42.60	348.61	348.41	291.07	
石泉县	4.35	79.91	1147.87	1142.57	1033.66	21.20
宁陕县	3.80	17.67	68.37	66.95	65.21	
紫阳县	6.80	13.30	105.96	105.66	47.26	
岚皋县	0.06	16.02	104.34	103.14	65.15	
平利县	3.75	81.00	138.08	138.05	100.38	
镇坪县	30.00	14.25	21.40	20.36	13.78	
白河县	2.40	20.10	92.68	91.67	35.10	
洛南县	15.00	90.00	458.00	450.00	406.00	
丹凤县		105.00	491.96	490.66	365.63	
商南县	0.60	72.50	415.13	405.00	212.00	123.00
山阳县	4.50	63.55	410.91	398.65	203.35	132.50
镇安县		27.80	32.01	32.00	29.00	
柞水县	27.00	60.00	997.11	997.00	150.00	138.00
甘 肃	407.19	2719.54	63973.18	63245.42	15370.72	12621.76
永登县	0.20	45.48	4080.26	4068.46	115.74	3517.69
皋兰县	1.50	42.36	365.60	365.46	107.49	147.72
榆中县		25.10	1051.72	1038.92	167.70	621.22
永昌县	12.99		4331.78	4326.30		
靖远县	1.37	63.42	580.70	564.25	148.20	143.50
会宁县	5.75	34.33	575.05	570.51	272.20	
景泰县	0.40	87.52	1203.79	1203.78	585.51	98.75
清水县	1.50	23.57	249.66	248.46	55.83	12.84
秦安县	2.30	69.00	847.00	806.00	490.00	201.00

continued 31

Total Gas Supplied (10000 cu. m)		用气户数 (户)	居民家庭	用气人口 (万人)	天然气汽车 加气站 (座)	县名称
燃气汽车 Gas-Powered Automobiles	燃气损失量 Loss Amount	Number of Household with Access to Gas (unit)	Households	Population with Access to Gas (10000 persons)	Gas Stations for CNG-Fueled Motor Vehicles (unit)	Name of Counties
102.00	2.10	36120	36012	10.90	1	城固县
89.80	0.03	32494	32382	8.17	1	洋　县
87.00	0.60	34360	34120	7.80	1	西乡县
138.00	0.90	22297	22191	7.80	13	勉　县
1547.50	2.00	17275	16886	6.12	5	宁强县
14.00	0.06	1500	1480	0.59	1	略阳县
17.21	0.46	2480	2113	0.86	1	镇巴县
	1.01	2938	2874	1.27		留坝县
	0.20	1750	1731	0.70		佛坪县
241.60	84.10	55860	55460	17.40	1	府谷县
355.00	105.00	98740	89740	23.00	21	靖边县
776.00	300.00	81000	76000	9.60	5	定边县
236.40	23.60	24291	22170	9.56	2	绥德县
5947.00	5.00	19850	19030	5.48	6	米脂县
2900.00	29.00	8324	8204	2.25	2	佳　县
29.00	6.00	8542	8000	2.70	4	吴堡县
	41.43	23079	20236	5.19		清涧县
63.00	58.00	16250	15081	4.50	1	子洲县
57.34	0.20	11950	11850	5.04	1	汉阴县
87.71	5.30	22642	22262	6.77	2	石泉县
1.74	1.42	2997	2985	0.90	1	宁陕县
58.40	0.30	3080	2980	0.72	1	紫阳县
20.13	1.20	3112	3075	0.92	1	岚皋县
23.72	0.03	10535	10500	3.40	1	平利县
6.58	1.04	459	452	0.18	1	镇坪县
38.00	1.01	3026	2860	2.15	1	白河县
44.00	8.00	38000	37520	12.69	2	洛南县
68.76	1.30	9800	9500	3.80	1	丹凤县
0.50	10.13	15166	15113	4.50	4	商南县
60.77	12.26	16513	16450	7.35	3	山阳县
3.00	0.01	4700	4680	2.00	2	镇安县
500.00	0.11	4211	4100	1.42	1	柞水县
30059.85	**727.76**	**624645**	**576594**	**215.48**	**114**	**甘　肃**
182.24	11.80	11802	11785	3.94	1	永登县
81.05	0.14	10037	9982	3.00	1	皋兰县
250.00	12.80	11950	8591	2.75	2	榆中县
4326.30	5.48				6	永昌县
272.55	16.45	12708	12283	5.05	11	靖远县
298.31	4.54	22360	22248	8.25	2	会宁县
146.90	0.01	30916	30478	9.13	2	景泰县
109.04	1.20	7119	6748	2.69	1	清水县
110.00	41.00	19510	15360	8.96	1	秦安县

5-2-2 续表32

县名称 Name of Counties	储气能力 （万立方米） Gas Storage Capacity (10000 cu. m)	供气管道长度 （公里） Length of Gas Supply Pipeline (km)	供气总量(万立方米)			集中供热 Central Heating
			合计 Total	销售气量 Quantity Sold	居民家庭 Households	
甘谷县	15.86	81.10	1882.86	1879.79	304.79	1015.83
武山县	1.70	52.00	676.65	673.45	376.55	201.65
张家川回族自治县	17.50	49.00	45.55	45.50	44.80	
民勤县	4.06	34.53	377.08	375.93	114.59	
古浪县	6.80	27.00	732.00	726.00	176.00	
天祝藏族自治县	11.10	24.14	1049.44	1041.21	208.01	
肃南县	0.60	8.13	2.37	2.35	2.35	
民乐县	0.70		109.51	109.50		
临泽县	11.00	70.00	4340.00	4325.00	182.00	9.00
高台县	15.00	48.00	1399.72	1396.62		
山丹县	23.60	67.50	10874.00	10787.00	313.80	
泾川县	2.00	61.63	1435.83	1431.88	457.82	607.27
灵台县	3.00	66.20	349.23	348.73	89.07	197.41
崇信县	5.00	32.00	148.80	145.80	73.20	25.40
庄浪县	9.37	46.50	378.00	377.00	190.00	87.00
静宁县	1.40	49.00	1304.12	1300.00	675.88	
金塔县	6.80	34.00	599.97	599.40	171.21	
瓜州县	6.00	41.33	381.54	369.74	230.28	
肃北蒙古族自治县	3.10	8.60	46.01	46.00	46.00	
阿克塞哈萨克族自治县		25.46	268.82	255.62	92.53	6.30
庆城县	20.00	39.37	4826.90	4818.90	163.71	4500.00
环　县						
华池县	3.15	53.00	271.00	269.00	57.00	
合水县	5.20	18.30	102.50	102.00	65.25	
正宁县	1.00	13.80	112.90	109.50	42.00	
宁　县	0.40	21.40	26.16	26.01	23.56	
镇原县	12.00	40.48	128.01	125.81	99.94	
通渭县	4.20	15.24	229.04	229.00	114.00	
陇西县	1.20	116.00	3447.00	3374.00	713.00	
渭源县	2.00	15.90	256.69	248.89	21.39	110.62
临洮县	18.12	71.69	232.00	230.20	227.70	
漳　县	9.60	14.00	188.74	184.24	65.62	4.62
岷　县	4.50		167.00	165.00		
成　县	3.00	40.50	1753.20	1750.00	1490.00	
文　县	6.00	30.00	73.00	72.00	70.00	
宕昌县	8.00	17.14	40.04	40.00	7.50	1.50
康　县		60.60	348.00	346.00	100.23	
西和县	7.50	99.70	361.00	359.00	200.00	
礼　县	2.00	73.00	1030.00	1010.00	300.00	410.00
徽　县	1.55	29.25	182.36	179.59	129.30	
两当县	6.00	15.00	126.35	125.40	90.16	20.22
临夏县		100.30	849.04	827.42	361.03	19.62

continued 32

Total Gas Supplied (10000 cu. m)		用气户数 (户)		用气人口 (万人)	天然气汽车加气站 (座)	县名称
燃气汽车 Gas-Powered Automobiles	燃气损失量 Loss Amount	Number of Household with Access to Gas (unit)	居民家庭 Households	Population with Access to Gas (10000 persons)	Gas Stations for CNG-Fueled Motor Vehicles (unit)	Name of Counties
558.68	3.07	15750	15550	5.65	3	甘谷县
95.25	3.20	11211	11095	4.40	1	武山县
0.70	0.05	5750	4025	1.71	1	张家川回族自治县
261.34	1.15	17881	17855	5.28	1	民勤县
544.00	6.00	12674	12024	4.82	1	古浪县
833.20	8.23	21805	18775	6.87	2	天祝藏族自治县
	0.02	743	743	0.29		肃南县
109.50	0.01	1			1	民乐县
4134.00	15.00	5655	5625	1.32	4	临泽县
1396.62	3.10	1600			5	高台县
10473.20	87.00	22039	17835	5.86	8	山丹县
366.79	3.95	15084	6825	4.10	1	泾川县
62.23	0.50	9382	9253	2.28	1	灵台县
28.70	3.00	6445	6411	1.80	1	崇信县
100.00	1.00	7530	6710	2.95	1	庄浪县
210.00	4.12	24500	23267	6.56	1	静宁县
428.19	0.57	14573	14464	5.31	2	金塔县
83.20	11.80	17764	17589	5.28	1	瓜州县
	0.01	3629	3629	1.10	1	肃北蒙古族自治县
101.55	13.20	4102	3769	1.14	2	阿克塞哈萨克族自治县
147.19	8.00	14296	14264	4.00	4	庆城县
					4	环　县
200.00	2.00	4467	4420	1.67	2	华池县
36.75	0.50	8536	7537	2.86	2	合水县
67.50	3.40	3785	3776	1.32	1	正宁县
	0.15	2062	2038	0.49		宁　县
25.84	2.20	7918	7666	2.36	1	镇原县
115.00	0.04	11427	11315	4.83	1	通渭县
454.00	73.00	37000	36795	14.80	1	陇西县
116.88	7.80	1702	1682	0.75	1	渭源县
0.28	1.80	32562	31565	9.64	3	临洮县
114.00	4.50	1750	1690	0.68	1	漳　县
163.00	2.00	2845			3	岷　县
190.00	3.20	12041	11955	5.09	1	成　县
	1.00	3700	3600	1.30		文　县
30.96	0.04	2250	2218	1.10	1	宕昌县
	2.00	3903	3780	1.61		康　县
159.00	2.00	15800	13350	4.35	2	西和县
300.00	20.00	9188	9114	3.60	1	礼　县
39.42	2.77	11320	11300	4.52	1	徽　县
13.24	0.95	2318	2206	0.68	1	两当县
446.77	21.62	5671	2293	2.27	4	临夏县

5-2-2 续表33

县名称 Name of Counties	储气能力（万立方米）Gas Storage Capacity (10000 cu. m)	供气管道长度（公里）Length of Gas Supply Pipeline (km)	供气总量(万立方米) 合计 Total	销售气量 Quantity Sold	居民家庭 Households	集中供热 Central Heating
康乐县	0.80	35.00	720.00	695.00	555.00	
永靖县	69.00	139.50	4914.00	4680.00	2517.00	660.00
广河县	3.52	94.00	1108.80	1097.00	758.00	
和政县	14.00	58.65	545.00	527.00	223.37	
东乡族自治县	0.10	176.40	1182.00	1165.60	995.60	
积石山县	3.00	12.00	274.22	273.91	152.01	
临潭县	6.00	7.79	61.70	60.98	1.02	
卓尼县	2.60		10.36	9.96		
舟曲县	8.82	14.60	90.80	90.50	52.10	2.60
迭部县	6.33	11.39	101.91	101.46	52.08	
玛曲县	2.00	30.50	8.60	8.34	1.75	
碌曲县	5.00	18.94	501.30	498.60	13.40	
夏河县		19.20	16.50	16.45	16.45	
青 海	86.30	1016.40	38204.43	37691.07	11778.63	11540.60
大通县	0.80	296.00	15398.30	15304.30	2422.00	2554.39
湟源县		68.63	3455.00	3454.90	1278.35	1174.70
民和县		132.00	5049.39	4880.39	3082.72	1235.36
互助县	18.00	109.38	5182.00	5031.00	2534.00	2266.00
化隆县	23.30	36.30	501.10	500.45	245.60	178.00
循化县	6.20	59.82	263.70	258.00	178.80	35.00
门源县						
祁连县	5.00		7.07	7.00		
海晏县						
刚察县						
西海镇	3.00		21.82	21.80	0.02	
尖扎县	30.00	10.96	120.32	114.62		104.18
泽库县						
河南县						
共和县		40.21	3545.00	3525.00	837.00	2096.00
同德县						
贵德县		99.10	1624.67	1592.82	881.78	541.04
兴海县						
贵南县						
班玛县						
久治县						
甘德县						
玛沁县						
达日县						
玛多县						
杂多县						
称多县						
治多县						

continued 33

Total Gas Supplied (10000 cu. m) 燃气汽车 Gas-Powered Automobiles	燃气损失量 Loss Amount	用气户数（户）Number of Household with Access to Gas (unit)	居民家庭 Households	用气人口（万人）Population with Access to Gas (10000 persons)	天然气汽车加气站（座）Gas Stations for CNG-Fueled Motor Vehicles (unit)	县名称 Name of Counties
140.00	25.00	5800	5510	2.20	1	康乐县
468.00	234.00	40084	37716	8.10	3	永靖县
337.00	11.80	12154	11732	3.88	1	广河县
	18.00	5365	5266	2.20		和政县
170.00	16.40	9612	9056	15.19	2	东乡族自治县
121.90	0.31	1740	1500	2.00	1	积石山县
59.24	0.72	337	321	0.14	1	临潭县
9.96	0.40				1	卓尼县
35.80	0.30	4136	4076	1.26	2	舟曲县
49.38	0.45	3200	2818	1.04	1	迭部县
	0.26	550	526	0.16		玛曲县
485.20	2.70	406	390	0.12	1	碌曲县
	0.05	2200	2200	0.78		夏河县
2639.83	**513.36**	**201605**	**182154**	**57.01**	**22**	**青　海**
585.50	94.00	44518	44311	18.30	2	大通县
552.80	0.10	15775	14970	5.63	1	湟源县
	169.00	46000	43000	7.80		民和县
231.00	151.00	39832	36798	8.60	1	互助县
76.85	0.65	4303	4201	2.02	1	化隆县
40.60	5.70	8669	8459	3.88	2	循化县
						门源县
7.00	0.07	70			1	祁连县
						海晏县
						刚察县
21.78	0.02	90	87	0.05	1	西海镇
	5.70	1				尖扎县
						泽库县
						河南县
592.00	20.00	13244	12849	5.53	2	共和县
						同德县
170.00	31.85	14298	13335	4.00	1	贵德县
						兴海县
						贵南县
						班玛县
						久治县
						甘德县
						玛沁县
						达日县
						玛多县
						杂多县
						称多县
						治多县

5-2-2 续表34

县名称 Name of Counties	储气能力 （万立方米） Gas Storage Capacity (10000 cu. m)	供气管道长度 （公里） Length of Gas Supply Pipeline (km)	供气总量(万立方米)			
			合计 Total	销售气量 Quantity Sold	居民家庭 Households	集中供热 Central Heating
囊谦县						
曲麻莱县						
乌兰县		156.00	1570.59	1567.79	318.36	967.17
都兰县						
天峻县			284.00	281.65		
大柴旦行委		8.00	1181.47	1151.35		388.76
宁　夏	62.47	2408.80	57837.37	56934.17	15258.99	3150.60
永宁县		123.47	2145.55	2069.55	1608.75	
贺兰县		1090.00	15000.00	14775.00	5800.00	2430.00
平罗县		341.16	5813.00	5798.00	3812.00	
盐池县		215.50	5988.00	5975.00	1270.00	500.00
同心县	12.67	39.00	927.08	880.79	11.61	
红寺堡区			869.44	846.44	449.45	64.69
西吉县	8.50	87.13	1285.90	1282.30	268.95	142.98
隆德县						
泾源县	9.60	50.54	125.82	122.32	40.33	5.62
彭阳县		61.73	557.65	538.47	196.51	0.31
中宁县	8.76	320.92	21303.02	20857.83	1714.06	
海原县	22.94	79.35	3821.91	3788.47	87.33	7.00
新　疆	654.38	7567.57	172208.74	169764.73	51329.69	22973.40
鄯善县	5.00	186.82	5153.00	5028.00	1715.00	
托克逊县	30.20	180.30	9669.03	9291.23	405.53	
巴里坤哈萨克自治县	6.00	23.78	1578.00	1575.00	103.00	
伊吾县	4.80	20.82	59.85	59.30	46.80	
呼图壁县	1.50	355.00	1756.00	1726.00	750.00	
玛纳斯县		62.84	1535.00	1505.00	760.00	35.00
奇台县	11.20	81.88	1940.28	1870.08	600.08	
吉木萨尔县	12.00	388.60	1093.33	1081.83	468.50	
木垒哈萨克自治县	30.25	36.88	762.88	762.70	184.00	
精河县	55.52	54.70	1978.66	1977.86	715.86	
温泉县	0.50	35.00	252.83	250.00	115.76	
轮台县		82.00	6205.00	6200.00	660.00	2100.00
尉犁县	3.19	138.62	3594.05	3545.36	1723.21	110.21
若羌县	0.43	136.23	1647.26	1645.26	110.82	1.80
且末县	3.00	22.00	621.00	613.00	366.00	
焉耆回族自治县	7.40	59.05	4031.00	3991.00	1245.00	
和静县	6.00	353.16	8277.31	8193.46	2212.74	
和硕县	0.86	84.41	3160.68	3098.72	471.00	579.00
博湖县		34.92	839.70	830.00	430.00	
温宿县	80.00	246.60	14136.00	13620.00	2460.00	2124.38
沙雅县	10.00	286.50	8002.63	7913.00	1997.75	2139.50
新和县	95.00	443.67	6456.50	6431.50	1342.50	1963.60

continued 34

Total Gas Supplied (10000 cu. m) Gas-Powered Automobiles	燃气损失量 Loss Amount	用气户数（户）Number of Household with Access to Gas (unit)	居民家庭 Households	用气人口（万人）Population with Access to Gas (10000 persons)	天然气汽车加气站（座）Gas Stations for CNG-Fueled Motor Vehicles (unit)	县名称 Name of Counties
						囊谦县
						曲麻莱县
80.65	2.80	14795	4144	1.20	1	乌兰县
						都兰县
281.65	2.35	1			3	天峻县
	30.12	9			6	大柴旦行委
17605.39	903.20	389933	368671	75.15	95	宁　夏
	76.00	51466	47877	5.21		永宁县
1797.00	225.00	156000	151500	17.75	9	贺兰县
840.00	15.00	70861	66111	11.85	22	平罗县
4205.00	13.00	31107	29260	7.82	38	盐池县
869.18	46.29	9276	6000	2.80	6	同心县
298.30	23.00	7260	7110	2.71	2	红寺堡区
714.02	3.60	6573	6286	2.50	2	西吉县
						隆德县
75.32	3.50	2633	2584	0.81	1	泾源县
218.25	19.18	9718	9154	4.27	1	彭阳县
4894.18	445.19	40664	38568	17.43	3	中宁县
3694.14	33.44	4375	4221	2.00	11	海原县
82740.41	2444.01	1296167	1187057	339.23	306	新　疆
2174.00	125.00	31669	25393	7.79	3	鄯善县
8276.71	377.80	22351	22007	6.93	23	托克逊县
1472.00	3.00	10305	10182	1.68	5	巴里坤哈萨克自治县
12.50	0.55	2920	2890	0.63	1	伊吾县
692.00	30.00	39544	38399	4.55	3	呼图壁县
710.00	30.00	32970	32635	6.34	2	玛纳斯县
1270.00	70.20	34110	33731	9.08	8	奇台县
613.33	11.50	28808	28508	5.12	7	吉木萨尔县
578.52	0.18	13596	13549	1.61	12	木垒哈萨克自治县
1262.00	0.80	15454	15430	4.20	5	精河县
134.24	2.83	6192	6143	1.27	1	温泉县
2000.00	5.00	20100	17000	6.50	22	轮台县
1711.93	48.69	20317	19996	3.18	5	尉犁县
1476.67	2.00	11224	11008	2.91	7	若羌县
247.00	8.00	11342	11150	2.65	5	且末县
2422.00	40.00	32623	29987	4.11	3	焉耆回族自治县
5980.72	83.85	54420	33087	6.04	11	和静县
2048.72	61.96	15457	13755	3.09	6	和硕县
389.00	9.70	9757	9115	1.64	2	博湖县
7085.62	516.00	53270	50211	19.91	15	温宿县
3270.00	89.63	36497	32501	7.27	7	沙雅县
3100.40	25.00	25994	25107	8.57	8	新和县

5-2-2 续表35

县名称 Name of Counties	储气能力（万立方米） Gas Storage Capacity (10000 cu. m)	供气管道长度（公里） Length of Gas Supply Pipeline (km)	供气总量(万立方米) 合计 Total	销售气量 Quantity Sold	居民家庭 Households	集中供热 Central Heating
拜城县		335.00	9272.00	9172.00	1200.00	1062.00
乌什县	0.81	51.00	1365.00	1357.67	337.45	156.00
阿瓦提县	2.00	168.08	2411.00	2314.41	675.06	
柯坪县	0.15	39.84	348.95	347.85	132.85	
阿克陶县	4.00	78.00	2022.99	1992.99	1000.11	145.00
阿合奇县	0.50	11.95	272.58	257.74	108.72	
乌恰县		206.50	4150.15	4129.29	491.29	2811.00
疏附县		265.00	2575.55	2567.93	645.61	1017.82
疏勒县		387.00	5119.37	5053.00	1394.00	
英吉沙县		80.00	2550.19	2464.66	550.00	740.00
泽普县		298.69	5755.72	5743.72	2517.72	790.00
莎车县		572.00	9561.00	9500.00	3300.00	532.00
叶城县		243.69	9930.50	9865.50	5110.10	3780.50
麦盖提县		157.22	3307.80	3242.80	1665.11	
岳普湖县		159.03	2852.05	2822.05	950.84	
伽师县		98.50	2464.00	2458.00	1042.25	217.00
巴楚县		45.80	1866.60	1839.70	1213.00	
塔什库尔干塔吉克自治县	5.00	3.24	4.89	4.79	4.79	
和田县						
墨玉县	0.30	107.14	3967.00	3963.00	3145.00	
皮山县	24.00	154.07	2437.37	2395.83	695.27	837.18
洛浦县		62.77	3838.95	3786.95	2214.76	821.54
策勒县		28.00	1744.50	1744.00	824.00	110.00
于田县	7.20	111.08	1345.31	1330.31	284.73	212.87
民丰县		45.96	1703.45	1702.25	95.80	687.00
伊宁县	56.00	29.90	352.00	344.50	101.20	
察布查尔县	10.20	31.30	749.70	748.00	249.53	
霍城县	10.38	96.30	852.40	835.00	282.30	
巩留县	6.00	18.00	644.96	639.96	194.23	
新源县	9.22	24.04	1004.04	995.96	338.93	
昭苏县	6.80	7.62	380.00	368.00	30.00	
特克斯县	5.60	23.96	632.95	632.34	151.34	
尼勒克县	2.00	22.67	628.55	628.40	132.68	
额敏县	5.80	42.51	428.00	420.00	385.00	
托里县	2.10	8.17	225.00	219.00	29.20	
裕民县	3.00	5.80	167.37	167.00	53.00	
和布克赛尔蒙古自治县	1.20	9.30	327.18	326.67	103.68	
布尔津县	8.17	40.50	571.73	569.03	125.93	
富蕴县	5.40	27.67	321.93	320.13	179.46	
福海县	5.20	24.40	651.00	633.00	154.00	
哈巴河县	5.00	84.80	191.04	191.03	137.74	
青河县	5.50	13.69	226.93	224.97	115.51	
吉木乃县	100.00	33.60	237.05	237.00	83.95	

continued 35

Total Gas Supplied(10000 cu. m) 燃气汽车 Gas-Powered Automobiles	燃气损失量 Loss Amount	用气户数 (户) Number of Household with Access to Gas (unit)	居民家庭 Households	用气人口 (万人) Population with Access to Gas (10000 persons)	天然气汽车 加气站 (座) Gas Stations for CNG-Fueled Motor Vehicles (unit)	县名称 Name of Counties
6750.00	100.00	27162	25991	7.48	7	拜城县
864.22	7.33	9286	9051	3.10	2	乌什县
1325.26	96.59	15152	14969	9.30	9	阿瓦提县
215.00	1.10	6749	6745	0.92	1	柯坪县
648.18	30.00	21446	20810	5.91	1	阿克陶县
149.02	14.84	5700	4700	1.49	1	阿合奇县
827.00	20.86	13325	12079	2.79	2	乌恰县
904.50	7.62	19725	18257	5.50	2	疏附县
824.00	66.37	46351	29808	8.75	7	疏勒县
1174.66	85.53	13795	13650	6.55	4	英吉沙县
2436.00	12.00	35841	35210	6.23	6	泽普县
3542.00	61.00	84077	83997	34.72	9	莎车县
910.00	65.00	66700	61790	16.70	9	叶城县
1577.69	65.00	23269	22160	8.04	5	麦盖提县
1871.21	30.00	10872	10527	3.79	4	岳普湖县
728.00	6.00	24705	23707	8.87	3	伽师县
626.70	26.90	31026	14685	10.46	10	巴楚县
	0.10	567	567	0.20		塔什库尔干塔吉克自治县
						和田县
818.00	4.00	30612	25612	10.10	2	墨玉县
863.38	41.54	19755	19313	3.70	1	皮山县
750.65	52.00	24963	24320	4.59	1	洛浦县
794.00	0.50	10829	10682	2.38	1	策勒县
824.25	15.00	21427	20747	6.02	1	于田县
919.27	1.20	5050	4997	1.58	1	民丰县
199.30	7.50	10965	10946	3.38	14	伊宁县
498.47	1.70	12000	11951	4.57	3	察布查尔县
552.70	17.40	22710	21852	5.20	9	霍城县
445.73	5.00	10500	9600	4.00	2	巩留县
651.82	8.08	19030	18590	7.20	3	新源县
290.00	12.00	4405	4105	1.50	2	昭苏县
481.00	0.61	8526	5460	2.87	4	特克斯县
495.72	0.15	12020	12013	4.00	2	尼勒克县
35.00	8.00	17563	17520	3.38	4	额敏县
189.80	6.00	2708	2706	1.35	1	托里县
114.00	0.37	5579	5563	2.30	1	裕民县
222.99	0.51	6699	6095	1.39	1	和布克赛尔蒙古自治县
407.85	2.70	12600	12474	2.70	2	布尔津县
115.94	1.80	12704	11386	3.52	4	富蕴县
454.00	18.00	12000	11938	1.20	1	福海县
53.29	0.01	11940	11886	3.39	1	哈巴河县
109.40	1.96	9294	9260	1.56	1	青河县
153.05	0.05	7620	7554	1.48	1	吉木乃县

5-3-1　2023年按省分列的县城液化石油气

地区名称 Name of Regions	储气能力（吨） Gas Storage Capacity (ton)	供气管道长度（公里） Length of Gas Supply Pipeline (km)	供气总量(吨)		
			合计 Total	销售气量 Quantity Sold	居民家庭 Households
全　国	314157.25	1721.42	1896898.71	1884181.25	1552632.14
河　北	10895.64	307.50	67826.63	67268.83	52786.47
山　西	5292.35	24.18	21937.21	21550.89	17325.69
内蒙古	9312.29	0.54	40561.13	40139.77	36115.83
辽　宁	5333.00	30.85	32109.03	31942.08	27119.68
吉　林	3436.00	32.56	20229.75	20150.32	16252.71
黑龙江	5410.31	112.60	27338.60	27017.09	22899.26
江　苏	14681.15	651.95	104462.58	104060.90	67584.80
浙　江	10973.42	75.12	153144.80	152656.83	126479.91
安　徽	16834.99	0.10	93961.28	93260.24	79539.35
福　建	8614.17	20.10	87340.47	86993.54	74946.64
江　西	19918.45		130307.74	129229.88	118295.42
山　东	13345.01	37.16	70131.84	69682.17	49607.24
河　南	14522.95	5.65	141003.41	139069.96	118907.16
湖　北	7885.66	19.38	54012.78	53548.53	48523.09
湖　南	43851.90	113.69	195616.83	194662.39	174902.17
广　东	19749.17	167.48	183799.41	183510.63	139741.34
广　西	13193.36	1.06	148735.13	147326.66	136424.14
海　南	1280.80		30743.02	30574.06	27073.90
重　庆	5277.00		12860.37	12767.67	8746.79
四　川	12981.91	7.56	34203.08	33770.85	25115.45
贵　州	18576.07	0.38	63558.16	63402.37	47986.01
云　南	19547.84	104.48	59220.37	58803.05	42981.24
西　藏	3873.00	1.53	16178.99	16137.76	14350.39
陕　西	14428.84	1.55	41848.24	41552.22	27819.89
甘　肃	4376.04		26482.86	26177.67	23746.65
青　海	2480.82	0.08	4798.48	4707.45	3594.17
宁　夏	3617.51	3.00	8953.76	8849.90	4829.90
新　疆	4467.60	2.92	25532.76	25367.54	18936.85

County Seat LPG Supply by Province (2023)

Total Gas Supplied (ton)		用气户数（户）	居民家庭	用气人口（万人）	液化气汽车加气站（座）	地区名称
燃气汽车 Gas-Powered Automobiles	燃气损失量 Loss Amount	Number of Household with Access to Gas (unit)	Households	Population with Access to Gas (10000 persons)	Gas Stations for LPG-Fueled Motor Vehicles (unit)	Name of Regions
31800.30	12717.46	15799540	14751463	4594.58	241	全 国
603.00	557.80	584829	531561	163.69	4	河 北
	386.32	191758	181661	65.38	13	山 西
415.02	421.36	742007	699304	222.69	13	内蒙古
2653.00	166.95	364239	355471	73.79	15	辽 宁
870.00	79.43	187749	177906	53.13	3	吉 林
2484.50	321.51	414055	386471	117.56	12	黑龙江
1156.50	401.68	519381	501394	88.92	11	江 苏
	487.97	857543	719738	184.69		浙 江
384.00	701.04	740333	698404	217.58	1	安 徽
	346.93	737233	712371	202.39		福 建
	1077.86	1083622	1064673	302.33	4	江 西
16.00	449.67	394488	364671	111.11	1	山 东
5425.00	1933.45	1016133	984371	360.86	22	河 南
2539.28	464.25	506475	457249	154.35	6	湖 北
	954.44	1843287	1610033	485.77	1	湖 南
	288.78	1172668	1137815	299.50	1	广 东
	1408.47	1269731	1237382	390.09		广 西
35.00	168.96	208479	206633	35.98	6	海 南
	92.70	79769	63521	15.81	2	重 庆
2034.00	432.23	246615	218611	87.22	19	四 川
	155.79	848334	800822	359.29	2	贵 州
165.00	417.32	635087	571031	231.78	2	云 南
693.09	41.23	150042	137681	52.52	18	西 藏
6385.13	296.02	295972	281368	94.71	7	陕 西
725.65	305.19	337882	314352	129.52	12	甘 肃
2.38	91.03	53716	43494	23.89	1	青 海
1100.00	103.86	82654	77866	20.97	23	宁 夏
4113.75	165.22	235459	215609	49.06	42	新 疆

5-3-2　2023年按县分列的县城液化石油气

县名称 Name of Counties	储气能力（吨） Gas Storage Capacity (ton)	供气管道长度（公里） Length of Gas Supply Pipeline (km)	供气总量(吨)		
			合计 Total	销售气量 Quantity Sold	居民家庭 Households
全　国	314157.25	1721.42	1896898.71	1884181.25	1552632.14
河　北	10895.64	307.50	67826.63	67268.83	52786.47
井陉县	136.00		2153.00	2150.00	1621.00
正定县	32.00		387.00	382.00	350.00
行唐县	120.00		3370.00	3325.00	822.00
灵寿县	230.00		2730.08	2706.08	1380.00
高邑县	65.00		409.00	404.00	404.00
深泽县	30.00		243.00	242.00	242.00
赞皇县	50.00		834.10	834.00	750.00
无极县	3660.00		1120.00	1120.00	400.00
平山县	123.00		554.01	554.00	349.09
元氏县	20.00		400.73	390.00	310.00
赵　县					
滦南县	50.00		249.50	241.00	241.00
乐亭县					
迁西县	120.00		800.00	780.00	765.00
玉田县	105.00		300.00	299.00	100.00
曹妃甸区	265.00		4007.00	4000.00	3500.00
青龙满族自治县	86.00		691.00	691.00	691.00
昌黎县	80.00		244.00	242.00	169.00
卢龙县	50.00		634.70	630.00	630.00
临漳县	50.00	45.00	501.00	500.00	140.00
成安县	170.00		11.30	10.80	9.80
大名县	30.00	2.18	492.00	490.50	490.50
涉　县	87.00		822.00	810.00	810.00
磁　县	32.10		1598.00	1550.00	1550.00
邱　县					
鸡泽县					
广平县	25.00		482.00	481.10	481.10
馆陶县	49.00		1608.00	1604.00	1604.00
魏　县	50.00		101.00	96.00	91.00
曲周县	60.00		495.03	495.00	495.00
临城县	250.00		810.00	809.80	809.80
内丘县	260.00		360.00	360.00	360.00
柏乡县					
隆尧县	30.00	0.27	310.00	300.00	160.00
宁晋县	196.00		606.40	590.40	320.25
巨鹿县	33.00		290.10	290.00	290.00
新河县					
广宗县	120.00	150.00	605.00	600.00	100.00
平乡县	42.00		210.00	210.00	30.00
威　县			562.00	556.00	556.00
清河县	75.00		404.12	400.68	297.30
临西县	2.00		115.00	113.20	113.20
博野县	26.00		78.00	75.00	75.00
涞水县	66.00		800.45	800.00	800.00
阜平县	36.54		496.00	491.24	482.60
白沟新城					

County Seat LPG Supply by County (2023)

Total Gas Supplied (ton)		用气户数（户） Number of Household with Access to Gas (unit)	居民家庭 Households	用气人口（万人） Population with Access to Gas (10000 persons)	液化气汽车加气站（座） Gas Stations for LPG-Fueled Motor Vehicles (unit)	县名称 Name of Counties
燃气汽车 Gas-Powered Automobiles	燃气损失量 Loss Amount					
31800.30	12717.46	15799540	14751463	4594.58	241	全 国
603.00	557.80	584829	531561	163.69	4	河 北
	3.00	21333	12546	4.12		井陉县
	5.00	3000	3000	1.00		正定县
	45.00	7456	6589	2.43		行唐县
565.00	24.00	12000	10100	2.76	2	灵寿县
	5.00	2010	2010	0.10		高邑县
	1.00	2400	2400	1.90		深泽县
	0.10	23818	12500	4.86		赞皇县
		21000	20000	2.44		无极县
	0.01	2396	2097	1.00		平山县
	10.73	3712	3610	1.42		元氏县
						赵 县
	8.50	3809	3809	0.62		滦南县
						乐亭县
	20.00	15200	7100	2.50		迁西县
	1.00	2500	1000	0.50		玉田县
	7.00	15000	14500	3.24		曹妃甸区
		7565	7565	2.13		青龙满族自治县
	2.00	3241	2756	0.99		昌黎县
	4.70	6933	6933	2.37		卢龙县
	1.00	400	400	0.12		临漳县
1.00	0.50	117	117	0.04	1	成安县
	1.50	3688	3688	1.21		大名县
	12.00	2986	2986	1.60		涉 县
	48.00	15967	15967	6.85		磁 县
						邱 县
						鸡泽县
	0.90	3250	3250	1.30		广平县
	4.00	24860	24860	7.51		馆陶县
	5.00	3725	3725	1.49		魏 县
	0.03	5540	5540	2.08		曲周县
	0.20	9800	9800	4.00		临城县
		2430	2430			内丘县
						柏乡县
37.00	10.00	2115	2115	0.12	1	隆尧县
	16.00	3280	3051	0.83		宁晋县
	0.10	2613	2613	1.10		巨鹿县
						新河县
	5.00	2500	2500	0.81		广宗县
		508	256	0.15		平乡县
	6.00	15320	15320	2.52		威 县
	3.44	5087	4282	1.72		清河县
	1.80	1160	1160	0.48		临西县
	3.00	1050	1050	0.32		博野县
	0.45	8850	8850	2.14		涞水县
	4.76	8100	8010	1.96		阜平县
						白沟新城

5-3-2 续表1

县名称 Name of Counties	储气能力（吨） Gas Storage Capacity (ton)	供气管道长度（公里） Length of Gas Supply Pipeline (km)	供气总量(吨) 合计 Total	销售气量 Quantity Sold	居民家庭 Households
定兴县	100.00		574.00	555.00	400.00
唐　县	80.00		126.00	122.00	51.00
高阳县	175.00		2050.00	2020.00	1810.00
涞源县	105.00		322.00	320.00	318.00
望都县	12.00		90.00	88.00	78.00
易　县	45.00		1202.00	1198.50	1198.50
曲阳县	120.00		891.83	890.90	690.00
蠡县	165.00		1478.00	1444.00	1300.00
顺平县	150.00		1152.00	1150.00	1030.00
张北县	175.00		1552.15	1547.45	1547.45
康保县	23.00		267.60	267.00	60.48
沽源县	45.00		115.00	114.00	114.00
尚义县	29.00		186.00	179.15	179.15
蔚　县	40.00		584.00	577.00	577.00
阳原县	60.00	8.90	181.85	180.35	180.35
怀安县	600.00		590.00	574.00	574.00
怀来县	65.00		963.00	952.70	952.70
涿鹿县	38.00		1195.19	1195.00	210.20
赤城县	80.00		822.97	820.00	790.00
承德县	110.00	50.00	2035.00	2000.00	1800.00
兴隆县	143.00	40.00	1200.00	1185.00	1185.00
滦平县	100.00	5.00	1907.50	1900.00	1520.00
隆化县	140.00	6.00	642.80	642.70	642.70
丰宁满族自治县	85.00		382.00	380.00	210.00
宽城满族自治县	95.00		951.00	950.00	950.00
围场满族蒙古族自治县	100.00		673.00	670.00	410.00
青　县			410.00	405.00	360.00
东光县	200.00		150.01	150.00	150.00
海兴县	50.00		241.60	241.00	241.00
盐山县	194.00		530.00	529.98	237.00
肃宁县			952.00	947.00	947.00
南皮县					
吴桥县					
献　县			780.00	778.00	490.00
孟村回族自治县					
固安县	40.00	0.15	460.00	450.00	40.00
永清县					
香河县					
大城县					
文安县					
大厂回族自治县	55.00		76.00	75.00	
枣强县	30.00		721.01	721.00	501.00
武邑县	90.00		955.00	950.00	950.00
武强县	55.00		900.00	890.00	780.00
饶阳县	66.00		1670.80	1670.00	1525.00
安平县	24.00		1080.50	1070.00	1020.00

continued 1

Total Gas Supplied (ton)		用 气 户 数（户）Number of Household with Access to Gas (unit)	居 民 家 庭 Households	用 气 人 口（万人）Population with Access to Gas (10000 persons)	液化气汽车 加 气 站（座）Gas Stations for LPG-Fueled Motor Vehicles (unit)	县名称 Name of Counties
燃气汽车 Gas-Powered Automobiles	燃 气 损失量 Loss Amount					
	19.00	2900	2900	0.36		定兴县
	4.00	821	821	0.31		唐县
	30.00	9600	9000	1.95		高阳县
	2.00	4500	4500	1.58		涞源县
	2.00	250	220	0.08		望都县
	3.50	10000	10000	2.30		易县
	0.93	4965	4607	0.89		曲阳县
	34.00	12900	7400	1.80		蠡县
	2.00	8537	7580	2.85		顺平县
	4.70	10254	10254	2.59		张北县
	0.60	1860	1260	0.61		康保县
	1.00	1900	1900	0.55		沽源县
	6.85	2060	2060	1.68		尚义县
	7.00	2023	2023	0.25		蔚县
	1.50	2397	2397	0.72		阳原县
	16.00	12079	12079	4.09		怀安县
	10.30	4840	4840	0.30		怀来县
	0.19	2946	2879	0.83		涿鹿县
	2.97	13086	12886	5.12		赤城县
	35.00	15000	14300	3.50		承德县
	15.00	19400	19400	5.48		兴隆县
	7.50	23767	23679	6.65		滦平县
	0.10	9800	9800	3.10		隆化县
	2.00	1260	1260	0.43		丰宁满族自治县
	1.00	15400	15400	4.60		宽城满族自治县
	3.00	1860	1200	0.53		围场满族蒙古族自治县
	5.00	2116	2116	0.61		青县
	0.01	2000	2000	1.81		东光县
	0.60	1050	1050	0.65		海兴县
	0.02	580	247	0.93		盐山县
	5.00	2650	2650	0.97		肃宁县
						南皮县
						吴桥县
	2.00	3900	3700	1.11		献县
						孟村回族自治县
	10.00	980	200	3.00		固安县
						永清县
						香河县
						大城县
						文安县
	1.00	85				大厂回族自治县
	0.01	9492	7999	2.41		枣强县
	5.00	15500	15500	4.83		武邑县
	10.00	14000	12800	2.90		武强县
	0.80	6360	6360	2.56		饶阳县
	10.50	3038	3038	1.03		安平县

5-3-2 续表2

县名称 Name of Counties	储气能力（吨）Gas Storage Capacity (ton)	供气管道长度（公里）Length of Gas Supply Pipeline (km)	供气总量(吨) 合 计 Total	销售气量 Quantity Sold	居民家庭 Households
故城县	12.00		1995.00	1990.00	1990.00
景　县	180.00		856.00	853.00	853.00
阜城县			791.30	785.30	779.30
容城县			694.00	694.00	315.00
雄　县	108.00		1544.00	1523.00	40.00
安新县					
山　西	5292.35	24.18	21937.21	21550.89	17325.69
清徐县					
阳曲县			305.00	300.00	2.00
娄烦县			45.70	45.00	45.00
阳高县					
天镇县					
广灵县	25.00		77.10	75.00	75.00
灵丘县	150.00		28.10	28.00	27.00
浑源县	80.00		86.00	85.00	85.00
左云县	35.00		120.00	115.00	97.00
云州区					
平定县					
盂　县			2098.70	2018.70	1926.00
襄垣县	100.00		403.00	401.00	401.00
平顺县	80.00		460.00	456.00	456.00
黎城县	93.00		400.00	400.00	400.00
壶关县	220.00		643.00	642.00	642.00
长子县	48.00		730.00	720.00	670.00
武乡县	50.00		317.00	315.00	198.00
沁　县	49.00		424.11	416.42	388.42
沁源县	100.00		143.00	140.00	140.00
沁水县	57.00		442.00	438.00	438.00
阳城县	50.00		710.00	690.00	270.00
陵川县	100.00		345.00	340.00	340.00
山阴县	48.00		210.00	210.00	210.00
应　县	50.00		291.70	286.00	286.00
右玉县					
榆社县	55.00		70.50	70.50	60.00
左权县					
和顺县	40.00		178.00	177.00	160.00
昔阳县	25.00		218.80	214.00	214.00
寿阳县	67.00		796.50	785.50	474.00
祁　县			1080.00	1080.00	357.00
平遥县			1007.00	1007.00	1007.00
灵石县					
临猗县	150.00		1018.00	1000.00	610.00
万荣县	1100.00		1254.00	1199.00	1199.00
闻喜县	60.00				
稷山县	150.00		580.00	570.00	420.00
新绛县					

continued 2

Total Gas Supplied (ton)		用 气 户 数 （户）	居 民 家 庭	用 气 人 口 （万人）	液化气汽车 加 气 站 （座）	县名称
燃气汽车 Gas-Powered Automobiles	燃 气 损失量 Loss Amount	Number of Household with Access to Gas (unit)	Households	Population with Access to Gas (10000 persons)	Gas Stations for LPG-Fueled Motor Vehicles (unit)	Name of Counties
	5.00	20800	20800	6.94		故城县
	3.00	12900	12900	3.65		景 县
	6.00	12318	10838	3.28		阜城县
		4856	3721	0.93		容城县
	21.00	1080	512	0.20		雄 县
						安新县
	386.32	191758	181661	65.38	13	山 西
						清徐县
	5.00	399	49	0.71		阳曲县
	0.70	1812	1812	0.92		娄烦县
						阳高县
						天镇县
	2.10	3455	3455	2.89		广灵县
	0.10	829	607	0.30		灵丘县
	1.00	989	989	0.35		浑源县
	5.00	1050	994	0.30		左云县
						云州区
						平定县
	80.00	9709	9317	2.64		盂 县
	2.00	2600	2600	0.78		襄垣县
	4.00	10098	10098	1.78		平顺县
		2300	2300	0.72		黎城县
	1.00	5130	5130	2.61		壶关县
	10.00	8000	7500	2.30		长子县
	2.00	2830	2500	0.80		武乡县
	7.69	5213	5123	2.70		沁 县
	3.00	7000	7000	2.01		沁源县
	4.00	1883	1883	0.60		沁水县
	20.00	8451	8000	0.20		阳城县
	5.00	2200	2200	0.55		陵川县
		8000	8000	3.69		山阴县
	5.70	920	920	0.23		应 县
						右玉县
		968	940	0.38		榆社县
						左权县
	1.00	1550	1520	0.18		和顺县
	4.80	600	600	0.12		昔阳县
	11.00	3660	3470	1.20		寿阳县
		1160	600	0.10		祁 县
		734	734			平遥县
					12	灵石县
	18.00	5000	4500	1.26		临猗县
	55.00	4500	4500	1.48		万荣县
						闻喜县
	10.00	3500	3100	0.68		稷山县
						新绛县

5-3-2 续表3

县名称 Name of Counties	储气能力（吨） Gas Storage Capacity (ton)	供气管道长度（公里） Length of Gas Supply Pipeline (km)	供气总量(吨)		
			合计 Total	销售气量 Quantity Sold	居民家庭 Households
绛县	45.00		115.00	114.80	114.80
垣曲县	40.00		370.00	370.00	330.00
夏县	37.00		416.00	410.90	65.00
平陆县	84.00		1196.00	1190.00	1040.00
芮城县	165.00		149.60	146.50	146.30
定襄县	25.00		243.40	241.00	241.00
五台县					
代县	259.35		385.00	384.77	384.77
繁峙县					
宁武县					
静乐县	78.00		200.00	135.00	135.00
神池县	59.00		180.00	175.00	175.00
五寨县	25.00		412.50	407.50	384.00
岢岚县					
河曲县					
保德县					
偏关县					
曲沃县	45.00		554.00	550.00	20.00
翼城县	50.00		308.20	307.00	259.80
襄汾县					
洪洞县	42.00		260.00	255.00	255.00
古县	30.00		140.00	137.00	90.00
安泽县	45.00		160.00	160.00	160.00
浮山县	100.00		280.00	280.00	220.00
吉县	36.00		320.00	315.00	310.00
乡宁县					
大宁县	40.00		161.00	154.00	112.00
隰县	450.00		192.50	190.00	190.00
永和县					
蒲县			60.00	60.00	20.00
汾西县	50.00		347.00	347.00	347.00
文水县					
交城县					
兴县	100.00		132.00	130.00	130.00
临县	120.00		130.80	130.00	13.60
柳林县					
石楼县	120.00	24.00	495.00	490.00	485.00
岚县	175.00	0.18	177.00	176.30	40.00
方山县					
中阳县	90.00		70.00	70.00	60.00
交口县					
内蒙古	9312.29	0.54	40561.13	40139.77	36115.83
土左旗					
托县					
和林县					
清水河县	2.00		140.00	140.00	18.20

continued 3

Total Gas Supplied (ton)		用 气 户 数 (户)	居 民 家 庭	用 气 人 口 (万人)	液化气汽车 加 气 站 (座)	县名称
燃气汽车 Gas-Powered Automobiles	燃 气 损失量 Loss Amount	Number of Household with Access to Gas (unit)	Households	Population with Access to Gas (10000 persons)	Gas Stations for LPG-Fueled Motor Vehicles (unit)	Name of Counties
	0.20	1900	1900	0.50		绛　县
		4752	4500	2.00		垣曲县
	5.10	2620	2200	0.84		夏　县
	6.00	6010	5830	2.20		平陆县
	3.10	2313	2312	0.43		芮城县
	2.40	3970	3970	2.85		定襄县
						五台县
	0.23	960	960	0.38		代　县
						繁峙县
						宁武县
	65.00	18483	18483	4.59		静乐县
	5.00	2700	2700	1.10		神池县
	5.00	5186	3556	0.95		五寨县
						岢岚县
						河曲县
						保德县
						偏关县
	4.00	1160	360	0.04		曲沃县
	1.20	1619	1190	0.38		翼城县
						襄汾县
	5.00	1952	1952	0.48		洪洞县
	3.00	670	580	0.23		古　县
		813	813	0.10		安泽县
		5100	4700	4.60		浮山县
	5.00	2460	2410	0.48		吉　县
						乡宁县
	7.00	3033	2047	1.19		大宁县
	2.50	1724	1724	1.34		隰　县
						永和县
		600	400	0.10	1	蒲　县
		7552	7552	2.20		汾西县
						文水县
						交城县
	2.00	960	960	1.20		兴　县
	0.80	386	91	0.02		临　县
						柳林县
	5.00	7080	7080	2.20		石楼县
	0.70	715	650	0.50		岚　县
						方山县
		2500	2300	2.00		中阳县
						交口县
415.02	421.36	742007	699304	222.69	13	内蒙古
						土左旗
						托　县
						和林县
		990	336	0.29		清水河县

5-3-2 续表4

县名称 Name of Counties	储气能力（吨） Gas Storage Capacity (ton)	供气管道长度（公里） Length of Gas Supply Pipeline (km)	供气总量(吨)		
			合计 Total	销售气量 Quantity Sold	居民家庭 Households
武川县	40.00		378.31	373.31	53.25
土右旗	49.00		235.00	234.00	15.00
固阳县	43.00		374.80	373.90	58.00
达尔罕茂明安联合旗	60.00		209.00	203.00	203.00
阿鲁科尔沁旗	48.50		760.00	760.00	760.00
巴林左旗	217.50		1068.60	1068.28	902.00
巴林右旗	165.00		780.00	780.00	780.00
林西县	270.00		561.50	552.00	552.00
克什克腾旗	415.00		1633.00	1633.00	1633.00
翁牛特旗	70.00		3423.00	3413.00	3408.00
喀喇沁旗	185.00		1415.00	1400.00	1380.00
宁城县	80.00		1260.00	1255.00	1255.00
敖汉旗	135.00		700.00	700.00	650.00
科左中旗	676.89		1002.00	997.00	616.00
科左后旗	371.00		556.01	556.00	541.00
开鲁县	336.00		1625.00	1614.00	1614.00
库伦旗	106.00		1230.00	1215.00	990.00
奈曼旗	320.00		635.75	622.70	543.70
扎鲁特旗	317.00		850.00	831.00	831.00
达拉特旗	21.00		580.00	550.00	550.00
准格尔旗	90.00		1147.83	1143.55	954.80
鄂托克前旗	55.00		180.00	179.00	150.00
鄂托克旗	40.00		152.00	152.00	152.00
杭锦旗	225.00		475.08	475.00	475.00
乌审旗	100.00		213.60	213.00	213.00
伊金霍洛旗	60.00		405.00	395.00	50.00
阿荣旗	25.00		620.00	605.00	605.00
莫旗	50.00		201.73	200.03	185.01
鄂伦春旗	96.00		200.00	200.00	200.00
鄂温克旗	220.00		712.90	712.00	692.00
陈巴尔虎旗	49.00		395.00	395.00	395.00
新左旗	50.00		235.00	235.00	215.00
新右旗			303.20	291.00	291.00
五原县	50.00		502.10	500.00	500.00
磴口县	80.00		344.00	342.00	340.00
乌拉特前旗	210.00		1972.60	1971.00	1971.00
乌拉特中旗	100.00		360.01	360.00	284.00
乌拉特后旗	50.00		691.00	559.00	559.00
杭锦后旗	100.00		680.94	678.54	430.54
卓资县	75.00		201.50	200.00	198.50
化德县	50.00		83.00	80.00	80.00
商都县	70.00		277.00	267.00	258.00
兴和县	10.00		1306.00	1305.00	1305.00
凉城县	29.00		630.00	623.00	603.00
察右前旗	50.40		83.57	82.13	5.00
察右中旗	30.00		99.00	98.00	90.60

continued 4

Total Gas Supplied (ton)		用 气 户 数 (户)	居 民 家 庭	用 气 人 口 (万人)	液化气汽车 加 气 站 (座)	县名称
燃气汽车 Gas-Powered Automobiles	燃 气 损失量 Loss Amount	Number of Household with Access to Gas (unit)	Households	Population with Access to Gas (10000 persons)	Gas Stations for LPG-Fueled Motor Vehicles (unit)	Name of Counties
	5.00	3096	2623	0.70		武川县
	1.00	495	220	0.02		土右旗
	0.90	395	161	0.08		固阳县
	6.00	4295	4295	1.10		达尔罕茂明安联合旗
		21930	21930	7.58		阿鲁科尔沁旗
	0.32	20485	18356	7.60		巴林左旗
		24500	24500	8.73		巴林右旗
	9.50	19800	19800	5.00		林西县
		19682	19682	6.78		克什克腾旗
	10.00	45807	45807	16.20		翁牛特旗
	15.00	28927	25754	7.66		喀喇沁旗
	5.00	37000	37000	14.00		宁城县
		28000	25000	10.00		敖汉旗
	5.00	17649	13510	4.30		科左中旗
	0.01	12120	12040	5.31	1	科左后旗
	11.00	9472	9472	1.43		开鲁县
	15.00	10533	10231	2.97		库伦旗
	13.05	5190	5025	1.83		奈曼旗
	19.00	21935	21935	7.07		扎鲁特旗
	30.00	2998	2998	0.81		达拉特旗
	4.28	17039	15422	4.33		准格尔旗
	1.00	800	720	0.35		鄂托克前旗
		463	463	0.11		鄂托克旗
	0.08	8000	8000	0.20		杭锦旗
	0.60	283	283	0.10		乌审旗
	10.00	400	100	0.03		伊金霍洛旗
	15.00	11032	11032	3.60		阿荣旗
15.02	1.70	9245	9123	5.02	2	莫 旗
		7512	7512	2.89		鄂伦春旗
	0.90	5450	5300	1.63		鄂温克旗
		6500	6500	1.74		陈巴尔虎旗
20.00		3729	3089	1.57	1	新左旗
	12.20	5643	5643	1.68		新右旗
	2.10	11830	11830	6.23		五原县
	2.00	2807	2807	0.60		磴口县
	1.60	17113	17113	4.08		乌拉特前旗
	0.01	2630	2410	0.60		乌拉特中旗
	132.00	6900	6900	1.74		乌拉特后旗
	2.40	19451	19451	6.88		杭锦后旗
	1.50	14580	14420	2.98		卓资县
	3.00	4130	4130	0.95		化德县
	10.00	11020	7100	4.30		商都县
	1.00	10950	10950	3.15		兴和县
20.00	7.00	7400	7250	1.85	1	凉城县
	1.44	2673	247	0.06		察右前旗
	1.00	1965	1851	0.60	1	察右中旗

5-3-2 续表5

县名称 Name of Counties	储气能力（吨） Gas Storage Capacity (ton)	供气管道长度（公里） Length of Gas Supply Pipeline (km)	供气总量(吨)		
			合计 Total	销售气量 Quantity Sold	居民家庭 Households
察右后旗	120.00		120.00	119.00	119.00
四子王旗	39.00		97.47	97.00	97.00
阿巴嘎旗	124.00		115.00	114.00	114.00
苏尼特左旗	40.00		232.00	232.00	232.00
苏尼特右旗	300.00		300.00	290.00	290.00
东乌珠穆沁旗	50.00		678.00	660.00	660.00
西乌珠穆沁旗	150.00		1010.00	1008.00	808.00
太仆寺旗	65.00		130.00	130.00	90.00
镶黄旗	55.00		450.00	449.50	449.50
正镶白旗	30.00		80.00	80.00	80.00
正蓝旗	70.00		145.50	140.00	140.00
多伦县	121.00		195.00	195.00	195.00
科尔沁右翼前旗	121.00		581.00	578.00	576.00
科右中旗	250.00		480.00	480.00	400.00
扎赉特旗	1345.00		1104.70	1102.00	725.00
突泉县	350.00		1650.00	1650.00	1490.00
阿拉善左旗	80.00	0.54	889.83	873.23	873.23
阿拉善右旗	90.00		90.00	90.00	90.00
额济纳旗	20.00		323.60	319.60	131.50
辽　宁	5333.00	30.85	32109.03	31942.08	27119.68
康平县	208.00	2.50	1460.00	1460.00	1350.00
法库县	543.00	27.30	2006.50	1999.50	1485.50
长海县	248.00		550.03	550.00	350.50
台安县	225.00		4624.00	4616.10	2306.10
岫岩满族自治县	500.00		2100.00	2100.00	1836.98
抚顺县					
新宾满族自治县	150.00		320.00	320.00	320.00
清原满族自治县	126.00		650.00	650.00	430.00
本溪满族自治县	220.00		671.00	670.60	670.60
桓仁满族自治县	469.00		837.00	799.00	513.00
宽甸满族自治县	195.00	1.05	1811.00	1811.00	1811.00
黑山县	100.00		530.00	525.00	525.00
义　县	140.00		300.00	300.00	300.00
阜新蒙古族自治县	110.00		868.00	850.00	850.00
彰武县	149.00		974.00	974.00	770.00
辽阳县	895.00		6522.00	6502.00	6502.00
盘山县					
铁岭县					
西丰县	60.00		750.00	739.88	675.00
昌图县	10.00		300.00	299.00	274.00
朝阳县					
建平县	530.00		1763.50	1763.50	1687.00
喀喇沁左翼蒙古族自治县	143.00		2074.00	2060.00	2060.00
绥中县	240.00		2180.20	2135.20	1650.00
建昌县	72.00		817.80	817.30	753.00
吉　林	3436.00	32.56	20229.75	20150.32	16252.71

continued 5

Total Gas Supplied (ton)		用 气 户 数（户）	居 民 家 庭	用 气 人 口（万人）	液化气汽车加 气 站（座）	县名称
燃气汽车 Gas-Powered Automobiles	燃 气 损失量 Loss Amount	Number of Household with Access to Gas (unit)	Households	Population with Access to Gas (10000 persons)	Gas Stations for LPG-Fueled Motor Vehicles (unit)	Name of Counties
	1.00	13862	13862	4.02		察右后旗
	0.47	27100	27100	4.43		四子王旗
	1.00	6300	6300	2.20		阿巴嘎旗
		3500	3500	1.33		苏尼特左旗
	10.00	9800	9800	3.59		苏尼特右旗
	18.00	9200	9200	2.81		东乌珠穆沁旗
200.00	2.00	14075	14075	4.76	3	西乌珠穆沁旗
		3010	2630	1.05		太仆寺旗
	0.50	6825	6825	1.13		镶黄旗
		4160	4160	2.20		正镶白旗
	5.50	2560	2560	1.80		正蓝旗
		1800	1800	0.76		多伦县
	3.00	9262	9262	2.70	3	科尔沁右翼前旗
		19000	19000	6.46		科右中旗
	2.70	51363	37657	5.62		扎赉特旗
160.00		22948	20139	6.90	1	突泉县
	16.60	5200	5200	1.40		阿拉善左旗
		2000	2000	1.10		阿拉善右旗
	4.00	5198	3913	1.70		额济纳旗
2653.00	166.95	364239	355471	73.79	15	辽　宁
		13361	12358	3.60		康平县
	7.00	68453	66782	5.40		法库县
	0.03	3684	3579	0.41		长海县
2310.00	7.90	15450	12950	1.86	2	台安县
260.00		31254	31254	9.37	4	岫岩满族自治县
						抚顺县
		9753	9753	4.87		新宾满族自治县
		9500	9200	2.20		清原满族自治县
	0.40	20616	20616	5.90		本溪满族自治县
6.50	38.00	7213	5138	2.85	1	桓仁满族自治县
		16765	16765	3.30		宽甸满族自治县
	5.00	5680	5680	1.80		黑山县
		12000	12000	1.61		义　县
	18.00	10300	10300	2.50	1	阜新蒙古族自治县
		9000	9000	3.00		彰武县
	20.00	66860	66860	10.30		辽阳县
						盘山县
						铁岭县
	10.12	7360	7280	2.00		西丰县
	1.00	7850	7350	2.26	5	昌图县
						朝阳县
76.50		16740	16330	5.14	1	建平县
	14.00	24100	24100	2.50	1	喀喇沁左翼蒙古族自治县
	45.00	2984	2860	0.65		绥中县
	0.50	5316	5316	2.27		建昌县
870.00	79.43	187749	177906	53.13	3	吉　林

5-3-2 续表6

县名称 Name of Counties	储气能力（吨）Gas Storage Capacity (ton)	供气管道长度（公里）Length of Gas Supply Pipeline (km)	供气总量(吨) 合 计 Total	销售气量 Quantity Sold	居民家庭 Households
农安县	170.00		2999.00	2995.00	1686.00
永吉县	133.00		1991.56	1983.22	1577.17
梨树县	40.00	0.24	79.00	78.00	41.00
伊通满族自治县	100.00		1395.00	1380.00	830.00
东丰县	320.00		2400.00	2400.00	2080.00
东辽县	70.00		211.50	211.00	211.00
通化县	40.00		174.75	174.50	174.50
辉南县	300.00	30.00	2319.00	2307.20	2307.20
柳河县	1050.00		1056.00	1050.00	1050.00
抚松县	30.00		309.03	306.27	236.21
靖宇县	75.00		917.40	915.00	863.00
长白朝鲜族自治县	15.00		75.20	75.00	75.00
前郭县	350.00		355.00	354.00	354.00
长岭县	77.00		800.00	794.50	525.00
乾安县	76.00		555.00	554.00	540.00
镇赉县	35.00		192.90	192.00	192.00
通榆县	80.00		233.91	230.63	230.63
汪清县	75.00	2.32	2555.50	2550.00	1960.00
安图县	400.00		1610.00	1600.00	1320.00
黑龙江	5410.31	112.60	27338.60	27017.09	22899.26
依兰县	75.00	65.00	500.30	500.00	500.00
方正县	40.00		327.00	323.50	306.00
宾县	250.00		550.00	530.00	270.00
巴彦县	160.00		1254.68	1250.00	1156.00
木兰县	30.00		579.50	579.00	560.00
通河县	42.00		444.80	444.00	444.00
延寿县	355.00		319.79	309.99	135.54
龙江县	40.00		320.00	318.00	300.00
依安县	120.00		363.00	361.00	361.00
泰来县	88.00		185.00	184.99	55.50
甘南县	25.00		713.00	710.00	615.00
富裕县	43.26		450.40	444.00	424.50
克山县	120.00		95.01	95.00	95.00
克东县	48.00		208.30	208.00	207.70
拜泉县	57.75		260.00	259.20	78.00
鸡东县	109.00		680.60	660.00	490.00
萝北县	190.00	1.50	587.90	586.89	586.89
绥滨县	46.00		108.90	105.00	88.00
集贤县	130.00		617.20	611.00	611.00
友谊县	100.00		298.67	295.00	118.00
宝清县	240.00		905.00	861.00	745.00
饶河县	220.00		923.70	915.00	615.00
肇州县	60.00		1360.00	1350.00	1350.00
肇源县	142.00		1157.00	1151.90	1151.90
林甸县	302.00	8.10	2314.01	2292.00	2292.00
杜尔伯特蒙古族自治县	239.00		540.00	539.00	539.00

continued 6

Total Gas Supplied(ton)		用 气 户 数 (户)	居 民 家 庭	用 气 人 口 (万人)	液化气汽车 加 气 站 (座)	县名称
燃气汽车 Gas-Powered Automobiles	燃 气 损失量 Loss Amount	Number of Household with Access to Gas (unit)	Households	Population with Access to Gas (10000 persons)	Gas Stations for LPG-Fueled Motor Vehicles (unit)	Name of Counties
	4.00	14052	13552	3.66	1	农安县
	8.34	16660	11000	5.00		永吉县
	1.00	612	450	0.14		梨树县
	15.00	10000	9000	4.18		伊通满族自治县
		26010	25318	6.50		东丰县
	0.50	2800	2800	1.00		东辽县
	0.25	2745	2745	0.67		通化县
	11.80	33000	33000	8.00		辉南县
	6.00	4300	4300	0.68		柳河县
	2.76	13702	13702	4.19		抚松县
	2.40	8340	8241	2.34		靖宇县
	0.20	2493	2493	0.76		长白朝鲜族自治县
	1.00	1200	1200	0.12		前郭县
	5.50	3670	2730	0.43		长岭县
	1.00	5500	5500	1.80		乾安县
	0.90	1500	1500	0.65		镇赉县
	3.28	1525	1525	0.56		通榆县
590.00	5.50	21790	21000	7.40	1	汪清县
280.00	10.00	17850	17850	5.05	1	安图县
2484.50	321.51	414055	386471	117.56	12	黑龙江
	0.30	15000	15000	4.50		依兰县
	3.50	2930	2673	1.54		方正县
	20.00	24000	24000	7.20		宾 县
	4.68	44135	36351	8.68		巴彦县
	0.50	6775	6316	4.73		木兰县
	0.80	7050	7050	1.85		通河县
	9.80	2600	2020	1.00		延寿县
	2.00	4160	4136	1.30		龙江县
	2.00	3150	3150	1.96		依安县
	0.01	1980	1630	0.59		泰来县
	3.00	7133	6859	2.00		甘南县
	6.40	7408	7058	1.07		富裕县
	0.01	4000	4000	1.00		克山县
	0.30	2300	2300	1.50		克东县
	0.80	1320	860	0.33		拜泉县
	20.60	7792	7792	3.45		鸡东县
	1.01	5934	5934	2.22		萝北县
	3.90	1128	868	0.50		绥滨县
	6.20	7940	7940	3.18		集贤县
177.00	3.67	8774	8418	2.16	1	友谊县
116.00	44.00	30835	25561	7.53	1	宝清县
300.00	8.70	5766	5170	2.30	1	饶河县
	10.00	23250	23250	3.78		肇州县
	5.10	31350	31350	3.75		肇源县
	22.01	16240	16240	5.67		林甸县
	1.00	7000	7000	1.30		杜尔伯特蒙古族自治县

5-3-2 续表 7

县名称 Name of Counties	储气能力（吨）Gas Storage Capacity (ton)	供气管道长度（公里）Length of Gas Supply Pipeline (km)	供气总量(吨) 合计 Total	销售气量 Quantity Sold	居民家庭 Households
嘉荫县	89.00		392.00	382.00	123.00
汤旺县	215.00		547.50	540.00	540.00
丰林县	75.00		130.00	128.00	59.00
大箐山县	50.00		108.11	108.00	108.00
南岔县	35.00		366.00	365.00	182.50
桦南县	118.00		1443.50	1442.00	710.50
桦川县	140.00		1300.00	1245.00	730.00
汤原县	100.00		310.20	310.00	105.00
勃利县	222.00		542.00	534.00	534.00
林口县	80.00		950.00	940.00	940.00
逊克县	50.00		280.70	280.00	280.00
孙吴县	64.00		49.13	48.90	15.01
望奎县	125.00		442.00	437.40	415.60
兰西县	36.00		535.60	530.00	530.00
青冈县	150.00		420.00	410.00	260.00
庆安县	82.30		326.04	325.12	320.52
明水县	90.00	38.00	330.00	329.00	329.00
绥棱县	50.00		460.00	448.70	410.00
呼玛县	50.00		100.00	99.00	99.00
塔河县	122.00		626.86	625.10	583.10
加格达奇区	195.00		1615.20	1606.40	1530.00
江 苏	14681.15	651.95	104462.58	104060.90	67584.80
丰　县	247.00		1295.00	1284.00	1063.00
沛　县	4500.00	255.00	4515.00	4500.00	2464.00
睢宁县	1020.00		8890.00	8850.00	8850.00
如东县	680.00	396.15	16409.70	16407.70	11488.00
东海县	600.00		11350.00	11310.00	2980.00
灌云县	180.00		7621.00	7616.00	5151.00
灌南县	300.00		8849.00	8777.00	4530.00
涟水县	1000.00		2130.58	2104.00	1968.00
盱眙县	469.00	0.80	6192.00	6189.00	2870.00
金湖县	670.00		2966.00	2961.00	1929.00
响水县	50.00		2900.00	2894.00	2300.00
滨海县	237.00		2582.00	2560.00	2412.00
阜宁县	1338.15		10453.00	10438.00	7300.00
射阳县	928.00		2600.00	2593.00	1750.00
建湖县	890.00		5070.00	4980.00	4080.00
宝应县	387.00		3200.00	3199.60	1200.00
沭阳县	500.00		2555.30	2537.60	1944.00
泗阳县	245.00		2502.00	2491.00	2312.00
泗洪县	440.00		2382.00	2369.00	993.80
浙 江	10973.42	75.12	153144.80	152656.83	126479.91
桐庐县	500.00		8869.60	8867.80	7294.50
淳安县	210.00		1586.00	1586.00	1120.00
象山县	268.00		7775.00	7760.00	4589.00
宁海县	566.40		22152.50	22092.50	14209.23

continued 7

Total Gas Supplied(ton)		用 气 户 数 （户） Number of Household with Access to Gas (unit)	居 民 家 庭 Households	用 气 人 口 （万人） Population with Access to Gas (10000 persons)	液化气汽车 加 气 站 （座） Gas Stations for LPG-Fueled Motor Vehicles (unit)	县名称 Name of Counties
燃气汽车 Gas-Powered Automobiles	燃 气 损失量 Loss Amount					
259.00	10.00	5923	5923	1.55	1	嘉荫县
	7.50	8000	8000	3.50		汤旺县
	2.00	1300	1220	0.70		丰林县
	0.11	2846	2846	0.98		大箐山县
182.50	1.00	1150	1120	0.35	1	南岔县
730.00	1.50	6970	6970	2.00	2	桦南县
515.00	55.00	3550	3170	1.39	1	桦川县
205.00	0.20	1680	1356	0.38	4	汤原县
	8.00	2970	2970	1.18		勃利县
	10.00	10020	10020	5.50		林口县
	0.70	2400	2400	0.72		逊克县
	0.23	700	380	0.24		孙吴县
	4.60	4425	4390	1.91		望奎县
	5.60	14952	14952	3.90		兰西县
	10.00	2000	1500	0.45		青冈县
	0.92	9527	4910	1.60		庆安县
	1.00	3000	3000	1.04		明水县
	11.30	3482	2498	0.75		绥棱县
	1.00	5700	5700	1.35		呼玛县
	1.76	11510	8650	3.48		塔河县
	8.80	32000	31570	9.50		加格达奇区
1156.50	401.68	519381	501394	88.92	11	江　苏
	11.00	11266	10737	1.29		丰　县
340.00	15.00	12138	8211	2.10	4	沛　县
	40.00	25800	25800	8.60		睢宁县
	2.00	103793	103793	9.08	5	如东县
	40.00	13564	12213	4.57		东海县
	5.00	19210	19005	4.61		灌云县
	72.00	44289	44080	9.36		灌南县
	26.58	19256	17452	3.00		涟水县
	3.00	8890	8150	7.50		盱眙县
96.50	5.00	11000	10000	4.51	1	金湖县
	6.00	30493	30147	1.07		响水县
	22.00	35214	34026	2.55		滨海县
720.00	15.00	81999	81738	8.78	1	阜宁县
	7.00	12532	12355	4.75		射阳县
	90.00	43280	43090	5.58		建湖县
	0.40	12983	11683	1.87		宝应县
	17.70	9653	7703	3.91		沭阳县
	11.00	11322	10223	1.90		泗阳县
	13.00	12699	10988	3.89		泗洪县
	487.97	857543	719738	184.69		浙　江
	1.80	48409	46995	8.10		桐庐县
		11431	10849	1.82		淳安县
	15.00	31874	22737	9.17		象山县
	60.00	53658	53658	13.17		宁海县

5-3-2 续表 8

县名称 Name of Counties	储气能力（吨）Gas Storage Capacity (ton)	供气管道长度（公里）Length of Gas Supply Pipeline (km)	供气总量(吨) 合计 Total	销售气量 Quantity Sold	居民家庭 Households
永嘉县	81.90		2418.64	2412.25	2412.25
平阳县	100.00		2121.45	2121.00	1951.00
苍南县	100.00		6556.00	6514.00	6503.00
文成县	180.00	3.29	6581.66	6579.56	6549.56
泰顺县		37.50	2377.00	2350.00	1950.00
嘉善县	300.00		1082.04	1078.00	569.00
海盐县	2050.00		2080.00	2061.49	602.00
德清县	310.00		3650.00	3626.00	480.00
长兴县	378.00		610.10	600.50	455.00
安吉县	588.00		4799.58	4756.00	3758.00
新昌县	740.00		7875.94	7875.93	7875.93
武义县	200.00		5007.00	5002.00	4125.00
浦江县	405.00		14697.69	14681.69	11340.29
磐安县	600.00	27.00	1899.00	1834.00	1720.00
常山县	350.00		2254.00	2250.00	2250.00
开化县	400.00		3496.12	3496.00	3496.00
龙游县	450.00		1998.40	1994.40	1994.40
岱山县	90.00		2569.33	2567.83	1730.40
嵊泗县	100.00		1325.00	1325.00	1144.00
三门县	255.00		8426.00	8418.00	8418.00
天台县	540.00	6.73	8461.53	8447.53	7897.00
仙居县	225.00		5817.00	5800.00	5800.00
青田县	125.00		2952.00	2923.10	2920.80
缙云县	135.00		1680.00	1679.70	1369.00
遂昌县	75.00		3155.89	3155.00	3155.00
松阳县	120.00		3866.79	3866.36	3866.36
云和县	350.00		2423.28	2377.28	2377.28
庆元县	121.00		1370.00	1348.00	1348.00
景宁县	60.12	0.60	1210.26	1209.91	1209.91
安　徽	16834.99	0.10	93961.28	93260.24	79539.35
长丰县	240.00		1380.05	1379.97	1200.00
肥西县	340.00		5100.00	5100.00	5100.00
肥东县	1704.00		6967.00	6963.50	5360.00
庐江县	1894.00		2050.00	2000.00	1850.00
南陵县	237.50		1496.80	1492.00	1487.00
怀远县	500.00		3100.00	3000.00	3000.00
五河县	400.00		1126.50	1125.00	1125.00
固镇县	180.00		1600.30	1591.60	1407.00
凤台县	200.00		1332.00	1320.00	1210.00
寿　县	63.00		571.00	568.00	568.00
当涂县	150.00		350.00	350.00	80.00
含山县			1857.00	1850.00	1850.00
和　县	195.00		1116.35	1100.00	1100.00
濉溪县	164.00		1180.00	1180.00	84.00
枞阳县	47.00		503.00	502.00	448.00
怀宁县	96.00		810.03	810.00	656.00

continued 8

Total Gas Supplied (ton)		Number of Household with Access to Gas (unit)	Households 居民家庭	Population with Access to Gas (10000 persons)	Gas Stations for LPG-Fueled Motor Vehicles (unit)	Name of Counties 县名称
Gas-Powered Automobiles 燃气汽车	Loss Amount 燃气损失量	用气户数（户）		用气人口（万人）	液化气汽车加气站（座）	
	6.39	11660	11660	3.16		永嘉县
	0.45	21267	20156	6.38		平阳县
	42.00	43000	42000	10.50		苍南县
	2.10	37830	37465	5.49		文成县
	27.00	15418	14190	4.72		泰顺县
	4.04	6630	4185	0.85		嘉善县
	18.51	2653	1795	0.98		海盐县
	24.00	1926	1862	0.74		德清县
	9.60	3850	2850	0.95		长兴县
	43.58	31585	25512	5.30		安吉县
	0.01	32100	32100	9.64		新昌县
	5.00	47067	36840	10.60		武义县
	16.00	80030	34900	14.00		浦江县
	65.00	7352	7260	1.91		磐安县
	4.00	8375	8375	3.35		常山县
	0.12	10000	10000	4.63		开化县
	4.00	13570	13570	3.45		龙游县
	1.50	13580	12846	3.34		岱山县
		12945	12824	3.21		嵊泗县
	8.00	13867	13867	4.16		三门县
	14.00	164275	108863	8.52		天台县
	17.00	21824	21824	6.82		仙居县
	28.90	24738	23926	8.09		青田县
	0.30	10798	10798	4.50		缙云县
	0.89	19519	19519	5.27		遂昌县
	0.43	20545	20545	7.19		松阳县
	46.00	10885	10885	4.27		云和县
	22.00	11016	11016	6.22		庆元县
	0.35	13866	13866	4.19		景宁县
384.00	701.04	740333	698404	217.58	1	安　徽
	0.08	11316	10923	2.70		长丰县
		42800	42800	18.10		肥西县
	3.50	23270	21917	4.50		肥东县
	50.00	20292	19792	7.00		庐江县
	4.80	5130	4940	1.23		南陵县
	100.00	22000	22000	8.50		怀远县
	1.50	6777	6777	2.77		五河县
	8.70	4080	3963	1.47		固镇县
	12.00	16603	15403	4.62		凤台县
	3.00	10900	10900	5.60		寿　县
		1702	1342	0.36		当涂县
	7.00	11825	11825	2.05		含山县
	16.35	16850	16850	8.15		和　县
		270	270	0.10		濉溪县
	1.00	5480	5091	2.22		枞阳县
	0.03	3328	3068	1.14		怀宁县

5-3-2 续表9

县名称 Name of Counties	储气能力（吨） Gas Storage Capacity (ton)	供气管道长度（公里） Length of Gas Supply Pipeline (km)	供气总量(吨)		
			合 计 Total	销售气量 Quantity Sold	居民家庭 Households
太湖县	305.00		1750.00	1710.00	1710.00
宿松县	300.00		2518.00	2511.00	2511.00
望江县	337.50		830.91	820.35	820.35
岳西县	245.00		1955.00	1910.00	1315.00
歙 县	280.00		1198.90	1198.00	1198.00
休宁县	100.00		1251.80	1248.00	658.00
黟 县	85.00		1073.00	1071.00	971.00
祁门县	90.00		955.00	953.00	953.00
来安县	320.00	0.10	802.94	800.65	789.53
全椒县	700.00		1700.40	1687.00	624.00
定远县	675.00		685.00	680.00	630.00
凤阳县	83.00		2036.00	1969.00	1410.00
临泉县	250.00		4470.00	4450.00	1800.00
太和县	200.00		853.00	851.50	851.50
阜南县	200.00		1085.00	1070.00	1008.00
颍上县	650.00		1305.00	1302.00	1248.00
砀山县	450.00		1226.60	1223.00	1125.00
萧 县	400.00		2456.00	2454.00	2454.00
灵璧县	310.00		4630.00	4550.00	3325.00
泗 县	205.00		754.42	753.47	753.47
霍邱县	515.00		3570.00	3566.00	3566.00
舒城县	795.99		7139.98	7135.00	6598.00
金寨县	170.00		1575.00	1560.00	1500.00
霍山县	850.00		3694.60	3690.00	3690.00
涡阳县	150.00		932.70	931.50	931.50
蒙城县	385.00		2224.50	2160.00	1542.00
利辛县	300.00		2173.50	2150.00	1680.00
东至县	138.00		2740.00	2740.00	2740.00
石台县	30.00		380.00	378.70	330.00
青阳县	120.00		1070.00	1061.00	677.00
郎溪县	410.00		1666.00	1646.00	1550.00
泾 县	135.00		1324.00	1323.00	1000.00
绩溪县	190.00		989.00	980.00	690.00
旌德县	50.00		405.00	395.00	365.00
福 建	8614.17	20.10	87340.47	86993.54	74946.64
闽侯县			1099.00	1099.00	364.00
连江县	40.00		1087.00	1086.00	628.00
罗源县	84.00		1560.00	1540.00	835.00
闽清县	256.00		632.40	630.40	518.24
永泰县	171.00		2345.61	2345.61	2342.33
仙游县	93.00		4450.00	4432.00	4350.00
明溪县	72.60		386.30	382.80	382.80
清流县	30.00		197.00	189.00	189.00
宁化县	374.00	1.04	554.00	550.00	550.00
大田县	175.00		868.20	865.00	645.00
尤溪县	200.00		1020.30	1020.20	1020.20

continued 9

Gas-Powered Automobiles	Loss Amount	Number of Household with Access to Gas (unit)	Households	Population with Access to Gas (10000 persons)	Gas Stations for LPG-Fueled Motor Vehicles (unit)	Name of Counties
	40.00	17600	17600	7.60		太湖县
	7.00	17866	17866	2.26		宿松县
	10.56	11837	11837	3.42		望江县
	45.00	15200	13520	6.28		岳西县
	0.90	12600	12600	1.01		歙 县
	3.80	7010	6980	3.05		休宁县
	2.00	14166	11041	1.80		黟 县
	2.00	10698	10698	2.25		祁门县
	2.29	9326	9207	2.51		来安县
	13.40	4527	2986	0.90		全椒县
	5.00	3205	3205	0.30		定远县
	67.00	13980	13215	2.10		凤阳县
	20.00	15805	14907	5.80		临泉县
	1.50	6650	6650	2.19		太和县
	15.00	11806	9230	4.10		阜南县
	3.00	24340	24340	5.02		颍上县
	3.60	17500	17500	5.96		砀山县
	2.00	34210	34210	12.96		萧 县
	80.00	45580	38552	15.00		灵璧县
	0.95	6586	6586	1.96		泗 县
	4.00	33450	33450	10.20		霍邱县
	4.98	38245	38245	2.96		舒城县
	15.00	22743	21223	4.93		金寨县
	4.60	23330	23330	5.65		霍山县
	1.20	11150	11150	3.10		涡阳县
	64.50	24550	20630	7.00		蒙城县
	23.50	23700	16000	6.90		利辛县
		24583	24583	8.48		东至县
	1.30	3500	3000	0.95		石台县
384.00	9.00	9320	6035	2.93	1	青阳县
	20.00	1540	1300	0.32		郎溪县
	1.00	5300	4700	1.37		泾 县
	9.00	9450	8150	3.44		绩溪县
	10.00	6357	6017	2.37		旌德县
	346.93	**737233**	**712371**	**202.39**		**福 建**
		2200	1822	0.62		闽侯县
	1.00	10671	10147	2.45		连江县
	20.00	10460	9897	1.46		罗源县
	2.00	4103	3855	0.87		闽清县
		21330	20800	3.80		永泰县
	18.00	64836	64080	17.62		仙游县
	3.50	9716	9716	2.38		明溪县
	8.00	8116	8116	2.49		清流县
	4.00	11450	11450	3.81		宁化县
	3.20	10095	9799	3.78		大田县
	0.10	17560	17560	5.40		尤溪县

5-3-2 续表10

县名称 Name of Counties	储气能力（吨）Gas Storage Capacity (ton)	供气管道长度（公里）Length of Gas Supply Pipeline (km)	供气总量(吨)		
			合计 Total	销售气量 Quantity Sold	居民家庭 Households
将乐县	900.00		480.58	476.55	389.97
泰宁县	100.00		650.00	640.00	640.00
建宁县	70.00		477.50	475.00	470.00
惠安县	210.00		1160.00	1150.00	1150.00
安溪县	260.00		3870.08	3858.08	3312.53
永春县	120.00		4520.00	4510.00	4510.00
德化县	99.27		3641.00	3641.00	3092.00
云霄县	543.00		5918.00	5913.00	4425.00
漳浦县	300.00		1253.80	1250.00	1000.16
诏安县	150.00		3475.34	3471.34	3040.16
东山县	2017.00	1.88	3755.00	3735.00	2750.00
南靖县	268.00		3163.83	3163.83	2403.65
平和县	110.00		1599.00	1595.00	1595.00
华安县	50.00	4.18	1810.00	1800.00	1600.00
顺昌县	95.00		617.00	600.00	585.00
浦城县	175.00		4553.08	4551.08	4551.08
光泽县	50.00		1620.00	1615.00	1615.00
松溪县	220.00		999.00	986.00	986.00
政和县	100.00		1280.00	1265.20	1170.00
长汀县	100.00		2490.00	2490.00	783.00
上杭县	164.00		1355.46	1354.00	1346.75
武平县	80.00		1515.00	1510.00	1510.00
连城县	228.30		1817.96	1797.96	1069.27
霞浦县	200.00		9915.00	9817.00	8877.00
古田县	72.00		1578.00	1570.00	1470.00
屏南县	50.00	13.00	860.00	860.00	688.00
寿宁县	50.00		1801.00	1800.00	1700.00
周宁县	95.00		2650.00	2650.00	2650.00
柘荣县	60.00		1418.00	1418.00	1418.00
平潭县	182.00		2897.03	2890.49	2324.50
江　西	**19918.45**		**130307.74**	**129229.88**	**118295.42**
南昌县	600.00		7108.00	6980.00	5225.00
安义县	46.00		600.00	592.00	592.00
进贤县	365.00		2915.00	2900.00	2900.00
浮梁县	115.00		1380.00	1380.00	1380.00
莲花县	235.00		1388.00	1380.00	1186.00
上栗县	294.00		6048.36	6043.18	6043.18
芦溪县	73.00		720.00	718.00	718.00
武宁县	670.00		820.00	812.00	762.00
修水县	505.00		6264.00	6200.00	6200.00
永修县	141.00		1573.00	1570.00	1570.00
德安县	200.00		2307.00	2301.00	2232.00
都昌县	210.00		3106.00	3100.00	3100.00
湖口县	172.00		1060.23	1060.00	1060.00
彭泽县	150.00		545.77	545.32	435.00
分宜县	200.00		1309.00	1303.00	1303.00

continued 10

Gas-Powered Automobiles	Loss Amount	Number of Household with Access to Gas (unit)	Households	Population with Access to Gas (10000 persons)	Gas Stations for LPG-Fueled Motor Vehicles (unit)	Name of Counties
	4.03	3401	3096	1.30		将乐县
	10.00	7500	7500	1.81		泰宁县
	2.50	10120	8610	4.53		建宁县
	10.00	12600	12600	4.67		惠安县
	12.00	30180	28621	3.95		安溪县
	10.00	48126	48126	13.21		永春县
		28206	27124	7.37		德化县
	5.00	29422	29422	12.15		云霄县
	3.80	15826	15136	3.52		漳浦县
	4.00	23806	13829	7.85		诏安县
	20.00	13200	13096	2.92		东山县
		26568	25341	2.01		南靖县
	4.00	21202	21202	5.10		平和县
	10.00	5630	5330	1.16		华安县
	17.00	7993	7518	4.30		顺昌县
	2.00	43260	43260	6.14		浦城县
	5.00	11688	11688	5.89		光泽县
	13.00	13578	13578	3.79		松溪县
	14.80	12711	12320	4.30		政和县
		11214	10789	6.54		长汀县
	1.46	1842	418	0.74		上杭县
	5.00	7010	7010	4.38		武平县
	20.00	8719	8719	8.04		连城县
	98.00	59421	58883	9.67		霞浦县
	8.00	14800	14205	6.55		古田县
		5412	5082	4.88		屏南县
	1.00	11122	10810	4.17		寿宁县
		20350	20350	4.70		周宁县
		22726	22726	5.12		柘荣县
	6.54	39063	38740	6.95		平潭县
	1077.86	1083622	1064673	302.33	4	江 西
	128.00	13000	12500	3.80	4	南昌县
	8.00	3000	3000	1.00		安义县
	15.00	13500	13500	4.05		进贤县
		14900	14900	1.49		浮梁县
	8.00	10200	10200	5.10		莲花县
	5.18	30099	30099	7.22		上栗县
	2.00	6800	6800	3.68		芦溪县
	8.00	4850	4550	1.34		武宁县
	64.00	39950	39950	17.70		修水县
	3.00	15200	15200	7.10		永修县
	6.00	17391	16209	4.29		德安县
	6.00	36540	36540	7.00		都昌县
	0.23	7432	7432	0.34		湖口县
	0.45	1430	1258	0.31		彭泽县
	6.00	12006	12006	1.55		分宜县

5-3-2 续表11

县名称 Name of Counties	储气能力（吨） Gas Storage Capacity (ton)	供气管道长度（公里） Length of Gas Supply Pipeline (km)	供气总量(吨)		
			合计 Total	销售气量 Quantity Sold	居民家庭 Households
信丰县	200.00		2173.76	2160.80	2160.80
大余县	160.00		865.50	860.00	860.00
上犹县	357.50		2236.00	2231.00	2200.00
崇义县	70.00		820.00	801.00	801.00
安远县	160.00		1600.00	1591.00	1567.00
定南县	424.00		2587.00	2580.00	2400.00
全南县	102.50		1379.82	1377.82	1327.15
宁都县	535.00		4737.00	4730.00	4730.00
于都县	410.00		4954.00	4908.00	4856.00
兴国县	300.00		2620.00	2610.00	2610.00
会昌县	528.00		2207.00	2157.00	2157.00
寻乌县	350.00		1650.00	1649.94	1649.94
石城县	392.00		1061.20	1060.70	963.20
吉安县	203.80		844.94	827.23	827.23
吉水县	120.00		1807.00	1755.00	1755.00
峡江县	92.00		523.00	522.00	510.00
新干县	284.55		2175.00	2164.00	2164.00
永丰县	410.00		1406.00	1400.00	1394.00
泰和县	191.00		1312.61	1311.12	1311.12
遂川县	126.00		1947.30	1931.00	1931.00
万安县	80.00		2134.00	2098.00	2098.00
安福县	320.00		2160.00	2130.00	2130.00
永新县	400.00		1792.00	1760.00	1760.00
奉新县	380.00		1293.00	1290.00	1290.00
万载县	1185.00		8400.00	8200.00	5300.00
上高县	135.00		1190.00	1188.00	1140.00
宜丰县	520.00		1787.20	1780.00	1780.00
靖安县	550.00		1130.00	1100.00	1100.00
铜鼓县	300.00		1060.00	1056.00	1056.00
南城县	510.00		1512.00	1508.00	1504.00
黎川县	762.50		176.40	174.40	174.40
南丰县	146.00		970.00	970.00	970.00
崇仁县	136.00		1426.40	1426.10	1128.00
乐安县	100.00		929.00	927.00	913.00
宜黄县	140.00		500.00	497.50	335.00
金溪县	480.00		2592.00	2592.00	2582.00
资溪县	150.00		652.00	651.77	465.00
广昌县	358.00		636.20	636.00	563.40
玉山县	655.00		3680.00	3680.00	3680.00
铅山县	630.00		4404.00	4363.00	4363.00
横峰县	260.00		1160.00	1150.00	1150.00
弋阳县	243.60		2022.05	2018.00	2018.00
余干县	450.00		7126.00	7020.00	2451.00
鄱阳县	198.00		1712.00	1710.00	1672.00
万年县	1332.00		2302.00	2282.00	2282.00
婺源县	105.00		1510.00	1510.00	1510.00

continued 11

Total Gas Supplied(ton)		用 气 户 数 （户） Number of Household with Access to Gas （unit）	居 民 家 庭 Households	用 气 人 口 （万人） Population with Access to Gas （10000 persons）	液化气汽车 加 气 站 （座） Gas Stations for LPG-Fueled Motor Vehicles （unit）	县名称 Name of Counties
燃气汽车 Gas-Powered Automobiles	燃 气 损失量 Loss Amount					
	12.96	18460	18460	3.26		信丰县
	5.50	11989	11989	3.12		大余县
	5.00	23600	23513	4.83		上犹县
	19.00	7052	7052	2.48		崇义县
	9.00	17436	15261	3.83		安远县
	7.00	17208	17208	5.36		定南县
	2.00	10450	10051	1.86		全南县
	7.00	58000	58000	16.30		宁都县
	46.00	50480	50480	15.76		于都县
	10.00	63000	63000	8.35		兴国县
	50.00	22282	22282	7.02		会昌县
	0.06	9446	9446	5.29		寻乌县
	0.50	21210	14356	5.40		石城县
	17.71	4539	4539	0.78		吉安县
	52.00	17000	17000	2.87		吉水县
	1.00	4535	4435	0.58		峡江县
	11.00	12730	12730	2.80		新干县
	6.00	5230	5120	2.12		永丰县
	1.49	19891	19891	5.32		泰和县
	16.30	19396	19396	10.17		遂川县
	36.00	18040	18040	3.28		万安县
	30.00	28100	28100	4.70		安福县
	32.00	31874	31874	6.39		永新县
	3.00	1651	1651	0.62		奉新县
	200.00	23040	22000	5.97		万载县
	2.00	9021	8098	1.88		上高县
	7.20	14356	14356	2.10		宜丰县
	30.00	14355	14355	1.80		靖安县
	4.00	7450	7450	1.54		铜鼓县
	4.00	17947	17947	6.12		南城县
	2.00	4911	4911	1.96		黎川县
		14135	14135	4.20		南丰县
	0.30	17000	16780	6.80		崇仁县
	2.00	13839	13839	5.49		乐安县
	2.50	3910	3598	1.35		宜黄县
		10800	10700	3.21		金溪县
	0.23	7590	7362	2.80		资溪县
	0.20	8745	8026	3.41		广昌县
		36955	36955	12.00		玉山县
	41.00	32200	32200	7.50		铅山县
	10.00	14520	14520	6.90		横峰县
	4.05	17050	17050	5.96		弋阳县
	106.00	30825	27509	8.10		余干县
	2.00	17624	17412	11.02		鄱阳县
	20.00	21452	21452	7.56		万年县
		26000	26000	6.20		婺源县

5-3-2 续表12

县名称 Name of Counties	储气能力（吨） Gas Storage Capacity (ton)	供气管道长度（公里） Length of Gas Supply Pipeline (km)	供气总量(吨) 合计 Total	销售气量 Quantity Sold	居民家庭 Households
山　东	**13345.01**	**37.16**	**70131.84**	**69682.17**	**49607.24**
平阴县	80.00		390.00	382.20	300.00
商河县	40.00		600.00	599.50	500.00
桓台县			1350.00	1348.00	40.50
高青县	75.00		2290.00	2290.00	180.00
沂源县	109.20		1340.00	1333.00	423.50
利津县	20.00		487.05	487.00	487.00
广饶县	1180.00	22.86	1210.05	1201.50	403.00
临朐县	1720.00		9083.50	9055.00	3885.00
昌乐县	190.00		1937.00	1913.00	1913.00
微山县	50.00		223.00	209.00	193.00
鱼台县	90.00		419.48	411.48	375.00
金乡县	95.00		196.30	193.40	193.40
嘉祥县	210.00	1.10	3310.00	3260.00	1438.00
汶上县	360.00	13.00	2695.00	2690.00	2650.00
泗水县	83.00		332.50	331.50	227.00
梁山县	350.00		3490.00	3440.00	3440.00
宁阳县	40.00		1148.90	1142.60	1120.00
东平县	120.00		366.00	363.00	90.00
五莲县	92.81		580.25	580.00	580.00
莒　县	1180.00		4514.50	4496.00	4340.00
沂南县	620.00		1674.00	1660.00	937.00
郯城县	197.00		1704.00	1700.00	909.30
沂水县	261.00		4420.00	4371.00	2200.00
兰陵县	652.00		2972.00	2950.00	2950.00
费　县	50.00		1560.00	1558.00	1556.00
平邑县	679.00		1043.97	1034.60	939.90
莒南县	100.00		550.00	549.50	380.00
蒙阴县	350.00		3181.00	3180.00	2236.00
临沭县	300.00		3560.70	3551.00	2930.00
宁津县	41.00		399.74	394.00	394.00
庆云县					
临邑县	520.00		1059.12	1056.00	420.00
齐河县			472.00	470.00	470.00
平原县			504.00	500.00	500.00
夏津县	4.00		2133.30	2127.00	2127.00
武城县	39.00		855.00	850.50	825.00
阳谷县	73.50		363.80	358.80	351.40
莘　县	78.00		598.00	590.00	590.00
东阿县	66.00		533.50	527.00	520.50
冠　县	280.00		990.00	975.00	975.00
高唐县	67.50	0.20	550.00	549.50	183.30
惠民县					
阳信县					
无棣县					
博兴县					

continued 12

Total Gas Supplied(ton)		用 气 户 数 (户)	居 民 家 庭	用 气 人 口 (万人)	液化气汽车 加 气 站 (座)	县名称
燃气汽车 Gas-Powered Automobiles	燃 气 损失量 Loss Amount	Number of Household with Access to Gas (unit)	Households	Population with Access to Gas (10000 persons)	Gas Stations for LPG-Fueled Motor Vehicles (unit)	Name of Counties
16.00	449.67	394488	364671	111.11	1	山 东
	7.80	3000	2500	0.60		平阴县
	0.50	3816	3800	0.98		商河县
	2.00	1300	550	0.25		桓台县
		2920	2100	0.40		高青县
	7.00	5993	5000	1.31		沂源县
	0.05	3700	3700	0.90		利津县
	8.55	2690	2450	0.25		广饶县
	28.50	21038	20486	2.65		临朐县
	24.00	5480	5480	0.70		昌乐县
	14.00	5066	3772	0.87		微山县
	8.00	5324	5110	2.08		鱼台县
	2.90	762	762	0.18		金乡县
	50.00	10250	4053	1.65		嘉祥县
	5.00	16589	16589	4.00		汶上县
	1.00	3021	2881	1.16		泗水县
	50.00	10950	10950	3.29		梁山县
	6.30	3658	3035	0.80		宁阳县
	3.00	475	426	0.06		东平县
	0.25	5000	5000	1.10		五莲县
	18.50	15810	14600	3.62		莒 县
	14.00	12071	10738	5.85		沂南县
	4.00	20698	13565	4.72		郯城县
	49.00	32500	31200	9.14		沂水县
	22.00	46485	46485	16.27		兰陵县
	2.00	4891	4891	1.35		费 县
	9.37	8539	8539	4.36		平邑县
	0.50	5625	5525	2.53		莒南县
	1.00	20860	20240	3.09		蒙阴县
	9.70	8995	8945	3.78		临沭县
	5.74	1900	1900	0.45		宁津县
						庆云县
	3.12	6912	4937	2.82		临邑县
	2.00	3700	3700	1.21		齐河县
	4.00	4000	4000	0.80		平原县
	6.30	21500	21500	1.82		夏津县
	4.50	11375	10875	4.55		武城县
	5.00	4438	3809	1.64		阳谷县
	8.00	3165	3165	0.95		莘 县
	6.50	1611	1611	0.52		东阿县
	15.00	7820	7820	2.78		冠 县
	0.50	1000	350	0.35		高唐县
						惠民县
						阳信县
						无棣县
						博兴县

5-3-2 续表13

县名称 Name of Counties	储气能力（吨） Gas Storage Capacity (ton)	供气管道长度（公里） Length of Gas Supply Pipeline (km)	供气总量(吨)		
			合 计 Total	销售气量 Quantity Sold	居民家庭 Households
曹 县	231.00		828.30	828.00	628.00
单 县	270.00		852.28	847.39	628.49
成武县	435.00		870.00	868.00	868.00
巨野县	100.00		536.00	535.00	510.00
郓城县	915.00		640.50	619.00	582.10
鄄城县	301.00		529.00	519.00	519.00
东明县	630.00		788.10	787.70	698.85
河 南	**14522.95**	**5.65**	**141003.41**	**139069.96**	**118907.16**
中牟县	80.00		4294.00	4137.00	2017.00
杞 县	130.00		1850.00	1800.00	1800.00
通许县	690.00		2700.00	2600.00	2600.00
尉氏县	130.00		2100.00	2090.00	2090.00
兰考县	45.00		352.37	347.26	347.26
新安县	255.00		1596.50	1588.00	1425.00
栾川县					
嵩 县	70.00		1106.00	1096.00	1096.00
汝阳县	270.00		3400.50	3400.00	2700.00
宜阳县	140.00		1043.00	1038.00	865.00
洛宁县	160.00		1373.22	1373.20	1373.20
伊川县	25.00		830.00	830.00	680.00
宝丰县	460.00		1300.00	1280.00	1280.00
叶 县	300.00		2780.00	2650.00	2000.00
鲁山县	250.00		3221.00	3221.00	2499.00
郏 县	100.00	1.55	1500.00	1498.00	1498.00
安阳县	190.00		320.00	312.00	312.00
汤阴县			983.30	980.00	135.00
滑 县					
内黄县	17.50		536.00	535.00	427.00
浚 县	275.00		800.00	800.00	800.00
淇 县	80.00		80.00	77.00	77.00
新乡县	80.00		90.00	86.00	86.00
获嘉县	50.00		3764.60	3751.00	2097.00
原阳县	265.00		1166.00	1160.00	1160.00
延津县	330.00		830.00	828.40	177.60
封丘县	100.00		1431.00	1430.00	1290.00
修武县	50.00		310.00	299.50	299.50
博爱县	60.00		1550.00	1500.00	1500.00
武陟县					
温 县	77.00	4.10	860.00	840.00	840.00
清丰县					
南乐县					
范 县					
台前县	250.00		840.80	840.00	840.00
濮阳县					
鄢陵县	100.00		127.00	124.00	124.00
襄城县	150.00		949.00	945.00	830.00

continued 13

Total Gas Supplied (ton)		用 气 户 数 (户)	居 民 家 庭	用 气 人 口 (万人)	液化气汽车 加 气 站 (座)	县名称
燃气汽车 Gas-Powered Automobiles	燃 气 损失量 Loss Amount	Number of Household with Access to Gas (unit)	Households	Population with Access to Gas (10000 persons)	Gas Stations for LPG-Fueled Motor Vehicles (unit)	Name of Counties
	0.30	6000	5900	2.50		曹　县
	4.89	3072	2940	1.23		单　县
	2.00	5185	5185	2.69		成武县
	1.00	2500	2500	0.54		巨野县
16.00	21.50	7639	7100	3.32	1	郓城县
	10.00	11240	11240	4.02		鄄城县
	0.40	3925	2767	0.98		东明县
5425.00	1933.45	1016133	984371	360.86	22	河　南
	157.00	13105	11082	1.02		中牟县
	50.00	6500	6500	2.55		杞　县
	100.00	17320	17320	3.95		通许县
	10.00	7924	7924	1.64		尉氏县
	5.11	2078	2078	0.70		兰考县
	8.50	10703	9987	2.93		新安县
						栾川县
	10.00	18000	18000	7.95		嵩　县
	0.50	21000	18000	7.00		汝阳县
	5.00	17950	14050	5.45		宜阳县
	0.02	19305	19305	6.58		洛宁县
		7230	7170	2.20		伊川县
	20.00	5513	5513	3.55		宝丰县
550.00	130.00	17450	14500	3.90	6	叶　县
633.00		29974	27066	9.33	2	鲁山县
	2.00	15000	15000	6.70		郏　县
	8.00	3846	3846	2.00		安阳县
	3.30	3015	1200	0.20		汤阴县
						滑　县
	1.00	7345	4500	1.20		内黄县
		7786	7786	1.95		浚　县
	3.00	416	416	0.15		淇　县
	4.00	240	240	0.08		新乡县
1654.00	13.60	6233	6233	2.45	2	获嘉县
	6.00	11800	11800	5.90		原阳县
	1.60	612	506	0.21		延津县
	1.00	11976	11876	4.32		封丘县
	10.50	2550	2550	1.12		修武县
	50.00	8700	8700	1.90		博爱县
						武陟县
	20.00	7645	7645	1.69		温　县
						清丰县
						南乐县
						范　县
	0.80	7943	7943	2.91		台前县
						濮阳县
	3.00	2000	2000	0.70		鄢陵县
	4.00	7100	7100	2.50		襄城县

5-3-2 续表14

县名称 Name of Counties	储气能力（吨） Gas Storage Capacity (ton)	供气管道长度（公里） Length of Gas Supply Pipeline (km)	供气总量(吨) 合计 Total	销售气量 Quantity Sold	居民家庭 Households
舞阳县	320.00		2542.50	2540.00	740.00
临颍县	45.00		385.35	384.23	198.76
渑池县	50.00		965.00	960.30	955.60
卢氏县	70.00		859.50	857.40	846.00
南召县	50.00		861.16	860.00	860.00
方城县	223.00		2873.00	2845.00	2800.00
西峡县	315.00		3180.00	3110.00	3110.00
镇平县	50.00		1065.00	1062.00	1062.00
内乡县					
淅川县	190.00		7168.85	6947.85	5091.62
社旗县	762.00		5790.00	5560.00	5560.00
唐河县	200.00		3420.23	3418.89	3418.89
新野县	275.00		385.00	380.00	380.00
桐柏县	300.00		1310.68	1307.70	1307.70
民权县	120.00		1535.00	1500.00	1420.00
睢县	160.00		1705.20	1701.00	1701.00
宁陵县	62.00		1973.00	1950.00	1550.00
柘城县	120.00		3459.00	3448.00	3448.00
虞城县	120.00		1837.00	1816.00	1207.00
夏邑县	230.00		3582.00	3560.00	3560.00
罗山县	140.00		3560.00	3560.00	3560.00
光山县	440.00		2219.60	2149.00	1951.00
新县	100.00		3530.00	3518.00	3518.00
商城县	360.00		1547.00	1517.00	1164.00
固始县	230.00		2165.00	2120.00	1990.00
潢川县	200.00		10060.00	9980.00	9322.00
淮滨县	105.00		1912.40	1882.00	1752.00
息县	500.00		734.00	720.00	662.00
扶沟县	50.00		869.68	858.12	725.00
西华县	45.00		447.00	434.00	434.00
商水县	40.00		670.35	670.00	70.00
沈丘县	53.00		399.15	399.10	399.10
郸城县	1083.00		1244.00	1231.00	1231.00
太康县	100.00		2614.27	2614.27	2614.27
鹿邑县	450.00		4057.35	4015.50	3850.50
西平县	280.00		1311.00	1308.00	980.00
上蔡县	70.00		600.00	594.00	519.00
平舆县	706.00		2411.14	2389.84	2072.75
正阳县	84.00		1452.00	1442.40	1334.00
确山县	100.00		3900.00	3858.00	1500.00
泌阳县	90.00		1740.00	1700.00	1700.00
汝南县	50.05		2515.28	2392.77	1121.18
遂平县	365.40		383.00	377.00	280.00
新蔡县	40.00		1679.43	1675.23	1675.23
湖 北	**7885.66**	**19.38**	**54012.78**	**53548.53**	**48523.09**
阳新县	130.00		1649.40	1643.00	1474.00

continued 14

Total Gas Supplied (ton)		用 气 户 数（户）	居 民 家 庭	用 气 人 口（万人）	液化气汽车加气站（座）	县名称
燃气汽车 Gas-Powered Automobiles	燃 气 损失量 Loss Amount	Number of Household with Access to Gas (unit)	Households	Population with Access to Gas (10000 persons)	Gas Stations for LPG-Fueled Motor Vehicles (unit)	Name of Counties
1800.00	2.50	5235	5235	1.81	4	舞阳县
	1.12	3323	2897	0.21		临颍县
	4.70	7675	7525	5.35		渑池县
	2.10	12986	12514	4.30		卢氏县
	1.16	10021	10021	3.50		南召县
	28.00	28000	27620	11.22		方城县
	70.00	27125	27125	14.00		西峡县
	3.00	17429	17429	6.10		镇平县
						内乡县
	221.00	31200	31180	14.53		淅川县
	230.00	32300	32300	12.95		社旗县
	1.34	18500	18500	2.97		唐河县
	5.00	3665	3665	0.56		新野县
	2.98	15773	15773	7.86		桐柏县
	35.00	8400	7960	0.61	1	民权县
	4.20	13450	13450	4.20		睢 县
400.00	23.00	10600	8800	4.02	2	宁陵县
	11.00	17690	17690	6.51		柘城县
	21.00	10600	9975	4.63		虞城县
	22.00	25060	25060	9.71		夏邑县
		30650	30650	11.75		罗山县
	70.60	18227	18204	7.87		光山县
	12.00	36100	36100	11.29		新 县
	30.00	11132	10859	4.29		商城县
	45.00	13712	13405	6.80		固始县
	80.00	68000	65000	23.58		潢川县
130.00	30.40	14605	13715	5.82	1	淮滨县
58.00	14.00	7005	6780	2.30	1	息 县
	11.56	4056	3855	1.11		扶沟县
	13.00	4738	4738	2.32		西华县
	0.35	420	420	0.12		商水县
	0.05	3500	3500	1.65		沈丘县
	13.00	19100	19100	10.26		郸城县
		27223	27223	6.00		太康县
165.00	41.85	65203	65203	16.00	2	鹿邑县
	3.00	2800	2790	0.70		西平县
35.00	6.00	7956	7956	6.58	1	上蔡县
	21.30	8279	7450	1.90		平舆县
	9.60	12550	11890	5.02		正阳县
	42.00	15534	15534	4.07		确山县
	40.00	14700	14700	3.50		泌阳县
	122.51	10383	10290	4.00		汝南县
	6.00	4098	3583	1.11		遂平县
	4.20	18871	18871	13.05		新蔡县
2539.28	464.25	506475	457249	154.35	6	湖 北
	6.40	19972	16725	4.46		阳新县

5-3-2 续表15

县名称 Name of Counties	储气能力（吨） Gas Storage Capacity (ton)	供气管道长度（公里） Length of Gas Supply Pipeline (km)	供气总量(吨) 合计 Total	销售气量 Quantity Sold	居民家庭 Households
郧西县	250.00		1036.50	1030.00	810.00
竹山县	130.00		450.00	440.00	440.00
竹溪县	250.00		921.08	901.08	901.00
房　县	320.00		802.00	800.00	800.00
远安县	405.00		1386.12	1384.35	1384.35
兴山县	120.00		710.00	709.00	677.00
秭归县	85.50		1000.00	950.00	950.00
长阳土家族自治县	66.00		587.91	586.05	550.85
五峰土家族自治县	50.00		723.00	719.00	719.00
南漳县	128.76		2520.50	2520.00	2520.00
谷城县	142.00		949.30	947.50	747.50
保康县	110.00		401.00	400.00	400.00
沙洋县	165.00		843.00	840.00	840.00
孝昌县	502.00		324.91	324.51	324.51
大悟县	220.00	11.20	4115.60	3972.50	3465.70
云梦县	250.00		2768.20	2768.00	2768.00
公安县	98.00		300.00	299.00	299.00
江陵县	125.00		590.00	577.00	417.00
团风县	220.00		2000.00	2000.00	1825.00
红安县	380.00		2060.00	2020.00	2020.00
罗田县	123.00		441.24	439.19	389.03
英山县	149.00		1675.80	1672.56	1393.20
浠水县			2890.56	2875.35	2094.35
蕲春县	120.00		1135.00	1133.80	1133.80
黄梅县	80.00		1862.48	1857.48	763.48
嘉鱼县	1000.00	8.00	2566.00	2530.00	2300.00
通城县	815.00		5201.05	5200.00	5200.00
崇阳县	85.50		3678.00	3676.00	3277.00
通山县	160.00		1946.00	1916.00	1916.00
随　县	363.00	0.18	1805.30	1800.00	1800.00
建始县	31.50		720.00	717.84	680.00
巴东县	205.00		2013.00	2010.00	1596.00
咸丰县	122.40		405.00	400.00	280.00
来凤县	26.00		313.00	312.00	312.00
鹤峰县	178.00		720.00	687.00	654.00
宣恩县	125.00		146.83	144.32	144.32
神农架林区	155.00		355.00	346.00	257.00
湖　南	43851.90	113.69	195616.83	194662.39	174902.17
长沙县	1324.80		8763.36	8761.88	2193.53
望城区	1025.00		10848.00	10844.00	9050.00
攸　县	2546.00		1800.00	1797.50	1797.50
茶陵县	857.00		4855.00	4853.00	4210.00
炎陵县	640.00		237.79	237.56	225.45
湘潭县	562.00		1460.00	1460.00	432.00
衡阳县	1045.00		1380.00	1380.00	1380.00
衡南县	5000.00		2595.00	2581.10	2461.00

continued 15

Gas-Powered Automobiles 燃气汽车	Loss Amount 燃气损失量	Number of Household with Access to Gas (unit) 用气户数(户)	Households 居民家庭	Population with Access to Gas (10000 persons) 用气人口(万人)	Gas Stations for LPG-Fueled Motor Vehicles (unit) 液化气汽车加气站(座)	Name of Counties 县名称
	6.50	15000	15000	4.40		郧西县
	10.00	7500	7500	3.80		竹山县
0.08	20.00	22000	22000	6.61	1	竹溪县
	2.00	9000	9000	8.94		房　县
	1.77	11315	11315	3.48		远安县
	1.00	12900	5892	3.20		兴山县
	50.00	7500	7500	2.20		秭归县
35.20	1.86	2085	2085	0.57	1	长阳土家族自治县
	4.00	4650	4650	2.45		五峰土家族自治县
	0.50	12075	12075	4.62		南漳县
	1.80	9973	9973	2.75		谷城县
	1.00	11350	11350	2.35		保康县
	3.00	6580	6580	2.01		沙洋县
	0.40	2170	2170	0.81		孝昌县
	143.10	22213	20512	7.08		大悟县
	0.20	7638	7638	2.63		云梦县
	1.00	9128	9128	2.74		公安县
	13.00	3911	3756	4.50		江陵县
		6800	6350	1.81		团风县
	40.00	22120	22120	5.75		红安县
	2.05	8796	8796	6.23		罗田县
	3.24	21321	19583	3.00		英山县
781.00	15.21	15700	15700	3.20	1	浠水县
	1.20	10100	10100	2.41		蕲春县
1094.00	5.00	10050	10050	1.40	1	黄梅县
230.00	36.00	33860	33069	11.57	1	嘉鱼县
	1.05	36968	36968	13.56		通城县
399.00	2.00	48637	46412	13.14	1	崇阳县
	30.00	13410	13410	4.02		通山县
	5.30	2770	2770	2.20		随　县
	2.16	6866	6866	2.42		建始县
	3.00	54006	23021	4.52		巴东县
	5.00	2000	2000	0.60		咸丰县
	1.00	4007	4007	1.80		来凤县
	33.00	4481	4155	5.33		鹤峰县
	2.51	1823	1823	0.69		宣恩县
	9.00	5800	5200	1.10		神农架林区
954.44	**1843287**	**1610033**	**485.77**	**1**		**湖　南**
	1.48	13811	11389	2.98		长沙县
	4.00	29618	27591	11.00		望城区
	2.50	23253	23253	10.38		攸　县
	2.00	40000	39200	16.48		茶陵县
	0.23	3149	2698	1.50		炎陵县
		3000	3000	0.65		湘潭县
		8000	8000	2.00		衡阳县
	13.90	7780	7780	2.30		衡南县

5-3-2 续表16

县名称 Name of Counties	储气能力（吨） Gas Storage Capacity (ton)	供气管道长度（公里） Length of Gas Supply Pipeline (km)	供气总量(吨)合计 Total	销售气量 Quantity Sold	居民家庭 Households
衡山县	90.85		2131.54	2124.00	2124.00
衡东县	799.20		1719.30	1717.60	1160.10
祁东县	1330.00		800.20	800.00	800.00
南岳区			148.00	146.00	135.00
新邵县	1050.00		4200.00	4189.62	4189.62
邵阳县	100.00		2055.00	2050.00	2050.00
隆回县	54.00		5371.00	5351.00	4598.00
洞口县	599.00		3760.00	3743.00	3631.00
绥宁县	145.05		331.00	320.00	320.00
新宁县	365.00		2655.01	2653.00	2351.00
城步苗族自治县	400.00		397.00	397.00	395.00
岳阳县	75.00		1105.00	1095.00	910.00
华容县	125.00		1465.00	1462.00	1392.00
湘阴县	75.00		1605.65	1600.00	1418.00
平江县	170.00		4000.00	3993.00	3800.00
安乡县	1300.00		7781.05	7755.00	7752.00
汉寿县	550.00		1151.20	1123.20	883.20
澧县	660.00		1533.00	1480.00	1152.00
临澧县	375.00		2150.00	2150.00	2130.00
桃源县	300.00		3022.00	2997.00	2151.00
石门县	1300.00		3402.00	3320.00	3152.40
慈利县	759.00		4726.00	4720.00	4720.00
桑植县	480.00		2720.00	2700.00	2600.00
南县	322.50		1423.32	1401.32	1325.00
桃江县	395.00		2837.00	2827.00	2817.00
安化县	1020.00		9768.00	9768.00	9768.00
大通湖区	196.00		312.00	312.00	215.00
桂阳县	4612.00		4895.00	4800.00	4800.00
宜章县	510.00		3085.72	3085.70	2111.00
永兴县	230.00		4036.23	4028.30	3842.60
嘉禾县	378.50		3981.00	3981.00	3401.00
临武县	200.00		1360.00	1360.00	1205.00
汝城县	500.00		1022.00	1016.00	792.00
桂东县	147.00		1000.00	995.00	967.00
安仁县	576.00		1518.10	1510.00	1490.00
东安县	750.00		4757.00	4659.00	4659.00
双牌县	280.00		491.00	486.00	400.00
道县	580.00		4800.00	4800.00	4200.00
江永县	520.00		1655.00	1643.00	1593.00
宁远县	275.00		4966.00	4961.00	4320.00
蓝山县	250.00	113.69	4140.00	4140.00	3787.00
新田县	600.00		3478.00	3478.00	3478.00
江华瑶族自治县	580.00		3124.00	3124.00	2968.00
中方县	1302.00		1695.16	1685.16	1685.16
沅陵县	290.00		3314.10	3314.00	3129.00
辰溪县	141.00		2080.00	2080.00	2080.00

continued 16

Total Gas Supplied (ton)		用 气 户 数 (户) Number of Household with Access to Gas (unit)	居 民 家 庭 Households	用 气 人 口 (万人) Population with Access to Gas (10000 persons)	液化气汽车 加 气 站 (座) Gas Stations for LPG-Fueled Motor Vehicles (unit)	县名称 Name of Counties
燃气汽车 Gas-Powered Automobiles	燃 气 损失量 Loss Amount					
	7.54	33521	33521	14.22		衡山县
	1.70	71000	69600	2.00		衡东县
	0.20	18620	18620	2.80		祁东县
	2.00	2300	2200	0.70		南岳区
	10.38	59254	59254	3.65		新邵县
	5.00	20600	20600	8.54		邵阳县
	20.00	56069	55769	17.01		隆回县
	17.00	26460	25920	7.05		洞口县
	11.00	6855	6855	5.76		绥宁县
	2.01	35787	35363	8.83		新宁县
		4500	4500	12.95		城步苗族自治县
	10.00	9826	8945	2.38		岳阳县
	3.00	9351	8965	1.95		华容县
	5.65	5700	5452	1.88		湘阴县
	7.00	35000	34800	8.00		平江县
	26.05	35310	25350	10.65		安乡县
	28.00	3218	2896	1.00		汉寿县
	53.00	7935	6430	1.34		澧县
		32460	32000	3.00		临澧县
	25.00	12950	12670	5.18		桃源县
	82.00	6890	6750	2.23		石门县
	6.00	19862	19862	5.17		慈利县
	20.00	17000	16500	2.43		桑植县
	22.00	17275	17275	4.17		南县
	10.00	18005	17632	4.86		桃江县
		57065	57065	13.01		安化县
		8021	3653	2.42		大通湖区
	95.00	79560	79560	18.07		桂阳县
	0.02	20647	19915	7.00		宜章县
	7.93	11540	10988	3.91		永兴县
		14904	14244	7.48		嘉禾县
		12000	11493	4.80		临武县
	6.00	4546	4295	2.02		汝城县
	5.00	10817	10817	3.21		桂东县
	8.10	26100	26100	12.20	1	安仁县
	98.00	41000	41000	19.04		东安县
	5.00	12693	12465	4.50		双牌县
		71105	70224	18.85		道县
	12.00	19982	19497	5.08		江永县
	5.00	67650	66400	11.59		宁远县
		5321	5233	13.28		蓝山县
		17822	17822	5.82		新田县
		18459	18250	8.50		江华瑶族自治县
	10.00	17600	17600	6.91		中方县
	0.10	49550	49550	14.51		沅陵县
		18986	18986	8.86		辰溪县

5-3-2 续表17

县名称 Name of Counties	储气能力（吨） Gas Storage Capacity (ton)	供气管道长度（公里） Length of Gas Supply Pipeline (km)	供气总量(吨) 合 计 Total	销售气量 Quantity Sold	居民家庭 Households
溆浦县	270.00		1957.00	1957.00	1957.00
会同县	150.00		1200.50	1200.50	1191.90
麻阳苗族自治县	210.00		2012.00	2012.00	1990.00
新晃侗族自治县	70.00		1020.80	1020.00	1020.00
芷江侗族自治县	220.00		3690.00	3690.00	3690.00
通道县	150.00		1862.00	1812.00	1730.00
靖州县	255.00		1336.00	1319.00	1285.00
双峰县	380.00		2600.00	2500.00	2500.00
新化县	2100.00		10003.00	10000.00	9780.00
泸溪县	75.00		903.00	900.00	900.00
凤凰县	196.00		454.50	450.00	250.00
花垣县	360.00		2611.00	2610.00	2610.00
保靖县	95.00		1367.30	1352.00	1265.20
古丈县	60.00		320.00	319.95	210.50
永顺县	384.00		3138.00	3064.00	3000.01
龙山县	120.00		1235.00	1200.00	926.00
广　东	19749.17	167.48	183799.41	183510.63	139741.34
始兴县	770.00		1717.80	1716.64	1716.64
仁化县	180.00		1685.00	1668.00	1668.00
翁源县	400.00		3634.00	3613.00	3613.00
乳源瑶族自治县	1200.00		2076.00	2076.00	1868.79
新丰县	300.00		1900.00	1900.00	1280.00
南澳县	130.00	20.00	2673.00	2673.00	2673.00
遂溪县	5443.00	87.00	5522.00	5443.00	5443.00
徐闻县	300.00		4180.00	4180.00	4180.00
广宁县	350.00		2881.00	2870.00	2162.00
怀集县	600.00		6731.00	6727.00	6427.00
封开县	107.00		1560.00	1550.00	1550.00
德庆县	363.00		2498.46	2485.00	2485.00
博罗县	280.00		6596.00	6596.00	3826.00
惠东县	318.00	55.00	11975.00	11975.00	11975.00
龙门县	307.00		6715.00	6715.00	4965.00
大埔县	50.00	1.33	1727.20	1694.00	1660.80
丰顺县	2500.00		2302.00	2302.00	2302.00
五华县	220.00		3101.50	3095.00	3095.00
平远县	190.80		2176.92	2171.92	2171.92
蕉岭县	247.00		3202.00	3200.00	3200.00
海丰县	80.00		10207.00	10207.00	10207.00
陆河县	130.00		2112.00	2112.00	1657.00
紫金县	250.00		4900.00	4900.00	1355.00
龙川县	460.00		7341.00	7341.00	6886.00
连平县	1800.00	3.50	1711.00	1691.00	1.00
和平县	276.25		4342.12	4333.00	4056.71
东源县	346.00		571.72	570.23	537.22
阳西县	190.00		1994.32	1994.32	1994.32
阳山县	200.00		7500.00	7495.66	7495.66

continued 17

Total Gas Supplied(ton)		用 气 户 数 (户)	居 民 家 庭	用 气 人 口 (万人)	液化气汽车 加 气 站 (座)	县名称
燃气汽车 Gas-Powered Automobiles	燃 气 损失量 Loss Amount	Number of Household with Access to Gas (unit)	Households	Population with Access to Gas (10000 persons)	Gas Stations for LPG-Fueled Motor Vehicles (unit)	Name of Counties
		25918	25918	7.34		溆浦县
		22100	21998	7.76		会同县
		17194	16850	4.50		麻阳苗族自治县
	0.80	11823	11823	4.84		新晃侗族自治县
		25000	25000	4.52		芷江侗族自治县
	50.00	24600	24050	2.42		通道县
	17.00	9340	9100	3.90		靖州县
	100.00	23800	23800	7.39		双峰县
	3.00	97764	97353	16.46		新化县
	3.00	12300	12300	6.98		泸溪县
	4.50	24000	23759	9.20		凤凰县
	1.00	15900	15900	8.00		花垣县
	15.30	20545	20187	6.54		保靖县
	0.05	2630	2585	2.10		古丈县
	74.00	217836	21313	13.41		永顺县
	35.00	12810	12300	4.31		龙山县
	288.78	1172668	1137815	299.50	1	广　东
	1.16	9677	9677	4.00		始兴县
	17.00	7896	7896	0.47		仁化县
	21.00	44500	44500	5.32		翁源县
		22000	22000	6.62		乳源瑶族自治县
		25340	19340	5.51		新丰县
		12899	12899	4.35		南澳县
	79.00	53548	53548	22.98		遂溪县
		83200	83200	15.20		徐闻县
	11.00	20550	17369	7.79		广宁县
	4.00	30616	30066	8.42	1	怀集县
	10.00	18520	18520	4.39		封开县
	13.46	8900	8900	2.70		德庆县
		47521	47476	17.95		博罗县
		57583	57583	22.06		惠东县
		34404	32800	5.76		龙门县
	33.20	5771	5771	4.73		大埔县
		19300	19300	1.45		丰顺县
	6.50	51110	51110	10.60		五华县
	5.00	15000	15000	2.70		平远县
	2.00	13750	13750	1.78		蕉岭县
		43790	43790	12.13		海丰县
		9895	7760	4.75		陆河县
		26250	19530	11.80		紫金县
		33525	33525	15.20		龙川县
	20.00	18900	18700	7.52		连平县
	9.12	51560	50650	6.98		和平县
	1.49	6892	6310	2.65		东源县
		7822	7822	3.03		阳西县
	4.34	120000	120000	11.35		阳山县

5-3-2 续表18

县名称 Name of Counties	储气能力（吨） Gas Storage Capacity (ton)	供气管道长度（公里） Length of Gas Supply Pipeline (km)	供气总量(吨) 合 计 Total	销售气量 Quantity Sold	居民家庭 Households
连山壮族瑶族自治县	100.00		1790.00	1750.00	1600.00
连南瑶族自治县	200.00	0.65	2033.52	2030.96	1935.06
佛冈县	100.00		2801.00	2801.00	1755.00
饶平县	300.00		11435.00	11435.00	10375.00
揭西县	360.00		11610.00	11610.00	11610.00
惠来县	200.00		29354.00	29349.00	3600.00
新兴县	376.12		7597.96	7595.96	4780.00
郁南县	125.00		1644.89	1643.94	1634.22
广 西	13193.36	1.06	148735.13	147326.66	136424.14
隆安县	320.00	0.56	1822.52	1817.52	1736.00
马山县	100.00		1450.30	1450.00	1450.00
上林县	300.00		2606.50	2597.00	2040.00
宾阳县	720.00		4944.00	4942.00	4942.00
柳城县			1216.00	1204.13	1094.34
鹿寨县	417.60		2454.60	2430.45	2355.00
融安县	168.00		2892.40	2890.00	2780.00
融水苗族自治县	100.00		1598.56	1596.26	1593.96
三江侗族自治县	80.00		2082.00	2066.00	2066.00
阳朔县	90.00		901.50	900.00	700.00
灵川县	300.00		2720.00	2686.00	1927.00
全州县	100.00		1380.00	1340.00	1310.00
兴安县	250.00		1684.00	1663.00	1587.00
永福县	2007.60		3140.60	3137.60	3137.60
灌阳县	150.00		1037.00	1036.05	1036.05
龙胜各族自治县	100.00		1006.00	996.00	996.00
资源县	110.00		781.60	780.00	546.00
平乐县	180.00		2004.00	1999.00	1984.00
恭城瑶族自治县			1835.00	1825.00	1825.00
苍梧县	84.00		986.99	986.00	986.00
藤 县	235.00		5455.71	5430.11	4091.30
蒙山县	97.72		1427.26	1422.76	1376.49
合浦县	174.00		5900.00	5860.00	5350.00
上思县	30.00		3600.05	3600.00	2520.00
灵山县	305.74		5519.54	5516.21	5314.54
浦北县	145.00		2894.00	2892.00	2810.00
平南县	315.00		3736.00	3735.00	3110.00
容 县	500.00		4341.71	4320.71	3904.13
陆川县	300.00		5100.00	5099.50	5099.50
博白县	280.00		11900.00	11385.00	11125.00
兴业县	437.00		4679.00	4659.00	4659.00
田东县	85.50		2078.60	2052.30	1926.50
德保县	150.00		2145.00	2130.00	2130.00
那坡县	220.00		1312.32	1308.87	1308.87
凌云县	42.20		864.00	830.00	830.00
乐业县	125.00		577.86	576.00	540.00
田林县	400.00		843.51	830.65	830.65

continued 18

Total Gas Supplied (ton)		用气户数（户）	居民家庭	用气人口（万人）	液化气汽车加气站（座）	县名称
燃气汽车 Gas-Powered Automobiles	燃气损失量 Loss Amount	Number of Household with Access to Gas (unit)	Households	Population with Access to Gas (10000 persons)	Gas Stations for LPG-Fueled Motor Vehicles (unit)	Name of Counties
	40.00	43820	43820	1.71		连山壮族瑶族自治县
	2.56	15408	15287	3.08		连南瑶族自治县
		50000	50000	3.14		佛冈县
		45975	45125	15.12		饶平县
		40356	40356	12.84		揭西县
	5.00	42680	40695	27.80		惠来县
	2.00	23210	13540	1.62		新兴县
	0.95	10500	10200	4.00		郁南县
	1408.47	1269731	1237382	390.09		广　西
	5.00	6127	5838	2.17		隆安县
	0.30	14885	14885	4.37		马山县
	9.50	24055	23704	3.12		上林县
	2.00	38560	38560	10.85		宾阳县
	11.87	12864	12864	4.10		柳城县
	24.15	23946	22894	6.52		鹿寨县
	2.40	55000	54100	9.24		融安县
	2.30	10980	10130	6.92		融水苗族自治县
	16.00	10860	10860	3.95		三江侗族自治县
	1.50	10050	10050	3.54		阳朔县
	34.00	11420	11112	3.68		灵川县
	40.00	23128	21614	9.05		全州县
	21.00	13502	9023	2.88		兴安县
	3.00	17881	17881	5.07		永福县
	0.95	15271	15271	4.77		灌阳县
	10.00	12043	12043	3.61		龙胜各族自治县
	1.60	13287	13287	5.32		资源县
	5.00	17328	16362	7.39		平乐县
	10.00	19107	19107	6.40		恭城瑶族自治县
	0.99	13825	13825	3.14		苍梧县
	25.60	23678	22548	5.89		藤　县
	4.50	16231	14979	5.39		蒙山县
	40.00	40000	39350	15.83		合浦县
	0.05	16873	16726	7.07		上思县
	3.33	50975	50468	17.29		灵山县
	2.00	28630	28630	5.77		浦北县
	1.00	56387	51806	18.65		平南县
	21.00	45109	43472	14.64		容　县
	0.50	40420	40420	18.19		陆川县
	515.00	45900	43790	18.65		博白县
	20.00	30566	30566	9.16		兴业县
	26.30	19326	19102	5.92		田东县
	15.00	21460	21460	5.77		德保县
	3.45	10690	10690	3.14		那坡县
	34.00	7560	7560	4.78		凌云县
	1.86	8826	8538	3.70		乐业县
	12.86	13517	13517	4.24		田林县

5-3-2 续表19

县名称 Name of Counties	储气能力（吨） Gas Storage Capacity (ton)	供气管道长度（公里） Length of Gas Supply Pipeline (km)	供气总量(吨) 合计 Total	销售气量 Quantity Sold	居民家庭 Households
西林县	200.00		725.00	724.00	720.00
隆林各族自治县	150.00		1714.60	1710.80	1710.80
昭平县	200.00		1914.00	1844.00	1722.00
钟山县	210.00		3953.00	3867.00	3039.00
富川瑶族自治县	170.00		2849.50	2840.00	2840.00
南丹县	212.00		1356.00	1353.00	1271.00
天峨县	241.00		1067.72	1035.00	1035.00
凤山县	42.00		325.00	323.00	297.00
东兰县	44.00		1698.03	1698.00	1457.00
罗城仫佬族自治县	43.00		3280.00	3278.00	3278.00
环江毛南族自治县	48.00	0.50	1316.42	1307.00	1207.00
巴马瑶族自治县	150.00		1078.00	1078.00	1078.00
都安瑶族自治县	181.00		2214.00	2205.00	2074.00
大化瑶族自治县	189.00		2107.00	2056.00	2056.00
忻城县	200.00		2218.70	2212.60	2206.10
象州县	100.00		560.00	550.00	490.00
武宣县	150.00		2207.01	2207.00	1388.00
金秀瑶族自治县	100.00		407.75	405.00	405.00
扶绥县	467.00		1715.66	1715.16	1548.16
宁明县	100.00		7085.83	6924.83	6454.00
龙州县	92.00		2306.28	2306.00	1530.00
大新县	285.00		5097.00	5095.00	5050.00
天等县	200.00		620.50	602.15	550.15
海 南	1280.80		30743.02	30574.06	27073.90
定安县	376.00		3963.00	3948.00	3124.00
屯昌县	88.20		4506.00	4504.00	4504.00
澄迈县	75.00		3865.00	3777.00	2821.00
临高县	69.00		5904.00	5867.00	5867.00
白沙黎族自治县	42.00		2870.00	2867.00	1886.00
昌江县	117.60		1586.00	1569.00	1460.00
乐东县	100.00		2800.00	2800.00	2800.00
陵水县	96.00		1228.37	1226.06	1161.90
保亭县	87.00		3003.55	3003.00	2472.00
琼中县	180.00		232.10	231.00	231.00
洋浦经济开发区	50.00		785.00	782.00	747.00
重 庆	5277.00		12860.37	12767.67	8746.79
城口县	84.00		313.15	303.55	263.12
丰都县	87.00		91.67	91.65	72.34
垫江县	238.00		285.00	280.00	98.00
忠 县			1042.18	1036.53	571.00
云阳县	200.00		901.00	896.50	175.00
奉节县	150.00		2080.75	2076.00	906.00
巫山县	188.00		985.31	985.00	793.00
巫溪县	140.00		1322.93	1322.18	1322.18
石柱土家族自治县	150.00		1836.60	1822.60	1555.30
秀山土家族苗族自治县	3640.00		2038.40	2028.04	1603.00

continued 19

Total Gas Supplied(ton)		燃 气 损失量 Loss Amount	用 气 户 数 (户) Number of Household with Access to Gas (unit)	居 民 家 庭 Households	用 气 人 口 (万人) Population with Access to Gas (10000 persons)	液化气汽车 加 气 站 (座) Gas Stations for LPG-Fueled Motor Vehicles (unit)	县名称 Name of Counties
	燃气汽车 Gas-Powered Automobiles						
		1.00	7654	7381	2.16		西林县
		3.80	26320	26320	6.77		隆林各族自治县
		70.00	16171	14271	6.81		昭平县
		86.00	25437	24835	10.30		钟山县
		9.50	18500	18500	5.65		富川瑶族自治县
		3.00	21141	19133	5.75		南丹县
		32.72	13075	13075	3.92		天峨县
		2.00	13985	12832	3.54		凤山县
		0.03	11016	10527	3.39		东兰县
		2.00	19480	19480	6.50		罗城仫佬族自治县
		9.42	21366	21366	7.04		环江毛南族自治县
			13132	13132	2.41		巴马瑶族自治县
		9.00	33812	33596	9.76		都安瑶族自治县
		51.00	18954	18954	9.50		大化瑶族自治县
		6.10	16032	16032	5.44		忻城县
		10.00	5280	5280	1.83		象州县
		0.01	17850	17440	3.38		武宣县
		2.75	4202	4202	1.22		金秀瑶族自治县
		0.50	11241	10643	4.10		扶绥县
		161.00	62521	62076	8.01		宁明县
		0.28	17982	17665	4.73		龙州县
		2.00	24500	24500	4.82		大新县
		18.35	9813	9110	2.89		天等县
35.00		168.96	208479	206633	35.98	6	海 南
		15.00	20899	20599	3.93		定安县
		2.00	28312	28312	4.32		屯昌县
		88.00	28500	28500	3.99	2	澄迈县
		37.00	18613	18613	4.00		临高县
		3.00	13879	13081	1.22		白沙黎族自治县
		17.00	8500	8500	3.09		昌江县
			30000	30000	2.30		乐东县
		2.31	11196	10677	5.01		陵水县
		0.55	25500	25271	2.12		保亭县
		1.10	10080	10080	1.19		琼中县
35.00		3.00	13000	13000	4.81	4	洋浦经济开发区
		92.70	79769	63521	15.81	2	重 庆
		9.60	3216	3062	0.43		城口县
		0.02	243	211	0.04		丰都县
		5.00	1680	360	0.98		垫江县
		5.65	4629	3975	0.86		忠 县
		4.50	7000	1600	0.35		云阳县
		4.75	4216	3870	2.08		奉节县
		0.31	7873	7221	1.96		巫山县
		0.75	21352	21352	4.62		巫溪县
		14.00	5575	4637	0.83	2	石柱土家族自治县
		10.36	5700	4600	1.01		秀山土家族苗族自治县

5-3-2 续表20

县名称 Name of Counties	储气能力（吨）Gas Storage Capacity (ton)	供气管道长度（公里）Length of Gas Supply Pipeline (km)	供气总量(吨) 合计 Total	销售气量 Quantity Sold	居民家庭 Households
酉阳土家族苗族自治县	320.00		1268.50	1240.00	890.00
彭水苗族土家族自治县	80.00		694.88	685.62	497.85
四　川	**12981.91**	**7.56**	**34203.08**	**33770.85**	**25115.45**
金堂县	105.00		2316.06	2316.06	764.30
大邑县			1260.00	1240.00	950.00
蒲江县	100.00		100.00	100.00	100.00
东部新区管理委员会	176.00		604.00	602.00	597.00
荣县	200.00		396.90	395.00	395.00
富顺县	358.00	0.13	530.00	527.00	527.00
米易县	200.00		583.15	583.00	414.00
盐边县			338.33	338.12	266.31
泸县	25.20		77.42	76.88	76.88
合江县	86.00		104.60	104.00	104.00
叙永县	201.00		56.20	55.20	54.20
古蔺县	60.00		135.25	135.00	104.00
中江县	850.00		902.00	896.00	610.00
三台县			314.58	310.50	310.50
盐亭县	44.03	0.17	104.38	102.47	96.51
梓潼县	48.00		1810.00	1810.00	200.00
北川羌族自治县	30.00		19.65	19.00	12.00
平武县	37.80	0.32	169.56	169.56	169.56
旺苍县	42.00		352.80	350.00	341.00
青川县	500.00		271.10	270.50	230.60
剑阁县	81.20		180.20	174.10	157.20
苍溪县	44.00		40.00	40.00	9.00
蓬溪县	77.70		300.00	287.00	115.00
大英县	40.00		220.00	220.00	
威远县	47.00		555.00	530.00	530.00
资中县	63.72		149.32	149.20	149.20
犍为县			90.00	88.50	88.50
井研县			168.60	161.00	161.00
夹江县	300.00		166.00	165.00	165.00
沐川县	200.00		456.20	444.00	304.00
峨边县			149.61	149.54	2.01
马边县			132.15	132.00	132.00
南部县	85.00		1336.03	1290.00	1218.00
营山县	42.00		200.00	198.00	
蓬安县	60.00	1.00	939.60	926.00	914.00
仪陇县	85.00		110.00	110.00	90.00
西充县	65.00		1130.00	1090.00	1030.00
眉山天府新区	300.00		247.00	246.00	172.00
洪雅县	50.00		51.02	49.60	49.60
仁寿县	160.00		131.61	129.80	111.00
丹棱县	50.00		112.90	112.15	112.15
青神县	70.00		218.00	217.50	120.00
江安县	200.00		266.20	261.66	253.72

continued 20

Total Gas Supplied(ton)		用气户数（户）	居民家庭	用气人口（万人）	液化气汽车加气站（座）	县名称
燃气汽车 Gas-Powered Automobiles	燃气损失量 Loss Amount	Number of Household with Access to Gas (unit)	Households	Population with Access to Gas (10000 persons)	Gas Stations for LPG-Fueled Motor Vehicles (unit)	Name of Counties
	28.50	11900	6890	0.87		酉阳土家族苗族自治县
	9.26	6385	5743	1.78		彭水苗族土家族自治县
2034.00	432.23	246615	218611	87.22	19	四川
		3369	2891	0.84		金堂县
270.00	20.00	6220	6200	0.90	3	大邑县
		90	90	0.01		蒲江县
	2.00	14320	9892	4.24		东部新区管理委员会
	1.90	1925	1925	0.30		荣县
	3.00	1730	1730	0.03		富顺县
	0.15	8694	8218	2.18		米易县
	0.21	3454	3278	1.28		盐边县
	0.54	478	478	0.12		泸县
	0.60	1508	1508	0.50		合江县
	1.00	200	95	0.26		叙永县
	0.25	1780	936	0.80		古蔺县
	6.00	4150	3850	1.60		中江县
	4.08	2685	2685	0.99		三台县
	1.91	3673	675	0.20		盐亭县
1610.00		1500	1500	0.50	2	梓潼县
	0.65	60	40	0.02		北川羌族自治县
		1035	1035	0.31		平武县
	2.80	1500	1470	0.45		旺苍县
	0.60	2468	1657	0.42		青川县
	6.10	1100	1005	0.30		剑阁县
		200	40	0.02		苍溪县
	13.00	1200	900	0.28		蓬溪县
					2	大英县
	25.00	2490	2490	0.35		威远县
	0.12	1753	1753	0.60		资中县
	1.50	645	645	0.08		犍为县
	7.60	1428	1428	0.11		井研县
	1.00	850	850	0.30		夹江县
140.00	12.20	1550	1550	0.33	1	沐川县
	0.07	160	23	0.22		峨边县
	0.15	901	901	0.37		马边县
	46.03	4100	4098	1.20	3	南部县
	2.00	2026				营山县
	13.60	2809	2793	0.69		蓬安县
		280	278	0.60		仪陇县
	40.00	4050	3950	0.79		西充县
	1.00	1628	1298	0.40		眉山天府新区
	1.42	745	745	0.36		洪雅县
	1.81	1573	1474	0.54		仁寿县
	0.75	1800	1800	0.64		丹棱县
	0.50	540	450	0.12		青神县
	4.54	437	112	0.09		江安县

5-3-2 续表21

县名称 Name of Counties	储气能力 （吨） Gas Storage Capacity (ton)	供气管道长度 （公里） Length of Gas Supply Pipeline (km)	供气总量(吨)		
			合计 Total	销售气量 Quantity Sold	居民家庭 Households
长宁县	118.60		353.80	350.60	350.60
高　县					
珙　县					
筠连县					
兴文县	80.00		368.00	358.00	195.00
屏山县	450.00		370.00	370.00	170.00
岳池县	100.00		75.30	75.30	75.30
武胜县	60.00		42.00	42.00	42.00
邻水县	250.00	0.38	570.00	570.00	570.00
宣汉县	103.20	1.03	153.60	153.00	153.00
开江县					
大竹县	530.00	0.90	530.00	529.00	529.00
渠　县	182.00	0.86	182.00	181.60	181.60
荥经县			189.00	189.00	3.10
汉源县	402.60		340.40	338.00	301.20
石棉县	172.00		144.97	140.07	40.07
天全县	93.60		391.71	391.71	391.71
芦山县	194.00		37.30	36.50	26.50
宝兴县	62.00		242.70	240.00	180.00
通江县	430.00		430.00	392.00	392.00
南江县			158.00	158.00	158.00
平昌县	100.00		15.00	15.00	15.00
安岳县	490.00		378.00	374.00	340.00
乐至县	158.00		129.40	128.40	99.40
汶川县	48.00		155.50	155.00	154.50
理　县			97.91	97.38	97.38
茂　县	42.00		406.00	405.70	150.00
松潘县	46.20		361.60	360.00	318.00
九寨沟县	90.00		253.60	252.00	149.80
金川县	41.00		556.00	550.00	550.00
小金县	44.00		680.00	680.00	680.00
黑水县	28.00		110.10	110.00	110.00
壤塘县	31.00		130.00	128.00	120.00
阿坝县	20.00		197.90	196.50	196.50
若尔盖县	50.00		401.00	400.00	400.00
红原县	70.00	0.39	149.46	149.33	149.33
泸定县	500.00		269.00	268.00	150.00
丹巴县	150.00		190.00	189.00	180.00
九龙县	22.00		118.00	116.00	64.00
雅江县	400.00		308.00	303.00	300.00
道孚县	7.50		126.11	120.10	29.60
炉霍县	95.00		95.90	95.00	95.00
甘孜县	100.00		590.00	582.00	435.50
新龙县	52.70		73.40	70.00	70.00
德格县	60.00		103.00	100.00	55.00
白玉县	50.00		358.68	353.38	353.38

continued 21

Total Gas Supplied (ton)		用 气 户 数（户）	居 民 家 庭	用 气 人 口（万人）	液化气汽车 加 气 站（座）	县名称
燃气汽车 Gas-Powered Automobiles	燃 气 损失量 Loss Amount	Number of Household with Access to Gas (unit)	Households	Population with Access to Gas (10000 persons)	Gas Stations for LPG-Fueled Motor Vehicles (unit)	Name of Counties
	3.20	3199	3199	1.50		长宁县
						高　县
						珙　县
						筠连县
	10.00	3450	2870	0.68		兴文县
		3481	2790	0.67		屏山县
		1054	1054	0.59		岳池县
		620	620	0.24		武胜县
		1800	1800	0.30		邻水县
	0.60	585	585	0.13		宣汉县
						开江县
	1.00	2436	2436	0.47		大竹县
	0.40	2652	2652	0.75		渠　县
		256	35			荥经县
	2.40	3566	1801	1.20		汉源县
	4.90	337	156	0.24		石棉县
		1106	1106	0.23		天全县
	0.80	1001	1001	0.40		芦山县
	2.70	1432	1408	0.30		宝兴县
	38.00	1236	1236	0.90	1	通江县
		836	836	0.23		南江县
		150	150	0.02	3	平昌县
	4.00	3203	3151	0.56		安岳县
14.00	1.00	1262	1200	0.40	3	乐至县
	0.50	468	468	1.25		汶川县
	0.53	3188	3188	1.11		理　县
	0.30	1153	972	0.80		茂　县
	1.60	3286	3286	1.20		松潘县
	1.60	1934	1854	1.19		九寨沟县
	6.00	3300	3300	1.53		金川县
		3789	3789	1.42		小金县
	0.10	936	936	0.58		黑水县
	2.00	2410	2365	0.60		壤塘县
	1.40	5967	5967	1.50		阿坝县
	1.00	2800	2800	0.98		若尔盖县
	0.13	3785	3785	1.04	1	红原县
	1.00	5500	5000	2.90		泸定县
	1.00	3150	3000	0.85		丹巴县
	2.00	2300	2000	1.18		九龙县
	5.00	2160	2160	1.26		雅江县
	6.01	308	308	0.16		道孚县
	0.90	2145	1712	1.10		炉霍县
	8.00	7801	6902	2.55		甘孜县
	3.40	829	829	0.78		新龙县
	3.00	1256	875	1.14		德格县
	5.30	4735	4735	1.53		白玉县

5-3-2 续表22

县名称 Name of Counties	储气能力 （吨） Gas Storage Capacity (ton)	供气管道长度 （公里） Length of Gas Supply Pipeline (km)	供气总量(吨)		
			合计 Total	销售气量 Quantity Sold	居民家庭 Households
石渠县	318.00		491.00	473.00	455.00
色达县	185.00		175.50	175.00	155.00
理塘县	40.00		210.12	204.00	187.00
巴塘县	88.00	0.28	94.00	93.98	93.98
乡城县	75.00		60.20	60.00	40.00
稻城县	110.00		64.50	64.50	64.50
得荣县			98.00	98.00	95.00
普格县	100.00		134.00	128.00	64.00
木里县	60.00		363.00	360.00	90.00
盐源县	75.00		407.00	400.00	370.00
德昌县	75.00		376.20	370.00	320.00
会东县	150.00		750.00	743.00	700.00
宁南县	5.00		432.60	420.00	280.00
布拖县	75.00		246.00	240.00	120.00
金阳县	37.66		99.26	99.16	99.16
昭觉县	130.00	2.10	121.80	119.00	119.00
喜德县	42.00		92.00	90.00	53.80
冕宁县	83.00		728.60	720.00	205.00
越西县	212.00		272.81	272.30	234.00
甘洛县	28.20		26.00	25.00	24.00
美姑县	21.00		54.28	54.00	51.10
雷波县	65.00		278.45	278.00	67.20
贵　州	18576.07	0.38	63558.16	63402.37	47986.01
开阳县			899.00	899.00	899.00
息烽县			1900.00	1900.00	160.00
修文县	2800.00		5125.00	5125.00	4503.00
六枝特区			1629.72	1629.72	1629.72
桐梓县	104.00		935.00	935.00	935.00
绥阳县	580.00		580.00	572.00	482.00
正安县	27.00		294.00	288.00	90.00
道真县	71.00		390.00	382.00	382.00
务川县	150.00		492.75	491.75	491.75
凤冈县	100.00		300.00	290.00	290.00
湄潭县	64.00		200.28	200.28	200.28
余庆县	42.00		191.00	190.00	183.00
习水县	200.00		790.00	787.00	787.00
普定县	69.22		481.90	481.90	218.00
镇宁县	120.00		387.00	387.00	267.00
关岭县	647.00		1026.30	1026.30	662.00
紫云县	270.00		800.00	800.00	227.00
大方县	188.00		379.00	378.00	372.00
金沙县	84.00		820.00	820.00	340.00
织金县	395.00		1720.00	1720.00	1450.00
纳雍县	164.00		2379.20	2378.50	2378.50
威宁自治县	890.00		2501.16	2500.03	2500.03
赫章县	1560.00		4550.00	4550.00	1750.00

continued 22

Total Gas Supplied (ton)		用 气 户 数 (户)	居 民 家 庭	用 气 人 口 (万人)	液化气汽车 加 气 站 (座)	县名称
燃气汽车 Gas-Powered Automobiles	燃 气 损失量 Loss Amount	Number of Household with Access to Gas (unit)	Households	Population with Access to Gas (10000 persons)	Gas Stations for LPG-Fueled Motor Vehicles (unit)	Name of Counties
	18.00	3120	2200	0.68		石渠县
	0.50	1590	1490	1.53		色达县
	6.12	5954	4721	2.73		理塘县
	0.02	1770	1770	1.60		巴塘县
	0.20	600	515	0.82		乡城县
		987	987	0.80		稻城县
		1440	1362	0.45		得荣县
	6.00	410	225	0.13		普格县
	3.00	2422	2139	0.73		木里县
	7.00	6085	5672	2.27		盐源县
	6.20	6800	5330	2.96		德昌县
	7.00	8532	8213	3.67		会东县
	12.60	2498	2091	1.11		宁南县
	6.00	1500	1500	0.60		布拖县
	0.10	1651	1651	0.68		金阳县
	2.80	1584	1584	1.41		昭觉县
	2.00	624	373	0.82		喜德县
	8.60	4200	3240	1.50		冕宁县
	0.51	1437	1382	0.68		越西县
	1.00	313	299	0.17		甘洛县
	0.28	643	495	0.13		美姑县
	0.45	2489	2319	0.95		雷波县
	155.79	848334	800822	359.29	2	贵 州
		5759	5759	2.30		开阳县
		3020	3020	1.06		息烽县
		8662	8662	9.20		修文县
		25167	25167	7.59		六枝特区
		42746	42746	11.68		桐梓县
	8.00	8396	8381	4.31		绥阳县
	6.00	6052	5547	0.90		正安县
	8.00	6528	6528	5.78		道真县
	1.00	21280	21280	5.62		务川县
	10.00	3700	3700	2.50		凤冈县
		21750	21750	8.70		湄潭县
	1.00	3960	3110	0.57		余庆县
	3.00	8000	8000	5.90	2	习水县
		5328	3689	2.40		普定县
		3382	3061	0.87		镇宁县
		3104	2415	1.68		关岭县
		5542	4980	3.32		紫云县
	1.00	24200	23550	9.52		大方县
		30000	30000	12.30		金沙县
		27760	26341	13.81		织金县
	0.70	33500	33500	13.92		纳雍县
	1.13	48800	48800	19.03		威宁自治县
		25800	16000	11.60		赫章县

5-3-2 续表23

县名称 Name of Counties	储气能力（吨） Gas Storage Capacity (ton)	供气管道长度（公里） Length of Gas Supply Pipeline (km)	供气总量(吨) 合计 Total	销售气量 Quantity Sold	居民家庭 Households
江口县	220.00		550.00	550.00	470.00
玉屏县	530.00		643.80	635.00	520.00
石阡县	320.00		980.00	980.00	580.00
思南县	32.00		828.00	822.00	425.00
印江县	250.00		436.00	428.00	240.00
德江县	260.00		420.00	419.95	30.50
沿河县	500.00		1050.00	1050.00	1050.00
松桃县	650.00		1550.05	1550.05	1550.05
普安县	560.00		347.00	347.00	195.00
晴隆县	214.60		550.00	549.00	169.00
贞丰县	90.00		917.50	912.50	710.00
望谟县	152.00		1030.50	1030.50	1030.50
册亨县			540.00	540.00	540.00
安龙县	46.00		400.00	398.00	70.00
黄平县	198.25		571.45	571.45	571.45
施秉县	5.00		368.00	368.00	360.00
三穗县	330.00		426.00	426.00	426.00
镇远县	300.00		2600.00	2600.00	2600.00
岑巩县	114.00		560.00	560.00	441.00
天柱县	300.00		2450.00	2450.00	2450.00
锦屏县	210.00		885.00	885.00	90.00
剑河县	132.00		1170.00	1170.00	900.00
台江县	120.00		743.00	743.00	743.00
黎平县	355.00		1562.00	1562.00	1562.00
榕江县	300.00		2100.50	2100.00	2099.50
从江县	230.00		525.10	510.20	503.10
雷山县			480.00	480.00	480.00
麻江县	41.00		495.00	495.00	495.00
丹寨县	55.00		240.20	239.40	49.00
荔波县	80.00		418.20	400.00	398.00
贵定县	40.00		751.40	751.40	400.00
瓮安县	252.00		1030.00	1012.00	38.00
独山县	370.00		411.00	411.00	197.00
平塘县	272.00		480.00	480.00	480.00
罗甸县	750.00		1750.00	1750.00	1750.00
长顺县	370.00		744.80	743.00	577.50
龙里县	1180.00		2201.35	2192.44	970.13
惠水县	102.00	0.38	1229.00	1229.00	320.00
三都水族自治县	120.00		352.00	330.00	308.00
云 南	**19547.84**	**104.48**	**59220.37**	**58803.05**	**42981.24**
嵩明县	70.00		1268.00	1267.40	465.00
富民县	1050.00		693.68	693.50	126.66
宜良县					
石林彝族自治县	144.00	0.73	722.05	720.67	389.67
禄劝彝族苗族自治县	147.00	0.50	761.00	760.00	760.00
寻甸县	723.56		694.00	682.00	682.00

continued 23

Total Gas Supplied(ton)		用气户数（户）	居民家庭	用气人口（万人）	液化气汽车加气站（座）	县名称
燃气汽车 Gas-Powered Automobiles	燃气损失量 Loss Amount	Number of Household with Access to Gas (unit)	Households	Population with Access to Gas (10000 persons)	Gas Stations for LPG-Fueled Motor Vehicles (unit)	Name of Counties
		18100	16900	5.00		江口县
	8.80	10400	9940	4.30		玉屏县
		22300	18000	5.35		石阡县
	6.00	34055	32562	7.51		思南县
	8.00	16232	15634	6.90		印江县
	0.05	27356	25682	15.28		德江县
		12750	12750	4.02		沿河县
		21000	21000	8.40		松桃县
		2987	2708	0.90		普安县
	1.00	12000	11400	5.23		晴隆县
	5.00	4983	4368	4.50		贞丰县
		16511	16511	7.41		望谟县
		4756	4756	5.80		册亨县
	2.00	23520	19023	8.23		安龙县
		6867	6867	3.02		黄平县
		9600	8800	4.74		施秉县
		15600	15600	5.36		三穗县
		13560	13560	5.00		镇远县
		8411	8039	4.22		岑巩县
		23308	23308	11.60		天柱县
		8210	8210	5.56		锦屏县
		10912	10296	4.73		剑河县
		10544	10544	4.15		台江县
		32810	32810	11.47		黎平县
	0.50	21100	20300	11.50		榕江县
	14.90	11230	10911	6.19		从江县
		9730	9730	3.92		雷山县
		4985	4985	3.24		麻江县
	0.80	8730	8540	4.58		丹寨县
	18.20	2750	2750	1.30		荔波县
		3500	1800	4.20		贵定县
	18.00	1147	219	0.46		瓮安县
		3395	2955	1.32		独山县
		4725	4725	4.39		平塘县
		13382	13382	6.69		罗甸县
	1.80	1990	1784	1.08		长顺县
	8.91	6341	3351	1.05		龙里县
		7621	2036	2.30		惠水县
	22.00	8500	8100	3.83		三都水族自治县
165.00	417.32	635087	571031	231.78	2	云　南
	0.60	4621	3980	1.34		嵩明县
	0.18	2816	2056	0.66		富民县
						宜良县
	1.38	3104	2254	0.98		石林彝族自治县
	1.00	9500	9500	2.85		禄劝彝族苗族自治县
	12.00	10420	10420	3.56		寻甸县

5-3-2 续表24

县名称 Name of Counties	储气能力（吨） Gas Storage Capacity (ton)	供气管道长度（公里） Length of Gas Supply Pipeline (km)	供气总量(吨) 合计 Total	销售气量 Quantity Sold	居民家庭 Households
昆明阳宗海风景名胜区					
陆良县	250.00		398.78	398.14	398.14
师宗县	350.00		600.00	591.00	180.00
罗平县	90.00	1.23	1416.00	1410.00	342.00
富源县	1020.00		1402.65	1350.00	1350.00
会泽县	600.00		1400.00	1397.00	1397.00
通海县	125.00		1803.00	1791.00	1791.00
华宁县	1727.00		628.60	623.60	209.20
易门县	100.00		534.96	534.96	213.99
峨山县	35.00		405.41	405.31	162.00
新平县	138.00	0.62	508.85	508.10	31.20
元江县			513.75	488.75	10.62
施甸县	240.00		229.18	218.18	87.33
龙陵县	390.00		174.00	172.00	100.00
昌宁县	70.00		336.00	331.50	135.00
鲁甸县	450.00		481.48	480.76	374.99
巧家县	300.00		562.19	560.19	560.19
盐津县	34.80		429.00	429.00	327.38
大关县	60.00		478.10	473.00	473.00
永善县			423.63	423.63	370.00
绥江县	130.00		305.35	301.85	256.00
镇雄县	400.00	62.00	4712.12	4712.00	1510.00
彝良县	230.00		506.00	503.00	503.00
威信县	150.00		830.00	820.00	655.00
玉龙纳西族自治县					
永胜县	800.00		910.00	910.00	910.00
华坪县	70.00	23.80	642.00	640.00	640.00
宁蒗县			281.52	281.52	281.52
宁洱哈尼族彝族自治县	110.00		1058.07	1054.24	891.57
墨江哈尼族自治县	60.00	8.00	456.00	436.28	436.28
景东彝族自治县	45.00		453.00	448.00	448.00
景谷傣族彝族自治县	160.00		429.24	429.04	429.04
镇沅彝族哈尼族拉祜族自治县	395.00		386.20	386.00	385.00
江城哈尼族彝族自治县	50.00		600.10	600.00	500.00
孟连傣族拉祜族佤族自治县	60.00		520.00	510.00	510.00
澜沧拉祜族自治县	80.00		958.90	940.00	864.00
西盟佤族自治县	20.00		157.00	157.00	137.00
凤庆县	240.00		576.74	576.68	576.68
云　县	520.00		700.20	700.00	512.00
永德县			455.85	455.09	286.00
镇康县	50.00		258.00	258.00	80.00
双江县	60.90		586.00	585.80	585.80
耿马县	90.00		614.00	605.00	605.00
沧源县	40.00		376.00	356.00	356.00
双柏县	600.00		638.50	638.20	630.00
牟定县	65.00		336.00	335.00	335.00

continued 24

Total Gas Supplied(ton)		用 气 户 数 （户）	居 民 家 庭	用 气 人 口 （万人）	液化气汽车 加 气 站 （座）	县名称
燃气汽车 Gas-Powered Automobiles	燃 气 损失量 Loss Amount	Number of Household with Access to Gas (unit)	Households	Population with Access to Gas (10000 persons)	Gas Stations for LPG-Fueled Motor Vehicles (unit)	Name of Counties
						昆明阳宗海风景名胜区
	0.64	3925	3925	1.12		陆良县
	9.00	3578	2986	1.46		师宗县
	6.00	6993	4658	2.87		罗平县
	52.65	10800	10800	3.62		富源县
	3.00	12000	12000	2.40		会泽县
	12.00	16000	16000	4.80		通海县
	5.00	2213	1688	0.83		华宁县
		4273	2736	2.95		易门县
	0.10	2441	1816	1.50		峨山县
	0.75	2810	1622	0.95		新平县
	25.00	657	81	0.47		元江县
	11.00	959	578	0.41		施甸县
	2.00	600	350	0.18		龙陵县
	4.50	6357	2077	2.56		昌宁县
	0.72	4005	3124	1.87		鲁甸县
	2.00	5396	5396	1.03		巧家县
		3000	3000	1.10		盐津县
	5.10	4460	4460	2.23		大关县
		6511	6088	4.51		永善县
	3.50	4156	3945	1.38		绥江县
	0.12	20814	7323	4.99		镇雄县
	3.00	7903	7903	4.80		彝良县
165.00	10.00	12050	9150	4.53	1	威信县
						玉龙纳西族自治县
		35625	35625	4.03		永胜县
	2.00	5234	5234	1.42		华坪县
		9432	9432	4.41		宁蒗县
	3.83	13167	1035	4.76		宁洱哈尼族彝族自治县
	19.72	9719	9719	3.94		墨江哈尼族自治县
	5.00	6900	6900	3.30		景东彝族自治县
	0.20	12830	12830	5.60		景谷傣族彝族自治县
	0.20	6207	6207	2.16		镇沅彝族哈尼族拉祜族自治县
	0.10	6310	5010	2.90		江城哈尼族彝族自治县
	10.00	8830	8830	3.40		孟连傣族拉祜族佤族自治县
	18.90	16500	15800	5.10		澜沧拉祜族自治县
		3350	3030	1.07		西盟佤族自治县
	0.06	7426	7426	3.69		凤庆县
	0.20	12300	10500	5.19		云县
	0.76	3101	2864	2.81		永德县
		1049	652	0.42		镇康县
	0.20	6050	6050	3.05	1	双江县
	9.00	9985	9985	2.70		耿马县
	20.00	3614	3614	1.90		沧源县
	0.30	9097	9082	2.73		双柏县
	1.00	5320	5320	2.42		牟定县

5-3-2 续表 25

县名称 Name of Counties	储气能力（吨） Gas Storage Capacity (ton)	供气管道长度（公里） Length of Gas Supply Pipeline (km)	供气总量(吨) 合计 Total	销售气量 Quantity Sold	居民家庭 Households
南华县	150.00	1.80	493.23	489.43	489.43
姚安县	356.00		532.54	531.24	531.24
大姚县	300.00		900.20	897.60	897.00
永仁县	130.00		405.00	400.00	244.00
元谋县	72.00		680.00	676.88	350.00
武定县	745.00		671.50	670.00	330.00
屏边县	20.00		235.00	234.00	204.00
建水县	150.00		1900.00	1849.00	1761.00
石屏县	100.00		456.00	452.00	73.12
泸西县	50.00		598.00	593.00	128.00
元阳县	30.00		235.38	235.15	50.00
红河县	200.00		247.30	245.00	3.42
金平县	200.00		275.00	273.00	271.00
绿春县	55.00		196.77	190.77	190.77
河口县	160.00		555.60	550.00	550.00
砚山县	163.00		510.00	510.00	510.00
西畴县	80.00		181.65	181.00	179.33
麻栗坡县	60.00		362.85	362.30	362.30
马关县	521.00		470.46	469.13	469.13
丘北县	705.80		552.54	552.34	451.76
广南县	250.00		801.50	801.00	749.70
富宁县	377.00		2423.40	2408.00	1850.00
勐海县	68.00		1620.00	1620.00	1344.00
勐腊县	50.00		2027.00	2027.00	2010.00
漾濞彝族自治县	2.20		180.50	180.00	80.00
祥云县	769.00		1533.72	1533.50	425.00
宾川县	29.00	5.80	415.00	410.00	360.00
弥渡县	100.00		400.15	400.00	134.80
南涧彝族自治县	60.00		161.00	156.00	150.00
巍山彝族回族自治县			399.78	399.78	54.39
永平县	50.00		291.30	290.00	186.00
云龙县	115.00		265.00	260.00	246.60
洱源县	110.00		192.00	192.00	34.50
剑川县	110.00		354.00	354.00	354.00
鹤庆县	75.00		375.00	375.00	175.00
梁河县	110.00		197.20	192.40	92.30
盈江县	70.00		287.20	287.00	245.00
陇川县	170.00		330.00	325.84	307.89
福贡县	70.00		300.00	300.00	300.00
贡山独龙族怒族自治县			174.50	172.00	172.00
兰坪白族普米族自治县	90.00		408.00	407.50	407.50
德钦县	29.58		219.00	215.00	211.00
维西傈僳族自治县	55.00		795.00	786.80	786.80
西藏	3873.00	1.53	16178.99	16137.76	14350.39
曲水县	110.00		200.00	200.00	180.00
当雄县	50.00		350.00	350.00	350.00

continued 25

Total Gas Supplied (ton)		用 气 户 数 (户) Number of Household with Access to Gas (unit)	居 民 家 庭 Households	用 气 人 口 (万人) Population with Access to Gas (10000 persons)	液化气汽车 加 气 站 (座) Gas Stations for LPG-Fueled Motor Vehicles (unit)	县名称 Name of Counties
燃气汽车 Gas-Powered Automobiles	燃 气 损失量 Loss Amount					
	3.80	7162	7162	2.46		南华县
	1.30	6680	6680	2.14		姚安县
	2.60	14283	14283	4.82		大姚县
	5.00	4220	2800	1.52		永仁县
	3.12	7411	6515	2.45		元谋县
	1.50	5750	5145	2.30		武定县
	1.00	3780	3780	1.53		屏边县
	51.00	44300	44300	9.28		建水县
	4.00	1980	1023	1.36		石屏县
	5.00	2208	1625	2.00		泸西县
	0.23	1631	632	2.65		元阳县
	2.30	420	117	2.40		红河县
	2.00	5320	4950	2.00		金平县
	6.00	419	419	0.25		绿春县
	5.60	6880	6880	1.91		河口县
		15525	15525	6.21		砚山县
	0.65	2100	2100	1.21		西畴县
	0.55	8938	8938	2.80		麻栗坡县
	1.33	1372	1372	1.25		马关县
	0.20	5833	4771	3.76		丘北县
	0.50	6967	6709	6.46		广南县
	15.40	18898	17898	5.67		富宁县
		16800	16012	6.48		勐海县
		12580	12580	5.41		勐腊县
	0.30	2450	1850	0.58		漾濞彝族自治县
	0.22	6648	6111	3.60		祥云县
	5.00	5900	5600	2.52		宾川县
	0.15	1985	1735	0.92		弥渡县
	5.00	2000	1150	0.76		南涧彝族自治县
		1106	505	0.65		巍山彝族回族自治县
	1.30	1825	1483	0.64		永平县
	5.00	3679	3151	1.20		云龙县
		512	272	0.14		洱源县
		4952	4952	1.52		剑川县
		2320	1835	1.16		鹤庆县
	4.80	858	487	0.36		梁河县
	0.20	5800	5800	1.86		盈江县
	4.16	3615	3516	1.23		陇川县
		3343	3343	1.10		福贡县
	2.50	1800	1800	0.20		贡山独龙怒族自治县
	0.50	5210	5210	1.75		兰坪白族普米族自治县
	4.00	3619	3354	0.86		德钦县
	8.20	11600	11600	3.46		维西傈僳族自治县
693.09	41.23	150042	137681	52.52	18	西藏
		2109	2000	0.80		曲水县
		710	710	0.60		当雄县

5-3-2 续表26

县名称 Name of Counties	储气能力（吨） Gas Storage Capacity (ton)	供气管道长度（公里） Length of Gas Supply Pipeline (km)	供气总量(吨) 合计 Total	销售气量 Quantity Sold	居民家庭 Households
林周县	75.00		500.00	500.00	500.00
墨竹工卡县	900.00		856.00	850.00	850.00
尼木县	150.00		265.00	265.00	250.00
亚东县	20.00		264.00	264.00	264.00
聂拉木县	15.00		181.20	180.60	180.00
仲巴县	30.00		125.75	124.85	90.15
定结县	45.00	0.10	98.00	98.00	98.00
康马县	50.00		108.90	108.90	28.00
古隆县			85.00	85.00	85.00
萨嘎县	50.00	0.20	120.00	119.00	119.00
谢通门县	30.00		510.01	510.00	430.00
萨迦县	30.00		211.03	211.00	120.00
岗巴县	13.80		60.00	60.00	32.50
拉孜县	21.00		318.00	318.00	318.00
江孜县	40.00		200.00	191.00	180.00
定日县	60.00		700.00	700.00	400.00
南木林县	27.00		482.00	482.00	482.00
昂仁县	13.00		109.51	109.45	38.25
白朗县	14.00		70.00	70.00	45.00
仁布县	25.00		220.00	220.00	110.00
左贡县	21.20		183.28	183.28	183.28
丁青县	182.00		208.00	208.00	208.00
八宿县	50.00		300.00	300.00	300.00
江达县	85.00		158.50	158.00	158.00
洛隆县	28.00		121.50	120.00	115.00
察雅县	32.00	0.20	805.00	805.00	805.00
贡觉县	20.00		81.68	79.38	62.00
边坝县	30.00		82.00	82.00	82.00
类乌齐县	30.00		400.00	400.00	400.00
芒康县	70.00		370.00	370.00	310.00
朗县	18.00		111.00	110.00	60.00
墨脱县			365.00	365.00	365.00
工布江达县	26.00		62.70	62.70	62.70
察隅县	15.00		77.08	75.46	75.46
波密县	59.00		280.00	270.00	260.00
米林县	40.00		207.00	207.00	179.00
错那县	22.00		124.10	124.00	121.00
浪卡子县	50.00		177.62	177.62	177.62
贡嘎县	31.00		540.00	540.00	540.00
加查县	45.00		180.00	180.00	180.00
桑日县	18.00		40.00	40.00	40.00
洛扎县	28.00		240.00	240.00	240.00
琼结县	25.00		97.50	97.00	97.00
措美县	30.00		220.00	220.00	220.00
扎囊县	40.00		422.00	420.00	418.00
曲松县	17.00		121.00	120.00	80.00

continued 26

Total Gas Supplied(ton)		用 气户 数（户）	居 民家 庭	用 气人 口（万人）	液化气汽车加 气 站（座）	县名称
燃气汽车 Gas-Powered Automobiles	燃 气损失量 Loss Amount	Number of Household with Access to Gas (unit)	Households	Population with Access to Gas (10000 persons)	Gas Stations for LPG-Fueled Motor Vehicles (unit)	Name of Counties
		2215	2215	1.00		林周县
	6.00	19000	19000	1.90		墨竹工卡县
		2100	1850	0.96		尼木县
		2750	2750	0.65		亚东县
	0.60	2236	1936	0.97		聂拉木县
	0.90	1022	866	0.46		仲巴县
		950	950	0.40	1	定结县
		545	400	0.18		康马县
		590	590	0.31		吉隆县
	1.00	1700	1700	0.84		萨嘎县
	0.01	3150	1	1.10		谢通门县
	0.03	3400	3001	0.84		萨迦县
		709	642	0.35		岗巴县
		3793	3793	1.50		拉孜县
	9.00	3445	2948	1.29		江孜县
		3580	3468	0.85		定日县
		4240	4240	1.36		南木林县
	0.06	2000	1980	0.60		昂仁县
		926	775	0.30		白朗县
		1050	620	0.46		仁布县
		1930	1930	0.47		左贡县
		1210	1210	0.73		丁青县
		1200	1200	0.60		八宿县
	0.50	2600	2600	1.68		江达县
	1.50	1796	1796	1.10		洛隆县
		2132	2132	0.58		察雅县
	2.30	1010	780	0.46		贡觉县
		1870	1870	0.85		边坝县
		1150	1150	0.47		类乌齐县
60.00		4230	4230	1.76	1	芒康县
	1.00	810	755	0.26		朗 县
		1278	1278	0.49		墨脱县
		1750	1750	0.50	7	工布江达县
	1.62	858	858	0.49		察隅县
	10.00	3165	3165	1.80		波密县
		826	798	0.45		米林县
	0.10	1340	892	0.41	1	错那县
		856	856	0.49		浪卡子县
		3655	3655	1.60		贡嘎县
		1700	1700	2.00		加查县
		3652	3652	0.90		桑日县
		1287	1287	0.47		洛扎县
	0.50	2545	2545	0.64		琼结县
		1860	1860	0.60		措美县
	2.00	2500	2492	0.40		扎囊县
	1.00	1145	1015	0.26		曲松县

5-3-2 续表27

县名称 Name of Counties	储气能力（吨）Gas Storage Capacity (ton)	供气管道长度（公里）Length of Gas Supply Pipeline (km)	供气总量(吨) 合计 Total	销售气量 Quantity Sold	居民家庭 Households
隆子县	50.00		198.00	198.00	198.00
聂荣县	14.00		202.00	202.00	200.00
双湖县	15.00		45.00	45.00	20.00
嘉黎县	25.00		206.00	206.00	206.00
比如县	33.00		83.00	83.00	83.00
尼玛县	30.00		240.00	240.00	216.00
巴青县	25.00		252.00	252.00	252.00
申扎县	45.00		42.00	42.00	42.00
安多县	1.00		51.00	51.00	50.00
索 县	30.00	0.80	490.06	490.00	290.00
班戈县	50.00	0.23	88.25	88.20	88.20
革吉县	24.00		120.48	120.48	120.48
札达县	268.00		180.00	180.00	180.00
日土县	50.00		140.00	140.00	120.00
改则县	100.00		202.00	202.00	202.00
葛尔县	150.00		1149.54	1149.54	716.45
普兰县	80.00		230.30	227.30	227.30
措勤县	102.00		250.00	250.00	250.00
陕 西	14428.84	1.55	41848.24	41552.22	27819.89
蓝田县	240.00	1.00	3798.70	3788.25	943.23
周至县	260.00		1661.00	1643.00	1643.00
宜君县			2.81	2.80	2.80
岐山县	100.00		513.00	510.00	82.00
扶风县	24.50		299.86	297.00	297.00
眉 县					
陇 县	105.00		90.00	89.50	89.50
千阳县	30.00		108.00	107.20	52.32
麟游县	2.16		53.08	52.56	13.14
凤 县			101.18	100.48	100.48
太白县			31.16	31.08	31.00
三原县	260.00		1353.22	1353.20	1353.18
泾阳县	438.00		727.27	722.15	318.00
乾 县					
礼泉县	476.00		450.30	444.20	130.67
永寿县	214.58		211.36	209.50	175.98
长武县	84.00		798.71	798.70	105.30
旬邑县	223.00		404.02	404.01	368.00
淳化县	50.00	0.10	20.70	20.30	20.30
武功县	60.00		187.34	186.83	153.21
潼关县	45.00		101.00	99.00	95.00
大荔县	3.00		616.00	608.00	486.00
合阳县	30.00		203.91	202.35	167.23
澄城县	209.00		624.80	621.00	617.20
蒲城县	225.00		384.50	381.00	377.50
白水县	180.00	0.45	412.00	410.00	410.00
富平县	77.00		336.85	322.20	143.50

continued 27

Total Gas Supplied(ton)		用 气 户 数 (户)	居 民 家 庭	用 气 人 口 (万人)	液化气汽车 加 气 站 (座)	县名称
燃气汽车 Gas-Powered Automobiles	燃 气 损失量 Loss Amount	Number of Household with Access to Gas (unit)	Households	Population with Access to Gas (10000 persons)	Gas Stations for LPG-Fueled Motor Vehicles (unit)	Name of Counties
		805	805	0.69		隆子县
		3160	3160	0.95	1	聂荣县
		167	120	0.08		双湖县
		660	660	0.40		嘉黎县
		4000	4000	2.00		比如县
		626	626	0.25		尼玛县
		1926	1926	0.50	2	巴青县
		985	985	0.59		申扎县
		440	440	0.21		安多县
200.00	0.06	2100	2100	1.24	3	索 县
	0.05	1420	1420	1.00		班戈县
		1700	1700	0.60		革吉县
		973	973	0.45		札达县
		800	780	0.30		日土县
		1256	1256	0.71		改则县
433.09		14134	8524	3.12	2	葛尔县
	3.00	2915	2915	0.83		普兰县
		1400	1400	0.42		措勤县
6385.13	296.02	295972	281368	94.71	7	陕 西
	10.45	3602	2653	0.76	1	蓝田县
	18.00	18053	18053	0.14		周至县
	0.01	25	25	0.01		宜君县
	3.00	348	348	0.08		岐山县
	2.86	863	863	0.23		扶风县
						眉 县
	0.50	509	509	0.20		陇 县
	0.80	920	630	0.20		千阳县
	0.52	300	170	0.08		麟游县
	0.70	1315	1315	0.41		凤 县
	0.08	500	480	0.30		太白县
	0.02	3769	3769	0.83		三原县
	5.12	1336	1060	1.24		泾阳县
						乾 县
	6.10	3530	514	0.24		礼泉县
	1.86	2315	2115	1.10		永寿县
	0.01	1200	838	0.35		长武县
	0.01	3105	3060	1.05		旬邑县
	0.40	216	216	0.08		淳化县
	0.51	1231	1231	0.45		武功县
	2.00	1530	1478	0.52		潼关县
	8.00	6120	6120	0.70		大荔县
	1.56	2632	1704	0.53		合阳县
	3.80	9800	9800	5.00		澄城县
	3.50	6350	5325	1.50		蒲城县
	2.00	6900	6900	3.08		白水县
	14.65	998	981	0.30		富平县

5-3-2 续表 28

县名称 Name of Counties	储气能力（吨） Gas Storage Capacity (ton)	供气管道长度（公里） Length of Gas Supply Pipeline (km)	供气总量(吨) 合 计 Total	销售气量 Quantity Sold	居民家庭 Households
延长县	49.00		46.00	45.50	31.50
延川县	75.00		642.76	627.46	627.46
志丹县	75.00		224.90	223.90	45.00
吴起县	45.00		246.00	241.00	236.00
甘泉县	6.30		58.60	56.00	48.70
富 县	32.00		23.10	22.30	22.30
洛川县	145.00		175.80	172.70	146.70
宜川县	65.00		51.40	50.20	49.80
黄龙县	20.00		35.12	34.70	15.00
黄陵县	160.00		96.70	96.00	96.00
城固县	920.00		630.00	628.50	582.00
洋 县	140.80		1887.00	1877.00	1075.00
西乡县	185.00		519.00	515.00	511.00
勉 县	5000.00		2520.00	2480.00	2480.00
宁强县	39.00		150.00	148.00	148.00
略阳县	240.00		292.00	291.60	272.00
镇巴县	48.00		730.00	727.00	574.00
留坝县					
佛坪县	4.50		81.20	80.00	80.00
府谷县			472.00	451.00	451.00
靖边县			594.22	569.22	315.88
定边县	45.00		360.00	359.80	359.80
绥德县			190.46	190.00	190.00
米脂县	46.00		295.10	295.00	28.00
佳 县	45.00		31.00	30.99	10.00
吴堡县	40.00		30.01	30.00	29.30
清涧县					
子洲县	78.00		81.30	80.00	80.00
汉阴县	200.00		737.10	735.60	735.60
石泉县	100.00		264.97	262.05	262.05
宁陕县	125.00		481.50	480.00	480.00
紫阳县	95.00		2817.00	2800.00	2800.00
岚皋县			904.00	900.00	900.00
平利县	1180.00		7573.42	7567.13	1272.00
镇坪县	45.00		419.00	416.00	413.00
白河县	902.00		711.00	710.00	710.00
洛南县	90.00		523.26	513.26	513.26
丹凤县	262.00		1136.50	1125.00	1125.00
商南县	195.00		529.00	525.00	440.00
山阳县	120.00		963.00	960.00	765.00
镇安县	120.00		603.50	601.00	584.00
柞水县	155.00		230.55	230.00	140.00
甘 肃	4376.04		26482.86	26177.67	23746.65
永登县	51.00		443.00	440.00	422.00
皋兰县	0.40		123.65	123.21	123.21
榆中县	168.00		950.35	947.50	777.50

continued 28

Total Gas Supplied(ton)		用气户数（户）	居民家庭	用气人口（万人）	液化气汽车加气站（座）	县名称
燃气汽车 Gas-Powered Automobiles	燃气损失量 Loss Amount	Number of Household with Access to Gas (unit)	Households	Population with Access to Gas (10000 persons)	Gas Stations for LPG-Fueled Motor Vehicles (unit)	Name of Counties
	0.50	662	460	0.29		延长县
	15.30	6540	6540	1.83		延川县
	1.00	1170	286	0.12		志丹县
	5.00	1413	1401	0.57		吴起县
	2.60	458	458	0.20		甘泉县
	0.80	120	120	0.04		富 县
	3.10	2000	1325	0.58		洛川县
	1.20	335	335	0.21		宜川县
	0.42	730	220	0.20		黄龙县
	0.70	1200	1200	0.50		黄陵县
	1.50	6935	6815	2.32		城固县
	10.00	10542	9451	2.18		洋 县
	4.00	6730	6730	2.59		西乡县
	40.00	28814	28814	8.86		勉 县
	2.00	1753	1753	0.59		宁强县
	0.40	2910	2420	0.94		略阳县
	3.00	9943	9219	4.17		镇巴县
						留坝县
	1.20	300	300	0.10		佛坪县
	21.00	2019	2019	0.40		府谷县
	25.00	4035	3563	0.72		靖边县
	0.20	3089	3089	0.83		定边县
	0.46	2172	2172	0.30		绥德县
	0.10	300	100	0.04		米脂县
	0.01	42	30	0.01		佳 县
	0.01	356	259	0.12		吴堡县
						清涧县
	1.30	320	320	0.08		子洲县
	1.50	11649	11649	5.81		汉阴县
	2.92	2978	2978	0.73		石泉县
	1.50	3910	3910	1.03		宁陕县
	17.00	13140	13140	4.83		紫阳县
	4.00	14300	14300	4.20		岚皋县
6295.13	6.29	7850	7850	2.75	5	平利县
	3.00	4080	4080	1.20		镇坪县
	1.00	7966	7966	2.71		白河县
	10.00	8550	8550	2.81		洛南县
	11.50	18536	18536	9.32		丹凤县
	4.00	6050	5430	1.95		商南县
	3.00	10543	10263	3.65		山阳县
	2.50	9665	8760	2.95		镇安县
90.00	0.55	4400	4400	2.60	1	柞水县
725.65	305.19	337882	314352	129.52	12	甘 肃
	3.00	6500	5590	2.00		永登县
	0.44	7667	7667	2.30		皋兰县
	2.85	14700	9300	3.17		榆中县

5-3-2 续表29

县名称 Name of Counties	储气能力 （吨） Gas Storage Capacity (ton)	供气管道长度 （公里） Length of Gas Supply Pipeline (km)	供气总量(吨)		
			合计 Total	销售气量 Quantity Sold	居民家庭 Households
永昌县	95.20		785.20	779.57	779.57
靖远县	41.00		390.00	389.60	389.60
会宁县	23.20		265.00	264.90	204.00
景泰县	39.00		420.60	418.00	93.10
清水县	20.00		252.32	241.45	241.45
秦安县	109.00		456.00	436.00	436.00
甘谷县	92.60		228.00	223.00	223.00
武山县	30.00		50.80	49.00	36.00
张家川回族自治县	13.00		231.00	230.00	230.00
民勤县	40.00		410.00	408.00	408.00
古浪县	94.00		339.50	335.00	335.00
天祝藏族自治县	58.00		257.46	256.84	256.84
肃南县	26.00		58.00	57.40	22.00
民乐县	156.00		1438.10	1438.00	1178.00
临泽县	100.00		897.00	887.00	700.00
高台县	30.00		936.00	931.00	931.00
山丹县	110.00		379.00	376.70	342.70
泾川县	138.00		353.04	337.52	337.52
灵台县	20.00		188.00	187.00	165.00
崇信县	12.80		30.10	30.00	10.00
庄浪县	50.00		248.00	245.00	245.00
静宁县	160.00		525.00	520.00	520.00
金塔县	35.00		365.50	365.00	245.00
瓜州县	40.00		301.90	300.00	300.00
肃北蒙古族自治县					
阿克塞哈萨克族自治县					
庆城县	11.50		1720.00	1685.00	1420.00
环 县	40.00		798.00	796.00	689.00
华池县	30.00		316.00	314.00	288.00
合水县	304.00		273.00	270.00	270.00
正宁县	27.50		187.93	187.00	187.00
宁 县	26.00		275.00	274.00	273.00
镇原县	2.00		380.13	379.44	360.60
通渭县	33.00		285.45	280.17	271.22
陇西县	132.00		1556.00	1550.00	1550.00
渭源县	30.24		632.14	630.00	612.00
临洮县	400.00		1342.79	1328.55	1306.90
漳 县	14.00		374.70	372.35	370.00
岷 县	350.00		1175.00	1170.00	1170.00
成 县	180.00		153.36	152.70	152.70
文 县	30.00		362.00	346.00	333.00
宕昌县	30.00		717.00	711.00	688.00
康 县	30.00		159.96	159.60	126.48
西和县	30.00		166.85	163.15	145.20
礼 县	56.00		370.10	365.00	365.00
徽 县	150.00		145.00	143.91	130.00

continued 29

Total Gas Supplied(ton)		用 气 户 数 （户） Number of Household with Access to Gas (unit)	居 民 家 庭 Households	用 气 人 口 （万人） Population with Access to Gas (10000 persons)	液化气汽车 加 气 站 （座） Gas Stations for LPG-Fueled Motor Vehicles (unit)	县名称 Name of Counties
燃气汽车 Gas-Powered Automobiles	燃 气 损失量 Loss Amount					
	5.63	3214	3214	1.55		永昌县
	0.40	1690	1690	0.78		靖远县
	0.10	2490	2260	0.86		会宁县
	2.60	960	606	0.35		景泰县
	10.87	2283	2283	1.12		清水县
	20.00	4750	4750	3.37		秦安县
	5.00	3200	3200	2.05		甘谷县
	1.80	685	550	0.22		武山县
	1.00	735	735	0.35		张家川回族自治县
	2.00	3200	3200	0.50		民勤县
	4.50	2230	2230	0.79		古浪县
	0.62	2008	2008	0.60		天祝藏族自治县
	0.60	1810	1730	0.72		肃南县
260.00	0.10	19230	19230	9.46	2	民乐县
180.00	10.00	10707	10432	2.49	1	临泽县
	5.00	21000	21000	7.96		高台县
34.00	2.30	10589	5268	3.60	2	山丹县
	15.52	5167	5167	1.54		泾川县
	1.00	2590	2156	0.65		灵台县
	0.10	230	200	0.15		崇信县
	3.00	3458	3458	1.50		庄浪县
	5.00	1600	1600	0.82		静宁县
	0.50	5456	4073	1.26		金塔县
	1.90	2976	2976	0.87		瓜州县
						肃北蒙古族自治县
						阿克塞哈萨克族自治县
230.00	35.00	13768	11988	2.73	4	庆城县
	2.00	15970	13921	5.50		环县
	2.00	2438	2299	0.73		华池县
	3.00	3182	3182	0.99		合水县
	0.93	4600	4600	1.61		正宁县
	1.00	5455	5055	2.15		宁　县
	0.69	4183	4183	1.34		镇原县
	5.28	2865	2642	1.01		通渭县
	6.00	8300	8300	6.70		陇西县
	2.14	9482	9269	3.30		渭源县
21.65	14.24	20250	20250	6.08	3	临洮县
	2.35	6218	6137	3.71		漳　县
	5.00	17640	17640	8.80		岷　县
	0.66	9961	9961	3.96		成　县
	16.00	5010	4970	2.76		文　县
	6.00	8168	8056	2.63		宕昌县
	0.36	2652	2106	0.74		康　县
	3.70	7956	7691	4.80		西和县
	5.10	5000	5000	2.00		礼　县
	1.09	1850	1707	0.68		徽　县

5-3-2 续表30

县名称 Name of Counties	储气能力（吨） Gas Storage Capacity (ton)	供气管道长度（公里） Length of Gas Supply Pipeline (km)	供气总量(吨) 合计 Total	销售气量 Quantity Sold	居民家庭 Households
两当县	40.60		147.00	146.00	146.00
临夏县	100.00		497.00	490.00	218.02
康乐县	50.00		504.52	495.00	495.00
永靖县	79.00		278.33	276.02	148.04
广河县	60.00		310.00	307.00	256.00
和政县	40.00		135.00	130.00	110.00
东乡族自治县	65.00		41.38	41.30	41.30
积石山县	40.00		615.00	580.00	580.00
临潭县	71.00		127.60	126.86	105.80
卓尼县	30.00		335.00	320.00	320.00
舟曲县	15.00		127.50	124.00	95.00
迭部县	2.00		243.00	242.53	225.00
玛曲县	90.00		140.00	140.00	90.00
碌曲县	20.00		163.60	160.40	152.90
夏河县	15.00		105.00	104.00	104.00
青　海	**2480.82**	**0.08**	**4798.48**	**4707.45**	**3594.17**
大通县	82.00		526.00	511.00	511.00
湟源县			150.60	150.10	150.10
民和县					
互助县					
化隆县	140.00		180.36	177.86	175.48
循化县			180.40	180.00	82.40
门源县	31.00		192.00	183.00	68.00
祁连县	20.00		395.37	395.00	175.00
海晏县	17.02		48.07	46.06	46.03
刚察县	32.00		152.00	145.20	28.00
西海镇	20.00		96.19	91.39	23.50
尖扎县	254.00		224.00	213.00	203.00
泽库县	162.00		149.00	146.00	146.00
河南县	240.00		280.60	270.00	270.00
共和县	75.00		120.00	118.80	13.00
同德县					
贵德县					
兴海县					
贵南县					
班玛县	207.00		132.54	132.00	132.00
久治县	120.00		122.00	115.00	115.00
甘德县	110.00		162.00	160.00	34.50
玛沁县	200.00		369.06	367.77	304.19
达日县	120.00		115.16	114.98	114.98
玛多县	100.00		95.70	92.00	39.70
杂多县	126.80		254.00	249.20	249.20
称多县	60.00		152.32	151.50	151.50

continued 30

Total Gas Supplied (ton)		用 气 户 数 （户） Number of Household with Access to Gas (unit)	居 民 家 庭 Households	用 气 人 口 （万人） Population with Access to Gas (10000 persons)	液化气汽车 加气站 （座） Gas Stations for LPG-Fueled Motor Vehicles (unit)	县名称 Name of Counties
燃气汽车 Gas-Powered Automobiles	燃 气 损失量 Loss Amount					
	1.00	1873	1873	0.24		两当县
	7.00	3902	2078	1.56		临夏县
	9.52	7556	7556	3.02		康乐县
	2.31	936	831	0.32		永靖县
	3.00	2702	2316	0.84		广河县
	5.00	1180	972	0.25		和政县
	0.08	245	245	0.89		东乡族自治县
	35.00	3100	3100	1.40		积石山县
	0.74	6268	6120	2.20		临潭县
	15.00	4050	4050	1.80		卓尼县
	3.50	1200	1200	0.63		舟曲县
	0.47	1632	1546	0.51		迭部县
		850	725	0.34		玛曲县
	3.20	2315	2210	0.63		碌曲县
	1.00	4000	4000	1.64		夏河县
2.38	91.03	53716	43494	23.89	1	青　海
	15.00	6130	6130	2.12		大通县
	0.50	1900	1900	1.10		湟源县
						民和县
						互助县
2.38	2.50	4601	4500	1.91	1	化隆县
	0.40	1317	1287	0.62		循化县
	9.00	9759	1050	1.70		门源县
	0.37	720	630	0.21		祁连县
	2.01	401	401	0.21		海晏县
	6.80	140	122	0.09		刚察县
	4.80	96	68	0.04		西海镇
	11.00	3314	3314	1.20		尖扎县
	3.00	2220	2220	1.10		泽库县
	10.60	3820	3820	1.12		河南县
	1.20	330	148	0.13		共和县
						同德县
						贵德县
						兴海县
						贵南县
	0.54	868	868	0.32		班玛县
	7.00	352	352	0.15		久治县
	2.00	585	449	0.13		甘德县
	1.29	2066	1552	1.51		玛沁县
	0.18	498	498	0.20		达日县
	3.70	638	630	0.31		玛多县
	4.80	2945	2945	2.45		杂多县
	0.82	2375	2375	1.40		称多县

5-3-2 续表 31

县名称 Name of Counties	储气能力 （吨） Gas Storage Capacity (ton)	供气管道长度 （公里） Length of Gas Supply Pipeline (km)	供气总量(吨)		
			合 计 Total	销售气量 Quantity Sold	居民家庭 Households
治多县	60.00		123.64	122.64	122.64
囊谦县	71.00		182.40	182.00	182.00
曲麻莱县	130.00		154.00	153.00	153.00
乌兰县	40.00		49.00	48.95	48.95
都兰县	23.00		17.02	17.00	17.00
天峻县			19.00	18.00	18.00
大柴旦行委	40.00	0.08	156.05	156.00	20.00
宁 夏	3617.51	3.00	8953.76	8849.90	4829.90
永宁县					
贺兰县	252.00	0.70	3500.00	3420.00	600.00
平罗县	200.00		1600.96	1600.00	1580.00
盐池县		0.30	601.00	600.00	600.00
同心县	60.00		411.00	407.00	380.00
红寺堡区	53.51		380.00	376.00	376.00
西吉县	100.00		144.30	143.00	143.00
隆德县	84.00		185.00	180.00	180.00
泾源县	35.00		65.00	64.90	45.90
彭阳县			118.00	118.00	84.00
中宁县	2800.00	2.00	1751.50	1745.00	645.00
海原县	33.00		197.00	196.00	196.00
新 疆	4467.60	2.92	25532.76	25367.54	18936.85
鄯善县	85.00		616.60	612.00	580.00
托克逊县	98.00		304.86	304.80	304.80
巴里坤哈萨克自治县	35.00	0.18	350.00	348.20	348.20
伊吾县					
呼图壁县	40.00		513.00	503.00	503.00
玛纳斯县	35.00		12.20	12.00	12.00
奇台县	405.00	1.03	528.16	524.06	380.00
吉木萨尔县	220.00		278.00	276.00	276.00
木垒哈萨克自治县			150.12	150.00	150.00
精河县	106.00		455.40	455.00	455.00
温泉县					
轮台县	120.00		580.00	575.00	205.00
尉犁县	55.00		25.00	25.00	25.00
若羌县	50.00		13.61	13.20	4.20
且末县	100.00		153.15	153.00	153.00
焉耆回族自治县	75.00		282.00	282.00	282.00
和静县	11.00		366.00	363.00	219.00
和硕县	44.00		103.15	103.00	103.00
博湖县	42.00		72.01	71.86	71.86
温宿县	98.00		581.16	581.16	542.00
沙雅县	50.00		592.01	592.00	592.00
新和县	4.80		1152.00	1148.00	378.00

continued 31

Total Gas Supplied(ton)		用气户数（户）	居民家庭	用气人口（万人）	液化气汽车加气站（座）	县名称
燃气汽车 Gas-Powered Automobiles	燃气损失量 Loss Amount	Number of Household with Access to Gas (unit)	Households	Population with Access to Gas (10000 persons)	Gas Stations for LPG-Fueled Motor Vehicles (unit)	Name of Counties
	1.00	2062	2062	1.36		治多县
	0.40	2910	2910	2.60		囊谦县
	1.00	2638	2638	1.58		曲麻莱县
	0.05	136	136	0.04		乌兰县
	0.02	380	380	0.15		都兰县
	1.00	50	50	0.01		天峻县
	0.05	465	59	0.13		大柴旦行委
1100.00	103.86	82654	77866	20.97	23	宁　夏
						永宁县
	80.00	14977	13037	1.25		贺兰县
	0.96	9122	8723	2.70		平罗县
	1.00	4109	4109	0.70		盐池县
	4.00	9000	8459	3.60		同心县
	4.00	6776	6776	1.80		红寺堡区
	1.30	7208	7208	2.16		西吉县
	5.00	6273	6273	1.78		隆德县
	0.10	3061	2905	1.22		泾源县
		2128	1876	0.56		彭阳县
1100.00	6.50	14000	12500	2.80	23	中宁县
	1.00	6000	6000	2.40		海原县
4113.75	165.22	235459	215609	49.06	42	新　疆
	4.60	4077	3889	0.24		鄯善县
	0.06	960	960	0.30		托克逊县
	1.80	2565	2565	0.52		巴里坤哈萨克自治县
						伊吾县
	10.00	1500	1500	0.40		呼图壁县
	0.20	100	100	0.03		玛纳斯县
	4.10	1702	1427	0.72		奇台县
	2.00	833	833	0.25		吉木萨尔县
	0.12	734	734	0.10		木垒哈萨克自治县
	0.40	14778	14778	0.30		精河县
						温泉县
370.00	5.00	3000	3000	0.25	22	轮台县
		140	140	0.02		尉犁县
	0.41	929	675	0.10		若羌县
	0.15	1360	1360	0.17		且末县
		4585	4585	0.95		焉耆回族自治县
103.00	3.00	1900	1800	0.40	1	和静县
	0.15	1466	1466	0.14		和硕县
	0.15	344	344	0.10		博湖县
		8500	8396	0.13		温宿县
	0.01	2750	2750	0.83		沙雅县
	4.00	5000	4125	0.68		新和县

5-3-2 续表32

县名称 Name of Counties	储气能力（吨） Gas Storage Capacity (ton)	供气管道长度（公里） Length of Gas Supply Pipeline (km)	供气总量(吨)		
			合计 Total	销售气量 Quantity Sold	居民家庭 Households
拜城县	45.00	1.00	1320.00	1300.00	500.00
乌什县	27.00		550.00	533.50	533.50
阿瓦提县	100.00		450.00	449.40	449.40
柯坪县	50.00		113.20	113.00	113.00
阿克陶县	58.00		651.00	650.00	450.00
阿合奇县			17.00	17.00	17.00
乌恰县	18.80		11.25	11.25	11.25
疏附县	45.00		859.50	855.13	600.00
疏勒县	200.00		1174.10	1171.90	623.00
英吉沙县	255.00		1375.00	1366.00	665.00
泽普县	130.00		100.00	98.00	98.00
莎车县	260.00		1488.00	1485.00	1185.00
叶城县	146.00		533.20	525.20	200.00
麦盖提县	100.00		121.60	120.00	96.88
岳普湖县	100.00		288.00	287.00	192.00
伽师县	50.00		356.50	355.00	215.00
巴楚县	60.00		648.52	647.50	616.00
塔什库尔干塔吉克自治县	35.00		296.00	289.00	223.00
和田县					
墨玉县	75.00		461.50	460.50	460.50
皮山县	49.00	0.61	790.00	780.00	171.00
洛浦县					
策勒县	85.00		508.65	507.00	195.35
于田县	30.00		870.00	860.00	860.00
民丰县	34.00		358.50	355.30	200.15
伊宁县	30.00		324.00	324.00	261.00
察布查尔县			719.05	718.95	718.95
霍城县	46.00		108.00	100.00	100.00
巩留县	30.00		360.50	360.00	360.00
新源县	170.00		282.00	282.00	282.00
昭苏县	100.00		250.00	250.00	250.00
特克斯县	46.00		374.67	374.00	374.00
尼勒克县	30.00		305.17	303.25	301.33
额敏县	75.00	0.10	533.12	532.12	532.12
托里县	25.00		204.00	201.00	201.00
裕民县	45.00		105.50	103.00	103.00
和布克赛尔蒙古自治县	20.00		90.10	89.00	89.00
布尔津县	30.00		245.00	242.70	179.00
富蕴县	26.00		473.90	473.00	473.00
福海县	33.00		312.00	312.00	273.00
哈巴河县	50.00		31.00	30.00	5.00
青河县	25.00		246.00	245.00	100.00
吉木乃县	60.00		98.80	98.56	75.36

continued 32

Total Gas Supplied (ton)		用气户数（户）Number of Household with Access to Gas (unit)	居民家庭 Households	用气人口（万人）Population with Access to Gas (10000 persons)	液化气汽车加气站（座）Gas Stations for LPG-Fueled Motor Vehicles (unit)	县名称 Name of Counties
燃气汽车 Gas-Powered Automobiles	燃气损失量 Loss Amount					
	20.00	8000	2000	1.12		拜城县
	16.50	4869	4869	1.94		乌什县
	0.60	4600	4600	0.58		阿瓦提县
	0.20	821	821	0.13		柯坪县
200.00	1.00	500	400	0.20	1	阿克陶县
		137	137	0.03		阿合奇县
		150	150	0.03		乌恰县
253.00	4.37	7810	7810	0.76	1	疏附县
548.90	2.20	7523	5445	1.23	2	疏勒县
692.00	9.00	3633	2786	0.65	2	英吉沙县
	2.00	1200	1200	0.12		泽普县
300.00	3.00	11809	10883	2.19	2	莎车县
325.20	8.00	2490	980	0.28	2	叶城县
	1.60	924	746	0.33		麦盖提县
95.00	1.00	10726	10395	1.15	1	岳普湖县
140.00	1.50	6783	5583	1.15	2	伽师县
31.50	1.02	6102	5768	3.88	1	巴楚县
	7.00	3610	3610	2.00		塔什库尔干塔吉克自治县
						和田县
	1.00	1362	1362	0.74		墨玉县
590.00	10.00	3800	950	0.48	1	皮山县
						洛浦县
310.00	1.65	2791	2239	1.00	2	策勒县
	10.00	3000	3000	0.60		于田县
155.15	3.20	7100	6850	0.70	1	民丰县
		14300	14200	2.10		伊宁县
	0.10	2809	2809	0.82		察布查尔县
	8.00	2000	2000	0.80		霍城县
	0.50	9300	9300	1.70		巩留县
		4000	4000	1.50		新源县
		8233	8233	4.14		昭苏县
	0.67	5700	5700	2.77		特克斯县
	1.92	2601	2434	0.89		尼勒克县
	1.00	11253	11253	1.87		额敏县
	3.00	2216	2216	1.51		托里县
	2.50	1230	1230	0.37		裕民县
	1.10	1450	1450	0.21	1	和布克赛尔蒙古自治县
	2.30	1020	845	0.25		布尔津县
	0.90	5918	5918	0.30		富蕴县
		5272	5036	1.50		福海县
	1.00	80	60	0.01		哈巴河县
	1.00	869	669	0.30		青河县
	0.24	245	245	0.10		吉木乃县

六、县城集中供热
County Seat Central Heating

简要说明

县城供热指向热用户供应热能的活动，可分为集中供热和分散供热。本部分只包括集中供热，集中供热指从一个或多个热源通过热网向城市的热用户供给生产和生活热能的方式，要求具有一定的规模。

Brief Introduction

County seat heating is to supply heat energy to urban users in two ways: central heating and individual heating. This section is only about central heating, which is to deliver heat from one or more heat sources through network to urban end-users for industrial and domestic purposes.

6 全国历年县城集中供热情况(2000—2023)
National County Seat Central Heating in Past Years (2000—2023)

年份 Year	供热能力 Heating Capacity		供热总量 Total Heat Supplied		管道长度(公里) Length of Pipelines (km)		集中供热面积(亿平方米) Heated Area (100 million sq. m)
	蒸汽(吨/小时) Steam (ton/hour)	热水(兆瓦) Hot Water (mega watts)	蒸汽(万吉焦) Steam (10000 gigajoules)	热水(万吉焦) Hot Water (10000 gigajoules)	蒸汽 Steam	热水 Hot Water	
2000	4418	11548	1409	9076	1144	4187	0.67
2001	3647	11180	1872	20568	658	4478	0.92
2002	4848	14103	2627	27245	881	4778	1.45
2003	5283	19446	2871	22286	904	6136	1.73
2004	5524	20891	3194	21847	991	7094	1.72
2005	8837	20835	8781	18736	1176	8048	2.06
2006	9193	26917	8520	23535	1367	9450	2.37
2007	13461	35794	15780	39071	1564	12795	3.17
2008	12370	44082	14708	75161	1612	14799	3.74
2009	16675	62330	12519	56013	1874	18899	4.81
2010	15091	68858	16729	103005	1773	23737	6.09
2011	14738	81348	8475	63264	1665	28577	7.81
2012	13914	97281	8358	51943	1965	31901	9.03
2013	13285	107498	6413	68193	2929	37169	10.33
2014	13011	129447	5693	63928	2733	41209	11.42
2015	13680	125788	10957	96566	3283	43013	12.31
2016	10206	130430	5130	67488	2767	44168	13.12
2017	14853	137222	8106	148237		60793	14.63
2018	16790	139943	8585	76441		66831	16.18
2019	17466	153330	9810	78592		75068	17.48
2020	18085	158186	9958	84808		81366	18.57
2021	18646	159227	9564	87477		89274	19.45
2022	21185	161207	10825	89735		97240	20.86
2023	24290	164758	11769	90650		103203	22.02

注：2000年蒸汽供热总量计量单位为万吨。
Note: Heating capacity through steam in 2000 was measured with the unit of 10000 tons.

6-1 2023年按省分列的县城集中供热

地区名称 Name of Regions	蒸汽 Steam						供热能力 （兆瓦） Heating Capacity (mega watts)	热电厂供热 Heating by Co-Generation
	供热能力 （吨/小时） Heating Capacity (ton/hour)	热电厂供热 Heating by Co-Generation	锅炉房供热 Heating by Boilers	供热总量 （万吉焦） Total Heat Supplied (10000 gigajoules)	热电厂供热 Heating by Co-Generation	锅炉房供热 Heating by Boilers		
全　国	24290	22135	1556	11769	10566	828	164758	61100
河　北	2396	2036	200	1102	993	108	28599	6119
山　西	6017	5835	182	1981	1841	140	18316	6090
内蒙古	2826	2751	75	1437	1339	98	27764	13451
辽　宁	1435	985	450	429	374	56	14104	9424
吉　林							6247	514
黑龙江	3573	3308	265	2379	2199	180	12215	5960
江　苏							142	
浙　江								
安　徽	260	260		53	53		90	90
福　建								
江　西								
山　东	5716	5360	276	3111	2852	189	14351	11190
河　南	839	480		619	318		3835	2266
湖　北								
湖　南								
广　东								
广　西								
海　南								
重　庆							642	
四　川	60		60	24		20	132	36
贵　州								
云　南								
西　藏	8		8	12		11	334	211
陕　西	420	420		265	265		5165	1159
甘　肃							12893	1861
青　海							2697	157
宁　夏	740	700	40	357	332	25	3326	703
新　疆							13908	1870

County Seat Central Heating by Province(2023)

锅炉房供热 Heating By Boilers	热水 Hot Water 供热总量（万吉焦）Total Heat Supplied (10000 gigajoules)	热电厂供热 Heating by Co-Generation	锅炉房供热 Heating by Boilers	管道长度（公里）Length of Pipelines (km)	一级管网 First Class	二级管网 Second Class	供热面积（万平方米）Heated Area (10000 sq. m)	住宅 Housing	公共建筑 Public Building	地区名称 Name of Regions
83192	**90650**	**28497**	**52752**	**103203**	**34374**	**68828**	**220177**	**164498**	**43370**	全 国
13463	14515	3415	9360	16630	5903	10727	36894	29100	5322	河 北
9229	13494	3895	5832	12801	4081	8720	29546	22669	5479	山 西
12673	14234	5070	7939	16444	5103	11341	30424	20340	7916	内蒙古
4680	4206	1188	3019	6182	1296	4886	10494	7633	2425	辽 宁
5715	4716	406	4311	5466	1367	4099	9578	6965	2356	吉 林
5956	8190	4004	4049	7295	2034	5262	19115	14022	4972	黑龙江
11	127		2	175	157	18	277	272	4	江 苏
				33	33					浙 江
	9		9	186	48	139	55	31	23	安 徽
										福 建
										江 西
1069	7777	5979	818	17299	6369	10929	34892	30886	3205	山 东
519	1308	578	398	2824	1205	1620	4548	3139	252	河 南
										湖 北
										湖 南
										广 东
										广 西
										海 南
642	1		1	9		9	2		2	重 庆
64	73	12	28	254	87	167	189	73	79	四 川
										贵 州
										云 南
53	375	113	223	581	197	384	446	155	233	西 藏
2628	2755	998	1309	1402	717	685	6758	4122	843	陕 西
11001	7530	632	6816	5520	2270	3250	15102	11065	3582	甘 肃
2530	1331	61	1244	1263	557	706	2450	1293	1142	青 海
2543	2346	726	1529	2394	789	1605	5422	3981	1164	宁 夏
10417	7662	1413	5876	6443	2162	4281	13986	8752	4370	新 疆

6-2 2023年按县分列的县城集中供热

县名称 Name of Counties	蒸汽 Steam					供热能力 (兆瓦) Heating Capacity (mega watts)	热电厂供热 Heating by Co-Generation	锅炉房供热 Heating By Boilers
	供热能力 (吨/小时) Heating Capacity (ton/hour)	热电厂供热 Heating by Co-Generation	锅炉房供热 Heating by Boilers	供热总量 (万吉焦) Total Heat Supplied (10000 gigajoules)	热电厂供热 Heating by Co-Generation	锅炉房供热 Heating by Boilers			
全 国	24290	22135	1556	11769	10566	828	164758	61100	83192
河 北	2396	2036	200	1102	993	108	28599	6119	13463
井陉县							300	300	
正定县	180	180		123	123		550	405	145
行唐县							228		116
灵寿县							151		126
高邑县							58		
深泽县							184		184
赞皇县							128		128
无极县							130		130
平山县							400		
元氏县							226		226
赵 县							233		
滦南县							347	347	
乐亭县							280		280
迁西县							360		
玉田县	425	425		200	200				
曹妃甸区							600	600	
青龙满族自治县							268		268
昌黎县							497		407
卢龙县							87		87
临漳县							154		154
成安县							140		140
大名县							39		39
涉 县							300	300	
磁 县							181		181
邱 县							119	28	91
鸡泽县							64		64
馆陶县	36	36		4	4		10		9
魏 县							316		
曲周县							139		139
临城县							162		162
内丘县	65	65		48	47				
隆尧县							145		145
宁晋县							140	140	
巨鹿县	200		40	8		8	116		116
广宗县	60	60		42	42				
平乡县							140		140
威 县							340	340	
清河县							262		262
临西县							180		180
博野县							100		100
涞水县							440		440

County Seat Central Heating by County (2023)

供热总量 (万吉焦) Total Heat Supplied (10000 gigajoules)	热水 Hot Water		管道长度 (公里) Length of Pipelines (km)	一级管网 First Class	二级管网 Second Class	供热面积 (万平方米) Heated Area (10000 sq. m)	住宅 Housing	公共建筑 Public Building	县名称 Name of Counties
	热电厂供热 Heating by Co-Generation	锅炉房供热 Heating by Boilers							
90650	28497	52752	103203	34374	68828	220177.2	164498.4	43369.8	全 国
14515	3415	9360	16630	5903	10727	36894.1	29100.2	5322.3	河 北
134	134		125	65	60	322.0	268.0	54.0	井陉县
376	329	47	679	233	446	1099.0	840.0	159.0	正定县
198		130	94	76	18	365.0	311.8	53.2	行唐县
151		126	125	59	67	395.0			灵寿县
31			24	17	7	83.0			高邑县
134		134	8	3	5	258.0	228.0	30.0	深泽县
120		120	204	48	156	240.0	211.4	28.6	赞皇县
160		160	47	32	15	250.0	160.0	19.0	无极县
272			105	34	71	530.0	496.0		平山县
180		180	196	56	140	497.0	389.6		元氏县
135			151	95	56	439.2	383.2	56.0	赵 县
245	245		103	33	69	484.0	412.0	72.0	滦南县
290		290	317	48	269	791.0	650.6	140.4	乐亭县
305			198	65	133	605.0	430.5	174.5	迁西县
			310	60	250	673.8	604.5	69.3	玉田县
366	366		370	150	220	831.6	609.6	222.1	曹妃甸区
190		190	531	58	473	477.2	343.8	133.4	青龙满族自治县
345		295	347	85	262	856.0	633.0	161.0	昌黎县
83		83	241	71	170	214.9	165.9	48.3	卢龙县
95		95	113	38	76	220.1	194.6	25.5	临漳县
100		100	80	76	4	224.5	197.1		成安县
8		8	58	58		46.9	46.9		大名县
158	158		217	39	178	353.0	349.0	4.0	涉 县
230	230		76	50	26	420.0	299.0	121.0	磁 县
98	23	75	60	60		181.6			邱 县
63		63	30		30	139.0	112.8		鸡泽县
10		9	8	3	5	39.7	37.9		馆陶县
136			81	81		444.0	420.0		魏 县
81		81	20	20		253.6	242.2	11.4	曲周县
109		109	88	36	52	227.2	211.0		临城县
			89	49	40	115.0			内丘县
79		79	137	57	80	206.3	175.3	31.0	隆尧县
102	102		139	68	71	340.0	260.0	80.0	宁晋县
8		8	438	118	320	418.3	371.0	47.3	巨鹿县
			30	30		127.0	121.0	6.0	广宗县
71		71	53	41	12	234.9	225.2	9.7	平乡县
165	165		70	70		450.0	391.4	58.3	威 县
276		276	314	124	190	558.9	473.6	85.3	清河县
180		138	55	25	30	315.0	270.0	45.0	临西县
135		135	23	8	15	235.0	94.0		博野县
198		198	298	123	175	435.0	327.0	77.0	涞水县

6-2 续表1

县名称 Name of Counties	蒸汽 Steam						供热能力 (兆瓦) Heating Capacity (mega watts)	热电厂供热 Heating by Co-Generation	锅炉房供热 Heating By Boilers
	供热能力 (吨/小时) Heating Capacity (ton/hour)	热电厂供热 Heating by Co-Generation	锅炉房供热 Heating by Boilers	供热总量 (万吉焦) Total Heat Supplied (10000 gigajoules)	热电厂供热 Heating by Co-Generation	锅炉房供热 Heating by Boilers			
阜平县							396		198
白沟新城							430		430
定兴县	160		160	100		100	70		70
唐 县							138		138
涞源县	300	300		148	148				
望都县							138		138
易 县							157		157
曲阳县							650		
蠡 县							127		127
顺平县							110	110	
张北县							848		848
康保县							260		260
沽源县							351		351
尚义县							576		576
蔚 县							1200	1200	
阳原县							348		348
怀安县							393	393	
怀来县							781		781
涿鹿县							493		493
赤城县							232		232
承德县							260	260	
兴隆县	580	580		265	265				
滦平县							250		250
隆化县							210	210	
丰宁满族自治县							338		322
宽城满族自治县							392		392
围场满族蒙古族自治县							326		326
青 县							343		343
东光县							248		163
海兴县							80		80
盐山县							290	290	
肃宁县							180		
南皮县							101		92
吴桥县							95	95	
献 县									
孟村回族自治县							58		58
固安县							464		464
香河县							762		762
大城县							2800		
大厂回族自治县							458		458
枣强县							461	270	191
武邑县							140		140
武强县							58		

continued 1

供热总量 (万吉焦) Total Heat Supplied (10000 gigajoules)	热水 Hot Water		管道长度 (公里) Length of Pipelines (km)	一级管网 First Class	二级管网 Second Class	供热面积 (万平方米) Heated Area (10000 sq. m)	住宅 Housing	公共建筑 Public Building	县名称 Name of Counties
	热电厂供热 Heating by Co-Generation	锅炉房供热 Heating by Boilers							
179	96					352.9	174.3		阜平县
350		350	247	87	160	690.0	482.0	208.0	白沟新城
38		38	252	53	199	435.0	260.0		定兴县
94		94	155	33	123	282.3	256.7		唐 县
			190	91	98	478.3	373.0	14.5	涞源县
90		90	80	53	27	299.0	254.0	45.0	望都县
121		121	202	84	118	312.6	254.7	57.9	易 县
220			228	62	166	471.0	412.0	59.0	曲阳县
66		66	45		45	170.0	162.0		蠡县
110	110		16	15	1	240.0	140.0	100.0	顺平县
594		594	498	131	367	1006.0	779.0	227.0	张北县
187		187	138	48	90	334.2	256.0	78.2	康保县
293		293	136	72	64	489.0	354.6	134.4	沽源县
140		140	169	58	111	270.0	235.9	34.1	尚义县
246	246		811	128	683	780.0	610.0	170.0	蔚 县
226		226	105	35	71	393.2	331.1	62.1	阳原县
132	132		76	76		375.0	278.3	86.7	怀安县
230		230	421	246	175	679.0	590.0	89.0	怀来县
490		490	134	55	79	749.7	592.0	157.7	涿鹿县
182		182	60	60		353.3	275.9	77.4	赤城县
297	297		140	35	105	465.0	363.0	56.0	承德县
			240	136	104	405.0	280.0		兴隆县
139		139	215	59	156	434.9	336.9	98.0	滦平县
141	141		151	38	113	404.3	313.1	88.0	隆化县
267		266	356	130	226	882.0	421.4	210.0	丰宁满族自治县
284		272	175	60	115	510.0	384.0	124.0	宽城满族自治县
230		221	314	57	257	736.3	556.4	179.9	围场满族蒙古族自治县
356		356	154	132	23	724.2	566.0	158.1	青 县
188		99	97	97		542.1	542.1		东光县
51		51	84	26	58	171.5	145.5	25.9	海兴县
160	160		392	102	290	528.0	452.0	76.0	盐山县
74			66	66		220.0	213.0	7.0	肃宁县
69		62	91	33	58	229.3	192.7	36.6	南皮县
75	75		279	88	191	249.7	217.7	32.0	吴桥县
			88	83	5	575.7	498.0	77.7	献 县
58		58	29	29		181.1	146.6	34.5	孟村回族自治县
248		247	270	129	141	382.0	291.5		固安县
460		460	781	117	664	759.4	641.9	117.5	香河县
70			75	20	55	150.8	124.0	26.8	大城县
222		222	236	32	204	542.2	470.8	71.4	大厂回族自治县
265	68	197	207	80	127	637.7	554.0	83.7	枣强县
157		157	109	39	70	306.0	246.0	59.0	武邑县
88		88	96	16	80	225.3	220.8	4.5	武强县

6-2 续表2

县名称 Name of Counties	蒸汽 Steam						供热能力（兆瓦） Heating Capacity (mega watts)	热电厂供热 Heating by Co-Generation	锅炉房供热 Heating By Boilers
	供热能力（吨/小时） Heating Capacity (ton/hour)	热电厂供热 Heating by Co-Generation	锅炉房供热 Heating by Boilers	供热总量（万吉焦） Total Heat Supplied (10000 gigajoules)	热电厂供热 Heating by Co-Generation	锅炉房供热 Heating by Boilers			
饶阳县							291	291	
安平县							100		100
故城县							3500	74	
景　县	390	390		165	165				
阜城县							87	87	
容城县									
雄　县									
安新县							96		96
山　西	**6017**	**5835**	**182**	**1981**	**1841**	**140**	**18316**	**6090**	**9229**
清徐县							145	145	
阳曲县							1008		1008
娄烦县							174		174
阳高县	700	700		151	151				
天镇县							232		232
广灵县							189	172	
灵丘县							348		348
浑源县							232		232
左云县							256		256
云州区							174		174
平定县							1242	1242	
盂　县							500	500	
襄垣县	585	585		284	284				
平顺县							160		160
黎城县							176		116
壶关县							232		232
长子县							348		348
武乡县							260		260
沁　县							116		116
沁源县	450	450		400	400				
沁水县							269		269
阳城县							270	270	
陵川县							328		328
应　县							413		413
右玉县							280		
榆社县							400		
左权县							400	400	
和顺县	182		182	140		140	92		92
昔阳县							250	250	
寿阳县							342		342
祁　县							230		
平遥县	280	280		86	86				
灵石县	350	350		130	130		232	232	
临猗县	410	410		244	244		140	134	

continued 2

热水 Hot Water			管道长度 (公里)	一级管网	二级管网	供热面积 (万平方米)	住宅	公共建筑	县名称
供热总量 (万吉焦) Total Heat Supplied (10000 gigajoules)	热电厂供热 Heating by Co-Generation	锅炉房供热 Heating by Boilers	Length of Pipelines (km)	First Class	Second Class	Heated Area (10000 sq. m)	Housing	Public Building	Name of Counties
157	157		87	61	26	224.2	221.6	2.6	饶阳县
84		84	125	35	90	280.0	259.0	8.4	安平县
220	110		109	39	70	600.0	550.0	50.0	故城县
			275	185	90	506.0	434.0	42.0	景县
72		72	207	39	168	167.0	154.0	13.0	阜城县
			13	9	3	137.3	132.3		容城县
			536	80	456				雄县
82		82	21	4	17	159.8	143.4	16.4	安新县
13494	3895	5832	12801	4081	8720	29546.5	22668.5	5479.2	山西
169	169		237	83	153	518.0	385.2	77.9	清徐县
120		120	95	25	71	309.7	226.5	54.6	阳曲县
113		113	45	19	26	226.0	177.0		娄烦县
			123	59	64	324.2	238.3	85.9	阳高县
232		232	62	24	39	337.0	337.0		天镇县
115	115					330.0	236.0	94.0	广灵县
242		242	126	64	62	480.0	376.0	104.0	灵丘县
228		228	108	45	63	400.0	321.0	79.0	浑源县
158		158	62	23	39	293.0	230.0	63.0	左云县
136		136	56	37	20	215.0	111.0	88.0	云州区
249	249		493	55	438	867.2	714.7	152.5	平定县
346	346		385	161	224	583.0	441.1	141.9	盂县
			292	71	221	884.4	683.7	200.7	襄垣县
105		105	151	30	121	185.0	143.0	42.0	平顺县
136		81	70	41	29	270.0	229.0	41.0	黎城县
168		168	77	27	50	390.0	316.0	74.0	壶关县
201	201		182	93	89	491.0	374.0	117.0	长子县
140	140		115	50	65	270.0	210.0		武乡县
105	105		73	23	50	220.0	177.2	42.8	沁县
			320	120	200	430.0	300.0		沁源县
95		95				318.0	276.0	42.0	沁水县
230	230		850	90	760	730.0	635.0	95.0	阳城县
245		245	587	55	532	453.9	397.3	56.6	陵川县
678		678	341	106	235	677.0	599.8	77.2	应县
276			269	74	196				右玉县
150			256	77	179	302.4	233.2	69.2	榆社县
197	197		143	72	71	380.0	284.0	96.0	左权县
78		78				369.7	250.3	98.5	和顺县
160	160		157	50	107	506.0	396.6	109.4	昔阳县
			196	60	135	792.0	510.0	282.0	寿阳县
145			185	48	137	444.4	339.8	104.6	祁县
248			434	87	347	1004.3	845.9	146.5	平遥县
207	207		355	60	295	704.0	535.0	169.0	灵石县
130	110		140	140		605.0	543.0	62.0	临猗县

6-2 续表3

县名称 Name of Counties	蒸汽 Steam						供热能力（兆瓦）Heating Capacity (mega watts)	热电厂供热 Heating by Co-Generation	锅炉房供热 Heating By Boilers
	供热能力（吨/小时）Heating Capacity (ton/hour)	热电厂供热 Heating by Co-Generation	锅炉房供热 Heating by Boilers	供热总量（万吉焦）Total Heat Supplied (10000 gigajoules)	热电厂供热 Heating by Co-Generation	锅炉房供热 Heating by Boilers			
万荣县							178		178
闻喜县							500		
垣曲县							174		174
夏　县							116		116
平陆县	220	220		95	95				
定襄县	260	260		98	98		91		
五台县							220		
代　县							367		124
繁峙县							478		478
宁武县							350	350	
静乐县							174	174	
神池县							116		116
五寨县							207		
岢岚县							186	85	101
河曲县							365	365	
保德县							420		420
偏关县									
曲沃县	300	300		65	65		135		
翼城县							232		232
襄汾县							295		295
洪洞县							562		542
古　县							116	116	
安泽县							111		111
浮山县							116		116
吉　县							80		80
乡宁县							235		235
大宁县							65		65
隰　县							91		91
永和县							70		70
蒲　县							240		
汾西县							58		58
文水县							280	280	
交城县	2140	2140		186	186		26	26	
兴　县							560		560
临　县							308		308
柳林县							220		
石楼县							209		209
岚　县							360		232
方山县							268		268
中阳县							300		300
交口县	140	140		101	101				
内蒙古	**2826**	**2751**	**75**	**1437**	**1339**	**98**	**27764**	**13451**	**12673**
土左旗							140		140

continued 3

热水 Hot Water			管道长度 (公里)	一级管网	二级管网	供热面积 (万平方米)	住宅	公共建筑	县名称
供热总量 (万吉焦) Total Heat Supplied (10000 gigajoules)	热电厂供热 Heating by Co-Generation	锅炉房供热 Heating by Boilers	Length of Pipelines (km)	First Class	Second Class	Heated Area (10000 sq. m)	Housing	Public Building	Name of Counties
48		48	37	13	23	155.0	131.3	23.7	万荣县
1750			116	63	52	345.0	302.0		闻喜县
135		130	86	45	41	451.0	411.0	40.0	垣曲县
49	49		26	26		138.6	93.5	45.1	夏 县
			60	60		270.0	220.0	50.0	平陆县
85			109	39	70	391.0	305.0	86.0	定襄县
175			208	130	78	330.0	251.0	79.0	五台县
178		58	131	60	71	426.4	286.3	95.2	代 县
305		305	182	88	94	512.0	407.3	104.7	繁峙县
250	250		180	60	120	434.3	312.5	121.8	宁武县
124	124		48	16	32	295.0	257.0	38.0	静乐县
90		90	46	20	26	208.0	158.0	50.0	神池县
145			139	52	86	255.0	178.5	76.5	五寨县
119	92	7	195	93	102	236.0	194.6	40.8	岢岚县
184	184		119	43	76	368.1	266.4	101.7	河曲县
278		278				538.0	443.0	55.0	保德县
			90	28	62				偏关县
97			405	105	300	360.0	315.0	41.0	曲沃县
192		192	314	92	222	475.0	425.0	50.0	翼城县
230		230	185	45	140	560.0	480.0	80.0	襄汾县
259		259	262	72	190	734.0	626.0	82.8	洪洞县
85	85		166	31	135	177.2	129.1	48.1	古 县
77		77	113	113		176.3	127.7	48.6	安泽县
104		104	148	42	106	206.5	170.0	36.5	浮山县
80		80	143	69	75	185.0	129.0	56.0	吉 县
145		145	208	59	148	367.0	297.0	70.0	乡宁县
55		55	65	23	42	110.0	73.0	37.0	大宁县
80		80	146	34	112	214.0	168.0	46.0	隰 县
35		35	30	15	15	82.1			永和县
92			147	59	88	186.4	134.1	52.3	蒲 县
46		46	117	17	100	138.3	117.4	20.9	汾西县
251	251		83	50	33	694.5	554.3	140.2	文水县
7	7		214	124	90	579.0	439.0	140.0	交城县
238		238	158	13	145	476.4	339.8	136.7	兴 县
347		347	137	22	115	522.1	414.4	107.7	临 县
385			587	90	497	680.0	445.0	125.7	柳林县
270	270			22	22	235.6	175.4	60.2	石楼县
200		200	60	22	37	518.1			岚 县
150		150	100	59	41	331.3	251.3	79.1	方山县
353	353		151	62	89	689.0	430.0	100.0	中阳县
			88	38	50	185.0	138.0	47.0	交口县
14234	5070	7939	16444	5103	11341	30423.7	20340.4	7915.6	内蒙古
152		152	150	20	130	298.0	170.0	73.0	土左旗

6-2 续表4

县名称 Name of Counties	蒸汽 Steam								
	供热能力 (吨/小时) Heating Capacity (ton/hour)	热电厂供热 Heating by Co-Generation	锅炉房供热 Heating by Boilers	供热总量 (万吉焦) Total Heat Supplied (10000 gigajoules)	热电厂供热 Heating by Co-Generation	锅炉房供热 Heating by Boilers	供热能力 (兆瓦) Heating Capacity (mega watts)	热电厂供热 Heating by Co-Generation	锅炉房供热 Heating By Boilers
托 县							350		
和林县							242		242
清水河县							98		98
武川县							297		297
土右旗									
固阳县							300		300
达尔罕茂明安联合旗							154		145
阿鲁科尔沁旗							819	2	817
巴林左旗							504		504
巴林右旗	502	502		259	259				
林西县							530		530
克什克腾旗							389		389
翁牛特旗							400		400
喀喇沁旗	75		75	98		98	202		202
宁城县							559		559
敖汉旗							389		388
科左中旗							203		
科左后旗							276	184	92
开鲁县							650	175	475
库伦旗							241		241
奈曼旗							236		190
扎鲁特旗							409		409
达拉特旗							950	950	
准格尔旗							349	349	
鄂托克前旗							227		227
鄂托克旗							316		316
杭锦旗									
乌审旗	450	450		278	278				
伊金霍洛旗							1090	74	1016
阿荣旗							627		627
莫 旗							416		416
鄂伦春旗							145		145
鄂温克旗							917	290	
陈巴尔虎旗							145		145
新左旗							250		250
新右旗							168		168
五原县							700		700
磴口县							720		720
乌拉特前旗							550		550
乌拉特中旗							273		273
乌拉特后旗	120	120		110	110				
杭锦后旗	375	375		273	273		290	116	174
卓资县							400		400

continued 4

热水 Hot Water			管道长度 (公里)	一级管网	二级管网	供热面积 (万平方米)	住宅	公共建筑	县名称
供热总量 (万吉焦) Total Heat Supplied (10000 gigajoules)	热电厂供热 Heating by Co-Generation	锅炉房供热 Heating by Boilers	Length of Pipelines (km)	First Class	Second Class	Heated Area (10000 sq. m)	Housing	Public Building	Name of Counties
200									托 县
103		103	193	60	133	302.0	258.5	43.5	和林县
67		67	22	22		147.0	102.0	45.0	清水河县
158		158	96	30	67	297.0	220.0	77.0	武川县
293	293		507	76	431	517.0	336.1	181.0	土右旗
143	143		191	119	72	256.0	166.0	90.0	固阳县
151	151		64	25	39	277.0	182.0	95.0	达尔罕茂明安联合旗
426	20	406	493	85	407	619.9	414.0	205.9	阿鲁科尔沁旗
249	249		230	135	95	685.0	460.0	225.0	巴林左旗
			279	52	227	569.0	378.0	191.0	巴林右旗
233		233	344	50	294	495.0	360.0	135.0	林西县
327		327	283	283		470.0	363.3	106.7	克什克腾旗
257		257	297	78	219	600.0	450.0	150.0	翁牛特旗
113		113	207	72	135	389.7	287.9	101.8	喀喇沁旗
349		349	289	100	189	575.0	405.0	170.0	宁城县
300		300	270	90	180	676.6	482.6	185.6	敖汉旗
155			162	60	102	269.0	179.0	90.0	科左中旗
207	132	75	1366	246	1120	404.6	349.8	54.8	科左后旗
			81	36	45	468.0			开鲁县
162		162	184	72	112	250.0	157.0	93.0	库伦旗
156		84	62	19	43	311.0	221.0	90.0	奈曼旗
217		217	209	95	114	547.0	409.8	137.2	扎鲁特旗
552	552		1056	258	797	1199.0	879.1	319.9	达拉特旗
578	578		250	136	114	1438.2	862.0	465.2	准格尔旗
120		120	340	40	300	296.7	189.9	106.8	鄂托克前旗
187		187	429	65	364	370.0	245.0	125.0	鄂托克旗
161		161	84	84		285.0	185.0		杭锦旗
			433	55	378	573.0	396.0	177.0	乌审旗
891	43	848	709	277	431	1540.0	1024.0	516.0	伊金霍洛旗
395		395	295	97	198	741.9	570.1	143.8	阿荣旗
300		300	121	43	77	630.0	440.0	190.0	莫 旗
108		108	127	40	88	177.1	111.6	65.6	鄂伦春旗
451			131	50	81	676.4	389.6	286.8	鄂温克旗
95	95		55	26	29	137.1	91.6	45.5	陈巴尔虎旗
92		92	59	38	21	132.0			新左旗
85		85	60	22	38	170.0	120.9	49.1	新右旗
350		350	277	52	225	690.0	493.1	197.0	五原县
145	145		145	44	101	276.0	215.6	60.4	磴口县
365	365		393	54	339	731.0	584.8	146.2	乌拉特前旗
217		217	271	61	210	375.0	270.0	70.0	乌拉特中旗
			182	40	142	234.0	147.0	86.0	乌拉特后旗
234	120	114	314	189	125	815.7	639.5	176.2	杭锦后旗
120	120		107	30	77	269.3	227.8	41.5	卓资县

6-2 续表5

县名称 Name of Counties	蒸汽 Steam						供热能力 (兆瓦) Heating Capacity (mega watts)	热电厂供热 Heating by Co-Generation	锅炉房供热 Heating By Boilers
	供热能力 (吨/小时) Heating Capacity (ton/hour)	热电厂供热 Heating by Co-Generation	锅炉房供热 Heating by Boilers	供热总量 (万吉焦) Total Heat Supplied (10000 gigajoules)	热电厂供热 Heating by Co-Generation	锅炉房供热 Heating by Boilers			
化德县							370		370
商都县	260	260		95	95		368	130	238
兴和县							700	700	
凉城县							800	800	
察右前旗							260		260
察右中旗							320		320
察右后旗	210	210		128	128				
四子王旗							363		363
阿巴嘎旗							123		
苏尼特左旗							168		168
苏尼特右旗							355	355	
东乌珠穆沁旗							316	158	158
西乌珠穆沁旗									
太仆寺旗							280		
镶黄旗							74	74	
正镶白旗							156		156
正蓝旗							4800	4800	
多伦县	150	150		54	54		357	116	241
科尔沁右翼前旗	684	684		142	142		279		279
科右中旗							208	208	
扎赉特旗							290		290
突泉县							51		51
阿拉善左旗							975	975	
阿拉善右旗							116	116	
额济纳旗							116	116	
辽 宁	**1435**	**985**	**450**	**429**	**374**	**56**	**14104**	**9424**	**4680**
康平县							470	470	
法库县							360	360	
长海县							46		46
台安县							485	485	
岫岩满族自治县							446		446
新宾满族自治县							210		210
清原满族自治县	120	120		90	90		128	128	
本溪满族自治县	100		100	56		56	280		280
桓仁满族自治县							355	325	30
宽甸满族自治县							270		270
黑山县							348		348
义 县							280		280
阜新蒙古族自治县	225	225		67	67		58	58	
彰武县							182	182	
辽阳县	220	220		112	112				
盘山县	380	380		105	105		11	11	
西丰县							280		280

continued 5

热水 Hot Water			管道长度 (公里)	一级管网	二级管网	供热面积 (万平方米)	住宅	公共建筑	县名称
供热总量 (万吉焦) Total Heat Supplied (10000 gigajoules)	热电厂供热 Heating by Co-Generation	锅炉房供热 Heating by Boilers	Length of Pipelines (km)	First Class	Second Class	Heated Area (10000 sq. m)	Housing	Public Building	Name of Counties
195		195	354	182	171	330.9	200.9		化德县
173	50	123	149	35	114	585.9	390.5	195.3	商都县
201	201		144	17	127	364.0	324.0	40.0	兴和县
166	166		164	50	114	331.0	211.0	120.0	凉城县
98		98	135	105	30	197.3	138.7	58.6	察右前旗
134		134	159	43	116	266.0	229.7	36.3	察右中旗
			186	66	120	352.5	257.0	95.4	察右后旗
259		259	229	111	118	518.2	348.1	170.1	四子王旗
54			76	24	52	150.0	90.0		阿巴嘎旗
60		60	75	12	63	118.0	62.6	55.4	苏尼特左旗
127	127		137	69	68	317.6	283.0	34.6	苏尼特右旗
169	85	84	69	26	43	314.6	195.0	113.7	东乌珠穆沁旗
270	270		177	30	147	371.0	251.0		西乌珠穆沁旗
240			89	38	50	374.0	240.0	134.0	太仆寺旗
84	84		93	20	73	140.0	88.7	26.4	镶黄旗
100		100	86	49	37	159.0	97.0	62.0	正镶白旗
233	233		220	65	155	345.6	175.3	169.7	正蓝旗
215	20	141	449	130	320	425.9	310.0		多伦县
412		412	156	75	81	828.3	645.1	181.0	科尔沁右翼前旗
165	165		122	50	72	352.0			科右中旗
226		226	414	117	297	624.8	446.2	178.6	扎赉特旗
125		125	105	22	83	400.0			突泉县
497		497	626	102	524	1052.0	727.0	325.0	阿拉善左旗
71	71		154	128	26	130.2	83.4	28.9	阿拉善右旗
96	96		62	11	51	193.9	111.6	82.3	额济纳旗
4206	**1188**	**3019**	**6182**	**1296**	**4886**	**10493.9**	**7632.6**	**2425.4**	**辽　宁**
195	195		153	100	53	543.8	351.1	192.7	康平县
179	179		416	122	294	484.3	306.3	178.0	法库县
57		57	107	9	98	85.0	55.0	26.3	长海县
160	160		318	37	281	405.0	320.0	85.0	台安县
270		270	280	63	217	505.0	365.0	140.0	岫岩满族自治县
90		90	220	27	194	252.8	201.7	51.1	新宾满族自治县
68	68		330	55	275	401.0	318.0	40.0	清原满族自治县
222		222	382	17	365	523.0	375.0	123.0	本溪满族自治县
230	200	30	306	42	264	426.0	304.0	122.0	桓仁满族自治县
240		240	173	17	156	460.0	335.0	125.0	宽甸满族自治县
288		288	241	26	215	673.0	491.0	182.0	黑山县
166		166	442	64	378	500.5	362.5	138.0	义　县
67	67		183	75	108	446.0	270.0	101.0	阜新蒙古族自治县
145	145		333	44	289	499.3	344.6		彰武县
			244	44	200	346.9	271.0	75.9	辽阳县
22	22		238	85	154	285.0	170.3	106.0	盘山县
173		173	365	36	329	415.0	304.0	111.0	西丰县

6-2 续表6

县名称 Name of Counties	蒸汽 Steam						供热能力 (兆瓦) Heating Capacity (mega watts)	热电厂供热 Heating by Co-Generation	锅炉房供热 Heating By Boilers
	供热能力 (吨/小时) Heating Capacity (ton/hour)	热电厂供热 Heating by Co-Generation	锅炉房供热 Heating by Boilers	供热总量 (万吉焦) Total Heat Supplied (10000 gigajoules)	热电厂供热 Heating by Co-Generation	锅炉房供热 Heating by Boilers			
昌图县							434		434
朝阳县							7405	7405	
建平县	390	40	350				610		610
喀喇沁左翼蒙古族自治县							400		400
绥中县							583		583
建昌县							463		463
吉 林							6247	514	5715
农安县							812	140	672
永吉县							495		477
梨树县							385		385
伊通满族自治县							345		345
东丰县							501		501
东辽县									
通化县							364		364
辉南县							350		350
柳河县							297		297
抚松县							182		182
靖宇县							140		140
长白朝鲜族自治县							104	104	
前郭县							511		511
长岭县							357		357
乾安县							178	86	92
镇赉县							284		284
通榆县							386		386
汪清县							372		372
安图县							184		184
黑龙江	3573	3308	265	2379	2199	180	12215	5960	5956
依兰县							346		279
方正县							254		254
宾 县	355	355		211	211		149	149	
巴彦县	200	200		182	182				
木兰县	150	150		113	113				
通河县							270	270	
延寿县							360		360
龙江县							537		537
依安县							344		280
泰来县									
甘南县							234		234
富裕县	235	235		144	144		123	116	7
克山县	370	370		190	190				
克东县							174		174
拜泉县							300		300
鸡东县							339	171	

continued 6

热水 Hot Water			管道长度 (公里)			供热面积 (万平方米)			县名称
供热总量 (万吉焦) Total Heat Supplied (10000 gigajoules)	热电厂供热 Heating by Co-Generation	锅炉房供热 Heating by Boilers	Length of Pipelines (km)	一级管网 First Class	二级管网 Second Class	Heated Area (10000 sq. m)	住宅 Housing	公共建筑 Public Building	Name of Counties
228		228	241	61	181	753.0	570.0	173.0	昌图县
153	153		60	34	27	255.5	179.0	76.5	朝阳县
553		553	82	40	42	660.0	530.0	130.0	建平县
200		200	534	59	475	463.0	373.3	84.0	喀喇沁左翼蒙古族自治县
292		292	348	55	293	655.0	520.0	135.0	绥中县
209		209	185	185		455.9	315.9	30.0	建昌县
4716	**406**	**4311**	**5466**	**1367**	**4099**	**9577.7**	**6965.1**	**2355.8**	**吉 林**
424	34	390	468	129	339	1132.5	862.6	269.9	农安县
290		290	257	165	92	616.2	396.9		永吉县
221		221	282	69	214	451.0	346.8	104.2	梨树县
429		429	379	144	235	640.4	463.9	176.6	伊通满族自治县
221		221	372	90	282	700.3	463.4	200.1	东丰县
			110	48	62	191.0	155.9	35.2	东辽县
224		224	266	70	196	512.0	334.0	178.0	通化县
517		517	456	79	377	608.0	491.0	117.0	辉南县
270		270	469	51	419	479.8	336.6	143.2	柳河县
95		95	199	22	177	280.0	214.7	65.3	抚松县
161		161	187	30	157	288.8	242.8	46.0	靖宇县
92	92		45	8	37	141.4	104.9	36.1	长白朝鲜族自治县
389	4	385	227	60	168	696.0	489.5	206.6	前郭县
317		317	614	137	477	650.0	497.0	152.7	长岭县
228	108	120	254	64	190	414.3	264.7	149.6	乾安县
167		167	143	37	106	431.0	304.3	126.7	镇赉县
210		210	269	57	212	520.0	365.0	155.0	通榆县
294		294	356	69	287	547.9	412.0	135.9	汪清县
168	168		112	39	73	277.0	219.1	57.9	安图县
8190	**4004**	**4049**	**7295**	**2034**	**5262**	**19115.0**	**14021.9**	**4972.3**	**黑龙江**
248		184	139	42	97	480.0	395.0	85.0	依兰县
195		195	154	67	87	405.0	254.0	151.0	方正县
94	94		277	49	228	727.0	605.2	121.8	宾 县
			236	68	169	499.3	448.0	51.4	巴彦县
			174	77	97	243.5	191.2	52.3	木兰县
300	300		147	33	114	434.0	346.0	88.0	通河县
143		143	130	55	75	356.3	261.7	94.5	延寿县
285		285	125	78	48	569.2	405.0	164.2	龙江县
300		275	131	43	88	434.0	320.0	114.0	依安县
			136	27	109				泰来县
199		199	104	34	70	333.0	233.0	100.0	甘南县
45	41	4	232	21	211	397.0	216.0	181.0	富裕县
			129	26	103	411.1	300.5	110.6	克山县
159		159	78	16	62	306.2	224.6	81.6	克东县
186		186	164	82	82	398.5	290.5	108.0	拜泉县
186	138		150	54	96	373.6	271.3	102.3	鸡东县

6-2 续表7

县名称 Name of Counties	蒸汽 Steam						供热能力（兆瓦）Heating Capacity (mega watts)	热电厂供热 Heating by Co-Generation	锅炉房供热 Heating By Boilers
	供热能力（吨/小时）Heating Capacity (ton/hour)	热电厂供热 Heating by Co-Generation	锅炉房供热 Heating by Boilers	供热总量（万吉焦）Total Heat Supplied (10000 gigajoules)	热电厂供热 Heating by Co-Generation	锅炉房供热 Heating by Boilers			
萝北县							320	320	
绥滨县	355	355		149	149				
集贤县							692	653	39
友谊县							177		177
宝清县							438	438	
饶河县							205	205	
肇州县							500		500
肇源县	260	260		270	270		470	470	
林甸县							260	260	
杜尔伯特蒙古族自治县							359		359
嘉荫县	145	145		67	67		58	58	
汤旺县	35	35		24	24		115	115	
丰林县	70	70		36	36		243	80	163
大箐山县							102	102	
南岔县							215	215	
桦南县							446	260	186
桦川县							171	64	107
汤原县							318		318
勃利县							312	312	
林口县	260	260		181	181		32		32
逊克县							335	335	
孙吴县							275	275	
望奎县							338		338
兰西县							424		424
青冈县	265		265	180		180	205		205
庆安县							560	560	
明水县							333		333
绥棱县							589		589
呼玛县	130	130		80	80				
塔河县	175	175		124	124				
加格达奇区	568	568		428	428		295	232	63
江 苏							142		11
丰 县							131		
睢宁县							11		11
浙 江									
海盐县									
安 徽	260	260		53	53		90	90	
肥东县	20	20		5	5				
凤台县	240	240		49	49				
砀山县							90	90	
山 东	5716	5360	276	3111	2852	189	14351	11190	1069
平阴县							351	91	
商河县							168		168

continued 7

热水 Hot Water			管道长度 (公里)	一级管网	二级管网	供热面积 (万平方米)	住宅	公共建筑	县名称
供热总量 (万吉焦) Total Heat Supplied (10000 gigajoules)	热电厂供热 Heating by Co-Generation	锅炉房供热 Heating by Boilers	Length of Pipelines (km)	First Class	Second Class	Heated Area (10000 sq. m)	Housing	Public Building	Name of Counties
180	180		161	71	90	270.0	190.0	77.0	萝北县
			78	17	61	270.4	194.4	76.0	绥滨县
335	310	25	482	107	375	699.8	470.9	228.9	集贤县
119		119	115	18	97	212.6	142.6	70.0	友谊县
290	290		88	30	58	609.9	496.9	113.0	宝清县
123	123		67	28	40	214.0	140.1	73.9	饶河县
262		262	188	53	135	545.0	417.0	128.0	肇州县
600	600		336	64	272	802.0	621.0	181.0	肇源县
218	218		152	49	103	420.0	306.0	114.0	林甸县
190		190	399	35	364	380.0	251.0	42.1	杜尔伯特蒙古族自治县
20	20		92	14	78	167.0	96.8	70.2	嘉荫县
40	40		118	28	90	181.7	134.0	47.7	汤旺县
167	68	99	132	66	66	289.7	225.4	64.3	丰林县
55	55		43	43		92.7	79.4	13.3	大箐山县
164	164		145	22	123	272.0	200.0	72.0	南岔县
268	190	78	242	49	193	611.1	428.6	182.6	桦南县
160	29	132	78	32	45	354.6	260.6	94.0	桦川县
236		236	108	26	83	400.7	278.0	122.7	汤原县
286	286		131	36	96	480.0	380.5	99.5	勃利县
24		24	168	73	95	414.7	316.3	97.5	林口县
170	170		112	10	102	262.0	170.0	92.0	逊克县
165	165		110	28	82	272.2	164.0	108.2	孙吴县
398		398	139	56	83	600.0	395.0	205.0	望奎县
342		342	149	45	104	610.0	514.0	96.0	兰西县
122		122	166	35	131	556.7	372.3	184.3	青冈县
322	322		102	27	76	577.0	409.0	168.0	庆安县
243		243	108	35	73	513.0	350.0	133.0	明水县
286		286	271	77	194	598.0	523.3	74.7	绥棱县
			32	7	25	115.0	76.0	39.0	呼玛县
			80	25	55	170.0	116.0	54.0	塔河县
67	16	51	195	56	139	785.5	540.8	244.7	加格达奇区
127		**2**	**175**	**157**	**18**	**276.7**	**272.4**	**4.3**	**江 苏**
125			137	132	5	269.8	269.8		丰 县
2		2	38	25	13	6.9	2.6	4.3	睢宁县
			33	**33**					**浙 江**
			33	33					海盐县
9		**9**	**186**	**48**	**139**	**54.6**	**31.3**	**23.3**	**安 徽**
			12		12	36.0	16.5	19.5	肥东县
			24	19	5				凤台县
9		9	151	29	122	18.6	14.8	3.8	砀山县
7777	**5979**	**818**	**17299**	**6369**	**10929**	**34891.7**	**30885.6**	**3204.7**	**山 东**
250	49		674	196	478	832.4	789.1	43.3	平阴县
102		102	395	83	312	542.7	442.9	99.7	商河县

6-2 续表 8

县名称 Name of Counties	蒸汽 Steam								
	供热能力 (吨/小时) Heating Capacity (ton/hour)	热电厂 供 热 Heating by Co-Generation	锅炉房 供 热 Heating by Boilers	供热总量 (万吉焦) Total Heat Supplied (10000 gigajoules)	热电厂 供 热 Heating by Co-Generation	锅炉房 供 热 Heating by Boilers	供热能力 (兆瓦) Heating Capacity (mega watts)	热电厂 供 热 Heating by Co-Generation	锅炉房 供 热 Heating By Boilers
桓台县							833	833	
高青县							238	238	
沂源县							397	397	
利津县							500		116
广饶县	615	615		110	110		370		
临朐县	355	355		109	109		436	70	162
昌乐县	51		51	50		50	290	290	
微山县							320		
鱼台县							170	170	
金乡县							244		244
嘉祥县	42	22		18	18		2080	2080	
汶上县							350	350	
泗水县							287	287	
梁山县	30	30		23	23		248	248	
宁阳县	560	560		158	158				
东平县	225		225	139		139	87		87
五莲县	410	410		149	149				
莒 县							700	700	
沂南县							400	400	
郯城县							74	74	
沂水县							754	754	
兰陵县							371	371	
费 县	120	120		78	78		343	343	
平邑县							780	780	
莒南县	320	320		198	198		52		
蒙阴县	300	300		100	100				
临沭县							295	295	
宁津县							186	186	
庆云县	260	260		79	79				
临邑县	277	277		456	456				
齐河县	240	240		211	211		150	70	
平原县	110	110		78	78		110	110	
夏津县	225	225		180	180				
武城县							256	167	89
阳谷县							220	220	
莘 县	230	230		160	160				
东阿县							280	280	
冠 县							447	447	
高唐县	630	630		270	270				
惠民县	260	260		243	243				
阳信县	41	41		49	49				
无棣县	225	225		112	112		116	116	
博兴县							364	364	

continued 8

热水 Hot Water			管 道 长 度 （公里）	一级管网	二级管网	供热面积	住宅	公共建筑	县名称
供热总量 （万吉焦） Total Heat Supplied (10000 gigajoules)	热电厂 供 热 Heating by Co-Generation	锅炉房 供 热 Heating by Boilers	Length of Pipelines (km)	First Class	Second Class	（万平方米） Heated Area (10000 sq. m)	Housing	Public Building	Name of Counties
230	230		324	124	200	674.0	603.0	71.0	桓台县
155	155		243	143	100	507.2	452.3	54.9	高青县
205	205		359	150	210	693.0	573.0	120.0	沂源县
165		86	452	140	312	460.0	375.0	85.0	利津县
125			191	86	105	1152.0	952.0	200.0	广饶县
157	26	82	1247	295	951	1432.0	1259.6	172.4	临朐县
291	291		364	238	126	830.9	756.7	74.2	昌乐县
190			409	133	276	489.0	450.0	39.0	微山县
100	100		122	49	73	304.0	299.0	5.0	鱼台县
253		253	816	133	683	653.0	625.0	28.0	金乡县
205	205		240	115	125	400.1	360.0	40.1	嘉祥县
260	260		166	106	60	699.0	605.2	90.0	汶上县
176	176		240	98	142	455.0	420.0	35.0	泗水县
232	232		505	184	321	646.0	590.5	55.5	梁山县
			309	118	191	540.1	495.4	44.7	宁阳县
46		46	253	112	141	671.0	641.0	30.0	东平县
			670	121	550	572.0	514.8	57.2	五莲县
274	274		313	313		1450.0	1370.0	80.0	莒县
231	231		415	63	352	752.8	738.8	14.0	沂南县
221	221		206	106	100	720.0	682.0	38.0	郯城县
603	603		197	80	117	1290.1	1219.0	71.0	沂水县
320	320		321	66	255	1050.0	450.0	56.0	兰陵县
176	176		198	119	79	455.0	390.0	65.0	费县
400	400		255	180	75	645.0	615.0	30.0	平邑县
13			352	132	220	856.0	812.0	44.0	莒南县
			191	64	126	554.0	524.0	30.0	蒙阴县
272	272		247	125	122	886.0	844.3	41.7	临沭县
129	129		139	95	44	507.4	444.5	62.9	宁津县
			443	80	363	546.0	502.1	43.9	庆云县
			400	123	278	654.1	561.8	92.3	临邑县
128	58		444	171	273	1473.6	1315.2	158.4	齐河县
85	85		298	139	160	730.2	605.8	124.4	平原县
			335	111	224	335.0	285.2	49.8	夏津县
147	87	60	175	92	83	638.3	605.3	33.0	武城县
202	202		573	154	419	596.0	556.0	40.0	阳谷县
			124	124		469.0	405.0	64.0	莘县
237	237		105	105		830.4	741.6	88.8	东阿县
169	169		249	88	162	736.2	638.4	97.8	冠县
			134	96	38	858.0	762.1	95.9	高唐县
			195	107	88	839.6	734.1	105.4	惠民县
			82	34	48	392.8	362.9	29.9	阳信县
74	74		191	137	54	731.6	638.2	93.3	无棣县
224	224		174	70	105	973.5	865.9	107.6	博兴县

6-2 续表9

县名称 Name of Counties	蒸汽 Steam						供热能力（兆瓦） Heating Capacity (mega watts)	热电厂供热 Heating by Co-Generation	锅炉房供热 Heating By Boilers
	供热能力（吨/小时） Heating Capacity (ton/hour)	热电厂供热 Heating by Co-Generation	锅炉房供热 Heating by Boilers	供热总量（万吉焦） Total Heat Supplied (10000 gigajoules)	热电厂供热 Heating by Co-Generation	锅炉房供热 Heating by Boilers			
曹 县							87		87
单 县	32	32		15	15		235	203	
成武县							116		116
巨野县							300		
郓城县	39	39		41	41		106	106	
鄄城县	60			69			90		
东明县	60	60		16	16		150	150	
河 南	**839**	**480**		**619**	**318**		**3835**	**2266**	**519**
中牟县							253	253	
杞 县							64	64	
兰考县									
新安县	200	200		200	200				
嵩 县							4	4	
汝阳县							58		58
宜阳县							298	298	
洛宁县							39	39	
伊川县							461	461	
叶 县							270	270	
汤阴县							24	24	
滑 县							590	590	
浚 县							147	147	
淇 县							590		
新乡县									
原阳县									
延津县									
修武县	40			32					
博爱县									
武陟县	135	135		93	93				
清丰县							141		
南乐县	145	145		25	25				
范 县							96		96
台前县							121	121	
濮阳县									
鄢陵县							75		
临颍县	95			69					
渑池县							155	155	
卢氏县							19		19
民权县							156	156	
睢 县									
虞城县							29		29
西华县							63		
沈丘县									

continued 9

热水 Hot Water			管道长度（公里）	一级管网	二级管网	供热面积（万平方米）	住宅	公共建筑	县名称
供热总量（万吉焦）Total Heat Supplied (10000 gigajoules)	热电厂供热 Heating by Co-Generation	锅炉房供热 Heating by Boilers	Length of Pipelines (km)	First Class	Second Class	Heated Area (10000 sq.m)	Housing	Public Building	Name of Counties
78		78	266	102	164	206.5	199.6	6.9	曹　县
176	161		393	122	271	390.0	388.2	1.8	单　县
111		111	409	129	280	230.0	200.0	30.0	成武县
148			358	145	214	396.8	379.9	16.9	巨野县
62		62	372	104	268	284.6	261.6	23.0	郓城县
91			155	75	81	670.2	410.6	6.0	鄄城县
65		65	609	95	514	190.0	172.0	18.0	东明县
1308	**578**	**398**	**2824**	**1205**	**1620**	**4548.4**	**3138.8**	**251.8**	**河　南**
122		122	118	30	88	205.3	203.1	2.2	中牟县
152		152	85	85		234.0	206.0	28.0	杞　县
			83	59	25				兰考县
			176	72	104	359.0	359.0		新安县
6	6					13.1	13.1		嵩　县
45		45	23	23		95.0	82.0		汝阳县
79	79		168	67	101	219.3	182.5		宜阳县
23	23		146	25	121	70.5	56.1		渑池县
58	58		94	45	49	192.0	158.0	34.0	伊川县
13	13		77	23	54	39.2			叶　县
24	24		61	61		51.3	51.3		汤阴县
37	37					106.0	100.0	6.0	滑　县
21	21		67	52	15	53.5	52.9	0.6	浚　县
49			178	57	121	115.0	101.6	13.4	淇　县
			53	36	17				新乡县
			3	3					原阳县
			66	14	52				延津县
			54	54		75.6	49.0	26.5	修武县
			49	49		197.8	177.3	20.5	博爱县
			181	49	132	137.2	118.6	18.6	武陟县
127			42	31	11	350.4			清丰县
			60	52	8	60.0	60.0		南乐县
36		36	62	6	57	86.0	86.0		范　县
72	72		77	37	40	199.0	199.0		台前县
			410	115	295	270.0	260.0	10.0	濮阳县
			19	13	6				鄢陵县
			40	14	26	117.5	95.5	22.0	临颍县
157	157		133	31	102	249.0	222.0	27.0	渑池县
12		12	3	3		20.0	5.7	14.3	卢氏县
65	65		81	20	61	166.6	149.0	17.6	民权县
19	19		59	3	56	35.0	32.0	3.0	睢　县
31		31	103	28	75	104.0			虞城县
5			3	3		10.0	10.0		西华县
			5		5				沈丘县

6-2 续表10

县名称 Name of Counties	蒸汽 Steam							
	供热能力 （吨/小时） Heating Capacity (ton/hour)	热电厂供热 Heating by Co-Generation	锅炉房供热 Heating by Boilers	供热总量 （万吉焦） Total Heat Supplied (10000 gigajoules)	热电厂供热 Heating by Co-Generation	锅炉房供热 Heating by Boilers	供热能力 （兆瓦） Heating Capacity (mega watts)	热电厂供热 Heating by Co-Generation	锅炉房供热 Heating By Boilers
太康县							105		
鹿邑县	225			200			76		
确山县									
重 庆							642		642
城口县							642		642
四 川	60	60		24	20		132	36	64
蒲江县	60	60		20	20				
松潘县							21		21
壤塘县							12		10
阿坝县							21		
若尔盖县				4			28		28
红原县							36	36	
石渠县							3		
色达县							1		
理塘县							5		5
稻城县							5		
西 藏	8	8		12	11		334	211	53
当雄县							3		
仲巴县							6		6
萨嘎县							8		5
岗巴县									
丁青县				6	6				
工布江达县							27		27
错那县							100	100	
浪卡子县				1			4		
双湖县							1		
嘉黎县							10		
尼玛县							28		28
申扎县							12		12
安多县							5		5
班戈县	8	8		5	5				
革吉县							14		14
日土县									
改则县							15		15
葛尔县							52		52
措勤县							50		
陕 西	420	420		265	265		5165	1159	2628
周至县							104		
宜君县							15		15
岐山县							112		112
扶风县							323		323
眉 县							257		257
陇 县							184		184

continued 10

热水 Hot Water			管道长度（公里）	一级管网	二级管网	供热面积	住宅	公共建筑	县名称
供热总量（万吉焦）Total Heat Supplied (10000 gigajoules)	热电厂供热 Heating by Co-Generation	锅炉房供热 Heating by Boilers	Length of Pipelines (km)	First Class	Second Class	（万平方米）Heated Area (10000 sq. m)	Housing	Public Building	Name of Counties
43			22	22		105.0	105.0		太康县
108			20	20		600.0			鹿邑县
3	3		3	3		12.1	4.1	8.0	确山县
1		**1**	**9**		**9**	**2.3**	**0.3**	**2.0**	**重 庆**
1		1	9		9	2.3	0.3	2.0	城口县
73	**12**	**28**	**254**	**87**	**167**	**189.4**	**73.1**	**79.2**	**四 川**
			10	10					蒲江县
12		12	56	13	43	32.9	11.3	21.6	松潘县
10		8	33	13	20	15.4	1.6	13.8	壤塘县
11			37	11	26	35.5	10.0	12.0	阿坝县
4		4	26	8	18	15.1	1.5		若尔盖县
12	12		54	17	38	36.0	26.0	10.0	红原县
3			13		13	10.0			石渠县
13						26.3	16.3	10.0	色达县
5		5	17	12	5	9.9	6.5	3.5	理塘县
4			8	3	5	8.3		8.3	稻城县
375	**113**	**223**	**581**	**197**	**384**	**446.4**	**155.2**	**232.6**	**西 藏**
6						11.1		11.1	当雄县
6		6	2	1	1	10.4			仲巴县
6		4	10	5	5	8.5	3.4		萨嘎县
			25	1	24	10.2	3.8	6.4	岗巴县
3		3				14.0	4.0	10.0	丁青县
29		29	50	1	49	44.0	18.0	26.0	工布江达县
9	9		92	30	62	18.0	10.0		错那县
3			13	13		8.3	8.3		浪卡子县
									双湖县
7						24.8	14.0	10.6	嘉黎县
9	9		4		4	20.0	5.2	2.5	尼玛县
10	10		43	43		17.5			申扎县
8	8		21	12	9	25.0	16.0	9.0	安多县
			10	10		11.9	7.0		班戈县
14	14		63	8	55	24.0	7.8	16.2	革吉县
8			49	46	3	18.9	7.5	11.4	日土县
182		182	70	12	58	26.0		26.0	改则县
62	62		131	18	113	134.8	44.5	90.3	葛尔县
13						19.0	5.8	13.0	措勤县
2755	**998**	**1309**	**1402**	**717**	**685**	**6757.7**	**4121.8**	**842.8**	**陕 西**
29			9	9		65.6	59.3	6.3	周至县
7		7	21		21	15.0	11.8	3.1	宜君县
43		43	24	11	13	135.0	115.0		岐山县
94		93	26	17	10	146.8	125.8	21.0	扶风县
124		124	34	34		221.2	198.7	22.5	眉 县
69		69	66	31	35	124.6	105.6	19.0	陇 县

6-2 续表11

县名称 Name of Counties	蒸汽 Steam								
	供热能力 (吨/小时) Heating Capacity (ton/hour)			供热总量 (万吉焦) Total Heat Supplied (10000 gigajoules)			供热能力 (兆瓦) Heating Capacity (mega watts)		
		热电厂供热 Heating by Co-Generation	锅炉房供热 Heating by Boilers		热电厂供热 Heating by Co-Generation	锅炉房供热 Heating by Boilers		热电厂供热 Heating by Co-Generation	锅炉房供热 Heating By Boilers
千阳县							93		93
麟游县							96		24
凤　县							58		58
太白县							60		60
泾阳县							110		
乾　县							40		40
礼泉县							28		28
永寿县							58	58	
长武县							345		105
旬邑县	50	50		50	50				
淳化县							58		58
武功县							99		36
潼关县							13		13
大荔县							145		145
合阳县							97		97
澄城县							155		
蒲城县							210	210	
白水县	140	140		95	95				
富平县							630		
延长县							175		175
延川县							110		110
志丹县							56		56
吴起县							580	580	
洛川县							120		116
宜川县							169		169
黄龙县							10		10
黄陵县							218		218
洋　县							12		12
留坝县							33		33
佛坪县							9		9
府谷县	230	230		120	120		224		224
靖边县							75		75
定边县							10		10
清涧县							74		74
甘　肃							**12893**	**1861**	**11001**
永登县							312		312
皋兰县							186		186
榆中县							277		277
永昌县							800	800	
靖远县							379	379	
会宁县							336		336
景泰县							270		270
清水县							303		303

continued 11

热水 Hot Water			管道长度（公里）			供热面积（万平方米）			县名称
供热总量（万吉焦）Total Heat Supplied (10000 gigajoules)	热电厂供热 Heating by Co-Generation	锅炉房供热 Heating by Boilers	Length of Pipelines (km)	一级管网 First Class	二级管网 Second Class	Heated Area (10000 sq. m)	住宅 Housing	公共建筑 Public Building	Name of Counties
95		95	35	16	19	145.8	117.7	28.1	千阳县
53		47	33	9	24	108.0			麟游县
44		44	23	12	11	71.6	58.6		凤　县
55		55	26	17	9	110.0	50.0	60.0	太白县
24			15	15		51.7	39.6	12.1	泾阳县
30		30	23	13	10	71.0	60.0	11.0	乾　县
24		24				48.0	45.0		礼泉县
58	58		14	14		90.0	68.0	22.0	永寿县
85		1	43	43		190.0	170.0	20.0	长武县
			16	4	12	150.0	105.0	45.0	旬邑县
40		40	30	10	20	89.3	71.5	17.8	淳化县
90		31	37	25	12	169.4	161.2		武功县
13		13	42	25	17	28.2			潼关县
40		40	31	19	12	86.0	63.0		大荔县
78		78	35	35		146.4	115.2		合阳县
133			42	42		298.0	248.0	50.0	澄城县
210	210		98	20	78	472.0			蒲城县
			30	19	11	225.0	190.0		白水县
102			90	62	28	333.2	289.2	43.9	富平县
65		65	50	12	38	123.5	123.5		延长县
46		46	23	20	3	144.0	56.0	16.0	延川县
33		33	40	5	35	93.1	51.6		志丹县
270	270		87	26	61	478.0	284.0	85.2	吴起县
93		91	46	34	12	175.0	130.0	45.0	洛川县
78		78	26	26		174.0	151.4	22.6	宜川县
3		3	2	2		7.1		7.1	黄龙县
115		113	38	5	33	305.0	165.0	42.0	黄陵县
3	3		29		29	4.8	4.8		洋　县
15		15	27		27	22.5	14.5	8.0	留坝县
2		2	4	2	2	3.0		3.0	佛坪县
164	164		166	72	94	854.3	636.4	217.9	府谷县
292	292					731.2			靖边县
10		4	2		2	15.0	15.0		定边县
24		24	21	13	8	35.6	21.4	14.2	清涧县
7530	632	6816	5520	2270	3250	15102.0	11065.1	3582.3	甘　肃
182		182	105	36	70	368.8	272.3	86.8	永登县
109		67	119	51	68	273.4	194.8	78.7	皋兰县
287		287	123	69	54	550.0	310.0	48.0	榆中县
178	178		58	16	42	312.9	211.9	101.0	永昌县
114	114		131	89	42	378.6	296.3	82.3	靖远县
171		171	138	78	61	422.0	281.6	140.4	会宁县
190	190		313	103	210	335.0	285.0	50.0	景泰县
132		132	95	56	38	310.0	202.0	108.0	清水县

6-2 续表12

县名称 Name of Counties	蒸汽 Steam					供热能力 (兆瓦) Heating Capacity (mega watts)	热电厂供热 Heating by Co-Generation	锅炉房供热 Heating By Boilers
	供热能力 (吨/小时) Heating Capacity (ton/hour)	热电厂供热 Heating by Co-Generation	锅炉房供热 Heating by Boilers	供热总量 (万吉焦) Total Heat Supplied (10000 gigajoules)	热电厂供热 Heating by Co-Generation	锅炉房供热 Heating by Boilers			
秦安县							30		30
甘谷县							84		84
武山县							207		207
张家川回族自治县							140		140
民勤县							256		256
古浪县							196		196
天祝藏族自治县							256		256
肃南县							85		85
民乐县							200		200
临泽县							150		150
高台县							232		232
山丹县							336		336
泾川县							265		265
灵台县							236	236	
崇信县							128		128
庄浪县							157		157
静宁县							346		346
金塔县							200		200
瓜州县							327		327
肃北蒙古族自治县							116		116
阿克塞哈萨克族自治县							112		112
庆城县							406		406
环县							435		435
华池县							180		180
合水县							174		174
正宁县							116		116
宁县							261		261
镇原县							342		342
通渭县							290		290
陇西县							560		560
渭源县							270		270
临洮县							599		599
漳县							176	176	
岷县							116		116
宕昌县							210		210
康县							16		16
西和县							176		176
礼县							65		65
徽县							203		203
临夏县							115		115
康乐县							270		270
永靖县							101		73
广河县							57		57

continued 12

热水 Hot Water			管 道 长 度 （公里）	一级管网	二级管网	供热面积	住宅	公共建筑	县名称
供热总量 （万吉焦） Total Heat Supplied (10000 gigajoules)	热电厂 供 热 Heating by Co-Generation	锅炉房 供 热 Heating by Boilers	Length of Pipelines (km)	First Class	Second Class	（万平方米） Heated Area (10000 sq. m)	Housing	Public Building	Name of Counties
52		52	36	24	12	173.0	113.0	60.0	秦安县
105		105	42	24	18	170.5	138.0	32.5	甘谷县
197		197	56	37	19	286.8	247.8	39.0	武山县
98		98	52	25	27	157.0	117.0	40.0	张家川回族自治县
176		176	120	36	84	341.3	284.0	57.3	民勤县
86		86	86	42	44	219.0	164.0	45.0	古浪县
180		180	155	37	119	296.0	200.0	96.0	天祝藏族自治县
33		33	35	10	25	72.9	42.5	30.5	肃南县
283		283	135	62	73	510.0	410.0	100.0	民乐县
100		100	82	22	61	302.0	302.0		临泽县
126		126	113	54	59	370.0	255.0	115.0	高台县
252		252	119	35	84	449.8	399.6	50.2	山丹县
167		167	107	40	67	308.0	269.6	38.4	泾川县
106	106		84	42	42	245.0	188.0	57.0	灵台县
62		62	57	29	28	190.0	136.0	54.0	崇信县
170		170	59	32	27	305.0	220.0	85.0	庄浪县
336		336	134	86	48	487.2	346.7	32.0	静宁县
146		146	104	47	58	222.4	140.3	82.1	金塔县
193		193	207	49	158	371.7	272.2	99.5	瓜州县
43		43	64	13	52	78.2	51.9	26.3	肃北蒙古族自治县
43		43	92	21	71	76.1	44.5	31.7	阿克塞哈萨克族自治县
114		114	145	55	91	332.0	253.0	79.0	庆城县
247		247	163	80	83	318.5	221.3	97.2	环 县
73		73	138	56	82	221.2	162.6	58.6	华池县
117		117	76	32	45	187.2	134.1	53.2	合水县
59		59	101	28	73	199.1	143.7	55.4	正宁县
81		81	155	48	107	161.8	117.5	44.3	宁 县
135		135	160	78	82	318.2	194.0	124.2	镇原县
160		160	126	49	77	316.0	235.0	81.0	通渭县
339		339	161	50	111	938.0	728.0	210.0	陇西县
178		178	99	36	63	262.0	163.0	65.0	渭源县
556		556	194	50	144	812.5	595.8	216.5	临洮县
44	44		24	12	12	92.0	69.0	23.0	漳 县
106		106	86	24	62	333.0	253.0	80.0	岷 县
63		63	94	39	56	137.2	108.6	28.6	宕昌县
21		21	28	9	19	37.6	27.6	10.0	康 县
72		72	60	15	45	176.0	139.9	36.1	西和县
48		48	24	12	12	99.0	74.0	25.0	礼 县
100		100	86	51	35	195.3	170.2	25.1	徽 县
68		68	16	11	5	169.5	97.1	72.4	临夏县
117		117	37	35	3	200.3	134.8	65.5	康乐县
45		45	32	5	27	96.0	87.8	8.2	永靖县
22		22	23	19	4	47.0	30.9	16.1	广河县

6-2 续表 13

县名称 Name of Counties	蒸汽 Steam								
	供热能力 (吨/小时) Heating Capacity (ton/hour)	热电厂供热 Heating by Co-Generation	锅炉房供热 Heating by Boilers	供热总量 (万吉焦) Total Heat Supplied (10000 gigajoules)	热电厂供热 Heating by Co-Generation	锅炉房供热 Heating by Boilers	供热能力 (兆瓦) Heating Capacity (mega watts)	热电厂供热 Heating by Co-Generation	锅炉房供热 Heating By Boilers
和政县							158		158
东乡族自治县									
积石山县							145		145
临潭县							56		56
卓尼县							126		126
舟曲县							14		14
迭部县							84		84
玛曲县							46		46
碌曲县							46		42
夏河县							160		160
青　海							2697	157	2530
大通县							288		287
湟源县							117		117
民和县							220		220
互助县							220		220
化隆县							14		14
循化县							63		63
门源县							176		176
祁连县							40		40
海晏县							47		47
刚察县							82		82
西海镇							42		42
尖扎县							25		25
泽库县							29		29
河南县							40		40
共和县							144		144
同德县							128		128
兴海县							148		148
贵南县							62		62
班玛县							27		27
久治县							76		76
甘德县							56		56
玛沁县							220		220
达日县							23		23
玛多县							30		21
杂多县							8		8
称多县							7		7
治多县							5		5
囊谦县							10		10
曲麻莱县							8		8
乌兰县							45	45	

continued 13

热水 Hot Water			管道长度（公里）	一级管网	二级管网	供热面积（万平方米）	住宅	公共建筑	县名称
供热总量（万吉焦）Total Heat Supplied (10000 gigajoules)	热电厂供热 Heating by Co-Generation	锅炉房供热 Heating by Boilers	Length of Pipelines (km)	First Class	Second Class	Heated Area (10000 sq. m)	Housing	Public Building	Name of Counties
108		71	50	27	23	233.3	132.0	50.1	和政县
			150	60	90				东乡族自治县
70		70	48	35	13	151.7	107.3	44.4	积石山县
39		39	16	8	8	71.5	42.5	25.8	临潭县
80		80	60	33	27	132.0	82.8	32.1	卓尼县
7		7	16	10	6	18.6	13.0	5.6	舟曲县
40		40	45	20	25	85.0	54.0	31.0	迭部县
28		28	44	11	33	55.3	26.7		玛曲县
33		30	24	5	20	49.5	23.0	26.5	碌曲县
43		43	17	5	12	73.0	47.0	26.0	夏河县
1331	**61**	**1244**	**1263**	**557**	**706**	**2450.2**	**1293.5**	**1141.9**	**青　海**
144		144	22	22		236.5	137.0	99.5	大通县
24		24	28	12	16	46.2	34.1	12.1	湟源县
36		36	51	10	41	59.5	17.6	41.9	民和县
101		101	101	6	95	201.9	49.2	152.7	互助县
3		3	6	1	5	5.7	1.6	4.1	化隆县
65		64	3	1	2	40.6	40.6		循化县
137		137	131	40	91	272.0	207.0	65.0	门源县
55		55	87	36	51	166.7	97.5	69.3	祁连县
48		48				97.0	41.0	56.0	海晏县
29		29	55	30	25	72.3	27.4	45.0	刚察县
40		40	46	23	23	102.0	50.0	52.0	西海镇
31		31	37	21	16	61.0	26.0	35.0	尖扎县
30		30	21	15	6	50.3	10.3	40.0	泽库县
21		21	21	16	5	49.2	16.6	32.7	河南县
40		40	82	62	20	79.4	74.7	4.7	共和县
40		40	49	23	26	57.0	39.0	18.0	同德县
32		32	39	17	22	60.2	30.6	29.7	兴海县
33		33	21	11	10	55.0	30.0	25.0	贵南县
32		9	36	30	6	64.0	34.0	29.0	班玛县
23		23	27	19	8	42.0	22.0	20.0	久治县
18		18	18	14	5	28.7	14.1	14.3	甘德县
93		93	74	36	38	182.0	97.3	84.7	玛沁县
23		23				38.9	25.4		达日县
11		10	33	20	13	20.3	11.6	8.7	玛多县
10		10	5	2	3	15.0		15.0	杂多县
20		20	19	17	2	33.3	3.4	29.9	称多县
15		15	20	14	6	25.0	6.0	19.0	治多县
11		11	26	6	20	16.4	5.6	10.8	囊谦县
4		4	25	12	13	12.7		12.7	曲麻莱县
20	20		25	6	19	29.0	25.2	3.8	乌兰县

6-2 续表14

县名称 Name of Counties	蒸汽 Steam							
	供热能力 (吨/小时) Heating Capacity (ton/hour)	热电厂供热 Heating by Co-Generation	锅炉房供热 Heating by Boilers	供热总量 (万吉焦) Total Heat Supplied (10000 gigajoules)	热电厂供热 Heating by Co-Generation	锅炉房供热 Heating by Boilers	供热能力 (兆瓦) Heating Capacity (mega watts)	热电厂供热 Heating by Co-Generation	锅炉房供热 Heating By Boilers
都兰县							117		117
天峻县							112	112	
大柴旦行委							67		67
宁　夏	**740**	**700**	**40**	**357**	**332**	**25**	**3326**	**703**	**2543**
永宁县							162	162	
贺兰县	40		40	25		25	350	261	49
平罗县							280	280	
盐池县							299		299
同心县							406		406
红寺堡区									
西吉县							594		594
隆德县							330		330
泾源县							58		58
彭阳县							254		254
中宁县	700	700		332	332		28		28
海原县							565		525
新　疆							**13908**	**1870**	**10417**
鄯善县							224		224
托克逊县							700		
巴里坤哈萨克自治县							248	248	
伊吾县							75		75
呼图壁县							600	600	
玛纳斯县							250	250	
奇台县							360	360	
吉木萨尔县							505		505
木垒哈萨克自治县							390		390
精河县							276		276
温泉县							65		65
轮台县							77		77
尉犁县							101		
若羌县							206		
且末县							92		92
焉耆回族自治县									
和静县							344		344
和硕县							102		102
博湖县							99		99
温宿县									
沙雅县							94		94
新和县							38		38
拜城县							343		343

continued 14

热水 Hot Water			管道长度（公里）	一级管网	二级管网	供热面积（万平方米）	住宅	公共建筑	县名称
供热总量（万吉焦）Total Heat Supplied (10000 gigajoules)	热电厂供热 Heating by Co-Generation	锅炉房供热 Heating by Boilers	Length of Pipelines (km)	First Class	Second Class	Heated Area (10000 sq. m)	Housing	Public Building	Name of Counties
57		57	36	15	21	87.7	57.0	30.7	都兰县
41	41		82	13	69	78.3	44.9	33.4	天峻县
45		45	36	8	28	64.3	16.9	47.4	大柴旦行委
2346	**726**	**1529**	**2394**	**789**	**1605**	**5421.5**	**3980.9**	**1164.2**	**宁　夏**
173	173		91	13	78	267.5	184.9	82.6	永宁县
406	363	17	812	57	755	1297.3	1071.3	190.2	贺兰县
189	189		270	150	120	394.0	283.0	111.0	平罗县
275		209	230	68	162	492.0	455.0	37.0	盐池县
204		204	111	103	9	494.1	350.1	144.0	同心县
194		194	103	34	69	335.2	180.1	24.0	红寺堡区
172		172	177	65	112	353.1	270.1		西吉县
165		165	127	38	89	263.3	173.0	90.3	隆德县
90		90	26	12	13	156.6	111.0	45.0	泾源县
151		151	55	27	29	275.5	161.2	114.3	彭阳县
9		9	214	145	69	530.0	434.5	95.5	中宁县
318		318	178	78	100	563.0	306.7	230.3	海原县
7662	**1413**	**5876**	**6443**	**2162**	**4281**	**13985.6**	**8751.7**	**4370.1**	**新　疆**
153		153	106	24	82	320.0	246.0	74.0	鄯善县
126			87	44	43	330.0	264.0	66.0	托克逊县
163	163		69	7	62	150.0	83.0	67.0	巴里坤哈萨克自治县
30		30	90	24	66	60.1	28.4	28.4	伊吾县
262	262		222	51	171	522.4	329.4	193.0	呼图壁县
216	216		129	36	93	454.8	282.1	172.7	玛纳斯县
500	500		125	76	49	786.0	542.3	243.7	奇台县
253		253	348	112	236	505.0	393.0	112.0	吉木萨尔县
145		145	111	31	80	263.0	144.0	119.0	木垒哈萨克自治县
140		140	265	36	229	328.8	162.3		精河县
40		40	70	18	52	78.0	49.0	24.0	温泉县
43		43	82	47	35	86.0	37.0	48.0	轮台县
59			41	35	6	110.2		76.5	尉犁县
105			66	27	39	182.0	75.0	40.0	若羌县
75		75	103	13	90	130.9	71.1	59.8	且末县
103		103				213.0	103.0		焉耆回族自治县
124		124	303	77	225	364.7	159.3	205.4	和静县
61		61	100	23	77	136.0	85.2	50.8	和硕县
46		46	38	18	20	84.4	46.8		博湖县
136		136							温宿县
39		39	15	15		78.1	38.4	39.7	沙雅县
61		61	32	24	9	184.0	130.0	54.0	新和县
153		153	79	44	35	258.0	150.0		拜城县

6-2 续表15

县名称 Name of Counties	蒸汽 Steam							
	供热能力 (吨/小时) Heating Capacity (ton/hour)	热电厂供热 Heating by Co-Generation	锅炉房供热 Heating by Boilers	供热总量 (万吉焦) Total Heat Supplied (10000 gigajoules)	热电厂供热 Heating by Co-Generation	锅炉房供热 Heating by Boilers	供热能力 (兆瓦) Heating Capacity (mega watts)	热电厂供热 Heating by Co-Generation	锅炉房供热 Heating By Boilers
乌什县							276		222
阿瓦提县							100		100
柯坪县							13		
阿克陶县							168		168
阿合奇县							103		103
乌恰县							191		191
疏附县							178		178
疏勒县							184		184
英吉沙县							310		286
泽普县							158		158
莎车县							734		734
叶城县							245		245
麦盖提县							413		283
岳普湖县							145		145
伽师县							183		183
巴楚县							412		412
塔什库尔干塔吉克自治县							64		64
皮山县							157	157	
洛浦县							82		82
策勒县							125		125
于田县							62		62
民丰县							86		86
伊宁县							233	135	98
察布查尔县							120	120	
霍城县							232		232
巩留县							253		253
新源县							403		403
昭苏县							231		231
特克斯县							182		182
尼勒克县							225		225
额敏县							331		331
托里县							195		195
裕民县							94		
和布克赛尔蒙古自治县							116		116
布尔津县							273		273
富蕴县							390		390
福海县							490		190
哈巴河县							208		208
青河县							195		195
吉木乃县							160		160

continued 15

热水 Hot Water			管道长度 (公里)	一级管网	二级管网	供热面积 (万平方米)	住宅	公共建筑	县名称
供热总量 (万吉焦) Total Heat Supplied (10000 gigajoules)	热电厂供热 Heating by Co-Generation	锅炉房供热 Heating by Boilers	Length of Pipelines (km)	First Class	Second Class	Heated Area (10000 sq. m)	Housing	Public Building	Name of Counties
122		116	92	41	51	224.7	125.5	99.2	乌什县
50		50	33	16	17	145.0	100.0		阿瓦提县
31			32	20	12	76.0	41.0	35.0	柯坪县
123		123	75	28	47	204.9	119.6	85.3	阿克陶县
67		67	38	21	17	110.0	65.0	45.0	阿合奇县
99		99	85	15	70	157.0	87.0	70.0	乌恰县
86		82	68	22	46	160.0	90.0	70.0	疏附县
76		76	74	29	45	207.0	149.0	49.5	疏勒县
93		89	139	40	99	220.0	154.4	61.0	英吉沙县
78		78	125	49	76	167.3	96.2	71.2	泽普县
355		355	133	65	68	530.0	353.0	177.0	莎车县
123		123	159	24	135	188.5	188.5		叶城县
197		197	160	38	122	293.0	185.0	108.0	麦盖提县
101		101	90	47	43	205.0	131.0	74.0	岳普湖县
162		162	114	34	80	317.2	245.9	71.4	伽师县
252		252	451	155	296	403.0	257.4	145.6	巴楚县
52		52	62	10	53	89.4	76.7	12.7	塔什库尔干塔吉克自治县
52	52		55	50	5	89.0	41.4	47.4	皮山县
20		20	17	1	16	35.0	17.0	18.0	洛浦县
47		47	186	108	78	74.0	51.0	23.1	策勒县
21		21	24	8	17	69.0	59.0	10.0	于田县
32		32	62	16	47	52.9	29.6	23.3	民丰县
111	81	30	194	83	112	405.1	286.0	119.1	伊宁县
140	140		124	54	70	277.0	185.0	92.0	察布查尔县
170		170	72	22	50	234.0	160.0	74.0	霍城县
147		147	106	26	80	295.0	188.0	107.0	巩留县
285		285	283	82	201	514.9	335.7	179.2	新源县
141		141	83	29	54	206.9	115.1	91.8	昭苏县
121		121	46	15	31	240.0	152.4	87.6	特克斯县
140		140	59	59		225.0	168.0	57.0	尼勒克县
184		184	114	27	87	372.2	259.0	113.2	额敏县
84		84	39	11	29	152.5	141.9	7.0	托里县
38									裕民县
69		69	50	23	28	119.0	53.0	47.0	和布克赛尔蒙古自治县
82		82	102	37	65	226.3	142.9		布尔津县
161		161	78	17	61	261.0	132.8	80.0	富蕴县
161		161	109	26	83	285.0	50.0	125.0	福海县
152		152	66	12	54	218.5	129.0	89.4	哈巴河县
114		114	76	14	62	177.0	99.0	78.0	青河县
90		90	91	12	79	133.0	71.5	52.4	吉木乃县

居民出行数据

Data by Residents Travel

七、县城道路和桥梁
County Seat Road and Bridge

简要说明

  县城道路指城市供车辆、行人通行的，具备一定技术条件的道路、桥梁、隧道及其附属设施。县城道路由车行道和人行道等组成。在统计时只统计路面宽度在3.5米（含3.5米）以上的各种铺装道路，包括开放型工业区和住宅区道路在内。

  本部分包括县城道路、桥梁和防洪，主要包括道路长度和面积、防洪堤长度等内容。

Brief Introduction

  County seat roads refer to roads, bridges, tunnels and auxiliary facilities that are provided for vehicles and passengers for transportation. County seat roads consist of drive lanes and sidewalks. In the statistics, only paved roads with width of 3.5m or above are counted, including roads in open industrial parks and residential communities.

  This section includes statistics on roads, bridges and flood control, employing such indicators as length of roads, surface area of roads, length of flood control dikes, etc.

7 全国历年县城道路和桥梁情况(2000—2023)
National County Seat Road and Bridge in Past Years (2000—2023)

年份 Year	道路长度 (万公里) Length of Roads (10000 km)	道路面积 (亿平方米) Surface Area of Roads (100 million sq. m)	防洪堤长度 (万公里) Length of Flood Control Dikes (10000 km)	人均道路面积 (平方米) Road Surface Area Per Capita (sq. m)
2000	5.04	6.24	0.93	11.20
2001	5.10	7.67	0.90	8.51
2002	5.32	8.31	0.96	9.37
2003	5.77	9.06	0.93	9.82
2004	6.24	9.92	1.00	10.30
2005	6.68	10.83	0.98	10.80
2006	7.36	12.26	1.32	10.30
2007	8.38	13.44	1.17	10.70
2008	8.88	14.60	1.33	11.21
2009	9.50	15.98	1.19	11.95
2010	10.39	17.60	1.25	12.68
2011	10.86	19.24	1.37	13.42
2012	11.80	21.02	1.38	14.09
2013	12.52	22.69		14.86
2014	13.04	24.08		15.39
2015	13.35	24.95		15.98
2016	13.16	25.35		16.41
2017	14.08	26.84		17.18
2018	14.48	27.82		17.73
2019	15.16	29.01		18.29
2020	15.94	29.97		18.92
2021	16.37	30.82		19.68
2022	16.80	31.70		20.31
2023	17.18	32.52		21.07

注：1. 自2006年起，人均道路面积按县城人口和县城暂住人口合计为分母计算。
   2. 自2013年起，不再统计防洪堤长度数据。

Notes: 1. Since 2006, road surface per capita has been calculated based on denominator which combines both permanent and temporary residents in county seat areas.
   2. Starting from 2013, the data on the length of flood prevention dike has been unavailable.

7-1 2023年按省分列的县城道路和桥梁

地区名称 Name of Regions	道路长度（公里） Length of Roads (km)	建成区 In Built District	道路面积（万平方米） Surface Area of Roads (10000 sq. m)	人行道面积 Surface Area of Sidewalks	建成区 In Built District	桥梁数（座） Number of Bridges (unit)
全　国	171836.17	154536.56	325245.04	80856.62	297977.43	18944
河　北	13418.58	13010.71	27042.52	7430.63	26048.64	791
山　西	5694.90	5490.28	11113.04	2726.76	10586.89	542
内蒙古	7451.97	7032.31	16055.69	4428.83	15211.87	362
辽　宁	1971.96	1794.63	3358.19	828.50	3074.45	196
吉　林	1572.41	1472.51	2966.46	851.26	2803.05	161
黑龙江	4109.64	3969.58	5151.25	1123.72	4844.98	304
江　苏	5812.18	4962.36	12102.54	2483.23	10124.71	795
浙　江	7064.94	6160.91	11900.11	2686.26	10692.63	1605
安　徽	10329.84	9163.45	23813.21	5598.62	21141.97	1564
福　建	5812.51	5044.82	9543.80	2143.67	8412.76	672
江　西	9795.38	8828.90	19197.46	4551.13	17113.36	836
山　东	11551.64	9943.03	23956.31	4885.84	21255.89	1757
河　南	12458.06	11273.89	28974.94	6899.82	26254.80	1786
湖　北	4660.10	4370.15	9294.09	2490.65	8798.74	570
湖　南	11342.71	9209.51	17933.63	4947.24	16350.06	698
广　东	4966.19	4093.03	7857.50	2047.68	7186.74	377
广　西	6551.00	6354.43	11586.85	2757.78	11142.54	795
海　南	1158.47	864.75	2190.15	597.31	1850.74	92
重　庆	1455.06	1429.23	2632.81	791.77	2637.34	314
四　川	9749.81	8936.31	18944.94	5308.51	18047.51	1226
贵　州	8923.63	7968.99	14377.24	3598.29	13061.07	881
云　南	6802.22	6129.14	12286.26	3215.39	11767.07	789
西　藏	1274.80	908.96	1571.07	443.82	1122.98	155
陕　西	5450.09	5008.70	9253.87	2612.77	8480.59	604
甘　肃	3667.89	3214.05	6765.45	1794.36	5850.24	544
青　海	1623.50	1501.55	2709.77	719.93	2603.98	164
宁　夏	1420.50	1339.75	3004.07	954.43	2863.95	82
新　疆	5746.19	5060.63	9661.82	1938.42	8647.88	282

County Seat Road and Bridge by Province(2023)

大桥及特大桥 Great Bridge and Grand Bridge	立交桥 Intersection	道路照明灯盏数（盏） Number of Road Lamps (unit)	安装路灯道路长度（公里） Length of The Road with Street Lamp (km)	地下综合管廊长度（公里） Length of The Utility Tunnel (km)	新建地下综合管廊长度（公里） Length of The New-built Utility Tunnel (km)
2451	440	10379217	132427.85	1327.94	345.31
101	58	634518	9727.64	92.93	9.34
129	24	338128	4205.07	22.24	21.16
49	15	420473	5570.62	17.27	
6	5	144592	1520.32	3.20	0.40
32	10	169332	1263.02		
25	20	192073	2523.21		
89	10	442771	5275.32	6.25	
108	33	375099	5721.19	4.56	2.36
76	26	668955	9218.97	99.70	
108	12	437100	4736.13	113.42	0.07
190	28	663261	8873.11	14.08	2.68
63	22	639849	8541.09	54.41	0.54
55	28	641921	9237.46	9.65	2.95
79	11	244947	4265.90	40.99	31.64
194	7	606009	9412.01	6.10	2.63
67		350374	4559.88		
64	8	428119	4773.33	61.16	33.12
9		61547	807.42		
58	11	129832	1317.28	40.40	16.14
340	19	695517	7522.30	313.96	156.54
154	11	493458	4719.55	155.19	11.32
80	10	524494	5189.19	150.51	20.14
16	4	37284	738.11	49.09	0.40
216	33	308609	3886.18	61.19	26.64
81	26	189620	2734.61	6.75	3.35
15		81793	905.33	1.87	1.87
26	2	78113	1099.26		
21	7	381429	4084.35	3.02	2.02

7-2　2023年按县分列的县城道路和桥梁

县名称 Name of Counties	道路长度 （公里） Length of Roads （km）	建成区 In Built District	道路面积 （万平方米） Surface Area of Roads （10000 sq. m）	人行道面积 Surface Area of Sidewalks	建成区 In Built District
全　国	171836.17	154536.56	325245.04	80856.62	297977.43
河　北	13418.58	13010.71	27042.52	7430.63	26048.64
井陉县	121.20	121.20	188.70	42.77	188.70
正定县	282.88	282.88	670.16	127.23	670.16
行唐县	75.67	63.85	224.21	76.62	184.99
灵寿县	115.42	115.42	214.14	71.14	214.14
高邑县	96.34	96.34	195.60	44.82	195.60
深泽县	78.91	78.91	187.39	49.50	187.39
赞皇县	63.50	63.50	108.55	39.30	108.55
无极县	111.11	105.78	302.00	116.80	207.51
平山县	109.92	109.92	207.70	51.50	207.70
元氏县	137.40	137.40	244.35	70.17	244.35
赵　县	134.06	134.06	309.37	68.17	309.37
滦南县	199.57	196.64	347.85	81.57	344.19
乐亭县	145.33	145.33	296.82	100.51	296.82
迁西县	141.88	141.88	249.98	83.44	249.98
玉田县	198.62	187.62	389.18	77.34	341.12
曹妃甸区	230.77	230.77	605.29	200.02	605.29
青龙满族自治县	130.55	130.55	158.33	84.85	158.33
昌黎县	149.91	149.91	297.67	64.99	297.67
卢龙县	98.24	98.24	200.13	56.19	200.13
临漳县	216.45	216.45	445.86	87.14	445.86
成安县	169.00	168.00	358.00	110.00	357.20
大名县	288.49	288.49	490.92	140.41	490.92
涉　县	381.82	381.82	541.39	173.32	541.39
磁　县	226.50	226.50	590.18	276.18	590.18
邱　县	178.70	171.53	378.05	109.50	376.04
鸡泽县	134.56	134.56	311.57	117.41	311.57
广平县	213.51	213.51	420.16	147.06	420.16
馆陶县	141.77	134.22	341.68	100.95	326.11
魏　县	281.57	281.57	578.58	204.34	578.58
曲周县	159.99	159.99	309.32	70.36	309.32
临城县	93.85	88.76	206.69	55.66	188.83
内丘县	94.24	94.24	165.26	32.78	165.26
柏乡县	113.85	113.85	189.23	39.91	189.23
隆尧县	137.70	137.70	278.44	73.24	278.44
宁晋县	197.05	197.05	619.14	229.41	619.14
巨鹿县	150.09	150.09	370.48	110.32	370.48
新河县	84.00	84.00	184.00	25.00	184.00
广宗县	83.93	83.93	202.00	49.96	202.00
平乡县	118.90	118.90	234.84	59.40	234.84
威　县	153.07	150.50	436.53	137.77	374.04
清河县	209.25	209.25	453.33	226.42	453.33

County Seat Road and Bridge by County (2023)

桥梁数（座）Number of Bridges (unit)	大桥及特大桥 Great Bridge and Grand Bridge	立交桥 Intersection	道路照明灯盏数（盏）Number of Road Lamps (unit)	安装路灯道路长度（公里）Length of The Road with Street Lamp (km)	地下综合管廊长度（公里）Length of The Utility Tunnel (km)	新建地下综合管廊长度（公里）Length of The New-built Utility Tunnel (km)
18944	2451	440	10379217	132428	1327.9	345.3
791	101	58	634518	9728	92.9	9.3
17	2		5986	44		
19	1	4	13457	179	54.0	2.7
16	2	4	4376	41		
11			4616	115		
3		3	9513	83		
			2739	43		
4	1	1	3557	42		
			2756	67		
3			3822	87		
6	2	2	6664	115		
5	1		5385	85		
6		2	9331	81		
15			9622	114		
10	1		9136	69		
10		6	4356	82		
26	19	3	8461	181	11.4	
20			2490	56		
25		5	7358	122		
			8548	60		
			10975	183		
			7069	169		
18			6381	226		
13	2		18372	382		
26		3	6900	168		
8			7916	132		
			4815	116		
15			2945	206		
			9490	118		
			31323	262		
26	1		5632	123		
5			6772	94		
			3397	57		
5			4664	50		
			9051	137		
			9500	130		
5			12277	150		
			2090	50		
3			2015	49		
			8476	78		
30			11391	142		
2			12225	207		

7-2 续表1

县名称 Name of Counties	道 路 长 度 （公里） Length of Roads (km)	建成区 In Built District	道 路 面 积 （万平方米） Surface Area of Roads (10000 sq. m)	人行道 面 积 Surface Area of Sidewalks	建成区 In Built District
临西县	115.99	115.99	238.72	81.66	238.72
博野县	81.50	81.50	171.00	45.90	171.00
涞水县	113.76	113.76	209.85	40.39	209.85
阜平县	77.52	75.59	118.16	6.02	114.32
白沟新城	194.30	194.30	286.00	66.00	286.00
定兴县	154.31	154.31	341.77	177.51	341.77
唐县	102.94	87.23	240.39	50.38	181.04
高阳县	128.97	128.97	255.24	91.76	255.24
涞源县	130.58	130.58	225.00	63.00	225.00
望都县	102.40	102.40	216.00	24.31	216.00
易县	99.38	62.70	203.82	30.56	197.80
曲阳县	154.53	154.53	283.59	77.87	283.59
蠡县	101.40	97.40	186.40	5.40	169.20
顺平县	86.44	82.88	139.49	28.14	137.99
张北县	188.65	188.65	343.56	47.45	343.56
康保县	97.20	95.54	228.34	58.83	225.00
沽源县	67.97	67.97	176.60	52.50	176.60
尚义县	83.43	83.43	150.59	33.95	150.59
蔚县	143.50	122.09	235.27	59.30	200.45
阳原县	93.71	93.71	166.70	46.30	166.70
怀安县	78.92	78.92	182.04	54.26	182.04
怀来县	138.51	138.51	257.13	42.88	257.13
涿鹿县	79.38	79.38	256.01	46.85	256.01
赤城县	72.49	72.49	108.87	41.15	108.87
承德县	82.55	75.95	154.84	53.56	117.24
兴隆县	150.23	84.10	175.63	21.58	140.36
滦平县	122.00	83.00	158.86	61.46	137.80
隆化县	84.98	83.18	164.17	56.11	163.37
丰宁满族自治县	164.16	100.20	175.00	45.78	147.83
宽城满族自治县	109.58	109.58	185.85	56.93	185.85
围场满族蒙古族自治县	69.76	69.76	134.89	19.60	134.89
青县	192.21	192.21	340.41	104.85	340.41
东光县	110.93	109.44	180.15	57.82	174.48
海兴县	73.41	73.41	196.97	48.92	196.97
盐山县	158.15	158.15	321.34	65.03	321.34
肃宁县	141.12	141.12	322.35	67.33	322.35
南皮县	121.96	121.96	228.47	68.08	228.47
吴桥县	106.48	106.48	273.23	62.83	273.23
献县	133.01	116.93	280.54	77.17	253.86
孟村回族自治县	80.41	80.41	152.85	33.54	152.85
固安县	252.50	251.49	457.86	56.28	364.85
永清县	95.50	95.50	158.53	43.51	158.53
香河县	163.67	163.67	383.66	101.46	383.66

continued 1

桥梁数（座）Number of Bridges (unit)	大桥及特大桥 Great Bridge and Grand Bridge	立交桥 Intersection	道路照明灯盏数（盏）Number of Road Lamps (unit)	安装路灯道路长度（公里）Length of The Road with Street Lamp (km)	地下综合管廊长度（公里）Length of The Utility Tunnel (km)	新建地下综合管廊长度（公里）Length of The New-built Utility Tunnel (km)
			3611	87		
			4059	67		
			8979	57		
18	5		3382	51		
			18346	127		
4		4	5537	99	0.5	
29			8564	58		
2			2678	65		
			2384	37	19.4	
11			4044	92		
4			2849	71		
11			4947	45		
7			2840	71		
4			3009	46		
7	5	2	7690	188		
			4787	97		
4	4		3979	68		
20	5		2291	39		
			10237	117		
			5284	68		
9		9	5379	79		
12	12		7892	138		
			7571	72		
			2352	56		
			5230	67		
9	3		3799	61	1.0	
9			6684	102	2.5	2.5
16	7		2946	67		
28			4703	91		
7	6		3615	108		
7			3340	70		
19	16	3	10849	111		
14		3	4155	68		
3			4992	47		
			6859	72		
14			7179	59		
2	2		8981	100		
14		3	4358	90		
22			8844	102		
9			5600	73		
1			12796	202		
			2922	59		
11			3754	74		

7-2 续表 2

县名称 Name of Counties	道路长度（公里） Length of Roads (km)	建成区 In Built District	道路面积（万平方米） Surface Area of Roads (10000 sq. m)	人行道面积 Surface Area of Sidewalks	建成区 In Built District
大城县	87.72	87.72	191.04	47.58	191.04
文安县	82.04	82.04	188.34	43.18	188.34
大厂回族自治县	143.34	143.34	279.88	69.22	279.88
枣强县	197.38	197.37	263.20	84.41	261.70
武邑县	124.13	122.64	255.62	86.57	244.94
武强县	127.18	125.00	211.25	38.55	81.45
饶阳县	189.52	186.63	306.70	70.88	218.41
安平县	142.98	142.98	394.89	113.91	394.89
故城县	224.67	188.05	648.36	131.56	570.42
景县	161.95	161.95	472.69	127.94	472.69
阜城县	136.00	136.00	360.00	100.00	360.00
容城县	80.30	73.05	140.07	30.95	124.92
雄县	92.46	92.46	92.00	12.60	92.00
安新县	78.95	57.00	69.27	15.60	56.24
山西	5694.90	5490.28	11113.04	2726.76	10586.89
清徐县	65.98	65.98	239.55	87.13	239.55
阳曲县	34.60	34.60	81.61	15.18	81.94
娄烦县	45.85	45.85	59.08	11.84	59.08
阳高县	92.66	92.01	169.11	2.92	169.11
天镇县	134.54	129.84	110.20	15.09	99.64
广灵县	89.84	85.32	186.57	63.00	169.30
灵丘县	76.67	67.55	184.14	55.96	20.04
浑源县	114.30	114.30	206.81	47.69	206.81
左云县	60.65	51.05	105.15	30.96	97.20
云州区	114.82	114.50	128.45	39.18	128.44
平定县	36.18	36.18	72.17	31.84	72.17
盂县	68.20	35.30	123.00	25.00	123.00
襄垣县	127.54	125.30	335.07	80.29	335.07
平顺县	50.37	50.37	111.47	24.42	111.47
黎城县	56.90	56.90	109.90	15.80	109.90
壶关县	105.86	105.86	199.50	64.90	199.50
长子县	89.74	89.74	218.46	54.25	218.46
武乡县	41.50	41.34	78.42	26.99	71.78
沁县	49.38	49.38	91.00	31.22	91.00
沁源县	48.57	45.39	84.02	19.01	83.10
沁水县	119.13	119.13	125.83	22.00	125.83
阳城县	158.93	158.93	259.48	46.99	259.48
陵川县	58.77	58.77	96.09	32.24	96.09
山阴县	89.83	89.83	141.74	32.37	107.80
应县	152.31	152.31	186.93	37.19	186.93
右玉县	54.44	51.72	157.37	26.15	151.54
榆社县	86.43	85.21	109.39	31.40	109.37
左权县	88.20	70.00	178.65	35.00	150.00

continued 2

桥梁数（座）Number of Bridges (unit)	大桥及特大桥 Great Bridge and Grand Bridge	立交桥 Intersection	道路照明灯盏数（盏）Number of Road Lamps (unit)	安装路灯道路长度（公里）Length of The Road with Street Lamp (km)	地下综合管廊长度（公里）Length of The Utility Tunnel (km)	新建地下综合管廊长度（公里）Length of The New-built Utility Tunnel (km)
11			4039	78		
1			1716	35		
5			9518	128		
15			7715	181	2.6	2.6
4			4903	88	1.6	1.6
16			5052	86		
			4953	76		
11			12191	143		
30			7223	140		
6			5633	88		
5			4855	119		
3			1455	36		
5	4	1	2231	50		
			2888	63		
542	**129**	**24**	**338128**	**4205**	**22.2**	**21.2**
4			5997	66		
3	1		2970	35		
5	5		1666	30		
			4025	59		
6			5286	29		
6			1852	16		
			1123	23		
			5320	47		
3	2		4100	58		
			3074	45		
16			2720	55		
10	10		7703	165		
27			6152	89		
22	21	1				
3			1534	41		
1			4270	46		
3	3		13485	90	6.1	6.1
6	6		3419	30	1.7	1.7
2			1572	38		
18	6		2500	43		
29			5571	112		
34	13	2	7376	85	2.4	1.6
3	3		3050	59		
			3595	73		
6			4333	53		
9		3	4552	91		
16			3422	51		

7-2 续表3

县名称 Name of Counties	道 路 长 度 (公里) Length of Roads (km)	建成区 In Built District	道 路 面 积 (万平方米) Surface Area of Roads (10000 sq. m)	人行道 面 积 Surface Area of Sidewalks	建成区 In Built District
和顺县	64.39	58.14	159.49	40.51	159.49
昔阳县	57.60	57.60	100.89	31.90	100.89
寿阳县	97.36	97.36	219.15	54.68	219.15
祁　县	82.77	82.77	134.01	31.46	134.01
平遥县	200.25	179.31	388.89	108.46	288.32
灵石县	51.85	51.85	127.54	27.54	127.54
临猗县	98.93	98.93	293.55	68.99	293.55
万荣县	67.27	67.27	253.97	47.73	253.97
闻喜县	121.75	121.75	209.26	39.20	209.26
稷山县	73.47	73.47	171.95	57.62	171.95
新绛县	111.10	111.10	202.98	48.42	202.98
绛　县	31.92	31.92	128.55	36.79	128.55
垣曲县	88.09	88.09	280.60	67.85	280.60
夏　县	34.08	34.08	114.77	28.49	114.77
平陆县	68.30	68.30	100.91	26.89	107.03
芮城县	72.70	72.70	175.86	50.21	175.86
定襄县	62.08	58.03	114.34	32.98	107.84
五台县	50.65	50.65	141.15	19.59	141.15
代　县	68.53	68.53	113.66	25.86	113.66
繁峙县	111.82	111.82	127.38	25.87	127.38
宁武县	59.29	59.29	76.42	43.60	59.86
静乐县	88.63	86.03	105.09	27.79	100.76
神池县	54.23	54.23	119.60	47.06	119.60
五寨县	97.31	96.60	115.00	29.40	98.80
岢岚县	71.18	60.75	83.03	8.06	71.18
河曲县	76.01	64.01	154.02	37.47	149.02
保德县	73.77	71.07	126.32	33.64	120.20
偏关县	50.01	50.01	56.87	9.84	56.87
曲沃县	47.97	47.97	136.97	33.80	139.97
翼城县	52.33	52.33	168.90	37.45	168.90
襄汾县	62.01	62.01	143.52	31.32	143.52
洪洞县	68.82	68.82	204.15	44.05	204.15
古　县	18.97	18.97	39.85	16.89	39.85
安泽县	23.82	23.82	48.33	13.00	48.33
浮山县	48.75	46.93	74.22	17.28	74.07
吉　县	54.02	36.90	149.08	47.08	98.00
乡宁县	75.66	75.00	139.20	30.29	137.85
大宁县	25.30	25.30	41.90	11.45	41.90
隰　县	46.75	46.75	84.56	24.26	84.56
永和县	28.99	28.99	29.22	1.72	29.22
蒲　县	36.70	36.70	66.02	10.26	66.02
汾西县	50.18	50.18	58.61	1.81	75.61
文水县	88.24	87.36	220.29	48.41	218.74

continued 3

桥梁数（座）Number of Bridges (unit)	大桥及特大桥 Great Bridge and Grand Bridge	立交桥 Intersection	道路照明灯盏数（盏）Number of Road Lamps (unit)	安装路灯道路长度（公里）Length of The Road with Street Lamp (km)	地下综合管廊长度（公里）Length of The Utility Tunnel (km)	新建地下综合管廊长度（公里）Length of The New-built Utility Tunnel (km)
6			4500	54		
15			3658	51		
17			3370	96	4.7	4.7
			8665	80		
9	1	4	13835	74	0.2	
1	1		6112	36		
1		1	6299	50		
3	1		5233	52		
16		3	4619	39		
1			2811	59		
2	2		8500	111		
			2876	32		
14			3924	70		
8			3234	42		
			4719	36		
			4720	38		
			2453	38		
3			3265	45		
6			3633	28		
1	1		5124	92		
			5602	50		
5	5		3761	57		
			2134	42		
10		1	3728	92		
			3470	101		
			4515	56		
23			8184	74		
3			1803	50		
			2739	35		
			5962	50		
10	1	8	3785	32		
7	6	1	13825	85		
3	3		1928	17		
			2300	17		
			2188	45		
10	1		1780	28		
11	1		5985	121		
3			2345	24		
11	1		2285	27		
10			1650	13		
28			6262	37	7.2	7.2
			2218	20		
6			8600	58		

7-2 续表 4

县名称 Name of Counties	道路长度 （公里） Length of Roads (km)	建成区 In Built District	道路面积 （万平方米） Surface Area of Roads (10000 sq. m)	人行道面积 Surface Area of Sidewalks	建成区 In Built District
交城县	74.25	74.25	183.88	54.24	183.88
兴 县	83.00	53.90	174.63	45.18	124.11
临 县	56.67	56.17	102.23	6.56	97.31
柳林县	48.18	47.85	108.50	32.53	108.49
石楼县	21.83	21.83	49.61	15.37	49.61
岚 县	38.39	33.39	117.70	35.50	117.70
方山县	33.60	33.60	64.70	11.80	64.70
中阳县	60.60	60.60	82.88	25.28	82.88
交口县	52.34	52.34	79.68	17.32	79.68
内蒙古	**7451.97**	**7032.31**	**16055.69**	**4428.83**	**15211.87**
土左旗	51.20	51.00	145.00	38.00	143.00
托 县	67.00	29.00	154.00	30.00	141.00
和林县	42.86	42.86	40.90	6.40	40.90
清水河县	67.80	65.40	80.07	43.73	67.10
武川县	49.23	41.09	142.21	60.64	112.21
土右旗	118.36	118.36	293.61	93.10	293.61
固阳县	102.87	101.70	288.82	96.21	228.87
达尔罕茂明安联合旗	33.00	33.00	85.80	21.00	85.80
阿鲁科尔沁旗	113.30	113.30	337.92	88.54	337.92
巴林左旗	102.29	101.97	337.26	97.19	336.28
巴林右旗	83.17	83.17	249.86	35.78	249.86
林西县	155.99	155.99	267.15	57.04	267.15
克什克腾旗	42.65	41.92	102.20	19.86	100.64
翁牛特旗	192.50	192.50	567.00	115.00	564.00
喀喇沁旗	70.19	70.19	141.57	24.23	141.57
宁城县	73.77	73.77	241.64	48.30	241.64
敖汉旗	129.16	121.78	515.36	92.33	490.12
科左中旗	67.21	66.61	174.38	83.96	143.88
科左后旗	174.01	131.12	246.60	95.60	128.17
开鲁县	109.60	108.96	259.31	81.23	258.18
库伦旗	106.92	106.92	125.61	49.33	124.01
奈曼旗	100.59	100.59	229.81	76.80	229.81
扎鲁特旗	87.10	87.10	115.49	28.49	115.49
达拉特旗	180.60	180.60	477.12	150.58	477.12
准格尔旗	169.28	163.53	486.71	139.13	486.71
鄂托克前旗	99.24	98.18	261.71	77.98	261.71
鄂托克旗	61.74	61.74	193.71	61.96	193.71
杭锦旗	65.40	65.40	232.08	62.17	232.08
乌审旗	153.79	153.79	417.82	106.72	417.82
伊金霍洛旗	310.69	246.31	1144.09	257.46	1124.09
阿荣旗	201.17	198.80	264.77	56.21	264.77
莫 旗	123.08	122.48	209.72	44.79	209.72
鄂伦春旗	96.82	96.81	39.98	8.00	39.98

continued 4

桥梁数（座）Number of Bridges (unit)	大桥及特大桥 Great Bridge and Grand Bridge	立交桥 Intersection	道路照明灯盏数（盏）Number of Road Lamps (unit)	安装路灯道路长度（公里）Length of The Road with Street Lamp (km)	地下综合管廊长度（公里）Length of The Utility Tunnel (km)	新建地下综合管廊长度（公里）Length of The New-built Utility Tunnel (km)
5	5		6568	70		
10	10		2737	67		
5			4043	50		
8			3182	38		
			1720	22		
8	8		3880	37		
8			1460	34		
15	12		3275	62		
8			1997	46		
362	**49**	**15**	**420473**	**5571**	**17.3**	
6	2		2102	48		
5			6791	33		
12			737	12		
2			4940	39		
			13554	74		
9			8894	80		
6	6		1180	24		
17	2		6448	112		
7			3312	48		
11			2325	63		
3			4853	112		
5			1316	42		
11			3838	57		
18	7		2277	40		
4	1	3	5908	68		
13			3455	77		
6	4	5	3140	64		
4			4279	68		
2		2	3773	80		
1			2583	57		
			5301	91		
3			14314	87		
			9256	170		
22			14289	137		
			2792	68		
4			5850	93		
			2119	61		
			6758	154		
27	1	1	31197	262	2.0	
			4481	81		
10			1292	62		

7-2 续表5

县名称 Name of Counties	道路长度（公里）Length of Roads (km)	建成区 In Built District	道路面积（万平方米）Surface Area of Roads (10000 sq. m)	人行道面积 Surface Area of Sidewalks	建成区 In Built District
鄂温克旗	170.24	170.24	229.86	60.59	229.86
陈巴尔虎旗	59.48	59.48	79.53	18.72	79.53
新左旗	36.60	32.60	60.20	10.60	54.20
新右旗	42.21	40.01	85.97		85.97
五原县	242.42	225.88	297.31	80.65	216.51
磴口县	89.24	86.00	145.00	33.49	136.72
乌拉特前旗	109.77	109.77	284.47	129.07	284.47
乌拉特中旗	101.80	86.53	203.48	47.20	172.96
乌拉特后旗	51.65	41.50	147.72	47.88	118.18
杭锦后旗	176.19	170.54	305.21	129.28	297.15
卓资县	78.65	78.65	232.81	45.06	232.81
化德县	123.30	123.30	199.24	93.65	199.23
商都县	164.10	164.10	329.17	99.25	329.17
兴和县	234.91	234.91	587.27	240.07	587.27
凉城县	206.92	163.72	241.84	75.25	182.16
察右前旗	111.87	111.87	371.84	74.37	371.84
察右中旗	76.47	76.47	130.14	40.83	130.14
察右后旗	71.75	71.75	185.69	15.60	185.69
四子王旗	241.05	165.69	314.60	90.27	183.54
阿巴嘎旗	45.00	45.00	79.10	35.60	79.10
苏尼特左旗	35.10	35.10	64.19	21.06	64.19
苏尼特右旗	80.68	80.68	172.23	35.01	137.23
东乌珠穆沁旗	56.05	54.74	96.91	19.21	93.63
西乌珠穆沁旗	114.23	114.23	282.00	79.32	282.00
太仆寺旗	88.93	88.93	144.37	60.74	144.37
镶黄旗	73.83	73.83	95.18	31.50	95.18
正镶白旗	43.00	43.00	56.75	14.47	34.56
正蓝旗	64.51	64.51	117.06	40.40	117.06
多伦县	151.70	111.34	163.18	44.35	163.18
科尔沁右翼前旗	82.94	59.62	305.37	34.10	202.88
科右中旗	126.61	124.21	235.73	92.36	229.71
扎赉特旗	78.13	78.13	165.77	34.53	165.77
突泉县	94.38	94.38	149.84	27.74	149.84
阿拉善左旗	212.10	212.10	429.20	130.61	429.20
阿拉善右旗	35.72	35.70	68.53	23.01	68.00
额济纳旗	77.86	77.86	129.65	25.23	129.65
辽　宁	1971.96	1794.63	3358.19	828.50	3074.45
康平县	142.25	142.25	251.37	53.71	251.37
法库县	149.77	149.77	260.88	53.37	260.88
长海县	19.90	19.90	20.85	5.53	20.85
台安县	110.94	67.89	218.99	32.05	160.94
岫岩满族自治县	62.48	62.48	115.09	30.20	115.09
抚顺县					

continued 5

桥梁数（座）Number of Bridges (unit)	大桥及特大桥 Great Bridge and Grand Bridge	立交桥 Intersection	道路照明灯盏数（盏）Number of Road Lamps (unit)	安装路灯道路长度（公里）Length of The Road with Street Lamp (km)	地下综合管廊长度（公里）Length of The Utility Tunnel (km)	新建地下综合管廊长度（公里）Length of The New-built Utility Tunnel (km)
2	2		14867	95		
			6338	37		
			4057	26		
			1384	32		
			6404	212		
5	3	2	5829	89		
6			9517	99		
6			7524	102		
11			2105	52		
6			8267	137		
11			11668	73		
1		1	3501	30		
2			4864	107		
4	1		4210	106		
8			5466	85		
			14000	440		
8			2789	76		
3			5442	45		
3			8630	97		
2			1210	41		
			3565	31		
			2778	54		
			2205	55		
1			2174	65		
9			4032	88		
4			1643	40		
			1515	27		
2			6482	64		
15			11253	147		
7	7		15119	59		
			13018	110		
24			6012	60		
1	1		4499	55	15.3	
13	12	1	30371	125		
			1181	68		
			3200	78		
196	**6**	**5**	**144592**	**1520**	**3.2**	**0.4**
			5746	85		
18			7041	125		
1	1		635	20		
			6723	88		
12			2310	50		

7-2 续表6

县名称 Name of Counties	道路长度（公里）Length of Roads (km)	建成区 In Built District	道路面积（万平方米）Surface Area of Roads (10000 sq. m)	人行道面积 Surface Area of Sidewalks	建成区 In Built District
新宾满族自治县	31.61	31.61	60.28	22.35	60.28
清原满族自治县	47.81	47.81	87.22	25.62	87.22
本溪满族自治县	94.59	94.59	123.79	30.83	123.79
桓仁满族自治县	89.00	75.17	184.99	37.69	176.06
宽甸满族自治县	81.74	81.74	101.40	26.50	101.40
黑山县	99.83	96.24	192.62	81.35	110.77
义县	60.33	60.33	116.67	28.95	116.67
阜新蒙古族自治县	59.54	56.74	110.48	30.24	68.95
彰武县	39.25	39.25	75.54	24.57	75.55
辽阳县	84.40	83.60	154.60	36.93	152.00
盘山县	140.80	117.83	241.48	51.40	220.56
铁岭县					
西丰县	38.00	38.00	46.50	7.46	46.00
昌图县	153.07	143.57	255.76	52.26	255.76
朝阳县	109.80	40.99	130.85	14.89	77.38
建平县	84.46	72.54	141.84	51.84	125.94
喀喇沁左翼蒙古族自治县	110.53	110.53	215.68	60.45	215.68
绥中县	62.98	62.98	116.70	36.51	116.70
建昌县	98.88	98.82	134.61	33.80	134.61
吉 林	**1572.41**	**1472.51**	**2966.46**	**851.26**	**2803.05**
农安县	109.81	109.81	294.72	44.21	294.72
永吉县	92.46	85.96	146.00	44.00	146.00
梨树县	73.40	67.52	123.80	27.40	117.80
伊通满族自治县	77.63	65.53	211.92	94.80	175.91
东丰县	65.27	65.27	203.84	62.53	203.84
东辽县	51.62	51.62	100.23	19.13	100.23
通化县	75.56	75.56	97.31	29.01	97.31
辉南县	77.38	77.38	175.73	47.66	175.73
柳河县	62.90	58.67	138.55	48.07	132.89
抚松县	60.11	57.38	118.80	29.64	118.80
靖宇县	67.02	63.94	115.52	34.27	115.52
长白朝鲜族自治县	44.74	38.24	57.69	12.79	48.79
前郭县	64.47	61.51	195.09	69.89	188.58
长岭县	145.31	145.31	182.38	41.78	182.38
乾安县	134.29	94.33	166.60	55.76	132.68
镇赉县	148.93	143.27	223.86	57.95	215.93
通榆县	77.65	77.65	170.00	44.00	122.33
汪清县	93.77	83.47	156.18	62.44	145.37
安图县	50.09	50.09	88.24	25.93	88.24
黑龙江	**4109.64**	**3969.58**	**5151.25**	**1123.72**	**4844.98**
依兰县	129.76	129.58	159.16	31.48	157.94
方正县	58.48	58.48	116.29	38.00	115.70
宾县	136.10	136.10	135.40	27.90	135.40

continued 6

桥梁数（座）Number of Bridges (unit)	大桥及特大桥 Great Bridge and Grand Bridge	立交桥 Intersection	道路照明灯盏数（盏）Number of Road Lamps (unit)	安装路灯道路长度（公里）Length of The Road with Street Lamp (km)	地下综合管廊长度（公里）Length of The Utility Tunnel (km)	新建地下综合管廊长度（公里）Length of The New-built Utility Tunnel (km)
7			4901	42		
6			4069	38		
6			11775	89		
			14986	77		
5			4095	40		
20			3324	75		
			3778	53		
2		1	4193	39		
2			2800	44		
8			5509	77		
15			13727	115		
10			5886	39		
22		3	10076	55		
10	5		1104	26	3.2	0.4
5			10194	97		
15			8793	121		
10			6556	55		
22		1	6371	71		
161	**32**	**10**	**169332**	**1263**		
4		1	12643	88		
12	6		3599	83		
10			12389	68		
11			12639	35		
12	2	2	5554	65		
7	7		6233	52		
16			8398	76		
7		2	9950	61		
14	7		12416	63		
6	1		3006	59		
14			7530	61		
5			6884	45		
			11969	55		
			20143	92		
7			3273	76		
5	1	2	8550	84		
3		2	17056	71		
15	8		4264	82		
13		1	2836	47		
304	**25**	**20**	**192073**	**2523**		
2	2		9563	91		
4			5065	51		
18	18		4604	63		

7-2 续表7

县名称 Name of Counties	道 路 长 度 （公里） Length of Roads （km）	建成区 In Built District	道 路 面 积 （万平方米） Surface Area of Roads （10000 sq. m）	人行道 面 积 Surface Area of Sidewalks	建成区 In Built District
巴彦县	189.35	187.35	157.44	6.10	149.35
木兰县	128.35	128.00	103.74	22.91	73.20
通河县	93.14	93.14	94.62	13.57	94.62
延寿县	149.30	147.70	181.15	52.54	181.08
龙江县	103.33	103.10	196.70	47.02	195.68
依安县	100.35	100.35	139.71	35.70	139.71
泰来县	54.37	54.37	106.31	44.24	87.31
甘南县	59.12	59.12	96.91	14.19	96.91
富裕县	64.00	64.00	88.35	6.85	88.35
克山县	60.49	58.49	74.49	10.12	74.49
克东县	37.00	37.00	55.40	8.00	55.40
拜泉县	59.72	59.72	65.58	7.00	65.58
鸡东县	40.62	40.49	50.95	11.14	50.95
萝北县	83.53	83.53	122.66	31.85	122.66
绥滨县	62.28	51.28	84.13	30.81	84.13
集贤县	108.71	108.71	140.82	35.17	140.82
友谊县	43.54	43.54	86.63	25.15	86.63
宝清县	181.24	163.84	185.68	24.82	167.39
饶河县	65.43	62.90	69.63	13.25	67.89
肇州县	43.52	43.52	74.60	24.48	74.60
肇源县	54.74	54.74	119.90	41.06	119.90
林甸县	127.00	127.00	142.00	55.00	142.00
杜尔伯特蒙古族自治县	39.35	39.35	72.26	11.76	72.26
嘉荫县	38.04	38.04	49.38	9.40	50.08
汤旺县	95.76	95.76	77.54	17.91	77.54
丰林县	159.21	159.21	140.62	45.24	140.62
大箐山县	47.26	47.26	40.08	2.96	40.08
南岔县	182.18	182.18	167.17	46.00	167.17
桦南县	93.65	93.65	121.97	17.82	121.57
桦川县	83.86	83.00	118.04	33.60	117.31
汤原县	78.39	5.60	144.14	35.37	10.50
勃利县	98.69	98.69	107.82	22.74	107.48
林口县	131.83	129.49	218.44	26.98	209.55
逊克县	48.35	48.35	61.70	13.58	61.70
孙吴县	42.42	36.20	51.40	11.84	30.13
望奎县	93.18	90.62	141.45	25.42	131.95
兰西县	74.51	72.71	133.60	13.50	131.60
青冈县	119.17	118.10	129.78	32.76	129.78
庆安县	54.47	54.47	121.68	28.78	121.68
明水县	61.30	61.30	69.65	12.97	70.85
绥棱县	84.34	84.34	94.39	12.01	93.59
呼玛县	62.30	62.30	42.11	5.69	42.11
塔河县	83.71	68.71	67.89	5.73	17.85

continued 7

桥梁数（座）Number of Bridges (unit)	大桥及特大桥 Great Bridge and Grand Bridge	立交桥 Intersection	道路照明灯盏数（盏）Number of Road Lamps (unit)	安装路灯道路长度（公里）Length of The Road with Street Lamp (km)	地下综合管廊长度（公里）Length of The Utility Tunnel (km)	新建地下综合管廊长度（公里）Length of The New-built Utility Tunnel (km)
4			2871	37		
6			5163	35		
10			5775	67		
30			7060	139		
11		2	4826	103		
1		1	4503	54		
4		4	2749	50		
4			2373	46		
1			2836	52		
10			3799	59		
			3180	37		
1			4220	22		
23			1770	28		
			2038	71		
			1641	33		
9		1	3839	55		
			3020	41		
10			2958	104		
3			4938	62		
3			1817	42		
			2711	55		
1		1	2109	38		
2		2	1605	38		
1			1260	31		
12	2		2106	41		
8			3976	72		
5			682	9		
7			2980	40		
1		1	10599	89		
5			7504	84		
9		1	7826	74		
16		1	6695	69		
46		3	3401	48		
3			2168	19		
10			2535	40		
			17000	60		
2		2	2492	24		
			5269	60		
2			2179	54		
3			4211	39		
			3888	49		
1	1		1126	21		
3		2	1930	40		

7-2 续表 8

县名称 Name of Counties	道路长度（公里） Length of Roads (km)	建成区 In Built District	道路面积（万平方米） Surface Area of Roads (10000 sq. m)	人行道面积 Surface Area of Sidewalks	建成区 In Built District
加格达奇区	104.20	104.20	131.89	33.31	131.89
江 苏	**5812.18**	**4962.36**	**12102.54**	**2483.23**	**10124.71**
丰 县	265.46	181.85	654.91	185.61	434.27
沛 县	369.51	286.24	937.09	198.45	553.47
睢宁县	214.60	198.10	567.60	133.63	484.56
如东县	297.39	286.54	705.79	150.64	671.83
东海县	371.79	231.37	860.02	85.20	457.32
灌云县	218.58	165.30	465.64	117.19	341.50
灌南县	267.40	267.40	590.84	48.72	590.84
涟水县	414.35	303.87	693.98	106.78	381.59
盱眙县	269.44	269.44	526.37	67.35	526.37
金湖县	287.83	287.83	346.00	65.00	346.00
响水县	165.81	135.93	278.89	75.85	270.85
滨海县	202.87	202.87	630.02	137.59	630.02
阜宁县	240.23	117.86	530.37	159.09	368.02
射阳县	321.45	228.37	492.55	131.76	358.15
建湖县	216.26	136.40	455.62	116.41	359.56
宝应县	277.84	277.84	543.55	149.10	543.55
沭阳县	612.35	604.48	1315.67	279.41	1315.65
泗阳县	394.46	393.46	753.37	174.21	753.37
泗洪县	404.56	387.21	754.26	101.24	737.79
浙 江	**7064.94**	**6160.91**	**11900.11**	**2686.26**	**10692.63**
桐庐县	225.71	215.53	347.61	92.54	352.09
淳安县	196.17	180.27	303.80	71.33	303.80
象山县	534.79	460.07	955.36	230.39	764.74
宁海县	496.11	475.51	806.42	127.84	806.42
永嘉县	110.29	84.84	160.53	44.12	142.65
平阳县	109.28	92.43	136.23	43.71	113.56
苍南县	172.32	154.56	335.16	82.38	287.23
文成县	59.11	49.10	72.13	14.51	68.79
泰顺县	68.91	66.67	101.31	16.24	97.47
嘉善县	444.27	435.20	676.81	147.74	660.65
海盐县	236.90	236.90	563.13	166.10	510.67
德清县	339.85	337.46	795.49	184.96	784.87
长兴县	396.27	393.24	1028.45	220.55	1022.49
安吉县	557.33	324.74	938.57	130.88	567.04
新昌县	433.55	397.87	585.49	122.85	501.03
武义县	447.46	221.72	527.63	101.75	392.10
浦江县	222.28	220.28	472.77	127.87	467.28
磐安县	62.69	60.46	84.61	20.65	82.41
常山县	181.83	181.83	232.04	48.85	226.10
开化县	138.51	138.51	162.41	48.76	162.42
龙游县	140.92	139.87	176.02	58.28	174.66

continued 8

桥梁数（座）Number of Bridges (unit)	大桥及特大桥 Great Bridge and Grand Bridge	立交桥 Intersection	道路照明灯盏数（盏）Number of Road Lamps (unit)	安装路灯道路长度（公里）Length of The Road with Street Lamp (km)	地下综合管廊长度（公里）Length of The Utility Tunnel (km)	新建地下综合管廊长度（公里）Length of The New-built Utility Tunnel (km)
13		1	5213	91		
795	**89**	**10**	**442771**	**5275**	**6.3**	
31			18462	188		
39	1		20956	253		
85	6		25610	215		
75	8		22803	297		
31		6	23818	374		
51		3	11635	285		
10			11912	230		
28	6		14262	353	6.3	
9			20710	263		
60			16977	292		
16	3		14368	150		
44			20643	203		
25	6		21710	240		
18			19215	286		
46	46		41021	216		
70			23106	278		
57	3		66744	545		
36			25854	285		
64	10	1	22965	323		
1605	**108**	**33**	**375099**	**5721**	**4.6**	**2.4**
6	5		16425	138		
20	3		16385	99		
154			14019	338		
62	4		45333	472	1.2	
33	1	14	4641	99		
54		2	5366	109		
65	2		9485	165		
27			2596	36		
2			4900	55		
209	1	4	17251	275		
164	4		11679	237		
82	5	1	35279	333		
131	1	4	17495	394		
34		1	21214	353	1.6	1.6
58	10	3	11160	244		
42	14	1	13172	327		
41			10852	220		
18			2641	53	1.5	0.5
19	5		18931	165	0.2	0.2
52	4		6942	139		
12	5		7436	141		

7-2 续表9

县名称 Name of Counties	道 路 长 度 (公里) Length of Roads (km)	建成区 In Built District	道 路 面 积 (万平方米) Surface Area of Roads (10000 sq. m)	人行道 面 积 Surface Area of Sidewalks	建成区 In Built District
岱山县	107.87	86.35	186.17	23.71	141.74
嵊泗县	27.86	27.86	29.41	5.71	29.41
三门县	177.82	161.11	265.40	68.78	253.60
天台县	234.91	233.65	536.66	100.47	534.90
仙居县	163.06	162.82	294.75	113.35	287.34
青田县	99.95	93.79	136.79	23.61	116.94
缙云县	120.90	101.97	198.72	46.77	170.36
遂昌县	131.65	63.68	179.13	33.73	122.00
松阳县	134.63	122.90	182.07	44.14	147.78
云和县	129.40	86.41	209.40	51.80	192.65
庆元县	105.04	96.01	143.04	54.46	130.84
景宁县	57.30	57.30	76.60	17.43	76.60
安 徽	10329.84	9163.45	23813.21	5598.62	21141.97
长丰县	187.55	130.30	376.40	54.23	303.60
肥西县	397.41	273.88	893.05	192.54	851.05
肥东县	195.48	195.48	590.37	90.30	590.37
庐江县	303.92	270.70	818.85	177.47	680.80
南陵县	236.23	204.40	456.19	34.54	395.99
怀远县	268.30	268.30	407.53	92.93	407.53
五河县	226.71	226.71	549.34	134.03	549.34
固镇县	181.03	176.11	411.55	98.80	399.25
凤台县	158.56	130.83	281.32	60.64	229.08
寿 县	213.31	167.49	532.92	110.56	412.63
当涂县	135.60	135.20	330.30	61.00	330.30
含山县	115.84	102.37	270.55	56.41	192.28
和 县	109.70	93.59	244.61	56.40	211.49
濉溪县	193.97	193.97	442.91	175.00	442.91
枞阳县	105.25	100.97	203.44	54.19	191.30
怀宁县	164.97	106.29	508.45	169.95	335.85
太湖县	97.40	97.00	311.01	104.64	310.00
宿松县	240.33	201.97	374.35	120.57	296.02
望江县	134.47	99.88	302.00	76.06	215.29
岳西县	59.13	48.88	105.46	38.62	83.00
歙 县	139.00	127.77	223.50	30.00	223.50
休宁县	73.39	73.39	129.81	48.62	129.81
黟 县	74.32	49.51	194.17	53.96	162.60
祁门县	60.45	60.45	107.96	34.28	107.96
来安县	340.60	298.95	702.63	191.01	642.23
全椒县	235.99	235.99	535.25	176.14	535.25
定远县	327.29	272.30	751.18	148.25	587.31
凤阳县	334.20	334.20	802.14	292.81	802.14
临泉县	326.25	313.05	704.42	120.73	646.92
太和县	235.09	235.09	840.22	197.97	840.22

continued 9

桥梁数（座）Number of Bridges (unit)	大桥及特大桥 Great Bridge and Grand Bridge	立交桥 Intersection	道路照明灯盏数（盏）Number of Road Lamps (unit)	安装路灯道路长度（公里）Length of The Road with Street Lamp (km)	地下综合管廊长度（公里）Length of The Utility Tunnel (km)	新建地下综合管廊长度（公里）Length of The New-built Utility Tunnel (km)
21			3597	60		
			3679	28		
45	7	1	6893	156		
61	9	1	14658	201		
21	9	1	10262	214		
15	7		10234	99		
17			5510	120		
34	3		6295	64		
4	4		8396	133		
34	1		4982	129		
56	3		3609	70		
12	1		3782	57		
1564	**76**	**26**	**668955**	**9219**	**99.7**	
16	9		10240	170		
57			37660	397	13.6	
31	7	1	26072	220		
43	5	5	22312	262		
38			14547	171		
10	1	9	5200	88		
34			12205	212		
17	4	3	7313	161		
9	2		11948	137		
18			15046	280		
18	1	1	5103	127		
12	4		3570	97		
5			8455	87		
36	7		22661	130		
5	2		5302	81		
46	1		12360	158		
9			12073	96	2.5	
18			15043	161		
13			11154	114		
35	9	2	8534	57		
15			8211	100		
6			4800	73		
9			3310	52		
16	2		3140	60		
23	2		12840	247		
31			14049	236		
34			21602	327		
24			18670	331		
73			21036	306	11.9	
59			21149	238		

7-2 续表 10

县名称 Name of Counties	道 路 长 度（公里） Length of Roads (km)	建成区 In Built District	道 路 面 积（万平方米） Surface Area of Roads (10000 sq. m)	人行道 面 积 Surface Area of Sidewalks	建成区 In Built District
阜南县	241.94	233.44	559.59	101.51	532.61
颍上县	494.29	375.25	918.90	112.17	682.63
砀山县	249.08	224.19	712.07	99.38	506.77
萧　县	295.56	295.56	708.95	207.74	708.95
灵璧县	284.02	232.20	795.71	168.37	664.69
泗　县	341.71	238.88	763.04	184.86	431.05
霍邱县	193.93	168.48	459.88	72.53	366.47
舒城县	236.06	233.20	575.09	89.20	571.94
金寨县	263.84	233.07	647.01	139.45	582.30
霍山县	196.50	196.50	468.01	114.55	468.01
涡阳县	328.53	271.81	792.55	195.48	725.44
蒙城县	326.39	324.06	978.15	303.22	978.15
利辛县	246.56	178.00	531.50	122.50	363.60
东至县	114.15	108.09	221.01	44.65	208.78
石台县	46.13	46.13	57.36	9.41	57.36
青阳县	121.94	120.47	261.38	59.35	261.38
郎溪县	155.16	155.16	367.76	114.11	367.76
泾　县	129.40	129.40	260.92	98.41	260.92
绩溪县	131.06	117.75	225.95	66.20	200.44
旌德县	61.85	56.79	106.50	42.88	96.70
福　建	**5812.51**	**5044.82**	**9543.80**	**2143.67**	**8412.76**
闽侯县	208.82	139.35	366.99	101.93	252.38
连江县	156.41	156.31	247.27	65.28	247.27
罗源县	106.16	74.53	170.11	42.35	119.38
闽清县	31.23	31.23	48.11	13.33	48.11
永泰县	111.52	111.52	155.71	38.22	155.71
仙游县	296.10	292.60	551.70	134.80	483.93
明溪县	71.78	67.71	126.62	29.89	101.59
清流县	61.88	61.88	130.17	33.15	130.17
宁化县	145.99	145.99	255.74	57.97	256.13
大田县	74.16	73.95	105.30	35.20	105.10
尤溪县	82.49	79.48	117.26	33.52	101.78
将乐县	89.66	89.66	162.69	36.53	162.68
泰宁县	78.41	74.95	147.19	21.53	141.26
建宁县	70.03	68.50	104.80	12.80	103.60
惠安县	176.34	173.14	361.91	52.10	301.74
安溪县	491.43	256.87	890.00	125.00	393.20
永春县	299.02	288.99	266.24	94.49	273.05
德化县	563.80	276.80	462.81	91.91	462.81
云霄县	259.86	259.86	512.67	110.79	512.67
漳浦县	176.60	176.60	384.85	93.00	356.97
诏安县	116.12	116.12	304.50	47.29	293.50
东山县	55.29	47.63	115.60	29.20	115.60

continued 10

桥梁数（座）Number of Bridges (unit)	大桥及特大桥 Great Bridge and Grand Bridge	立交桥 Intersection	道路照明灯盏数（盏）Number of Road Lamps (unit)	安装路灯道路长度（公里）Length of The Road with Street Lamp (km)	地下综合管廊长度（公里）Length of The Utility Tunnel (km)	新建地下综合管廊长度（公里）Length of The New-built Utility Tunnel (km)
54		1	11585	193		
107	6		26763	550		
48	1	1	21353	192		
39	3	1	11281	295		
40	2		19554	219		
65	2		13423	289	0.4	
7			19970	187		
28			19925	196		
23	4		20959	176	71.3	
17			12184	208		
97	2	2	13890	304		
96			26279	320		
78			10468	208		
23			3072	87		
6			2289	46		
15			4788	120		
2			13079	139		
20			6470	129		
17			10411	127		
22			5607	57		
672	**108**	**12**	**437100**	**4736**	**113.4**	**0.1**
47	11		17964	187		
26	4		15552	155		
4			6610	96		
9	7		1106	33		
13	5		3028	61		
9	5		34212	179		
10			3291	58		
7			3472	61		
19	7	1	6599	130	9.9	0.1
1			3933	65		
23	8		4597	82		
6			4865	89		
16			5020	64		
9			4050	51		
3			7100	126		
30	10		34163	224		
25		2	21872	224		
37		3	19208	155		
15	4		15120	165		
18	1	1	12465	177	5.1	
7			4352	87		
			12085	135		

7-2 续表11

县名称 Name of Counties	道路长度 (公里) Length of Roads (km)	建成区 In Built District	道路面积 (万平方米) Surface Area of Roads (10000 sq.m)	人行道面积 Surface Area of Sidewalks	建成区 In Built District
南靖县	120.47	120.47	166.73	51.85	166.73
平和县	135.27	120.61	278.25	44.94	197.90
华安县	68.50	46.24	81.70	23.00	65.91
顺昌县	64.88	64.88	101.60	25.55	100.58
浦城县	104.34	104.34	137.30	24.30	137.30
光泽县	69.26	69.26	95.77	24.87	95.77
松溪县	77.00	65.00	133.00	40.50	116.00
政和县	47.10	47.10	83.30	28.67	83.30
长汀县	232.32	228.54	381.71	59.55	381.04
上杭县	142.31	142.31	302.70	90.00	302.70
武平县	97.37	97.37	186.26	48.90	186.26
连城县	101.19	101.19	174.46	39.24	174.46
霞浦县	130.01	130.01	318.77	54.47	275.92
古田县	100.44	100.44	139.15	20.58	139.15
屏南县	100.73	100.73	92.00	18.50	92.00
寿宁县	35.70	33.70	50.20	10.94	50.20
周宁县	96.94	96.94	121.37	21.93	121.37
柘荣县	62.66	62.66	84.76	13.76	84.76
平潭县	302.92	249.36	626.53	201.84	522.78
江 西	9795.38	8828.90	19197.46	4551.13	17113.36
南昌县	410.85	290.64	799.18	86.46	747.11
安义县	90.08	80.50	203.93	84.49	179.50
进贤县	153.66	145.38	292.32	32.05	287.30
浮梁县	54.59	54.59	151.52	73.31	151.52
莲花县	91.62	72.85	149.81	38.27	149.81
上栗县	163.51	121.85	226.20	67.42	180.03
芦溪县	63.31	62.31	158.40	38.60	162.42
武宁县	99.30	99.30	269.78	77.46	269.78
修水县	189.27	180.35	351.55	69.30	342.29
永修县	101.93	94.74	224.50	40.30	196.31
德安县	169.24	135.70	326.37	72.68	241.62
都昌县	197.15	126.45	354.83	81.45	184.28
湖口县	52.36	52.36	128.54	27.86	128.54
彭泽县	93.74	68.00	176.00	45.60	146.00
分宜县	92.52	92.52	247.35	67.51	247.35
信丰县	371.14	371.14	694.70	108.90	694.70
大余县	144.25	144.25	237.72	39.34	237.72
上犹县	178.08	174.73	227.92	77.76	139.33
崇义县	71.29	67.09	109.66	24.53	109.66
安远县	129.64	129.64	253.46	68.42	253.46
定南县	114.94	109.28	195.39	44.37	182.46
全南县	111.09	102.26	184.60	35.20	178.62
宁都县	388.10	323.30	449.00	98.20	408.90

continued 11

桥梁数（座）Number of Bridges (unit)	大桥及特大桥 Great Bridge and Grand Bridge	立交桥 Intersection	道路照明灯盏数（盏）Number of Road Lamps (unit)	安装路灯道路长度（公里）Length of The Road with Street Lamp (km)	地下综合管廊长度（公里）Length of The Utility Tunnel (km)	新建地下综合管廊长度（公里）Length of The New-built Utility Tunnel (km)
8			11316	105		
11	3		10496	133		
10	8	1	2225	55		
10	7		16615	66		
8	8		6100	104		
9	8		2142	46		
10			1600	37		
8			2455	43		
14			17158	447		
13			24585	139		
15	2		8010	106		
18			6976	96		
32			12043	66		
33		4	11588	58		
30			3689	59		
21			2149	43		
17			2549	61		
14			3066	29		
57	10		51674	442	98.5	
836	**190**	**28**	**663261**	**8873**	**14.1**	**2.7**
30	3	4	39759	785	7.8	0.1
9	3	1	3372	36		
1		1	9625	171		
4	4		10651	55		
9	9		9970	71		
17			8423	169		
13			2285	46		
27		1	5736	90		
21	3	1	9650	132		
6		3	2720	45		
18	1	2	8812	188		
5			11407	176		
4			3824	52		
2			6873	95		
5		5	7041	93		
20	15		32195	369		
37			6333	144		
23			14904	187		
24			9800	66		
16			9418	130		
38			7394	115		
13	5		10213	95		
28	8	2	16800	210		

7-2 续表12

县名称 Name of Counties	道路长度 (公里) Length of Roads (km)	建成区 In Built District	道路面积 (万平方米) Surface Area of Roads (10000 sq. m)	人行道面积 Surface Area of Sidewalks	建成区 In Built District
于都县	291.34	266.80	542.80	160.80	531.60
兴国县	327.00	285.00	583.00	118.00	623.00
会昌县	179.77	179.77	266.17	68.95	266.17
寻乌县	132.32	132.32	234.02	80.99	234.02
石城县	155.84	155.84	242.59	58.73	242.59
吉安县	206.80	159.15	437.56	150.19	415.64
吉水县	132.85	108.90	332.12	99.63	293.55
峡江县	62.89	57.53	194.10	62.47	178.58
新干县	155.58	155.58	323.78	83.31	323.77
永丰县	179.19	136.73	331.03	56.38	226.44
泰和县	235.21	232.02	520.01	113.66	507.81
遂川县	167.32	138.60	281.10	90.80	211.90
万安县	149.24	149.24	292.70	65.50	292.60
安福县	122.00	105.00	273.00	60.00	199.00
永新县	167.50	153.45	609.48	143.05	493.50
奉新县	156.05	150.56	317.12	80.60	282.52
万载县	164.83	163.63	312.41	76.09	312.41
上高县	185.80	183.12	500.87	70.95	481.89
宜丰县	81.40	76.36	251.06	31.20	249.49
靖安县	113.51	90.98	215.61	67.58	153.50
铜鼓县	77.83	61.35	119.88	21.90	117.42
南城县	190.00	190.00	396.50	147.40	266.30
黎川县	174.14	174.14	280.01	103.34	280.01
南丰县	145.35	138.58	365.80	95.70	325.80
崇仁县	226.90	226.90	331.57	95.21	331.57
乐安县	139.21	125.25	256.98	55.15	244.96
宜黄县	73.38	71.18	106.92	32.61	106.92
金溪县	191.83	159.85	286.63	127.99	262.00
资溪县	53.33	43.75	141.52	37.07	138.23
广昌县	103.97	102.83	211.63	43.71	210.80
玉山县	284.20	215.30	797.00	128.50	375.80
铅山县	181.60	138.20	324.00	79.00	240.00
横峰县	68.07	61.40	132.60	38.10	127.60
弋阳县	285.77	285.77	429.44	77.90	429.44
余干县	130.91	120.38	458.22	85.54	409.32
鄱阳县	240.81	240.81	441.50	64.00	377.50
万年县	212.20	179.50	407.50	131.50	299.90
婺源县	117.78	113.90	236.50	48.15	231.10
山 东	**11551.64**	**9943.03**	**23956.31**	**4885.84**	**21255.89**
平阴县	110.85	101.10	240.21	44.54	226.59
商河县	158.34	136.84	370.37	74.91	323.07
桓台县	175.31	162.90	369.17	95.06	363.76
高青县	128.90	128.90	279.17	44.22	279.17

continued 12

桥梁数（座） Number of Bridges (unit)	大桥及特大桥 Great Bridge and Grand Bridge	立交桥 Intersection	道路照明灯盏数（盏） Number of Road Lamps (unit)	安装路灯道路长度（公里） Length of The Road with Street Lamp (km)	地下综合管廊长度（公里） Length of The Utility Tunnel (km)	新建地下综合管廊长度（公里） Length of The New-built Utility Tunnel (km)
5	5		18249	253		
29			7688	190		
10			20436	172		
17			8293	103		
21	8		8126	155		
7			10261	178		
7	4		10731	123		
2			3300	54		
14	10		14581	155	2.6	2.6
20	2		9866	152		
6	1	1	15030	156		
6			7568	158		
9	2		6637	99	3.7	
10	4		6461	116		
6			6862	133		
5	5		18448	136		
17			16677	173		
10		2	11352	90		
23	5		10941	73		
4	4		10080	102		
16	16		5669	84		
16	16		23573	194		
7	3		9784	97		
5	5		11770	150		
24	4		15414	156		
13			8461	143		
10	10		7730	73		
20			16220	127		
22	5		6276	58		
21	6		8936	104		
10			10520	216		
21	5	1	9951	248		
2	2		4200	47		
7	4		13280	180		
3	3		12230	131		
2			15645	242		
29		4	8540	213		
10	10		6270	120		
1757	**63**	**22**	**639849**	**8541**	**54.4**	**0.5**
31	1		7556	94		
36			14469	100		
12			11782	162	5.1	
12			5438	71	2.2	

7-2 续表 13

县名称 Name of Counties	道 路 长 度 （公里） Length of Roads (km)	建成区 In Built District	道 路 面 积 （万平方米） Surface Area of Roads (10000 sq. m)	人行道 面 积 Surface Area of Sidewalks	建成区 In Built District
沂源县	251.29	251.29	535.92	106.01	535.92
利津县	134.49	80.88	329.65	92.04	198.16
广饶县	152.36	121.81	399.87	85.64	308.04
临朐县	283.36	236.64	744.41	186.98	633.36
昌乐县	398.21	269.62	759.92	113.09	641.15
微山县	171.97	157.35	429.37	80.73	414.10
鱼台县	144.36	130.08	325.46	41.47	320.46
金乡县	197.47	195.40	472.44	113.84	468.80
嘉祥县	192.07	192.07	339.67	97.77	339.47
汶上县	185.85	185.85	314.03	64.11	314.03
泗水县	196.10	158.60	300.75	47.83	275.50
梁山县	168.83	166.91	337.59	62.88	337.59
宁阳县	146.56	146.56	381.38	90.16	381.38
东平县	337.03	337.03	562.27	125.64	562.27
五莲县	178.71	116.24	406.08	83.30	277.85
莒县	259.81	259.81	529.56	51.90	529.33
沂南县	215.27	211.29	444.87	95.90	433.55
郯城县	267.98	252.74	594.22	133.74	538.02
沂水县	590.97	572.83	713.62	185.51	712.38
兰陵县	567.05	412.75	812.16	215.63	522.65
费县	236.01	235.22	361.77	56.63	361.77
平邑县	321.99	321.99	479.06	181.05	479.06
莒南县	339.53	223.01	718.23	115.20	401.47
蒙阴县	155.76	141.26	266.28	53.48	256.71
临沭县	144.68	109.54	327.89	58.20	238.54
宁津县	121.96	121.96	353.38	88.64	353.38
庆云县	198.85	192.89	279.51	94.00	269.51
临邑县	232.18	232.18	377.20	96.53	377.20
齐河县	453.74	375.01	902.71	157.63	735.83
平原县	233.05	233.05	431.33	87.21	431.33
夏津县	184.76	178.87	455.36	108.96	455.36
武城县	148.36	148.36	366.12	102.31	366.12
阳谷县	155.84	130.64	422.63	109.66	367.19
莘县	225.89	159.04	444.55	60.28	443.07
东阿县	127.49	127.49	256.71	59.59	256.71
冠县	403.68	110.10	599.78	72.30	316.48
高唐县	169.06	134.16	497.93	72.47	441.40
惠民县	128.65	102.33	232.91	51.04	232.91
阳信县	162.32	160.80	447.36	74.09	441.62
无棣县	179.35	166.65	498.39	106.90	416.09
博兴县	172.89	172.89	393.64	42.01	393.64
曹县	262.20	207.34	568.01	76.47	485.85
单县	235.57	235.57	713.70	124.96	713.70

continued 13

桥梁数（座）Number of Bridges (unit)	大桥及特大桥 Great Bridge and Grand Bridge	立交桥 Intersection	道路照明灯盏数（盏）Number of Road Lamps (unit)	安装路灯道路长度（公里）Length of The Road with Street Lamp (km)	地下综合管廊长度（公里）Length of The Utility Tunnel (km)	新建地下综合管廊长度（公里）Length of The New-built Utility Tunnel (km)
54	10	1	7003	137		
31	1		12666	95		
13			10186	149		
46	6		21207	283	2.7	
50	2	2	19565	304	0.5	0.5
29			18490	165		
9			11473	91	3.0	
17			5768	134		
18			11968	185		
29			11582	100		
29	3	1	9198	150	1.9	
12			8696	84	1.5	
21			13711	130		
26	2		9623	156		
21			8679	112	4.3	
105	9		16436	256	15.4	
36			12197	200		
50			28129	295		
30	9		32039	549		
47		1	12835	226		
60			12466	209		
36			17255	320		
43	4		22543	336		
19			18711	119		
36	2		12769	143	3.3	
35			10869	120		
16			4182	93		
23			6286	232		
86		5	27447	204	2.8	
52		3	12173	136	2.1	
21			6980	175	1.0	
48			7513	148		
92	1		13512	123		
12			16917	115	5.1	
15			6459	111	1.7	
23			14014	116		
19			8205	96		
29			12529	128		
18			5346	160		
23			10005	121		
29		2	6024	123	1.7	
32			15492	111		
32	1		11253	110		

7-2 续表14

县名称 Name of Counties	道 路 长 度 （公里） Length of Roads (km)	建成区 In Built District	道 路 面 积 （万平方米） Surface Area of Roads (10000 sq. m)	人行道 面 积 Surface Area of Sidewalks	建成区 In Built District
成武县	193.89	123.48	397.49	83.18	249.51
巨野县	164.03	125.36	515.95	100.88	385.73
郓城县	239.68	210.10	814.01	105.12	725.26
鄄城县	172.73	110.22	391.92	87.30	293.82
东明县	174.36	168.03	450.33	126.85	430.03
河 南	**12458.06**	**11273.89**	**28974.94**	**6899.82**	**26254.80**
中牟县	167.24	156.33	394.84	108.40	363.77
杞 县	123.65	118.11	313.34	71.83	299.20
通许县	97.45	94.29	239.10	64.53	212.85
尉氏县	187.90	136.48	471.05	119.74	385.46
兰考县	401.93	349.85	669.82	182.00	605.55
新安县	131.10	105.89	235.61	64.08	192.69
栾川县	83.60	81.90	157.72	36.41	149.94
嵩 县	65.25	63.00	184.89	43.40	176.60
汝阳县	73.28	61.20	169.65	27.34	135.59
宜阳县	170.99	170.99	415.16	116.00	424.67
洛宁县	79.26	79.26	218.41	70.14	153.50
伊川县	75.04	62.81	219.98	62.15	183.56
宝丰县	67.25	52.60	181.18	39.47	142.87
叶 县	102.15	79.33	241.61	20.49	146.82
鲁山县	88.52	77.10	184.54	62.32	150.75
郏 县	134.03	104.89	301.93	84.33	243.65
安阳县	121.48	120.51	413.91	86.35	431.90
汤阴县	159.94	157.78	438.47	82.14	433.21
滑 县	241.71	241.71	598.80	127.71	574.17
内黄县	143.21	138.60	318.54	51.14	308.72
浚 县	116.06	116.06	280.77	67.33	280.77
淇 县	87.56	87.00	212.56	53.09	212.76
新乡县	56.91	47.68	144.84	34.37	125.05
获嘉县	153.11	137.53	301.86	54.57	265.44
原阳县	106.50	88.94	235.97	58.62	181.27
延津县	97.87	95.04	281.13	72.70	253.00
封丘县	103.58	90.62	278.65	92.32	242.09
修武县	111.46	111.46	249.59	50.84	246.00
博爱县	110.40	100.00	247.48	58.30	234.00
武陟县	204.72	193.72	393.58	81.65	379.28
温 县	119.38	114.73	290.12	55.87	278.64
清丰县	128.19	128.19	316.20	64.46	316.20
南乐县	90.18	89.90	261.28	72.05	260.40
范 县	80.98	80.98	199.10	49.62	199.10
台前县	112.86	108.13	265.89	77.34	254.96
濮阳县	197.81	175.05	446.87	85.99	324.51
鄢陵县	165.49	129.78	360.96	67.71	336.45

continued 14

桥梁数（座） Number of Bridges (unit)	大桥及特大桥 Great Bridge and Grand Bridge	立交桥 Intersection	道路照明灯盏数（盏） Number of Road Lamps (unit)	安装路灯道路长度（公里） Length of The Road with Street Lamp (km)	地下综合管廊长度（公里） Length of The Utility Tunnel (km)	新建地下综合管廊长度（公里） Length of The New-built Utility Tunnel (km)
47	1		10242	185		
16	4	3	4468	103		
28	6		7634	229		
40			3700	111		
63	1	4	14159	136		
1786	55	28	641921	9237	9.7	3.0
12		5	11149	166		
17			3697	76		
20			4834	90		
49			6851	131		
30	2	1	15875	162		
4	3	1	3630	70		
20			9883	83		
10			4310	30		
16	3		4518	63		
9	1		9473	168		
8			6085	64		
12			12971	75		
15			4360	54		
32			3528	37		
37		1	4695	86		
14			8286	125		
16			7685	96		
26			10261	153		
42			12274	242		
5			5644	99		
17			4137	97		
5		3	5261	84		
7			5191	30		
19	1	3	9600	81		
19			6450	95		
23			7477	73		
14			3349	29		
15		3	5338	109		
23			2570	63		
12			5497	110		
10			3768	82		
13			6918	116		
8			4660	74		
1	1		4076	76		
24			4601	91		
17			15968	184		
17			8414	85		

7-2 续表15

县名称 Name of Counties	道 路 长 度 （公里） Length of Roads （km）	建成区 In Built District	道 路 面 积 （万平方米） Surface Area of Roads （10000 sq. m）	人行道 面 积 Surface Area of Sidewalks	建成区 In Built District
襄城县	132.44	102.75	350.00	97.75	291.10
舞阳县	124.60	97.29	229.64	34.02	171.54
临颍县	244.47	237.80	476.49	93.81	458.03
渑池县	77.11	73.90	180.30	27.54	162.40
卢氏县	97.42	69.31	214.00	43.53	178.17
南召县	180.20	147.80	331.93	81.38	295.95
方城县	268.25	268.25	531.76	143.39	531.76
西峡县	161.74	161.74	454.39	135.51	454.39
镇平县	168.76	141.24	513.32	159.12	410.43
内乡县	153.15	111.78	408.38	112.16	342.73
淅川县	125.19	124.89	290.04	94.35	287.76
社旗县	230.97	230.97	415.43	96.80	415.43
唐河县	232.60	232.60	660.84	165.64	660.84
新野县	199.77	191.04	463.85	162.05	463.85
桐柏县	142.85	142.06	294.60	33.95	287.52
民权县	174.01	174.01	402.78	49.29	399.46
睢县	114.45	92.90	332.21	63.91	291.31
宁陵县	98.31	30.41	241.85	42.38	189.69
柘城县	122.66	93.02	254.07	36.71	188.58
虞城县	126.96	95.96	285.80	64.60	253.64
夏邑县	154.45	154.45	382.34	80.82	382.34
罗山县	110.73	103.00	281.44	48.28	240.50
光山县	77.00	58.45	149.92	31.67	110.90
新县	98.48	95.62	180.32	55.90	175.15
商城县	114.76	112.49	205.44	64.17	128.94
固始县	338.22	333.42	619.19	79.69	619.19
潢川县	154.87	135.32	427.12	99.86	538.40
淮滨县	209.21	175.50	475.89	126.86	415.42
息县	116.53	108.14	299.88	95.76	281.80
扶沟县	185.36	157.52	410.80	151.17	362.58
西华县	125.26	119.58	266.67	33.64	258.12
商水县	108.41	101.83	244.55	75.56	190.02
沈丘县	151.03	150.46	260.88	44.83	265.71
郸城县	235.36	191.33	643.53	144.33	461.55
太康县	175.99	167.93	393.26	99.47	363.37
鹿邑县	364.12	362.35	885.17	240.37	885.17
西平县	161.15	130.99	371.45	70.15	298.27
上蔡县	209.22	108.38	448.15	96.29	357.92
平舆县	221.83	179.69	496.93	122.33	361.72
正阳县	146.54	121.94	358.13	73.99	339.76
确山县	212.26	195.11	535.07	98.40	472.64
泌阳县	169.43	164.81	491.18	94.87	480.40
汝南县	227.41	221.93	439.32	144.20	280.79

continued 15

桥梁数（座）Number of Bridges (unit)	大桥及特大桥 Great Bridge and Grand Bridge	立交桥 Intersection	道路照明灯盏数（盏）Number of Road Lamps (unit)	安装路灯道路长度（公里）Length of The Road with Street Lamp (km)	地下综合管廊长度（公里）Length of The Utility Tunnel (km)	新建地下综合管廊长度（公里）Length of The New-built Utility Tunnel (km)
2			5273	75		
			4554	98		
5			11256	234		
8			2164	36		
13			2358	29	1.2	0.7
24			5134	107		
24			8591	200		
37			5119	127		
53			10856	118		
19			11313	110		
42	5		10803	97		
9			8894	156		
40			14752	186		
32	1		7816	168		
56			8542	135		
36		3	21984	157		
18			15377	114		
89			6010	84		
5			13187	112		
28			5500	96		
3			4049	69		
29			7817	106		
32			5909	77		
54			6163	93		
21			4522	74		
12			11941	174		
13	7		10320	123		
4	1	3	8524	162		
16	1		9189	99		
11			4323	44		
11	11		11788	112		
28			5430	136		
6	2		4865	106		
15			9335	108		
24			9747	171		
69	3		20787	283		
23			15454	161		
39			5221	123	2.3	2.3
47			10079	123		
23			1908	48		
6	1	5	4464	103		
40	5		4183	105		
39	7		9150	211		

7-2 续表16

县名称 Name of Counties	道 路 长 度 (公里) Length of Roads (km)	建成区 In Built District	道 路 面 积 (万平方米) Surface Area of Roads (10000 sq. m)	人行道 面 积 Surface Area of Sidewalks	建成区 In Built District
遂平县	184.05	184.05	434.92	131.37	348.15
新蔡县	272.44	272.44	806.31	241.15	796.02
湖 北	**4660.10**	**4370.15**	**9294.09**	**2490.65**	**8798.74**
阳新县	270.00	270.00	317.00	84.00	317.00
郧西县	65.34	65.34	135.20	48.09	135.20
竹山县	65.30	63.33	99.74	30.56	99.74
竹溪县	85.70	81.77	113.36	29.76	107.25
房　县	104.61	103.31	170.30	26.33	172.82
远安县	100.02	100.02	139.63	37.70	139.63
兴山县	79.17	42.36	70.67	18.92	36.80
秭归县	125.95	125.95	206.94	64.13	206.94
长阳土家族自治县	49.16	49.16	86.04	33.46	86.04
五峰土家族自治县	55.31	50.56	72.17	16.50	57.36
南漳县	79.19	79.19	196.13	60.85	192.57
谷城县	247.68	187.93	463.38	120.44	380.74
保康县	52.60	52.60	40.38	15.98	40.38
沙洋县	151.08	133.05	342.58	69.55	308.46
孝昌县	142.74	142.74	287.74	83.68	287.31
大悟县	157.83	155.83	351.15	111.10	325.20
云梦县	131.40	115.80	269.94	32.74	258.00
公安县	169.27	142.30	255.07	66.09	261.52
江陵县	78.90	77.14	130.47	45.89	129.04
团风县	101.84	101.84	229.45	61.41	229.45
红安县	174.70	160.10	387.57	169.21	387.57
罗田县	251.05	250.43	619.74	178.27	607.73
英山县	202.13	178.00	469.07	146.68	452.00
浠水县	226.98	226.98	458.85	115.00	458.85
蕲春县	221.97	220.78	610.41	89.21	615.94
黄梅县	226.30	212.87	719.47	132.90	718.05
嘉鱼县	140.04	139.61	298.47	117.98	274.22
通城县	126.36	112.20	289.68	90.72	136.85
崇阳县	106.70	104.50	301.15	82.60	270.07
通山县	132.33	128.00	259.43	69.40	259.43
随　县	76.36	53.00	160.50	58.40	134.67
建始县	84.42	79.68	169.20	50.38	159.23
巴东县	93.59	89.46	105.04	14.50	98.32
咸丰县	65.74	65.74	145.48	41.82	140.48
来凤县	92.80	88.24	148.50	28.84	148.50
鹤峰县	42.20	41.08	59.71	11.33	59.27
宣恩县	48.01	47.26	62.22	16.17	59.11
神农架林区	35.33	32.00	52.26	20.06	47.00
湖 南	**11342.71**	**9209.51**	**17933.63**	**4947.24**	**16350.06**
长沙县	760.57	756.32	1690.05	381.08	1686.57

continued 16

桥梁数 （座） Number of Bridges (unit)	大桥及 特大桥 Great Bridge and Grand Bridge	立交桥 Intersection	道路照明 灯盏数 （盏） Number of Road Lamps (unit)	安装路灯 道路长度 （公里） Length of The Road with Street Lamp (km)	地下综合 管廊长度 （公里） Length of The Utility Tunnel (km)	新建地下综合 管廊长度 （公里） Length of The New-built Utility Tunnel (km)
12			7242	171	6.2	
31			16744	272		
570	**79**	**11**	**244947**	**4266**	**41.0**	**31.6**
19	2	1	21040	549		
19			5208	100		
13			8268	59		
14			4188	70		
8		1	5232	98		
26	3		5582	100		
8	8		4580	75	8.6	
13	5	1	5056	101	20.6	20.6
5	3		7890	49	0.8	
21	1		6966	44		
			3035	66		
6	6		8849	172		
5						
31	1		8232	149		
9	4		4590	107		
17	6		3755	46		
37		4	11034	102		
47			7247	169		
7			4095	74		
6	4		6014	112		
5			5300	117		
12			5236	212		
5	4		4586	183		
			7352	123		
13	6		7147	160		
23	2		6572	165		
15			11917	120	11.1	11.1
11	1		8788	142		
6			9774	106		
22			4870	115		
7	3		3720	53		
15			6066	70		
41	13	3	8281	92		
33	1		5132	61		
8			8744	99		
10	2		3234	42		
10	4	1	2196	47		
23			5171	116		
698	**194**	**7**	**606009**	**9412**	**6.1**	**2.6**
74	43		49600	755		

7-2 续表17

县名称 Name of Counties	道路长度（公里） Length of Roads (km)	建成区 In Built District	道路面积（万平方米） Surface Area of Roads (10000 sq. m)	人行道面积 Surface Area of Sidewalks	建成区 In Built District
望城区	1499.35	1150.00	690.00	265.00	1585.00
攸县	227.50	186.79	615.53	149.32	335.06
茶陵县	120.09	79.20	232.35	80.25	221.22
炎陵县	89.55	83.89	128.93	21.65	122.07
湘潭县	213.72	213.72	477.37	78.66	477.37
衡阳县	165.75	165.75	288.61	53.21	288.61
衡南县	109.20	75.00	174.00	62.00	146.00
衡山县	121.75	121.60	391.23	148.68	342.37
衡东县	151.39	118.37	285.84	97.55	221.95
祁东县	229.38	126.00	389.81	119.88	349.38
南岳区	125.75	58.50	154.17	43.18	105.17
新邵县	314.92	65.42	340.00	48.55	162.79
邵阳县	82.80	75.60	120.87	34.59	110.31
隆回县	95.26	85.57	289.43	109.88	231.93
洞口县	97.60	93.60	161.10	39.08	143.81
绥宁县	76.87	60.64	102.98	38.45	93.67
新宁县	118.35	49.86	154.05	51.36	156.06
城步苗族自治县	97.52	97.52	137.65	33.55	133.99
岳阳县	173.65	173.65	445.14	112.21	400.85
华容县	100.19	98.68	337.40	92.50	330.92
湘阴县	192.00	158.00	338.00	98.00	272.00
平江县	272.00	252.00	516.00	102.00	194.20
安乡县	168.08	145.20	247.74	91.26	247.70
汉寿县	148.50	137.70	255.28	74.48	255.28
澧县	206.50	206.50	484.90	187.70	482.92
临澧县	139.40	139.40	329.20	95.10	251.20
桃源县	183.83	183.83	242.50	84.75	242.50
石门县	160.23	155.01	380.55	128.72	380.55
慈利县	111.27	111.27	174.78	52.50	174.78
桑植县	59.50	53.60	75.00	12.50	44.50
南县	195.82	90.80	393.75	171.02	220.90
桃江县	172.80	164.00	448.60	59.20	400.12
安化县	80.07	80.07	90.88	28.21	90.40
大通湖区	59.73	43.42	55.60	18.80	38.60
桂阳县	335.61	320.20	457.77	91.37	452.48
宜章县	60.74	60.74	134.62	44.54	134.62
永兴县	87.60	82.60	165.32	57.10	154.30
嘉禾县	86.44	80.71	204.24	80.03	199.25
临武县	79.78	76.00	121.00	14.00	104.00
汝城县	144.12	49.04	123.88	38.10	75.53
桂东县	54.00	37.00	61.33	10.81	39.73
安仁县	75.35	63.50	133.50	53.20	114.10
东安县	232.71	99.72	232.06	25.51	198.07

continued 17

桥梁数（座）Number of Bridges (unit)	大桥及特大桥 Great Bridge and Grand Bridge	立交桥 Intersection	道路照明灯盏数（盏）Number of Road Lamps (unit)	安装路灯道路长度（公里）Length of The Road with Street Lamp (km)	地下综合管廊长度（公里）Length of The Utility Tunnel (km)	新建地下综合管廊长度（公里）Length of The New-built Utility Tunnel (km)
61	2		16212	1160		
26	5		13862	228	1.1	1.1
12	3		12979	120		
16			4574	90		
23	1	3	10425	214		
3			10363	91		
1	1		13002	92		
			7679	116		
2	2		8667	151		
5			11330	151		
			5153	113		
8	2		9156	66		
1			5710	73		
5			5888	87		
6			8264	98		
9			4685	70		
6			7051	116		
4	1		3120	96		
6			8270	165		
20	4		7658	73		
5		1	9065	142		
7			12029	164		
			4597	107		
1			7998	103		
5			11958	207		
4	4		12948	122		
6	1		6735	138		
3	3		5845	160		
14	3		8461	111		
12	12		7680	60		
1	1	1	4893	97		1.5
8	2	1	12315	173		
5	3		6015	78		
6			3236	43		
			10548	253		
14	1		18262	61		
5	5		8272	88		
1			7790	86		
18	18		4405	78		
28			5496	83		
28			4214	54		
8	3		12304	75		
11			9706	233		

7-2 续表18

县名称 Name of Counties	道路长度（公里）Length of Roads (km)	建成区 In Built District	道路面积（万平方米）Surface Area of Roads (10000 sq. m)	人行道面积 Surface Area of Sidewalks	建成区 In Built District
双牌县	88.46	68.59	170.42	45.80	146.26
道　县	263.02	246.78	524.66	138.10	488.68
江永县	61.52	48.96	120.01	36.50	113.01
宁远县	385.00	273.40	484.52	80.84	316.36
蓝山县	123.54	118.35	168.70	49.50	166.28
新田县	128.54	116.02	159.97	32.19	146.85
江华瑶族自治县	104.10	104.10	179.65	41.44	179.65
中方县	57.43	47.00	157.10	56.10	96.00
沅陵县	70.85	56.80	122.75	18.45	90.37
辰溪县	47.61	46.89	92.83	27.93	92.83
溆浦县	122.83	120.62	223.53	63.70	215.80
会同县	91.86	91.86	105.00	38.00	89.26
麻阳苗族自治县	90.96	88.06	188.64	47.00	175.00
新晃侗族自治县	62.02	60.90	75.07	5.87	75.07
芷江侗族自治县	107.43	96.00	186.41	97.54	152.00
通道县	47.98	47.98	99.34	41.07	99.34
靖州县	103.81	78.96	185.86	31.02	124.33
双峰县	175.00	173.00	291.80	76.70	291.80
新化县	357.91	161.89	526.63	197.33	329.30
泸溪县	112.36	36.66	61.25	17.71	55.12
凤凰县	85.09	85.00	72.34	23.27	67.09
花垣县	127.41	124.19	160.10	28.40	155.70
保靖县	93.52	68.23	82.08	16.86	75.10
古丈县	60.36	29.02	49.69	10.84	48.49
永顺县	42.80	42.80	75.36	20.71	62.00
龙山县	54.06	51.46	96.91	24.84	85.54
广　东	**4966.19**	**4093.03**	**7857.50**	**2047.68**	**7186.74**
始兴县	90.44	79.39	122.97	39.35	41.79
仁化县	62.85	62.53	123.01	32.16	121.89
翁源县	80.50	80.50	137.06	16.74	137.06
乳源瑶族自治县	61.87	61.00	155.50	68.40	155.50
新丰县	133.20	80.72	109.98	28.23	109.98
南澳县	163.21	32.96	163.45	45.14	84.21
遂溪县	113.40	113.40	218.78	58.12	218.78
徐闻县	113.20	108.95	237.18	97.05	237.18
广宁县	122.41	121.66	302.28	120.32	299.00
怀集县	261.80	157.75	285.48	168.27	230.16
封开县	54.62	53.32	101.00	25.00	101.00
德庆县	210.00	72.68	185.00	72.00	185.00
博罗县	368.08	368.08	851.36	186.31	851.36
惠东县	559.69	542.28	794.32	138.18	794.32
龙门县	72.09	72.09	171.74	50.23	171.74
大埔县	162.14	156.33	160.56	19.70	137.85

continued 18

桥梁数（座）Number of Bridges (unit)	大桥及特大桥 Great Bridge and Grand Bridge	立交桥 Intersection	道路照明灯盏数（盏）Number of Road Lamps (unit)	安装路灯道路长度（公里）Length of The Road with Street Lamp (km)	地下综合管廊长度（公里）Length of The Utility Tunnel (km)	新建地下综合管廊长度（公里）Length of The New-built Utility Tunnel (km)
1			3574	88		
6	2		9336	263		
8	5		7954	62		
8	6		24667	385		
			6973	124		
9	1		8114	127		
3			10764	103		
9	1		4312	51		
7	4		16198	71	5.0	
11	2	1	3950	47		
11	3		6469	119		
11	1		3570	88		
9	7		5289	51		
11			7754	62		
4	4		6800	36		
9	9		3110	36		
10	10		4697	84		
			7011	100		
13	4		8238	198		
7			5608	110		
15	2		7350	85		
12			3980	63		
9	9		5623	94		
9	2		3380	32		
16			3622	43		
12	2		9246	53		
377	**67**		**350374**	**4560**		
5	3		7772	40		
3	2		6895	52		
1	1		8622	118		
10			5449	56		
8	3		11100	132		
6			1408	21		
16			6550	102		
5			10569	132		
20			10121	124		
12	9		15077	184		
			8036	53		
1	1		13483	221		
25	1		25101	331		
11	3		21721	624		
47	3		13297	208		
13	5		18942	162		

7-2 续表19

县名称 Name of Counties	道 路 长 度 (公里) Length of Roads (km)	建成区 In Built District	道 路 面 积 (万平方米) Surface Area of Roads (10000 sq. m)	人行道 面 积 Surface Area of Sidewalks	建成区 In Built District
丰顺县	141.33	141.33	194.08	20.38	194.08
五华县	107.69	107.69	270.67	51.50	270.67
平远县	68.07	43.17	93.57	9.58	85.93
蕉岭县	49.50	41.00	103.00	42.00	86.00
海丰县	178.50	178.50	501.83	100.48	501.83
陆河县	73.88	73.88	169.07	43.54	169.07
紫金县	371.14	112.34	369.66	160.19	57.90
龙川县	95.70	41.46	117.85	18.57	115.85
连平县	60.91	60.66	161.49	22.45	158.49
和平县	88.72	72.24	163.31	16.23	142.30
东源县	53.64	51.16	150.22	76.52	145.33
阳西县	239.75	239.75	305.64	49.95	305.64
阳山县	57.72	57.72	134.48	31.67	134.48
连山壮族瑶族自治县	34.35	28.82	53.64	16.80	53.75
连南瑶族自治县	39.64	39.64	56.59	10.03	56.59
佛冈县	49.15	49.15	87.75	21.39	87.75
饶平县	77.37	48.73	147.28	39.46	77.84
揭西县	157.01	154.13	144.67	31.55	144.67
惠来县	89.42	89.42	80.70	31.70	89.42
新兴县	220.82	220.82	272.44	65.52	272.44
郁南县	82.38	77.78	159.89	22.97	159.89
广　西	**6551.00**	**6354.43**	**11586.85**	**2757.78**	**11142.54**
隆安县	60.30	53.37	136.34	55.69	111.93
马山县	73.09	73.09	140.48	56.71	140.48
上林县	111.83	111.83	167.07	38.39	167.07
宾阳县	270.79	257.91	491.89	121.66	473.41
柳城县	64.60	64.60	128.89	40.51	128.89
鹿寨县	127.16	115.32	281.08	72.48	235.87
融安县	102.07	102.07	230.60	40.18	230.60
融水苗族自治县	109.88	107.39	204.96	53.72	196.19
三江侗族自治县	74.40	74.40	76.37	13.05	76.37
阳朔县	88.05	88.05	199.81	49.68	199.81
灵川县	84.04	84.04	195.68	65.72	195.68
全州县	450.38	446.38	420.90	67.10	418.90
兴安县	148.35	132.74	290.96	76.38	276.51
永福县	60.28	60.28	93.64	30.99	93.64
灌阳县	74.28	74.28	138.00	48.00	138.00
龙胜各族自治县	38.02	38.02	44.95	9.73	44.95
资源县	47.56	46.26	61.95	18.65	60.85
平乐县	88.93	88.93	162.92	28.45	162.92
恭城瑶族自治县	61.41	61.41	111.60	29.56	111.60
苍梧县	47.04	32.29	81.14	18.15	67.14
藤　县	202.24	202.24	340.92	68.02	340.92

continued 19

桥梁数（座）Number of Bridges (unit)	大桥及特大桥 Great Bridge and Grand Bridge	立交桥 Intersection	道路照明灯盏数（盏）Number of Road Lamps (unit)	安装路灯道路长度（公里）Length of The Road with Street Lamp (km)	地下综合管廊长度（公里）Length of The Utility Tunnel (km)	新建地下综合管廊长度（公里）Length of The New-built Utility Tunnel (km)
2			14540	111		
8	8		12490	108		
13			5810	68		
11	11		2080	52		
3	1		12800	150		
7	2		5835	74		
22			12520	312		
12			6480	105		
24			4039	42		
32	3		11626	81		
7			1950	47		
2	1		18313	230		
7			8855	59		
7			4447	34		
9			5553	38		
2			3815	42		
4			7019	68		
7	4		3187	55		
			7525	39		
13	6		12746	220		
2			4601	65		
795	**64**	**8**	**428119**	**4773**	**61.2**	**33.1**
			4009	52		
7			9292	72		
18			4430	116		
1			14835	212		6.6
4			3689	65	1.2	1.2
4		1	9130	106		
5			3572	78		
11		1	6490	80		
18			3434	44		
17	3		7344	77		
8			14802	52		
7			12000	130		
35	1	2	9123	141		
7		2	2793	36		
13			7685	36		
9			2617	18		
11			2800	34		
5	4	1	5788	71		
3			3122	45		
1	1		2520	28		
4	1		20093	202	60.0	

7-2 续表20

县名称 Name of Counties	道路长度（公里） Length of Roads (km)	建成区 In Built District	道路面积（万平方米） Surface Area of Roads (10000 sq.m)	人行道面积 Surface Area of Sidewalks	建成区 In Built District
蒙山县	76.38	65.00	103.38	17.38	92.20
合浦县	313.02	313.02	357.68	78.61	357.68
上思县	65.51	59.44	114.51	32.29	100.08
灵山县	230.32	193.23	595.16	145.67	437.57
浦北县	123.71	110.61	236.95	59.61	184.86
平南县	237.65	237.65	316.72	75.98	316.72
容　县	194.54	168.06	369.18	71.76	331.02
陆川县	193.62	193.62	418.75	110.64	418.75
博白县	275.21	275.21	720.98	163.88	720.98
兴业县	121.16	121.16	165.45	34.57	165.45
田东县	132.72	132.72	253.99	52.47	253.99
德保县	65.72	61.97	81.60	21.11	77.32
那坡县	58.76	46.76	60.24	10.40	51.20
凌云县	58.31	58.31	78.75	15.82	78.75
乐业县	53.61	53.61	69.60	15.85	69.60
田林县	42.94	42.94	63.40	10.72	63.40
西林县	51.07	51.07	56.39	13.42	56.39
隆林各族自治县	96.30	96.30	194.86	35.63	194.86
昭平县	74.74	74.74	127.13	33.48	127.13
钟山县	167.09	167.09	353.75	96.91	353.75
富川瑶族自治县	116.17	116.17	160.29	26.07	160.29
南丹县	75.06	75.06	151.83	40.93	151.83
天峨县	45.63	45.63	79.69	21.45	79.69
凤山县	60.98	60.98	78.06	22.80	78.06
东兰县	40.88	40.88	41.92	11.92	41.92
罗城仫佬族自治县	70.16	70.16	133.70	38.78	133.70
环江毛南族自治县	73.84	58.94	148.02	33.79	120.77
巴马瑶族自治县	81.51	81.51	129.04	26.09	129.04
都安瑶族自治县	108.16	108.16	145.07	29.55	145.07
大化瑶族自治县	127.62	127.62	163.00	53.54	163.00
忻城县	60.20	60.20	77.16	19.49	77.16
象州县	76.56	76.56	135.24	31.52	135.24
武宣县	113.05	113.05	238.90	44.06	238.90
金秀瑶族自治县	23.25	21.25	20.77	3.65	18.90
扶绥县	162.71	162.71	401.72	64.50	401.72
宁明县	54.83	54.83	196.31	62.93	196.31
龙州县	109.16	109.16	285.63	56.47	285.63
大新县	55.95	55.95	109.92	29.76	109.92
天等县	78.20	78.20	151.96	41.46	151.96
海　南	**1158.47**	**864.75**	**2190.15**	**597.31**	**1850.74**
定安县	94.16	75.00	212.00	71.00	164.00
屯昌县	115.99	98.53	243.41	118.11	206.90
澄迈县	61.49	61.49	141.00	34.50	80.54

continued 20

桥梁数（座）Number of Bridges (unit)	大桥及特大桥 Great Bridge and Grand Bridge	立交桥 Intersection	道路照明灯盏数（盏）Number of Road Lamps (unit)	安装路灯道路长度（公里）Length of The Road with Street Lamp (km)	地下综合管廊长度（公里）Length of The Utility Tunnel (km)	新建地下综合管廊长度（公里）Length of The New-built Utility Tunnel (km)
24	4		7768	75		
69			18053	224		
5	1		3235	47		
28			19024	176		
11	2		5986	78		
5	3		13344	128		
19			7862	117		
34			7051	168		
6			9351	141		
12			5731	56		
14			16886	120		
19			3621	64		
31			4434	46		
24	24		4730	55		
32			5670	52		
11			3413	43		
8			2746	29		
12			3720	64		
9	2		4812	65		
22	5		6713	126		
7			5359	37		
22		1	4481	75		
8	2		5155	39		
16			7807	40		
16			2832	40		
10			12558	70		
9	1		3624	67		
13			8000	51		
15	4		8756	47		
			10388	73		
13			6580	45		25.4
2	2		5784	68		
5	4		5212	113		
17			2945	20		
3			19896	163		
2			1947	36		
37			4486	108		
8			4291	53		
9			4300	61		
92	**9**		**61547**	**807**		
17			5071	90		
13			4950	39		
2	2		3467	46		

7-2 续表21

县名称 Name of Counties	道路长度（公里） Length of Roads (km)	建成区 In Built District	道路面积（万平方米） Surface Area of Roads (10000 sq. m)	人行道面积 Surface Area of Sidewalks	建成区 In Built District
临高县	256.06	55.00	157.40	27.10	115.00
白沙黎族自治县	53.97	53.97	118.16	35.94	118.16
昌江县	127.90	111.38	175.26	50.89	168.59
乐东县	47.60	47.60	112.00	25.00	112.00
陵水县	121.31	111.90	295.42	71.04	280.00
保亭县	56.09	51.04	98.45	34.50	96.00
琼中县	55.00	52.00	81.63	23.00	43.00
洋浦经济开发区	168.90	146.84	555.42	106.23	466.55
重 庆	**1455.06**	**1429.23**	**2632.81**	**791.77**	**2637.34**
城口县	55.06	47.03	76.09	18.12	67.51
丰都县	99.83	99.83	209.43	69.29	209.43
垫江县	146.44	146.44	414.38	121.29	414.38
忠县	130.85	130.85	215.87	84.48	215.87
云阳县	231.26	231.26	452.51	141.27	452.51
奉节县	134.76	134.76	213.39	57.00	218.50
巫山县	69.07	69.07	112.10	27.81	120.10
巫溪县	109.74	109.74	104.26	39.66	104.26
石柱土家族自治县	91.66	73.86	142.99	36.58	142.99
秀山土家族苗族自治县	192.01	192.01	387.35	125.62	387.35
酉阳土家族苗族自治县	89.44	89.44	138.46	30.20	138.46
彭水苗族土家族自治县	104.94	104.94	165.98	40.45	165.98
四 川	**9749.81**	**8936.31**	**18944.94**	**5308.51**	**18047.51**
金堂县	508.19	508.19	931.84	125.40	1000.14
大邑县	195.92	195.92	391.84	85.73	391.84
蒲江县	72.56	72.56	136.66	45.41	136.66
东部新区管理委员会	344.50	220.00	773.10	82.00	580.20
荣县	183.50	156.10	335.70	87.20	320.30
富顺县	463.54	429.20	579.75	146.43	456.06
米易县	61.23	61.23	85.67	27.44	85.67
盐边县	25.24	25.08	34.20	7.50	34.20
泸县	124.12	124.12	337.58	94.96	337.58
合江县	155.30	155.30	277.28	89.62	277.28
叙永县	83.49	83.49	106.05	28.43	101.72
古蔺县	58.68	58.68	133.50	33.61	165.00
中江县	149.33	130.63	388.33	139.10	373.84
三台县	136.40	128.12	409.00	143.70	403.68
盐亭县	118.92	118.92	173.00	42.50	173.00
梓潼县	118.27	118.27	148.36	50.56	155.86
北川羌族自治县	72.30	72.30	162.20	45.00	162.20
平武县	33.74	33.57	53.14	10.01	53.14
旺苍县	89.93	88.05	154.41	53.85	150.69
青川县	23.67	22.56	44.11	17.24	44.11
剑阁县	40.95	39.30	93.45	28.97	90.59

continued 21

桥梁数（座）Number of Bridges (unit)	大桥及特大桥 Great Bridge and Grand Bridge	立交桥 Intersection	道路照明灯盏数（盏）Number of Road Lamps (unit)	安装路灯道路长度（公里）Length of The Road with Street Lamp (km)	地下综合管廊长度（公里）Length of The Utility Tunnel (km)	新建地下综合管廊长度（公里）Length of The New-built Utility Tunnel (km)
5			4865	45		
4			3010	54		
17	2		5048	131		
5			8291	48		
3	1		8449	107		
21			4026	53		
4	3		4000	45		
1	1		10370	149		
314	**58**	**11**	**129832**	**1317**	**40.4**	**16.1**
12			2523	49	6.1	6.1
7	7		8518	96		
52			14137	105	15.7	
15	5	1	7556	117		
36	3	4	18686	216		
37	12	1	12386	135	2.9	2.9
17	4	2	5771	69	2.7	2.7
18			12405	108	8.3	1.0
48	13		12976	91	3.5	3.5
18	7		11924	162		
32		3	7475	82	1.2	
22	7		15475	86		
1226	**340**	**19**	**695517**	**7522**	**314.0**	**156.5**
62	61	1	22727	341	23.2	23.2
21	2		17118	138		
21	8		11742	65	0.8	
45	14		12484	99	23.4	23.4
10			6960	78		
9	6	3	18485	460	13.2	13.2
6	1		3756	61		
3			2248	25		
13	8		7476	201		
12	11	1	8452	121		
16	3	1	4720	60		
26	3	1	3548	45		
24	9		7996	125		
9		2	18336	125		
17	10		6100	55		
6			15342	93		
4	4		8119	72		
7	4		3760	30		
6	6		5089	90		
9	3		2633	23	8.0	9.2
4	1		2012	35		

7-2 续表22

县名称 Name of Counties	道路长度（公里） Length of Roads (km)	建成区 In Built District	道路面积（万平方米） Surface Area of Roads (10000 sq. m)	人行道面积 Surface Area of Sidewalks	建成区 In Built District
苍溪县	105.90	105.90	221.32	65.82	221.72
蓬溪县	151.50	151.50	300.29	69.98	300.29
大英县	162.48	162.48	367.80	132.50	367.80
威远县	141.10	130.40	391.70	79.70	371.70
资中县	203.98	199.75	416.92	99.79	397.45
犍为县	110.67	110.67	268.55	89.61	268.55
井研县	72.40	72.40	93.80	30.72	93.80
夹江县	89.20	89.20	186.90	58.30	186.90
沐川县	46.09	46.09	84.34	20.20	84.34
峨边县	26.30	26.30	21.04	6.26	16.18
马边县	32.73	32.73	49.48	14.84	49.48
南部县	353.50	353.50	859.40	279.30	859.40
营山县	129.81	129.81	377.40	115.80	377.40
蓬安县	92.00	92.00	365.80	146.00	365.80
仪陇县	120.00	112.00	378.00	126.00	378.00
西充县	116.00	116.00	312.00	87.70	312.00
眉山天府新区	98.81	96.65	235.00	46.50	231.00
洪雅县	80.88	80.88	175.70	26.43	175.70
仁寿县	236.78	236.78	758.49	222.84	758.49
丹棱县	48.02	47.82	88.43	31.93	88.43
青神县	60.99	55.32	132.31	41.64	120.00
江安县	121.98	121.98	249.67	70.25	249.67
长宁县	92.32	92.32	188.60	82.00	188.60
高县	122.76	120.76	247.83	93.46	247.43
珙县	67.95	65.45	176.14	53.86	120.34
筠连县	66.29	66.29	166.50	50.82	121.85
兴文县	80.30	78.94	158.22	25.86	154.53
屏山县	72.73	67.77	163.15	44.45	163.20
岳池县	184.21	183.81	379.35	147.05	378.86
武胜县	148.50	148.50	269.51	90.87	269.51
邻水县	190.83	147.30	233.86	61.50	200.51
宣汉县	189.70	162.30	341.75	112.00	309.29
开江县	101.05	69.00	198.75	75.03	198.75
大竹县	125.50	125.50	339.15	114.35	339.15
渠县	174.43	173.40	348.65	82.54	358.78
荥经县	66.63	66.63	113.11	33.98	113.11
汉源县	42.87	39.27	63.71	22.00	60.80
石棉县	47.68	47.68	64.72	20.99	64.72
天全县	65.34	64.72	109.12	33.91	88.25
芦山县	55.52	47.91	58.18	15.34	56.82
宝兴县	19.50	19.40	18.05	13.30	17.50
通江县	175.04	133.04	286.30	87.35	286.30
南江县	178.01	147.30	249.76	22.35	246.48

continued 22

桥梁数（座）Number of Bridges (unit)	大桥及特大桥 Great Bridge and Grand Bridge	立交桥 Intersection	道路照明灯盏数（盏）Number of Road Lamps (unit)	安装路灯道路长度（公里）Length of The Road with Street Lamp (km)	地下综合管廊长度（公里）Length of The Utility Tunnel (km)	新建地下综合管廊长度（公里）Length of The New-built Utility Tunnel (km)
28	4		4101	102	17.3	
11			16606	98		
23	12		5890	132		
20	20		22913	141	2.9	2.9
6	2		10800	99	13.1	2.3
4	4	1	16024	111		
12			3479	43		
17			12884	87		
18	4		9118	46		
9	1		830	14		
8			5917	32		
33	2	2	21503	375	25.0	2.1
24	2	2	7402	120	4.7	4.7
12			5944	92	5.2	1.0
8	2		6960	116		22.5
12	2	1	7030	116	8.2	
4	4		12592	79		
17	4		5289	77		
49	3		45879	237		
13		1	2458	41		
10			3810	55		
7	1	1	12530	107	28.5	0.5
15			3776	86	9.5	1.0
9			20269	96	17.3	1.0
9	2		3670	65	10.7	
9			6870	73	17.9	5.9
5			2836	68	31.2	11.0
5			3504	68	18.7	3.2
33			7673	168	5.2	5.2
4			10988	88	2.0	
17			10000	142	1.3	1.3
4			21985	186		
26			3961	63		
2			25461	152		
6	6		7694	107	10.0	10.0
10			2809	50		
5	3		3856	38		
13	7		2107	44		
16	1	1	6549	61		
8	8		5690	45		
12			1980	17		
17	4		2650	62	3.0	3.0
19	14		4160	83	6.0	6.0

7-2 续表 23

县名称 Name of Counties	道 路 长 度 (公里) Length of Roads (km)	建成区 In Built District	道 路 面 积 (万平方米) Surface Area of Roads (10000 sq. m)	人行道 面 积 Surface Area of Sidewalks	建成区 In Built District
平昌县	151.00	151.00	374.80	122.80	282.80
安岳县	181.15	181.15	281.44	89.80	281.44
乐至县	163.80	163.80	462.00	140.00	462.00
汶川县	19.40	5.00	19.49	2.39	2.39
理县	15.00	15.00	15.00	3.00	15.00
茂县	43.81	43.81	79.48	15.23	79.48
松潘县	70.44	70.44	83.00	9.40	83.00
九寨沟县	59.10	59.10	77.83	20.40	77.83
金川县	28.71	18.00	22.11	4.83	12.00
小金县	38.70	12.90	38.77	2.37	42.37
黑水县	12.70	9.00	12.28	2.54	8.50
壤塘县	5.00	3.00	4.70	1.50	3.00
阿坝县	21.02	2.20	23.72	4.93	8.73
若尔盖县	19.20	18.25	17.78	1.28	20.70
红原县	28.40	17.73	43.02	17.72	25.54
泸定县	41.28	25.10	36.22	14.40	36.04
丹巴县	18.25	9.73	16.21	3.00	10.00
九龙县	11.00	10.60	11.10	2.50	8.60
雅江县	25.18	3.50	31.12	10.48	3.58
道孚县	69.80	45.19	38.43	0.90	27.75
炉霍县	18.39	7.00	22.60	4.30	18.00
甘孜县	28.42	15.28	30.37	9.87	21.16
新龙县	22.90	14.55	16.00	6.00	9.00
德格县	18.93	8.00	18.27	5.80	3.80
白玉县	8.40	8.40	30.30	10.00	30.30
石渠县	21.80	15.90	25.70	9.80	10.80
色达县	24.70	13.00	25.81	7.01	13.50
理塘县	35.59	35.59	28.93	5.96	28.93
巴塘县	39.90	39.90	21.70	10.50	37.08
乡城县	15.60	9.00	11.35	3.12	9.59
稻城县	26.17	21.17	24.68	4.12	23.84
得荣县	7.00	5.00	8.43	3.43	8.00
普格县	8.10	8.10	10.46	4.00	10.46
木里县	30.50	4.00	24.60	9.00	6.00
盐源县	60.34	44.62	76.39	25.10	37.92
德昌县	79.42	78.10	127.13	53.42	125.04
会东县	39.65	33.00	99.00	24.00	85.00
宁南县	32.20	32.20	66.97	21.35	66.97
布拖县	18.60	13.50	37.20	12.20	35.35
金阳县	21.00	11.91	16.20	1.72	12.26
昭觉县	30.50	24.00	65.00	21.00	53.00
喜德县	33.80	15.00	43.00	8.00	25.00
冕宁县	45.45	37.05	51.51	19.47	47.18

continued 23

桥梁数（座）Number of Bridges (unit)	大桥及特大桥 Great Bridge and Grand Bridge	立交桥 Intersection	道路照明灯盏数（盏）Number of Road Lamps (unit)	安装路灯道路长度（公里）Length of The Road with Street Lamp (km)	地下综合管廊长度（公里）Length of The Utility Tunnel (km)	新建地下综合管廊长度（公里）Length of The New-built Utility Tunnel (km)
11	7		4100	103	6.0	4.0
35	2		13129	90		
15			12202	100		
10	7		824	12		
8			3160	15		
8	4		7272	29		
12	9		762	18		
12			8000	43		
6			630	15		
13			1023	15		
8			1359	7		
2			460	5		
6	4		3500	14		
6	6		2232	12		
6			713	18		
5			935	26		
7	1		1500	12		
7			978	9		
4	4		1065	21		
4	1		1452	10		
7			863	16		
5		1	1800	27		
7	6		1120	27		
15			441	11		
4			750	8		
8			2615	16		
			620	13		
			1054	16		
4			1780	21		
1	1		1800	14		
2	1		920	19		
2			281	7		
2			567	8		
2			500	12		
4	4		2980	19		
8			5173	69		
11	1		2558	22		
1	1		4361	26		
2			1103	15		
1	1		1178	18		
4	1		718	14		
6	6		1602	31		
7			2603	23	1.8	

7-2 续表 24

县名称 Name of Counties	道 路 长 度 (公里) Length of Roads (km)	建成区 In Built District	道 路 面 积 (万平方米) Surface Area of Roads (10000 sq. m)	人行道 面 积 Surface Area of Sidewalks	建成区 In Built District
越西县	36.70	32.10	35.10	5.80	35.10
甘洛县	33.05	14.50	29.02	9.80	17.33
美姑县	13.39	4.10	9.88	3.76	3.51
雷波县	48.31	47.80	42.92	10.73	30.00
贵　州	8923.63	7968.99	14377.24	3598.29	13061.07
开阳县	171.10	170.50	199.20	49.46	184.73
息烽县	111.24	84.96	168.24	27.73	164.24
修文县	202.49	156.08	493.55	96.00	296.70
六枝特区	378.61	378.61	457.46	176.77	457.46
桐梓县	207.73	196.15	319.76	70.38	306.23
绥阳县	191.84	139.22	300.16	83.48	209.77
正安县	133.11	133.11	221.98	17.92	221.98
道真县	146.18	103.91	239.77	39.67	197.65
务川县	119.51	119.51	192.21	21.00	191.00
凤冈县	133.58	133.58	251.26	71.19	251.26
湄潭县	145.90	136.00	338.90	45.00	320.00
余庆县	89.75	75.02	160.73	39.96	153.91
习水县	174.48	162.00	374.88	116.46	312.70
普定县	157.05	141.77	355.95	122.89	224.86
镇宁县	74.40	74.40	162.49	28.28	162.48
关岭县	110.00	75.00	97.50	26.00	59.50
紫云县	74.66	74.66	251.40	35.77	251.40
大方县	152.10	147.52	160.81	36.51	159.70
金沙县	196.80	189.87	372.50	86.50	372.50
织金县	325.97	276.08	546.59	69.21	471.00
纳雍县	143.00	141.00	193.60	49.60	187.60
威宁自治县	283.84	279.75	528.66	146.77	526.44
赫章县	133.10	133.10	186.64	50.33	186.64
江口县	82.78	82.68	166.25	50.16	166.25
玉屏县	94.24	86.17	167.97	65.51	167.61
石阡县	111.76	111.76	195.73	67.05	195.73
思南县	182.83	182.83	273.88	62.91	273.88
印江县	107.12	107.12	148.20	36.79	146.45
德江县	200.71	200.71	421.41	107.80	421.41
沿河县	132.04	132.04	166.49	68.06	166.79
松桃县	160.98	160.98	255.44	51.09	255.44
普安县	77.47	77.47	88.98	21.03	88.98
晴隆县	73.91	55.00	130.28	46.06	70.50
贞丰县	121.40	114.80	213.00	15.00	192.00
望谟县	116.56	91.09	166.55	38.13	118.20
册亨县	90.68	90.68	124.87	35.07	124.87
安龙县	220.30	220.03	365.28	78.50	475.55
黄平县	102.71	77.50	207.61	48.11	170.02

continued 24

桥梁数（座）Number of Bridges (unit)	大桥及特大桥 Great Bridge and Grand Bridge	立交桥 Intersection	道路照明灯盏数（盏）Number of Road Lamps (unit)	安装路灯道路长度（公里）Length of The Road with Street Lamp (km)	地下综合管廊长度（公里）Length of The Utility Tunnel (km)	新建地下综合管廊长度（公里）Length of The New-built Utility Tunnel (km)
3	1		2010	18		
6	2		966	9		
9	3		508	13		
1	1		1800	36		
881	**154**	**11**	**493458**	**4720**	**155.2**	**11.3**
15	9		7559	67		
12	5	3	3915	54		
47			13892	235		
9			15650	50	3.7	
39			20519	137		
20			7518	88		
29			16194	26		
14			2023	64		
11	1		17502	44		
15			12734	16		
24			9600	72		
10			5142	53		
9		1	9374	152		
14			12242	118		
21		2	4229	44		
2		1	2480	47		
8			13226	64		
4			18744	108		
23			11280	93	5.8	
26			29508	103		
7	2		6748	70		
10			15426	75		
6			6787	54		
10	5		3566	69	9.5	9.5
7	7		4490	132	0.9	
32	32		3632	112	21.3	
9	9		4612	65		
23	23		7811	154	5.5	1.1
22			9242	199	7.0	0.3
3	3		3255	35		
15	1		2650	44		
			1848	52	0.4	0.4
1			2268	43		
			10826	5		
12	12		6139	90		
24	2		2967	86		
1		1	17870	167	62.0	
23	3		8283	75		

7-2 续表 25

县名称 Name of Counties	道路长度（公里） Length of Roads (km)	建成区 In Built District	道路面积（万平方米） Surface Area of Roads (10000 sq. m)	人行道面积 Surface Area of Sidewalks	建成区 In Built District
施秉县	57.35	40.00	103.09	16.96	65.11
三穗县	108.31	108.31	141.39	43.30	141.39
镇远县	159.69	156.32	134.62	41.42	112.70
岑巩县	72.58	67.40	131.87	33.44	126.02
天柱县	130.50	122.90	231.42	63.74	212.30
锦屏县	72.27	70.57	239.11	81.51	237.01
剑河县	49.84	49.84	58.79	17.23	58.79
台江县	56.21	53.51	53.20	13.42	5.20
黎平县	116.97	112.32	165.18	58.40	164.96
榕江县	112.18	99.66	219.50	69.50	151.00
从江县	192.50	125.13	119.32	54.07	119.32
雷山县	63.95	55.20	64.99	21.50	67.25
麻江县	48.56	39.15	75.40	15.10	38.00
丹寨县	86.72	86.72	174.91	33.27	174.91
荔波县	85.36	76.80	121.65	27.45	102.50
贵定县	117.83	110.03	137.26	36.18	136.57
瓮安县	325.81	325.81	486.84	101.02	486.84
独山县	190.14	190.14	395.64	0.60	440.61
平塘县	79.14	76.83	171.99	30.41	119.24
罗甸县	84.29	84.29	189.00	66.00	189.00
长顺县	156.23	88.20	141.60	51.04	76.50
龙里县	352.38	265.51	446.62	58.34	438.07
惠水县	391.69	173.71	536.85	286.64	349.89
三都水族自治县	81.20	77.98	170.82	79.60	144.46
云　南	6802.22	6129.14	12286.26	3215.39	11767.07
嵩明县	73.15	73.15	137.47	39.45	136.92
富民县	59.70	50.40	109.10	33.50	103.40
宜良县	85.57	85.57	235.63	45.08	235.64
石林彝族自治县	81.25	8.25	234.24	57.67	263.30
禄劝彝族苗族自治县	83.70	76.70	129.63	2.52	129.63
寻甸县	40.89	40.89	98.70	14.31	98.70
昆明阳宗海风景名胜区	25.43	25.43	58.19	14.41	53.03
陆良县	162.19	160.16	343.82	82.15	336.43
师宗县	143.70	99.10	236.91	80.62	177.16
罗平县	193.33	193.33	368.60	84.80	368.60
富源县	115.34	115.34	226.57	99.51	226.57
会泽县	191.80	191.50	464.80	97.30	464.80
通海县	80.12	58.84	111.05	29.81	97.45
华宁县	44.00	44.00	102.60	20.38	86.79
易门县	47.88	41.33	93.02	33.15	65.68
峨山县	45.31	40.17	115.56	39.07	104.16
新平县	53.14	53.14	104.38	41.39	104.38
元江县	61.42	55.25	168.02	58.00	168.02

continued 25

桥梁数（座） Number of Bridges (unit)	大桥及特大桥 Great Bridge and Grand Bridge	立交桥 Intersection	道路照明灯盏数（盏） Number of Road Lamps (unit)	安装路灯道路长度（公里） Length of The Road with Street Lamp (km)	地下综合管廊长度（公里） Length of The Utility Tunnel (km)	新建地下综合管廊长度（公里） Length of The New-built Utility Tunnel (km)
10			4730	32	6.6	
28	2		7709	44		
17	6		4661	73	0.1	
9			3020	37	10.4	
10			3958	63		
7	3		7508	71		
15	2		2015	50		
9			4450	37		
8	1		6974	51		
5	1	1	6165	47		
13	3		4487	95		
30			3120	50		
1	1		2102	40		
2	2		2244	34		
5	5		14000	56		
29	1		6952	90		
13	1	1	7029	44		
12			3605	71	20.5	
11			3586	13		
13	5		9614	88		
18			4280	75		
30	1	1	8073	211		
10			15629	136	1.5	
19	6		5796	52		
789	**80**	**10**	**524494**	**5189**	**150.5**	**20.1**
5			8126	61		
10			1664	32		
22		1	4458	50		
12	12		4617	81		
19	18		5348	82		
			5403	31		
			4856	25		
38			13826	157		
			10092	82		
1		1	34368	185		
21			14067	115	19.0	
15			14360	192		
3			3372	61	1.6	1.6
9			2845	43		
			8566	45		
			6780	56		
13			9796	51	1.2	
5	3		5154	44	5.6	0.3

7-2 续表26

县名称 Name of Counties	道路长度 （公里） Length of Roads (km)	建成区 In Built District	道路面积 （万平方米） Surface Area of Roads (10000 sq. m)	人行道面积 Surface Area of Sidewalks	建成区 In Built District
施甸县	72.41	72.41	160.09	39.82	160.09
龙陵县	58.44	57.51	72.91	16.46	71.69
昌宁县	96.10	96.10	154.05	58.60	154.05
鲁甸县	70.75	70.75	136.89	48.11	136.89
巧家县	65.91	62.17	127.97	35.13	110.40
盐津县	31.09	31.09	46.02	6.52	44.74
大关县	41.40	41.40	33.28	3.54	33.28
永善县	72.76	72.76	140.00	28.00	140.00
绥江县	76.28	76.28	96.19	31.79	96.19
镇雄县	313.20	209.25	524.83	157.05	518.59
彝良县	80.00	64.00	124.60	23.90	121.80
威信县	41.28	41.28	56.92	8.67	56.00
玉龙纳西族自治县	81.03	75.03	240.51	57.62	240.51
永胜县	61.36	57.96	140.00	32.00	130.50
华坪县	61.44	59.74	146.41	47.85	142.11
宁蒗县	94.73	88.35	124.01	24.80	124.01
宁洱哈尼族彝族自治县	67.15	67.15	134.48	31.19	133.98
墨江哈尼族自治县	68.45	57.55	106.28	20.56	103.80
景东彝族自治县	80.40	80.40	99.67	19.74	99.67
景谷傣族彝族自治县	85.94	85.94	133.83	101.39	133.83
镇沅彝族哈尼族拉祜族自治县	42.89	40.70	66.75	19.55	66.65
江城哈尼族彝族自治县	44.71	44.21	70.29	19.17	70.29
孟连傣族拉祜族佤族自治县	73.31	55.37	74.62	27.57	68.61
澜沧拉祜族自治县	56.50	55.50	97.35	28.81	105.19
西盟佤族自治县	21.63	21.63	32.11	7.00	25.11
凤庆县	82.58	74.40	143.80	29.30	143.80
云县	133.61	68.68	150.36	40.68	142.08
永德县	32.56	31.76	56.99	11.75	56.99
镇康县	33.50	33.50	98.94	9.60	89.34
双江县	53.72	53.72	91.40	28.30	91.40
耿马县	40.69	40.69	96.36	41.78	96.36
沧源县	46.60	33.58	97.02	20.00	83.42
双柏县	63.08	44.36	84.80	16.70	73.65
牟定县	63.71	49.48	132.14	43.07	115.96
南华县	82.54	75.13	147.00	36.74	132.84
姚安县	44.02	43.78	88.04	20.06	83.45
大姚县	82.31	76.71	160.06	56.66	150.11
永仁县	42.46	39.77	70.27	27.48	67.72
元谋县	83.10	77.68	157.29	31.85	152.25
武定县	62.61	59.50	134.65	43.30	130.32
屏边县	37.37	37.37	46.64	11.81	46.64
建水县	214.43	214.43	356.09	65.21	356.09
石屏县	63.71	63.71	121.17	38.25	121.08

continued 26

桥梁数（座）Number of Bridges (unit)	大桥及特大桥 Great Bridge and Grand Bridge	立交桥 Intersection	道路照明灯盏数（盏）Number of Road Lamps (unit)	安装路灯道路长度（公里）Length of The Road with Street Lamp (km)	地下综合管廊长度（公里）Length of The Utility Tunnel (km)	新建地下综合管廊长度（公里）Length of The New-built Utility Tunnel (km)
28			5632	68	22.5	
4			7451	53	7.5	
13			7934	75	2.5	
10			7216	70		
15	8		10630	66		
5			1642	31		
2	2		1737	41		
2	1		2965	65		
8	3		7109	76		
4	2		4825	96		
14			1675	39		
			3166	41		
30	3		5148	79		
16			5183	61		
4						
20			3991	51	1.6	
1			2874	36		
7			8343	56		
5			9314	46	1.1	1.1
6	1		2216	25		
20			2489	45		
12			3108	71		
21	6	1	3896	31	0.5	0.5
7			1212	21	1.2	
24	1	1	17736	73	3.7	
15	3		4259	70		
			8987	32		
1			2900	25		
12			1510	37		
2			3630	41		
15			4372	39		
6	2		2332	44	7.1	
3			11737	61	7.6	6.0
			4375	70	6.7	5.5
			4525	40	13.7	1.0
14	7		5877	75	9.5	1.3
7			4499	42	5.5	
9	2		7254	83	1.0	
12			4788	60	6.2	0.2
5	5		2614	30		
21			9878	163		
			6919	63		

7-2 续表27

县名称 Name of Counties	道路长度（公里） Length of Roads (km)	建成区 In Built District	道路面积（万平方米） Surface Area of Roads (10000 sq. m)	人行道面积 Surface Area of Sidewalks	建成区 In Built District
泸西县	162.65	162.27	301.31	97.12	314.86
元阳县	37.12	37.12	63.23	17.48	63.23
红河县	39.35	39.35	52.62	14.11	25.03
金平县	35.69	35.69	50.77	7.84	50.77
绿春县	23.66	23.66	20.99	5.35	20.99
河口县	41.92	41.92	83.89	23.46	83.89
砚山县	141.79	58.79	174.53	29.10	173.21
西畴县	26.57	24.00	50.89	8.32	43.60
麻栗坡县	84.18	51.20	85.75	14.81	71.88
马关县	77.45	77.45	148.38	63.03	148.38
丘北县	127.28	107.20	285.00	45.00	135.70
广南县	114.00	114.00	200.40	44.95	200.40
富宁县	89.84	85.63	164.99	49.93	164.62
勐海县	70.07	70.07	133.73	36.01	133.73
勐腊县	52.98	48.85	94.84	20.92	83.77
漾濞彝族自治县	20.60	11.21	26.85	6.24	22.29
祥云县	152.25	152.25	293.21	51.36	274.87
宾川县	55.28	55.28	114.98	33.47	114.98
弥渡县	48.55	47.59	84.74	24.84	81.75
南涧彝族自治县	30.92	30.92	74.57	22.36	74.57
巍山彝族回族自治县	49.63	49.63	85.74	13.59	85.74
永平县	62.43	54.73	115.01	31.12	100.38
云龙县	28.08	28.08	29.66	8.23	29.66
洱源县	37.93	37.40	97.06	23.38	97.06
剑川县	36.60	31.75	75.56	30.44	61.78
鹤庆县	52.75	52.75	106.76	23.10	106.76
梁河县	31.41	27.41	43.04	15.45	40.24
盈江县	89.29	89.29	172.78	54.28	172.78
陇川县	72.58	72.58	159.60	27.76	156.85
福贡县	14.60	14.60	22.00	4.00	11.68
贡山独龙族怒族自治县	9.62	9.62	19.03	3.46	7.90
兰坪白族普米族自治县	75.57	75.54	38.10	1.10	69.00
德钦县	32.30	28.38	30.68	5.89	28.38
维西傈僳族自治县	67.60	67.60	74.20	17.39	74.20
西 藏	**1274.80**	**908.96**	**1571.07**	**443.82**	**1122.98**
曲水县	13.00	13.00	19.50	7.50	19.50
当雄县	11.45	9.00	25.11	13.41	16.70
林周县	7.65	7.65	9.07	3.60	9.07
墨竹工卡县	31.30	27.70	35.60	6.60	32.00
尼木县	23.90	9.02	14.48	2.70	14.48
亚东县	18.90	1.20	18.20	3.04	10.20
聂拉木县	24.00	23.00	43.00	15.00	36.00
仲巴县	16.57	6.12	15.56	4.23	14.17

continued 27

桥梁数（座）Number of Bridges (unit)	大桥及特大桥 Great Bridge and Grand Bridge	立交桥 Intersection	道路照明灯盏数（盏）Number of Road Lamps (unit)	安装路灯道路长度（公里）Length of The Road with Street Lamp (km)	地下综合管廊长度（公里）Length of The Utility Tunnel (km)	新建地下综合管廊长度（公里）Length of The New-built Utility Tunnel (km)
10		1	13223	80		
6			15112	36		
			1735	36		
9			2236	36		
			1029	23		
2			2042	32		
			5317	58		
			4445	24		
30			1879	42	1.5	1.5
2		2	9828	51	1.0	1.0
1	1		3509	47		
			5740	56	2.7	
14			3715	46		
6			3123	70		
19			2445	53		
8			1437	12		
3		3	8370	131	1.8	
5			8547	55	2.0	
4			4858	49		
8			5439	30	1.2	
			3822	50		
16			3828	36	13.3	
6			2725	17		
5			5151	33		
10			2345	37		
9			5764	53	1.7	
5			1445	21		
9			7529	68		
			3845	73		
6						
			549	10		
			3654	51		
12			995	22		
11			3167	68		
155	**16**	**4**	**37284**	**738**	**49.1**	**0.4**
			521	10		
3	2		353	9		
1						
2			1418	20		
			923	8		
11			1695	8		
2			700	16		
			327	8		

7-2 续表28

县名称 Name of Counties	道 路 长 度 （公里） Length of Roads (km)	建成区 In Built District	道 路 面 积 （万平方米） Surface Area of Roads (10000 sq. m)	人行道 面 积 Surface Area of Sidewalks	建成区 In Built District
定结县	11.91	8.00	14.43	4.33	8.00
康马县	27.49	19.84	34.76	10.91	25.27
吉隆县	3.20	3.20	4.44	1.28	3.16
萨嘎县	7.94	4.46	7.90	2.98	7.90
谢通门县	9.00	5.00	11.00	3.30	6.00
萨迦县	12.52	12.52	16.54	4.23	16.36
岗巴县	10.30	10.00	13.20	5.50	13.20
拉孜县	45.00	24.00	28.80	9.00	27.60
江孜县	40.49	19.11	45.93	7.63	25.43
定日县	84.00	40.00	117.60	16.80	1.70
南木林县	60.01	29.05	68.80	20.32	33.38
昂仁县	14.51	10.69	22.15	4.83	22.15
白朗县	58.00	29.00	68.00	20.00	3.00
仁布县	11.50	11.50	11.28	4.00	11.28
左贡县	9.34	8.39	13.48	3.16	12.18
丁青县	5.25	5.25	6.00	2.00	6.00
八宿县	20.45	20.45	23.29	5.98	23.29
江达县	20.32	8.16	21.95	8.43	8.16
洛隆县	5.86	2.00	2.10	0.50	2.10
察雅县	32.00	18.00	27.50	6.00	15.00
贡觉县	16.15	10.74	17.12	2.81	11.29
边坝县	5.60	5.60	4.93	0.91	5.15
类乌齐县	25.20	24.20	17.38	3.47	16.18
芒康县	13.01	12.99	26.42	9.35	26.42
朗　县	9.75	9.75	11.10	4.00	11.10
墨脱县	24.12	24.12	18.48	6.10	18.48
工布江达县	8.58	6.42	9.00	3.00	6.70
察隅县	19.86	19.85	22.31	7.15	22.31
波密县	17.93	16.93	14.45	2.40	8.50
米林县	17.82	17.60	18.05	5.48	18.05
错那县	17.95	17.00	32.60	15.00	28.90
浪卡子县	17.60	17.60	28.68	10.60	17.60
贡嘎县	27.45	18.42	28.46	10.56	27.60
加查县	16.60	16.60	18.75	4.57	18.75
桑日县	29.50	14.50	23.20	8.70	20.20
洛扎县	14.00	14.00	25.20	5.60	25.20
琼结县	16.50	16.50	25.15	9.50	25.15
措美县	19.70	15.00	18.60	5.20	13.20
扎囊县	12.80	12.00	8.80	2.40	7.90
曲松县	25.28	21.00	26.20	7.70	28.00
隆子县	15.16	13.18	17.10	4.01	16.12
聂荣县	15.50	15.50	10.23	3.78	10.23
双湖县	9.30	9.30	7.90	2.00	7.90

continued 28

桥梁数（座）Number of Bridges (unit)	大桥及特大桥 Great Bridge and Grand Bridge	立交桥 Intersection	道路照明灯盏数（盏）Number of Road Lamps (unit)	安装路灯道路长度（公里）Length of The Road with Street Lamp (km)	地下综合管廊长度（公里）Length of The Utility Tunnel (km)	新建地下综合管廊长度（公里）Length of The New-built Utility Tunnel (km)
			480	12		
			516	13		
				3		
4			300	6		
1						
18			950	11		
			400	10		
			820	23		
3			1054	19		
6		3	1800	40		
3			1138	28		
			628	14		
3			320	4		
4			483	6		
			290	3		
4			720	13		
10			684	15	15.4	0.4
2			360	2		
3			928	18		
12			639	8		
7			503	6		
			500	11		
			560	13		
3			839	10		
			678	15		
4		2	455	5		
			1005	16		
4		4	400	10		
1		1	929	18		
			530	8		
			790	18		
			425	8		
2		2	470	12		
			780	14		
2			322	10		
4			500	13		
					1.0	
6			897	17		
1			553	13		
3			1208	14		
			315	9		

7-2 续表29

县名称 Name of Counties	道 路 长 度 (公里) Length of Roads (km)	建成区 In Built District	道 路 面 积 (万平方米) Surface Area of Roads (10000 sq. m)	人行道 面 积 Surface Area of Sidewalks	建成区 In Built District
嘉黎县	18.72	17.72	20.57	4.52	19.57
比如县	25.18	12.18	41.29	11.13	32.23
尼玛县	7.16	6.30	13.20	5.20	13.20
巴青县	18.97	8.80	50.04	10.01	18.35
申扎县	12.72	12.52	18.78	5.94	18.78
安多县	9.00	9.00	14.00	5.00	7.00
索 县	9.70	9.70	9.90	1.50	9.90
班戈县	8.62	8.62	10.69	2.14	10.69
革吉县	5.50	5.00	7.41	3.20	6.53
札达县	5.66	5.66	8.13	1.83	8.13
日土县	29.75	18.33	23.99	5.00	16.41
改则县	11.60	10.02	16.29	4.80	11.98
葛尔县	60.00	30.00	140.00	42.00	110.00
普兰县	7.00	7.00	12.00	4.00	12.00
措勤县	14.00	14.00	15.00	6.00	14.00
陕 西	**5450.09**	**5008.70**	**9253.87**	**2612.77**	**8480.59**
蓝田县	108.71	81.48	222.48	71.65	127.08
周至县	52.08	51.36	112.01	38.25	98.80
宜君县	26.50	26.50	33.40	6.66	33.40
岐山县	31.02	31.02	106.38	35.15	106.38
扶风县	73.33	71.07	153.08	38.30	153.08
眉 县	103.77	99.74	210.48	71.36	196.04
陇 县	55.27	48.60	135.54	45.58	120.04
千阳县	35.80	19.89	51.78	18.00	30.00
麟游县	27.77	25.38	61.03	22.14	61.03
凤 县	27.00	27.00	38.70	4.50	37.73
太白县	22.73	20.87	41.43	11.21	14.54
三原县	153.76	137.87	311.37	104.80	307.23
泾阳县	114.12	114.12	173.79	45.82	173.79
乾 县	83.14	80.43	220.10	81.45	205.42
礼泉县	104.60	98.00	218.75	78.50	194.10
永寿县	59.70	59.70	108.73	28.10	107.73
长武县	64.98	63.28	118.26	38.32	115.84
旬邑县	44.80	43.30	78.87	21.56	77.07
淳化县	45.30	45.30	53.93	13.76	53.23
武功县	84.25	56.58	181.50	45.77	146.43
潼关县	61.45	55.59	173.64	71.44	168.41
大荔县	134.96	131.22	274.54	76.35	274.54
合阳县	69.04	68.52	127.10	39.51	118.18
澄城县	78.47	75.82	185.91	63.04	182.06
蒲城县	243.62	242.39	515.60	117.38	508.14
白水县	55.70	46.85	138.00	61.00	130.06
富平县	146.36	140.63	282.53	74.55	274.39
延长县	28.61	19.49	30.71	5.00	21.46

continued 29

桥梁数（座）Number of Bridges (unit)	大桥及特大桥 Great Bridge and Grand Bridge	立交桥 Intersection	道路照明灯盏数（盏）Number of Road Lamps (unit)	安装路灯道路长度（公里）Length of The Road with Street Lamp (km)	地下综合管廊长度（公里）Length of The Utility Tunnel (km)	新建地下综合管廊长度（公里）Length of The New-built Utility Tunnel (km)
7	2	4	280	4		
4			468	6		
3			435	10		
			845	13		
			539	10		
2			360	10		
			451	6		
			200	6	2.0	
			352	6	2.0	
			540	13	3.6	
			576	60	3.7	
6			892	25	13.8	
3			120	3	2.6	
1			120	3	5.0	
604	**216**	**33**	**308609**	**3886**	**61.2**	**26.6**
8	5		3465	71		
6			6322	61	2.8	
1		1	774	17	2.0	2.0
			1670	31		
4	1		4975	50		
4			4188	69		
9			2362	55		
3	2		2958	26		
13			2063	27		
10			1649	27		
14			1856	21		
4	4		3995	93	12.8	4.7
			4882	100	6.7	
5	2	1	4215	68		
3	1		4640	84	15.5	6.2
			2263	33		
5		5	1776	38		
			1772	43		3.0
7			1690	38		
10	1	5	5040	79		
1	1		3939	58		
			9379	93		
2			4213	44	1.1	1.1
			2875	60	0.4	0.4
			17845	142		
4	3		7775	51		
14			17086	138		
7	5		1224	24		

7-2 续表30

县名称 Name of Counties	道路长度 （公里） Length of Roads (km)	建成区 In Built District	道路面积 （万平方米） Surface Area of Roads (10000 sq. m)	人行道面积 Surface Area of Sidewalks	建成区 In Built District
延川县	22.62	20.00	22.21	9.01	20.00
志丹县	65.90	65.90	86.64	22.51	85.76
吴起县	63.03	63.03	95.09	32.95	95.09
甘泉县	27.52	27.52	43.69	14.99	5.89
富　县	47.10	46.10	45.85	15.56	45.80
洛川县	33.47	21.86	68.89	26.32	65.58
宜川县	45.24	30.85	63.18	14.79	49.36
黄龙县	33.81	32.31	44.00	19.20	44.00
黄陵县	50.28	50.28	114.56	20.79	114.56
城固县	133.45	122.67	296.32	109.68	288.12
洋　县	99.07	89.71	142.85	35.66	134.77
西乡县	153.28	148.50	211.11	47.35	198.63
勉　县	158.90	151.36	292.94	88.58	269.18
宁强县	105.02	90.12	130.40	26.60	128.00
略阳县	58.20	51.50	77.87	24.90	73.30
镇巴县	54.67	47.07	78.08	25.94	69.45
留坝县	29.40	22.00	38.01	6.21	24.00
佛坪县	15.82	14.69	20.56	4.83	18.51
府谷县	180.00	180.00	375.20	84.95	279.00
靖边县	257.24	257.24	481.44	133.85	480.12
定边县	158.64	150.08	270.08	64.48	258.62
绥德县	143.94	140.44	148.89	27.20	116.85
米脂县	60.56	44.60	74.60	14.20	52.71
佳　县	24.90	23.00	24.90	3.00	23.00
吴堡县	32.93	25.00	76.70	27.00	63.48
清涧县	32.06	32.06	41.50	11.03	41.50
子洲县	34.73	24.79	58.60	15.20	54.10
汉阴县	112.97	110.83	180.51	54.13	176.75
石泉县	97.61	86.91	99.48	24.36	91.83
宁陕县	24.46	23.20	20.89	6.31	19.50
紫阳县	93.04	92.02	77.01	15.65	77.01
岚皋县	55.20	55.20	46.66	10.69	46.66
平利县	46.92	43.72	61.83	21.09	61.83
镇坪县	19.60	18.80	17.18	2.51	15.29
白河县	83.34	61.36	94.82		76.90
洛南县	147.60	147.60	189.24	57.36	189.24
丹凤县	174.80	93.50	167.00	60.00	98.00
商南县	63.98	63.98	128.00	23.17	128.00
山阳县	84.80	81.00	146.00	31.00	145.00
镇安县	73.80	71.90	98.83	17.95	95.00
柞水县	113.35	104.00	142.62	32.62	124.00
甘　肃	3667.89	3214.05	6765.45	1794.36	5850.24
永登县	47.04	47.04	130.98	44.88	127.18
皋兰县	38.61	31.26	70.57	19.18	70.57

continued 30

桥梁数（座）Number of Bridges (unit)	大桥及特大桥 Great Bridge and Grand Bridge	立交桥 Intersection	道路照明灯盏数（盏）Number of Road Lamps (unit)	安装路灯道路长度（公里）Length of The Road with Street Lamp (km)	地下综合管廊长度（公里）Length of The Utility Tunnel (km)	新建地下综合管廊长度（公里）Length of The New-built Utility Tunnel (km)
16	14	2	1741	19		
13	5		7312	62		
15	2	2	2664	29		
7	5		960	16		
8	2		1432	23		
2	2		2384	31		
23	3		2063	23		
25	18	7	1048	10		
19			4433	48		
2		1	11682	123		
10	4		8938	90		
2	1	1	4844	121		
6	6		6982	97		
17	5	2	2070	41		
15	1	2	8100	52		
17	17		3680	52		
12			1226	22		
7	4		1110	16		
6	4		9990	55		
5	4	1	24100	191		
3	1		9512	153	1.0	2.0
18	7		2838	66		
1			2600	26		
4	2		1945	24		
6			1125	17		
21	13		1526	32		
13	2		1137	18		
12	8	2	4498	111		
13	5		4522	77		
19			1041	20		
6	6		5270	32		
9	7		2345	52		
8			6501	42		
9	9		1439	19		
10			1729	38	1.6	
18	13	1	3551	71	3.5	1.5
13	13		11000	72	8.2	
			2749	47		
40	8		4238	77	1.1	1.1
20			2915	71	4.6	4.6
			2478	60		
544	**81**	**26**	**189620**	**2735**	**6.8**	**3.4**
4	1	1	3769	46		
11			1586	31		

7-2 续表31

县名称 Name of Counties	道路长度（公里）Length of Roads (km)	建成区 In Built District	道路面积（万平方米）Surface Area of Roads (10000 sq. m)	人行道面积 Surface Area of Sidewalks	建成区 In Built District
榆中县	73.77	72.55	251.58	87.66	215.88
永昌县	62.41	62.41	75.00	17.08	75.00
靖远县	61.96	61.56	93.24	26.87	93.23
会宁县	74.36	74.36	200.35	52.04	200.25
景泰县	57.07	51.74	99.05	26.05	90.57
清水县	63.53	34.80	99.28	33.18	63.95
秦安县	80.00	77.60	184.00	63.00	69.50
甘谷县	90.33	75.88	190.38	41.36	176.23
武山县	39.28	36.28	79.50	20.30	76.85
张家川回族自治县	55.56	48.00	96.70	26.30	51.80
民勤县	78.92	78.92	173.30	46.71	173.30
古浪县	31.57	31.57	77.93	30.90	78.06
天祝藏族自治县	54.85	54.85	94.91	25.72	89.14
肃南县	18.54	18.54	16.82	2.00	16.82
民乐县	42.85	32.85	102.84	42.85	102.84
临泽县	50.99	50.99	113.02	34.53	112.72
高台县	69.86	49.96	121.60	30.13	68.83
山丹县	74.63	72.63	106.97	32.01	102.97
泾川县	63.52	63.52	107.52	31.30	107.52
灵台县	40.55	40.55	85.25	17.76	85.25
崇信县	39.94	39.94	77.03	15.33	77.03
庄浪县	64.92	64.92	153.44	29.21	153.44
静宁县	71.24	71.24	179.91	41.66	179.91
金塔县	72.71	72.71	148.20	44.19	155.99
瓜州县	69.99	69.99	141.91	29.01	141.91
肃北蒙古族自治县	13.60	8.20	31.83	5.24	22.00
阿克塞哈萨克族自治县	38.79	37.79	54.01	21.57	54.01
庆城县	41.83	38.43	74.40	18.60	71.30
环县	51.26	48.39	143.46	41.19	120.82
华池县	44.37	36.90	69.26	23.97	57.37
合水县	40.12	38.92	124.99	35.62	125.00
正宁县	46.52	46.29	84.45	13.22	76.32
宁县	36.50	34.73	102.12	38.04	97.34
镇原县	59.70	59.70	125.68	35.55	125.68
通渭县	69.79	69.79	115.61	36.72	115.61
陇西县	120.31	120.31	269.86	45.41	269.86
渭源县	54.05	49.07	90.78	15.77	81.32
临洮县	273.37	136.80	349.00	90.18	197.52
漳县	31.90	31.90	64.26	21.09	64.26
岷县	67.60	67.60	136.85	28.95	136.85
成县	100.53	96.23	150.79	22.53	142.42
文县	29.96	28.80	24.36	5.32	23.86
宕昌县	63.40	63.00	74.90	18.90	73.60
康县	55.25	32.96	50.80	8.87	45.80

continued 31

桥梁数（座）Number of Bridges (unit)	大桥及特大桥 Great Bridge and Grand Bridge	立交桥 Intersection	道路照明灯盏数（盏）Number of Road Lamps (unit)	安装路灯道路长度（公里）Length of The Road with Street Lamp (km)	地下综合管廊长度（公里）Length of The Utility Tunnel (km)	新建地下综合管廊长度（公里）Length of The New-built Utility Tunnel (km)
3			13291	74	1.9	
3			1511	40		
15			4600	39		
9			3375	62		
3			1541	52		
23		1	1580	46		
13	5		3930	45		
9		3	3638	70		
12	4	8	2496	33		
15			1565	33		
1			2395	53	0.5	
6	3	3	2073	30		
7	5	2	2839	57		
9			1019	18		
5	1		6511	43		
7	4		3759	50		
			2405	42		
7			2425	64		
5			3665	58		
12			1624	35		
11	1		1784	32		
12		1	2577	45		
8			3369	66		
			4610	77		
			4827	58		
2			1211	10		
			1245	26		
1	1		1325	30	4.4	3.4
11			3061	34		
14			1904	17		
1	1		1292	29		
			1386	34		
2			1147	24		
6	6		3105	45		
14			2808	70		
10			16123	110		
9			2297	43		
7			4380	100		
3			1018	23		
13			2150	43		
7	5		3791	65		
8	6		932	18		
14	13	1	2640	58		
28		2	4618	51		

7-2 续表32

县名称 Name of Counties	道路长度（公里） Length of Roads (km)	建成区 In Built District	道路面积（万平方米） Surface Area of Roads (10000 sq. m)	人行道面积 Surface Area of Sidewalks	建成区 In Built District
西和县	73.05	73.05	111.91	26.27	111.91
礼　县	75.66	55.66	122.40	47.00	90.00
徽　县	63.31	29.15	86.39	14.35	70.89
两当县	41.15	41.15	40.22	6.21	40.22
临夏县	50.58	42.02	95.58	12.36	82.74
康乐县	49.82	39.03	115.84	31.66	92.53
永靖县	84.26	76.21	168.07	41.53	124.65
广河县	47.46	31.33	79.94	23.19	54.09
和政县	65.94	61.45	101.30	31.10	9.23
东乡族自治县	17.40	5.50	61.70	11.10	6.70
积石山县	71.00	59.00	83.50	21.60	58.80
临潭县	24.52	10.12	66.38	21.97	57.15
卓尼县	41.12	33.92	65.64	20.64	47.50
舟曲县	15.00	8.00	15.40	3.60	9.60
迭部县	35.45	32.77	32.11	8.55	28.79
玛曲县	39.57	39.57	58.52	20.44	58.52
碌曲县	26.58	26.58	30.20	8.85	30.20
夏河县	18.17	17.07	21.66	5.99	19.04
青　海	1623.50	1501.55	2709.77	719.93	2603.98
大通县	52.64	51.62	86.06	27.82	81.97
湟源县	53.44	53.44	107.78	35.06	107.78
民和县	69.49	69.49	123.27	30.04	123.32
互助县	79.80	79.76	200.32	53.57	174.41
化隆县	64.80	64.80	110.33	26.90	110.33
循化县	23.90	22.20	57.64	16.85	55.74
门源县	57.80	54.03	81.96	24.09	74.51
祁连县	63.90	58.90	95.32	41.77	88.82
海晏县	24.10	22.19	47.42	13.24	45.85
刚察县	29.02	29.02	57.73	16.45	48.33
西海镇	46.96	46.96	42.83	12.74	42.83
尖扎县	21.80	21.80	44.00	9.00	44.00
泽库县	32.00	32.00	45.00	10.00	45.00
河南县	37.70	37.70	46.90	5.60	46.90
共和县	118.84	118.84	228.94	62.68	228.94
同德县	41.75	41.75	52.67	11.68	52.67
贵德县	67.47	67.47	143.94	49.90	143.94
兴海县	52.48	52.48	81.22	26.91	81.22
贵南县	52.36	52.36	116.94	29.48	116.94
班玛县	42.09	17.80	35.00	10.00	26.00
久治县	21.67	21.67	42.61	12.36	42.61
甘德县	52.85	52.85	59.23	15.64	59.23
玛沁县	68.28	68.28	204.37	40.97	204.36
达日县	32.21	15.70	26.11	5.36	7.20
玛多县	18.50	14.75	25.48	4.92	23.00

continued 32

桥梁数（座）Number of Bridges (unit)	大桥及特大桥 Great Bridge and Grand Bridge	立交桥 Intersection	道路照明灯盏数（盏）Number of Road Lamps (unit)	安装路灯道路长度（公里）Length of The Road with Street Lamp (km)	地下综合管廊长度（公里）Length of The Utility Tunnel (km)	新建地下综合管廊长度（公里）Length of The New-built Utility Tunnel (km)
10			6632	37		
9			5000	75		
21		4	6674	63		
10			1674	17		
6	2		1808	36		
17			3083	50		
9			4021	82		
13	12		2343	46		
5			1588	27		
			620	5		
6			1200	19		
12			680	12		
15	11		1800	13		
19			756	17		
10			1295	28		
4			3599	39		
4			920	22		
14			730	18		
164	**15**		**81793**	**905**	**1.9**	**1.9**
6			5542	55		
19			5644	54		
6			3887	12		
12			11222	70		
4			2189	29		
5	5		1924	23		
2			1344	28		
5			1449	17		
2			707	6		
3			757	15		
3			893	11		
4			1567	17		
			2360	31		
2			1100	11		
22			3973	59		
7	2		1507	27		
12			2930	45	1.9	1.9
			2931	42		
1			1343	22		
3			1200	17		
9			1535	19		
4	4		1623	39		
14			1258	28		
2			518	12		
4			544	7		

7-2 续表33

县名称 Name of Counties	道路长度（公里）Length of Roads (km)	建成区 In Built District	道路面积（万平方米）Surface Area of Roads (10000 sq. m)	人行道面积 Surface Area of Sidewalks	建成区 In Built District
杂多县	12.99	12.99	28.17	5.65	28.17
称多县	27.15	27.15	27.29	5.00	27.29
治多县	41.95	41.95	46.52	11.31	46.52
囊谦县	37.34	37.34	59.14	5.76	59.14
曲麻莱县	73.88	71.38	45.27	5.27	48.10
乌兰县	25.38	25.38	27.72	6.11	27.72
都兰县	44.70	44.70	143.00	31.00	135.00
天峻县	88.00	44.20	95.53	40.00	95.53
大柴旦行委	46.26	28.60	74.06	16.80	60.61
宁　夏	**1420.50**	**1339.75**	**3004.07**	**954.43**	**2863.95**
永宁县	167.98	124.26	230.60	68.45	225.91
贺兰县	164.54	159.72	529.25	208.71	529.25
平罗县	98.43	96.07	321.30	90.26	314.37
盐池县	122.04	118.04	259.90	60.13	184.23
同心县	150.78	150.78	287.00	91.51	287.00
红寺堡区	85.19	85.19	190.11	49.11	190.11
西吉县	100.32	100.32	131.28	34.70	131.28
隆德县	38.40	28.23	69.27	27.83	52.19
泾源县	37.20	37.20	68.10	23.90	68.10
彭阳县	65.93	65.93	200.86	48.78	200.86
中宁县	206.11	206.11	363.46	120.46	363.46
海原县	183.58	167.90	352.94	130.59	317.19
新　疆	**5746.19**	**5060.63**	**9661.82**	**1938.42**	**8647.88**
鄯善县	337.09	329.09	480.22	88.34	456.14
托克逊县	61.01	47.30	135.34	32.65	102.72
巴里坤哈萨克自治县	32.28	32.28	52.09	5.74	52.09
伊吾县	29.02	22.12	53.69	14.26	35.77
呼图壁县	74.85	67.72	182.64	19.54	176.10
玛纳斯县	94.59	94.59	221.49	30.35	221.49
奇台县	172.99	172.98	272.55	28.61	272.55
吉木萨尔县	105.00	105.00	184.92	39.76	184.92
木垒哈萨克自治县	62.33	47.55	111.91	31.75	72.70
精河县	82.04	76.84	146.03	46.74	146.03
温泉县	25.01	24.00	25.60	4.10	22.00
轮台县	76.80	69.00	120.00	19.00	89.00
尉犁县	53.93	38.44	93.46	24.12	60.48
若羌县	77.26	77.26	192.14	31.68	192.13
且末县	33.64	33.36	64.45	10.89	63.75
焉耆回族自治县	80.03	80.03	153.46	28.98	153.46
和静县	127.63	124.75	193.31	45.04	193.31
和硕县	92.80	80.00	74.44	8.40	71.60
博湖县	24.93	24.93	32.31	10.21	32.31
温宿县	145.00	92.00	445.20	43.20	190.40
沙雅县	199.08	199.08	368.00	50.00	325.00

continued 33

桥梁数（座）Number of Bridges (unit)	大桥及特大桥 Great Bridge and Grand Bridge	立交桥 Intersection	道路照明灯盏数（盏）Number of Road Lamps (unit)	安装路灯道路长度（公里）Length of The Road with Street Lamp (km)	地下综合管廊长度（公里）Length of The Utility Tunnel (km)	新建地下综合管廊长度（公里）Length of The New-built Utility Tunnel (km)
4	4		588	7		
1			806	13		
2			810	14		
			1403	23		
			2200	28		
			2035	25		
			4176	45		
			5054	27		
6			4774	26		
82	**26**	**2**	**78113**	**1099**		
16			11630	72		
7		2	10364	150		
12	12		7193	93		
2			5311	77		
14	14		9582	109		
			5607	85		
10			3443	86		
7			3300	38		
4			1508	30		
10			5298	66		
			7513	146		
			7364	147		
282	**21**	**7**	**381429**	**4084**	**3.0**	**2.0**
9			12078	221		
4			3672	48		
3			3870	30		
7			3186	25		
2		2	25297	68		
1			12766	75		
19			8409	144		
6	6		13123	105		
			11060	59		
4			18854	54		
			900	23		
8	3		2860	58		
3			6525	46		
1	1		2542	47		
8			1283	25		
10			12356	80	2.0	2.0
2		2	13728	125		
			2510	19		
3	3		5457	25		
8			4800	120		
				190		

7-2 续表34

县名称 Name of Counties	道路长度(公里) Length of Roads (km)	建成区 In Built District	道路面积(万平方米) Surface Area of Roads (10000 sq. m)	人行道面积 Surface Area of Sidewalks	建成区 In Built District
新和县	174.60	130.25	228.00	66.00	100.00
拜城县	58.09	56.69	135.00	37.00	135.00
乌什县	87.60	87.60	149.28	37.59	139.51
阿瓦提县	97.00	90.00	280.00	56.00	270.00
柯坪县	36.03	31.43	56.68	14.41	33.07
阿克陶县	48.70	48.70	87.41	11.85	87.41
阿合奇县	59.79	33.94	51.79	14.40	32.95
乌恰县	32.42	32.42	58.04	14.88	58.04
疏附县	57.60	56.10	87.00	35.42	87.15
疏勒县	86.16	75.10	182.31	35.33	165.30
英吉沙县	64.37	50.39	120.20	34.39	95.12
泽普县	73.01	66.50	150.66	42.19	137.99
莎车县	434.02	373.92	761.80	18.56	793.27
叶城县	266.00	237.00	428.00	103.00	416.00
麦盖提县	75.29	72.29	233.00	113.00	233.00
岳普湖县	90.30	50.90	146.51	33.22	147.98
伽师县	98.91	77.85	110.58	26.22	79.04
巴楚县	136.82	125.32	170.51	63.02	136.63
塔什库尔干塔吉克自治县	45.81	44.39	64.87	19.87	47.73
和田县					
墨玉县	166.59	98.73	279.42	67.90	211.00
皮山县	93.52	93.52	84.34	21.00	84.34
洛浦县	42.86	22.67	73.91	23.81	72.11
策勒县	31.51	29.61	53.19	24.20	55.19
于田县	37.00	36.00	72.00	22.00	70.00
民丰县	28.42	28.42	57.00	17.65	44.45
伊宁县	94.83	83.04	110.62	30.04	97.82
察布查尔县	54.50	54.50	151.09	36.95	151.09
霍城县	42.29	42.29	95.10	22.77	95.10
巩留县	145.00	118.90	149.78	26.58	147.42
新源县	153.80	153.80	253.13	33.48	253.14
昭苏县	89.28	83.35	116.50	16.39	96.04
特克斯县	88.19	88.19	110.68	19.80	110.68
尼勒克县	126.00	105.00	159.00	46.00	140.00
额敏县	122.84	79.20	167.04	31.57	155.27
托里县	42.26	42.26	76.02	11.98	64.04
裕民县	63.70	26.70	60.00	5.00	60.00
和布克赛尔蒙古自治县	23.61	23.61	38.37	7.75	38.37
布尔津县	48.35	35.16	84.49	15.88	67.64
富蕴县	51.92	49.20	78.73	14.67	49.20
福海县	63.28	62.28	79.04	15.80	77.90
哈巴河县	41.22	41.22	81.21	18.23	73.33
青河县	25.64	24.12	39.37	10.03	37.71
吉木乃县	59.75	59.75	86.90	9.23	86.90

continued 34

桥梁数（座）Number of Bridges (unit)	大桥及特大桥 Great Bridge and Grand Bridge	立交桥 Intersection	道路照明灯盏数（盏）Number of Road Lamps (unit)	安装路灯道路长度（公里）Length of The Road with Street Lamp (km)	地下综合管廊长度（公里）Length of The Utility Tunnel (km)	新建地下综合管廊长度（公里）Length of The New-built Utility Tunnel (km)
10		2	8345	60		
7			5400	58		
			2596	61		
13			4535	59		
			13171	36		
2			2396	28		
2		2	1028	22		
			4281	32		
			2732	29		
2			3508	52		
2			3007	64		
4			3242	38		
16			20556	348		
7			12305	121		
7			4600	72		
			6520	78		
5			3742	46		
11			3550	87		
			2800	42		
8			3201	63		
5			3000	61		
15			1693	34		
8			4308	29		
			2030	19	1.0	
2	1	1	2360	16		
4	4		11298	62		
			5273	114		
			2671	50		
15			9980	91		
			4372	87		
3			2272	55		
2			3670	48		
8			4651	53		
2			3228	79		
7	1		1771	32		
2				25		
			2531	23		
4			6440	48		
3			19937	44		
			2186	38		
2			4454	41		
2			3106	16		
4			3407	39		

环境卫生数据

Data by Environmental Health

八、县城排水和污水处理

County Seat Drainage and Wastewater Treatment

简要说明

县城排水指由县城排水系统收集、输送、处理和排放县城污水（生活污水、工业废水）和雨水的方式。

县城污水处理指对县城污水通过排水系统集中于一个或几个处所，并利用污水处理设施进行净化处理，最终使处理后的污水和污泥达到规定要求后排放水体或再利用。

县城污水处理设施包括两类：一是污水处理厂，二是污水处理装置。

Brief Introduction

County seat drainage refers to the collection, delivery, treatment and discharge of wastewater (domestic wastewater and industrial wastewater) and rainwater through county seat drainage system.

County seat wastewater treatment refers to purifying centralized wastewater through wastewater treatment facilities to make wastewater and sludge meet discharge or recycling standards.

County seat wastewater treatment facilities include wastewater treatment plants and wastewater treatment devices.

8 全国历年县城排水和污水处理情况(2000—2023)
National County Seat Drainage and Wastewater Treatment in Past Years(2000—2023)

年份 Year	排水管道 长度 (万公里) Length of Drainage Pipelines (10000 km)	污水年 排放量 (亿立方米) Annual Quantity of Wastewater Discharged (100 million cu. m)	污水处理厂 Wastewater Treatment Plant		污水年 处理量 (亿立方米) Annual Treatment Capacity (100 million cu. m)	污水 处理率 (%) Wastewater Treatment Rate (%)
			座数 (座) Number (unit)	处理能力 (万立方米/日) Treatment Capacity (10000 cu. m/day)		
2000	4.00	43.20	54	55	3.26	7.55
2001	4.40	40.14	54	455	3.31	8.24
2002	4.44	43.58	97	310	3.18	11.02
2003	5.32	41.87	93	426	4.14	9.88
2004	6.01	46.33	117	273	5.20	11.23
2005	6.04	47.40	158	357	6.75	14.23
2006	6.86	54.63	204	496	6.00	13.63
2007	7.68	60.10	322	725	14.10	23.38
2008	8.39	62.29	427	961	19.70	31.58
2009	9.63	65.70	664	1412	27.36	41.64
2010	10.89	72.02	1052	2040	43.30	60.12
2011	12.18	79.52	1303	2409	55.99	70.41
2012	13.67	85.28	1416	2623	62.18	75.24
2013	14.88	88.09	1504	2691	69.13	78.47
2014	16.03	90.47	1555	2882	74.29	82.12
2015	16.79	92.65	1599	2999	78.95	85.22
2016	17.19	92.72	1513	3036	81.02	87.38
2017	18.98	95.07	1572	3218	85.77	90.21
2018	19.98	99.43	1598	3367	90.64	91.16
2019	21.34	102.30	1669	3587	95.71	93.55
2020	22.39	103.76	1708	3770	98.62	95.05
2021	23.84	109.31	1765	3979	105.06	96.11
2022	25.17	114.93	1801	4185	111.41	96.94
2023	26.73	120.66	1849	4378	117.83	97.66

8-1 2023年按省分列的县城排水和污水处理

地区名称 Name of Regions	污水排放量 （万立方米） Annual Quantity of Wastewater Discharged (10000 cu. m)	排水管道长度（公里） Length of Drainage Pipelines (km)	污水管道 Sewers	雨水管道 Rainwater Drainage Pipeline	雨污合流管道 Combined Drainage Pipeline	建成区 In Built District	污水处理厂 座数（座） Number of Wastewater Treatment Plant (unit)	二级以上 Second Level or Above	处理能力（万立方米/日） Treatment Capacity (10000 cu. m/day)	二级以上 Second Level or Above
全 国	1206597	267252	128145	103792	35316	240023	1849	1565	4377.7	3832.9
河 北	81840	15733	8391	7342		15133	107	96	373.1	340.2
山 西	39261	9140	4906	3395	838	8278	90	79	151.1	132.4
内蒙古	28985	9887	4810	3662	1416	8851	68	56	106.3	91.0
辽 宁	25562	2793	1033	965	795	2304	28	16	89.7	50.3
吉 林	15620	2581	1296	1191	95	2572	19	19	54.5	54.5
黑龙江	24281	4750	1846	1772	1131	4503	50	50	89.0	89.0
江 苏	51664	11483	4793	5738	952	9631	33	30	153.7	146.1
浙 江	62773	12472	7125	4785	563	11033	49	46	198.9	195.2
安 徽	83248	20180	9129	9572	1480	17318	73	72	276.2	269.2
福 建	46032	9612	4730	4293	589	8900	47	42	162.7	144.2
江 西	61024	17612	8425	7116	2071	16260	81	47	184.1	108.6
山 东	80294	19442	9126	10270	45	17367	87	86	400.7	396.7
河 南	116139	21482	9628	7875	3980	19285	140	95	490.7	351.9
湖 北	41825	7502	3536	2513	1454	6856	44	36	134.8	105.3
湖 南	95244	15310	6491	5482	3336	13822	90	85	298.4	286.4
广 东	41543	5760	2405	1486	1868	5056	45	42	127.0	121.0
广 西	42001	9583	4453	2927	2203	9294	67	63	137.8	134.8
海 南	6172	1612	861	585	167	922	11	5	22.6	12.5
重 庆	15403	3564	2004	1418	142	3392	30	25	56.2	40.2
四 川	82807	16521	7915	6390	2216	14697	150	114	257.3	214.6
贵 州	34503	10750	6212	3852	686	9285	122	120	119.9	118.5
云 南	38294	14156	7838	5234	1084	12979	106	98	133.8	125.3
西 藏	4274	1601	504	337	760	1345	57	31	11.7	6.8
陕 西	30956	7161	3503	2308	1351	6314	72	66	123.4	116.7
甘 肃	18130	6311	3528	2185	597	5468	66	65	69.7	68.2
青 海	5621	2210	1061	739	410	2024	37	36	24.8	24.3
宁 夏	8434	1959	224	338	1397	1746	14	13	32.5	31.5
新 疆	24665	6084	2372	22	3690	5387	66	32	97.3	57.7

County Seat Drainage and Wastewater Treatment by Province (2023)

污水处理厂 Wastewater Treatment Plant				其他污水处理设施 Other Wastewater Treatment Facilities		污水处理总量	市政再生水 Recycled Water			地区名称
处理量（万立方米）Quantity of Wastewater Treated (10000 cu. m)	二级以上 Second Level or Above	干污泥产生量（吨）Quantity of Dry Sludge Produced (ton)	干污泥处置量（吨）Quantity of Dry Sludge Treated (ton)	处理能力（万立方米/日）Treatment Capacity (10000 cu. m/day)	处理量（万立方米）Quantity of Wastewater Treated (10000 cu. m)	（万立方米）Total Quantity of Wastewater Treated (10000 cu. m)	生产能力（万立方米/日）Recycled Water Production Capacity (10000 cu. m/day)	利用量（万立方米）Annual Quantity of Wastewater Recycled and Reused (10000 cu. m)	管道长度（公里）Length of Pipelines (km)	Name of Regions
1171403	**1023916**	**2323249**	**2287243**	**108.8**	**6938**	**1178341**	**1290.9**	**210164**	**7128**	全 国
80924	73525	137568	131359			80924	213.8	48124	557	河 北
38432	34159	118705	111942	1.8	147	38579	88.7	10967	358	山 西
28529	23962	82398	82279			28529	79.2	12937	1555	内蒙古
26094	15694	52948	52947			26094	7.2	932	41	辽 宁
15437	15437	23730	23730			15437	21.0	1377	50	吉 林
23584	23584	39271	39221			23584	6.0	202	28	黑龙江
49023	46605	92774	90178			49023	68.7	10925	131	江 苏
61506	60465	105169	105166	7.1	97	61603	55.2	10176	128	浙 江
80681	79708	119305	119107	1.8	113	80794	55.3	11720	210	安 徽
44549	39728	78512	78506	2.0	389	44938	3.1	58		福 建
57634	35508	88279	86091	9.9	1146	58780	15.0	535	8	江 西
78962	78962	222558	222170			78962	261.4	40134	434	山 东
114759	80351	258572	253897	13.3	12	114771	122.6	24293	273	河 南
40560	30724	64436	64222	10.4	1	40561	28.1	1039	6	湖 北
91963	88267	168016	168016	4.5	164	92128	9.9	204	18	湖 南
40467	38482	65040	60270	2.0		40467	25.9	1524	2	广 东
39176	38237	30694	30479	14.5	2240	41415				广 西
6219	3397	16623	16623	5.0	503	6722	7.9	163	22	海 南
15384	10251	19929	19929	0.1		15384	4.1	264	10	重 庆
77504	64026	150095	149983	24.5	2070	79574	52.1	11736	979	四 川
33596	33212	41667	41637	0.9		33596	13.2	1060	29	贵 州
37705	35322	54200	52932	2.5	7	37712	14.8	894	94	云 南
2771	1808	3427	1172	0.7	42	2814	0.1	28		西 藏
29987	28456	111725	108217	1.6	1	29989	26.9	2724	41	陕 西
17841	17578	56731	56730			17841	27.2	2864	362	甘 肃
5279	5200	12397	12394			5279		538	41	青 海
8419	8125	39308	39298			8419	10.6	1958	159	宁 夏
24417	13143	69172	68748	6.3	4	24422	73.2	12787	1590	新 疆

8-2　2023年按县分列的县城排水和污水处理

县名称 Name of Counties	污水排放量 （万立方米） Annual Quantity of Wastewater Discharged (10000 cu. m)	排水管道长度 （公里） Length of Drainage Pipelines (km)	污水管道 Sewers	雨水管道 Rainwater Drainage Pipeline	雨污合流管道 Combined Drainage Pipeline	建成区 In Built District	污水处理厂 座数（座） Number of Wastewater Treatment Plant (unit)	二级以上 Second Level or Above	处理能力（万立方米/日） Treatment Capacity (10000 cu. m/day)	二级以上 Second Level or Above
全　国	1206597	267252.3	128144.9	103791.8	35315.6	240023.4	1849	1565	4377.7	3832.9
河　北	81840	15732.8	8390.9	7341.9		15133.3	107	96	373.1	340.2
井陉县	404	128.4	96.4	32.0		128.4	1	1	2.0	2.0
正定县	3006	443.3	219.0	224.3		443.3	1	1	10.0	10.0
行唐县	710	109.2	54.7	54.5		109.2	1	1	3.0	3.0
灵寿县	852	99.7	61.1	38.6		99.7	1	1	4.0	4.0
高邑县	559	114.7	52.5	62.1		102.1	1	1	2.0	2.0
深泽县	704	54.8	27.4	27.4		54.8	1	1	4.0	4.0
赞皇县	623	63.5	50.0	13.6		63.5	1	1	2.0	2.0
无极县	942	124.6	62.3	62.3		119.5	1	1	8.0	8.0
平山县	785	148.1	73.4	74.7		148.1	1	1	3.0	3.0
元氏县	499	122.9	66.1	56.8		122.9	1		4.0	
赵　县	431	135.0	67.5	67.5		135.0	1	1	10.0	10.0
滦南县	1422	149.3	83.8	65.5		144.3	1	1	4.0	4.0
乐亭县	1254	143.4	64.3	79.1		143.4	1	1	4.0	4.0
迁西县	630	130.8	69.5	61.3		130.8	1	1	3.0	3.0
玉田县	1358	101.8	54.2	47.6		101.8	1	1	4.0	4.0
曹妃甸区	1498	301.3	160.8	140.5		301.3	1	1	5.0	5.0
青龙满族自治县	445	93.5	50.0	43.5		93.5	1	1	2.0	2.0
昌黎县	1273	192.1	113.6	78.5		192.1	1	1	6.0	6.0
卢龙县	338	88.4	42.1	46.2		88.4	1		2.0	
临漳县	872	229.2	119.3	109.8		229.2	1	1	3.0	3.0
成安县	500	208.7	102.6	106.1		12.2	1	1	3.0	3.0
大名县	777	188.0	95.8	92.2		188.0	2	2	5.0	5.0
涉　县	807	696.4	377.2	319.1		689.5	1	1	2.5	2.5
磁　县	1372	208.2	107.7	100.5		208.2	1	1	4.0	4.0
邱　县	760	240.5	127.0	113.5		229.5	1	1	5.0	5.0
鸡泽县	608	178.9	94.0	84.9		178.9	1	1	2.5	2.5
广平县	569	192.5	87.1	105.4		192.5	1	1	3.0	3.0
馆陶县	544	221.1	109.1	112.0		221.1	1	1	3.0	3.0
魏　县	980	225.7	109.9	115.9		225.7	1	1	3.0	3.0
曲周县	650	192.6	101.5	91.0		192.6	1	1	3.0	3.0
临城县	245	97.6	70.7	26.8		94.3	1	1	1.0	1.0
内丘县	297	83.9	44.0	39.9		83.9	1	1	1.5	1.5

County Seat Drainage and Wastewater Treatment by County (2023)

污水处理厂 Wastewater Treatment Plant		干污泥产生量（吨）Quantity of Dry Sludge Produced (ton)	干污泥处置量（吨）Quantity of Dry Sludge Treated (ton)	其他污水处理设施 Other Wastewater Treatment Facilities		污水处理总量（万立方米）Total Quantity of Wastewater Treated (10000 cu. m)	市政再生水 Recycled Water			县名称 Name of Counties
处理量（万立方米）Quantity of Wastewater Treated (10000 cu. m)	二级以上 Second Level or Above			处理能力（万立方米/日）Treatment Capacity (10000 cu. m/day)	处理量（万立方米）Quantity of Wastewater Treated (10000 cu. m)		生产能力（万立方米/日）Recycled Water Production Capacity (10000 cu. m/day)	利用量（万立方米）Annual Quantity of Wastewater Recycled and Reused (10000 cu. m)	管道长度（公里）Length of Pipelines (km)	
1171403	1023916	2323249	2287243	108.8	6938	1178341	1290.9	210164	7128.1	全 国
80924	73525	137568	131359			80924	213.8	48124	557.4	河 北
404	404	742	742			404	2.0	401	7.5	井陉县
2980	2980	5178				2980	2.2	250	1.0	正定县
691	691	1927	1927			691	0.8	280		行唐县
850	850	1739	1739			850	1.0	360	6.0	灵寿县
558	558	1103	1103			558	0.9	330		高邑县
699	699	1000	1000			699	4.0	464		深泽县
619	619	2255	2255			619	1.5	185	7.7	赞皇县
940	940	2353	2353			940		940		无极县
770	770	2143	2143			770	2.0	769	10.0	平山县
495		1404	1404			495		479	10.5	元氏县
430	430	1290	1290			430	5.0	241	15.0	赵 县
1421	1421	3758	3758			1421	4.0	1299	17.0	滦南县
1246	1246	2683	2683			1246	3.8	1224	14.4	乐亭县
629	629	1516	1516			629	3.0	340	0.5	迁西县
1346	1346	2489	2489			1346	3.2	778	33.0	玉田县
1496	1496	1033	1033			1496	2.0	838		曹妃甸区
438	438	817	263			438		16		青龙满族自治县
1272	1272	2271	2271			1272		701		昌黎县
338		950	950			338	0.5	50	2.0	卢龙县
871	871	1771	1771			871	2.8	626	2.0	临漳县
499	499	1329	1329			499	2.0	314	0.8	成安县
774	774	407	407			774	3.5	425	0.2	大名县
805	805	241	241			805	1.4	396	13.4	涉 县
1371	1371	1894	1894			1371	4.0	1332	15.0	磁 县
705	705	504	504			705	2.0	317	3.5	邱 县
608	608	630	630			608	2.5	598	25.0	鸡泽县
569	569	677	677			569	1.0	349	3.5	广平县
510	510	214	214			510	3.0	510	20.0	馆陶县
970	970	500	229			970	2.7	340		魏 县
649	649	461	461			649	2.4	649	0.3	曲周县
235	235	809	809			235	0.3	80	5.9	临城县
292	292	144	141			292	1.2	121	5.0	内丘县

8-2 续表1

县名称 Name of Counties	污水排放量（万立方米）Annual Quantity of Wastewater Discharged (10000 cu. m)	排水管道长度（公里）Length of Drainage Pipelines (km)	污水管道 Sewers	雨水管道 Rainwater Drainage Pipeline	雨污合流管道 Combined Drainage Pipeline	建成区 In Built District	污水处理厂 Wastewater Treatment Plant			
							座数（座）Number of Wastewater Treatment Plant (unit)	二、三级处理 Second Level or Above	处理能力（万立方米/日）Treatment Capacity (10000 cu. m/day)	二、三级处理 Secondary and Tertiary Treatment
柏乡县	459	91.6	56.9	34.7		91.6	1	1	2.0	2.0
隆尧县	475	176.0	82.8	93.2		176.0	1		2.5	
宁晋县	1122	264.3	163.5	100.8		264.3	1		3.5	
巨鹿县	507	289.8	146.3	143.5		286.2	1	1	2.0	2.0
新河县	362	107.6	53.8	53.8		107.6	1	1	2.0	2.0
广宗县	367	138.0	69.0	69.0		138.0	1	1	2.0	2.0
平乡县	820	242.3	109.6	132.7		242.3	1	1	3.0	3.0
威　县	1426	330.3	166.1	164.3		325.1	1		5.0	
清河县	1130	328.6	149.9	178.8		313.9	1		4.2	
临西县	712	239.1	114.7	124.5		239.1	1	1	2.0	2.0
博野县	963	120.2	60.7	59.5		120.2	1	1	3.0	3.0
涞水县	968	129.7	76.8	53.0		129.7	1	1	4.0	4.0
阜平县	340	134.2	82.4	51.9		134.2	1		1.6	
白沟新城	2058	183.0	108.0	75.0		183.0	1	1	8.0	8.0
定兴县	1531	255.4	135.2	120.2		194.6	2	2	6.1	6.1
唐　县	664	114.1	57.9	56.2		87.2	1	1	2.0	2.0
高阳县	756	160.0	89.0	71.1		160.0	1	1	26.0	26.0
涞源县	382	111.9	83.6	28.3		111.9	1	1	2.5	2.5
望都县	835	147.1	67.3	79.9		147.1	1	1	3.0	3.0
易　县	945	82.0	51.6	30.4		30.1	2	2	5.0	5.0
曲阳县	1604	113.1	82.3	30.7		82.3	1	1	5.0	5.0
蠡县	880	82.4	38.2	44.2		82.0	1	1	6.0	6.0
顺平县	930	127.7	67.0	60.7		117.4	1	1	4.0	4.0
张北县	1037	154.8	67.1	87.7		154.8	1	1	3.0	3.0
康保县	201	77.6	38.5	39.2		77.6	1		1.6	
沽源县	346	55.0	34.5	20.5		55.0	1	1	2.0	2.0
尚义县	255	88.3	46.9	41.4		88.3	1	1	1.5	1.5
蔚　县	566	138.2	101.5	36.7		138.2	1	1	3.0	3.0
阳原县	292	134.8	82.2	52.6		134.8	1	1	2.0	2.0
怀安县	400	128.9	84.0	44.8		128.9	1		1.8	
怀来县	1017	195.2	98.0	97.2		195.2	1	1	3.0	3.0
涿鹿县	649	141.3	88.0	53.3		110.3	1	1	3.0	3.0
赤城县	294	75.9	40.7	35.2		71.1	1	1	2.0	2.0
承德县	1193	90.0	45.0	45.0		90.0	1	1	5.0	5.0
兴隆县	1182	99.9	57.8	42.1		68.7	1	1	4.0	4.0
滦平县	1136	121.5	91.1	30.4		121.5	1	1	6.0	6.0
隆化县	1081	113.1	64.9	48.2		113.1	2	2	4.0	4.0
丰宁满族自治县	1207	114.4	81.2	33.2		94.1	1	1	5.0	5.0
宽城满族自治县	1248	130.6	70.6	60.1		127.7	1	1	4.0	4.0

continued 1

污水处理厂 Wastewater Treatment Plant				其他污水处理设施 Other Wastewater Treatment Facilities		污水处理总量	市政再生水 Recycled Water			县名称
处理量（万立方米）Quantity of Wastewater Treated (10000 cu. m)	二、三级处理 Second Level or Above	干污泥产生量（吨）Quantity of Dry Sludge Produced (ton)	干污泥处置量（吨）Quantity of Dry Sludge Treated (ton)	处理能力（万立方米/日）Treatment Capacity (10000 cu. m/day)	处理量（万立方米）Quantity of Wastewater Treated (10000 cu. m)	（万立方米）Total Quantity of Wastewater Treated (10000 cu. m)	生产能力（万立方米/日）Recycled Water Production Capacity (10000 cu. m/day)	利用量（万立方米）Annual Quantity of Wastewater Recycled and Reused (10000 cu. m)	管道长度（公里）Length of Pipelines (km)	Name of Counties
442	442	350	350			442	0.7	162	10.0	柏乡县
475		925	920			475	0.9	285	22.0	隆尧县
1079		393	393			1079		1078		宁晋县
505	505	358	358			505	1.4	195	11.2	巨鹿县
356	356	309	309			356	0.4	145	10.0	新河县
354	354	1197	1197			354	1.0	349	1.6	广宗县
817	817	1140	1140			817		474		平乡县
1419		2883	2883			1419	4.5	1216	48.1	威　县
1108		2978	2978			1108	4.2	1038	4.2	清河县
692	692	763	763			692	2.0	656		临西县
956	956	2613	2613			956	3.0	490	0.1	博野县
961	961	1150	1150			961	2.0	554	2.0	涞水县
339		102	102			339	1.6	199		阜平县
2048	2048	2834	2834			2048	2.0	772		白沟新城
1524	1524	4325	4325			1524	1.8	622		定兴县
651	651	1937	1937			651	1.8	62	1.0	唐　县
755	755	2080	2080			755	6.0	580	5.5	高阳县
379	379	1200	1200			379	0.3	124		涞源县
832	832	2000	2000			832		474		望都县
945	945	2734	2734			945	5.0	315		易　县
1604	1604	1928	1928			1604	4.4	1016	5.0	曲阳县
880	880	1900	1900			880	3.0	484	10.0	蠡　县
930	930	2126	2125			930	2.5	739		顺平县
1021	1021	2590	2590			1021	3.0	1021	16.0	张北县
197		637	637			197	1.6	197	8.8	康保县
340	340	364	364			340	2.0	289	0.3	沽源县
242	242	526	526			242	0.8	152	5.6	尚义县
556	556	1699	1699			556	1.0	323	12.0	蔚　县
291	291	412	412			291	0.7	266	3.8	阳原县
393		435	435			393	1.0	237	3.5	怀安县
1007	1007	3344	3344			1007	2.7	567	20.9	怀来县
648	648	1373	1373			648	3.0	372	5.5	涿鹿县
286	286	633	633			286	1.0	158	7.9	赤城县
1146	1146	1520	1520			1146		82		承德县
1158	1158	1307	1307			1158	2.3	350	0.5	兴隆县
1124	1124	1400	1400			1124	4.5			滦平县
1031	1031	1237	1237			1031				隆化县
1182	1182	2104	2104			1182	3.3	417	14.0	丰宁满族自治县
1231	1231	2367	2367			1231	4.0	162	13.5	宽城满族自治县

8-2 续表2

县名称 Name of Counties	污水排放量（万立方米）Annual Quantity of Wastewater Discharged (10000 cu. m)	排水管道长度（公里）Length of Drainage Pipelines (km)	污水管道 Sewers	雨水管道 Rainwater Drainage Pipeline	雨污合流管道 Combined Drainage Pipeline	建成区 In Built District	污水处理厂 Wastewater Treatment Plant 座数（座）Number of Wastewater Treatment Plant (unit)	二、三级处理 Second Level or Above	处理能力（万立方米/日）Treatment Capacity (10000 cu. m/day)	二、三级处理 Secondary and Tertiary Treatment
围场满族蒙古族自治县	1253	187.8	97.5	90.4		187.8	1		5.0	
青县	1050	244.7	138.6	106.1		244.7	2	2	4.0	4.0
东光县	401	116.4	35.5	80.9		116.4	1	1	3.0	3.0
海兴县	257	99.5	50.5	49.0		99.5	1	1	2.0	2.0
盐山县	610	194.4	89.2	105.2		194.4	1	1	3.0	3.0
肃宁县	658	214.6	105.9	108.8		214.6	1	1	2.0	2.0
南皮县	435	141.5	72.9	68.6		141.5	1	1	3.0	3.0
吴桥县	421	243.9	148.3	95.6		243.9	1	1	3.0	3.0
献县	1204	207.7	81.5	126.2		207.1	1	1	4.5	4.5
孟村回族自治县	304	94.6	54.9	39.7		93.2	1	1	2.0	2.0
固安县	2642	123.1	56.9	66.3		123.1	2	2	12.6	12.6
永清县	418	77.5	38.0	39.5		77.5	1		1.7	
香河县	1541	109.3	62.9	46.4		109.3	2	2	5.5	5.5
大城县	1170	101.8	51.3	50.4		101.8	1	1	4.0	4.0
文安县	604	83.5	43.1	40.4		83.5	1	1	2.0	2.0
大厂回族自治县	382	180.3	85.4	94.9		180.3	2	2	3.0	3.0
枣强县	1047	231.3	99.5	131.8		231.3	2	2	4.5	4.5
武邑县	625	160.5	86.3	74.3		160.5	1	1	3.0	3.0
武强县	629	68.4	37.6	30.8		64.8	1	1	2.0	2.0
饶阳县	793	82.3	44.8	37.5		78.9	2	2	4.5	4.5
安平县	941	338.1	223.2	114.9		338.1	1	1	5.0	5.0
故城县	852	241.9	110.9	131.0		217.7	1	1	3.0	3.0
景县	1182	242.0	120.2	121.8		242.0	1	1		4.0
阜城县	625	162.8	89.2	73.6		134.8	1	1	2.0	2.0
容城县	922	87.1	61.8	25.3		87.1				
雄县	1358	77.9	43.3	34.7		77.9	1	1	4.0	4.0
安新县	468	84.1	42.7	41.4		81.3	1	1	4.0	4.0
山西	39261	9139.5	4905.8	3395.3	838.4	8278.3	90	79	151.1	132.4
清徐县	803	206.3	81.3	125.0			1	1	3.0	3.0
阳曲县	793	86.5	49.9	36.6		71.1	1	1	2.0	2.0
娄烦县	224	188.1	95.8	92.2		188.1	1	1	0.8	0.8
阳高县	621	140.7	105.0	17.6	18.1	109.9	1	1	2.5	2.5
天镇县	363	82.0			82.0	82.0	1	1	1.5	1.5
广灵县	428	195.0	195.0				1	1		
灵丘县	732	88.0	86.0	2.0		88.0	1	1	2.0	2.0
浑源县	556	166.9	129.1	37.8		166.9	1	1	4.0	4.0
左云县	240	126.1	66.7	49.9	9.4	99.4	1	1	1.0	1.0
云州区	144	97.7	51.8	30.2	15.7	72.0	1	1	0.5	0.5

continued 2

污水处理厂 Wastewater Treatment Plant				其他污水处理设施 Other Wastewater Treatment Facilities		污水处理总量	市政再生水 Recycled Water			县名称
处理量（万立方米）Quantity of Wastewater Treated (10000 cu. m)	二、三级处理 Second Level or Above	干污泥产生量（吨）Quantity of Dry Sludge Produced (ton)	干污泥处置量（吨）Quantity of Dry Sludge Treated (ton)	处理能力（万立方米/日）Treatment Capacity (10000 cu. m/day)	处理量（万立方米）Quantity of Wastewater Treated (10000 cu. m)	(万立方米) Total Quantity of Wastewater Treated (10000 cu. m)	生产能力（万立方米/日）Recycled Water Production Capacity (10000 cu. m/day)	利用量（万立方米）Annual Quantity of Wastewater Recycled and Reused (10000 cu. m)	管道长度（公里）Length of Pipelines (km)	Name of Counties
1142		2063	2063			1142				围场满族蒙古族自治县
1044	1044	785	785			1044	4.0	546	1.0	青县
399	399	620	620			399	2.0	332	4.0	东光县
257	257	702	702			257	0.3	109	5.0	海兴县
605	605	825	825			605	1.2	410	14.5	盐山县
639	639	908	908			639	2.0	393	6.4	肃宁县
425	425	467	467			425	1.0	263	7.0	南皮县
421	421	225	225			421	2.5	203	4.0	吴桥县
1202	1202	1193	1193			1202	2.2	482	10.6	献县
301	301	336	336			301	1.0	268	0.5	孟村回族自治县
2634	2634	4628	4628			2634	12.6	2633	10.0	固安县
414		1182	1182			414	1.1	234		永清县
1526	1526	1495	1495			1526	5.5	1526		香河县
1168	1168	1499	1499			1168	4.0	1168		大城县
588	588	969	969			588	2.0	330	2.0	文安县
374	374	830	830			374	3.0	288	0.3	大厂回族自治县
1044	1044	2188	2188			1044	1.5	520	0.1	枣强县
615	615	550	550			615	2.5	350	0.6	武邑县
625	625	382	382			625	0.8	345		武强县
792	792	688	688			792	1.4	452	3.0	饶阳县
940	940	1177	1177			940	5.0	565	10.0	安平县
852	852	1388	1388			852	3.0	450	1.0	故城县
1182	1182	2763	2568			1182	4.0	660	10.1	景县
621	621	1759	1759			621	0.7	368	0.6	阜城县
921	921					921		921		容城县
1350	1350	891	891			1350	3.4	1235	3.0	雄县
460	460	650	650			460	3.2	448	1.5	安新县
38432	**34159**	**118705**	**111942**	**1.8**	**147**	**38579**	**88.7**	**10967**	**358.3**	**山西**
803	803	5696				803		25	46.0	清徐县
793	793	2357	2357			793				阳曲县
224	224	533	533			224	0.8	201	34.0	娄烦县
621	621	597	597			621				阳高县
363	363	327	327			363				天镇县
342	342	1085	1085			342	1.6	25	6.8	广灵县
711	711	1823	1823			711	1.5	166		灵丘县
548	548	1780	1780			548				浑源县
220	220	612	612			220				左云县
128	128	255	255			128				云州区

8-2 续表3

县名称 Name of Counties	污水排放量（万立方米）Annual Quantity of Wastewater Discharged (10000 cu. m)	排水管道长度（公里）Length of Drainage Pipelines (km)	污水管道 Sewers	雨水管道 Rainwater Drainage Pipeline	雨污合流管道 Combined Drainage Pipeline	建成区 In Built District	污水处理厂 Wastewater Treatment Plant			
							座数（座）Number of Wastewater Treatment Plant (unit)	二、三级处理 Second Level or Above	处理能力（万立方米/日）Treatment Capacity (10000 cu. m/day)	二、三级处理 Secondary and Tertiary Treatment
平定县	1008	108.6	71.3	15.3	22.0	108.6	1	1	3.0	3.0
盂县	1077	79.5	35.6	31.7	12.2	79.5	1		4.0	
襄垣县	508	71.1	25.0	30.6	15.4	71.1	1	1	1.5	1.5
平顺县	228	70.4	38.8	28.2	3.5	70.4	1	1	1.0	1.0
黎城县	313	135.0	59.0	68.0	8.0	124.0	1	1	0.9	0.9
壶关县	365	91.5	52.7	25.3	13.5	91.5	1	1	1.5	1.5
长子县	711	79.1	35.2	38.4	5.5	79.1	1	1	3.0	3.0
武乡县	290	99.4	53.8	45.7		95.9	1	1	0.8	0.8
沁县	288	48.1	25.0	9.5	13.6	48.1	1	1	0.8	0.8
沁源县	437	44.6	18.5	7.1	19.0	4.6	1	1	1.0	1.0
沁水县	376	103.6	52.7	50.9		43.8	1	1	1.0	1.0
阳城县	786	114.2	44.9	69.2		114.2	1	1	2.2	2.2
陵川县	152	130.3	97.0	23.1	10.1	130.3	1		0.6	
山阴县	295	155.7	64.4	47.6	43.7	155.7	1	1	1.5	1.5
应县	764	153.2	54.7	43.3	55.3	153.2	1	1	2.0	2.0
右玉县	490	201.3	51.0	60.1	90.3	164.8	2		2.0	
榆社县	391	156.7	76.4	66.7	13.6	156.7	1	1	1.5	1.5
左权县	391	130.8	71.6	59.2		130.8	1	1	1.5	1.5
和顺县	232	99.6	63.1	36.6		99.6	1		1.0	
昔阳县	244	131.8	84.0	41.7	6.1	110.8	1	1	1.5	1.5
寿阳县	711	181.7	90.3	84.9	6.5	181.7	2		4.2	
祁县	633	202.2	140.5	56.0	5.8	202.2	1		2.0	
平遥县	842	110.8	49.9	50.4	10.5	110.8	1	1	3.0	3.0
灵石县	752	101.6	53.3	33.1	15.2	98.5	2	2	2.0	2.0
临猗县	1202	121.3	78.1	43.2		121.3	1	1	4.0	4.0
万荣县	498	175.9	79.2	93.0	3.7	175.9	2	2	2.3	2.3
闻喜县	795	118.8	61.6	47.3	9.9	118.8	1	1	3.0	3.0
稷山县	679	107.7	53.6	40.8	13.3	107.7	1	1	3.0	3.0
新绛县	322	114.3	69.3	44.9		114.3	1	1	1.4	1.4
绛县	429	106.4	55.5	34.6	16.4	106.4	1	1	1.5	1.5
垣曲县	728	241.3	85.8	138.7	16.8	165.6	1	1	3.0	3.0
夏县	279	103.2	49.5	51.3	2.3	100.9	1	1	1.3	1.3
平陆县	612	133.2	56.5	76.7		133.2	2	2	2.3	2.3
芮城县	464	148.2	74.2	70.9	3.1	148.2	1	1	2.5	2.5
定襄县	611	106.8	83.3	21.9	1.6	105.8	1	1	2.0	2.0
五台县	442	109.3	73.9	35.5		109.3	1	1	2.5	2.5
代县	433	95.2	53.9	38.0	3.3	82.4	1	1	1.0	1.0
繁峙县	585	117.1	66.7	50.4		117.1	1	1	1.5	1.5
宁武县	714	89.4	42.9	46.4		82.4	1	1	2.0	2.0

continued 3

污水处理厂 Wastewater Treatment Plant				其他污水处理设施 Other Wastewater Treatment Facilities		污水处理总量 (万立方米)	市政再生水 Recycled Water			县名称
处理量 (万立方米) Quantity of Wastewater Treated (10000 cu. m)	二、三级处理 Second Level or Above	干污泥产生量 (吨) Quantity of Dry Sludge Produced (ton)	干污泥处置量 (吨) Quantity of Dry Sludge Treated (ton)	处理能力 (万立方米/日) Treatment Capacity (10000 cu. m/day)	处理量 (万立方米) Quantity of Wastewater Treated (10000 cu. m)	Total Quantity of Wastewater Treated (10000 cu. m)	生产能力 (万立方米/日) Recycled Water Production Capacity (10000 cu. m/day)	利用量 (万立方米) Annual Quantity of Wastewater Recycled and Reused (10000 cu. m)	管道长度 (公里) Length of Pipelines (km)	Name of Counties
1008	1008	1520	1520			1008	3.0	52	12.6	平定县
1077		2649	2649			1077	2.2	263		盂　县
485	485	1028	1028			485	1.5	485	3.8	襄垣县
216	216	836	836			216	1.0	48	7.5	平顺县
282	282	739	739			282				黎城县
348	348	1172	1172			348	0.7	26		壶关县
690	690	1076	1076			690	0.8	108	5.1	长子县
280	280	499	499			280		210		武乡县
279	279	314	314	0.8		279	0.4	118	6.1	沁　县
415	415	496	496			415	0.8	87		沁源县
376	376	580	580			376	1.0	88	5.0	沁水县
786	786	1215	1215			786	2.2	94	2.5	阳城县
152		147	147			152		50	4.7	陵川县
285	285	1423	1423			285	1.5	263	18.0	山阴县
764	764	3483	3483			764	1.6	148	21.6	应　县
490		445				490	1.6	166	40.0	右玉县
359	359	809	809			359	1.5	359	0.8	榆社县
375	375	806	806			375	1.5	158	21.3	左权县
232		425	425			232		74		和顺县
235	235	557	557			235	1.2	62	4.0	昔阳县
688		4418	3809			688	4.2	258		寿阳县
633		1660	1660			633	2.0	569	12.0	祁　县
795	795	7453	7453			795	2.2	132	17.8	平遥县
741	741	1097	1097			741	0.8	108		灵石县
1142	1142	2801	2801			1142	0.3	101	3.0	临猗县
498	498	419	419			498	2.2	62		万荣县
767	767	2080	2080			767	3.0	195		闻喜县
679	679	1498	1498			679	1.9	23		稷山县
311	311	771	771			311	1.4	157	6.2	新绛县
395	395	476	476			395	1.0	101	1.0	绛　县
728	728	1173	1173			728	2.0	384	1.1	垣曲县
279	279	357	357			279	0.6	70	7.8	夏　县
612	612	720	720			612	0.8	57	1.8	平陆县
464	464	487	487			464	1.3	139	7.0	芮城县
581	581	413	413			581	0.6	135	0.1	定襄县
436	436	648	648			436	2.5	113	0.2	五台县
428	428	1163	1163			428	1.0	88	1.0	代　县
571	571	1232	1232			571	0.6	170	0.4	繁峙县
688	688	826	826			688		174	1.4	宁武县

8-2 续表4

县名称 Name of Counties	污水排放量（万立方米） Annual Quantity of Wastewater Discharged (10000 cu. m)	排水管道长度（公里） Length of Drainage Pipelines (km)	污水管道 Sewers	雨水管道 Rainwater Drainage Pipeline	雨污合流管道 Combined Drainage Pipeline	建成区 In Built District	污水处理厂 Wastewater Treatment Plant			
							座数（座）Number of Wastewater Treatment Plant (unit)	二、三级处理 Second Level or Above	处理能力（万立方米/日）Treatment Capacity (10000 cu. m/day)	二、三级处理 Secondary and Tertiary Treatment
静乐县	301	95.5	66.5	28.8	0.2	79.9	1	1	0.8	0.8
神池县	278	99.8	48.2	50.1	1.5	99.8	1	1	0.8	0.8
五寨县	314	111.9	49.6	17.2	45.2	111.9	1	1	1.2	1.2
岢岚县	218	114.3	78.4	31.9	4.0	114.3	1	1	0.6	0.6
河曲县	319	144.7	86.3	58.4		144.7	1	1	1.0	1.0
保德县	350	91.6	66.6	24.1	0.9	90.6	1	1	1.5	1.5
偏关县	144	56.4	39.3	17.1		56.4	1	1	0.8	0.8
曲沃县	577	133.0	82.3	50.7		122.2	1	1	1.6	1.6
翼城县	699	159.3	87.0	72.2		159.3	1	1	4.0	4.0
襄汾县	523	111.4	54.7	48.8	7.9	111.4	1	1	2.0	2.0
洪洞县	1635	119.9	59.8	50.1	10.1	119.9	2	2	6.0	6.0
古县	236	55.3	27.6	27.6		55.3	1	1	1.0	1.0
安泽县	213	41.2	18.5	7.3	15.4	41.2	1	1	0.6	0.6
浮山县	294	32.9	7.8	7.8	17.4	25.2	2	2	2.0	2.0
吉县	320	124.9	56.7	65.7	2.5	124.9	1	1	0.7	0.7
乡宁县	519	68.3	43.4	23.6	1.2	68.3	2	2	3.0	3.0
大宁县	138	57.7	36.1	21.7		57.7	1	1	0.5	0.5
隰县	235	127.1	63.1	64.0		127.1	1	1	1.0	1.0
永和县	109	49.0	27.0	22.0		49.0	1	1	0.5	0.5
蒲县	270	106.6	67.3	39.3		106.6	1	1	1.0	1.0
汾西县	169	113.3	56.7	54.1	2.6	113.3	1	1	1.0	1.0
文水县	967	109.0	58.8	29.8	20.5	107.0	1	1	3.0	3.0
交城县	714	127.6	78.1	45.5	3.9	127.6	1	1	2.0	2.0
兴县	421	89.9	23.7		66.2	89.9	2	2	2.5	2.5
临县	390	140.2	89.5	50.2	0.6	95.7	1		3.0	
柳林县	872	114.1	75.9	26.6	11.6	114.0	1	1	5.3	5.3
石楼县	611	142.9	38.2	76.5	28.2	142.9	2		1.9	
岚县	594	87.9	41.0	33.0	13.9	87.9	1	1	2.0	2.0
方山县	180	64.9	39.6	25.3		64.9	1	1	1.2	1.2
中阳县	565	95.7	47.5	35.0	13.2	95.7	1	1	2.0	2.0
交口县	105	87.3	37.5	43.7	6.1	81.2	1	1	0.6	0.6
内蒙古	28985	9886.9	4809.7	3661.7	1415.6	8850.9	68	56	106.3	91.0
土左旗	232	146.0	58.0	52.0	36.0	146.0	1	1	1.0	1.0
托县	400	111.0	55.0	56.0			1	1	2.0	2.0
和林县	182	45.0	17.4	27.6			1	1	0.5	0.5
清水河县	202	60.0	38.1	22.0		57.5	1		1.0	
武川县	272	134.5	57.2	75.0	2.3	134.5	1	1	1.0	1.0
土右旗	336	175.4	80.0	95.4		175.4	1	1	2.0	2.0
固阳县	201	119.9	62.4	51.4	6.1	119.9	1	1	0.6	0.6

continued 4

污水处理厂 Wastewater Treatment Plant				其他污水处理设施 Other Wastewater Treatment Facilities		污水处理总量	市政再生水 Recycled Water			县名称
处理量(万立方米) Quantity of Wastewater Treated (10000 cu. m)	二、三级处理 Second Level or Above	干污泥产生量(吨) Quantity of Dry Sludge Produced (ton)	干污泥处置量(吨) Quantity of Dry Sludge Treated (ton)	处理能力(万立方米/日) Treatment Capacity (10000 cu. m/day)	处理量(万立方米) Quantity of Wastewater Treated (10000 cu. m)	(万立方米) Total Quantity of Wastewater Treated (10000 cu. m)	生产能力(万立方米/日) Recycled Water Production Capacity (10000 cu. m/day)	利用量(万立方米) Annual Quantity of Wastewater Recycled and Reused (10000 cu. m)	管道长度(公里) Length of Pipelines (km)	Name of Counties
285	285	1635	1635			285	0.8	84		静乐县
267	267	1178	1178			267	0.7	138	2.5	神池县
305	305	373	361			305	0.6	77	0.8	五寨县
214	214	212	212			214	0.5	22		岢岚县
303	303	486	486			303	0.8	104	5.0	河曲县
338	338	921	921			338		85		保德县
138	138	521	521			138	0.4	38	1.2	偏关县
577	577	1555	1555			577	1.2	360	12.5	曲沃县
695	695	1611	1611			695	4.0	164		翼城县
523	523	1465	1465			523				襄汾县
1635	1635	2543	2543			1635	5.1	1548	4.0	洪洞县
236	236	546	546			236		10		古县
213	213	380	380			213	0.5	42		安泽县
294	294	1667	1667	1.0	147	441				浮山县
315	315	1370	1370			315				吉县
519	519	910	910			519	2.5	327	16.3	乡宁县
136	136	170	170			136	0.4	12	0.7	大宁县
235	235	371	371			235	0.6	63	2.0	隰县
109	109	371	371			109	0.9			永和县
263	263	496	496			263	0.5		3.0	蒲县
169	169	459	459			169	0.8	6		汾西县
919	919	2675	2675			919	1.0	411	8.0	文水县
697	697	3563	3563			697	1.0			交城县
420	420	1087	1087			420	1.2	42		兴县
390		1597	1597			390	1.0			临县
872	872	2850	2850			872	5.3	683		柳林县
611		11943	11943			611		255		石楼县
594	594	1852	1852			594	2.0	3		岚县
180	180	479	479			180				方山县
565	565	7748	7748			565	2.0	166		中阳县
95	95	698	698			95	0.3	13	1.7	交口县
28529	**23962**	**82398**	**82279**			**28529**	**79.2**	**12937**	**1554.9**	**内蒙古**
232	232	461	461			232	1.0	82	19.0	土左旗
400	400	419	419			400	2.0	261	24.1	托县
182	182	277	277			182	0.5	7	11.7	和林县
188		410	290			188	1.0	3		清水河县
272	272	384	384			272	1.0	127	11.3	武川县
327	327	1405	1405			327	1.4	214		土右旗
188	188	980	980			188	0.6	169	22.3	固阳县

8-2 续表5

县名称 Name of Counties	污水排放量 （万立方米） Annual Quantity of Wastewater Discharged (10000 cu. m)	排水管道长度 （公里） Length of Drainage Pipelines (km)	污水管道 Sewers	雨水管道 Rainwater Drainage Pipeline	雨污合流管道 Combined Drainage Pipeline	建成区 In Built District	污水处理厂 Wastewater Treatment Plant			
							座数（座） Number of Wastewater Treatment Plant (unit)	二、三级处理 Second Level or Above	处理能力（万立方米/日） Treatment Capacity (10000 cu. m/day)	二、三级处理 Secondary and Tertiary Treatment
达尔罕茂明安联合旗	143	67.0	44.0	23.0		67.0	1	1	0.6	0.6
阿鲁科尔沁旗	640	197.5	42.9	39.5	115.1	197.5	1	1	2.0	2.0
巴林左旗	918	107.9	42.5	29.8	35.6	17.9	1	1	3.0	3.0
巴林右旗	863	93.1	31.7	39.1	22.3	85.1	1	1	3.0	3.0
林西县	477	72.3	10.8	21.0	40.5	68.6	1	1	1.8	1.8
克什克腾旗	459	77.2	36.6	40.6		65.5	1	1	1.5	1.5
翁牛特旗	1000	185.1	73.8	39.0	72.3	88.0	1	1	3.0	3.0
喀喇沁旗	978	66.6	25.7	25.6	15.3	66.6	1		2.8	
宁城县	916	87.0	15.0	23.0	49.0	87.0	1	1	4.0	4.0
敖汉旗	1011	137.4	78.7	23.0	35.7	136.4	1	1	3.0	3.0
科左中旗	205	142.0	51.1	88.8	2.1	133.4	1	1	0.8	0.8
科左后旗	527	279.7	123.0	156.7		194.3	1	1	2.0	2.0
开鲁县	687	205.3	83.6	121.7		205.3	1	1	4.0	4.0
库伦旗	187	138.8	69.7	29.4	39.7	94.6	1		0.4	
奈曼旗	568	184.4	76.8	107.6		113.2	1	1	2.0	2.0
扎鲁特旗	582	133.4	80.2	53.2		133.4	1	1	3.0	3.0
达拉特旗	738	185.1	107.3	77.8		185.1	1	1	3.0	3.0
准格尔旗	1022	354.2	206.8	147.5		177.0	1	1	4.0	4.0
鄂托克前旗	151	149.8	76.4	64.0	9.3	149.8	1	1	0.4	0.4
鄂托克旗	138	154.1	89.6	64.5		154.1	1	1	0.5	0.5
杭锦旗	287	119.6	82.9	36.8		119.6	1	1	0.9	0.9
乌审旗	360	250.9	138.8	112.0		250.9	1		1.5	
伊金霍洛旗	894	579.4	260.7	318.7		579.4	1		2.6	
阿荣旗	690	138.8	130.0	8.8		130.0	1	1	2.0	2.0
莫旗	639	135.3	78.6	56.8		135.3	1	1	2.0	2.0
鄂伦春旗	287	88.0	37.1	50.9		88.0	1	1	1.2	1.2
鄂温克旗	410	215.7	91.7	124.0		215.7				
陈巴尔虎旗	104	64.4	29.9	34.5		64.4	1	1	0.4	0.4
新左旗	98	53.2	42.2	11.0		53.2	1	1	0.3	0.3
新右旗	110	67.6	38.1	29.5		62.6	1	1	0.5	0.5
五原县	913	174.4	18.1	5.3	151.0	174.4	1	1	4.4	4.4
磴口县	532	79.7			79.7	58.0	1	1	2.0	2.0
乌拉特前旗	538	167.7	18.7	24.7	124.4	167.7	1	1	2.0	2.0
乌拉特中旗	315	114.7	9.0	7.0	98.6	96.3	1		1.0	
乌拉特后旗	199	93.7	24.4	43.2	26.2	85.9	1	1	0.6	0.6
杭锦后旗	782	275.1	99.0	99.6	76.6	275.1	1	1	4.0	4.0
卓资县	240	53.9	41.6	12.3		53.9	1		1.2	
化德县	250	82.3	64.4	10.1	7.8	82.3	1	1	1.0	1.0

continued 5

污水处理厂 Wastewater Treatment Plant				其他污水处理设施 Other Wastewater Treatment Facilities		污水处理总量	市政再生水 Recycled Water			县名称
处理量（万立方米）Quantity of Wastewater Treated (10000 cu. m)	二、三级处理 Second Level or Above	干污泥产生量（吨）Quantity of Dry Sludge Produced (ton)	干污泥处置量（吨）Quantity of Dry Sludge Treated (ton)	处理能力（万立方米/日）Treatment Capacity (10000 cu. m/day)	处理量（万立方米）Quantity of Wastewater Treated (10000 cu. m)	（万立方米）Total Quantity of Wastewater Treated (10000 cu. m)	生产能力（万立方米/日）Recycled Water Production Capacity (10000 cu. m/day)	利用量（万立方米）Annual Quantity of Wastewater Recycled and Reused (10000 cu. m)	管道长度（公里）Length of Pipelines (km)	Name of Counties
137	137	265	265			137	0.6	8		达尔罕茂明安联合旗
611	611	816	816			611	1.0	157	6.5	阿鲁科尔沁旗
918	918	2557	2557			918	3.0	229	47.1	巴林左旗
843	843	1135	1135			843	2.0	208		巴林右旗
472	472	1713	1713			472	1.0	102	25.0	林西县
459	459	670	670			459				克什克腾旗
995	995	4919	4919			995	2.0	130	21.0	翁牛特旗
933		824	824			933	2.0	332	0.5	喀喇沁旗
916	916	2894	2894			916	2.0	405	57.6	宁城县
981	981	1721	1721			981	1.0	259	36.9	敖汉旗
199	199	1549	1549			199				科左中旗
520	520	1828	1828			520	2.0	105	11.0	科左后旗
670	670	732	732			670	1.8	110	14.1	开鲁县
179		701	701			179	0.4	120	1.0	库伦旗
563	563	975	975			563	1.8	445		奈曼旗
576	576	2549	2549			576	3.0	53	9.6	扎鲁特旗
703	703	2649	2649			703	3.0	650	32.0	达拉特旗
1022	1022	3309	3309			1022	4.0	948		准格尔旗
151	151	642	642			151	0.4	134	37.6	鄂托克前旗
138	138	1061	1061			138	0.5	134	17.7	鄂托克旗
287	287	2427	2427			287	0.9	272	12.6	杭锦旗
356		1568	1568			356	1.5	331	101.5	乌审旗
894		2522	2522			894	2.6	864	391.0	伊金霍洛旗
678	678	4125	4125			678	1.9	48	10.0	阿荣旗
628	628	730	730			628	2.0	3	9.4	莫 旗
287	287	1281	1281			287		70		鄂伦春旗
396	396					396				鄂温克旗
103	103	151	151			103		103	22.2	陈巴尔虎旗
98	98	450	450			98	0.3	98	5.6	新左旗
109	109	385	385			109	0.5	109	2.0	新右旗
913	913	2093	2093			913	3.0	321	17.0	五原县
532	532	913	913			532	2.0	180	39.3	磴口县
538	538	1763	1763			538	1.7	178	33.0	乌拉特前旗
315		1718	1718			315	1.0	267	59.0	乌拉特中旗
199	199	825	825			199	0.6	187	40.2	乌拉特后旗
743	743	2181	2181			743	2.0	251	15.0	杭锦后旗
240		730	730			240	1.2	238	40.8	卓资县
250	250	375	375			250	1.0	245	29.6	化德县

8-2 续表6

县名称 Name of Counties	污水排放量（万立方米）Annual Quantity of Wastewater Discharged (10000 cu. m)	排水管道长度（公里）Length of Drainage Pipelines (km)	污水管道 Sewers	雨水管道 Rainwater Drainage Pipeline	雨污合流管道 Combined Drainage Pipeline	建成区 In Built District	污水处理厂 Wastewater Treatment Plant			
							座数（座）Number of Wastewater Treatment Plant (unit)	二、三级处理 Second Level or Above	处理能力（万立方米/日）Treatment Capacity (10000 cu. m/day)	二、三级处理 Secondary and Tertiary Treatment
商都县	523	160.5	45.1	44.6	70.9	160.5	1	1	1.5	1.5
兴和县	287	155.0	113.3	41.7		154.0	1	1	1.0	1.0
凉城县	256	158.7	121.3	37.4		158.7	1	1	1.0	1.0
察右前旗	230	239.3	121.1	118.2		116.2	1	1	1.0	1.0
察右中旗	270	82.1	4.9	25.1	52.1	82.1	1	1	1.0	1.0
察右后旗	177	62.0	48.0	14.0		59.0	1	1	1.0	1.0
四子王旗	315	244.3	121.1	123.2		224.3	1	1	1.0	1.0
阿巴嘎旗	144	66.4	39.6	6.8	20.0	66.4	1		0.5	
苏尼特左旗	89	45.7			45.7	45.7	1	1	0.2	0.2
苏尼特右旗	355	62.0	24.6	3.0	34.4	59.0	1		1.0	
东乌珠穆沁旗	266	131.3	60.1	68.8	2.5	131.3	1	1	1.0	1.0
西乌珠穆沁旗	289	148.0	111.0	37.0		148.0	1	1	1.5	1.5
太仆寺旗	325	146.5	56.3	60.7	29.5	146.5	1	1	1.0	1.0
镶黄旗	134	74.9	13.8		61.1	74.9	1	1	0.5	0.5
正镶白旗	109	66.0	53.0	13.0		54.1	1	1	0.4	0.4
正蓝旗	294	146.0	132.6	7.4	6.0	146.0	1	1	1.2	1.2
多伦县	390	210.1	94.4	114.1	1.5	210.1	1	1	1.3	1.3
科尔沁右翼前旗	493	261.8	123.6	138.2		261.8	1	1	1.5	1.5
科右中旗	565	93.7	43.5	50.2		93.7	1	1	2.0	2.0
扎赉特旗	456	218.5	127.8	90.7		202.4	1	1	1.5	1.5
突泉县	331	113.2	47.0	60.7	5.5	113.2	1	1	1.5	1.5
阿拉善左旗	642	213.2	175.4	21.9	15.9	212.6	1		2.0	
阿拉善右旗	95	38.8	18.0	5.8	15.0		1		0.3	
额济纳旗	269	185.0	175.0		10.0	185.0	1		1.0	
辽 宁	25562	2793.4	1033.0	965.1	795.3	2304.5	28	16	89.7	50.3
康平县	955	174.5	67.8	82.5	24.3	174.5	2		4.0	
法库县	1454	128.9	32.8	49.6	46.5	128.9	1	1	5.0	5.0
长海县	53	23.5	10.6	12.9		23.5	1		0.4	
台安县	1784	139.1	52.6	61.5	25.1	67.6	3	2	7.5	4.5
岫岩满族自治县	2262	77.9	21.8	9.2	47.0	77.9	1		4.0	
抚顺县										
新宾满族自治县	798	51.9	34.5	17.4		51.9	1		2.5	
清原满族自治县	1014	66.8	20.4	33.7	12.7	66.8	1		3.0	
本溪满族自治县	1030	79.8	29.1	27.1	23.7	79.8	1	1	4.0	4.0
桓仁满族自治县	1406	207.5	106.3	66.7	34.5	158.2	1	1	4.0	4.0
宽甸满族自治县	1825	93.7	33.8	14.0	45.9	88.7	2	2	5.0	5.0
黑山县	1062	156.8	17.2	50.5	89.1	155.6	1		3.0	
义 县	708	114.5	46.0	32.7	35.8	114.5	1	1	2.0	2.0

continued 6

污 水 处 理 厂 Wastewater Treatment Plant		干污泥产生量(吨) Quantity of Dry Sludge Produced (ton)	干污泥处置量(吨) Quantity of Dry Sludge Treated (ton)	其他污水处理设施 Other Wastewater Treatment Facilities		污水处理总量(万立方米) Total Quantity of Wastewater Treated (10000 cu. m)	市政再生水 Recycled Water			县名称 Name of Counties
处理量(万立方米) Quantity of Wastewater Treated (10000 cu. m)	二、三级处理 Second Level or Above			处理能力(万立方米/日) Treatment Capacity (10000 cu. m/day)	处理量(万立方米) Quantity of Wastewater Treated (10000 cu. m)		生产能力(万立方米/日) Recycled Water Production Capacity (10000 cu. m/day)	利用量(万立方米) Annual Quantity of Wastewater Recycled and Reused (10000 cu. m)	管道长度(公里) Length of Pipelines (km)	
523	523	1387	1387			523	1.5	305	82.5	商都县
287	287	341	341			287	0.9	192	6.5	兴和县
256	256	923	923			256	0.9	223	24.0	凉城县
230	230	1099	1099			230	0.6	127	29.0	察右前旗
270	270	934	934			270	1.0	262	10.0	察右中旗
177	177	1800	1800			177	1.0	95	2.4	察右后旗
315	315	1169	1169			315	1.0	226	42.0	四子王旗
142		520	520			142	0.5	124		阿巴嘎旗
89	89	1077	1077			89	0.2	82	17.0	苏尼特左旗
355		180	180			355	1.0	314	9.3	苏尼特右旗
266	266	582	582			266	1.0	149	6.4	东乌珠穆沁旗
283	283	404	404			283	1.0	150	17.6	西乌珠穆沁旗
321	321	1898	1898			321	0.8	170	4.5	太仆寺旗
134	134	433	433			134	0.5	83		镶黄旗
109	109	550	550			109		104		正镶白旗
287	287	891	891			287	1.2	157	7.4	正蓝旗
381	381	942	942			381	0.8	119	8.0	多伦县
493	493	918	918			493	1.5			科尔沁右翼前旗
537	537	61	61			537		116		科右中旗
450	450	1405	1405			450				扎赉特旗
320	320	300	300			320				突泉县
605		2006	2006			605	2.0	466	40.8	阿拉善左旗
93		175	175			93	0.3	55	8.1	阿拉善右旗
269		320	320			269	0.5	260	5.0	额济纳旗
26094	15694	52948	52947			26094	7.2	932	41.1	辽 宁
955		1105	1105			955				康平县
1453	1453	2703	2703			1453				法库县
46		964	964			46				长海县
1784	1174	4651	4651			1784				台安县
2262		2580	2580			2262				岫岩满族自治县
										抚顺县
798		4931	4931			798				新宾满族自治县
1014		4798	4798			1014				清原满族自治县
1030	1030	985	985			1030				本溪满族自治县
1406	1406	207	207			1406			0.4	桓仁满族自治县
1817	1817	1040	1040			1817				宽甸满族自治县
1062		1655	1655			1062		46	5.0	黑山县
708	708	1401	1401			708				义 县

8-2 续表7

县名称 Name of Counties	污水排放量（万立方米）Annual Quantity of Wastewater Discharged (10000 cu. m)	排水管道长度（公里）Length of Drainage Pipelines (km)	污水管道 Sewers	雨水管道 Rainwater Drainage Pipeline	雨污合流管道 Combined Drainage Pipeline	建成区 In Built District	污水处理厂 Wastewater Treatment Plant 座数（座）Number of Wastewater Treatment Plant (unit)	二、三级处理 Second Level or Above	处理能力（万立方米/日）Treatment Capacity (10000 cu. m/day)	二、三级处理 Secondary and Tertiary Treatment
阜新蒙古族自治县	1128	93.4	12.9	21.7	58.9	79.9	1	1	5.0	5.0
彰武县	1514	84.0	2.0	2.5	79.5	84.0	1	1	4.0	4.0
辽阳县	1796	260.6	111.4	131.2	18.0	214.6	1	1	5.0	5.0
盘山县	441	208.3	88.9	119.3		143.9	1		2.5	
铁岭县										
西丰县	830	67.9	19.4	6.9	41.6	67.9	2	2	5.5	5.5
昌图县	1208	199.5	166.2	9.9	23.5		1		8.0	
朝阳县	35	75.4	35.5	40.0		75.4	1	1	0.3	0.3
建平县	1105	114.1	20.9	41.6	51.6	104.6	1	1	3.0	3.0
喀喇沁左翼蒙古族自治县	531	122.4	43.8	54.7	24.0	111.4	1		3.0	
绥中县	1473	89.0	17.2	10.0	61.9	89.0	1		6.0	
建昌县	1150	164.1	42.3	69.8	52.0	146.0	1	1	3.0	3.0
吉　林	15620	2581.4	1295.9	1191.0	94.5	2572.2	19	19	54.5	54.5
农安县	1451	131.0	52.0	53.4	25.7	131.0	2	2	5.0	5.0
永吉县	720	176.0	75.0	101.0		173.6	1	1	3.0	3.0
梨树县	885	255.0	126.1	123.3	5.5	255.0	1	1	3.0	3.0
伊通满族自治县	767	95.7	53.4	38.3	4.0	95.7	1	1	3.0	3.0
东丰县	480	148.0	73.3	69.3	5.4	148.0	1	1	2.0	2.0
东辽县	417	88.5	46.3	42.2		88.4	1	1	2.0	2.0
通化县	649	65.9	44.4	21.5		65.9	1	1	3.5	3.5
辉南县	967	122.0	55.1	66.9		122.0	1	1	5.0	5.0
柳河县	946	126.2	58.4	67.8		126.2	1	1	3.0	3.0
抚松县	891	84.4	35.0	45.8	3.6	84.4	1	1	2.0	2.0
靖宇县	819	130.2	73.0	54.6	2.6	123.4	1	1	2.5	2.5
长白朝鲜族自治县	467	65.8	30.5	32.8	2.5	65.8	1	1	2.0	2.0
前郭县	1031	143.4	66.2	77.2		143.4				
长岭县	1154	252.6	167.3	85.3		252.6	1	1	3.0	3.0
乾安县	678	197.0	99.7	97.3		197.0	1	1	3.0	3.0
镇赉县	725	182.4	75.6	71.8	35.0	182.4	1	1	3.0	3.0
通榆县	820	138.1	69.4	60.3	8.4	138.1	1	1	3.0	3.0
汪清县	1259	126.7	67.1	59.7		126.7	1	1	5.0	5.0
安图县	495	52.7	28.2	22.7	1.8	52.7	1	1	1.5	1.5
黑龙江	24281	4749.9	1846.4	1772.3	1131.2	4503.2	50	50	89.0	89.0
依兰县	887	102.0	11.7	6.5	83.8	102.0	1	1	4.0	4.0
方正县	511	107.6	25.9	38.3	43.4	105.5	1	1	1.6	1.6
宾　县	586	75.9	34.6	31.9	9.5	75.9	1	1	2.0	2.0

continued 7

污水处理厂 Wastewater Treatment Plant				其他污水处理设施 Other Wastewater Treatment Facilities		污水处理总量 (万立方米)	市政再生水 Recycled Water			县名称
处理量 (万立方米) Quantity of Wastewater Treated (10000 cu. m)	二、三级处理 Second Level or Above	干污泥产生量 (吨) Quantity of Dry Sludge Produced (ton)	干污泥处置量 (吨) Quantity of Dry Sludge Treated (ton)	处理能力 (万立方米/日) Treatment Capacity (10000 cu. m/day)	处理量 (万立方米) Quantity of Wastewater Treated (10000 cu. m)	Total Quantity of Wastewater Treated (10000 cu. m)	生产能力 (万立方米/日) Recycled Water Production Capacity (10000 cu. m/day)	利用量 (万立方米) Annual Quantity of Wastewater Recycled and Reused (10000 cu. m)	管道长度 (公里) Length of Pipelines (km)	Name of Counties
1128	1128	1831	1831			1128	3.0	210	2.0	阜新蒙古族自治县
1514	1514	2209	2209			1514				彰武县
1796	1796	3051	3051			1796	2.4	245	27.3	辽阳县
441		185	185			441				盘山县
										铁岭县
1378	1378	7104	7104			1378				西丰县
1208		4451	4451			1208				昌图县
35	35	15	15			35	0.3			朝阳县
1105	1105	2659	2659			1105	1.5	430	6.4	建平县
531		1176	1176			531				喀喇沁左翼蒙古族自治县
1473		1417	1417			1473				绥中县
1150	1150	1830	1830			1150				建昌县
15437	**15437**	**23730**	**23730**			**15437**	**21.0**	**1377**	**49.9**	**吉　林**
1451	1451	5823	5823			1451	5.0	3		农安县
705	705	1118	1118			705	3.0	245		永吉县
885	885	1949	1949			885	1.0	223	8.6	梨树县
767	767	1683	1683			767	3.0	360		伊通满族自治县
454	454	202	202			454	1.2	73		东丰县
417	417	167	167			417				东辽县
634	634	343	343			634				通化县
917	917	2863	2863			917	2.5	36	16.0	辉南县
946	946	1125	1125			946	0.2	12		柳河县
850	850	891	891			850	2.0			抚松县
819	819	604	604			819				靖宇县
454	454	639	639			454				长白朝鲜族自治县
1031	1031					1031				前郭县
1154	1154	1805	1805			1154	0.1	27	15.0	长岭县
678	678	236	236			678				乾安县
720	720	1622	1622			720	1.0	193	8.3	镇赉县
802	802	1090	1090			802	2.0	32	2.0	通榆县
1259	1259	1242	1242			1259		152		汪清县
495	495	327	327			495		20		安图县
23584	**23584**	**39271**	**39221**			**23584**	**6.0**	**202**	**28.1**	**黑龙江**
845	845	1266	1266			845				依兰县
485	485	542	542			485	0.4		4.4	方正县
544	544	1115	1115			544				宾　县

8-2 续表8

县名称 Name of Counties	污水排放量 （万立方米） Annual Quantity of Wastewater Discharged (10000 cu. m)	排水管道长度 （公里） Length of Drainage Pipelines (km)	污水管道 Sewers	雨水管道 Rainwater Drainage Pipeline	雨污合流管道 Combined Drainage Pipeline	建成区 In Built District	污水处理厂 Wastewater Treatment Plant			
							座数（座） Number of Wastewater Treatment Plant (unit)	二、三级处理 Second Level or Above	处理能力（万立方米/日） Treatment Capacity (10000 cu. m/day)	二、三级处理 Secondary and Tertiary Treatment
巴彦县	598	88.4	8.0	8.8	71.6	88.4	1	1	2.5	2.5
木兰县	385	110.2	51.5	38.7	20.1	88.8	1	1	2.0	2.0
通河县	393	69.8	20.8	15.2	33.9	69.8	1	1	2.0	2.0
延寿县	769	85.8	46.7	37.9	1.1	85.8	1	1	2.0	2.0
龙江县	632	147.1	49.9	97.2		147.1	1	1	2.0	2.0
依安县	640	83.3	44.4	38.9		83.3	1	1	2.0	2.0
泰来县	637	76.2	41.5	34.7		76.2	1	1	2.0	2.0
甘南县	345	110.9	58.7	24.4	27.8	110.9	1	1	1.0	1.0
富裕县	223	148.0	56.7	91.4		147.9	1	1	2.0	2.0
克山县	474	98.9	44.1	30.5	24.3	85.2	1	1	2.2	2.2
克东县	427	65.8	17.9	20.6	27.4	57.8	1	1	2.0	2.0
拜泉县	412	133.8	66.7	33.4	33.7	86.0	1	1	2.0	2.0
鸡东县	837	51.3	1.4	22.3	27.6	51.3	1	1	3.0	3.0
萝北县	319	95.1	33.0	44.5	17.6	95.1	1	1	1.5	1.5
绥滨县	395	55.1		3.5	51.6	55.1	1	1	1.5	1.5
集贤县	468	134.4	82.5	51.6	0.3	134.4				
友谊县	256	63.5	28.1	35.4		59.4	1	1	1.0	1.0
宝清县	830	213.4	98.7	109.5	5.1	213.4	1	1	4.0	4.0
饶河县	229	76.2	31.0	45.3		54.2	1	1	1.0	1.0
肇州县	385	101.1	15.0	22.5	63.6	63.6	1	1	1.2	1.2
肇源县	718	107.8	35.5	3.8	68.6	107.8	1	1	3.0	3.0
林甸县	903	83.6	10.0		73.6	83.6	1	1	3.0	3.0
杜尔伯特蒙古族自治县	464	71.8	39.1	32.7		62.6	1	1	2.0	2.0
嘉荫县	121	42.9	18.7	15.1	9.2	42.9	1	1	0.6	0.6
汤旺县	222	70.7	45.0	15.9	9.8	70.7	2	2	1.1	1.1
丰林县	312	112.0	32.0	36.0	44.0	112.0	3	3	1.1	1.1
大箐山县	135	22.9	6.2	14.3	2.4	22.9	1	1	0.5	0.5
南岔县	322	33.5	14.3	11.0	8.2	33.5	1	1	1.0	1.0
桦南县	920	128.5	24.8	39.2	64.5	128.5	2	2	3.0	3.0
桦川县	583	117.7	31.0	45.6	41.0	117.7	1	1	2.0	2.0
汤原县	433	78.5	22.8	27.6	28.0	78.5	1	1	2.0	2.0
勃利县	1116	115.1	38.3	26.7	50.1	115.1	1	1	3.0	3.0
林口县	671	93.6	42.8	41.2	9.7	93.6	1	1	2.5	2.5
逊克县	202	63.9	21.0	29.2	13.7	63.9	1	1	1.0	1.0
孙吴县	305	77.3	30.4	28.6	18.3	77.3	1	1	1.0	1.0
望奎县	403	165.9	54.7	71.3	40.0	165.9	1	1	2.0	2.0
兰西县	584	124.5	53.2	55.8	15.5	124.5	1	1	2.0	2.0
青冈县	540	205.0	131.5	57.3	16.2	205.0	1	1	1.5	1.5

continued 8

污水处理厂 Wastewater Treatment Plant				其他污水处理设施 Other Wastewater Treatment Facilities		污水处理总量	市政再生水 Recycled Water			县名称
处理量（万立方米）Quantity of Wastewater Treated (10000 cu. m)	二、三级处理 Second Level or Above	干污泥产生量（吨）Quantity of Dry Sludge Produced (ton)	干污泥处置量（吨）Quantity of Dry Sludge Treated (ton)	处理能力（万立方米/日）Treatment Capacity (10000 cu. m/day)	处理量（万立方米）Quantity of Wastewater Treated (10000 cu. m)	（万立方米）Total Quantity of Wastewater Treated (10000 cu. m)	生产能力（万立方米/日）Recycled Water Production Capacity (10000 cu. m/day)	利用量（万立方米）Annual Quantity of Wastewater Recycled and Reused (10000 cu. m)	管道长度（公里）Length of Pipelines (km)	Name of Counties
582	582	1827	1827			582				巴彦县
365	365	792	792			365				木兰县
375	375	1127	1127			375				通河县
731	731	572	572			731				延寿县
594	594	1127	1127			594				龙江县
606	606	458	458			606				依安县
611	611	494	494			611				泰来县
328	328	406	406			328				甘南县
209	209	863	863			209	1.5		2.5	富裕县
454	454	1229	1229			454				克山县
420	420	499	499			420				克东县
391	391	849	849			391				拜泉县
837	837	1594	1594			837				鸡东县
300	300	979	979			300				萝北县
394	394	399	399			394				绥滨县
450	450					450				集贤县
246	246	675	675			246				友谊县
824	824	494	494			824				宝清县
220	220	426	426			220				饶河县
379	379	794	794			379				肇州县
682	682	2066	2066			682				肇源县
860	860	3800	3750			860				林甸县
461	461	629	629			461				杜尔伯特蒙古族自治县
121	121	422	422			121				嘉荫县
220	220	210	210			220				汤旺县
312	312	314	314			312				丰林县
124	124	126	126			124				大箐山县
322	322	524	524			322				南岔县
890	890	789	789			890				桦南县
583	583	1383	1383			583				桦川县
433	433	369	369			433				汤原县
1061	1061	1692	1692			1061	3.0	165	7.4	勃利县
666	666	333	333			666	1.0		3.8	林口县
202	202	225	225			202				逊克县
305	305	244	244			305				孙吴县
402	402	629	629			402				望奎县
584	584	704	704			584				兰西县
540	540	1040	1040			540	0.1	36	10.0	青冈县

8-2 续表9

县名称 Name of Counties	污水排放量（万立方米）Annual Quantity of Wastewater Discharged (10000 cu. m)	排水管道长度（公里）Length of Drainage Pipelines (km)	污水管道 Sewers	雨水管道 Rainwater Drainage Pipeline	雨污合流管道 Combined Drainage Pipeline	建成区 In Built District	污水处理厂 Wastewater Treatment Plant 座数（座）Number of Wastewater Treatment Plant (unit)	二、三级处理 Second Level or Above	处理能力（万立方米/日）Treatment Capacity (10000 cu. m/day)	二、三级处理 Secondary and Tertiary Treatment
庆安县	1290	147.1	61.2	62.0	23.9	147.1	1	1	4.0	4.0
明水县	787	118.8	59.9	45.9	13.0	118.8	1	1	2.5	2.5
绥棱县	625	124.8	43.6	41.9	39.2	124.8	1	1	2.0	2.0
呼玛县	103	100.5	28.1	72.4		68.7	1	1	0.5	0.5
塔河县	68	111.1	66.2	44.9		111.1	1	1	0.3	0.3
加格达奇区	815	139.1	67.8	71.3		90.1	1	1	3.0	3.0
江 苏	51664	11482.7	4793.0	5738.1	951.6	9631.3	33	30	153.7	146.1
丰 县	2456	456.5	167.4	257.9	31.3	286.3	1	1	6.0	6.0
沛 县	3510	576.0	194.0	359.0	23.0	576.0	2	2	8.0	8.0
睢宁县	3771	1004.2	317.3	642.9	44.0	516.5	3	3	10.3	10.3
如东县	3270	839.7	317.9	485.5	36.3	778.0	2	2	12.0	12.0
东海县	1962	495.0	209.1	246.9	39.0	321.4	2	2	6.0	6.0
灌云县	2756	514.6	155.1	182.4	177.0	306.6	1	1	8.0	8.0
灌南县	1151	768.9	465.2	97.6	206.2	256.2	2		3.5	
涟水县	3220	484.7	171.5	300.2	13.0	439.9	2	2	9.0	9.0
盱眙县	2900	386.4	149.2	234.2	3.0	383.4	3	3	8.0	8.0
金湖县	2493	462.0	224.5	200.6	36.9	462.0	1	1	6.0	6.0
响水县	1500	362.5	157.5	190.0	15.0	338.5	1		4.1	
滨海县	1764	675.7	261.2	399.5	15.0	675.7	1	1	4.5	4.5
阜宁县	2194	622.3	262.4	162.3	197.6	568.0	1	1	7.0	7.0
射阳县	1541	415.0	180.0	235.0		394.3	1	1	5.0	5.0
建湖县	2167	769.5	420.0	349.5		696.7	2	2	7.5	7.5
宝应县	2651	439.3	190.5	177.8	71.0	439.3	1	1	8.0	8.0
沭阳县	4546	985.0	483.0	502.0		985.0	2	2	12.0	12.0
泗阳县	3922	463.7	232.8	203.5	27.4	446.0	2	2	15.5	15.5
泗洪县	3891	761.7	234.4	511.3	16.0	761.7	3	3	13.3	13.3
浙 江	62773	12472.4	7125.3	4784.5	562.6	11033.1	49	46	198.9	195.2
桐庐县	2728	436.5	260.1	165.6	10.9	406.3	1	1	9.0	9.0
淳安县	951	293.6	144.2	149.4		293.6	3	3	3.0	3.0
象山县	3162	525.5	253.9	240.5	31.0	515.4	2	2	12.0	12.0
宁海县	4375	1081.1	556.0	218.9	306.2	1054.1	2	2	13.5	13.5
永嘉县	411	184.8	97.6	86.5	0.8	165.6	1	1	1.5	1.5
平阳县	1228	227.3	76.9	150.4		227.3	1	1	6.0	6.0
苍南县	3249	294.3	114.4	90.8	89.0	123.6	1	1	9.0	9.0
文成县	363	110.0	64.0	41.0	5.0	102.5	1	1	1.0	1.0
泰顺县	681	123.9	72.9	37.4	13.7	115.4	1	1	2.0	2.0
嘉善县	3556	543.9	312.7	231.2		492.6	2	2	8.5	8.5
海盐县	3598	504.1	345.4	158.6		293.8	1	1	12.0	12.0
德清县	3192	614.0	301.1	312.9		574.9	3	3	9.5	9.5

continued 9

污水处理厂 Wastewater Treatment Plant				其他污水处理设施 Other Wastewater Treatment Facilities		污水处理总量	市政再生水 Recycled Water			县名称
处理量（万立方米）Quantity of Wastewater Treated (10000 cu. m)	二、三级处理 Second Level or Above	干污泥产生量（吨）Quantity of Dry Sludge Produced (ton)	干污泥处置量（吨）Quantity of Dry Sludge Treated (ton)	处理能力（万立方米/日）Treatment Capacity (10000 cu. m/day)	处理量（万立方米）Quantity of Wastewater Treated (10000 cu. m)	（万立方米）Total Quantity of Wastewater Treated (10000 cu. m)	生产能力（万立方米/日）Recycled Water Production Capacity (10000 cu. m/day)	利用量（万立方米）Annual Quantity of Wastewater Recycled and Reused (10000 cu. m)	管道长度（公里）Length of Pipelines (km)	Name of Counties
1289	1289	1354	1354			1289				庆安县
787	787	2250	2250			787				明水县
589	589	822	822			589				绥棱县
100	100	44	44			100				呼玛县
65	65	158	158			65				塔河县
794	794	621	621			794				加格达奇区
49023	**46605**	**92774**	**90178**			**49023**	**68.7**	**10925**	**131.3**	江 苏
2308	2308	2775	2775			2308	6.0	507	11.0	丰县
3270	3270	5297	5297			3270	3.0	710	20.0	沛县
3512	3512	2255	2255			3512	4.0	898	3.0	睢宁县
3107	3107	5106	5106			3107	10.0	611		如东县
1940	1940	1677	1677			1940	6.0	4		东海县
2706	2706	2233	2233			2706	1.3	343	12.5	灌云县
995		4794	4794			995	3.5	166		灌南县
2981	2981	3119	3119			2981	1.4	745		涟水县
2625	2625	7291	7291			2625	8.0	677		盱眙县
2302	2302	7759	7759			2302	6.0	576		金湖县
1424		1995	399			1424				响水县
1604	1604	1679	679			1604	0.7	261		滨海县
2034	2034	4000	4000			2034		201		阜宁县
1430	1430	5894	5894			1430	1.0	365	15.3	射阳县
2135	2135	16189	16189			2135	0.8	294		建湖县
2519	2519	2916	2916			2519	2.0	630	0.5	宝应县
4483	4483	5295	5295			4483	5.0	1314	69.0	沭阳县
3809	3809	6495	6495			3809	5.0	1043		泗阳县
3841	3841	6005	6005			3841	5.0	1580		泗洪县
61506	**60465**	**105169**	**105166**	**7.1**	**97**	**61603**	**55.2**	**10176**	**128.1**	浙 江
2646	2646	3323	3323			2646	9.0	424		桐庐县
928	928	1412	1412			928	0.4	266	28.0	淳安县
3108	3108	4796	4796			3108	4.5	1542	47.0	象山县
4332	4332	4427	4427			4332	3.6	1265	3.9	宁海县
334	334	756	756	0.7	61	395	0.5	86	4.2	永嘉县
1196	1196	3904	3904			1196	6.0			平阳县
3152	3152	11780	11780			3152				苍南县
352	352	593	593			352				文成县
661	661	489	489			661	2.0	121	2.0	泰顺县
3503	3503	11973	11973			3503				嘉善县
3517	3517	7240	7240			3517				海盐县
3157	3157	3833	3833			3157	4.0	574	10.0	德清县

8-2 续表10

县名称 Name of Counties	污水排放量（万立方米）Annual Quantity of Wastewater Discharged (10000 cu. m)	排水管道长度（公里）Length of Drainage Pipelines (km)	污水管道 Sewers	雨水管道 Rainwater Drainage Pipeline	雨污合流管道 Combined Drainage Pipeline	建成区 In Built District	污水处理厂 Wastewater Treatment Plant 座数（座）Number of Wastewater Treatment Plant (unit)	二、三级处理 Second Level or Above	处理能力（万立方米/日）Treatment Capacity (10000 cu. m/day)	二、三级处理 Secondary and Tertiary Treatment
长兴县	3631	763.0	449.8	311.6	1.5	763.0	3	3	12.0	12.0
安吉县	4885	583.4	366.5	216.9		507.7	2	2	14.8	14.8
新昌县	2790	736.0	295.2	410.8	30.0	682.7				
武义县	2715	583.3	431.3	146.2	5.8	443.2	2	2	13.0	13.0
浦江县	3080	771.9	502.6	269.3		500.1	1	1	10.0	10.0
磐安县	457	138.5	85.0	53.5		135.5	1	1	3.0	3.0
常山县	2202	381.6	218.6	158.1	5.0	373.3	1	1	6.0	6.0
开化县	727	220.3	143.3	77.0		220.3	1	1	2.5	2.5
龙游县	1367	389.9	313.5	76.4		389.9	1	1	4.0	4.0
岱山县	403	173.6	70.1	103.5		149.2	3	1	2.7	2.0
嵊泗县	193	59.8	47.1	12.7		59.2	1	1	1.2	1.2
三门县	1076	330.1	188.5	117.5	24.1	290.8	1	1	4.0	4.0
天台县	2783	331.6	220.3	107.6	3.7	329.6	1	1	8.0	8.0
仙居县	1768	552.2	341.7	210.4		513.6	2	2	8.0	8.0
青田县	1359	256.7	168.0	77.9	10.8	194.2	2	1	4.0	1.0
缙云县	1375	210.6	115.2	87.6	7.9	209.5	1	1	4.0	4.0
遂昌县	889	269.0	146.0	116.0	7.0	150.5	1	1	2.5	2.5
松阳县	1281	244.6	121.0	117.0	6.7	220.1	1	1	4.5	4.5
云和县	688	132.9	87.0	43.7	2.2	132.9	1	1	2.0	2.0
庆元县	926	199.4	120.0	78.9	0.5	198.0	3	3	2.7	2.7
景宁县	685	205.1	95.3	109.0	0.8	205.1	1	1	3.0	3.0
安徽	83248	20180.3	9128.9	9571.8	1479.6	17317.6	73	72	276.2	269.2
长丰县	3624	650.8	331.9	295.9	23.0	302.2	2	2	7.0	7.0
肥西县	2105	599.7	316.3	283.3		599.7	1	1	7.5	7.5
肥东县	4974	447.5	214.7	232.8		447.5	2	2	15.0	15.0
庐江县	2444	616.4	256.1	360.3		616.4	3	3	8.0	8.0
南陵县	1406	277.0	150.0	127.0		277.0	1	1	4.0	4.0
怀远县	1920	287.3	134.3	106.0	47.0	287.3	2	2	8.0	8.0
五河县	1473	368.6	153.2	205.4	10.0	368.6	1	1	5.0	5.0
固镇县	1058	383.5	191.2	155.5	36.8	375.7	1	1	5.0	5.0
凤台县	2620	257.2	104.9	144.9	7.3	172.6	1	1	5.0	5.0
寿　县	1447	379.1	176.2	181.4	21.5	167.4	1	1	4.0	4.0
当涂县	1542	342.2	135.0	197.2	10.0	342.2	2	2	6.0	6.0
含山县	1650	211.6	107.8	93.8	10.0	136.7	1	1	4.0	4.0
和　县	1177	236.1	56.6	87.0	92.5	219.9	2	2	3.5	3.5
濉溪县	1642	259.9	105.0	154.9		259.9	2	2	11.0	11.0
枞阳县	653	280.6	114.9	162.4	3.3	116.3	1	1	2.0	2.0
怀宁县	1329	326.7	130.1	196.6		219.2	2	2	7.0	7.0
太湖县	1474	223.1	69.4	139.0	14.7	223.0	2	2	5.0	5.0

continued 10

污水处理厂 Wastewater Treatment Plant				其他污水处理设施 Other Wastewater Treatment Facilities		污水处理总量 (万立方米)	市政再生水 Recycled Water			县名称
处理量 (万立方米) Quantity of Wastewater Treated (10000 cu. m)	二、三级处理 Second Level or Above	干污泥产生量 (吨) Quantity of Dry Sludge Produced (ton)	干污泥处置量 (吨) Quantity of Dry Sludge Treated (ton)	处理能力 (万立方米/日) Treatment Capacity (10000 cu. m/day)	处理量 (万立方米) Quantity of Wastewater Treated (10000 cu. m)	Total Quantity of Wastewater Treated (10000 cu. m)	生产能力 (万立方米/日) Recycled Water Production Capacity (10000 cu. m/day)	利用量 (万立方米) Annual Quantity of Wastewater Recycled and Reused (10000 cu. m)	管道长度 (公里) Length of Pipelines (km)	Name of Counties
3599	3599	5091	5091			3599	6.0	1498	2.7	长兴县
4801	4801	6164	6164			4801	2.0	865	7.5	安吉县
2703	2703					2703		487		新昌县
2660	2660	7127	7124			2660	1.4	505	16.8	武义县
3042	3042	4698	4698			3042	8.3	677		浦江县
454	454	308	308			454	1.9	180	1.0	磐安县
2164	2164	1190	1190	6.0		2164	1.2	435		常山县
711	711	1937	1937			711	1.0	142		开化县
1339	1339	1110	1110			1339				龙游县
386	317	1071	1071			386				岱山县
185	185	83	83			185		5		嵊泗县
1058	1058	2142	2142			1058				三门县
2753	2753	5252	5252			2753	1.5	501	2.0	天台县
1718	1718	4501	4501			1718	0.9	327	3.0	仙居县
1334	361	1644	1644			1334				青田县
1347	1347	1079	1079			1347				缙云县
840	840	1289	1289	0.4	36	876	0.5	153		遂昌县
1263	1263	3279	3279			1263				松阳县
677	677	830	830			677				云和县
909	909	1149	1149			909				庆元县
677	677	700	700			677	0.5	122		景宁县
80681	**79708**	**119305**	**119107**	**1.8**	**113**	**80794**	**55.3**	**11720**	**209.8**	**安 徽**
3515	3515	6188	6188			3515	0.5	186	25.0	长丰县
2045	2045	2045	2045			2045				肥西县
4829	4829	6179	6179			4829	15.0	4815		肥东县
2388	2388	4029	4029			2388		110		庐江县
1355	1355	3428	3428			1355				南陵县
1841	1841	1757	1757			1841				怀远县
1430	1430	2146	2146	0.3	15	1445				五河县
1037	1037	1050	1050			1037				固镇县
2585	2585	2758	2758			2585	2.5	521	4.1	凤台县
1431	1431	806	806			1431				寿 县
1518	1518	247	247			1518				当涂县
1579	1579	3643	3643			1579				含山县
1118	1118	2149	2149			1118				和 县
1619	1619	2522	2522			1619	2.5	980	12.0	濉溪县
632	632	749	749			632				枞阳县
1284	1284	1607	1607			1284				怀宁县
1381	1381	398	398			1381				太湖县

8-2 续表11

县名称 Name of Counties	污水排放量（万立方米）Annual Quantity of Wastewater Discharged (10000 cu. m)	排水管道长度（公里）Length of Drainage Pipelines (km)	污水管道 Sewers	雨水管道 Rainwater Drainage Pipeline	雨污合流管道 Combined Drainage Pipeline	建成区 In Built District	污水处理厂 Wastewater Treatment Plant 座数（座）Number of Wastewater Treatment Plant (unit)	二、三级处理 Second Level or Above	处理能力（万立方米/日）Treatment Capacity (10000 cu. m/day)	二、三级处理 Secondary and Tertiary Treatment
宿松县	1152	229.0	77.0	94.0	58.0	214.0	2	2	6.0	6.0
望江县	1014	262.3	141.3	105.1	15.8	248.8	1		7.0	
岳西县	556	134.1	65.6	52.6	16.0	108.6	1	1	2.5	2.5
歙县	1177	187.3	77.7	109.0	0.7	167.4	1	1	3.0	3.0
休宁县	720	123.4	66.3	55.1	2.0	123.4				
黟县	457	79.1	37.7	41.4		78.6	1	1	2.0	2.0
祁门县	368	103.5	53.4	50.1		103.5	1	1	1.5	1.5
来安县	2938	654.9	305.2	281.4	68.4	646.0	1	1	9.0	9.0
全椒县	1734	532.8	288.8	244.0		532.8	1	1	5.0	5.0
定远县	2058	852.5	401.6	399.6	51.3	665.6	1	1	5.0	5.0
凤阳县	2097	766.9	373.3	386.8	6.8	746.6	1	1	7.5	7.5
临泉县	2562	551.6	234.8	206.8	110.0	516.0	1	1	7.0	7.0
太和县	2585	960.6	376.9	400.8	182.9	802.2	2	2	8.0	8.0
阜南县	1997	541.2	218.5	211.7	111.0	496.5	2	2	8.0	8.0
颍上县	2881	859.4	237.8	428.6	193.0	611.0	3	3	9.0	9.0
砀山县	1816	428.9	187.3	197.1	44.5	428.8	2	2	6.0	6.0
萧县	1657	385.6	171.6	202.0	12.0	385.0	1	1	6.0	6.0
灵璧县	1651	613.5	277.9	249.4	86.2	355.8	1	1	5.0	5.0
泗县	1431	578.7	290.5	275.9	12.4	398.7	1	1	4.0	4.0
霍邱县	1605	422.8	170.4	220.6	31.9	307.7	2	2	8.0	8.0
舒城县	1725	521.4	272.1	237.9	11.3	484.4	2	2	5.2	5.2
金寨县	1389	505.1	268.9	224.2	12.0	410.2	3	3	6.0	6.0
霍山县	1598	410.5	233.7	167.5	9.3	401.2	2	2	6.0	6.0
涡阳县	2816	497.7	204.6	279.9	13.2	402.5	2	2	8.0	8.0
蒙城县	3685	640.4	302.5	329.0	8.9	610.0	3	3	10.5	10.5
利辛县	2395	581.6	292.5	281.1	8.0	416.9	1	1	8.0	8.0
东至县	648	250.1	150.3	82.3	17.5	240.1	1	1	2.0	2.0
石台县	175	88.2	50.1	34.7	3.5	88.2	1	1	1.0	1.0
青阳县	645	256.0	115.4	118.0	22.6	252.9	1	1	2.0	2.0
郎溪县	958	412.9	156.4	254.8	1.7	411.3	1	1	4.0	4.0
泾县	1270	226.4	86.2	80.5	59.6	220.4	1	1	4.0	4.0
绩溪县	589	241.0	134.6	89.3	17.1	213.0	1	1	1.5	1.5
旌德县	364	133.8	60.5	57.1	16.2	98.5	1	1	1.5	1.5
福 建	46032	9612.1	4730.0	4293.3	588.8	8900.3	47	42	162.7	144.2
闽侯县	2292	263.8	98.7	161.9	3.2	198.9	2	2	15.0	15.0
连江县	2019	365.4	163.9	195.9	5.5	365.4			8.0	
罗源县	1069	91.4	37.7	43.7	10.0	91.4	1	1	3.0	3.0
闽清县	488	56.8	22.7	27.0	7.1	56.8	1	1	1.0	1.0
永泰县	531	186.0	89.4	85.6	11.0	186.0	1	1	2.0	2.0

continued 11

污水处理厂 Wastewater Treatment Plant				其他污水处理设施 Other Wastewater Treatment Facilities		污水处理总量	市政再生水 Recycled Water			县名称
处理量（万立方米）Quantity of Wastewater Treated (10000 cu. m)	二、三级处理 Second Level or Above	干污泥产生量（吨）Quantity of Dry Sludge Produced (ton)	干污泥处置量（吨）Quantity of Dry Sludge Treated (ton)	处理能力（万立方米/日）Treatment Capacity (10000 cu. m/day)	处理量（万立方米）Quantity of Wastewater Treated (10000 cu. m)	（万立方米）Total Quantity of Wastewater Treated (10000 cu. m)	生产能力（万立方米/日）Recycled Water Production Capacity (10000 cu. m/day)	利用量（万立方米）Annual Quantity of Wastewater Recycled and Reused (10000 cu. m)	管道长度（公里）Length of Pipelines (km)	Name of Counties
1096	1096	766	766			1096				宿松县
973		541	513			973				望江县
543	543	1988	1988			543				岳西县
1130	1130	1245	1245			1130				歙县
687	687					687				休宁县
450	450	498	498			450				黟县
347	347	169	169		3	350				祁门县
2776	2776	2765	2669	1.5	95	2870	7.0	801	17.0	来安县
1710	1710	2148	2148			1710	5.0	44	15.0	全椒县
1997	1997	2328	2328			1997				定远县
2047	2047	2949	2949			2047				凤阳县
2475	2475	5580	5580			2475	4.0	1965	15.0	临泉县
2482	2482	2896	2896			2482				太和县
1867	1867	6351	6351			1867	4.0	8	65.0	阜南县
2851	2851	3549	3549			2851	2.0	884	10.5	颍上县
1735	1735	5651	5651			1735	4.8	1100	2.2	砀山县
1624	1624	2110	2110			1624				萧县
1601	1601	7062	7062			1601				灵璧县
1402	1402	1065	1065			1402				泗县
1556	1556	905	833			1556				霍邱县
1671	1671	7096	7096			1671				舒城县
1341	1341	4561	4561			1341				金寨县
1526	1526	1996	1996			1526				霍山县
2754	2754	2631	2631			2754	1.5			涡阳县
3610	3610	1895	1895			3610	2.5	4	36.0	蒙城县
2346	2346	3136	3136			2346	4.0	304	8.0	利辛县
630	630	569	569			630				东至县
164	164	212	212			164				石台县
615	615	1647	1647			615				青阳县
946	946	1567	1567			946				郎溪县
1232	1232	962	962			1232				泾县
560	560	404	404			560				绩溪县
350	350	360	360			350				旌德县
44549	**39728**	**78512**	**78506**	**2.0**	**389**	**44938**	**3.1**	**58**		**福建**
2046	2046	5910	5910	1.0	190	2236		32		闽侯县
1975		4881	4881			1975				连江县
1044	1044	934	934			1044	3.0			罗源县
473	473	256	256			473		15		闽清县
522	522	739	739			522	0.1	11		永泰县

8-2 续表12

县名称 Name of Counties	污水排放量 （万立方米） Annual Quantity of Wastewater Discharged (10000 cu. m)	排水管道长度 （公里） Length of Drainage Pipelines (km)	污水管道 Sewers	雨水管道 Rainwater Drainage Pipeline	雨污合流管道 Combined Drainage Pipeline	建成区 In Built District	污水处理厂 Wastewater Treatment Plant 座数（座） Number of Wastewater Treatment Plant (unit)	二、三级处理 Second Level or Above	处理能力（万立方米/日） Treatment Capacity (10000 cu. m/day)	二、三级处理 Secondary and Tertiary Treatment
仙游县	2011	544.2	265.3	252.1	26.7	446.5	1	1	5.0	5.0
明溪县	276	138.0	71.3	61.2	5.5	133.0	1	1	1.0	1.0
清流县	364	129.3	87.3	42.0		129.3	1	1	1.0	1.0
宁化县	885	296.3	163.6	127.7	5.0	237.0	1		4.0	
大田县	658	117.4	71.2	28.4	17.8	97.5	1	1	2.5	2.5
尤溪县	1035	113.4	66.2	23.9	23.3	97.3	1	1	4.0	4.0
将乐县	380	185.2	85.6	66.8	32.9	185.2	1	1	2.1	2.1
泰宁县	626	155.4	104.0	47.4	4.0	155.4	1	1	2.0	2.0
建宁县	730	184.2	114.2	67.1	2.8	184.2	1		2.5	
惠安县	2092	180.5	107.7	72.7		180.5	1	1	7.0	7.0
安溪县	2222	228.6	93.3	80.3	55.0	214.3	1	1	6.0	6.0
永春县	2089	572.2	312.0	245.2	15.0	545.0	1	1	6.0	6.0
德化县	2466	517.0	270.0	239.0	8.0	517.0	1	1	7.5	7.5
云霄县	1885	592.5	312.2	223.3	57.0	516.8	2	2	8.0	8.0
漳浦县	2512	405.9	208.2	197.7		405.9	1	1	6.0	6.0
诏安县	1084	238.6	75.8	140.5	22.3	238.5	1	1	4.0	4.0
东山县	1683	298.1	71.4	208.0	18.7	137.1	2	2	5.0	5.0
南靖县	630	193.2	94.8	98.2	0.2	192.1	1	1	2.0	2.0
平和县	1223	216.0	110.0	101.0	5.0	170.3	1	1	4.0	4.0
华安县	93	73.0	42.2	30.8		71.7	1	1	0.5	0.5
顺昌县	531	118.7	48.8	55.7	14.2	59.3	1	1	2.0	2.0
浦城县	927	214.7	63.7	106.4	44.6	214.7	1		3.0	
光泽县	499	116.9	63.4	46.2	7.4	116.9	1	1	1.5	1.5
松溪县	381	200.0	108.0	90.0	2.0	200.0	1	1	1.0	1.0
政和县	413	92.6	52.1	30.5	10.0	92.6	1	1	1.3	1.3
长汀县	1529	348.0	156.3	133.3	58.4	339.3	1	1	4.0	4.0
上杭县	1570	252.6	103.8	139.0	9.8	252.6	1	1	6.0	6.0
武平县	881	221.0	107.2	105.8	8.0	213.0	1	1	4.0	4.0
连城县	1096	211.2	114.3	75.8	21.0	211.2	1	1	4.0	4.0
霞浦县	1441	226.5	111.1	84.4	31.0	216.1	1	1	4.0	4.0
古田县	1496	176.7	85.1	74.3	17.3	176.7	1	1	4.0	4.0
屏南县	367	106.5	62.0	37.5	7.0	106.5	1	1	1.0	1.0
寿宁县	379	100.3	64.0	28.8	7.5	100.3	1	1	1.0	1.0
周宁县	471	185.7	101.0	82.1	2.7	185.7	1	1	1.3	1.3
柘荣县	352	126.1	70.5	55.6		126.1	1		1.0	
平潭县	2355	572.6	280.0	280.5	12.0	536.4	4	4	14.5	14.5
江 西	61024	17612.3	8425.4	7115.7	2071.3	16259.7	81	47	184.1	108.6
南昌县	5355	1055.2	354.2	523.4	177.6	1055.2	2	2	13.5	13.5
安义县	584	158.8	81.3	77.1	0.4	158.8	1		1.5	

continued 12

污水处理厂 Wastewater Treatment Plant				其他污水处理设施 Other Wastewater Treatment Facilities		污水处理总量	市政再生水 Recycled Water			县名称
处理量 (万立方米) Quantity of Wastewater Treated (10000 cu. m)	二、三级处理 Second Level or Above	干污泥产生量 (吨) Quantity of Dry Sludge Produced (ton)	干污泥处置量 (吨) Quantity of Dry Sludge Treated (ton)	处理能力 (万立方米/日) Treatment Capacity (10000 cu. m/day)	处理量 (万立方米) Quantity of Wastewater Treated (10000 cu. m)	(万立方米) Total Quantity of Wastewater Treated (10000 cu. m)	生产能力 (万立方米/日) Recycled Water Production Capacity (10000 cu. m/day)	利用量 (万立方米) Annual Quantity of Wastewater Recycled and Reused (10000 cu. m)	管道长度 (公里) Length of Pipelines (km)	Name of Counties
1931	1931	2100	2100			1931				仙游县
272	272	343	343			272				明溪县
352	352	287	287			352				清流县
856		1064	1064			856				宁化县
629	629	766	766			629				大田县
1010	1010	869	869			1010				尤溪县
375	375	415	415			375				将乐县
610	610	279	279			610				泰宁县
716		512	512			716				建宁县
2031	2031	3268	3268			2031				惠安县
2155	2155	3356	3356			2155				安溪县
2089	2089	2369	2369			2089				永春县
2407	2407	6152	6152			2407				德化县
1812	1812	6029	6029			1812				云霄县
2253	2253	3470	3470	1.0	199	2453				漳浦县
1060	1060	1917	1917			1060				诏安县
1616	1616	6194	6194			1616				东山县
619	619	694	694			619				南靖县
1199	1199	1867	1867			1199				平和县
89	89	126	126			89				华安县
524	524	878	878			524				顺昌县
927		631	631			927				浦城县
487	487	980	980			487				光泽县
371	371	227	227			371				松溪县
403	403	1610	1610			403				政和县
1488	1488	1858	1858			1488				长汀县
1527	1527	1178	1173			1527				上杭县
860	860	1574	1574			860				武平县
1075	1075	1021	1021			1075				连城县
1400	1400	5414	5414			1400				霞浦县
1455	1455	1857	1857			1455				古田县
357	357	1165	1165			357				屏南县
372	372	903	903			372				寿宁县
461	461	1607	1607			461				周宁县
347		409	409			347				柘荣县
2355	2355	2404	2404			2355				平潭县
57634	**35508**	**88279**	**86091**	**9.9**	**1146**	**58780**	**15.0**	**535**	**8.3**	**江　西**
5255	5255	13646	13646			5255	11.0		1.8	南昌县
560		785	785			560				安义县

8-2 续表 13

县名称 Name of Counties	污水排放量（万立方米）Annual Quantity of Wastewater Discharged (10000 cu. m)	排水管道长度（公里）Length of Drainage Pipelines (km)	污水管道 Sewers	雨水管道 Rainwater Drainage Pipeline	雨污合流管道 Combined Drainage Pipeline	建成区 In Built District	污水处理厂 Wastewater Treatment Plant 座数（座）Number of Wastewater Treatment Plant (unit)	二、三级处理 Second Level or Above	处理能力（万立方米/日）Treatment Capacity (10000 cu. m/day)	二、三级处理 Secondary and Tertiary Treatment
进贤县	2097	440.4	232.3	186.1	22.0	423.5	1	1	6.0	6.0
浮梁县	623	171.3	90.6	56.7	24.0	126.0	1	1	1.5	1.5
莲花县	494	140.7	84.5	40.0	16.2	140.7	1		1.3	
上栗县	499	260.0	109.2	116.8	34.0	240.6	1	1	1.5	1.5
芦溪县	549	134.8	70.3	61.5	3.0	134.8	1	1	1.5	1.5
武宁县	1018	196.6	87.9	101.2	7.5	161.9	2	2	4.0	4.0
修水县	1799	326.7	160.0	43.1	123.6	325.1	3	2	4.0	3.5
永修县	1194	214.0	87.0	127.0		214.0	1	1	4.0	4.0
德安县	931	306.6	103.6	84.9	118.1	249.7	1	1	1.5	1.5
都昌县	785	199.9	76.2	60.9	62.8	165.3	1	1	2.1	2.1
湖口县	801	148.8	113.2	35.6		148.8	2	2	3.0	3.0
彭泽县	720	186.8	73.3	108.7	4.8	102.0	1		2.3	
分宜县	1042	151.9	120.5	31.4		143.6	1	1	3.0	3.0
信丰县	2259	609.2	262.4	338.8	8.1	609.2	2	1	7.5	6.0
大余县	931	251.9	166.1	84.3	1.5	202.5	2	2	3.0	3.0
上犹县	838	246.8	119.6	110.7	16.6	246.8	2	2	2.5	2.5
崇义县	374	260.1	94.6	155.0	10.6	161.8	1	1	1.0	1.0
安远县	611	565.2	390.2	162.4	12.5	565.2	2	2	2.3	2.3
定南县	1120	365.5	224.3	137.0	4.2	250.7	3		3.7	
全南县	453	209.8	96.2	68.0	45.6	195.7	2	2	1.5	1.5
宁都县	1452	501.8	280.8	142.0	79.0	424.0	1		4.0	
于都县	1911	455.4	172.5	152.9	130.0	455.4	2		6.0	
兴国县	1725	476.3	212.0	184.3	80.0	403.0	2		5.0	
会昌县	903	249.4	106.8	131.7	10.9	240.1	1	1	3.0	3.0
寻乌县	818	265.8	143.3	78.9	43.6	265.8	2	2	3.0	3.0
石城县	820	260.3	118.2	139.5	2.6	260.3	1	1	2.3	2.3
吉安县	1115	408.2	201.9	206.3		369.7	1		2.5	
吉水县	1090	442.9	144.8	296.1	2.0	404.3	3	3	4.0	4.0
峡江县	338	149.1	81.5	29.3	38.3	142.1	1	1	0.9	0.9
新干县	773	312.5	118.6	189.4	4.5	312.5	1		2.1	
永丰县	960	267.8	107.9	111.0	48.9	267.8	2	2	3.0	3.0
泰和县	1077	284.4	108.7	169.8	5.9	284.4	1		3.0	
遂川县	628	215.0	108.0	105.5	1.5	215.0	1	1	1.5	1.5
万安县	468	271.9	155.8	116.1		179.3	1		1.0	
安福县	693	203.0	105.0	75.0	23.0	196.0	1		2.0	2.0
永新县	648	247.7	123.5	108.1	16.1	226.3	1		2.0	2.0
奉新县	1527	217.4	89.2	101.5	26.7	217.4	2		7.2	
万载县	1395	372.6	176.4	131.9	64.3	304.3	1	1	4.3	4.3
上高县	1365	418.4	123.8	49.0	245.6	418.4	1		4.5	

continued 13

污水处理厂 Wastewater Treatment Plant				其他污水处理设施 Other Wastewater Treatment Facilities		污水处理总量 (万立方米)	市政再生水 Recycled Water			县名称
处理量 (万立方米) Quantity of Wastewater Treated (10000 cu. m)	二、三级处理 Second Level or Above	干污泥产生量 (吨) Quantity of Dry Sludge Produced (ton)	干污泥处置量 (吨) Quantity of Dry Sludge Treated (ton)	处理能力 (万立方米/日) Treatment Capacity (10000 cu. m/day)	处理量 (万立方米) Quantity of Wastewater Treated (10000 cu. m)	Total Quantity of Wastewater Treated (10000 cu. m)	生产能力 (万立方米/日) Recycled Water Production Capacity (10000 cu. m/day)	利用量 (万立方米) Annual Quantity of Wastewater Recycled and Reused (10000 cu. m)	管道长度 (公里) Length of Pipelines (km)	Name of Counties
1930	1930	7049	7049			1930				进贤县
588	588	949	949			588				浮梁县
479		680	680			479				莲花县
480	480	600	600			480				上栗县
523	523	620	620			523	1.0	421	5.0	芦溪县
1000	1000	1561	1561			1000				武宁县
1713	1600	1856	1786			1713				修水县
1194	1194	1189	1189			1194				永修县
543	543	489	489	1.5	363	906				德安县
745	745	767	767			745				都昌县
761	761	875	875			761			2	湖口县
673		1544	1544			673				彭泽县
994	994	1999	1999			994			2	分宜县
2151	1795	1568	1568			2151				信丰县
918	918	659	659			918				大余县
800	800	1356	1356			800				上犹县
356	356	597	597			356				崇义县
572	572	663	662			572				安远县
1098		659	659			1098				定南县
423	423	377	377	0.1	7	430				全南县
1395		3139	3139			1395				宁都县
1819		3956	3956			1819				于都县
1669		3925	3925			1669				兴国县
838	838	747	747	0.5	20	858	2.5	11		会昌县
784	784	1923	1923			784				寻乌县
761	761	1344	1344	0.6	41	802				石城县
971	856	599	599	0.5	128	1099				吉安县
1046	1046	1885	1885			1046				吉水县
322	322	324	324			322				峡江县
748		2195	2195	2.1	24	772				新干县
914	914	1050	1050			914		8	0.7	永丰县
1035		1473	1473			1035				泰和县
580	580	480	480	0.5	30	610				遂川县
363		276	276	0.4	95	458				万安县
665	665	593	593			665				安福县
636	636	1581	1581			636				永新县
1527		1947	730			1527				奉新县
1328	1328	1135	1135			1328				万载县
1341		1226	1226			1341				上高县

8-2 续表14

县名称 Name of Counties	污水排放量 （万立方米） Annual Quantity of Wastewater Discharged (10000 cu. m)	排水管道长度 （公里） Length of Drainage Pipelines (km)	污水管道 Sewers	雨水管道 Rainwater Drainage Pipeline	雨污合流管道 Combined Drainage Pipeline	建成区 In Built District	污水处理厂 Wastewater Treatment Plant 座数（座） Number of Wastewater Treatment Plant (unit)	二、三级处理 Second Level or Above	处理能力（万立方米/日） Treatment Capacity (10000 cu. m/day)	二、三级处理 Secondary and Tertiary Treatment
宜丰县	941	179.9	93.9	29.3	56.7	179.9	1	1	2.3	2.3
靖安县	417	196.6	97.0	83.2	16.4	196.5	1		1.0	
铜鼓县	292	197.7	142.4	55.3		197.7	1		1.0	
南城县	1605	290.0	126.0	139.0	25.0	290.0	1		4.0	
黎川县	477	257.0	148.3	106.1	2.6	257.0	1		1.5	
南丰县	1096	202.1	71.0	63.0	68.1	196.3	1		3.0	
崇仁县	996	292.1	84.0	100.1	108.0	275.6	1		3.0	
乐安县	860	181.5	71.5	63.6	46.4	173.0	1		3.0	
宜黄县	388	157.3	84.1	71.3	2.0	157.3	1		1.5	
金溪县	848	340.3	120.7	183.6	36.0	192.7	2		2.5	
资溪县	276	92.1	54.3	25.4	12.4	85.0	1		1.0	
广昌县	814	184.7	125.8	49.0	10.0	175.2	1		3.0	
玉山县	783	292.2	147.8	94.8	49.6	276.8	1	1	4.0	4.0
铅山县	649	414.4	300.3	87.1	27.0	300.0	1		3.0	
横峰县	408	270.6	107.8	162.9		270.6	1	1	1.0	1.0
弋阳县	703	401.9	192.7	175.9	33.3	401.9	1	1	2.0	2.0
余干县	1100	254.9	115.2	139.7		245.4	1	1	3.0	3.0
鄱阳县	1460	201.4	77.1	69.5	54.8	201.4	1	1	4.0	4.0
万年县	1163	350.8	260.7	90.1		350.8	1	1	5.0	5.0
婺源县	965	234.2	128.8	98.3	7.1	228.7	1		2.0	
山 东	80294	19441.9	9126.4	10270.5	45.0	17366.9	87	86	400.7	396.7
平阴县	1228	178.2	120.2	58.0		178.2	1	1	4.0	4.0
商河县	810	234.5	97.2	137.3		234.5	1	1	4.0	4.0
桓台县	1464	243.8	89.5	154.3		232.7	1	1	5.0	5.0
高青县	644	276.9	162.0	115.0		276.9	1	1	8.0	8.0
沂源县	1632	344.2	178.8	165.4		344.2	2	2	8.0	8.0
利津县	1814	357.8	215.6	142.3		238.3	1	1	6.0	6.0
广饶县	981	353.0	88.7	264.4		308.0	1	1	7.5	7.5
临朐县	3980	575.5	360.3	205.5	9.6	419.6	2	2	16.0	16.0
昌乐县	5018	607.5	266.4	341.1		347.7	4	4	19.0	19.0
微山县	910	408.2	169.2	239.0		289.7	1	1	6.0	6.0
鱼台县	1197	134.8	56.6	78.1		134.2	2	2	5.0	5.0
金乡县	1432	365.5	147.7	217.8		363.3	3	3	9.0	9.0
嘉祥县	1450	339.0	168.7	170.3		339.0	1	1	8.0	8.0
汶上县	1320	316.2	190.4	125.8		302.9	3	2	11.0	7.0
泗水县	1253	404.9	148.5	256.5		359.2	2	2	10.0	10.0
梁山县	1022	406.6	176.8	229.8		398.9	1	1	5.0	5.0
宁阳县	2110	294.4	151.4	143.1		294.4	1	1	7.0	7.0
东平县	1510	393.0	202.1	191.0		352.4	2	2	7.0	7.0

continued 14

污水处理厂 Wastewater Treatment Plant				其他污水处理设施 Other Wastewater Treatment Facilities		污水处理总量	市政再生水 Recycled Water			县名称
处理量（万立方米）Quantity of Wastewater Treated (10000 cu. m)	二、三级处理 Second Level or Above	干污泥产生量（吨）Quantity of Dry Sludge Produced (ton)	干污泥处置量（吨）Quantity of Dry Sludge Treated (ton)	处理能力（万立方米/日）Treatment Capacity (10000 cu. m/day)	处理量（万立方米）Quantity of Wastewater Treated (10000 cu. m)	（万立方米）Total Quantity of Wastewater Treated (10000 cu. m)	生产能力（万立方米/日）Recycled Water Production Capacity (10000 cu. m/day)	利用量（万立方米）Annual Quantity of Wastewater Recycled and Reused (10000 cu. m)	管道长度（公里）Length of Pipelines (km)	Name of Counties
853	853	691				853				宜丰县
350		922	922	1.5	36	386				靖安县
279		569	569			279				铜鼓县
1165		1377	1377	2.0	365	1530				南城县
457		1107	1107			457				黎川县
1095		841	841			1095				南丰县
971		824	824			971				崇仁县
819		728	728			819				乐安县
365		563	563			365				宜黄县
799		1650	1440	0.1	36	836				金溪县
250		286	286			250				资溪县
781		1266	1266			781				广昌县
739	739	1017	1017			739				玉山县
640		782	782			640				铅山县
381	381	509	509			381				横峰县
673	673	304	304			673				弋阳县
1095	1095	1099	1099			1095	0.6	91	0.8	余干县
1449	1449	1198	1198			1449				鄱阳县
1113	1113	2023	2023			1113				万年县
863		241	241			863				婺源县
78962	**78962**	**222558**	**222170**			**78962**	**261.4**	**40134**	**433.9**	**山 东**
1212	1212	2198	2198			1212	4.0	606	1.0	平阴县
800	800	1829	1829			800	4.0	400		商河县
1442	1442	3407	3407			1442	4.7	230	8.5	桓台县
633	633	1797	1797			633	4.0	275	0.1	高青县
1604	1604	3652	3652			1604	4.0	517	7.4	沂源县
1781	1781	6295	6295			1781	6.0	1069	1.8	利津县
965	965	6092	6092			965	7.5	597		广饶县
3922	3922	25581	25581			3922	16.0	2083	2.0	临朐县
4942	4942	13901	13901			4942	8.0	2322	11.3	昌乐县
895	895	1934	1934			895	6.0	465	8.5	微山县
1180	1180	1504	1504			1180	2.0	660	8.5	鱼台县
1411	1411	1926	1926			1411	5.6	780	5.0	金乡县
1428	1428	2770	2770			1428	6.0	750	17.2	嘉祥县
1301	1301	4283	4283			1301	11.0	712	17.0	汶上县
1235	1235	3922	3922			1235	6.0	515	5.0	泗水县
1007	1007	2293	2293			1007	5.0	530	60.0	梁山县
2075	2075	1719	1719			2075	6.0	1038	34.0	宁阳县
1482	1482	1640	1640			1482	4.5	741		东平县

8-2 续表15

县名称 Name of Counties	污水排放量 （万立方米） Annual Quantity of Wastewater Discharged (10000 cu. m)	排水管道长度（公里） Length of Drainage Pipelines (km)	污水管道 Sewers	雨水管道 Rainwater Drainage Pipeline	雨污合流管道 Combined Drainage Pipeline	建成区 In Built District	污水处理厂 Wastewater Treatment Plant 座数（座）Number of Wastewater Treatment Plant (unit)	二、三级处理 Second Level or Above	处理能力（万立方米/日）Treatment Capacity (10000 cu. m/day)	二、三级处理 Secondary and Tertiary Treatment
五莲县	1060	486.9	209.9	277.0		479.2	2	2	5.7	5.7
莒县	3640	518.5	207.8	310.7		508.7	4	4	16.0	16.0
沂南县	1422	477.1	203.1	273.9		462.8	2	2	6.0	6.0
郯城县	2042	483.2	212.6	270.6		347.2	2	2	6.0	6.0
沂水县	4466	667.2	325.2	342.0		531.0	2	2	16.0	16.0
兰陵县	2239	283.0	128.6	145.8	8.6	283.0	3	3	9.0	9.0
费县	1331	275.0	132.0	138.0	5.0	275.0	1	1	4.0	4.0
平邑县	2002	388.4	190.4	198.0		388.4	1	1	6.0	6.0
莒南县	1852	609.6	299.1	310.5		365.8	3	3	11.0	11.0
蒙阴县	1293	242.9	103.8	139.1		222.3	1	1	7.0	7.0
临沭县	1806	460.2	195.0	265.2		379.4	1	1	7.0	7.0
宁津县	678	344.3	148.9	195.4		344.3	2	2	7.0	7.0
庆云县	667	288.1	146.5	141.6		288.1	2	2	8.0	8.0
临邑县	1765	209.1	94.2	114.9		172.3	1	1	8.0	8.0
齐河县	1581	379.5	160.3	219.3		320.7	3	3	7.0	7.0
平原县	1320	347.6	178.4	169.2		347.6	1	1	6.0	6.0
夏津县	963	231.2	121.9	109.2		197.5	2	2	8.0	8.0
武城县	973	320.4	131.0	189.4		320.4	1	1	6.0	6.0
阳谷县	863	360.0	175.8	182.6	1.5	351.6	1	1	8.0	8.0
莘县	989	249.5	119.7	115.0	14.8	240.2	1	1	7.0	7.0
东阿县	440	300.6	153.1	147.5		300.6	1	1	4.0	4.0
冠县	874	433.9	178.3	255.6		376.8	1	1	8.0	8.0
高唐县	1050	435.2	172.3	257.4	5.5	397.6	1	1	8.0	8.0
惠民县	783	311.2	156.8	154.5		311.2	2	2	6.0	6.0
阳信县	753	264.5	139.9	124.6		264.5	1	1	4.5	4.5
无棣县	1172	291.9	120.8	171.1		291.9	1	1	6.0	6.0
博兴县	763	283.7	145.6	138.1		210.2	1	1	8.0	8.0
曹县	1576	596.6	287.5	309.1		558.5	2	2	8.0	8.0
单县	2849	614.6	347.8	266.8		614.6	2	2	8.0	8.0
成武县	564	267.3	134.1	133.2		238.6	2	2	6.0	6.0
巨野县	1212	408.9	166.1	242.7		370.6	2	2	6.0	6.0
郓城县	1803	582.8	265.3	317.5		562.7	2	2	8.0	8.0
鄄城县	2102	493.5	233.3	260.3		348.7	2	2	10.0	10.0
东明县	1628	301.8	151.8	150.0		281.2	1	1	6.0	6.0
河　南	**116139**	**21482.4**	**9627.9**	**7874.8**	**3979.7**	**19285.5**	**140**	**95**	**490.7**	**351.9**
中牟县	920	327.2	134.0	135.1	58.1	289.8				
杞县	648	220.1	96.1	78.0	46.0	176.0	1	1	5.5	5.5
通许县	735	202.9	89.9	54.5	58.5	200.9	1	1	2.5	2.5
尉氏县	660	328.5	114.3	107.8	106.4	324.8	1		2.5	

continued 15

污水处理厂 Wastewater Treatment Plant				其他污水处理设施 Other Wastewater Treatment Facilities		污水处理总量	市政再生水 Recycled Water			县名称
处理量 (万立方米) Quantity of Wastewater Treated (10000 cu. m)	二、三级处理 Second Level or Above	干污泥产生量 (吨) Quantity of Dry Sludge Produced (ton)	干污泥处置量 (吨) Quantity of Dry Sludge Treated (ton)	处理能力 (万立方米/日) Treatment Capacity (10000 cu. m/day)	处理量 (万立方米) Quantity of Wastewater Treated (10000 cu. m)	(万立方米) Total Quantity of Wastewater Treated (10000 cu. m)	生产能力 (万立方米/日) Recycled Water Production Capacity (10000 cu. m/day)	利用量 (万立方米) Annual Quantity of Wastewater Recycled and Reused (10000 cu. m)	管道长度 (公里) Length of Pipelines (km)	Name of Counties
1047	1047	3138	3138			1047	2.9	534	5.0	五莲县
3584	3584	4343	4343			3584	6.0	2139	12.3	莒　县
1394	1394	3550	3550			1394	3.0	883	4.5	沂南县
2003	2003	1668	1668			2003	3.0	1095	10.5	郯城县
4403	4403	10134	10134			4403	10.0	2046	10.0	沂水县
2205	2205	2227	2226			2205	9.0	400	4.2	兰陵县
1309	1309	2305	2305			1309	1.8	641		费　县
1972	1972	5936	5936			1972	6.0	1075	10.0	平邑县
1822	1822	4832	4832			1822	3.7	960	5.0	莒南县
1273	1273	863	863			1273	7.0	708	5.0	蒙阴县
1781	1781	1130	1130			1781	4.0	1125	7.0	临沭县
666	666	3101	3101			666	7.0	328	6.2	宁津县
658	658	958	950			658	1.8	389	1.0	庆云县
1747	1747	4431	4431			1747	4.0	929	7.8	临邑县
1558	1558	3249	3249			1558	4.5	1046	5.3	齐河县
1301	1301	3104	3104			1301	2.6	846	29.7	平原县
949	949	4286	4286			949	4.0	470	11.0	夏津县
955	955	3526	3526			955	4.5	478	2.8	武城县
849	849	5536	5536			849	4.0	551	1.4	阳谷县
972	972	10022	10022			972	3.0	498		莘　县
433	433	1182	1182			433	4.0	426	9.0	东阿县
858	858	1861	1861			858	4.0	600	13.9	冠　县
1031	1031	5026	5026			1031	6.0	521	7.0	高唐县
771	771	1905	1905			771	6.0	532		惠民县
742	742	1795	1795			742	4.5	386		阳信县
1154	1154	1546	1546			1154	6.0	577	6.7	无棣县
751	751	6942	6942			751	8.0	383	6.1	博兴县
1536	1536	9502	9502			1536	3.0	705	3.5	曹　县
2767	2767	10916	10916			2767	4.0	1080	31.0	单　县
549	549	1409	1391			549	1.0	282	3.8	成武县
1197	1197	4383	4236			1197	3.0	592	8.0	巨野县
1762	1762	1946	1946			1762	2.0	712	2.0	郓城县
2064	2064	7350	7128			2064	4.0	1096	12.1	鄄城县
1586	1586	1710	1710			1586	4.0	812	4.9	东明县
114759	**80351**	**258572**	**253897**	**13.3**	**12**	**114771**	**122.6**	**24293**	**272.7**	**河　南**
920	920					920				中牟县
643	643	652	652			643		91	3.0	杞　县
719	719	2039	2039			719		200		通许县
660		558	558			660		198		尉氏县

8-2 续表16

县名称 Name of Counties	污水排放量（万立方米）Annual Quantity of Wastewater Discharged (10000 cu. m)	排水管道长度（公里）Length of Drainage Pipelines (km)	污水管道 Sewers	雨水管道 Rainwater Drainage Pipeline	雨污合流管道 Combined Drainage Pipeline	建成区 In Built District	污水处理厂 Wastewater Treatment Plant			
							座数（座）Number of Wastewater Treatment Plant (unit)	二、三级处理 Second Level or Above	处理能力（万立方米/日）Treatment Capacity (10000 cu. m/day)	二、三级处理 Secondary and Tertiary Treatment
兰考县	1450	530.9	257.3	203.6	70.0	482.9	3		12.5	
新安县	871	113.0	54.1	50.8	8.0	87.6	1	1	3.0	3.0
栾川县	794	113.6	66.4	22.5	24.8	82.0	2	2	6.0	6.0
嵩 县	1225	120.4	72.1	47.3	1.0	106.0	1	1	4.0	4.0
汝阳县	820	74.4	51.8	20.7	2.0	65.4	1		2.0	
宜阳县	1488	143.7	111.2	32.5		143.7	3	3	5.0	5.0
洛宁县	647	82.0	43.1	39.0		67.0	1	1	2.0	2.0
伊川县	1851	258.5	164.9	93.6		243.9	2	2	6.0	6.0
宝丰县	1546	171.4	52.9	93.7	24.8	146.8	1	1	4.5	4.5
叶 县	1366	200.4	126.1	57.6	16.7	154.1	1		4.0	
鲁山县	1492	138.1	69.2	41.7	27.2	101.3	1	1	6.0	6.0
郏 县	1085	316.3	158.2	158.2		281.6	2	2	5.0	5.0
安阳县	476	239.2	90.6	148.6		238.7	1		2.0	
汤阴县	2436	399.3	197.9	116.7	84.7	399.3	3	3	7.0	7.0
滑 县	1209	415.4	164.7	199.0	51.7	415.4	2		8.0	
内黄县	1783	221.5	71.7	77.8	72.0	220.0	1	1	5.0	5.0
浚 县	1336	179.0	82.8	62.2	34.0	176.2	3		4.3	
淇 县	760	150.4	53.6	14.3	82.5	150.4	3	3	9.0	9.0
新乡县	3093	93.8	54.1	23.6	16.0	83.6	1		15.0	
获嘉县	1825	174.3	73.9	37.5	63.0	171.2	1	1	6.0	6.0
原阳县	1804	282.1	118.2	163.9		209.9	1	1	5.0	5.0
延津县	1109	242.9	74.1	48.8	120.0	242.9	1	1	5.0	5.0
封丘县	1405	191.5	99.2	78.0	14.2	161.4	2	2	7.0	7.0
修武县	964	182.9	82.1	96.8	4.1	182.9	1	1	4.0	4.0
博爱县	2053	183.2	97.3	83.6	2.3	180.3	1	1	7.0	7.0
武陟县	1740	277.3	179.1	93.2	5.0	233.9	2	2	6.0	6.0
温 县	2219	230.5	50.7	27.8	152.0	216.1	2	1	7.0	3.0
清丰县	900	181.7	100.3	60.2	21.1	176.7	2	2	5.0	5.0
南乐县	1212	185.8	63.1	80.7	42.0	173.8	1	1	10.0	10.0
范 县	718	213.8	93.1	120.7		180.5	2	2	4.5	4.5
台前县	725	248.1	106.3	96.8	45.0	231.3	2	2	8.2	8.2
濮阳县	2173	435.9	158.5	210.4	67.0	341.0	2	2	10.0	10.0
鄢陵县	631	282.9	113.8	169.2		282.9	2	2	5.0	5.0
襄城县	524	177.1	68.3	47.9	60.9	173.4	1	1	5.0	5.0
舞阳县	1318	170.7	51.2	36.4	83.0	148.3	3	3	7.0	7.0
临颍县	1370	265.0	95.6	73.3	96.1	238.7	1	1	6.0	6.0
渑池县	596	184.5	106.5	76.5	1.5	184.5	2		5.0	
卢氏县	600	151.5	86.7	61.8	3.0	105.4	1		1.5	
南召县	1085	433.5	242.4	190.5	0.7	432.8	1	1	5.0	5.0

continued 16

污水处理厂 Wastewater Treatment Plant				其他污水处理设施 Other Wastewater Treatment Facilities		污水处理总量	市政再生水 Recycled Water			县名称
处理量 (万立方米) Quantity of Wastewater Treated (10000 cu. m)	二、三级处理 Second Level or Above	干污泥产生量 (吨) Quantity of Dry Sludge Produced (ton)	干污泥处置量 (吨) Quantity of Dry Sludge Treated (ton)	处理能力 (万立方米/日) Treatment Capacity (10000 cu. m/day)	处理量 (万立方米) Quantity of Wastewater Treated (10000 cu. m)	(万立方米) Total Quantity of Wastewater Treated (10000 cu. m)	生产能力 (万立方米/日) Recycled Water Production Capacity (10000 cu. m/day)	利用量 (万立方米) Annual Quantity of Wastewater Recycled and Reused (10000 cu. m)	管道长度 (公里) Length of Pipelines (km)	Name of Counties
1450		4495	4495			1450	0.3	1152	15.3	兰考县
847	847	3243	3243			847				新安县
779	779	2221	2221			779	2.0	690	6.7	栾川县
1204	1204	1825	1825			1204				嵩　县
806		1090	1090			806	0.7	59	6.0	汝阳县
1488	1488	1935	1935			1488				宜阳县
647	647	504	504			647	0.8	136		洛宁县
1851	1851	2517	2517			1851	0.9	151		伊川县
1546	1546	1650	1650			1546	4.5	731		宝丰县
1366		6690	2602			1366	4.0	550		叶　县
1462	1462	2722	2722			1462	6.0	313	5.0	鲁山县
1068	1068	3069	3069			1068	0.7	246		郏　县
464		1003	1003	0.1	12	476	0.5	129		安阳县
2436	2436	9337	9337			2436	5.0	563	10.0	汤阴县
1209		1662	1662			1209	2.5	984	1.0	滑　县
1783	1783	2840	2840			1783	1.1	415	1.1	内黄县
1336		1873	1873			1336	2.8	29	2.8	浚　县
760	760	3434	3434			760	3.0			淇　县
3093		8976	8976			3093				新乡县
1825	1825	3021	3021			1825	6.0	1820	3.0	获嘉县
1804	1804	1802	1802			1804	5.0	986	20.7	原阳县
1109	1109	2398	2398			1109	3.0	635	5.0	延津县
1405	1405	3782	3782			1405	4.0	10		封丘县
964	964	1728	1728			964	3.0	123	10.6	修武县
2053	2053	9250	9250			2053	5.0	362	8.0	博爱县
1739	1739	3797	3797			1739		539		武陟县
2219	986	8193	8193			2219				温　县
900	900	2287	2037			900	2.0	550	2.0	清丰县
1193	1193	3360	3360			1193	3.5		20.0	南乐县
719	719	1160	1160			719				范　县
725	725	727	725			725	2.5			台前县
2173	2173	5191	5191			2173	10.0	2064	5.0	濮阳县
625	625	1118	1118	0.2		625	3.0	450	20.1	鄢陵县
507	507	1482	1482			507		505		襄城县
1318	1318	2147	2147			1318				舞阳县
1370	1370	1916	1916			1370	2.9	997	14.6	临颍县
583		3876	3876			583	3.0	784	13.0	渑池县
600		1310	1310			600	1.5	136		卢氏县
1074	1074	2920	2920			1074				南召县

8-2 续表17

县名称 Name of Counties	污水排放量 （万立方米） Annual Quantity of Wastewater Discharged (10000 cu. m)	排水管道长度 （公里） Length of Drainage Pipelines (km)	污水管道 Sewers	雨水管道 Rainwater Drainage Pipeline	雨污合流管道 Combined Drainage Pipeline	建成区 In Built District	污水处理厂 Wastewater Treatment Plant			
							座数（座） Number of Wastewater Treatment Plant (unit)	二、三级处理 Second Level or Above	处理能力 （万立方米/日） Treatment Capacity (10000 cu. m/day)	二、三级处理 Secondary and Tertiary Treatment
方城县	1439	568.9	308.7	232.2	28.0	568.9	2		6.5	
西峡县	1652	435.1	244.6	122.0	68.5	435.1	1	1	5.0	5.0
镇平县	1620	358.0	191.9	118.4	47.8	350.6	1		4.5	
内乡县	2504	285.9	107.8	93.5	84.7	244.1	3	3	7.0	7.0
淅川县	1285	364.1	216.4	127.7	20.0	364.1	1	1	6.5	6.5
社旗县	920	334.8	154.0	120.8	60.0	332.7	1	1	3.5	3.5
唐河县	1881	497.7	179.4	252.2	66.0	497.7	1	1	13.5	13.5
新野县	1823	432.1	217.2	169.9	45.0	427.7	3		9.0	
桐柏县	959	296.6	174.4	109.0	13.3	263.8	1	1	6.0	6.0
民权县	1424	266.5	175.0	91.5		266.5	1	1	7.5	7.5
睢县	1992	92.2	30.9	20.3	41.0	92.2	3	3	8.0	8.0
宁陵县	720	128.8	67.8	31.0	30.0	121.8	3	2	6.0	4.0
柘城县	2309	242.6	44.9	28.6	169.0	224.2	3		9.0	
虞城县	2649	241.6	107.6	89.0	45.0	241.6	2	2	8.0	8.0
夏邑县	3084	113.5	34.0	27.5	52.0	80.0	3		9.5	
罗山县	995	285.5	195.3	17.7	72.5	97.9	1		5.2	
光山县	1522	199.9	85.9	45.0	69.0	175.3	2	2	5.5	5.5
新县	986	263.8	167.1	31.2	65.5	185.4	1	1	4.5	4.5
商城县	970	182.2	88.2	51.1	42.9	166.2	1	1	5.0	5.0
固始县	2290	480.8	199.7	183.3	97.9	450.4	2	2	7.5	7.5
潢川县	1610	268.1	196.4	71.8		192.5	3		7.0	
淮滨县	803	286.8	99.9	116.0	71.0	281.5	2	2	7.0	7.0
息县	2019	312.6	126.5	137.4	48.7	244.9	2	2	4.0	4.0
扶沟县	611	124.1	40.4	37.7	46.0	99.4	1	1	2.5	2.5
西华县	1007	273.5	80.2	64.4	129.0	254.1	2	2	2.9	2.9
商水县	1120	366.9	150.7	216.2		366.9	1	1	6.0	6.0
沈丘县	1787	255.2	116.0	31.8	107.4	242.9	1	1	5.0	5.0
郸城县	834	203.4	41.2	40.2	122.0	47.7	1	1	9.0	9.0
太康县	1205	296.5	89.9	78.6	128.0	228.0	2	2	8.0	8.0
鹿邑县	3932	319.4	118.5	140.0	61.0	319.4	5		11.3	
西平县	1635	400.4	129.4	248.0	23.0	400.4	3	3	7.5	7.5
上蔡县	1478	260.8	90.6	74.6	95.6	108.7	1		4.0	
平舆县	1802	383.8	159.4	95.4	129.0	325.4	3		6.0	
正阳县	1628	166.4	71.9	61.2	33.3	156.0	2	2	7.0	7.0
确山县	1268	198.0	108.7	75.3	14.0	198.0	1	1	4.0	4.0
泌阳县	2043	277.7	96.2	87.3	94.2	205.1	2	2	7.3	7.3
汝南县	1149	380.9	103.5	151.3	126.1	346.5	1	1	5.0	5.0
遂平县	1483	270.3	97.5	104.5	68.3	155.8	2		4.0	
新蔡县	2044	631.9	282.9	349.0		621.2	2	2	6.0	6.0

continued 17

污水处理厂 Wastewater Treatment Plant				其他污水处理设施 Other Wastewater Treatment Facilities		污水处理总量 (万立方米)	市政再生水 Recycled Water			县名称
处理量 (万立方米) Quantity of Wastewater Treated (10000 cu. m)	二、三级处理 Second Level or Above	干污泥产生量 (吨) Quantity of Dry Sludge Produced (ton)	干污泥处置量 (吨) Quantity of Dry Sludge Treated (ton)	处理能力 (万立方米/日) Treatment Capacity (10000 cu. m/day)	处理量 (万立方米) Quantity of Wastewater Treated (10000 cu. m)	Total Quantity of Wastewater Treated (10000 cu. m)	生产能力 (万立方米/日) Recycled Water Production Capacity (10000 cu. m/day)	利用量 (万立方米) Annual Quantity of Wastewater Recycled and Reused (10000 cu. m)	管道长度 (公里) Length of Pipelines (km)	Name of Counties
1425		5831	5831			1425				方城县
1638	1638	2180	2180			1638				西峡县
1620		1832	1832			1620	3.0	409	7.5	镇平县
2502	2502	6785	6785	7.0		2502	5.0	455	12.8	内乡县
1273	1273	2632	2632			1273				淅川县
920	920	1610	1610			920	1.6	507	11.0	社旗县
1832	1832	2994	2984			1832	4.0			唐河县
1823		5354	5354			1823	1.5	493	3.7	新野县
959	959	959	959			959				桐柏县
1424	1424	2330	2330			1424	2.0	460	40.0	民权县
1975	1975	4822	4822			1975				睢县
710	610	1700	1700			710				宁陵县
2309		5283	5283			2309				柘城县
2649	2649	4883	4883			2649				虞城县
3084		7472	7472			3084				夏邑县
970		1595	1595			970				罗山县
1490	1490	889	564			1490				光山县
986	986	1351	1351			986				新县
970	970	4080	4080			970		105		商城县
2255	2255	5200	5200			2255				固始县
1610		5143	5143			1610				潢川县
796	796	3764	3764			796	5.0	116		淮滨县
1291	1291	682	682			1291		1043	0.1	息县
563	563	1015	1015			563				扶沟县
1007	1007	3933	3933			1007	1.5	488	0.2	西华县
1120	1120	2463	2463			1120				商水县
1787	1787	8810	8810			1787	0.3		6.5	沈丘县
834	834	761	761			834				郸城县
1094	1094	5373	5373			1094				太康县
3932		14785	14785			3932		189		鹿邑县
1635	1635	874	874			1635			3.5	西平县
1452		1524	1524			1452	3.9	1128	6.6	上蔡县
1801		2334	2334	6.0		1801				平舆县
1606	1606	2188	2188			1606				正阳县
1258	1258	1576	1576			1258	3.6	408	5.0	确山县
2043	2043	2071	2071			2043		607		泌阳县
1149	1149	1652	1652			1149				汝南县
1483		1704	1704			1483		523		遂平县
2044	2044	2336	2336			2044	2.0	764	3.0	新蔡县

8-2 续表18

县名称 Name of Counties	污水排放量（万立方米）Annual Quantity of Wastewater Discharged (10000 cu. m)	排水管道长度（公里）Length of Drainage Pipelines (km)	污水管道 Sewers	雨水管道 Rainwater Drainage Pipeline	雨污合流管道 Combined Drainage Pipeline	建成区 In Built District	污水处理厂 Wastewater Treatment Plant 座数（座）Number of Wastewater Treatment Plant (unit)	二、三级处理 Second Level or Above	处理能力（万立方米/日）Treatment Capacity (10000 cu. m/day)	二、三级处理 Secondary and Tertiary Treatment
湖 北	41825	7502.2	3535.7	2512.8	1453.8	6855.6	44	36	134.8	105.3
阳新县	2328	319.0	121.0	129.0	69.0	319.0	2	2	7.5	7.5
郧西县	1598	116.1	41.1		75.0	116.1	1	1	5.0	5.0
竹山县	655	132.8	73.4	39.5	20.0	132.8	1	1	3.0	3.0
竹溪县	1059	236.0	168.0	63.0	5.0	78.9	1		3.0	
房 县	1121	93.8	33.1	20.4	40.3	93.8	1	1	3.0	3.0
远安县	998	164.0	69.0	21.6	73.5	164.0	1	1	3.0	3.0
兴山县	361	129.7	81.8	47.9		72.8	1		1.2	
秭归县	928	243.5	134.1	109.5		243.5	2	2	5.0	5.0
长阳土家族自治县	480	63.3	16.7	9.9	36.8	58.9	1	1	1.5	1.5
五峰土家族自治县	345	58.6	46.1		12.5	54.7	1	1	1.0	1.0
南漳县	1506	163.3	67.2	77.0	19.1	163.3	1	1	3.8	3.8
谷城县	1947	252.1	83.9	99.4	68.8	252.1	1	1	5.0	5.0
保康县	630	103.6	83.9	8.7	11.0	102.6	1	1	2.0	2.0
沙洋县	1346	334.6	186.2	148.4		293.8	1	1	6.0	6.0
孝昌县	1534	382.4	188.5	190.1	3.8	382.4	1		4.2	
大悟县	1512	200.4	52.0	146.8	1.5	195.9	1		5.6	
云梦县	1236	369.2	118.3	207.0	43.9	369.2	1	1	5.0	5.0
公安县	2210	324.4	50.3	185.0	89.1	324.4	1		6.0	
江陵县	865	215.2	72.3	143.0		163.1	1	1	3.8	3.8
团风县	854	143.6	89.0	50.2	4.4	143.6	1	1	3.0	3.0
红安县	1815	246.9	108.6	79.3	59.0	246.9	1		4.0	
罗田县	1211	192.6	82.1	18.9	91.7	192.6	1	1	5.0	5.0
英山县	436	259.4	124.1	107.3	28.0	251.4	1	1	1.0	1.0
浠水县	1578	361.4	137.4	73.6	150.3	361.4	2		5.5	
蕲春县	1638	138.8	31.1	15.8	92.0	131.1	1	1	4.0	4.0
黄梅县	1874	375.7	108.8	144.6	122.3	369.4	1	1	6.0	6.0
嘉鱼县	1293	296.0	187.8	62.0	46.2	296.0	1	1	4.0	4.0
通城县	1721	168.3	168.3			166.5	1	1	5.0	5.0
崇阳县	1236	160.3	75.9	12.5	71.9	156.3	1	1	3.0	3.0
通山县	616	131.2	65.8	35.7	29.7	107.3	2	2	2.5	2.5
随 县	369	160.9	71.0	87.9	2.0	121.6	1	1	1.2	1.2
建始县	1286	178.5	117.8	28.0	32.7	152.3	2	2	3.5	3.5
巴东县	706	78.9	42.3	32.6	4.0	78.9	2	2	2.7	2.7
咸丰县	669	367.0	280.0	51.5	35.5	187.0	1		2.0	2.0
来凤县	976	131.7	47.5	9.2	75.0	131.7	1	1	3.0	3.0
鹤峰县	277	59.3	31.3	8.5	19.4	55.5	1	1	1.0	1.0

continued 18

污水处理厂 Wastewater Treatment Plant				其他污水处理设施 Other Wastewater Treatment Facilities		污水处理总量 (万立方米)	市政再生水 Recycled Water			县名称
处理量（万立方米）Quantity of Wastewater Treated (10000 cu. m)	二、三级处理 Second Level or Above	干污泥产生量（吨）Quantity of Dry Sludge Produced (ton)	干污泥处置量（吨）Quantity of Dry Sludge Treated (ton)	处理能力（万立方米/日）Treatment Capacity (10000 cu. m/day)	处理量（万立方米）Quantity of Wastewater Treated (10000 cu. m)	Total Quantity of Wastewater Treated (10000 cu. m)	生产能力（万立方米/日）Recycled Water Production Capacity (10000 cu. m/day)	利用量（万立方米）Annual Quantity of Wastewater Recycled and Reused (10000 cu. m)	管道长度（公里）Length of Pipelines (km)	Name of Counties
40560	30724	64436	64222	10.4	1	40561	28.1	1039	6.4	湖 北
2328	2328	6763	6762			2328				阳新县
1515	1515	1600	1600			1515				郧西县
655	655	1125	1125			655				竹山县
1011		1284	1284			1011				竹溪县
1115	1115	1580	1580	3.0		1115				房 县
998	998	540	540			998				远安县
361		785	785			361	1.1	29		兴山县
915	915	1607	1607			915	5.0	139	4.2	秭归县
434	434	1581	1581			434				长阳土家族自治县
339	339	171	171			339				五峰土家族自治县
1390	1390	3602	3602			1390				南漳县
1792	1792	3802	3802			1792				谷城县
630	630	876	876			630				保康县
1304	1304	851	851			1304	6.0	215		沙洋县
1443		2201	2201			1443	4.0			孝昌县
1512		1294	1294			1512				大悟县
1236	1236	2400	2400			1236				云梦县
2129		5841	5841			2129	6.0	9		公安县
838	838	902	902			838	3.8			江陵县
818	818	4222	4222			818				团风县
1803		3638	3638			1803				红安县
1164	1164	1559	1559			1164		17		罗田县
413	413	119	119			413				英山县
1578		952	861			1578				浠水县
1575	1575	789	789			1575				蕲春县
1814	1814	953	953			1814	0.2	35		黄梅县
1251	1251	1776	1746			1251		105		嘉鱼县
1685	1685	1336	1336			1685	1.8	462	0.2	通城县
1125	1125	958	958			1125				崇阳县
602	602	418	328			602				通山县
366	366	1036	1036	1.2	1	367				随 县
1249	1249	1037	1037	3.5		1249				建始县
706	706	1500	1500	2.7		706				巴东县
669	669	2019	2019			669		8		咸丰县
942	942	473	473			942		1		来凤县
266	266	331	331			266				鹤峰县

8-2 续表19

县名称 Name of Counties	污水排放量（万立方米）Annual Quantity of Wastewater Discharged (10000 cu. m)	排水管道长度（公里）Length of Drainage Pipelines (km)	污水管道 Sewers	雨水管道 Rainwater Drainage Pipeline	雨污合流管道 Combined Drainage Pipeline	建成区 In Built District	污水处理厂 Wastewater Treatment Plant			
							座数（座）Number of Wastewater Treatment Plant (unit)	二、三级处理 Second Level or Above	处理能力（万立方米/日）Treatment Capacity (10000 cu. m/day)	二、三级处理 Secondary and Tertiary Treatment
宣恩县	380	60.4	30.5	22.5	7.4	57.4	1	1	3.0	3.0
神农架林区	230	89.6	50.0	26.6	13.0	67.6	1	1	0.8	0.8
湖 南	95244	15309.9	6491.1	5482.3	3336.5	13822.2	90	85	298.4	286.4
长沙县	16095	960.5	205.4	255.1	500.0	663.0	4	4	59.0	59.0
望城区	4520	1317.0	580.0	710.0	27.0	1205.0	1	1	12.0	12.0
攸 县	1450	380.2	121.8	121.8	136.6	279.3	1	1	5.0	5.0
茶陵县	1428	230.3	72.2	135.0	23.1	187.5	1	1	4.0	4.0
炎陵县	378	122.0	30.5	26.5	65.0	85.5	1	1	1.0	1.0
湘潭县	2666	373.5	159.1	154.4	60.0	373.0	2	2	9.8	9.8
衡阳县	1364	232.6	97.4	25.2	110.0	232.6	1	1	4.0	4.0
衡南县	760	198.0	58.0	88.0	52.0	196.0	1	1	2.0	2.0
衡山县	947	192.6	60.2	61.0	71.4	174.3	1	1	4.0	4.0
衡东县	1111	164.0	45.4	101.9	16.7	156.5	1	1	3.0	3.0
祁东县	1232	289.0	78.0	93.0	118.0	289.0	1		4.0	
南岳区	577	133.0	61.0	57.0	15.0	117.0	1	1	2.0	2.0
新邵县	870	109.5	69.5	25.0	15.0	51.8	1	1	3.0	3.0
邵阳县	1065	93.2	34.6	28.8	29.8	93.2	2	2	4.0	4.0
隆回县	2586	261.9	71.7	96.3	94.0	146.3	1	1	7.0	7.0
洞口县	1168	193.3	86.6	63.0	43.7	186.8	1	1	3.0	3.0
绥宁县	790	112.1	46.5	59.6	6.0	112.1	1	1	2.0	2.0
新宁县	1099	297.0	155.0	130.0	12.0	265.0	1	1	3.0	3.0
城步苗族自治县	973	91.0	25.1	25.1	40.8	91.0	1	1	3.0	3.0
岳阳县	732	225.2	80.6	75.3	69.3	220.1	1	1	2.0	2.0
华容县	1897	394.2	228.7	94.3	71.2	394.2	2	2	6.0	6.0
湘阴县	1502	250.0	144.0	58.0	48.0	240.0	1	1	4.0	4.0
平江县	1625	237.7	102.2	53.4	82.1	232.5	2	2	5.0	5.0
安乡县	1292	206.5	79.9	46.7	79.8	206.5	1	1	4.0	4.0
汉寿县	1696	233.8	115.3	103.0	15.5	200.8	1	1	4.0	4.0
澧 县	1299	474.5	197.5	225.0	52.0	474.5	1	1	3.0	3.0
临澧县	1227	251.6	131.3	108.3	12.0	188.9	2	2	5.0	5.0
桃源县	1784	224.9	135.4	89.5		224.9	2	2	5.0	5.0
石门县	1350	251.9	141.5	103.6	6.8	251.9	1	1	3.0	3.0
慈利县	1610	205.7	94.0	56.7	55.0	205.7	2	2	5.0	5.0
桑植县	1162	122.8	62.8	49.0	11.0	81.5	1	1	4.0	4.0
南 县	1234	210.0	78.1	70.0	61.9	210.0	4	4	4.7	4.7
桃江县	863	269.0	191.0	31.0	47.0	251.0	1	1	3.0	3.0
安化县	820	200.4	133.9	57.6	8.9	200.4	1	1	2.0	2.0
大通湖区	223	91.3	42.5	26.2	22.6	59.3	1		1.0	
桂阳县	2326	157.8	74.2	74.2	9.5	157.8	2	2	6.0	6.0

continued 19

污水处理厂 Wastewater Treatment Plant				其他污水处理设施 Other Wastewater Treatment Facilities		污水处理总量 (万立方米)	市政再生水 Recycled Water			县名称
处理量(万立方米) Quantity of Wastewater Treated (10000 cu. m)	二、三级处理 Second Level or Above	干污泥产生量(吨) Quantity of Dry Sludge Produced (ton)	干污泥处置量(吨) Quantity of Dry Sludge Treated (ton)	处理能力(万立方米/日) Treatment Capacity (10000 cu. m/day)	处理量(万立方米) Quantity of Wastewater Treated (10000 cu. m)	Total Quantity of Wastewater Treated (10000 cu. m)	生产能力(万立方米/日) Recycled Water Production Capacity (10000 cu. m/day)	利用量(万立方米) Annual Quantity of Wastewater Recycled and Reused (10000 cu. m)	管道长度(公里) Length of Pipelines (km)	Name of Counties
366	366	1389	1389			366				宣恩县
227	227	1125	1123			227	0.2	20	2.0	神农架林区
91963	**88267**	**168016**	**168016**	**4.5**	**164**	**92128**	**9.9**	**204**	**18.0**	**湖 南**
16095	16095	20368	20368			16095	2.9	7		长沙县
4105	4105	5283	5283			4105				望城区
1423	1423	4308	4308			1423				攸县
1379	1379	4848	4848			1379				茶陵县
292	292	243	243	1.0	53	345				炎陵县
2565	2565	4190	4190			2565	1.0	26		湘潭县
1364	1364	1797	1797			1364				衡阳县
746	746	1240	1240	0.1	12	758				衡南县
864	864	1187	1187	0.1	36	900				衡山县
1067	1067	5373	5373			1067				衡东县
1146		752	752			1146				祁东县
577	577	1424	1424			577				南岳区
849	849	2773	2773			849				新邵县
1007	1007	1065	1065	0.1	21	1028		46		邵阳县
2468	2468	3104	3104			2468				隆回县
1122	1122	723	723			1122				洞口县
740	740	2690	2690			740				绥宁县
1062	1062	1350	1350			1062				新宁县
876	876	1646	1646	3.1	2	878	3.0			城步苗族自治县
732	732	2925	2925			732				岳阳县
1891	1891	5108	5108			1891				华容县
1438	1438	3600	3600			1438				湘阴县
1545	1545	4754	4754			1545		15		平江县
1280	1280	760	760			1280				安乡县
1620	1620	3166	3166	0.1	40	1660				汉寿县
1241	1241	780	780			1241				澧县
1227	1227	1260	1260			1227				临澧县
1731	1731	2885	2885			1731				桃源县
1350	1350	1215	1215			1350				石门县
1610	1610	2223	2223			1610		25		慈利县
1105	1105	1831	1831			1105				桑植县
1221	1221	8712	8712			1221	3.0	3	13.0	南县
837	837	731	731			837				桃江县
796	796	1198	1198			796				安化县
220		200	200			220				大通湖区
2170	2170	4949	4949			2170				桂阳县

8-2 续表20

县名称 Name of Counties	污水排放量（万立方米）Annual Quantity of Wastewater Discharged (10000 cu. m)	排水管道长度（公里）Length of Drainage Pipelines (km)	污水管道 Sewers	雨水管道 Rainwater Drainage Pipeline	雨污合流管道 Combined Drainage Pipeline	建成区 In Built District	污水处理厂 座数（座）Number of Wastewater Treatment Plant (unit)	二、三级处理 Second Level or Above	处理能力（万立方米/日）Treatment Capacity (10000 cu. m/day)	二、三级处理 Secondary and Tertiary Treatment
宜章县	1436	152.4	78.6	53.6	20.2	152.4	1	1	4.0	4.0
永兴县	1579	211.8	96.2	112.7	3.0	205.4	2	2	6.0	6.0
嘉禾县	453	249.1	121.4	100.1	27.7	249.1	2	2	2.0	2.0
临武县	850	184.2	73.6	65.4	45.2	139.8	1	1	2.0	2.0
汝城县	596	180.0	74.0	82.0	24.0	175.0	1	1	2.0	2.0
桂东县	368	150.0	53.0	52.0	45.0	150.0	1	1	1.5	1.5
安仁县	606	147.2	80.0	53.0	14.2	78.0	1	1	2.0	2.0
东安县	1565	214.5	120.5	72.0	22.0	214.5	1	1	5.0	5.0
双牌县	411	116.1	53.5	47.6	15.0	116.1	1	1	2.0	2.0
道县	1501	376.5	139.3	81.8	155.4	334.7	1	1	4.0	4.0
江永县	706	109.0	75.9	17.0	16.1	82.4	1	1	2.0	2.0
宁远县	2533	383.7	268.7	107.3	7.7	382.7	2	2	7.0	7.0
蓝山县	731	183.0	78.0	78.0	27.0	183.0	1	1	2.0	2.0
新田县	833	190.0	65.0	96.0	29.0	190.0	1	1	2.0	2.0
江华瑶族自治县	1375	132.5	37.5	43.0	52.0	132.5	2	2	3.0	3.0
中方县	1802	95.7	49.1	44.8	1.8	95.7	1	1	5.0	5.0
沅陵县	641	151.0	82.5	55.2	13.3	90.0	1	1	4.0	4.0
辰溪县	892	107.9	37.8	38.9	31.2	107.9	1		3.0	
溆浦县	805	139.6	77.7	26.8	35.1	137.6	1	1	2.0	2.0
会同县	656	93.0	39.8	20.6	32.6	93.0	1	1	2.0	2.0
麻阳苗族自治县	708	171.0	70.1	80.5	20.5	171.0	1	1	2.0	2.0
新晃侗族自治县	565	74.3	32.0	17.7	24.6	74.0	1	1	1.5	1.5
芷江侗族自治县	399	101.4	31.5	23.1	46.8	101.4	1	1	1.0	1.0
通道县	649	50.7	23.2	14.7	12.7	50.7	1	1	2.0	2.0
靖州县	974	91.7	50.0	17.6	24.1	91.7	1	1	2.5	2.5
双峰县	1611	239.0	120.0	89.0	30.0	239.0	1	1	5.0	5.0
新化县	1506	253.7	80.7	83.2	89.8	253.7	1	1	5.0	5.0
泸溪县	280	71.9	16.0	11.0	44.9	71.9	2	2	1.5	1.5
凤凰县	1033	143.6	56.6	81.0	6.0	143.6	1	1	2.5	2.5
花垣县	727	203.6	44.1	59.4	100.1	203.6	1		2.0	
保靖县	355	96.4	51.8	43.8	0.8	84.6	1	1	2.0	2.0
古丈县	320	96.8	40.3	55.6	0.9	96.8	1	1	1.0	1.0
永顺县	809	114.0	41.6	46.9	25.5	114.0	1		2.0	
龙山县	1250	276.7	40.4	32.8	203.6	111.9	2	2	4.5	4.5
广东	41543	5759.6	2405.4	1486.1	1868.1	5055.6	45	42	127.0	121.0
始兴县	667	106.6	53.6	13.7	39.3	95.9	1	1	2.0	2.0
仁化县	654	131.4	87.0	21.9	22.6	131.4	1	1	2.0	2.0
翁源县	558	108.1	41.7	66.4		108.1	2	2	2.0	2.0
乳源瑶族自治县	726	98.2	48.4	14.0	35.8	98.2	1	1	3.0	3.0

continued 20

污水处理厂 Wastewater Treatment Plant				其他污水处理设施 Other Wastewater Treatment Facilities		污水处理总量 (万立方米)	市政再生水 Recycled Water			县名称
处理量 (万立方米) Quantity of Wastewater Treated (10000 cu. m)	二、三级处理 Second Level or Above	干污泥产生量 (吨) Quantity of Dry Sludge Produced (ton)	干污泥处置量 (吨) Quantity of Dry Sludge Treated (ton)	处理能力 (万立方米/日) Treatment Capacity (10000 cu. m/ day)	处理量 (万立方米) Quantity of Wastewater Treated (10000 cu. m)	Total Quantity of Wastewater Treated (10000 cu. m)	生产能力 (万立方米/日) Recycled Water Production Capacity (10000 cu. m/day)	利用量 (万立方米) Annual Quantity of Wastewater Recycled and Reused (10000 cu. m)	管道长度 (公里) Length of Pipelines (km)	Name of Counties
1387	1387	1414	1414			1387				宜章县
1502	1502	2856	2856			1502				永兴县
440	440	268	268			440				嘉禾县
840	840	1223	1223			840				临武县
576	576	584	584			576				汝城县
356	356	1310	1310			356				桂东县
560	560	98	98			560				安仁县
1522	1522	6879	6879			1522				东安县
407	407	34	34			407				双牌县
1495	1495	2346	2346			1495				道　县
705	705	453	453			705			5.0	江永县
2530	2530	5591	5591			2530				宁远县
719	719	194	194			719				蓝山县
803	803	933	933			803				新田县
1158	1158	1257	1257			1158				江华瑶族自治县
1689	1689	8325	8325			1689		11		中方县
641	641	447	447			641				沅陵县
862		2680	2680			862				辰溪县
748	748	251	251			748				溆浦县
631	631	823	823			631				会同县
675	675	1320	1320			675				麻阳苗族自治县
550	550	949	949			550		70		新晃侗族自治县
333	333					333				芷江侗族自治县
625	625	1147	1147			625				通道县
935	935	1372	1372			935				靖州县
1548	1548	3366	3366			1548				双峰县
1444	1444	4590	4590			1444				新化县
264	264	862	862			264				泸溪县
960	960	450	450			960				凤凰县
708		1870	1870			708				花垣县
355	355	1414	1414			355				保靖县
301	301	139	139			301				古丈县
759		1064	1064			759				永顺县
1174	1174	848	848			1174				龙山县
40467	**38482**	**65040**	**60270**	**2.0**		**40467**	**25.9**	**1524**	**2.0**	广　东
667	667	29	29			667		7	2.0	始兴县
799	799	500	500			799				仁化县
558	558	63	63			558				翁源县
693	693	160				693				乳源瑶族自治县

8-2 续表21

县名称 Name of Counties	污水排放量（万立方米）Annual Quantity of Wastewater Discharged (10000 cu. m)	排水管道长度（公里）Length of Drainage Pipelines (km)	污水管道 Sewers	雨水管道 Rainwater Drainage Pipeline	雨污合流管道 Combined Drainage Pipeline	建成区 In Built District	污水处理厂 Wastewater Treatment Plant 座数（座）Number of Wastewater Treatment Plant (unit)	二、三级处理 Second Level or Above	处理能力（万立方米/日）Treatment Capacity (10000 cu. m/day)	二、三级处理 Secondary and Tertiary Treatment
新丰县	692	108.7	33.0	57.0	18.7	48.0	1	1	2.5	2.5
南澳县	430	40.9	6.4	11.3	23.3	40.9	1	1	1.2	1.2
遂溪县	1051	134.2	11.3	8.3	114.5	134.2	1	1	3.0	3.0
徐闻县	1494	108.8	18.3	1.8	88.8	108.8	1	1	5.0	5.0
广宁县	975	257.0	179.0	56.0	22.0	256.5	1	1	2.5	2.5
怀集县	1238	136.5	29.8	40.6	66.1	134.8	2	2	4.0	4.0
封开县	491	115.2	55.2		60.0	115.2	1	1	2.0	2.0
德庆县	1091						1	1	3.0	3.0
博罗县	3605	640.5	460.7	141.3	38.6	640.5	3	2	8.9	5.9
惠东县	2525	518.5	129.2	28.6	360.6	518.5	2	2	6.9	6.9
龙门县	748	199.8	86.4	65.7	47.7	136.2	1	1	2.0	2.0
大埔县	749	115.7	42.3	32.9	40.5	115.7	1	1	2.0	2.0
丰顺县	1472	72.7	44.2	28.4		72.7	1	1	4.0	4.0
五华县	2393	204.7	40.9	20.9	143.0	150.0	1	1	8.0	8.0
平远县	662	161.9	53.9	16.2	91.8	60.7	1	1	2.0	2.0
蕉岭县	689	114.0	68.7	5.7	39.6	50.3	1	1	2.0	2.0
海丰县	3965	251.6	95.2	93.3	63.1	251.6	2	2	12.0	12.0
陆河县	569	78.4	78.4			78.4	1	1	3.0	3.0
紫金县	835	120.8	64.3	56.5			1	1	2.5	2.5
龙川县	429	101.0	28.6	28.6	43.8	76.0	1	1	4.0	4.0
连平县	416	38.4	24.4	14.0		17.7	1		1.0	
和平县	1085	128.4	50.4	63.0	15.0	16.0	1	1	3.0	3.0
东源县	432	84.4	83.4	1.0		84.4	1	1	1.5	1.5
阳西县	1634	360.7	100.0	243.6	17.1	360.7	1	1	4.0	4.0
阳山县	716	133.7	53.6	57.5	22.6	133.7	1		2.0	
连山壮族瑶族自治县	353	55.0	20.7	4.4	29.8	52.1	1	1	1.0	1.0
连南瑶族自治县	268	71.8	40.4	10.3	21.2	71.8	1	1	1.5	1.5
佛冈县	1239	122.4	23.3	4.5	94.6	122.4	1	1	3.0	3.0
饶平县	1296	76.8	20.7	10.1	46.0	76.8	1	1	4.0	4.0
揭西县	1389	40.4	38.4	2.0		40.4	1	1	4.0	4.0
惠来县	1507	190.9	48.5	22.1	120.3	190.9	2	2	4.5	4.5
新兴县	1832	349.0	102.5	200.0	46.6	291.4	2	2	6.0	6.0
郁南县	669	182.9	43.0	44.6	95.3	175.0	1	1	2.0	2.0
广 西	42001	9582.6	4453.1	2926.7	2202.8	9294.2	67	63	137.8	134.8
隆安县	904	111.5	52.3	16.3	42.9	111.5	1	1	3.0	3.0
马山县	306	42.0	12.6	17.4	12.0	40.2	1	1	1.6	1.6
上林县	369	155.6	61.7	92.5	1.4	154.2	1	1	0.9	0.9
宾阳县	1060	261.9	179.7	15.6	66.7	261.9	1	1	4.0	4.0

continued 21

污水处理厂 Wastewater Treatment Plant				其他污水处理设施 Other Wastewater Treatment Facilities		污水处理总量	市政再生水 Recycled Water			县名称
处理量（万立方米）Quantity of Wastewater Treated (10000 cu. m)	二、三级处理 Second Level or Above	干污泥产生量（吨）Quantity of Dry Sludge Produced (ton)	干污泥处置量（吨）Quantity of Dry Sludge Treated (ton)	处理能力（万立方米/日）Treatment Capacity (10000 cu. m/day)	处理量（万立方米）Quantity of Wastewater Treated (10000 cu. m)	（万立方米）Total Quantity of Wastewater Treated (10000 cu. m)	生产能力（万立方米/日）Recycled Water Production Capacity (10000 cu. m/day)	利用量（万立方米）Annual Quantity of Wastewater Recycled and Reused (10000 cu. m)	管道长度（公里）Length of Pipelines (km)	Name of Counties
692	692	291	291			692				新丰县
430	430	1310	1310			430		430		南澳县
1051	1051	2115	2115			1051				遂溪县
1494	1494	9883	9883			1494				徐闻县
931	931	3006	3006			931				广宁县
1202	1202	3114	3114			1202		245		怀集县
359	359	2165	2165			359				封开县
1091	1091	1920	1920			1091	3.0			德庆县
3433	2515	2325	505			3433				博罗县
2488	2488	9118	9118	2.0		2488	6.9	716		惠东县
645	645	301	301			645				龙门县
690	690	2052	2052			690				大埔县
1472	1472	969	969			1472				丰顺县
2393	2393	1133				2393	2.0			五华县
662	662	520	520			662				平远县
682	682	395	395			682				蕉岭县
3915	3915	2696	2696			3915	10.5	50		海丰县
554	554	176	176			554	1.5	3		陆河县
835	835	246	246			835				紫金县
429	429	460	460			429				龙川县
382		805	805			382				连平县
1085	1085	713	713			1085				和平县
432	432	211	211			432	1.2	71		东源县
1634	1634	1534				1634				阳西县
686		542	542			686				阳山县
339	339	117	117			339				连山壮族瑶族自治县
264	264	231	109			264	0.7	2		连南瑶族自治县
1239	1239	995	995			1239				佛冈县
1230	1230	2850	2850			1230				饶平县
1260	1260	1047	1047			1260				揭西县
1372	1372	1300	1300			1372				惠来县
1747	1747	7443	7442			1747				新兴县
636	636	2304	2304			636				郁南县
39176	**38237**	**30694**	**30479**	**14.5**	**2240**	**41415**				**广 西**
877	877	1612	1612			877				隆安县
283	283	1193	1193			283				马山县
351	351	214				351				上林县
1050	1050	746	746			1050				宾阳县

8-2 续表22

县名称 Name of Counties	污水排放量（万立方米）Annual Quantity of Wastewater Discharged (10000 cu. m)	排水管道长度（公里）Length of Drainage Pipelines (km)	污水管道 Sewers	雨水管道 Rainwater Drainage Pipeline	雨污合流管道 Combined Drainage Pipeline	建成区 In Built District	污水处理厂 Wastewater Treatment Plant			
							座数（座）Number of Wastewater Treatment Plant (unit)	二、三级处理 Second Level or Above	处理能力（万立方米/日）Treatment Capacity (10000 cu. m/day)	二、三级处理 Secondary and Tertiary Treatment
柳城县	936	55.9	14.8	18.4	22.7	55.9	1	1	4.0	4.0
鹿寨县	2037	153.0	118.5	17.4	17.2	151.2	2	2	5.0	5.0
融安县	891	109.6	17.1	0.4	92.1	109.6	1	1	3.0	3.0
融水苗族自治县	765	121.1	48.1	30.9	42.1	114.4	1	1	2.0	2.0
三江侗族自治县	512	80.3	24.7	13.9	41.6	56.5	2	2	1.4	1.4
阳朔县	1181	166.0	93.4	67.7	4.9	157.8	1	1	4.0	4.0
灵川县	573	57.5	18.5	3.0	36.0	57.5	2	2	3.0	3.0
全州县	1027	495.8	265.9	209.0	20.9	492.8	1	1	2.5	2.5
兴安县	717	271.7	150.5	73.2	48.0	271.7	1	1	2.5	2.5
永福县	384	79.0	30.0	25.0	24.0	79.0	1	1	1.0	1.0
灌阳县	305	147.0	59.6	47.7	39.8	146.1	1		1.0	
龙胜各族自治县	237	44.9	28.1	9.7	7.1	44.9	1	1	1.0	1.0
资源县	258	77.5	45.5	24.0	8.0	75.5	1	1	0.7	0.7
平乐县	384	165.4	77.2	33.7	54.6	165.4	1	1	1.0	1.0
恭城瑶族自治县	267	113.8	75.1	29.2	9.5	113.8	1	1	1.0	1.0
苍梧县	91	47.3	30.0	14.9	2.4	47.3	1	1	0.3	0.3
藤县	1880	254.1	77.5	106.6	70.0	254.1	1	1	3.0	3.0
蒙山县	428	167.7	62.6	66.4	38.7	166.7	2		1.5	
合浦县	2601	418.8	140.7	122.4	155.7	418.8	1	1	10.0	10.0
上思县	524	136.8	78.0	34.7	24.0	135.5	1	1	1.5	1.5
灵山县	1935	578.0	281.0	212.9	84.1	578.0	1	1	5.0	5.0
浦北县	812	109.3	39.0	43.8	26.5	109.3	1	1	4.0	4.0
平南县	2075	140.1	50.7	19.3	70.0	140.1	2	2	6.0	6.0
容县	779	270.5	46.5	106.9	117.1	241.9	1	1	3.0	3.0
陆川县	1260	300.5	120.7	55.4	124.5	300.5	2	2	5.0	5.0
博白县	1685	307.3	125.6	131.7	50.0	274.3	1	1	5.0	5.0
兴业县	711	148.1	37.0	35.1	76.0	148.1	1	1	2.0	2.0
田东县	868	322.7	178.2	115.2	29.3	298.9	1	1	5.0	5.0
德保县	600	106.3	51.9	54.1	0.3	104.4	1	1	1.5	1.5
那坡县	230	93.5	86.0	7.5		93.5	1		0.5	
凌云县	283	141.0	66.9	67.0	7.2	140.7	1	1	1.0	1.0
乐业县	88	122.9	80.4	14.8	27.8	122.9	1	1	0.5	0.5
田林县	356	95.4	37.9	20.6	37.0	95.4	1	1	2.0	2.0
西林县	222	43.4	33.8	4.3	5.3	43.4	1	1	0.5	0.5
隆林各族自治县	525	175.0	114.3	47.1	13.6	175.0	1	1	2.0	2.0
昭平县	357	68.0	10.5	11.2	46.3	68.0	1	1	1.0	1.0
钟山县	783	249.0	131.4	99.2	18.4	249.0	1	1	3.0	3.0
富川瑶族自治县	368	179.2	69.7	49.0	60.4	160.0	1	1	1.0	1.0
南丹县	961	114.0	45.6	23.5	44.9	111.3	1	1	2.0	2.0

continued 22

污水处理厂 Wastewater Treatment Plant				其他污水处理设施 Other Wastewater Treatment Facilities		污水处理总量 (万立方米)	市政再生水 Recycled Water			县名称
处理量 (万立方米) Quantity of Wastewater Treated (10000 cu. m)	二、三级处理 Second Level or Above	干污泥产生量 (吨) Quantity of Dry Sludge Produced (ton)	干污泥处置量 (吨) Quantity of Dry Sludge Treated (ton)	处理能力 (万立方米/日) Treatment Capacity (10000 cu. m/day)	处理量 (万立方米) Quantity of Wastewater Treated (10000 cu. m)	Total Quantity of Wastewater Treated (10000 cu. m)	生产能力 (万立方米/日) Recycled Water Production Capacity (10000 cu. m/day)	利用量 (万立方米) Annual Quantity of Wastewater Recycled and Reused (10000 cu. m)	管道长度 (公里) Length of Pipelines (km)	Name of Counties
923	923	623	623			923				柳城县
1474	1474	1412	1412	4.5	555	2029				鹿寨县
890	890	1429	1429			890				融安县
702	702	514	514	0.2	29	731				融水苗族自治县
506	506	390	390			506				三江侗族自治县
1180	1180	214	214			1180				阳朔县
573	573	331	331			573				灵川县
1027	1027	372	372			1027				全州县
715	715	320	320			715				兴安县
380	380	172	172			380				永福县
305		320	320			305				灌阳县
236	236	150	150			236				龙胜各族自治县
245	245	129	129			245				资源县
167	167	192	192	1.0	215	382				平乐县
257	257	478	478			257				恭城瑶族自治县
88	88	191	191			88				苍梧县
891	891	2980	2979	3.0	977	1868				藤县
410		1029	1029			410				蒙山县
2596	2596	2609	2609			2596				合浦县
504	504	45	45			504				上思县
1917	1917	987	987			1917				灵山县
806	806	447	447			806				浦北县
2066	2066	1189	1189			2066				平南县
777	777	397	397			777				容县
1230	1230	718	718			1230				陆川县
1640	1640	895	895			1640				博白县
709	709	160	160			709				兴业县
866	866	398	398			866				田东县
599	599	190	190			599				德保县
224		334	334			224				那坡县
279	279	57	57			279				凌云县
85	85	25	25			85				乐业县
347	347	116	116			347				田林县
216	216	276	276			216				西林县
524	524	230	230			524				隆林各族自治县
340	340	164	164			340				昭平县
780	780	373	373			780				钟山县
361	361	240	240			361				富川瑶族自治县
960	960	134	134			960				南丹县

8-2 续表23

县名称 Name of Counties	污水排放量 (万立方米) Annual Quantity of Wastewater Discharged (10000 cu. m)	排水管道长度 (公里) Length of Drainage Pipelines (km)	污水管道 Sewers	雨水管道 Rainwater Drainage Pipeline	雨污合流管道 Combined Drainage Pipeline	建成区 In Built District	污水处理厂 Wastewater Treatment Plant 座数 (座) Number of Wastewater Treatment Plant (unit)	二、三级处理 Second Level or Above	处理能力 (万立方米/日) Treatment Capacity (10000 cu. m/day)	二、三级处理 Secondary and Tertiary Treatment
天峨县	385	74.1	25.4	0.7	48.0	74.1	1	1	1.0	1.0
凤山县	308	120.6	35.1	37.8	47.7	120.6	1	1	0.8	0.8
东兰县	198	53.9	28.4	24.8	0.7	53.9	1	1	0.8	0.8
罗城仫佬族自治县	546	158.6	86.5	26.3	45.7	158.6	1	1	1.5	1.5
环江毛南族自治县	553	127.3	65.5	36.0	25.8	71.0	1	1	1.5	1.5
巴马瑶族自治县	392	159.2	85.8	61.8	11.5	104.3	1	1	3.0	3.0
都安瑶族自治县	878	137.7	53.9	30.3	53.5	137.7	1	1	3.5	3.5
大化瑶族自治县	425	124.4	35.6	9.0	79.8	124.4	1	1	1.5	1.5
忻城县	410	69.2	24.3	22.8	22.1	66.2	1	1	1.0	1.0
象州县	432	101.0	59.2	33.0	8.8	90.0	1	1	1.5	1.5
武宣县	628	227.6	106.8	80.9	40.0	227.6	2	2	1.6	1.6
金秀瑶族自治县	108	24.7	20.1	3.1	1.4	24.7	1	1	0.3	0.3
扶绥县	978	399.9	194.6	196.3	9.0	399.9	1	1	4.0	4.0
宁明县	782	116.2	79.0	31.2	6.0	116.2	1	1	2.0	2.0
龙州县	655	186.6	113.2	42.1	31.2	186.6	1	1	2.0	2.0
大新县	415	82.9	20.2	37.8	24.8	82.9	1	1	1.5	1.5
天等县	374	120.7	50.5	44.2	26.1	118.8	1	1	1.5	1.5
海　南	6172	1612.2	860.7	585.0	166.5	922.0	11	5	22.6	12.5
定安县	785	171.0	88.0	83.0			1		3.0	
屯昌县	537	139.7	57.0	75.7	7.0	138.5	1		2.5	
澄迈县	854	186.0	87.0		99.1	186.0	1	1	3.0	3.0
临高县	608	118.6	85.8		32.8	118.6	1	1	2.3	2.3
白沙黎族自治县	336	106.0	51.3	54.5	0.3		1		1.2	
昌江县	759	160.2	102.8	57.4		160.2	1	1	3.0	3.0
乐东县	350	104.3	38.0	58.0	8.3		1		1.0	
陵水县	535	123.6	46.3	72.5	4.8		1	1	1.5	1.5
保亭县	370	131.0	77.0	54.0			1		1.0	
琼中县	350	43.5	16.0	18.3	9.3	13.7	1		1.4	
洋浦经济开发区	687	328.2	211.6	111.6	5.0	305.0	1	1	2.8	2.8
重　庆	15403	3564.1	2004.0	1418.1	142.0	3391.8	30	25	56.2	40.2
城口县	594	114.1	75.7	37.9	0.4	109.7	1	1	2.0	2.0
丰都县	956	319.2	134.0	185.2		319.2	3	1	4.8	0.8
垫江县	2120	471.7	254.8	208.5	8.4	471.7	1	1	6.0	6.0
忠　县	1487	263.6	184.3	77.9	1.3	263.6	2	1	7.0	2.0
云阳县	2057	460.1	204.8	255.4		460.1	11	10	7.1	3.1
奉节县	1970	271.9	172.0	99.9		265.0	4	4	9.0	9.0
巫山县	1367	188.8	110.0	76.3	2.5	136.0	2	2	4.5	4.5

continued 23

污水处理厂 Wastewater Treatment Plant		干污泥产生量（吨）Quantity of Dry Sludge Produced	干污泥处置量（吨）Quantity of Dry Sludge Treated	其他污水处理设施 Other Wastewater Treatment Facilities		污水处理总量（万立方米）Total Quantity of Wastewater Treated (10000 cu. m)	市政再生水 Recycled Water			县名称 Name of Counties
处理量（万立方米）Quantity of Wastewater Treated (10000 cu. m)	二、三级处理 Second Level or Above			处理能力（万立方米/日）Treatment Capacity (10000 cu. m/day)	处理量（万立方米）Quantity of Wastewater Treated (10000 cu. m)		生产能力（万立方米/日）Recycled Water Production Capacity (10000 cu. m/day)	利用量（万立方米）Annual Quantity of Wastewater Recycled and Reused (10000 cu. m)	管道长度（公里）Length of Pipelines (km)	
375	375	229	229			375				天峨县
298	298	239	239			298				凤山县
192	192	139	139			192				东兰县
545	545	934	934			545				罗城仫佬族自治县
552	552	295	295			552				环江毛南族自治县
379	379	351	351			379				巴马瑶族自治县
877	877	791	791			877				都安瑶族自治县
405	405	279	279			405				大化瑶族自治县
401	401	47	47			401				忻城县
415	415	204	204			415				象州县
451	451	660	660	1.5	156	606				武宣县
107	107	54	54			107				金秀瑶族自治县
898	898	658	658	2.0	79	977				扶绥县
534	534			2.0	219	753				宁明县
653	653	141	141			653				龙州县
389	389	234	234			389				大新县
352	352	443	443	0.4	9	362				天等县
6219	3397	16623	16623	5.0	503	6722	7.9	163	22.1	海　南
785		4392	4392			785	0.2	2		定安县
537		1116	1116			537	0.2		0.2	屯昌县
846	846	1702	1702			846				澄迈县
608	608	1401	1401	2.3	326	934	1.5	7	3.0	临高县
435		539	539			435	1.2	3	1.0	白沙黎族自治县
639	639	698	698			639		2	0.1	昌江县
345		124	124			345	0.3	4	17.0	乐东县
616	616	3040	3040	1.5	177	793		22	0.8	陵水县
370		2196	2196	1.2		370	0.2	80		保亭县
350		982	982			350				琼中县
687	687	433	433			687	4.2	42		洋浦经济开发区
15384	10251	19929	19929	0.1		15384	4.1	264	10.4	重　庆
594	594	897	897			594	0.3	2		城口县
955	108	2016	2016			955	0.2	71	3.2	丰都县
2112	2112	2457	2457			2112				垫江县
1472	33	1927	1927			1472	2.8	40	1.2	忠　县
2026	402	2660	2660			2026				云阳县
1952	1952	2176	2176			1952	0.1	30	3.0	奉节县
1342	1342	3477	3477			1342	0.5	60	1.0	巫山县

8-2 续表24

县名称 Name of Counties	污水排放量 （万立方米） Annual Quantity of Wastewater Discharged (10000 cu. m)	排水管道长度 （公里） Length of Drainage Pipelines (km)	污水管道 Sewers	雨水管道 Rainwater Drainage Pipeline	雨污合流管道 Combined Drainage Pipeline	建成区 In Built District	污水处理厂 Wastewater Treatment Plant 座数（座） Number of Wastewater Treatment Plant (unit)	二、三级处理 Second Level or Above	处理能力（万立方米/日） Treatment Capacity (10000 cu. m/day)	二、三级处理 Secondary and Tertiary Treatment
巫溪县	807	197.0	115.5	58.1	23.3	181.8	1	1	2.5	2.5
石柱土家族自治县	1343	232.5	169.0	55.5	8.0	232.5	1	1	4.0	4.0
秀山土家族苗族自治县	1262	480.5	263.7	211.8	5.0	480.5	2	1	4.0	1.0
酉阳土家族苗族自治县	741	222.8	183.5	39.3		222.8	1	1	3.0	3.0
彭水苗族土家族自治县	700	342.0	136.6	112.4	93.1	248.9	1	1	2.3	2.3
四　川	82807	16520.6	7914.7	6389.6	2216.4	14696.9	150	114	257.3	214.6
金堂县	4979	547.5	271.7	275.8		547.5	8	8	17.2	17.2
大邑县	2148	293.3	118.7	100.6	74.0	282.3	1	1	6.0	6.0
蒲江县	1104	143.5	76.0	67.0	0.5	143.5	1	1	3.0	3.0
东部新区管理委员会	1646	649.2	283.4	223.8	142.0	356.0	2	2	7.2	7.2
荣县	1363	266.7	180.5	67.8	18.3	266.6	1	1	3.5	3.5
富顺县	2002	295.0	101.5	78.5	115.0	215.0	1		5.2	
米易县	363	95.8	66.9	28.9		93.8	1	1	1.0	1.0
盐边县	148	46.5	23.0	11.5	12.0	35.0	1	1	0.7	0.7
泸县	1120	293.1	150.2	142.8		293.1				
合江县	1492	219.5	81.0	123.5	15.0	205.0	1	1	4.0	4.0
叙永县	1150	115.3	50.3	20.0	45.0	115.3	1	1	4.0	4.0
古蔺县	1129	87.9	26.5	26.4	34.9	86.2	2	2	3.8	3.8
中江县	1821	353.2	127.8	185.4	40.0	353.2	2	2	4.8	4.8
三台县	1556	292.5	122.1	81.9	88.5	277.2	1	1	5.0	5.0
盐亭县	949	223.0	105.0	118.0		223.0	1	1	2.9	2.9
梓潼县	814	210.0	73.3	73.7	63.0	179.9	1		1.9	
北川羌族自治县	761	234.3	99.6	134.7		234.3	1	1	2.0	2.0
平武县	131	63.9	34.6	29.3		63.9	1	1	0.8	0.8
旺苍县	498	168.2	57.5	18.1	92.6	159.0	1	1	3.0	3.0
青川县	154	62.2	32.4	29.8		62.2	1	1	0.5	0.5
剑阁县	340	107.8	50.1	47.4	10.3	107.6	1	1	1.0	1.0
苍溪县	827	366.9	219.4	121.5	26.0	297.7	2		2.7	
蓬溪县	882	233.9	110.8	94.6	28.5	230.0	2	2	2.5	2.5
大英县	1335	288.4	136.8	138.6	13.0	288.4	1	1	3.0	3.0
威远县	1447	325.6	121.8	121.8	82.0	221.8	3	3	5.0	5.0
资中县	1550	224.0	154.0	59.0	11.0	185.7	1	1	4.0	4.0
犍为县	1174	314.9	108.7	99.5	106.6	151.5	2	2	3.0	3.0
井研县	871	110.0	40.7	44.3	25.0	110.0	1		2.5	

continued 24

污水处理厂 Wastewater Treatment Plant				其他污水处理设施 Other Wastewater Treatment Facilities		污水处理总量 (万立方米)	市政再生水 Recycled Water			县名称
处理量 (万立方米) Quantity of Wastewater Treated (10000 cu. m)	二、三级处理 Second Level or Above	干污泥产生量 (吨) Quantity of Dry Sludge Produced (ton)	干污泥处置量 (吨) Quantity of Dry Sludge Treated (ton)	处理能力 (万立方米/日) Treatment Capacity (10000 cu. m/day)	处理量 (万立方米) Quantity of Wastewater Treated (10000 cu. m)	Total Quantity of Wastewater Treated (10000 cu. m)	生产能力 (万立方米/日) Recycled Water Production Capacity (10000 cu. m/day)	利用量 (万立方米) Annual Quantity of Wastewater Recycled and Reused (10000 cu. m)	管道长度 (公里) Length of Pipelines (km)	Name of Counties
801	801	480	480			801	0.2	60	2.0	巫溪县
1460	1460	1156	1156			1460				石柱土家族自治县
1246	24	1551	1551			1246				秀山土家族苗族自治县
741	741	667	667	0.1		741				酉阳土家族苗族自治县
683	683	465	465			683				彭水苗族土家族自治县
77504	**64026**	**150095**	**149983**	**24.5**	**2070**	**79574**	**52.1**	**11736**	**979.0**	**四 川**
4243	4243	29264	29163	2.8	538	4781				金堂县
2085	2085	5334	5334			2085	2.4	110	4.0	大邑县
1094	1094	3119	3119			1094	2.0	176		蒲江县
303	303	507	507	17.1	1172	1475				东部新区管理委员会
1295	1295	1575	1575			1295		259		荣 县
1912		2720	2720			1912	1.0	299	15.5	富顺县
285	285	427	427	1.0	61	346		5		米易县
135	135	317	317			135		3		盐边县
1089	1089					1089	0.6	203		泸 县
1159	1159	10541	10541	1.6	260	1419		303		合江县
1054	1054	1123	1123			1054		2		叙永县
1118	1118	1111	1111			1118		5		古蔺县
1820	1820	3037	3037			1820	1.0	346		中江县
1520	1520	3727	3727			1520	0.1	11		三台县
883	883	755	755			883	1.5	91	20.0	盐亭县
739		1117	1117			739	1.9	101		梓潼县
688	688	898	898			688	2.0	79	800.0	北川羌族自治县
125	125	209	209			125	0.1	3		平武县
489	489	1209	1209			489	0.1	42		旺苍县
149	149	430	430			149		7	5.0	青川县
337	337	185	185			337	0.2	4		剑阁县
827		2093	2093			827	1.0	49		苍溪县
849	849	1257	1248			849	0.5	170		蓬溪县
1299	1299	1777	1777			1299	1.5	375		大英县
1394	1394	2046	2046			1394	0.8	283	10.0	威远县
1498	1498	2184	2184			1498		8	0.3	资中县
1101	1101	553	553			1101	0.5	232		犍为县
865		1891	1891			865	2.5	860		井研县

8-2 续表25

县名称 Name of Counties	污水排放量 （万立方米） Annual Quantity of Wastewater Discharged (10000 cu. m)	排水管道长度 （公里） Length of Drainage Pipelines (km)	污水管道 Sewers	雨水管道 Rainwater Drainage Pipeline	雨污合流管道 Combined Drainage Pipeline	建成区 In Built District	污水处理厂 Wastewater Treatment Plant			
							座数（座） Number of Wastewater Treatment Plant (unit)	二、三级处理 Second Level or Above	处理能力（万立方米/日） Treatment Capacity (10000 cu. m/day)	二、三级处理 Secondary and Tertiary Treatment
夹江县	884	156.7	80.5	50.0	26.3	156.7	1	1	2.0	2.0
沐川县	397	54.8	32.8	10.0	12.0	49.0	1	1	1.0	1.0
峨边县	145	90.4	23.1	29.0	38.3	22.9	1	1	0.8	0.8
马边县	301	59.2	28.2	18.0	13.0	59.2	1	1	1.0	1.0
南部县	2816	675.2	289.5	301.7	84.0	489.1	1		7.0	
营山县	1871	438.2	218.5	219.8		438.2	7	6	5.9	5.7
蓬安县	1041	182.6	109.4	73.2		182.6	1	1	4.5	4.5
仪陇县	1102	222.0	115.0	95.0	12.0	222.0	1	1	2.6	2.6
西充县	1488	319.6	152.3	101.0	66.2	319.6	1	1	5.3	5.3
眉山天府新区	1295	230.0	121.5	108.5		157.0	6	6	4.2	4.2
洪雅县	448	230.0	110.0	110.0	10.0	230.0	1		1.0	
仁寿县	3671	497.0	188.0	150.0	159.0	497.0	2	2	12.0	12.0
丹棱县	526	95.1	35.8	37.3	22.0	94.9	1	1	1.3	1.3
青神县	679	106.9	49.4	43.5	14.0	103.3	1	1	2.0	2.0
江安县	946	87.6	39.0	38.8	9.8	87.6	1	1	3.0	3.0
长宁县	669	90.2	15.0	24.0	51.2	84.5	1	1	1.5	1.5
高县	635	236.8	95.5	105.5	35.8	236.8	2	2	2.3	2.3
珙县	700	113.5	55.3	57.0	1.2	104.0	1	1	2.0	2.0
筠连县	630	107.7	41.3	2.0	64.4	105.6	2	2	1.5	1.5
兴文县	701	145.9	82.1	59.3	4.5	145.9	1	1	2.0	2.0
屏山县	695	163.3	75.4	87.9		84.6	1	1	1.5	1.5
岳池县	2271	338.2	197.1	109.3	31.8	327.3	2	2	8.0	8.0
武胜县	1340	125.6	73.6	41.0	11.0	125.6	2	1	5.0	3.0
邻水县	1425	228.1	107.3	90.2	30.6	227.0	3	3	5.4	5.4
宣汉县	1786	340.8	180.3	160.5		280.7	1	1	5.0	5.0
开江县	817	223.5	125.7	85.8	12.1	223.5	1	1	3.0	3.0
大竹县	1912	266.6	170.0	92.8	3.8	266.6	1	1	4.0	4.0
渠县	2013	448.8	223.0	225.8		448.8	2	2	9.0	9.0
荥经县	367	145.7	58.4	63.9	23.5	143.8	1		1.0	
汉源县	443	86.0	38.0	38.0	10.0	70.7	2	2	3.0	3.0
石棉县	332	85.2	40.9	44.3		85.2	1	1	1.4	1.4
天全县	381	158.7	81.8	73.4	3.5	158.7	2	2	1.2	1.2
芦山县	315	112.0	53.0	56.0	3.0	75.0	1	1	1.0	1.0
宝兴县	52	64.4	36.0	28.4		64.4	1		0.3	
通江县	1228	223.5	42.6	138.0	42.9	222.3	1	1	3.5	3.5
南江县	658	250.0	128.0	93.0	29.0	202.4	1		2.0	
平昌县	797	198.5	145.0	33.5	20.0	198.5	2		4.0	
安岳县	1957	288.0	109.0	144.0	35.0	288.0	1	1	6.0	6.0
乐至县	1100	249.0	148.0	82.0	19.0	249.0	1	1	4.0	4.0

continued 25

污水处理厂 Wastewater Treatment Plant				其他污水处理设施 Other Wastewater Treatment Facilities		污水处理总量	市政再生水 Recycled Water			县名称
处理量（万立方米）Quantity of Wastewater Treated (10000 cu. m)	二、三级处理 Second Level or Above	干污泥产生量（吨）Quantity of Dry Sludge Produced (ton)	干污泥处置量（吨）Quantity of Dry Sludge Treated (ton)	处理能力（万立方米/日）Treatment Capacity (10000 cu. m/day)	处理量（万立方米）Quantity of Wastewater Treated (10000 cu. m)	（万立方米）Total Quantity of Wastewater Treated (10000 cu. m)	生产能力（万立方米/日）Recycled Water Production Capacity (10000 cu. m/day)	利用量（万立方米）Annual Quantity of Wastewater Recycled and Reused (10000 cu. m)	管道长度（公里）Length of Pipelines (km)	Name of Counties
843	843	815	815			843				夹江县
384	384	685	685			384		38		沐川县
137	137	233	233			137				峨边县
291	291	476	476			291				马边县
2791		5475	5475			2791	2.0	602	30.0	南部县
1833	1784	2073	2073			1833	3.0	848	4.9	营山县
1007	1007	3261	3261			1007		146		蓬安县
1102	1102	1695	1695			1102	1.1	245	2.0	仪陇县
1488	1488	2032	2032			1488	3.0	784		西充县
1268	1268	2334	2334			1268	2.0	730		眉山天府新区
405		323	323			405	0.1	27		洪雅县
3499	3499	3512	3512			3499	3.9	752	38.0	仁寿县
505	505	658	658	1.3	1	507	1.0	180	6.0	丹棱县
652	652	1192	1192			652	1.0	125		青神县
921	921	1919	1919			921				江安县
636	636	256	256			636				长宁县
603	603	903	903			603				高县
669	669	480	480			669	1.5	116	2.5	珙县
600	600	275	275			600				筠连县
670	670	1576	1576			670	2.0	77		兴文县
669	669	1243	1243			669				屏山县
2270	2270	7187	7187			2270	1.0	381		岳池县
1303	657	2965	2965			1303	3.0	81		武胜县
1418	1418	2875	2875			1418				邻水县
1781	1781	2772	2772			1781	0.4	357		宣汉县
793	793	2527	2527			793	0.2	164		开江县
1790	1790	1710	1710	0.1	36	1826	0.3	382		大竹县
2005	2005	3429	3429			2005	2.0	403		渠县
360		1541	1541			360				荥经县
384	384	708	706			384	0.1	6	0.5	汉源县
328	328	692	692			328	1.0	3		石棉县
374	374	934	934			374	0.3	83		天全县
309	309	301	301			309				芦山县
51		39	39	0.3		51				宝兴县
1206	1206	204	204			1206	0.4	146	31.2	通江县
645		855	855			645	2.0	111		南江县
762		1680	1680			762		120		平昌县
1957	1957	1174	1174			1957				安岳县
1100	1100	1852	1852			1100	1.2	750	9.1	乐至县

8-2 续表26

县名称 Name of Counties	污水排放量 （万立方米） Annual Quantity of Wastewater Discharged (10000 cu. m)	排水管道长度（公里） Length of Drainage Pipelines (km)	污水管道 Sewers	雨水管道 Rainwater Drainage Pipeline	雨污合流管道 Combined Drainage Pipeline	建成区 In Built District	污水处理厂 Wastewater Treatment Plant			
							座数（座） Number of Wastewater Treatment Plant (unit)	二、三级处理 Second Level or Above	处理能力（万立方米/日） Treatment Capacity (10000 cu. m/day)	二、三级处理 Secondary and Tertiary Treatment
汶川县	146	36.6	17.6	13.0	6.0	36.6	1		0.7	
理县	187	34.0	14.7	16.6	2.7	31.9	1	1	0.4	0.4
茂县	353	52.0	28.0	24.0		52.0	1	1	1.2	1.2
松潘县	129	53.0	14.0	10.0	29.0	53.0	1	1	0.4	0.4
九寨沟县	436	54.1	44.9	9.2		44.9	1		1.5	1.5
金川县	68	56.0	13.0	13.0	30.0	2.5	1	1	0.3	0.3
小金县	250	32.2	27.5	1.3	3.4	30.9	2	2	0.8	0.8
黑水县	25	22.0	17.0	5.0		22.0	1	1	0.2	0.2
壤塘县	78	15.0	6.8	4.5	3.7	12.0	1		0.2	
阿坝县	123	20.2	6.6	13.2	0.4	15.0	1	1	0.4	0.4
若尔盖县	140	48.3	24.1	4.8	19.3	48.3	1		0.4	
红原县	167	29.9	18.6	11.3		29.9	1	1	0.5	0.5
泸定县	323	42.5	27.5	15.0		27.5	2	2	1.3	1.3
丹巴县	96	29.0	20.0	9.0		29.0	1	1	0.3	0.3
九龙县	78	16.0	4.9		11.1	16.0	1		0.2	
雅江县	84	47.7	38.3	4.4	5.0	37.7	1	1	0.3	0.3
道孚县	52	59.7	33.3	23.5	2.9	38.8	1	1	0.2	0.2
炉霍县	75	43.3	29.6	5.0	8.7	30.2	1	1	0.2	0.2
甘孜县	414	34.2	20.7	6.8	6.7	31.4	2		1.3	
新龙县	100	34.5	26.7	6.8	1.0	21.4	1	1	0.3	0.3
德格县	67	16.0	8.0	8.0		8.0	1		0.2	
白玉县	85	24.0	20.1	3.9		24.0	1		0.2	
石渠县	92	60.1	40.4	13.3	6.4	49.7	1		0.2	
色达县	64	31.5	25.5	5.0	1.0	20.0	1		0.2	
理塘县	125	48.3	30.0	10.3	8.0	48.3	1	1	0.4	0.4
巴塘县	57	15.4	8.0	7.4		15.4	1		0.4	
乡城县	72	21.9	16.3	5.6		20.6	1	1	0.3	0.3
稻城县	111	35.4	17.9	17.5		35.4	1	1	0.5	0.5
得荣县	49	33.5	29.2	4.3		8.6	1		0.2	
普格县	110	25.7	13.7	12.0		25.7	1		0.7	
木里县	134	30.4	13.0	2.0	15.4	6.5	1	1	0.3	0.3
盐源县	545	76.0	28.9	26.2	20.9	38.9	1		2.0	
德昌县	339	132.2	64.0	52.8	15.5	120.8	1	1	1.0	1.0
会东县	701	23.2	13.0	10.0	0.2	22.5	1	1	1.6	1.6
宁南县	190	90.0	25.8	36.8	27.4	69.0	1		0.5	
布拖县	157	33.8	16.8	7.5	9.5	26.5	1	1	0.5	0.5
金阳县	128	19.5	8.4	3.0	8.1	11.1	1		0.5	
昭觉县	486	21.4	18.0	2.3	1.1	15.0	1		1.8	
喜德县	262	33.4	18.0	7.0	8.4	28.4	1		0.6	

continued 26

污水处理厂 Wastewater Treatment Plant				其他污水处理设施 Other Wastewater Treatment Facilities		污水处理总量 (万立方米)	市政再生水 Recycled Water			县名称
处理量 (万立方米) Quantity of Wastewater Treated (10000 cu. m)	二、三级处理 Second Level or Above	干污泥产生量 (吨) Quantity of Dry Sludge Produced (ton)	干污泥处置量 (吨) Quantity of Dry Sludge Treated (ton)	处理能力 (万立方米/日) Treatment Capacity (10000 cu. m/day)	处理量 (万立方米) Quantity of Wastewater Treated (10000 cu. m)	Total Quantity of Wastewater Treated (10000 cu. m)	生产能力 (万立方米/日) Recycled Water Production Capacity (10000 cu. m/day)	利用量 (万立方米) Annual Quantity of Wastewater Recycled and Reused (10000 cu. m)	管道长度 (公里) Length of Pipelines (km)	Name of Counties
139		33	33			139				汶川县
170	170	18	18			170				理县
335	335	230	230			335				茂县
123	123	34	34			123				松潘县
429	429	294	294			429				九寨沟县
65	65	2	2			65				金川县
243	243	40	40			243				小金县
24	24	51	51			24				黑水县
62		1	1			62				壤塘县
117	117	6	6			117				阿坝县
133		164	164			133				若尔盖县
162	162	35	35			162				红原县
310	310	171	174			310				泸定县
95	95	11	11			95				丹巴县
76		19	19			76				九龙县
81	81	66	66	0.3	2	83				雅江县
50	50	3	3			50				道孚县
72	72	62	62			72			12	炉霍县
399		172	172			399				甘孜县
98	98	55	55			98				新龙县
66		5	5			66				德格县
81		20	20			81				白玉县
89						89				石渠县
62		8	8			62				色达县
120	120					120				理塘县
56		40	40			56				巴塘县
70	70	81	81			70				乡城县
106	106	1	1			106				稻城县
48		2	2			48				得荣县
89		21	21			89				普格县
117	117	118	118			117				木里县
511		534	534			511				盐源县
326	326	295	295			326				德昌县
580	580	597	597			580				会东县
127		114	114			127				宁南县
145	145	69	69			145				布拖县
119		128	128			119				金阳县
395		1115	1115			395				昭觉县
224		1	1			224				喜德县

8-2 续表27

县名称 Name of Counties	污水排放量 （万立方米） Annual Quantity of Wastewater Discharged (10000 cu. m)	排水管道长度 （公里） Length of Drainage Pipelines (km)	污水管道 Sewers	雨水管道 Rainwater Drainage Pipeline	雨污合流管道 Combined Drainage Pipeline	建成区 In Built District	污水处理厂 Wastewater Treatment Plant 座数（座） Number of Wastewater Treatment Plant (unit)	二、三级处理 Second Level or Above	处理能力 （万立方米/日） Treatment Capacity (10000 cu. m/day)	二、三级处理 Secondary and Tertiary Treatment
冕宁县	339	78.7	37.6	28.9	12.3	72.0	1		1.2	
越西县	191	42.5	23.6	18.3	0.6	42.1	1		0.6	
甘洛县	289	63.6	45.1	15.0	3.5	35.1	1		0.5	
美姑县	117	16.4	12.2	4.2		16.3	1	1	0.3	0.3
雷波县	186	20.6	8.0	6.3	6.3	14.2	1		0.5	
贵　州	34503	10750.5	6212.1	3852.4	686.0	9285.4	122	120	119.9	118.5
开阳县	738	118.8	89.5	29.4		57.6	1	1	2.1	2.1
息烽县	423	145.6	90.1	43.4	12.1	53.0	1	1	1.4	1.4
修文县	1269	226.9	116.0	107.1	3.8	163.9	1	1	3.0	3.0
六枝特区	1385	346.6	208.3	115.8	22.6	339.7	3	3	4.3	4.3
桐梓县	1431	511.6	306.7	185.9	19.0	511.6	2	2	3.8	3.8
绥阳县	841	291.5	106.3	94.6	90.6	27.6	2	2	3.5	3.5
正安县	638	141.6	53.6	80.0	8.0	50.2	2	2	2.5	2.5
道真县	564	204.5	103.2	68.2	33.1	204.5	1	1	1.5	1.5
务川县	436	137.0	81.4	55.0	0.6	137.0	2	2	1.5	1.5
凤冈县	578	200.0	71.0	123.0	6.0	200.0	3	3	2.7	2.7
湄潭县	1017	284.4	131.1	130.3	23.0	284.4	3	3	3.1	3.1
余庆县	525	132.5	61.5	50.3	20.7	132.5	2	2	1.5	1.5
习水县	870	239.6	203.6	35.0	1.0	203.6	2	2	2.5	2.5
普定县	510	258.5	137.4	121.2		258.5	1	1	1.5	1.5
镇宁县	538	211.5	136.0	75.5		211.5	1	1	1.8	1.8
关岭县	398	135.5	74.4	53.6	7.5	135.5	2		1.4	
紫云县	232	292.2	171.6	120.6		292.2	3	3	1.5	1.5
大方县	833	424.8	303.5	117.5	3.9	424.8	3	3	3.5	3.5
金沙县	1083	102.9	74.8	28.1		102.9	4	4	4.6	4.6
织金县	847	205.1	123.4	81.7		205.1	1	1	2.4	2.4
纳雍县	680	237.9	145.7	92.2		92.2	3	3	2.2	2.2
威宁自治县	1214	365.5	170.6	147.7	47.2	365.5	2	2	4.0	4.0
赫章县	519	169.8	119.0	50.8		123.8	1	1	1.8	1.8
江口县	423	90.5	55.5	35.0		75.5	1	1	1.5	1.5
玉屏县	342	185.3	74.2	72.1	39.1	180.1	1	1	2.0	2.0
石阡县	384	188.7	159.2	25.8	3.7	188.7	2	2	1.6	1.6
思南县	486	173.9	76.2	66.9	30.8	173.9	2	2	1.5	1.5
印江县	624	312.0	98.0	212.0	2.0	310.0	3	3	2.2	2.2
德江县	1024	160.0	111.6	48.4		160.0	3	3	4.1	4.1
沿河县	575	133.2	75.9	21.3	36.0	133.2	1	1	1.4	1.4
松桃县	692	119.0	84.8	23.0	11.2	80.5	1	1	3.4	3.4
普安县	120	55.0	35.0	19.0	1.0	55.0	1	1	0.7	0.7
晴隆县	106	156.5	68.9	84.8	2.8	156.5	1	1	1.0	1.0

continued 27

污水处理厂 Wastewater Treatment Plant				其他污水处理设施 Other Wastewater Treatment Facilities		污水处理总量	市政再生水 Recycled Water			县名称
处理量 (万立方米) Quantity of Wastewater Treated (10000 cu. m)	二、三级处理 Second Level or Above	干污泥产生量 (吨) Quantity of Dry Sludge Produced (ton)	干污泥处置量 (吨) Quantity of Dry Sludge Treated (ton)	处理能力 (万立方米/日) Treatment Capacity (10000 cu. m/day)	处理量 (万立方米) Quantity of Wastewater Treated (10000 cu. m)	(万立方米) Total Quantity of Wastewater Treated (10000 cu. m)	生产能力 (万立方米/日) Recycled Water Production Capacity (10000 cu. m/day)	利用量 (万立方米) Annual Quantity of Wastewater Recycled and Reused (10000 cu. m)	管道长度 (公里) Length of Pipelines (km)	Name of Counties
321		330	330			321				冕宁县
123		89	89			123		40		越西县
230		495	495			230				甘洛县
77	77	266	266			77				美姑县
75		30	30			75				雷波县
33596	33212	41667	41637	0.9		33596	13.2	1060	29.5	贵州
725	725	2291	2291	0.1		725				开阳县
407	407	362	362			407				息烽县
1250	1250	1282	1282			1250				修文县
1347	1347	1148	1148			1347				六枝特区
1396	1396	1889	1889			1396				桐梓县
823	823	1646	1646			823		52		绥阳县
625	625	1091	1091			625	0.1	22	0.5	正安县
553	553	1107	1107			553				道真县
414	414	316	316			414	0.3			务川县
566	566	818	818			566				凤冈县
966	966	925	925			966				湄潭县
476	476	218	218			476	0.3	2		余庆县
844	844	2008	2008			844	0.7		0.6	习水县
496	496	496	496			496				普定县
525	525	1011	1011			525	0.6	24	5.0	镇宁县
384		174	174			384				关岭县
227	227	292	292			227				紫云县
820	820	1108	1108			820	3.5	21		大方县
1070	1070	672	672			1070				金沙县
761	761	809	804			761				织金县
671	671	1839	1839			671				纳雍县
1197	1197	2605	2605			1197	4.0	498	19.5	威宁自治县
512	512	1099	1099			512				赫章县
415	415	464	461			415				江口县
337	337	214	214			337				玉屏县
377	377	436	436			377				石阡县
476	476	935	935			476				思南县
613	613	496	496			613				印江县
1008	1008	650	650			1008				德江县
559	559	487	487			559				沿河县
677	677	548	548			677				松桃县
117	117	40	40			117				普安县
104	104	99	99			104				晴隆县

8-2 续表28

县名称 Name of Counties	污水排放量（万立方米） Annual Quantity of Wastewater Discharged (10000 cu. m)	排水管道长度（公里） Length of Drainage Pipelines (km)	污水管道 Sewers	雨水管道 Rainwater Drainage Pipeline	雨污合流管道 Combined Drainage Pipeline	建成区 In Built District	污水处理厂 Wastewater Treatment Plant 座数（座） Number of Wastewater Treatment Plant (unit)	二、三级处理 Second Level or Above	处理能力（万立方米/日） Treatment Capacity (10000 cu. m/day)	二、三级处理 Secondary and Tertiary Treatment
贞丰县	416	116.9	71.5	45.4		70.6	1	1	1.4	1.4
望谟县	331	42.1	31.8	7.3	3.0	31.8	2	2	1.1	1.1
册亨县	198	165.5	82.4	83.1		165.5	1	1	1.1	1.1
安龙县	467	131.5	92.0	38.0	1.5	130.0	3	3	2.8	2.8
黄平县	228	64.5	36.5	16.9	11.0	53.4	3	3	1.0	1.0
施秉县	209	109.5	43.7	62.3	3.5	109.5	1	1	0.6	0.6
三穗县	273	138.0	108.0	28.0	2.0	138.0	1	1	1.0	1.0
镇远县	233	119.2	100.4	15.8	3.0	119.2	1	1	1.0	1.0
岑巩县	363	116.1	47.7	64.4	4.0	4.0	2	2	1.6	1.6
天柱县	487	240.7	174.5	64.2	2.0	150.0	1	1	1.2	1.2
锦屏县	182	119.3	69.0	46.3	4.0	3.0	2	2	0.6	0.6
剑河县	242	107.0	67.0	40.0		107.0	4	4	0.9	0.9
台江县	252	86.5	43.6	21.9	21.0	86.5	2	2	0.8	0.8
黎平县	553	102.4	93.9	8.5		93.9	3	3	2.3	2.3
榕江县	530	142.5	89.4	38.3	14.8	142.5	3	3	2.2	2.2
从江县	338	126.3	115.9	10.4		126.3	2	2	1.1	1.1
雷山县	207	76.9	39.0	31.9	6.1	42.0	1	1	0.8	0.8
麻江县	174	153.5	92.2	61.3		153.5	3	3	1.0	1.0
丹寨县	313	145.8	96.5	41.8	7.5	96.5	2	2	1.3	1.3
荔波县	385	77.2	62.0	3.2	12.0	72.0	3	3	1.5	1.5
贵定县	528	131.0	63.0	53.0	15.0	107.0	1	1	1.5	1.5
瓮安县	1154	287.9	145.1	141.6	1.2	287.9	4	4	3.7	3.7
独山县	465	147.0	68.0	7.0	72.0	145.0	3	3	1.5	1.5
平塘县	387	103.2	50.9	41.0	11.3	99.0	1	1	1.2	1.2
罗甸县	574	163.0	110.0	47.0	6.0	120.0	1	1	2.0	2.0
长顺县	364	131.6	15.0	61.1	55.5	128.2	2	2	0.9	0.9
龙里县	1030	213.0	150.3	58.7	4.0	178.0	2	2	2.7	2.7
惠水县	946	163.2	88.0	75.2		163.2	4	4	2.8	2.8
三都水族自治县	329	71.0	47.0	24.0		71.0	1	1	0.9	0.9
云　南	38294	14156.1	7838.3	5234.1	1083.7	12979.0	106	98	133.8	125.3
嵩明县	392	182.6	64.5	94.9	23.2	182.6	1	1	1.0	1.0
富民县	266	116.1	69.5	36.0	10.6	116.1	1		0.8	
宜良县	1186	169.3	89.3	59.7	20.2	152.5	2	2	4.0	4.0
石林彝族自治县	823	275.5	197.9	77.6		275.5	1		2.0	
禄劝彝族苗族自治县	500	81.4	41.5	20.3	19.5	79.1	1	1	1.2	1.2
寻甸县	636	209.7	139.2	70.5		201.7	1	1	2.4	2.4
昆明阳宗海风景名胜区	601	145.5	123.0	22.0	0.5	85.3	2	2	2.0	2.0

continued 28

污水处理厂 Wastewater Treatment Plant				其他污水处理设施 Other Wastewater Treatment Facilities		污水处理总量	市政再生水 Recycled Water			县名称
处理量 (万立方米) Quantity of Wastewater Treated (10000 cu. m)	二、三级处理 Second Level or Above	干污泥产生量 (吨) Quantity of Dry Sludge Produced (ton)	干污泥处置量 (吨) Quantity of Dry Sludge Treated (ton)	处理能力 (万立方米/日) Treatment Capacity (10000 cu. m/day)	处理量 (万立方米) Quantity of Wastewater Treated (10000 cu. m)	(万立方米) Total Quantity of Wastewater Treated (10000 cu. m)	生产能力 (万立方米/日) Recycled Water Production Capacity (10000 cu. m/day)	利用量 (万立方米) Annual Quantity of Wastewater Recycled and Reused (10000 cu. m)	管道长度 (公里) Length of Pipelines (km)	Name of Counties
406	406	203	203			406				贞丰县
323	323	121	121			323				望谟县
193	193	2	2			193				册亨县
456	456	144	144			456				安龙县
222	222	289	289			222				黄平县
202	202	185	185			202	0.1	31		施秉县
259	259	399	399			259		22		三穗县
229	229	249	249			229				镇远县
358	358	533	533			358	1.0	6	1.2	岑巩县
478	478	346	346			478				天柱县
173	173	217	217			173				锦屏县
219	219	290	290			219				剑河县
246	246	212	212	0.8		246				台江县
526	526	760	760			526	0.1	6	1.0	黎平县
513	513	697	697			513				榕江县
333	333	95	75			333				从江县
203	203	487	487			203				雷山县
170	170	389	389			170		5		麻江县
306	306	166	166			306				丹寨县
383	383	420	420			383				荔波县
513	513	514	514			513				贵定县
1137	1137	2123	2123			1137				瓮安县
452	452	394	393			452				独山县
380	380	258	258			380				平塘县
560	560	683	682			560	1.5	2	1.7	罗甸县
357	357	264	264			357				长顺县
1010	1010	542	542			1010	1.0	370		龙里县
927	927	877	877			927				惠水县
322	322	234	234			322				三都水族自治县
37705	**35322**	**54200**	**52932**	**2.5**	**7**	**37712**	**14.8**	**894**	**94.5**	**云 南**
358	358	347	347			358				嵩明县
258		228	228			258				富民县
1139	1139	1457	1456			1139				宜良县
823		1225	1225			823	1.8	11		石林彝族自治县
476	476	882	882			476				禄劝彝族苗族自治县
608	608	2389	2388			608				寻甸县
601	601	1300	1300			601				昆明阳宗海风景名胜区

8-2 续表29

县名称 Name of Counties	污水排放量（万立方米）Annual Quantity of Wastewater Discharged (10000 cu. m)	排水管道长度（公里）Length of Drainage Pipelines (km)	污水管道 Sewers	雨水管道 Rainwater Drainage Pipeline	雨污合流管道 Combined Drainage Pipeline	建成区 In Built District	污水处理厂 Wastewater Treatment Plant			
							座数（座）Number of Wastewater Treatment Plant (unit)	二、三级处理 Second Level or Above	处理能力（万立方米/日）Treatment Capacity (10000 cu. m/day)	二、三级处理 Secondary and Tertiary Treatment
陆良县	1075	283.7	128.7	120.6	34.4	280.4	2	2	3.5	3.5
师宗县	433	202.1	106.9	89.2	6.0	153.6	1	1	1.5	1.5
罗平县	928	345.5	156.0	175.5	14.0	345.5	2	2	4.5	4.5
富源县	1318	184.4	88.7	48.1	47.6	184.4	1	1	4.0	4.0
会泽县	1122	355.0	173.1	162.2	19.6	355.0	1	1	4.0	4.0
通海县	287	344.2	248.0	68.4	27.8	144.2	1	1	1.0	1.0
华宁县	363	87.3	41.7	33.4	12.3	83.3	1	1	1.0	1.0
易门县	307	144.8	67.0	52.6	25.2	57.4	1	1	1.0	1.0
峨山县	311	77.3	42.1	29.3	5.9	77.3	1	1	1.0	1.0
新平县	359	83.1	37.7	37.8	7.6	83.1	1	1	1.5	1.5
元江县	274	170.7	64.5	50.4	55.8	170.7	1	1	1.0	1.0
施甸县	488	164.0	80.6	60.4	23.0	149.0	1	1	2.0	2.0
龙陵县	327	90.3	38.8	49.5	2.0	88.3	1	1	1.0	1.0
昌宁县	359	134.1	57.2	69.0	7.9	133.1	1	1	2.0	2.0
鲁甸县	774	389.9	168.9	163.6	57.4	377.9	1	1	3.0	3.0
巧家县	718	148.7	82.3	66.4		141.5	7	7	2.9	2.9
盐津县	175	74.4	59.2	6.2	9.0	68.4	2	2	0.5	0.5
大关县	201	109.1	97.2	11.9		109.1	1	1	0.8	0.8
永善县	235	125.2	81.7	43.5		125.2	1	1	1.0	1.0
绥江县	482	217.4	128.6	88.8		213.7	1	1	1.5	1.5
镇雄县	1529	226.7	114.4	112.1	0.2	221.3	1	1	5.0	5.0
彝良县	285	136.5	99.2	34.3	3.0	120.0	1	1	1.5	1.5
威信县	850	179.8	109.3	70.3	0.3	179.2	1	1	3.0	3.0
玉龙纳西族自治县	173	282.8	142.6	140.2		282.8				
永胜县	350	173.3	112.5	51.3	9.5	145.4	1	1	1.0	1.0
华坪县	265	71.5	71.5			71.5	1	1	1.4	1.4
宁蒗县	424	136.0	101.0	35.0		107.0	1	1	2.0	2.0
宁洱哈尼族彝族自治县	376	263.6	196.3	66.6	0.7	260.0	1	1	1.0	1.0
墨江哈尼族自治县	349	58.4	33.2	12.7	12.5	51.7	1	1	1.0	1.0
景东彝族自治县	331	99.3	64.5	23.4	11.5	99.3	1	1	1.0	1.0
景谷傣族彝族自治县	352	130.1	57.5	54.6	18.0	130.1	1	1	1.0	1.0
镇沅彝族哈尼族拉祜族自治县	159	74.7	46.4	27.6	0.8	62.2	1	1	0.5	0.5
江城哈尼族彝族自治县	167	115.0	93.0	22.0		115.0	1	1	0.4	0.4

continued 29

污水处理厂 Wastewater Treatment Plant				其他污水处理设施 Other Wastewater Treatment Facilities		污水处理总量	市政再生水 Recycled Water			县名称
处理量(万立方米) Quantity of Wastewater Treated (10000 cu. m)	二、三级处理 Second Level or Above	干污泥产生量(吨) Quantity of Dry Sludge Produced (ton)	干污泥处置量(吨) Quantity of Dry Sludge Treated (ton)	处理能力(万立方米/日) Treatment Capacity (10000 cu. m/day)	处理量(万立方米) Quantity of Wastewater Treated (10000 cu. m)	(万立方米) Total Quantity of Wastewater Treated (10000 cu. m)	生产能力(万立方米/日) Recycled Water Production Capacity (10000 cu. m/day)	利用量(万立方米) Annual Quantity of Wastewater Recycled and Reused (10000 cu. m)	管道长度(公里) Length of Pipelines (km)	Name of Counties
1075	1075	2997	2997			1075				陆良县
433	433	319	319			433				师宗县
928	928	556	556			928				罗平县
1298	1298	659	659			1298				富源县
1122	1122	612	612			1122				会泽县
273	273	537	537			273				通海县
354	354	618	618			354				华宁县
295	295	668	668			295				易门县
302	302	222	222	1.0	1	303				峨山县
347	347	406	406			347				新平县
261	261	196	196			261				元江县
488	488	248	248			488				施甸县
327	327	260	260			327				龙陵县
359	359	290	290			359	1.0		13	昌宁县
768	768	452	452			768				鲁甸县
695	695	5104	5104			695				巧家县
169	169	204	204			169				盐津县
200	200	110	110			200				大关县
166	166	466	466			166				永善县
476	476	590	590			476				绥江县
1513	1513	1022	1022			1513				镇雄县
283	283	668	668			283				彝良县
842	842	734	734			842				威信县
173	173					173				玉龙纳西族自治县
343	343	211	211			343				永胜县
261	261	182	182			261				华坪县
422	422	312	312			422	0.9			宁蒗县
376	376	617	617			376				宁洱哈尼族彝族自治县
349	349	324	324			349				墨江哈尼族自治县
331	331	299	299			331				景东彝族自治县
352	352	424	424			352				景谷傣族彝族自治县
159	159	97	97			159				镇沅彝族哈尼族拉祜族自治县
167	167	204				167				江城哈尼族彝族自治县

8-2 续表30

县名称 Name of Counties	污水排放量 （万立方米） Annual Quantity of Wastewater Discharged (10000 cu. m)	排水管道长度 （公里） Length of Drainage Pipelines (km)	污水管道 Sewers	雨水管道 Rainwater Drainage Pipeline	雨污合流管道 Combined Drainage Pipeline	建成区 In Built District	污水处理厂 Wastewater Treatment Plant			
							座数（座） Number of Wastewater Treatment Plant (unit)	二、三级处理 Second Level or Above	处理能力（万立方米/日） Treatment Capacity (10000 cu. m/day)	二、三级处理 Secondary and Tertiary Treatment
孟连傣族拉祜族佤族自治县	218	85.9	53.5	22.2	10.1	72.7	1	1	0.8	0.8
澜沧拉祜族自治县	446	107.8	45.1	35.2	27.5	101.8	1	1	1.4	1.4
西盟佤族自治县	83	66.2	34.4	31.8		66.2	1	1	0.3	0.3
凤庆县	496	166.1	110.0	55.6	0.5	164.2	1	1	1.5	1.5
云县	495	274.6	106.0	156.3	12.3	274.6	1	1	1.4	1.4
永德县	222	82.3	41.5	39.1	1.7	82.3	1	1	0.6	0.6
镇康县	226	78.2	48.2	30.0		78.2	1	1	1.5	1.5
双江县	284	62.6	36.1	7.6	18.9	51.5	1	1	1.0	1.0
耿马县	291	105.6	67.3	28.3	10.0	71.5	1	1	1.0	1.0
沧源县	268	182.0	105.5	74.5	1.9	100.0	1	1	0.8	0.8
双柏县	167	65.5	36.8	28.7		65.5	1		1.0	
牟定县	300	157.8	81.4	76.4		142.9	1	1	1.2	1.2
南华县	487	187.3	109.7	74.5	3.0	168.1	1	1	1.5	1.5
姚安县	136	99.5	50.5	35.1	14.0	99.5	2	2	1.3	1.3
大姚县	380	143.3	66.5	72.3	4.5	143.3	1	1	2.0	2.0
永仁县	248	86.5	48.4	36.1	2.0	86.5	1	1	0.8	0.8
元谋县	431	172.9	89.0	83.9		172.9	1	1	1.5	1.5
武定县	636	169.0	110.9	38.1	20.0	120.0	1	1	2.0	2.0
屏边县	214	85.0	59.0	24.2	1.9	77.0	1	1	0.5	0.5
建水县	1151	407.3	153.6	163.0	90.7	407.2	1	1	4.5	4.5
石屏县	785	207.8	139.5	68.3		207.8	1	1	3.0	3.0
泸西县	724	357.8	149.9	161.1	46.8	357.8	1	1	2.0	2.0
元阳县	264	67.8	42.6	13.7	11.5	62.8	1	1	1.0	1.0
红河县	146	143.3	94.2	23.0	26.1	143.3	1	1	0.5	0.5
金平县	248	108.9	75.9	28.0	5.0	83.1	1	1	0.8	0.8
绿春县	144	123.3	57.0	54.8	11.5	123.3	1	1	0.5	0.5
河口县	250	86.2	37.6	44.6	4.0	86.2	1	1	1.0	1.0
砚山县	566	195.2	89.0	98.0	8.2	85.0	1	1	1.5	1.5
西畴县	73	90.3	52.1	29.2	9.0	90.3	1	1	0.3	0.3
麻栗坡县	142	63.8	44.1	16.2	3.5	57.3	1		0.4	
马关县	423	145.4	51.0	40.4	54.0	145.4	1	1	2.0	2.0
丘北县	392	159.7	58.1	52.3	49.2	91.3	1	1	1.6	1.6
广南县	333	214.0	113.0	101.0		214.0	1	1	0.8	0.8
富宁县	431	180.6	110.0	68.7	2.0	171.6	1	1	1.0	1.0
勐海县	366	96.7	53.3	30.5	12.9	96.7	1	1	1.0	1.0
勐腊县	361	55.1	32.4	21.7	1.0	50.8	1	1	1.0	1.0
漾濞彝族自治县	68	55.6	21.3	22.8	11.5	55.6	1	1	0.5	0.5

continued 30

污水处理厂 Wastewater Treatment Plant				其他污水处理设施 Other Wastewater Treatment Facilities		污水处理总量	市政再生水 Recycled Water			县名称
处理量(万立方米) Quantity of Wastewater Treated (10000 cu. m)	二、三级处理 Second Level or Above	干污泥产生量(吨) Quantity of Dry Sludge Produced (ton)	干污泥处置量(吨) Quantity of Dry Sludge Treated (ton)	处理能力(万立方米/日) Treatment Capacity (10000 cu. m/day)	处理量(万立方米) Quantity of Wastewater Treated (10000 cu. m)	(万立方米) Total Quantity of Wastewater Treated (10000 cu. m)	生产能力(万立方米/日) Recycled Water Production Capacity (10000 cu. m/day)	利用量(万立方米) Annual Quantity of Wastewater Recycled and Reused (10000 cu. m)	管道长度(公里) Length of Pipelines (km)	Name of Counties
218	218	156	156			218				孟连傣族拉祜族佤族自治县
446	446	324	324			446				澜沧拉祜族自治县
83	83	116	116			83		1	0.5	西盟佤族自治县
496	496	681	681			496	0.1	17		凤庆县
495	495	828	828			495				云县
222	222	389	389			222				永德县
226	226	588	588			226				镇康县
284	284	507	507			284				双江县
291	291	647	647			291				耿马县
268	268	883				268				沧源县
167		201	201			167	0.1	50	6.0	双柏县
300	300	124	124			300	0.2	43		牟定县
487	487	232	232			487	0.3	91	14.6	南华县
136	136	136	136			136	0.9	90	1.6	姚安县
380	380	1157	1157			380	1.0	114	19.2	大姚县
248	248	850	850			248	0.8	83	16.6	永仁县
431	431	1015	1015			431	1.3	108		元谋县
636	636	1130	1130			636	2.0	1	0.1	武定县
211	211	539	539			211				屏边县
1139	1139	1734	1734			1139				建水县
772	772	808	808			772				石屏县
702	702	3285	3285			702				泸西县
261	261	147	147			261				元阳县
144	144	80	80			144				红河县
247	247	184	184			247				金平县
141	141	83	83			141				绿春县
239	239	161	161			239	0.5	10	2.0	河口县
542	542	830	830	1.5		542				砚山县
72	72	140	140			72				西畴县
140		372	372			140				麻栗坡县
419	419	367	367			419	2.0	4		马关县
390	390	78	7			390	0.1		29.1	丘北县
329	329	341	341			329		2		广南县
425	425	380	380			425				富宁县
359	359	655	655			359				勐海县
354	354	332	332			354	1.0	1		勐腊县
67	67	128	128			67				漾濞彝族自治县

8-2 续表31

县名称 Name of Counties	污水排放量 （万立方米） Annual Quantity of Wastewater Discharged (10000 cu. m)	排水管道长度 （公里） Length of Drainage Pipelines (km)	污水管道 Sewers	雨水管道 Rainwater Drainage Pipeline	雨污合流管道 Combined Drainage Pipeline	建成区 In Built District	污水处理厂 Wastewater Treatment Plant			
							座数（座） Number of Wastewater Treatment Plant (unit)	二、三级处理 Second Level or Above	处理能力（万立方米/日） Treatment Capacity (10000 cu. m/day)	二、三级处理 Secondary and Tertiary Treatment
祥云县	611	216.7	101.0	103.5	12.2	216.7	1	1	2.0	2.0
宾川县	530	174.6	100.9	69.2	4.6	174.6	1	1	1.5	1.5
弥渡县	235	146.7	97.2	29.5	20.0	146.7	1	1	1.2	1.2
南涧彝族自治县	167	93.2	46.6	41.4	5.1	93.2	1	1	0.5	0.5
巍山彝族回族自治县	134	53.6	32.8	15.8	5.1	52.3	1	1	0.5	0.5
永平县	216	142.5	84.6	53.4	4.5	140.5	1	1	0.8	0.8
云龙县	152	87.5	59.1	5.0	23.5	57.1	1		0.5	
洱源县	311	94.6	51.6	43.0		74.0	1	1	1.0	1.0
剑川县	227	203.5	107.2	96.3		172.0	1	1	1.0	1.0
鹤庆县	406	123.4	72.4	42.7	8.3	115.1	1		1.2	
梁河县	137	70.7	42.8	27.9		64.4	1	1	0.5	0.5
盈江县	529	162.7	89.6	53.4	19.7	162.7	1	1	1.5	1.5
陇川县	213	94.8	63.2	31.6		84.9	1	1	0.5	0.5
福贡县	162	30.9	30.9			30.9	1	1	0.9	0.9
贡山独龙族怒族自治县	38	51.8	22.3	29.5		51.8	1		0.6	
兰坪白族普米族自治县	426	155.7	90.7	50.0	15.0	155.7	1		2.0	
德钦县	153	42.7	29.0	13.7		24.3	1	1	0.5	0.5
维西傈僳族自治县	201	214.6	127.3	82.8	4.6	214.6	1	1	0.8	0.8
西 藏	4274	1601.3	504.4	337.0	759.9	1345.0	57	31	11.7	6.8
曲水县	42	13.0			13.0	9.0	1	1	0.2	0.2
当雄县	52	23.3	3.7	3.7	15.9	15.9	1	1	0.2	0.2
林周县	88	10.9	2.2	2.2	6.5	10.9	1	1	0.3	0.3
墨竹工卡县	130	49.1	22.7	6.9	19.5	28.0	1	1	0.4	0.4
尼木县	55	8.5	8.5			8.5	1	1	0.2	0.2
亚东县	108	27.7	19.7	6.8	1.2	15.0	1		0.5	
聂拉木县	44	9.5	2.8	2.0	4.7	7.0	1	1	0.1	0.1
仲巴县	29	19.3			19.3	18.2	1		0.1	
定结县	36	20.0			20.0	20.0	1	1	0.1	0.1
康马县	38	52.4	13.5		38.9	42.1	1	1	0.1	0.1
吉隆县	45	19.2	9.6	9.6		9.2	1	1	0.1	0.1
萨嘎县	46	30.5	7.3		23.2	23.2	1	1	0.1	0.1
谢通门县	45	7.5	6.0	0.5	1.0	7.5	1	1	0.2	0.2
萨迦县	50	13.1	10.2	2.9		13.1	1		0.1	
岗巴县	36	12.9			12.9	10.3	1	1	0.1	0.1
拉孜县	104	42.7	15.0	14.4	13.3	29.5	1	1	0.2	0.2

continued 31

污水处理厂 Wastewater Treatment Plant				其他污水处理设施 Other Wastewater Treatment Facilities		污水处理总量 (万立方米)	市政再生水 Recycled Water			县名称
处理量(万立方米) Quantity of Wastewater Treated (10000 cu. m)	二、三级处理 Second Level or Above	干污泥产生量(吨) Quantity of Dry Sludge Produced (ton)	干污泥处置量(吨) Quantity of Dry Sludge Treated (ton)	处理能力(万立方米/日) Treatment Capacity (10000 cu. m/day)	处理量(万立方米) Quantity of Wastewater Treated (10000 cu. m)	Total Quantity of Wastewater Treated (10000 cu. m)	生产能力(万立方米/日) Recycled Water Production Capacity (10000 cu. m/day)	利用量(万立方米) Annual Quantity of Wastewater Recycled and Reused (10000 cu. m)	管道长度(公里) Length of Pipelines (km)	Name of Counties
602	602	769	769			602				祥云县
523	523	373	373			523		87	1.2	宾川县
235	235	269	269			235				弥渡县
164	164	220	220			164	0.5	1	1.2	南涧彝族自治县
128	128	129	129			128	0.5	47	2.4	巍山彝族回族自治县
214	214	169	169			214				永平县
135		103	103		6	141				云龙县
308	308	346	344			308				洱源县
225	225	217	217			225				剑川县
405		351	351			405		122		鹤庆县
135	135	108				135				梁河县
521	521	392	392			521				盈江县
206	206	119	119		1	207				陇川县
160	160	92	92			160				福贡县
37		2	2			37				贡山独龙族怒族自治县
418		1200	1200			418				兰坪白族普米族自治县
153	153	91	91			153				德钦县
198	198	208	208			198				维西傈僳族自治县
2771	1808	3427	1172	0.7	42	2814	0.1	28		西 藏
40	40	2	2			40				曲水县
52	52	85				52				当雄县
84	84					84				林周县
125	125	4	4			125				墨竹工卡县
51	51	1	1			51				尼木县
105						105				亚东县
35	35					35				聂拉木县
12						12				仲巴县
2	2	180	27			2				定结县
20	20	2				20		15		康马县
37	37	7	7			37				吉隆县
45	45	7	7			45				萨嘎县
36	36	4	4			36				谢通门县
47						47				萨迦县
36	36	1	1			36				岗巴县
72	72	25	25			72				拉孜县

8-2 续表32

县名称 Name of Counties	污水排放量 （万立方米） Annual Quantity of Wastewater Discharged (10000 cu. m)	排水管道长度 （公里） Length of Drainage Pipelines (km)	污水管道 Sewers	雨水管道 Rainwater Drainage Pipeline	雨污合流管道 Combined Drainage Pipeline	建成区 In Built District	污水处理厂 Wastewater Treatment Plant			
							座数（座） Number of Wastewater Treatment Plant (unit)	二、三级处理 Second Level or Above	处理能力（万立方米/日） Treatment Capacity (10000 cu. m/day)	二、三级处理 Secondary and Tertiary Treatment
江孜县	280	27.5	6.0	5.9	15.6	27.5	1	1	0.3	0.3
定日县	52	56.0	28.0		28.0	35.0	1	1	0.2	0.2
南木林县	110	52.8	11.8		41.0	52.8	1	1	0.2	0.2
昂仁县	73	22.4	11.3	11.1		19.0	1	1	0.2	0.2
白朗县	75	21.0	3.5		17.5	12.0	1	1	1.0	1.0
仁布县	72	30.1	13.5	6.5	10.2	30.1	1		0.3	
左贡县	51	35.5	25.1	10.4		21.0	1		0.3	
丁青县	93	3.0			3.0	3.0	1		0.3	
八宿县	45	52.3	7.4	30.5	14.3	52.3	1	1	0.2	0.2
江达县	73	44.2	23.5	20.7		44.2	1		0.2	
洛隆县	61	12.4	4.5	3.7	4.3	12.4	1		0.2	
察雅县	34	16.5	8.0	6.5	2.0	5.0	1		0.3	
贡觉县	122	8.3			8.3	8.3	1	1	0.2	0.2
边坝县	45	21.6	13.0	2.6	6.0	18.1	1		0.3	
类乌齐县	62	42.3			42.3	42.3				
芒康县	75	18.4	18.4			18.4	1	1	0.2	0.2
朗县	40	18.4	7.5	7.4	3.4	18.4	1	1	0.2	0.2
墨脱县	41	21.0	5.9	9.6	5.6	20.1				
工布江达县	46	10.6			10.6	10.6	1		0.2	
察隅县	38	29.7	15.8	4.9	9.0	28.4	1		0.2	
波密县	101	16.0	10.0	6.0		16.0	1	1	0.3	0.3
米林县	50	26.0	16.0	10.0		24.6	1	1	0.3	0.3
错那县	62	17.7	6.5	5.2	6.0	15.0				
浪卡子县	83	33.0			33.0	28.0	1		0.1	
贡嘎县	85	24.7	5.8	5.8	13.2	3.0	1		0.2	
加查县	91	8.0			8.0	8.0	1	1	0.2	0.2
桑日县	66	25.2	9.5	15.7		25.2	1		0.1	
洛扎县	85	20.5		10.5	10.0	20.5				
琼结县	67	35.0	17.0	17.0	1.0	17.0	1	1	0.2	0.2
措美县	69	24.0	24.0			24.0				
扎囊县	103	16.8	2.8	2.0	12.0	12.0	1	1	0.3	0.3
曲松县	54	44.2	15.3	14.8	14.1	15.3	1	1	0.2	0.2
隆子县	83	55.0	12.0	21.0	22.0	55.0	1		0.1	
聂荣县		14.1	2.2	2.2	9.7	11.9	1		0.2	
双湖县	7	7.3			7.3	7.3				
嘉黎县	21	14.6	10.2	4.4		14.6	1		0.1	
比如县	134	35.3	16.6	18.8		35.3				
尼玛县	36	28.3			28.3	28.3	1	1	0.1	0.1
巴青县	50	39.6	12.9	12.4	14.4	26.8				

continued 32

污水处理厂 Wastewater Treatment Plant		干污泥产生量（吨）Quantity of Dry Sludge Produced (ton)	干污泥处置量（吨）Quantity of Dry Sludge Treated (ton)	其他污水处理设施 Other Wastewater Treatment Facilities		污水处理总量（万立方米）Total Quantity of Wastewater Treated (10000 cu. m)	市政再生水 Recycled Water			县名称 Name of Counties
处理量（万立方米）Quantity of Wastewater Treated (10000 cu. m)	二、三级处理 Second Level or Above			处理能力（万立方米/日）Treatment Capacity (10000 cu. m/day)	处理量（万立方米）Quantity of Wastewater Treated (10000 cu. m)		生产能力（万立方米/日）Recycled Water Production Capacity (10000 cu. m/day)	利用量（万立方米）Annual Quantity of Wastewater Recycled and Reused (10000 cu. m)	管道长度（公里）Length of Pipelines (km)	
131	131	4	4			131				江孜县
23	23	3				23				定日县
109	109					109				南木林县
64	64	6				64				昂仁县
54	54	3	2			54				白朗县
63		61	61			63				仁布县
38		17	17			38				左贡县
93		92				93				丁青县
										八宿县
73		5	5			73				江达县
35		41				35				洛隆县
7		3	3	0.2	1	8				察雅县
67	67	4				67				贡觉县
22		7				22				边坝县
										类乌齐县
45	45	1825				45				芒康县
39	39	6	6			39				朗　县
										墨脱县
35		10	10			35				工布江达县
30		29	29			30				察隅县
101	101	4	4			101				波密县
47	47	15	15			47				米林县
										错那县
46		3	3			46				浪卡子县
63		25	25			63				贡嘎县
73	73	72	72			73				加查县
30		15	15			30				桑日县
										洛扎县
55	55	13	13			55				琼结县
										措美县
103	103					103				扎囊县
54	54					54			13	曲松县
57		19				57				隆子县
13		6		0.2	13	26				聂荣县
										双湖县
20				0.1		20				嘉黎县
					7	7				比如县
35	35	20	20			35				尼玛县
										巴青县

8-2 续表33

县名称 Name of Counties	污水排放量 (万立方米) Annual Quantity of Wastewater Discharged (10000 cu. m)	排水管道长度 (公里) Length of Drainage Pipelines (km)	污水管道 Sewers	雨水管道 Rainwater Drainage Pipeline	雨污合流管道 Combined Drainage Pipeline	建成区 In Built District	污水处理厂 Wastewater Treatment Plant 座数 (座) Number of Wastewater Treatment Plant (unit)	二、三级处理 Second Level or Above	处理能力 (万立方米/日) Treatment Capacity (10000 cu. m/day)	二、三级处理 Secondary and Tertiary Treatment
申扎县	40	22.4	6.9	6.9	8.7	22.4				
安多县	65	4.0		4.0		4.0	1		0.2	
索 县	92	27.0	10.8	8.4	7.8	27.0	1		0.2	
班戈县	60	6.3			6.3	6.1	1		0.4	
革吉县	37	4.8		2.3	2.6	4.1	1		0.1	
札达县	12	4.9	1.9	1.0	2.0	4.3	1		0.1	
日土县	37	18.3			18.3	18.3	1		0.1	
改则县	34	21.9			21.9	21.9	1		0.1	
葛尔县	158	60.0			60.0	60.0	1	1	0.5	0.5
普兰县	28	3.0			3.0	3.0	1		0.1	
措勤县	32	39.9			39.9	39.9	1	1	0.1	0.1
陕 西	30956	7161.3	3502.6	2307.5	1351.2	6314.3	72	66	123.4	116.7
蓝田县	636	136.7	46.6	44.8	45.3	64.0	1	1	3.0	3.0
周至县	569	86.9	51.3	27.6	8.0	62.7	1	1	2.6	2.6
宜君县	42	52.0	24.0	7.0	21.0	22.0	1	1	0.2	0.2
岐山县	304	47.1	24.9	19.8	2.3	43.9	1	1	2.0	2.0
扶风县	820	95.2	9.4	20.5	65.3	95.2	1	1	3.0	3.0
眉 县	436	142.0	36.8	38.4	66.8	142.0	1	1	3.0	3.0
陇 县	462	118.7	48.2	34.0	36.5	106.4	1	1	2.0	2.0
千阳县	284	79.2	27.0	16.6	35.7	61.9	1	1	1.0	1.0
麟游县	122	59.1	33.8	25.3		54.6	1	1	0.4	0.4
凤 县	115	43.6	25.0	16.1	2.6	39.5	1	1	0.3	0.3
太白县	155	59.2	30.4	17.3	11.5	59.2	1	1	0.5	0.5
三原县	1674	164.5	79.4	72.7	12.4	154.6	1	1	5.0	5.0
泾阳县	973	106.9	52.2	33.5	21.2	106.9	1	1	3.5	3.5
乾 县	470	97.9	38.3	41.6	18.0	91.9	1	1	4.0	4.0
礼泉县	655	156.4	78.2	48.2	30.0	134.8	1	1	3.0	3.0
永寿县	212	61.5	24.7	23.3	13.6	58.8	1	1	1.6	1.6
长武县	316	96.1	38.8	36.6	20.7	96.1	1	1	1.2	1.2
旬邑县	367	42.6	22.8	19.7		42.4	1	1	1.0	1.0
淳化县	155	75.0	62.0	3.3	9.7	62.0	1	1	0.8	0.8
武功县	533	123.5	49.9	56.6	17.0	89.2	1	1	2.0	2.0
潼关县	265	72.7	17.3	9.3	46.1	61.5	1		1.4	
大荔县	543	134.5	45.2	41.2	48.1	127.6	1	1	3.0	3.0
合阳县	520	84.7	16.7	21.9	46.1	82.1	2	2	2.2	2.2
澄城县	474	150.4	48.4	53.0	49.0	143.7	1	1	2.5	2.5
蒲城县	688	126.1	43.4	46.8	35.9	126.1	1	1	3.8	3.8
白水县	188	72.8	43.3	13.6	16.0	56.0	1	1	0.5	0.5
富平县	939	221.3	142.3	73.5	5.5	188.3	2	2	4.0	4.0

continued 33

污水处理厂 Wastewater Treatment Plant				其他污水处理设施 Other Wastewater Treatment Facilities		污水处理总量 (万立方米)	市政再生水 Recycled Water			县名称
处理量 (万立方米) Quantity of Wastewater Treated (10000 cu. m)	二、三级处理 Second Level or Above	干污泥产生量 (吨) Quantity of Dry Sludge Produced (ton)	干污泥处置量 (吨) Quantity of Dry Sludge Treated (ton)	处理能力 (万立方米/日) Treatment Capacity (10000 cu. m/day)	处理量 (万立方米) Quantity of Wastewater Treated (10000 cu. m)	Total Quantity of Wastewater Treated (10000 cu. m)	生产能力 (万立方米/日) Recycled Water Production Capacity (10000 cu. m/day)	利用量 (万立方米) Annual Quantity of Wastewater Recycled and Reused (10000 cu. m)	管道长度 (公里) Length of Pipelines (km)	Name of Counties
										申扎县
30		10	10	0.2	21	51				安多县
		1	1							索　县
33		2				33				班戈县
24		3	3			24	0.1			革吉县
12		29	29			12				札达县
37		30	30			37				日土县
18		3	3			18				改则县
153	153	715	715			153				葛尔县
21		6				21				普兰县
20	20	1				20				措勤县
29987	28456	111725	108217	1.6	1	29989	26.9	2724	41.0	陕　西
612	612	1174	1174			612				蓝田县
542	542	5698	2200			542				周至县
39	39	62	62			39	0.1	8	0.5	宜君县
292	292	208	208			292	0.9	75	2.0	岐山县
816	816	2116	2116			816				扶风县
414	414	1545	1545			414				眉　县
448	448	484	484			448				陇　县
265	265	889	889			265	0.7	1		千阳县
116	116	155	155			116				麟游县
110	110	115	115			110				凤　县
147	147	250	250			147				太白县
1674	1674	4545	4545			1674	5.0	431		三原县
973	973	2660	2660			973		244		泾阳县
466	466	961	961			466				乾　县
655	655	3215	3215			655	1.7	185	4.0	礼泉县
203	203	414	414			203		46		永寿县
316	316	1398	1398			316	1.2	316		长武县
358	358	886	886			358		19		旬邑县
149	149	415	415			149	0.7	89		淳化县
510	510	1511	1511			510	0.8	63	6.0	武功县
259		132	132			259		67		潼关县
515	515	255	255			515	1.0	127	11.0	大荔县
507	507	866	866			507	0.6	107	2.0	合阳县
448	448	270	270			448				澄城县
660	660	450	450			660	0.2	80	10.3	蒲城县
175	175	88	88			175				白水县
910	910	7366	7366			910	4.0	579	2.5	富平县

8-2 续表34

县名称 Name of Counties	污水排放量（万立方米）Annual Quantity of Wastewater Discharged (10000 cu. m)	排水管道长度（公里）Length of Drainage Pipelines (km)	污水管道 Sewers	雨水管道 Rainwater Drainage Pipeline	雨污合流管道 Combined Drainage Pipeline	建成区 In Built District	污水处理厂 Wastewater Treatment Plant			
							座数（座）Number of Wastewater Treatment Plant (unit)	二、三级处理 Second Level or Above	处理能力（万立方米/日）Treatment Capacity (10000 cu. m/day)	二、三级处理 Secondary and Tertiary Treatment
延长县	163	50.7	41.4	9.3		20.5	1	1	0.8	0.8
延川县	239	27.0	14.9	0.2	11.9	25.5	1	1	0.8	0.8
志丹县	380	83.3	57.6	20.8	4.9	79.0	1	1	1.2	1.2
吴起县	521	69.9	29.7	31.5	8.7	68.7	1	1	1.5	1.5
甘泉县	143	33.1	26.1		7.1	33.1	1	1	0.7	0.7
富县	397	67.6	31.3	16.5	19.8	67.6	1	1	1.0	1.0
洛川县	225	49.2	26.1	13.5	9.6	45.5	1	1	1.5	1.5
宜川县	242	51.7	25.0	17.4	9.3	48.4	1	1	1.0	1.0
黄龙县	91	75.2	47.7	24.5	3.0	75.2	1		0.5	
黄陵县	326	136.8	85.1	49.9	1.8	80.0	1	1	1.1	1.1
城固县	1090	164.3	83.3	55.4	25.6	160.4	1	1	3.0	3.0
洋县	928	112.3	86.4	24.4	1.5	107.0	1	1	4.0	4.0
西乡县	1035	183.7	83.5	76.4	23.8	179.7	1	1	3.0	3.0
勉县	936	267.1	185.9	75.2	6.0	178.6	1	1	5.5	5.5
宁强县	360	107.3	70.7	36.6		107.3	1	1	1.0	1.0
略阳县	290	45.5	21.0	22.0	2.5	40.5	1	1	2.0	2.0
镇巴县	211	53.7	34.4	13.0	6.3	49.5	1	1	0.8	0.8
留坝县	82	39.2	25.6	12.4	1.3	35.5	1	1	0.4	0.4
佛坪县	135	33.7	20.3	8.4	5.0	33.3	1	1	0.4	0.4
府谷县	727	202.3	76.2	55.7	70.4	202.3	1	1	3.5	3.5
靖边县	1521	462.8	233.3	204.4	25.1	448.1	1	1	5.0	5.0
定边县	771	236.6	26.7	36.4	173.5	231.2	1	1	3.0	3.0
绥德县	358	115.6	36.0	79.6		105.1	1		1.0	
米脂县	239	178.9	97.4	61.2	20.3	175.7	1		1.0	
佳县	30	30.8	15.1	14.1	1.6	29.0	1	1	0.3	0.3
吴堡县	160	58.8	24.9	24.1	9.8	58.8	1	1	0.5	0.5
清涧县	189	50.0	44.0	4.0	2.0	37.0	1	1	0.6	0.6
子洲县	157	40.4	23.0	17.0	0.4	40.4	1	1	0.8	0.8
汉阴县	607	135.4	51.6	38.7	45.1	135.4	1	1	2.3	2.3
石泉县	388	114.7	82.0	28.7	4.0	97.4	2	2	1.3	1.3
宁陕县	97	40.3	31.3	0.5	8.5	40.3	1	1	0.3	0.3
紫阳县	272	48.9	34.3	9.3	5.3	47.8	1	1	0.8	0.8
岚皋县	311	108.0	73.9	28.8	5.3	83.8	1	1	1.1	1.1
平利县	287	70.7	48.3	20.5	1.9	70.7	1	1	1.0	1.0
镇坪县	85	43.0	35.2	6.4	1.4	42.4	1	1	0.5	0.5
白河县	284	81.0	32.0	9.0	40.0	76.4	1	1	1.0	1.0
洛南县	1076	140.6	86.3	54.3		140.6	1	1	3.0	3.0
丹凤县	632	176.6	70.5	58.1	48.0	135.0	1	1	2.0	2.0
商南县	796	100.2	58.3	41.9		100.2	1	1	2.0	2.0

continued 34

污水处理厂 Wastewater Treatment Plant				其他污水处理设施 Other Wastewater Treatment Facilities		污水处理总量 (万立方米)	市政再生水 Recycled Water			县名称
处理量 (万立方米) Quantity of Wastewater Treated (10000 cu. m)	二、三级处理 Second Level or Above	干污泥产生量 (吨) Quantity of Dry Sludge Produced (ton)	干污泥处置量 (吨) Quantity of Dry Sludge Treated (ton)	处理能力 (万立方米/日) Treatment Capacity (10000 cu. m/day)	处理量 (万立方米) Quantity of Wastewater Treated (10000 cu. m)	Total Quantity of Wastewater Treated (10000 cu. m)	生产能力 (万立方米/日) Recycled Water Production Capacity (10000 cu. m/day)	利用量 (万立方米) Annual Quantity of Wastewater Recycled and Reused (10000 cu. m)	管道长度 (公里) Length of Pipelines (km)	Name of Counties
156	156	240	240			156	0.7	17		延长县
226	226	2609	2609			226	0.4			延川县
380	380	6180	6180			380	0.2	45		志丹县
508	508	5010	5010			508	0.1	18		吴起县
133	133	1498	1498			133		16		甘泉县
369	369	2147	2147			369		45		富县
218	218	2015	2015			218		9		洛川县
229	229	1064	1064			229		18		宜川县
85		993	993	0.5		85	0.5	37		黄龙县
309	309	1071	1071			309		6		黄陵县
1057	1057	1453	1453			1057				城固县
916	916	4267	4267			916				洋县
962	962	1167	1167			962				西乡县
927	927	1400	1400			927				勉县
344	344	1630	1630			344				宁强县
276	276	420	420	0.2	1	277				略阳县
210	210	289	289			210				镇巴县
81	81	91	91			81				留坝县
134	134	380	380			134				佛坪县
712	712	14600	14600			712				府谷县
1470	1470	3601	3601			1470	3.0	10	0.2	靖边县
737	737	1458	1458			737	3.0	30		定边县
335		238	238			335				绥德县
220		2090	2090			220				米脂县
29	29	16	16			29				佳县
160	160	574	574			160				吴堡县
189	189	565	555			189	0.2	22	1.5	清涧县
148	148	185	185			148				子洲县
581	581	3857	3857			581				汉阴县
378	378	1108	1108			378		11		石泉县
94	94	87	87			94				宁陕县
266	266	215	215			266				紫阳县
311	311	1221	1221			311	0.7	1		岚皋县
264	264	1195	1195	1.0		264				平利县
84	84	276	276			84				镇坪县
282	282	1583	1583			282	0.3		1.0	白河县
1055	1055	1445	1445			1055				洛南县
605	605	3012	3012			605				丹凤县
768	768	836	836			768				商南县

8-2 续表35

县名称 Name of Counties	污水排放量（万立方米）Annual Quantity of Wastewater Discharged (10000 cu. m)	排水管道长度（公里）Length of Drainage Pipelines (km)	污水管道 Sewers	雨水管道 Rainwater Drainage Pipeline	雨污合流管道 Combined Drainage Pipeline	建成区 In Built District	污水处理厂 Wastewater Treatment Plant 座数（座）Number of Wastewater Treatment Plant (unit)	二、三级处理 Second Level or Above	处理能力（万立方米/日）Treatment Capacity (10000 cu. m/day)	二、三级处理 Secondary and Tertiary Treatment
山阳县	584	111.0	49.5	61.5		110.0	1	1	2.0	2.0
镇安县	516	94.2	42.5	29.5	22.2	72.0	1		2.0	
柞水县	161	162.8	74.4	54.4	34.0	26.0	1		0.8	
甘 肃	18130	6310.5	3528.3	2184.8	597.4	5467.9	66	65	69.7	68.2
永登县	263	102.8	49.1	53.7		49.1	1		1.5	
皋兰县	272	63.4	27.0	36.4		63.4	1	1	1.0	1.0
榆中县	361	159.4	79.3	71.3	8.9	151.5	1	1	1.5	1.5
永昌县	361	51.5	43.5	8.0		43.5	1	1	2.0	2.0
靖远县	380	93.0	57.5	34.9	0.6	92.4	1	1	2.0	2.0
会宁县	311	168.7	81.5	80.2	7.0	168.7	1	1	1.0	1.0
景泰县	262	119.3	71.1	36.0	12.2	71.1	1	1	0.8	0.8
清水县	424	78.6	35.9	33.9	8.9	69.6	1	1	1.5	1.5
秦安县	558	103.3	43.5	51.1	8.8	103.3	1	1	2.0	2.0
甘谷县	564	198.5	82.6	97.2	18.6	139.5	1	1	1.3	1.3
武山县	465	72.0	42.0	13.6	16.5	37.9	1	1	1.5	1.5
张家川回族自治县	298	81.8	46.0	26.5	9.2	42.9	1	1	0.9	0.9
民勤县	298	125.0	41.0	14.0	70.0	125.0	1	1	2.0	2.0
古浪县	171	54.4	8.8	15.1	30.5	44.5	1	1	1.2	1.2
天祝藏族自治县	301	99.7	69.7	30.1		73.9	1	1	1.2	1.2
肃南县	97	24.7	17.4	7.3		20.4	1	1	0.5	0.5
民乐县	265	76.9	27.4	31.0	18.5	70.1	1	1	1.2	1.2
临泽县	521	108.9	36.5	42.4	30.0	100.4	1	1	2.4	2.4
高台县	499	88.4	35.3	12.8	40.3	65.9	2	2	2.4	2.4
山丹县	587	165.0	78.6	40.0	46.4	104.3	1	1	2.4	2.4
泾川县	412	191.6	84.0	104.6	3.0	191.6	1	1	2.0	2.0
灵台县	205	115.8	77.6	38.1		115.8	1	1	0.8	0.8
崇信县	147	69.6	57.6	8.0	4.0	69.6	1	1	0.6	0.6
庄浪县	504	110.9	68.7	24.7	17.5	110.9	1	1	1.5	1.5
静宁县	755	174.1	106.3	67.8		174.1	1	1	2.0	2.0
金塔县	264	81.9	57.5	4.0	20.4	81.9	1	1	1.0	1.0
瓜州县	254	68.3		3.2	65.1	65.1	1	1	0.8	0.8
肃北蒙古族自治县	48	36.5			36.5	36.5	1	1	0.3	0.3
阿克塞哈萨克族自治县	56	67.8	46.8		21.0	46.8	1	1	0.4	0.4
庆城县	242	82.1	52.4	29.4	0.3	76.6	1	1	1.0	1.0
环 县	419	106.2	44.1	44.1	18.0	106.2	1	1	1.4	1.4
华池县	171	96.1	51.7	44.4		96.1	1	1	0.5	0.5

continued 35

污水处理厂 Wastewater Treatment Plant				其他污水处理设施 Other Wastewater Treatment Facilities		污水处理总量 (万立方米) Total Quantity of Wastewater Treated (10000 cu. m)	市政再生水 Recycled Water			县名称 Name of Counties
处理量 (万立方米) Quantity of Wastewater Treated (10000 cu. m)	二、三级处理 Second Level or Above	干污泥产生量 (吨) Quantity of Dry Sludge Produced (ton)	干污泥处置量 (吨) Quantity of Dry Sludge Treated (ton)	处理能力 (万立方米/日) Treatment Capacity (10000 cu. m/day)	处理量 (万立方米) Quantity of Wastewater Treated (10000 cu. m)		生产能力 (万立方米/日) Recycled Water Production Capacity (10000 cu. m/day)	利用量 (万立方米) Annual Quantity of Wastewater Recycled and Reused (10000 cu. m)	管道长度 (公里) Length of Pipelines (km)	
568	568	492	492			568	1.0	1		山阳县
472		240	240			472		2		镇安县
161		782	782			161				柞水县
17841	**17578**	**56731**	**56730**			**17841**	**27.2**	**2864**	**361.9**	**甘 肃**
263		1433	1433			263				永登县
272	272	837	837			272				皋兰县
361	361	1152	1152			361				榆中县
361	361	800	800			361	2.0	361	12.1	永昌县
367	367	1544	1544			367		10		靖远县
299	299	1931	1931			299	0.8	16		会宁县
245	245	816	815			245	0.8	17	16.6	景泰县
424	424	543	543			424	0.8	93	12.4	清水县
558	558	2555	2555			558	1.2	33	0.5	秦安县
564	564	1427	1427			564				甘谷县
465	465	2200	2200			465				武山县
298	298	1474	1474			298	0.8	159		张家川回族自治县
298	298	1290	1290			298	2.0	291	93.0	民勤县
171	171	784	784			171				古浪县
293	293	876	876			293	0.3	67	58.2	天祝藏族自治县
97	97	104	104			97	0.3	45	2.5	肃南县
262	262	225	225			262	0.6	95	2.1	民乐县
521	521	4505	4505			521	1.4	380	5.7	临泽县
498	498	289	289			498	2.4	290	22.8	高台县
578	578	1682	1682			578	2.4	198	43.0	山丹县
412	412	418	418			412	0.5	18	2.0	泾川县
200	200	660	660			200	0.8	50		灵台县
147	147	840	840			147	0.3	33	8.4	崇信县
494	494	1532	1532			494	1.0	42	3.6	庄浪县
755	755	2825	2825			755	0.8	3		静宁县
246	246	704	704			246	1.0	63	4.5	金塔县
254	254	550	550			254	0.8	252	14.0	瓜州县
48	48	15	15			48	0.1	16	1.3	肃北蒙古族自治县
55	55	466	466			55	0.4	55	12.0	阿克塞哈萨克族自治县
242	242	644	644			242				庆城县
419	419	2586	2586			419	0.5	120	16.8	环 县
171	171	2084	2084			171				华池县

8-2 续表36

县名称 Name of Counties	污水排放量 (万立方米) Annual Quantity of Wastewater Discharged (10000 cu. m)	排水管道长度 (公里) Length of Drainage Pipelines (km)	污水管道 Sewers	雨水管道 Rainwater Drainage Pipeline	雨污合流管道 Combined Drainage Pipeline	建成区 In Built District	污水处理厂 Wastewater Treatment Plant 座数 (座) Number of Wastewater Treatment Plant (unit)	二、三级处理 Second Level or Above	处理能力 (万立方米/日) Treatment Capacity (10000 cu. m/day)	二、三级处理 Secondary and Tertiary Treatment
合水县	117	78.0	30.6	47.4		78.0	1	1	0.6	0.6
正宁县	139	93.6	38.4	52.2	3.0	62.1	1	1	0.5	0.5
宁 县	153	71.2	38.7	32.5		53.9	1	1	0.5	0.5
镇原县	138	103.1	64.4	31.3	7.4	87.1	1	1	0.7	0.7
通渭县	227	129.1	83.6	40.8	4.7	129.1	1	1	0.8	0.8
陇西县	643	267.0	180.0	85.5	1.5	267.0	1	1	2.0	2.0
渭源县	212	78.2	51.0	26.2	1.0	67.2	1	1	0.8	0.8
临洮县	304	114.0	74.9	35.6	3.5	88.7	1	1	1.5	1.5
漳 县	95	43.8	29.5	13.8	0.5	43.8	1	1	0.6	0.6
岷 县	275	87.8	57.3	30.5		87.8	1	1	0.9	0.9
成 县	431	142.4	87.4	26.3	28.7	139.3	1	1	1.3	1.3
文 县	139	75.9	58.8	17.2		73.9	1	1	0.5	0.5
宕昌县	110	127.6	87.7	37.0	2.9	84.1	1	1	0.6	0.6
康 县	149	88.9	80.8	7.7	0.4	56.2	1	1	0.6	0.6
西和县	369	219.0	116.5	102.5		219.0	1	1	1.2	1.2
礼 县	198	86.0	46.9	27.7	11.5	56.0	1	1	1.0	1.0
徽 县	250	109.6	69.7	36.4	3.4	62.0	1	1	0.7	0.7
两当县	67	75.7	40.6	35.1		75.7	1	1	0.3	0.3
临夏县	190	125.9	56.2	69.7		125.9	1	1	1.5	1.5
康乐县	313	105.6	52.6	53.1		92.6	1	1	1.0	1.0
永靖县	682	160.6	98.2	62.4		148.0	1	1	2.0	2.0
广河县	380	74.4	49.0	25.4		47.4	1	1	1.1	1.1
和政县	530	125.0	100.0	25.0		74.6	1	1	1.6	1.6
东乡族自治县	122	31.7	17.1	14.6		23.4	1	1	0.4	0.4
积石山县	351	70.0	37.0	33.0		70.0	1	1	1.0	1.0
临潭县	178	85.4	58.8	26.6		53.7	1	1	0.8	0.8
卓尼县	75	42.8	27.3	13.2	2.3	38.8	1	1	0.4	0.4
舟曲县	194	54.0	31.0	23.0		54.0	2	2	0.7	0.7
迭部县	104	37.9	24.5	13.5		37.9	1	1	0.3	0.3
玛曲县	49	74.2	57.5	5.3	11.5	74.2	1	1	0.2	0.2
碌曲县	59	44.5	26.5	18.0		44.5	1	1	0.2	0.2
夏河县	153	51.6	35.6	13.2	2.8	43.7	1	1	1.0	1.0
青 海	5621	2210.4	1060.6	739.4	410.4	2024.1	37	36	24.8	24.3
大通县	479	57.0	19.0	22.7	15.3	57.0	1	1	3.0	3.0
湟源县	263	127.4	73.9	53.5		127.4	1	1	1.2	1.2
民和县	324	89.0	55.0	34.0		81.0	1	1	1.2	1.2
互助县	1274	129.4	60.7	60.7	8.0	126.4	2	2	4.0	4.0
化隆县	270	127.1	45.0	42.1	40.0	127.1	2	2	0.8	0.8
循化县	210	64.0	21.6	6.4	36.0	62.3	1	1	1.0	1.0

continued 36

污水处理厂 Wastewater Treatment Plant				其他污水处理设施 Other Wastewater Treatment Facilities		污水处理总量	市政再生水 Recycled Water			县名称
处理量（万立方米） Quantity of Wastewater Treated (10000 cu. m)	二、三级处理 Second Level or Above	干污泥产生量（吨） Quantity of Dry Sludge Produced (ton)	干污泥处置量（吨） Quantity of Dry Sludge Treated (ton)	处理能力（万立方米/日） Treatment Capacity (10000 cu. m/day)	处理量（万立方米） Quantity of Wastewater Treated (10000 cu. m)	（万立方米） Total Quantity of Wastewater Treated (10000 cu. m)	生产能力（万立方米/日） Recycled Water Production Capacity (10000 cu. m/day)	利用量（万立方米） Annual Quantity of Wastewater Recycled and Reused (10000 cu. m)	管道长度（公里） Length of Pipelines (km)	Name of Counties
117	117	481	481			117				合水县
137	137	661	661			137				正宁县
150	150	467	467			150				宁　县
130	130	193	193			130				镇原县
227	227	2470	2470			227				通渭县
633	633	2454	2454			633	1.8	6	0.4	陇西县
208	208	496	496			208				渭源县
304	304	197	197			304				临洮县
95	95	450	450			95				漳　县
275	275	691	691			275				岷　县
411	411	230	230			411	1.3	47		成　县
134	134	79	79			134	0.2	35		文　县
106	106	123	123			106	0.6	11		宕昌县
144	144	212	212			144	0.6	3		康　县
348	348	708	708			348			30.0	西和县
189	189	201	201			189				礼　县
244	244	1547	1547			244	0.7	46		徽　县
67	67	352	352			67	0.1	9		两当县
190	190	780	780			190				临夏县
309	309	519	519			309				康乐县
663	663	702	702			663				永靖县
366	366	795	795			366				广河县
517	517	416	416			517				和政县
119	119	93	93			119				东乡族自治县
348	348	669	669			348				积石山县
166	166	75	75			166				临潭县
75	75	72	72			75				卓尼县
185	185	307	307			185				舟曲县
98	98	114	114			98				迭部县
45	45	52	52			45				玛曲县
54	54	76	76			54				碌曲县
150	150	259	259			150				夏河县
5279	**5200**	**12397**	**12394**			**5279**		538	41.2	青　海
450	450	2628	2628			450				大通县
246	246	343	343			246				湟源县
313	313	2397	2397			313		300		民和县
1211	1211	2325	2325			1211		200	5.0	互助县
251	251	699	699			251				化隆县
201	201	280	280			201				循化县

8-2 续表37

县名称 Name of Counties	污水排放量 (万立方米) Annual Quantity of Wastewater Discharged (10000 cu. m)	排水管道长度 (公里) Length of Drainage Pipelines (km)	污水管道 Sewers	雨水管道 Rainwater Drainage Pipeline	雨污合流管道 Combined Drainage Pipeline	建成区 In Built District	污水处理厂 Wastewater Treatment Plant 座数 (座) Number of Wastewater Treatment Plant (unit)	二、三级处理 Second Level or Above	处理能力 (万立方米/日) Treatment Capacity (10000 cu. m/day)	二、三级处理 Secondary and Tertiary Treatment
门源县	212	69.5	26.3	40.4	2.8	57.3	1	1	1.0	1.0
祁连县	123	64.9	21.0	28.3	15.6	50.5	1	1	0.5	0.5
海晏县	74	35.2	17.8	7.4	10.0	30.3	1	1	0.7	0.7
刚察县	117	29.8	13.9	6.9	9.0	14.5	1	1	0.4	0.4
西海镇	81	59.3	14.7	22.6	22.0	44.8	1	1	0.5	0.5
尖扎县	102	58.0	16.0	17.0	25.0	58.0	1	1	0.4	0.4
泽库县	60	30.9	19.4	6.5	5.0	30.4	1	1	0.3	0.3
河南县	84	21.1	2.3		18.8	21.1	1	1	0.3	0.3
共和县	455	224.2	87.5	107.3	29.4	224.2	1	1	2.0	2.0
同德县	85	67.7	26.9	10.6	30.2	67.7	1		0.5	
贵德县	226	117.7	57.7	56.6	3.4	117.7	1	1	1.7	1.7
兴海县	100	95.2	50.5	43.2	1.5	95.2	1	1	0.4	0.4
贵南县	76	72.3	43.2	9.7	19.4	72.3	1	1	0.5	0.5
班玛县	30	56.0	30.5	25.5		35.6	1	1	0.2	0.2
久治县	32	20.3	11.5	8.8		20.3	1	1	0.1	0.1
甘德县	53	75.3	48.5	26.9		71.7	1	1	0.1	0.1
玛沁县	193	64.0	44.7	19.3		64.0	1	1	0.6	0.6
达日县	51	27.1	9.8	17.4		22.1	1	1	0.2	0.2
玛多县	50	26.8	18.8	8.0		23.6	1	1	0.2	0.2
杂多县	91	23.2	19.3	2.9	1.0	3.9	2	2	0.4	0.4
称多县	52	93.6	40.9	8.4	44.3	75.2	1	1	0.3	0.3
治多县	79	60.5	46.4	7.6	6.5	60.4	1	1	0.4	0.4
囊谦县	63	36.0	22.4	12.6	1.0	36.0	1	1	0.4	0.4
曲麻莱县	47	50.7	38.4	9.8	2.5	48.2	1	1	0.1	0.1
乌兰县	88	25.0	3.2	2.2	19.6	25.0	1	1	0.6	0.6
都兰县	58	39.4	6.2	13.2	20.0	39.4	1	1	0.3	0.3
天峻县	36	59.2	39.0		20.2	20.0	1	1	0.4	0.4
大柴旦行委	83	13.6	8.6	1.0	4.0	13.6	1	1	0.2	0.2
宁 夏	8434	1959.4	224.0	338.3	1397.1	1746.0	14	13	32.5	31.5
永宁县	1420	110.9	1.2	1.2	108.5	92.3	1	1	6.5	6.5
贺兰县	1710	308.1			308.1	308.1	1	1	5.0	5.0
平罗县	870	99.5	7.2	3.3	88.9	86.6	1	1	3.0	3.0
盐池县	524	139.2	40.7	27.9	70.5	134.5	1	1	1.5	1.5
同心县	524	187.7	7.1	16.3	164.2	164.2	1	1	2.0	2.0
红寺堡区	458	238.4	0.4	1.6	236.5	238.4	1	1	2.0	2.0
西吉县	557	129.9	8.6	41.0	80.3	129.9	1	1	2.0	2.0
隆德县	171	132.5	11.2	63.5	57.9	121.8	1	1	1.0	1.0
泾源县	293	69.0	22.5	22.5	24.0	24.0	1		1.0	
彭阳县	198	210.9	89.4	121.5		210.9	1	1	1.0	1.0

continued 37

污水处理厂 Wastewater Treatment Plant				其他污水处理设施 Other Wastewater Treatment Facilities		污水处理总量	市政再生水 Recycled Water			县名称
处理量（万立方米）Quantity of Wastewater Treated (10000 cu. m)	二、三级处理 Second Level or Above	干污泥产生量（吨）Quantity of Dry Sludge Produced (ton)	干污泥处置量（吨）Quantity of Dry Sludge Treated (ton)	处理能力（万立方米/日）Treatment Capacity (10000 cu. m/day)	处理量（万立方米）Quantity of Wastewater Treated (10000 cu. m)	（万立方米）Total Quantity of Wastewater Treated (10000 cu. m)	生产能力（万立方米/日）Recycled Water Production Capacity (10000 cu. m/day)	利用量（万立方米）Annual Quantity of Wastewater Recycled and Reused (10000 cu. m)	管道长度（公里）Length of Pipelines (km)	Name of Counties
191	191	145	145			191				门源县
112	112	24	24			112				祁连县
67	67	24	24			67				海晏县
113	113	23	23			113				刚察县
76	76	30	30			76				西海镇
96	96	25	25			96				尖扎县
57	57	28	28			57				泽库县
80	80	19	19			80				河南县
434	434	1285	1285			434				共和县
79		243	243			79				同德县
218	218	1057	1057			218		38	36.2	贵德县
92	92	98	98			92				兴海县
71	71	217	217			71				贵南县
27	27	23	23			27				班玛县
29	29	21	21			29				久治县
48	48	44	44			48				甘德县
174	174	78	78			174				玛沁县
47	47	32	32			47				达日县
46	46	11	11			46				玛多县
82	82	65	65			82				杂多县
45	45	1	1			45				称多县
70	70	38	36			70				治多县
56	56	6	6			56				囊谦县
41	41	18	18			41				曲麻莱县
88	88	111	111			88				乌兰县
55	55	25	25			55				都兰县
35	35	22	21			35				天峻县
80	80	12	12			80				大柴旦行委
8419	8125	39308	39298			8419	10.6	1958	158.8	宁　夏
1420	1420	3419	3419			1420				永宁县
1710	1710	7311	7311			1710				贺兰县
870	870	5268	5268			870	3.0	349	16.8	平罗县
524	524	1305	1305			524		377	29.0	盐池县
524	524	2201	2201			524	2.0	327	11.4	同心县
458	458	1015	1015			458	1.3	190	12.0	红寺堡区
557	557	2044	2044			557		112		西吉县
171	171	832	832			171	0.6	61	20.0	隆德县
293		578	578			293				泾源县
197	197	860	860			197	0.6	88		彭阳县

8-2 续表38

县名称 Name of Counties	污水排放量（万立方米）Annual Quantity of Wastewater Discharged (10000 cu. m)	排水管道长度（公里）Length of Drainage Pipelines (km)	污水管道 Sewers	雨水管道 Rainwater Drainage Pipeline	雨污合流管道 Combined Drainage Pipeline	建成区 In Built District	污水处理厂 Wastewater Treatment Plant 座数（座）Number of Wastewater Treatment Plant (unit)	二、三级处理 Second Level or Above	处理能力（万立方米/日）Treatment Capacity (10000 cu. m/day)	二、三级处理 Secondary and Tertiary Treatment
中宁县	1222	111.2	23.6	25.5	62.1	111.2	2	2	5.0	5.0
海原县	488	222.2	12.0	14.0	196.2	124.2	2	2	2.5	2.5
新　疆	24665	6083.8	2371.6	22.0	3690.2	5386.8	66	32	97.3	57.7
鄯善县	313	150.4	150.4			150.4	1		1.0	
托克逊县	338	100.1	100.1			100.1	1		0.8	
巴里坤哈萨克自治县	131	51.3			51.3	51.3	1		0.5	
伊吾县	15	21.9	21.9			21.9	1		0.1	
呼图壁县	541	152.9			152.9	125.9	1		1.5	
玛纳斯县	423	171.0			171.0	171.0	1	1	2.0	2.0
奇台县	447	219.3			219.3	219.3	1	1	2.5	2.5
吉木萨尔县	408	84.2			84.2	84.2	1	1	1.0	1.0
木垒哈萨克自治县	198	74.6			74.6	74.6	1	1	1.0	1.0
精河县	564	67.0	67.0			67.0	1		1.5	
温泉县	139	64.6	60.2	4.4		64.6	1	1	0.5	0.5
轮台县	346	80.0	9.0	4.0	67.0	67.0	1	1	1.0	1.0
尉犁县	158	49.0	28.4	10.0	10.6	29.6	1		0.5	
若羌县	97	93.0	93.0			68.6	1	1	0.4	0.4
且末县	172	76.0	76.0			54.0	1	1	0.6	0.6
焉耆回族自治县	407	70.0	1.5		68.5	68.5	1		2.0	
和静县	359	105.9	33.7		72.2	96.2	1	1	2.0	2.0
和硕县	233	97.0	97.0			97.0	1		2.5	
博湖县	82	28.8	28.8			28.8	1		0.4	
温宿县	430	79.2			79.2	79.2				
沙雅县	808	137.4	7.4		130.0	130.0	1		4.0	
新和县	408	87.0			87.0	87.0	1		1.5	
拜城县	268	75.0			75.0	75.0	1	1	0.8	0.8
乌什县	330	99.2	49.6		49.6	49.6	1		1.2	
阿瓦提县	454	52.0			52.0	52.0	1		1.5	
柯坪县	134	30.0	30.0			30.0	1	1	0.5	0.5
阿克陶县	398	78.2			78.2	78.2	1		2.5	
阿合奇县	175	25.3			25.3	25.3	2		0.5	
乌恰县	161	137.9			137.9	137.9	1		0.5	
疏附县	709	112.0			112.0	112.0	1	1	2.0	2.0
疏勒县	751	92.5			92.5	92.5	1	1	3.0	3.0
英吉沙县	612	124.1			124.1	116.1	1	1	1.5	1.5
泽普县	515	99.9			99.9	86.9	1	1	3.0	3.0
莎车县	1374	200.8			200.8	160.8	1	1	8.0	8.0

continued 38

污水处理厂 Wastewater Treatment Plant				其他污水处理设施 Other Wastewater Treatment Facilities		污水处理总量 (万立方米)	市政再生水 Recycled Water			县名称
处理量 (万立方米) Quantity of Wastewater Treated (10000 cu. m)	二、三级处理 Second Level or Above	干污泥产生量 (吨) Quantity of Dry Sludge Produced (ton)	干污泥处置量 (吨) Quantity of Dry Sludge Treated (ton)	处理能力 (万立方米/日) Treatment Capacity (10000 cu. m/day)	处理量 (万立方米) Quantity of Wastewater Treated (10000 cu. m)	Total Quantity of Wastewater Treated (10000 cu. m)	生产能力 (万立方米/日) Recycled Water Production Capacity (10000 cu. m/day)	利用量 (万立方米) Annual Quantity of Wastewater Recycled and Reused (10000 cu. m)	管道长度 (公里) Length of Pipelines (km)	Name of Counties
1222	1222	12648	12648			1222	1.7	334	40.1	中宁县
473	473	1827	1817			473	1.4	119	29.5	海原县
24417	13143	69172	68748	6.3	4	24422	73.2	12787	1589.6	新　疆
313		670	670			313		227	18.0	鄯善县
338		4538	4538			338	0.8	338	54.0	托克逊县
131		840	840			131		126		巴里坤哈萨克自治县
15		4	4			15	0.1	15	1.2	伊吾县
536		6673	6673			536	1.5	420	25.0	呼图壁县
423	423	1692	1692			423	2.0	421	88.7	玛纳斯县
447	447	1475	1475			447	2.5	425	10.7	奇台县
408	408	1712	1712			408	1.0	320	3.8	吉木萨尔县
198	198	1987	1987			198	1.0	125	28.4	木垒哈萨克自治县
564		52	52			564	1.5	564	12.5	精河县
139	139	89	89			139		55	36.0	温泉县
342	342	875	875			342	0.9	245	0.3	轮台县
158		615	615			158	0.5	99	6.0	尉犁县
95	95	293	293			95		63	30.0	若羌县
172	172	1226	1226			172	0.6	148	3.8	且末县
401		1733	1733	2.0	4	405	1.5	194	15.0	焉耆回族自治县
346	346	2454	2454			346	2.0	263	38.2	和静县
232		893	893			232	2.5	216	11.0	和硕县
81		502	502			81	0.2	48	9.2	博湖县
430						430				温宿县
793		2873	2873	4.0		793	4.0	793	14.0	沙雅县
408		267	267			408	1.5	169	11.0	新和县
268	268	380	380			268	0.8	102	3.0	拜城县
330		132	132			330	1.2	197	28.0	乌什县
454		2100	2100			454	1.5	123	17.8	阿瓦提县
134	134	524	524			134	0.4	127	1.7	柯坪县
398		2867	2867			398	2.5	200	21.0	阿克陶县
175		365				175	0.5	110	15.0	阿合奇县
161		98	98			161	0.5	65	2.4	乌恰县
705	705	385	385			705	2.0	310	22.0	疏附县
751	751	420	420			751	1.8	530	33.5	疏勒县
595	595	774	774			595	1.5	380	50.0	英吉沙县
515	515	676	676			515	1.0	240	151.8	泽普县
1374	1374	3605	3605			1374	4.6	552	182.0	莎车县

8-2 续表39

县名称 Name of Counties	污水排放量 (万立方米) Annual Quantity of Wastewater Discharged (10000 cu. m)	排水管道长度 (公里) Length of Drainage Pipelines (km)	污水管道 Sewers	雨水管道 Rainwater Drainage Pipeline	雨污合流管道 Combined Drainage Pipeline	建成区 In Built District	污水处理厂 Wastewater Treatment Plant			
							座数 (座) Number of Wastewater Treatment Plant (unit)	二、三级处理 Second Level or Above	处理能力 (万立方米/日) Treatment Capacity (10000 cu. m/day)	二、三级处理 Secondary and Tertiary Treatment
叶城县	1172	200.1			200.1	200.1	2	2	5.0	5.0
麦盖提县	529	189.9			189.9	90.0	1	1	2.5	2.5
岳普湖县	318	132.4			132.4	97.4	1	1	1.5	1.5
伽师县	542	65.0	26.7		38.3	38.3	1	1	2.5	2.5
巴楚县	547	67.7			67.7	67.7	1	1	3.0	3.0
塔什库尔干塔吉克自治县	125	73.5	46.5		27.0	41.7	1	1	0.4	0.4
和田县										
墨玉县	915	105.5	105.5			105.5	1		2.0	
皮山县	295	111.7	111.7			64.0	1		0.8	
洛浦县	446	48.0	48.0			48.0	1		1.2	
策勒县	230	99.3	99.3			55.9	1		1.0	
于田县	343	90.0	90.0			44.5	1		1.2	
民丰县	172	43.5	43.5			32.3	1		0.4	
伊宁县	276	117.2	117.2			117.2	1	1	1.0	1.0
察布查尔县	284	103.0	103.0			103.0	1	1	0.8	0.8
霍城县	261	112.0			112.0	112.0	1	1	1.6	1.6
巩留县	648	170.0	170.0			170.0	2	2	3.1	3.1
新源县	807	75.5			75.5	75.5	1	1	3.5	3.5
昭苏县	250	162.2	162.2			151.0	1	1	1.2	1.2
特克斯县	218	130.8			130.8	130.8	1	1	0.6	0.6
尼勒克县	330	154.0	26.0		128.0	134.0	1	1	1.2	1.2
额敏县	1041	180.0	180.0			180.0	1		3.4	
托里县	263	85.1	41.5		43.7	85.1	1		0.8	
裕民县	144	31.5	31.5			31.5	1		0.7	
和布克赛尔蒙古自治县	87	31.1	31.1			31.1	1		0.3	
布尔津县	253	53.7			53.7	35.8	1		0.6	
富蕴县	355	48.0			48.0	48.0	1		2.0	
福海县	259	98.0	49.0		49.0	48.0	1		0.7	
哈巴河县	325	57.5			57.5	49.5	1		0.8	
青河县	183	25.3		3.6	21.7	21.7	1		0.8	
吉木乃县	150	35.0	35.0			25.0	1		0.5	

continued 39

污水处理厂 Wastewater Treatment Plant				其他污水处理设施 Other Wastewater Treatment Facilities		污水处理总量	市政再生水 Recycled Water			县名称
处理量 (万立方米) Quantity of Wastewater Treated (10000 cu. m)	二、三级处理 Second Level or Above	干污泥产生量 (吨) Quantity of Dry Sludge Produced (ton)	干污泥处置量 (吨) Quantity of Dry Sludge Treated (ton)	处理能力 (万立方米/日) Treatment Capacity (10000 cu. m/day)	处理量 (万立方米) Quantity of Wastewater Treated (10000 cu. m)	(万立方米) Total Quantity of Wastewater Treated (10000 cu. m)	生产能力 (万立方米/日) Recycled Water Production Capacity (10000 cu. m/day)	利用量 (万立方米) Annual Quantity of Wastewater Recycled and Reused (10000 cu. m)	管道长度 (公里) Length of Pipelines (km)	Name of Counties
1172	1172	2590	2590			1172	1.5	360	82.0	叶城县
529	529	1029	1029			529	2.5	369	40.0	麦盖提县
312	312	3454	3454			312	1.5	251	106.0	岳普湖县
540	540	1275	1275			540	1.1	143	49.0	伽师县
547	547	346	346			547	3.0	240	16.9	巴楚县
116	116	85	85			116	0.4	61	53.7	塔什库尔干塔吉克自治县
										和田县
915		1281	1281			915	2.0	392	39.0	墨玉县
295		121	121			295	0.8	68		皮山县
432		420	420			432	1.0	134		洛浦县
230		255	255			230	1.0	97		策勒县
343		199	199			343	1.2	74		于田县
172		234	234			172	0.4	87	12.8	民丰县
276	276	601	601			276	1.0	83	12.5	伊宁县
284	284	568	568			284	0.6	77	16.0	察布查尔县
261	261	429	429			261	0.7	100	70.0	霍城县
621	621	1920	1920			621	3.1	275	5.0	巩留县
784	784	3600	3600			784				新源县
242	242	150	91			242		81		昭苏县
218	218	1000	1000			218		86		特克斯县
330	330	268	268			330	1.2	130	55.0	尼勒克县
1039		213	213			1039	0.9	238	24.0	额敏县
194		277	277			194	0.8	110	0.5	托里县
135		281	281			135	0.7	73	2.0	裕民县
77		11	11	0.3		77	0.2	37	10.2	和布克赛尔蒙古自治县
253		1154	1154			253	0.6	123	8.6	布尔津县
355		215	215			355	2.0	226	7.0	富蕴县
259		210	210			259	0.7	248	10.0	福海县
325		848	848			325	0.8	182	2.3	哈巴河县
183		2080	2080			183	0.8	140	9.2	青河县
150		269	269			150	0.4	90	13.0	吉木乃县

九、县城市容环境卫生
County Seat Environmental Sanitation

简要说明

本部分主要包括道路清扫保洁，生活垃圾、粪便的清运、处理等内容。

Brief Introduction

This section mainly includes such indicators as the cleaning and maintenance of roads, the transfer and treatment of domestic garbage, night soil, etc.

9 全国历年县城市容环境卫生情况(2000—2023)
National County Seat Environmental Sanitation in Past Years (2000—2023)

年份 Year	生活垃圾 Domestic Garbage				粪便清运量（万吨）Volume of Soil Collected and Transported (10000 tons)	公共厕所（座）Number of Latrine (unit)	市容环卫专用车辆设备总数（辆）Number of Vehicles and Equipment Designated for Municipal Environmental Sanitation (unit)	每万人拥有公厕（座）Number of Latrine per 10000 Population (unit)
	清运量（万吨）Quantity of Collected and Transported (10000 tons)	无害化处理场(厂)座数（座）Number of Harmless Treatment Plants/Grounds (unit)	无害化处理能力（吨/日）Harmless Treatment Capacity (ton/day)	无害化处理量（万吨）Quantity of Harmlessly Treated (10000 tons)				
2000	5560	358	18493	782.52	1301	31309	13118	2.21
2001	7851	489	29300	1551.88	1709	31893	13472	3.54
2002	6503	460	31582	1056.61	1659	31282	13817	3.53
2003	7819	380	29546	1159.35	1699	33139	15114	3.59
2004	8182	295	26032	865.13	1256	34104	16144	3.54
2005	9535	203	23049	688.78	1312	34753	17697	3.46
2006	6266	124	15245	414.30	710	34563	17367	2.91
2007	7110	137	18785	496.56	2507	36542	19220	2.90
2008	6794	211	34983	838.69	1151	37718	20947	2.90
2009	8085	286	45430	1220.15	759	39618	22905	2.96
2010	6317	448	69310	1732.51	811	40818	25249	2.94
2011	6743	683	103583	2728.72	751	40096	28045	2.80
2012	6838	848	126747	3690.65	649	41588	31164	2.09
2013	6506	992	151615	4298.28	553	42217	35096	2.77
2014	6657	1129	168131	4766.44	532	43159	38913	2.76
2015	6655	1187	181429	5259.94	489	43480	42702	2.78
2016	6666	1273	190672	5680.47	420	43582	46278	2.82
2017	6747	1300	205417	6139.95		45808	54575	2.93
2018	6660	1324	220696	6212.38		49059	61436	3.13
2019	6871	1378	246729	6609.78		52046	69083	3.28
2020	6810	1428	358319	6691.32		55548	74722	3.51
2021	6791	1441	338012	6687.44		58674	80064	3.75
2022	6705	1343	333306	6653.37		61610	85856	3.95
2023	6802	1294	332454	6773.19		64134	89949	4.15

注：自2006年起，生活垃圾填埋场的统计采用新的认定标准，生活垃圾无害化处理数据与往年不可比。
Note: Since 2006, treatment of domestic garbage through sanitary landfill has adopted new certification standard, so the data of harmless treatmented garbage are not comparable to the past years.

9-1　2023年按省分列的县城市容环境卫生

地区名称 Name of Regions	道路清扫保洁面积（万平方米）Surface Area of Roads Cleaned and Maintained (10000 sq. m)	机械化 Mechanization	生活垃圾 清运量（万吨）Collected and Transported (10000 tons)	处理量（万吨）Volume of Treated (10000 tons)	无害化处理厂(场)数（座）Number of Harmless Treatment Plants/Grounds (unit)	卫生填埋 Sanitary Landfill	焚烧 Incineration	其他 Other	无害化处理能力（吨/日）Harmless Treatment Capacity (ton/day)	卫生填埋 Sanitary Landfill
全　国	324533	258293	6802.10	6794.96	1294	845	349	100	332454	106565
河　北	23016	21154	379.04	379.04	44		41	3	30160	
山　西	12849	9992	302.27	301.96	72	66	5	1	10611	9270
内蒙古	16316	12516	253.44	253.42	70	67	2	1	8678	7568
辽　宁	4487	2956	100.03	99.66	22	19	1	2	3730	3601
吉　林	3456	2496	65.58	65.58	15	13	1	1	3180	2360
黑龙江	6168	4755	165.76	165.76	40	37	1	2	5431	4891
江　苏	10745	9594	270.27	270.27	28	6	17	5	16715	2430
浙　江	10671	8396	226.54	226.54	37		24	13	18353	
安　徽	25454	23273	358.02	358.02	39	3	26	10	20068	609
福　建	9165	5761	267.59	267.59	33	16	14	3	13874	3401
江　西	21522	18754	356.83	356.83	27		21	6	12930	
山　东	22850	19936	373.96	373.96	59	13	40	6	29650	3230
河　南	30410	23571	617.52	616.67	71	36	33	2	32066	8866
湖　北	9249	7144	202.19	202.19	37	22	9	6	7866	3001
湖　南	20024	15798	531.03	530.94	72	51	16	5	19911	10625
广　东	8885	4743	250.53	250.53	36	24	8	4	15558	6305
广　西	9628	5415	237.75	237.75	56	42	13	1	10793	4838
海　南	2167	1880	39.94	39.94	2		2		1650	
重　庆	2861	2290	78.31	78.31	16	8	5	3	4233	1753
四　川	18520	13748	479.45	479.05	91	56	29	6	18559	4748
贵　州	11387	10979	283.18	282.13	58	31	16	11	11430	2430
云　南	11552	9413	258.63	258.63	82	67	13	2	11371	6627
西　藏	1423	239	39.28	38.10	64	63	1		1321	1310
陕　西	8791	7032	216.06	215.69	70	57	7	6	9740	5976
甘　肃	7238	5612	177.39	177.36	47	44	3		5383	4153
青　海	2084	1059	66.38	63.98	32	32			1536	1536
宁　夏	3217	2466	43.82	43.82	11	10		1	1080	1060
新　疆	10396	7321	161.30	161.24	63	62	1		6577	5977

County Seat Environmental Sanitation by Province(2023)

焚烧 Incineration	其他 Other	无害化处理量(万吨) Volume of Harmlessly Treated (10000 tons)	卫生填埋 Sanitary Landfill	焚烧 Incineration	其他 Other	公共厕所(座) Number of Latrines (unit)	三类以上 Grade Ⅲ and Above	市容环卫专用车辆设备总数(辆) Number of Vehicles and Equipment Designated for Municipal Environmental Sanitation (unit)	地区名称 Name of Regions
214991	**10898**	**6773.19**	**2359.30**	**4238.39**	**175.49**	**64134**	**49489**	**89949**	全 国
29320	840	379.04		370.76	8.28	5926	5650	6770	河 北
1336	5	296.79	232.26	64.35	0.18	2186	1581	4686	山 西
1000	110	253.42	231.75	19.87	1.80	4653	2711	4292	内蒙古
120	9	99.66	87.02	12.47	0.17	1196	487	1253	辽 宁
500	320	65.58	25.02	40.23	0.32	647	483	1467	吉 林
200	340	165.76	117.98	43.88	3.91	1774	478	2685	黑龙江
13915	370	270.27	12.97	246.10	11.20	2300	2170	2639	江 苏
15661	2692	226.54		196.25	30.28	1759	1653	2911	浙 江
18500	959	358.02	3.87	344.16	9.99	3314	2581	4019	安 徽
9913	560	267.59	83.66	178.52	5.40	1739	1451	2243	福 建
12800	130	356.83		352.18	4.65	3926	3915	7486	江 西
25700	720	373.96	1.63	355.77	16.56	2642	2297	3980	山 东
22990	210	600.06	160.20	438.39	1.47	5617	4472	6096	河 南
3990	875	202.19	80.23	108.37	13.59	1252	944	2306	湖 北
8870	416	530.94	241.04	271.33	18.57	2492	1776	4008	湖 南
8750	503	250.53	106.70	133.56	10.27	642	540	2879	广 东
5940	15	237.75	110.37	127.29	0.09	845	720	3486	广 西
1650		39.94		39.94		380	362	1216	海 南
2080	400	78.31	30.78	39.89	7.64	729	660	743	重 庆
13411	400	479.05	106.73	355.83	16.49	3294	2717	5497	四 川
8400	600	282.13	66.33	210.80	5.00	3577	2930	4180	贵 州
4440	304	258.63	147.51	106.14	4.99	4700	4091	4340	云 南
11		38.10	38.10			1416	391	764	西 藏
3664	100	215.69	163.72	50.33	1.64	2827	2088	3370	陕 西
1230		177.36	100.44	75.43	1.50	1665	1109	2337	甘 肃
		63.98	63.98			731	136	838	青 海
	20	43.82	27.56	14.79	1.47	453	297	590	宁 夏
600		161.24	119.48	41.77		1452	799	2868	新 疆

9-2　2023年按县城分列的县城市容环境卫生

县名称 Name of Counties	道路清扫保洁面积（万平方米） Surface Area of Roads Cleaned and Maintained (10000 sq. m)	机械化 Mechanization	生活垃圾							卫生填埋 Sanitary Landfill
			清运量（万吨） Collected and Transported (10000 tons)	处理量（万吨） Volume of Treated (10000 tons)	无害化处理厂（场）数（座） Number of Harmless Treatment Plants/Grounds (unit)	卫生填埋 Sanitary Landfill	焚烧 Incineration	其他 Other	无害化处理能力（吨/日） Harmless Treatment Capacity (ton/day)	
全　国	324533	258293	6802.10	6794.96	1294	845	349	100	332454	106565
河　北	23016	21154	379.04	379.04	44		41	3	30160	
井陉县	177	159	3.32	3.32	1		1		1350	
正定县	780	681	8.23	8.23	1		1		500	
行唐县	322	262	3.01	3.01	2		1	1	130	
灵寿县	110	109	3.00	3.00						
高邑县	214	213	2.09	2.09						
深泽县	203	180	2.72	2.72						
赞皇县	115	95	2.01	2.01	1			1	300	
无极县	187	133	3.40	3.40	2		2		1750	
平山县	184	168	3.81	3.81	1		1		600	
元氏县	256	243	3.21	3.21						
赵　县	280	255	4.11	4.11	1		1		1200	
滦南县	256	207	5.59	5.59						
乐亭县	427	363	4.15	4.15	1		1		500	
迁西县	250	240	4.86	4.86						
玉田县	267	224	6.32	6.32	1		1		600	
曹妃甸区	499	449	5.70	5.70	1		1		500	
青龙满族自治县	128	103	3.52	3.52	1		1		500	
昌黎县	328	312	5.42	5.42						
卢龙县	197	163	2.15	2.15	1		1		400	
临漳县	324	324	4.95	4.95						
成安县	242	241	4.40	4.40						
大名县	569	462	5.75	5.75	1		1		500	
涉　县	248	247	6.58	6.58	1		1		550	
磁　县	425	362	8.92	8.92	1		1		750	
邱　县	175	173	4.98	4.98						
鸡泽县	235	234	3.58	3.58						
广平县	205	180	3.54	3.54						
馆陶县	241	229	3.64	3.64	1		1		500	
魏　县	562	560	16.59	16.59	1		1		800	
曲周县	309	301	3.39	3.39	1		1		800	
临城县	123	121	3.05	3.05						
内丘县	67	60	2.19	2.19						
柏乡县	209	198	1.58	1.58						
隆尧县	286	208	3.00	3.00						
宁晋县	470	276	4.20	4.20	1		1		1000	
巨鹿县	325	281	5.62	5.62	1		1		2000	
新河县	203	180	2.10	2.10						

County Seat Environmental Sanitation by County (2023)

Domestic Garbage						公共厕所(座) Number of Latrines	三类以上 Grade III and Above	市容环卫专用车辆设备总数(辆) Number of Vehicles and Equipment Designated for Municipal Environmental Sanitation (unit)	县名称 Name of Counties
焚烧 Incineration	其他 Other	无害化处理量(万吨) Volume of Harmlessly Treated (10000 tons)	卫生填埋 Sanitary Landfill	焚烧 Incineration	其他 Other				
214991	10898	6773.19	2359.30	4238.39	175.49	64134	49489	89949	全 国
29320	840	379.04		370.76	8.28	5926	5650	6770	河 北
1350		3.32		3.32		42	42	57	井陉县
500		8.23		8.23		92	79	266	正定县
90	40	3.01		2.80	0.22	48	48	68	行唐县
		3.00		3.00		53	53	51	灵寿县
		2.09		2.09		35	35	92	高邑县
		2.72		2.72		49	44	38	深泽县
	300	2.01			2.01	31	24	43	赞皇县
1750		3.40		3.40		45	45	74	无极县
600		3.81		3.81		48	48	52	平山县
		3.21		3.21		54	54	72	元氏县
1200		4.11		4.11		70	70	131	赵 县
		5.59		5.59		94	94	48	滦南县
500		4.15		4.15		72	72	48	乐亭县
		4.86		4.86		87	87	76	迁西县
600		6.32		6.32		88	88	79	玉田县
500		5.70		5.70		113	113	101	曹妃甸区
500		3.52		3.52		50	49	35	青龙满族自治县
		5.42		5.42		89	89	53	昌黎县
400		2.15		2.15		44	44	41	卢龙县
		4.95		4.95		105	105	92	临漳县
		4.40		4.40		58	58	48	成安县
500		5.75		5.75		110	110	81	大名县
550		6.58		6.58		43	43	74	涉 县
750		8.92		8.92		50	50	38	磁 县
		4.98		4.98		33	29	36	邱 县
		3.58		3.58		65	63	47	鸡泽县
		3.54		3.54		79	48	74	广平县
500		3.64		3.64		64	64	41	馆陶县
800		16.59		16.59		115	106	130	魏 县
800		3.39		3.39		67	54	90	曲周县
		3.05		3.05		36	31	99	临城县
		2.19		2.19		32	32	42	内丘县
		1.58		1.58		42	42	35	柏乡县
		3.00		3.00		63	63	63	隆尧县
1000		4.20		4.20		86	86	56	宁晋县
2000		5.62		5.62		74	74	103	巨鹿县
		2.10		2.10		35	35	20	新河县

9-2 续表1

县名称 Name of Counties	道路清扫保洁面积（万平方米）Surface Area of Roads Cleaned and Maintained (10000 sq. m)	机械化 Mechanization	生活垃圾 清运量（万吨）Collected and Transported (10000 tons)	处理量（万吨）Volume of Treated (10000 tons)	无害化处理厂（场）数（座）Number of Harmless Treatment Plants/ Grounds (unit)	卫生填埋 Sanitary Landfill	焚烧 Incineration	其他 Other	无害化处理能力（吨/日）Harmless Treatment Capacity (ton/day)	卫生填埋 Sanitary Landfill
广宗县	202	196	2.72	2.72						
平乡县	210	205	3.00	3.00						
威　县	296	268	4.82	4.82	1		1		800	
清河县	393	390	6.57	6.57						
临西县	217	202	2.68	2.68						
博野县	127	110	2.04	2.04						
涞水县	130	104	2.69	2.69	1		1		1000	
阜平县	143	132	1.91	1.91						
白沟新城	283	282	3.92	3.92						
定兴县	270	220	4.56	4.56						
唐　县	160	150	3.66	3.66	1			1	500	
高阳县	283	251	3.89	3.89						
涞源县	163	143	5.50	5.50	1		1		400	
望都县	211	180	3.10	3.10						
易　县	176	141	3.96	3.96	1		1		800	
曲阳县	235	197	4.77	4.77						
蠡　县	175	141	2.30	2.30						
顺平县	160	154	2.12	2.12	1		1		1000	
张北县	344	343	4.04	4.04	1		1		500	
康保县	182	180	3.05	3.05						
沽源县	154	153	2.96	2.96						
尚义县	120	118	1.81	1.81						
蔚　县	149	146	3.59	3.59	1		1		800	
阳原县	134	131	2.63	2.63						
怀安县	182	181	2.69	2.69						
怀来县	298	297	3.90	3.90	1		1		120	
涿鹿县	304	303	4.42	4.42						
赤城县	134	120	2.85	2.85						
承德县	142	140	3.81	3.81						
兴隆县	67	54	2.75	2.75	1		1		400	
滦平县	155	124	3.79	3.79						
隆化县	162	160	3.60	3.60						
丰宁满族自治县	242	227	3.71	3.71	1		1		300	
宽城满族自治县	194	172	2.62	2.62						
围场满族蒙古族自治县	137	117	4.31	4.31	1		1		300	
青　县	272	271	4.57	4.57						
东光县	246	245	4.33	4.33	1		1		1500	
海兴县	169	168	2.01	2.01						

continued 1

		Domestic Garbage				公共厕所（座）Number of Latrines (unit)	三类以上 Grade III and Above	市容环卫专用车辆设备总数（辆）Number of Vehicles and Equipment Designated for Municipal Environmental Sanitation (unit)	县名称 Name of Counties
焚烧 Incineration	其他 Other	无害化处理量（万吨）Volume of Harmlessly Treated (10000 tons)	卫生填埋 Sanitary Landfill	焚烧 Incineration	其他 Other				
		2.72	2.72			37	37	53	广宗县
		3.00	3.00			57	57	59	平乡县
800		4.82	4.82			75	75	60	威县
		6.57	6.57			112	112	164	清河县
		2.68	2.68			55	55	32	临西县
		2.04	2.04			29	29	22	博野县
1000		2.69	2.69			57	36	36	涞水县
		1.91	1.91			33	33	47	阜平县
		3.92	3.92			29	29	99	白沟新城
		4.56	4.56			71	71	45	定兴县
	500	3.66			3.66	55	55	39	唐县
		3.89	3.89			66	66	85	高阳县
400		5.50	5.50			63	63	59	涞源县
		3.10	3.10			53	53	31	望都县
800		3.96	3.96			45	36	50	易县
		4.77	4.77			26	26	72	曲阳县
		2.30	2.30			82	82	27	蠡县
1000		2.12	2.12			42	42	36	顺平县
500		4.04	4.04			99	99	104	张北县
		3.05	3.05			43	43	36	康保县
		2.96	2.96			48	39	46	沽源县
		1.81	1.81			43	43	16	尚义县
800		3.59	3.59			61	61	74	蔚县
		2.63	2.63			43	43	41	阳原县
		2.69	2.69			52	52	55	怀安县
120		3.90	3.90			88	71	255	怀来县
		4.42	4.42			43	36	454	涿鹿县
		2.85	2.85			54	54	51	赤城县
		3.81	3.81			41	40	18	承德县
400		2.75	2.75			50	47	41	兴隆县
		3.79	3.79			37	29	37	滦平县
		3.60	3.60			69	69	75	隆化县
300		3.71	3.71			92	92	64	丰宁满族自治县
		2.62	2.62			44	35	29	宽城满族自治县
300		4.31	4.31			46	46	74	围场满族蒙古族自治县
		4.57	4.57			92	92	71	青县
1500		4.33	4.33			60	60	35	东光县
		2.01	2.01			41	41	17	海兴县

9-2 续表2

县名称 Name of Counties	道路清扫保洁面积（万平方米）Surface Area of Roads Cleaned and Maintained (10000 sq. m)	机械化 Mechanization	生活垃圾 清运量（万吨）Collected and Transported (10000 tons)	处理量（万吨）Volume of Treated (10000 tons)	无害化处理厂(场)数（座）Number of Harmless Treatment Plants/Grounds (unit)	卫生填埋 Sanitary Landfill	焚烧 Incineration	其他 Other	无害化处理能力（吨/日）Harmless Treatment Capacity (ton/day)	卫生填埋 Sanitary Landfill
盐山县	212	211	3.67	3.67	1		1		800	
肃宁县	245	244	3.49	3.49	1		1		500	
南皮县	213	213	2.40	2.40						
吴桥县	135	134	2.35	2.35						
献县	292	291	4.67	4.67	1		1		600	
孟村回族自治县	71	70	1.91	1.91						
固安县	267	266	7.00	7.00	1		1		1200	
永清县	142	130	1.91	1.91						
香河县	320	294	4.43	4.43	1		1		750	
大城县	218	205	3.02	3.02	1		1		600	
文安县	188	180	2.73	2.73	1		1		660	
大厂回族自治县	276	252	3.43	3.43						
枣强县	263	262	4.18	4.18						
武邑县	202	200	3.52	3.52						
武强县	120	110	2.59	2.59						
饶阳县	198	197	2.80	2.80						
安平县	443	421	6.21	6.21	1		1		800	
故城县	301	300	5.14	5.14	1		1		600	
景县	339	338	3.84	3.84						
阜城县	236	217	3.52	3.52						
容城县	121	121	4.45	4.45						
雄县	120	116	3.09	3.09						
安新县	75	70	2.33	2.33						
山 西	12849	9992	302.27	301.96	72	66	5	1	10611	9270
清徐县	274	208	3.23	3.23						
阳曲县	245	180	3.32	3.32						
娄烦县	63	41	2.79	2.79	1	1			85	85
阳高县	138	111	3.64	3.64	1	1			260	260
天镇县	110	109	2.62	2.62	1	1			72	72
广灵县	193	167	6.67	6.67	1	1			234	234
灵丘县	131	87	4.30	4.30	1	1			142	142
浑源县	240	196	4.05	4.05	1	1			200	200
左云县	166	119	3.02	3.02	1	1			120	120
云州区	100	76	2.40	2.40						
平定县	261	226	5.84	5.84	1	1			170	170
盂 县	304	200	4.80	4.80	1	1			220	220
襄垣县	300	220	3.15	3.15						
平顺县	77	66	1.23	1.23	1	1			85	85
黎城县	120	84	1.45	1.45	1	1			90	90

continued 2

焚烧 Incineration	其他 Other	Domestic Garbage				公共厕所 (座) Number of Latrines (unit)	三类以上 Grade III and Above	市容环卫专用车辆设备总数 (辆) Number of Vehicles and Equipment Designated for Municipal Environmental Sanitation (unit)	县名称 Name of Counties
		无害化处理量 (万吨) Volume of Harmlessly Treated (10000 tons)	卫生填埋 Sanitary Landfill	焚烧 Incineration	其他 Other				
800		3.67		3.67		73	73	48	盐山县
500		3.49		3.49		64	64	59	肃宁县
		2.40			2.40	59	48	73	南皮县
		2.35		2.35		61	61	41	吴桥县
600		4.67		4.67		62	56	48	献县
		1.91		1.91		37	37	38	孟村回族自治县
1200		7.00		7.00		142	141	136	固安县
		1.91		1.91		40	40	60	永清县
750		4.43		4.43		109	109	93	香河县
600		3.02		3.02		49	45	107	大城县
660		2.73		2.73		40	40	39	文安县
		3.43		3.43		81	41	118	大厂回族自治县
		4.18		4.18		71	71	69	枣强县
		3.52		3.52		61	61	32	武邑县
		2.59		2.59		35	35	20	武强县
		2.80		2.80		56	56	35	饶阳县
800		6.21		6.21		86	86	98	安平县
600		5.14		5.14		71	71	43	故城县
		3.84		3.84		68	68	48	景县
		3.52		3.52		70	68	31	阜城县
		4.45		4.45		38		63	容城县
		3.09		3.09		49	49	102	雄县
		2.33		2.33		10	10	146	安新县
1336	5	296.79	232.26	64.35	0.18	2186	1581	4686	山 西
		3.23		3.23		19		71	清徐县
		3.32		3.32		46	46	35	阳曲县
		2.79	2.79			15		14	娄烦县
		3.64	3.64			46	45	61	阳高县
		2.62	2.62			14		75	天镇县
		6.67	6.67			15	15	25	广灵县
		4.30	4.30			14		122	灵丘县
		4.05	4.05			34	13	61	浑源县
		3.02	3.02			18	12	39	左云县
		2.40		2.40		38	20	41	云州区
		5.84	5.84			57	57	64	平定县
		4.80	4.80			21	21	37	盂县
		3.15		3.15		19	19	85	襄垣县
		1.23	1.23			22	22	25	平顺县
		1.45	1.45			4	4	21	黎城县

9-2 续表3

县名称 Name of Counties	道路清扫保洁面积（万平方米）Surface Area of Roads Cleaned and Maintained (10000 sq. m)	机械化 Mechanization	生活垃圾							
			清运量（万吨）Collected and Transported (10000 tons)	处理量（万吨）Volume of Treated (10000 tons)	无害化处理厂(场)数（座）Number of Harmless Treatment Plants/ Grounds (unit)	卫生填埋 Sanitary Landfill	焚烧 Incineration	其他 Other	无害化处理能力（吨/日）Harmless Treatment Capacity (ton/day)	卫生填埋 Sanitary Landfill
壶关县	180	171	4.07	4.07	1		1		120	
长子县	297	252	2.92	2.92	2	1		1	92	87
武乡县	75	68	2.79	2.79	1	1			120	120
沁　县	78	30	1.69	1.69	1	1			110	110
沁源县	100	69	2.56	2.56	1	1			100	100
沁水县	150	120	2.56	2.56	1	1			68	68
阳城县	302	265	4.75	4.75	1	1			200	200
陵川县	79	63	3.03	3.03	1	1			110	110
山阴县	352	246	7.96	7.96	1	1			140	140
应　县	150	120	6.22	6.22	1	1			170	170
右玉县	208	140	2.26	2.26	1	1			80	80
榆社县	112	94	3.98	3.98	1	1			90	90
左权县	238	165	2.90	2.90	1	1			80	80
和顺县	146	131	3.61	3.61	1	1			112	112
昔阳县	93	80	3.10	3.10	1	1			110	110
寿阳县	338	303	5.89	5.89	1	1			161	161
祁　县	133	70	7.51	7.51	1		1		206	
平遥县	414	281	10.50	10.50	1	1			800	800
灵石县	388	354	7.42	7.42	1		1		500	
临猗县	264	220	4.25	4.25	1	1			130	130
万荣县	265	230	3.00	3.00	1	1			200	200
闻喜县	209	180	5.11	5.11	1	1			300	300
稷山县	219	192	2.49	2.49	1	1			300	300
新绛县	216	145	5.53	5.53	1	1			18	18
绛　县	125	88	2.78	2.78	1	1			95	95
垣曲县	192	140	4.18	4.18	1	1			110	110
夏　县	133	75	1.85	1.85	1	1			200	200
平陆县	100	97	3.33	3.33	1	1			140	140
芮城县	198	168	5.60	5.60	1	1			160	160
定襄县	57	46	2.80	2.80						
五台县	136	124	3.06	3.06	1	1			95	95
代　县	147	103	3.03	3.03						
繁峙县	108	76	5.66	5.66	1	1			155	155
宁武县	142	97	11.82	11.82	1	1			191	191
静乐县	102	82	4.79	4.79						
神池县	131	86	2.89	2.89	1	1			79	79
五寨县	95	30	2.65	2.65	1	1			100	100
岢岚县	280	243	3.24	3.24	1	1			120	120
河曲县	181	163	2.61	2.61	1	1			110	110

continued 3

焚烧 Incineration	其他 Other	Domestic Garbage 无害化处理量 (万吨) Volume of Harmlessly Treated (10000 tons)	卫生填埋 Sanitary Landfill	焚烧 Incineration	其他 Other	公共厕所 (座) Number of Latrines (unit)	三类以上 Grade Ⅲ and Above	市容环卫专用车辆设备总数 (辆) Number of Vehicles and Equipment Designated for Municipal Environmental Sanitation (unit)	县名称 Name of Counties
120		4.07		4.07		21	21	40	壶关县
	5	2.92		2.74	0.18	12	12	62	长子县
		2.79	2.79			26	26	47	武乡县
		1.69	1.69			6	1	18	沁县
		2.56	2.56			11		22	沁源县
		2.56	2.56			47	47	57	沁水县
		4.75	4.75			112	85	60	阳城县
		3.03	3.03			27	26	35	陵川县
		7.96	7.96			1	1	59	山阴县
		6.22	6.22			4	1	26	应县
		2.26	2.26			22	16	35	右玉县
		3.98	3.98			18	18	31	榆社县
		2.90	2.90			21	21	32	左权县
		3.61	3.61			21	13	273	和顺县
		3.10	3.10			40	40	54	昔阳县
		5.89	5.89			59	59	60	寿阳县
206		7.51		7.51		31	10	94	祁县
		10.50	10.50					104	平遥县
500		7.42		7.42		84	84	108	灵石县
		4.25	3.78	0.48		27	20	80	临猗县
		3.00	3.00			22	20	11	万荣县
		5.11	5.11			28		11	闻喜县
		2.49	2.49			22	22	28	稷山县
		5.53	5.53			33	11	25	新绛县
		2.78	2.78			15		17	绛县
		4.18	4.18			36	36	23	垣曲县
		1.85	0.41	1.43		25	18	17	夏县
		3.33	3.33			35	35	12	平陆县
		5.60	5.60			20	13	20	芮城县
		2.80		2.80		23	19	87	定襄县
		3.06	1.94	1.12		26	11	55	五台县
		3.03		3.03		22	22	43	代县
		5.66	3.62	2.04		20	13	31	繁峙县
		11.82	6.98	4.84		54	40	67	宁武县
		4.79	1.76	3.04		16		49	静乐县
		2.89	2.89			26		20	神池县
		2.65	2.65			19	2	19	五寨县
		3.24	3.24			26	2	78	岢岚县
		2.61	2.61			32	32	37	河曲县

9-2 续表4

县名称 Name of Counties	道路清扫保洁面积(万平方米) Surface Area of Roads Cleaned and Maintained (10000 sq. m)	机械化 Mechanization	生活垃圾							
			清运量(万吨) Collected and Transported (10000 tons)	处理量(万吨) Volume of Treated (10000 tons)	无害化处理厂(场)数(座) Number of Harmless Treatment Plants/ Grounds (unit)	卫生填埋 Sanitary Landfill	焚烧 Incineration	其他 Other	无害化处理能力(吨/日) Harmless Treatment Capacity (ton/day)	卫生填埋 Sanitary Landfill
保德县	179	137	3.88	3.88	1	1			110	110
偏关县	81	53	1.51	1.51	1	1			75	75
曲沃县	143	90	2.75	2.75	1	1			120	120
翼城县	191	177	3.76	3.76	1	1			280	280
襄汾县	165	149	3.73	3.73	1	1			165	165
洪洞县	169	113	6.72	6.72	1		1		360	
古 县	68	38	1.73	1.73	1	1			265	265
安泽县	72	53	1.26	1.26	1	1			75	75
浮山县	104	70	1.58	1.58						
吉 县	36	33	3.10	3.10	1	1			85	85
乡宁县	197	159	4.60	4.60	1	1			150	150
大宁县	40	31	1.08	1.08	1	1			80	80
隰 县	90	62	1.87	1.87	1	1			95	95
永和县	38	29	1.26	1.26	1	1			55	55
蒲 县	70	46	2.38	2.38	1	1			80	80
汾西县	97	41	2.19	2.19	1	1			90	90
文水县	150	120	5.00	5.00	1		1		150	
交城县	178	160	3.77	3.77	1	1			250	250
兴 县	220	157	6.21	6.21	2	2			170	170
临 县	100	80	5.29	5.29	1	1			100	100
柳林县	110	100	4.02	4.02						
石楼县	76	42	2.85	2.85	1	1			78	78
岚 县	153	124	4.38	4.07	1	1			130	130
方山县	70	68	2.00	2.00	1	1			55	55
中阳县	80	69	5.17	5.17						
交口县	118	94	1.29	1.29	1	1			43	43
内蒙古	16316	12516	253.44	253.42	70	67	2	1	8678	7568
土左旗	130	112	2.85	2.85	1	1			150	150
托 县	160	159	3.59	3.59	1	1			120	120
和林县	165	143	3.73	3.73	1	1			80	80
清水河县	93	24	1.44	1.44	1	1			44	44
武川县	140	127	2.29	2.29	1	1			60	60
土右旗	356	154	3.65	3.65						
固阳县	190	150	3.54	3.54	1	1			90	90
达尔罕茂明安联合旗	104	73	1.67	1.67	1	1			80	80
阿鲁科尔沁旗	327	281	4.46	4.46	1	1			105	105
巴林左旗	261	170	4.38	4.38	1	1			120	120
巴林右旗	173	139	6.10	6.10	1	1			90	90

continued 4

焚烧 Incineration	其他 Other	Domestic Garbage 无害化处理量（万吨）Volume of Harmlessly Treated (10000 tons)	卫生填埋 Sanitary Landfill	焚烧 Incineration	其他 Other	公共厕所（座）Number of Latrines (unit)	三类以上 Grade Ⅲ and Above	市容环卫专用车辆设备总数（辆）Number of Vehicles and Equipment Designated for Municipal Environmental Sanitation (unit)	县名称 Name of Counties
		3.88	3.88			72		37	保德县
		1.51	1.51			70	70	77	偏关县
		2.75	2.75			22	22	61	曲沃县
		3.76	3.76			15	15	242	翼城县
		3.73	3.73			21	21	203	襄汾县
360		6.72		6.72		59	59	54	洪洞县
		1.73	1.73			15	15	25	古 县
		1.26	1.26			27	6	34	安泽县
		1.58	1.58			16	16	29	浮山县
		3.10	3.10			18	18	49	吉 县
		4.60	4.60			30		63	乡宁县
		1.08	1.08			17	17	11	大宁县
		1.87	1.87			19	19	99	隰 县
		1.26	1.26			16	11	21	永和县
		2.38	2.38			20	20	48	蒲 县
		2.19	2.19			10	10	71	汾西县
150		5.00		5.00		15		47	文水县
		3.77	3.77			18	18	35	交城县
		6.21	6.21			92	87	76	兴 县
		5.29	5.29			90	57	51	临 县
		4.02	4.02					141	柳林县
		2.85	2.85			11	10	32	石楼县
		4.07	4.07			25	19	183	岚 县
		2.00	2.00			11		72	方山县
								164	中阳县
		1.29	1.29			5		38	交口县
1000	**110**	**253.42**	**231.75**	**19.87**	**1.80**	**4653**	**2711**	**4292**	**内蒙古**
		2.85	2.85			120		64	土左旗
		3.59	3.59			28		50	托 县
		3.73	3.73			47	47	44	和林县
		1.44	1.44			54	54	20	清水河县
		2.29	2.29			100		47	武川县
		3.65		3.65		98	57	37	土右旗
		3.54	3.54			110	35	120	固阳县
		1.67	1.67			32	12	16	达尔罕茂明安联合旗
		4.46	4.46			24	18	79	阿鲁科尔沁旗
		4.38	4.38			55	55	54	巴林左旗
		6.10	6.10			65	65	67	巴林右旗

9-2 续表5

县名称 Name of Counties	道路清扫保洁面积（万平方米）Surface Area of Roads Cleaned and Maintained (10000 sq. m)	机械化 Mechanization	生活垃圾 清运量（万吨）Collected and Transported (10000 tons)	处理量（万吨）Volume of Treated (10000 tons)	无害化处理厂(场)数（座）Number of Harmless Treatment Plants/Grounds (unit)	卫生填埋 Sanitary Landfill	焚烧 Incineration	其他 Other	无害化处理能力（吨/日）Harmless Treatment Capacity (ton/day)	卫生填埋 Sanitary Landfill
林西县	279	240	4.74	4.74	1	1			120	120
克什克腾旗	200	139	4.45	4.45	1	1			120	120
翁牛特旗	380	248	6.21	6.21	1	1			180	180
喀喇沁旗	104	83			1	1			90	90
宁城县	245	210	5.48	5.48	1	1			150	150
敖汉旗	511	347	6.50	6.50	1	1			200	200
科左中旗	240	132	4.00	4.00	1	1			85	85
科左后旗	156	102	5.95	5.95	1	1			165	165
开鲁县	301	170	4.47	4.47	1	1			122	122
库伦旗	289	202	1.38	1.38	1	1			80	80
奈曼旗	240	192	12.68	12.68	1		1		300	
扎鲁特旗	219	144	4.38	4.38	1	1			120	120
达拉特旗	490	410	9.72	9.72	1	1			260	260
准格尔旗	361	293	17.43	17.43	1	1			350	350
鄂托克前旗	375	360	2.50	2.50	1	1			60	60
鄂托克旗	338	263	1.64	1.64	1	1			100	100
杭锦旗	177	145	2.34	2.34	1	1			60	60
乌审旗	415	413	5.51	5.51	1	1			200	200
伊金霍洛旗	1104	1039	11.17	11.17	1	1			600	600
阿荣旗	292	233	4.46	4.46	1	1			120	120
莫旗	320	190	4.12	4.12	1	1			120	120
鄂伦春旗	65	43	1.27	1.27	1	1			60	60
鄂温克旗	282	229	2.51	2.48	1	1			100	100
陈巴尔虎旗	79	55	2.45	2.45	1	1			60	60
新左旗	55	37	1.35	1.35	1	1			40	40
新右旗	85	56	2.88	2.88	1	1			50	50
五原县	345	276	4.00	4.00	1	1			110	110
磴口县	147	103	2.58	2.58	1	1			85	85
乌拉特前旗	288	207	4.27	4.27	1	1			117	117
乌拉特中旗	283	226	2.14	2.14	1	1			80	80
乌拉特后旗	148	141	1.73	1.73	1	1			85	85
杭锦后旗	305	244	3.37	3.37	2	1	1		800	100
卓资县	230	168	1.46	1.46	2	2			160	160
化德县	98	74	2.56	2.56	1	1			80	80
商都县	145	111	3.39	3.39	1	1			100	100
兴和县	158	122	4.50	4.50	1	1			140	140
凉城县	170	119	2.20	2.20	1	1			210	210
察右前旗	625	504	3.26	3.26	1	1			120	120
察右中旗	147	109	2.07	2.07	1	1			60	60

continued 5

焚 烧 Incineration	其 他 Other	Domestic Garbage 无害化处理量（万吨） Volume of Harmlessly Treated (10000 tons)	卫生填埋 Sanitary Landfill	焚 烧 Incineration	其 他 Other	公共厕所（座） Number of Latrines (unit)	三类以上 Grade Ⅲ and Above	市容环卫专用车辆设备总数（辆） Number of Vehicles and Equipment Designated for Municipal Environmental Sanitation (unit)	县名称 Name of Counties
		4.74	4.74			81	48	58	林西县
		4.45	4.45			46	16	17	克什克腾旗
		6.21	6.21			45	45	31	翁牛特旗
						43	39	27	喀喇沁旗
		5.48	5.48			107	107	52	宁城县
		6.50	6.50			58	36	40	敖汉旗
		4.00	4.00			13	13	31	科左中旗
		5.95	5.95			37		74	科左后旗
		4.47	4.47			71	49	38	开鲁县
		1.38	1.38			20	11	46	库伦旗
300		12.68		12.68		75		44	奈曼旗
		4.38	4.38			6		19	扎鲁特旗
		9.72	9.72			204	76	71	达拉特旗
		17.43	17.43			183	165	75	准格尔旗
		2.50	2.50			168	168	55	鄂托克前旗
		1.64	1.64			128	128	48	鄂托克旗
		2.34	2.34			67	67	54	杭锦旗
		5.51	5.51			126	126	81	乌审旗
		11.17	11.17			187	187	101	伊金霍洛旗
		4.46	4.46			17		36	阿荣旗
		4.12	4.12			27	6	28	莫 旗
		1.27	1.27			17	17	34	鄂伦春旗
		2.48	2.48			22	22	66	鄂温克旗
		2.45	2.45			7	7	24	陈巴尔虎旗
		1.35	1.35			7		28	新左旗
		2.88	2.88			19		30	新右旗
		4.00	4.00			138		63	五原县
		2.58	2.40		0.18	91	91	21	磴口县
		4.27	4.27			144	76	51	乌拉特前旗
		2.14	2.14			88	88	246	乌拉特中旗
		1.73	1.73			32	32	81	乌拉特后旗
700		3.37		3.37		104	104	42	杭锦后旗
		1.46	1.46			91	25	70	卓资县
		2.56	2.56			49	16	37	化德县
		3.39	3.39			97		52	商都县
		4.50	4.50			111	24	105	兴和县
		2.20	2.20			111	57	70	凉城县
		3.26	3.26			28	28	60	察右前旗
		2.07	2.07			69	18	64	察右中旗

9-2 续表6

县名称 Name of Counties	道路清扫保洁面积(万平方米) Surface Area of Roads Cleaned and Maintained (10000 sq. m)	机械化 Mechanization	生活垃圾						无害化处理能力(吨/日) Harmless Treatment Capacity (ton/day)	卫生填埋 Sanitary Landfill
			清运量(万吨) Collected and Transported (10000 tons)	处理量(万吨) Volume of Treated (10000 tons)	无害化处理厂(场)数(座) Number of Harmless Treatment Plants/Grounds (unit)	卫生填埋 Sanitary Landfill	焚烧 Incineration	其他 Other		
察右后旗	145	113	2.60	2.60	1	1			80	80
四子王旗	181	144	4.39	4.39	1	1			120	120
阿巴嘎旗	50	45	1.03	1.03	1	1			28	28
苏尼特左旗	49	44	1.09	1.09	1	1			40	40
苏尼特右旗	226	204	1.96	1.96	1	1			60	60
东乌珠穆沁旗	141	120	1.80	1.80	1			1	110	
西乌珠穆沁旗	179	110	3.29	3.29	1	1			90	90
太仆寺旗	130	124	2.69	2.69	1	1			150	150
镶黄旗	57	44	1.06	1.06	1	1			45	45
正镶白旗	95	71	1.10	1.10	1	1			50	50
正蓝旗	128	102	1.47	1.47	1	1			68	68
多伦县	336	320	2.04	2.04	1	1			90	90
科尔沁右翼前旗	290	200	4.56	4.56	1	1			125	125
科右中旗	544	185	3.81	3.81	1	1			110	110
扎赉特旗	270	230	4.46	4.46	1	1			180	180
突泉县	150	105	3.90	3.90	1	1			107	107
阿拉善左旗	278	222	4.68	4.68	1	1			150	150
阿拉善右旗	89	73	0.99	0.99	1	1			30	30
额济纳旗	188	151	1.72	1.72	1	1			47	47
辽 宁	4487	2956	100.03	99.66	22	19	1	2	3730	3601
康平县	296	220	9.56	9.56	1	1			430	430
法库县	254	6	4.04	4.04	1	1			300	300
长海县	26	9	2.40	2.40	2	1		1	54	50
台安县	196	130			1	1			150	150
岫岩满族自治县	156	67	9.13	9.13	1	1			250	250
抚顺县										
新宾满族自治县	145	94			1	1			40	40
清原满族自治县	142	90	4.42	4.42	1	1			150	150
本溪满族自治县	180	99	3.31	3.31	1	1			120	120
桓仁满族自治县	298	174	5.04	5.04	1	1			138	138
宽甸满族自治县	120	100	5.84	5.84	1	1			180	180
黑山县	170	100	7.30	7.30	1	1			200	200
义 县	151	121	7.60	7.60	1	1			208	208
阜新蒙古族自治县	185	37	4.60	4.23						
彰武县	208	80	6.55	6.55	1	1			190	190
辽阳县	211	170	4.86	4.86						
盘山县	182	158	2.03	2.03						
铁岭县										

continued 6

焚烧 Incineration	其他 Other	Domestic Garbage 无害化处理量（万吨）Volume of Harmlessly Treated (10000 tons)	卫生填埋 Sanitary Landfill	焚烧 Incineration	其他 Other	公共厕所（座）Number of Latrines (unit)	三类以上 Grade Ⅲ and Above	市容环卫专用车辆设备总数（辆）Number of Vehicles and Equipment Designated for Municipal Environmental Sanitation (unit)	县名称 Name of Counties
		2.60	2.60			92		36	察右后旗
		4.39	4.39			96	14	70	四子王旗
		1.03	1.03			18	18	29	阿巴嘎旗
		1.09	1.09			53	25	20	苏尼特左旗
		1.96	1.96			62	28	56	苏尼特右旗
	110	1.80			1.80	66	20	108	东乌珠穆沁旗
		3.29	3.29			61	61	14	西乌珠穆沁旗
		2.69	2.69			66	23	175	太仆寺旗
		1.06	1.06			52	20	25	镶黄旗
		1.10	1.10			28	28	73	正镶白旗
		1.47	1.47			44	26	143	正蓝旗
		2.04	2.04			63	31	302	多伦县
		1.56	1.56			18	15	49	科尔沁右翼前旗
		3.81	3.81			21	11	153	科右中旗
		4.46	4.46					43	扎赉特旗
		3.90	3.90			30		53	突泉县
		4.68	4.68			156	108	126	阿拉善左旗
		0.99	0.99			36	24	21	阿拉善右旗
		1.72	1.72			24	24	28	额济纳旗
120	9	99.66	87.02	12.47	0.17	1196	487	1253	辽宁
		9.56	9.56			18	13	48	康平县
		4.04	4.04			29	13	31	法库县
	4	2.40	2.37		0.03	7	7	13	长海县
						16	15	44	台安县
		9.13	9.13			106		50	岫岩满族自治县
									抚顺县
						25	10		新宾满族自治县
		4.42	4.42			40	16	44	清原满族自治县
		3.31	3.31			15	11	29	本溪满族自治县
		5.04	5.04			42	27	53	桓仁满族自治县
		5.84	5.84			107	49	71	宽甸满族自治县
		7.30	7.30			109		77	黑山县
		7.60	7.60			18		39	义县
		4.23			4.23	109		41	阜新蒙古族自治县
		6.55	6.55			93	93	37	彰武县
		4.86			4.86	4		64	辽阳县
		2.03	2.03			31	22	42	盘山县
									铁岭县

9-2 续表7

县名称 Name of Counties	道路清扫保洁面积（万平方米）Surface Area of Roads Cleaned and Maintained (10000 sq. m)	机械化 Mechanization	生活垃圾 清运量（万吨）Collected and Transported (10000 tons)	处理量（万吨）Volume of Treated (10000 tons)	无害化处理厂(场)数（座）Number of Harmless Treatment Plants/Grounds (unit)	卫生填埋 Sanitary Landfill	焚烧 Incineration	其他 Other	无害化处理能力（吨/日）Harmless Treatment Capacity (ton/day)	卫生填埋 Sanitary Landfill
西丰县	46	32	2.70	2.70	2	1		1	125	120
昌图县	177	169	3.37	3.37	1		1		120	
朝阳县	170	90	1.88	1.88	1	1			270	270
建平县	352	317	7.30	7.30	1	1			210	210
喀喇沁左翼蒙古族自治县	322	280	3.20	3.20	1	1			185	185
绥中县	260	221			1	1			250	250
建昌县	240	192	4.91	4.91	1	1			160	160
吉 林	**3456**	**2496**	**65.58**	**65.58**	**15**	**13**	**1**	**1**	**3180**	**2360**
农安县	391	281	10.00	10.00	1	1			300	300
永吉县	149	111	2.36	2.36	1			1	320	
梨树县	300	254	3.36	3.36	1	1			220	220
伊通满族自治县	150	143	3.02	3.02						
东丰县	256	159	3.08	3.08						
东辽县	115	90	1.17	1.17	1	1			180	180
通化县	110	105	2.28	2.28						
辉南县	245	146	2.96	2.96	1	1			180	180
柳河县	138	126	3.88	3.88	1	1			180	180
抚松县	110	106	2.85	2.85						
靖宇县	153	78	3.39	3.39	1	1			150	150
长白朝鲜族自治县	75	72	0.96	0.96	1	1			110	110
前郭县	284	152	4.49	4.49						
长岭县	230	104	5.62	5.62	2	1	1		700	200
乾安县	203	101	4.22	4.22	1	1			150	150
镇赉县	155	141	4.38	4.38	1	1			180	180
通榆县	170	126	3.51	3.51	1	1			170	170
汪清县	168	146	2.54	2.54	1	1			240	240
安图县	55	54	1.51	1.51	1	1			100	100
黑龙江	**6168**	**4755**	**165.76**	**165.76**	**40**	**37**	**1**	**2**	**5431**	**4891**
依兰县	221	196	4.44	4.44	1	1			120	120
方正县	114	99	3.57	3.57						
宾 县	141	115	5.97	5.97						
巴彦县	147	106	3.39	3.39	1	1			156	156
木兰县	120	90	2.92	2.92	1	1			105	105
通河县	95	90	2.95	2.95	1		1		200	
延寿县	190	120	4.55	4.55	1	1			130	130
龙江县	280	245	5.79	5.79	1	1			245	245
依安县	146	101	2.92	2.92	1	1			150	150

continued 7

		Domestic Garbage				公共厕所 (座)	三类以上	市容环卫专用车辆设备总数 (辆)	县名称
焚烧 Incineration	其他 Other	无害化处理量 (万吨) Volume of Harmlessly Treated (10000 tons)	卫生填埋 Sanitary Landfill	焚烧 Incineration	其他 Other	Number of Latrines (unit)	Grade III and Above	Number of Vehicles and Equipment Designated for Municipal Environmental Sanitation (unit)	Name of Counties
	5	2.70	2.56		0.14	43	43	41	西丰县
	120	3.37		3.37		58	29	70	昌图县
		1.88	1.88			3		54	朝阳县
		7.30	7.30			87	40	168	建平县
		3.20	3.20			86	55	75	喀喇沁左翼蒙古族自治县
						86	33	122	绥中县
		4.91	4.91			64	11	40	建昌县
500	320	65.58	25.02	40.23	0.32	647	483	1467	吉 林
		10.00	10.00			69	40	218	农安县
	320	2.36		2.04	0.32	18	13	36	永吉县
		3.36	1.96	1.40		50	50	113	梨树县
		3.02		3.02		25	25	30	伊通满族自治县
		3.08		3.08		65	59	49	东丰县
		1.17		1.17		11	11	41	东辽县
		2.28		2.28		22	16	61	通化县
		2.96	2.96			54	50	102	辉南县
		3.88		3.88		31	21	106	柳河县
		2.85		2.85		17	17	52	抚松县
		3.39	3.39			9	9	35	靖宇县
		0.96	0.96			9	9	46	长白朝鲜族自治县
		4.49		4.49		27	27	84	前郭县
500		5.62	0.71	4.91		37	37	78	长岭县
		4.22		4.22		29	16	80	乾安县
		4.38	4.38			54	54	88	镇赉县
		3.51		3.51		50	10	118	通榆县
		2.54	0.67	1.87		29	19	80	汪清县
		1.51		1.51		41		50	安图县
200	340	165.76	117.98	43.88	3.91	1774	478	2685	黑龙江
		4.44	4.44			68	4	107	依兰县
		3.57		3.57		16		22	方正县
		5.97		5.97		40	6	58	宾县
		3.39	3.39			15		21	巴彦县
		2.92	2.92			13		31	木兰县
200		2.95		2.95		12	12	75	通河县
		4.55	4.55			24	7	39	延寿县
		5.79	5.79			121		59	龙江县
		2.92	2.92			50		26	依安县

9-2 续表8

县名称 Name of Counties	道路清扫保洁面积（万平方米） Surface Area of Roads Cleaned and Maintained (10000 sq. m)	机械化 Mechanization	生活垃圾							
			清运量（万吨） Collected and Transported (10000 tons)	处理量（万吨） Volume of Treated (10000 tons)	无害化处理厂(场)数（座） Number of Harmless Treatment Plants/Grounds (unit)	卫生填埋 Sanitary Landfill	焚烧 Incineration	其他 Other	无害化处理能力（吨/日） Harmless Treatment Capacity (ton/day)	卫生填埋 Sanitary Landfill
泰来县	151	95	3.21	3.21	1	1			120	120
甘南县	105	85	5.12	5.12	1	1			250	250
富裕县	120	90	3.33	3.33	1	1			120	120
克山县	65	39	2.74	2.74	1	1			150	150
克东县	87	60	4.54	4.54	1	1			130	130
拜泉县	68	58	3.47	3.47	1	1			144	144
鸡东县	40	39	2.21	2.21						
萝北县	78	47	3.88	3.88	1	1			100	100
绥滨县	62	35	2.93	2.93	1	1			105	105
集贤县	195	140	3.83	3.83	1	1			264	264
友谊县	87	78	1.50	1.50	1	1			72	72
宝清县	170	119	4.70	4.70						
饶河县	102	68	2.63	2.63	1	1			73	73
肇州县	106	85	4.63	4.63	1	1			170	170
肇源县	130	85	7.09	7.09	1	1			195	195
林甸县	210	180	3.65	3.65	1	1			140	140
杜尔伯特蒙古族自治县	72	70	3.11	3.11	1	1			140	140
嘉荫县	60	40	1.18	1.18	1	1			89	89
汤旺县	108	86	1.60	1.60	2	2			100	100
丰林县	251	210	3.74	3.74	2	2			125	125
大箐山县	14	10	0.69	0.69	1	1			50	50
南岔县	240	213	2.87	2.87	1	1			120	120
桦南县	108	92	6.07	6.07						
桦川县	105	103	2.68	2.68						
汤原县	173	121	2.08	2.08						
勃利县	152	140	3.50	3.50						
林口县	175	114	4.38	4.38	1	1			150	150
逊克县	87	60	1.97	1.97	1	1			60	60
孙吴县	130	82	2.50	2.50	1	1			84	84
望奎县	146	128	4.58	4.58	2			2	340	
兰西县	202	124	3.92	3.92						
青冈县	179	160	4.90	4.90	1	1			200	200
庆安县	151	148	4.21	4.21						
明水县	212	130	3.62	3.62	1	1			300	300
绥棱县	135	84	4.70	4.70	1	1			144	144
呼玛县	35	26	2.20	2.20	1	1			70	70
塔河县	72	47	2.17	2.17	1	1			100	100
加格达奇区	132	102	3.16	3.16	1	1			221	221

continued 8

焚 烧 Incineration	其 他 Other	Domestic Garbage 无害化处理量 (万吨) Volume of Harmlessly Treated (10000 tons)	卫生填埋 Sanitary Landfill	焚烧 Incineration	其他 Other	公共厕所 (座) Number of Latrines (unit)	三类以上 Grade III and Above	市容环卫专用车辆设备总数 (辆) Number of Vehicles and Equipment Designated for Municipal Environmental Sanitation (unit)	县名称 Name of Counties
		3.21	3.21			92	83	45	泰来县
		5.12	5.12			70		53	甘南县
		3.33	3.33			70	8	70	富裕县
		2.74	2.74			90	6	86	克山县
		4.54	4.54			53	31	73	克东县
		3.47	3.47			81	9	124	拜泉县
		2.21		2.21		22		32	鸡东县
		3.88	3.88			3		38	萝北县
		2.93	2.93			13		32	绥滨县
		3.83	2.47	1.36		65	17	70	集贤县
		1.50	1.50			36	8	42	友谊县
		4.70		4.70		9		76	宝清县
		2.63	2.63			6	6	87	饶河县
		4.63	4.63			81	23	67	肇州县
		7.09	7.09			71	41	59	肇源县
		3.65	3.65			16		30	林甸县
		3.11	3.11			31	11	35	杜尔伯特蒙古族自治县
		1.18	1.18			23	15	37	嘉荫县
		1.60	1.60			37	10	62	汤旺县
		3.74	3.74			38	22	42	丰林县
		0.69	0.69			14	9	20	大箐山县
		2.87	2.87			39	7	17	南岔县
		6.07		6.07		21	15	114	桦南县
		2.68		2.68		19	18	120	桦川县
		2.08		2.08		30	30	85	汤原县
		3.50		3.50		64	1	52	勃利县
		4.38	4.38			40		44	林口县
		1.97	1.97			28	14	40	逊克县
		2.50	2.50			7	3	59	孙吴县
	340	4.58		0.66	3.91	37	8	112	望奎县
		3.92		3.92		21		60	兰西县
		4.90	4.90			29	21	112	青冈县
		4.21		4.21		12	9	53	庆安县
		3.62	3.62			14		80	明水县
		4.70	4.70			27	4	24	绥棱县
		2.20	2.20			27	7	26	呼玛县
		2.17	2.17			40	9	44	塔河县
		3.16	3.16			39	4	45	加格达奇区

9-2 续表9

县名称 Name of Counties	道路清扫保洁面积(万平方米) Surface Area of Roads Cleaned and Maintained (10000 sq. m)	机械化 Mechani-zation	生活垃圾							
			清运量(万吨) Collected and Transported (10000 tons)	处理量(万吨) Volume of Treated (10000 tons)	无害化处理厂(场)数(座) Number of Harmless Treatment Plants/Grounds (unit)	卫生填埋 Sanitary Landfill	焚烧 Incineration	其他 Other	无害化处理能力(吨/日) Harmless Treatment Capacity (ton/day)	卫生填埋 Sanitary Landfill
江 苏	10745	9594	270.27	270.27	28	6	17	5	16715	2430
丰 县	520	492	10.50	10.50	2		1	1	1100	
沛 县	727	558	25.51	25.51	2		1	1	850	
睢宁县	687	618	15.99	15.99	3	1	1	1	1230	480
如东县	583	517	8.04	8.04	1		1		1800	
东海县	550	495	13.65	13.65	1		1		600	
灌云县	385	335	7.87	7.87	1		1		500	
灌南县	400	380	12.78	12.78	1		1		760	
涟水县	504	433	11.88	11.88	1		1		800	
盱眙县	430	314	10.10	10.10	1		1		925	
金湖县	572	525	8.55	8.55						
响水县	285	262	11.78	11.78	1	1			350	350
滨海县	568	494	24.55	24.55	2	1	1		1100	300
阜宁县	442	394	10.90	10.90	1		1		600	
射阳县	490	320	18.33	18.33	1		1		30	
建湖县	490	456	14.45	14.45	1		1		1400	
宝应县	530	477	11.90	11.90	3	1	1	1	1160	500
沭阳县	1010	981	21.30	21.30	3	1	1	1	1810	500
泗阳县	562	546	20.03	20.03	1		1		600	
泗洪县	1011	998	12.18	12.18	2	1	1		1100	300
浙 江	10671	8396	226.54	226.54	37		24	13	18353	
桐庐县	354	291	7.99	7.99						
淳安县	246	211	5.44	5.44	1		1		300	
象山县	729	588	9.59	9.59	2		1	1	900	
宁海县	859	683	8.86	8.86	1		1		1205	
永嘉县	102	79	4.42	4.42	2		2		1450	
平阳县	169	126	6.67	6.67	1		1		1350	
苍南县	189	175	16.60	16.60	1		1		1400	
文成县	79	60	2.50	2.50	1			1	550	
泰顺县	125	125	2.94	2.94	1		1		300	
嘉善县	264	251	14.44	14.44	1		1		1250	
海盐县	402	350	6.94	6.94	2		1	1	975	
德清县	523	460	9.95	9.95	2		1	1	800	
长兴县	671	570	13.53	13.53	3		1	2	1200	
安吉县	778	700	9.61	9.61	1		1		750	
新昌县	558	477	13.76	13.76	2		2		398	
武义县	625	200	8.57	8.57	2		1	1	975	
浦江县	478	324	6.26	6.26	1		1		800	
磐安县	120	92	2.08	2.08	1		1		300	

continued 9

焚烧 Incineration	其他 Other	Domestic Garbage 无害化处理量 (万吨) Volume of Harmlessly Treated (10000 tons)	卫生填埋 Sanitary Landfill	焚烧 Incineration	其他 Other	公共厕所 (座) Number of Latrines (unit)	三类以上 Grade III and Above	市容环卫专用车辆设备总数 (辆) Number of Vehicles and Equipment Designated for Municipal Environmental Sanitation (unit)	县名称 Name of Counties
13915	370	270.27	12.97	246.10	11.20	2300	2170	2639	江 苏
1000	100	10.50		8.15	2.35	104	104	61	丰 县
800	50	25.51		23.57	1.94	170	75	74	沛 县
700	50	15.99		14.51	1.49	204	204	147	睢宁县
1800		8.04		8.04		49	49	69	如东县
600		13.65		13.65		95	88	69	东海县
500		7.87		7.87		200	190	76	灌云县
760		12.78		12.78		101	101	63	灌南县
800		11.88		11.88		108	108	84	涟水县
925		10.10		10.10		58	58	56	盱眙县
		8.55		8.55		131	113	252	金湖县
		11.78	11.78			72	72	130	响水县
800		24.55		24.55		131	131	99	滨海县
600		10.90		10.90		168	168	114	阜宁县
30		18.33		18.33		107	107	123	射阳县
1400		14.45		14.45		68	68	153	建湖县
600	60	11.90		9.89	2.01	188	188	60	宝应县
1200	110	21.30	1.19	16.69	3.41	69	69	181	沭阳县
600		20.03		20.03		160	160	716	泗阳县
800		12.18		12.18		117	117	112	泗洪县
15661	2692	226.54		196.25	30.28	1759	1653	2911	浙 江
		7.99		7.99		63	63	124	桐庐县
300		5.44		5.44		56	56	141	淳安县
600	300	9.59		6.22	3.37	68	61	154	象山县
1205		8.86		8.86		102	102	80	宁海县
1450		4.42		4.42		31	31	35	永嘉县
1350		6.67		6.67		32	32	57	平阳县
1400		16.60		16.60		26	26	46	苍南县
	550	2.50			2.50	23	23	161	文成县
300		2.94		2.94		30	26	79	泰顺县
1250		14.44		14.44		68	68	201	嘉善县
800	175	6.94		5.87	1.07	83	83	88	海盐县
600	200	9.95		6.48	3.47	67	67	138	德清县
750	450	13.53		9.99	3.54	61	61	150	长兴县
550	200	9.61		7.47	2.14	70	70	99	安吉县
306	92	13.76		10.39	3.36	103	103	174	新昌县
900	75	8.57		5.88	2.69	158	74	115	武义县
800		6.26		6.26		33	33	59	浦江县
300		2.08		2.08		19	19	55	磐安县

9-2 续表10

县名称 Name of Counties	道路清扫保洁面积（万平方米）Surface Area of Roads Cleaned and Maintained (10000 sq. m)	机械化 Mechanization	生活垃圾 清运量（万吨）Collected and Transported (10000 tons)	处理量（万吨）Volume of Treated (10000 tons)	无害化处理厂(场)数（座）Number of Harmless Treatment Plants/Grounds (unit)	卫生填埋 Sanitary Landfill	焚烧 Incineration	其他 Other	无害化处理能力（吨/日）Harmless Treatment Capacity (ton/day)	卫生填埋 Sanitary Landfill
常山县	171	135	3.29	3.29						
开化县	274	159	5.61	5.61	1		1		300	
龙游县	165	148	5.55	5.55	1		1		300	
岱山县	169	87	4.88	4.88						
嵊泗县	36	15	1.93	1.93						
三门县	332	300	5.54	5.54	1		1		500	
天台县	580	525	12.43	12.43	2		1	1	480	
仙居县	345	317	6.11	6.11	1		1		300	
青田县	81	57	10.53	10.53	2		1	1	550	
缙云县	80	60	3.96	3.96	1		1		500	
遂昌县	281	185	3.68	3.68	1			1	300	
松阳县	252	199	2.84	2.84						
云和县	272	172	4.67	4.67						
庆元县	178	134	3.64	3.64	1			1	220	
景宁县	184	141	1.73	1.73						
安 徽	25454	23273	358.02	358.02	39	3	26	10	20068	609
长丰县	389	365	14.32	14.32	1		1		1000	
肥西县	750	728	24.04	24.04	2		1	1	2800	
肥东县	631	600	12.54	12.54						
庐江县	830	797	7.64	7.64	1		1		1000	
南陵县	627	608	6.31	6.31						
怀远县	384	317	12.98	12.98	1		1		800	
五河县	560	474	7.29	7.29	1		1		500	
固镇县	411	370	7.01	7.01						
凤台县	446	433	6.76	6.76						
寿 县	589	478	5.98	5.98	1		1		600	
当涂县	304	274	5.93	5.93	1	1			235	235
含山县	229	208	3.06	3.06						
和 县	255	238	10.70	10.70	1		1		600	
濉溪县	197	179	6.26	6.26						
枞阳县	239	206	2.52	2.52	1		1		400	
怀宁县	600	540	3.72	3.72						
太湖县	375	340	8.21	8.21	1	1			174	174
宿松县	608	577	4.64	4.64						
望江县	330	283	4.25	4.25						
岳西县	147	129	3.72	3.72						
歙 县	244	207	5.50	5.50	2			2	20	
休宁县	193	170	2.02	2.02	1			1	15	
黟 县	214	176	0.91	0.91						

continued 10

焚烧 Incineration	其他 Other	Domestic Garbage 无害化处理量 (万吨) Volume of Harmlessly Treated (10000 tons)	卫生填埋 Sanitary Landfill	焚烧 Incineration	其他 Other	公共厕所 (座) Number of Latrines (unit)	三类以上 Grade III and Above	市容环卫专用车辆设备总数 (辆) Number of Vehicles and Equipment Designated for Municipal Environmental Sanitation (unit)	县名称 Name of Counties
		3.29		3.29		34	34	25	常山县
300		5.61		5.61		52	52	75	开化县
300		5.55		5.55		36	36	15	龙游县
		4.88		4.63	0.25	46	46	71	岱山县
		1.93		1.81	0.12	23	19	56	嵊泗县
500		5.54		5.54		36	29	52	三门县
400	80	12.43		10.69	1.74	57	57	58	天台县
300		6.11		6.11		43	43	52	仙居县
500	50	10.53		9.09	1.44	75	75	84	青田县
500		3.96		3.96		70	70	58	缙云县
	300	3.68			3.68	46	46	138	遂昌县
		2.84		2.84		30	30	38	松阳县
		1.67		1.67		45	45	73	云和县
	220	3.64		2.74	0.90	33	33	67	庆元县
		1.73		1.73		40	40	93	景宁县
18500	959	358.02	3.87	344.16	9.99	3314	2581	4019	安 徽
1000		14.32		14.32		43	11	114	长丰县
2000	800	24.04		20.69	3.35	25	25	55	肥西县
		12.54		12.54		49	49	117	肥东县
1000		7.64		7.64		14	14	82	庐江县
		6.31		5.74	0.57	52	52	68	南陵县
800		12.98		12.98		130	130	48	怀远县
500		7.29		7.29		105	105	41	五河县
		7.01		7.01		85	8	31	固镇县
		6.76		6.76		38	27	65	凤台县
600		5.98		5.70	0.28	88	60	79	寿 县
		5.93	0.15	5.40	0.39	59	59	81	当涂县
		3.06		2.77	0.29	37	19	35	含山县
600		10.70		10.35	0.36	30	30	18	和 县
		6.26		5.38	0.88	70		56	濉溪县
400		2.52		2.52		57	57	37	枞阳县
		3.72		3.67	0.04	20	20	285	怀宁县
		8.21		8.21		45		72	太湖县
		4.64		4.64		23	23	88	宿松县
		4.25		4.25		36	36	75	望江县
		3.72		3.69	0.04	32	26	140	岳西县
	20	5.50		4.72	0.77	31	31	31	歙 县
	15	2.02		1.58	0.44	89	89	17	休宁县
		0.91		0.73	0.18	23	23	19	黟 县

9-2 续表11

县名称 Name of Counties	道路清扫保洁面积（万平方米）Surface Area of Roads Cleaned and Maintained (10000 sq. m)	机械化 Mechanization	生活垃圾							
			清运量（万吨）Collected and Transported (10000 tons)	处理量（万吨）Volume of Treated (10000 tons)	无害化处理厂(场)数（座）Number of Harmless Treatment Plants/Grounds (unit)	卫生填埋 Sanitary Landfill	焚烧 Incineration	其他 Other	无害化处理能力（吨/日）Harmless Treatment Capacity (ton/day)	卫生填埋 Sanitary Landfill
祁门县	135	110	2.07	2.07	1			1	18	
来安县	699	674	5.67	5.67						
全椒县	662	613	6.94	6.94						
定远县	758	735	5.44	5.44	1		1		500	
凤阳县	882	815	12.38	12.38	1		1		400	
临泉县	949	855	9.44	9.44	1		1		1350	
太和县	859	790	10.88	10.88	1		1		900	
阜南县	520	483	7.07	7.07	1		1		500	
颍上县	678	629	9.40	9.40	1		1		600	
砀山县	692	574	7.71	7.71	1		1		400	
萧县	658	601	6.43	6.43	1		1		800	
灵璧县	754	660	9.55	9.55	1		1		400	
泗县	763	671	7.18	7.18	1		1		600	
霍邱县	585	528	7.20	7.20	1		1		800	
舒城县	840	770	7.69	7.69	1		1		450	
金寨县	940	914	7.22	7.22	2		1	1	645	
霍山县	584	530	7.19	7.19	1		1		400	
涡阳县	830	790	17.57	17.57	1		1		800	
蒙城县	921	909	13.99	13.99	1		1		700	
利辛县	528	455	8.00	8.00	2		1	1	1040	
东至县	206	186	3.72	3.72	2	1	1		600	200
石台县	53	45	1.20	1.20	1			1	5	
青阳县	390	354	3.68	3.68						
郎溪县	343	296	4.41	4.41						
泾县	320	282	4.96	4.96						
绩溪县	221	192	2.61	2.61	1			1	6	
旌德县	132	115	2.09	2.09	1			1	10	
福建	9165	5761	267.59	267.59	33	16	14	3	13874	3401
闽侯县	515	364	5.91	5.91	1		1		600	
连江县	281	174	6.63	6.63	1		1		1000	
罗源县	171	93	5.68	5.68	1		1		600	
闽清县	69	53	2.63	2.63	1		1		300	
永泰县	170	138	4.90	4.90	1		1		600	
仙游县	499	461	10.40	10.40	1		1		578	
明溪县	86	41	2.39	2.39	2	1		1	110	100
清流县	136	47	1.42	1.42	1	1			150	150
宁化县	220	80	6.80	6.80	1	1			200	200
大田县	81	33	3.30	3.30	1	1			200	200
尤溪县	204	152	2.56	2.56	1	1			130	130

continued 11

焚烧 Incineration	其他 Other	Domestic Garbage 无害化处理量（万吨）Volume of Harmlessly Treated (10000 tons)	卫生填埋 Sanitary Landfill	焚烧 Incineration	其他 Other	公共厕所（座）Number of Latrines (unit)	三类以上 Grade III and Above	市容环卫专用车辆设备总数（辆）Number of Vehicles and Equipment Designated for Municipal Environmental Sanitation (unit)	县名称 Name of Counties
	18	2.07		1.86	0.21	22	5	32	祁门县
		5.67		5.67		84	82	159	来安县
		6.94		6.94		47	47	61	全椒县
500		5.44		5.44		79	79	64	定远县
400		12.38		12.38		53	53	97	凤阳县
1350		9.44		9.44		78	75	243	临泉县
900		10.88		10.88		74	74	109	太和县
500		7.07		7.07		64	64	35	阜南县
600		9.40		9.40		190	190	84	颍上县
400		7.71		7.71		62	62	112	砀山县
800		6.43		6.43		81	77	62	萧　县
400		9.55		9.55		68	30	95	灵璧县
600		7.18		7.18		124	75	98	泗　县
800		7.20		7.20		90	60	44	霍邱县
450		7.69		7.69		59	59	101	舒城县
600	45	7.22		6.49	0.73	112	87	75	金寨县
400		7.19		7.19		74	53	39	霍山县
800		17.57		17.57		63	35	127	涡阳县
700		13.99		13.99		275	70	102	蒙城县
1000	40	8.00		7.48	0.52	140	126	84	利辛县
400		3.72	3.72			19	19	10	东至县
	5	1.20		1.11	0.09	14	14	277	石台县
		3.68		3.52	0.16	40	40	31	青阳县
		4.41		4.41		70	70	36	郎溪县
		4.96		4.62	0.34	64	64	53	泾　县
	6	2.61		2.44	0.17	51	51	28	绩溪县
	10	2.09		1.92	0.17	36	26	107	旌德县
9913	560	267.59	83.66	178.52	5.40	1739	1451	2243	福　建
600		5.91		5.91		69	29	119	闽侯县
1000		6.63		6.63		57	57	107	连江县
600		5.68		5.68		42	42	36	罗源县
300		2.63		2.63		45	45	83	闽清县
600		4.90		4.90		42	42	53	永泰县
578		10.40		10.40		76	76	104	仙游县
	10	2.39	2.24		0.14	28	28	26	明溪县
		1.42	1.42			29	29	28	清流县
		6.80	6.80			45	45	28	宁化县
		3.30	3.30			57	57	29	大田县
		2.56	2.56			64	46	25	尤溪县

9-2 续表12

县名称 Name of Counties	道路清扫保洁面积（万平方米）Surface Area of Roads Cleaned and Maintained (10000 sq. m)	机械化 Mechanization	生活垃圾 清运量（万吨）Collected and Transported (10000 tons)	处理量（万吨）Volume of Treated (10000 tons)	无害化处理厂(场)数（座）Number of Harmless Treatment Plants/Grounds (unit)	卫生填埋 Sanitary Landfill	焚烧 Incineration	其他 Other	无害化处理能力（吨/日）Harmless Treatment Capacity (ton/day)	卫生填埋 Sanitary Landfill
将乐县	122	57	4.38	4.38	1	1			150	150
泰宁县	107	78	3.87	3.87	1	1			123	123
建宁县	125	80	2.21	2.21	1	1			130	130
惠安县	150	130	10.28	10.28	1		1		1200	
安溪县	320	250	12.70	12.70	1		1		1350	
永春县	250	110	9.60	9.60						
德化县	546	290	6.36	6.36						
云霄县	444	248	48.53	48.53						
漳浦县	502	378	7.40	7.40	1		1		925	
诏安县	250	168	5.20	5.20	1			1	400	
东山县	316	165	8.14	8.14						
南靖县	190	156	2.89	2.89						
平和县	108	62	3.91	3.91						
华安县	55	43	0.67	0.67	1		1		1000	
顺昌县	123	72	4.40	4.40						
浦城县	213	121	6.31	6.31	1	1			300	300
光泽县	96	30	3.08	3.08						
松溪县	155	88	3.67	3.67	1	1			120	120
政和县	196	50	2.92	2.92						
长汀县	270	221	7.21	7.21	1	1			300	300
上杭县	237	191	4.74	4.74	1	1			600	600
武平县	212	180	6.41	6.41	1		1		300	
连城县	287	181	7.66	7.66	1	1			150	150
霞浦县	288	151	16.34	16.34	1	1			448	448
古田县	180	118	4.82	4.82	1		1		400	
屏南县	126	88	3.85	3.85	1		1		160	
寿宁县	59	35	3.82	3.82	1	1			200	200
周宁县	73	41	2.73	2.73	1	1			100	100
柘荣县	123	73	3.19	3.19						
平潭县	611	270	7.68	7.68	2		1	1	1050	
江　西	**21522**	**18754**	**356.83**	**356.83**	**27**		**21**	**6**	**12930**	
南昌县	1807	1626	33.40	33.40						
安义县	203	198	5.04	5.04						
进贤县	381	326	17.64	17.64						
浮梁县	200	197	3.13	3.13						
莲花县	204	87	2.66	2.66						
上栗县	202	180	2.77	2.77						
芦溪县	155	139	2.20	2.20						
武宁县	269	245	6.05	6.05	1			1	20	

continued 12

焚烧 Incineration	其他 Other	Domestic Garbage 无害化处理量（万吨）Volume of Harmlessly Treated (10000 tons)	卫生填埋 Sanitary Landfill	焚烧 Incineration	其他 Other	公共厕所（座）Number of Latrines (unit)	三类以上 Grade III and Above	市容环卫专用车辆设备总数（辆）Number of Vehicles and Equipment Designated for Municipal Environmental Sanitation (unit)	县名称 Name of Counties
		4.38	4.38			38	38	18	将乐县
		3.87	3.87			38	29	26	泰宁县
		2.21	2.21			22	22	33	建宁县
1200		10.28		10.28		47	47	103	惠安县
1350		12.70		12.70		52	15	63	安溪县
		9.60		9.60		37	6	20	永春县
		6.36		6.36		83	83	59	德化县
		48.53		48.53		90	86	32	云霄县
925		7.40		7.40		78	78	30	漳浦县
	400	5.20			5.20	33	33	288	诏安县
		8.14		8.14		22		127	东山县
		2.89		2.89		29	29	32	南靖县
		3.91		3.91		17	17	24	平和县
1000		0.67		0.67		25	24	25	华安县
		4.40	4.40			30	30	31	顺昌县
		6.31	6.31			27	27	137	浦城县
		3.08		3.08		50	48	25	光泽县
		3.67	3.67			12		18	松溪县
		2.92		2.92		42	42	48	政和县
		7.21	7.21			50	50	71	长汀县
		4.74	4.74			76	76	26	上杭县
300		6.41		6.41		44	44	27	武平县
		7.66	7.66			25		27	连城县
		16.34	16.34			59		90	霞浦县
400		4.82		4.82		44	44	31	古田县
160		3.85		3.85		36	33	29	屏南县
		3.82	3.82			14	14	20	寿宁县
		2.73	2.73			25		18	周宁县
		3.19		3.19		4	4	35	柘荣县
900	150	7.68		7.62	0.06	36	36	92	平潭县
12800	**130**	**356.83**		**352.18**	**4.65**	**3926**	**3915**	**7486**	**江 西**
		33.40		33.40		76	76	318	南昌县
		5.04		5.04		14	14	79	安义县
		17.64		17.64		92	92	53	进贤县
		3.13		2.90	0.23	29	27	71	浮梁县
		2.66		2.66		19	18	110	莲花县
		2.77		2.77		31	31	146	上栗县
		2.20		2.20		29	29	53	芦溪县
	20	6.05		5.66	0.40	245	245	37	武宁县

9-2 续表13

县名称 Name of Counties	道路清扫保洁面积(万平方米) Surface Area of Roads Cleaned and Maintained (10000 sq. m)	机械化 Mechanization	生活垃圾 清运量(万吨) Collected and Transported (10000 tons)	处理量(万吨) Volume of Treated (10000 tons)	无害化处理厂(场)数(座) Number of Harmless Treatment Plants/Grounds (unit)	卫生填埋 Sanitary Landfill	焚烧 Incineration	其他 Other	无害化处理能力(吨/日) Harmless Treatment Capacity (ton/day)	卫生填埋 Sanitary Landfill
修水县	534	480	13.69	13.69	1		1		600	
永修县	200	176	7.04	7.04						
德安县	481	413	4.55	4.55						
都昌县	370	310	11.17	11.17	1		1		800	
湖口县	298	270	4.61	4.61						
彭泽县	446	400	5.87	5.87						
分宜县	355	308	5.08	5.08						
信丰县	935	702	9.80	9.80	1		1		800	
大余县	310	290	3.72	3.72						
上犹县	332	260	3.91	3.91						
崇义县	119	114	1.94	1.94	1		1		400	
安远县	253	229	7.15	7.15						
定南县	202	172	4.56	4.56	1			1	10	
全南县	175	171	2.48	2.48						
宁都县	668	635	6.55	6.55	1		1		800	
于都县	592	544	9.26	9.26	1		1		500	
兴国县	566	537	8.75	8.75	1		1		1000	
会昌县	365	358	3.35	3.35						
寻乌县	320	305	3.59	3.59						
石城县	243	206	3.78	3.78						
吉安县	374	338	6.12	6.12						
吉水县	158	150	3.24	3.24						
峡江县	213	192	1.29	1.29						
新干县	460	390	4.41	4.41						
永丰县	436	378	8.54	8.54	2		1	1	840	
泰和县	502	368	8.97	8.97						
遂川县	314	283	3.63	3.63	1		1		300	
万安县	206	185	1.85	1.85						
安福县	270	189	7.58	7.58	1		1		500	
永新县	347	246	7.03	7.03	1		1		600	
奉新县	279	185	3.66	3.66	1		1		600	
万载县	211	198	9.93	9.93	1		1		800	
上高县	283	236	7.58	7.58	1		1		400	
宜丰县	340	224	1.90	1.90						
靖安县	176	153	1.71	1.71						
铜鼓县	142	99	2.75	2.75						
南城县	365	347	7.30	7.30	1			1	20	
黎川县	262	249	4.94	4.94						
南丰县	427	406	4.10	4.10	1		1		600	

continued 13

		Domestic Garbage				公共厕所（座）	三类以上	市容环卫专用车辆设备总数（辆）	县名称
焚烧 Incineration	其他 Other	无害化处理量（万吨）Volume of Harmlessly Treated (10000 tons)	卫生填埋 Sanitary Landfill	焚烧 Incineration	其他 Other	Number of Latrines (unit)	Grade III and Above	Number of Vehicles and Equipment Designated for Municipal Environmental Sanitation (unit)	Name of Counties
600		13.69		13.69		113	113	272	修水县
		7.04		7.04		71	71	98	永修县
		4.55		4.55		65	65	104	德安县
800		11.17		11.17		98	98	83	都昌县
		4.61		4.61		90	90	46	湖口县
		5.87		5.87		294	294	225	彭泽县
		5.08		5.08		49	49	97	分宜县
800		9.80		9.80		141	141	77	信丰县
		3.72		3.72		96	96	202	大余县
		3.91		3.91		40	40	239	上犹县
400		1.94		1.94		20	20	58	崇义县
		7.15		7.15		50	50	67	安远县
	10	4.56		4.46	0.10	59	59	51	定南县
		2.48		2.48		40	40	196	全南县
800		6.55		6.55		113	113	172	宁都县
500		9.26		9.26		102	102	509	于都县
1000		8.75		8.75		98	98	365	兴国县
		3.35		3.35		36	36	58	会昌县
		3.59		3.59		55	55	126	寻乌县
		3.78		3.78		57	57	153	石城县
		6.12		5.41	0.71	36	36	52	吉安县
		3.24		2.88	0.36	38	38	37	吉水县
		1.29		1.11	0.18	27	27	46	峡江县
		4.41		4.16	0.25	48	48	112	新干县
800	40	8.54		7.62	0.92	97	97	532	永丰县
		8.97		8.40	0.57	97	97	220	泰和县
300		3.63		3.63		35	35	119	遂川县
		1.85		1.85		25	25	76	万安县
500		7.58		7.58		44	44	31	安福县
600		7.03		7.03		48	48	64	永新县
600		3.66		3.66		80	80	123	奉新县
800		9.93		9.93		43	43	32	万载县
400		7.58		7.58		50	47	69	上高县
		1.90		1.90		30	25	53	宜丰县
		1.71		1.71		39	39	41	靖安县
		2.75		2.75		26	26	27	铜鼓县
	20	7.30		6.95	0.34	65	65	121	南城县
		4.94		4.94		20	20	37	黎川县
600		4.10		4.10		118	118	219	南丰县

9-2 续表14

县名称 Name of Counties	道路清扫保洁面积(万平方米) Surface Area of Roads Cleaned and Maintained (10000 sq. m)	机械化 Mechanization	生活垃圾							
			清运量(万吨) Collected and Transported (10000 tons)	处理量(万吨) Volume of Treated (10000 tons)	无害化处理厂(场)数(座) Number of Harmless Treatment Plants/Grounds (unit)	卫生填埋 Sanitary Landfill	焚烧 Incineration	其他 Other	无害化处理能力(吨/日) Harmless Treatment Capacity (ton/day)	卫生填埋 Sanitary Landfill
崇仁县	382	352	6.69	6.69	1		1		500	
乐安县	246	235	6.30	6.30						
宜黄县	112	107	2.73	2.73						
金溪县	211	203	5.34	5.34						
资溪县	115	48	1.60	1.60	1			1	30	
广昌县	212	202	3.35	3.35	1			1	10	
玉山县	498	448	6.89	6.89						
铅山县	315	272	2.72	2.72						
横峰县	120	105	2.09	2.09						
弋阳县	420	361	4.20	4.20	1		1		600	
余干县	438	385	5.70	5.70	1		1		600	
鄱阳县	383	345	8.18	8.18	1		1		600	
万年县	470	447	5.05	5.05	1		1		500	
婺源县	650	550	5.74	5.74	1		1		500	
山 东	22850	19936	373.96	373.96	59	13	40	6	29650	3230
平阴县	233	174	5.33	5.33	1	1			300	300
商河县	301	274	4.03	4.03	2	1	1		760	260
桓台县	399	228	4.73	4.73						
高青县	415	204	3.35	3.35	1			1	200	
沂源县	288	183	6.26	6.26	1		1		400	
利津县	242	189	2.33	2.33						
广饶县	351	338	8.78	8.78	2		1	1	660	
临朐县	835	767	10.60	10.60	1		1		600	
昌乐县	673	620	10.81	10.81	1		1		500	
微山县	425	423	6.27	6.27	1		1		600	
鱼台县	444	392	5.36	5.36	1		1		400	
金乡县	667	640	9.10	9.10	1		1		800	
嘉祥县	343	313	8.65	8.65	2		1	1	1200	
汶上县	381	370	7.32	7.32	1		1		750	
泗水县	366	335	6.39	6.39	1		1		400	
梁山县	480	461	7.22	7.22	1		1		750	
宁阳县	387	350	4.79	4.79	1		1		500	
东平县	480	408	7.35	7.35	2	1	1		1000	500
五莲县	436	399	5.42	5.42	1		1		300	
莒 县	571	568	10.51	10.51	3	1	1	1	910	300
沂南县	496	400	6.75	6.75	1		1		600	
郯城县	480	405	7.88	7.88	1		1		800	
沂水县	870	817	14.45	14.45	2	1	1		900	300
兰陵县	346	257	11.02	11.02	1		1		800	

continued 14

Domestic Garbage						公共厕所（座）Number of Latrines (unit)	三类以上 Grade Ⅲ and Above	市容环卫专用车辆设备总数（辆）Number of Vehicles and Equipment Designated for Municipal Environmental Sanitation (unit)	县名称 Name of Counties
焚烧 Incineration	其他 Other	无害化处理量（万吨）Volume of Harmlessly Treated (10000 tons)	卫生填埋 Sanitary Landfill	焚烧 Incineration	其他 Other				
500		6.69		6.69		49	49	71	崇仁县
		6.30		6.19	0.10	39	39	48	乐安县
		2.73		2.73		32	32	46	宜黄县
		5.34		5.29	0.06	64	64	50	金溪县
	30	1.60		1.51	0.08	35	35	45	资溪县
	10	3.35		3.02	0.33	35	35	87	广昌县
		6.89		6.89		37	37	266	玉山县
		2.72		2.72		68	68	102	铅山县
		2.09		2.09		51	51	39	横峰县
600		4.20		4.20		57	57	101	弋阳县
600		5.70		5.70		78	78	38	余干县
600		8.18		8.18		90	90	55	鄱阳县
500		5.05		5.05		42	42	427	万年县
500		5.74		5.74		61	61	35	婺源县
25700	720	373.96	1.63	355.77	16.56	2642	2297	3980	山　东
		5.33	0.53	4.80		49	18	52	平阴县
500		4.03		4.03		66	22	143	商河县
		4.73		4.21	0.52	52	52	116	桓台县
	200	3.35		2.99	0.36	48	48	125	高青县
400		6.26		5.70	0.56	77	77	48	沂源县
		2.33		2.24	0.09	87	87	80	利津县
600	60	8.78		8.06	0.71	63	63	64	广饶县
600		10.60		10.60		33	33	83	临朐县
500		10.81		10.52	0.29	65	65	144	昌乐县
600		6.27		5.80	0.47	34	34	34	微山县
400		5.36		4.97	0.39	36	32	57	鱼台县
800		9.10		8.51	0.58	37	37	53	金乡县
1000	200	8.65		7.71	0.94	45	45	59	嘉祥县
750		7.32	0.50	6.81		54	34	83	汶上县
400		6.39		6.39		34	34	55	泗水县
750		7.22		6.57	0.65	18	18	75	梁山县
500		4.79		4.61	0.18	82	82	69	宁阳县
500		7.35		7.17	0.18	95	92	98	东平县
300		5.42		5.28	0.14	26	26	81	五莲县
600	10	10.51		10.37	0.14	51	34	134	莒　县
600		6.75		6.75		39	39	84	沂南县
800		7.88		7.31	0.57	71	45	47	郯城县
600		14.45		14.45		163	93	140	沂水县
800		11.02		10.14	0.88	57	57	81	兰陵县

9-2 续表 15

县名称 Name of Counties	道路清扫保洁面积（万平方米） Surface Area of Roads Cleaned and Maintained (10000 sq. m)	机械化 Mechanization	生活垃圾							
			清运量（万吨） Collected and Transported (10000 tons)	处理量（万吨） Volume of Treated (10000 tons)	无害化处理厂(场)数（座） Number of Harmless Treatment Plants/ Grounds (unit)	卫生填埋 Sanitary Landfill	焚烧 Incineration	其他 Other	无害化处理能力（吨/日） Harmless Treatment Capacity (ton/day)	卫生填埋 Sanitary Landfill
费 县	353	273	6.29	6.29	1		1		600	
平邑县	450	395	8.68	8.68	1		1		600	
莒南县	838	622	12.46	12.46	2	1	1		800	200
蒙阴县	324	234	6.11	6.11	1		1		500	
临沭县	355	279	10.54	10.54	2	1	1		700	200
宁津县	387	285	4.79	4.79	1	1			150	150
庆云县	220	220	3.78	3.78						
临邑县	360	354	6.57	6.57	1		1		800	
齐河县	772	733	13.98	13.98	1		1		500	
平原县	353	318	4.05	4.05	1	1			160	160
夏津县	359	297	6.50	6.50	1		1		600	
武城县	352	352	4.04	4.04						
阳谷县	360	359	6.67	6.67	1		1		600	
莘 县	664	583	5.74	5.74						
东阿县	308	290	4.76	4.76	1	1			200	200
冠 县	335	321	7.77	7.77	3	1	1	1	950	200
高唐县	734	501	6.37	6.37	2	1	1		860	260
惠民县	247	245	6.42	6.42	1		1		600	
阳信县	318	277	2.86	2.86	1		1		500	
无棣县	428	347	4.45	4.45	1	1			200	200
博兴县	353	336	5.16	5.16						
曹 县	326	287	9.57	9.57	1		1		1200	
单 县	630	580	14.00	14.00	2		1	1	900	
成武县	314	284	5.10	5.10	1		1		300	
巨野县	435	410	12.22	12.22	1		1		800	
郓城县	413	351	8.44	8.44	1		1		1800	
鄄城县	530	489	7.27	7.27	1		1		600	
东明县	423	400	4.71	4.71	1		1		600	
河 南	30410	23571	617.52	616.67	71	36	33	2	32066	8866
中牟县	394	369	8.26	8.26						
杞 县	284	236	5.12	5.12	1		1		600	
通许县	225	218	4.34	4.34	1	1			160	160
尉氏县	610	597	5.04	5.04	1	1			170	170
兰考县	670	650	8.17	8.17	1		1		600	
新安县	433	410	5.76	5.76	1		1		800	
栾川县	223	170	6.95	6.95	1	1			190	190
嵩 县	240	190	5.93	5.93	1	1			123	123
汝阳县	135	90	3.36	3.36						
宜阳县	630	321	6.81	6.81	1		1		600	

continued 15

焚 烧 Incineration	其 他 Other	Domestic Garbage 无害化处理量（万吨）Volume of Harmlessly Treated (10000 tons)	卫 生 填 埋 Sanitary Landfill	焚 烧 Incineration	其 他 Other	公共厕所（座）Number of Latrines (unit)	三类以上 Grade III and Above	市容环卫专用车辆设备总数（辆）Number of Vehicles and Equipment Designated for Municipal Environmental Sanitation (unit)	县名称 Name of Counties
600		6.29		6.29		71	71	56	费 县
600		8.68		8.68		82	40	54	平邑县
600		12.46		11.95	0.51	70	60	114	莒南县
500		6.11		6.11		49	49	55	蒙阴县
500		10.54		10.13	0.41	72	72	77	临沭县
		4.79		4.79		62	62	69	宁津县
		3.78		3.78		40	40	38	庆云县
800		6.57		6.57		22	22	83	临邑县
500		13.98		13.98		64	64	90	齐河县
		4.05	0.03	3.55	0.46	30	30	44	平原县
600		6.50		6.50		33	26	91	夏津县
		4.04		3.47	0.57	25	25	54	武城县
600		6.67		5.50	1.08	52	52	91	阳谷县
		5.74		4.88	0.86	37	33	66	莘 县
		4.76		4.44	0.32	30	30	33	东阿县
600	150	7.77		6.91	0.86	31	31	80	冠 县
600		6.37		6.01	0.36	50	50	150	高唐县
600		6.42		6.42		31	30	50	惠民县
500		2.86		2.86		19	19	24	阳信县
		4.45	0.57	3.89		44	44	38	无棣县
		5.16		4.84	0.33	41	41	47	博兴县
1200		9.57		9.57		33	33	113	曹 县
800	100	14.00		11.70	2.30	113	47	51	单 县
300		5.10		5.10		32	32	85	成武县
800		12.22		12.22		50	50	64	巨野县
1800		8.44		7.97	0.48	45	45	137	郓城县
600		7.27		6.87	0.40	8	8	87	鄄城县
600		4.71		4.71		24	24	34	东明县
22990	210	600.06	160.20	438.39	1.47	5617	4472	6096	河 南
		8.26		8.26		34	32	119	中牟县
600		5.12		5.12		64	18	48	杞 县
		4.34	4.34			26	26	41	通许县
		5.04	5.04			51	46	186	尉氏县
600		8.17		8.17		76	76	81	兰考县
800		5.76		5.76		99	63	76	新安县
		6.95	6.95			47	37	189	栾川县
		5.93		5.93		19		55	嵩 县
		3.36		3.36		43		40	汝阳县
600		6.81		6.81		115	91	75	宜阳县

9-2 续表16

县名称 Name of Counties	道路清扫保洁面积(万平方米) Surface Area of Roads Cleaned and Maintained (10000 sq. m)	机械化 Mechanization	生活垃圾							
			清运量(万吨) Collected and Transported (10000 tons)	处理量(万吨) Volume of Treated (10000 tons)	无害化处理厂(场)数(座) Number of Harmless Treatment Plants/Grounds (unit)	卫生填埋 Sanitary Landfill	焚烧 Incineration	其他 Other	无害化处理能力(吨/日) Harmless Treatment Capacity (ton/day)	卫生填埋 Sanitary Landfill
洛宁县	322	289	3.82	3.82	1	1			110	110
伊川县	313	297	7.12	7.12	1		1		850	
宝丰县	336	322	6.36	6.36	2		1	1	1370	
叶 县	342	202	3.98	3.98	1		1		1000	
鲁山县	243	231	9.65	9.65						
郏 县	357	251	5.88	5.88	1	1				
安阳县	315	255	4.37	4.37						
汤阴县	463	442	4.15	4.15	1	1			400	400
滑 县	614	410	9.13	9.13	1		1		1000	
内黄县	342	185	5.13	5.13	2	1	1		445	145
浚 县	340	270	11.07	11.07	1	1			130	130
淇 县	280	40	4.99	4.99	1	1			200	200
新乡县	196	150	4.06	4.06	1	1			140	140
获嘉县	255	222	6.21	6.21	2	2			480	480
原阳县	350	340	4.96	4.96	1	1			520	520
延津县	270	190	3.19	3.19						
封丘县	290	200	7.30	7.30	1	1			160	160
修武县	325	95	2.79	2.79						
博爱县	337	100	5.74	5.74	1		1		1000	
武陟县	350	315	7.81	7.81						
温 县	305	239	4.40	4.40						
清丰县	446	274	4.12	4.12	1	1			550	550
南乐县	347	295	4.20	4.20	2	1	1		900	300
范 县	220	218	3.50	3.50						
台前县	361	332	7.36	7.36	1		1		600	
濮阳县	635	510	7.20	7.20	1		1		600	
鄢陵县	310	290	5.82	5.82						
襄城县	490	330	4.56	4.56						
舞阳县	275	185	5.89	5.89	1	1			130	130
临颍县	478	321	8.60	8.60	1	1			600	600
渑池县	243	218	6.52	6.52	1	1			300	300
卢氏县	221	201	3.68	3.68	1		1		110	
南召县	167	158	5.13	5.13	1	1			300	300
方城县	442	370	18.10	18.10	1	1			145	145
西峡县	375	356	6.46	6.46	1	1			210	210
镇平县	387	382	6.94	6.94	1	1			320	320
内乡县	334	317	5.46	5.46	1	1			140	140
淅川县	284	278	8.55	8.43	1	1			190	190
社旗县	395	235	7.60	7.60	1	1			122	122

continued 16

焚烧 Incineration	其他 Other	Domestic Garbage 无害化处理量（万吨）Volume of Harmlessly Treated (10000 tons)	卫生填埋 Sanitary Landfill	焚烧 Incineration	其他 Other	公共厕所（座）Number of Latrines (unit)	三类以上 Grade III and Above	市容环卫专用车辆设备总数（辆）Number of Vehicles and Equipment Designated for Municipal Environmental Sanitation (unit)	县名称 Name of Counties
		3.82		3.82		59		25	洛宁县
850		7.12		7.12		66	66	682	伊川县
1200	170	6.36		5.41	0.95	63	63	71	宝丰县
1000		3.98		3.98		56	56	48	叶县
						67	59	45	鲁山县
		5.88		5.88		53	53	43	郏县
		4.37		4.13	0.24	16	16	43	安阳县
		4.15		4.15		101	83	123	汤阴县
1000		9.13		9.13		180	180	51	滑县
300		5.13		5.13		18	9	9	内黄县
		11.07		11.07		41	41	87	浚县
		4.99		4.99		74	70	99	淇县
		4.06		4.06		8	8	15	新乡县
		6.21	6.21			31	31	27	获嘉县
		4.96		4.96		56	56	58	原阳县
		3.19		3.19		30	30	37	延津县
		7.30		7.30		33	33	42	封丘县
		2.79	2.79			24	24	25	修武县
1000		5.74		5.74		38	38	41	博爱县
		7.81	7.81			39	39	62	武陟县
		4.40	4.40			37	32	55	温县
		4.12		4.12		60	60	42	清丰县
600		4.20		4.20		22	22	24	南乐县
		3.50		3.50		30	30	20	范县
600		7.36		7.36		29	29	19	台前县
600		7.20		7.20		59	59	88	濮阳县
		5.82		5.82		32	32	152	鄢陵县
		4.56		4.56		51	51	36	襄城县
		5.89	5.89			78	78	31	舞阳县
		8.60	8.60			57	57	55	临颍县
		6.52		6.52		72	39	37	渑池县
110		3.68		3.68		37	27	27	卢氏县
		5.13	5.13			63	63	48	南召县
		18.10	18.10			100	58	130	方城县
		6.46	6.46			87	87	68	西峡县
		6.94		6.94		91	76	61	镇平县
		5.46	5.46			77	77	67	内乡县
		8.43	8.43			84	84	56	淅川县
		7.60	7.60			239	69	70	社旗县

9-2 续表17

县名称 Name of Counties	道路清扫保洁面积（万平方米）Surface Area of Roads Cleaned and Maintained (10000 sq. m)	机械化 Mechanization	生活垃圾							
			清运量（万吨）Collected and Transported (10000 tons)	处理量（万吨）Volume of Treated (10000 tons)	无害化处理厂(场)数（座）Number of Harmless Treatment Plants/Grounds (unit)	卫生填埋 Sanitary Landfill	焚烧 Incineration	其他 Other	无害化处理能力（吨/日）Harmless Treatment Capacity (ton/day)	卫生填埋 Sanitary Landfill
唐河县	550	430	8.67	8.66	1		1		380	
新野县	270	265	7.45	7.45	1	1			301	301
桐柏县	266	260	4.93	4.93						
民权县	426	402	18.02	18.02	1		1		600	
睢县	482	322	4.89	4.89	1		1		600	
宁陵县	270	22	4.21	4.21						
柘城县	380	150	7.98	7.98	1		1		400	
虞城县	420		9.26	9.26						
夏邑县	420	320	6.96	6.96						
罗山县	369	302	13.30	12.90	1	1			210	210
光山县	166		1.02	1.02	1		1		1200	
新县	210	137	4.37	4.37	1	1			150	150
商城县	300	280	4.02	4.02						
固始县	362	354	12.85	12.85	2	1	1		1100	300
潢川县	507	406	12.65	12.65	2	1		1	340	300
淮滨县	430	330	6.43	6.43						
息县	295	270	14.00	14.00	1	1			410	410
扶沟县	511	465	5.27	5.27	1		1		600	
西华县	406	360	25.98	25.98	1		1		1200	
商水县	327	311	5.03	5.03						
沈丘县	278	258	11.69	11.69	1		1		650	
郸城县	620	262	26.93	26.60	1		1		800	
太康县	310	180	11.48	11.48	1		1		700	
鹿邑县	610	540	21.09	21.09	2	1	1		880	280
西平县	435	304	6.33	6.33	2	1	1		1100	500
上蔡县	618	562	6.48	6.48	1		1		800	
平舆县	245	225	9.30	9.30	1		1		700	
正阳县	518	388	4.67	4.67	1		1		600	
确山县	370	340	7.37	7.37	1	1			180	180
泌阳县	455	440	5.53	5.53	1		1		600	
汝南县	505	450	7.66	7.66	1		1		600	
遂平县	279	220	4.46	4.46						
新蔡县	600	450	15.70	15.70	1		1		700	
湖北	9249	7144	202.19	202.19	37	22	9	6	7866	3001
阳新县	700	486	9.10	9.10						
郧西县	220	195	3.29	3.29	1	1			160	160
竹山县	162	130	3.49	3.49	1	1			150	150
竹溪县	106	86	4.18	4.18	1	1			183	183
房县	267	245	5.38	5.38	1	1			22	22

continued 17

焚烧 Incineration	其他 Other	Domestic Garbage 无害化处理量（万吨）Volume of Harmlessly Treated (10000 tons)	卫生填埋 Sanitary Landfill	焚烧 Incineration	其他 Other	公共厕所（座）Number of Latrines (unit)	三类以上 Grade III and Above	市容环卫专用车辆设备总数（辆）Number of Vehicles and Equipment Designated for Municipal Environmental Sanitation (unit)	县名称 Name of Counties
380		8.66		8.66		152	98	89	唐河县
		7.45	7.45			95	78	120	新野县
		4.93		4.93		69	58	54	桐柏县
600		18.02		18.02		95	95	107	民权县
600		4.89		4.89		53	53	58	睢　县
		4.21		4.21		30	3	35	宁陵县
400		7.98		7.98		79	39	130	柘城县
		9.26		9.26		91	91	56	虞城县
						28	28	41	夏邑县
		12.90	12.90			105	68	90	罗山县
1200		1.02		1.02		73	62	48	光山县
		4.37	4.37			39	39	41	新　县
		4.02		4.02		118	102	19	商城县
800		12.85		12.85		173		218	固始县
	40	12.65		12.36	0.29	150	138	185	潢川县
		6.43	6.43			36	35	75	淮滨县
		14.00	14.00			70	37	73	息　县
600		5.27		5.27		73		25	扶沟县
1200		25.98		25.98		33	33	70	西华县
		5.03		5.03		93	60	68	商水县
650		11.69		11.69		26	20	22	沈丘县
800		26.60		26.60		81	81	15	郸城县
700		11.48		11.48		86	80	45	太康县
600		21.09		21.09		141	141	90	鹿邑县
600		6.33		6.33		81	81	101	西平县
800		6.48		6.48		88	88	67	上蔡县
700		9.30		9.30		116	116	40	平舆县
600		4.67		4.67		40	33	34	正阳县
		7.37	7.37			52	52	45	确山县
600		5.53		5.53		101	101	91	泌阳县
600		7.66		7.66		67	67	91	汝南县
		4.46	4.46			81	81	99	遂平县
700		15.70		15.70		70	40	125	新蔡县
3990	875	202.19	80.23	108.37	13.59	1252	944	2306	湖　北
		9.10		9.10		51		96	阳新县
		3.29	3.29			85		49	郧西县
		3.49	3.49			30	30	22	竹山县
		4.18	4.18					73	竹溪县
		5.38	5.38			41	11	40	房　县

9-2 续表 18

县名称 Name of Counties	道路清扫保洁面积（万平方米） Surface Area of Roads Cleaned and Maintained (10000 sq. m)	机械化 Mechanization	生活垃圾 清运量（万吨） Collected and Transported (10000 tons)	处理量（万吨） Volume of Treated (10000 tons)	无害化处理厂（场）数（座） Number of Harmless Treatment Plants/Grounds (unit)	卫生填埋 Sanitary Landfill	焚烧 Incineration	其他 Other	无害化处理能力（吨/日） Harmless Treatment Capacity (ton/day)	卫生填埋 Sanitary Landfill
远安县	207	130	3.50	3.50	1		1		150	
兴山县	97	35	1.87	1.87						
秭归县	130	120	4.04	4.04	1		1		250	
长阳土家族自治县	120	48	2.84	2.84						
五峰土家族自治县	92	75	1.57	1.57	1	1			60	60
南漳县	225	186	4.33	4.33	1			1	500	
谷城县	435	406	11.27	11.27	2	1		1	350	300
保康县	77	70	3.02	3.02	1	1			152	152
沙洋县	354	139	3.02	3.02	2	1	1		623	223
孝昌县	170	140	6.21	6.21	1		1		600	
大悟县	325	243	11.32	11.32	2	2			310	310
云梦县	310	280	5.74	5.74	1		1		290	
公安县	377	143	12.70	12.70	1		1		500	
江陵县	183	142	3.23	3.23						
团风县	270	243	5.12	5.12						
红安县	246	230	7.89	7.89	1		1		800	
罗田县	375	278	4.65	4.65	1	1			135	135
英山县	252	160	4.65	4.65	1	1			127	127
浠水县	325	293	11.24	11.24						
蕲春县	331	310	8.32	8.32						
黄梅县	460	330	6.57	6.57						
嘉鱼县	386	351	7.98	7.98	1		1		250	
通城县	331	270	7.72	7.72						
崇阳县	347	295	7.58	7.58	1		1		800	
通山县	288	202	3.39	3.39	1	1			235	235
随　县	156	94	7.85	7.85	1	1			133	133
建始县	160	139	3.55	3.55	2	1		1	270	220
巴东县	145	124	2.36	2.36	2	1	1		280	80
咸丰县	137	110	3.90	3.90	2	2			150	150
来凤县	234	187	3.66	3.66	1	1			100	100
鹤峰县	102	90	1.82	1.82	2	1		1	160	150
宣恩县	61	61	2.83	2.83	2	1		1	65	50
神农架林区	85	78	1.01	1.01	1	1			61	61
湖　南	20024	15798	531.03	530.94	72	51	16	5	19911	10625
长沙县	1380	1242	48.74	48.74						
望城区	1252	1072	32.92	32.92						
攸　县	454	386	10.95	10.95	1			1	300	

continued 18

Domestic Garbage						公共厕所（座）Number of Latrines	三类以上 Grade III and Above	市容环卫专用车辆设备总数（辆）Number of Vehicles and Equipment Designated for Municipal Environmental Sanitation (unit)	县名称 Name of Counties
焚烧 Incineration	其他 Other	无害化处理量（万吨）Volume of Harmlessly Treated (10000 tons)	卫生填埋 Sanitary Landfill	焚烧 Incineration	其他 Other				
150		3.50		3.50		31	31	35	远安县
		1.87	1.87			13	12	18	兴山县
250		4.04		4.04		25	25	58	秭归县
		2.84	2.84			10	1	16	长阳土家族自治县
		1.57	1.57			15	14	37	五峰土家族自治县
	500	4.33			4.33	88	88	48	南漳县
	50	11.27	10.87		0.41	66	66	84	谷城县
		3.02	3.02			36	36	50	保康县
400		3.02		3.02		35	35	66	沙洋县
600		6.21		6.21		28	28	70	孝昌县
		11.32	11.32			44	44	52	大悟县
290		5.74		5.74		18	18	98	云梦县
500		12.70		12.70		34	34	65	公安县
		3.23		3.23		41	14	34	江陵县
		5.12		5.12		22		68	团风县
800		7.89		7.89		33	33	51	红安县
		4.65	4.65			32		35	罗田县
		4.65	4.65			18	18	42	英山县
		11.24		11.24		40	40	62	浠水县
		8.32		8.32		29	29	72	蕲春县
		6.57		6.57		47	47	80	黄梅县
	250	7.98			7.98	48		127	嘉鱼县
		7.72		7.72		26	26	148	通城县
800		7.58		7.58		23	23	134	崇阳县
		3.39	3.39			14	14	45	通山县
		7.85	7.85			14	12	20	随县
	50	3.55	0.61	2.56	0.38	44	44	51	建始县
200		2.36	0.23	2.13		42	42	35	巴东县
		3.90	2.37	1.53		38	38	39	咸丰县
		3.66	3.66			22	22	31	来凤县
	10	1.82	1.64		0.18	20	20	179	鹤峰县
	15	2.83	2.34	0.18	0.31	37	37	39	宣恩县
		1.01	1.01			12	12	37	神农架林区
8870	416	530.94	241.04	271.33	18.57	2492	1776	4008	湖 南
		48.74		43.28	5.46	135	135	300	长沙县
		32.92	32.92			33	33	213	望城区
	300	10.95			10.95	71	71	53	攸县

9-2 续表19

县名称 Name of Counties	道路清扫保洁面积（万平方米）Surface Area of Roads Cleaned and Maintained (10000 sq. m)	机械化 Mechanization	生活垃圾 清运量（万吨）Collected and Transported (10000 tons)	处理量（万吨）Volume of Treated (10000 tons)	无害化处理厂(场)数（座）Number of Harmless Treatment Plants/Grounds (unit)	卫生填埋 Sanitary Landfill	焚烧 Incineration	其他 Other	无害化处理能力（吨/日）Harmless Treatment Capacity (ton/day)	卫生填埋 Sanitary Landfill
茶陵县	310	268	2.86	2.86	1	1			179	179
炎陵县	181	82	2.99	2.99	1	1			100	100
湘潭县	451	406	6.66	6.66	2	1	1		1350	150
衡阳县	500	400	7.39	7.39						
衡南县	289	150	17.59	17.59						
衡山县	97	46	6.57	6.57						
衡东县	636	318	15.85	15.85	2	2			300	300
祁东县	450	336	10.04	10.04	1	1			200	200
南岳区	97	78	2.78	2.78						
新邵县	406	160	4.19	4.10	1		1		300	
邵阳县	221	172	4.82	4.82	1	1			300	300
隆回县	418	350	12.78	12.78	1	1			350	350
洞口县	161	137	5.47	5.47	1		1		600	
绥宁县	100	40	2.94	2.93	1	1			200	200
新宁县	256	205	9.21	9.21	1	1			400	400
城步苗族自治县	164	130	4.63	4.63	1	1			140	140
岳阳县	320	272	4.56	4.56	1			1	20	
华容县	324	241	9.52	9.52	1	1			260	260
湘阴县	405	385	6.06	6.06	1		1		600	
平江县	540	510	18.56	18.56	1	1			509	509
安乡县	285	235	7.35	7.35	1	1			200	200
汉寿县	289	266	5.62	5.62	1		1		400	
澧县	327	284	8.10	8.10	2	1	1		1200	400
临澧县	473	380	5.52	5.52	1	1			170	170
桃源县	202	180	6.50	6.50	1		1		500	
石门县	384	262	8.29	8.29	2	1	1		820	320
慈利县	253	220	4.03	4.03						
桑植县	71	67	4.73	4.73	2	1	1		375	125
南县	255	211	5.60	5.60						
桃江县	398	232	5.08	5.08	2	1	1		680	180
安化县	174	148	6.85	6.85	1	1			450	450
大通湖区	62	46	1.61	1.61						
桂阳县	612	512	10.63	10.63	1	1			200	200
宜章县	403	336	5.07	5.07	1	1			210	210
永兴县	354	283	9.21	9.21	2	1		1	368	300
嘉禾县	225	197	3.72	3.72	1		1		600	
临武县	121	97	6.23	6.23	1	1			160	160
汝城县	166	128	5.98	5.98	1	1			200	200

continued 19

焚烧 Incineration	其他 Other	Domestic Garbage 无害化处理量(万吨) Volume of Harmlessly Treated (10000 tons)	卫生填埋 Sanitary Landfill	焚烧 Incineration	其他 Other	公共厕所(座) Number of Latrines (unit)	三类以上 Grade III and Above	市容环卫专用车辆设备总数(辆) Number of Vehicles and Equipment Designated for Municipal Environmental Sanitation (unit)	县名称 Name of Counties
		2.86	2.86			33	2	24	茶陵县
		2.99	2.99			11	11	17	炎陵县
1200		6.66		6.66		37	37	50	湘潭县
		7.39	7.39			28	28	68	衡阳县
		17.59		17.59		18	18	58	衡南县
		6.57		6.57		18		12	衡山县
		15.85	8.91	6.53	0.41	34		90	衡东县
		10.04	10.04			40	26	62	祁东县
		2.78		2.78		13	13	49	南岳区
300		4.10		4.10		74	74	80	新邵县
		4.82	4.82			20	15	35	邵阳县
		12.78	12.78			30	30	112	隆回县
600		5.47		5.47		41	41	219	洞口县
		2.93	2.93			14		28	绥宁县
		9.21	9.21			13	1	20	新宁县
		4.63	4.63			18	6	24	城步苗族自治县
	20	4.56		4.18	0.38	37	37	38	岳阳县
		9.52	9.52			34	34	37	华容县
600		6.06		6.06		36	36	73	湘阴县
		18.56	18.56			51	51	57	平江县
		7.35	7.35			30	12	32	安乡县
400		5.62		5.62		51	51	71	汉寿县
800		8.10		8.10		46	36	33	澧县
		5.52	5.52			18	18	28	临澧县
500		6.50		6.50		24	24	34	桃源县
500		8.29		8.29		22	22	70	石门县
		4.03		4.03		53	53	213	慈利县
250		4.73	0.30	4.43		253		22	桑植县
		5.60		5.60		26	12	73	南县
500		5.08		5.08		24	24	38	桃江县
		6.85		6.85		39		52	安化县
		1.61		1.61		8	3	11	大通湖区
		10.63	10.63			112	112	76	桂阳县
		5.07		5.07		39	39	92	宜章县
	68	9.21		8.48	0.74	25	25	41	永兴县
600		3.72		3.72		37	16	35	嘉禾县
		6.23	6.23			33	33	92	临武县
		5.98	5.98			17		51	汝城县

9-2 续表20

县名称 Name of Counties	道路清扫保洁面积(万平方米) Surface Area of Roads Cleaned and Maintained (10000 sq. m)	机械化 Mechanization	生活垃圾 清运量(万吨) Collected and Transported (10000 tons)	处理量(万吨) Volume of Treated (10000 tons)	无害化处理厂(场)数(座) Number of Harmless Treatment Plants/Grounds (unit)	卫生填埋 Sanitary Landfill	焚烧 Incineration	其他 Other	无害化处理能力(吨/日) Harmless Treatment Capacity (ton/day)	卫生填埋 Sanitary Landfill
桂东县	86	82	2.70	2.70	1	1			80	80
安仁县	386	271	6.96	6.96	1	1			194	194
东安县	306	120	7.26	7.26						
双牌县	84	61	2.20	2.20	1	1			160	160
道县	350	310	9.49	9.49	2	1	1		700	200
江永县	136	120	4.24	4.24	1	1			100	100
宁远县	520	427	12.45	12.45	2	1	1		860	260
蓝山县	165	132	4.61	4.61	1	1			150	150
新田县	220	99	6.38	6.38	1	1			300	300
江华瑶族自治县	185	150	5.64	5.64	1	1			360	360
中方县	155	133	2.14	2.14						
沅陵县	137	112	7.78	7.78	1	1			210	210
辰溪县	125	106	5.59	5.59	2	1		1	210	190
溆浦县	200	180	6.09	6.09	2	1	1		1300	500
会同县	79	60	7.05	7.05	1	1			211	211
麻阳苗族自治县	190	162	7.83	7.83	1	1			200	200
新晃侗族自治县	85	70	2.05	2.05	1	1			120	120
芷江侗族自治县	199	110	2.16	2.16	1	1			180	180
通道县	115	95	2.62	2.62	2	1		1	138	130
靖州县	227	204	8.26	8.26	2	1	1		227	7
双峰县	395	320	6.08	6.08	2	1	1		640	140
新化县	226	175	22.26	22.26						
泸溪县	218	174	3.58	3.58	1	1			70	70
凤凰县	231	170	5.01	5.01	1	1			75	75
花垣县	210	193	5.35	5.35	1	1			70	70
保靖县	85	67	3.69	3.69	1	1			100	100
古丈县	66	65	1.79	1.79	1	1			75	75
永顺县	85	68	5.84	5.84	1	1			240	240
龙山县	93	91	5.73	5.73	1	1			300	300
广东	8885	4743	250.53	250.53	36	24	8	4	15558	6305
始兴县	169	60	2.52	2.52	1	1			194	194
仁化县	106	68	3.63	3.63	1	1			100	100
翁源县	244	75	4.71	4.71	1	1			200	200
乳源瑶族自治县	132		5.64	5.64						
新丰县	152		5.65	5.65					150	150
南澳县	47	34	1.74	1.74	1	1			100	100
遂溪县	186	39	7.96	7.96	1	1			553	553
徐闻县	328	183	20.39	20.39	2	1	1		910	160
广宁县	283	242	9.26	9.26	1		1		1500	

continued 20

焚烧 Incineration	其他 Other	Domestic Garbage 无害化处理量（万吨）Volume of Harmlessly Treated (10000 tons)	卫生填埋 Sanitary Landfill	焚烧 Incineration	其他 Other	公共厕所（座）Number of Latrines (unit)	三类以上 Grade III and Above	市容环卫专用车辆设备总数（辆）Number of Vehicles and Equipment Designated for Municipal Environmental Sanitation (unit)	县名称 Name of Counties
		2.70	2.70			9	9	17	桂东县
		6.96	6.96			28	28	25	安仁县
		7.26		7.26		39	39	64	东安县
		2.20		2.20		23	23	23	双牌县
500		9.49		9.49		57	51	104	道 县
		4.24		4.24		30	14	21	江永县
600		12.45		12.45		28	28	71	宁远县
		4.61		4.61		67	67	63	蓝山县
		6.38		6.38		35	35	61	新田县
		5.64		5.64		28	28	18	江华瑶族自治县
		2.14	2.14			7	7	12	中方县
		7.78	7.78			42	42	28	沅陵县
	20	5.59	5.14		0.45	32	32	32	辰溪县
800		6.09		6.09		17	17	82	溆浦县
		7.05	7.05			30	30	44	会同县
		7.83	7.83			32	32	21	麻阳苗族自治县
		2.05	2.05			19	19	16	新晃侗族自治县
		2.16	2.16			26	24	34	芷江侗族自治县
	8	2.62	2.43		0.19	23	23	45	通道县
220		8.26	0.26	8.00		30	30	78	靖州县
500		6.08		6.08		50	19	48	双峰县
		22.26		22.26		9		76	新化县
		3.58	3.58			11		24	泸溪县
		5.01	5.01			3		37	凤凰县
		5.35	5.35			47		56	花垣县
		3.69	3.69			22		26	保靖县
		1.79	1.79			6		38	古丈县
		5.84	5.84			30		34	永顺县
		5.73	5.73			16		27	龙山县
8750	**503**	**250.53**	**106.70**	**133.56**	**10.27**	**642**	**540**	**2879**	**广 东**
		2.52	2.52			21	21	15	始兴县
		3.63	3.63			10	10	53	仁化县
		4.71	4.71			41	41	44	翁源县
		5.64	5.64			18	18	61	乳源瑶族自治县
		5.65	5.65			16		23	新丰县
		1.74		1.74		10	10	162	南澳县
		7.96	7.96			4		26	遂溪县
750		20.39		20.39		16	16	248	徐闻县
1500		9.26		9.26		20	19	146	广宁县

9-2 续表21

县名称 Name of Counties	道路清扫保洁面积(万平方米) Surface Area of Roads Cleaned and Maintained (10000 sq. m)	机械化 Mechanization	生活垃圾							
			清运量(万吨) Collected and Transported (10000 tons)	处理量(万吨) Volume of Treated (10000 tons)	无害化处理厂(场)数(座) Number of Harmless Treatment Plants/Grounds (unit)	卫生填埋 Sanitary Landfill	焚烧 Incineration	其他 Other	无害化处理能力(吨/日) Harmless Treatment Capacity (ton/day)	卫生填埋 Sanitary Landfill
怀集县	280	252	12.59	12.59	1	1			252	252
封开县	127	70	2.09	2.09	1	1			100	100
德庆县	185	138	3.92	3.92	1		1		1500	
博罗县	895	655	13.79	13.79	2	1	1		1995	95
惠东县	960	597	10.90	10.90	1		1		1200	
龙门县	219	175	2.99	2.99	2		1	1	605	
大埔县	181	80	3.96	3.96	1	1			205	205
丰顺县	187	45	8.57	8.57						
五华县	350	180	19.57	19.57	2	1	1		1000	300
平远县	48		2.39	2.39	1	1			250	250
蕉岭县	128	11	3.28	3.28						
海丰县	281	277	17.04	17.04						
陆河县	189	61	4.08	4.08	1			1	20	
紫金县	360		5.59	5.59	1	1			357	357
龙川县	362	97	11.35	11.35	1	1			750	750
连平县	144	81	4.35	4.35	1			1	178	
和平县	227	100	5.62	5.62	1			1	300	
东源县	189	143	5.27	5.27	1	1			460	460
阳西县	393	147	6.88	6.88	1	1			400	400
阳山县	120	102	3.35	3.35	1	1			150	150
连山壮族瑶族自治县	86	34	0.90	0.90	1	1			100	100
连南瑶族自治县	131	32	1.33	1.33	1	1			73	73
佛冈县	255	100	8.40	8.40						
饶平县	192	132	7.10	7.10	1		1		600	
揭西县	213	145	5.15	5.15	1	1			510	510
惠来县	120	115	6.04	6.04	1	1			450	450
新兴县	251	159	5.37	5.37	1	1			200	200
郁南县	165	115	7.16	7.16	1	1			196	196
广　西	**9628**	**5415**	**237.75**	**237.75**	**56**	**42**	**13**	**1**	**10793**	**4838**
隆安县	120	64	1.93	1.93	2	1		1	135	120
马山县	93		1.84	1.84	1	1			180	180
上林县	140	65	2.46	2.46	1	1			90	90
宾阳县	255	153	4.26	4.26	1		1		300	
柳城县	92	80	1.47	1.47	1	1			100	100
鹿寨县	235	167	4.18	4.18	1		1		400	
融安县	181	140	4.04	4.04	1	1			100	100
融水苗族自治县	241	161	4.96	4.96	1	1			100	100
三江侗族自治县	115	48	3.83	3.83	1	1			90	90

continued 21

		Domestic Garbage				公共厕所（座）	三类以上	市容环卫专用车辆设备总数（辆）	县名称
焚烧 Incineration	其他 Other	无害化处理量（万吨）Volume of Harmlessly Treated (10000 tons)	卫生填埋 Sanitary Landfill	焚烧 Incineration	其他 Other	Number of Latrines (unit)	Grade III and Above	Number of Vehicles and Equipment Designated for Municipal Environmental Sanitation (unit)	Name of Counties
		12.59	12.59			13	13	36	怀集县
		2.09	2.09			21	21	84	封开县
1500		3.92		3.92		18	18	21	德庆县
1900		13.79		13.79		8	8	116	博罗县
1200		10.90		10.90		8	8	38	惠东县
600	5	2.99		2.94	0.05	13	13	36	龙门县
		3.96	0.56	3.39		9	9	44	大埔县
		8.57		8.57		28	28	71	丰顺县
700		19.57		19.57		36	36	271	五华县
		2.39	2.39			19	10	17	平远县
		3.28	0.57	2.71				16	蕉岭县
		17.04		17.04		39	39	102	海丰县
	20	4.08		3.83	0.24	14	14	61	陆河县
		5.59	5.59			13	13	20	紫金县
		11.35	11.35			20	20	47	龙川县
	178	4.35			4.35	4		19	连平县
	300	5.62			5.62	22	16	122	和平县
		5.27	5.27			10	10	23	东源县
		6.88	6.88			11		206	阳西县
		3.35	3.35			13	13	10	阳山县
		0.90	0.90			15	15	20	连山壮族瑶族自治县
		1.33	1.33			22	22	127	连南瑶族自治县
		8.40		8.40		11	11	47	佛冈县
600		7.10		7.10		18	18	120	饶平县
		5.15	5.15			14	4	162	揭西县
		6.04	6.04			13	13	140	惠来县
		5.37	5.37			55	14	58	新兴县
		7.16	7.16			19	19	67	郁南县
5940	15	237.75	110.37	127.29	0.09	845	720	3486	广　西
	15	1.93	1.84		0.09	5		70	隆安县
		1.84	1.84			12		10	马山县
		2.46	2.46			13	9	15	上林县
300		4.26		4.26		20	20	436	宾阳县
		1.47	1.47			5	5	59	柳城县
400		4.18		4.18		11	11	97	鹿寨县
		4.04	4.04			11	11	10	融安县
		4.96	4.96			6	1	31	融水苗族自治县
		3.83	3.83			20	20	84	三江侗族自治县

9-2 续表22

县名称 Name of Counties	道路清扫保洁面积 (万平方米) Surface Area of Roads Cleaned and Maintained (10000 sq. m)	机械化 Mechanization	生活垃圾							
			清运量 (万吨) Collected and Transported (10000 tons)	处理量 (万吨) Volume of Treated (10000 tons)	无害化处理厂(场)数(座) Number of Harmless Treatment Plants/Grounds (unit)	卫生填埋 Sanitary Landfill	焚烧 Incineration	其他 Other	无害化处理能力(吨/日) Harmless Treatment Capacity (ton/day)	卫生填埋 Sanitary Landfill
阳朔县	100	60	3.08	3.08	2	1	1		1090	90
灵川县	212	84	5.20	5.20						
全州县	290	195	8.26	8.26	1	1			125	125
兴安县	252	81	4.87	4.87	1		1		300	
永福县	119	79	3.27	3.27	1	1			100	100
灌阳县	80	28	2.27	2.27	1	1			60	60
龙胜各族自治县	57	40	1.47	1.47						
资源县	50	25	2.31	2.31	1	1			65	65
平乐县	66	15	4.36	4.36						
恭城瑶族自治县	70		2.19	2.19	1		1		160	
苍梧县	88	60	0.70	0.70						
藤县	230	70	7.63	7.63	1	1			120	120
蒙山县	118	71	4.31	4.31	1	1			65	65
合浦县	375	243	7.95	7.95						
上思县	132	105	2.65	2.65	1	1			100	100
灵山县	326	212	26.72	26.72	2	1	1		1700	300
浦北县	150	73	5.09	5.09	1	1			100	100
平南县	438	253	7.80	7.80	2	1	1		800	200
容县	233	187	4.84	4.84						
陆川县	273	66	5.50	5.50	1	1			170	170
博白县	270	190	6.43	6.43	2	1	1		1000	200
兴业县	98		2.43	2.43						
田东县	322	210	5.12	5.12	1	1			200	200
德保县	130	76	4.00	4.00	1	1			115	115
那坡县	81	14	2.08	2.08	1	1			80	80
凌云县	89	45	2.06	2.06	1		1		100	
乐业县	93	71	1.68	1.68	1	1			33	33
田林县	65	38	2.79	2.79	1	1			120	120
西林县	98	16	1.96	1.96	1	1			60	60
隆林各族自治县	122	101	3.39	3.39	1	1			80	80
昭平县	110	80	2.09	2.09	1	1			75	75
钟山县	246	148	3.70	3.70	1	1			180	180
富川瑶族自治县	150	75	1.91	1.91	1	1			90	90
南丹县	160	110	5.01	5.01	1	1			182	182
天峨县	80	30	2.32	2.32	1	1			70	70
凤山县	107		2.17	2.17	2	2			80	80
东兰县	94	18	2.73	2.73	1	1			250	250
罗城仫佬族自治县	106	25	3.49	3.49	1	1			100	100

continued 22

焚烧 Incineration	其他 Other	Domestic Garbage				公共厕所 (座) Number of Latrines (unit)	三类以上 Grade Ⅲ and Above	市容环卫专用车辆设备总数 (辆) Number of Vehicles and Equipment Designated for Municipal Environmental Sanitation (unit)	县名称 Name of Counties
		无害化处理量 (万吨) Volume of Harm-lessly Treated (10000 tons)	卫生填埋 Sanitary Landfill	焚烧 Incineration	其他 Other				
1000		3.08		3.08		13	13	18	阳朔县
		5.20		5.20		20	20	48	灵川县
		8.26	8.26			30	30	44	全州县
300		4.87		4.87		8	8	21	兴安县
		3.27	3.27			8	8	15	永福县
		2.27	2.27			9	9	14	灌阳县
		1.47		1.47		19	19	15	龙胜各族自治县
		2.31	2.31			35	35	30	资源县
		4.36		4.36		13	8	22	平乐县
160		2.19		2.19		6	3	23	恭城瑶族自治县
		0.70		0.70		1	1	46	苍梧县
		7.63	4.32	3.31		25	25	16	藤　县
		4.31	4.31			11	11	107	蒙山县
		7.95		7.95		44	44	54	合浦县
		2.65	2.65			6	3	109	上思县
1400		26.72	0.04	26.68		29	29	37	灵山县
		5.09	5.09			8	8	37	浦北县
600		7.80		7.80		34	34	33	平南县
		4.84		4.84		22	22	38	容　县
		5.50		5.50		27	27	13	陆川县
800		6.43		6.43		18	9	93	博白县
		2.43		2.43		16	16	76	兴业县
		5.12	5.12			21	21	28	田东县
		4.00	4.00			18		115	德保县
		2.08	2.08			2	2	30	那坡县
100		2.06		2.06		13	13	21	凌云县
		1.68	1.68			8	6	59	乐业县
		2.79	2.79			15	6	91	田林县
		1.96	1.96			11	11	76	西林县
		3.39	3.39			10	10	79	隆林各族自治县
		2.09	2.09			9	7	38	昭平县
		3.70	3.70			22	21	17	钟山县
		1.91	1.91			8		105	富川瑶族自治县
		5.01	5.01			18	18	135	南丹县
		2.32	2.32			16	7	77	天峨县
		2.17	2.17			6		86	凤山县
		2.73	2.73			4		68	东兰县
		3.49	3.49			12	12	18	罗城仫佬族自治县

9-2 续表23

县名称 Name of Counties	道路清扫保洁面积（万平方米）Surface Area of Roads Cleaned and Maintained (10000 sq. m)	机械化 Mechanization	生活垃圾 清运量（万吨）Collected and Transported (10000 tons)	处理量（万吨）Volume of Treated (10000 tons)	无害化处理厂(场)数（座）Number of Harmless Treatment Plants/Grounds (unit)	卫生填埋 Sanitary Landfill	焚烧 Incineration	其他 Other	无害化处理能力（吨/日）Harmless Treatment Capacity (ton/day)	卫生填埋 Sanitary Landfill
环江毛南族自治县	148	62	2.24	2.24						
巴马瑶族自治县	165	90	3.38	3.38	1	1			93	93
都安瑶族自治县	150	90	5.78	5.78	2		2		480	
大化瑶族自治县	180	70	4.20	4.20	1	1			100	100
忻城县	41	11	2.19	2.19	1	1			80	80
象州县	120	96	1.94	1.94	1	1			200	200
武宣县	280	205	6.45	6.45						
金秀瑶族自治县	23	14	0.57	0.57						
扶绥县	407	331	4.12	4.12	1		1		200	
宁明县	158	47	3.27	3.27						
龙州县	186	152	3.88	3.88	1	1			95	95
大新县	109	99	3.21	3.21	1	1			80	80
天等县	109	76	1.72	1.72	1		1		200	
海 南	2167	1880	39.94	39.94	2		2		1650	
定安县	222	206	4.54	4.54						
屯昌县	240	219	3.48	3.48	1		1		600	
澄迈县	200	185	6.66	6.66						
临高县	276	188	3.44	3.44						
白沙黎族自治县	140	133	1.67	1.67						
昌江县	225	201	3.72	3.72						
乐东县	130	121	2.56	2.56						
陵水县	212	199	5.84	5.84	1		1		1050	
保亭县	97	60	2.50	2.50						
琼中县	63	57	1.56	1.56						
洋浦经济开发区	362	311	3.98	3.98						
重 庆	2861	2290	78.31	78.31	16	8	5	3	4233	1753
城口县	104	65	2.69	2.69	1	1			60	60
丰都县	300	295	5.13	5.13	1	1			204	204
垫江县	426	389	8.70	8.70	1		1		400	
忠 县	238	214	10.16	10.16	2	1	1		404	204
云阳县	391	241	11.43	11.43	2	1		1	500	400
奉节县	270	243	9.51	9.51	3	1	1	1	1370	420
巫山县	100	35	5.54	5.54	2	1		1	350	250
巫溪县	118	69	4.64	4.64	1	1			95	95
石柱土家族自治县	202	174	4.73	4.73	1		1		300	
秀山土家族苗族自治县	325	215	5.31	5.31	1		1		430	

continued 23

焚烧 Incineration	其他 Other	无害化处理量(万吨) Volume of Harmlessly Treated (10000 tons)	卫生填埋 Sanitary Landfill	焚烧 Incineration	其他 Other	公共厕所(座) Number of Latrines (unit)	三类以上 Grade Ⅲ and Above	市容环卫专用车辆设备总数(辆) Number of Vehicles and Equipment Designated for Municipal Environmental Sanitation (unit)	县名称 Name of Counties
		2.24	2.24			16	16	9	环江毛南族自治县
		3.38	3.38			7	7	32	巴马瑶族自治县
480		5.78		5.78		11	11	213	都安瑶族自治县
		4.20		4.20		9		14	大化瑶族自治县
		2.19	0.82	1.37		8	8	16	忻城县
		1.94	1.94			11	11	6	象州县
		6.45		6.45		23	23	14	武宣县
		0.57		0.57		11	11	6	金秀瑶族自治县
200		4.12		4.12		19	19	222	扶绥县
		3.27		3.27		6	3	20	宁明县
		3.88	1.40	2.48		10	10	18	龙州县
		3.21	3.21			10	2	30	大新县
200		1.72		1.72		6	6	122	天等县
1650		**39.94**		**39.94**		**380**	**362**	**1216**	**海 南**
		4.54		4.54		20	20	33	定安县
600		3.48		3.48		35	35	155	屯昌县
		6.66		6.66		41	41	58	澄迈县
		3.44		3.44		108	108	254	临高县
		1.67		1.67		17		364	白沙黎族自治县
		3.72		3.72		30	30	39	昌江县
		2.56		2.56		21	21	75	乐东县
1050		5.84		5.84		39	39	36	陵水县
		2.50		2.50		18	18	109	保亭县
		1.56		1.56		13	12	45	琼中县
		3.98		3.98		38	38	48	洋浦经济开发区
2080	**400**	**78.31**	**30.78**	**39.89**	**7.64**	**729**	**660**	**743**	**重 庆**
		2.69	0.50	2.19		35	35	38	城口县
		5.13	2.18	2.94		49	49	87	丰都县
400		8.70		8.70		52	52	42	垫江县
200		10.16	1.24	8.93		61	61	91	忠 县
	100	11.43	9.34		2.09	37	35	52	云阳县
750	200	9.51	5.37	1.86	2.27	77	65	98	奉节县
	100	5.54	3.80		1.74	71	71	44	巫山县
		4.64	4.64			52	52	44	巫溪县
300		4.73		4.73		53	53	73	石柱土家族自治县
430		5.31		5.31		105	58	64	秀山土家族苗族自治县

9-2 续表24

县名称 Name of Counties	道路清扫保洁面积(万平方米) Surface Area of Roads Cleaned and Maintained (10000 sq. m)	机械化 Mechanization	生活垃圾							
			清运量(万吨) Collected and Transported (10000 tons)	处理量(万吨) Volume of Treated (10000 tons)	无害化处理厂(场)数(座) Number of Harmless Treatment Plants/Grounds (unit)	卫生填埋 Sanitary Landfill	焚烧 Incineration	其他 Other	无害化处理能力(吨/日) Harmless Treatment Capacity (ton/day)	卫生填埋 Sanitary Landfill
酉阳土家族苗族自治县	147	140	4.19	4.19	1	1			120	120
彭水苗族土家族自治县	240	210	6.26	6.26						
四 川	18520	13748	479.45	479.05	91	56	29	6	18559	4748
金堂县	1053	757	18.86	18.86						
大邑县	202	157	4.42	4.42						
蒲江县	190	152	3.37	3.37						
东部新区管理委员会	765	744	11.84	11.84						
荣 县	248	206	8.08	8.08						
富顺县	333	289	11.40	11.40						
米易县	140	136	4.44	4.44						
盐边县	34	30	1.81	1.81						
泸 县	340	272	8.45	8.45						
合江县	230	95	11.11	11.11	1	1			120	120
叙永县	135	107	7.54	7.54	1	1			150	150
古蔺县	160	125	7.11	7.11						
中江县	560	467	5.77	5.77	2	1	1		900	400
三台县	335	224	12.94	12.94	1		1		1000	
盐亭县	179	148	4.71	4.39	1	1			120	120
梓潼县	199	134	5.72	5.72	1	1			170	170
北川羌族自治县	230	173	2.38	2.38	1	1			130	130
平武县	66	52	1.59	1.59	1	1			120	120
旺苍县	154	82	4.72	4.72	1	1			150	150
青川县	42	35	1.19	1.19	1	1			45	45
剑阁县	91	63	1.65	1.65						
苍溪县	303	160	6.23	6.23						
蓬溪县	288	231	4.45	4.45						
大英县	309	161	5.87	5.87						
威远县	420	315	6.26	6.26						
资中县	402	341	12.37	12.37	2	1	1		800	200
犍为县	276	220	4.42	4.42	1	1			217	217
井研县	125	88	4.52	4.52						
夹江县	253	163	4.51	4.51	2	1		1	180	150
沐川县	117	83	2.82	2.82	1	1			100	100
峨边县	22	1	1.38	1.38	1	1			53	53
马边县	76	75	1.87	1.87						
南部县	500	400	12.00	12.00	2		2		808	

continued 24

焚烧 Incineration	其他 Other	无害化处理量 (万吨) Volume of Harmlessly Treated (10000 tons)	卫生填埋 Sanitary Landfill	焚烧 Incineration	其他 Other	公共厕所 (座) Number of Latrines (unit)	三类以上 Grade III and Above	市容环卫专用车辆设备总数 (辆) Number of Vehicles and Equipment Designated for Municipal Environmental Sanitation (unit)	县名称 Name of Counties
		4.19	3.70		0.50	77	74	59	酉阳土家族苗族自治县
		6.26		5.22	1.04	60	55	51	彭水苗族土家族自治县
13411	400	479.05	106.73	355.83	16.49	3294	2717	5497	四　川
		18.86		18.86		77	71	427	金堂县
		4.42	0.02	4.41		25	25	57	大邑县
		3.37			3.37	19	19	13	蒲江县
		11.84		11.84		63	56	354	东部新区管理委员会
		8.08		8.08		65	65	73	荣县
		11.40		11.40		55	55	56	富顺县
		4.44		4.04	0.39	41	41	79	米易县
		1.81		1.73	0.08	20	20	54	盐边县
		8.45		8.45		46	46	44	泸县
		11.11	2.29	8.82		55	55	65	合江县
		7.54		7.54		40	26	75	叙永县
		7.11		7.11		26		26	古蔺县
500		5.77	3.14	2.63		63	63	60	中江县
1000		12.94		12.94		111	111	149	三台县
		4.39	4.39			26	22	34	盐亭县
		5.72	5.72			28	28	67	梓潼县
		2.38	2.38			45	45	23	北川羌族自治县
		1.59	1.59			10	10	28	平武县
		4.72	4.72			31	31	51	旺苍县
		1.19	1.19			24	20	17	青川县
		1.65		1.65		17	17	23	剑阁县
		6.23		6.23		43	43	33	苍溪县
		4.45		4.45		61	61	34	蓬溪县
		5.87		5.87		38	26	109	大英县
		6.26		6.26		45	45	58	威远县
600		12.37		11.50	0.86	33	33	104	资中县
		4.42	4.42			42	42	25	犍为县
		4.52		4.52		21	6	35	井研县
	30	4.51		3.49	1.02	28	28	46	夹江县
		2.82	2.82			29	27	16	沐川县
		1.38	1.38			13	13	17	峨边县
		1.87		1.87		21	21	37	马边县
808		12.00		12.00		103	92	85	南部县

9-2 续表25

县名称 Name of Counties	道路清扫保洁面积(万平方米) Surface Area of Roads Cleaned and Maintained (10000 sq. m)	机械化 Mechanization	生活垃圾							
			清运量(万吨) Collected and Transported (10000 tons)	处理量(万吨) Volume of Treated (10000 tons)	无害化处理厂(场)数(座) Number of Harmless Treatment Plants/Grounds (unit)	卫生填埋 Sanitary Landfill	焚烧 Incineration	其他 Other	无害化处理能力(吨/日) Harmless Treatment Capacity (ton/day)	卫生填埋 Sanitary Landfill
营山县	377	348	10.80	10.80	2		1	1	945	
蓬安县	221	196	6.07	6.07						
仪陇县	419	381	9.17	9.17						
西充县	403	255	7.22	7.22						
眉山天府新区	68	17	3.83	3.83						
洪雅县	205	154	3.27	3.27	1	1			158	158
仁寿县	870	522	14.68	14.68	1		1		800	
丹棱县	128	91	2.01	2.01						
青神县	155	110	3.07	3.07						
江安县	249	237	5.74	5.74						
长宁县	188	178	4.88	4.88						
高县	231	211	4.73	4.73	2		1	1	2000	
珙县	161	132	4.02	4.02						
筠连县	148	119	3.47	3.47	1	1			120	120
兴文县	152	142	4.43	4.43	1	1			108	108
屏山县	160	135	4.01	4.01	1	1			100	100
岳池县	358	293	9.85	9.85	1		1		788	
武胜县	222	48	5.42	5.42	1		1		950	
邻水县	212	142	11.94	11.94	1		1		910	
宣汉县	343	215	9.56	9.56	1		1		700	
开江县	222	212	8.29	8.29	1	1			150	150
大竹县	320	250	8.77	8.77						
渠县	521	337	11.55	11.55	1		1		420	
荥经县	152	139	2.79	2.79	2	1	1		820	120
汉源县	66	60	2.19	2.19	1		1		130	
石棉县	85	73	2.48	2.48						
天全县	144	58	2.04	2.04						
芦山县	78	65	2.15	2.15	1		1		100	
宝兴县	11	10	0.48	0.48	1		1		40	
通江县	250	220	4.90	4.90	1	1			150	150
南江县	224	209	4.89	4.89	1		1		180	
平昌县	260	230	7.43	7.43						
安岳县	80	72	9.44	9.44	1		1		800	
乐至县	494	232	9.00	9.00	1	1			280	280
汶川县	70	25	1.55	1.53	1	1			42	42
理县	20	13	0.85	0.85	1		1		50	
茂县	81	50	4.94	4.94	1		1		150	
松潘县	40	25	1.06	1.06	1	1			60	60
九寨沟县	48	23	2.60	2.60	1		1		150	

continued 25

		Domestic Garbage				公共厕所 （座） Number of Latrines （unit）	三类 以上 Grade Ⅲ and Above	市容环卫专用 车辆设备总数 （辆） Number of Vehicles and Equipment Designated for Municipal Environmental Sanitation （unit）	县名称 Name of Counties
焚烧 Incinera- tion	其他 Other	无害化 处理量 （万吨） Volume of Harm- lessly Treated （10000 tons）	卫生 填埋 Sanitary Landfill	焚烧 Incinera- tion	其他 Other				
900	45	10.80		9.05	1.75	89	89	117	营山县
		6.07		6.07		49	49	58	蓬安县
		9.17		9.17		68	68	109	仪陇县
		7.22		7.22		48	48	74	西充县
		3.83		3.39	0.43	9	9	100	眉山天府新区
		3.27	2.35		0.92	23	23	20	洪雅县
800		14.68		14.68		55	55	110	仁寿县
		2.01		1.47	0.55	24	24	55	丹棱县
		3.07		2.39	0.68	51	18	91	青神县
		5.74		5.42	0.31	80	80	148	江安县
		4.88		3.60	1.28	52	20	176	长宁县
1800	200	4.73		4.35	0.38	73	73	53	高县
		4.02		3.43	0.58	41	41	56	珙县
		3.47		3.21	0.25	15	15	37	筠连县
		4.43	0.24	2.99	1.20	52	13	51	兴文县
		4.01	3.66		0.35	39	32	34	屏山县
788		9.85		9.85		38	38	42	岳池县
950		5.42		5.42		53		66	武胜县
910		11.94		11.94		25		68	邻水县
700		9.56		9.56		38	38	58	宣汉县
		8.29	8.29			19	19	45	开江县
		8.77		8.77		28	28	81	大竹县
420		11.55		11.55		29	29	51	渠县
700		2.79	1.89	0.89		25	25	24	荥经县
130		2.19		2.19		18	10	27	汉源县
		2.48		2.48		27	27	52	石棉县
		2.04		2.04		20	18	69	天全县
100		2.15		2.15		28	18	30	芦山县
40		0.48		0.48		4	3	23	宝兴县
		4.90	4.90			52	52	36	通江县
180		4.89		4.89		35	15	46	南江县
		7.43		7.43		23	23	39	平昌县
800		9.44		9.44		50	35	155	安岳县
		9.00	9.00			49	46	76	乐至县
		1.53	1.53			17	17	17	汶川县
50		0.85		0.85		14	4	15	理县
150		4.94		4.94		55		21	茂县
		1.06	1.06			16	13	12	松潘县
150		2.60		2.60		15	15	24	九寨沟县

9-2 续表 26

县名称 Name of Counties	道路清扫保洁面积(万平方米) Surface Area of Roads Cleaned and Maintained (10000 sq. m)	机械化 Mechani-zation	生活垃圾							
			清运量(万吨) Collected and Transported (10000 tons)	处理量(万吨) Volume of Treated (10000 tons)	无害化处理厂(场)数(座) Number of Harmless Treatment Plants/ Grounds (unit)	卫生填埋 Sanitary Landfill	焚烧 Incineration	其他 Other	无害化处理能力(吨/日) Harmless Treatment Capacity (ton/day)	卫生填埋 Sanitary Landfill
金川县	41	26	0.85	0.85	2	1	1		80	40
小金县	29	25	0.80	0.80	2	1	1		80	20
黑水县	41	10	1.26	1.26	1		1		50	
壤塘县	7	6	0.59	0.59	1	1			30	30
阿坝县	32	27	1.07	1.03	1		1		50	
若尔盖县	47	25	1.57	1.56	1	1			40	40
红原县	61	58	1.30	1.30	2		1	1	85	
泸定县	35	30	1.80	1.80	1	1			100	100
丹巴县	16	13	0.68	0.68	1	1			18	18
九龙县	11	9	0.58	0.58	1	1			22	22
雅江县	31	25	1.16	1.16	1	1			60	60
道孚县	37	30	1.02	1.02	1	1			41	41
炉霍县	23	19	1.06	1.06	1	1			30	30
甘孜县	30	25	2.23	2.23	1	1			40	40
新龙县	15	12	0.39	0.39	1	1			39	39
德格县	16	13	0.52	0.52	1	1			12	12
白玉县	30	23	1.37	1.37						
石渠县	26	20	0.39	0.39	1	1			19	19
色达县	26	21	0.63	0.63	1	1			30	30
理塘县	29	23	1.77	1.77	3	1	1	1	145	30
巴塘县	37	29	1.56	1.56	1	1			25	25
乡城县	10	8	0.55	0.55	1	1			27	27
稻城县	25	20	0.94	0.94	1	1			40	40
得荣县	8	6	0.24	0.24	1	1			25	25
普格县	4	3	1.25	1.25	1	1			35	35
木里县	5		2.09	2.09	1	1			15	15
盐源县	82	32	2.41	2.41	1	1			70	70
德昌县	108	31	2.99	2.99						
会东县	88	75	3.95	3.95	1		1		600	
宁南县	64	40	2.07	2.07	1			1	60	
布拖县	44	24	1.10	1.10	1	1			30	30
金阳县	9		1.54	1.54	1	1			51	51
昭觉县	14	12	2.89	2.89	1	1			80	80
喜德县	32	8	1.97	1.97	1	1			50	50
冕宁县	60	48	2.24	2.24	1	1			60	60
越西县	50	15	2.56	2.56	1	1			60	60
甘洛县	42	22	2.35	2.35	1	1			44	44
美姑县	4	3	2.20	2.20	1	1			72	72
雷波县	37	17	2.15	2.15	1	1			80	80

continued 26

焚烧 Incineration	其他 Other	Domestic Garbage 无害化处理量（万吨） Volume of Harmlessly Treated (10000 tons)	卫生填埋 Sanitary Landfill	焚烧 Incineration	其他 Other	公共厕所（座） Number of Latrines (unit)	三类以上 Grade Ⅲ and Above	市容环卫专用车辆设备总数（辆） Number of Vehicles and Equipment Designated for Municipal Environmental Sanitation (unit)	县名称 Name of Counties
40		0.85	0.35	0.50		9	7	15	金川县
60		0.80		0.80		5	5	7	小金县
50		1.26		1.26		6		11	黑水县
		0.59	0.59			13	13	6	壤塘县
50		1.03		1.03		6	6	16	阿坝县
		1.56	1.56			9	1	15	若尔盖县
35	50	1.30			1.30	14		62	红原县
		1.80	1.80			8	4	15	泸定县
		0.68	0.68			11	11	10	丹巴县
		0.58	0.58			5	5	7	九龙县
		1.16	1.16			10		20	雅江县
		1.02	1.02			12	12	11	道孚县
		1.06	1.06			11	11	10	炉霍县
		2.23	2.23			17	17	13	甘孜县
		0.39	0.39			9	3	24	新龙县
		0.52	0.52			14	1	12	德格县
		1.37	1.37			14		13	白玉县
		0.39	0.39			9	1	5	石渠县
		0.63	0.63			13	13	17	色达县
100	15	1.77	0.10	1.36	0.31	15	15	14	理塘县
		1.56	1.56			15	15	21	巴塘县
		0.55	0.55			4	1	10	乡城县
		0.94	0.94			8		9	稻城县
		0.24	0.24			4		5	得荣县
		1.25	0.80	0.46		10	1	18	普格县
		2.09	2.09			12	12	33	木里县
		2.41	2.41			22	22	27	盐源县
		2.99		2.77	0.22	19	19	30	德昌县
600		3.95		3.95		35	35	37	会东县
	60	2.07		1.84	0.23	17	17	46	宁南县
		1.10	1.10			23	18	8	布拖县
		1.54	1.54			5	1	22	金阳县
		2.89	2.89			7		42	昭觉县
		1.97	1.97			8	7	32	喜德县
		2.24		2.24		9	9	12	冕宁县
		2.56	2.56			39	21	32	越西县
		2.35	2.35			9	7	18	甘洛县
		2.20	2.20			7	5	29	美姑县
		2.15	2.15			21	9	23	雷波县

9-2 续表27

县名称 Name of Counties	道路清扫保洁面积（万平方米）Surface Area of Roads Cleaned and Maintained (10000 sq. m)	机械化 Mechani-zation	生活垃圾 清运量（万吨）Collected and Transported (10000 tons)	处理量（万吨）Volume of Treated (10000 tons)	无害化处理厂(场)数（座）Number of Harmless Treatment Plants/Grounds (unit)	卫生填埋 Sanitary Landfill	焚烧 Incineration	其他 Other	无害化处理能力（吨/日）Harmless Treatment Capacity (ton/day)	卫生填埋 Sanitary Landfill
贵 州	11387	10979	283.18	282.13	58	31	16	11	11430	2430
开阳县	207	198	5.48	5.48	1	1			120	120
息烽县	247	239	2.52	2.52	1	1			90	90
修文县	223	199	5.40	5.40						
六枝特区	450	430	6.31	6.31	2		1	1	550	
桐梓县	296	287	6.94	6.94	2		1	1	540	
绥阳县	186	181	4.12	4.12	2		1	1	445	
正安县	207	203	5.00	5.00	1	1			75	75
道真县	141	135	5.61	5.61	1			1	100	
务川县	120	119	4.38	4.38						
凤冈县	107	106	3.16	3.16	1			1	45	
湄潭县	167	166	8.09	8.09	2	1	1		500	100
余庆县	146	145	2.53	2.53						
习水县	341	338	7.06	7.06	2		1	1	450	
普定县	238	224	5.30	5.30	1	1			70	70
镇宁县	208	198	3.49	3.49	1	1			95	95
关岭县	58	56	5.68	5.68	1	1			40	40
紫云县	120	115	6.18	6.18						
大方县	195	191	5.84	5.84	1	1			90	90
金沙县	286	275	6.19	6.19	3	2	1		990	190
织金县	331	320	6.28	6.28	2	1	1		790	190
纳雍县	156	153	5.94	5.94						
威宁自治县	398	390	14.10	14.10	1		1		800	
赫章县	169	164	5.37	5.37	1	1			100	100
江口县	142	132	3.03	3.00						
玉屏县	143	140	1.85	1.82	2	1	1		155	55
石阡县	137	133	6.95	6.89	1	1			45	45
思南县	216	204	6.77	6.68	1	1			90	90
印江县	135	132	4.56	4.52	1	1			80	80
德江县	377	365	9.58	9.41	2		1	1	520	
沿河县	130	124	3.71	3.64	1	1			100	100
松桃县	208	202	11.36	11.26	2	1	1		680	80
普安县	75	73	1.68	1.68						
晴隆县	102	99	1.67	1.67	1	1			70	70
贞丰县	165	162	2.75	2.75	1		1		600	
望谟县	132	128	3.25	3.25						
册亨县	98	97	3.71	3.71	1	1			40	40
安龙县	405	397	4.62	4.62						
黄平县	248	223	3.93	3.85						

continued 27

焚烧 Incineration	其他 Other	Domestic Garbage				公共厕所 (座) Number of Latrines (unit)	三类以上 Grade Ⅲ and Above	市容环卫专用车辆设备总数 (辆) Number of Vehicles and Equipment Designated for Municipal Environmental Sanitation (unit)	县名称 Name of Counties
		无害化处理量 (万吨) Volume of Harmlessly Treated (10000 tons)	卫生填埋 Sanitary Landfill	焚烧 Incineration	其他 Other				
8400	600	282.13	66.33	210.80	5.00	3577	2930	4180	贵 州
		5.48	5.48			85	85	46	开阳县
		2.52	2.52			39	39	93	息烽县
		5.40		5.40		21	21	62	修文县
500	50	6.31		5.73	0.58	106	106	128	六枝特区
500	40	6.94		6.01	0.93	94	94	171	桐梓县
400	45	4.12		4.12		85	85	83	绥阳县
		5.00	5.00			85	85	61	正安县
	100	5.61	5.20		0.41	54	54	37	道真县
		4.38		4.38		51	51	38	务川县
	45	3.16		3.16		71	71	120	凤冈县
400		8.09	3.32	4.78		88	88	44	湄潭县
		2.53		2.53		45	45	61	余庆县
400	50	7.06		6.36	0.70	88	88	83	习水县
		5.30		5.30		53	53	102	普定县
		3.49		3.49		40		73	镇宁县
		5.68		5.68		26	20	59	关岭县
		6.18		6.18		38	38	53	紫云县
		5.84	5.84			56	32	78	大方县
800		6.19		6.19		109	109	67	金沙县
600		6.28		6.28		118	118	74	织金县
		5.94		5.94		80	80	73	纳雍县
800		14.10		14.10		145	105	89	威宁自治县
		5.37	5.37			51	28	50	赫章县
		3.00		3.00		33	6	34	江口县
100		1.82		1.82		55	55	41	玉屏县
		6.89	6.89			65	65	39	石阡县
		6.68	6.68			96	96	25	思南县
		4.52	4.52			51	51	29	印江县
500	20	9.41		9.41		72		54	德江县
		3.64	3.64			66	66	45	沿河县
600		11.26		11.26		73	20	63	松桃县
		1.68		1.68		24	24	40	普安县
		1.67	1.67			29	29	9	晴隆县
600		2.75		2.75		44	44	38	贞丰县
		3.25		3.25		60	60	30	望谟县
		3.71	2.69	1.02		43		38	册亨县
		4.62		4.62		76	76	433	安龙县
		3.85		3.85		37	37	233	黄平县

9-2 续表28

县名称 Name of Counties	道路清扫保洁面积（万平方米）Surface Area of Roads Cleaned and Maintained (10000 sq. m)	机械化 Mechanization	生活垃圾							
			清运量（万吨）Collected and Transported (10000 tons)	处理量（万吨）Volume of Treated (10000 tons)	无害化处理厂(场)数（座）Number of Harmless Treatment Plants/Grounds (unit)	卫生填埋 Sanitary Landfill	焚烧 Incineration	其他 Other	无害化处理能力（吨/日）Harmless Treatment Capacity (ton/day)	卫生填埋 Sanitary Landfill
施秉县	160	157	1.90	1.90						
三穗县	110	106	3.63	3.63	1		1		600	
镇远县	89	85	2.08	2.04						
岑巩县	126	119	3.29	3.29						
天柱县	185	180	3.94	3.89						
锦屏县	78	76	1.74	1.72						
剑河县	111	101	2.76	2.72	1	1			40	40
台江县	57	56	1.40	1.35	1	1			40	40
黎平县	82	80	4.06	4.01	1		1		700	
榕江县	188	180	6.02	6.02						
从江县	87	83	2.60	2.57						
雷山县	66	64	2.49	2.44						
麻江县	83	80	2.62	2.58						
丹寨县	69	67	2.70	2.70						
荔波县	122	116	2.17	2.17	2	1		1	93	45
贵定县	183	171	3.23	3.23	2		1	1	322	
瓮安县	296	286	7.24	7.24	2	1		1	100	80
独山县	260	250	4.52	4.52	1	1			85	85
平塘县	93	85	2.44	2.44	2	1		1	115	55
罗甸县	172	169	3.83	3.83	2	1	1		765	65
长顺县	159	151	3.24	3.23	1	1			45	45
龙里县	429	425	4.85	4.85	1	1			80	80
惠水县	303	288	4.96	4.96	1	1			105	105
三都水族自治县	169	161	5.09	5.08	1	1			70	70
云　南	11552	9413	258.63	258.63	82	67	13	2	11371	6627
嵩明县	163	132	2.36	2.36	2	1	1		885	85
富民县	75	61	2.51	2.51						
宜良县	192	135	4.44	4.44	2		2		900	
石林彝族自治县	317	255	3.66	3.66	1	1			80	80
禄劝彝族苗族自治县	132	107	3.59	3.59						
寻甸县	110	77	3.61	3.61	1	1			89	89
昆明阳宗海风景名胜区	82	78	2.38	2.38						
陆良县	344	275	5.07	5.07						
师宗县	256	216	4.07	4.07	1	1			140	140
罗平县	439	324	4.90	4.90	1		1		300	
富源县	218	160	5.14	5.14	1	1			70	70
会泽县	455	369	7.17	7.17	1		1		300	

continued 28

焚烧 Incineration	其他 Other	无害化处理量(万吨) Volume of Harmlessly Treated (10000 tons)	卫生填埋 Sanitary Landfill	焚烧 Incineration	其他 Other	公共厕所(座) Number of Latrines (unit)	三类以上 Grade III and Above	市容环卫专用车辆设备总数(辆) Number of Vehicles and Equipment Designated for Municipal Environmental Sanitation (unit)	县名称 Name of Counties
		1.90		1.90		25	18	26	施秉县
600		3.63		3.63		35	17	45	三穗县
		2.04		2.04		29	29	71	镇远县
		3.29		3.29		25	25	59	岑巩县
		3.89		3.89		55		33	天柱县
		1.72		1.72		33	33	15	锦屏县
		2.72	2.72			24	24	24	剑河县
		1.35	1.35			24	24	36	台江县
700		4.01		4.01		72	72	52	黎平县
		6.02		6.02		39	39	76	榕江县
		2.57		2.57		42	38	27	从江县
		2.44		2.44		15	5	29	雷山县
		2.58		2.58		23		64	麻江县
		2.70		2.70		33		43	丹寨县
	48	2.17	1.44	0.72	0.01	37	20	38	荔波县
200	122	3.23		2.44	0.79	43	21	74	贵定县
	20	7.24		6.70	0.54	84	84	120	瓮安县
		4.52		4.52		89	89	38	独山县
	60	2.44		2.44		56	56	66	平塘县
700		3.83	0.22	3.61		41	41	48	罗甸县
		3.23		3.00	0.23	57	30	74	长顺县
		4.85		4.03	0.82	124	108	117	龙里县
		4.96	1.79	3.18		87		80	惠水县
		5.08		5.08		33	33	29	三都水族自治县
4440	304	258.63	147.51	106.14	4.99	4700	4091	4340	云 南
800		2.36	0.04	2.32		23	23	23	嵩明县
		2.51		2.51		57	57	27	富民县
900		4.44		4.44		74	74	141	宜良县
		3.66		3.66		109	109	41	石林彝族自治县
		3.59	3.59			67	67	27	禄劝彝族苗族自治县
		3.61	3.61			60	60	84	寻甸县
		2.38		2.38		192	57	61	昆明阳宗海风景名胜区
		5.07		5.07		103	103	54	陆良县
		4.07	4.07			70		53	师宗县
300		4.90		4.90		99	99	130	罗平县
		5.14	5.14			81		69	富源县
300		7.17		7.17		126	126	230	会泽县

9-2 续表29

县名称 Name of Counties	道路清扫保洁面积（万平方米）Surface Area of Roads Cleaned and Maintained (10000 sq. m)	机械化 Mechanization	生活垃圾 清运量（万吨）Collected and Transported (10000 tons)	处理量（万吨）Volume of Treated (10000 tons)	无害化处理厂(场)数（座）Number of Harmless Treatment Plants/Grounds (unit)	卫生填埋 Sanitary Landfill	焚烧 Incineration	其他 Other	无害化处理能力（吨/日）Harmless Treatment Capacity (ton/day)	卫生填埋 Sanitary Landfill
通海县	125	102	2.14	2.14	1	1			165	165
华宁县	98	82	3.56	3.56	1	1			107	107
易门县	102	72	2.56	2.56	1	1			100	100
峨山县	68	60	2.57	2.57	1	1			70	70
新平县	124	100	2.89	2.89	1	1			80	80
元江县	168	154	2.99	2.99						
施甸县	93	80	2.97	2.97	1	1			60	60
龙陵县	58		1.54	1.54	1	1			80	80
昌宁县	89	79	2.48	2.48	2	1	1		218	98
鲁甸县	137	106	4.46	4.46						
巧家县	128	116	2.68	2.68						
盐津县	35	26	2.11	2.11	1	1			70	70
大关县	31	24	1.19	1.19						
永善县	79	64	2.92	2.92	1	1			80	80
绥江县	76	64	1.49	1.49	1	1			90	90
镇雄县	210	200	12.81	12.81	1		1		500	
彝良县	53	51	3.27	3.27						
威信县	80	60	2.82	2.82	1	1			150	150
玉龙纳西族自治县	241	231	1.35	1.35						
永胜县	114	105	1.62	1.62	1	1			78	78
华坪县	135	125	2.14	2.14	1	1			90	90
宁蒗县	135	125	2.99	2.99	1	1			90	90
宁洱哈尼族彝族自治县	113	97	2.12	2.12	1	1			78	78
墨江哈尼族自治县	60	49	2.56	2.56	1	1			90	90
景东彝族自治县	110	83	2.57	2.57	1	1			71	71
景谷傣族彝族自治县	131	98	2.56	2.56	1	1			80	80
镇沅彝族哈尼族拉祜族自治县	37	34	0.97	0.97	1	1			65	65
江城哈尼族彝族自治县	51	42	1.44	1.44	1		1		50	
孟连傣族拉祜族佤族自治县	85	70	2.65	2.65	1	1			47	47
澜沧拉祜族自治县	89	73	4.84	4.84	1	1			150	150

continued 29

焚烧 Incineration	其他 Other	无害化处理量(万吨) Volume of Harmlessly Treated (10000 tons)	卫生填埋 Sanitary Landfill	焚烧 Incineration	其他 Other	公共厕所(座) Number of Latrines (unit)	三类以上 Grade III and Above	市容环卫专用车辆设备总数(辆) Number of Vehicles and Equipment Designated for Municipal Environmental Sanitation (unit)	县名称 Name of Counties
		2.14	2.14			46	40	29	通海县
		3.56	3.56			54	54	38	华宁县
		2.56	2.56			31	31	13	易门县
		2.57	2.57			28		13	峨山县
		2.89	2.89			35	35	138	新平县
		2.99		2.99		31	3	27	元江县
		2.97		2.97		42	42	20	施甸县
		1.54	1.54			41	41	14	龙陵县
120		2.48		2.48		65	65	32	昌宁县
		4.46		4.46		51	51	53	鲁甸县
		2.68		2.68		66	66	84	巧家县
		2.11	2.11			31	31	39	盐津县
		1.19		1.19		35	35	42	大关县
		2.92	2.92			45	45	68	永善县
		1.49	1.49			39	39	38	绥江县
500		12.81		12.81		131	131	84	镇雄县
		3.27		3.27		40	40	43	彝良县
		2.82	2.82			32	32	51	威信县
		1.35	1.35			42	42	28	玉龙纳西族自治县
		1.62	1.62			40	21	24	永胜县
		2.14	2.14			42	42	48	华坪县
		2.99	2.99			52	52	46	宁蒗县
		2.12	2.12			57	53	28	宁洱哈尼族彝族自治县
		2.56	2.56			36	36	23	墨江哈尼族自治县
		2.57	2.57			40	40	37	景东彝族自治县
		2.56	2.56			67	67	19	景谷傣族彝族自治县
		0.97	0.97			30	30	36	镇沅彝族哈尼族拉祜族自治县
50		1.44		1.44		23	23	35	江城哈尼族彝族自治县
		2.65	2.65			30	30	52	孟连傣族拉祜族佤族自治县
		4.84	4.84			37	3	53	澜沧拉祜族自治县

9-2 续表30

县名称 Name of Counties	道路清扫保洁面积（万平方米） Surface Area of Roads Cleaned and Maintained (10000 sq. m)	机械化 Mechanization	生活垃圾							
			清运量（万吨）Collected and Transported (10000 tons)	处理量（万吨）Volume of Treated (10000 tons)	无害化处理厂(场)数（座）Number of Harmless Treatment Plants/Grounds (unit)	卫生填埋 Sanitary Landfill	焚烧 Incineration	其他 Other	无害化处理能力（吨/日）Harmless Treatment Capacity (ton/day)	卫生填埋 Sanitary Landfill
西盟佤族自治县	32	26	0.88	0.88	1	1			30	30
凤庆县	112	92	1.93	1.93	1	1			50	50
云县	116	104	3.47	3.47	1	1			400	400
永德县	65	15	4.17	4.17	1	1			114	114
镇康县	118	71	1.63	1.63	1	1			42	42
双江县	120	94	3.18	3.18	1	1			100	100
耿马县	75	64	1.53	1.53	1	1			130	130
沧源县	107	83	2.00	2.00	1	1			55	55
双柏县	62	61	1.02	1.02	1	1			45	45
牟定县	122	104	2.54	2.54	1	1			65	65
南华县	108	92	2.22	2.22						
姚安县	82	76	1.81	1.81	1	1			90	90
大姚县	123	105	2.29	2.29	1	1			150	150
永仁县	73	63	1.29	1.29	1	1			45	45
元谋县	127	108	2.53	2.53						
武定县	129	110	2.17	2.17	1	1			80	80
屏边县	53	37	1.01	1.01	1	1			35	35
建水县	311	255	6.34	6.34	1	1			200	200
石屏县	157	128	2.61	2.61	1	1			100	100
泸西县	295	236	4.15	4.15	2	1	1		700	100
元阳县	61	49	1.59	1.59	1	1			80	80
红河县	76	63	2.19	2.19	1	1			55	55
金平县	51	50	1.92	1.92	1	1			50	50
绿春县	29	21	1.87	1.87	1	1			25	25
河口县	88	71	1.23	1.23	1	1			50	50
砚山县	257	223	3.86	3.86						
西畴县	58	46	1.17	1.17						
麻栗坡县	62	51	1.43	1.43	1	1			44	44
马关县	188	151	3.34	3.34						
丘北县	85	80	5.00	5.00	1	1			500	500
广南县	207	167	4.15	4.15	1	1			145	145
富宁县	129	103	3.76	3.76						
勐海县	89	83	4.36	4.36	1	1			105	105
勐腊县	100	80	3.29	3.29	1	1			90	90
漾濞彝族自治县	61	53	1.78	1.78	2	1		1	64	60
祥云县	210	170	3.93	3.93	1		1		500	
宾川县	176	142	3.07	3.07	1	1			200	200
弥渡县	132	106	1.81	1.81	1			1	300	
南涧彝族自治县	74	70	1.23	1.23						

continued 30

焚 烧 Incineration	其 他 Other	Domestic Garbage 无害化处理量 (万吨) Volume of Harmlessly Treated (10000 tons)	卫生填埋 Sanitary Landfill	焚烧 Incineration	其他 Other	公共厕所 (座) Number of Latrines (unit)	三类以上 Grade III and Above	市容环卫专用车辆设备总数 (辆) Number of Vehicles and Equipment Designated for Municipal Environmental Sanitation (unit)	县名称 Name of Counties
		0.88	0.88			9	9	11	西盟佤族自治县
		1.93	1.93			78	68	36	凤庆县
		3.47	3.47			60	60	59	云　县
		4.17	4.17			39	39	29	永德县
		1.63	1.63			28	28	46	镇康县
		3.18	3.18			36	6	60	双江县
		1.53	1.53			46	46	65	耿马县
		2.00	2.00			34	28	26	沧源县
		1.02	1.02			32	32	5	双柏县
		2.54	2.54			47	47	53	牟定县
		2.22		2.22		46	46	38	南华县
		1.81	1.81			33	33	21	姚安县
		2.29	2.29			43	43	32	大姚县
		1.29	1.29			34	34	17	永仁县
		2.53		2.53		55	55	52	元谋县
		2.17	2.17			48	48	18	武定县
		1.01	0.05	0.96		35	35	11	屏边县
		6.34		6.34		125	125	104	建水县
		2.61	2.61			45	45	55	石屏县
600		4.15		4.15		72	46	36	泸西县
		1.59	1.59			20	20	53	元阳县
		2.19	2.19			51	51	24	红河县
		1.92	1.92			40	40	39	金平县
		1.87	1.87			35	35	15	绿春县
		1.23	1.23			28		16	河口县
		3.86		3.86		66	66	34	砚山县
		1.17		1.17		17	17	38	西畴县
		1.43	1.43			30	30	11	麻栗坡县
		3.34		3.34		40	40	21	马关县
		5.00	5.00			69	69	81	丘北县
		4.15	4.15			63	63	46	广南县
		3.76		3.76				60	富宁县
		4.36	4.36			44	44	106	勐海县
		3.29	3.29			31	31	44	勐腊县
	4	1.78	1.37	0.26	0.15	22	22	23	漾濞彝族自治县
500		3.93		3.32	0.61	59	59	87	祥云县
		3.07		2.45	0.63	36	36	52	宾川县
	300	1.81			1.81	36	36	30	弥渡县
		1.23		1.23		49	49	50	南涧彝族自治县

9-2 续表31

县名称 Name of Counties	道路清扫保洁面积（万平方米） Surface Area of Roads Cleaned and Maintained (10000 sq. m)	机械化 Mechanization	生活垃圾 清运量（万吨） Collected and Transported (10000 tons)	处理量（万吨） Volume of Treated (10000 tons)	无害化处理厂（场）数（座） Number of Harmless Treatment Plants/Grounds (unit)	卫生填埋 Sanitary Landfill	焚烧 Incineration	其他 Other	无害化处理能力（吨/日） Harmless Treatment Capacity (ton/day)	卫生填埋 Sanitary Landfill
巍山彝族回族自治县	81	73	1.49	1.49	1	1			125	125
永平县	120	102	1.99	1.99	1	1			75	75
云龙县	39	32	0.78	0.78	1	1			80	80
洱源县	91	84	1.49	1.49						
剑川县	98	80	1.46	1.46	1		1		250	
鹤庆县	131	112	1.90	1.90	1	1			135	135
梁河县	72	58	2.12	2.12	1	1			58	58
盈江县	219	154	6.27	6.27	1	1			172	172
陇川县	140	113	1.89	1.89	1	1			80	80
福贡县	21	20	0.80	0.80	1			1	70	
贡山独龙族怒族自治县	18		0.17	0.17	1			1	50	
兰坪白族普米族自治县	35	30	2.20	2.20	1	1			105	105
德钦县	24	2	0.71	0.71	1	1			50	50
维西傈僳族自治县	105	89	1.49	1.49	1	1			60	60
西藏	1423	239	39.28	38.10	64	63	1		1321	1310
曲水县	17		0.48	0.48						
当雄县	20		0.42	0.42	1	1			18	18
林周县	16	7	0.65	0.65						
墨竹工卡县	90		1.30	1.30	1	1			36	36
尼木县	12		0.65	0.65	1	1			16	16
亚东县	18		0.30	0.30	1	1			14	14
聂拉木县	6		0.64	0.64	1	1			16	16
仲巴县	8		0.24	0.23	1	1			10	10
定结县	19		0.29	0.28	1	1			10	10
康马县	12	4	0.28	0.25	1	1			6	6
吉隆县	7		0.11	0.11	1	1			18	18
萨嘎县	10		0.22	0.22	1	1			12	12
谢通门县	10	7	0.70	0.69	1	1			18	18
萨迦县	12		0.49	0.49	1	1			14	14
岗巴县	13		0.24	0.24	1	1			7	7
拉孜县	23		0.92	0.92	1	1			34	34
江孜县	55	12	0.47	0.47	1	1			42	42
定日县	22		0.58	0.58	1	1			25	25
南木林县	30		0.70	0.70	1	1			23	23
昂仁县	14		0.97	0.97	1	1			35	35

continued 31

		Domestic Garbage				公共厕所 (座)	三类以上	市容环卫专用车辆设备总数 (辆)	县名称
焚烧 Incineration	其他 Other	无害化处理量 (万吨) Volume of Harmlessly Treated (10000 tons)	卫生填埋 Sanitary Landfill	焚烧 Incineration	其他 Other	Number of Latrines (unit)	Grade III and Above	Number of Vehicles and Equipment Designated for Municipal Environmental Sanitation (unit)	Name of Counties
		1.49	1.04		0.46	43	43	38	巍山彝族回族自治县
		1.99	1.99			35	35	32	永平县
		0.78	0.57		0.21	24	24	26	云龙县
		1.49		1.39	0.10	33	33	32	洱源县
250		1.46		1.46		42	42	22	剑川县
		1.90	0.86		1.04	38	38	26	鹤庆县
		2.12	2.12			77	77	25	梁河县
		6.27	6.27			58	58	189	盈江县
		1.89	1.89			73		31	陇川县
70		0.80		0.80		21	21	13	福贡县
50		0.17		0.17		31		13	贡山独龙族怒族自治县
		2.20	2.20			63	63	17	兰坪白族普米族自治县
		0.71	0.71			21	21	18	德钦县
		1.49	1.49			60	60	59	维西傈僳族自治县
11		**38.10**	**38.10**			**1416**	**391**	**764**	**西 藏**
		0.48	0.48			7		8	曲水县
		0.42	0.42			8	8	6	当雄县
		0.65	0.65			75	75	51	林周县
		1.30	1.30			16		7	墨竹工卡县
		0.65	0.65			17		6	尼木县
		0.30	0.30			13	12	17	亚东县
		0.64	0.64			12		10	聂拉木县
		0.23	0.23			26		7	仲巴县
		0.28	0.28			22		6	定结县
		0.25	0.25			30	30	4	康马县
		0.11	0.11			16	16	2	吉隆县
		0.22	0.22			24		2	萨嘎县
		0.69	0.69			21		3	谢通门县
		0.49	0.49			20		3	萨迦县
		0.24	0.24			18		20	岗巴县
		0.92	0.92			15	10	22	拉孜县
		0.47	0.47			26		12	江孜县
		0.58	0.58			19		21	定日县
		0.70	0.70			21		24	南木林县
		0.97	0.97			10		5	昂仁县

9-2 续表32

县名称 Name of Counties	道路清扫保洁面积（万平方米）Surface Area of Roads Cleaned and Maintained (10000 sq. m)	机械化 Mechanization	生活垃圾 清运量（万吨）Collected and Transported (10000 tons)	处理量（万吨）Volume of Treated (10000 tons)	无害化处理厂（场）数（座）Number of Harmless Treatment Plants/Grounds (unit)	卫生填埋 Sanitary Landfill	焚烧 Incineration	其他 Other	无害化处理能力（吨/日）Harmless Treatment Capacity (ton/day)	卫生填埋 Sanitary Landfill
白朗县	288	120	0.56	0.55	1	1			30	30
仁布县			0.43	0.41	1	1			28	28
左贡县	8		0.23	0.23	1	1			12	12
丁青县	5		1.26	1.26	1	1			22	22
八宿县	18		0.54	0.54	1	1			15	15
江达县	22		0.73	0.73	1	1			20	20
洛隆县	3		0.80	0.79	1	1			34	34
察雅县	14	8	0.63	0.62	1	1			16	16
贡觉县	8		1.62	1.62	1	1			44	44
边坝县	6		0.48	0.48	1	1			15	15
类乌齐县	11		0.38	0.38	1	1			10	10
芒康县	16	6	1.19	1.18	1	1			60	60
朗县	3		0.22	0.22	1	1			6	6
墨脱县	5	3	0.39	0.39	1	1			10	10
工布江达县	55				1		1		11	
察隅县	7		0.23	0.23	1	1			10	10
波密县	13		0.90	0.90	1	1			28	28
米林县	8	1	0.45	0.44	1	1			15	15
错那县	22		0.59	0.59	1	1			16	16
浪卡子县	18		0.46	0.44	1	1			12	12
贡嘎县	19		1.08	1.05	1	1			45	45
加查县	15		0.42	0.42	1	1			12	12
桑日县	24		0.51	0.51	1	1			8	8
洛扎县	11		0.37	0.37	1	1			11	11
琼结县	19		0.19	0.18	1	1			14	14
措美县	10		0.46	0.44	1	1			8	8
扎囊县	84		0.50	0.50	1	1			50	50
曲松县	22		0.12	0.12	1	1			7	7
隆子县	17		0.38	0.37	1	1			10	10
聂荣县	12		0.47	0.47	1	1			15	15
双湖县	6		0.07	0.06	1	1			20	20
嘉黎县	10		0.19	0.19	1	1			10	10
比如县	9		1.33	0.46	1	1			20	20
尼玛县	7		0.24	0.24	1	1			10	10
巴青县	15	9	0.35	0.32	1	1			15	15
申扎县	9		0.35	0.35	1	1			10	10
安多县	7		0.75	0.73	1	1			30	30
索县	10		0.52	0.52	1	1			10	10
班戈县	9		0.50	0.48	1	1			12	12

continued 32

		Domestic Garbage				公共厕所 (座)	三类以上	市容环卫专用车辆设备总数 (辆)	县名称
焚 烧 Incineration	其 他 Other	无害化处理量 (万吨) Volume of Harmlessly Treated (10000 tons)	卫 生 填 埋 Sanitary Landfill	焚 烧 Incineration	其 他 Other	Number of Latrines (unit)	Grade III and Above	Number of Vehicles and Equipment Designated for Municipal Environmental Sanitation (unit)	Name of Counties
		0.55	0.55			22		16	白朗县
		0.41	0.41			35		4	仁布县
		0.23	0.23			6		3	左贡县
		1.26	1.26			12		11	丁青县
		0.54	0.54			11	9	33	八宿县
		0.73	0.73			10	10	5	江达县
		0.79	0.79					3	洛隆县
		0.62	0.62			21	2	12	察雅县
		1.62	1.62			15		8	贡觉县
		0.48	0.48			23		15	边坝县
		0.38	0.38			11		8	类乌齐县
		1.18	1.18					8	芒康县
		0.22	0.22			11		4	朗　县
		0.39	0.39			13	10	6	墨脱县
11						12	5	7	工布江达县
		0.23	0.23			8		10	察隅县
		0.90	0.90			3		6	波密县
		0.44	0.44			8		21	米林县
		0.59	0.59			34		12	错那县
		0.44	0.44					6	浪卡子县
		1.05	1.05			5	5	6	贡嘎县
		0.42	0.42			9	5	9	加查县
		0.51	0.51			8		9	桑日县
		0.37	0.37			10	10	15	洛扎县
		0.18	0.18			8		5	琼结县
		0.44	0.44			9		5	措美县
		0.50	0.50			12	12	8	扎囊县
		0.12	0.12			19		16	曲松县
		0.37	0.37			113	113	3	隆子县
		0.47	0.47			40	40	13	聂荣县
		0.06	0.06			35		2	双湖县
		0.19	0.19			14		40	嘉黎县
		0.46	0.46			15		8	比如县
		0.24	0.24			42		18	尼玛县
		0.32	0.32			24		10	巴青县
		0.35	0.35			24		9	申扎县
		0.73	0.73			35		19	安多县
		0.52	0.52			19	19	3	索　县
		0.48	0.48			38		9	班戈县

9-2 续表33

县名称 Name of Counties	道路清扫保洁面积（万平方米）Surface Area of Roads Cleaned and Maintained (10000 sq. m)	机械化 Mechanization	生活垃圾 清运量（万吨）Collected and Transported (10000 tons)	处理量（万吨）Volume of Treated (10000 tons)	无害化处理厂(场)数（座）Number of Harmless Treatment Plants/Grounds (unit)	卫生填埋 Sanitary Landfill	焚烧 Incineration	其他 Other	无害化处理能力（吨/日）Harmless Treatment Capacity (ton/day)	卫生填埋 Sanitary Landfill
革吉县	2	1	0.32	0.32	1	1			9	9
札达县	7		0.31	0.31	1	1			20	20
日土县	16		0.82	0.82	1	1			22	22
改则县	9		0.61	0.61	1	1			20	20
葛尔县	110	61	4.52	4.52	1	1			130	130
普兰县	9		0.73	0.73	1	1			25	25
措勤县	10		0.46	0.46	1	1			12	12
陕　西	8791	7032	216.06	215.69	70	57	7	6	9740	5976
蓝田县	200	170	4.08	4.08						
周至县	140	137	3.34	3.34	1	1			200	200
宜君县	29	25	0.75	0.75	1	1			120	120
岐山县	109	86	1.84	1.84						
扶风县	151	128	2.29	2.29	3	1	1	1	424	84
眉　县	209	184	3.93	3.93	1	1			120	120
陇　县	130	110	2.98	2.98	1	1			100	100
千阳县	48	43	2.02	2.02	2	1		1	155	150
麟游县	48	32	1.57	1.56	1	1			50	50
凤　县	41	32	1.75	1.75	2	1		1	56	50
太白县	39	35	0.66	0.66	1	1			31	31
三原县	180	155	4.41	4.41						
泾阳县	210	155	3.14	3.14						
乾　县	193	159	5.29	5.27	1	1			200	200
礼泉县	219	154	5.77	5.77	1		1		1500	
永寿县	138	128	2.32	2.32	1	1			80	80
长武县	98	68	2.30	2.30	1	1			100	100
旬邑县	51	42	1.59	1.59	1	1			60	60
淳化县	58	44	1.34	1.34	1	1			100	100
武功县	137	122	3.83	3.83						
潼关县	123	106	2.78	2.78	1	1			65	65
大荔县	255	232	4.42	4.42	1		1		400	
合阳县	127	113	1.96	1.96	1	1			165	165
澄城县	268	235	5.24	5.24	1	1			150	150
蒲城县	456	368	5.30	5.30	2		1	1	560	
白水县	122	115	2.30	2.30	1	1			90	90
富平县	367	334	4.68	4.68	1		1		600	
延长县	57	49	1.88	1.88	1	1			85	85
延川县	22	13	2.31	2.31	1	1			110	110
志丹县	104	73	3.68	3.68	1	1			65	65
吴起县	95	86	3.29	3.29	1	1			100	100

continued 33

焚烧 Incineration	其他 Other	无害化处理量 (万吨) Volume of Harmlessly Treated (10000 tons)	卫生填埋 Sanitary Landfill	焚烧 Incineration	其他 Other	公共厕所 (座) Number of Latrines (unit)	三类以上 Grade III and Above	市容环卫专用车辆设备总数 (辆) Number of Vehicles and Equipment Designated for Municipal Environmental Sanitation (unit)	县名称 Name of Counties
		0.32	0.32			15		4	革吉县
		0.31	0.31			15		33	札达县
		0.82	0.82			18		10	日土县
		0.61	0.61			59		10	改则县
		4.52	4.52			56		51	葛尔县
		0.73	0.73			64		4	普兰县
		0.46	0.46			39		11	措勤县
3664	100	215.69	163.72	50.33	1.64	2827	2088	3370	陕　西
		4.08		4.08		35		38	蓝田县
		3.34	2.37	0.97		25	25	39	周至县
		0.75	0.62		0.13	7	7	11	宜君县
		1.84		1.84		21		25	岐山县
330	10	2.29	1.29	0.83	0.16	28	28	25	扶风县
		3.93	3.93			52	22	47	眉　县
		2.98	2.98			36	17	44	陇　县
	5	2.02	1.88		0.15	25	20	10	千阳县
		1.56	1.56			17	7	17	麟游县
	6	1.75	1.65		0.10	18	18	12	凤　县
		0.66	0.66			18		15	太白县
		4.41		4.41		78	78	190	三原县
		3.14		3.14		31	31	55	泾阳县
		5.27	5.27			81	70	60	乾　县
1500		5.77		5.77		53	53	338	礼泉县
		2.32	2.32			20	20	26	永寿县
		2.30	2.30			28	28	21	长武县
		1.59	1.59			18	10	12	旬邑县
		1.34	1.34			17	8	13	淳化县
		3.83		3.83		51	49	105	武功县
		2.78	2.78			43	43	40	潼关县
400		4.42		4.42		97	34	131	大荔县
		1.96	1.96			41	35	62	合阳县
		5.24	5.24			31	26	49	澄城县
500	60	5.30		4.66	0.65	66	66	134	蒲城县
		2.30	2.30			21	21	30	白水县
600		4.68		4.68		65	65	88	富平县
		1.88	1.88			34	34	22	延长县
		2.31	2.31			40	24	19	延川县
		3.68	3.68			38		28	志丹县
		3.29	3.29			40	40	49	吴起县

9-2 续表 34

县名称 Name of Counties	道路清扫保洁面积(万平方米) Surface Area of Roads Cleaned and Maintained (10000 sq. m)	机械化 Mechanization	生活垃圾							
			清运量(万吨) Collected and Transported (10000 tons)	处理量(万吨) Volume of Treated (10000 tons)	无害化处理厂(场)数(座) Number of Harmless Treatment Plants/Grounds (unit)	卫生填埋 Sanitary Landfill	焚烧 Incineration	其他 Other	无害化处理能力(吨/日) Harmless Treatment Capacity (ton/day)	卫生填埋 Sanitary Landfill
甘泉县	45	32	1.88	1.85	1	1			60	60
富　县	47	33	1.90	1.88	1	1			60	60
洛川县	73	58	3.77	3.71	1	1			100	100
宜川县	93	66	1.83	1.80	1	1			67	67
黄龙县	58	42	0.81	0.80	1	1			43	43
黄陵县	109	76	1.65	1.65	1	1			53	53
城固县	240	238	6.64	6.64						
洋　县	105	94	4.21	4.21	1		1		300	
西乡县	259	207	4.47	4.47	1	1			200	200
勉　县	201	190	5.67	5.67	1	1			175	175
宁强县	116	90	2.15	2.15	1	1			60	60
略阳县	27	24	2.61	2.61	1	1			80	80
镇巴县	39	34	2.16	2.16	1	1			70	70
留坝县	22	21	0.88	0.88	2	1		1	64	30
佛坪县	22	19	0.35	0.35	1	1			75	75
府谷县	286	200	7.87	7.87	1	1			180	180
靖边县	686	485	12.08	12.08	1	1			300	300
定边县	247	173	7.19	7.19	1	1			327	327
绥德县	138	89	4.92	4.88	1	1			196	196
米脂县	99	80	2.32	2.32	1	1			80	80
佳　县	24	11	1.06	1.06	1	1			40	40
吴堡县	68	41	2.39	2.39	1	1			75	75
清涧县	59	48	1.98	1.98	1	1			65	65
子洲县	45	17	1.39	1.39	1	1			65	65
汉阴县	175	152	5.45	5.45	1	1			180	180
石泉县	75	71	3.07	3.07	1	1			100	100
宁陕县	15	10	0.96	0.96	1	1			50	50
紫阳县	76	20	1.56	1.56	2	1		1	109	100
岚皋县	63	48	2.32	2.32	1	1			72	72
平利县	85	61	2.03	2.03						
镇坪县	19	17	0.66	0.66	1	1			30	30
白河县	80	56	2.13	2.13	2	1		1	100	90
洛南县	130	117	5.49	5.38	1	1			130	130
丹凤县	127	60	4.76	4.76	1	1			100	100
商南县	166	155	3.12	3.12	1	1			128	128
山阳县	136	80	4.19	4.15	1	1			120	120
镇安县	56	36	3.00	3.00	1	1			100	100
柞水县	56	47	2.12	2.12	1	1			100	100

continued 34

		Domestic Garbage				公共厕所		市容环卫专用车辆设备总数（辆）	
焚烧 Incineration	其他 Other	无害化处理量（万吨） Volume of Harmlessly Treated (10000 tons)	卫生填埋 Sanitary Landfill	焚烧 Incineration	其他 Other	（座） Number of Latrines (unit)	三类以上 Grade Ⅲ and Above	Number of Vehicles and Equipment Designated for Municipal Environmental Sanitation (unit)	县名称 Name of Counties
		1.85	1.85			18	18	12	甘泉县
		1.88	1.88			40	37	19	富　县
		3.71	3.71			22	22	42	洛川县
		1.80	1.80			35	29	49	宜川县
		0.80	0.80			26	26	27	黄龙县
		1.65	1.65			31	24	31	黄陵县
		6.64		6.64		93	48	53	城固县
300		4.21		4.21		45	45	58	洋　县
		4.47	4.47			66	66	67	西乡县
		5.67	5.67			55	45	55	勉　县
		2.15	2.15			35	21	33	宁强县
		2.61	2.61			42	37	28	略阳县
		2.16	2.16			25	25	31	镇巴县
34		0.88	0.03	0.85		17	14	74	留坝县
		0.35	0.35			12	8	14	佛坪县
		7.87	7.87			154		70	府谷县
		12.08	12.08			82	58	130	靖边县
		7.19	7.19			85	85	204	定边县
		4.88	4.88			46	46	67	绥德县
		2.32	2.32			49	44	15	米脂县
		1.06	1.06			43	43	29	佳　县
		2.39	2.39			33		24	吴堡县
		1.98	1.98			63	63	11	清涧县
		1.39	1.39			26	24	23	子洲县
		5.45	5.45			47	43	36	汉阴县
		3.07	3.07			43	43	14	石泉县
		0.96	0.96			23	23	113	宁陕县
	9	1.56	1.56			44	16	14	紫阳县
		2.32	2.32			32		20	岚皋县
		2.03	2.03			44		22	平利县
		0.66	0.66			9	9	13	镇坪县
	10	2.13	1.68		0.45	31	31	10	白河县
		5.38	5.38			38	38	63	洛南县
		4.76	4.76			27	24	20	丹凤县
		3.12	3.12			18	18	38	商南县
		4.15	4.15			55	55	28	山阳县
		3.00	3.00			55	48	25	镇安县
		2.12	2.12			43	33	33	柞水县

9-2 续表35

县名称 Name of Counties	道路清扫保洁面积（万平方米）Surface Area of Roads Cleaned and Maintained (10000 sq. m)	机械化 Mechanization	生活垃圾						
			清运量（万吨）Collected and Transported (10000 tons)	处理量（万吨）Volume of Treated (10000 tons)	无害化处理厂(场)数（座）Number of Harmless Treatment Plants/ Grounds (unit)	卫生填埋 Sanitary Landfill	焚烧 Incineration	其他 Other	无害化处理能力（吨/日）Harmless Treatment Capacity (ton/day)	卫生填埋 Sanitary Landfill

（表头结构，以下为数据）

县名称	道路清扫保洁面积	机械化	清运量	处理量	无害化处理厂(场)数	卫生填埋	焚烧	其他	无害化处理能力	卫生填埋
甘 肃	7238	5612	177.39	177.36	47	44	3		5383	4153
永登县	138	95	4.56	4.56	1	1			270	270
皋兰县	60	48	2.19	2.19	1	1			300	300
榆中县	257	236	3.63	3.63	1	1			180	180
永昌县	102	100	1.62	1.62	1	1			110	110
靖远县	80	60	4.87	4.87						
会宁县	314	210	5.40	5.40	1	1			150	150
景泰县	137	92	5.24	5.24						
清水县	100	70	2.59	2.59						
秦安县	190	161	5.94	5.94	1	1			165	165
甘谷县	278	210	7.11	7.11	1	1			183	183
武山县	80	65	3.33	3.33	1	1			87	87
张家川回族自治县	121	98	2.19	2.19	1		1		30	
民勤县	177	116	2.70	2.70	1	1			84	84
古浪县	114	105	2.40	2.40	1	1			80	80
天祝藏族自治县	190	177	3.54	3.54	1	1			94	94
肃南县	17	14	0.33	0.33	1	1			21	21
民乐县	106	85	2.87	2.87						
临泽县	68	50	2.28	2.28						
高台县	94	46	2.67	2.67	1	1			80	80
山丹县	220	165	2.24	2.24						
泾川县	84	55	2.69	2.69	1	1			132	132
灵台县	96	60	1.90	1.90	1	1			61	61
崇信县	67	60	1.29	1.29	1	1			55	55
庄浪县	138	118	1.87	1.87	1	1			200	200
静宁县	180	145	3.33	3.33	1	1			130	130
金塔县	233	207	3.76	3.76	1	1			67	67
瓜州县	175	140	2.48	2.48	1	1			70	70
肃北蒙古族自治县	41	35	0.42	0.42	1	1			12	12
阿克塞哈萨克族自治县	25	21	0.71	0.71	1	1			30	30
庆城县	140	60	4.48	4.48						
环 县	140	130	4.18	4.18						
华池县	60	45	2.37	2.37	1	1			80	80
合水县	98	68	1.54	1.54						
正宁县	100	68	1.58	1.58						
宁 县	120	64	1.10	1.10						

continued 35

焚烧 Incineration	其他 Other	Domestic Garbage 无害化处理量（万吨）Volume of Harmlessly Treated (10000 tons)	卫生填埋 Sanitary Landfill	焚烧 Incineration	其他 Other	公共厕所（座）Number of Latrines (unit)	三类以上 Grade Ⅲ and Above	市容环卫专用车辆设备总数（辆）Number of Vehicles and Equipment Designated for Municipal Environmental Sanitation (unit)	县名称 Name of Counties
1230		177.36	100.44	75.43	1.50	1665	1109	2337	甘 肃
		4.56	4.56			23	7	115	永登县
		2.19	2.19			7	2	20	皋兰县
		3.63	3.63			27	27	79	榆中县
		1.62	1.62			50	50	18	永昌县
		4.87		4.02	0.86	27	27	40	靖远县
		5.40	5.40			20	20	57	会宁县
		5.24		4.60	0.64	50	36	74	景泰县
		2.59		2.59		35	26	42	清水县
		5.94	5.94			24	8	46	秦安县
		7.11	7.11			22		48	甘谷县
		3.33	0.87	2.47		19	9	25	武山县
30		2.19		2.19		30	28	22	张家川回族自治县
		2.70	2.70			37	37	59	民勤县
		2.40	2.40			29	29	60	古浪县
		3.54	3.54			34	34	35	天祝藏族自治县
		0.33	0.33			23	23	6	肃南县
		2.87		2.87		39	8	45	民乐县
		2.28		2.28		38	38	24	临泽县
		2.67	2.67			37	37	15	高台县
		2.24		2.24		36	27	37	山丹县
		2.69	1.23	1.46		19	13	23	泾川县
		1.90		1.90		23	22	79	灵台县
		1.29	0.90	0.38		16	16	18	崇信县
		1.87	1.87			22		48	庄浪县
		3.33	3.33			35	35	46	静宁县
		3.76	2.45	1.31		38	7	100	金塔县
		2.48	2.48			51	51	11	瓜州县
		0.42	0.42			22	17	95	肃北蒙古族自治县
		0.71	0.71			14	14	18	阿克塞哈萨克族自治县
		4.48		4.48		34	15	17	庆城县
		4.18		4.18		41	41	59	环 县
		2.37	2.37			42	27	26	华池县
		1.54		1.54		17	14	13	合水县
		1.58		1.58		24	24	20	正宁县
		1.10		1.10		19	19	11	宁 县

9-2 续表 36

县名称 Name of Counties	道路清扫保洁面积（万平方米）Surface Area of Roads Cleaned and Maintained (10000 sq. m)	机械化 Mechanization	生活垃圾						无害化处理能力（吨/日）Harmless Treatment Capacity (ton/day)	卫生填埋 Sanitary Landfill
			清运量（万吨）Collected and Transported (10000 tons)	处理量（万吨）Volume of Treated (10000 tons)	无害化处理厂(场)数（座）Number of Harmless Treatment Plants/Grounds (unit)	卫生填埋 Sanitary Landfill	焚烧 Incineration	其他 Other		
镇原县	98	83	1.73	1.73						
通渭县	175	145	2.46	2.46	1	1			124	124
陇西县	264	236	7.01	7.01	2	1	1		980	280
渭源县	130	117	1.94	1.94	1	1			53	53
临洮县	349	272	5.94	5.94	1		1		500	
漳　县	44	38	1.89	1.89	1	1			55	55
岷　县	103	81	4.05	4.05	1	1			100	100
成　县	109	93	4.22	4.22	1	1			125	125
文　县	23	16	1.42	1.42	1	1			40	40
宕昌县	45	31	1.64	1.64	1	1			44	44
康　县	39	22	1.31	1.31	1	1			45	45
西和县	131	81	4.38	4.38	1	1			100	100
礼　县	120	90	2.92	2.92	1	1			48	48
徽　县	78	70	2.81	2.81	1	1			77	77
两当县	59	42	0.49	0.49	1	1			32	32
临夏县	92	78	1.73	1.73						
康乐县	116	84	1.60	1.60						
永靖县	234	195	3.68	3.68						
广河县	86	54	4.60	4.60						
和政县	85	79	2.57	2.57						
东乡族自治县	17	12	1.43	1.43						
积石山县	43	38	4.60	4.60						
临潭县	43	14	3.25	3.25	1	1			89	89
卓尼县	90	80	1.18	1.18	1	1			40	40
舟曲县	20	13	1.47	1.47	2	2			49	49
迭部县	17	14	1.57	1.57	1	1			43	43
玛曲县	56	32	1.44	1.41	1	1			75	75
碌曲县	14	11	0.61	0.61	1	1			28	28
夏河县	18	13	2.03	2.03	1	1			65	65
青　海	2084	1059	66.38	63.98	32	32			1536	1536
大通县	49	45	12.14	11.53	1	1			316	316
湟源县	108	36	3.67	3.50	1	1			70	70
民和县	120	77	6.48	6.24						
互助县	220	168	4.83	4.66	1	1			150	150
化隆县	78	13	1.82	1.72	1	1			25	25
循化县	56	54	2.46	2.40	1	1			82	82
门源县	53	9								

continued 36

焚烧 Incineration	其他 Other	Domestic Garbage 无害化处理量 (万吨) Volume of Harmlessly Treated (10000 tons)	卫生填埋 Sanitary Landfill	焚烧 Incineration	其他 Other	公共厕所 (座) Number of Latrines (unit)	三类以上 Grade III and Above	市容环卫专用车辆设备总数 (辆) Number of Vehicles and Equipment Designated for Municipal Environmental Sanitation (unit)	县名称 Name of Counties
		1.73		1.73		22	22	22	镇原县
		2.46	1.66	0.81		20	12	23	通渭县
700		7.01	2.15	4.86		20	15	100	陇西县
		1.94	1.73	0.21		18		74	渭源县
500		5.94		5.94		33	16	82	临洮县
		1.89	1.40	0.49		11	11	7	漳 县
		4.05	4.05			35	8	45	岷 县
		4.22	4.22			46		38	成 县
		1.42	1.42			12	4	5	文 县
		1.64	1.64			20	20	28	宕昌县
		1.31	1.31			24		10	康 县
		4.38	4.38			27	22	43	西和县
		2.92	2.92			42	30	24	礼 县
		2.81	2.81			21	21	27	徽 县
		0.49	0.49			15	15	16	两当县
		1.73		1.73		45		50	临夏县
		1.60		1.60		32		32	康乐县
		3.68		3.68		42	42	40	永靖县
		4.60		4.60		29	29	37	广河县
		2.57		2.57		14	8	25	和政县
		1.43		1.43		16		15	东乡族自治县
		4.60		4.60		6		5	积石山县
		3.25	3.25			11	7	15	临潭县
		1.18	1.18			15		16	卓尼县
		1.47	1.47			14	14	17	舟曲县
		1.57	1.57			13	13	5	迭部县
		1.41	1.41			22		32	玛曲县
		0.61	0.61			4		13	碌曲县
		2.03	2.03			12	12	40	夏河县
		63.98	**63.98**			**731**	**136**	**838**	**青　海**
		11.53	11.53			30	30	34	大通县
		3.50	3.50			30		80	湟源县
		6.24	6.24			21		39	民和县
		4.66	4.66			40	27	33	互助县
		1.72	1.72			19		27	化隆县
		2.40	2.40			12	12	20	循化县
						33	20	15	门源县

9-2 续表37

县名称 Name of Counties	道路清扫保洁面积（万平方米） Surface Area of Roads Cleaned and Maintained (10000 sq. m)	机械化 Mechanization	生活垃圾							
			清运量（万吨） Collected and Transported (10000 tons)	处理量（万吨） Volume of Treated (10000 tons)	无害化处理厂(场)数（座） Number of Harmless Treatment Plants/ Grounds (unit)	卫生填埋 Sanitary Landfill	焚烧 Incineration	其他 Other	无害化处理能力（吨/日） Harmless Treatment Capacity (ton/day)	卫生填埋 Sanitary Landfill
祁连县	67	24	1.60	1.57	1	1			50	50
海晏县	14	5	0.77	0.74	1	1			20	20
刚察县	18		0.62	0.61	1	1			22	22
西海镇	40	18	0.74	0.71	1	1			29	29
尖扎县	16	3	1.02	1.02	1	1			40	40
泽库县	19	9	0.55	0.55	1	1			27	27
河南县	19	8	0.67	0.66	1	1			20	20
共和县	226	150	2.98	2.90	1	1			74	74
同德县	50	32	3.12	3.00	1	1			52	52
贵德县	107	70	4.43	4.28	1	1			100	100
兴海县	55	41	1.39	1.32	1	1			37	37
贵南县	66	38	1.47	1.40	1	1			23	23
班玛县	14	12	0.58	0.54	1	1			11	11
久治县	40	19	0.23	0.21	1	1			13	13
甘德县	34	22	0.28	0.26	1	1			32	32
玛沁县	204	65	2.39	2.15	1	1			65	65
达日县	13	6	0.33	0.31	1	1			30	30
玛多县	12		0.36	0.35	1	1			8	8
杂多县	20		2.81	2.76	1	1			26	26
称多县	6		1.00	0.99	1	1			25	25
治多县	24		1.14	1.13	1	1			35	35
囊谦县	30		1.51	1.49	1	1			26	26
曲麻莱县	9	8	1.25	1.23	1	1			25	25
乌兰县	20		0.89	0.89	1	1			22	22
都兰县	156	61	0.88	0.88	1	1			20	20
天峻县	96	47	0.99	0.96	1	1			17	17
大柴旦行委	27	20	1.01	1.01	1	1			44	44
宁　夏	3217	2466	43.82	43.82	11	10		1	1080	1060
永宁县	220	193	2.82	2.82						
贺兰县	334	315	5.06	5.06						
平罗县	480	405	6.57	6.57	1	1			200	200
盐池县	328	269	3.19	3.19	1	1			83	83
同心县	262	174	4.71	4.71	2	1		1	170	150
红寺堡区	198	176	1.79	1.79						
西吉县	188	141	3.68	3.68	1	1			120	120
隆德县	80	72	1.60	1.60	1	1			60	60
泾源县	68	44	1.39	1.39	1	1			43	43

continued 37

Incineration	Other	Volume of Harmlessly Treated (10000 tons)	Sanitary Landfill	Incineration	Other	Number of Latrines (unit)	Grade III and Above	Number of Vehicles and Equipment Designated for Municipal Environmental Sanitation (unit)	Name of Counties
		1.57	1.57			15		38	祁连县
		0.74	0.74			11		12	海晏县
		0.61	0.61			32	1	5	刚察县
		0.71	0.71			9	4	6	西海镇
		1.02	1.02			25		31	尖扎县
		0.55	0.55			17		12	泽库县
		0.66	0.66			18		23	河南县
		2.90	2.90			39		37	共和县
		3.00	3.00			22	22	9	同德县
		4.28	4.28			53		38	贵德县
		1.32	1.32			18		12	兴海县
		1.40	1.40			19		11	贵南县
		0.54	0.54			13		43	班玛县
		0.21	0.21			11		15	久治县
		0.26	0.26			9		44	甘德县
		2.15	2.15			30		43	玛沁县
		0.31	0.31			27		44	达日县
		0.35	0.35			8	3	17	玛多县
		2.76	2.76			2		18	杂多县
		0.99	0.99			7		6	称多县
		1.13	1.13			89		25	治多县
		1.49	1.49			5	5	5	囊谦县
		1.23	1.23			12	5	7	曲麻莱县
		0.89	0.89			11		10	乌兰县
		0.88	0.88			18		6	都兰县
		0.96	0.96			13		15	天峻县
		1.01	1.01			13	7	58	大柴旦行委
	20	43.82	27.56	14.79	1.47	453	297	590	宁　夏
		2.82		2.82		35	35	47	永宁县
		5.06		3.81	1.25	40	40	60	贺兰县
		6.57	6.57			55	55	54	平罗县
		3.19	3.19			57	57	49	盐池县
	20	4.71	4.49		0.22	40		107	同心县
		1.79		1.79		25		45	红寺堡区
		3.68	3.68			36		52	西吉县
		1.60	1.60			23	23	30	隆德县
		1.39	1.39			17	14	27	泾源县

9-2 续表38

县名称 Name of Counties	道路清扫保洁面积 （万平方米） Surface Area of Roads Cleaned and Maintained （10000 sq. m）	机械化 Mechanization	生活垃圾							
			清运量 （万吨） Collected and Transported （10000 tons）	处理量 （万吨） Volume of Treated （10000 tons）	无害化处理厂(场)数 （座） Number of Harmless Treatment Plants/ Grounds （unit）	卫生填埋 Sanitary Landfill	焚烧 Incineration	其他 Other	无害化处理能力 （吨/日） Harmless Treatment Capacity （ton/day）	卫生填埋 Sanitary Landfill
彭阳县	331	211	1.85	1.85	1	1			70	70
中宁县	293	257	6.45	6.45	1	1			200	200
海原县	435	209	4.70	4.70	2	2			134	134
新　疆	10396	7321	161.30	161.24	63	62	1		6577	5977
鄯善县	220	132	3.06	3.06	1	1			100	100
托克逊县	195	167	2.70	2.70	1	1			115	115
巴里坤哈萨克自治县	72	57	0.88	0.88	1	1			75	75
伊吾县	60	40	0.35	0.35	1	1			15	15
呼图壁县	221	182	2.12	2.12	1	1			130	130
玛纳斯县	239	235	2.68	2.68	1	1			110	110
奇台县	267	224	4.08	4.08	1	1			140	140
吉木萨尔县	177	150	1.77	1.77	1	1			100	100
木垒哈萨克自治县	160	90	0.75	0.75	1	1			49	49
精河县	132	95	2.40	2.40	1	1			150	150
温泉县	25	21	0.56	0.56	1	1			30	30
轮台县	197	161	3.00	3.00	1	1			90	90
尉犁县	86	75	1.98	1.96	1	1			45	45
若羌县	394	335	1.30	1.30	1	1			62	62
且末县	64	48	1.13	1.13	1	1			90	90
焉耆回族自治县	216	35	1.84	1.84	1	1			100	100
和静县	239	64	2.90	2.87	1	1			80	80
和硕县	92	69	1.41	1.41	1	1			35	35
博湖县	32	29	0.65	0.65	1	1			48	48
温宿县	342		4.20	4.20						
沙雅县	313	265	4.30	4.30	1	1			100	100
新和县	130	78	3.61	3.61	1	1			100	100
拜城县	165	157	3.26	3.26	1	1			200	200
乌什县	206	146	1.55	1.55	1	1			50	50
阿瓦提县	145	80	3.65	3.65						
柯坪县	57	48	0.31	0.31	1	1			100	100
阿克陶县	71	63	2.46	2.46	1	1			80	80
阿合奇县	75	41	0.77	0.77	1	1			45	45
乌恰县	44	31	1.22	1.22	1	1			43	43
疏附县	79	26	2.75	2.75	1	1			150	150
疏勒县	172	123	3.74	3.74	1	1			150	150

continued 38

焚 烧 Incineration	其 他 Other	Domestic Garbage 无害化处理量（万吨）Volume of Harmlessly Treated (10000 tons)	卫生填埋 Sanitary Landfill	焚 烧 Incineration	其 他 Other	公共厕所（座）Number of Latrines (unit)	三类以上 Grade III and Above	市容环卫专用车辆设备总数（辆）Number of Vehicles and Equipment Designated for Municipal Environmental Sanitation (unit)	县名称 Name of Counties
		1.85	1.85			42	42	37	彭阳县
		6.45	0.07	6.38		31	31	37	中宁县
		4.70	4.70			52		45	海原县
600		161.24	119.48	41.77		1452	799	2868	新　疆
		3.06	3.06			44	16	37	鄯善县
		2.70	2.70			26		33	托克逊县
		0.88	0.88			7	7	25	巴里坤哈萨克自治县
		0.35	0.35			12	12	26	伊吾县
		2.12	2.12			43	43	121	呼图壁县
		2.68	2.68			45	45	80	玛纳斯县
		4.08	4.08			32	32	111	奇台县
		1.77	1.77			40	40	116	吉木萨尔县
		0.75	0.75			16		46	木垒哈萨克自治县
		2.40	2.40			22		35	精河县
		0.56	0.56			19	8	32	温泉县
		3.00	3.00			32	6	150	轮台县
		1.96	1.96			15		31	尉犁县
		1.30	1.30			10	10	29	若羌县
		1.13	1.13			11		47	且末县
		1.84	1.84			15	15	32	焉耆回族自治县
		2.87	2.87			26	26	41	和静县
		1.41	1.41			19	19	21	和硕县
		0.65	0.08		0.57	21	21	36	博湖县
		4.20		4.20		24	15	126	温宿县
		4.30	0.89	3.40		43	34	28	沙雅县
		3.61	1.55	2.07		39	25	29	新和县
		3.26	3.26			48	48	38	拜城县
		1.55	1.55			16		17	乌什县
		3.65		3.65		24		37	阿瓦提县
		0.31	0.31			7	7	17	柯坪县
		2.46	2.46			16	16	54	阿克陶县
		0.77	0.77			17	9	25	阿合奇县
		1.22	1.22			43		15	乌恰县
		2.75	2.75			16	16	23	疏附县
		3.74	3.74			13	8	14	疏勒县

9-2 续表39

县名称 Name of Counties	道路清扫保洁面积（万平方米）Surface Area of Roads Cleaned and Maintained (10000 sq. m)	机械化 Mechanization	生活垃圾							
			清运量（万吨）Collected and Transported (10000 tons)	处理量（万吨）Volume of Treated (10000 tons)	无害化处理厂（场）数（座）Number of Harmless Treatment Plants/ Grounds (unit)	卫生填埋 Sanitary Landfill	焚烧 Incineration	其他 Other	无害化处理能力（吨/日）Harmless Treatment Capacity (ton/day)	卫生填埋 Sanitary Landfill
英吉沙县	120	103	3.15	3.15	1	1			90	90
泽普县	133	82	2.29	2.29	1	1			100	100
莎车县	753	528	10.80	10.80	2	1		1	995	395
叶城县	258	175	4.10	4.10	1	1			196	196
麦盖提县	214	175	3.45	3.45	1	1			153	153
岳普湖县	188	160	1.59	1.59	1	1			200	200
伽师县	110	93	4.32	4.32	1	1			198	198
巴楚县	212	164	2.91	2.91	1	1			125	125
塔什库尔干塔吉克自治县	66	42	0.81	0.81	1	1			40	40
和田县										
墨玉县	291	270	8.86	8.86	1	1			100	100
皮山县	120	63	1.75	1.75	1	1			80	80
洛浦县	50	40	1.83	1.83	1	1			90	90
策勒县	68	35	1.96	1.96	1	1			50	50
于田县	78	47	2.91	2.91	1	1			100	100
民丰县	60	33	0.88	0.88	1	1			50	50
伊宁县	578	347	3.33	3.33	1	1			100	100
察布查尔县	276	248	3.24	3.24	1	1			60	60
霍城县	278	194	4.41	4.41	1	1			115	115
巩留县	129	88	2.30	2.30	1	1			100	100
新源县	190	140	4.00	4.00	1	1			136	136
昭苏县	80	68	2.45	2.45	1	1			80	80
特克斯县	100	96	2.50	2.50	1	1			90	90
尼勒克县	201	104	2.29	2.29	1	1			100	100
额敏县	230	198	3.41	3.41	1	1			100	100
托里县	110	82	2.56	2.56	1	1			70	70
裕民县	66	40	2.10	2.10	1	1			50	50
和布克赛尔蒙古自治县	42	30	0.80	0.80	1	1			66	66
布尔津县	65	59	1.92	1.92	1	1			110	110
富蕴县	76	64	1.14	1.14	1	1			65	65
福海县	112	68	1.75	1.75	1	1			45	45
哈巴河县	91	70	1.83	1.83	1	1			55	55
青河县	61	60	1.22	1.22	1	1			35	35
吉木乃县	104	88	1.06	1.06	1	1			50	50

continued 39

焚烧 Incineration	其他 Other	Domestic Garbage 无害化处理量 (万吨) Volume of Harmlessly Treated (10000 tons)	卫生填埋 Sanitary Landfill	焚烧 Incineration	其他 Other	公共厕所 (座) Number of Latrines (unit)	三类以上 Grade III and Above	市容环卫专用车辆设备总数 (辆) Number of Vehicles and Equipment Designated for Municipal Environmental Sanitation (unit)	县名称 Name of Counties
		3.15	3.15			18	10	11	英吉沙县
		2.29		2.29		22	22	46	泽普县
600		10.80		10.80		13	2	69	莎车县
		4.10		4.10		55	55	52	叶城县
		3.45	3.45			13	13	16	麦盖提县
		1.59	1.59			30	6	34	岳普湖县
		4.32	4.32			34	19	70	伽师县
		2.91	2.91			20		53	巴楚县
		0.81	0.81			24	24	26	塔什库尔干塔吉克自治县
									和田县
		8.86		8.86		30	23	52	墨玉县
		1.75	1.75			7		12	皮山县
		1.83		1.83		15		22	洛浦县
		1.96	1.96			15		44	策勒县
		2.91	2.91			12	12	12	于田县
		0.88	0.88			7		10	民丰县
		3.33	3.33			8		54	伊宁县
		3.24	3.24			20	20	54	察布查尔县
		4.41	4.41			20	12	61	霍城县
		2.30	2.30			25		55	巩留县
		4.00	4.00			105	18	35	新源县
		2.45	2.45			7		21	昭苏县
		2.50	2.50			18		25	特克斯县
		2.29	2.29			15		57	尼勒克县
		3.41	3.41			24		25	额敏县
		2.56	2.56					75	托里县
		2.10	2.10			6		67	裕民县
		0.80	0.80			11	11	30	和布克赛尔蒙古自治县
		1.92	1.92			35	35	66	布尔津县
		1.14	1.14			21		96	富蕴县
		1.75	1.75			18		19	福海县
		1.83	1.83			26	26	67	哈巴河县
		1.22	1.22			8	8	40	青河县
		1.06	1.06			9	5	20	吉木乃县

绿色生态数据

Data by Green Ecology

十、县城园林绿化
County Seat Landscaping

简要说明

  县城绿地是指以自然植被和人工植被为主要存在形态的城市用地。它包含两个层次的内容：一是城市建设用地范围内用于绿化的土地；二是城市建设用地之外，对城市生态、景观和居民休闲生活具有积极作用、绿化环境较好的区域。

  本部分主要反映县城的园林绿化情况，如绿化覆盖面积、园林绿地面积、公园面积等。

  从 2006 年起，根据最新的《城市绿地分类标准》，不再统计公共绿地面积指标，改为公园绿地面积，比原公共绿地面积范围略大。

Brief Introduction

  County seat green land refers to urban useable land covered by natural or planted vegetation. It has two implications: one refers to urban construction land specifically designated for landscaping, the other refers to green areas, which are non-construction land and play an active role in protecting urban ecology, and landscape and provide comfortable environment for the people.

  This section includes main indicators such as green coverage area, area of green space and area of park, etc.

  Since 2006, according to the latest Standard on *Category of Urban Green Space*, area of public recreational green space instead of area of public green space is included in statistics.

10 全国历年县城园林绿化情况(2000—2023)
National County Seat Landscaping in Past Years (2000—2023)

计量单位:公顷　　　　　　　　　　　　　　　　　　　　　　　　　　　　　　　　　　　　　Measurement Unit: hectare

年份 Year	建成区绿化覆盖面积 Built District Green Coverage Area	建成区绿地面积 Built District Area of Parks and Green Space	公园绿地面积 Area of Public Recreational Green Space	公园面积 Park Area	人均公园绿地面积(平方米) Public Recreational Green Space Per Capita (sq. m)	建成区绿化覆盖率(%) Green Coverage Rate of Built District (%)	建成区绿地率(%) Green Space Rate of Built District (%)
2000	142667	85452	31807	15736	5.71	10.86	6.51
2001	138338	94803	35082	69829	3.88	13.24	9.08
2002	148214	102684	38378	73612	4.32	14.12	9.78
2003	169737	119884	44628	28930	4.83	15.27	10.79
2004	193274	137170	50997	33678	5.29	16.42	11.65
2005	210393	151859	56869	32830	5.67	16.99	12.26
2006	247318	185389	59244	39422	4.98	18.70	14.01
2007	288085	219780	70849	54488	5.63	20.20	15.41
2008	317981	249748	79773	51510	6.12	21.52	16.90
2009	365354	285850	92236	56015	6.89	23.48	18.37
2010	412730	330318	106872	67325	7.70	24.89	19.92
2011	465885	385636	121300	80850	8.46	26.81	22.19
2012	519812	436926	134057	85272	8.99	27.74	23.32
2013	566706	482823	144644	96630	9.47	29.06	24.76
2014	599348	520483	155083	105680	9.91	29.80	25.88
2015	617022	542249	163526	114093	10.47	30.78	27.05
2016	633304	559476	170700	122103	11.05	32.53	28.74
2017	686922	610268	185320	138776	11.86	34.60	30.74
2018	711680	631559	191699	146656	12.21	35.17	31.21
2019	757497	672684	207897	158584	13.10	36.64	32.54
2020	784249	700180	213017	167699	13.44	37.58	33.55
2021	805418	722931	219322	174292	14.01	38.30	34.38
2022	830007	751902	226323	186357	14.50	39.35	35.65
2023	856364	778392	232413	195318	15.06	40.19	36.53

注：1. 自2006年起,"公共绿地"统计为"公园绿地"。
　　2. 自2006年起,"人均公共绿地面积"统计为以县城人口和县城暂住人口合计为分母计算的"人均公园绿地面积",括号内数据约为与往年同口径数据。

Notes: 1. Since 2006, Public Green Space is changed to Public Recreational Green Space.
　　　 2. Since 2006, Public Recreational Green Space Per Capita has been calculated based on denominator which combines both permanent and temporary residents in county seat areas, and the data in brackets are the same index but calculated by the method of past years.

10-1 2023年按省分列的县城园林绿化
County Seat Landscaping by Province (2023)

计量单位：公顷　　　　　　　　　　　　　　　　　　　　　　　　　　　　　　　　Measurement Unit: hectare

地区名称 Name of Regions	绿化覆盖面积 Green Coverage Area	建成区 Built District	绿地面积 Area of Parks and Green Space	建成区 Built District	公园绿地面积 Area of Public Recreational Green Space	公园个数（个） Number of Parks (unit)	门票免费 Free Parks	公园面积 Park Area
全　国	1077882	856364	929655	778392	232413	12170	11746	195318
河　北	74778	60909	61937	55610	14975	921	920	13201
山　西	33966	29170	28652	26098	8225	548	537	7686
内蒙古	50719	38127	47158	35609	10739	513	510	9728
辽　宁	11364	9465	8153	7910	2732	114	112	2338
吉　林	15440	9643	13603	8907	2895	121	120	2504
黑龙江	21070	19460	18947	17651	4908	263	247	3862
江　苏	53421	31966	44178	29869	8080	307	307	5661
浙　江	39105	29072	34031	26289	7656	572	564	5181
安　徽	78778	56857	67139	52199	15129	612	602	12555
福　建	30578	24808	26979	22787	7761	499	476	5902
江　西	57212	49989	50108	45219	13553	971	911	13536
山　东	85260	67818	73849	61937	17736	531	528	13867
河　南	86938	77988	74345	68846	20067	585	549	13802
湖　北	32811	24924	28940	23064	6725	455	411	6135
湖　南	57978	50475	51054	46048	13604	646	641	13223
广　东	39743	25194	33451	23207	7047	403	392	7678
广　西	32550	26541	27310	23462	6890	353	331	6028
海　南	6554	6340	5700	5571	627	84	72	563
重　庆	13101	8329	11718	7756	3226	167	162	2578
四　川	64074	54656	54394	48931	18113	639	611	14334
贵　州	51877	35567	47151	33894	10381	354	348	9767
云　南	35497	31430	31540	28758	8392	1149	1113	7675
西　藏	1172	1081	750	711	136	65	57	245
陕　西	30958	24419	25390	21665	6464	431	378	4260
甘　肃	21600	17050	17675	15068	6170	278	276	4114
青　海	6311	5655	5246	4910	971	56	47	372
宁　夏	9076	7692	8243	7407	2213	105	105	2070
新　疆	35951	31739	32013	29009	6997	428	419	6451

10-2　2023年按县分列的县城园林绿化
County Seat Landscaping by County (2023)

计量单位:公顷　　　　　　　　　　　　　　　　　　　　　　　　　　　　　Measurement Unit: hectare

县名称 Name of Counties	绿化覆盖面积 Green Coverage Area	建成区 Built District	绿地面积 Area of Parks and Green Space	建成区 Built District	公园绿地面积 Area of Public Recreational Green Space	公园个数(个) Number of Parks (unit)	门票免费 Free Parks	公园面积 Park Area
全　国	1077882	856364	929655	778392	232413	12170	11746	195318
河　北	74778	60909	61937	55610	14975	921	920	13201
井陉县	647	470	436	436	160	5	5	160
正定县	1750	1546	1509	1439	478	16	16	382
行唐县	722	400	610	356	135	19	19	135
灵寿县	504	472	428	428	141	11	11	141
高邑县	496	399	372	372	75	4	4	35
深泽县	443	443	408	408	126	5	5	89
赞皇县	468	317	315	288	109	8	8	86
无极县	623	502	494	447	154	10	10	154
平山县	770	445	445	408	169	5	5	169
元氏县	691	599	535	535	133	19	19	133
赵　县	663	663	586	586	164	7	7	160
滦南县	1301	985	913	913	206	9	9	135
乐亭县	1103	833	793	759	230	17	17	230
辽西县	1050	775	716	716	234	4	4	234
玉田县	1225	911	835	835	160	6	6	160
曹妃甸区	1411	1225	1134	1134	361	19	19	536
青龙满族自治县	496	432	387	387	119	16	16	119
昌黎县	641	640	576	576	111	4	4	84
卢龙县	581	450	515	433	85	4	4	85
临漳县	1256	1077	1005	1005	201	10	10	115
成安县	775	775	716	699	166	9	9	164
大名县	1583	1263	1345	1165	409	5	5	272
涉　县	1601	1601	1555	1555	449	11	11	398
磁　县	1278	1147	1032	1032	330	13	13	166
邱　县	954	806	801	730	177	16	16	160
鸡泽县	658	658	601	601	194	7	7	132
广平县	688	610	612	568	135	9	9	143
馆陶县	1011	728	811	660	167	5	5	104
魏　县	1633	1257	1179	1179	517	18	18	517
曲周县	693	668	603	603	179	3	3	114
临城县	618	352	456	320	104	4	4	73
内丘县	619	345	409	312	102	8	8	78
柏乡县	675	425	386	386	75	8	8	74
隆尧县	769	707	661	657	141	4	4	42
宁晋县	880	880	773	773	200	8	8	200
巨鹿县	1065	678	876	613	170	3	3	170
新河县	365	334	313	294	83	7	7	83
广宗县	707	397	508	353	120	13	13	120
平乡县	1120	636	926	558	114	10	10	115

10-2 续表1 continued 1

计量单位：公顷 Measurement Unit: hectare

县名称 Name of Counties	绿化覆盖面积 Green Coverage Area	建成区 Built District	绿地面积 Area of Parks and Green Space	建成区 Built District	公园绿地面积 Area of Public Recreational Green Space	公园个数（个） Number of Parks (unit)	门票免费 Free Parks	公园面积 Park Area
威县	972	831	773	773	245	27	27	257
清河县	1524	1180	1452	1096	355	12	12	357
临西县	737	518	660	461	91	3	3	91
博野县	408	373	353	343	80	3	3	53
涞水县	661	581	568	525	107	6	6	73
阜平县	434	316	279	279	127	2	2	81
白沟新城	1204	899	1013	823	144	6	6	144
定兴县	607	563	547	505	162	5	5	81
唐县	748	636	577	577	132	9	9	114
高阳县	703	668	632	597	117	3	3	69
涞源县	674	657	614	601	149	7	7	77
望都县	561	538	492	488	102	10	10	102
易县	590	560	546	488	137	3	3	121
曲阳县	981	764	828	710	147	4	4	141
蠡县	470	444	426	405	107	3	3	40
顺平县	1058	402	920	349	104	11	11	105
张北县	1024	905	883	840	138	3	3	118
康保县	466	466	429	429	76	5	5	76
沽源县	384	326	292	292	80	4	4	79
尚义县	412	412	373	373	80	5	5	74
蔚县	598	598	526	526	97	6	6	85
阳原县	567	389	348	348	75	4	4	75
怀安县	542	360	468	326	71	11	11	71
怀来县	783	733	682	682	127	6	6	101
涿鹿县	425	425	396	396	145	10	10	129
赤城县	240	240	210	210	63	11	11	62
承德县	466	419	386	385	117	4	4	81
兴隆县	451	367	350	337	79	28	28	79
滦平县	449	399	371	371	114	3	3	114
隆化县	514	396	395	355	96	19	19	96
丰宁满族自治县	492	394	420	356	130	12	12	126
宽城满族自治县	573	487	454	441	101	8	8	105
围场满族蒙古族自治县	378	328	299	299	102	8	8	102
青县	892	892	815	815	215	4	4	78
东光县	699	695	622	621	146	2	2	162
海兴县	383	337	337	305	83	3	3	47
盐山县	720	668	614	600	132	7	7	132
肃宁县	709	697	653	649	114	4	4	68
南皮县	607	575	539	512	91	5	5	91
吴桥县	644	644	599	599	80	9	9	80
献县	746	613	559	559	166	9	9	166
孟村回族自治县	493	391	425	361	60	1	1	38

10-2 续表2 continued 2

计量单位:公顷　　　　　　　　　　　　　　　　　　　　　　　　　　　　　　　　　　　　　　Measurement Unit:hectare

县名称 Name of Counties	绿化覆盖面积 Green Coverage Area	建成区 Built District	绿地面积 Area of Parks and Green Space	建成区 Built District	公园绿地面积 Area of Public Recreational Green Space	公园个数(个) Number of Parks (unit)	门票免费 Free Parks	公园面积 Park Area
固安县	1383	1284	1204	1196	340	26	26	337
永清县	427	370	368	343	56	5	5	36
香河县	1074	778	846	721	203	9	9	203
大城县	408	349	325	308	89	11	11	76
文安县	428	357	343	312	75	6	6	81
大厂回族自治县	1375	764	1212	710	120	6	6	275
枣强县	814	693	724	638	193	19	19	185
武邑县	1246	578	1102	516	158	5	4	143
武强县	428	387	359	359	115	9	9	106
饶阳县	741	447	502	413	108	43	43	91
安平县	841	761	739	690	198	5	5	75
故城县	1244	724	1130	669	281	35	35	281
景　县	699	699	630	630	150	39	39	150
阜城县	962	653	728	588	149	9	9	95
容城县	370	370	325	325	85	18	18	82
雄　县	388	388	334	334	93	6	6	80
安新县	427	371	369	328	100	6	6	100
山　西	33966	29170	28652	26098	8225	548	537	7686
清徐县	379	379	338	338	106	29	29	106
阳曲县	245	245	172	171	69	2		69
娄烦县	242	208	214	199	67	5	5	56
阳高县	350	350	299	299	83	5	5	46
天镇县	346	338	346	338	84	3	3	13
广灵县	555	411	394	355	81	9	9	72
灵丘县	484	484	430	430	87	5	5	85
浑源县	538	538	464	464	287	12	12	289
左云县	310	310	276	275	102	4	4	101
云州区	247	242	216	216	82	1	1	39
平定县	397	383	397	383	150	3	3	68
盂　县	777	777	639	605	154	4	4	165
襄垣县	966	886	835	835	200	30	30	200
平顺县	290	158	142	142	65	14	14	65
黎城县	311	281	332	262	120	3	3	122
壶关县	618	618	542	542	120	9	9	176
长子县	387	387	350	350	113	4	4	113
武乡县	732	454	475	413	116	2	2	43
沁　县	685	292	487	261	83	1	1	8
沁源县	255	255	245	245	59	11	11	59
沁水县	377	309	344	288	102	5	5	101
阳城县	785	785	689	689	167	9	9	167
陵川县	254	254	226	226	83	6	6	69
山阴县	648	624	549	549	108	5		836

10-2 续表3 continued 3

计量单位：公顷
Measurement Unit: hectare

县名称 Name of Counties	绿化覆盖面积 Green Coverage Area	建成区 Built District	绿地面积 Area of Parks and Green Space	建成区 Built District	公园绿地面积 Area of Public Recreational Green Space	公园个数（个） Number of Parks (unit)	门票免费 Free Parks	公园面积 Park Area
应　县	505	505	530	498	125	18	18	163
右玉县	406	353	364	327	62	5	5	46
榆社县	300	281	223	223	51	5	5	73
左权县	287	253	276	238	131	8	8	125
和顺县	385	309	366	276	68	16	16	13
昔阳县	307	288	261	261	130	14	14	130
寿阳县	449	449	432	432	97	7	7	97
祁　县	605	605	533	533	106	3	3	76
平遥县	728	728	630	630	138	7	7	46
灵石县	593	588	560	554	177	2	2	158
临猗县	848	670	600	595	187	3	3	116
万荣县	719	520	516	450	97	6	6	97
闻喜县	703	696	514	514	103	4	4	85
稷山县	376	376	320	320	94	5	5	71
新绛县	444	444	408	408	123	9	9	72
绛　县	235	231	200	196	45			
垣曲县	540	540	477	477	184	7	7	184
夏　县	280	280	237	237	50	13	13	45
平陆县	437	250	306	214	55	8	8	49
芮城县	651	492	453	453	113	8	8	113
定襄县	312	247	242	229	86	8	8	31
五台县	259	209	199	198	88	11	11	82
代　县	266	233	216	215	89	5	5	83
繁峙县	638	439	589	378	276	7	7	89
宁武县	597	330	545	306	278	6	6	278
静乐县	308	246	305	236	90	15	15	90
神池县	233	171	166	166	51	2	2	49
五寨县	337	337	330	330	151	14	14	62
岢岚县	213	213	201	201	69	4	4	39
河曲县	372	372	348	348	93	4	4	92
保德县	523	412	383	370	108	3	3	80
偏关县	641	153	390	154	133	3	3	195
曲沃县	432	432	388	388	70	5	5	70
翼城县	607	607	545	545	38	5	5	24
襄汾县	1219	492	965	425	207	3	3	197
洪洞县	821	620	748	595	226	17	16	177
古　县	146	146	140	140	57	2	2	57
安泽县	177	170	141	141	45	5	5	13
浮山县	176	169	149	149	33	8	8	36
吉　县	121	108	113	102	43	3	3	1
乡宁县	340	308	279	279	57	2	2	56
大宁县	123	123	116	116	17	5	5	10

10-2 续表4 continued 4

计量单位：公顷 Measurement Unit: hectare

县名称 Name of Counties	绿化覆盖面积 Green Coverage Area	建成区 Built District	绿地面积 Area of Parks and Green Space	建成区 Built District	公园绿地面积 Area of Public Recreational Green Space	公园个数（个） Number of Parks (unit)	门票免费 Free Parks	公园面积 Park Area
隰县	314	314	288	288	71	7	7	71
永和县	209	208	200	200	36	1	1	28
蒲县	172	172	112	112	69	12	12	54
汾西县	96	96	83	83	34	7	7	34
文水县	472	472	421	421	78	5	5	69
交城县	323	323	287	287	52	3	3	50
兴县	448	393	413	358	166	6	6	166
临县	339	285	284	251	122	4	4	118
柳林县	388	388	356	356	125	6	6	160
石楼县	209	209	174	174	25	3	3	22
岚县	382	280	338	260	105	18	18	105
方山县	250	240	219	219	71	3	3	30
中阳县	311	246	210	206	93	5	5	93
交口县	221	184	161	161	54	2	2	48
内蒙古	50719	38127	47158	35609	10739	513	510	9728
土左旗	427	427	391	391	39	9	9	45
托县	480	480	131	131	84	10	10	83
和林县	1130	882	823	757	134	3	2	106
清水河县	290	218	283	220	72	18	18	167
武川县	547	503	516	471	118	11	11	105
土右旗	910	751	751	717	215	2	2	102
固阳县	703	379	676	361	92	7	7	88
达尔罕茂明安联合旗	656	203	611	184	60	8	8	60
阿鲁科尔沁旗	623	623	599	599	240	7	6	148
巴林左旗	859	821	809	770	160	5	5	151
巴林右旗	551	551	534	534	118	13	13	110
林西县	534	534	513	513	127	17	17	116
克什克腾旗	497	497	479	479	112	8	8	111
翁牛特旗	672	672	635	635	363	9	9	353
喀喇沁旗	325	325	305	305	95	9	9	94
宁城县	744	744	663	663	196	8	8	162
敖汉旗	815	617	597	574	194	3	3	168
科左中旗	518	509	515	476	165	5	5	136
科左后旗	1727	758	1556	683	145	4	4	145
开鲁县	460	457	427	423	79	7	7	96
库伦旗	411	378	424	357	42	4	4	21
奈曼旗	717	700	640	631	212	5	5	202
扎鲁特旗	701	600	641	570	227	3	3	227
达拉特旗	1676	1276	1377	1214	315	12	11	241
准格尔旗	1197	1177	1151	1132	397	13	13	203
鄂托克前旗	450	359	402	321	107	12	12	101
鄂托克旗	770	435	767	420	123	19	19	123

10-2 续表5 continued 5

计量单位：公顷　　　　　　　　　　　　　　　　　　　　　　　　　　　　　　　　　　　　　Measurement Unit: hectare

县名称 Name of Counties	绿化覆盖面积 Green Coverage Area	建成区 Built District	绿地面积 Area of Parks and Green Space	建成区 Built District	公园绿地面积 Area of Public Recreational Green Space	公园个数（个） Number of Parks (unit)	门票免费 Free Parks	公园面积 Park Area
杭锦旗	462	462	418	418	178	31	31	178
乌审旗	1167	896	1154	891	167	7	7	140
伊金霍洛旗	3827	2384	4250	2281	936	13	13	1043
阿荣旗	741	618	704	573	126	13	13	95
莫旗	571	466	449	438	146	2	2	32
鄂伦春旗	572	519	481	481	57	1	1	8
鄂温克旗	665	665	612	612	83	12	12	83
陈巴尔虎旗	442	217	375	194	29	2	2	19
新左旗	194	193	175	173	38	2	2	30
新右旗	226	204	205	182	69	4	4	104
五原县	958	623	871	566	279	37	37	233
磴口县	452	447	434	407	95	5	5	95
乌拉特前旗	781	750	730	680	216	3	3	210
乌拉特中旗	662	406	483	378	73	10	10	73
乌拉特后旗	365	360	355	350	78	8	8	84
杭锦后旗	1845	633	1693	591	243	3	3	208
卓资县	340	340	320	320	133	6	6	123
化德县	943	499	909	454	142	5	5	295
商都县	699	699	686	686	176	5	5	176
兴和县	876	676	777	625	185	6	6	176
凉城县	780	390	723	362	124	4	4	107
察右前旗	831	761	799	695	117	8	8	88
察右中旗	709	489	707	438	128	15	15	128
察右后旗	597	435	569	418	118	8	8	144
四子王旗	563	554	517	508	98	9	9	98
阿巴嘎旗	195	160	171	143	42	2	2	42
苏尼特左旗	138	124	134	123	28	2	2	28
苏尼特右旗	310	310	289	289	69	2	2	47
东乌珠穆沁旗	430	430	417	417	138	6	6	78
西乌珠穆沁旗	699	520	644	500	192	4	4	127
太仆寺旗	381	380	340	339	79	1	1	19
镶黄旗	206	204	156	155	24	4	4	32
正镶白旗	233	233	215	215	32	1	1	12
正蓝旗	522	521	522	517	343	5	5	310
多伦县	292	292	287	287	121	4	4	135
科尔沁右翼前旗	566	566	561	561	235	5	5	192
科右中旗	578	512	524	524	285			40
扎赉特旗	558	511	587	464	152	2	2	141
突泉县	367	367	330	330	137	8	8	114
阿拉善左旗	4878	1803	4382	1620	447	12	12	447
阿拉善右旗	220	187	245	147	46	2	2	66
额济纳旗	487	447	442	426	100	3	3	263

10-2 续表 6 continued 6

计量单位:公顷　　　　　　　　　　　　　　　　　　　　　　　　　　　　　　　　Measurement Unit:hectare

县名称 Name of Counties	绿化覆盖面积 Green Coverage Area	建成区 Built District	绿地面积 Area of Parks and Green Space	建成区 Built District	公园绿地面积 Area of Public Recreational Green Space	公园个数(个) Number of Parks (unit)	门票免费 Free Parks	公园面积 Park Area
辽 宁	**11364**	**9465**	**8153**	**7910**	**2732**	**114**	**112**	**2338**
康平县	390	390	390	390	85	2		25
法库县	573	551	571	458	286	5	5	141
长海县	30	18	30	18	30	2	2	16
台安县	166	166	155	155	96	1	1	14
岫岩满族自治县	190	182	186	182	50	2	2	50
抚顺县								
新宾满族自治县	94	94	52	52	23	4	4	23
清原满族自治县	242	242	225	225	124	6	6	67
本溪满族自治县	522	509	493	463	143	8	8	138
桓仁满族自治县	2388	725	702	693	180	19	19	170
宽甸满族自治县	495	495	495	495	106	2		94
黑山县	49	49	49	49	38	3	3	70
义 县	200	200	200	200	84	1	1	2
阜新蒙古族自治县	141	141	134	127	52	2		45
彰武县	172	160	136	132	50	3	3	14
辽阳县	758	758	682	682	206	5	5	206
盘山县	537	523	516	507	138	10	10	150
铁岭县								
西丰县	354	354	304	304	97	3	3	186
昌图县	955	955	951	951	179	13	13	179
朝阳县	471	471	403	403	153	2	2	273
建平县	1305	1305	381	381	264	12	12	274
喀喇沁左翼蒙古族自治县	686	686	686	686	116	3	3	60
绥中县	257	206	187	132	86	5	5	86
建昌县	389	285	225	225	149	1	1	56
吉 林	**15440**	**9643**	**13603**	**8907**	**2895**	**121**	**120**	**2504**
农安县	1393	1288	1269	1164	420	8	8	298
永吉县	476	474	426	424	149	2	2	51
梨树县	629	410	500	396	141	6	6	60
伊通满族自治县	696	625	615	596	122	4	4	148
东丰县	728	728	677	677	210	6	6	184
东辽县	276	276	246	246	132	3	3	125
通化县	257	239	222	222	137	21	21	105
辉南县	2200	507	2016	479	200	6	6	200
柳河县	535	437	405	405	112	9	9	49
抚松县	1248	301	1115	278	131	4	4	196
靖宇县	476	416	432	405	125	6	6	112
长白朝鲜族自治县	1169	180	1020	161	73	7	7	73
前郭县	388	279	248	240	70	9	9	44
长岭县	810	650	596	579	196	3	3	106
乾安县	803	306	764	268	80	2	2	40

10-2 续表7 continued 7

计量单位：公顷　　　　　　　　　　　　　　　　　　　　　　　　　　　　　　　　　Measurement Unit: hectare

县名称 Name of Counties	绿化覆盖面积 Green Coverage Area	建成区 Built District	绿地面积 Area of Parks and Green Space	建成区 Built District	公园绿地面积 Area of Public Recreational Green Space	公园个数（个） Number of Parks (unit)	门票免费 Free Parks	公园面积 Park Area
镇赉县	1575	818	1457	810	192	2	2	381
通榆县	872	817	738	719	141	9	8	141
汪清县	523	511	499	486	119	4	4	61
安图县	386	380	356	352	146	10	10	131
黑龙江	**21070**	**19460**	**18947**	**17651**	**4908**	**263**	**247**	**3862**
依兰县	352	352	335	335	82	4	4	81
方正县	380	380	362	362	164	3	3	164
宾县	441	441	420	420	20	3	3	20
巴彦县	196	195	196	195	27	8	8	27
木兰县	189	189	161	157	19	1		26
通河县	366	366	363	363	79	4		79
延寿县	386	386	340	340	87	5	5	87
龙江县	726	715	573	561	120	1	1	12
依安县	335	322	290	277	69	5	5	69
泰来县	660	561	536	477	123	1	1	87
甘南县	362	362	315	315	86	4	4	84
富裕县	674	515	670	495	149	3	3	104
克山县	599	425	525	374	87	4	4	87
克东县	330	290	247	242	113	1	1	95
拜泉县	294	247	281	235	39	1	1	33
鸡东县	277	241	216	211	81	9	9	81
萝北县	161	161	161	161	43	16	16	43
绥滨县	262	243	230	221	53	3	3	45
集贤县	457	418	365	365	13	3	3	13
友谊县	378	364	320	308	139	9	9	116
宝清县	755	706	745	696	146	9	9	65
饶河县	305	288	272	256	73	5	5	68
肇州县	241	195	219	185	20	1	1	7
肇源县	470	470	427	427		2	2	269
林甸县	300	300	250	250	10	1		10
杜尔伯特蒙古族自治县	446	446	372	372	136	4	4	119
嘉荫县	184	184	179	179	28	14	14	52
汤旺县	636	597	592	576	80	3	3	80
丰林县	483	483	479	479	135	8	8	128
大箐山县	190	190	180	180	60	5	5	43
南岔县	523	522	517	514	88	2	2	64
桦南县	655	633	626	603	142	16	16	142
桦川县	370	370	303	303	155	6	6	155
汤原县	342	342	285	285	95	10	10	94
勃利县	779	762	701	685	188	9	9	110
林口县	470	430	380	342	141	2	2	130
逊克县	444	387	377	331	104	10		99

10-2 续表 8 continued 8

计量单位：公顷 Measurement Unit: hectare

县名称 Name of Counties	绿化覆盖面积 Green Coverage Area	建成区 Built District	绿地面积 Area of Parks and Green Space	建成区 Built District	公园绿地面积 Area of Public Recreational Green Space	公园个数（个） Number of Parks (unit)	门票免费 Free Parks	公园面积 Park Area
孙吴县	280	280	267	267	79	8	8	79
望奎县	406	392	369	355	57	7	7	57
兰西县	323	323	279	279	133	5	5	11
青冈县	618	614	566	556	167	14	14	116
庆安县	341	326	311	311	46	1	1	27
明水县	294	287	259	257	107	2	2	80
绥棱县	589	589	558	558	104	13	13	104
呼玛县	199	182	182	182	83	4	4	83
塔河县	1120	623	1009	564	123	8	8	121
加格达奇区	1484	1369	1336	1245	812	6	6	196
江 苏	53421	31966	44178	29869	8080	307	307	5661
丰 县	2022	1511	1727	1398	408	13	13	322
沛 县	2760	2384	2346	2287	607	7	7	425
睢宁县	2363	1497	1976	1398	496	8	8	176
如东县	1886	1344	1497	1245	312	4	4	270
东海县	1999	1648	1827	1566	450	4	4	228
灌云县	2149	1269	1765	1161	375	6	6	202
灌南县	1450	1316	1258	1209	364	58	58	389
涟水县	3281	1693	2630	1606	407	3	3	151
盱眙县	2525	1728	1925	1654	349	9	9	224
金湖县	1940	1482	1652	1374	269	21	21	358
响水县	980	967	875	870	197	32	32	133
滨海县	2803	1612	2461	1475	387	7	7	163
阜宁县	3282	2029	3006	1928	526	17	17	249
射阳县	1760	1213	1420	1150	483	10	10	319
建湖县	1814	1224	1518	1136	380	10	10	227
宝应县	2248	1653	1576	1530	305	6	6	68
沭阳县	4774	3432	3707	3219	678	34	34	752
泗阳县	6823	2127	5879	1935	602	31	31	527
泗洪县	6564	1838	5133	1727	487	27	27	479
浙 江	39105	29072	34031	26289	7656	572	564	5181
桐庐县	976	970	929	923	311	34	34	153
淳安县	1345	920	1251	856	159	23	23	82
象山县	1938	1514	1751	1385	372	15	15	215
宁海县	1962	1942	1817	1807	398	32	32	325
永嘉县	660	456	470	436	168	13	13	133
平阳县	628	517	544	467	252	19	19	90
苍南县	829	788	764	728	294	11	11	122
文成县	1219	270	754	246	92	3	3	82
泰顺县	636	585	508	499	128	17	15	118
嘉善县	2125	2099	1883	1854	381	30	30	171
海盐县	1208	1195	1071	1058	326	14	13	168

10-2 续表 9 continued 9

计量单位：公顷　　　　　　　　　　　　　　　　　　　　　　　　　　　　　　　　　　　　　　　Measurement Unit：hectare

县名称 Name of Counties	绿化覆盖面积 Green Coverage Area	建成区 Built District	绿地面积 Area of Parks and Green Space	建成区 Built District	公园绿地面积 Area of Public Recreational Green Space	公园个数（个） Number of Parks (unit)	门票免费 Free Parks	公园面积 Park Area
德清县	2599	1944	2362	1777	303	27	27	251
长兴县	2342	2225	2107	2030	469	14	14	181
安吉县	2537	1818	1815	1659	475	38	36	378
新昌县	2821	1594	2233	1429	388	34	34	331
武义县	1817	980	1867	832	336	15	15	235
浦江县	4365	1227	3845	1084	432	14	14	250
磐安县	397	246	342	209	100	12	12	53
常山县	854	827	777	762	152	8	8	106
开化县	696	696	655	650	177	10	10	108
龙游县	778	705	632	632	177	8	8	77
岱山县	429	372	397	344	132	7	7	128
嵊泗县	103	103	95	95	76	3	3	64
三门县	643	601	572	541	177	34	34	177
天台县	1211	1068	1114	972	277	20	17	271
仙居县	780	757	689	668	258	14	14	208
青田县	300	288	268	258	153	13	13	160
缙云县	656	536	570	467	128	25	25	108
遂昌县	367	358	326	326	113	24	24	107
松阳县	694	465	588	405	126	9	9	63
云和县	416	299	374	270	100	9	9	79
庆元县	485	453	400	391	112	15	15	91
景宁县	289	252	259	226	113	8	8	96
安　徽	**78778**	**56857**	**67139**	**52199**	**15129**	**612**	**602**	**12555**
长丰县	1996	1783	1679	1572	361	5	5	196
肥西县	3076	2457	2911	2285	493	8	8	245
肥东县	1873	1728	1648	1608	449	9	9	186
庐江县	2545	2066	2012	1863	296	22	22	233
南陵县	1307	1246	1150	1095	216	13	13	113
怀远县	1768	1339	1190	1162	355	8	8	236
五河县	1624	1179	1339	1138	370	11	11	372
固镇县	1363	885	957	821	269	11	11	162
凤台县	1257	1178	1176	1105	282	13	13	372
寿　县	1426	1112	980	978	327	3	3	524
当涂县	1538	1360	1360	1231	275	8	8	202
含山县	928	693	808	645	178	16	16	178
和　县	889	790	723	685	244	7	7	257
濉溪县	1476	1471	1401	1396	259	3	3	221
枞阳县	1465	761	1264	706	204	8	8	179
怀宁县	920	893	849	843	147	7	7	103
太湖县	988	483	771	419	207	8	6	256
宿松县	1197	743	681	646	143	12	12	70
望江县	1763	713	1518	653	99	5	5	66

10-2 续表10 continued 10

计量单位:公顷　　　　　　　　　　　　　　　　　　　　　　　　　　　　　　　　　Measurement Unit:hectare

县名称 Name of Counties	绿化覆盖面积 Green Coverage Area	建成区 Built District	绿地面积 Area of Parks and Green Space	建成区 Built District	公园绿地面积 Area of Public Recreational Green Space	公园个数（个）Number of Parks (unit)	门票免费 Free Parks	公园面积 Park Area
岳西县	2079	660	1682	609	129	6	6	92
歙　县	661	661	641	641	143	14	14	50
休宁县	451	439	393	380	97	6	6	60
黟　县	264	227	214	212	40	4	4	10
祁门县	550	280	530	259	89	2	2	33
来安县	5318	1199	4663	1069	233	20	20	193
全椒县	1242	1162	1143	1103	315	27	27	319
定远县	1424	1375	1272	1213	241	22	22	242
凤阳县	1571	1546	1541	1522	541	29	29	381
临泉县	1744	1744	1678	1678	480	31	28	478
太和县	2323	1986	1932	1848	438	11	11	518
阜南县	1718	1590	1556	1523	339	14	14	401
颍上县	1926	1622	1602	1524	629	14	12	759
砀山县	1769	1528	1425	1352	335	20	20	291
萧　县	2173	2016	1962	1849	459	50	50	424
灵璧县	2465	1551	1792	1393	533	9	7	320
泗　县	6486	1374	5503	1244	398	14	13	351
霍邱县	889	816	661	642	438	8	8	633
舒城县	1445	1302	1123	1120	386	1	1	12
金寨县	1199	1137	1172	1112	347	10	10	152
霍山县	1248	971	1171	914	360	13	13	385
涡阳县	1958	1529	1708	1403	636	27	27	529
蒙城县	2565	2371	2324	2168	848	8	8	429
利辛县	1977	1364	1476	1324	400	19	19	322
东至县	502	447	431	419	202	9	9	120
石台县	155	143	140	132	56	4	4	49
青阳县	641	609	577	545	234	10	10	157
郎溪县	837	759	800	737	260	12	12	305
泾　县	815	704	718	634	174	12	12	177
绩溪县	662	550	594	491	104	6	6	68
旌德县	324	314	299	288	72	3	3	125
福　建	30578	24808	26979	22787	7761	499	476	5902
闽侯县	1284	685	1212	638	468	42	42	463
连江县	942	805	898	740	379	21	21	379
罗源县	405	405	369	369	108	11	11	95
闽清县	170	145	155	137	69	6	6	67
永泰县	520	473	463	444	178	21	21	178
仙游县	1658	1655	1460	1450	519	9	9	220
明溪县	292	280	273	262	72	14	14	61
清流县	268	267	245	245	71	13	13	47
宁化县	673	673	633	633	205	16	16	54
大田县	455	366	344	328	148	3	3	89

10-2 续表11 continued 11

计量单位：公顷

Measurement Unit：hectare

县名称 Name of Counties	绿化覆盖面积 Green Coverage Area	建成区 Built District	绿地面积 Area of Parks and Green Space	建成区 Built District	公园绿地面积 Area of Public Recreational Green Space	公园个数（个） Number of Parks (unit)	门票免费 Free Parks	公园面积 Park Area
尤溪县	390	390	391	391	99	11	11	98
将乐县	326	322	296	295	108	7	7	73
泰宁县	400	369	336	336	82	15	15	55
建宁县	319	316	280	279	100	13	13	41
惠安县	1270	1195	1154	1114	218	13	13	218
安溪县	1397	1397	1288	1288	396	23	23	287
永春县	4498	1090	3732	985	354	13	13	212
德化县	1384	1384	1250	1250	343	18	18	244
云霄县	1219	1129	1057	1045	401	27	27	393
漳浦县	1074	926	956	834	329	12	12	239
诏安县	722	675	647	624	161	14	14	98
东山县	292	261	273	242	116	3	3	26
南靖县	409	409	405	389	127	11	11	122
平和县	416	396	385	376	154	8	8	112
华安县	210	193	194	181	43	7	7	50
顺昌县	548	365	446	333	108	9	9	87
浦城县	616	612	565	561	166	5	5	93
光泽县	314	306	288	287	89	9	9	69
松溪县	370	363	322	322	79	7	7	74
政和县	327	271	254	244	129	7	7	95
长汀县	1641	1102	1171	1018	226	17	16	224
上杭县	766	760	690	690	246	21	21	238
武平县	456	425	425	398	166	15	15	166
连城县	716	716	693	693	116	7	7	82
霞浦县	793	780	733	720	316	5	5	159
古田县	521	419	387	359	152	10	10	73
屏南县	332	312	286	276	105	9		90
寿宁县	186	175	180	166	123	3	3	110
周宁县	402	400	386	384	92	11		88
柘荣县	309	309	269	268	75	2		12
平潭县	1286	1286	1193	1193	326	11	11	321
江 西	57212	49989	50108	45219	13553	971	911	13536
南昌县	4355	4291	3816	3725	912	16	16	671
安义县	718	696	681	645	149	21	21	81
进贤县	1443	1311	1182	1163	369	3	3	152
浮梁县	468	416	414	363	97	14	14	106
莲花县	444	422	396	393	106	13	13	72
上栗县	592	592	521	521	124	20	20	134
芦溪县	448	448	394	394	122	9	9	122
武宁县	1046	839	889	780	188	22	22	188
修水县	1756	1405	1314	1314	425	27	17	334
永修县	893	639	829	560	149	12	12	266

10-2 续表12 continued 12

计量单位:公顷 Measurement Unit:hectare

县名称 Name of Counties	绿化覆盖面积 Green Coverage Area	建成区 Built District	绿地面积 Area of Parks and Green Space	建成区 Built District	公园绿地面积 Area of Public Recreational Green Space	公园个数(个) Number of Parks (unit)	门票免费 Free Parks	公园面积 Park Area
德安县	808	738	700	647	135	18	18	123
都昌县	1146	860	993	792	201	19	19	368
湖口县	688	549	622	502	184	17	17	132
彭泽县	453	363	415	352	138	14	14	183
分宜县	867	749	765	698	222	18	18	182
信丰县	1909	1909	1778	1778	513	32	32	513
大余县	834	669	708	642	147	16	16	131
上犹县	781	658	739	614	151	23	23	151
崇义县	408	349	345	315	89	8	8	100
安远县	777	650	617	550	195	15	15	239
定南县	781	623	689	563	153	32	32	153
全南县	546	491	501	435	138	18	18	131
宁都县	1834	1269	1714	1188	391	14	14	391
于都县	1508	1357	1317	1271	368	15	15	319
兴国县	1025	1005	927	857	241	53	53	232
会昌县	1117	759	937	665	201	22	21	244
寻乌县	768	669	702	619	183	15	15	175
石城县	679	611	608	559	204	21	20	204
吉安县	799	762	793	710	283	14	14	399
吉水县	951	951	839	839	265	30	28	224
峡江县	440	361	416	321	79	6	6	43
新干县	815	815	728	728	183	12	12	183
永丰县	998	859	930	822	232	13	13	246
泰和县	1641	1131	1279	977	382	32	32	382
遂川县	924	689	815	621	230	6	6	182
万安县	810	682	489	484	145	11	11	190
安福县	698	698	606	606	180	12	12	180
永新县	925	860	744	706	197	7	7	275
奉新县	952	884	876	830	230	25	25	230
万载县	866	797	754	715	229	6	6	205
上高县	1190	1171	1118	1099	305	18	18	309
宜丰县	725	649	679	603	171	12	12	264
靖安县	387	332	364	307	102	11	11	126
铜鼓县	317	317	295	295	53	8	8	53
南城县	983	983	901	901	276	8	8	290
黎川县	651	638	586	561	182	15	15	194
南丰县	761	726	677	667	191	18	17	201
崇仁县	940	892	906	857	203	15	15	390
乐安县	594	571	548	523	211	11	11	215
宜黄县	717	342	669	314	94	9	9	87
金溪县	1262	673	703	635	176	25	25	176
资溪县	281	280	260	257	61	5	5	74

10-2 续表13 continued 13

计量单位:公顷　　　　　　　　　　　　　　　　　　　　　　　　　　　　Measurement Unit:hectare

县名称 Name of Counties	绿化覆盖面积 Green Coverage Area	建成区 Built District	绿地面积 Area of Parks and Green Space	建成区 Built District	公园绿地面积 Area of Public Recreational Green Space	公园个数(个) Number of Parks (unit)	门票免费 Free Parks	公园面积 Park Area
广昌县	718	544	618	481	140	15	15	140
玉山县	988	987	910	909	335	15		434
铅山县	915	806	798	734	248	16	16	269
横峰县	607	547	553	504	191	6	6	174
弋阳县	807	807	716	716	193	11	10	193
余干县	970	861	885	823	337	8	8	272
鄱阳县	1335	1320	1209	1168	401	15	15	401
万年县	1308	866	1155	821	385	12		236
婺源县	849	849	778	778	171	17		203
山　东	**85260**	**67818**	**73849**	**61937**	**17736**	**531**	**528**	**13867**
平阴县	1176	1055	1050	976	192	15	15	163
商河县	1059	1059	967	967	259	9	9	232
桓台县	1399	864	1120	777	354	5	5	202
高青县	1250	836	951	749	218	2	2	113
沂源县	1783	1378	1615	1345	271	7	7	369
利津县	1264	676	1167	622	213	6	6	122
广饶县	3118	1082	2833	985	299	13	13	293
临朐县	2053	1573	2001	1530	374	12	12	199
昌乐县	2076	1468	1668	1336	499	8	8	231
微山县	1359	1097	1318	1065	370	8	8	191
鱼台县	1084	759	964	670	169	11	11	148
金乡县	1843	1244	1699	1152	420	9	9	412
嘉祥县	1607	1092	1286	988	281	11	11	292
汶上县	1386	1138	1223	1011	379	4	2	268
泗水县	1323	967	992	928	321	23	23	291
梁山县	1607	1388	1453	1261	517	9	9	452
宁阳县	1112	1010	1047	947	221	11	11	221
东平县	1642	1526	1577	1473	406	16	16	322
五莲县	1201	1069	1080	961	283	8	8	124
莒县	2100	1915	1770	1751	480	8	8	462
沂南县	2607	1650	2075	1486	355	3	3	385
郯城县	1290	1257	1270	1229	371	10	10	230
沂水县	2706	2329	2263	2086	671	9	9	558
兰陵县	2277	2052	2125	1924	711	8	7	506
费县	1804	1689	1626	1511	326	17	17	311
平邑县	1823	1571	1611	1387	477	10	10	477
莒南县	2247	1838	2043	1697	571	10	10	476
蒙阴县	1110	1011	988	936	311	5	5	262
临沭县	1163	1149	1066	1047	315	10	10	159
宁津县	1429	1067	1221	981	249	5	5	212
庆云县	1220	1190	1052	1032	245	3	3	73
临邑县	1231	1231	1074	1074	344	2	2	25

10-2 续表14 continued 14

计量单位：公顷
Measurement Unit: hectare

县名称 Name of Counties	绿化覆盖面积 Green Coverage Area	建成区 Built District	绿地面积 Area of Parks and Green Space	建成区 Built District	公园绿地面积 Area of Public Recreational Green Space	公园个数（个） Number of Parks (unit)	门票免费 Free Parks	公园面积 Park Area
齐河县	2593	2296	2330	2053	395	35	35	442
平原县	1369	1348	1192	1170	277	5	5	132
夏津县	1248	1180	1094	1038	264	20	20	220
武城县	1033	933	900	814	195	12	12	185
阳谷县	1346	1036	943	921	256	6	6	211
莘县	1271	939	890	840	267	3	3	200
东阿县	1359	998	1062	944	149	3	3	90
冠县	2630	1307	1638	1129	274	4	4	219
高唐县	2906	1676	2194	1497	286	4	4	396
惠民县	1476	1445	1351	1320	297	30	30	367
阳信县	1149	956	941	844	197	7	7	174
无棣县	1171	1169	998	996	176	17	17	90
博兴县	1677	1519	1453	1413	254	5	5	169
曹县	1828	1662	1612	1473	562	5	5	259
单县	1858	1297	1792	1256	466	23	23	435
成武县	839	778	737	679	247	10	10	268
巨野县	1531	1353	1397	1317	353	24	24	346
郓城县	2410	2134	2301	2091	586	19	19	557
鄄城县	1438	1347	1214	1168	327	6	6	120
东明县	1775	1215	1616	1090	432	6	6	207
河南	**86938**	**77988**	**74345**	**68846**	**20067**	**585**	**549**	**13802**
中牟县	1141	1059	997	968	300	11	11	526
杞县	451	428	370	368	71	4	4	14
通许县	831	808	824	693	223	10	10	223
尉氏县	974	954	799	779	179	13	13	78
兰考县	2440	1972	2043	1731	429	15	15	144
新安县	1318	1217	1095	1003	334	10	9	334
栾川县	550	524	446	443	161	16	16	146
嵩县	642	459	580	389	141	8		157
汝阳县	482	358	466	342	107	6	6	87
宜阳县	1422	1355	1314	1187	312	21	21	238
洛宁县	712	700	656	625	230	5	5	212
伊川县	902	882	854	808	359	7	7	290
宝丰县	916	908	887	875	249	19	19	167
叶县	1006	826	910	804	185	1	1	16
鲁山县	779	755	678	676	236	6	6	83
郏县	798	798	739	739	118	5	5	70
安阳县	1505	1505	1449	1449	206	3	3	55
汤阴县	566	542	491	488	152	3	3	109
滑县	1446	1428	1423	1385	354	14	14	338
内黄县	752	698	633	605	127	2	2	51
浚县	946	782	836	751	265	7		305

10-2 续表15 continued 15

计量单位：公顷 Measurement Unit：hectare

县名称 Name of Counties	绿化覆盖面积 Green Coverage Area	建成区 Built District	绿地面积 Area of Parks and Green Space	建成区 Built District	公园绿地面积 Area of Public Recreational Green Space	公园个数（个） Number of Parks (unit)	门票免费 Free Parks	公园面积 Park Area
淇　县	716	671	646	559	153	10	9	153
新乡县	690	604	563	553	61	3	3	49
获嘉县	580	562	496	485	122	3	3	25
原阳县	960	937	782	778	140	10	10	27
延津县	569	555	406	403	65	3	3	32
封丘县	832	739	724	674	111	5	5	50
修武县	462	442	407	397	131	4	4	88
博爱县	1401	1101	1193	1035	172	4	4	101
武陟县	1242	1068	959	935	283	7	7	226
温　县	694	681	651	610	202	8	8	202
清丰县	828	809	720	713	158	5	5	111
南乐县	662	648	586	579	150	9	9	175
范　县	409	396	351	348	94	5	5	23
台前县	529	496	457	449	131	2	2	60
濮阳县	959	872	781	706	210	8	8	224
鄢陵县	1588	1243	1330	1147	205	5	5	209
襄城县	1279	1014	1079	945	157	2	2	78
舞阳县	699	682	584	571	139	2	2	94
临颍县	1267	1223	1018	994	194	7	4	65
渑池县	695	659	594	581	242	13	13	242
卢氏县	561	511	474	463	141	1	1	17
南召县	871	858	799	797	208	8	8	166
方城县	1302	1213	1105	1089	492	5	5	205
西峡县	941	866	781	771	320	2	2	198
镇平县	1583	879	1314	783	231	4	4	211
内乡县	1257	1091	1083	976	340	4	4	104
淅川县	1088	1005	903	901	553	5	5	475
社旗县	1103	1048	974	933	330	5	5	218
唐河县	1441	1395	1309	1271	405	8	8	316
新野县	1214	1109	1017	984	276	5	5	145
桐柏县	1451	722	1367	662	210	10	10	189
民权县	1468	1449	1315	1302	241	2	2	29
睢　县	1398	1174	1164	1102	331	9	9	298
宁陵县	803	710	702	615	87	11		87
柘城县	1233	1141	1107	1029	304	8	8	180
虞城县	1334	1171	1174	1087	291	15	15	278
夏邑县	1894	1649	1525	1408	315	4	4	258
罗山县	1173	1172	833	832	132	4	4	59
光山县	908	121	449	73	278	7	7	251
新　县	906	807	728	682	162	11	10	104
商城县	588	588	570	570	186	11	11	186
固始县	2103	2005	1811	1781	565	7	7	302

10-2 续表16 continued 16

计量单位:公顷
Measurement Unit: hectare

县名称 Name of Counties	绿化覆盖面积 Green Coverage Area	建成区 Built District	绿地面积 Area of Parks and Green Space	建成区 Built District	公园绿地面积 Area of Public Recreational Green Space	公园个数(个) Number of Parks (unit)	门票免费 Free Parks	公园面积 Park Area
潢川县	1614	1614	1365	1365	56	1	1	8
淮滨县	1041	917	879	811	168	4	4	123
息 县	1084	1063	913	896	248	2	2	134
扶沟县	997	897	816	761	115	1	1	36
西华县	139	138	100	100	39	8	8	12
商水县	261	221	219	191	139	12	12	102
沈丘县	731	686	542	523	242	4		172
郸城县	1462	1249	1305	1101	367	2	2	68
太康县	1112	1058	1058	1001	449	5	5	262
鹿邑县	2072	2072	1746	1744	417	9	9	120
西平县	1488	1457	1327	1298	351	10	10	383
上蔡县	1438	1111	1043	983	300	11	11	239
平舆县	1109	1076	968	935	442	15	15	193
正阳县	1178	1156	979	969	247	3	3	126
确山县	1018	988	825	814	218	5	5	169
泌阳县	1199	1185	1052	1042	394	14	14	294
汝南县	1311	1149	1128	1079	533	8	8	171
遂平县	1371	1066	1156	1011	358	10	10	308
新蔡县	2053	1839	1603	1542	727	14	14	725
湖　北	**32811**	**24924**	**28940**	**23064**	**6725**	**455**	**411**	**6135**
阳新县	3839	1367	3777	1327	285	28	28	504
郧西县	397	272	363	263	163	20	20	163
竹山县	748	550	691	495	141	3	3	139
竹溪县	527	451	420	416	146	18	18	145
房 县	1854	760	1656	732	177	26	26	177
远安县	820	439	578	426	82	14	14	82
兴山县	183	177	174	168	63	6	6	60
秭归县	575	575	525	525	185	10	10	97
长阳土家族自治县	539	436	501	395	148	5	5	88
五峰土家族自治县	253	253	244	244	60	14	14	60
南漳县	766	763	819	770	232	21	2	145
谷城县	866	866	851	851	227	4	4	227
保康县	356	348	308	308	120	4	4	36
沙洋县	975	793	810	736	146	2	2	177
孝昌县	768	757	670	660	151	8	8	151
大悟县	1322	961	969	747	178	11	11	193
云梦县	740	735	768	722	225	22		225
公安县	1115	1098	1047	1020	286	24	24	347
江陵县	390	390	358	358	87	5	5	59
团风县	688	440	422	422	102	11	11	124
红安县	861	765	712	691	176	3		88
罗田县	1040	871	898	829	241	59	59	245

10-2　续表17　continued 17

计量单位:公顷　　　　　　　　　　　　　　　　　　　　　　　　　　　　　　　　Measurement Unit：hectare

县名称 Name of Counties	绿化覆盖面积 Green Coverage Area	建成区 Built District	绿地面积 Area of Parks and Green Space	建成区 Built District	公园绿地面积 Area of Public Recreational Green Space	公园个数（个） Number of Parks (unit)	门票免费 Free Parks	公园面积 Park Area
英山县	753	747	684	674	199	11	11	65
浠水县	1641	1262	1334	1053	302	8	8	566
蕲春县	1336	1336	1308	1308	310	3	3	218
黄梅县	1423	964	1183	839	189	5	5	209
嘉鱼县	1233	922	1115	918	370	21	21	154
通城县	946	748	927	729	337	16	16	272
崇阳县	1052	958	996	955	223	5	5	194
通山县	831	757	752	686	168	3	3	295
随　县	362	362	262	262	102	2	2	29
建始县	721	545	512	506	163	6	6	60
巴东县	428	364	365	322	149	14	14	98
咸丰县	777	469	567	429	181	8	8	133
来凤县	678	678	587	587	142	10	10	142
鹤峰县	348	299	296	277	131	6	6	57
宣恩县	382	294	338	273	122	11	11	97
神农架林区	279	155	153	143	18	8	8	15
湖　南	57978	50475	51054	46048	13604	646	641	13223
长沙县	4707	4707	4384	4384	912	76	76	1065
望城区	3399	3309	3182	3182	398	35	35	398
攸　县	1249	918	1118	887	341	8	8	159
茶陵县	1466	720	996	649	334	5	4	382
炎陵县	325	293	289	272	95	1	1	95
湘潭县	1008	1008	919	919	229	16	16	224
衡阳县	801	771	696	686	163	4	4	110
衡南县	394	362	337	332	89	11	11	89
衡山县	968	746	821	662	323	2	2	174
衡东县	575	575	488	488	153	4	4	150
祁东县	1211	1100	1024	731	237	10	10	338
南岳区	260	260	235	235	60	2	2	50
新邵县	551	529	469	460	144	2	2	50
邵阳县	863	733	816	685	267	10	10	267
隆回县	1064	987	1034	1034	351	6	6	93
洞口县	1220	883	1192	854	197	4	4	196
绥宁县	312	295	228	226	127	5	5	99
新宁县	724	633	635	583	300	3	3	288
城步苗族自治县	831	375	483	323	118	2	2	59
岳阳县	527	527	484	484	119	19	19	148
华容县	1057	1057	979	979	188	3	3	192
湘阴县	868	868	790	790	189	8	8	214
平江县	750	750	723	722	233	16	16	382
安乡县	817	805	671	655	199	13	13	284
汉寿县	916	673	840	588	153	7	7	153

10-2 续表18 continued 18

计量单位：公顷
Measurement Unit：hectare

县名称 Name of Counties	绿化覆盖面积 Green Coverage Area	建成区 Built District	绿地面积 Area of Parks and Green Space	建成区 Built District	公园绿地面积 Area of Public Recreational Green Space	公园个数（个） Number of Parks (unit)	门票免费 Free Parks	公园面积 Park Area
澧　县	1319	1260	1091	1091	215	5	5	67
临澧县	754	683	652	597	130	3	3	79
桃源县	1003	1003	964	964	170	5	5	105
石门县	837	826	769	763	193	2	2	482
慈利县	576	576	489	489	181	4	4	181
桑植县	847	449	447	413	93	7	7	79
南　县	897	832	825	764	189	10	10	159
桃江县	740	690	671	632	181	1		15
安化县	616	429	400	387	166	6	6	76
大通湖区	187	179	176	166	62	1	1	30
桂阳县	1451	1369	1288	1288	456	22	22	473
宜章县	850	651	760	574	150	9	9	207
永兴县	769	769	711	711	218	5	5	245
嘉禾县	416	415	374	368	171	33	33	166
临武县	473	443	510	385	267	14	14	204
汝城县	578	449	499	411	131	21	21	117
桂东县	398	352	338	328	73	1	1	53
安仁县	692	617	590	528	147	6	6	123
东安县	773	773	749	749	248	5	5	248
双牌县	452	366	370	322	122	5	5	60
道　县	1078	1078	1036	1036	256	8	8	250
江永县	444	384	401	354	92	2	2	92
宁远县	1255	1160	1167	1079	379	14	14	379
蓝山县	767	740	705	677	199	6	6	176
新田县	630	541	538	477	196	6	6	122
江华瑶族自治县	866	760	781	705	176	26	26	176
中方县	611	320	581	295	116	8	8	118
沅陵县	419	401	366	348	251	8	8	264
辰溪县	437	424	405	371	189	4	4	162
溆浦县	704	673	629	605	185	5	5	152
会同县	371	369	340	338	167	3	3	167
麻阳苗族自治县	536	502	476	435	195	2	2	209
新晃侗族自治县	302	302	305	302	112	20	20	110
芷江侗族自治县	499	447	438	409	77	4	3	54
通道县	393	257	357	226	66	3	3	14
靖州县	478	427	401	376	127	27	27	127
双峰县	839	659	768	576	151	12	12	100
新化县	1280	1007	1042	956	351	4	4	323
泸溪县	201	201	185	185	75	10	10	37
凤凰县	597	597	573	573	95	6	6	73
花垣县	1941	706	1522	618	100	3	3	51
保靖县	363	363	320	320	93	6	6	6

10-2 续表19 continued 19

计量单位：公顷
Measurement Unit：hectare

县名称 Name of Counties	绿化覆盖面积 Green Coverage Area	建成区 Built District	绿地面积 Area of Parks and Green Space	建成区 Built District	公园绿地面积 Area of Public Recreational Green Space	公园个数（个） Number of Parks (unit)	门票免费 Free Parks	公园面积 Park Area
古丈县	263	263	243	243	112	9	9	64
永顺县	376	324	363	313	157	7	7	908
龙山县	839	555	607	490	206	6	4	261
广　东	**39743**	**25194**	**33451**	**23207**	**7047**	**403**	**392**	**7678**
始兴县	567	465	342	337	97	14	14	150
仁化县	492	328	310	302	89	13	13	80
翁源县	625	625	578	578	157	10	10	206
乳源瑶族自治县	626	626	694	694	132	17	17	98
新丰县	3758	506	3777	469	109	8	8	158
南澳县	196	196	239	239	45	2	2	26
遂溪县	584	584	532	532	241	3	3	198
徐闻县	991	791	754	643	150	10	10	182
广宁县	716	658	631	597	273	11	7	310
怀集县	1067	991	971	887	269	7	7	274
封开县	606	331	376	318	68	10	10	46
德庆县	836	617	542	542	91	12	11	79
博罗县	2320	2320	2264	2264	388	14	14	220
惠东县	1843	1843	1761	1760	370	29	29	319
龙门县	404	404	399	392	113	18	18	241
大埔县	612	381	468	326	236	8	8	234
丰顺县	470	470	469	469	309	8	8	337
五华县	782	780	778	776	483	10	10	483
平远县	1029	586	539	539	200	6	6	120
蕉岭县	372	372	341	191	174	19	19	179
海丰县	1148	1148	1046	1046	266	8	8	266
陆河县	559	559	515	515	106	15	15	106
紫金县	791	512	721	375	463	5	5	464
龙川县	593	593	480	480	200	11	11	180
连平县	641	200	641	200	61	6		63
和平县	807	670	436	413	216	4	4	196
东源县	123	123	121	121	21	8	8	31
阳西县	1764	1125	1077	1077	223	9	9	231
阳山县	628	603	607	583	187	20	20	187
连山壮族瑶族自治县	152	152	148	148	25	11	11	25
连南瑶族自治县	213	213	192	192	56	17	17	56
佛冈县	650	650	609	609	144	18	18	144
饶平县	767	767	737	737	247	12	12	158
揭西县	3302	815	840	653	174	3	3	21
惠来县	1475	1475	1640	1640	364	6	6	480
新兴县	6821	1303	6468	1153	185	11	11	232
郁南县	413	413	408	408	114	10	10	897

10-2 续表20 continued 20

计量单位:公顷   Measurement Unit:hectare

县名称 Name of Counties	绿化覆盖面积 Green Coverage Area	建成区 Built District	绿地面积 Area of Parks and Green Space	建成区 Built District	公园绿地面积 Area of Public Recreational Green Space	公园个数(个) Number of Parks (unit)	门票免费 Free Parks	公园面积 Park Area
广　西	32550	26541	27310	23462	6890	353	331	6028
隆安县	313	256	286	229	65	5	5	55
马山县	272	269	231	231	78	4	4	78
上林县	520	307	428	239	64	11	11	64
宾阳县	778	697	590	590	78	3	3	62
柳城县	318	318	280	280	77	10	10	77
鹿寨县	1051	853	763	763	229	4	4	262
融安县	667	567	603	503	173	1	1	170
融水苗族自治县	469	389	357	357	77	4	2	77
三江侗族自治县	314	242	217	210	58	5	5	43
阳朔县	359	359	329	329	74	13	10	74
灵川县	365	365	333	333	193	3	3	193
全州县	886	886	706	706	184	5	5	199
兴安县	710	670	605	564	209	4	2	208
永福县	228	206	220	192	49	7	7	77
灌阳县	289	289	265	265	82	4	4	67
龙胜各族自治县	153	134	122	122	43	3	3	1
资源县	319	319	290	290	91	4	4	31
平乐县	363	363	330	330	142	3	3	142
恭城瑶族自治县	322	282	264	257	42	1	1	5
苍梧县	138	75	96	83	15	3	3	43
藤　县	930	930	839	839	179	5	5	179
蒙山县	430	241	420	234	76	8	8	76
合浦县	1535	1496	1334	1298	236	6	6	198
上思县	331	199	182	146	71	4	3	50
灵山县	1015	890	967	848	307	27	26	307
浦北县	570	524	492	492	107	9	9	154
平南县	1130	1130	1016	1016	214	7	7	235
容　县	808	799	708	703	249	10	2	92
陆川县	744	727	686	636	206	7	7	88
博白县	1426	1348	1307	1196	441	7	7	71
兴业县	857	454	412	412	126	5	5	68
田东县	687	611	516	516	155	6	6	156
德保县	281	281	256	256	84	10	10	90
那坡县	163	132	127	125	63	3	3	37
凌云县	212	193	176	176	63	5	5	63
乐业县	177	154	144	142	47	4	4	47
田林县	204	204	178	178	70	1	1	70
西林县	223	184	187	163	39	4	4	19
隆林各族自治县	485	485	427	427	78	4	4	50
昭平县	311	311	261	261	134	3	3	77
钟山县	885	761	796	674	172	8	8	169

10-2 续表 21 continued 21

计量单位：公顷 Measurement Unit：hectare

县名称 Name of Counties	绿化覆盖面积 Green Coverage Area	建成区 Built District	绿地面积 Area of Parks and Green Space	建成区 Built District	公园绿地面积 Area of Public Recreational Green Space	公园个数（个） Number of Parks (unit)	门票免费 Free Parks	公园面积 Park Area
富川瑶族自治县	571	554	527	513	78	4	4	78
南丹县	386	386	363	363	113	6	6	107
天峨县	523	178	323	152	52	3	3	41
凤山县	248	217	192	192	42	7	6	40
东兰县	150	108	96	96	50	2	2	50
罗城仫佬族自治县	318	318	242	242	110	3	3	165
环江毛南族自治县	548	434	379	372	82	4	4	89
巴马瑶族自治县	420	340	342	295	67	2	2	67
都安瑶族自治县	769	375	355	355	168	7	7	168
大化瑶族自治县	634	607	582	557	167	3	3	167
忻城县	312	284	282	257	83	3	3	54
象州县	1580	280	1467	200	15	10	10	78
武宣县	719	604	604	507	149	9	9	171
金秀瑶族自治县	87	59	62	56	14	13	13	11
扶绥县	715	706	680	672	163	16	16	163
宁明县	507	229	442	200	38	5	4	37
龙州县	561	510	480	429	150	9	6	130
大新县	226	226	187	187	84	3	3	62
天等县	1037	228	957	208	125	4	4	125
海　南	**6554**	**6340**	**5700**	**5571**	**627**	**84**	**72**	**563**
定安县	435	435	435	435	61	8	5	61
屯昌县	476	476	426	426	44	7	7	20
澄迈县	285	285	261	261	83	6	6	83
临高县	988	988	943	943	62	3	3	22
白沙黎族自治县	342	342	330	330	32	12	12	32
昌江县	546	546	464	464	62	13	13	62
乐东县	263	263	237	237	61	6	6	61
陵水县	538	538	510	510	102	9		102
保亭县	685	618	578	538	37	13	13	37
琼中县	227	227	203	203	36	4	4	36
洋浦经济开发区	1768	1622	1313	1224	46	3	3	46
重　庆	**13101**	**8329**	**11718**	**7756**	**3226**	**167**	**162**	**2578**
城口县	143	143	131	131	67	6	6	75
丰都县	1004	613	626	539	187	16	16	182
垫江县	4939	1312	4563	1236	339	14	14	423
忠　县	1122	874	882	789	306	10	10	159
云阳县	1446	1401	1325	1325	747	29	28	606
奉节县	799	653	772	634	307	14	14	248
巫山县	365	353	340	330	176	6	6	150
巫溪县	515	412	483	361	142	17	17	88
石柱土家族自治县	447	418	407	387	180	18	18	83
秀山土家族苗族自治县	1108	1026	1025	957	341	14	14	238

10-2 续表22 continued 22

计量单位:公顷　　　　　　　　　　　　　　　　　　　　　　　　　　　　　　Measurement Unit:hectare

县名称 Name of Counties	绿化覆盖面积 Green Coverage Area	建成区 Built District	绿地面积 Area of Parks and Green Space	建成区 Built District	公园绿地面积 Area of Public Recreational Green Space	公园个数(个) Number of Parks (unit)	门票免费 Free Parks	公园面积 Park Area
西阳土家族苗族自治县	657	569	624	527	208	10	9	142
彭水苗族土家族自治县	556	556	541	541	227	13	10	184
四　川	**64074**	**54656**	**54394**	**48931**	**18113**	**639**	**611**	**14334**
金堂县	2836	2836	2467	2467	749	26	26	617
大邑县	1128	1128	990	990	199	3	3	45
蒲江县	422	422	394	394	153	3	2	30
东部新区管理委员会	1131	1131	1060	1060	476	11	11	604
荣　县	694	650	615	615	256	12	11	41
富顺县	1230	1138	1227	1137	372	14	14	324
米易县	362	285	311	265	118	11	11	111
盐边县	212	212	171	171	57	4	4	57
泸　县	864	864	800	800	297	5	5	297
合江县	1019	1006	936	898	323	5	5	313
叙永县	692	692	647	647	221	5	5	163
古蔺县	431	424	392	368	208	4	4	77
中江县	1164	1164	1020	1020	376	13	13	159
三台县	1010	1010	944	944	417	3	3	100
盐亭县	859	859	838	838	170	2	2	89
梓潼县	440	440	400	400	115	3	3	44
北川羌族自治县	429	429	413	413	103	9	9	103
平武县	149	141	137	130	47	1	1	47
旺苍县	737	737	719	719	188	3	3	50
青川县	138	118	121	113	54	4	4	27
剑阁县	352	352	352	352	86	2	2	64
苍溪县	843	840	798	796	320	7	7	295
蓬溪县	793	793	713	713	219	18	18	282
大英县	864	864	833	833	255	11	11	161
威远县	1106	945	911	760	109	6	6	60
资中县	1382	1091	1076	1011	324	13	13	42
犍为县	483	483	450	450	186	8	7	205
井研县	403	322	356	323	101	14	14	101
夹江县	439	420	398	387	145	19	18	125
沐川县	308	308	263	263	67	5	5	55
峨边县	145	145	145	145	65	3	3	40
马边县	242	242	214	214	58	14	14	57
南部县	2013	1712	1692	1555	741	11	11	401
营山县	1060	985	1018	947	375	11	11	237
蓬安县	846	837	736	731	310	6	6	300
仪陇县	980	924	873	868	296	8	8	293
西充县	935	875	801	740	228	9	9	205
眉山天府新区	1149	636	1028	562	216	2	2	115
洪雅县	494	494	457	457	139	9	9	134

10-2 续表23 continued 23

计量单位:公顷　　　　　　　　　　　　　　　　　　　　　　　　　　　　　　　　　　　Measurement Unit:hectare

县名称 Name of Counties	绿化覆盖面积 Green Coverage Area	建成区 Built District	绿地面积 Area of Parks and Green Space	建成区 Built District	公园绿地面积 Area of Public Recreational Green Space	公园个数(个) Number of Parks (unit)	门票免费 Free Parks	公园面积 Park Area
仁寿县	1812	1812	1561	1561	825	16	16	825
丹棱县	405	400	337	332	106	8	8	53
青神县	334	298	304	272	105	14	14	121
江安县	1102	862	912	709	301	9	9	290
长宁县	802	578	737	535	190	6	6	25
高　县	1125	838	756	729	242	4	4	97
珙　县	827	463	797	423	196	10	10	170
筠连县	889	626	798	563	158	10	10	27
兴文县	781	635	800	575	206	7	7	52
屏山县	697	433	581	361	102	1	1	46
岳池县	1311	1311	1170	1170	426	13	13	189
武胜县	1186	783	851	720	275	8	8	275
邻水县	1363	1193	1310	1036	383	5	5	83
宣汉县	1080	1080	1070	1070	508	8	8	542
开江县	1008	736	936	681	268	4	4	268
大竹县	1255	1255	1201	1201	455	4	4	166
渠　县	1906	1906	1357	1357	507	7	7	631
荥经县	372	308	275	271	123	7	7	72
汉源县	230	200	200	183	112	16	16	86
石棉县	243	185	225	165	58	6	6	49
天全县	437	388	366	320	80	6	6	45
芦山县	330	215	242	197	77	11	11	26
宝兴县	93	90	99	79	25	4	4	7
通江县	741	690	641	641	291	6	6	291
南江县	1006	1001	937	935	199	10	10	194
平昌县	874	775	770	706	377	4		340
安岳县	2680	1519	1282	1169	376	11	10	376
乐至县	2707	1178	1315	1029	389	17	17	332
汶川县	185	176	185	176	55			
理　县	58	58	57	57	28	1	1	20
茂　县	225	210	205	205	79	1	1	45
松潘县	164	91	134	104	33	4	4	3
九寨沟县	189	175	187	163	58	2		60
金川县	17	17	15	15	7			
小金县	43	38	37	37	30			
黑水县	101	101	101	101	21			
壤塘县	10	5	10	5	5			
阿坝县	46	46	45	45	44	2	2	20
若尔盖县	158	158	93	93	93	5	5	112
红原县	129	100	111	111	24	2	2	70
泸定县	98	77	70	69	40	3	3	48
丹巴县	62	55	59	52	52	2	2	35

10-2 续表 24 continued 24

计量单位:公顷
Measurement Unit:hectare

县名称 Name of Counties	绿化覆盖面积 Green Coverage Area	建成区 Built District	绿地面积 Area of Parks and Green Space	建成区 Built District	公园绿地面积 Area of Public Recreational Green Space	公园个数(个) Number of Parks (unit)	门票免费 Free Parks	公园面积 Park Area
九龙县	114	65	64	54	23	1	1	23
雅江县	40	37	38	37	31	1		31
道孚县	228	212	194	181	32	2	2	22
炉霍县	65	65	59	59	29	1	1	29
甘孜县	176	158	137	137	93	3	3	120
新龙县	46	40	43	35	15	1		15
德格县	59	23	21	20	20	1	1	21
白玉县	1070	75	1055	66	36	1	1	975
石渠县	167	85	121	71	15	3		76
色达县	71	59	53	53	31	2	2	50
理塘县	238	231	196	196	53	4	4	53
巴塘县	150	140	113	109	56	2		3
乡城县	111	100	93	89	20	3		20
稻城县	50	50	43	41	19	2	2	3
得荣县	33	20	18	18	8	2		11
普格县	60	50	39	39	25	2	2	24
木里县	38	28	28	23	6	1	1	2
盐源县	136	113	91	90	11	7	7	9
德昌县	393	267	329	239	81	4	4	24
会东县	87	83	60	58	53	6	6	17
宁南县	78	78	62	62	48	5	5	38
布拖县	56	56	41	41	21			
金阳县	75	54	68	42	44			10
昭觉县	168	145	152	136	66	2		42
喜德县	88	55	78	46	27	2	2	27
冕宁县	135	85	120	76	85	2	2	106
越西县	88	88	63	63	16	2	2	17
甘洛县	67	64	66	52	28	3	3	2
美姑县	28	28	18	18	6			
雷波县	97	83	76	63	46	3		3
贵　州	51877	35567	47151	33894	10381	354	348	9767
开阳县	2130	801	777	777	239	5	5	327
息烽县	503	383	609	414	149	11	11	153
修文县	724	724	723	723	218	4	3	218
六枝特区	909	909	827	827	220	14	14	214
桐梓县	876	876	849	848	302	7	6	458
绥阳县	856	856	813	813	224	4	4	224
正安县	663	653	648	648	204	4	4	204
道真县	566	527	579	509	247	3	3	235
务川县	492	492	482	482	135	5	5	254
凤冈县	600	600	575	575	157	6	6	157
湄潭县	693	693	648	648	158	7	6	158

10-2 续表 25 continued 25

计量单位：公顷
Measurement Unit: hectare

县名称 Name of Counties	绿化覆盖面积 Green Coverage Area	建成区 Built District	绿地面积 Area of Parks and Green Space	建成区 Built District	公园绿地面积 Area of Public Recreational Green Space	公园个数（个） Number of Parks (unit)	门票免费 Free Parks	公园面积 Park Area
余庆县	440	440	423	423	128	4	4	128
习水县	863	811	836	795	255	6	6	655
普定县	3496	492	3342	465	195	12	12	258
镇宁县	2395	364	2280	321	90	5	5	69
关岭县	512	383	502	350	104	8	8	76
紫云县	3614	352	3385	313	94	5	5	44
大方县	791	791	778	741	206	16	16	201
金沙县	897	896	849	848	242	6	6	242
织金县	1536	1097	1055	1055	192	12	12	192
纳雍县	1158	728	797	665	193	8	8	193
威宁自治县	1275	1265	1239	1228	512	6	6	255
赫章县	700	698	650	648	150	8	8	167
江口县	449	370	391	357	169	3	3	155
玉屏县	442	415	493	412	141	9	9	140
石阡县	662	534	656	530	145	4	4	144
思南县	1071	1013	1024	991	170	8	8	165
印江县	551	505	474	471	134	16	16	122
德江县	890	890	840	840	389	7	7	385
沿河县	670	639	646	599	196	6	6	187
松桃县	1465	783	1335	763	357	6	6	55
普安县	251	251	235	235	63	6	6	53
晴隆县	261	261	273	253	104	3	3	48
贞丰县	570	570	545	535	121	4	4	64
望谟县	468	413	465	394	147	3	3	90
册亨县	659	322	345	317	133	5	5	136
安龙县	963	774	918	739	193	4	4	170
黄平县	313	313	312	307	130	1	1	118
施秉县	215	214	196	196	99	2	2	45
三穗县	2119	428	2042	408	94	1	1	80
镇远县	315	315	304	304	84	5	4	42
岑巩县	441	301	447	291	78	6	6	73
天柱县	648	579	634	554	223	4	4	40
锦屏县	353	328	337	305	94	2	2	6
剑河县	312	312	292	292	68	4	4	85
台江县	238	238	219	219	61	2	2	213
黎平县	778	573	566	527	169	2	2	82
榕江县	465	465	445	445	222	4	4	56
从江县	548	548	527	527	95	3	3	10
雷山县	181	181	168	168	54	2	2	48
麻江县	307	216	209	209	64	4	4	81
丹寨县	434	434	407	407	98	4	3	128
荔波县	441	310	405	301	102	2	2	79

10-2 续表26 continued 26

计量单位:公顷 Measurement Unit: hectare

县名称 Name of Counties	绿化覆盖面积 Green Coverage Area	建成区 Built District	绿地面积 Area of Parks and Green Space	建成区 Built District	公园绿地面积 Area of Public Recreational Green Space	公园个数(个) Number of Parks (unit)	门票免费 Free Parks	公园面积 Park Area
贵定县	615	468	592	491	155	7	7	108
瓮安县	1152	1152	1086	1086	227	8	8	256
独山县	823	823	795	795	176	6	6	185
平塘县	379	379	315	315	61	3	3	185
罗甸县	421	421	376	376	155	4	4	155
长顺县	595	428	608	401	145	7	6	146
龙里县	2343	1324	2342	1323	211	13	13	218
惠水县	909	900	761	754	296	7	7	320
三都水族自治县	475	350	462	337	143	1	1	12
云　南	35497	31430	31540	28758	8392	1149	1113	7675
嵩明县	419	395	388	366	91	29	29	91
富民县	280	263	270	237	70	15	15	70
宜良县	970	582	753	541	168	14	13	168
石林彝族自治县	716	709	671	669	146	22	22	149
禄劝彝族苗族自治县	333	299	295	272	89	4	4	38
寻甸县	386	305	295	269	92	4	4	71
昆明阳宗海风景名胜区	273	273	219	219	38	14	14	37
陆良县	817	771	754	713	201	13	13	167
师宗县	572	487	528	453	158	19	19	220
罗平县	1051	952	932	875	172	10	10	202
富源县	625	555	581	502	121	4	4	55
会泽县	978	938	870	830	315	15	15	207
通海县	300	284	257	249	72	3	2	72
华宁县	353	212	347	206	57	12	12	57
易门县	317	217	312	204	59	15	15	80
峨山县	219	195	212	183	58	4	4	58
新平县	565	279	549	267	101	10	10	101
元江县	263	242	252	228	82	10	10	82
施甸县	387	368	339	332	76	11	11	86
龙陵县	367	279	313	252	65	10	10	65
昌宁县	619	562	532	500	88	17	17	105
鲁甸县	371	364	326	326	132	14	14	140
巧家县	369	366	343	329	100	20	20	98
盐津县	234	208	184	172	58	1		5
大关县	276	270	241	236	52	13	13	48
永善县	410	405	364	361	165	11	11	19
绥江县	291	291	270	270	79	20	20	79
镇雄县	1076	1020	973	941	374	11	10	182
彝良县	410	328	346	303	126	7	7	84
威信县	231	211	208	198	88	20	20	90
玉龙纳西族自治县	391	383	390	367	68	14	14	75
永胜县	305	293	258	248	63	13	13	63

10-2 续表27 continued 27

计量单位：公顷
Measurement Unit：hectare

县名称 Name of Counties	绿化覆盖面积 Green Coverage Area	建成区 Built District	绿地面积 Area of Parks and Green Space	建成区 Built District	公园绿地面积 Area of Public Recreational Green Space	公园个数（个） Number of Parks (unit)	门票免费 Free Parks	公园面积 Park Area
华坪县	248	237	218	200	70	6	6	66
宁蒗县	296	287	274	269	62	22	22	68
宁洱哈尼族彝族自治县	362	336	354	323	83	13	13	103
墨江哈尼族自治县	276	275	261	261	67	9	9	10
景东彝族自治县	293	258	271	242	59	3	3	59
景谷傣族彝族自治县	397	397	381	381	88	13		92
镇沅彝族哈尼族拉祜族自治县	157	151	150	142	48	15	15	22
江城哈尼族彝族自治县	224	200	201	189	47	2	2	24
孟连傣族拉祜族佤族自治县	243	181	216	168	56			56
澜沧拉祜族自治县	335	272	266	266	56	8	8	56
西盟佤族自治县	145	84	143	81	16	2		77
凤庆县	631	593	591	552	131	18	18	147
云　县	490	490	425	425	116	11	11	116
永德县	243	227	221	221	48	6	6	78
镇康县	177	177	164	164	62	23	23	71
双江县	310	294	254	254	77	12	12	70
耿马县	281	251	232	232	78	6	6	78
沧源县	241	233	236	211	55	12	12	59
双柏县	197	192	182	178	54	6	6	65
牟定县	391	221	345	203	77	6	6	176
南华县	385	373	346	336	105	4	4	81
姚安县	253	243	217	217	54	13	13	57
大姚县	425	367	364	339	94	10	10	80
永仁县	201	178	179	164	35	11	11	44
元谋县	438	404	396	365	93	4	4	73
武定县	490	258	333	232	68	7	7	60
屏边县	202	192	176	175	51	15	15	27
建水县	918	918	832	832	269	18	16	343
石屏县	349	334	313	309	86	9	9	67
泸西县	643	593	538	538	184	6	6	275
元阳县	151	151	139	139	54	6	6	120
红河县	223	199	203	180	59	6	6	59
金平县	203	184	187	167	72	10	10	72
绿春县	145	94	131	86	50	10	10	45
河口县	245	219	229	204	74	5	5	74
砚山县	616	538	558	473	137	27	26	137
西畴县	149	135	136	124	30	9	9	30
麻栗坡县	221	221	195	195	63	18	18	43
马关县	420	378	371	348	67	26	26	78
丘北县	670	529	494	475	172	9	9	139
广南县	556	510	494	468	131	34	34	160

10-2 续表28 continued 28

计量单位:公顷　　　　　　　　　　　　　　　　　　　　　　　　　　　　　　　　　　　　Measurement Unit: hectare

县名称 Name of Counties	绿化覆盖面积 Green Coverage Area	建成区 Built District	绿地面积 Area of Parks and Green Space	建成区 Built District	公园绿地面积 Area of Public Recreational Green Space	公园个数(个) Number of Parks (unit)	门票免费 Free Parks	公园面积 Park Area
富宁县	441	440	410	408	101	17	17	99
勐海县	553	371	356	342	141	9		5
勐腊县	330	260	293	231	73	25	25	73
漾濞彝族自治县	146	146	143	143	43	5	5	41
祥云县	764	764	745	733	147	2	2	20
宾川县	297	274	289	253	61	14	14	61
弥渡县	238	238	216	216	60	19	19	60
南涧彝族自治县	142	130	131	126	38	10	10	41
巍山彝族回族自治县	270	246	241	227	46	27	26	45
永平县	300	272	257	246	93	13	13	96
云龙县	145	120	129	111	25	9	9	22
洱源县	270	270	242	242	63	18	18	74
剑川县	161	155	147	144	39	12	12	37
鹤庆县	260	260	236	236	62	28	28	62
梁河县	203	203	186	186	38	15	15	15
盈江县	430	430	382	382	130	14	13	130
陇川县	659	400	549	363	68	2	2	52
福贡县	97	74	81	69	36	22	22	27
贡山独龙族怒族自治县	97	82	96	79	16	3		10
兰坪白族普米族自治县	323	307	318	290	99	4	4	9
德钦县	82	69	72	69	27	6	6	6
维西傈僳族自治县	278	238	236	217	72	26	26	72
西　藏	**1172**	**1081**	**750**	**711**	**136**	**65**	**57**	**245**
曲水县	35	35	22	22	6	1	1	6
当雄县	26	26	12	12	1	1	1	2
林周县	75	72	47	46	1	2	2	1
墨竹工卡县	65	65	38	38	2	3	3	2
尼木县	68	68	12	12	1	2	2	1
亚东县	10	10	9	9				
聂拉木县	5	5	4	4	1	1	1	1
仲巴县	1	1	1	1				
定结县	1	1	1	1				
康马县	15	11	8	8	2	1		2
吉隆县	5	5	13	13				
萨嘎县	3	3	21	21				
谢通门县	21	20	12	12				
萨迦县	25	25	46	46	16	1		16
岗巴县	9	9	9	9	1	1	1	1
拉孜县	11	11	7	7	3	1		3
江孜县	23	23	23	23	13	2		3
定日县	5	4	10	10	4	2	2	2
南木林县	11	11	11	11				
昂仁县	2	2	2	2	1	1	1	1

10-2 续表 29 continued 29

计量单位：公顷　　　　　　　　　　　　　　　　　　　　　　　　　　　Measurement Unit：hectare

县名称 Name of Counties	绿化覆盖面积 Green Coverage Area	建成区 Built District	绿地面积 Area of Parks and Green Space	建成区 Built District	公园绿地面积 Area of Public Recreational Green Space	公园个数（个） Number of Parks (unit)	门票免费 Free Parks	公园面积 Park Area
白朗县	7	7	7	7				
仁布县	13	9	12	10	3	3	3	3
左贡县	17	17	10	10				
丁青县	10	10	4	4	2	2	2	2
八宿县	31	31	12	12	12	3	3	12
江达县	17	15	5	5	5			
洛隆县	17	17	9	9				
察雅县	28	12	15	4				
贡觉县	16	16	12	12	3	2	2	3
边坝县	7	7	3	3		1	1	
类乌齐县	36	36	21	21	3	1		3
芒康县	21	21	10	10	1	1	1	1
朗　县	10	10	6	6	2	6	6	2
墨脱县	46	20	21	11	2	1		
工布江达县	11	11	6	6	2	1	1	2
察隅县	29	18	17	13	3	1	1	3
波密县	37	37	25	25		2	2	1
米林县	27	27	15	15	5	1	1	2
错那县	8	8	6	6	4	1	1	3
浪卡子县	10	10	6	6	3			
贡嘎县	19	19	10	10	4	1	1	3
加查县	12	12	8	8	2	1	1	2
桑日县	13	13	26	26	4	1	1	4
洛扎县	12	12	7	7	3	3	3	1
琼结县	2	2	2	2	1	2	2	1
措美县	10	10	8	8	2	2	2	2
扎囊县	9	9	7	7	2	1	1	2
曲松县	11	11	4	4	1	2	2	1
隆子县	30	16	8	8	1	1	1	1
聂荣县	10	7	3	3		1		135
双湖县								
嘉黎县	6	6	3	3				
比如县	21	21	11	11	4	2	2	4
尼玛县	12	10	4	2	2			
巴青县	4	4						
申扎县								
安多县								
索　县	14	14	7	1				
班戈县	2	2	9	9	2			
革吉县	15	15	15	15				
札达县	7	7	3	3				
日土县	21	21	8	8				

10-2　续表30　continued 30

计量单位：公顷　　　　　　　　　　　　　　　　　　　　　　　　　　　　　　　　　　　　　　　Measurement Unit：hectare

县名称 Name of Counties	绿化覆盖面积 Green Coverage Area	建成区 Built District	绿地面积 Area of Parks and Green Space	建成区 Built District	公园绿地面积 Area of Public Recreational Green Space	公园个数（个）Number of Parks (unit)	门票免费 Free Parks	公园面积 Park Area
改则县	13	13	7	7				
葛尔县	89	89	50	50	7	2		7
普兰县	11	8	11	8	3	1	1	4
措勤县	15	15	5	5				
陕　西	30958	24419	25390	21665	6464	431	378	4260
蓝田县	557	497	463	461	95	5	5	95
周至县	413	373	275	237	140	1	1	20
宜君县	219	175	174	151	24	3	3	24
岐山县	279	248	229	219	63	2	2	70
扶风县	370	300	285	269	103	4	4	128
眉　县	446	417	402	379	90	8		146
陇　县	438	367	352	316	133	4	4	57
千阳县	239	200	207	185	71	9	9	34
麟游县	202	149	162	138	61	7	7	59
凤　县	197	157	179	143	73	3	3	49
太白县	147	104	113	96	41	3	2	23
三原县	692	651	611	583	196	13	13	188
泾阳县	527	490	433	433	89	12	12	53
乾　县	752	681	656	590	150	1	1	22
礼泉县	528	439	434	360	186	3	3	11
永寿县	230	204	178	174	45	2	2	6
长武县	312	272	277	245	80	5	5	33
旬邑县	283	254	254	235	51	5	5	50
淳化县	260	237	230	218	50	1	1	25
武功县	368	323	317	282	67	11		8
潼关县	294	270	253	247	77	2		12
大荔县	815	684	665	600	152	1		152
合阳县	431	370	339	326	98	7		40
澄城县	645	589	545	501	149	14	14	75
蒲城县	800	666	640	603	142	3	3	30
白水县	420	390	365	348	78	3	3	3
富平县	1065	802	805	718	222	7	7	164
延长县	241	187	198	168	76	2	2	44
延川县	360	297	320	270	53	3	3	3
志丹县	436	273	343	252	113	3	3	58
吴起县	409	278	312	250	116	8	8	30
甘泉县	251	179	200	152	36	1	1	10
富　县	372	370	331	329	75	2	2	71
洛川县	352	305	286	267	82	13	13	78
宜川县	446	153	350	134	62	3	3	15
黄龙县	232	189	205	168	30	1	1	23
黄陵县	219	196	178	178	51	1	1	43

10-2 续表31 continued 31

计量单位：公顷　　　　　　　　　　　　　　　　　　　　　　　　　　　　Measurement Unit：hectare

县名称 Name of Counties	绿化覆盖面积 Green Coverage Area	建成区 Built District	绿地面积 Area of Parks and Green Space	建成区 Built District	公园绿地面积 Area of Public Recreational Green Space	公园个数（个） Number of Parks (unit)	门票免费 Free Parks	公园面积 Park Area
城固县	889	837	779	740	170	13	12	55
洋　县	479	405	369	346	78	7	5	35
西乡县	750	539	544	514	145	15	15	145
勉　县	1690	719	1466	614	214	12	10	176
宁强县	358	330	303	284	108	28	28	85
略阳县	297	239	225	214	83	8	8	62
镇巴县	220	203	188	183	60	10	10	57
留坝县	120	54	77	49	24	6	6	7
佛坪县	82	49	68	45	21	4	4	13
府谷县	1006	807	848	745	238	6	4	138
靖边县	1472	1129	1085	1034	202	3	3	218
定边县	495	453	403	385	68	3	3	51
绥德县	543	453	477	399	83	10	10	68
米脂县	675	574	496	496	85	4	4	21
佳　县	250	161	152	141	29	3	3	26
吴堡县	135	113	115	102	33	4	4	4
清涧县	136	136	112	112	41	6	6	31
子洲县	287	179	262	160	69	4	4	75
汉阴县	521	403	461	383	142	11	11	145
石泉县	433	369	357	342	102	13	13	97
宁陕县	310	145	288	128	26	2	2	2
紫阳县	302	253	260	218	60	4	4	61
岚皋县	270	219	197	197	69	4	4	64
平利县	561	294	471	271	76	4		34
镇坪县	186	73	144	68	20	5	5	21
白河县	312	184	270	166	64	3	3	44
洛南县	973	662	783	616	213	10	10	189
丹凤县	360	345	283	261	139	12	12	98
商南县	447	429	396	392	89	5	5	79
山阳县	446	365	356	322	131	8	8	37
镇安县	338	270	283	268	98	15	15	121
柞水县	363	293	312	248	62	13		51
甘　肃	21600	17050	17675	15068	6170	278	276	4114
永登县	378	378	360	360	121	4	4	124
皋兰县	271	271	250	250	81	3	3	95
榆中县	226	226	121	112	40	3	3	46
永昌县	329	329	274	274	53	2	2	54
靖远县	378	337	312	298	155	7	7	14
会宁县	639	626	523	507	100	6	6	130
景泰县	295	280	278	261	141	7	7	105
清水县	611	357	422	313	105	5	5	124
秦安县	179	170	111	110	68	7	7	16

10-2 续表 32 continued 32

计量单位:公顷　　Measurement Unit:hectare

县名称 Name of Counties	绿化覆盖面积 Green Coverage Area	建成区 Built District	绿地面积 Area of Parks and Green Space	建成区 Built District	公园绿地面积 Area of Public Recreational Green Space	公园个数(个) Number of Parks (unit)	门票免费 Free Parks	公园面积 Park Area
甘谷县	605	435	399	384	180	6	6	99
武山县	141	136	110	104	21	1	1	22
张家川回族自治县	115	113	54	51	33	6	6	17
民勤县	320	320	264	264	122	7	7	110
古浪县	241	241	220	220	59	3	3	59
天祝藏族自治县	258	202	182	180	58	2	2	46
肃南县	104	92	83	83	24	2	2	15
民乐县	513	417	390	390	186	6	6	103
临泽县	902	260	706	241	93	5	5	127
高台县	428	428	384	384	225	7	7	248
山丹县	645	529	590	507	129	6	6	29
泾川县	487	355	415	290	106	10	10	89
灵台县	239	238	205	204	58	2	2	17
崇信县	405	359	347	331	51	3	3	43
庄浪县	482	472	437	427	69	8	8	59
静宁县	519	484	437	437	132	10	10	156
金塔县	705	343	656	316	155	3	3	164
瓜州县	591	296	583	291	131	4	4	110
肃北蒙古族自治县	134	134	125	125	46	4	4	33
阿克塞哈萨克族自治县	150	150	133	133	59	4	4	59
庆城县	343	342	300	300	196	8	8	95
环县	287	281	250	250	113	3	3	141
华池县	226	131	190	128	58	3	3	30
合水县	142	106	101	101	68	1	1	32
正宁县	120	112	90	83	24	2	2	25
宁县	303	296	290	281	79	11	11	79
镇原县	142	139	113	112	41	3	3	20
通渭县	282	277	245	242	95	7	7	50
陇西县	1143	1027	923	920	449	14	14	100
渭源县	319	236	231	213	63	9	9	37
临洮县	790	769	722	704	315	5	5	31
漳县	202	171	149	147	105	2	2	10
岷县	360	349	321	317	123	5	5	21
成县	583	482	477	477	407	9	9	417
文县	92	80	72	63	25	3	3	14
宕昌县	283	121	244	98	49	4	3	29
康县	325	105	257	95	163	1	1	62
西和县	243	206	156	152	56	3	3	31
礼县	302	242	221	220	101	10	10	45
徽县	1068	322	474	287	295	5	5	288
两当县	113	113	106	106	34	5	5	34
临夏县	159	148	142	124	17			

10-2 续表 33 continued 33

计量单位：公顷
Measurement Unit: hectare

县名称 Name of Counties	绿化覆盖面积 Green Coverage Area	建成区 Built District	绿地面积 Area of Parks and Green Space	建成区 Built District	公园绿地面积 Area of Public Recreational Green Space	公园个数（个）Number of Parks (unit)	门票免费 Free Parks	公园面积 Park Area
康乐县	483	299	444	276	82	8	8	81
永靖县	522	375	465	364	140	4	4	20
广河县	249	190	213	164	15	1	1	7
和政县	328	316	294	289	52	1	1	52
东乡族自治县	75	75	79	75	29	1	1	8
积石山县	360	322	401	306	75	1	1	16
临潭县	125	125	122	122	28	1		2
卓尼县	63	63	50	50	15			
舟曲县	65	63	54	51	18	1	1	2
迭部县	59	59	22	22	9	2	2	9
玛曲县	66	60	42	40	5			
碌曲县	42	37	28	26	21	2	2	14
夏河县	49	35	19	19	3			
青　海	6311	5655	5246	4910	971	56	47	372
大通县	868	814	746	714	121	5	1	33
湟源县	387	352	376	337	82	4		44
民和县	328	324	246	246	137	3	3	17
互助县	491	491	450	450	109	4	4	84
化隆县	90	80	83	67	24	3	3	16
循化县	217	199	166	166	35	1		35
门源县	454	255	276	225	20	1	1	6
祁连县	192	188	161	161	59			
海晏县	122	110	89	85	7			
刚察县	143	143	122	122	68	2	2	4
西海镇	227	150	136	132	30	2	2	4
尖扎县	44	27	27	21	8	1	1	1
泽库县	10	9	8	7	3	2	2	5
河南县	6	4	7	7	2	2	2	3
共和县	447	440	370	366	71	6	6	68
同德县	32	31	25	25	4	2	2	3
贵德县	243	239	218	218	25	3	3	30
兴海县	137	129	137	127	3	1	1	3
贵南县	61	60	53	53	14	10	10	4
班玛县	21	21	5	5	5			
久治县	6	6	5	5				
甘德县	49	49	35	35	3	1	1	2
玛沁县	544	409	485	348	72			
达日县								
玛多县								
杂多县	71	71	49	49	9			
称多县	43	43	29	29				
治多县	19	19	16	16				

10-2 续表34 continued 34

计量单位：公顷
Measurement Unit: hectare

县名称 Name of Counties	绿化覆盖面积 Green Coverage Area	建成区 Built District	绿地面积 Area of Parks and Green Space	建成区 Built District	公园绿地面积 Area of Public Recreational Green Space	公园个数（个） Number of Parks (unit)	门票免费 Free Parks	公园面积 Park Area
囊谦县	48	36	32	29	10			
曲麻莱县	21	21	18	18	10			
乌兰县	230	175	176	149	11			
都兰县	341	340	301	300	15	1	1	2
天峻县	183	183	175	175				
大柴旦行委	238	237	225	224	13	2	2	9
宁　夏	**9076**	**7692**	**8243**	**7407**	**2213**	**105**	**105**	**2070**
永宁县	836	504	770	496	151	10	10	199
贺兰县	1403	1403	1352	1352	413	25	25	295
平罗县	851	785	771	757	239	4	4	95
盐池县	683	605	630	558	151	10	10	151
同心县	777	713	652	647	159	12	12	335
红寺堡区	612	520	550	510	103	2	2	84
西吉县	606	460	466	425	153	3	3	62
隆德县	401	286	401	286	125	7	7	165
泾源县	329	262	302	238	103	10	10	101
彭阳县	506	406	443	377	222	3	3	241
中宁县	864	761	781	713	198	6	6	148
海原县	1209	988	1123	1047	195	13	13	195
新　疆	**35951**	**31739**	**32013**	**29009**	**6997**	**428**	**419**	**6451**
鄯善县	1302	1244	1220	1163	113	32	32	113
托克逊县	666	541	573	478	164	13	13	171
巴里坤哈萨克自治县	309	218	275	201	44	3	3	34
伊吾县	217	194	192	182	14	3	3	12
呼图壁县	697	629	647	595	92	17	17	190
玛纳斯县	721	721	656	656	145	21	21	203
奇台县	975	768	924	719	161	13	13	143
吉木萨尔县	787	702	732	653	123	4	4	123
木垒哈萨克自治县	379	379	346	346	80	11	11	100
精河县	449	438	408	400	63	3	3	78
温泉县	198	177	191	172	19	2	2	19
轮台县	550	348	446	325	190	2	1	84
尉犁县	272	220	253	202	47	2	2	15
若羌县	334	333	313	305	19	11	11	39
且末县	273	200	238	187	37	6	6	36
焉耆回族自治县	595	414	421	387	119	4	4	197
和静县	624	623	550	550	101	5	5	77
和硕县	430	430	394	394	132	4	4	142
博湖县	150	150	137	137	57			81
温宿县	986	986	934	934	326	10	10	277
沙雅县	1669	1500	1537	1382	206	2	2	200
新和县	611	485	551	433	194	1	1	21

10-2 续表35 continued 35

计量单位:公顷
Measurement Unit:hectare

县名称 Name of Counties	绿化覆盖面积 Green Coverage Area	建成区 Built District	绿地面积 Area of Parks and Green Space	建成区 Built District	公园绿地面积 Area of Public Recreational Green Space	公园个数(个) Number of Parks (unit)	门票免费 Free Parks	公园面积 Park Area
拜城县	338	338	271	271	186	7	7	127
乌什县	964	898	891	803	149	2	1	60
阿瓦提县	672	672	625	625	182	5	5	48
柯坪县	182	182	162	162	41	5	5	41
阿克陶县	376	289	317	249	173	4	4	273
阿合奇县	297	196	291	168	25	1	1	25
乌恰县	310	266	255	247	20	5	5	46
疏附县	581	581	483	483	128	3	3	8
疏勒县	975	788	801	705	145	3	3	144
英吉沙县	533	510	494	471	86	18	18	132
泽普县	446	425	393	381	105	5	5	139
莎车县	1900	1650	1617	1490	410	6	6	354
叶城县	1080	1026	1055	1012	249	17	16	157
麦盖提县	598	598	548	548	188	4	4	237
岳普湖县	525	391	440	357	94	8	8	71
伽师县	460	377	354	351	150	5	5	150
巴楚县	1052	992	1068	898	231	9	9	27
塔什库尔干塔吉克自治县	253	241	253	229	55	1	1	42
和田县								
墨玉县	790	590	615	477	43	1	1	4
皮山县	247	189	180	164	29	5	5	26
洛浦县	241	192	197	176	18	3	3	18
策勒县	267	258	227	224	13	1	1	13
于田县	203	153	133	131	27	1	1	7
民丰县	184	163	160	135	10	4	4	
伊宁县	691	675	677	616	149	4	4	121
察布查尔县	754	502	566	458	183	6	6	537
霍城县	579	509	510	456	90	20	20	90
巩留县	811	693	674	642	177	33	33	166
新源县	760	682	642	628	142	12	12	120
昭苏县	636	431	554	388	86	2	2	78
特克斯县	451	451	440	440	179	8	8	179
尼勒克县	642	623	579	570	97	2	2	45
额敏县	1026	946	963	851	83	2	2	68
托里县	550	488	513	476	58	2		44
裕民县	268	186	161	158	110	4	4	21
和布克赛尔蒙古自治县	193	193	214	207	66	8	8	106
布尔津县	427	348	442	326	89	10	6	79
富蕴县	324	298	272	272	78	2	2	87
福海县	303	303	277	274	34	1	1	33
哈巴河县	281	272	262	262	50	11	11	20
青河县	250	211	222	190	88	5	5	116
吉木乃县	336	260	277	237	34	2	2	30

主要指标解释

Explanatory Notes on Main Indicators

主要指标解释

人口密度

指城区内的人口疏密程度。计算公式：

$$人口密度 = \frac{城区人口 + 城区暂住人口}{城区面积}$$

人均日生活用水量

指每一用水人口平均每天的生活用水量。计算公式：

$$人均日生活用水量 = \frac{居民家庭用水量 + 公共服务用水量 + 免费供水量中的生活用水量}{用水人口} \div 报告期日历天数 \times 1000 升$$

供水普及率

指报告期末城区内用水人口与总人口的比率。计算公式：

$$供水普及率 = \frac{城区用水人口（含暂住人口）}{城区人口 + 城区暂住人口} \times 100\%$$

$$公共供水普及率 = \frac{城区公共用水人口（含暂住人口）}{城区人口 + 城区暂住人口} \times 100\%$$

燃气普及率

指报告期末城区内使用燃气的人口与总人口的比率。计算公式：

$$燃气普及率 = \frac{城区用气人口（含暂住人口）}{城区人口 + 城区暂住人口} \times 100\%$$

人均道路面积

指报告期末城区内平均每人拥有的道路面积。计算公式：

$$人均道路面积 = \frac{城区道路面积}{城区人口 + 城区暂住人口}$$

建成区路网密度

指报告期末建成区内道路分布的稀疏程度。计算公式：

$$建成区路网密度 = \frac{建成区道路长度}{建成区面积}$$

建成区排水管道密度

指报告期末建成区排水管道分布的疏密程度。计算公式：

$$建成区排水管道密度 = \frac{建成区排水管道长度}{建成区面积}$$

污水处理率

指报告期内污水处理总量与污水排放总量的比率。计算公式：

$$污水处理率 = \frac{污水处理总量}{污水排放总量} \times 100\%$$

污水处理厂集中处理率

指报告期内通过污水处理厂处理的污水量与污水排放总量的比率。计算公式：

$$污水处理厂集中处理率 = \frac{污水处理厂处理的污水量}{污水排放总量} \times 100\%$$

人均公园绿地面积

指报告期末城区内平均每人拥有的公园绿地面积。计算公式：

$$人均公园绿地面积=\frac{城区公园绿地面积}{城区人口+城区暂住人口}$$

建成区绿化覆盖率

指报告期末建成区内绿化覆盖面积与建成区面积的比率。计算公式：

$$建成区绿化覆盖率=\frac{建成区绿化覆盖面积}{建成区面积}\times100\%$$

建成区绿地率

指报告期末建成区绿地面积与建成区面积的比率。计算公式：

$$建成区绿地率=\frac{建成区绿地面积}{建成区面积}\times100\%$$

生活垃圾处理率

指报告期内生活垃圾处理量与生活垃圾产生量的比率。计算公式：

$$生活垃圾处理率=\frac{生活垃圾处理量}{生活垃圾产生量}\times100\%$$

生活垃圾无害化处理率

指报告期内生活垃圾无害化处理量与生活垃圾产生量的比率。计算公式：

$$生活垃圾无害化处理率=\frac{生活垃圾无害化处理量}{生活垃圾产生量}\times100\%$$

在统计时，由于生活垃圾产生量不易取得，可用清运量代替。"垃圾清运量"在审核时要与总人口（包括暂住人口）对应，一般城市人均日产生垃圾为1kg左右。

固定资产投资

指建造和购置市政公用设施的经济活动，即市政公用设施固定资产再生产活动。市政公用设施固定资产再生产过程包括固定资产更新（局部更新和全部更新）、改建、扩建、新建等活动。新的企业财务会计制度规定，固定资产局部更新的大修理作为日常生产活动的一部分，发生的大修理费用直接在成本费用中列支。按照现行投资管理体制及有关部门的规定，凡属于养护、维护性质的工程，不纳入固定资产投资统计。对新建和现有市政公用设施改造工程，应纳入固定资产统计。

本年新增固定资产

指在报告期已经完成建造和购置过程，并交付生产或使用单位的固定资产价值。包括已经建成投入生产或交付使用的工程投资和达到固定资产标准的设备、工具、器具的投资及有关应摊入的费用。属于增加固定资产价值的其他建设费用，应随同交付使用的工程一并计入新增固定资产。

新增生产能力（或效益）

指通过固定资产投资活动而增加的设计能力。计算新增生产能力（或效益）是以能独立发挥生产能力（或效益）的工程为对象。当工程建成，经有关部门验收鉴定合格，正式移交投入生产，即应计算新增生产能力（或效益）。

综合生产能力

指按供水设施取水、净化、送水、出厂输水干管等环节设计能力计算的综合生产能力。包括在原设计能力的基础上，经挖、革、改增加的生产能力。计算时，以四个环节中最薄弱的环节为主确定能力。对于经过更新改造的，按更新改造后新的设计能力填报。

供水管道长度

指从送水泵至各类用户引入管之间所有市政管道的长度。不包括新安装尚未使用、水厂内以及用户建筑物内的管道。在同一条街道埋设两条或两条以上管道时，应按每条管道的长度计算。

供水总量

指报告期供水企业（单位）供出的全部水量。包括有效供水量和漏损水量。

有效供水量指水厂将水供出厂外后，各类用户实际使用到的水量。包括售水量和免费供水量。

新水取用量

指取自任何水源被第一次利用的水量，包括自来水、地下水、地表水。新水量就一个城市来说，包括城市供水企业新水量和社会各单位的新水量。

其中：**工业新水取用量**指为使工业生产正常进行，保证生产过程对水的需要，而实际从各种水源引取的、为任何目的所用的新鲜水量，包括间接冷却水新水量、工艺水新水量、锅炉新水量及其他新水量。

用水重复利用量

指各用水单位在生产和生活中，循环利用的水量和直接或经过处理后回收再利用的水量之和。

其中：**工业用水重复利用量**指工业企业内部生活及生产用水中，循环利用的水量和直接或经过处理后回收再利用的水量之和。

节约用水量

指报告期新节水量，通过采用各项节水措施（如改进生产工艺、技术、生产设备、用水方式、换装节水器具、加强管理等）后，用水量和用水效益产生效果，而节约的水量。

人工煤气生产能力

指报告期末燃气生产厂制气、净化、输送等环节的综合生产能力，不包括备用设备能力。一般按设计能力计算，如果实际生产能力大于设计能力时，应按实际测定的生产能力计算。测定时应以制气、净化、输送三个环节中最薄弱的环节为主。

供气管道长度

指报告期末从气源厂压缩机的出口或门站出口至各类用户引入管之间的全部已经通气投入使用的管道长度。不包括煤气生产厂、输配站、液化气储存站、灌瓶站、储配站、气化站、混气站、供应站等厂（站）内，以及用户建筑物内的管道。

供气总量

指报告期燃气企业（单位）向用户供应的燃气数量。包括销售量和损失量。

汽车加气站

指专门为燃气机动车（船舶）提供压缩天然气、液化石油气等燃料加气服务的站点。应按不同气种分别统计。

供热能力

指供热企业（单位）向城市热用户输送热能的设计能力。

供热总量

指在报告期供热企业（单位）向城市热用户输送全部蒸汽和热水的总热量。

供热管道长度

指从各类热源到热用户建筑物接入口之间的全部蒸汽和热水的管道长度。不包括各类热源厂内部的管道长度。

其中：**一级管网**指由热源至热力站间的供热管道，**二级管网**指热力站至用户间的供热管道。

城市道路

指城市供车辆、行人通行的，具备一定技术条件的道路、桥梁、隧道及其附属设施。城市道路由车行道和人行道等组成。在统计时只统计路面宽度在 3.5 米（含 3.5 米）以上的各种铺装道路，包括开放型工业区和住宅区道路在内。

道路长度

指道路长度和与道路相通的桥梁、隧道的长度，按车行道中心线计算。

道路面积

指道路面积和与道路相通的广场、桥梁、隧道的铺装面积（统计时，将车行道面积、人行道面积分别统计）。

人行道面积按道路两侧面积相加计算，包括步行街和广场，不含人车混行的道路。

桥梁

指为跨越天然或人工障碍物而修建的构筑物。包括跨河桥、立交桥、人行天桥以及人行地下通道等。

道路照明灯盏数

指在城市道路设置的各种照明用灯。一根电杆上有几盏即计算几盏。统计时，仅统计功能照明灯，不统计景观照明灯。

防洪堤长度

指实际修筑的防洪堤长度。统计时应按河道两岸的防洪堤相加计算长度，但如河岸一侧有数道防洪堤时，只计算最长一道的长度。

污水排放总量

指生活污水、工业废水的排放总量，包括从排水管道和排水沟（渠）排出的污水量。

（1）可按每条管道、沟（渠）排放口的实际观测的日平均流量与报告期日历天数的乘积计算。

（2）有排水测量设备的，可按实际测量值计算。

（3）如无观测值，也可按当地供水总量乘以污水排放系数确定。

城市分类污水排放系数

城市污水分类	污水排放系数
城市污水	0.7~0.8
城市综合生活污水	0.8~0.9
城市工业废水	0.7~0.9

排水管道长度

指所有市政排水总管、干管、支管、检查井及连接井进出口等长度之和。计算时应按单管计算，即在同一条街道上如有两条或两条以上并排的排水管道时，应按每条排水管道的长度相加计算。

其中：**污水管道**指专门排放污水的排水管道。

雨水管道指专门排放雨水的排水管道。

雨污合流管道指雨水、污水同时进入同一管道进行排水的排水管道。

污水处理量

指污水处理厂（或污水处理装置）实际处理的污水量。包括物理处理量、生物处理量和化学处理量。

其中**处理本城区（县城）外**，指污水处理厂作为区域设施，不仅处理本城区（县城）的污水，还处理本市（县）以外其他市、县或本市（县）其他乡村等的污水。这部分污水处理量单独统计，并在计算本市（县）的污水处理率时扣除。

干污泥年产生量

指全年污水处理厂在污水处理过程中干污泥的最终产生量。干污泥是指以干固体质量计的污泥量，含水率为0。如果产生的湿污泥的含水率为 $n\%$ ，那么干污泥产生量=湿污泥产生量×（1-$n\%$）。

干污泥处置量

指报告期内将污泥达标处理处置的干污泥量。统计时按土地利用、建筑材料利用、焚烧、填埋和其他分别填写。其中：

污泥土地利用指处理达标后的污泥产物用于园林绿化、土地改良、林地、农用等场合的处置方式。

污泥建筑材料利用指将污泥处理达标后的产物作为制砖、水泥熟料等建筑材料部分原料的处置方式。

污泥焚烧指利用焚烧炉将污泥完全矿化为少量灰烬的处理处置方式，包括单独焚烧，以及与生活垃圾、热电厂等工业窑炉的协同焚烧。

污泥填埋指采取工程措施将处理达标后的污泥产物进行堆、填、埋，置于受控制场地内的处置方式。

绿化覆盖面积

指城市中乔木、灌木、草坪等所有植被的垂直投影面积。包括城市各类绿地绿化种植垂直投影面积、屋顶绿化植物的垂直投影面积以及零星树木的垂直投影面积，乔木树冠下的灌木和草本植物以及灌木树冠下的草本植物垂直投影面积均不能重复计算。

绿地面积

指报告期末用作园林和绿化的各种绿地面积。包括公园绿地、防护绿地、广场用地、附属绿地和位于建成区范围内的区域绿地面积。

其中：**公园绿地**指向公众开放，以游憩为主要功能，兼具生态、景观、文教和应急避险等功能，有一定游憩和服务设施的绿地。

防护绿地指用地独立，具有卫生、隔离、安全、生态防护功能，游人不宜进入的绿地。主要包括卫生隔离防护绿地、道路及铁路防护绿地、高压走廊防护绿地、公共设施防护绿地等。

广场用地指以游憩、纪念、集会和避险等功能为主的城市公共活动场地。

附属绿地指附属于各类城市建设用地（除"绿地与广场用地"）的绿化用地。包括居住用地、公共管理与公共服务设施用地、商业服务业设施用地、工业用地、物流仓储用地、道路和交通设施用地、公共设施用地等用地中的绿地。

区域绿地指位于城市建设用地之外，具有城乡生态环境及自然资源和文化资源保护、游憩健身、安全防护隔离、物种保护、园林苗木生产等功能的绿地。

公园

指常年开放的供公众游览、观赏、休憩以及开展科学、文化、休闲等活动，有较完善的设施和良好的绿化环境、景观优美的公园绿地。包括综合性公园、儿童公园、文物古迹公园、纪念性公园、风景名胜公园、动物园、植物园、带状公园等。不包括居住小区及小区以下的游园。统计时只统计市级和区级的综合公园、专类公园和带状公园。

其中：**门票免费公园**指对公众免费开放，不售门票的公园。

道路清扫保洁面积

指报告期末对城市道路和公共场所（主要包括城市行车道、人行道、车行隧道、人行过街地下通道、道路附属绿地、地铁站、高架路、人行过街天桥、立交桥、广场、停车场及其他设施等）进行清扫保洁的面积。一天清扫保洁多次的，按清扫保洁面积最大的一次计算。

其中：**机械化道路清扫保洁面积**指报告期末使用扫路车（机）、冲洗车等大小型机械清扫保洁的道路面积。多种机械在一条道路上重复使用时，只按一种机械清扫保洁的面积计算，不能重复统计。

生活垃圾、建筑垃圾清运量

指报告期收集和运送到各生活垃圾、建筑垃圾厂和生活垃圾、建筑垃圾最终消纳点的生活垃圾、建筑垃圾的数量。统计时仅计算从生活垃圾、建筑垃圾源头和从生活垃圾转运站直接送到处理场和最终消纳点的清运量，对于二次中转的清运量不要重复计算。

餐厨垃圾属于生活垃圾的一部分，无论单独清运还是混合清运，都应统计在生活垃圾清运量中。

其中：**餐厨垃圾清运处置量**指单独清运，并且进行单独处置的餐厨垃圾总量，不含混在生活垃圾中清运的部分。

公共厕所

指供城市居民和流动人口使用，在道路两旁或公共场所等处设置的厕所。分为独立式、附属式和活动式三种类型。统计时只统计独立式和活动式，不统计附属式公厕。

独立式公共厕所按建筑类别应分为三类，活动式公共厕所按其结构特点和服务对象应分为组装厕所、单体厕所、汽车厕所、拖动厕所和无障碍厕所五种类别。

市容环卫专用车辆设备

指用于环境卫生作业、监察的专用车辆和设备，包括用于道路清扫、冲洗、洒水、除雪、垃圾粪便清运、市容监察以及与其配套使用的车辆和设备。如：垃圾车、扫路机（车）、洗路车、洒水车、真空吸粪车、除雪机、装载机、推土机、压实机、垃圾破碎机、垃圾筛选机、盐粉撒布机、吸泥渣车和专用船舶等。对于长期租赁的车辆及设备也统计在内。

统计时，单独统计道路清扫保洁专用车辆和生活垃圾运输专用车辆数。

Explanatory Notes on Main Indicators

Population Density

It refers to the quality density of population in a given zone. The calculation equation is:

$$\text{Population Density} = \frac{\text{Population in Urban Areas} + \text{Urban Temporary Population}}{\text{Urban Area}}$$

Daily Domestic Water Use Per Capita

It refers to average amount of daily water consumed by each person. The calculation equation is Daily Domestic Water Use Per Capita = (Water Consumption by Households + Water Use for Public Service + Domestic water consumption in the free water supply) ÷ Population with Access to Water Supply ÷ Calendar Days in Reported Period × 1000 liters.

Water Coverage Rate

It refers to proportion of urban population supplied with water to urban population. The calculation equation is:

$$\text{Water Coverage Rate} = \frac{\text{Urban Population with Access to Water Supply (Including Temporary Population)}}{\text{Urban Permanent Population} + \text{Urban Temporary Population}} \times 100\%$$

$$\text{Public Water Coverage Rate} = \frac{\text{Urban Population with Access to Public Water Supply (Including Temporary Population)}}{\text{Urban Permanent Population} + \text{Urban Temporary Population}} \times 100\%$$

Gas Coverage Rate

It refers to the proportion of urban population supplied with gas to urban population. The calculation equation is:

$$\text{Gas Coverage Rate} = \frac{\text{Urban Population with Access to Gas (Including Temporary Population)}}{\text{Urban Permanent Population} + \text{Urban Temporary Population}} \times 100\%$$

Surface Area of Roads Per Capita

It refers to the average surface area of roads owned by each resident at the end of reported period. The calculation equation is:

$$\text{Surface Area of Roads Per Capita} = \frac{\text{Surface Area of Roads in Given Urban Areas}}{\text{Urban Permanent Population} + \text{Urban Temporary Population}}$$

Density of Road Network in Built Districts

It refers to the extent which roads coverbuilt districts at the end of reported period. The calculation equation is:

$$\text{Density of Road Network in Built Districts} = \frac{\text{Length of Roads in Built Districts}}{\text{Floor Area of Built Districts}}$$

Density of Drainage Pipelines in Built Districts

It refers to the extent which drainage pipelines coverbuilt districts at the end of reported period. The calculation equation is:

$$\text{Density of Drainage Pipelines in Built Districts} = \frac{\text{Length of Drainage Pipelines in Built Districts}}{\text{Floor Area of Built Districts}}$$

Wastewater Treatment Rate

It refers to the proportion of the quantity of wastewater treated to the total quantity of wastewater discharged at the end of reported period. The calculation equation is:

$$\text{Wastewater Treatment Rate} = \frac{\text{Quantity of Wastewater Treated}}{\text{Quantity of Wastewater Discharged}} \times 100\%$$

Centralized Treatment Rate of Wastewater Treatment Plants

It refers to the proportion of the quantity of wastewater treated in wastewater treatment plants to the total quantity of wastewater discharged at the end of reported period. The calculation equation is:

$$\text{Centralized Treatment Rate of Wastewater Treatment Plants} = \frac{\text{Quantity of Wastewater Treated in Wastewater Treatment Facility}}{\text{Quantity of Wastewater Discharged}} \times 100\%$$

Public Recreational Green Space Per Capita

It refers to the average public recreational green space owned by each urban dweller in given areas. The calculation equation is:

$$\text{Public Recreational Green Space Per Capita} = \frac{\text{Public Green Space in Given Urban Areas}}{\text{Urban Permanent Population} + \text{Urban Temporary Population}}$$

Green Coverage Rate of Built Districts

It refers to the ratio of green coverage area of built districts to surface area of built districts at the end of reported period. The calculation equation is:

$$\text{Green Coverage Rate of Built Districts} = \frac{\text{Green Coverage Area of Built Districts}}{\text{Area of Built Districts}} \times 100\%$$

Green Space Rate of Built Districts

It refers to the ratio of area of parks and green land of built districts to the area of built up districts at the end of reported period. The calculation equation is:

$$\text{Green Space Rate of Built Districts} = \frac{\text{Area of Parks and Green Land of Built Districts}}{\text{Area of Built Districts}} \times 100\%$$

Domestic Garbage Treatment Rate

It refers to the ratio of quantity of domestic garbage treated to quantity of domestic garbage produced at the end of reported period. The calculation equation is:

$$\text{Domestic Garbage Treatment Rate} = \frac{\text{Quantity of Domestic Garbage Treated}}{\text{Quantity of Domestic Garbage Produced}} \times 100\%$$

Domestic Garbage Harmless Treatment Rate

It refers to the ratio of quantity of domestic garbage treated harmlessly to quantity of domestic garbage produced at the end of reported period. The calculation equation is:

$$\text{Domestic Garbage Harmless Treatment Rate} = \frac{\text{Quantity of Domestic Garbage Treated Harmlessly}}{\text{Quantity of Domestic Garbage Produced}} \times 100\%$$

Investment in Fixed Assets

It is the economic activities featuring construction and purchase of fixed assets, i.e. it is an essential means for social reproduction of fixed assets. The process of reproducing fixed assets includes fixed assets renovation (part and full renovation), reconstruction, extension and new construction, etc. According to the new industrial financial accounting system, cost of major repairs for part renovation of fixed assets is covered by direct cost. According to the current investment management and administrative regulations, any repair and maintenance works are not included in statistics as investment in fixed assets. Innovation projects on current municipal service facilities should be included in statistics.

Newly Added Fixed Assets

They refer to the newly increased value of fixed assets, including investment in projects completed and put into operation in the reported period, and investment in equipment, tools, vessels considered as fixed assets as well as relevant expenses should be included in. Other construction expenses that increase the value of fixed assets should be included in the newly added fixed assets along with the project delivered for use.

Newly Added Production Capacity (or Benefits)

It refers to newly added design capacity through investment in fixed assets. Newly added production capacity or benefits is calculated based on projects which can independently produce or bring benefits onceprojects are put into operation.

Integrated Production Capacity

It refers to a comprehensive capacity based on the designed capacity of components of the process, including water collection, purification, delivery and transmission through mains. In calculation, the capacity of weakest component is the principal determining capacity. For the updated and reformed, filling in the new design capability after the updated and reformed.

Length of Water Pipelines

It refers to the total length of all pipes from the pumping station to individual water meters. If two or more pipes line in parallel in a same street, the length of water pipelines is the length sum of each line.

Total Quantity of Water Supplied

It refers to the total quantity of water delivered by water suppliers during the reported period, including accounted water and unaccounted water.

Accounted water refers to the actual quantity of water delivered to and used by end users, including water sold and free.

Quantity of Fresh Water Used

It refers to the quantity of water obtained from any water source for the first time, including tap water, groundwater, surface water. As for a city, it includes the quantity of fresh water used by urban water suppliers and customers in different industries and sectors.

Among which, **the amount of new industrial water taken** refers to the amount of fresh water that is actually drawn from various water sources and used for any purpose in order to ensure the normal progress of industrial production and the need for water in the production process, including the amount of indirect cooling water and process water, new boiler water volume and other new water volume.

Quantity of Recycled Water

It refers to the sum of water recycled, reclaimed and reused by customers.

Among which, **the amount of recycled industrial water** refers to the sum of the amount of recycled water used in the domestic and production water of industrial enterprises and the amount of water recovered and reused directly or after treatment.

Quantity of Water Saved

It refers to the water saved in the reported period through efficient water saving measures, e.g. improvement of production methods, technologies, equipment, water use behavior or replacement of defective and inefficient devices, or strengthening of management etc.

Integrated Gas Production Capacity

It refers to the combined capacity of components of the process such as gas production, purification and delivery with an exception of the capacity of backup facilities at the end of reported period. It is usually calculated based on the design capacity. Where the actual capacity surpluses the design capacity, integrated capacity should be calculated based on the actual capacity, mainly depending on the capacity of the weakest component.

Length of Gas Supply Pipelines

It refers to the length of pipes operated in the distance from a compressor's outlet or a gas station exit to pipes connected to individual households at the end of reported period, excluding pipes through coal gas production plant, delivery station, LPG storage station, bottled station, storage and distribution station, air mixture station, supply station and user's building.

Quantity of Gas Supplied

It refers to amount of gas supplied to end users by gas suppliers at the end of reported period. It includes sales amount and loss amount.

Gas Stations for Gas-Fueled Motor Vehicles

They are designated stations that provide fuels such as compressed natural gas, LPG to gas-fueled motor vehicles. Statistics should be based on different gas types.

Heating Capacity

It refers to the designed capacity of heat delivery by heat suppliers to urban customers.

Total Quantity of Heat Supplied

It refers to the total quantity of heat obtained from steam and hot water, which is delivered to urban users by heat suppliers during the reported period.

Length of Heating Pipelines

It refers to the total length of pipes for delivery of steam and hot water from heat sources to entries of buildings, excluding lines within heat sources.

Among which, **the primary pipe network** refers to the heating pipeline from the heat source to the heating station, **the secondary pipe network** refers to the heating pipeline from the heating station to the user.

Urban roads

They refer to roads, bridges, tunnels and auxiliary facilities that are provided to vehicles and passengers for transportation. Urban roads consist of drive lanesand sidewalks. Only paved roads with width of 3.5m or above are counted, including roads in open industrial parks and residential communities are included in statistics.

Length of Roads

It refers to the length of roads and bridges and tunnels connected toroads. It is calculated based on the length of centerlines of traffic lanes.

Surface Area of Roads

It refers to surface area of roads and squares, bridges and tunnels connected to roads (surface area of roadway and sidewalks are calculated separately). Surface area of sidewalks is the area sum of each side of sidewalks including pedestrian streets and squares, excluding car-and-pedestrian mixed roads.

Bridges

They refer to constructed works that span natural or man-made barriers. They include bridges spanning over rivers, flyovers, overpasses and underpasses.

Number of Road Lamps

It refers to the sum of road lamps only for illumination, excluding road lamps for landscape lightening.

Length of Flood Control Dikes

It refers to actual length of constructeddikes, which sums up the length of dike on each bank of river. Where each bank has more than one dike, only the longest dike is calculated.

Quantity of Wastewater Discharged

It refers to the total quantity of domestic sewage and industrial wastewater discharged, including effluents of sewers, ditches, and canals.

(1) It is calculated by multiplying the daily average of measured discharges from sewers, ditches and canals

with calendar days during the reported period.

(2) If there is a device to read actual quantity of discharge, it is calculated based on reading.

(3) If without such ad device, it is calculated by multiplying total quantity of water supply with wastewater drainage coefficient.

Category of urban wastewater	Wastewater drainage coefficient
Urban wastewater	0.7-0.8
Urban domestic wastewater	0.8-0.9
Urban industrial wastewater	0.7-0.9

Length of Drainage Pipelines

The total length of drainage pipelines is the length of mains, trunks, branches plus distance between inlet and outlet in manholes and junction wells. The calculation should be based on a single pipe, that is, if there are two or more drainage pipes side by side on the same street, the calculation should be based on the length of each drainage pipe.

Among which, **Sewage Pipe** refers to a drainage pipe dedicated to discharge sewage.

Rainwater Pipe refers to drainage pipes dedicated to draining rainwater.

Rain and Sewage Confluence Pipeline refers to the drainage pipeline where rainwater and sewage enter the same pipeline for drainage at the same time.

Quantity of Wastewater Treated

It refers to the actual quantity of wastewater treated by wastewater treatment plants and other treatment facilities in a physical, or chemical or biological way.

Among which, **the treatment outside the city (county)** refers to the sewage treatment plant as a regional facility that not only treats the sewage of the city (county), but also treats the sewage of other cities, counties, or other villages outside the city (county). This part of the sewage treatment volume is separately counted and deducted when calculating the sewage treatment rate of the city (county).

Dry Sludge Production

It refers to the final quantity of dry sludge produced in the process of wastewater treatment plants. Dry sludge refers to the amount of sludge calculated by the mass of dry solids, with a moisture content of 0. If the moisture content of the produced wet sludge is $n\%$, then the amount of dry sludge produced = the amount of wet sludge produced × $(1-n\%)$.

Dry Sludge Disposal Volume

It refers to the amount of dry sludge to be treated and disposed according to the standard during the reporting period. Fill in the statistics according to land use, building materials use, incineration, landfill and others.

Among which, **Sludge Land Utilization** refers to the disposal of sludge products after the treatment of the standard for landscaping, land improvement, woodland, agriculture and other occasions.

The Utilization of Sludge Building Materials refers to the disposal of the products after sludge treatment reaches the standard as part of the raw materials of building materials such as bricks and cement clinker.

Sludge Incineration refers to the treatment and disposal methods that use incinerators to completely mineralize sludge into a small amount of ashes, including individual incineration, and co-incineration with industrial kilns such as domestic waste and thermal power plants.

Land Filling of Sludge refers to a disposal method in which engineering measures are taken to pile, fill, and bury the sludge products that have reached the treatment standards, and place them in a controlled site.

Green Coverage Area

It refers to the vertical shadow area of vegetation such as trees (arbors), shrubs and grasslands. It is the vertical shadow area sum of green space, roof greening and scattered trees coverage. The vertical shadow area of bushes and herbs under the shadow of trees and herbs under the shadow of shrubs should not be counted repetitively.

Area of Green Space

It refers to the area of all spaces for parks and greening at the end of reported period, which includes area of public recreational green space, shelter belt, land for squares, attached green spaces, and the area of regional green space in built district.

Among which, **Public Recreational Green Space** refers to green space with recreation and service facilities. It also serves some comprehensive functions such as improving ecology and landscape and preventing and mitigating disasters.

Shelter Belt refers to the green space that is independent of land and has the functions of hygiene, isolation, safety, and ecological protection, and is not suitable for tourists to enter. It mainly includes protective green space for health isolation, protective green space for roads and railways, protective green space for high-pressure corridors and protective green space for public facilities.

Land for Squares refer to the urban public activity space with the functions of recreation, memorial, gathering and avoiding danger.

Attached Green Spaces refer to green land attached to various types of urban construction land (except "green land and square land"). Including residential land, land for public management and public service facilities, land for commercial service facilities, industrial land, land for logistics and storage, land for roads and transportation facilities, land for public facilities and other green spaces.

Regional Green Space refers to the green land located outside the urban construction land, which has the functions of urban and rural ecological environment, natural resources and cultural resources protection, recreation and fitness, safety protection and isolation, species protection, garden seedling production and so on.

Parks

They refer to places open to the public for the purposes of tourism, appreciation, relaxation, and undertaking scientific, cultural and recreational activities. They are fully equipped and beautifully landscaped green spaces. There are different kinds of parks, including general park, Children Park, park featuring historic sites and culture relic, memorial park, scenic park, zoo, botanic garden, and belt park. Recreational space within communities is not included in statistics, while only general parks, theme parks and belt parks at city or district level are included in statistics.

Among which, **Free-ticket Parks** refer to parks that are free to the public and do not sell tickets.

Area of Roads Cleaned and Maintained

It refers to the area of urban roads and public places cleaned and maintained at the end of reported period, including drive lanes, sidewalks, drive tunnels, underpasses, green space attached to roads, metro stations, elevated roads, flyovers, overpasses, squares, parking areas and other facilities. Where a place is cleaned and maintained several times a day, only the time with maximum area cleaned is considered.

Among which, **Mechanized Road Cleaning and Cleaning Area** refers to the road area that was cleaned and cleaned with large and small machinery such as road sweepers (machines) and washing vehicles at the end of the reporting period. When multiple machines are repeatedly used on a road, only the area cleaned and cleaned by one machine is calculated, and the statistics cannot be repeated.

Quantity of Domestic Garbage and Construction Waste Transferred

It refers to the total quantity of domestic garbage and construction waste collected and transferred to treatment grounds. Only quantity collected and transferred from domestic garbage and construction waste sources or from domestic garbage transfer stations to treatment grounds is calculated with exception of quantity of domestic garbage and construction waste transferred second time.

Food waste is a part of domestic waste. Whether it is removed separately or mixed, it should be counted in the volume of domestic waste.

Among which, **the amount of food waste removal and disposal** refers to the total amount of food waste that is separately removed and disposed of separately, excluding the part that is mixed in the domestic waste.

Latrines

They are used by urban residents and flowing population, including latrines placed at both sides of a road and public place. They usually consist of detached latrine movable latrine and attached latrine. Only detached latrines rather than latrines attached to public buildings are included in the statistics.

Detached latrine is classified into three types. Moveable latrine is classified into fabricated latrine, separated latrine, motor latrine, trail latrine and barrier-free latrine.

Specific Vehicles and Equipment for Urban Environment Sanitation

They refer to vehicles and equipment specifically for environment sanitation operation and supervision, including vehicles and equipment used to clean, flush and water the roads, remove snow, clean and transfer garbage and soil, environment sanitation monitoring, as well as other vehicles and equipment supplemented, such as garbage truck, road clearing truck, road washing truck, sprinkling car, vacuum soil absorbing car, snow remover, loading machine, bulldozer, compactor, garbage crusher, garbage screening machine, salt powder sprinkling machine, sludge absorbing car and special shipping. Vehicles and equipment for long-term lease are also included in the statistics.

The number of special vehicles for road cleaning and cleaning and the special vehicles for domestic garbage transportation are separately counted.